Digitales Dialogmarketing

Heinrich Holland
Hrsg.

Digitales Dialogmarketing
Grundlagen, Strategien, Instrumente

2., überarbeitete und ergänzte Auflage

mit 182 Abbildungen und 49 Tabellen

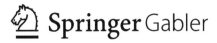

Hrsg.
Heinrich Holland
Hochschule Mainz
Mainz, Deutschland

ISBN 978-3-658-28958-4   ISBN 978-3-658-28959-1 (eBook)
ISBN 978-3-658-28974-4 (print and electronic bundle)
https://doi.org/10.1007/978-3-658-28959-1

Die Deutsche Nationalbibliothek verzeichnet diese Publikation in der Deutschen Nationalbibliografie; detaillierte bibliografische Daten sind im Internet über http://dnb.d-nb.de abrufbar.

Springer Gabler
© Springer Fachmedien Wiesbaden GmbH, ein Teil von Springer Nature 2014, 2021
Das Werk einschließlich aller seiner Teile ist urheberrechtlich geschützt. Jede Verwertung, die nicht ausdrücklich vom Urheberrechtsgesetz zugelassen ist, bedarf der vorherigen Zustimmung des Verlags. Das gilt insbesondere für Vervielfältigungen, Bearbeitungen, Übersetzungen, Mikroverfilmungen und die Einspeicherung und Verarbeitung in elektronischen Systemen.
Die Wiedergabe von allgemein beschreibenden Bezeichnungen, Marken, Unternehmensnamen etc. in diesem Werk bedeutet nicht, dass diese frei durch jedermann benutzt werden dürfen. Die Berechtigung zur Benutzung unterliegt, auch ohne gesonderten Hinweis hierzu, den Regeln des Markenrechts. Die Rechte des jeweiligen Zeicheninhabers sind zu beachten.
Der Verlag, die Autoren und die Herausgeber gehen davon aus, dass die Angaben und Informationen in diesem Werk zum Zeitpunkt der Veröffentlichung vollständig und korrekt sind. Weder der Verlag, noch die Autoren oder die Herausgeber übernehmen, ausdrücklich oder implizit, Gewähr für den Inhalt des Werkes, etwaige Fehler oder Äußerungen. Der Verlag bleibt im Hinblick auf geografische Zuordnungen und Gebietsbezeichnungen in veröffentlichten Karten und Institutionsadressen neutral.

Lektorat: Manuela Eckstein
Springer Gabler ist ein Imprint der eingetragenen Gesellschaft Springer Fachmedien Wiesbaden GmbH und ist ein Teil von Springer Nature.
Die Anschrift der Gesellschaft ist: Abraham-Lincoln-Str. 46, 65189 Wiesbaden, Germany

Geleitwort zur 1. Auflage

Die moderne Form des Marketings beschäftigt sich damit, Potenziale der wechselseitigen Kommunikation mit Kunden zu erschließen. Insbesondere geht es dabei um das Potenzial, das sich aus der Digitalisierung ergibt. Anders als die einseitig betriebene Werbung ermöglichen es digitale Kanäle den Anbietern, mit ihren Kunden und Zielgruppen in einen echten Dialog zu treten – über Ländergrenzen hinweg. Im Idealfall entsteht so eine hochwertige Wechselbeziehung zwischen Unternehmen und Kunden im besten Sinne eines Produktes oder einer Dienstleistung. Soweit die Theorie. Doch in der Praxis sind wir häufig noch weit entfernt von erfolgreicher Interaktion im modernen Marketing. Woran liegt das?

Vorrangig wohl daran, dass es in Deutschland derzeit zu wenig Experten für digitales Dialogmarketing gibt. Den Unternehmen fehlt es an Köpfen, die über fundiertes Know-how im Bereich des digitalen Dialogmarketings kombiniert mit Marketing-/Dialog- und Digital-Expertise verfügen und die erkannt haben, dass digitales Dialogmarketing zeitgemäßes Marketing ist. Denn: Kunden fordern heute eine optimale und effiziente Betreuung, sonst wechseln sie schnell zur Konkurrenz – im Netz oftmals binnen Sekunden. Mit nur einem Klick. Das verschärft die Konkurrenzsituation umso mehr. Ein professionelles digitales Dialogmarketing auf Seiten der Unternehmen muss daher auf eine optimale strategische Ausrichtung, Planung, Gestaltung und Steuerung von Kundenkontakten abzielen.

Vorliegende Publikation „Digitales Dialogmarketing" thematisiert oben stehende Szenarien. Sie zeigt auf, wie wichtig – und wie dringend gebraucht – top ausgebildete Fachkräfte in einem immer internationaler agierenden Wettbewerb sind. Die daraus resultierenden riesigen Berufs- und Geschäftspotenziale gilt es zu adressieren. Sie sind ein wichtiges Thema für Deutschlands Unternehmen, damit sie in Zukunft weiter erfolgreich operieren können.

Der Bundesverband Digitale Wirtschaft (BVDW) e.V., als die zentrale Interessenvertretung für Unternehmen, die digitale Geschäftsmodelle betreiben und im Bereich der digitalen Wertschöpfung tätig sind, hat diese Problematik erkannt. Der BVDW ist auch aktiv in der Personal- und Kompetenzentwicklung in der digitalen Wirtschaft. Dies geschieht unter anderem im Bereich der Aus- und Fortbildung durch Maßnahmen zur Berufsorientierung sowie die grundlegende Erarbeitung von Berufsdefinitionen. Von Bedeutung ist die Anpassung und Entwicklung der Kompetenzen auf die aktuellen und künftigen Anforderungen des digitalen Dialogmarketings. Letztlich gibt der BVDW Themen und Akteuren eine Stimme. Eine ähnliche Stimme gibt „Digitales Dialogmarketing" Branchen-Experten, die mit ihrer Expertise den Status Quo und die Marktpotenziale beleuchten.

Ich wünsche Ihnen eine interessante Lektüre!

Vizepräsident des Bundesverband   Harald R. Fortmann
Digitale Wirtschaft (BVDW) e.V.
Director Executice Search, Dwight Cribb
Personalberatung GmbH

Stimmen zur 1. Auflage

Prof. Dr. Manfred Bruhn, Ordinarius für Marketing und Unternehmensführung an der Universität Basel und Honorarprofessor an der Technischen Universität München:

„Das Dialogmarketing hat sich durch die Digitalisierung in Richtung Online- und Social Media-Marketing rasant entwickelt und dadurch neue Dimensionen erreicht. Heinrich Holland zeigt mit seinen Autoren aus Hochschulen und Unternehmen den aktuellen Stand und die Entwicklungstendenzen in diesem gut gelungenen Werk auf."

Prof. Dr. Manfred Krafft, Direktor des Instituts für Marketing der Westfälischen Wilhelms-Universität Münster:

„Heinrich Holland hat für über 30 Artikel Autoren aus Hochschulen, Agenturen und Unternehmen gefunden, die die aktuellen Entwicklungen des Dialogmarketing aufzeigen. Der Schwerpunkt dieses sehr empfehlenswerten Herausgeberwerkes liegt dabei auf dem Online- und Social Media-Marketing und ihrer Bedeutung für das Dialogmarketing."

Martin Nitsche, Präsident Deutscher Dialogmarketing Verband e.V. (DDV)

„Die kompetenten und praxiserprobten Fachleute, die der Herausgeber als Autoren gewinnen konnte, sind Garanten für die Aktualität und praktische Umsetzbarkeit der Beiträge dieses Bandes. Prof. Dr. Heinrich Holland und viele der Autoren sind dem Deutschen Dialogmarketing Verband (DDV) seit langem eng verbunden – Verbindungen, die sich gegenseitig befruchten und den Dialog in jeder Hinsicht befördern."

Harald R. Fortmann, Vize-Präsident des Bundesverband Digitale Wirtschaft e.V. (BVDW), Director Executive Search der Dwight Cribb Personalberatung GmbH

„Eine Informationsquelle zu den wichtigsten Bereichen des Dialog- und Online-Marketing war lange überfällig. In diesem Werk wurden einige der kompetentesten Mitglieder des BVDW als Autoren gewonnen und geben einen Einblick in die Themen, die für jedes Unternehmen im Transformationsprozess zur Digitalen Welt relevant sind."

Achim London, Geschäftsführer Deutsche Dialogmarketing Akademie (DDA)

„Prof. Dr. Heinrich Holland, der Akademieleiter der Deutschen Dialogmarketing Akademie, wurde im Jahr 2004 in die Hall of Fame des Direktmarketings aufgenommen und im Jahr 2013 zum Dozenten des Jahrzehnts gekürt. Er legt hier ein Werk vor, mit dem sich jeder beschäftigen sollte, der sich für das moderne Marketing interessiert."

Dirk Kedrowitsch, Vorstand der Pixelpark AG, Managing Director der Publicis Deutschland:

„Mit dem Buch „Digitales Dialogmarketing" haben Herausgeber Heinrich Holland und seine 30 Autoren eine einzigartige starke Legierung aus Lehre und Praxis, aus Erfahrung und Aktualität geschaffen. Ein Werk, das Lesern einen starken Halt in den stürmischen Zeiten des Wandels bietet."

Grußwort zur 1. Auflage

Befinden wir uns im Zeitalter digitaler Dialoge? Oder im digitalen Zeitalter des Dialogs? Wahrscheinlich sowohl als auch. Aber noch mehr als das: Vor 200 Jahren gab es nur das Gespräch und den Brief. Im Laufe der letzten Jahrhunderte kamen dann viele weitere Kanäle hinzu – Dialog ist heute immer und überall.

Dabei erleben wir eine radikale Mobilisierung der Kommunikation. Von jedem Punkt der Erde kann ich jederzeit mit jedem anderen Menschen kommunizieren. Selbst Kreuzfahrtschiffe, eine der letzten Offline-Bastionen, werden inzwischen mit WLAN und schnellem Internet ausgerüstet. Jeder hat ein Mobiltelefon und jeder Zweite ein Smartphone. Doch es bleibt nicht bei einem Bildschirm, der Second-Screen oder gar der Third-Screen wird zur neuen Normalität - ob wir das gut finden oder nicht. Doch der Dialog erobert nicht nur die Menschen, sondern auch die unbelebte Welt. Inzwischen sind doppelt so viele Objekte online wie Menschen. Neue Geschäftsmodelle ergeben sich - aber auch neue Risiken.

Und die Komplexität steigt weiter: Die digitalen Kanäle des Dialogs fördern die Vernetzung, gleichzeitig entstehen aus dieser Vernetzung wieder neue Dialoge. Das betrifft sowohl den Dialog von Mensch zu Mensch als auch das Internet der Dinge: Das Thema der letzten Automobilausstellung war die Vernetzung von Autos: Connected Cars. Im vernetzen Dialog vermischen sich die klassischen Rollen. Empfänger werden zu Sendern - und Sender müssen zu Empfängern werden. Diese Entwicklung beschränkt sich nicht auf die Kommunikation: Konsumenten fangen an zu produzieren, sie werden zu Prosumenten. In der Shareconomy teile ich mein Auto, mein Haus und vielleicht sogar meinen Rasenmäher oder meine Bohrmaschine. Auch innerhalb und zwischen Unternehmen sind diese Entwicklungen spürbar. In immer kleineren Einheiten, die immer stärker international und vernetzt miteinander arbeiten, lösen sich die klassischen Grenzen des Unternehmens auf.

Zentrale Voraussetzungen für den Erfolg des Dialogmarketings sind dabei zum einen Offenheit und zum anderen Respekt. Die Freiheit der Kommunikation ist die Grundlage unserer Gesellschaft - und unserer Wirtschaft. Wir brauchen keine neuen Gesetze, sondern einen anderen Umgang miteinander. Ich bin überzeugt: Dem Dialog mit Respekt gehört die Zukunft. Was meine ich damit: Wenn Sie im Gespräch jemandem ein Angebot unterbreiten und er lehnt ab, was machen Sie? Vielleicht starten Sie einen zweiten Versuch um ihn mit zusätzlichen Argumenten zu überzeugen. Aber spätestens nach dem zweiten „Nein" haben Sie es verstanden und respektieren die Ablehnung. Warum in aller Welt glauben wir, dass dies online anders ist? Warum bombardieren viele Unternehmen einen Kunden nach dem Nichtkauf im Onlineshop wochenlang mit Werbeanzeigen für ein Produkt, das er abgelehnt hat? Natürlich ist Re-Targeting, wenn es denn richtig eingesetzt wird, ein sinnvolles Werkzeug für den zweiten Versuch. Aber nicht für den vierzigsten Versuch. Das ist respektlos. Genau so wie ein überfüllter Briefkasten, Anrufe um 21 Uhr abends oder Spam im E-Mail Eingangskorb. Im englischen sagt man „Don't be demanding, be on demand" und genau darum geht es im Marketing der Zukunft: Da zu sein, wenn der Kunde uns braucht.

Neben Offenheit und Respekt als „Haltung" benötigt erfolgreiches Dialogmarketing auch Fachwissen in vielen Facetten. Hilfestellung dabei, den Dialog in der Praxis erfolgreich umzusetzen, bietet der vorliegende Sammelband. Er legt seinen Schwerpunkt auf Themen des digitalen Dialogmarketings. Ausführungen zu grundlegenden strategischen Themen und die Einbindung aller Medien und Instrumente des Dialogs in die Gesamtkommunikation bilden hierfür eine solide Basis. Die kompetenten und praxiserprobten Fachleute, die der Herausgeber als Autoren gewinnen konnte, sind Garanten für die Aktualität und praktische Umsetzbarkeit der Beiträge dieses Bandes. Prof. Dr. Heinrich Holland und viele der Autoren sind dem Deutschen Dialogmarketing Verband (DDV) seit langem eng verbunden – Verbindungen, die sich gegenseitig befruchten und den Dialog in jeder Hinsicht befördern.

Ich wünsche allen Lesern des Bandes eine anregende Lektüre und eine erfolgreiche Umsetzung in die Praxis. Und: Seien Sie da, wenn Ihr Kunde Sie braucht!

Präsident Deutscher Dialogmarketing Verband e.V.   Martin Nitsche

Vorwort zur 2. Auflage

Das Marketing hat sich großen Herausforderungen zu stellen, zum einen bedingt durch die turbulenten Veränderungen der gesellschaftlichen, wirtschaftlichen, technologischen, kulturellen und ökologischen Rahmenbedingungen, aber auch durch die rasche Weiterentwicklung von der Industriegesellschaft zu einer Multimedia-, Hightech- und Wissensgesellschaft.

Die Bedeutung des Dialogmarketings nimmt dabei zu. Seine Botschaften richten sich an einzelne, individuell bekannte Zielpersonen und nicht an anonyme Zielgruppen wie im „klassischen" Marketing, das nicht auf einen Dialog, sondern auf den Monolog setzt. Das Dialogmarketing durchläuft einen radikalen Wandel; der Dialog findet heute nicht nur Offline sondern zunehmend Online statt. Themen wie Big Data und Künstliche Intelligenz stellen die Unternehmen vor neue Herausforderungen.

Die erste Auflage dieses Werkes ist außerordentlich erfolgreich und hat eine große Zahl von Lesern gefunden, sie hat aber in vielen Gebieten inzwischen an Aktualität eingebüßt. Die jetzt vorliegende zweite Auflage versammelt 35 Artikel, von denen 15 völlig neu sind und die übrigen 20 gründlich überarbeitet wurden.

Das Buch entstand gemeinsam mit 29 Spezialisten aus vielfältigen Unternehmen, Hochschulen und Verbänden und verfolgt das Ziel, den aktuellen Stand des Digitalen Dialogmarketings aufzuarbeiten und zur Verfügung zu stellen. Elf Wissenschaftler und 18 Praktiker bearbeiten alle relevanten Aspekte des Dialogmarketings wie Crossmedia-Kommunikation, CRM, Big Data, E-Mail- und Mobile- und Social Media Marketing, Digital-Commerce, Internet of Things und Künstliche Intelligenz.

Ich bedanke mich herzlich bei meinen Autoren für das Engagement. Trotz ihrer knappen Zeit haben sie ihr Wissen und ihre Erfahrungen formuliert und damit zum Gelingen dieses Werkes beigetragen. Das Buch entstand während der Phase der Corona-Pandemie, die für etliche Schwierigkeiten und Verzögerungen im Ablauf sorgte.

Frau Manuela Eckstein und Frau Kavitha Janarthanan vom Gabler Verlag danke ich für die hervorragende Unterstützung bei der Umsetzung dieses umfangreichen Buches.

Mainz, im Oktober 2020   Prof. Dr. Heinrich Holland

Übersicht über die Beiträge

Grundlagen des Dialogmarketings
Prof. Dr. Heinrich Holland: Dialogmarketing – Offline und Online
- Prof. Dr. Heinrich Holland, der Herausgeber dieses Buches, lehrt an der Hochschule Mainz.
- Das Dialogmarketing richtet sich an einzelne, individuell bekannte Zielpersonen. Statt eines Monologs besteht das Ziel in einer interaktiven Kommunikation, also in einem Dialog. Es hat ein Paradigmenwechsel stattgefunden vom Transaktionsmarketing zum Beziehungsmarketing.

Martin Nitsche: Der Dialog mit dem Kunden in der Datadriven Economy
- Martin Nitsche ist Gründer und Geschäftsführer der Solveta GmbH und Präsident des Deutschen Dialogmarketing Verbands DDV.
- Der Wandel von der klassischen Ökonomie zur Data Driven Economy stellt die Unternehmen vor große Herausforderungen– auch und insbesondere im Dialog mit den Kunden. Nur Unternehmen, die es schaffen, den steigenden Erwartungen der Verbraucher gerecht zu werden, haben eine Chance auf Dauer zu überleben.

Prof. Roland Mangold: Werbepsychologische Grundlagen
- Prof. Roland Mangold lehrt an der an der Hochschule der Medien in Stuttgart.
- Der Beitrag stellt unterschiedliche Kommunikationsstrategien vor, durch die Einstellungsänderungen bewirkt werden können. Die Wirkprinzipien dieser Maßnahmen werden erläutert und es werden Empfehlungen formuliert, wie beim Vorliegen von Erkenntnissen zur Kundensituation werbliche Kommunikationsmaßnahmen optimiert werden können.

Hans Jürgen Schäfer: Europäische Datenschutz-Grundverordnung: Auswirkungen auf das Dialogmarketing
- Hans Jürgen Schäfer ist Justiziar und stellvertretender Geschäftsführer des Deutschen Dialogmarketing Verbandes DDV.
- Mit der seit 25. Mai 2018 wirksamen Europäischen Datenschutz-Grundverordnung (2016/679/EU) wurden die wesentlichen datenschutzrechtlichen Rahmenbedingungen für das Dialogmarketing europaweit harmonisiert. Die Darstellung beschreibt, wie die Vorgaben der DSGVO in der Praxis des Dialogmarketings umgesetzt werden können.

Strategien des Dialogmarketings
Prof. Dr. Jörn Redler: Markenführung und Dialogmarketing
- Prof. Dr. Jörn Redler lehrt an der Hochschule Mainz.
- Das Dialogmarketing kann einen eigenständigen Beitrag zum Aufbau und zur Stärkung von Marken leisten. Damit vom Dialogmarketing markenrelevante Wirkungen ausgehen können, müssen allerdings die stringente Ausrichtung an der Markenpositionierung und eine Verzahnung mit dem weiteren Markenverhalten sichergestellt sein.

Prof. Dr. Heinrich Holland: Customer Experience Management
- Prof. Dr. Heinrich Holland, der Herausgeber dieses Buches, lehrt an der Hochschule Mainz.
- Der Prozess des Customer Experience Managements umfasst die systematische Analyse und Gestaltung von Interaktionen zwischen einem Unternehmen und seinen Kunden. Diese sollen durch positive Erlebnisse begeistert und nachhaltig an das Unternehmen und seine Leistungen gebunden werden.

Kirsten Gabriel: Kreativität im Dialogmarketing
- Kirsten Gabriel ist Vorstandsvorsitzende der Jahns and Friends AG in Düsseldorf.
- Der Beitrag zeigt den Stellenwert der Kreativität im Dialogmarketing. Er beleuchtet das Phänomen Kreativität zunächst generell und leitet von dort zu seiner Bedeutung für das Dialogmarketing über. Am Ende der Betrachtungen stehen praktische Beispiele gelungener und preisgekrönter Dialogmarketing-Kampagnen.

Georg Blum: Akquisition und Kundenbindung
- Georg Blum ist Gründer und CEO der 1A Relations GmbH.
- Der Kundengewinnungsprozess wird in zwei Phasen gegliedert: Die Anbahnungs- und Qualifizierungsphase sowie die Interessenten-Phase. Erfolgreiche Kundenbindung basiert auf einer CRM-Strategie, die spezielle Maßnahmen je Ziel- und Kundengruppen und eine breite Palette von Kommunikationsmöglichkeiten umfasst.

Heiner Eberle: Internationales Dialogmarketing
- Heiner Eberle ist Client Services Director bei Ogilvy GmbH Frankfurt.
- Das Ideal des Internationalen Dialogmarketings ist es, die Kundennähe eines Tante-Emma-Ladens auf globale Dimensionen zu übertragen. Das Maß an Vertrauen, an Kenntnissen über persönliche Vorlieben, Abneigungen, Gewohnheiten, über die Person des Kunden, die Tante Emma hatte, in der Beziehung zwischen Anbieter und Kunde auf globaler Ebene wiederzufinden.

Data Driven Dialogmarketing
Prof. Dr. Heinrich Holland: Big Data Marketing: Chancen und Herausforderungen
- Prof. Dr. Heinrich Holland, der Herausgeber dieses Buches, lehrt an der Hochschule Mainz.

- Big Data wird durch den Mix der 5 Vs Volume, Variety, Velocity, Veracity und Value definiert, es ist vor allem eine Art der Unternehmensführung und eine Philosophie der Nutzung der Daten. Für Unternehmen bedeutet dies eine große Chance und stellt sie vor zahlreiche Herausforderungen bezüglich der Technik, der Strukturen und dem Umgang mit den Daten.

Prof. Dr. Heinrich Holland: Dialogmarketing mit Big Data
- Prof. Dr. Heinrich Holland, der Herausgeber dieses Buches, lehrt an der Hochschule Mainz.
- Der Beitrag analysiert anhand der 5 Ps des Marketings – Price, Product, Placement, Promotion und Person –, welche Chancen und Veränderungen Big Data in den Marketinginstrumenten mit sich bringt.

Georg Blum: Customer Relationship Management (CRM)
- Georg Blum ist Gründer und CEO der 1A Relations GmbH.
- Customer Relationship Management ist ein ganzheitlicher Ansatz zur strategischen und operativen Unternehmensführung. Auf Basis einer CRM-Strategie steuert, integriert und optimiert ein Unternehmen kanal- und abteilungsübergreifend alle interessenten- und kundenbezogenen Prozesse.

Dr. Claudio Felten: CRM und Customer Experience Management
- Dr. Claudio Felten ist Berater mit Leidenschaft und Autor zahlreicher Publikationen sowie Key Note Speaker.
- Der Beitrag schlägt eine Integration des Customer Experience Managements und seiner Kernmethoden wie zum Beispiel das Customer Journey Mapping in das CRM vor und betrachtet ausgewählte Implikationen und Anforderungen einer solchen Integration.

Meinert Jacobsen, Prof. Dr. Peter Lorscheid: Analytisches Customer Relationship Management
- Meinert Jacobsen ist Gründer und Inhaber der marancon GmbH und der B2B Smart Data GmbH.
- Prof. Dr. Peter Lorscheid ist seit 2018 als Senior Projektleiter bei der marancon GmbH in Bonn tätig.
- Datengetriebenes Marketing nutzt die vielfältigen, im Unternehmen vorhandenen Daten für eine optimierte Kundenansprache. Hierfür Analyseergebnisse bereitzustellen, ist Aufgabe des analytischen CRM.

Marcel Hauck, Christian Wild, Prof. Dr. Sven Pagel: Meta-Analyse von 75 Digitalen Sichtbarkeitsanalysen
- Marcel Hauck ist Doktorand und Teamleiter im Themenfeld „KI in Medien und Marketing" an der Hochschule Mainz in Kooperation mit der Johannes Gutenberg-Universität Mainz.
- Christian Wild ist Gründer und Geschäftsführer der loci Deutschland, die auf die Betreuung des Social Media- und Online-Marketings spezialisiert ist.

- Prof. Dr. Sven Pagel ist Professor für Wirtschaftsinformatik und Medienmanagement an der Hochschule Mainz.
- Dieser Artikel bietet Einblick in vier Dimensionen der digitalen Sichtbarkeit. Hierfür wurde eine Meta-Analyse über 75 Digitale Sichtbarkeitsanalysen (DISA) der Firma loci GmbH Deutschland durchgeführt. Dabei erfolgt die Abgrenzung der Begriffe Unternehmens- und Website-Sichtbarkeit.

Medien des Dialogmarketings
Prof. Dr. Heinrich Holland: Dialogmarketing über alle Medien
- Prof. Dr. Heinrich Holland, der Herausgeber dieses Buches, lehrt an der Hochschule Mainz.
- Die Palette der Medien im Dialogmarketing ist immer umfangreicher geworden. Neben den klassischen Medien mit Response-Element sind es vor allem die Online-, Mobile- und Social-Media, die dem Dialogmarketing neue Impulse gegeben haben.

Prof. Dr. Jörn Redler: Mediaplanung im Dialogmarketing
- Prof. Dr. Jörn Redler lehrt an der Hochschule Mainz.
- Dieser Beitrag entwickelt einen Überblick über wesentliche Elemente der Mediaplanung offline und online. Dabei werden die Bedeutung von Mediazielen und -strategien umrissen, Aspekte der Zielgruppenbestimmung aufgegriffen und Grundlagen zu Werbemitteln und Werbeträgern betrachtet.

Dr. Torsten Schwarz: E-Mail Marketing
- Dr. Torsten Schwarz ist Autor von über 20 Büchern, mehrfacher Lehrbeauftragter und Privatdozent.
- Als Marketinginstrument erlebt die E-Mail derzeit ein kaum da gewesenes Revival. Die Vorteile sind vielfältig: Elektronische Mailings sparen viel Material und Kosten im Vergleich zum Brief. Eine Kombination vieler Kanäle erhöht die Frequenz, mit der Kontakt zu den Kunden aufgenommen werden kann. Kundenbindung ist über E-Mail besonders gut möglich.

Prof. Dr. Heinrich Holland: Mobile Marketing
- Prof. Dr. Heinrich Holland, der Herausgeber dieses Buches, lehrt an der Hochschule Mainz.
- Dieser Beitrag vermittelt die Grundlagen des Mobile Marketings. Dazu werden notwendige Rahmenbedingungen für den Einsatz, Ziele und Zielgruppen sowie Potenziale des Instrumentes aufgezeigt. Die gegenwärtig eingesetzten und in Entwicklung befindlichen Instrumente werden in den verschiedenen Bereichen näher beleuchtet.

Strategien des Online-Marketings
Matthias Mühlenhoff, Dominik Rudloff: Internet als Marketinginstrument – Ein Überblick der werbeorientierten Kommunikationspolitik im Digitalen
- Matthias Mühlenhoff ist der Executive StrategyDirector bei der PublicisGroupe Deutschland.

- Dominik Rudloff leitet das Strategie-Team bei Digitas Pixelpark in Hamburg.
- Mit dem Siegeszug digitaler Technologien steigen auch die technischen Angebote exponentiell, Konsumenten zielgerichtet zu erreichen, personalisiert, individualisiert, datengetrieben. Was ist der Status der Optionen? Welche Wege kann das digitale Marketing gehen? Wie lassen sich Wettbewerbsvorteile durch digitale, personalisierte Kommunikation erschließen?

Dirk Kedrowitsch: Integriertes Online-Marketing oder der kommunikative Hochleistungssport!
- Dirk Kedrowitsch ist Geschäftsführer der Kreativ Agentur Thjnk.
- Erfolgreiches Integriertes Marketing ist die ganzheitliche Unternehmenssteuerung unter Ausnutzung des gesamten Kommunikations-Mixes. Integriertes Marketing verlangt Disziplin, Konzentration und Ausdauer und wird hier mit dem Hochleistungssport verglichen.

Prof. Dr. Heinrich Holland: Künstliche Intelligenz und Automation im Dialogmarketing
- Prof. Dr. Heinrich Holland, der Herausgeber dieses Buches, lehrt an der Hochschule Mainz.
- Mit der Etablierung von KI in Unternehmen ist der Einsatz von Algorithmen und Chatbots in der Kundenkommunikation unverzichtbar geworden. Marketing Automation ist die IT-gestützte Durchführung sich wiederholender Aufgaben im Marketing. Damit sollen Effizienz und Effektivität von Prozessen und Entscheidungen gesteigert werden.

Prof. Dr. Jörn Redler: Digital Branding
- Prof. Dr. Jörn Redler lehrt an der Hochschule Mainz.
- Das Branding sieht sich im Zeitalter digitaler Kommunikation veränderten Herausforderungen gegenüber. Dieser Beitrag greift jene Veränderungen auf und stellt dar, welche Markenelemente heute besonders wichtig sind, welche Anforderungen an sie bestehen und was bei ihrem Einsatz in der Markenkommunikation zu beachten ist.

Michael Schipper: D-Commerce - Zum Verhältnis von Dialogkommunikation und E-Commerce
- Michael Schipper gründete im Jahr 2013 die Agentur Schipper Company.
- Um eine Perspektive für die Integration der zahlreichen gesellschaftlichen, technischen und konsumkulturellen Einflussfaktoren zu erarbeiten, wird E-Commerce als Subsystem des Dispositivs Konnektivität bestimmt. Dabei zeigt sich, dass Dialogmarketing durch die Digitalisierung der Kommunikation eine signifikante Aufwertung seiner strategischen Bedeutung erfährt.

Prof. Dr. Andrea Müller, Christina Miclau M.A., Annebeth Demaeght M.A: Customer Experience: Die Messung und Interpretation von Emotionen im Dialogmarketing
- Prof. Dr. Andrea Müller ist Professorin für Direktmarketing und E-Commerce.

- Christina Miclau, M.A. ist wissenschaftliche Mitarbeiterin am Lehrstuhl für Direktmarketing und E-Commerce der Hochschule Offenburg.
- Annebeth Demaeght M.A ist als Forschungskoordinatorin am Lehrstuhl für Direktmarketing und E-Commerce tätig.
- Die innovative Customer Experience Tracking Methode der Hochschule Offenburg ermöglicht eine verzerrungsreduzierte Messung und Auswertung von Kundenemotionen, die vor, während und nach der Benutzerinteraktion mit Dialogmarketingaktivitäten auftreten. Daraus lassen sich konkrete Handlungsempfehlungen ableiten, um Dialogmarketingangebote optimal auf die Bedürfnisse und Erwartungen der Kunden und Kundinnen auszurichten.

Dr. Benedikt Lindenbeck: Implikationen einer Online-Customer-Journey-Analyse
- Dr. Benedikt Lindenbeck ist Akademischer Rat am Lehrstuhl für Betriebswirtschaftslehre, insbesondere Marketing, der FernUniversität in Hagen.
- Die Analyse der Kontaktpunkte zwischen potenziellen Kunden und werbetreibenden Unternehmen liefert letzteren die Möglichkeit, solche Kontaktpunkte, die einen positiven Einfluss auf Kaufentscheidungen ausüben, von solchen zu differenzieren, die einen negativen Einfluss ausüben. Im vorliegenden Beitrag wird exemplarisch aufgezeigt, welche Möglichkeit werbetreibende Unternehmen besitzen, die Analyse verschiedener Kundenkontaktpunkte im Online-Marketing durchzuführen.

Prof. Dr. Heinrich Holland: Connected Cars als Instrument des Digitalen Dialogmarketings
- Prof. Dr. Heinrich Holland, der Herausgeber dieses Buches, lehrt an der Hochschule Mainz.
- Das Connected Car bietet die ideale Grundlage, um Dialogmarketing zu betreiben. Durch seine Verbindung zum Internet stellt es einen neuen Kommunikationskanal dar, der es den Herstellern erlaubt, mit dem Kunden im Fahrzeug in den direkten Dialog zu treten. Mithilfe von Big-Data-Analysen, die dazu in der Lage sind, enorme, unstrukturierte Datenmengen in Echtzeit auszuwerten, kommt auch das Connected Car als Datenbasis für die 360-Grad-Sicht auf den Kunden infrage.

Instrumente des Online-Marketings
Ben Ellermann: Chatbots – Operative und strategische Facetten von Text- und Sprachautomatisierung
- Ben Ellermann ist Managing Director der auf Conversational AI spezialisierten Agenturen MUUUH! Next und Future of Voice.
- In diesem Artikel wird das Instrument Chatbots definitorisch und technologisch dargestellt und die Relevanz für das Kundenmanagement erörtert. Im Fokus stehen dabei nicht nur textbasierte, sondern auch sprachbasierte Chatbots. Zuletzt wird auf die strategische Bedeutung sogenannter Conversational Platforms eingegangen, die immer häufiger bei der Erstellung von Chatbots zum Einsatz kommen.

Nils M. Hachen: Strategisches Kampagnenmanagement/E-Mediaplanung-Der Kunde im Zentrum der Kommunikation
- Nils M. Hachen ist CDO der Digitas Pixelpark am Standort Düsseldorf.
- Bei der Suche nach der Antwort auf die Frage, wie man ein gegebenes Budget möglichst sinnvoll einsetzt, fehlt oft der übergeordnete Blick auf das große Ganze, was auf die fehlende Transparenz in Unternehmen zurückzuführen ist. Am Ende geht es darum, die Perspektive zu wechseln, den Produkt- und Unternehmensfokus zu verlassen und den Kunden oder Nutzer der Produkte und Dienstleistungen des Unternehmens in das Zentrum aller Planungen zu stellen.

Rolf Haberich: Customer Engagement als Zusammenspiel aus Digital Analytics und Customer Relationship Management
- Ralf Haberich ist CEO der CRM Partners AG sowie Aufsichtsratsvorsitzender (stellv.) der Web Arts AG.
- Nichts sollte in einem Unternehmen wichtiger sein als Daten und die Beziehungen der Daten untereinander (abgesehen natürlich von Menschen, die mit diesen Daten arbeiten). Nur zuverlässige Datenquellen können Managern Informationen zu historischen Erfolgen, aktuellen Zielerreichungen und zukünftigen Maßnahmen liefern. Customer Relationship Management und Digital Analytics sind feste Bestandteile im Datenangebot für Unternehmer, Manager und Experten. Durch die Zusammenführung wird wirkliches Customer Engagement erreicht.

Social Media Marketing
Prof. Dr. Christopher Zerres: Social Media Marketing
- Prof. Dr. Christopher Zerres ist Professor für Marketing an der Hochschule Offenburg.
- In diesem Beitrag wird ein Planungsprozess mit seinen einzelnen Phasen für ein Social Media Marketing vorgestellt. Darüber hinaus werden zentrale Implementierungsoptionen beschrieben. Hierzu gehören Werbung (über Plattformen und Influencer), Kundenservice, Community Management, SocialRecruitment, interne Nutzung und Business Profile.

Prof. Dr. Michael H. Ceyp: Influencer Marketing - Status Quo, Einsatzmöglichkeiten und Entwicklungsperspektiven
- Prof. Dr. Michael H. Ceyp lehrt an der FOM Hochschule in Hamburg.
- Ein besonderes Augenmerk sollten Marketingverantwortliche beim Influencer Marketing einerseits auf den notwendigen Planungsprozess und andererseits unter Wirkungsaspekten auf den Return On Influencer Marketing Investment (ROIMI) legen. Hierbei spielt im Sinne einer notwendigen Zielgruppenausrichtung die Identifikation geeigneter Influencer eine herausragende Rolle, um den angestrebten Erfolg schlussendlich realisieren zu können.

Stephan Beck: Social Media im Business-to-Business
- Stephan Beck ist Mitglied des Board of Directors bei RTS Rieger Team.

- Der Beitrag ist vor allem ein Leitfaden für den praktischen Arbeitsalltag. Er dient dazu Einsteigern die Möglichkeiten und Grenzen in der Anwendung von Social Media im B2B aufzuzeigen und soll ermutigen selbst auszuprobieren. Das zentrale Merkmal von Social Media ist die soziale Interaktion und ein permanenter, zeitlich unbegrenzter Austausch mit anderen Nutzern.

Crossmediales Marketing
Prof. Dr. Heinrich Holland: Crossmediale Kommunikation
- Prof. Dr. Heinrich Holland, der Herausgeber dieses Buches, lehrt an der Hochschule Mainz.
- Der Status quo von Crossmedia wird ergänzt um die Integration von Online- und Offline-Medien im Dialogmarketing. Der Wandel des Mediennutzungsverhaltens verändert nachhaltig die Kommunikation. Die crossmediale Integration von Online und Offline im Dialogmarketing führt zu einer Wirkungsverstärkung mit dem Resultat messbarer ökonomischer Variablen und psychologischer Effekte.

Prof. Dr. Heinrich Holland: Customer-Journey-Analyse
- Prof. Dr. Heinrich Holland, der Herausgeber dieses Buches, lehrt an der Hochschule Mainz.
- In diesem Beitrag wird die Wirksamkeit des Ansatzes der Customer-Journey-Analyse (CJA) bewertet. Es soll die Frage beantwortet werden, inwieweit die Customer-Journey-Analyse einen wesentlichen Erkenntnisgewinn zur Steigerung der Effektivität und Effizienz von Online-Marketingmaßnahmen beitragen und damit zur Optimierung des Werbemittelbudgets eingesetzt werden kann.

Inhaltsverzeichnis

Teil I Grundlagen des Dialogmarketings **1**

Dialogmarketing – Offline und Online 3
Heinrich Holland

Der Dialog mit dem Kunden in der Data Driven Economy 31
Martin Nitsche

Werbepsychologische Grundlagen 43
Roland Mangold

Europäische Datenschutz-Grundverordnung: Auswirkungen auf das Dialogmarketing 61
Hans Jürgen Schäfer

Teil II Strategien des Dialogmarketings **87**

Markenführung und Dialogmarketing 89
Jörn Redler

Customer Experience Management 109
Heinrich Holland

Kreativität im Dialogmarketing 119
Kirsten Gabriel

Akquisition und Kundenbindung 141
Georg Blum

Internationales Dialogmarketing 171
Heiner Eberle

Teil III Data Driven Dialogmarketing **195**

Big Data Marketing 197
Heinrich Holland

Dialogmarketing mit Big-Data 221
Heinrich Holland

Customer Relationship Management (CRM) 251
Georg Blum

CRM und Customer Experience Management 311
Claudio Felten

Analytisches Customer Relationship Management 325
Meinert Jacobsen und Peter Lorscheid

Meta-Analyse von 75 Digitalen Sichtbarkeitsanalysen 361
Marcel Hauck, Christian Wild und Sven Pagel

Teil IV Medien des Dialogmarketings 381

Dialogmarketing über alle Medien 383
Heinrich Holland

Mediaplanung im Dialogmarketing 413
Jörn Redler

E-Mail-Marketing 441
Torsten Schwarz

Mobile Marketing 463
Heinrich Holland

Teil V Strategien des Online-Marketings 489

Internet als Marketinginstrument 491
Matthias Mühlenhoff und Dominik Rudloff

**Integriertes Online-Marketing oder der kommunikative
Hochleistungssport!** 529
Dirk Kedrowitsch

Künstliche Intelligenz und Automation im Dialogmarketing 541
Heinrich Holland

Digital Branding 557
Jörn Redler

D-Commerce 581
Michael Schipper

**Customer Experience: Die Messung und Interpretation von
Emotionen im Dialogmarketing** 603
Andrea Müller, Christina Miclau und Annebeth Demaeght

Implikationen einer Online-Customer-Journey-Analyse 627
Benedikt Lindenbeck

Connected Cars als Instrument des Digitalen Dialogmarketings 651
Heinrich Holland

Teil VI Instrumente des Online-Marketings 679

**Chatbots – Operative und strategische Facetten von Text- und
Sprachautomatisierung** 681
Ben Ellermann

Strategisches Kampagnenmanagement 701
Nils M. Hachen

**Customer Engagement als Zusammenspiel aus Digital Analytics
und Customer Relationship Management** 715
Ralf Haberich

Teil VII Social Media Marketing 729

Social Media Marketing 731
Christopher Zerres

**Influencer Marketing – Status Quo, Einsatzmöglichkeiten und
Entwicklungsperspektiven** 749
Michael H. Ceyp

Social Media im Business-to-Business 769
Stephan Beck

Teil VIII Crossmediales Marketing 795

Crossmediale Kommunikation 797
Heinrich Holland

Customer-Journey-Analyse 817
Heinrich Holland

Stichwortverzeichnis 837

Über den Herausgeber

Prof. Dr. Heinrich Holland lehrt an der University of Applied Sciences Mainz. Er war Akademieleiter der Deutschen Dialogmarketing Akademie (DDA) und ist Mitglied zahlreicher Beiräte und Jurys, z. B. Alfred Gerardi Gedächtnispreis für wissenschaftliche Arbeiten im Dialogmarketing. Heinrich Holland hat 23 Bücher und über 200 Aufsätze veröffentlicht, sein Standardwerk „Direktmarketing" ist in einer russischen Lizenzausgabe erschienen. Im Jahr 2004 wurde er in die Hall of Fame des Direktmarketings aufgenommen. Er hält Vorträge im In- und Ausland und berät namhafte Unternehmen.

Autorenverzeichnis

Stephan Beck RTS Rieger Team Werbeagentur GmbH, Leinfelden-Echterdingen, Deutschland

Georg Blum 1A Relations GmbH und Herausgeber, Korb, Deutschland

Michael H. Ceyp FOM Hochschule für Oekonomie & Management, Hochschulzentrum Hamburg, Hamburg, Deutschland

Annebeth Demaeght B+W, Hochschule Offenburg, Offenburg, Deutschland

Heiner Eberle Ogilvy GmbH, Frankfurt am Main, Deutschland

Ben Ellermann MUUUH! Next GmbH, Osnabrück, Deutschland

Claudio Felten MUUUH! Consulting GmbH, Osnabrück, Deutschland

Kirsten Gabriel Jahns and Friends, Düsseldorf, Deutschland

Ralf Haberich CRM Partners AG, Eschborn, Deutschland

Nils M. Hachen Digitas Pixelpark GmbH, Düsseldorf, Deutschland

Marcel Hauck Forschungsgruppe Wirtschaftsinformatik- und Medienmanagement (WIMM), Hochschule Mainz, Mainz, Deutschland

Heinrich Holland Hochschule Mainz, Mainz, Deutschland

Meinert Jacobsen B2B Smart Data GmbH, Bonn, Deutschland

Dirk Kedrowitsch Kreativ Agentur Thjnk, Hamburg, Deutschland

Benedikt Lindenbeck FernUniversität in Hagen, Hagen, Deutschland

Peter Lorscheid mar,an,con GmbH, Bonn, Deutschland

Roland Mangold Fakultät Information & Kommunikation, HdM Stuttgart, Stuttgart, Deutschland

Christina Miclau B+W, Hochschule Offenburg, Offenburg, Deutschland

Matthias Mühlenhoff Publicis Groupe Germany, Hamburg, Deutschland

Andrea Müller Hochschule Offenburg, Offenburg, Deutschland

Martin Nitsche DDV Deutscher Dialogmarketing Verband e. V., Frankfurt am Main, Deutschland

Sven Pagel Forschungsgruppe Wirtschaftsinformatik- und Medienmanagement (WIMM), Hochschule Mainz, Mainz, Deutschland

Jörn Redler Professur für ABWL, insb. Marketing, Hochschule Mainz, Mainz, Deutschland

Dominik Rudloff Publicis Groupe Germany, Hamburg, Deutschland

Hans Jürgen Schäfer DDV Deutscher Dialogmarketing Verband e. V., Frankfurt am Main, Deutschland

Michael Schipper Schipper Company GmbH, Hamburg, Deutschland

Torsten Schwarz Absolit Consulting, Waghäusel, Deutschland

Christian Wild loci GmbH Deutschland, Mainz, Deutschland

Christopher Zerres Hochschule Offenburg, Offenburg, Deutschland

Teil I
Grundlagen des Dialogmarketings

Dialogmarketing – Offline und Online

Heinrich Holland

Inhalt

1 Direktmarketing 4
2 Dialogmarketing 6
3 Dialogmarketing und Klassisches Marketing 8
4 Die Entwicklung des Dialogmarketings in den letzten Jahren ... 12
5 Die wirtschaftliche Bedeutung des Dialogmarketings 14
6 Vom Massenmarketing zum Dialogmarketing 16
7 Die Vorteile des Dialogmarketings 17
8 Die Tendenzen des Dialogmarketings 23
9 Fazit 29
Literatur 29

Zusammenfassung

Das klassische Marketing richtet sich an eine Zielgruppe, die sich im Rahmen der Marktsegmentierung selektieren lässt. Die Zielpersonen werden durch Massenmedien angesprochen, wobei zum Teil große Streuverluste in Kauf genommen werden. Dagegen ist die Botschaft des Dialogmarketings an einzelne, individuell bekannte Zielpersonen gerichtet. Statt eines Monologs besteht das Ziel in einer interaktiven Kommunikation, also in einem Dialog.

Im klassischen Marketing geht es um das „Transaktionsmarketing", bei dem eine einmalige Transaktion in Form eines Kaufs herbeigeführt werden soll. In den letzten Jahren ist es zu einem Paradigmenwechsel gekommen; an die Stelle des Transaktionsmarketing trat das Beziehungsmarketing – der Aufbau einer langfristigen Beziehung und damit der Dialog mit dem Kunden traten in den Mittelpunkt der Betrachtung.

H. Holland (✉)
Hochschule Mainz, Mainz, Deutschland
E-Mail: heinrich.holland@online.de

Schlüsselwörter

Massenmarketing · Direktmarketing · Dialogmarketing · Paradigmenwechsel · Kundenorientierung

1 Direktmarketing

▶ Die Entwicklung des Direktmarketings begann mit dem reinen Postversandgeschäft (Direct-Mail), wobei Direct-Mail einen Distributionskanal darstellte. Die Versandhändler stellten den Kunden Kataloge oder Prospekte zur Verfügung, aus denen Waren bestellt werden konnten, die dann per Post zugestellt wurden. Direct-Mail bedeutet den Versand von Werbebriefen (Mailings). Aus diesem haben sich die Direktwerbung und daraus schließlich das Direkt- und Dialogmarketing entwickelt (vgl. Tab. 1).

Direktwerbung umfasst neben den Mailings bereits weitere Kommunikationsmedien wie beispielsweise das Telefon. Mit dem Eintritt des Telefonmarketings und auch weiterer Medien passte der Begriff des Direct-Mail nicht mehr.

Die Definition des Begriffs *Direktmarketing* ist aus mehreren Gründen problematisch:

- Im Laufe der Zeit haben sich durch neue Aufgaben die Inhalte des Direktmarketings erweitert.
- Die Möglichkeiten des Direktmarketings sind durch neue Techniken und die rasanten Entwicklungen der Informationstechnologie (IT) ständig ausgeweitet worden.
- Die Online-Medien haben zu neuen Formen der Kundenansprache geführt.

▶ **Definition** Unter *Direktmarketing* versteht man heute alle Marketing-Aktivitäten, die auf eine gezielte Ansprache der Zielpersonen und eine Response ausgerichtet sind.

Direktmarketing:

- umfasst alle Marketinginstrumente, die eingesetzt werden, um
- eine gezielte und direkte Interaktion mit Zielpersonen
- aufzubauen und dauerhaft aufrecht zu erhalten, und
- hat das Ziel, eine messbare Reaktion (Response) auszulösen (Holland 2016, S. 5).

Tab. 1 Die Entwicklung zum Dialogmarketing. (Quelle: Eigene Darstellung)

Direct-Mail → **Direktwerbung** → **Direktmarketing** → **Dialogmarketing** → **One-to-One-Marketing, Interactive Marketing, Performance Marketing** ...

Mit dieser weit gefassten Definition, die auch Aktivitäten mit dem Ziel der Kontaktherstellung beinhaltet, lassen sich neben dem Werbebrief (Mailing) auch weitere Medien zum Direktmarketing zählen, wie beispielsweise die Response-Anzeige, das Direct-Response-Television und die in den letzten Jahren immer mehr an Bedeutung gewinnenden Online, Mobile sowie die Social Media.

> Das entscheidende Merkmal des Direktmarketings ist die direkte und individuell gezielte Ansprache einer Zielgruppe, die bei einer Aktion realisiert oder zumindest für eine spätere Stufe des Kontaktes angestrebt wird. Diese direkte Ansprache erlaubt eine genaue Erfolgskontrolle, da die Reaktionen auf eine Kampagne schon nach wenigen Tagen eintreten und den Aussendungen genau zugeordnet werden können.

Die *Besonderheiten* des Direktmarketings lassen sich wie folgt beschreiben (Wirtz 2005, S. 14 ff.):

- Im Direktmarketing werden alle Marketinginstrumente integriert eingesetzt.
- Direktmarketing umfasst auch mehrstufige Kampagnen mit dem Ziel, den direkten Kontakt aufzubauen.
- Direktmarketing nutzt alle Medien der Kommunikationspolitik, einschließlich der elektronischen und interaktiven Medien.
- Das Database-Management mit der Erfassung aller Kundenkontakte bietet die Grundlage für die individualisierte und personalisierte Ansprache des Direktmarketings.
- Direktmarketing hat das Ziel, den Kundenwert zu maximieren.

Der Grundgedanke des Direktmarketings lässt sich sehr anschaulich durch das „Tante Emma-Prinzip" erläutern. Als „Tante Emma" wird hier die Inhaberin eines kleinen Lebensmittelgeschäfts, eines Nachbarschaftsladens, bezeichnet. Zwar wurde diese Handelsbetriebsform durch die Großbetriebsformen verdrängt, jedoch hatte sie einige Vorteile im Kundenkontakt.

„Tante Emma" kannte ihre Kunden und konnte sie mit Namen ansprechen. Sie kannte ihr Einkaufsverhalten und kommunizierte individuell („traschte") mit ihren Kunden. Auf diese Weise baute sie eine intensive Kundenbindung auf.

- Diese Kundenbeziehung der „Tante Emma" soll im Direktmarketing nachempfunden werden.
- Der Kunde wird nicht mehr als anonymer Kunde behandelt, sondern durch Interaktives Marketing mit messbaren Kontakten entsteht eine Beziehung.
- Bei zunehmendem Geschäftsvolumen muss das Gedächtnis von „Tante Emma" durch technische Hilfsmittel, beispielsweise Datenbanken, unterstützt werden.
- Durch Direktmarketing-Aktionen wird der Kunde direkt und gezielt angesprochen.
- Die Reaktionen werden erfassbar und können in Kundendatenbanken ausgewertet werden.

Die Tab. 2 zeigt, dass der direkte Dialog mit den Kunden in der *geschichtlichen Entwicklung* des Wirtschaftens den Ausgangspunkt von lokalen Märkten darstellt, auf den Märkten wurde kommuniziert und gehandelt – es wurden Dialoge geführt. Erst durch die Industrialisierung und die Massenproduktion ging der Kontakt zu den Abnehmern verloren und die One-to-Many-Kommunikation gewann an Bedeutung. Seit einigen Jahrzehnten suchen die Unternehmen, angeregt durch die Kundenbindung an den kleinbetrieblichen Handel („Tante Emma") den direkten Kontakt beispielsweise durch Kundenclubs und -karten. Die Entwicklungen zu Dialogen per Internet, Mobile und Social Media und Internet of Things fördern das Dialogmarketing weiter.

2 Dialogmarketing

▶ In den letzten Jahren hat sich der Begriff „Dialogmarketing" durchgesetzt und das „Direktmarketing" abgelöst.

Tab. 2 Die Entwicklung des Marketings. (Quelle: Eigene Darstellung)

Trend	Implikationen für Unternehmen	Implikationen für Marketing	Implikationen für Kommunikation
Lokale Märkte	Kleinstbetriebe mit direktem Kontakt zum Kunden	Marketing = etwas auf den Markt bringen, vermarkten	Direkte Kommunikation zwischen Anbieter und Nachfrager, Verhandlungen auf Märkten
Industrialisierung	Massenproduktion, economics of scale	Massenmedien: Print, Radio, TV	Kontakt zum Kunden geht verloren – one-to-many-Kommunikation
Persönliche Kontakte	Kleinbetrieblicher Handel, Tante Emma-Läden	Steigende Bedeutung der direkten, individuellen Ansprache	Renaissance der persönlichen Kommunikation, Kundenbindung
Individualisierung, Differenzierung	Unternehmen suchen den direkten Kontakt	Direkt-, Dialogmarketing, One-to-One-Marketing	Direkte Kommunikation zwischen Anbieter und Nachfrager durch Mailings, Telefon und klassische Medien (Print, Radio, TV) mit Responseelement
Internet	Globalisierung, Informationstransparenz	Neue Formen der Kommunikation	Responsefähige Online-Medien: www, E-Mail, etc.
Mobile	Ständiger Kontakt	Mobile Marketing, Mobile Web	Orts- und zeitunabhängige Kommunikation, always-on
Web 2.0	User generated Marketing, Crowdsourcing	Direkte Kommunikation auch zwischen den Kunden	Social Media, many-to-many-Kommunikation
Internet of Things	Vernetzung, Konnektivität	Big Data	Kommunikation mit und zwischen „Dingen"

850.000 unterschiedliche Varianten verschickt, entspricht dies (fast) einer One-to-One-Kommunikation.
- Database-Marketing
  Database-Marketing erfasst die Kundendaten, stellt diese für gezielte Marketingaktionen zur Verfügung und bildet eine Voraussetzung des Dialogmarketings.
- Dialogmarketing
  Dialogmarketing stellt die interaktive Kommunikation und den langfristigen Dialog mit der Zielperson in den Mittelpunkt; es handelt es sich um die anspruchsvollste Form der direkten Kommunikation mit dem Kunden. Die Ansprache erfolgt möglichst individuell, die Interaktivität ist stark ausgeprägt, der Kommunikationspartner hat eine unmittelbare Feedback-Möglichkeit, die Interaktionen und Kanäle passen sich an die Wünsche an. Die Reaktionen der Angesprochenen können hier jede denkbare Ausprägung annehmen, Verlauf wie auch Ergebnis des eingeleiteten Kommunikationsprozesses bleiben offen.
- Interaktives Marketing
  Interaktives Marketing (Interactive) hat den Schwerpunkt auf den elektronischen, interaktiven Medien.
- Performance Marketing
  Performance Marketing findet online, im digitalen Raum statt, hat eine messbare Reaktion zum Ziel und eine starke Erfolgsorientierung. Es handelt sich um Dialogmarketing in der Online-Version.
- Conversational Commerce
  Conversational Commerce verfolgt das Ziel, Konsumenten aus einem Dialog zum Kauf einer Dienstleistung oder eines Produktes zu führen. Der Begriff wird verwendet im Zusammenhang mit dem Einsatz von Chat, Messaging Diensten oder anderen Sprachschnittstellen. Dabei treiben vor allem Spracherkennung und -verarbeitung, Marketing-Automation und Künstliche Intelligenz diesen Trend voran.

3 Dialogmarketing und Klassisches Marketing

▶ Das klassische Marketing richtet sich an eine Zielgruppe, die sich im Rahmen der Marktsegmentierung selektieren lässt. Diese Selektion geht aber nicht so weit, dass jeder Empfänger der Werbebotschaft identifiziert werden kann. Die Zielpersonen werden durch Massenmedien angesprochen, wobei zum Teil große Streuverluste in Kauf genommen werden.

Dagegen ist die Botschaft des Dialogmarketings an einzelne, individuell bekannte Zielpersonen gerichtet. Zumindest wird der Aufbau einer solchen *individuellen Beziehung* zwischen dem Absender und dem Empfänger der Botschaft angestrebt.

Statt eines Monologs besteht das Ziel in einer interaktiven Kommunikation, also in einem Dialog.

In Tab. 6 sind die wichtigsten Unterschiede zwischen dem klassischen Marketing und dem Dialogmarketing zusammengefasst.

Während das klassische Marketing das Ziel verfolgt, Image und Bekanntheitsgrad aufzubauen, werden im Dialogmarketing eine Reaktion (Response) des Angesprochenen und eine langfristige Kundenbeziehung angestrebt. Im klassischen Marketing geht es um das „Transaktionsmarketing", das heißt, das Ziel besteht darin, eine einmalige Transaktion, in Form eines Kaufs, herbeizuführen. In den letzten Jahren ist es zu einem Paradigmenwechsel gekommen; an die Stelle des *Transaktionsmarketings* trat das *Beziehungsmarketing* – der Aufbau einer langfristigen Beziehung zum Kunden trat in den Mittelpunkt der Betrachtung (vgl. Tab. 4).

Die *Zielgruppe* des Dialogmarketings ist die individuell bekannte einzelne Person, die mit den Medien des Dialogmarketings oder mit klassischen Medien angesprochen wird, sofern diese eine Response-Möglichkeit enthalten und zur Reaktion aufrufen.

Man tritt in einen Dialog mit der *Zielperson* ein. Überspitzt ausgedrückt: „Im Dialogmarketing redet man mit seinen Kunden – im klassischen Marketing werden diese angebrüllt" (vgl. Tab. 5 und 6).

Durch diesen Dialog mit kleinen Kundengruppen senkt der Anwender die Streuverluste und erreicht eine individuelle, sehr effiziente Kundenbetreuung.

Die Leistung wird individuell mit dem Kunden generiert. An die Stelle der Massenartikel treten auch Angebote, die individuell für den Kunden entwickelt werden (customized production). Economies of scope bedeutet, Vorteile aus Synergien zu nutzen. Unternehmen können im Dialogmarketing durch die Kenntnis ihrer Kunden verschiedene, genau auf die Kunden ausgerichtete Angebote präsentieren, bei denen ohne Kundenkenntnis zu große Streuverluste entstünden.

Im Dialogmarketing kennt man den individuellen Kunden (wie die „Tante Emma") und tritt in eine enge Beziehung zu ihm ein. Der Fokus liegt auf der Kundenbeziehung mit einem individuellen Dialog und nicht auf dem Produkt.

Die Frage, wann das Dialogmarketing besser geeignet ist als das klassische Marketing und wann eine direkte Kommunikation der indirekten vorgezogen werden soll, lässt sich so pauschal natürlich nicht beantworten. Im Rahmen des Inte-

Tab. 4 Paradigmenwechsel im Marketing. (Quelle: Eigene Darstellung)

Transaktionsmarketing → Beziehungsmarketing

Tab. 5 Klassisches Marketing versus Dialogmarketing. (Quelle: Eigene Darstellung)

Klassisches Marketing: Das Unternehmen hat Angebote auf Lager und sucht dafür Kunden. Dialogmarketing: Das Unternehmen hat Kunden und sucht für diese die passenden Angebote.

Tab. 6 Unterschiede zwischen Klassischem Marketing und Dialogmarketing. (Quelle: Wehrli und Wirtz 1996, S. 26)

	Klassisches Marketing	Dialogmarketing
Ziel	Bekanntheit, Image, Positionierung Einseitige Transaktion, Kunde kauft Leistung	Reaktion, Response Langfristige Kundenbeziehung, Kundenbindung
Zielgruppe	Massenmarkt, Personengruppe	Individuell bekannte Zielperson, Einzelperson
Medien	Massenmedien ohne Response-Möglichkeit	Dialogmedien: Offline, Online, Mobile, Social Klassische Medien mit Response-Möglichkeit
Kommunikationsfluss	Einseitig, Monolog	Zweiseitig, Dialog
Kommunikationswirkung	Hohe Streuverluste Aufbau von Images und Präferenzen	Geringe Streuverluste, individuelle Kundenbetreuung Hohe Effizienz
Paradigma/ Philosophie	Standardisierter Leistungsaustausch Economies of Scale, Mass Production	Individuelle Leistungsgenerierung Customized Production, Economies of Scope (Verbundvorteile)
Kundenverständnis	Anonymer Kunde Relative Unabhängigkeit zwischen Verkäufer und Käufer	Kenntnis individueller Kunden Interdependenz Verkäufer – Kunde
Marketingverständnis	Fokus auf Produkte Kundenkontakte als episodische Ereignisse Monolog zu aggregierter Kundenmenge	Fokus auf Service Kundenkontakt als kontinuierlicher Prozess Individualisierter Dialog

Tab. 7 Bedingungen für das Dialogmarketing. (Quelle: Eigene Darstellung)

- Identifizierbare Zielgruppe/Zielperson
- Bekannte Zielpersonen
- Erklärungsbedürftiges Angebot
- Angebot mit hohem Involvement
- Komplexer Kaufentscheidungsprozess
- Kauf bleibt kein einmaliges Ereignis, sondern es gibt Folgekäufe
- Kein geringwertiger Kauf

grierten Marketings stellt sich nicht die Frage nach dem Entweder – Oder, sondern es ist eine *optimale Kombination* aller Instrumente zu finden. Allerdings lassen sich einige Bedingungen formulieren, unter denen dem direkten Marketing der Vorzug gegenüber dem klassischen zu geben ist (vgl. Tab. 7).

- Dialogmarketing setzt eine identifizierbare Zielgruppe, ja sogar eine individuell identifizierbare Zielperson voraus, denn anders kann kein direkter Kontakt stattfinden.
- Wenn die Zielpersonen dem Unternehmen bekannt sind, kann es diese direkt, beispielsweise durch E-Mailings, ansprechen. Wenn das Unternehmen die Zielpersonen nicht kennt, aber diese kennenlernen möchte, können mehrstufige Dialogmarketing-Aktionen eingesetzt werden, die zunächst der Ermittlung von Interessenten dienen.
- Bei erklärungsbedürftigen Angeboten können diese Erklärungen wirkungsvoll durch die Medien des Dialogmarketings übermittelt werden.
- Wenn die (potenziellen) Kunden gegenüber dem Produkt ein hohes Involvement haben, werden sie auch bereit sein, sich mit einem Werbemittel zu diesem Thema zu beschäftigen. Involvement bezeichnet den Grad der „inneren Beteiligung" an der Kaufentscheidung. Also wie stark interessiert das Thema die Person, wie gern und intensiv beschäftigt sie sich damit?
- Wenn das Kaufverhalten mit komplexen Entscheidungsprozessen verbunden ist, kann der Einsatz des Dialogmarketings diesen Prozess unterstützen. Impulskaufverhalten findet eher am Point of Sale statt.
- Dialogmarketing dient dem Aufbau einer Beziehung. Wenn ein Kauf also kein einmaliges Ereignis ist, sondern es Folgekäufe gibt, kann eine Kundenbeziehung aufgebaut werden mit dem Ziel, dass es auf Grund von Loyalität zu Folgekäufen kommt.
- Dialogmarketing ist sinnvoll, wenn der Kauf nicht geringwertig ist, sondern ein bestimmtes Volumen erreicht, so dass die Kosten für den direkten Kontakt wirtschaftlich sind. Der direkte Kontakt ist wesentlich effektiver, aber pro Kontakt auch teurer als die Massenkommunikation, die in Tausender-Kontakt-Preisen rechnet; die Kosten müssen sich in die Verkaufspreise der verkauften Produkte einkalkulieren lassen.
- Ein Unternehmen, das Dialogmarketing erfolgreich betreibt, benötigt die Fähigkeit, mit den einzelnen Kunden direkt zu interagieren und aus den so gewonnenen Informationen eine Gewinn bringende Kundenbeziehung aufzubauen.
- Dazu ist es notwendig, dass nicht mehr ein bestimmtes Marktsegment, sondern der einzelne Kunde als Untersuchungsgegenstand der Analyse im Marketing gesehen wird.
- Im Unternehmen müssen die Prozesse und Systeme vorhanden sein für die Kommunikation mit den Kunden.
- Die aufgeklärten und informierten Kunden müssen die Möglichkeit haben, mit dem Unternehmen „auf Augenhöhe" zu kommunizieren und zusammenzuarbeiten, damit ein echter Dialog zustande kommt.
- Das Unternehmen muss in der Lage sein, den individuellen Wert eines Kunden zu messen und für die Allokation der Ressourcen zu nutzen. Dazu ist eine Kunden-Database notwendig.

4 Die Entwicklung des Dialogmarketings in den letzten Jahren

▶ Für den Bedeutungsaufschwung des Dialogmarketings sind zahlreiche Entwicklungstendenzen verantwortlich. Während früher zahlreiche Massenmärkte existierten, agieren viele Unternehmen heute auf immer kleiner werdenden Nischenmärkten mit einem zunehmenden Wettbewerbsdruck. Die Kosten der Marketingkommunikation steigen, während die für Informationstechnologie fallen. Der Druck zum Controlling der Werbewirkung steigt, und die Konsumenten sind einer großen Flut an werblicher Ansprache, vor allem durch die Massenmedien, ausgesetzt (vgl. Tab. 8).

- Nischenmärkte

Frühere anonyme Massenmärkte haben sich heute in wesentlich kleinere *Teilmärkte* aufgegliedert. Beispielsweise gibt es statt der wenigen Automodellreihen der Vergangenheit jetzt eine unüberschaubare Vielzahl von „Nischenmodellen". So bewirbt Mercedes aktuell immer nur eine seiner ca. 30 Modellreihen mit klassischer Kommunikation, für alle anderen liegt der Schwerpunkt auf dem Dialogmarketing.

- Gesättigte Märkte und austauschbare Produkte

Die meisten Märkte sind gesättigt, es herrscht ein Überangebot mit heftigen Verdrängungswettkämpfen. Gleichzeitig fällt es den Kunden immer schwerer, die spezifischen Vorteile einzelner Produkte zu erkennen. Die Angebote werden ähnlicher und austauschbar.

- Abnehmende Loyalität

Die *Loyalität* der Verbraucher gegenüber Produkten und Unternehmen nimmt dramatisch ab. Durch Dialogmarketing und Kundenbindungsmanagement versucht man, die Markentreue zu steigern.

Tab. 8 Markttendenzen für die Entwicklung des Dialogmarketings. (Quelle: Eigene Darstellung)

- Entwicklung zu Nischenmärkten
- Gesättigte Märkte und austauschbare Produkte
- Abnehmende Loyalität
- Technischer Fortschritt bei Hard- und Software
- Neue Möglichkeiten des Database-Managements
- Notwendigkeit des Integrierten Marketings
- Fortschritte bei den Analyseverfahren
- Steigende Außendienstkosten und steigende Kosten der klassischen Kommunikation
- Geändertes Konsumentenverhalten
- Wertewandel der Verbraucher
- Demografischer Wandel
- Informationsüberlastung der Verbraucher

- Hard- und Software

Die rasante Entwicklung in der Informationstechnologie nimmt einen entscheidenden Einfluss auf den Erfolgsverlauf des Dialogmarketings. Die Datenbanken bieten vorher ungeahnte Kapazitäten (*Big Data*) für die Speicherung persönlicher Daten und Merkmale von Zielpersonen. Damit ist eine wesentliche Voraussetzung für den Einsatz von Dialogmarketing-Instrumenten gegeben. Während sich die Kosten für entsprechende Komponenten zur elektronischen Speicherung steil nach unten bewegen, wird die Software professioneller und vor allem benutzerfreundlicher. Die Programme zur Speicherung und Verarbeitung von Adressen und individuellen Merkmalen haben stetig mehr Funktionen bei gestiegener Bedienungsfreundlichkeit und zunehmender Kompatibilität mit anderen Anwendungen.

- Database-Management

Mit dem zunehmenden Einsatz der Hard- und Software entwickelte sich zwangsläufig auch das *Database-Management*. Nur mit einer Kenntnis der einzelnen Kontakte in den Kundenbeziehungen ist ein zielgerichtetes und erfolgreiches Dialogmarketing möglich. Ausschließlich dann, wenn die Aktionen und Reaktionen in der Beziehung zwischen Unternehmen und Kunde gespeichert werden und ein umfassendes Wissen über den Kunden vorliegt, kann in der direkten Ansprache darauf zurückgegriffen werden.

- Integriertes Marketing

Das *Integrierte Marketing* verfolgt ein ganzheitliches Konzept. Es geht nicht um die Optimierung jedes einzelnen Marketinginstrumentes sondern um die Erzielung einer optimalen Gesamtwirkung. Alle Marketinginstrumente und alle Kommunikationskanäle sollen aufeinander abgestimmt werden. Ein Unternehmen, das die zunehmend komplexeren Märkte erfolgreich bearbeiten will, kommt um ein Integriertes Marketing und damit auch um ein professionelles Dialogmarketing nicht mehr herum.

- Fortschritte bei den Analyseverfahren

Die Methoden der Analyse von Kundendaten haben sich stark weiterentwickelt und lassen immer feinere und treffsicherere *Segmentierungen* zu.

- Steigende Außendienstkosten und steigende Kosten der klassischen Kommunikation

Die Kosten für den Besuch durch Außendienstmitarbeiter haben sich in den letzten Jahren sehr stark erhöht. Viele Unternehmen haben einen Teil ihrer Kundenkontakte vom Außendienstbesuch auf die Medien des Dialogmarketings verlagert. Auch die Kosten einer klassischen Kommunikationskampagne sind, vor allem durch die Zersplitterung der Medien (eine Unzahl von Fernsehkanälen, Radiosendern, Zeitschriften, etc.) stark angestiegen. Eine Verlagerung auf die direkte Kommunikation ist eine Folge.

- Geändertes Konsumentenverhalten

Nicht nur die Kosten für den Einsatz der Dialog-Medien sind im Vergleich zum Außendiensteinsatz und zur klassischen Kommunikation gesunken, auch die Akzeptanz der Verbraucher ist gestiegen. Die Online-Bestellung ist beispielsweise gegenüber dem Einkauf beim Stationärhändler oftmals die attraktivere Art des Einkaufs. Besonders deutlich wird dies am Trend zum *E-Commerce*.

- Wertewandel der Verbraucher

Die Verbraucher fragmentieren sich in immer *kleinere Zielgruppen*, damit werden die Streuverluste von Massenmedien wie Zeitung oder Fernsehen immer größer. Menschen verhalten sich individueller, auch in ihrem Kaufverhalten, und werden unberechenbarer; sie wechseln immer häufiger und schneller ihr Rollenverhalten und entwickeln zum Teil sehr spezielle Interessen und Bedürfnisse. Diesem Trend kann man durch die individuelle Ansprache des Dialogmarketings gut begegnen.

- Demografischer Wandel

In nahezu allen Altersschichten ist eine deutliche Zunahme von Single-Haushalten zu registrieren, also Haushalten, die zwangsläufig eine andere Art des Kommunikations- und Einkaufsverhaltens aufweisen als traditionelle Mehr-Personen-Haushalte. Anbieter von Produkten und Dienstleistungen stehen damit vor der Herausforderung, Wege der Kontaktaufnahme zu finden, die der spezifischen, stark individualisierten Lebenssituation der Singles entsprechen. Ein weiterer wichtiger demografischer Trend liegt in dem starken Wachstum des Anteils der älteren Mitbürger, die eine hohe Kaufkraft haben und für die geeignete Marketingmaßnahmen entwickelt werden müssen.

- Informationsüberlastung

Der immer lauter geführte Informationswettbewerb um die Gunst der Verbraucher führt bei der Mehrheit der Menschen unweigerlich zu einer *Informationsüberlastung*, er irritiert und verunsichert sie. Viele Medien konkurrieren um die knappe Aufmerksamkeit der Empfänger. Sie werden mit Kommunikation überschüttet, aber es fehlt ihnen oft an individuell wichtigen, zeitlich passenden Informationen. Viele Menschen leiden gleichermaßen unter „Informationsdefiziten" sowie unter „Informationsüberlastungen". Die dialogorientierte Kommunikation hat aufgrund dieses Trends eine große Chance.

Diese Tendenzen werden auch die weitere Entwicklung des Dialogmarketings beeinflussen. Es handelt sich um eine junge, dynamische Disziplin, die sich fortlaufend neuen Entwicklungen anpasst und neue (technische) Herausforderungen und Möglichkeiten aufgreift.

5   Die wirtschaftliche Bedeutung des Dialogmarketings

▶ Das Dialogmarketing hat in den letzten Jahrzehnten einen enormen Aufschwung erlebt. Im Jahr 2019 betrugen die Aufwendungen für das Dialogmarketing in Deutschland ca. 18,1 Mrd. € (Deutsche Post 2020, S. 10).

> Die *Deutsche Post* AG erhebt in jedem Jahr durch eine umfangreiche repräsentative Befragung bei deutschen Unternehmen die Ausgaben dieser Unternehmen für die Medien des Dialogmarketings und der klassischen Kommunikation. Diese Studie wird jeweils im Sommer eines Jahres veröffentlicht und bezieht sich auf das Vorjahr. Zusätzlich werden die befragten Unternehmen gebeten, eine Prognose für das laufende Jahr abzugeben. Da es sich um eine repräsentative Stichprobe deutscher Unternehmen mit einem großen Stichprobenumfang handelt, können die Daten auf die Grundgesamtheit hochgerechnet werden.

In der Tab. 9 sind die Aufwendungen der Unternehmen in Deutschland für das Dialogmarketing seit dem Jahr 2012 in einer Zeitreihe zusammengestellt. Die Vergleichbarkeit langfristiger Zeitreihen ist problematisch, da sich die Definitionen und Zuordnungen der Medien in der Vergangenheit geändert haben.

Es sind keine Wachstumsraten in der Entwicklung der Werbeausgaben zu erkennen, aber eine Umverteilung von den klassischen Medien zum Dialogmarketing. Von dem Gesamtwerbevolumen im Jahr 2019 in Höhe von 40,4 Mrd. € werden 45 % für das *Dialogmarketing* aufgewendet. 2 % der Unternehmen haben ihr Budget von der Klassik zum Dialog verschoben, nur 1 % in die andere Richtung (Deutsche Post 2020, S. 10, 12).

In dieser Befragung, deren ausführliche Ergebnisse als Download auf der Homepage der Deutschen Post AG bereitstehen, wurde auch die genaue Unterteilung in die unterschiedlichen Medien der klassischen und der Dialogkommunikation ermittelt.

Tab. 10 enthält die wichtigsten zusammenfassenden Ergebnisse dieser Studie. Die deutschen Unternehmen hatten demnach im Jahr 2019 Aufwendungen für Onlinemarketing in Höhe von 9,6 Mrd. €, Anzeigenwerbung in Printmedien (Zeitschriften und Zeitungen) folgt an zweiter Stelle mit 8 Mrd. €. Jeweils 48 % der Unternehmen nutzen diese beiden genannten Medien.

Tab. 9 Aufwendungen für Dialogmarketing und Klassikmedien in Mrd. Euro. (Quelle: Deutsche Post AG 2020, S. 10)

Jahr	Marktentwicklung des Dialogmarketings in Mrd. Euro	Marktentwicklung der Klassikmedien in Mrd. Euro
2012	17,0	23,7
2013	17,8	23,4
2014	17,9	23,0
2015	17,9	22,4
2016	18,1	22,7
2017	18,8	22,9
2018	18,4	22,0
2019	18,1	22,3

> Nach dieser Studie der Deutschen Post AG werden 45 % der Aufwendungen für Werbung in Dialogmedien investiert; das entspricht 18,1 Mrd. € (Deutsche Post 2020, S. 10).

6 Vom Massenmarketing zum Dialogmarketing

▶ Das Marketing vieler Unternehmen hat sich vom Massenmarketing über das Marktlücken- und Marktnischenmarketing mit immer kleiner werdenden Zielgruppen zum individuellen, also zum Dialogmarketing entwickelt (vgl. Tab. 11).

Zahlreiche Unternehmen, auch die großen Makenartikelhersteller von Fast Moving Consumer Goods, haben die Bedeutung des Dialogmarketings erkannt und ihre Marketingbudgets umgeschichtet, wie die Ergebnisse des Dialogmarketing Monitors der Deutschen Post AG zeigen (Deutsche Post 2020).

Beispiel
In einem Interview äußert der Chief Marketing Officer von *Unilever*, Keith Weed, dass das Unternehmen eine Beziehung zu den Menschen herzustellen und individu-

Tab. 10 Aufwendungen (externe Ausgaben) und Nutzeranteile für die einzelnen Medien im Jahr 2019 in Mrd. Euro. (Quelle: Deutsche Post 2020, S. 14)

Klassikmedien	Nutzeranteile in %	Ext. Ausgaben in Mrd. Euro	Dialogmedien	Nutzeranteile in %	Ext. Ausgaben in Mrd. Euro
Anzeigenwerbung	48	8,0	Volladressierte Werbesendungen	13	5,9
Fernsehwerbung	1	7,4	Teil- + unadressierte Werbesendungen	9	1,6
Beilagenwerbung	12	2,8	Onlinemarketing	48	9,6
Plakat- und Außenwerbung	27	2,7	Telefonmarketing (aktiv und passiv)	14	1,0
Radiowerbung	3	1,3			
Kinowerbung	1	0,1			

Tab. 11 Entwicklung des Marketings. (Quelle: Eigene Darstellung)

Massenmarketing → Marktlückenmarketing → Marktnischenmarketing → Direktmarketing → Dialogmarketing → One-to-One-Marketing →

ell und persönlich mit ihnen interagieren möchte. „Wir haben uns daher zum Ziel gesetzt, *Beziehungen mit einer Milliarde Menschen* aufzubauen."

Die Konsumenten nehmen den Kontakt über die unterschiedlichen Medien auf, sie suchen und erwarten die individuelle, persönliche Ansprache. „Unsere Herausforderung besteht also darin, personalisierte Markenkonzepte zu entwickeln, die reproduzierbar sind und uns gleichzeitig weiter wachsen lassen" (Campillo-Lundbeck 2016).

7 Die Vorteile des Dialogmarketings

▷ Die zunehmende Bedeutung des Dialogmarketings ist auf zahlreiche Gründe zurückzuführen, die im Folgenden aufgezeigt werden und in Tab. 12 zusammengestellt sind.

7.1 Markttendenzen

Der Wertewandel in der Gesellschaft hat zu einer Individualisierung und Differenzierung mit einem abnehmenden gesellschaftlichen Druck zur Konformität geführt. Die Bedeutung der traditionellen Werte nahm ab, es wuchs die Bereitschaft in der Bevölkerung, das Verhalten an den eigenen Wertvorstellungen auszurichten.

Dieser Trend zur Individualisierung ist auch an den wachsenden Sortimenten zu erkennen, die den Konsumenten angeboten werden. Die Marktnischen wurden immer kleiner, so dass eine Zielgruppenansprache durch klassische Marketinginstrumente zu immer größeren Streuverlusten führen musste.

Aus einer „Massenmarktstrategie mit totaler Marktabdeckung" wurde über die Zwischenstufen „Massenmarktstrategie mit partialer Marktabdeckung" und „Seg-

Tab. 12 Erfolgsfaktoren des Dialogmarketings. (Quelle: Eigene Darstellung)

Markttendenzen: Fragmentierung der Märkte Wertewandel: Individualisierung IT-Entwicklung	*Kundenorientierung*: Kundenbindung Individuelle Kundenbeziehungen
Zielgenauigkeit: Geringere Streuverluste Steigende Kosten für klassische Kommunikation und Außendienst	*Wirkungsgrad*: Personalisierung Höhere Aufmerksamkeit „Konkurrenzausschaltung"
Erfolgskontrolle: Wirkungsmessung Rentabilitätsberechnung Testmöglichkeit	*Flexibilität*: flexibler Einsatz Auch für kleine Etats Internationalisierung

mentierungsstrategie mit totaler Marktabdeckung" schließlich eine *„Segmentierungsstrategie* mit partialer Marktabdeckung" (Becker 2002, S. 240).

Beispiel
Während Coca-Cola ursprünglich nur ein Cola-Getränk anbot, gibt es heute neben vielen anderen die Produktvarianten Coca-Cola, Coca-Cola light, Coca-Cola Zero, die in den unterschiedlichsten Verpackungsvarianten angeboten werden. In den Deckeln der Flaschen fanden sich in den letzten Jahren Codes, die auf der Plattform „mein Coke Bonus" online eingelöst werden können. Damit hat das Unternehmen die Möglichkeit, mit den Kunden in den Dialog zu treten und das Kundenbindungsmanagement zu nutzen. Momentan ruht dieses Bonussystem, aber Coca-Cola ruft auf seiner Website zu zahlreichen Möglichkeiten der Interaktion auf. Ähnliche Entwicklungen sind auch in allen anderen Produktbereichen zu finden.

Die Verbraucher haben sich mehr und mehr zu sogenannten *„hybriden Konsumenten"* entwickelt. Sie verhalten sich am gleichen Tag extrem preisbewusst und kaufen bei einem Discounter ein, anschließend gönnen sie sich in einer teuren Boutique den Erlebniskauf. Von hybriden Konsumenten spricht man, wenn die Käufer ein gespaltenes Konsumverhalten an den Tag legen, analog zum Kraftfahrzeug mit Hybridantrieb (zwei verschiedene Antriebstechniken: Verbrennungs- und Elektromotor). Sie konzentrieren sich nicht auf einen Einzelhandelssektor, sondern sie kaufen beispielsweise ihre Lebensmittel sowohl bei einem Discounter als auch in einem Delikatessladen. Bei dem Discounter decken sie den Grundbedarf, bei dem Delikatessgeschäft kaufen sie die Produkte, die über das Alltägliche hinausgehen.

Dieser Trend hat die Bildung von kleinen und kleinsten Marktsegmenten begünstigt und die *Fragmentierung* der Märkte beschleunigt. Dadurch wird die Bildung von Konsumententypologien erschwert, neue Anforderungen an die Marktforschung werden gestellt.

7.2 Kundenorientierung

> In Zukunft können nur solche Unternehmen erfolgreich sein, die sich eng an ihren Kunden orientieren. Das Dialogmarketing bietet die Möglichkeit, diese Kundenorientierung durch den Dialog mit dem Kunden zu intensivieren und die Bindung zwischen Unternehmen und Kunden dadurch zu stärken.

Zahlreiche neue Ansätze im Marketing stellen die Beziehung zwischen dem Unternehmen und seinen Kunden in den Mittelpunkt:

- Kundenbindungsmanagement
- Relationship-Marketing
- Loyalty-Marketing
- Customer Relationship Management (CRM).

Das Customer Relationship Management nutzt die Möglichkeiten des Dialogmarketings, um damit eine individuelle Kundenbeziehung aufzubauen.

Beispiel
Diese enge Orientierung am Kunden, den das Unternehmen kennt und den es individuell anspricht, wird als *„Tante Emma-Prinzip"* bezeichnet. Die großen Handelsorganisationen versuchen diese enge Kundenbeziehung, über die auch die Versandhändler verfügen, durch ihre Kundenclubs und Kundenkarten zu erreichen.

Durch die Vorlage einer Kundenkarte an der Kasse, wobei der Kunde Vorteile für sich erwartet (beispielsweise Rabatte, Bonuspunkte), wird er aus seiner Anonymität herausgeholt, die Kontakte können in einer Datenbank gespeichert werden. So kann der Kunde in einer späteren Aktion individuell und gemäß seinen Bedürfnissen angesprochen werden.

Dafür, dass der Kunde trotz eventueller Bedenken zum Datenschutz seine Daten preisgibt, erwartet er einen verantwortlichen Umgang mit diesen Daten und attraktive Vorteile für sich.

7.3 Zielgenauigkeit

Steigende Kosten der Kommunikation in Massenmedien und vor allem stark gestiegene Kosten des Außendienstes haben zu einer Substitution durch Dialogmarketing geführt, das *Streuverluste* minimiert. Das Zeitalter des Massenmarketings mit seiner „Gießkannenmethode" wird abgelöst durch ein zielgenaues One-to-one-Marketing.

Die Kosten für einen Außendienstbesuch werden auf einen Durchschnittswert von 300 € geschätzt. Wenn nur jeder vierte Besuch zu einem Kaufabschluss führt, bedeutet das Kosten in Höhe von 1200 €, die dieser eine Kauf tragen muss. Die Anzahl der Produkte, die sich so kalkulieren lassen, dass sie einen Außendienstbesuch rentabel verkraften, ist begrenzt. Aus diesem Grund wird der Außendienstbesuch, der von seinen Voraussetzungen und Zielen her dem Direktmarketing sehr nahe steht, immer mehr durch Instrumente des Dialogmarketings ersetzt.

7.4 Wirkungsgrad

> Durch die gezielte und individuelle Kundenansprache kann beim Dialogmarketing mit einem höheren *Wirkungsgrad* gerechnet werden. Dieser Wirkungsgrad wird durch eine höhere Aufmerksamkeit und die Konkurrenzausschaltung beim Werbemittelkontakt verstärkt. Durch die persönliche Ansprache wird eine Ablenkung durch konkurrierende Werbebotschaften verhindert.

Die persönliche Ansprache erbringt eine höhere Wirkung, auch wenn inzwischen allgemein bekannt ist, dass ein (E-)Mailing nicht mit einem persönlichen Brief zu vergleichen ist. Tests belegen die Erfolgswirkung der personalisierten Anrede.

Die Briefkästen privater Verbraucher sind noch nicht mit Mailings verstopft – der durchschnittliche Haushalt empfängt ca. 2 Mailings wöchentlich – und diese haben eine wesentlich stärkere Wirkung als die klassischen Kommunikationsmedien. Selbst wenn ein Mailing nach dem ersten Überblick in den Papierkorb geworfen wird, hatte es ca. 20 Sekunden Zeit zu wirken und Bekanntheitsgrad sowie Image aufzubauen.

Durch die *Personalisierung* ist ein wichtiger Faktor zur Steigerung der Aufmerksamkeit gegeben. Eine häufig im Dialogmarketing zitierte Regel lautet: „Der Mensch liest nichts Anderes so gern wie seinen eigenen Namen!"

Wenn man bedenkt, welchen Aufwand viele Menschen auf sich nehmen, ihre Initialen auf dem Nummernschild ihres Autos zu haben, oder wie wichtig ein mit dem Namen gravierter Füller bzw. das Monogramm auf dem Hemd sind, wird diese Regel verständlich. Ein Werbebrief, der den Empfänger persönlich anspricht, hat damit einen Blickfang geschaffen und genießt eine höhere Aufmerksamkeit.

> Die vielen klassischen *Werbeanstöße*, die der Verbraucher täglich erlebt – man spricht von ca. 5000 bis zu 13.000 täglichen klassischen Werbeansprachen – bleiben zum großen Teil unbeachtet. Wenn der Verbraucher aber abends seinen Briefkasten leert und dort einen adressierten Werbebrief vorfindet, so hat dieser eine große Chance zu wirken. Wenn dieses Mailing gut auf den Empfänger abgestimmt ist und seine Wünsche kennt, wird eine Wirkung eintreten.

Immer mehr Konsumenten werden aktiv, um sich gegen diese werbliche Überlastung zu wehren (*Customer-Resistance*). Sie ergreifen Maßnahmen, um Werbung oder Kundenbindungsmaßnahmen zu entgehen. Sie schauen Spielfilme nicht im linearen Fernsehen an, sondern streamen diese, sie installieren Spamfilter und Ad-Blocker.

Push-Maßnahmen, die vom Unternehmen auf den Markt gedrückt werden, führen zu steigendem Wettbewerbsdruck und zu Information Overload.

Die Ursachen für wachsende Customer Resistance liegen in einer unzureichenden Zielgenauigkeit und damit übermäßigen Quantität der Kommunikationsmaßnahmen bei nicht adäquater Qualität der Kommunikations-Maßnahmen (Fassnacht und Möller 2005, S. 48–53).

Das Dialogmarketing bietet die Möglichkeit, dieser Customer Resistance zu entgehen. Durch zielgenaue Angebote zur richtigen Zeit an die richtige Person können die Vorteile der gezielten und wirkungsvollen Ansprache durch direkte Kommunikation genutzt werden. Der Konsument, der täglich mit tausenden von Werbeansprachen konfrontiert wird und sich an die wenigsten davon erinnert, kann durch eine direkte Ansprache eines Unternehmens, das ihn als Kunden gut kennt, wirkungsvoll kontaktiert werden.

7.5 Erfolgskontrolle

> Ein Hauptvorteil des Dialogmarketings liegt in der schnellen und eindeutigen *Messbarkeit* des Erfolges einer Aktion. Der Erfolg einer Aktion ist schon nach kurzer Zeit zu beurteilen. Das Controlling und Tracking mit der eindeutigen Zuordnungsmöglichkeit von Kosten und Erträgen erlauben eine genaue Rentabilitätsberechnung und die Durchführung von Tests zur Optimierung der Werbeansprache.

Ein Unternehmen, das Dialogmarketing betreibt, kennt seine Kunden durch die Auswertung der Kundendatenbank und weiß, wie diese auf ein bestimmtes Werbemittel reagieren. Dagegen hat ein Stationärgeschäft oder ein Markenartikelhersteller nur wenige Kenntnisse über seine Kunden oder die Leser seiner Anzeige.

Durch die Möglichkeit der *Rentabilitätskontrolle* und der unmittelbaren Messbarkeit des Erfolges lassen sich Tests durchführen, die einer Optimierung der Werbeansprache dienen. Vor der Aussendung einer Werbeaktion an einen breiten Kundenkreis können Werbemittel an wesentlich kleinere Testgruppen versandt werden. Die Erfolgskontrolle unterschiedlicher Testvarianten erlaubt ein Herantasten an ein „optimales" Werbemittel.

7.6 Flexibilität

Die Handhabung des Dialogmarketings ist sehr flexibel, und der Einsatz lässt sich auch kurzfristig variieren. Es ist auch bei kleinen Werbeetats möglich und damit auch für mittelständische Unternehmen gut geeignet.

Unternehmen, die ein Produkt oder eine Dienstleistung für einen begrenzten Kundenkreis anbieten, haben aufgrund des eingeschränkten Etats kaum eine andere Möglichkeit als das Dialogmarketing zur Kontaktaufnahme mit den Abnehmern.

Der Verkauf per Dialogmarketing über Websites, Kataloge oder andere Werbemittel ist der einfachste Weg bei einer Internationalisierungsstrategie. Ohne großen Aufwand lassen sich die Werbemittel in ausländische Märkte senden, wenn die Marktakzeptanz der eigenen Produkte getestet werden soll und die Voraussetzungen dafür gegeben sind.

7.7 Entwicklung der Informationstechnologie

▶ **Wichtig**
Schließlich hat das Dialogmarketing von der rasanten Entwicklung im Bereich der *Informationstechnologie* profitiert, die zu immer leistungsfähigeren und kostengünstigeren Möglichkeiten der Informationsver-

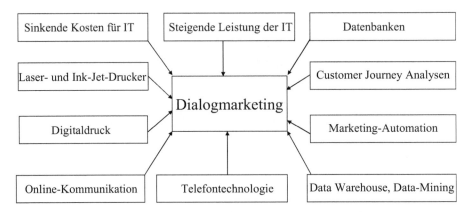

Abb. 1 Informationstechnologie und Dialogmarketing. (Quelle: Eigene Darstellung)

arbeitung führte und damit die Bedeutung des Database-Marketings erhöhte. Das Dialogmarketing setzt eine sehr leistungsfähige Hard- und Software voraus und kann auf der Basis der Technologie seine Vorteile ausspielen. Dies betrifft neben den Bereichen Database und Online beispielsweise auch die Drucktechnologie (Laser-, Ink-Jet-, Digital-Druck).

Dialogmarketing ist in starkem Maße „technology-driven".

Abb. 1 zeigt die Entwicklungen in der Informationstechnologie auf, die das Dialogmarketing beflügelt haben.

Die im Unternehmen für das Dialogmarketing notwendige Technologie wird, wie auch die privat eingesetzte, immer kostengünstiger oder der Preis bleibt gleich bei steigender verfügbarer Leistung. Nach dem *Mooreschen Gesetz* verdoppelt sich die Rechnerleistung alle 18 Monate, das bedeutet alle zehn Jahre eine Steigerung um den Faktor Einhundert (etwa 2 hoch 7).

Sinkende Kosten bei steigender Leistung machen es möglich, große Datenbestände in Kundendatenbanken zu speichern und für Marketingaktivitäten zu nutzen. Neue Technologien in den Bereichen Data Warehouse und Data Mining erlauben eine immer wirkungsvollere und auch benutzerfreundlichere Selektion von Kunden.

Diese selektierten Kunden können dann mit Hilfe von leistungsfähiger Drucktechnologie (Laser- und Ink-Jet-Drucker sowie Digitaldruck) individuell angesprochen werden. Der Laserdrucker erlaubte den Druck individualisierter Werbebriefe in großer Auflage zu geringen Kosten. Digital-Print ermöglicht nun auch den Einsatz von individuellen Fotos oder Grafiken.

Weiterhin profitiert das Dialogmarketing von den Fortschritten und der zunehmenden Akzeptanz der Online-Kommunikation und dem Zusammenwachsen von Telefon, Internet und Fernsehen. Die so genannten Offline- und Online-Welten wachsen zusammen (Meffert und Rauch 2013, S. 39).

Tab. 3 Begriffsabgrenzungen. (Quelle: Eigene Darstellung)

Direct-Mail: Versand von Werbebriefen
Direktwerbung: Direkte Kommunikation über mehrere Medien, z. B. Telefon
Direktmarketing: Nutzung aller Marketinginstrumente, strategischer Ansatz
Dialogmarketing: Schwerpunkt auf dem langfristigen Dialog

Der Deutsche Direktmarketing Verband heißt nun Deutscher Dialogmarketing Verband (DDV), auch die Deutsche Post AG und viele Werbe- und Kommunikationsagenturen haben die Bezeichnung übernommen.

▶ **Definition** *Dialogmarketing*
Die Begriffe Direkt- und Dialogmarketing können weitgehend als Synonyme aufgefasst werden. Das Dialogmarketing setzt einen besonderen Schwerpunkt auf den langfristigen Dialog mit der Zielperson, also mit dem Kunden oder Interessenten.

Das Direktmarketing ist auf eine Response ausgerichtet. Das Dialogmarketing sieht sein Ziel in einer *längerfristigen Interaktion*. Auf eine Aktion des Unternehmens erfolgt eine Reaktion des Angesprochenen, das Unternehmen antwortet, die Zielperson reagiert wieder, etc. (vgl. Tab. 3).

Der Erfolg des Begriffs Dialogmarketing ist sicher auch dadurch zu erklären, dass er wesentlich sympathischer klingt. Direktmarketing hat im Namen bereits Assoziationen zu einer sehr direkten und verkäuferischen Vorgehensweise (hard selling). Dialogmarketing spricht den Dialog mit dem Kunden und eine partnerschaftliche Beziehung an und ist damit schon vom Begriff her wesentlich freundlicher belegt.

Übersicht
Da sich das Dialogmarketing in einer stürmischen Entwicklung befindet, werden ständig neue Begriffe in diesem Zusammenhang geprägt. Einige dieser aktuellen Begriffe in Zusammenhang mit dem Dialogmarketing sollen hier kurz erläutert werden:

- One-to-One-Marketing
  One-to-One-Marketing setzt den Schwerpunkt auf die Gestaltung der Beziehung mit der einzelnen Person (und nicht mit Kundensegmenten). Im Dialogmarketing werden auch Werbemittel (z. B. Werbebriefe und E-Mailings) in großer Auflage eingesetzt, die sich nur in der Adressierung und Anrede unterscheiden, das kann jedoch nicht als echter Dialog bezeichnet werden. Die Technik macht es seit einigen Jahren möglich, nun auch tatsächlich für jeden Empfänger unterschiedliche Werbemittel zu erstellen. Wenn beispielsweise Payback bei einer Auflage von 1 Mio. E-Mails

(Fortsetzung)

Dialogmarketing – Offline und Online

8 Die Tendenzen des Dialogmarketings

▶ Abb. 2 zeigt den Weg vom undifferenzierten Massenmarketing mit undifferenzierter Ansprache in der Kommunikation und nicht individualisierter Leistung bis zum One-to-One-Marketing, bei dem sowohl die Kommunikation als auch die Leistungserstellung individualisiert stattfinden.

8.1 Das Ende des Massenmarketings

In den ersten Jahren nach Entstehen des Marketings, als der Übergang von den Verkäufermärkten zu den Käufermärkten das wirtschaftliche Handeln veränderte, lagen Massenmärkte vor. Inzwischen haben sich die Märkte immer weiter in kleine und kleinste Marktnischen fragmentiert. In der Automobilbranche beispielsweise wird von „Nischenfahrzeugen" gesprochen. Neben den klassischen Karosserieformen entstehen jährlich neue Fahrzeugkonzepte wie SUVs, Mini Vans oder „Cross-Over-Fahrzeuge" (wie die Mischung aus SUV und Coupé oder SUV und Cabriolet), in denen Stil- und Designelemente neu zusammengesetzt werden. Dazu kommen die alternativen Antriebskonzepte.

Ein Ergebnis dieser Entwicklung ist, dass diese Nischen zu klein sind für eine Bearbeitung mit den klassischen Marketinginstrumenten; die *Streuverluste* wären zu groß. Wenn man diese Entwicklung weiterdenkt, besteht die Nische im Endeffekt nur noch aus einem einzigen Kunden, das „segment of one" und das One-to-One-Marketing wären Realität geworden.

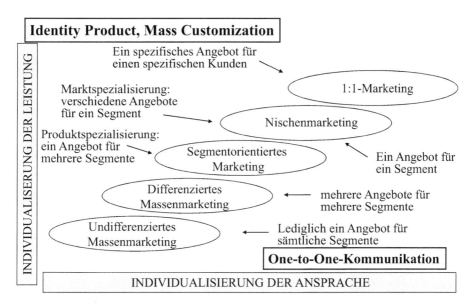

Abb. 2 Vom Massenmarketing zum One-to-One-Marketing. (Quelle: Becker 2002, S. 907)

Dieser Entwicklung kann mit dem Dialogmarketing hervorragend begegnet werden, wie die letzten Kapitel gezeigt haben. Die Individualisierung der Kommunikation wird durch den Dialog auf der Basis der in der Kundendatenbank gespeicherten Informationen möglich. Dies ist auf der Abszisse (der x-Achse) der Abb. 2 abgetragen.

Wenn nun ein E-Commerce-Unternehmen, das seine Kundin und ihre Bedürfnisse genau kennt und mit ihr sehr individuell kommuniziert, dieser Kundin nun ein Kleidungsstück anbietet, das es zu Tausenden in identischer Form im Lager hat, ist dies ein Widerspruch.

Die *Individualisierung der Ansprache* hebt diese Individualität auf das Niveau der Leistungen und ist auf der Ordinate (der y-Achse) der Abb. 2 eingetragen.

Unternehmen aus dem Bereich der Investitionsgüterindustrie haben schon lange ihren Kunden individuelle Problemlösungen offeriert. In Kooperation zwischen Anbieter und Nachfrager werden Anlagen und Maschinen entwickelt, die zur Lösung des Problems auf Kundenseite erforderlich sind – beispielsweise ein Industrieroboter zur Fertigung in der Automobilindustrie. Auch die Finanzdienstleister entwickeln in Absprache mit dem Kunden individuelle Problemlösungen (z. B. eine Hypothekenfinanzierung).

Neu ist, dass heute diese individuellen Leistungen durch die Fortschritte der Technik auch bei vielen Gütern des täglichen Bedarfs angeboten werden können.

▶ **Definition** Im Dialogmarketing sind die Techniken für eine individuelle Kommunikation seit langem geläufig; die individuelle Leistungserstellung lässt sich heute durch „*mass customization*" technisch umsetzen. Mit numerisch gesteuerten Maschinen sowie CAD- und CAM-Technologien (Computer added Design und Computer-Aided Manufacturing) sind die Unternehmen in der Lage, für ihre Kunden individuell angefertigte Produkte zu liefern.

Identity Products sind Produkte, die in dieser Form nur einmal existieren, individuell für den Kunden.

8.2 Mass Customization

▶ Mass Customization bedeutet die Herstellung von Gütern und Serviceleistungen für einen relativ großen Absatzmarkt, wobei die unterschiedlichen Bedürfnisse jedes einzelnen Nachfragers hinsichtlich persönlicher, technischer, funktionaler und ästhetischer Ansprüche erfüllt werden – und dies zum Preis eines vergleichbaren Standardprodukts.

Durch *Digitaldruck* ist es heute möglich, beispielsweise Kundenzeitschriften für einzelne Kundengruppen unterschiedlich zusammenzustellen; im Prinzip könnte jeder Kunde auf der Basis der über ihn in der Database gespeicherten Informationen seine individuelle Zeitschrift erhalten.

Auf der Website von Nike hat der Kunde die Möglichkeit, seine individuellen Sportschuhe, wie in einem Car-Configurator, zu gestalten und sie mit seinem Namen zu versehen. Dieser Bereich trägt inzwischen stark zum Umsatz von Nike bei.

8.3 Mit Dialogmarketing gegen die Informationsüberlastung

Der Werbedruck mit den *Push-Medien* der klassischen Kommunikation wird immer größer und der Verbraucher leidet unter dem Information Overload der vielen Werbebotschaften, denen er täglich ausgesetzt ist. Es wird immer schwieriger, seine Aufmerksamkeit zu gewinnen.

Das Dialogmarketing dagegen kennt seine Kunden und kann ihnen ein passendes Angebot zur richtigen Zeit zukommen lassen. Wenn die Kommunikation dann auch noch den Empfänger individuell anspricht, ist die Chance für einen erfolgreichen Kontakt groß.

8.4 Dialogmarketing – das „private Gesicht" einer Marke

Die Botschaften der klassischen Kommunikation verfolgen die Ziele, Bekanntheitsgrad und Image für die Produkte aufzubauen und ein Unternehmen und seine Marken auf dem Markt zu positionieren. Man spricht von dem „öffentlichen Gesicht" einer Marke, weil jeder die Chance hat, dies wahrzunehmen (Abb. 3).

Im Gegensatz dazu sehen die Menschen den größten Teil der direkten Kommunikation nicht. Sie erhalten nur die Kundenbindungsmaßnahmen von Unternehmen, bei denen sie Kunden sind. Mit ihnen wird nur dann ein Dialog aufgebaut, wenn sie dazu ihren Teil beitragen. Aus diesem Grund spricht man von dem „*privaten Gesicht*" einer Marke, das über Maßnahmen des Dialogmarketings vermittelt wird.

Abb. 4 vertieft diese Erkenntnis weiter und zeigt, dass der Schwerpunkt von Dialogmaßnahmen in den späteren Schritten eines Kaufentscheidungsprozesses liegt.

> Die Marketingkommunikation für ein neues Angebot muss zunächst Aufmerksamkeit und Bekanntheitsgrad schaffen, dies ist tendenziell eher die Aufgabe der Klassik – wobei es natürlich immer Ausnahmen gibt. Wenn sich ein Image und ein Interesse an dem Produkt gebildet haben, setzt die Interessentengewinnung durch Dialogmarketing ein. Folgekäufe und die Loyalität von Käufern lassen sich durch Dialogmarketing erreichen, wenn es einen direkten Kontakt zu den Kunden gibt (Abb. 4).

8.5 Vom Transaktionsmarketing zum Beziehungsmarketing

Mit der Entwicklung der Datenbanktechnologie war es den Unternehmen möglich, den Wert zu erkennen und auszuschöpfen, der in den bestehenden Kunden liegt. Nach der *Pareto-Regel* (80-20-Regel), die sich in der Betriebswirtschaftslehre in vielen Bereichen zeigt, erzielt ein Unternehmen mit 20 % seiner Kunden 80 % seines Umsatzes. Diese grob geschätzten Anteile liegen in vielen Unternehmen sehr nah an der Realität, so dass man schon fast von einer Gesetzmäßigkeit sprechen könnte. Durch die Database und die individuelle Ansprache mit Dialogkommunikation hat man die Möglichkeit, diese 20 % der Top-Kunden wirkungsvoller zu bearbeiten.

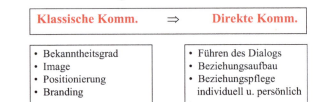

Abb. 3 Das öffentliche und das private Gesicht einer Marke. (Quelle: Eigene Darstellung)

Abb. 4 Dialogmarketing in den Phasen des Kaufentscheidungsprozesses. (Quelle: Eigene Darstellung)

> Der Schwerpunkt des Marketings, der lange darauf gelegen hatte, neue Kunden zu gewinnen und Transaktionen (Käufe) herbeizuführen, änderte sich. Die Marketingwissenschaft und viele Unternehmen verlagerten ihren Schwerpunkt auf die Pflege bestehender Kundenbeziehungen – der Paradigmenwechsel vom *Transaktionsmarketing* zum *Beziehungsmarketing* war nicht mehr zu übersehen.

Das klassische Marketing – als Transaktionsmarketing – ist auf *einseitige Transaktionen* ausgerichtet. Das Ziel besteht darin, den Kunden zum Kauf einer Leistung zu bewegen. Der Kunde bleibt beim Erwerb dieser Leistung, beispielsweise im stationären Handel, anonym. Der standardisierte Leistungsaustausch führt nicht zu einer engen Beziehung zwischen Anbieter und Nachfrager.

Im Dialogmarketing steht nicht mehr die einseitige Transaktion, sondern die langfristige Kundenbeziehung und Kundenbindung im Fokus. Mit dem individuell bekannten Kunden wird ein Dialog geführt, es besteht eine enge Beziehung zwischen Anbieter und Nachfrager. Statt des standardisierten Leistungsaustausches wird hier eine individuelle Leistungsgenerierung mit einem *kontinuierlichen Kundenkontakt* angestrebt.

8.6 Aktuelle Tendenzen im Dialogmarketing

Einige weitere Entwicklungstendenzen, die in den folgenden Beiträgen wieder aufgegriffen und vertieft werden, sollen hier genannt werden (vgl. Tab. 13):

- Wachstum auch in wirtschaftlich schwierigen Zeiten
  In Zeiten wirtschaftlicher Rezession werden die Kommunikationsetats vieler Unternehmen kräftig beschnitten, gleichzeitig haben viele Unternehmen die Vorteile der direkten Kundenansprache für sich entdeckt. Gerade in Krisenzeiten wird mehr Wert auf das Controlling gelegt – und der Erfolg des Dialogmarketings lässt sich sehr gut nachweisen.
- Integration der Kommunikationskanäle

Tab. 13 Entwicklungstendenzen im Dialogmarketing. (Quelle: Eigene Darstellung)

- Wachstum auch in wirtschaftlich schwierigen Zeiten
- Integration der Kommunikationskanäle
- Medienkonvergenz
- Optimierung der Selektion durch Data Mining
- Pull-Marketing durch Permission
- Bedeutung des Dialogmarketing erkannt auch in den „Chefetagen", bei den Unternehmensberatern und in der Forschung
- Online- und Mobile Marketing
- Kundenbindungsmanagement
- Neue Segmentierungsmodelle

Das Integrierte Marketing und die Integrierte Kommunikation werden schon seit den 90er-Jahren diskutiert. Es ist aber noch immer ein Aufgabenfeld mit großem Optimierungsbedarf. Die Dialog-Medien müssen mit den anderen vernetzt werden und ständig kommen neue Kommunikationskanäle hinzu, wie das Mobile Marketing und die Kanäle der Social Media (Dahlhoff 2013, S. 169).

- Medienkonvergenz

Unter dem Stichwort *„Konvergenz der Medien"* wird die Abstimmung der Offline- und Online-Medien diskutiert. Die Unternehmen haben bei dieser Aufgabe noch großen Handlungsbedarf.

- Optimierung der Selektion durch Data Mining

Die Fortschritte der Informationstechnologie haben zu neuen Möglichkeiten beim Data Warehouse geführt. Speicherplatz ist kostengünstig geworden und die Programme werden immer benutzerfreundlicher. In der Folge wird es einfacher, die Kunden aus der Datenbank nach bestimmten Kriterien zu selektieren. Die Auflagen der Mailings werden kleiner, die Aktionen immer zielgenauer.

- Pull-Marketing durch Permission

Das klassische Marketing geht von dem Push-Modell aus. Die Kommunikation und die Waren werden auf den Markt „gedrückt". Ob es der Verbraucher möchte oder nicht, er wird damit überschüttet.

Permission Marketing bedeutet, dass der Empfänger sein Einverständnis gegeben hat, die Kommunikation zu erhalten. Für manche Medien ist dies vorgeschrieben, für aktives Telefonmarketing, für E-Mails, für Fax-Werbung und für Kampagnen des Mobile Marketings.

Es gibt aber auch Unternehmen, die sich von ihren Kunden deren Interessen angeben lassen und dies bei ihren Werbebriefen berücksichtigen. Man muss seine Kunden ja nicht mit Kundenbindungsmaßnahmen „zwangsweise beglücken", man kann sich auch die Genehmigung dafür einholen.

Auf diese Weise wird push zu pull. Der Interessent „pullt" sich die Informationen, an denen er Bedarf hat. Er schreibt sich für einen E-Mail-Newsletter ein, die Streuverluste sind eliminiert.

- Bedeutung des Dialogmarketing erkannt auch in den „Chefetagen", bei den Unternehmensberatern und in der Forschung

Während früher der Eindruck bestand, dass das Dialogmarketing von den oberen Unternehmensebenen nicht ernst genommen wurde, hat man heute seine Bedeutung erkannt. Auch die Beratungsunternehmen und die Marketing-Lehrstühle an den Universitäten beschäftigen sich mit diesem Thema.

- Online- und Mobile Marketing

Die folgenden Beiträge werden sich mit den unterschiedlichen Medien des Dialogs beschäftigen und dabei auch einen Schwerpunkt auf die Online- sowie die mobilen Medien legen. Auch die unter dem Stichwort *„web 2.0"* und „Mitmach-Internet" diskutierten Entwicklungen werden in Bezug auf das Dialogmarketing in diesem Buch beleuchtet.

- Kundenbindungsmanagement

Auf das CRM einschließlich der Kundenclubs und Communities werden die folgenden Artikel eingehen.

- Neue Segmentierungsmodelle
  Die Konsumenten werden in ihrem Verhalten widersprüchlicher und schwerer zu erklären. Es ist nicht mehr möglich, aus soziodemografischen Merkmalen auf das Verhalten zu schließen.

9 Fazit

Das Marketing vieler Unternehmen hat sich vom Massenmarketing über das Marktnischenmarketing mit immer kleiner werdenden Zielgruppen zum individuellen, also zum Dialogmarketing entwickelt. Die Märkte haben sich immer weiter in kleine und kleinste Marktnischen fragmentiert. Diese Nischen sind zu schmal für eine Bearbeitung mit den klassischen Marketing-Instrumenten; die Streuverluste wären zu groß.

Dieser Entwicklung kann mit dem Dialogmarketing hervorragend begegnet werden. Dabei steht nicht mehr die einseitige Transaktion, sondern die langfristige Kundenbeziehung und Kundenbindung im Fokus. Mit dem individuell bekannten Kunden wird ein Dialog geführt, es besteht eine enge Beziehung zwischen Anbieter und Nachfrager. Statt des standardisierten Leistungsaustausches wird hier eine individuelle Leistungsgenerierung mit einem kontinuierlichen Kundenkontakt angestrebt.

Literatur

Becker, J. (2002). *Marketing-Konzeption* (7. Aufl.). München: Vahlen.

Campillo-Lundbeck, S. (15. Januar 2016). Unilever-CMO Keith Weed, „Das Marketing des 20. Jahrhunderts hat bald ausgedient". *Horizont*.

Dahlhoff, H. (2013). Mediale Umsetzung des Dialogmarketing – Auswahl und Integration. In J. Gerdes et al. (Hrsg.), *Dialogmarketing im Dialog* (S. 163–177). Wiesbaden: Springer.

Deutsche Post. (2020). *Werbemarkt Deutschland, Dialogmarketing-Monitor Studie 2020*. Bonn: Deutsche Post AG.

Fassnacht, M., & Möller, S. (2005). Was tun, wenn der Kunde seine Ruhe wünscht? *Absatzwirtschaft, 1*, 48–53.

Holland, H. (2016). *Dialogmarketing. Offline- und Online-Marketing, Mobile- und Social Media-Marketing* (4. Aufl.). München: Vahlen.

Meffert, H., & Rauch, C. (2013). Direct Marketing im Wandel – Vom Letter über den Screen zum Smartphone. In J. Gerdes et al. (Hrsg.), *Dialogmarketing im Dialog* (S. 19–41). Wiesbaden: Springer.

Wehrli, H., & Wirtz, B. (1996). Relationship Marketing: Auf welchem Niveau bewegt sich Europa? *Absatzwirtschaft, 10*, 26.

Wirtz, B. (2005). *Integriertes Direktmarketing*. Wiesbaden: Springer.

Der Dialog mit dem Kunden in der Data Driven Economy

Martin Nitsche

Inhalt

1 Einleitung 32
2 VUCA – ein Akronym als Antwort auf den digitalen Wandel? 32
3 Der Weg in die Data Driven Economy 33
4 Steigende Kundenerwartungen beschleunigen den Wandel 34
5 Dialogmarketing von den Anfängen bis heute 36
6 Die Produktionsfaktoren der Data Driven Economy 39
7 Ein Regelwerk für die Data Driven Economy? 40
8 Fazit und Ausblick 41
Literatur 41

Zusammenfassung

Der Wandel von der klassischen Ökonomie zur Data Driven Economy wird durch das exponentielle Datenwachstum, die Verfügbarkeit aufgrund der Vernetzung der Daten und durch den Einsatz von künstlicher Intelligenz zur Analyse und Nutzung angetrieben. Die Auswirkungen stellen für Unternehmen große Herausforderungen dar – auch und insbesondere im Dialog mit den Kunden. Nur Unternehmen, die es schaffen, den steigenden Erwartungen der Verbraucher gerecht zu werden, haben eine Chance auf Dauer zu überleben. Wir benötigen ein international standardisiertes Regelwerk für den Umgang mit Daten und ein neutrales internationales Gremium, das den Einhalt dieser Standards überwacht und auch sanktioniert.

Schlüsselwörter

Data Driven Economy · Big Data · Dialog · Internet of Things · KI · Multichannel · Dialogmarketing

M. Nitsche (✉)
DDV Deutscher Dialogmarketing Verband e. V., Frankfurt am Main, Deutschland
E-Mail: m.nitsche@ddv.de

© Springer Fachmedien Wiesbaden GmbH, ein Teil von Springer Nature 2021
H. Holland (Hrsg.), *Digitales Dialogmarketing*,
https://doi.org/10.1007/978-3-658-28959-1_2

1 Einleitung

Der Wandel von der klassischen Ökonomie zur Data Driven Economy ist in vollem Gange und verändert unser aller Leben grundlegend. Noch nie waren der Zugriff auf Informationen, die Möglichkeiten zur Kommunikation und der Erwerb von Waren einfacher als heute. Die digitale Welt bringt viele Vorteile, aber auch gesellschaftliche, politische und wirtschaftliche Herausforderungen mit sich. Unternehmen, die es in der heutigen Zeit nicht schaffen, die Erwartungen ihrer Kunden zu erfüllen, werden diese mittelfristig verlieren und daher nicht überleben.

2 VUCA – ein Akronym als Antwort auf den digitalen Wandel?

In den 1990er-Jahren wurde vom US Army War College das englische Akronym „VUCA" als Reaktion auf den Zusammenbruch der Sowjetunion geprägt. Der Begriff steht für Volatilität, Unsicherheit, Komplexität und Mehrdeutigkeit (Bennett und Lemoine 2014, S. 311–317). Heute findet der Begriff Verwendung, um unsere unübersichtliche Welt und die schwierigen Rahmenbedingungen in der digitalen Transformation zu beschreiben. Während Volatilität die starken Schwankungen in Entwicklungen beschreibt (z. B. Börsenkurse) und Unsicherheit für die Schwierigkeit steht, Ereignisse zu prognostizieren, besagt Komplexität, dass viele Systeme verflochten und unübersichtlich geworden sind. Mehrdeutigkeit letztendlich bezieht sich auf die Tendenz, dass Informationen unklar sind oder falsch verstanden werden. Die Auswirkungen sind vielfältig und betreffen unsere gesamte Welt.

Verbraucher beispielsweise fordern Transparenz, wenn es um Produkt- und Preisvergleiche geht – Stichwort Benzinpreise oder Mobilfunktarife. Auch auf die Arbeitswelt hat das Phänomen VUCA erhebliche Auswirkungen. So sind heutzutage immer weniger Menschen dazu bereit, ihr gesamtes Arbeitsleben von der Ausbildung bis zur Rente in dem gleichen Unternehmen zu verbringen. Für Unternehmen und Manager bedeutet VUCA einen sehr hohen Innovationsdruck und die Notwendigkeit für laufende Veränderungen. Und letztlich kämpft auch die Politik mit dieser Herausforderung, man schaue sich nur einmal den langwierigen Prozess um die Neufassung der ePrivacy Verordnung an. Die Antworten auf diese Herausforderungen lassen sich ebenfalls aus dem Wort VUCA ableiten: Vision, Verständnis (understanding), Klarheit (clarity) und Agilität (agility). So können Visionen einem Unternehmen dabei helfen, die Zukunft im (Arbeits-)Team zu gestalten und Motivation unter den Mitarbeitern zu entfesseln. Unternehmen müssen sich in Verständnis gegenüber ihren Mitarbeitern und insbesondere ihren Kunden üben und sollten Reaktionen akzeptieren und nutzen. Die Transparenz kann verbessert und das Vertrauen erhöht werden, wenn Unternehmen sich auf das Wesentliche konzentrieren. Zu guter Letzt sollten Organisationen im Sinne der Agilität regelmäßig die Führungsmethoden hinterfragen und offenen Meinungsaustausch fördern.

Übertragen auf den Kundendialog in der Data Driven Economy kann VUCA ebenfalls zur Erklärung und Lösung des Sachverhalts beitragen: Verbraucher haben heute eine andere Bindung an Marken und Unternehmen als früher und sind deutlich volatiler, wenn es um den Kauf von Produkten geht. Die Dynamik des Wandels führt gleichzeitig dazu, dass neue Wettbewerber auf den Markt drängen, was die Kundenbindung zusätzlich erschwert. Diesem Umstand müssen Unternehmen begegnen, indem sie auf die sich ändernden Kundenerwartungen reagieren. Dies gilt sowohl für Produkte und Services, als auch für die Ansprache und die Möglichkeiten zur Kontaktaufnahme mit einem Unternehmen. Die Data Driven Economy stellt Unternehmen vor große Herausforderungen, wenn es um den Dialog mit dem Kunden geht. Deshalb ist es so wichtig, sich darüber im Klaren zu sein, was die Data Driven Economy ist und was unsere Gesellschaft konkret erwartet.

3 Der Weg in die Data Driven Economy

Die Menge an Daten steigt rasant – aus Big Data wird Bigger Data. Der weltweite Datenbestand wächst exponentiell und verdoppelt sich alle zwei Jahre (Burgess 2018; Reinsel et al. 2018). Innerhalb dieser Zeit entstehen also Datenmengen, wie sie die Menschheit von den ersten Höhlenzeichnungen in Frankreich bis heute produziert hat. In Zukunft werden die allermeisten Daten nicht mehr durch Menschen produziert, sondern sie werden durch Dinge (Stichwort Internet of Things) generiert. Es geht dabei nicht um von Menschenhand produzierte Kundendatensätze, sondern solche, die diese Geräte automatisch erstellen und verschicken, wie zum Beispiel die Daten, die von Smarthomes oder vernetzten Autos erzeugt werden. Gingen früher vielleicht 25 Merkmale in die Erstellung eines Versicherungsvertrags für ein Kraftfahrzeug ein (z. B. Motorleistung, Garagenbesitz oder Zulassungsbezirk), so werden in Zukunft von einem vernetzen Auto vielleicht 25 Merkmale pro Sekunde erzeugt, die möglicherweise für den Versicherungstarif relevant sind (z. B. die aktuelle gefahrene Strecke, die Geschwindigkeit oder gar der Fahrstil). Auch wenn der Begriff Big Data schon lange in aller Munde ist, stehen wir doch erst am Anfang dessen, was Big Data wirklich ist.

Der zweite Schritt, der dann relevant wird, ist, dass alles, was irgendwie vernetzt werden kann, auch vernetzt wird. Beispiele reichen von vernetzten Autos und Häusern über Kleidung, Wasserspender und Toiletten bis zu Koffern, Möbeln oder gar Haustieren. Einige dieser vernetzten Dinge erscheinen zunächst obskur, doch sie werden nach und nach zur Normalität, da die mit ihnen übermittelten Daten einen Vorteil für uns Menschen bieten. Eine vernetzte Toilette oder ein vernetzter Wasserspender klingen auf den ersten Blick skurril, liefern aber eventuell lebenswichtige Informationen über das Trinkverhalten und den allgemeinen Gesundheitszustand eines Menschen. In unserer immer älter werdenden Gesellschaft sind solche Daten vor allem für die Altenpflege von großem Wert. In 2025 werden 35 Milliarden Geräte oder Dinge existieren, die mit dem Internet verbunden sind (Lueth 2018). Doch warum ist das so relevant? Warum hat das so viel mit der Data Driven Economy zu tun? Weil diese Vernetzung die Daten verfügbar macht. Die Vernetzung bricht die Datensilos auf und ermöglicht den Zugriff auf die Daten. Die Nutzung dieser Daten, egal ob beim autonomen Fahren oder im Gesundheitsbereich, geschieht mehr und mehr in Echtzeit. Das starke Wachstum der Daten und der Vernetzung führt zu einem ebenso starken Wachstum der Möglichkeiten, aber auch zu vielen neuen Herausforderungen. Denn solche Datenmengen sind bereits heute in den meisten Fällen durch Menschen nicht mehr zu bearbeiten und zu analysieren.

Das führt zum dritten Schritt, der uns erwartet: Künstliche Intelligenz wird die menschliche Intelligenz in den nächsten Jahren zunehmend ergänzen oder ersetzen. Ray Kurzweil, Director of Engineering bei Google und anerkannter Zukunftsforscher, geht davon aus, dass Künstliche Intelligenz spätestens im Jahr 2029 auf dem gleichen Level wie menschliche Intelligenz angekommen sein wird (Griffin 2017). KI ist keine Theorie mehr, sondern zu einem wichtigen Parameter für die Profitabilität und Wettbewerbsfähigkeit von Unternehmen geworden. Da wundert es nicht, dass manch einer der KI ein solch revolutionäres Potenzial prognostiziert, wie es damals die Einführung des Internets und der damit ausgelöste, radikale Wandel der Geschäftswelt war (Wilkins 2018). Die Anwendungsgebiete der KI sind vielfältig (Richter et al. 2019), bereits heute spüren wir, wie Künstliche Intelligenz sich ganz subtil ihren Weg in unser Leben bahnt. Angefangen bei digitalen Sprachassistenten wie Alexa, die uns in Alltagssituationen unterstützen, über autonomes Fahren bis hin zur Früherkennung von Krankheiten. Die Liste ließe sich beliebig fortsetzen. Auch im Bereich des digitalen Marketings spielt der Einsatz von KI durch Unternehmen eine immer wichtigere Rolle (Eichsteller und Seitz 2019).

Die Kombination aus diesen drei Dingen, dem exponentiellen Datenwachstum, der Verfügbarkeit durch die Vernetzung und dem Einsatz von künstlicher Intelligenz zur Analyse und Nutzung, ist das, was die Data Driven Economy antreibt.

4 Steigende Kundenerwartungen beschleunigen den Wandel

Das Verständnis der Data Driven Economy und der damit einhergehenden gesellschaftlichen Veränderungen ist die Voraussetzung dafür, dass Unternehmen den Anforderungen an einen modernen, seitens der Verbraucher gewünschten Kundendialog gerecht werden. Jeder erinnert sich noch daran: Die Urlaubsfahrt mit der ganzen Familie im eigenen Auto, egal ob an die Ostsee oder nach Italien. Ganz nach dem traditionellen Rollenbild fuhr Papa das Auto und Mama war damit beschäftigt den Atlas zu studieren und nach der nächsten Abfahrt Ausschau zu halten. Unzählige Familienkrisen sind so entstanden. Heute tippen wir unser Ziel ins Navi ein und los geht's, wir lesen Nachrichten auf dem Smartphone an der Bushaltestelle und nutzen Alexa im Auto, um uns an die nächsten Einkäufe zu erinnern. Und morgen brauchen wir uns um das Fahren gar nicht mehr zu kümmern und statt mühseligen Tippens wird die Sprachsteuerung zum Standard. Der zunehmende Komfort erhöht aber auch die Erwartungshaltung jedes einzelnen Kunden. Doch bei einem gleichbleibenden Kundenerlebnis sinkt der gefühlte Wert der Leistung (siehe Abb. 1).

Es gibt eine Vielzahl von Unternehmen, die in ihrer jeweiligen Branche eine ganze Zeit als „State of the Art" galten und einen großen Vorsprung vor den anderen Marktteilnehmern hatten – sowohl hinsichtlich des Produktangebots als auch eines

$$\frac{\Rightarrow \text{Erlebnis}}{\nearrow \text{Erwartung}} = \text{Gefühlter Wert} \Downarrow$$

Abb. 1 Kundenzufriedenheit ist abhängig von Kundenerwartung und Kundenerlebnis

sehr guten Kundenerlebnisses. Nokia, Kodak oder Karstadt-Quelle sind sehr gute Beispiele dafür, dass Unternehmen stets die Erwartungen ihrer Kunden und Wettbewerber akribisch im Auge behalten und darauf auch entsprechend reagieren sollten. Sobald nämlich ein Wettbewerber sein Produktangebot in einer für den Verbraucher wichtigen Eigenschaft verändert – verbesserte Leistung, neue Funktionalität wie Touchscreens, bessere Haltbarkeit oder auch ein komfortableres Einkaufserlebnis – und die allgemeine Erwartungshaltung der Verbraucher dadurch steigt, dann können Unternehmen, die solche Funktionalitäten nicht anbieten, innerhalb kürzester Zeit ihre Spitzenposition verlieren. Im schlimmsten Fall droht gar die Insolvenz. Kunden sind heute mit Unternehmen nicht unzufrieden, weil der Service schlechter wäre als früher, sondern weil andere Unternehmen, Amazon Prime lässt grüßen, die Erwartungshaltung kontinuierlich steigen lassen indem sie neue Standards setzen. Diese Aufwärtsspirale zwingt Unternehmen zum Handeln.

Auch die Zahl der möglichen TouchPoints mit dem Kunden wächst stetig. Die Kommunikation mit dem Kunden entlang der Customer Journey wird immer vielschichtiger und unübersichtlicher. Die guten alten Zeiten, in denen klassische Medien wie TV, Zeitung und Radio für die Bewerbung von Produkten zum Einsatz kamen und eine einfache Kundenhotline ausreichte, sind Geschichte. Umso verblüffender, dass laut einer aktuellen Studie erst 49 % der Unternehmen ihre Kundenkommunikation über mehrere Kanäle steuern. Im B2B-Bereich sind es sogar erst 30 % (DDV Deutscher Dialogmarketing Verband e. V. 2019). Angesichts dieser erschreckenden Zahl wird klar, dass dringender Handlungsbedarf besteht. Denn – seien wir einmal ehrlich – erwarten wir das im Jahr 2019 nicht von deutlich mehr Unternehmen? Wer möchte erst lange bei einem Unternehmen suchen müssen, um mit ihm in Kontakt zu treten und Fragen auf seine Antworten zu Produkten, Preisen, Services zu bekommen?

Unternehmen müssen uns als Verbraucher über den von uns gewünschten Kanal mit der für uns relevanten Botschaft zu dem von uns gewünschten Zeitpunkt ansprechen. Das mag trivial klingen, doch ist das bei weitem noch nicht der Standard. Natürlich handelt es sich dabei nur um einen kleinen Teil dessen, was das Management eines Unternehmens bewältigen muss, um die digitale Transformation zu meistern. Aber es ist ein extrem wichtiger Baustein: Es geht nämlich im Kern um Kommunikation, um die Vermittlung einer Vision, und letztlich auch darum, bei dem Thema „Digitalisierung" und dem Erleben von digitalem Wandel den „Human Touch" nicht aus den Augen zu verlieren. Eine respektvolle Kundenbeziehung auf Augenhöhe erreichen Unternehmen nur dann, wenn sie es – bei aller Technologie – auch schaffen, eine emotionale Bindung zu ihren Kunden aufzubauen, die nicht an einer möglichst präzisen Ansprache mit einzelnen Kommunikations-Schnipseln ansetzt, sondern für seine Kunden und ein großes, in sich rundes Bild ergibt. Die sinnhafte und wertsteigernde Vernetzung von Kanälen und Informationen trägt zum Wohlfühlfaktor des Kunden- bzw. Kauferlebnisses bei. Und das zahlt sich am Ende auch für das Unternehmen aus (Brauch et al. 2017).

Unternehmen, die dazu nicht in der Lage sind, werden irrelevant. Schlimmer noch: sie werden substituiert und verschwinden vom Markt. Mit gutem Grund. Bei der Vielzahl an Wettbewerbern in der heutigen Zeit gibt es immer einen anderen Marktteilnehmer, der ein besseres Angebot, eine hochwertigere Qualität, einen kompetenteren Kundenservice oder eben einfachere Kontakt- und Kommunikationsmöglichkeiten anbietet und damit besser der Erwartungshaltung der Verbraucher entspricht.

5 Dialogmarketing von den Anfängen bis heute

Noch nie zuvor wurde so viel kommuniziert wie heute. Allerorts wird getippt, gelesen, gelauscht und gesprochen. Die Digitalisierung sorgt dafür, dass die Gesellschaft sich dauerhaft im Dialogmodus befindet – und genau deshalb ist Dialogmarketing die Königsdisziplin der Konsumentenansprache. An dem zugrunde liegenden Prinzip hat sich von den Anfängen des Dialogmarketings bis heute nichts geändert: Es geht darum, die Wünsche der Konsumenten zu berücksichtigen, ihnen zuzuhören, Bedürfnisse zu erkennen und ihnen passende Angebote über den von ihnen präferierten Kanal zu dem von ihnen gewünschten Zeitpunkt zu machen: kurzum, in einen nachhaltigen Dialog mit ihnen zu treten. Die Anfänge des Dialogmarketings gehen zurück in eine Zeit, als es weder die Bundesrepublik Deutschland noch ein Grundgesetz gab. Marketing hieß damals noch Absatzwirtschaft und war den meisten Menschen völlig unbekannt. 1948 gründeten 25 Männer (!) mit der Arbeitsgemeinschaft der Adressverleger (ADV) die Keimzelle des heutigen Deutschen Dialogmarketing Verbandes und prägten den Begriff des Direktmarketings. Das postalische Mailing ist die erste Form der persönlichen werblichen Ansprache und bis heute ein wichtiger Bestandteil im Kommunikationsmix der Dialogmarketer. Es diente damals in erster Linie dazu, Kunden zu gewinnen. Niemand konnte zu dieser Zeit ahnen, dass der direkte Dialog zwischen Verbrauchern und Unternehmen viele Jahrzehnte später einmal zum entscheidenden Kriterium für den wirtschaftlichen Erfolg wird.

In den 80er-Jahren kommt mit dem Telefon ein neuer Dialogkanal hinzu. Unternehmen beginnen damit, ihre Telefonzentralen an Callcenter auszulagern. Diese wickeln für die Auftraggeber Bestellungen und Reklamationen ab und beantworten den Kunden sämtliche Fragen zu den Produkten – der Kundenservice wird geboren. Dieser umfasst heute weitaus mehr als in den Anfangszeiten. Die Callcenter von damals sind zu Customer Care Dienstleistern geworden, die komplette Geschäftsprozesse für ihre Auftraggeber abwickeln. Auch hier wird heute längst nicht mehr nur telefoniert, sondern es kommen sämtliche Kanäle des modernen Kundendialogs zum Einsatz.

In den 90er-Jahren hält mit der Einführung des Internets für die breite Gesellschaft der Siegeszug der E-Mail ein. Sie wird binnen kürzester Zeit zum Massenmedium, sowohl im privaten Umfeld als auch im geschäftlichen. Der handgeschriebene Brief hat ausgedient. Es ist auch das Jahrzehnt in dem zum ersten Mal Begriffe wie „integrierte" oder „ganzheitliche" Kommunikation die Runde machen. Doch es ist noch ein langer Weg von der Theorie in die Praxis. Das Ziel der Unternehmen zu dieser Zeit ist es, Konsumenten kontinuierlich auf allen verfügbaren Wegen – sei es über Klassikmedien oder die vorhandenen Dialogmedien – kontinuierlich zu erreichen. Die Devise lautete damals: Masse statt Klasse – zumindest würde man das aus heutiger Sicht so sehen.

In den 2000ern beginnt allmählich die Digitalisierung. Sie ist ein Turbo für das Dialogmarketing. Je weiter sie fortschreitet, desto wichtiger ist es für Unternehmen, den Dialog mit den Kunden zu beherrschen. Gruppen, Foren, Plattformen, Communities und Fanpages dienen den Verbrauchern dazu, sich intensiv über Unternehmen auszutauschen und besser denn je über Produkte und Dienstleistungen zu informieren. Unternehmen helfen sie nicht nur dabei, Kunden zu binden, sondern gewähren auch Einblicke in ihre Wünsche, Ideen und Kritik. Sie liefern also wertvolle Insights, um Produkte und Dienstleistungen zu verbessern und sind heute eine der zahllosen Quellen, aus denen Daten über Konsumenten anfallen.

Die Anzahl der Social-Media-Kanäle steigt dabei stetig weiter an. Plattformen können binnen kürzester Zeit Millionen Nutzer gewinnen und genauso schnell auch wieder verlieren. Natürlich sind sie für werbetreibende Unternehmen von großem Interesse: Influencer sind die perfekten Überbringer von Werbebotschaften an eine junge, kaufaffine Zielgruppe. Täglich posten Millionen von Menschen neue Bilder, Videos und Live-Feeds auf Facebook, Youtube und Instagram, um ihre Gefolgschaft von den angepriesenen Produkten zu überzeugen. Für Unternehmen ein Milliardengeschäft. Auch interaktive Dialogassistenten auf Basis Künstlicher Intelligenz wie Chatbots sind auf dem Vormarsch und erhalten mehr und mehr Einzug in die Kommunikationspraxis. Die Komplexität hinsichtlich der Anforderungen an den Kundendialog steigt rasant. So erwartet ein Verbraucher auch dann eine zeitnahe Rückmeldung, wenn er eine dringende Anfrage beispielsweise nicht direkt an einen Ansprechpartner im Sales schickt, sondern an eine allgemeine Unternehmens-E-Mail-Adresse. Ein Bankkunde informiert sich via Chatbot über neue Kontokonditionen und lässt seinen Vertrag anschließend in einem Telefonat mit der Servicehotline abändern. Am Ende herrscht jedoch meistens Ernüchterung beim Verbraucher, weil Unternehmen ihren Versprechen im Hinblick auf die Kundenzentrierung und Servicequalität nicht gerecht werden. Unternehmensinterne Abläufe und Schnittstellen sind auf den Kundendialog über alle Kanäle oftmals nicht ausgelegt. Dies führt zu langsamen Reaktionszeiten, langen Bearbeitungswegen und mangelnder Transparenz gegenüber dem Verbraucher. Hier können KI-basierte Ansätze eine Lösung sein, die Kundenanfragen erkennen, Inhalte vollautomatisch extrahieren, über Schnittstellen mit weiteren Informationen aus anderen Datenquellen ergänzen und an zuständige Mitarbeiter zur Weiterbearbeitung leiten (Kuessner 2019).

Wie modernes, preiswürdiges Dialogmarketing in einer Data Driven Economy aussehen kann, zeigen Agenturen und werbetreibende Unternehmen einmal im Jahr bei den beiden vom Deutschen Dialogmarketing Verband ausgerichteten Dialogmarketing-Wettbewerben. Während der MAX-Award die besten Dialogmarketingkampagnen des Jahres nach den Gesichtspunkten der Kreativität und Effizienz ausgezeichnet, werden mit dem EDDI-Award Unternehmen in den Kategorien BtoC und BtoB geehrt, die eine langfristige, erfolgreiche Dialogmarketingstrategie vorweisen können. Douglas, der EDDI BtoC Gewinner aus dem Jahr 2019, hat es sich zum klaren Ziel gesetzt, die Nummer eins im Bereich der individuellen Kundenansprache im Beauty Sektor zu werden. Personalisierung findet über alle Kanäle und den gesamten Kundenlebenszyklus hinweg statt. So personalisiert Douglas für seine Kunden Angebote und Inhalte via Newsletter, Print-Kommunikation, eine eigene Beauty Card, die Website, die Douglas App, die Kasse, den Kassenbon, den Service Point oder das Douglas Beauty Tab. Hierbei setzt das Unternehmen unter anderem auf eine intelligente „Product Recommendation" Engine, deren Algorithmus ständig verbessert wird. Personalisierte Produktinformationen, Beauty-Stories und Angebote werden auf Basis von Transaktionsdaten, Verhaltensdaten, aber auch expliziten Kundenpräferenzen zu Produktkategorien, Marken oder Lieblingsfilialen aus dem Kundenprofil ausgesteuert. Hinzu kommt eine ausgereifte Kommunikationsstrecke, die den Kunden in jeder Phase des Lebenszyklus gezielt entwickelt, um die Customer Equity nachhaltig zu steigern. Douglas hat es zudem geschafft, die analoge mit der digitalen Welt zu vernetzen. So können lokale Filialen mit minimalem Aufwand individuell mit ihren Kunden über einen standardisierten Prozess per E-Mail kommunizieren und Kunden zu Events rund um neue Marken oder Services in die Filiale einladen (Grießl 2019). Das Beispiel zeigt, wie das kluge Zusammenspiel aller Dialogkanäle mit dem klaren Fokus auf Customer Centricity zum Unternehmenserfolg führen kann. Diese Kundenzentrierung sollte für alle Unternehmen das oberste Gebot sein. Auch die beim MAX-Award in diesem Jahr ausgezeichneten Arbeiten führen eindrucksvoll vor Augen, dass gute Dialogkommunikation in der heutigen Zeit ohne Daten niemals so erfolgreich sein könnte, z. B. die Kampagne „Spar dir den Flug" der Deutschen Bahn. Vor dem Hintergrund, dass immer mehr Menschen in den sozialen Medien Fotos von ausländischen Urlaubsdomizilen posten, war es das Ziel der Kampagne, komfortbewusste Paare zwischen 27 und 59 Jahren für einen Urlaub innerhalb Deutschlands zu begeistern. Die Werbekampagne sollte der Zielgruppe klarmachen, dass es keinen teuren Flug ins Ausland braucht, sondern dass man mit einer Bahnfahrt ab 19 Euro im Prinzip genau das Gleiche erleben kann – hier in Deutschland. Eigens für diese Kampagne wurde ein Algorithmus entwickelt, der zu beliebten ausländischen Urlaubszielen verblüffend ähnliche Landschaften in Deutschland ausfindig machte. In Zusammenarbeit mit Facebook wurden anschließend Reiselustige identifiziert, die sich für bestimmte Reiseziele im Ausland interessieren. Geodaten halfen dabei herauszufinden, wo sich die Reiseinteressierten aufhielten, welcher Flughafen ihnen nächstgelegenen war und welcher der Flughafen am relevanten Reiseziel war. Eine Suchmaschine für Flugpreisvergleiche ermittelte parallel die jeweils günstigsten Flugpreise zu den relevanten Destinationen im Ausland. All diese Daten wurden dann mit den Ergebnissen der Bilddatenbank kombiniert, automatisiert zu Videoposts verarbeitet und individuell an die Empfänger ausgespielt. Mit dieser Dialogkampagne konnte die Deutsche Bahn der Zielgruppe aufzeigen, dass es in Deutschland verblüffend ähnliche Landschaften gibt, die per Bahnfahrt zu einem Bruchteil der Reisekosten zu den ausländischen Urlaubszielen erreichbar sind. Die beim MAX-Award 2019 ausgezeichnete Kampagne ist ein gutes Beispiel für die Bedeutung von Daten für den individuellen, erfolgreichen Kundendialog in der Data Driven Economy.

6 Die Produktionsfaktoren der Data Driven Economy

In einer grundsätzlicheren Betrachtungsweise ist unser Verständnis der Ökonomie geprägt durch das 19. Jahrhundert und Produktionsfaktoren wie Boden, Kapital und Arbeit. Darauf basiert heute noch jede Bilanz und unsere gesamte Buchhaltung. Das wirtschaftliche und auch das politische Denken, gründet sich im Wesentlichen auf Faktoren, die jetzt mindestens 200 Jahre alt sind. „Ein Gespenst geht in Europa um, das Gespenst des Kommunismus" – dieses bekannte Zitat von Karl Marx, dem größten Denker seiner Epoche, soll veranschaulichen, welcher Zeitgeist damals herrschte, als das Fundament für die Erfassung unser wirtschaftlichen Werte errichtet wurde. Heute macht der Faktor Boden, also die Land- und Forstwirtschaft sowie die Fischerei, einen Anteil von 0,7 Prozent an der Bruttowertschöpfung Deutschlands aus. Auch das Kapital ist kein Engpassfaktor mehr. Alleine in den USA wurden im Jahr 2018 über 130 Milliarden Dollar Venture Capital für Startups bereitgestellt (Swanson 2019). Und auch beim dritten Faktor Arbeit hat sich viel bewegt, insbesondere durch die mit der Industrialisierung und dem damit einhergehenden technologischen Fortschritt verbundene Automatisierung der Arbeitsprozesse. Eine Folge davon ist, dass die Wochenarbeitszeit bis heute stetig abnimmt. Die klassischen ökonomischen Produktionsfaktoren unterliegen also einem Wandel. Vielleicht sollten wir sogar noch weiter gehen und sie ersetzen! Der Boden in unserer heutigen vernetzten, digitalen Welt sind Daten. Sie bilden die Basis, auf der Unternehmen arbeiten. Kapital ist heute nicht mehr das, was unten rechts in der Bilanz steht, sondern die Anzahl und die Qualität der Kundenbeziehungen. Arbeit wird künftig mehr und mehr ersetzt durch Maschinen – nennen wir es Roboter, der Bildhaftigkeit wegen. Unternehmen müssen lernen umzudenken. Verfüge ich über Daten oder habe ich zumindest Datenquellen? Kann ich diese durch Kooperationen sichern? Wie kann ich Datenqualität und Datensicherheit gewährleisten? In dem Moment, wo Daten in eine Bilanz einfließen, werden sie relevant für das Überleben eines Unternehmens. Gleiches gilt für Kundenbeziehungen. Auch die Entwicklung des Kundenstamms sollte viel stärker im Fokus des Unternehmens liegen. Kundenzugänge- oder -abgänge geben in Verbindung mit dem Customer Lifetime Value wichtige Informationen über den Wert eines Unternehmens. Wer sich heutzutage im Silicon Valley an Unternehmen beteiligen möchte, muss nicht (nur) über Geld verfügen, sondern über Kundenzugänge! Kundenbeziehungen verkörpern eine Währung, die eigentlich bilanziert werden müsste. Zu guter Letzt betrifft dies auch die Technologie eines Unternehmens. Der Begriff Roboter ist ein Synonym für Einsatzmöglichkeiten von künstlicher Intelligenz und Automatisierungsprozessen. Unternehmen müssen sich fragen, ab wann solche Anwendungen überlebensnotwendig werden. Roboter in den Fabriken von VW sind beispielsweise heute schon geschäftskritisch. Im Vertrieb noch nicht, aber in fünf bis zehn Jahren sieht das wahrscheinlich schon anders aus. Ebenso wird der Einsatz künstlicher Intelligenz im Bereich der Schadenbearbeitung von Versicherungen wahrscheinlich geschäftskritisch. Aber denken Unternehmen darüber nach, ob sie das entwickelte Know-how in diesem Bereich bilanzieren? Vermutlich nicht. Unternehmen müssen sich von ihrer alten Denkweise lösen und überlegen, welche Werte für ihre Zukunft relevant sind. Doch nicht nur die Wirtschaft, auch die Politik muss umdenken. Die Relevanz von Datenschutz und Datensicherheit nimmt zu, aber vielleicht sollte man nicht Datensparsamkeit anstreben, wenn Daten zugleich als der Rohstoff des 21. Jahrhunderts gepriesen werden.

7 Ein Regelwerk für die Data Driven Economy?

Sensetime ist eines der weltweit führenden Unternehmen im Bereich der Künstlichen Intelligenz mit Sitz in China. Das Unternehmen investiert derzeit massiv in Technologien, mit der in Echtzeit Livebilder von Millionen von Kameras ausgewertet werden können. Zu jeder Person und jedem eingefangenen Fahrzeug können mithilfe von Bilderkennung Informationen wie Kennzeichen, Personen-ID usw. live in das Bild hinein projiziert werden. Spätestens da kommen gesellschaftliche Fragestellungen auf uns zu. Welche Regeln gelten für diese neuen Produktionsfaktoren, für den Besitz und die Nutzung von Daten oder gar die Besteuerung von Robotern, Kunden und von Daten? Wie lässt sich ein Missbrauch dieser Produktionsfaktoren aus gesellschaftlicher Sicht verhindern? Und umgekehrt: Wie können wir denn das Ganze zum Wohle der Menschheit nutzen?

Am 25. Mai 2018 hat die Europäische Datenschutz-Grundverordnung nationale Datenschutzvorschriften in der Europäischen Union weitgehend abgelöst. Die wesentlichen datenschutzrechtlichen Rahmenbedingungen für das Dialogmarketing sollten auf diese Weise europaweit harmonisiert werden. Die Intention war gut, die handwerkliche Umsetzung leider in vielen Punkten schwach. Eine Umfrage unter DDV-Mitgliedern hat ganz klar gezeigt, dass die Unternehmen seit der Verabschiedung der EU Datenschutz-Grundverordnung mit deutlichen Mehrbelastungen zu kämpfen haben – sowohl bürokratischer als auch finanzieller Art. Viele fühlen sich bei der Umsetzung der neuen Regelungen überfordert und vom Staat alleine gelassen. Last but not least ist auch die Harmonisierung nicht so weit wie erhofft gediehen, auch jetzt interpretiert jedes Land im individuellen Sinn. Kein Wunder, dass auch die Verunsicherung der Verbraucher deutlich zu spüren ist.

Es ist eine Herausforderung für die gesamte Data Driven Economy, die Vorzüge der aktuellen Entwicklung klar zu kommunizieren: Kein Unternehmen sammelt Daten zum Selbstzweck. Es geht darum, das Vertrauen der Verbraucher zu gewinnen. Das funktioniert nur, wenn Unternehmen ihren Kunden Transparenz und Kontrolle bieten, wie deren Daten eingesetzt werden. Eine internationale Befragung der Global Alliance of Data-Driven Marketing Associations (GDMA) hat gezeigt, dass 86 Prozent der Verbraucher mehr Transparenz von Unternehmen im Umgang mit ihren Daten fordern und 83 Prozent mehr Kontrolle darüber haben wollen, wem sie ihre Daten zu welchem Zeitpunkt geben. Nur so kann eine vertrauensvolle langfristige Kundenbeziehung entstehen.

Neben der notwendigen praxistauglichen Auslegung und Umsetzung der teilweise sehr abstrakten Vorgaben der Datenschutz-Grundverordnung vom Mai 2018 droht insbesondere im Bereich der elektronischen Kommunikation Gefahr durch die noch nicht verabschiedete E-Privacy-Verordnung. Bisherige Vorschläge des Parlaments könnten zu massiven Belastungen der europäischen digitalen Medien- und

Werbewirtschaft führen. Im Vordergrund der politischen Diskussion stehen die neuen Regelungen für Betreiber von Webseiten und Apps, die sich auf das Setzen von Cookies sowie die Verwendung von Analytics-Tools und Online Behavioural Advertising beziehen. Darüber hinaus führt der Verordnungsvorschlag aber, weil er bei ausnahmslos allen Werbeansprachen im elektronischen Bereich eine Einwilligung voraussetzt, zu unangemessenen Einschränkungen der bisherigen Praxis. Stand heute gibt es noch keine einheitliche Linie – obwohl seit Jahren diskutiert wird.

Einheitliche Regelungen für den Umgang mit personenbezogenen Daten sind zu begrüßen. Wenn wir allerdings davon ausgehen, dass Daten in der heutigen Zeit und noch mehr in der Zukunft ein wesentliches Element einer digitalen Welt sein werden, dann muss eine vorurteilsfreie und sehr differenzierte Diskussion erfolgen. Nicht Datensparsamkeit sollte das Ziel einer Data Driven Economy sein, sondern Datensouveränität! Zudem sollten wir uns die Frage stellen, ob es in der heutigen Zeit sinnvoll erscheint, solche Regeln regional aufzustellen. Das Internet ist kein regional begrenztes Medium, sondern ein globales Netzwerk. Was haben europäische Unternehmen und Verbraucher davon, wenn sie ihre Daten im Zuge des internationalen Handels an Unternehmen aus Ländern übermitteln, die nicht den gleichen gesetzlichen Standards unterliegen? Was es braucht ist ein international gültiges, für jedes Land dieser Welt standardisiertes Regelwerk für den Umgang mit Daten und ein neutrales internationales Gremium, das den Einhalt dieser Standards überwacht und auch sanktioniert. In der Seeschifffahrt gelten weltweit einheitliche Regeln – warum sollte dies im weltumspannenden Internet denn anders sein?

8 Fazit und Ausblick

Der moderne Verbraucher darf und sollte individuelle Kommunikation über alle relevanten Kanäle erwarten. Daran wird er die Qualität von Unternehmen messen. Diese müssen den Paradigmenwechsel vollziehen: angefangen beim Aufbrechen eingeschliffener Denk- und Verhaltensmuster der Mitarbeiter und Kommunikationsverantwortlichen, über das Gestalten neuer Prozesse bis hin zur Vereinheitlichung unterschiedlicher Datensilos und Technologien. Erst die Auseinandersetzung mit diesen Herausforderungen ebnet den Weg für ein vernetztes Kundenerlebnis und einem den Erwartungen entsprechenden Kundendialog.

Eines ist sicher: Der Schlüssel zum Erfolg liegt im bedingungslosen Fokus auf den Kunden und die Beziehung zu ihm. Daten, Vernetzung und künstliche Intelligenz sind Mittel zum Zweck und nur Unternehmen, die es schaffen, diese Werkzeuge zum Wohle ihrer Kunden einzusetzen, werden überleben. Es bleibt spannend!

Literatur

Bennett, N., & Lemoine, G. J. (2014). What a difference a word makes: Understanding threats to performance in a VUCA world. *Business Horizons, 57*(3), 311–317.

Brauch, M., von Graeve, N., Heinrich, C., Jacobsen, M., Maelzer, P., Müncheberg, H., & Wailersbacher, M. (2017). In DDV Deutscher Dialogmarketing Verband, e. V. (Hrsg.), *Branchentrends im Dialogmarketing. Warum One-to-One Multichannel?* Frankfurt: DDV.

Burgess, A. (2018). *The Executive Guide to Artificial Intelligence: How to identify and implement applications for AI in your organization.* Cham: Springer International Publishing.

DDV Deutscher Dialogmarketing Verband e. V. (Hrsg.). (2019). *Studie Digital Marketing Monitor 2019* (S. 32 f.). Frankfurt: DDV.

Eichsteller, H., & Seitz, J. (2019). *Studie Digital Dialog Insights 2019. Intelligentes Marketing – Datenmanagement, Künstliche Intelligenz, Qualität der Werbung.* Köln: Reguvis Fachmedien.

Grießl, J. (2019). *Douglas Beauty Card. Effizientes Dialogmarketing.* Vortrag auf der EDDI-Award Preisverleihung. Frankfurt: DDV.

Griffin, M. (2017). Kurzweil: AI aces Turning Test in 2029, and the Singularity arrives in 2045. Fanatical Futurist. https://www.fanaticalfuturist.com/2017/03/kurzweil-ai-aces-turing-test-in-2029-and-the-singularity-arrives-in-2045. Zugegriffen am 31.10.2019.

Kuessner, H.-P. (2019). Künstliche Intelligenz steht im Zentrum einer besseren Kommunikation. OnlineMarketing.de. https://onlinemarketing.de/news/kuenstliche-intelligenz-steht-im-zentrum-einer-besseren-kommunikation. Zugegriffen am 04.11.2019.

Lueth, K. L. (2018). State of the IoT 2018: Number of IoT devices now at 7B – Market accelerating. IoT Analytics. https://iot-analytics.com/state-of-the-iot-update-q1-q2-2018-number-of-iot-devices-now-7b/. Zugegriffen am 01.11.2019.

Reinsel, D., Gantz, J., & Rydning, J. (2018). *IDC white paper: Data age 2025: The digitalization of the world – From edge to core* (S. 6). Framingham.

Richter, A., Gacic, T., Kölmel, B., & Waidelich, L. (2019). Künstliche Intelligenz und potenzielle Anwendungsfelder im Marketing. In DDV Deutscher Dialogmarketing Verband e. V (Hrsg.), *Dialogmarketing Perspektiven 2018/2019. Tagungsband 13. wissenschaftlicher interdisziplinärer Kongress für Dialogmarketing* (S. 31–51). Wiesbaden: Springer Gabler.

Swanson, B. (2019). US venture capital set records in 2018. The American Enterprise Institute. https://www.aei.org/technology-and-innovation/us-venture-capital-set-records-in-2018/. Zugegriffen am 25.11.2019.

Wilkins, J. (2018). Is artificial intelligence a help or a hindrance? *Network Security, 2018*(5), 18–19.

Werbepsychologische Grundlagen

Roland Mangold

Inhalt

1 Einleitung 44
2 Ökonomischer oder psychologischer Werbeerfolg? 44
3 Informationsarchitektur des Menschen 45
4 Einstellungsänderung in der Informationsarchitektur 47
5 Implizite Einstellung 51
6 Strategien zur kontextadäquaten Kommunikation im Dialogmarketing 56
7 Fazit 58
Literatur 58

Zusammenfassung

Dialogmarketing bietet verbesserte Möglichkeiten, kundenorientiert zu werben und werbliche Kommunikation an die personalen und situativen Gegebenheiten des Kunden anzupassen. Eine zentrale Zielgröße dabei ist die Einstellung des Kunden. Es werden unterschiedliche Kommunikationsstrategien vorgestellt, durch die Einstellungsänderungen bewirkt werden können. Die Wirkprinzipien dieser Maßnahmen werden erläutert und es werden Empfehlungen formuliert, wie beim Vorliegen von Erkenntnissen zur Kundensituation werbliche Kommunikationsmaßnahmen optimiert werden können.

Schlüsselwörter

Einstellung · Einstellungsänderung · Informationsarchitektur · Implizite Einstellung · Kommunikationsstrategie · Verarbeitungskapazität

---

R. Mangold (✉)
Fakultät Information & Kommunikation, HdM Stuttgart, Stuttgart, Deutschland
E-Mail: mangold@hdm-stuttgart.de

© Springer Fachmedien Wiesbaden GmbH, ein Teil von Springer Nature 2021
H. Holland (Hrsg.), *Digitales Dialogmarketing*,
https://doi.org/10.1007/978-3-658-28959-1_3

1 Einleitung

Netzbasierte Medien haben für Werbetreibende die Potenziale zur Ansprache von Kunden entscheidend verbessert und ein konsequentes Dialogmarketing erst ermöglicht:

- Sie sind *rückkanalfähig* und ermöglichen eine *bidirektionale Kommunikation*. Auch der Kunde kann mit dem Unternehmen kommunizieren und Fragen zu angebotenen Produkten stellen oder Rat anfordern.
- Der einzelne Kunde kann *indiviuell* und *gezielt* angesprochen werden. Das bietet die Möglichkeit, auf Konsumenten spezifisch und persönlich einzugehen.
- Durch die *Analyse von Kundendaten* werden Erkenntnisse zu Wünschen, Gewohnheiten, Präferenzen etc. gewonnen. Diese Erkenntnisse können für die *kundenorientierte Gestaltung* von Kommunikationsstrategien genutzt werden.

Diese Optionen erhöhen die Chancen eines Werbeerfolgs signifikant. Allerdings sollte die Kommunikationsstrategie an die personalen und situativen Verhältnisse angepasst sein. In den nachfolgenden Abschnitten werden unterschiedliche Kommunikationsstrategien vorgestellt und Empfehlungen formuliert, wie – abhängig von Erkenntnissen zur Situation des Empfängers – geeignete Maßnahmen gewählt werden können.

2 Ökonomischer oder psychologischer Werbeerfolg?

Für werbetreibende Unternehmen steht der *ökonomische Werbeerfolg* im Vordergrund. Dem entspricht eine *behavioristische* Sichtweise auf den Menschen (Mangold 2015, S. 20): Nur die (positive) Beziehung zwischen Input (*Reiz*) und Output (*Reaktion*) interessiert. Dagegen ist es irrelevant, aufgrund welcher innerer Vorgänge ein Reiz (Werbung) zu einem (Kauf-)Verhalten geführt hat. Erst in der neueren (kognitiven) Werbepsychologie wird der Weg von der Darbietung der Werbebotschaft bis zur Kaufentscheidung bzw. Kaufhandlung des Konsumenten als Abfolge unterschiedlicher Verarbeitungsvorgänge erforscht. Die Beschäftigung mit vermittelnden Prozessen ist wichtig, wenn das Werbeziel nicht vordergründig auf das Auslösen von Kaufhandlungen, sondern auf das Erzielen (vorgelagerter) psychischer Effekte ausgerichtet ist – wenn beispielsweise nach einer Krise das betroffene Unternehmen ein positives Image wiederherstellen muss. Auch bei mehr absatzorientierten Werbezielen wäre es interessant herauszufinden, warum eine Werbekampagne *nicht* zum gewünschten Erfolg geführt hat.

Seit der *Kognitiven Wende* in der Psychologie (Chomsky 1959; Lachman et al. 1979; Mangold 2015, S. 21) stellen Reize in der Umwelt für das Individuum (Input-) *Informationen* dar, die von ihm aufgenommen und verarbeitet werden. Dabei folgen unterschiedliche kognitive, emotionale und motivationale Zustände und Prozesse aufeinander, bis es zu einer Handlung kommen kann, jedoch nicht kommen muss. Beispielsweise kann die aufgenommene Information im Gedächtnis gespeichert werden, ohne dass dies an einer motorischen Reaktion erkennbar wäre. Ein solcher Effekt liegt etwa vor, wenn durch Werbung die Bekanntheit einer Marke gesteigert wird.

3 Informationsarchitektur des Menschen

In Abb. 1 ist ein Modell der Informationsarchitektur des Menschen dargestellt, das sich am *Limited-Capacity*-Modell von Lang (2000, 2009) orientiert. Dieses Modell hat sich zur Beschreibung der menschlichen Informationsverarbeitung in Bereichen wie Medienpsychologie (Trepte und Reinecke 2019) oder Informationspsychologie (Mangold 2015) bewährt.

Den oberen Teil der Informationsarchitektur bildet das aus Sinnesorganen, *Arbeitsgedächtnis* (AG), *Kurzzeitgedächtnis* (KZG) und *Langzeitgedächtnis* (LZG) bestehende *Repräsentationssystem* (Mangold 2015, S. 22–26). Hier werden Ausschnitte der Umwelt abgebildet; auf ihrer Grundlagen kann beispielsweise mit „mentalen Simulationen" nach Lösungen für bestehende Probleme gesucht werden. Durch die Sinnesorgane – hier dominieren die beiden Fernsinne *Sehen* und *Hören* – werden Informationsreize aufgenommen und in das AG übertragen. Dieses stellt die für die eigentliche Informationsverarbeitung zuständige zentrale Prozesseinheit dar. Neben Erkennens- und Verstehensprozessen laufen hier auch Urteils- und Entscheidungsprozesse ab. Die Menge der Informationen, die gleichzeitig im AG verarbeitet werden können, ist stark begrenzt und umfasst vier bis fünf Elemente (Baddeley 1986). (Zwischen-)Ergebnisse bei der Verarbeitung im AG können im KZG für eine kurze Zeitdauer (im Minutenbereich) gespeichert werden; die Speicherkapazität

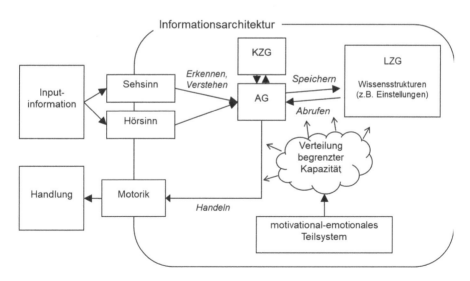

Abb. 1 Informationsarchitektur des Menschen (nach Lang 2009, S. 194)

beträgt dort etwa sieben Elemente (Miller 1956). Wichtige oder wiederholt vorkommende Inhalte des AG werden in das LZG übertragen, für das eine unbegrenzte Speicherkapazität und eine unbegrenzte Speicherdauer angenommen werden.
Für jeden Verarbeitungsprozesses im Repräsentationssystem wird eine gewisse Menge von *Kapazität* (Lang 2009, S. 198) benötigt. Welche Kapazitätsmenge in einen Prozess investiert werden muss, damit er erfolgreich ausgeführt werden kann, hängt von der Art der *Aufgabenstellung* ab: das Lösen komplexer Problemstellungen erfordert mehr Verarbeitungskapazität als die Bearbeitung einfacher Aufgaben (Lang 2009). Bei geübten und automatisierten Verarbeitungsprozessen ist der Kapazitätsbedarf deutlich reduziert.

Die *Kapazitätsallokation* zu Prozessen unterliegt nur eingeschränkt der willentlichen Kontrolle der Person (Lang 2009, S. 198–199); eine wichtigere Rolle bei der Kapazitätsverteilung spielen dagegen Motivation und Emotionen (Lang 2009). Die Intensität des Kapazitätseinsatzes für einen Prozess hat Konsequenzen für die Art, wie er ausgeführt wird: Mit hoher Kapazität ablaufende Prozesse sind gründlich und zeitintensiv, sie sind der Person bewusst zugänglich und von ihr steuer- und beeinflussbar. Außerdem führen sie in der Regel zu einer Speicherung der Verarbeitungsergebnisse im LZG. Dagegen sind mit wenig Kapazität ablaufende Prozesse oberflächlicher Natur, laufen zumeist nach einem stereotypen Muster ab, werden der Person nicht bewusst und führen nicht zu einer Speicherung im Gedächtnis.

Die *Gesamtmenge* von Kapazität für Informationsverarbeitungsprozesse ist *beschränkt* (Lang 2009). So können zwar mehrere Prozesse gleichzeitig ausgeführt werden, aber die Gesamtmenge der diesen Prozessen zugeteilten Kapazitäten kann eine Obergrenze nicht überschreiten. Daraus resultiert ein *kompensatorisches Prinzip*: Kapazität, die von einem Prozess verbraucht wird, steht anderen Prozessen nicht mehr zur Verfügung.

Im unteren Bereich der in Abb. 1 dargestellten Informationsarchitektur befindet sich das *Erlebnissystem* (Mangold 2015, S. 24). Aufgrund der engen Beziehungen zwischen *Emotionen* und *Motivation* werden diese beiden Arten psychischer Zustände in einem gemeinsamen Teilsystem dargestellt: Positive Emotionen lösen die motivationale Tendenz aus, diesen Zustand beizubehalten oder wiederzuerlangen (*Appetenz*), negative Emotionen möchte eine Person vermeiden (*Aversion*; Lang 2009, S. 194–195). Das Erlebnissystem beeinflusst die Informationsverarbeitung im Repräsentationssystem (Mangold 2015, S. 156–160). So führt *Interesse* an einem Thema dazu, dass die Person themenrelevante Inhalte mit einer größeren Kapazitätsmenge und damit intensiver und eingehender verarbeitet, als wenn ein entsprechendes Interesse fehlt. Auch Emotionen wirken sich auf die Informationsverarbeitung aus (Bless 1997): In positiver Stimmung denken Menschen kreativer, weniger rational und neigen eher zu heuristischen Entscheidungen. Menschen in negativer Stimmung dagegen haben seltener kreative Einfälle, sie denken logisch, nehmen Grenzen begrifflicher Kategorien genau und tendieren zu rationalen und gut begründeten Entscheidungen. Nach der *Cognitive-Tuning-Theorie* (Kuschel et al. 2010) steht dem Repräsentationssystem bei positiver Stimmung weniger Kapazität zur Verfügung als bei negativer Stimmung. Da bei positiver Stimmung die verfügbare Kapazität nicht für eine tiefe, rational-logische Prozessausführung ausreicht, kommt es hier zu einem vermehrten Einsatz von Heuristiken.

4 Einstellungsänderung in der Informationsarchitektur

4.1 Einstellung als Determinante von (Kauf-)Verhalten

Für die kognitive Werbewirkungsforschung ist *Einstellung* eine bedeutsame interne Variable. Eine Einstellung wird als eine im LZG gespeicherte Struktur verstanden, die *kognitive*, *emotionale* und *handlungsorientierte* (konative) Komponenten umfasst (Triandis 1971). Hat ein Konsument zu einer Marke eine Einstellung, dann weiß er etwas über diese Marke, empfindet dieser Marke gegenüber positive oder negative Gefühle und zeigt bestimmte Handlungstendenzen – z. B. zum Kauf von Produkten dieser Marke. Generell werden bei einer positiverem Einstellung Produkte dieser Marke mit höherer Wahrscheinlichkeit gekauft. Diesen Zusammenhang beschreiben Kroeber-Riel und Weinberg (2003, S. 172) als *kurvilineare Funktion* (Abb. 2).

Einstellungen werden durch Verarbeitungsvorgänge im AG aufgebaut oder verändert. Das geschieht zum einen aufgrund *direkter* Erfahrungen mit einem Objekt. So lässt sich Markentreue damit erklären, dass der Konsument positive Erlebnisse mit den Markenprodukten hatte und dadurch eine überdauernde positive Einstellung der Marke gegenüber entwickelt hat, die zum gewohnheitsmäßigen Kauf führt (Bless und Wänke 2001, S. 29). Bei werblicher Kommunikation stehen *indirekte* (vermittelte) Einstellungsänderungen im Vordergrund, die durch kommunizierte Botschaften

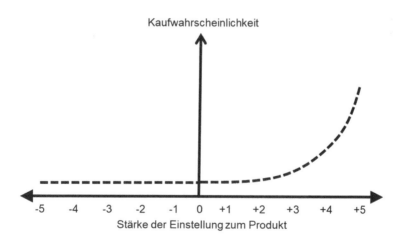

Abb. 2 Zusammenhang zwischen der Stärke der positiven Einstellung und dem Kaufverhalten (nach Kroeber-Riel und Weinberg 2003, S. 172)

bewirkt werden. Dabei werden drei *Kommunikationsstrategien* unterschieden, die zu einer Einstellungsänderung führen können. Welche Form unter welchen Umständen optimal wirken wird, hängt von den Ausprägungen der genannten Einflussfaktoren ab.

4.2 Einstellungsänderung durch persuasive Kommunikation

Bekannt geworden ist die *Persuasionsforschung* insbesondere in den 1950er- und 1960er-Jahren durch die in der Gruppe um Carl Hovland an der Yale-University in den USA durchgeführten Arbeiten (Hovland et al. 1953). Dieser Forschungsansatz beruht darauf, Eigenschaften des *Kommunikators* sowie Eigenschaften der *Botschaft* systematisch zu variieren und zu erfassen, durch welche Treatments bedeutsame Einstellungsänderungen beim Empfänger erzielt werden konnten (*Message Learning*).

Den Ergebnissen zufolge stellt die *Glaubwürdigkeit* der Quelle die wichtigste Voraussetzung für eine Einstellungsänderung dar. Als weitere Eigenschaften des Kommunikators, die für eine Einstellungsänderung förderlich sind, wurden gefunden: *Expertise*, *Ähnlichkeit* zum Empfänger, *Beliebtheit*, *Attraktivität* und *Sympathie* sowie eine gewisse *Machtposition*. Unter Anwendung dieser Erkenntnisse werden in der Werbung für Produkte mit geringem Risiko vorzugsweise typische Konsumenten als *Testimonials* eingesetzt, da sie sich im Anwendungsbereich auskennen und sich zudem in einer zum Empfänger ähnlichen Situation befinden (Moser 2002, S. 227 ff.). Für Produkte mit einem hohen psychischen oder sozialen Risiko werden bekannte, attraktive und beliebte Personen gewählt, und für Produkte mit einem hohen leistungsbezogenen oder physischen Risiko kommen Experten mit spezifischen Fachkenntnissen zu Wort.

Auch zur Frage des *Argumentationsstils* – einseitige Nennung von Pro-Argumenten oder zweiseitige Pro-Contra-Argumentation – gibt die Hovland-Gruppe Empfehlungen (Hovland et al. 1957): Bei Empfängern mit einem geringeren Bildungsgrad oder einer positiven Voreinstellung zum Thema ist eine einseitige Argumentation effektiver. Weist jedoch der Empfänger einen höheren Bildungsgrad auf oder steht er der kommunizierten Position eher skeptisch gegenüber, ist eine zweiseitige Kommunikation günstiger.

Nachteilig an diesem Forschungsansatz ist, dass lediglich Eigenschaften des Kommunikators bzw. der Botschaft manipuliert und die Ergebnisse dieser Manipulation festgestellt werden. Die Methodik folgt dem bereits kritisierten behavioristischen Reiz-Reaktions-Paradigma; eine ernsthafte Auseinandersetzung mit inneren kognitiven und emotionalen Prozessen bei der Einstellungsänderung wird ausgeblendet. Beispielsweise fand die Gruppe, dass das Ausmaß der Einstellungsänderung zwar mit der Anzahl positiver Argumente ansteigt, aber nur bei Empfängern mit *niedrigen Involvement* (Zimbardo 1960). Im Hinblick auf eine umfassende Erklärung muss notwendigerweise auch die Rolle der Motivation bzw. des Involvements bei der persuasiven Kommunikation analysiert werden.

Bei persuasiver Kommunikation werden die kommunizierten Argumente vom Empfänger mit hohem Kapazitätseinsatz kritisch geprüft. Nur wenn diese Prüfung positiv ausfällt, lässt sich der Rezipient überzeugen und passt seine Einstellung den kommunizierten Argumenten an. Unklar ist jedoch, ob auch bei geringem Kapazitätseinsatz Einstellungsänderungen möglich sind. Die Rolle der Kapazität lässt sich zutreffender durch das im nächsten Abschnitt vorgestellte *Elaboration-Likelihood*-Modell erklären.

Zusammenfassung: Die Einstellungsänderung durch persuasive Kommunikation einen stellt einen Informationsverarbeitungsvorgang dar, für den eine hinreichend große Menge Kapazität beim Empfänger vorhanden sein muss. Diese ist am ehesten gegeben, wenn die Kommunikationsbotschaft Bedürfnisse des Empfängers anspricht und dieser emotional nicht zu positiv gestimmt ist. Dann werden die Inhalte der Botschaft rational und tief verarbeitet und können eine überdauernde Einstellungsänderung bewirken. Vorausgesetzt sind jedoch gute Argumente für das Produkt oder den Service.

4.3 Einstellungsänderung auf peripherem Weg

Die bereits in den Sudien von Hovland et al. (1953) zum Ausdruck kommende Bedeutung des *Involvements* bei der Einstellungsänderung spielt im Rahmen des *Elaboration-Likelihood*-Modells (ELM) von Petty und Cacioppo (1986, S. 126–128; Cacioppo und Petty 1984) eine wichtige Rolle. Nach diesem Modell (Abb. 3) ist Verarbeitung von kommunikativen Botschaften auf zwei unterschiedlichen Wegen möglich.

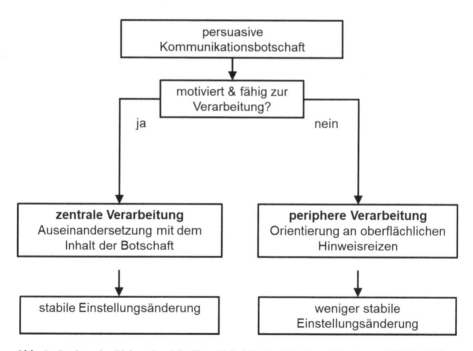

Abb. 3 Struktur des Elaboration-Likelihood-Modells (nach Petty und Cacioppo 1986, S. 126)

- Bei der Verarbeitung auf dem *zentralen* Weg wird die aus der Botschaft aufgenommene Information intensiv analysiert und der Inhalt von Argumenten rational geprüft. Als Folge der tiefen Verarbeitung kommt es – überzeugende Argumente vorausgesetzt – zu einer *überdauernden* Einstellungsänderung. Diese Form der Einstellungsänderung entspricht der bereits beschriebenen persuasiven Kommunikationsstrategie.
- Bei der Verarbeitung auf dem *peripheren* Weg wird die Information nur oberflächlich analysiert und Schlüsse werden nach heuristischen Prinzipien gezogen. Zwar kann es auch hier zu einer (*weniger stabilen*) Einstellungsänderung kommen, jedoch orientiert sich diese an oberflächlichen Hinweisreizen (z. B. an der Anzahl positiver Argumente oder an auffälligen Hinweisen zur Glaubwürdigkeit des Kommunikators wie etwa einem weißen Kittel als Indiz für einen „Experten"). Die Inhalte der Argumente sind hingegen weniger relevant.

Auf welchem Weg eine kommunikative Botschaft verarbeitet wird, hängt von der *Fähigkeit* der Person und ihrer *Motivation* zur Verarbeitung der Botschaft ab. Nur wenn die Person über ausreichende kognitive Ressourcen verfügt, wenn sie nicht durch die äußeren Umstände abgelenkt wird und wenn sie in das Thema involviert ist, findet eine Verarbeitung auf dem zentralen Weg statt. Dies erklärt den bereits berichteten Befund, dass nur bei geringem Involvement der Empfänger die Anzahl positiver Argumente (als oberflächliches Merkmal) mit der Einstellungsänderung korreliert.

Bei den im ELM beschriebenen Vorgängen spielt der (variable) Kapazitätseinsatz eine wichtige Rolle. Eine ausgeprägte Fähigkeit der Person zur Verarbeitung reduziert den Kapazitätsbedarf: Wie Experten können kognitiv befähigtere Personen bei gleichem Kapazitätseinsatz komplexere Argumentationsstrukturen bewältigen. Und bei involvierten Personen kommt es aufgrund der größeren Motivation zu einer verstärkten Kapazitätszuweisung.

Die Beschaffenheit der kommunikativen Botschaft sollte auf die Art der Verarbeitung ausgerichtet sein. Bei zentraler Verarbeitung stehen inhaltlich zutreffende gute Argumente im Vordergrund. Bei einer peripheren Verarbeitung ist es dagegen günstiger, durch auffällige und eindrucksvolle Hinweise die Kommunikationsbotschaft salient zu machen (z. B. mit Hilfe von Bildern, starken Reizen oder Musik). Falls es wenig starke Argumente für das eigene Produkt gibt – z. B. aufgrund konkurrierender Produkte mit vergleichbaren Eigenschaften – erweist sich eine zentrale Verarbeitung durch den Rezipienten eher als ungünstig, da der Konsument möglicherweise eine kritische Haltung einnimmt. Hier ist es erwägenswert, durch Ablenkungsbedingungen eine periphere Verarbeitung zu provozieren und die Botschaft darauf auszurichten (Petty et al. 1986).

Zusammenfassung: Die Einstellungsänderung auf peripherem Weg ist dadurch gekennzeichnet, dass der Konsument aufgrund mangelnder Fähigkeit oder fehlender Motivation eine reduzierte Kapazitätsmenge für die Botschaftsverarbeitung einsetzt, was lediglich eine heuristische Verarbeitung der Informationen erlaubt. Diese oberflächliche und weniger exakte Verarbeitung wird durch äußerliche Botschaftsmerkmale wie eindrucksvolle Bilder oder auch Emotionen gefördert. Einstellungsänderungen sind bei peripherer Verarbeitung ebenfalls möglich, aber weniger überdauernd und stabil.

Werbepsychologische Grundlagen

5 Implizite Einstellung

Wenn der Kapazitätseinsatz noch weiter reduziert wird, wenn also die Verarbeitung an der Kapazitätsuntergrenze abläuft, ist sie der Person nicht mehr bewusst, kann nicht von ihr kontrolliert werden und hinterlässt keine Erinnerung im Gedächtnis. Lassen sich auch bei unbewusster Informationsverarbeitung Einstellungen beeinflussen und – falls ja – wie unterscheiden sich solche *impliziten* Einstellungen (De Houwer und Moors 2007, S. 180–182) von den in den Abschn. 4.2 und 4.3 behandelten *expliziten* Einstellungen?

5.1 Einstellungsänderung an der Kapazitätsuntergrenze

Bereits in den 1950er-Jahren behauptete Vicary (Florack und Ineichen 2008, S. 3 f.), während einer Filmvorführung in einem Kino in New Jersey durch die Einblendung sehr kurzer und daher nur unterschwellig wahrnehmbarer Werbebotschaften wie „*Drink Coca Cola*" oder „*Eat Popcorn*" eine signifikante Steigerung des Verkaufs dieser Genussmittel während der Filmpause bewirkt zu haben. („Unterschwellig" meint hier nicht eine Darbietung unterhalb der Wahrnehmungs-, sondern unterhalb der *Bewusstseinsschwelle*.)

Zwar konnten die Ergebnisse Vicarys nicht überprüft werden, da er das Verfahren und die Befunde patentieren ließ. Jedoch konnten Karremans et al. (2006, S. 794 ff.) mit Hilfe eines Experimentalsettings, das Vicarys Studie nachempfunden ist, Effekte der unbewussten Verarbeitung von Reizinformationen demonstrieren. Während der Bearbeitung von Suchaufgaben am Computerbildschirm wurde bei der Experimentalgruppe für eine kurze Zeitdauer (23 msec) die Bezeichnung „*Lipton Ice*" eingeblendet. Diese Einblendung wurde von den Versuchspersonen nicht bemerkt und konnte somit auch nicht bewusst verarbeitet werden. Bei der Kontrollgruppe erfolgte eine Einblendung der Buchstaben in einer anderen Reihenfolge, die keinen Sinn ergibt („*Npeic Toil*"). Am Ende des Experimentes konnten die Teilnehmer entweder *Lipton Ice*-Tee oder ein Mineralwasser als Getränk wählen. In der Kontrollbedingung wählten 31 % der Versuchsteilnehmer Eistee, in der Experimentalbedingung 55 %. Dieser signifikante Unterschied zeigt, dass durch die unbewusste Verarbeitung des Markennamens die Entscheidung für ein Produkt beeinflusst werden kann.

Interessant sind die Ergebnisse einer Replikation: Hier war bei den Versuchspersonen *Durst* dadurch erzeugt worden, dass sie zuvor ein salziges Bonbon gelutscht hatten. In dieser Version entschieden sich nach der Bearbeitung der Suchaufgaben 85 % der Teilnehmer in der Experimentalgruppe für *Lipton Ice*-Tea – durch das größere Trinkbedürfnis der Versuchspersonen konnte eine Steigerung des Effektes der unterschwelligen Markendarbietung um 30 % erzielt werden. Florack und Ineichen (2008, S. 7–9) erklären diesen Befund damit, dass durch eine unbewusste Informationsdarbietung *latente Bedürfnisse* aktiviert werden können.

5.2 Implizite und explizite Einstellungen

Studien wie die von Karremans et al. (2006) demonstrieren zwar, dass auch durch unbewusste Informationsverarbeitung (implizite) Einstellungen aufgebaut bzw. geändert werden können. Allerding wird damit noch nicht deutlich, wie sich die Wirkungsweise impliziter Einstellungen von der expliziter unterscheidet.

Autoren wie Hofmann et al. (2011) nehmen an, dass menschliche Informationsverarbeitung grundsätzlich in zwei grundsätzlich unterschiedlichen Formen möglich ist. Diese Unterschiede lassen sich anhand *Associative-Propositional-Evaluation*-Modells (APEM) von Gawronski und Bodenhausen (2006, 2014) verdeutlichen. Beim APEM wird das Repräsentationssystem als aus zwei Teilsystemen bestehend aufgefasst (Abb. 4): Die *gedankliche Verarbeitung* von Informationen ist *regelgeleitet*. Sie erfordert ein höheres Maß an Kapazität; je nach Kapazitätseinsatz ist die Verarbeitung eher tiefgehend (rational) oder eher oberflächlich (heuristisch).

Das zweite Teilsystem wird durch ein *assoziatives Netzwerk* gebildet. Knoten repräsentieren semantische Einheiten (z. B. Marken, Eigenschaften) und können mehr oder weniger stark aktiviert sein. Die Stärke einer Aktivation spiegelt die Bedeutung dieses Knotenelementes in der aktuellen Informationsverarbeitung wider. Zwischen Knoten bestehen mehr oder weniger stark ausgeprägte Verbindungen, die als Ergebnis von Lernvorgängen entstehen. Die Aktivation eines Knotens breitet sich zu mit ihm verbundenen Knoten aus. Über stärkere Verbindungen wird ein größerer Aktivationsbetrag weitergegeben als über schwächere Verbindungen. In diesem assoziativen Netzwerk erfolgt Informationsverarbeitung dadurch, dass bestimmte Knoten extern – z. B. bei der Wahrnehmung einer Marke – angeregt werden. Diese Anregung breitet sich zu verbundene Knoten aus. So wird durch Aktivation des Produktmarken-Knotens ein über verbundene Knoten verteiltes

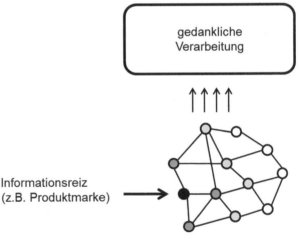

Abb. 4 Zwei Formen menschlicher Informationsverarbeitung (nach Gawronski und Bodenhausen 2006, S. 697)

Abb. 5 Implizite Einstellung zu einer Produktmarke als Aktivationsmuster

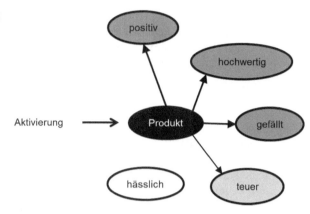

Aktivationsmuster hervorgerufen, das die implizite Einstellung der Person zu dieser Marke darstellt (Abb. 5). Die Aktivationsausbreitung im assoziativen Teilsystem erfolgt automatisch, ist nicht bewusst (Gawronski et al. 2006, S. 486–492) und nicht kontrollierbar und benötigt kaum Kapazität.

Beide Teilsysteme arbeiten zwar parallel, stehen aber miteinander in Verbindung. So kann das gedankliche Teilsystem das Ergebnis der rascheren Verarbeitung im assoziativen Netzwerk zur Kenntnis nehmen und gegebenenfalls modifizieren. Diesen Sachverhalt verdeutlicht ein Experiment von Shiv und Fedorikhin (1999, S. 282–286; Mattenklott 2007, S. 90–91). Im Experiment sollten sich Versuchspersonen entweder für Fruchtsalat oder für Schokoladenkuchen entscheiden. Die eine Hälfte der Experimentteilnehmer (Gruppe 1) wurde dadurch daran gehindert, ausführliche Überlegungen anzustellen, dass sie sich eine achtstellige Zahl einprägen musste. Die andere Hälfte (Gruppe 2) konnte dagegen intensiv über ihre Entscheidung nachdenken, da sie lediglich ein zweistellige Zahl im Gedächtnis behalten sollte.

Mitglieder der Gruppe 1 entschieden sich signifikant häufiger für Schokoladentorte als Mitglieder der Gruppe 2. Offenbar wurde bei Mitgliedern der Gruppe 1 die Verarbeitungskapazität durch das Behalten der achtstelligen Zahl so stark beansprucht, dass sie keine Gegenheit zu weiteren gedanklichen Prozessen mehr hatten. In dieser Experimentalbedingung spielten die implizite Einstellung und die durch sie ausgelösten Impulse eine dominante Rolle bei der Entscheidung. Übereinstimmend mit dieser Annahme begründeten die Personen in dieser Gruppe ihre Wahl häufiger durch Gefühle. Steht dagegen wie in Gruppe 2 eine größere Kapazitätsmenge zur Verfügung, bietet sich eher die Gelegenheit zur rationalen Abwägung und eine Entscheidung für die gesündere Alternative „Fruchtsalat" wird wahrscheinlicher. Dies bestätigen Nachbefragungen, bei denen Personen in Gruppe 2 zwar andeuteten, dass sie eigentlich lieber die Schokoladentorte gewählt hätten, dann aber doch vernünftig sein wollten.

Implizite Einstellungen spielen demnach insbesondere bei Impuls- und Spontanentscheidungen eine Rolle und dominieren bei einem Mangel an Kapazität bzw.

Zeit. Kapazitäts- bzw. zeitintensive explizite Einstellungen dagegen bestimmen den Ausgang von geplanten, wohlüberlegten und mit größerem Involvement ausgeführten Entscheidungen. Sie können – genügend Zeit bzw. eine genügende Kapazitätsmenge vorausgesetzt – eine auf Assoziationen basierende schnellere Entscheidung durchaus revidieren.

5.3 Messung impliziter Einstellungen

Explizite Einstellungen werden überwiegend durch Fragebögen erfasst, in denen Daten zur kognitiven, emotionalen und konativen Komponente der Einstellung erfasst werden. Da bei *Selbstbericht-Verfahren* der befragten Person ihre Einstellung bewusst sein und sie diese verbalisieren können muss, ist diese Methode nicht zur Erfassung impliziter Einstellungen geeignet. Hierfür müssen spezifische Prozeduren entwickelt werden; wie eine solche Methode wirkt, zeigt eine Studie von Yoo (2008) zur *Banner Blindness*. Damit wird beschrieben, dass Werbebanner oben oder an der Seite von Websites von Betrachtern zumeist nicht wahrgenommen werden (Flores et al. 2014, S. 38–39). Dieser Effekt konnte durch die Studie bestätigt werden: Versuchspersonen sollten eine Website entweder vollständig durchsehen und zu einer begründeten Bewertung kommen (*Zuwendungsbedingung*), oder sie sollten sich auf den Textinhalt konzentrieren und diesen im Anschluss zusammenfassen (*Ablenkungsbedingung*). In der Zuwendungsbedingung sollten somit die Informationen auf dem Werbebanner aufmerksamer aufgenommen und verarbeitet werden als in der Ablenkungsbedingung. Die Messung der Behaltensleistung bestätigt die Annahme: In der Zuwendungsbedingung konnten die Versuchspersonen die Banner häufiger korrekt wiedererkennen als in der Ablenkungsbedingung.

Bei einer weiteren Aufgabe (*Wortergänzung*) sollten die Versuchspersonen aus zwei bzw. drei Buchstaben bestehende Wortanfänge vervollständigen. Die Wortanfänge waren so beschaffen, dass die auf dem Banner gezeigten Wörter mögliche Lösungen darstellten. Bei dieser Aufgabe verschwindet der *Banner-Blindness-*Effekt: In der Zuwendungs- und in der Ablenkungsbedingung wurden gleich häufig auf den Bannern sichtbare Wörter zur Vervollständigung herangezogen. Offenbar führte auch die unbewusste Verarbeitung der Banner-Information in der Ablenkungsbedingung zu einer (impliziten) Speicherung dieser Informationen, die dann als Lösungem bei der Wortergänzungsaufgabe dienen konnten.

Für die *Messung* impliziter Einstellungen steht eine Reihe unterschiedlicher Methoden zur Verfügung, die sich nach zwei Testprinzipien einteilen lassen (Wittenbrink 2007, S. 20–25):

- *Reaktionszeitmessung*: Das Vorhandensein einer impliziten Einstellung führt dazu, dass manche Aufgaben schneller, andere eher verzögert ausgeführt werden. Am bekanntesten in dieser Gruppe ist der *Implicit Association Test* (IAT). Bei diesem Verfahren werden implizite Einstellungen sowohl mit positiv als auch mit negativ bewerteten Begriffen kombiniert. Liegt eine positive implizite Marken-

einstellung vor, kann eine nachfolgende positive Begriffsbeurteilung (z. B. Frieden – positiv) schneller getroffen werden als eine negative (z. B. Krieg – negativ).
- *Projektive Verfahren*: Dieser Messansatz beruht auf der Annahme, dass die Intuition und Fantasietätigkeit durch implizite Einstellungen beeinflusst werden. Bei der *Affective Misattribution Procedure* (AMP) und der *Semantic Misattribution Procedure* (SMP) soll die Bedeutung chinesischer Schriftzeichen erraten werden (z. B. „Bedeutet dieses Schriftzeichen etwas Gutes?"). Zuvor sehen die Testpersonen einen Begriff oder ein Bild für eine so kurze Zeitdauer (ca. 75 msec), dass sie dessen Bedeutung nicht bewusst verarbeiten können. Außerdem sind sie instruiert, das Aufblinken nur als Ankündigung des nächsten Schriftzeichens zu verstehen und sich nicht mit ihm zu befassen. Die Ergebnisse zeigen, dass durch diese kurzfristige Darbietung die Entscheidungen der Testpersonen in Richtung derjenigen Einstellung gelenkt werden, die sie mit dem Begriff bzw. dem Bild verbinden (*Primingeffekt*).

Vargas et al. (2007, S. 105–114) beschreiben einfacher zu administrierende *Paper-Pencil*-Verfahren als Alternative zur computerbasierten Messung impliziter Einstellungen.

5.4 Aufbau impliziter Einstellungen

Implizite Einstellungen können einmal durch *Klassische Konditionierung* aufgebaut oder verändert werden. Ein Nachweis gelang schon Staats und Staats (1958, S. 37–39): Sie konnten die Einstellung von Versuchspersonen gegenüber unterschiedlichen Nationalitäten allein dadurch zum Positiven oder Negativen verändern, dass sie ihnen diese Nationalitäten zusammen mit Wörtern wie „gut" oder „schlecht" mehrfach darboten. Krosnick et al. (1992, S. 155–157) zeigten, dass eines solche Einstellungsbeeinflussung auch mit Hilfe von Bildern möglich ist: Eine auf einem Foto abgebildete Frau wird später positiver beurteilt, wenn das Foto z. B. zusammen mit einem Bild einer Hochzeit präsentiert wurde. Sie wird negativer beurteilt, wenn sie zusammen mit dem Abbild eines Werwolfs zu sehen war.

Emotionale Konditionierung ist eine Form der Klassischen Konditionierung, bei der durch den Lernvorgang emotionale Reaktionen aufgebaut werden und die somit insbesondere auf die affektive Komponente von Einstellungen gerichtet ist. In einem Experiment von Kroeber-Riel und Weinberg (2003, S. 133) wurden ursprünglich neutrale (unbekannte) Marken (wie *HOBA*-Seife oder *SEMO*-Ordner) mit Szenen assoziiert, in denen eine Braut und ihr Bräutigam bei einer Hochzeit (emotionales Glück) oder erotische Modelle (erotische Gefühle) zu sehen waren. Nach wenigen Lerndurchgängen war im Experiment die (ursprünglich neutrale) Marke allein in der Lage, die konditionierten Gefühlszustände auszulösen. Ewing et al. (2008) sowie Till et al. (2008) setzen bekannte und beliebte Modelle als unkonditionierte Reize ein, um implizite Markeinstellungen abzubauen.

Ein weiteres Verfahren zur Änderung impliziter Einstellungen beruht auf dem *Mere-Exposure*-Effekt (Zajonc 1980, S. 160–170). Danach führt allein schon die wiederholte Darbietung eines Objektes dazu, dass die Einstellung diesem Objekt gegenüber positiver wird. Das Zustandekommen dieses Effektes wird mit Hilfe einer *Fehlattribution* erklärt: Tatsächlich führt die wiederholte Darbietung als Lerneffekt zu einer erleichterten Verarbeitung der Objektinformation mit reduziertem Kapazitätsbedarf. Die Person erkennt jedoch nicht die Wiederholung als Grund für die einfachere Verarbeitung, sondern führt diese auf eine positive Einstellung zum Objekt zurück. Der *Mere-Exposure*-Effekt ist am wirksamsten, wenn der Person nicht bewusst ist, dass sie die Objekte schon einmal gesehen hat (Baker 1999). Ein Bewusstmachen des Lernvorgangs kann die Einstellungsänderung sogar verhindern und zu einem *Reaktanzeffekt* führen (Florack und Ineichen 2008, S. 11–12).

6 Strategien zur kontextadäquaten Kommunikation im Dialogmarketing

Den Überlegungen im vorangehenden Abschnitt folgend lassen sich drei mögliche Strategien identifizieren, wie im Dialogmarketing durch Kommunikation mit dem Kunden Einstellungsänderungen bewirkt werden können:

- *Persuasive Kommunikationsstrategie*: Sie zielt auf die rationale Verarbeitung der Botschaft durch den Kunden ab. Die Wirkung ist am nachhaltigsten und am widerstandsfähigsten gegen Beeinflussungsversuche. Voraussetzung ist, dass sich für das angebotene Produkt zutreffende Argumente finden lassen. Zudem muss die erforderliche Kapazitätsmenge zur Verfügung stehen, die den Kunden zur tiefen Verarbeitung befähigt. Hilfreich ist es hier, die spezifischen Bedürfnisse des Kunden anzusprechen, dadurch ein Involvement zu erzeugen und eine erweiterte Kapazitätsallokation durch das motivationale System zu initiieren. Dann bestehen gute Chancen, dass der Kunde überzeugt wird und es auch bleibt.
- *Periphere Kommunikationsstrategie*: Wenn der Kunde lediglich über eingeschränkte Fähigkeiten zur Verarbeitung komplexer Inhalte oder nicht über die erforderliche Kapazitätsmenge verfügt, weil er beispielsweise wenig an der Botschaft interessiert oder abgelenkt ist, findet eine periphere (heuristische) Verarbeitung statt. Hier sollten Informationen kommuniziert werden, die bei geringer Aufmerksamkeitszuwendung wirken. Geeignet sind eingängige multimediale Botschaften; auch das Auslösen positiver Emotionen unterstützt die heuristische Verarbeitung. Allerdings sind erzielte Einstellungsänderungen weniger stabil und können leichter durch vergleichbare Anwerbestrategien der Konkurrenz überschrieben werden.
- *Assoziative Kommunikationsstrategie*: Bringt der Kunde kaum mehr (Aufmerksamkeits-)Kapazität für die kommunikativen Botschaften auf, kommt es nur noch zu einer unbewusstem Verarbeitung. Als Effekt entsteht eine implizite Einstellung, die die durch eine Marke oder ein Produkt beim Kunden ausgelösten Assoziationen bestimmt. Assoziationen können kognitiver, emotionaler oder motivationaler Natur sein; beispielsweise kann durch Lernvorgänge die Bekanntheit einer Marke gesteigert oder eine positivere Einstellung zu ihr bewirkt werden.

Psychologische Methoden zum Aufbau impliziter Einstellungen sind die *Klassische* bzw. *emotionale Konditionierung* und der *Mere-Exposure*-Effekt. Die assoziative Kommunikationsstrategie zielt am ehesten auf das Aufrechterhalten einer bereits vorhandenen Markenbindung oder den Aufbau eines positiven Images ab.

Die Medien des Dialogmarketings bieten vielfältige Möglichkeiten, den Kunden gezielt anzusprechen und durch die Gestaltung einer geeigneten Kommunikationsstrategie auf eine Einstellungsänderung hinzuwirken. Es kommt unterstützend hinzu, dass durch die Analyse von Kundendaten adressierte Personen und ihre Situation recht genau charakterisiert werden können. Die Rolle von *Data Analytics* und *Big Data* im Hinblick auf kundenorientierte Kommunikationsstrategien beschreiben Holland (in diesem Band) sowie Haberich (in diesem Band).

Für die Planung einer geeigneten Kommunikationsstrategie sind die aktuellen *Kundenbedürfnisse* primär. Bei bekannter Bedürfnislage kann die Gestaltung der Kommunikationsbotschaft(en) darauf abgestellt werden. Auf der unterschiedlichen Beschaffenheit von Kundenbedürfnissen baut auch die Einteilung von Kaufprozessen von Holland und Koch (2014, S. 461–463) auf. Auf der Grundlage dieser Taxonomie lässt sich verdeutlichen, wie eine Kommunikationsstrategie zur Einstellungsänderung in unterschiedlichen Kundensituationen beschaffen sein kann.

- *Extensive Kaufentscheidung*: Dieser Entscheidungsprozess ist ausführlich und tiefgehend und schließt eine umfassende Informationsbeschaffung ein. Er findet häufig bei *High-Involvement*-Produkten statt; aufgrund der mit dem Produkterwerb verbundenen ausgeprägten Motivation des Kunden steht für die ausführliche Botschaftsverarbeitung eine ausreichende Menge an Kapazität zur Verfügung. In solchen Fällen empfiehlt sich eine persuasive Kommunikationsstrategie zur Einstellungsänderung – gute Argumente für die Produkte vorausgesetzt.
- *Limitierte Kaufentscheidung*: Ein begrenzter Entscheidungsprozess basiert auf vereinfachten kognitiven Prinzipien. Der Kunde ist weniger in den Produkterwerb involviert und entsprechend steht für die Verarbeitung der entscheidungsrelevanten Informationen weniger Kapazität zur Verfügung. Auch emotionalisierte Situationen führen eher zur heuristischen Verarbeitung: Das Ergebnis erspart dem Kunden aufwändige Informationssuchen und Vergleiche. Begrenzte Kaufentscheidungsprozesse laufen auch ab, wenn der Kunde zwar im Prinzip eher eine extensive Kaufentscheidung treffen möchte, aber wegen zu geringer Kapazität nicht in der Lage dazu ist. In solchen Situationen empfiehlt sich eine periphere Kommunikationsstrategie: Einfache Botschaften, unterstützt von multimedialen Elementen (Bildern, Musik, Videos), werden von dem Kunden eher heuristisch verarbeitet. Auch mediale Optionen zur Auslösung von (positiven) Emotionen können genutzt werden, die wiederum eine heuristische Verarbeitung wahrscheinlicher machen.
- *Habitualisierte Kaufentscheidung*: Diese laufen gewohnheitsmäßig in immer gleicher Form mit nur geringer Intensität der Informationsverararbeitung ab. Diese Varinate findet man beispielsweise bei vorhandener Markenbindung (Redler 2014): Wenn sich eine Marke bewährt hat und aus diesem Grund immer wieder gekauft wird, reduziert dies den mentalen Aufwand für Informationsverarbeitung und Ver-

gleiche erheblich und kommt dem geringen Involvement und dem Bestreben des Kunden nach einer kognitiven Ökonomie entgegen. Es ist wahrscheinlich, dass bei habitualisierten Kaufentscheidungen die aufgebrachte Verarbeitungskapazität nicht einmal für heuristische Entscheidungen mehr ausreicht. In solchen Situationen ist es wichtig, die (bekannte) Marke und damit vom Kunden assoziierte positive Emotionen zu aktivieren, wofür sich am besten eine assoziative Kommunikationsstrategie eignet.

- *Impulskauf*: Hier ist der Kunde so motiviert, das Produkt zu besitzen, dass er keine Neigung zu einer ausgedehnten Informationsverarbeitung verspürt. Die Entscheidung findet innerhalb kurzer Zeit bei minimalem Kapazitätseinsatz und ohne umfassende weitere Vergleiche statt. Grundlage eines Impulskaufes sind häufig latente Bedürfnisse, die in der Kaufsituation durch assoziative Kommunikationsstrategien aktiviert und überschwellig gemacht werden können.

7 Fazit

Ein Ziel der Kommunikation mit dem Kunden im Dialogmarketing ist der Aufbau einer positiven Einstellung zum Produkt, die für eine Kaufentscheidung förderlich ist. Welche der in diesem Kapitel beschriebenen Kommunikationsstrategien am ehesten zu einer Einstellungsänderung führt, hängt von der Situation ab, in der sich der Kunde befindet. Eine Unterscheidung der Prozesse, die zu einer Kaufentscheidung führen, bietet die Taxonomie von Holland und Koch (2014, S. 461–463). Die vier Arten (extensiv, limitiert, habitualisiert, impulsiv) sind nach einer absteigenden Intensität der kognitiven Prozesse geordnet, die wiederum mit einer geringeren Menge an Verarbeitungskapazität korreliert. Auf diese *variable Kapazitätsmenge* beim Kunden sollte eine optimal wirkende Kommunikationsstrategie ausgerichtet werden: Bei großer Menge bietet sich eine persuasive Kommunikation zur Einstellungsänderung an, bei weniger großer Menge eine periphere Strategie. Eine assoziative Strategie kommt bei sehr geringe Kapazität mit begleitender unbewusster Verarbeitung zum Einsatz.

Während bei „klassischen" Massenmedien Zielgruppen nur grob umschrieben werden konnten, ist es im Dialogmarketing möglich, die Kommunikation auf der Basis von *Data Analytics* und *Big Data* deutlich treffsicherer und spezifischer auf den jeweiligen Kunden mit seinen motivationalen, emotionalen und kognitiven Voraussetzungen auszurichten. Die vielfältigen unterschiedlichen Kanäle, die zur Kommunikation mit dem Kunden genutzt werden können, bieten mit ihren jeweils besonderen medialen Eigenschaften umfassende Möglichkeiten, auf Denkvorgänge, Gefühle, Bedürfnisse und Wünsche des Kommunikationspartners einzuwirken.

Literatur

Baddeley, A. (1986). *Working memory*. Oxford: Clarendon Press.
Baker, W. E. (1999). When can affective conditioning and mere exposure directly influence brand choice? *Journal of Advertising, 28*, 31–46.

Bless, H. (1997). *Stimmung und Denken. Ein Modell zum Einfluss von Stimmungen auf Denkprozesse*. Bern: Hans Huber.
Bless, H., & Wänke, M. (2001). Marken aus der Perspektive menschlicher Informationsverarbeitung. *Wirtschaftspsychologie aktuell. Zeitschrift für Personal und Management, 3*, 28–34.
Cacioppo, J. T., & Petty, R. E. (1984). The elaboration likelihood model of persuasion. *Advances in Consumer Research, 11*, 673–675.
Chomsky, N. (1959). Review ‚verbal behavior' by B.F. Skinner. *Language, 35*, 26–58.
De Houwer, J., & Moors, A. (2007). How to define and examine the implicitness of implicit measures. In B. Wittenbrink & N. Schwarz (Hrsg.), *Implicit measures of attitudes* (S. 179–194). New York: Guilford Press.
Ewing, D. R., Allen, C. T., & Kardes, F. R. (2008). Conditioning implicit and explicit brand attitudes using celebrity affiliates. *Advances in Consumer Research, 35*, 593–599.
Florack, A., & Ineichen, S. (2008). Unbemerkte Beeinflussung von Markenpräferenzen: Die Wiederauferstehung eines Mythos? *Wirtschaftspsychologie, 5*, 53–60.
Flores, W., Chen, J.-C. V., & Ross, W. H. (2014). The effect of variations in banner ad, type of product, website context, and language of advertising on Internet users' attitudes. *Computers in Human Behavior, 31*, 37–47.
Gawronski, B., & Bodenhausen, G. V. (2006). Associative and propositional processes in evaluation: An integrative review of implicit and explicit attitude change. *Psychological Bulletin, 132*, 692–731.
Gawronski, B., & Bodenhausen, G. V. (2014). The associative–propositional evaluation model operating principles and operating conditions of evaluation. In J. W. Sherman, B. Gawronski & Y. Trope (Hrsg.), *Dual-process theories of the social mind* (S. 188–203). New York: Guilford Press.
Gawronski, B., Hofmann, W., & Wilbur, Ch. J. (2006). Are „implicit" attitudes unconscious? *Consciousness and Cognition, 15*, 485–499.
Hofmann, W., Friese, M., Müller, J., & Strack, F. (2011). Zwei Seelen wohnen, ach, in meiner Brust. Psychologische und philosophische Erkenntnisse zum Konflikt zwischen Impuls und Selbstkontrolle. *Psychologische Rundschau, 62*, 147–166.
Holland, H., & Koch, B. (2014). Mobile Marketing. In H. Holland (Hrsg.), *Digitales Dialogmarketing. Grundlagen, Strategien, Instrumente* (S. 431–458). Wiesbaden: Springer Gabler.
Hovland, C. I., Janis, I. L., & Kelley, H. H. (1953). *Communication and persuasion: Psychological studies of opinion change*. New Haven: Yale University Press.
Hovland, C. I., Harvey, O. J., & Sherif, M. (1957). Assimilation and contrast effects in reactions to communication and attitude change. *The Journal of Abnormal and Social Psychology, 55*, 244–252.
Karremans, J. C., Stroebe, W., & Claus, J. (2006). Beyond Vicary's fantasies: The impact of subliminal priming and brand choice. *Journal of Experimental Social Psychology, 42*, 792–798.
Kroeber-Riel, W., & Weinberg, P. (2003). *Konsumentenverhalten* (8. Aufl.). München: Franz Vahlen.
Krosnick, J. A., Betz, A. L., Jussim, L. J., & Lynn, A. R. (1992). Subliminal conditioning of attitudes. *Personality and Social Psychology Bulletin, 18*, 152–162.
Kuschel, S., Förster, J., & Denzler, M. (2010). Going beyond information given: How approach versus avoidance cues influence access to higher order information. *Social Psychology and Personality Science, 1*, 4–11.
Lachman, R. R., Lachman, J. L., & Butterfield, E. C. (1979). *Cognitive psychology and information processing*. Hillsdale: Lawrence Erlbaum.
Lang, A. (2000). The limited capacity model of mediated message processing. *Journal of Communication, 50*, 46–70.
Lang, A. (2009). The limited capacity model of motivated mediated message processing. In R. L. Nabi & M. B. Oliver (Hrsg.), *The SAGE handbook of media processes and effects* (S. 193–204). Thousand Oaks: SAGE Publications.
Mangold, R. (2015). *Informationspsychologie. Wahrnehmen und Gestalten in der Medienwelt* (2. Aufl.). Heidelberg: SpringerSpektrum.
Mattenklott, A. (2007). Emotionale Werbung. In K. Moser (Hrsg.), *Wirtschaftspsychologie* (S. 85–106). Heidelberg: Springer.

Miller, G. A. (1956). The magical number seven, plus or minus two: Some limits on our capacity for processing information. *Psychological Review, 63*, 81–97.

Moser, K. (2002). *Markt- und Werbepsychologie. Ein Lehrbuch.* Göttingen: Hogrefe.

Petty, R. E., & Cacioppo, J. T. (1986). The elaboration likelihood model of persuasion. *Advances in Experimental Social Psychology, 19*, 123–205.

Petty, R. E., Cacioppo, J. T., & Schumann, D. W. (1986). Central and peripheral routes to advertising effectiveness: The moderating role of involvement. *Journal of Consumer Research, 10*, 135–146.

Redler, J. (2014). Mediaplanung im Dialogmarketing. In H. Holland (Hrsg.), *Digitales Dialogmarketing. Grundlagen, Strategien, Instrumente* (S. 379–410). Wiesbaden: Springer Gabler.

Shiv, B., & Fedorikhin, A. (1999). Heart and mind in conflict: The interplay of affect and cognition in consumer decision making. *Journal of Consumer Research, 26*, 278–292.

Staats, A. W., & Staats, C. K. (1958). Attitudes established by classical conditioning. *Journal of Social Psychology, 57*, 37–40.

Till, B. D., Stanley, S. M., & Priluck, R. (2008). Classical conditioning and celebrity endorsers: An examination of belongingness and resistance to extinction. *Psychology & Marketing, 25*, 179–196.

Trepte, S., & Reinecke, L. (2019). *Medienpsychologie* (2. Aufl.). Stuttgart: Kohlhammer.

Triandis, H. C. (1971). *Attitude and attitude change.* New York: Wiley.

Vargas, P. T., Sekaquaptewa, D., & von Hippel, W. (2007). Armed only with paper and pencil: „Low tech" measures of implicit attitudes. In B. Wittenbrink & N. Schwarz (Hrsg.), *Implicit measures of attitudes* (S. 103–124). New York: Guilford Press.

Wittenbrink, B. (2007). Measuring attitudes through priming. In B. Wittenbrink & N. Schwarz (Hrsg.), *Implicit measures of attitudes* (S. 17–58). New York: Guilford Press.

Yoo, C. Y. (2008). Unconscious processing of web advertising: Effects on implicit memory, attitude toward the brand, and consideration set. *Journal of Interactive Marketing, 22*(2), 2–18.

Zajonc, R. B. (1980). Feeling and thinking. Preferences need no inferences. *American Psychologist, 35*, 151–175.

Zimbardo, P. G. (1960). Involvement and communication discrepancy as determinants of opinion conformity. *The Journal of Abnormal and Social Psychology, 60*, 86–94.

Europäische Datenschutz-Grundverordnung: Auswirkungen auf das Dialogmarketing

Hans Jürgen Schäfer

Inhalt

1 Praxis des Dialogmarketings 62
2 Dialogmarketing zulässig gestalten 63
3 Transparenz verständlich herstellen 75
4 Dienstleister richtig beauftragen 80
5 Datenschutz effektiv durchsetzen 82
6 Grenzen der Europäischen Union 84

Zusammenfassung

Mit der seit 25. Mai 2018 wirksamen Europäischen Datenschutz-Grundverordnung (2016/679/EU) wurden die wesentlichen datenschutzrechtlichen Rahmenbedingungen für das Dialogmarketing europaweit harmonisiert. Daneben hat die Europäische Kommission eine neue ePrivacy-Verordnung vorgeschlagen (COM (2017) 10 final), mit der die alte ePrivacy-Richtlinie abgelöst werden soll. Der Vorschlag erweitert unter anderem die Einwilligungsvorbehalte für Webseiten, Apps und im Bereich der elektronischen Werbung. Jedoch konnte bis Ende 2019 im EU-Ministerrat keine Einigung erzielt werden, sodass die bisherigen Vorschläge erneut grundlegend überarbeitet werden sollen. Mit dem Abschluss des europäischen Gesetzgebungsverfahrens ist erst 2021 zu rechnen. Wirksam wird die neue ePrivacy-Verordnung dann vermutlich nicht vor dem Jahr 2023. Die nachfolgende Darstellung beschreibt, wie die Vorgaben der DSGVO in der Praxis des Dialogmarketings umgesetzt werden können.

Gekürzte Fassung des im Juli 2019 in 3. Auflage erschienenen Best Practice Guide „Europäische Datenschutz-Grundverordnung", erstellt vom Arbeitskreis Datenschutz des DDV. Die Langfassung mit ausführlicheren Beispielen kann bei info@ddv.de kostenfrei angefordert werden.

H. J. Schäfer (✉)
DDV Deutscher Dialogmarketing Verband e. V., Frankfurt am Main, Deutschland
E-Mail: hj.schaefer@ddv.de

Schlüsselwörter

Datenschutz-Grundverordnung · Dialogmarketing · Interessenabwägung · Datenschutzinformation · Einwilligung

1 Praxis des Dialogmarketings

1.1 Verfügbare Datenquellen

Dialogmarketing setzt auf die interessengerechte Ansprache von potenziellen Neukunden und Bestandskunden. Hierzu bedarf es geeigneter Kommunikationskanäle zu den Adressaten und aussagekräftiger Selektionskriterien. Die Kommunikationskanäle im Dialogmarketing reichen von postalischer Werbung über die Ansprache per elektronischer Nachricht bis hin zum Online Behavioral Advertising.

Die Entwicklung und Verwendung von Selektionskriterien hat zum Ziel, wirtschaftlich die Wahrscheinlichkeit erfolgreichen Dialogmarketings zu erhöhen. Auf diese Weise wird die Ansprache möglichst auf potenziell interessierte Personen beschränkt. Die Selektion erspart damit nicht nur dem Unternehmen Kosten, sondern liegt auch im Interesse der Adressaten.

Zur Entwicklung und Bewertung der Aussagekraft von Selektionskriterien gehört die Analyse der Daten. Auf diese Weise können detaillierte personenbezogene Kriterien in generische Gruppen zusammengefasst oder für Schätzungen verwendet werden. Die Selektionskriterien enthalten damit weniger konkrete personenbezogene Daten, denn sie enthalten aggregierte Aussagen. Sie werden teilweise pseudonymisiert oder sogar anonymisiert, bevor sie zu Selektionszwecken verwendet werden. Auf diese Weise wird den schutzwürdigen Interessen der betroffenen Personen besonders entsprochen.

1.2 Vorbereitung eines individuellen Dialogs

Ein individueller Dialog erfordert im ersten Schritt eine breite Basis potenzieller Adressaten mit Angaben zu den verfügbaren Kommunikationskanälen. Die Basis wurde vom werbetreibenden Unternehmen entweder selbst erhoben oder wird durch andere Marktteilnehmer oder Datendienstleister – in der Regel im so genannten Lettershop-Verfahren – zur Verfügung gestellt.

Im zweiten Schritt werden die Adressaten ausgewählt, die potenziell Interesse an den beworbenen Produkten und Dienstleistungen des Werbetreibenden haben könnten. Die hierzu erforderliche Selektion erfolgt auf der Grundlage von personenbezogenen, pseudonymisierten oder anonymisierten Daten.

Ziel der Selektion ist die Auswahl einer Adressatengruppe, die als gemeinsames Merkmal das potenzielle Interesse der jeweiligen Adressaten an bestimmten Arten von Produkten oder Dienstleistungen hat. Nach der Selektion wird die ausgewählte

Zielgruppe nochmals überprüft und bereinigt. Die Adressen werden zur Verbesserung der Datenqualität berichtigt und aktualisiert.

1.3 Ansprache potenzieller Interessenten

Die Ansprache der potenziellen Interessenten erfolgt über postalische oder elektronische Kanäle. Wegen der bestehenden rechtlichen Hürden bei der Ansprache per E-Mail, Telefon, Telefax oder SMS wird häufig die postalische Ansprache gewählt. Sowohl der Anbieter der beworbenen Produkte oder Dienstleistungen als auch andere Marktteilnehmer können die Absender der Kommunikation sein. Online Behavioral Advertising ist ein Sonderfall, denn es erfolgt keine individuelle Ansprache bestimmter Adressaten. Die Einwilligungserfordernisse für elektronische „Nachrichten" gelten für das Online Behavioral Advertising bisher nicht. Die auf einer Internetseite eingeblendete Werbung wird jedoch wie jede andere Direktwerbung nach potenziellen Interessenten priorisiert.

2 Dialogmarketing zulässig gestalten

2.1 Alternativen für rechtmäßiges Dialogmarketing

Jede Verarbeitung personenbezogener Daten bedarf unter der Datenschutz-Grundverordnung einer konkreten Erlaubnis. Als Rechtsgrundlagen für die Verarbeitung von personenbezogenen Daten zu Zwecken des Dialogmarketings kommen zwei zentrale Alternativen in Betracht: Interessenabwägung und Einwilligung. Weiterhin kann Dialogmarketing im Rahmen der Durchführung eines Vertragsverhältnisses erfolgen, wenn beispielsweise ein Verbraucher die Zusendung von Werbung mit einem Unternehmen vereinbart.

Die Verarbeitung von anonymisierten Daten unterliegt nicht dem Datenschutzrecht und bedarf deshalb keiner Rechtsgrundlage.

> § Personenbezogene, pseudonyme oder anonyme Daten?
> In der Regel werden für das Dialogmarketing personenbezogene Daten verwendet. Hierzu gehören pseudonymisierte Daten. Eine Pseudonymisierung liegt vor, wenn die personenbezogenen Daten ohne Hinzuziehung zusätzlicher Informationen nicht mehr einer spezifischen betroffenen Person zugeordnet werden können. Die zusätzlichen Informationen, die eine Identifizierung erlauben, sind gesondert aufzubewahren. Außerdem ist durch technische und organisatorische Maßnahmen zu gewährleisten, dass die personenbezogenen Daten nicht einer identifizierten oder identifizierbaren natürlichen Person zugewiesen werden (Artikel 4 (5)).

(Fortsetzung)

Darüber hinaus erfolgen Selektionen auf der Grundlage von anonymisierten Daten. Dabei handelt es sich häufig um aggregierte, geschätzte bzw. statistische Daten. Da die Verordnung auf anonyme Daten keine Anwendung findet, ist die Abgrenzung zwischen personenbezogenen und anonymen Daten von großer praktischer Bedeutung. Für die Verarbeitung von anonymen Daten bedarf es weder einer Rechtsgrundlage noch sind die Informationspflichten oder Rechte der Betroffenen anwendbar.

Personenbezogene Daten sind alle Informationen, die sich auf eine identifizierte oder identifizierbare natürliche Person beziehen (Artikel 4 (1)). Diese Definition stammt inhaltlich aus der Europäischen Datenschutzrichtlinie von 1995. Die Verordnung enthält zusätzlich klarstellende Beispiele dafür, wann eine Identifizierbarkeit von Personen gegeben sein kann. Als mögliche Identifizierungsmerkmale werden Kennnummern, Standortdaten oder Online-Kennungen von Personen genannt, wenn sie eine Identifizierung zulassen.

Daten sind personenbeziehbar, wenn dem verarbeitenden Unternehmen Mittel verfügbar sind, die nach allgemeinem Ermessen aller Voraussicht nach zur Bestimmung der betroffenen Person genutzt werden (Erwägungsgrund 26). Eine rein theoretische Identifizierbarkeit führt nicht dazu, dass Daten als personenbezogen gelten. Wenn eine Nutzung der Mittel zur Identifizierung aller Voraussicht nach nicht erfolgt, gelten die Daten als anonym.

Beispiele für die Abgrenzung zwischen personenbezogenen und anonymen Daten sind IP-Adressen und Cookies. Die Verordnung stellt fest, dass betroffene Personen „unter Umständen" durch solche Online-Kennungen zugeordnet werden können (Erwägungsgrund 30). Es bleibt offen, unter welchen Umständen dies der Fall sein soll.

§ Darf Profiling zu Zwecken des Dialogmarketings erfolgen?

Die Zulässigkeit der Verarbeitung von personenbezogenen Daten zu Selektionszwecken richtet sich nach den allgemeinen Rechtsgrundlagen. Dies gilt auch für Profiling. Der Begriff Profiling wird in der Verordnung weit definiert (Artikel 4 (4)), sodass Selektionen für Zwecke des Dialogmarketings grundsätzlich darunter fallen können.

Nach Ansicht des Europäischen Datenschutzausschusses können sich Unternehmen „nur schwer" auf das berechtigte Interesse als Rechtsgrundlage für „massiv" in die Privatsphäre eingreifendes Profiling und Tracking zu Marketing- oder Werbezwecken berufen (Working Paper 251). Klassische Selektionsverfahren im Bereich des Dialogmarketings greifen aber nicht massiv in

(Fortsetzung)

die Privatsphäre ein. Beim Profiling auf Grundlage umfassender und sehr persönlicher Datensammlungen, wie beispielsweise durch Social Media Dienste, erscheint jedoch eine Einwilligung als Rechtsgrundlage geboten.

Die Anwendbarkeit der Interessenabwägungsklausel auf Profiling zu Werbezwecken wird von der Verordnung dadurch bestätigt, dass sie das Widerspruchsrecht nach Artikel 21 (2) ausdrücklich auf Profiling erstreckt. Im Rahmen der so genannten Interessenabwägung (Artikel 6 (1) (f)) ist zu beurteilen, ob die Selektion selbst überwiegende schutzwürdige Interessen der betroffenen Personen berührt. Dabei sind der Umfang und die Sensibilität der verwendeten Daten zu berücksichtigen.

§ **Bedarf es beim Profiling einer Datenschutz-Folgenabschätzung?**
Eine formale Datenschutz-Folgenabschätzung nach Artikel 35 (3) (a) wird in der Regel nicht erforderlich sein, wenn die Verarbeitung zu Werbezwecken auf der Interessenabwägungsklausel beruht. Hohe Risiken für die Rechte und Freiheiten der betroffenen Personen würden im Zweifel die Anwendbarkeit der Interessenabwägungsklausel ausschließen. Deshalb wird eine Datenschutz-Folgenabschätzung allenfalls in Situationen angezeigt sein, in denen die Verarbeitung auf einer Einwilligung beruht.

Alternative 1: Interessenabwägung
Die Verordnung erlaubt die Verarbeitung von personenbezogenen Daten, wenn das Interesse der betroffenen Person am Schutz der Daten das Interesse des Unternehmens an der Verarbeitung der Daten nicht überwiegt (Artikel 6 (1) (f)). Unter „Verarbeitung" versteht die Verordnung insbesondere die Erhebung, Speicherung, Verwendung oder Übermittlung von personenbezogenen Daten (Artikel 4 (2)). Damit findet die Rechtsgrundlage auf die Verarbeitung von personenbezogenen Daten zu Zwecken des Dialogmarketings von der Erhebung über die Selektion bis zur konkreten Ansprache Anwendung.

Die Verordnung stellt ausdrücklich klar, dass die Durchführung von Dialogmarketing als berechtigtes Interesse betrachtet werden kann (Erwägungsgrund 47). Zum Ausgleich sieht die Verordnung für Dialogmarketing ein bedingungsloses Widerspruchsrecht vor, mit dem der Adressat künftige Ansprachen ausschließen kann (siehe Abschn. 2.2).

Auch die Weitergabe von Daten durch Übermittlung lässt sich über die Interessenabwägung rechtfertigen. Dabei ist jedoch zu beachten, dass die Interessen der betroffenen Person bei einer Übermittlung stärker betroffen sein können als bei einer Verwendung der Daten im so genannten Lettershop-Verfahren, bei dem es in der Regel zu keiner Übermittlung der Daten an den Werbetreibenden kommt.

Eine klare Grenze findet die Interessenabwägung dann, wenn die betroffene Person der Verarbeitung der Daten zu Zwecken des Dialogmarketings widerspricht (siehe Abschn. 2.2), besondere Arten von Daten verarbeitet werden (wie beispielsweise Gesundheitsdaten) oder ein überwiegendes Interesse der betroffenen Person am Schutz der Daten besteht. Die Schutzwürdigkeit von Kindern unter 16 Jahren ist besonders zu berücksichtigen, wobei die Anwendung der Interessenabwägung bei Kindern nicht völlig ausgeschlossen wird.

Ein überwiegendes Interesse der betroffenen Person ist beispielsweise anzunehmen, wenn besonders umfangreiche oder sensible Daten zu Zwecken des Dialogmarketings an Dritte übermittelt werden. In der Praxis des Dialogmarketings kommt es hierzu jedoch in der Regel nicht, wenn auf der Basis der Selektionskriterien die Adressen vor ihrer Übermittlung in generische Gruppen eingeteilt werden. Außerdem fließt in die Abwägung ein, ob die Daten gegen besondere Risiken geschützt sind. Ein solcher Schutz kann beispielsweise durch die Pseudonymisierung der Daten erreicht werden.

Die Interessenabwägungsklausel verweist ausdrücklich darauf, dass auch Interessen von Dritten in der Abwägung Berücksichtigung finden können. Dies ist in Konstellationen relevant, in denen ein Werbetreibender auf Daten anderer Marktteilnehmer oder Datendienstleister angewiesen ist. Diese können sich im Rahmen der Abwägung auf das Interesse des Werbetreibenden an der Durchführung der Werbung berufen. Dies gilt unter anderem im Falle der Übermittlung von Daten an den Werbetreibenden. Wenn die Übermittlung für Werbezwecke erfolgt, dann ist den betroffenen Personen ein Widerspruchsrecht hiergegen ausdrücklich einzuräumen (Artikel 21 (2)).

Um die Ansprache oder Selektion von Adressaten zu erleichtern, können Daten anderer Marktteilnehmer, aus öffentlich zugänglichen Quellen oder von Datendienstleistern hinzugespeichert werden, solange dabei die schutzwürdigen Interessen der betroffenen Personen nicht überwiegen.

Die Anwendung der Interessenabwägungsklausel bedarf der Abwägung der schutzwürdigen Interessen der betroffenen Person mit denen des datenverarbeitenden oder werbetreibenden Unternehmens. Die Verordnung soll insbesondere mit dem Recht auf unternehmerische Freiheit in Einklang stehen (Erwägungsgrund 4). Es können aber auch andere Grundwerte in die Abwägung einfließen. Beispielsweise dient Dialogmarketing zum Zwecke der Spendenwerbung für gemeinnützige Organisationen einem öffentlich anerkannten Zweck.

Bei der Abwägung der Interessen können insbesondere folgende Aspekte berücksichtigt werden:
- Werden die Daten transparent verarbeitet?
- Wie intensiv wird über das Widerspruchsrecht informiert?
- Welche Maßnahmen werden zum Schutz der Daten getroffen?
- Sind die Daten pseudonymisiert?

(Fortsetzung)

- Handelt es sich um aggregierte, geschätzte bzw. statistische Daten?
- Wird nur im beruflichen Umfeld geworben?
- Handelt es sich um Daten aus öffentlichen Quellen?
- Erreicht die Selektion eine Reduzierung der Ansprachen von Adressaten?

Nach Berücksichtigung aller Faktoren ist die Frage zu stellen, ob die berechtigten Interessen der Unternehmen gegenüber den schutzwürdigen Interessen der betroffenen Personen überwiegen. Naturgemäß ist eine solche Abwägung nicht einfach und kann vom Blickwickel des Betrachters beeinflusst sein. Wichtig ist deshalb, eine möglichst objektive Abwägung unter Berücksichtigung der schutzwürdigen Interessen einer durchschnittlichen betroffenen Person vorzunehmen.

Wie die Interessen im Rahmen der Abwägung zu gewichten sind, lässt sich an folgenden Beispielen veranschaulichen:

BEISPIEL 1: INTERESSENTEN UND BESTANDSKUNDEN
Unternehmen erhalten personenbezogene Daten von Interessenten, die sich direkt an das Unternehmen wenden, oder von Personen, die vom Unternehmen Produkte erwerben oder Dienstleistungen in Anspruch nehmen. Die Datensätze enthalten Angaben darüber, wie mit den Personen Kontakt aufgenommen werden kann und an welchen Produkten oder Dienstleistungen Interesse gezeigt wurde. Außerdem können weitere Selektionskriterien, die gegebenenfalls von anderen Marktteilnehmern, aus öffentlich zugänglichen Quellen oder von Datendienstleistern stammen, hinzugespeichert sein.

Ein Unternehmen hat ein gewichtiges berechtigtes Interesse daran, personenbezogene Daten zu Zwecken des Dialogmarketings zu verarbeiten, um die Geschäftsbeziehung zu Interessenten und Bestandskunden zu pflegen.

Die Schutzinteressen der betroffenen Person sind in der Regel gering. Der Adressat hat selbst kommerziellen Kontakt mit dem Unternehmen aufgenommen. Erwägungsgrund 47 der Datenschutz-Grundverordnung weist darauf hin, dass eine solche Beziehung zum Adressaten bei der Interessenabwägung beachtlich ist. Eine Werbeansprache wird er nach allgemeiner Lebenserfahrung oder auf Grund einer entsprechenden Datenschutzinformation erwarten, solange er der Verwendung seiner Daten für diese Zwecke nicht widersprochen hat. Die Verwendung von Selektionskriterien des Werbetreibenden oder von Datendienstleistern führt im positiven Sinne dazu, dass er interessengerecht angesprochen wird.

BEISPIEL 2: ÖFFENTLICH ZUGÄNGLICHE DATEN
Werbetreibende und deren Datendienstleister erheben Daten häufig aus öffentlich zugänglichen Quellen, um diese zu Zwecken des Dialogmarketings zu verwenden. Hieran besteht ein berechtigtes Interesse, denn die Daten dienen entweder der Neukundenwerbung oder der Hinzuspeicherung von Selektionskriterien zu Bestandskunden oder Interessenten. Entweder werden die Daten vom Werbetreibenden selbst aus öffentlichen Quellen erhoben oder Datendienstleister stellen diese bereit.

Das Interesse von Unternehmen an der Neukundengewinnung hat hohes Gewicht, denn mit einer reinen Bestandskundenpflege können sie langfristig nicht überleben. Aber auch für die Bestandskundenpflege sind die hinzugespeicherten Daten von großer Bedeutung, weil sie die Bildung aussagekräftiger Selektionskriterien ermöglichen.

Das Interesse der betroffenen Person am Schutz der Daten ist im Regelfall eher gering, denn die Daten sind bereits öffentlich und für jedermann weltweit zugänglich. Mitveröffentlichte Widersprüche (beispielsweise in Impressumsdaten im Internet) sind zu beachten. Urheberrechtliche Beschränkungen sind zu berücksichtigen, wenn Daten aus rechtlich geschützten Quellen entnommen werden.

Wenn die betroffene Person die Daten selbst veröffentlicht hat, wiegen ihre schutzwürdigen Interessen geringer als in einer Konstellation, in der Dritte die Daten veröffentlicht haben.

BEISPIEL 3: B2B
Die Interessenabwägungsklausel unterscheidet nicht ausdrücklich danach, ob potenzielle B2B- oder B2C-Kunden angesprochen werden. Die Interessen der Adressaten am Schutz ihrer Daten sind jedoch unterschiedlich hoch zu bewerten. Informationen zur beruflichen Tätigkeit sind weniger sensibel. Bei der Abwägung ergibt sich deshalb ein weiterer Spielraum für die Verarbeitung von personenbezogenen Daten zu Zwecken des Dialogmarketings im B2B-Bereich. Geschäftliche Adressen und dazugehörige Selektionskriterien können direkt bei den Adressaten erhoben werden oder von anderen Marktteilnehmern, aus öffentlich zugänglichen Quellen oder von Datendienstleistern stammen.

Im Bereich der B2B-Werbung handelt es sich bei den Selektionskriterien in der Regel nicht um personenbezogene Daten über den Ansprechpartner im Unternehmen, sondern um Informationen zum Unternehmen selbst (wie Angaben zu Branche, Tätigkeitsbereichen, Umsatz oder dem Bedarf an Zulieferungsprodukten). Diese Daten fallen bei juristischen Personen nicht unter das

(Fortsetzung)

BEISPIEL 3: B2B (Fortsetzung)
Datenschutzrecht (Erwägungsgrund 14). Sie werden nur im Rahmen der ePrivacy-Richtlinie im Bereich der elektronischen Kommunikation teilweise geschützt.

Informationen zur geschäftlichen Tätigkeit des konkreten Ansprechpartners sind in ihrer Schutzwürdigkeit geringer einzustufen als Informationen aus dem rein persönlichen Umfeld. Deshalb sollten Daten aus dem persönlichen Umfeld möglichst nicht zu Zwecken des Dialogmarketings im B2B-Bereich verwendet werden.

BEISPIEL 4: EMPFEHLUNGEN
Unternehmen unterstützen sich gegenseitig durch die Empfehlung ihrer jeweiligen Produkte und Dienstleistungen. Im Rahmen der Interessenabwägung können die Interessen von Dritten (hier dem empfohlenen Unternehmen) in die Abwägung einbezogen werden.

Entweder versendet das empfehlende Unternehmen die Werbung oder es setzt Dienstleister als Auftragsverarbeiter hierfür ein. Die Daten der Adressaten müssen deshalb nicht an das empfohlene Unternehmen übermittelt werden. Damit werden die Interessen der Adressaten bezüglich ihrer Daten auf besondere Weise geschützt.

BEISPIEL 5: LETTERSHOP-VERFAHREN
In Anlehnung an die Empfehlungswerbung wird für Dialogmarketing auch das so genannte Lettershop-Verfahren verwendet. Wie bei der Empfehlungswerbung wird dabei die Werbung entweder direkt von dem Unternehmen mit der bestehenden Kundenbeziehung (so genannte Adresseigner) oder durch einen Dienstleister durchgeführt.

Der entscheidende Unterschied zur Empfehlungswerbung besteht darin, dass die Ansprache unter dem Absender bzw. auf dem Briefkopf des empfohlenen Unternehmens erfolgt. Der Adresseigner entscheidet über die Durchführung der Werbung und veranlasst die Selektionen und Ansprache, ohne hierfür die Daten der Adressaten an das empfohlene Unternehmen übermitteln zu müssen. Der Lettershop führt die Werbung allein auf Weisung des Adresseigners durch. Für die Zwecke der Interessenabwägung sind deshalb dieselben Kriterien wie bei der Empfehlungswerbung einschlägig, denn die zugrunde liegende Verarbeitung der Daten unterscheidet sich hiervon nicht.

BEISPIEL 6: ONLINE BEHAVIORAL ADVERTISING
Ziel des Online Behavioral Advertising ist es, eine interessengerechte Einblendung von Werbung im Rahmen der Nutzung von Internetdiensten zu ermöglichen. Hierzu werden entweder pseudonymisierte oder anonymisierte Nutzungsdaten als Selektionskriterien verwendet. Die Verarbeitung anonymer Nutzerdaten beschränkt das Datenschutzrecht nicht.

Sowohl die Betreiber von Internetdiensten als auch die Werbetreibenden haben ein berechtigtes Interesse an der Einblendung interessengerechter Werbung. Die Einnahmen aus dieser Art Werbung sind eine wichtige Finanzierungsquelle für Internetdienste. Den Werbetreibenden wird auf diese Weise ein werthaltiger Kommunikationskanal eröffnet. Dies sind gewichtige Interessen, die in die Abwägung eingehen.

Das Schutzinteresse des Nutzers kann hoch sein, wenn der Umfang und die Sensibilität der verwendeten personenbezogenen Daten nicht durch andere Maßnahmen hinreichend kompensiert werden. Dabei ist zu berücksichtigen, ob die Einbindung von Dienstleistern sicherstellt, dass die konkreten Selektionskriterien nicht direkt an die Werbetreibenden übermittelt werden. Außerdem können personenbezogene Daten durch Pseudonymisierung einen zusätzlichen Schutz erhalten. Den Schutzinteressen der Nutzer kann weiterhin durch Transparenz und Präferenzmanagement entsprochen werden. Deshalb überwiegen die Interessen der Unternehmen in der Praxis regelmäßig denen der betroffenen Personen.

ALTERNATIVE 2: EINWILLIGUNG

Die Verarbeitung von Daten zu Zwecken des Dialogmarketings ist auch zulässig, wenn die betroffene Person in diese eingewilligt hat. Die Frage, welche Voraussetzungen an eine wirksame Einwilligung zu knüpfen sind, wurde im Verlauf der Verhandlungen der Verordnung insbesondere mit Blick auf Soziale Netzwerke betrachtet. Teilweise wurden deshalb sehr strenge Maßstäbe gefordert. Im Ergebnis hat die politische Kompromisssuche in der Verordnung ein unübersichtliches und teilweise inkonsistentes Regelungsgerüst zur Einwilligung hinterlassen.

Die Definition des Begriffs der Einwilligung in Artikel 4 (11) – „jede freiwillig für den bestimmten Fall, in informierter Weise und unmissverständlich abgegebene Willensbekundung" – hat sich im Vergleich zur Datenschutzrichtlinie von 1995 nicht wesentlich geändert. In der Regel werden deshalb Einwilligungen, die der Datenschutzrichtlinie entsprochen haben, auch den Anforderungen der Verordnung entsprechen. Die Verordnung erläutert jedoch die Detailanforderungen genauer.

Die vielfältigen und sich teilweise überschneidenden Anforderungen der Verordnung an wirksame Einwilligungen führen in der Praxis zu erheblicher Rechtsunsicherheit. Deshalb wird immer häufiger hinterfragt, an welcher Stelle Einwilligungen überhaupt erforderlich sind. Einwilligungen werden teilweise genauer auf die Aspekte zugeschnitten, für die tatsächlich keine andere Rechtsgrundlage in Betracht kommt. Häufig wird angesichts der formalen Voraussetzungen an Einwilligungserklärungen der Rückgriff auf die Interessenabwägungsklausel vorzugswürdig sein. Die Aufsichtsbehörden bestätigen diese Tendenz in ihren Leitlinien und Orientierungshilfen.

§ **Kann die Einwilligung als zusätzliche Absicherung verwendet werden?**
Im Zweifel kann eine Einwilligung zur zusätzlichen Absicherung eingeholt werden. Sollte sie widerrufen werden, unwirksam oder nicht ausreichend nachweisbar sein, bleibt die Möglichkeit des Rückgriffs auf anderweitige Rechtsgrundlagen für die Verarbeitung der Daten erhalten. Die Verordnung erwähnt dies konkret in der Regelung zum Recht auf Vergessenwerden (Artikel 17 (1) (b)). Daraus kann die Schlussfolgerung gezogen werden, dass ganz allgemein ein Rückgriff auf anderweitige Rechtsgrundlagen zulässig ist, wenn die Einwilligung nicht den Anforderungen der Verordnung genügt. Ganz unumstritten ist dies aber nicht. Außerdem birgt die Verwendung einer Einwilligung das Risiko, dass diese nicht den gesetzlichen Anforderungen genügt und deshalb sanktioniert wird.

§ **Gelten die Anforderungen auch für Einwilligungen in eine elektronische Ansprache?**
Bei der elektronischen Ansprache fordert die ePrivacy-Richtlinie in bestimmten Konstellationen Einwilligungen der betroffenen Personen. Die Verordnung stellt klar, dass Verweise auf die alte Datenschutzrichtlinie als solche auf die Datenschutz-Grundverordnung zu lesen sind (Artikel 94). Durch die Verordnung sollen aber keine zusätzlichen Pflichten auferlegt werden (Artikel 95), soweit die ePrivacy-Richtlinie Pflichten regelt, die dasselbe Ziel verfolgen. Dies gilt bis zur geplanten Ablösung der ePrivacy-Richtlinie. Welche Schlussfolgerungen hieraus zu ziehen sind, ist umstritten. Es spricht nichts dagegen, die Einwilligungen für elektronische Werbung an die Anforderungen der DS-GVO anzupassen, denn spätestens mit der ePrivacy-Verordnung werden diese Anforderungen vermutlich ohnehin gelten. Der Europäische Datenschutzausschuss und die deutsche Datenschutzkonferenz betrachten bereits heute die Anforderungen der DS-GVO für Einwilligungen unter der ePrivacy-Verordnung als anwendbar, auch wenn dies insbesondere bei der Frage der Einwilligung für Cookies zurecht höchst umstritten ist.

Bei Einwilligungen in die elektronische Ansprache ist es in der Regel so, dass die Verarbeitung der Daten zur Vorbereitung einer Aussendung im Rahmen der Interessenabwägungsklausel zulässig ist. Hier genügt es, wenn sich die Einwilligung für elektronische Werbung nach der ePrivacy-Richtlinie

(Fortsetzung)

ausschließlich auf die elektronische Aussendung bezieht. Es sollte aber darauf hingewiesen werden, ob die Werbung nur eigene oder auch fremde Produkte und Dienstleistungen umfasst. Außerdem sollte deutlich werden, ob die Einwilligung auch für Aussendungen durch dritte Unternehmen gelten soll.

§ Haltbarkeit von Einwilligungen?
In der deutschen Rechtsprechung gibt es bisher eine Reihe von Urteilen, die sich mit der Haltbarkeit von Einwilligungen auseinandergesetzt haben. Für Unternehmen, die beispielsweise Einwilligungen für E-Mail-Newsletter einholen und regelmäßig solche verschicken, ist diese Rechtsprechung nicht relevant, denn sie gilt nur für Einwilligungen, die längere Zeit nicht genutzt werden. Der Bundesgerichtshof hat zwischenzeitlich klargestellt, dass es keine gesetzliche Haltbarkeitsbeschränkung für datenschutzrechtliche Einwilligungen gibt (BGH, Urteil vom 1. Februar 2018, Az. III ZR 196/17).

§ Dürfen Daten zum Dialogmarketing verwendet werden, wenn dies zum Zeitpunkt der Erhebung noch nicht geplant war?
Zulässig kann die Verarbeitung zu Zwecken des Dialogmarketings auch dann sein, wenn die Daten ursprünglich nicht zu Zwecken des Dialogmarketings erhoben wurden, die Zwecke jedoch erweitert werden sollen und mit denen der ursprünglichen Erhebung vereinbar sind (Artikel 5 (1) (b) und 6 (4)). In einer solchen Konstellation bedarf es keiner gesonderten Rechtsgrundlage (Erwägungsgrund 50) für die weitere Verarbeitung. Die Anforderungen an eine „vereinbare" Zweckänderung ersetzen damit die Prüfung unter der Interessenabwägungsklausel. Teilweise wird vertreten, dass die Zweckänderungsregelung zusätzliche eingrenzende Kriterien enthält. Die Ansicht ist jedoch mit dem Wortlaut von Erwägungsgrund 50 nicht vereinbar.

Im Dialogmarketing hat die Klausel zu Zweckänderungen nur eine sehr eingeschränkte Bedeutung, denn im kommerziellen Umfeld werden Daten stets auch zu Werbezwecken erhoben. Spätere Zweckänderungen sind nicht erforderlich und die Zweckänderungsklausel findet deshalb keine Anwendung.

2.2 Widerspruch des Adressaten beachten beachten

Da die Verordnung im Grundsatz das Opt-out-Prinzip bei der Verarbeitung von Daten zu Zwecken des Dialogmarketings beibehält, sind die Regelungen zum

Widerspruchsrecht von großer praktischer Bedeutung (Artikel 21 und Erwägungsgrund 70). Die betroffene Person muss spätestens zum Zeitpunkt der ersten Kommunikation ausdrücklich auf das Widerspruchsrecht hingewiesen werden (Artikel 21 (4)). Der Hinweis soll verständlich und getrennt von anderen Informationen erfolgen. Wenn ein Adressat der Verwendung seiner Daten zu Werbezwecken widerspricht, dann ist ein solcher Widerspruch strikt zu beachten. Ein Widerspruch greift für das Unternehmen, an den er von der betroffenen Person adressiert wurde. Wenn die Adresse aber von einem anderen Unternehmen stammt, muss auch dieses den Widerspruch beachten, sofern er entsprechend weit formuliert ist.

Wenn der Werbetreibende den Widerspruch einer betroffenen Person erhält, so hängt die notwendige Reaktion von deren genauem Willen ab. In der Praxis sind die Varianten der Eingaben von Verbrauchern unbegrenzt. Häufig lässt sich der tatsächliche Wille nur durch Auslegung ermitteln.

Variante 1: „Ich möchte von Ihnen keine Werbung erhalten."
Der Widerspruch richtet sich an den Werbetreibenden. Um dem Willen der widersprechenden Person zu entsprechen, kann er die Adresse beispielsweise in eine interne Sperrliste aufnehmen. Die Führung einer solchen Sperrliste erfolgt im Interesse des Betroffenen. Er ist über die Aufnahme in die Sperrliste zu informieren. Neue Werbeaussendungen des Werbetreibenden sind mit der Sperrliste abzugleichen. Wegen der bekannten und nicht zu verhindernden Unsicherheiten bei Adressabgleichen lässt sich damit nicht immer eine erneute Werbeaussendung an die betroffene Person vermeiden. Vom Werbetreibenden kann aber nicht mehr als die Anwendung der erforderlichen Sorgfalt erwartet werden.

Variante 2: „Ich möchte keine Werbung von Firmen erhalten, mit denen ich nichts zu tun habe."
Der Werbetreibende sollte die widersprechende Person auch hier in eine interne Sperrliste aufnehmen und einen gegebenenfalls involvierten Adresseigner, der die Daten zur Verfügung gestellt hat, informieren. Darüber hinaus wird empfohlen, dass die Adressdaten nicht mehr Dritten zur Verfügung gestellt werden. Die widersprechende Person ist über die Aufnahme in die Sperrliste zu informieren.

Variante 3: „Bitte löschen Sie meine Daten".
Häufig wird von betroffenen Personen die Löschung ihrer Daten gefordert, um damit weitere Werbezusendungen zu verhindern. Wenn der Betroffene ein solches Löschungsbegehren vorbringt, sollte er in die Sperrliste aufgenommen werden. Anschließend sollte darauf hingewiesen werden, dass eine dauerhafte Einstellung von Werbeansprachen nur mit Hilfe der Sperrung, nicht jedoch einer Löschung der Daten sichergestellt werden kann. Zugleich sollte die betroffene Person darauf hingewiesen werden, dass sie sich nochmals melden möge, wenn sie gleichwohl eine vollständige Löschung, also auch aus der Sperrdatei, wünscht.

2.3 Verarbeitungsgrundsätze

Die Verordnung enthält eine Reihe von Verarbeitungsgrundsätzen (Artikel 5). Diese werden weitgehend durch die Detailregelungen der Verordnung konkretisiert und haben insofern keine eigenständige Bedeutung. Unternehmen müssen nachweisen können, dass sie die Grundsätze einhalten (Artikel 5 (2)). Für das Dialogmarketing ist hinsichtlich der Verarbeitungsgrundsätze insbesondere Folgendes zu beachten:

Rechtmäßigkeit, Verarbeitung nach Treu und Glauben, Transparenz
Personenbezogene Daten müssen auf rechtmäßige Weise, nach dem Grundsatz von Treu und Glauben und in einer für die betroffene Person nachvollziehbaren Weise verarbeitet werden. Dieser Anforderung wird genügt, wenn die konkreten Rechtmäßigkeits- und Transparenzanforderungen eingehalten werden (siehe Abschn. 2 und 3).

Zweckbindung
Personenbezogene Daten sollen für festgelegte, eindeutige und rechtmäßige Zwecke verarbeitet werden und dürfen nicht in einer mit diesen Zwecken nicht zu vereinbarenden Weise weiterverarbeitet werden. Da im kommerziellen Umfeld personenbezogene Daten stets auch für Zwecke des Dialogmarketings erhoben werden, kommt es in der Regel nicht zu späteren Zweckänderungen. Der Verarbeitungsgrundsatz ist deshalb von untergeordneter praktischer Bedeutung für den Bereich des Dialogmarketings.

Datenminimierung
Personenbezogene Daten sollen für die Zwecke ihrer Verarbeitung angemessen und sachlich relevant sowie auf das für Zwecke der Verarbeitung notwendige Maß beschränkt sein. Wenn personenbezogene Daten zu Zwecken des Dialogmarketings verarbeitet werden, dann muss entsprechend darauf geachtet werden, dass die verarbeiteten Daten für die Ansprache und Selektion angemessen und sachlich relevant sind.

Richtigkeit
Personenbezogene Daten sollen richtig sein und erforderlichenfalls auf den neuesten Stand gebracht werden. Hierzu sind angemessene Maßnahmen zu treffen. In Bezug auf Dialogmarketing ist dabei vor allem an Maßnahmen zur Adressbereinigung, -korrektur und -aktualisierung zu denken. Die Maßnahmen können je nach Einzelfall angemessen sein, wenn beispielsweise Datendienstleister entsprechende Leistungen zu angemessenen Konditionen anbieten.

Speicherbegrenzung
Die Identifizierung der betroffenen Personen soll nur solange möglich sein, wie sie zum Zweck der Speicherung erforderlich ist. Da Dialogmarketing die Ansprache der Adressaten erfordert, bedarf es in der Regel einer Identifizierung. Im

Bereich der Selektionsverfahren können pseudonymisierte Datenbestände in Betracht kommen. Meistens wird aber auch die Selektion eine Identifizierung erfordern. Ihre zeitliche Grenze findet die Speicherung der Daten zu Zwecken des Dialogmarketings jedoch dann, wenn die Daten kein Werbepotenzial mehr haben und deshalb für die Zwecke des Dialogmarketings nicht mehr verwendet werden sollten. Pauschalisierte zeitliche Grenzen lassen sich hierfür nicht festlegen.

Integrität und Vertraulichkeit
Bei der Verarbeitung personenbezogener Daten ist ein angemessener Schutz zu gewährleisten. Die Verordnung spezifiziert diese Anforderung durch konkrete Anforderungen an die Datensicherheit (Artikel 32). Es sind geeignete technische und organisatorische Maßnahmen zu treffen. Dabei sind der Stand der Technik, die Implementierungskosten sowie Art, Umfang, Umstände, Zweck und Risiko der Verarbeitung zu berücksichtigen. Bei der Verarbeitung von reinen Adressen sind die Anforderungen damit geringer als bei der Verarbeitung von Adressen mit umfangreichen und sensiblen Selektionskriterien.

2.4 Datenverarbeitung im Konzern

Die Verordnung sieht keine pauschale Vereinfachung für den Datenaustausch zwischen Konzerngesellschaften vor. Jede Gesellschaft ist weiterhin datenschutzrechtlich als separate Einheit zu betrachten. Um konzernübergreifende Customer Relationship Management-Systeme (CRM-Systeme) zu betreiben und Daten hieraus für Zwecke des Dialogmarketings verwenden zu können, kann auf die Interessenabwägungsklausel oder auf Konzerneinwilligungen zurückgegriffen werden. Das berechtigte Interesse am konzerninternen Datenaustausch für interne Verwaltungszwecke erkennt die Verordnung ausdrücklich an (Erwägungsgrund 48).

Die Rechtsgrundlagen geben den Handlungsspielraum für konzernweite CRM-Systeme vor. Im Rahmen der Interessenabwägung sind bei einer konzerninternen Übermittlung die berechtigten Interessen der Unternehmen in der Regel höher und die schutzwürdigen Interessen der betroffenen Personen niedriger als beim Austausch zwischen konzernfremden Unternehmen zu bewerten.

Die Verordnung regelt gesondert die Konstellation, dass mehrere Unternehmen gemeinsam für einen Datenbestand verantwortlich sein können (Artikel 26).

3 Transparenz verständlich herstellen

3.1 Allgemeine Informationspflichten

Die Verordnung unterscheidet bei den Informationspflichten zwischen der Erhebung der Daten bei der betroffenen Person (Artikel 13) und der Erhebung aus anderen Quellen (Artikel 14). Die Unterscheidung rechtfertigt sich deshalb, weil im Falle einer Erhebung bei der betroffenen Person die Benachrichtigung in der Regel einfacher durchführbar ist

Die Benachrichtigungspflichten in den Artikeln 13 und 14 unterscheiden weiter nach Mindestinformationen und zusätzlichen Informationen. Die Mindestinformationen sind immer mitzuteilen, wenn sie relevant sind. Die zusätzlichen Informationen sind dann zur Verfügung zu stellen, wenn sie für eine „faire und transparente Verarbeitung" notwendig bzw. erforderlich sind. Das Differenzierungskriterium bietet wenig Rechtssicherheit. Deshalb empfiehlt sich eine umfassende Information zumindest dann, wenn dies praktisch einfach umzusetzen ist (wie beispielsweise in Datenschutzinformationen auf Internetseiten).

Erwägungsgrund 58 erwähnt ausdrücklich, dass Datenschutzinformationen auch auf einer öffentlich zugänglichen Internetseite gegeben werden können. Insofern bietet sich die Möglichkeit an, die Informationen in zwei Schichten zu geben. Beispielsweise können die gesetzlich zwingenden Informationen unmittelbar in einem Werbeschreiben aufgenommen werden und für weitere Informationen wird auf eine Internetseite verwiesen.

Bei der Information über das Widerspruchsrecht empfiehlt der DDV, diese möglichst in jeder Werbeansprache zu erteilen, auch wenn dies gesetzlich nicht zwingend vorgeschrieben ist. Wenn die beworbene Person von einem Unternehmen keine Werbung erhalten will, wird ihr auf diese Weise die Ausübung des Widerspruchsrechts erleichtert.

Wenn die Daten nicht direkt von der betroffenen Person erhoben werden (wie beispielsweise bei der Erhebung aus öffentlich zugänglichen Quellen oder von anderen Marktteilnehmern), besteht ebenfalls eine Informationspflicht. Die Information der betroffenen Person sollte spätestens bei der ersten Ansprache erfolgen (Artikel 14 (3) (b)). Zu diesem Zeitpunkt ist auch über das Widerspruchsrecht der betroffenen Person zu informieren (Artikel 21 (4)).

BEISPIEL 1:

Ein Werbetreibender setzt Adressdaten von eigenen Kunden und Interessenten zur Bewerbung eigener Waren und Dienstleistungen ein und plant, auch Dritten die Daten im Lettershop-Verfahren zur Neukundengewinnung zur Verfügung zu stellen. Bereits bei der Erhebung der Daten sollte er über diese Zwecke und das Widerspruchsrecht informieren. ◄

FORMULIERUNGSVORSCHLAG:

„**Datenschutzinformation:** Wir sind daran interessiert, die Kundenbeziehung mit Ihnen zu pflegen und Ihnen Informationen und Angebote von uns und anderen Unternehmen [OPTIONAL: oder Organisationen] zuzusenden. Hierzu verarbeiten wir (auch mit Hilfe von Dienstleistern) Ihre Adressdaten und Kriterien für eine interessengerechte Werbeselektion auf Grundlage einer Interessenabwägung (Artikel 6 (1) (f) der Europäischen Datenschutz-Grundverordnung). Wenn Sie dies nicht wünschen, können Sie jederzeit bei uns der Verwendung Ihrer Daten für Werbezwecke widersprechen. [OPTIONAL: Sie können den Widerspruch auch per E-Mail senden an: E-MAIL ADRESSE.] Weitere Informationen zum Datenschutz können Sie von uns anfordern oder unter [INTERNETLINK ZUR AUSFÜHRLICHEN DATENSCHUTZINFORMATION] abrufen. [OPTIONAL, WENN DATENSCHUTZBEAUFTRAGTER BESTELLT IST: Unseren Datenschutzbeauftragten erreichen Sie ebenfalls unter unserer Anschrift.]"

> **§ Ist auf der ersten Seite des Werbeschreibens zu informieren?**
> Bei Werbebriefen stellt sich die Frage, ob die gesamte Datenschutzinformation auf der ersten Seite des Werbeschreibens erfolgen muss. Häufig kann eine Individualisierung der Information technisch nur auf der ersten Seite des Werbeschreibens erfolgen. Wenn beispielsweise die jeweiligen Adressen von unterschiedlichen Adresseignern stammen, dann können diese nur auf der ersten Seite des Werbeschreibens individuell genannt werden. Nicht zu empfehlen ist es, die Datenschutzinformation im Werbeschreiben zu verstecken. Dies kann aber dadurch vermieden werden, dass auf der ersten Seite des Werbeschreibens auf die Datenschutzinformation verwiesen wird. Beispielsweise ist ein Hinweis denkbar, dass die Datenschutzinformation auf einer bestimmten Seite eines Prospektes abgedruckt ist. Es ist jedoch zu empfehlen, neben diesem Hinweis auf der ersten Seite des Werbeschreibens auch auf das Widerspruchsrecht hinzuweisen.

> **§ Muss spätestens nach einem Monat informiert werden?**
> Der Europäische Datenschutzausschuss ist der Ansicht, dass eine Information in jedem Fall spätestens innerhalb eines Monats erfolgen soll (Working Paper 260), wenn die Daten nicht direkt bei der betroffenen Person erhoben werden. Dabei verkennt er aber, dass Artikel 14 (3) (b) und (c) Alternativen von Artikel 14 (3) (a) sind. Wenn die Daten zur Kommunikation mit der betroffenen Person oder zur Übermittlung an einen Dritten verwendet werden sollen, was im Fall der Verarbeitung zu Werbezwecken der Fall ist, dann gilt die Höchstfrist von einem Monat nicht. Die Information muss erst gegeben werden, wenn die erste Kommunikation oder die erste Offenlegung an Dritte erfolgt. Das Lettershop-Verfahren führt dabei nicht zu einer Offenlegung an Dritte, denn die beteiligten Dienstleister sind Auftragsverarbeiter des Adresseigners, Datendienstleisters oder des Eigentümers der Haushaltsdatenbank.

> **§ Ist über die Quelle der Daten zu informieren?**
> Die betroffenen Personen sind über den Verantwortlichen der Werbung zu informieren (Artikel 13 (1) (a) und 14 (1) (a)). Für das Lettershop-Verfahren bedeutet dies, dass der Adresseigner über seine Identität informieren muss. Wenn die Daten nicht direkt bei der betroffenen Person erhoben wurden, ist über die Quelle der Daten zu informieren (Artikel 14 (2) (f)). Die Information über das Widerspruchsrecht wird zumindest eine Angabe darüber erfordern, wie man den Widerspruch ausüben kann.
>
> Im Falle des Lettershop-Verfahrens sind die Kontaktdaten des Adresseigners zu nennen, d. h. Informationen, wie man mit dem Unternehmen in Kontakt treten kann. Was genau darunter zu verstehen ist, sagt die Verordnung nicht. Die Angabe einer postalisch zustellungsfähigen Anschrift sollte deshalb ausreichend sein. Dabei kann es sich auch um ein Postfach handeln. Die Datenschutzkonferenz fordert die Angabe einer ladungsfähigen Anschrift. Gesetzlich gefordert ist dies aber nicht.
>
> Wenn ein Adresseigner, der Adressen im Lettershop-Verfahren zur Nutzung zur Verfügung stellt, bereits über seine Kontaktdaten informiert hat, müssen sie nicht mehr in jeder Werbung stehen. Solange die Daten nicht an den Werbetreibenden übermittelt werden, bedarf es auch keiner Information über die Quelle der Daten.
>
> Werden die Daten aber an den Werbetreibenden übermittelt, dann sollte dieser die Quelle nennen (Artikel 14 (2) (f)). Fraglich ist, was damit gemeint ist. Wenn die Daten aus öffentlich zugänglichen Quellen stammen, dann muss über diese Tatsache informiert werden. Stammen die Daten aus einer anderen Quelle, dann soll diese bezeichnet werden. Dabei sollte es ausreichen, die Art der Quellen (beispielsweise „Haushaltsdatenbank") zu beschreiben. Nicht zuletzt ist die Information auch nur dann erforderlich, wenn sie für eine faire und transparente Verarbeitung erforderlich ist. Wenn praktisch umsetzbar, ist die genaue Bezeichnung der Quelle jedoch zu empfehlen.

3.2 Informationen im ersten Werbeschreiben

Zum Zeitpunkt der Versendung der ersten Kommunikation verfügen die betroffenen Personen in der Regel über die erforderlichen Informationen, denn diese sind ihnen bei der Erhebung mitzuteilen. Insofern können sich Teile der oder die gesamte Information im Werbeschreiben erübrigen. Da das Widerspruchsrecht jedoch eine wichtige Möglichkeit für die Adressaten darstellt, über die Verwendung ihrer Daten zu Werbezwecken selbst zu bestimmen, empfiehlt der DDV, hierüber bei *jeder* Ansprache zu informieren.

Wenn Daten nicht direkt bei der betroffenen Person erhoben werden (beispielsweise aus öffentlich zugänglichen Quellen, von anderen Marktteilnehmern oder

Datendienstleistern), dann wird die erste Kommunikation in der Regel die erste Gelegenheit sein, um die betroffene Person ohne unverhältnismäßigen Aufwand zu informieren. In diesem Fall muss die Information umfassend erfolgen und auch die Information über das Widerspruchsrecht enthalten.

BEISPIEL 2:

Ein Werbetreibender erhebt Adressdaten aus einer öffentlich zugänglichen Quelle und setzt diese für Werbekampagnen ein. ◄

FORMULIERUNGSVORSCHLAG

„**Datenschutzinformation**: Wir sind daran interessiert, Sie als Kunden zu gewinnen, die Kundenbeziehung mit Ihnen zu pflegen und Ihnen Informationen und Angebote von uns und anderen Unternehmen [OPTIONAL: oder Organisationen] zukommen zu lassen. [Weiterer Text wie im Beispiel 1]"

3.3 Auskunftsersuchen von betroffenen Personen

Die Verordnung enthält wie die alte Datenschutzrichtlinie einen Auskunftsanspruch (Artikel 15). Er besteht aus zwei Elementen. Den Betroffenen sind auf Anfrage bestimmte Grundinformationen zu erteilen (Artikel 15 (1) und (2)); zusätzlich ist ihnen eine Kopie der Daten (Artikel 15 (3)) zu Verfügung zu stellen. Völlig getrennt vom Auskunftsanspruch besteht das Recht auf Datenportabilität (Artikel 20), das aber nur Daten erfasst, die von der betroffenen Person selbst bereitgestellt wurden.

Im Falle eines Auskunftsbegehrens sollte die Datenschutzinformation nochmals erteilt werden, denn diese enthält in der Regel die Grundinformationen. Ein Unterschied zwischen den allgemeinen Informationspflichten (Artikel 13 und 14) und dem Auskunftsanspruch (Artikel 15) besteht aber darin, dass bestimmte Informationen nicht nur dann erforderlich sind, wenn sie für eine „faire und transparente Verarbeitung" erforderlich sind. Die Differenzierung zwischen Mindestinformationen und weiteren Informationen entfällt. Wer die weiteren Informationen nicht bereits in der Datenschutzinformation erteilt, muss sie deshalb im Rahmen der Auskunft erteilen.

Der Auskunftsanspruch besteht jedoch nicht grenzenlos:
Das Auskunftsrecht sollte die Rechte und Freiheiten anderer Personen, etwa Geschäftsgeheimnisse oder Rechte des geistigen Eigentums und insbesondere das Urheberrecht an Software, nicht beeinträchtigen (Artikel 15 (4) und Erwägungsgrund 63). Dies kann beispielsweise den Auskunftsanspruch im Hinblick auf Werbescores beschränken, wenn es sich dabei um Geschäftsgeheimnisse handelt.

Wenn eine Auskunftsanfrage gestellt wird und das Unternehmen die betroffene Person nicht identifizieren kann (Artikel 12 (2)) oder keine Daten über die betroffene

Person vorliegen (Artikel 15 (1)), dann ist der betroffenen Person dies mitzuteilen. Ein weiterer Auskunftsanspruch besteht in diesem Fall nicht.

Wenn die betroffene Person jedoch einen Anspruch auf Datenportabilität geltend macht, gelten andere Bedingungen. Hier muss die Kopie der Daten in einem maschinenlesbaren Format erfolgen. Ob ein pdf hierzu ausreicht, ist umstritten. Wichtig ist aber, dass der Anspruch auf Datenportabilität sehr eingeschränkt ist. Er betrifft ausschließlich die Daten, die von der betroffenen Person zur Verfügung gestellt wurden. Der Anspruch besteht auch nicht bei Daten, die auf Grundlage der Interessenabwägungsklausel verarbeitet werden, was im Dialogmarketing der Regelfall ist.

3.4 Information über Datenschutzverstöße

Die Verordnung sieht für den Fall der Verletzung des Schutzes personenbezogener Daten Melde- und Informationspflichten vor (Artikel 33 und 34). Die Aufsichtsbehörde ist unverzüglich (spätestens innerhalb von 72 Stunden) zu informieren, wenn die Verletzung voraussichtlich zu einem Risiko für die persönlichen Rechte und Freiheiten der betroffenen Personen führt (Artikel 33). Besteht die Wahrscheinlichkeit eines „hohen" Risikos, dann müssen auch die betroffenen Personen unverzüglich informiert werden.

Um diesen Informationspflichten ausreichend gerecht werden zu können und um eine möglichst zuverlässige Reaktion auf Datenschutzverstöße sicherzustellen, sind organisatorische Maßnahmen im Unternehmen zu treffen. Jedem Mitarbeiter muss bekannt sein, an wen Datenschutzverstöße im Unternehmen zu melden sind. Entsprechend sind Auftragsverarbeiter zu einer Durchmeldung zu verpflichten, die eine rechtzeitige Information durch das Unternehmen ermöglicht.

4 Dienstleister richtig beauftragen

4.1 Auftragsverarbeiter

Die Verordnung erlaubt den Einsatz von Lettershops und anderen Dienstleistern als so genannte Auftragsverarbeiter, die weisungsgebunden für das beauftragende Unternehmen tätig sind (Artikel 28). Dabei gilt weiterhin die Besonderheit, dass die Weitergabe von Daten an solche Dienstleister keine Übermittlung an einen Dritten darstellt (Artikel 4 (10)). Es wird praktisch so getan, als wenn der Dienstleister Teil des beauftragenden Unternehmens wäre. Ebenso werden Unterauftragnehmer der jeweiligen Dienstleister behandelt. Auf diese Weise soll sichergestellt werden, dass datenschutzrechtliche Vorschriften die Arbeitsteilung mit Dienstleistern nicht unnötig erschweren.

Die Sonderregelungen für Auftragsverarbeiter schützen die betroffenen Personen und erleichtern die rechtliche Zulässigkeit des Einsatzes von Dienstleistern. Wenn beispielsweise über einen Lettershop eine Werbung ausgesendet wird, werden die Adressdaten in der Regel nicht für die Aussendung an den Werbetreibenden übermittelt. Stattdessen beauftragt der Adresseigner die Dienstleister (Lettershop oder andere Dienstleister) als Auftragsverarbeiter (so genanntes Lettershop-Verfahren). Auf diese Weise bleibt der Adresseigner Verantwortlicher für die Verarbeitung der Daten.

4.2 Mindestanforderungen an den Vertrag

Der Vertrag mit einem Auftragsverarbeiter muss Gegenstand, Dauer, Art und Zweck der Verarbeitung sowie die Art der personenbezogenen Daten, die Kategorien der betroffenen Personen und die Rechte und Pflichten des Auftraggebers festlegen (Artikel 28 (3)). Außerdem sind zumindest folgende Themen im Vertrag zu regeln:

- Dokumentierte Weisung
- Vertraulichkeitsverpflichtung
- Sicherheitsmaßnahmen
- Unterauftragsverarbeiter
- Betroffenenrechte
- Unterstützung
- Löschung und Rückgabe von Daten

Der DDV hat die besonderen Anforderungen der Auftragsverarbeitung in seinen Qualitäts- und Leistungsstandards (QuLS) umgesetzt. Zusätzlich stellt der DDV seinen Mitgliedern und Nichtmitgliedern als Mustertext eine Individualvereinbarung zur Auftragsverarbeitung bereit.

Die DDV-Mitglieder, die sich den DDV-Regeln zur Auftragsverarbeitung unterworfen haben, sind auf der Internetseite des DDV (www.ddv.de) aufgelistet. Soweit sie das Qualitätssiegel der DDV-Adressdienstleistungsunternehmen führen, werden sie vom DDV im Rahmen der Kontrolle der Einhaltung der Qualitäts- und Leistungsstandards geprüft.

4.3 Verantwortlichkeit des Dienstleisters

Die Verordnung erweitert die Verantwortlichkeiten von Dienstleistern. Sie müssen beispielsweise Aufzeichnungen über die von ihnen durchgeführten Verarbeitungen führen (Artikel 30 (2)) und mit den Aufsichtsbehörden kooperieren (Artikel 31). Außerdem können betroffene Personen direkt gegen den Auftragsverarbeiter Haftungsansprüche geltend machen. Die Aufsichtsbehörden können Sanktionen verhängen. Im Verhältnis zwischen Auftraggeber und Auftragnehmer entsteht deshalb zusätzlicher Regelungsbedarf über einen möglichen Innenausgleich.

5 Datenschutz effektiv durchsetzen

5.1 Verfahrensverzeichnis

Unternehmen und ihre Dienstleister sollen die von ihnen durchgeführte Datenverarbeitung überblicken. Hierzu müssen Verzeichnisse über die Verarbeitungstätigkeiten geführt werden. Ausgenommen von der Verpflichtung sind Unternehmen mit weniger als 250 Mitarbeitern. Die Ausnahme gilt jedoch nicht, wenn ein besonderes Risiko mit der Verarbeitung verbunden ist, sie nicht nur gelegentlich erfolgt oder besonders sensible Daten verarbeitet werden (Artikel 30 (5)).

Im Bereich des Dialogmarketings sind bei einem Großteil der Unternehmen und Dienstleister weniger als 250 Mitarbeiter beschäftigt. Jedoch finden die Verarbeitungen in der Regel „nicht nur gelegentlich" statt. Deshalb dürfte die Pflicht zum Führen eines Verfahrensverzeichnisses häufig Anwendung finden. Neu ist, dass auch Auftragsverarbeiter ein Verfahrensverzeichnis führen müssen.

Das Verzeichnis kann in elektronischer Form geführt werden (Artikel 30 (3)). Auf Anforderung ist es der zuständigen Aufsichtsbehörde zur Verfügung zu stellen. Die Verordnung sieht keine Registrierung oder Meldung von Datenverarbeitungen an die jeweiligen Aufsichtsbehörden vor. Es besteht kein Recht von jedermann auf Einsicht in das Verzeichnis.

5.2 Betriebliche Datenschutzbeauftragte

Die Verordnung fordert in bestimmten Konstellationen die Bestellung eines betrieblichen Datenschutzbeauftragten (Artikel 37). Auslöser für die Verpflichtung sind unter der Verordnung keine starren Mitarbeitergrenzen. Ausgangspunkt ist die Frage, worin die Kerntätigkeit eines Unternehmens besteht. Ein Datenschutzbeauftragter ist zu bestellen, wenn die Kerntätigkeit eine umfangreiche, regelmäßige und systematische Beobachtung von betroffenen Personen erfordert oder eine umfangreiche Verarbeitung von sensiblen Daten erfolgt. Im Bereich des Dialogmarketings ist dies regelmäßig nicht der Fall. Es kann aber empfehlenswert sein, dennoch einen betrieblichen Datenschutzbeauftragten zu bestellen oder zumindest einen Datenschutzverantwortlichen zu benennen, um intern die hiermit verbundenen Aufgaben zuzuweisen.

Die Verordnung gibt den Mitgliedstaaten die Möglichkeit, die Verpflichtung zur Bestellung auf weitere Fälle zu erweitern. Im deutschen Umsetzungsgesetz wurde von diesem Regelungsspielraum Gebrauch gemacht. Wenn mindestens zehn Mitarbeiter ständig mit der Verarbeitung von personenbezogenen Daten befasst sind, ist ein Datenschutzbeauftragter zu bestellen. Dies gilt auch für Auftragsverarbeiter. Außerdem müssen Unternehmen, die Daten zum Zwecke der geschäftsmäßigen Übermittlung verarbeiten, unabhängig von der Anzahl der Mitarbeiter einen Datenschutzbeauftragten bestellen.

In Deutschland wurde 2019 die Grenze auf mindestens zwanzig Mitarbeiter angehoben.

5.3 Technische und organisatorische Maßnahmen

Unternehmen treffen in der Regel bereits aus betriebswirtschaftlichen Gesichtspunkten geeignete technische und organisatorische Maßnahmen zum Schutz ihrer Daten. Die Verordnung verpflichtet im Hinblick auf die Verarbeitung von personenbezogenen Daten hierzu (Artikel 32). Welche Maßnahmen geeignet sind, richtet sich nach dem Stand der Technik, den Implementierungskosten und den konkreten Risiken. Im Ergebnis soll ein angemessenes Schutzniveau sichergestellt werden.

5.4 Datenschutzrechtliche Folgenabschätzung

Die Verordnung verpflichtet Unternehmen dazu, in bestimmten Konstellationen vor der Einführung einer Datenverarbeitung eine Datenschutz-Folgenabschätzung durchzuführen und zu dokumentieren (Artikel 35). Dies gilt für Datenverarbeitungen, die hohe Risiken für die Rechte und Freiheiten natürlicher Personen bergen. Im Bereich des Dialogmarketings liegen diese Voraussetzungen in der Regel nicht vor, wenn die Datenverarbeitung auf der Grundlage der Interessenabwägungsklausel erfolgt.

5.5 Rolle der Aufsichtsbehörden und des Europäischen

Den Aufsichtsbehörden werden in der Verordnung umfassende Aufgaben (Artikel 57) zugewiesen und Befugnisse (Artikel 58) eingeräumt. Sie sollen europaweit zusammenarbeiten und ihre Positionen im Europäischen Datenschutzausschuss (Artikel 68-früher die so genannte Artikel-29-Arbeitsgruppe) abstimmen.

Die Verordnung legt hohe Bußgeldrahmen für mögliche Datenschutzverstöße fest (Artikel 83). Die Höhe des Bußgeldrahmens unterscheidet zwischen formalen und materiellen Datenschutzverstößen. Es können Bußgelder bis zu 20 Millionen EUR verhängt werden. Wenn 4 % des Weltumsatzes eines Unternehmens diesen Betrag überschreiten, dann erhöht sich der Bußgeldrahmen entsprechend.

5.6 Verbraucherschutz

Betroffene Personen können sich bei der Wahrnehmung ihrer Rechte – insbesondere von Verbraucherschutzorganisationen – vertreten lassen (Artikel 80 (1)). Den Mitgliedstaaten wird zusätzlich die Möglichkeit der Schaffung eines Verbandsklagerechts gegeben (Artikel 80 (2)). Unabhängig davon bleibt es bei den Verbandsklagerechten aufgrund anderer Vorschrift (beispielsweise in Bezug auf Allgemeine Geschäftsbedingungen). Verbraucherschutzorganisationen sind dabei nicht an die Rechtsmeinung der Aufsichtsbehörden gebunden.

5.7 Zertifizierung

Die Verordnung eröffnet die Möglichkeit zur Schaffung von Verhaltensregeln und Einführung von Zertifizierungsverfahren (Artikel 40 bis 43). Diese unterliegen jedoch sehr detaillierten formalen und prozessualen Anforderungen. Ob sie sich in der Praxis in dieser Form durchsetzen werden, bleibt abzuwarten.

Der DDV hat bereits im Jahr 1992 Qualitäts- und Leistungsstandards für Adressdienstleister erarbeitet und ständig weiterentwickelt. DDV-Mitglieder, die sich über die Verbandsmitgliedschaft hinaus den Vorschriften der Qualitäts- und Leistungsstandards und den damit verbundenen regelmäßigen unabhängigen Kontrollen unterwerfen, führen bereits jetzt ein freiwilliges Datenschutzaudit mit strengen Auditierungskriterien durch. Nur diese Unternehmen sind berechtigt, das Qualitätssiegel mit den Piktogrammen für die jeweils geprüften Bereiche zu führen.

6 Grenzen der Europäischen Union

Die Freizügigkeit innerhalb des Europäischen Wirtschaftsraums rechtfertigt sich damit, dass in allen Mitgliedstaaten das Schutzniveau der Verordnung gilt. Außerhalb der Europäischen Union gilt dies nicht. Hier gibt es nur wenige Länder, die vergleichbar strenge Datenschutzgesetze haben.

Die Verordnung stellt wegen des unterschiedlichen Schutzniveaus außerhalb der Europäischen Union besondere Anforderungen an Datenübermittlungen in so genannte Drittländer. Die besonderen Anforderungen gelten, wenn das Schutzniveau im Empfängerland nicht angemessen ist. Wenn ein angemessenes Datenschutzniveau vorhanden ist, müssen für die Übermittlung nur die Anforderungen eingehalten werden, die auch für Länder innerhalb der Europäischen Union gelten. Voraussetzung hierfür ist aber, dass die Europäische Kommission die Angemessenheit in einem Beschluss anerkennt.

Wenn im Drittland kein angemessenes Datenschutzniveau besteht, sind die besonderen Einschränkungen für Drittlandübermittlungen zu beachten. Das gilt auch für die Weitergabe von Daten an Auftragsverarbeiter.

Wichtig ist, dass die besonderen Anforderungen für die Übermittlung in Drittländer zusätzlich zu den allgemeinen Anforderungen gelten. Wenn also beispielsweise Adressdaten mit Merkmalen übermittelt werden sollen, dann muss auf der ersten Stufe geprüft werden, ob dies innerhalb der Europäischen Union zulässig wäre. In der zweiten Stufe ist dann zu prüfen, ob besondere Beschränkungen für die Übermittlung in Länder außerhalb der Europäischen Union greifen.

Die Europäische Kommission hat das Datenschutzniveau in einer Reihe von Ländern geprüft. In Andorra, Argentinien, Kanada (für kommerzielle Organisationen), Israel, Japan, Neuseeland, Uruguay und der Schweiz sowie auf den britischen Kanalinseln Guernsey und Jersey, der Insel Man und den dänischen Färöer-Inseln hat die Europäische Kommission (teilweise mit Einschränkungen) ein angemessenes Datenschutzniveau festgestellt. Für die Vereinigten Staaten gilt dies auch, wenn die empfangenden Unternehmen sich auf den EU-US Privacy Shield verpflichtet haben.

Die Feststellungen der Europäischen Kommission unter der Verordnung sind abschließend und die bestehenden Beschlüsse aus der Zeit der Datenschutzrichtlinie gelten unter der Verordnung fort. Ein angemessenes Schutzniveau kann zwar auch in Ländern bestehen, zu denen noch keine offizielle Feststellung der Europäischen Kommission getroffen wurde. Darauf kann man sich jedoch nicht berufen.

6.1 Die Bedeutung von Binding Corporate Rules

Ein Instrument zur Sicherstellung eines angemessenen Datenschutzniveaus kann in der Einführung von bindenden Unternehmensregeln liegen. Diese müssen von den zuständigen Datenschutzaufsichtsbehörden genehmigt werden. Da das Genehmigungsverfahren langwierig ist, gibt es bisher nur wenige Unternehmen mit genehmigten Binding Corporate Rules. In der Praxis haben sie bisher nur untergeordnete Bedeutung. Es zeigt sich aber, dass immer mehr Unternehmen die Einführung von Binding Corporate Rules in Angriff nehmen, sodass das Modell an Bedeutung gewinnt.

6.2 Schutz durch Standardvertragsklauseln

Wenn ein Land außerhalb der Europäischen Union kein angemessenes Datenschutzniveau für eine Datenübermittlung sicherstellt, dann kann das übermittelnde Unternehmen mit dem empfangenden Unternehmen so genannte Standardvertragsklauseln abschließen. Hierfür hat die Europäische Kommission Musterverträge beschlossen, die sie veröffentlicht hat: https://eur-lex.europa.eu/legal-content/DE/ALL/?uri=celex:32010D0087 und https://eur-lex.europa.eu/legal-content/EN/ALL/?uri=celex:32001D0497 (2001/497/EC).

Es gibt zwei Typen von Standardvertragsklauseln. Der erste Typ gilt für die Übermittlung von Daten zu einem anderen Unternehmen (2001/497/EC und alternativ C(2004)5271) und der zweite Typ für die Beauftragung von so genannten Auftragsverarbeitern (neue Fassung C(2010) 593). In der Praxis sind die Standardvertragsklauseln das am häufigsten verwendete Instrument, um Datenübermittlungen in Drittländer zu ermöglichen. Sie sind besonders bei der Einbindung von Auftragsverarbeitern in Drittländern geeignet.

Die Standardvertragsklauseln dürfen nur mit Zustimmung der zuständigen Datenschutzaufsichtsbehörde inhaltlich verändert werden. Deshalb werden sie in der Praxis nicht geändert und wie Formulare ausgefüllt. Die Standardvertragsklauseln gelten dann ergänzend zu den kommerziellen vertraglichen Regelungen, die im Zusammenhang mit der Übermittlung geschlossen werden.

6.3 Wirksame Einwilligung in die Übermittlung

Die Übermittlung in Drittländer kann auch durch eine ausdrückliche Einwilligung der jeweils betroffenen Personen erlaubt werden. In der Praxis fehlt es aber häufig an einer realistischen Möglichkeit, eine solche Einwilligung einzuholen. Wenn eine betroffene Person die Übermittlung in Drittländer erlauben soll, dann muss dies auch klar aus der Einwilligung hervorgehen. Außerdem muss im Einwilligungstext vor einem gegebenenfalls nicht angemessenen Datenschutzniveau im Empfängerland gewarnt werden. Nicht zuletzt gelten die allgemeinen Hindernisse für die Einholung einer wirksamen Einwilligung (siehe Abschn. 2.1 Alternative 2).

Teil II
Strategien des Dialogmarketings

Markenführung und Dialogmarketing

Jörn Redler

Inhalt

1 Moderner Markenbegriff: Marken als kognitive Konstrukte 90
2 Ziele und Aufgabenstellungen der Markenführung 92
3 Dialogmarketing-Maßnahmen als Baustein des wahrnehmbaren Markenverhaltens 95
4 Zentrale Ansatzpunkte für den Einsatz von Direktmarketing-Aktivitäten für die Markenführung 97
5 Herausforderung: Stringente Ausrichtung an Positionierung und Integration in den ganzheitlichen Markenauftritt 104
6 Fazit 106
Literatur 107

Zusammenfassung

Das Markenverständnis wird heute weit gefasst: Marken sind zu einem Begriff oder zu einem Logo gelernte Gedächtnisinhalte. Dieses Markenwissen beeinflusst das Wahrnehmen, Empfinden, Urteilen und Verhalten von Kunden. Es ist ein Mittel, um Kundenerlebnisse zu schaffen und Beziehungen mit Kunden zu gestalten. Folglich haben Marken und deren Management eine herausgehobene Stellung im modernen Marketing. Durch gebührend gesteuertes, wahrnehmbares „Markenverhalten" versuchen Unternehmen, für ihre Zwecke förderliches Markenwissen bei aktuellen oder potenziellen Kunden aufzubauen und starke Marken zu schaffen. Ein Bestandteil solchen Markenverhaltens ist das Dialogmarketing. Indem man an dessen Spezifika anknüpft, kann das Dialogmarketing einen eigenständigen Beitrag zum Aufbau und zur Stärkung von Marken leisten. Damit vom Dialogmarketing markenrelevante Wirkungen ausgehen können, müssen allerdings die stringente Ausrichtung an der Markenpositionierung und eine Verzahnung mit dem weiteren Markenverhalten sichergestellt sein.

J. Redler (✉)
Hochschule Mainz, Mainz, Deutschland
E-Mail: joern.redler@hs-mainz.de

> Schlüsselwörter

Markentypen · Schemata · Markenpositionierung · Bekanntheit · Markenimage

1 Moderner Markenbegriff: Marken als kognitive Konstrukte

Nach modernem Verständnis werden Marken wirkungsbezogen definiert. Danach *sind Marken in der Psyche des Menschen verankerte Vorstellungsbilder, die eine Differenzierungs- und Identifizierungsfunktion übernehmen und das Verhalten prägen* (Esch 2018, S. 22, 2019; Meffert und Burmann 1998, S. 81; ähnlich auch Keller 2003, S. 59 ff.). Sie werden als gelernte Wissensstrukturen, kognitive Schemata, verstanden.

Das, was die Marke ausmacht, spiegelt sich in mit einem Markennamen verbundenen Assoziationen wider, die im Gedächtnis des Konsumenten auf unterschiedliche Art repräsentiert werden. Diese Assoziationen üben einen Einfluss auf das Wahrnehmen, Fühlen, Urteilen, die Erwartungen und das Verhalten der Konsumenten aus. Daher ist die Gestaltung der Marken und damit der Markenassoziationen ein zentrales Instrument der Marktbeeinflussung.

▶ Eine Marke ist, diesem modernen Verständnis folgend, etwas anderes als ein Produkt und auch etwas anderes als ein Markenzeichen. Eine Marke ist zudem etwas, das extern des Unternehmens und dezentral in den mentalen Welten von Zielgruppenpersonen existiert.

Markenwissen und starke Marken. Die eine Marke konstituierenden Gedächtnisinhalte werden als *Markenwissen* bezeichnet. Sie lassen sich durch Netzwerke darstellen und beschreiben (vgl. Abb. 1), oft werden sie auch als Markenschema analysiert. Markenwissen wird durch entsprechende Kontakte und Erfahrungen über Lernprozesse erworben. Wurde spezifisches, möglichst einzigartiges Markenwissen aufgebaut, spricht man aus verhaltenswissenschaftlicher Sicht von *starken Marken* (auch Leuthesser 1988; Esch 2008, S. 63 ff.). Diese sog. Markenstärke ist deswegen bedeutsam, weil beim Konsumenten bestehende kognitive Strukturen das weitere Wahrnehmen, Urteilen und letztlich auch das (Kauf-)Verhalten prägen (De Chernatony und McDonald 1998, S. 9 f.; Ruge 1988, S. 30 ff.; Franzen und Bouwman 2001, S. 131 ff.). Nach dem BEEP-Kriterium von Redler (2018) lassen sich starke von schwachen Marken unterscheiden, wenn man die von den Zielgruppenpersonen gelernten Gedächnisinhalte genauer analysiert. Marken sollen, dem Kriteriuem folgend, folgende Charakteristika erfüllen, um als starke Marken angesehen zu werden:

- *B*ildlich: Die zugehörigen Gedächtnisinhalte sollen durch möglichst viele bildliche Inhalte geprägt sein.
- *E*igenständig: Die Gedächtnisinhalte sollen über jene hinausgehen, die auch zur Produktkategorie oder zu Wettbewerbermarken bestehen.

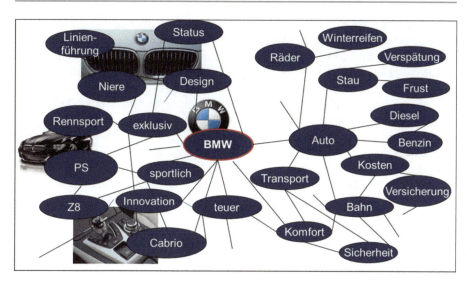

Abb. 1 Fiktives Beispiel zum Markenwissen zur Marke BMW als Netzwerkdarstellung. (Quelle: in Anlehnung an Redler 2012, S. 9)

- *E*motional: Innere Vorstellungen zu einem Markennamen sollten durch möglichst viele gefühlsbezogene Inhalte geprägt sein.
- *P*ositiv: Die Gedächtnisinhalte sollen möglichst positive Aspekte umfassen.

Aus *Kundensicht* sind mit starken Marken bestimmte *Vorteile* verbunden. Sie geben Orientierungshilfe und erleichtern die Informationsaufnahme und -verarbeitung, geben Hinweise auf die Qualität und für die Preis-Leistungs-Beurteilung, können Erlebnisse auslösen oder die eigene Selbstinszenierung unterstützen. Für die *Eigentümer* des Markennamens und Manager bedeuten sie eine Möglichkeit, sich vom Wettbewerb abzugrenzen, ein Preispremium durchzusetzen sowie eine Markenpräferenz und -bindung zu erreichen. Zudem können Marken interessante Ansätze für Kapitalisierungen durch z. B. Markenallianzen oder Lizenzierungen bieten. Weiterhin sind sie als Plattform für neue Produkte bedeutsam (für eine umfassende Darstellung z. B. Esch 2018). Erfolgreiche Marken wirken aus diesen Gründen positiv auf den Unternehmenswert. Marken sind letztlich ein Mechanismus, um Wettbewerbsvorteile zu schaffen. Dabei muss sich das Markenkonzept nicht zwangsläufig auf Produkte beziehen. Vielmehr können auch ganze Unternehmen, Persönlichkeiten, Einkaufsstätten, Dienstleistungen oder Medienformate eine Marke sein.

Wichtige Markentypen. Nach der Bezugsebene und den Anspruchsgruppen der Markenführung unterscheidet man zwischen Unternehmensmarken (*Corporate Brands*), *Employer Brands* und *Produktmarken*. Während sich Produktmarken auf Kundengruppen ausrichten und dabei auf klar umrissene Marktaufgaben fokussieren, beziehen sich Employer Brands auf die Zielgruppen Mitarbeiter und Bewerber. Unternehmensmarken wiederum müssen sich an allen Anspruchsgruppen eines

Unternehmens ausrichten (also Kunden, Geldgeber, Öffentlichkeit, Mitarbeiter etc.) und eine entsprechende durchgängige Haltung einnehmen.

Nach Träger bzw. Eigentümer des Markennamens wird zwischen *Hersteller- und Händlermarken* unterschieden. Während Herstellermarken vom Produzenten der Produkte oder Dienstleistungen geführt werden, da diese die Rechte an Markennamen und anderen Brandingelementen besitzten (Beispiel: die Marke TESA des Herstellers Beiersdorf), sind die Schutzrechte an Händlermarken im Eigentum eines Handelsunternehmens und die Marken werden entsprechend von diesem gemanagt. Händlermarken wiederum können einerseits sog. Handelsmarken sein, andererseits sog. Store Brands. Bei Store Brands beziehen sich die Markenmangement-Bestrebungen auf eine Einkaufstätte (Beispiele: die Marken OBI oder TEDi der Handelsgruppe Tengelmann), während man von Handelsmarken spricht, wenn es um das Markenmanagement des Händlers auf Sortimentsebene geht (dazu Redler 2018; Beispiele: die Marke Brigitte von Schönfels des Handelsunternehmens Frankonia oder die Marke Ja! der Rewe-Gruppe). Durch die Vertikalisierungsentwicklungen verwischen dieses Grenzen zunehmend, weshalb man auch als weitere Kategorie mitunter von vertikalen Marken spricht (Beispiel: die Marke Zara der Inditex-Gruppe, die Hersteller und Händler zugleich ist).

2 Ziele und Aufgabenstellungen der Markenführung

Markenführung zielt darauf ab, Markenstärke aufzubauen – Marken zu schaffen, zu stärken, zu erhalten (Keller 2003; Esch 2018; Farquhar 1989). Die zentralen Zielgrößen zum Aufbau einer starken Marke sind dabei die *Bekanntheit* der Marke und ihr *Markenimage* (Esch 2018, S. 65 ff.). Als Fremdbild spiegelt das Markenimage das Markenwissen wider. Es umfasst aber auch Bewertungen, Einstellungen und Gefühle zur Marke. Bekanntheit ist eine notwendige Voraussetzung zum Imageaufbau, denn nur zu Begriffen, die überhaupt erinnert werden (also bekannt sind), können Inhalte erlernt werden (vgl. Abb. 2). Sie drückt aus, inwiefern Zielpersonen

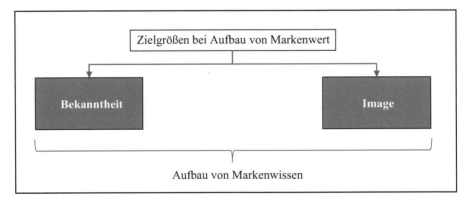

Abb. 2 Zielgrößen der Markenführung. (Quelle: Redler 2019, S. 194)

einem Markennamen wiedererkennen oder ihn in bestimmten Kontexten aktiv reproduzieren können.

Markenidee als Grundlage. Grundlage für die Führung einer Marke ist die Definition, wofür die Marke stehen soll. Anders ausgedrückt: mit welchen Assoziationen der (potenzielle) Kunde die Marke verbinden soll. Diese Vorgaben zu definieren und zu gestalten, entspricht der Definition der (Soll)-*Positionierung* (z. B. Esch und Levermann 1995). Die Positionierung soll dabei so gewählt werden, dass die eigene Marke von Wettbewerbsmarken abgegrenzt werden kann, man jedoch auch auf Stärken der eigenen Organisation setzt und das angestrebte Image für den aktuellen bzw. potenziellen Kunden relevante und attraktive Aspekte aufweist (Esch 2018, 2019). Die angestrebte Positionierung sollte ganzheitlich erfasst und auch in einen Extrakt bzw. Kern überführt werden (Keller 2003, S. 118 ff.). Zur Erfassung steht eine Reihe von Instrumenten bereit (vgl. dazu im Überblick (aus der Perspektive Identität, jedoch übertragbar): Esch 2018, S. 93 ff.).

Führt ein Unternehmen mehr als eine Marke, sind neben der Positionierung auch Festlegungen zu den Beziehungsstrukturen zwischen den geführten Marken erforderlich. In diesem Zusammenhang sind zunächst zwei Begrifflichkeiten zu unterscheiden:

- Eine *Multimarken-Strategie* liegt vor, wenn mehrere Marken geführt werden, die jedoch auf unterschiedliche Märkte ausgerichtet sind. Beispiel: Unilever führt u. a. die Marken Langnese Cremissimo (Speiseeis), Mazola (Speiseöl), Signal (Zahnpasta), Dove (Pflege) und Domestos (Reiniger) und bedient damit jeweils andere Märkte.
- Werden mehrere Marken organisatorisch getrennt geführt, die sich jedoch auf einen identischen Markt ausrichten, handelt es sich um eine *Mehrmarken-Strategie*. Dazu wird ein Markt feiner segmentiert und spezifischer bedient, um ihn besser auszuschöpfen. Dies erfordert jedoch auch hohe Aufwendungen für die parallele Marktbearbeitung und setzt voraus, dass jede Marke eine eigenständige Positionierung verfolgen kann. Beispiel: Unilever führt im Margarinemarkt parallel die Marken Becel, Rama, Sanella und Lätta.

Bei der Führung mehrerer Marken stellen sich sodann Fragen nach der Verbindung der Marken untereinander.

Horizontale Betrachtung einer Hierarchieebene. Diese, oft auch als klassische Markenstrategieoptionen bezeichnete Betrachtung, bezieht sich auf die Zuordnung zwischen Markennamen und Produkten. Es geht um die zu gestaltende Verbindung zwischen der Marken- und der Produktebene. Eine grundlegende Möglichkeit ist die sog. *Einzelmarkenstrategie*. Bei dieser Option wird jede Leistung eines Unternehmens als eine eigene Marke geführt. Dadurch kann eine klare Profilierung für jede Marke erreicht werden und Zielgruppen können sehr treffsicher angesprochen werden. Andererseits ergeben sich keine Synergien hinsichtlich der Zielgruppenbearbeitung, und jedes Produkt muss die gesamten Markenführungskosten (bei oft kurzen Lebenszyklen) für sich tragen. Die Komplexitätskosten steigen zudem. Kleine Segmente können dabei nicht wirtschaftlich bedient werden. Am Beispiel Procter

& Gamble kann man sich diese Strategie verdeutlichen. Das Unternehmen führt für die jeweiligen Marktleistungen konsequent einzelne Marken wie *Charmin, Pringles, Ariel, Gillette* oder *Meister Proper*.

Die *Gruppierungsstrategie* hingegen fasst Leistungen eines Unternehmens unter einer oder mehreren Marken zusammen. Die übergeordnete Marke stellt dann jeweils die *Dachmarke* zu den untergeordneten Marken dar. Im Extremfall sind alle Leistungen eines Unternehmens unter einer einzelnen Dachmarke angeordnet („klassische Dachmarkenstrategie"; Beispiel: *Siemens*). Existieren mehrere Gruppierungen, so spricht man von sog. Familienmarken. Als Beispiele können die Familienmarken *Süße Mahlzeit, Vitalis, Onken* oder *Pizza Ristorante* von *Dr. Oetker* dienen. Die Vorteile der Gruppierungsstrategie liegen in der Nutzung von Synergieeffekten. Zum einen partizipieren alle gruppierten Marken am produktgruppenspezifischen Markenimage. Zum anderen tragen mehrere Marken den erforderlichen Markenführungsaufwand gemeinsam. Dadurch wird auch die Bearbeitung kleinerer Segmente eher wirtschaftlich. Die Marken können zudem gegenseitig von Transfereffekten profitieren. Als wesentlicher Nachteil ist zu sehen, dass die Profilierung der Marken breiter, runder ausfallen muss, weil sie unterschiedlichen Leistungen und Segmenten gerecht werden muss.

***Vertikale* Betrachtung über mehrere Hierarchieebenen.** Neben der rein horizontalen, produktebenen-bezogenen Betrachtung (von Zuordnung von Leistungen zu Marken) spielen oft auch vertikale Aspekte eine Rolle. Bei dieser geht es also um die Verbindung von Markenebene zu Markenebene. Insbesondere ist dabei relevant, inwieweit Unternehmens- und Produktmarken durch *Über- und Unterordnungsverhältnisse* miteinander verbunden werden. Es besteht die Herausforderung, dabei die richtige Balance zwischen den Beiträgen von Unternehmens- und Produktmarke zu finden. Es können unterschieden werden (Aaker und Joachimsthaler 2000, S. 105):

- House of Brands: Produktmarken werden als Einzelmarken geführt, die keine Verbindung untereinander und zur Unternehmensmarke haben. Beispiel: *Whiskas* (von Mars).
- Endorsed Brands: Die Produktmarken werden durch eine Dach- bzw. Unternehmensmarke gestützt. Beispiel: *Courtyard by Marriott*.
- Subbrands: Es besteht eine klare Verbindung zwischen Unternehmens- und Produktmarke, wobei die Unternehmensmarke entweder gleichberechtigt oder dominant ist. Beispiel: *Apple iPad*.
- Branded House: Hier wird die Unternehmensmarke komplett oder leicht variiert auch als Produktmarke genutzt. Beispiel: *General Electric* (GE).

Aus den Entscheidungen zur den horizontalen und vertikalen Beziehungen der geführten Marken resultiert letztlich eine *Markenarchitektur* für ein Unternehmen. Diese ist in ihrer Gesamtheit zielbezogen und aktiv zu gestalten – mit Implikationen für Strategien und Umsetzungen der Marktkommunikation.

Überführung von Positionierung und Markenarchitektur in schlüssiges „Markenverhalten". Bei der Führung von Marken stellt sich die herausfordernde Aufgabe, die mit Positionierung und Markenarchitektur definierten Ziele so in ein

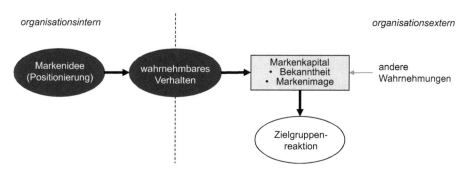

Abb. 3 Vereinfachtes Denkraster zur Markenwirkung. (Adaptiert nach dem K-V-A-Rahmenmodell von Redler 2018, S. 64)

schlüssiges Markenverhalten zu übersetzen, dass auf Adressatenseite Bekanntheit entsteht und ein entsprechendes Image gelernt werden kann (vgl. Abb. 3). Im Image drückt sich das Markenwissen aus. Dieses beeinflusst das Käuferverhalten (Zielgruppenreaktion) – beispielsweise indem dadurch Leistungen mit einem bestimmten Markennamen anderen Leistungen vorgezogen werden. Wie Abb. 3 zeigt, wird das Image aber auch von Wahrnehmungen der Zielgruppen beeinflusst, die nicht durch das Unternehmen steuerbar sind. Eine Konsequenz dieser Sichtweise ist zudem, dass das Markenkapital regelmäßig im Sinne von Steuergrößen erfasst werden sollte.

3 Dialogmarketing-Maßnahmen als Baustein des wahrnehmbaren Markenverhaltens

Markenbezogene Gedächtnisstrukturen (Markenwissen) entstehen den obigen Überlegungen folgend durch *Lernvorgänge* im Kontakt mit der Vielzahl von „Äußerungen", die von einem Unternehmen ausgehen sowie allen Wahrnehmungen, die im Kontext eines Markennamens erfolgen. Um Bekanntheit und Markenimage systematisch aufzubauen, steht grundsätzlich ein breit gefächertes Instrumentarium zur Verfügung, das durch die verschiedenen Ansätze zum Marketing-Mix (z. B. 4 Ps) systematisiert wird. Aus dem konkreten Zusammenspiel ausgestalteter Maßnahmen (dem gewählten Marketing-Mix) resultiert schließlich das entsprechende Markenverhalten, das a) zu einer bestimmten Kontakthäufigkeit zwischen Adressat und Marke führt sowie b) in einem wahrgenommenen Eindrucksmuster beim Adressaten resultiert. Relevant sind aber jeweils nur wahrgenommene Inhalte bzw. Verhaltensweisen! Diese stimmen nicht zwingend mit einem objektiv festgestellten Markenverhalten überein.

Daraus ergeben sich – in Abhängigkeit vom Involvement – unter anderem die markenrelevanten Lerneffekte. Unter Involvement versteht man das innere Engagement, mit dem sich Personen mit einem Objekt auseinandersetzen (Laurent und Kapferer 1985, S. 41 ff.). Das Involvement moderiert die Lernwirkung.

Die Aktivitäten der Marke umspannen also grundsätzlich alle Instrumente des Marketing-Mix (auch Burnett und Moriarty 1998, S. 8 ff.). Jedoch übernimmt die Markenkommunikation in der Regel eine Schlüsselfunktion. Die Markenkommunikation umfasst alle Eindrücke, die an den vielfältigen Kontaktpunkten der Zielgruppen mit der Marke entstehen (Burnett und Moriarty 1998, S. 5), und sie können aus Sicht der Marke ungeplanter oder geplanter Natur sein (Burnett und Moriarty 1998, S. 8). Zu geplanten Kommunikationsmaßnahmen der letzteren gehören zum Beispiel traditionell Werbung, Onlinemarketing, Verpackungsgestaltung, Social Media-Kommunikation, Promotions oder Sponsoringaktivitäten. Ob und welche Inhalte sich beim Konsumenten als Gedächtnisstrukturen zu einer Marke niederschlagen, wird wesentlich durch diese Kontakte mit der „Äußerungen" der Markenkommunikation determiniert. Idealerweise sollte daher jeder Kontakt mit der Marke dazu beitragen, den Aufbau möglichst klarer Gedächtnisstrukturen für eine Marke zu fördern (Esch 2008, S. 290 ff.). Die bewusste Gestaltung von Markenverhalten ist dafür elementar.

Rolle des Dialogmarketings. Hinsichtlich der Lernwirkungen kommt den (zielgerichteten, steuerbaren) Aktivitäten der Marktkommunikation dabei eine herausgehobene Stellung zu – insb. paid media und ownd media. Daraus resultiert eine besonders enge Verknüpfung von Markenführung und Kommunikationsmanagement. Je nachdem, welchen Anteil und welche Leitwirkung Dialogmarketingaktivitäten im Kommunikationsmix eines markenführenden Unternehmens haben, nimmt das Dialogmarketing damit eine sehr zentrale oder eine eher arrondierende Rolle für die Markenführung ein.

Dialogmarketing kann in einer *weiten Auffassung* als ein Marktbearbeitungsansatz aufgefasst werden, der sich durch individualisierte Marktkommunikation und das Ausrichten auf eine direkte Reaktion des Adressaten auszeichnet, um eine anhaltende Interaktion zwischen Anbieter und Nachfrager zu beginnen und aufrecht zu erhalten (dazu Holland 2009). Folgt man dieser weiten Auffassung, verschwimmen Angrenzungen zum Marketingbegriff oder dem CRM-Konzept. In der Konsequenz kann die Markenmanagement-Perspektive dem Dialogmarketing dann gleichermaßen als Grundlage dienen wie sie es für das Marketing allgemein tut (vgl. in diesem Zusammenhang auch die Ausführungen zu Markenführung und Direktmarketing bei Link 2004, S. 1565 ff.). In einer *engen Auffassung* wird das Dialogmarketing, als Kanon spezifischer, vor allem distributions- und kommunikationspolitischen Maßnahmen verstanden, dessen Elemente oft durch einen personalisierten Zuschnitt der Kommunikation sowie stets eine eindeutige Ausrichtung auf eine Response zum Auftakt für eine interaktive Kommunikation charakterisiert sind (Kreutzer 2009, S. 4 ff.; Redler 2019, S. 163). Folgt man dieser Auffassung, dann kommt dem Dialogmarketing eine wichtige Bedeutung als Instrumentalbereich, als Werkzeug für die Markenführung zu. Dabei wären dann traditionelles „Massenmarketing" und individualisiertes Dialogmarketing so zu verzahnen, dass die Ziele der Markenführung optimal erreicht werden (Link 2004, S. 1577 f.).

Deutlich wird, dass *Dialogmarketing* in dem Maße für die Markenbildung relevant ist, wie konkrete Dialogmarketing-Maßnahmen ihren Niederschlag in einer Ausgestaltung des Marketing-Mix finden (vgl. Abb. 4). Dialogmarketing-Maßnah-

Markenführung und Dialogmarketing

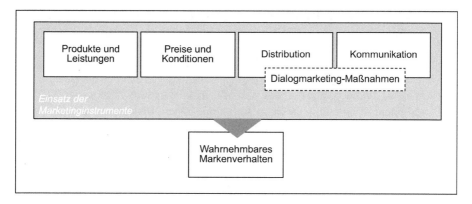

Abb. 4 Dialogmarketing-Maßnahmen und Markenverhalten bei einer engen Auffassung des Dialogmarketing-Begriffs. (Quelle: Eigene Abbildung)

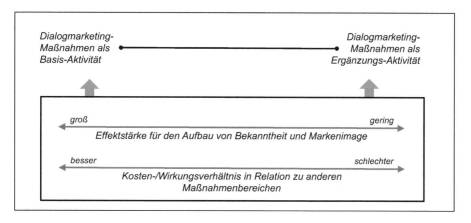

Abb. 5 Maßnahmen-Bedeutungsspektrum. (Quelle: Eigene Abbildung)

men können sich in ihrer Rolle für die Markenführung damit letztlich im Spektrum von Basisaktivitäten bis zu ergänzenden Aktivitäten bewegen (vgl. Abb. 5). Sie sind grundsätzlich Ausdruck des Markenverhaltens (vgl. oben).

4 Zentrale Ansatzpunkte für den Einsatz von Direktmarketing-Aktivitäten für die Markenführung

Das *Dialogmarketing* kann dazu beitragen, Markenbekanntheit aufzubauen und Marken interaktiv und sinnlich erlebbar zu machen. Es *bietet Kontaktpunkte, um die Verankerung des Markenerlebnisses im Rahmen eines ganzheitlich verstandenen Customer-Experience-Managements zu erreichen.*

4.1 Dialogmarketing als Vehikel für den Bekanntheitsauf- und -ausbau

Wie oben ausgeführt, ist Bekanntheit die Grundbedingung zur Schaffung eines Markenwerts und damit zum Aufbau und Erhalt einer Marke. Hinsichtlich der Bekanntheit sind zumindest die aktive und die passive Markenbekanntheit zu differenzieren (brand recall und brand recognition) – welcher Form eine höhere Bedeutung zukommt, wird unter anderem durch das Involvement des Konsumenten, die Kaufsituation bzw. Kaufphase und die Sichtbarkeit der Marke in der Kaufsituation beeinflusst (Keller 2003, S. 67 ff.).

Zum Aufbau der Bekanntheit sind direkte oder indirekte *Kontakte mit der Marke* (also eine Wahrnehmung des Markenverhaltens) notwendig (Keller 2003, S. 69 f.). Esch (2008, S. 285 ff.) spricht in dem Zusammenhang von der Sicherung der Markenaktualität. Kontakte können dabei als ein passives Konfrontiertwerden des Adressaten mit der Markenkommunikation umgesetzt werden (z. B. Werbung an der Bande eines Fußballstadions). Da dabei in der Regel von einem geringen Involvement der Adressaten auszugehen ist, setzt dieses Vorgehen zahlreiche Wiederholungen und eine integrierte Kommunikation voraus, um erfolgreich zu sein (Esch 2008, S. 276 und 297 ff.). Dies kann auch mit Maßnahmen des Dialogmarketings erreicht werden, z. B. durch Online-Werbung mit Gewinnspielen auf relevanten Websites.

Besondere Chancen durch Dialogmarketing. Mit Mitteln des Dialogmarketings ergeben sich außerdem weitere Chancen einerseits aus einer *erhöhten Kontaktwahrscheinlichkeit*. Da die Instrumente des Dialogmarketing per Definition auf eine Response ausgerichtet sind, ist die Wahrscheinlichkeit des Kontakts mit dem Adressaten im Vergleich z. B. zu traditioneller Werbung verbessert. Im Detail hängt es jedoch stets von der Aktivierungsstärke der jeweils gestalteten, traditionellen Maßnahme und des Response-Elements ab. Andererseits ist die *Kontaktqualität gesteigert*. Wenn es zur Interaktion zwischen Marke und Adressat kommt, kann eine längere und intensivere Auseinandersetzung mit der Marke resultieren. Mit der aktiveren Haltung, in die der Adressat gelangt, und dem einhergehenden höherem Involvement kann es somit zu einem rascheren Bekanntheitsaufbau im Vergleich zu einem Bekanntheitsaufbau durch den passiven Konsum von Markensignalen kommen. Dialogmarketing-Maßnahmen haben daher einige Vorteile, um Bekanntheit und Vertrautheit mit der Marke aufzubauen oder zu festigen. Dies ist in der Dialoginteraktion begründet, die den Adressaten in eine aktivere Rolle versetzt und Markensignale zum Teil auch in einen „näheren" Bereich vordringen lässt. Grundbedingung dabei ist jedoch, dass auch die notwendigen Reichweiten erreicht werden. Für einen Markenaufbau wäre also eine breite Streuung in der Zielgruppe und die Nutzung von starken Response-Elementen anzustreben (vgl. auch Abb. 6).

Integration und Aktivierungsstärke notwendig. Erfolgskritisch für den Bekanntheitsaufbau ist insbesondere die formale Integration in die weiteren Maßnahmen über Corporate-Design-Elemente (dazu Esch 2018, S. 216 ff.; Esch und Redler 2004), um den Signalen in ihrer Gesamtheit zur Durchsetzung zu verhelfen. Für die konkreten Maßnahmen sollte zudem bewertet werden, ob und in welchem Ausmaß bei Adressatengruppen bereits Bekanntheit ausgeprägt ist und welche Rolle die

Abb. 6 Response-starke Online-Gutscheine mit Möglichkeiten zur reichweitenstarken Streuung über Soziale Netzwerke. (Quelle: Burgerking)

Dialoginstrumente im Gesamtmix der Kampagne einnehmen (z. B. einstufig oder zweistufig, Leitinstrument oder ergänzendes Instrument). Wenn mit der *Aktivierungsstärke von Response-Elementen* des Dialogmarketings eine entsprechende Aufmerksamkeit erreicht werden kann (es also zu einem kurzzeitig höheren Involvement kommt), verbessern sich zudem die Voraussetzungen für die Aufnahme und die Verarbeitung der markenbezogenen Reize. Dies erleichtert den Aufbau von konkretem Markenwissen. Auf diesen Aspekt wird in Abschn. 4.3 eingegangen.

4.2 Dialogmarketing als Vehikel zur Vermittlung einer Markenbeziehung

Da das Ziel, eine Interaktion auszulösen, Ausgangpunkt des Dialogmarketings ist, sind mit Dialogmarketingmaßnahmen quasi definitorisch Bedingungen verbunden, die den Aufbau und die Pflege einer Kundenbeziehung sowie die Schaffung einer medial vermittelten „Nähe" besonders gut ermöglichen. Es ergeben sich Berührungspunkte mit dem *Customer-Relationship-Ansatz* (CRM). Im Kontrast zum Transaktionsmarketing geht es beim CRM um die Gestaltung langfristiger, profitabler Kundenbeziehungen (zum CRM z. B. Hippner 2005). Dabei orientiert man sich für Diagnose und Steuerung stark an der Idee von Kundenbeziehungsphasen. Dass Dialogmarketing und CRM praktisch eng verzahnt sind, wird unter anderem bei Holland (2009) deutlich. Tenor ist: CRM setzt die Ansprüche eines Beziehungsmarketings in die Tat um, wobei es die Kontaktpunkte zwischen Kunden und Anbieter koordiniert – und in starkem Maße Prinzipien des Dialogmarketings aufgreift.

Dialogmarketing-Maßnahmen können aus dem CRM-Blickwinkel also a) Startpunkt einer Kundenbeziehung sein, b) Mittel sein, um die Beziehung zu pflegen und zu gestalten sowie c) Möglichkeiten anbieten, um abwanderungsbereite Kunden zu halten oder inaktive Kunden zurückzugewinnen.

Interessante Ansatzpunkte ergeben sich für die Beziehungspflege und -intensivierung (als *Ausdruck des Strebens nach Kundenbindung*) – sofern das Dialogmarketing seine Möglichkeiten, sehr kundenspezifisch vorzugehen, nutzt. Hier ist an die kunden- und situationsspezifische und persönliche Ansprache zu denken, das Abstimmen von Angeboten und Leistungen auf die Kaufhistorie, die Synchronisation von Vertriebs- und Kontaktkanälen auf die bisher erkennbare Kundenpräferenz etc. Erforderlich sind dafür entsprechende Big-Data-Lösungen sowie eine relevante Auswertungsintelligenz. Auch hinsichtlich der Marketing-Mix-Lösungen stellt sich dann die Herausforderung, multidimensionale Vielfalt statt Einheitslösungen umzusetzen. So arbeiten zahlreiche Katalogversender z. B. hinsichtlich der Printansprache (die neben der eigentlichen werblichen Gestaltung dabei auch Preislagen und Warenangebot umfasst) mit kundengruppenspezifischen Anstoßketten. Dadurch ist mehr Spezifität möglich, was zu besserer Ausschöpfung und intensiverer Bindung führen kann. Bindung kann dabei einerseits als Ergebnis von wiederholten Käufen verstanden werden. Andererseits kann auch eine emotionale Bindung resultieren, wenn sich der Kunde besonders „verstanden", „betreut", „als wichtig" empfindet. Allerdings ist auch ein hohes Maß an Komplexität zu steuern.

Neben der Begründung aus der CRM-Perspektive ist auch aus den Zielsetzungen der Marke heraus zu argumentieren, denn: Aus Markensicht lässt sich mit Dialogmarketing-Maßnahmen eine Markenbeziehung gestalten. Neben den aus Sicht des CRM bekannten Aspekten wie die Pflege von insbesondere Loyalität, Vertrauen oder Wiederkauf sind auch weitergehende Konzeptionalisierungen im Hinblick auf eine Markenbeziehung bekannt. Fournier (1998) stellt dazu einen Ansatz vor, der *Marken als Beziehungspartner* im täglichen Leben von Konsumenten auffasst. Daraus lassen sich Einblicke in die Beziehungsarten und Ableitungen für die Markenbeziehungsgestaltung gewinnen. Der Ansatz geht davon aus, dass das erlebbare Markenverhalten Auswirkungen auf den inneren Vertrag zwischen Konsument und Marke hat. Nach diesem Vertrag richtet sich, wie sehr sich ein Konsument in Richtung der Marke engagiert und welcher Beziehungstyp mit der Marke eingegangen wird. Insgesamt wurden in den Untersuchungen von Fournier (1998) 15 unterschiedliche Beziehungstypen identifiziert. Sie zeigen die Bedeutsamkeit von Markenbeziehungen und deren Gestaltung aus einem neuen Blickwinkel.

Markenkraft resultiert in Fourniers Ansatz vor allem aus der Stärke, Tiefe und Dauerhaftigkeit der *Konsumenten-Marken-Verbindung*. Zur Erfassung und Ausgestaltung von Markenbeziehungen wurden sechs wichtige Faktoren gefunden. Unter anderen gehören dazu:

- *Commitment*: Es beschreibt das Ausmaß, in dem sich der Partner sichtbar macht und sich für die Verbesserung der Beziehung einsetzt. Dazu gehört auch die intensive, regelmäßige, zum Teil standardisierte Kommunikation.
- *Intimacy*: Dies umfasst das Gefühl von Vertrautheit, das aus dem Teilen von „persönlichen" Details resultiert.

Abb. 7 Milupa-Kampagne mit mehrfacher, phasenbezogener Ansprache und sukzessive erhöhter Relevanz: Ausdruck von Kennen, Verstehen, Nähe – Gestaltung der Dimension Intimacy

Gerade zur Gestaltung dieser beiden Dimensionen scheinen im Dialogmarketing besondere Potenziale zu liegen:

- Dialogmarketing fordert den Adressaten zu einem Einstieg in die Interaktion auf. Dies erfolgt durch die mehr oder weniger offensiv angelegten Response-Elemente bei den zugehörigen Maßnahmen. Mit Dialogmarketing-Aktivitäten signalisiert eine Marke dem Konsumenten also Interesse an der Aufnahme und Intensivierung einer Beziehung. Dabei wird eine interaktive Kommunikation genutzt, die sich auf die Bedürfnisse und das Verhalten des Konsumenten einstellt. Insbesondere ist die Dialogkommunikation eine anhaltende und keine Einmal-Kommunikation. Es ist folglich davon auszugehen, dass bei intelligentem Einsatz mittels Dialogmarketing die Dimension „Commitment" der Markenbeziehung beeinflusst werden kann.
- Dialogmarketing arbeitet in weiten Teilen personalisiert, unter anderem in Ansprache, Themenwahl und Adressatenselektion. Daraus resultieren Ansatzmöglichkeiten, um die Dimension „Intimacy" zu steuern und damit die Markenbeziehung zu gestalten. Ebenso gehören das Lernen aus bisherigem Kundenverhalten und eine entsprechende Adaption in der Kundeninteraktion als integraler Bestandteil zum Dialogmarketing. Mit Dialogmarketing-Aktivitäten wird für den Konsumenten eine Ebene geschaffen, die als eine Vertrautheit und „Nähe" verstanden werden kann. Dies kann ermöglichen, dass für den Konsumenten wahrnehmbar wird, dass eine Marke ihn „gut kennt" und dieses Wissen auch gern und vertrauensvoll berücksichtigt (vgl. das Beispiel in Abb. 7). Das wiederum könnte auslösen, dass Konsumenten bei positiv erlebter Beziehung sogar mehr Einblicke in ihre persönlichen „Details" zulassen, als das bei der konventionellen Distanz einer platonischen Ebene oder einer fehlenden Beziehung der Fall wäre.
- Dialogmarketing kann dazu beitragen, Marken interaktiv und/oder sinnlich erlebbar zu machen.

4.3 Dialogmarketing als Vehikel zur Vermittlung von Markenimage und -erlebnis

Neben der Bekanntheit ist das Konstrukt Image die zweite wesentliche Zielgröße der Markenführung (vgl. oben). Eine Marke entsteht, wenn ein *spezifisches, klares Image* aufgebaut werden kann. Zum Imageaufbau und dessen Festigung kann Dialogmarketing wesentlich beitragen.

Für einen Imageaufbau sind, von High-Involvement-Situationen einmal abgesehen, wiederholte und konsistente Wahrnehmungen der Markenbotschaften erforderlich. Dies kann über ein Engagement mittels Dialogmarketing erreicht werden. Ein wesentlicher Beitrag der Dialogmarketing-Maßnahmen ist jedoch nur dann anzunehmen, wenn

- die Dialogmaßnahmen positionierungskonform hinsichtlich der Markenaussagen und Markentonalität umgesetzt werden,
- die Maßnahmen an sich sowie die Positionierungsinhalte für die Adressaten wahrnehmbar und einprägsam realisiert werden,
- eine formale Integration über Corporate-Design-Elemente sichergestellt ist.

Positionierung und Dialogmarketingaktivität. Besondere Stärken kann das Dialogmarketing in den Fällen ausspielen, in denen eine Interaktions-, Nähe- oder Austauschkomponente schon inhaltlich Teil der Positionierung ist. Wenn also eine Art „Dialog" oder „Community" einen Kern der Marke ausmacht, bieten sich die Ansätze des Dialogmarketings besonders an, um eine solche Positionierung zum Leben zu erwecken.

Das Dialogmarketing kann zudem auf eine große Bandbreite von Medien zurückgreifen (vgl. dazu den Beitrag „Mediaplanung im Dialogmarketing" in diesem Band), deren jeweilige Spezifika zur Inszenierung der Imagedimensionen zu nutzen wären. Dabei ist stets auch zu bewerten, inwiefern Dialogmarketing-Aktivitäten im Sinne eines *Leitinstruments* oder eher als unterstützendes Instrument eingesetzt werden sollten.

Erlebnisse unterstützen – UX schaffen. In vielen Fällen sind unter aktuellen Marktbedingungen (hohe Austauschbarkeit von Leistungen auf gesättigten Märkten; enge Wettbewerbdichte; gering involvierte, erlebnis- und bildorientiert ausgerichtete Konsumenten) spezifische Images in Form von Erlebnissen relevant (Esch 2008, S. 159 f.; vgl. auch die Monografie von Freundt 2006). Unter *Erlebnissen* versteht man spezifische Bündel von Emotionen, die einen subjektiv empfundenen Beitrag zur Lebensqualität des Konsumenten leisten (auch Weinberg und Diehl 2005, S. 263 ff.). Erlebnisse bieten dementsprechend einen Zusatznutzen für den Konsumenten (Kroeber-Riel 1993, S. 168 ff.). Wenn Erlebnisse Inhalt einer Markenpositionierung sind, spricht man auch von einer erlebnisbetonten Positionierung. Nach Esch und Levermann (1995) ist diese eine geeignete Positionierungsoption bei nicht-trivialen Bedürfnissen (hohes emotionales Involvement), jedoch geringem kognitivem Involvement der Zielgruppe. Als ein spezifisches Erlebnis kann dabei „Intimität" eine Haupt- oder Nebenrolle spielen. Gerade in diesen Fällen scheint Dialogmarketing ein besonders wirkungsvolles Vehikel, um mit seinen Besonderheiten diese Erlebnisdimension transportierbar zu machen. Es ist weiterhin davon auszugehen, dass positionierungsrelevante Erlebnisse oder ihre Dimensionen dann wirkungsstark durch Maßnahmen des Dialogmarketings in den Wahrnehmungsbereich des Adressaten transportiert werden, wenn das *Erlebnis in das Response-Element übersetzt* wird. Dialogmarketing bietet dann Kontaktpunkte, um eine Verankerung des Markenerlebnisses im Rahmen eines ganzheitlich verstandenen Customer-Experience-Managements (dazu Berry et al. 2002) zu erreichen.

Markenführung und Dialogmarketing

Beispiel. Als Beispiel für eine Erlebnispositionierung kann man auf die Marke *Starbucks* schauen. Die Positionierungsidee beruht auf einer amerikanischen Neuinterpretation der italienischen Espresso-Bar. Aspekte wie „top-service", „top-quality products", „a place to have a break for", „relaxing atmosphere" oder „a third place between home and work" sind daher Bausteine, die die Erlebnispositionierung konkretisieren. Entsprechend lautet auch das Leitbild: „Wir möchten Menschen in jeder Umgebung inspirieren und fördern – Tasse für Tasse, Kaffeetrinker für Kaffeetrinker". Die Positionierung wird konsequent übersetzt in die Verkaufsinteraktion, die Gestaltung der Stores, den Online-Auftritt, Aktionen etc. (vgl. Abb. 8). Entsprechend ergeben sich Ansatzpunkte für das Dialogmarketing, um mit den spezifischen Stärken von Dialogmarketing-Instrumenten dieses Erlebnis und die Nähe umzusetzen.

Dialogmarketing kann beim Transport von Erlebnisaspekten bzw. der positionierungsbezogenen Erlebnisumsetzung auch *Brücken in reale Umwelten* und reale sinnliche Erfahrungen schlagen, um angestrebte Wirkungen zusätzliche Schubkraft zu verleihen. So wurde beispielsweise als Teil einer Kampagne der Organisation *Viva con Agua de St. Pauli e. V.* (Ziel: Spendensammlung für Trinkwasserprojekte in Entwicklungsländern) eine „Becher-Jukebox" umgesetzt. Dabei sollten Fans bei einem Konzert der Musikgruppe „Die Ärzte" ihre Plastikbecher im Wert von 2 EUR spenden und damit darüber entscheiden, welcher Song von der Band als Zugabe gespielt wurde. Die Abstimmung erfolgte, indem die „Spendenbecher" in verschiedene Tonnen bzw. Abgabestellen eingeworfen wurden (Müller 2013, S. 26).

Abb. 8 Transport der Erlebnispositionierung bei Starbucks. (Quelle: Starbucks)

5 Herausforderung: Stringente Ausrichtung an Positionierung und Integration in den ganzheitlichen Markenauftritt

Das Dialogmarketing bietet also vielfältige Anknüpfungspunkte, um Markenkontakte zu gestalten und sie im Sinne der Markenführung zu nutzen. Drei ausgewählte, zentrale Mechanismen, nach denen Maßnahmen des Dialogmarketings ihren Beitrag zu Markenaufbau und -stärkung leisten können, wurden vorgestellt. Damit Beiträge aus diesen Maßnahmen im Sinne der Marke wirkungsvoll ausfallen, sind jedoch mindestens zwei Rahmenbedingungen zu beachten. Zum einen ist stets eine stringente *Ausrichtung an der formulierten Positionierung* sicherzustellen. Zum anderen ist dafür Sorge zu tragen, dass die Dialogmarketing-Aktivitäten *an das sonstige Markenverhalten angepasst* werden.

In diesen zwei Aspekten sind Voraussetzungen dafür zu sehen, dass Dialogmarketing für die Markenführung wirken kann. Sie sind die *Säulen*, auf denen die Markenwirkung des Dialogmarketings fußt (vgl. Abb. 9). An ihnen können daher auch alle Dialogmarketing-Aktivitäten hinsichtlich ihrer Markeneffektivität geprüft werden.

Herausforderung Positionierungsadäquanz. Damit das Dialogmarketing zur Markenbildung und -stärkung beiträgt, ist es erforderlich, alle Dialogaktivitäten konsequent daraufhin zu prüfen, ob sie die definierte Markenpositionierung wahrnehmbar transportieren. Nur wenn dies gesichert ist, ist von hinreichender Markenadäquanz zu sprechen. Der Abgleich sollte sich dabei neben einer Vorteils- oder Nutzendarstellung auch auf Aspekte des Markenduktus (Tonalität) sowie auf weitere nonverbale Aspekte beziehen, da meist dort die relevanten Differenziatoren zwischen Marken zu verorten sind. Gradmesser sind dabei die vermuteten bzw. gemessenen *Wahrnehmungen* der Adressaten. Es gilt somit das Motto: Außensicht statt Innensicht! Was die Markenpositionierung als Ziel (Sollwert) vorgibt, sollte sich anhand der wahrgenommenen Kontakteindrücke auch zeigen (Istwert). Solange eine Übereinstimmung nicht gegeben ist, wären Konzept und/oder Umsetzung der Maßnahme weiterzuentwickeln und nicht freizugeben. Beim Abgleich kann man grob in drei Ergebnisrichtungen denken:

Abb. 9 Säulen der Markenwirkung des Dialogmarketing. (Quelle: Eigene Abbildung)

- *Schlimmster Fall*: Wahrnehmungen widersprechen der Markenpositionierung. Das Dialogmarketing trägt nicht nur nicht zur Markenstärke bei sondern schwächt die Marke. Solche Maßnahmen sind aus Markensicht keinesfalls tragfähig.
- *Neutraler Fall*: Wahrnehmungen widersprechen der Markenpositionierung nicht, stehen aber auch in keinem Zusammenhang zur Markenpositionierung. Das Dialogmarketing trägt nicht zur Markenstärke bei; die eingesetzten Mittel sind bzgl. der Marke nicht effektiv und verwässern mittelfristig zudem ein aufgebautes Markenimage.
- *Guter Fall*: Wahrnehmungen zur Maßnahme spiegeln die Markenpositionierung oder einzelne Facetten von ihr wider. Hier hat das Dialogmarketing eine stärkende Rolle für das Markenimage.

Für *Pre-Checks von Maßnahmen* sind neben Expertenurteilen insbesondere Tests zum Fit zwischen Maßnahmenumsetzung und Marke, Assoziationstests, Zuordnungstests, Erinnerungstests oder Evaluierungen anhand semantischer Differenziale (bei der Zielgruppe, unter Beachtung den jeweilig relevanten Involvement-Bedingungen für eine Reizdarbietung) nützlich. Dies kann auch auf einzelne Elemente der Maßnahme bezogen werden.

Zweckmäßig gestaltete, *konsumentenbezogene Messungen* erfassen daher den wahrgenommenen Fit zwischen Positionierung und Maßnahmen des Dialogmarketings. Gleichzeitig können sie auch Aufschluss darüber geben, ob die Positionierung in der dargebotenen Umsetzung aus Adressatensicht überhaupt wahrnehmbar ist. Erfolgsentscheidend ist nämlich nicht nur, dass mit der Maßnahme eine Positionierungsvermittlung beabsichtigt ist, sondern auch, dass die positionierungsrelevanten Informationen unter realistischen Bedingungen des Kontaktes tatsächlich im Wahrnehmungsraum der Adressaten ankommen können.

Der Wahrnehmbarkeit von Positionierungsideen in der Maßnahme kommt eine fundamentale Bedeutung zu. Dies sollte bei der Bewertung von Umsetzungsvorschlägen stets beachtet werden, indem die Innensicht der Bewertung mit der Außensicht gespiegelt wird.

Herausforderung Integration. Aus Marketing- und lerntheoretischer Sicht sollte jeder Kontakt mit dem Markennamen dazu beitragen, den Aufbau möglichst klarer Gedächtnisstrukturen (*Markenwissen*) für eine Marke zu fördern. Die bewusste *Gestaltung aller Markenkontaktpunkte* ist dafür elementar, um schließlich ein eigenständiges und unverwechselbares Vorstellungsbild für die Marke bei den Adressaten aufzubauen. Das Konzept „integrierte Kommunikation" ist ein wesentlicher Zugang, um dies zu erreichen. Integration meint dabei die gegenseitige Abstimmung aller Aktivitäten hinsichtlich

- der Zeitpunkte,
- der formalen Gestaltung,
- der inhaltlichen Gestaltung über Text und Bild,
- der Kontakte in den unterschiedlichen Kaufphasen (Esch und Redler 2004, S. 1471),

damit sich die wahrnehmbaren Eindrücke einheitlich darstellen und gegenseitig verstärken können (Kroeber-Riel 1993). Dabei sind die jeweils vorliegenden Involvement-Bedingungen des Adressaten als Moderatoren des Lernerfolgs zu beachten (dazu im Detail u. a. Esch 2008, S. 295 ff.). Markenverantwortliche sollten sich immer wieder deutlich vor Augen führen, was Markenäußerungen aus Konsumentensicht letztlich sind: eine Flut von Botschaften und Inhalten aus ununterscheidbaren Quellen (Schultz et al. 1993, S. XVII).

Kommt es aus Adressatensicht zu Brüchen zwischen den vielfältigen, erlebbaren Markenäußerungen, erfolgt beispielsweise die Markenkommunikation nicht gleichgerichtet, sind Wirkungsverluste bzgl. Markenaufbau oder -stärkung die Folge. Das wäre der Fall, wenn ein Neukunden-Mailing andere Aussagen über die Marke kommuniziert als der Kundenservice im Nachkaufmarketing via Social Media – oder wenn sich die Tonalität eines Katalogs anders darstellt als die des Online-Shops und der Werbung. Eine solche Nicht-Integration kann unter aktuellen Kommunikations- und Medienbedingungen sowie bei gering involvierten Adressaten zur kritischen Fußangel für eine Marke werden: Die Marke erhält keine Durchsetzung, ihre Äußerungen kommen nicht beim Konsumenten an. Eine Vermeidung derartiger Wirkungsverluste ist nicht nur ökonomisch geboten, sondern für viele Marken überlebenswichtig. Speziell bei isolierter Planung und Gestaltung kommunikativer Maßnahmen („Dialogmarketing-Unit" versus „Online-Unit" versus „Dachkommunikation") besteht die große Gefahr, dass unterschiedliche Inhalte, Tonalitäten und Markenklammern zur Marke vermittelt werden. Daraus muss in der Wahrnehmung des Konsumenten ein unklares Markenbild resultieren. Ergebnis: eine Schwächung der Marke. Gleichzeitig nimmt die Wirkung der eingesetzten finanziellen Mittel rapide ab.

Dass sowohl die Säule Positionierungsadäquanz als auch die Säule Integration bei der Konzeption und Umsetzung von Marketingmaßnahmen *längst keine selbstverständlichen Anforderungen* sind, zeigen die zahlreichen Beispiele, in denen nicht auf eine Markenidee eingezahlt wird oder/und sich Maßnahmen nicht abgestimmt zum weiteren Markenverhalten zeigen. Diese vom Prinzip so grundlegenden Anforderungen, die auf seit langem vorliegenden Erkenntnissen beruhen, sind noch immer als große Herausforderung anzusehen.

Die Integration der Dialogkommunikation mit der sonstigen Markenkommunikation ist essenziell.

6 Fazit

Marken sind ein für das moderne Marketing nicht mehr wegzudenkendes Phänomen mit enormer Verhaltenswirkung auf den Kunden. Sie entstehen wesentlich durch die von ihnen oder zu ihnen getätigten kommunikativen Aktivitäten. Dialogmarketing ist für die markenbezogene Kommunikation wie auch für den Vertrieb ein wichtiger Baustein. Insbesondere für den Bekanntheitsaufbau, die Gestaltung der Markenbeziehung und das Markenleben kann ein Dialogmarketing-Ansatz wichtige Beiträge leisten, sofern dabei die Ausrichtung an der Markenpositionierung und eine Verzahnung mit der weiteren Markenkommunikation gesichert sind.

Literatur

Aaker, D. A., & Joachimsthaler, E. (2000). *Brand leadership*. London: Free Press.
Berry, L. L., Carbone, L. P., & Haeckel, S. H. (2002). Managing the total customer experience. *Sloan Management Review, 43*(Spring), 85–89.
Burnett, J., & Moriarty, S. (1998). *Introduction to marketing communication – An integrated approach*. Upper Saddle River: Prentice Hall.
De Chernatony, L., & McDonald, M. (1998). *Creating powerful brands*. Oxford: Oxford University Press.
Esch, F.-R. (2008). *Strategie und Technik der Markenführung*. München: Vahlen.
Esch, F.-R. (2018). *Strategie und Technik der Markenführung*. München: Vahlen.
Esch, F.-R. (2019). Identität durch Positionierung fokussieren und wirksam nach innen und außen umsetzen. In F.-R. Esch, T. Tomczak, J. Kernstock, T. Langner & J. Redler (Hrsg.), *Corporate brand management* (S. 107–135). Wiesbaden: Springer Gabler.
Esch, F.-R., & Levermann, T. (1995). Positionierung als Grundlage des strategischen Kundenmanagements auf Konsumgütermärkten. *Thexis, 12*(4), 8–16.
Esch, F.-R., & Redler, J. (2004). Durchsetzung einer Integrierte Markenkommunikation. In M. Bruhn (Hrsg.), *Handbuch Markenführung* (S. 1467–1489). Wiesbaden: Gabler.
Farquhar, P. (1989). Manging brand equity. *Marketing Research, 1*, 24–33.
Fournier, S. M. (1998). Consumers and their brands: Developing relationship theory in consumer research. *Journal of Consumer Research, 24*(3), 343–373.
Franzen, G., & Bouwman, M. (2001). *The mental world of brands – Mind, memory and brand success*. WARC: Henley-on-Thames.
Freundt, T. C. (2006). *Emotionalisierung von Marken. Interindustrieller Vergleich der Relevanz emotionaler Markenimages für das Konsumverhalten*. Wiesbaden: Gabler.
Hippner, H. (2005). Die (R)Evolution des Customer Relationship Managements. *Marketing ZFP, 27*(2), 114–134.
Holland, H. (2009). *Direktmarketing*. München: Vahlen.
Keller, K. L. (2003). *Strategic brand management*. Upper Saddle River: Prentice Hall.
Kreutzer, R. (2009). *Praxisorientiertes Dialogmarketing*. Wiesbaden: Springer Gabler.
Kroeber-Riel, W. (1993). *Bildkommunikation*. München: Vahlen.
Laurent, G., & Kapferer, J.-N. (1985). Measuring consumer involvement profiles. *Journal of Marketing Research, 22*(1), 41–53.
Leuthesser, L. (1988). *Defining, measuring and managing brand equity, conference summary, Marketing Science Institute*. Cambridge: MSI.
Link, J. (2004). Markenführung und Direct Marketing. In M. Bruhn (Hrsg.), *Handbuch Markenführung* (S. 1565–1591). Wiesbaden: Gabler.
Meffert, H., & Burmann, C. (1998). Abnutzbarkeit und Nutzungsdauer von Marken. In H. Meffert & N. Krawitz (Hrsg.), *Unternehmensrechnung und -besteuerung* (S. 75–126). Wiesbaden: Gabler.
Müller, F. (2013). Renaissance des Mailings. *Horizont, 17*, 26.
Redler, J. (2012). Unternehmen als Marke. In S.-S. Kim & J. Redler (Hrsg.), *Personalmarketing – Berichte vom Mosbacher Marketingforum*. http://events.dhbw-mosbach.de/fileadmin/user/pub lic/einheiten/veranstaltungen/Band_1_Tagung_Marketingforum2012.pdf.
Redler, J. (2018). *Die Store Brand*. Wiesbaden: Springer Gabler.
Redler, J. (2019). *Grundzüge des Marketing*. Berlin: Berliner Wissenschaftsverlag.

Ruge, H.-D. (1988). *Die Messung bildhafter Konsumerlebnisse*. Heidelberg: Physica.
Schultz, D. E., Tannenbaum, S. I., & Lautenborn, R. F. (1993). *Integrated marketing communications*. Chicago: NTC.
Weinberg, P., & Diehl, S. (2005). Erlebniswelten für Marken. In F.-R. Esch (Hrsg.), *Moderne Markenführung* (S. 263–286). Wiesbaden: Gabler.

Customer Experience Management

Heinrich Holland

Inhalt

1 Kundenerlebnisse 110
2 Begriff des Customer Experience 110
3 Customer Experience als Managementansatz 111
4 Zielsetzung des Customer Experience Managements 112
5 Customer Experience Management-Prozess 112
6 Zukunftsperspektiven des Customer Experience Managements 116
7 Fazit 117
Literatur 117

Zusammenfassung

Die Customer Experience beinhaltet die Gesamtheit aller Eindrücke, Erlebnisse und Erfahrungen, die ein Kunde während der Dauer einer Kundenbeziehung von einem Unternehmen erhält. Der Prozess des Customer Experience Managements umfasst die systematische Analyse und Gestaltung von Interaktionen zwischen einem Unternehmen und seinen Kunden. Diese sollen durch positive Erlebnisse begeistert und nachhaltig an das Unternehmen und seine Leistungen gebunden werden. Das Customer Experience Design beschäftigt sich mit der Gestaltung der einzelnen Kontaktpunkterlebnisse.

Schlüsselwörter

Customer Experience · Customer Relationship Management · CEM-Prozess · Kundenerlebnis · Kundenerfahrung

---

H. Holland (✉)
Hochschule Mainz, Mainz, Deutschland
E-Mail: heinrich.holland@online.de

1 Kundenerlebnisse

▶ Jedes Produkt und jede Dienstleistung, mit denen ein Kunde in Kontakt kommt, ist mit Erlebnissen verbunden. Dies trifft ebenfalls auf die Interaktionen mit einem Unternehmen zu. Die „*Experience*" ist eine zentrale Dimension des Marktes, welcher durch einen immer stärker werdenden Wettbewerb und zunehmend austauschbare Produkte und Dienstleistungen gekennzeichnet ist. Auch vor dem Hintergrund einer zunehmenden Erlebnisorientierung in der Gesellschaft, die sich im Konsumentenverhalten widerspiegelt, gewinnt sie für die Unternehmenspraxis an Bedeutung. Führende Unternehmen sowohl aus dem stationären Einzelhandel als auch aus dem Online-Handel haben den Trend des „Erlebnis-Shopping" bereits erkannt.

Die Vermittlung einer positiven *Customer Experience* an den Kontaktpunkten mit einem Unternehmen wird als zukünftiges Handlungsfeld betrachtet, um sich von Wettbewerbern zu differenzieren, eine nachhaltige Kundenloyalität aufzubauen und Kunden letztlich an das Unternehmen zu binden (Bruhn und Hadwich 2012, S. 7). Denn insbesondere vor dem Hintergrund sinkender Loyalitätsraten und einer steigenden Wechselbereitschaft erhält die Kundenbindung zunehmend an Bedeutung. In diesem Zusammenhang stellt das Customer Experience Management (CEM) einen neuen Ansatz zur Optimierung der Kundenbindung dar. Ziel des CEM ist es, *Kundenerlebnisse* systematisch zu analysieren und zu gestalten, um Kunden durch die Übererfüllung ihrer Erwartungen zu begeistern und nachhaltig an das Unternehmen zu binden.

2 Begriff des Customer Experience

▶ Der Begriff „Experience" lässt sich ins Deutsche sowohl als Erfahrung als auch als Erlebnis übersetzen. Als *Erlebnis* werden alle bei einer Person stattfindenden psychischen Vorgänge wie das Denken, Vorstellen, Empfinden, Wahrnehmen und Fühlen zusammengefasst. Die *Erfahrung* hingegen wird als ein „verstandenes Erlebnis" betrachtet und setzt eine Reflexion der vergangenen Erlebnisse voraus (Böhme und Potyka 1995, S. 469).

Vor diesem Hintergrund werden die Begriffe Kundenerlebnis und Kundenerfahrung unterschieden. Das *Kundenerlebnis* bezeichnet eher kurzfristige, emotionale Erlebnisse, bei denen das „persönliche und subjektive Erleben des Konsums" im Vordergrund steht (Bruhn und Hadwich 2012, S. 9). Die *Kundenerfahrung* hingegen resultiert aus der Reflexion der einzelnen Kundenerlebnisse. Diese stellen somit einen Bestandteil der Kundenerfahrung dar. Zudem ist die Kundenerfahrung oftmals mit der „Aneignung von Wissen, Kenntnissen, Fähigkeiten und Fertigkeiten" hinsichtlich eines Produktes oder einer Dienstleistung verbunden (Bruhn und Hadwich 2012, S. 9). Darüber hinaus bildet sich der Kunde mittels der Reflexion der wahrgenommenen Erlebnisse ein Urteil darüber, ob die gemachte Erfahrung als positiv oder als negativ empfunden wird.

Unter dem Begriff „Erleben" werden alle direkten und indirekten Erfahrungen, die ein Kunde während des gesamten Konsumprozesses mit einem Produkt oder einer Dienstleistung macht, verstanden. Die Erfahrungen werden dabei über die unterschiedlichen Sinne aufgenommen. Indirekte Erfahrungen beinhalten die Werbung und die Erfahrungen von Dritten, über die ein Kunde im Lauf der Zeit erfährt. Erfahrungen werden erst dann zu gespeicherten und erinnerten Erlebnissen, wenn sie aus der Menge hervorstechen und eine besondere Bedeutung für den Kunden haben. Assoziiert werden mit diesen Erlebnissen ebenfalls die Qualität einer Leistung sowie das Bild von einer Marke.

▶ Die *Customer Experience* umfasst die Gesamtheit aller Eindrücke, die ein Kunde während der gesamten Dauer einer Kundenbeziehung von einem Unternehmen erhält. Sie umfasst sämtliche individuellen Wahrnehmungen und Interaktionen des Kunden an den verschiedenen Kontaktpunkten mit einem Unternehmen. Die Customer Experience stellt ein holistisches Konstrukt dar, das mehrere Prozessphasen mit einschließt und als vorgelagertes Konstrukt zur Kundenbindung betrachtet wird (Bruhn und Hadwich 2012, S. 10).

3 Customer Experience als Managementansatz

▶ Bruhn und Hadwich definieren *Customer Experience Management* (CEM) als „Prozess des strategischen Managements aller Kundenerlebnisse mit einem Anbieter an sämtlichen Kontaktpunkten" (Bruhn und Hadwich 2012, S. 23). Der CEM-Prozess umfasst die systematische, d. h. die bewusste und zielgerichtete Analyse und Gestaltung von Interaktionen zwischen einem Unternehmen und seinen Kunden, um letztere durch positive Erlebnisse zu begeistern und nachhaltig an das Unternehmen, die Marke beziehungsweise das Produkt zu binden.

In diesem Zusammenhang ist der Begriff des *Customer Relationship Managements* (CRM) abzugrenzen. CRM-Ansätze werden häufig aus der Perspektive des Unternehmens auf den Kunden erarbeitet. Hierbei stehen zumeist funktionale Maßnahmen, die darauf ausgerichtet sind, die rationalen Erwartungen von Kunden an das Produkt beziehungsweise an die Dienstleistung zu erfüllen, im Mittelpunkt der Betrachtung.

CEM hingegen beinhaltet die Perspektive des Kunden auf das Unternehmen. Es findet nicht nur eine Ausrichtung auf die Funktionalität des Produktes und auf funktionale Transaktionen statt, sondern ebenfalls auf das Erleben sowie auf Verwendungs- und Verbrauchssituationen des Kunden. Zentraler Ansatzpunkt ist dabei die Schließung der Lücke zwischen den Erwartungen und dem tatsächlich wahrgenommenen Erlebnis des Kunden an den Kontaktpunkten mit einem Unternehmen. Das Ziel ist die Generierung einzigartiger, positiver Kundenerlebnisse über alle drei

Abb. 1 Ziele des CEM. (Quelle: Detecon 2010, S. 24)

Phasen des Kundenbeziehungszyklus hinweg. Aufgrund dieses holistischen Ansatzes kommt dem CEM in der Praxis immer mehr Beachtung zu.

4 Zielsetzung des Customer Experience Managements

▶ Die zentrale Zielsetzung des Customer Experience Managements (CEM) ist es, die Erlebnisse eines Kunden an den Kontaktpunkten mit einem Anbieter derart zu gestalten, dass eine positive Kundenerfahrung über alle Beziehungsphasen hinweg realisiert wird.

In der Praxis werden hiermit weitere, konkrete Ziele verfolgt, wie die Ergebnisse einer empirischen Untersuchung zeigen, die auf einer Expertenbefragung von Entscheidern verschiedener Unternehmen und Einrichtungen beruhen.

Abb. 1 zeigt die Ziele, die Unternehmen mit dem CEM verfolgen. Am häufigsten werden dabei die Überraschung und die Begeisterung von Kunden angestrebt, um hierauf aufbauend eine stärkere Kundenloyalität beziehungsweise eine emotionale Kundenbindung aufzubauen. Weitere Ziele sind die Differenzierung vom Wettbewerb sowie eine hiermit verbundene positive Wahrnehmung der Marke.

5 Customer Experience Management-Prozess

Zur Ausgestaltung des CEM in Unternehmen wird im Folgenden das beziehungsphasenübergreifende CEM-Konzept von Mayer-Vorfelder gewählt. Das Konzept basiert auf dem aktuellen Forschungsstand zum CEM und führt einzelne Forschungsaktivitäten zu einem umfangreichen Managementansatz zusammen.

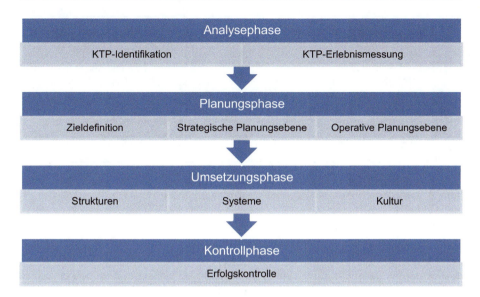

Abb. 2 CEM-Prozess. (Quelle: Mayer-Vorfelder 2012, S. 264–265)

▶ Zur Strukturierung des CEM werden die idealtypischen Phasen eines entscheidungsorientierten *Managementprozesses*, Analyse, Planung, Umsetzung und Kontrolle, zugrunde gelegt. Diese sind in Abb. 2 dargestellt.

5.1 Analysephase

Innerhalb der drei Phasen des Kundenbeziehungszyklus (Kundenakquisition, -bindung und -rückgewinnung) bestehen zahlreiche Kontaktpunkte zwischen einem Unternehmen und seinen Kunden. Den Ausgangspunkt des strategischen Prozesses des CEM stellt die Schaffung einer ausreichenden *Informationsgrundlage* dar. Hierzu ist eine Kontaktpunktanalyse erforderlich, die die folgenden zwei Analyseschritte umfasst: die Kontaktpunkt-Identifikation sowie die qualitative Kontaktpunkt-Erlebnismessung.

Im Rahmen der Kontaktpunkt-Identifikation sind zunächst alle relevanten Kundenkontakte vor, während und nach der Dienstleistungserbringung zu identifizieren und zu strukturieren. Dabei lassen sich die Kontaktpunkte beispielsweise nach der Direktheit der Einflussnahme des Unternehmens auf den Kontakt (direkt vs. indirekt) sowie nach der Rückkopplungsmöglichkeit zwischen dem Sender und dem Empfänger (einseitig vs. zweiseitig) differenzieren, wie Abb. 3 verdeutlicht.

Hierauf aufbauend gilt es im Rahmen der qualitativen Kontaktpunkt-Erlebnismessung, die tatsächlich wahrgenommenen Erlebnisse der Kunden an den identifizierten Kontaktpunkten zu messen („Experience Audit"). Da *ganzheitliche Kundenerlebnisse* aus einem Zusammenspiel funktionaler und emotionaler Erlebnistreiber bestehen, ist bei der Kontaktpunkt-Erlebnismessung und der darauffolgenden

	direkt	indirekt
zweiseitig	• Persönlicher Verkauf • Call-Center/Hotlines • Schrift-/E-Mailverkehr • Persönliche Kommunikation auf Messen und Events	• Mund-zu-Mund-Kommunikation • Blogs und Communities
einseitig	• Werbung • PoS ohne Dialog • Product Placement • Verpackungen	• Massenmedien • TV-/Presseberichte • Public Relation

Abb. 3 Kategorisierung von Kundenkontaktpunkten. (Quelle: Esch et al. 2010, S. 9)

(inhaltsanalytischen) Auswertung zu beachten, dass die emotionalen Eindrücke der Kunden (zum Beispiel Freude, Spaß, Verärgerung, Begeisterung) an den einzelnen Kontaktpunkten ebenso Berücksichtigung finden wie die funktionalen Merkmale der Dienstleistung (zum Beispiel Wartezeit, Bearbeitungsdauer und so weiter) (Mayer-Vorfelder 2012, S. 251). Die hieraus gewonnenen Erkenntnisse sind im Rahmen der Planung von CEM-Maßnahmen zu berücksichtigen.

5.2 Planungsphase

Die *Planungsphase* beinhaltet die Zieldefinition sowie die strategische und operative Planungsebene. Im Rahmen der Zieldefinition ist festzulegen, welche Ziele das Unternehmen mit dem CEM verfolgt. Neben der zentralen Zielsetzung, der Generierung einzigartiger, positiver Kundenerlebnisse, wurden weitere mögliche Ziele bereits dargelegt.

Im Rahmen der strategischen Planung wird ein übergeordnetes Erlebnismotiv konzipiert. Dieses dient zum einen als Bezugspunkt für die Maßnahmen zur Schaffung beziehungsweise Steigerung der Customer Experience und spiegelt zum anderen die Kernwerte sowie die übergeordnete Marketingstrategie des Unternehmens wider. Zudem ist darauf zu achten, dass eine Erlebnispositionierung des Unternehmens derart erfolgt, dass möglichst viele Erlebnisdimensionen (sensorisch, affektiv, kognitiv, verhaltensbezogen, sozial, Lifestyle-bezogen) angesprochen werden (Schmitt und Mangold 2004, S. 43).

Im Zentrum der operativen Planung steht das „*Customer Experience Design*". Dieses umfasst die Gestaltung der einzelnen Kontaktpunkterlebnisse. Dabei gilt es zu berücksichtigen, dass sich das zentrale Erlebnismotiv in den einzelnen Designelementen widerspiegelt. Die Designelemente beinhalten z. B. die multisensorische Ansprache von Konsumenten durch die gleichzeitige Stimulierung mehrerer Sinne sowie die Sicherstellung von ausreichenden Interaktionen der Kunden untereinander.

5.3 Umsetzungsphase

Im Rahmen der *Umsetzung* werden die internen Voraussetzungen, die für das CEM zu schaffen sind, betrachtet. Hierzu zählt die erlebnisorientierte Ausrichtung beziehungsweise Anpassung von Unternehmensstrukturen (Aufbau- und Ablauforganisation), von Unternehmenssystemen und der Unternehmenskultur.

Eine wesentliche Anpassung im Rahmen der erlebnisorientierten Ausrichtung der Unternehmensstrukturen bezieht sich auf die Weiterentwicklung der klassischen Marketingfunktion zu einer erlebnisorientierten Funktion, die sich weniger auf einzelne Produkte und Dienstleistungen fokussiert, sondern vielmehr auf deren Nutzung und die Konsumsituation. Kennzeichnend für diese Entwicklung kann die Etablierung einer eigenen *CEM-Abteilung* sein. „Im Idealfall wird durch die organisatorische Anpassung im Sinne einer nächsten Evolutionsstufe eine integrierte, cross-funktionale Organisationseinheit geschaffen, die die Bereiche Dienstleistungsmanagement (Prozesse/Arbeitsabläufe) und Kundenmanagement (Erlebnis/Marketing) integriert" (Mayer-Vorfelder 2012, S. 146–147). Des Weiteren ist die Verankerung des CEM auf der Vorstands- beziehungsweise Top-Management-Ebene sicherzustellen.

Anpassungen von Unternehmenssystemen beinhalten die Einführung analytischer CEM-Systeme, die Gestaltung der „unpersönlichen *CEM-Schnittstellen*" (Mensch-System-Schnittstellen) sowie die Erweiterung bestehender CRM-Systeme. Analytische CEM-Systeme beispielsweise sollten zum einen zur systematischen Erfassung und Auswertung von Erlebnissen an den einzelnen Kundenkontaktpunkten genutzt werden und zum anderen Mitarbeitern im direkten Kundenkontakt als Hilfsmittel zur Generierung eines positiven Erlebnisses beim nächsten Kundenkontakt dienen. Überdies ist es erforderlich, eine Unternehmenskultur zu etablieren, in der die Schaffung von Kundenerlebnissen als selbstverständlicher Bestandteil der Tagesarbeit betrachtet wird. Die zentrale Herausforderung besteht darin, die individuellen Werte- und Normvorstellungen sowie das Denk- und Verhaltensmuster von Mitarbeitern und Führungskräften im Sinne dieses Verständnisses zu beeinflussen.

5.4 Kontrollphase

Im Rahmen der Kontrollphase gilt es, den Erfolg der eingeleiteten Maßnahmen zur Erlebnissteigerung in regelmäßigen Abständen zu überprüfen. Hierzu wird das folgende Kausalmodell zugrunde gelegt, welches an die Erfolgskettenlogik des Relationship Marketings angelehnt ist.

▶ Anhand der in Abb. 4 dargestellten Erfolgskette lässt sich schematisch darlegen, wie sich CEM-Maßnahmen (Input) auf den ökonomischen Erfolg von Unternehmen (Output) auswirken. Hierdurch lassen sich die Wirkungen zwischen den Konstrukten (zum Beispiel Einfluss des Kontaktpunkterlebnisses auf die Kundenzufriedenheit) sowie der Einfluss emotionaler und rationaler Erlebnistreiber auf das Kundenerlebnis messen.

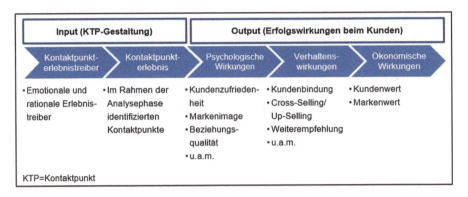

Abb. 4 Kausalmodell zur Erfolgskontrolle von CEM-Maßnahmen. (Quelle: Mayer-Vorfelder 2012, S. 262)

Hierzu sind hinsichtlich der Input-Größen die im Rahmen der Analysephase identifizierten Kontaktpunkte sowie die kontaktpunktspezifischen Erlebnistreiber abzustimmen. Im Hinblick auf die Output-Größen gilt es festzulegen, welche psychologischen, verhaltensbezogenen und ökonomischen Wirkungen beim Kunden gemessen werden sollen. Eine kontinuierliche – mindestens jährliche – Erfolgskontrolle ermöglicht es, die Wirkung der eingeleiteten Maßnahmen zu überprüfen und Verbesserungspotenzial abzuleiten.

6 Zukunftsperspektiven des Customer Experience Managements

Vor dem Hintergrund sich verändernder Markt- und Wettbewerbsbedingungen sowie Änderungen im Konsumentenverhalten wird die zukünftige Bedeutung des CEM anhand der folgenden drei Entwicklungen aufgezeigt:

- Notwendigkeit der Verknüpfung der Online- und Offlinewelt aufgrund einer zunehmenden Digitalisierung
  Aufgrund der wachsenden Digitalisierung wird im Fokus zukünftiger CEM-Maßnahmen vor allem die *Integration der Online- und Offline-Welt* durch einen konsequenten Omni-Channel-Ansatz stehen. Es gilt, das traditionelle Geschäftsmodell mit digitalen Medien zu verknüpfen. Ein Omni-Channel-Ansatz bietet vielfältige Möglichkeiten zur Effizienzsteigerung.
- Erfordernis der Differenzierung vom Wettbewerb
  Die mit der Digitalisierung verbundene steigende Markttransparenz beinhaltet ein weiteres zukünftiges Handlungsfeld des CEM. Geringe Qualitätsunterschiede führen zu zunehmend austauschbaren Produkten und Dienstleistungen, die eine *Differenzierung* vom Wettbewerb erschweren. Anbieter können sich gegenüber ihren Wettbewerbern kaum noch auf funktionale Merkmale ihrer Leistungsangebote berufen. Verstärkt wahrnehmbar wird diese Entwicklung für Kunden durch die

Nutzung von Vergleichsportalen im Internet. Neben rechtlichen Bindungsmöglichkeiten, wie zum Beispiel Vertragslaufzeiten und damit verbundenen Wechselbarrieren, ist es somit erforderlich, Kunden emotional an sich zu binden. Denn nur auf diese Weise kann Kundenloyalität aufgebaut werden, die sowohl dem Kunden als auch dem Unternehmen einen Mehrwert verspricht. Die Vermittlung von einzigartigen Kundenerlebnissen stellt in diesem Zusammenhang eine bedeutende Möglichkeit zur nachhaltigen Differenzierung von Wettbewerbern dar.

- Verknüpfung funktionaler Eigenschaften des Produktes mit erlebnisstiftenden, emotional geprägten Elementen vor dem Hintergrund einer zunehmenden Erlebnisorientierung

Der Anteil der Personen, der seine Produkte nach Empfehlungen von Verwandten oder Bekannten auswählt, hat in den letzten Jahren erkennbar zugenommen. Somit werden Weiterempfehlungen künftig von entscheidender Bedeutung sein. Zum anderen tragen Bedeutungsverschiebungen in der Bedürfnis- und Wertestruktur von Konsumenten dazu bei, dass individuelle Erwartungen und Wünsche immer wichtiger werden. Kunden fordern von den Unternehmen auf sie zugeschnittene Angebote sowie Flexibilität. Ferner ist aufgrund einer zunehmenden Freizeit- und Erlebnisorientierung der Konsumenten eine emotionale, *erlebnisorientierte Ansprache* notwendig, um im Wettbewerb langfristig bestehen zu können.

▶ Erfolgreiche Unternehmen verbinden als Reaktion auf diese zunehmende Erlebnisorientierung funktionale Eigenschaften des Produktes mit emotionalen Ereignissen. Eine *emotionale Verbundenheit* des Kunden zu dem Unternehmen sowie zu seinen Produkten und Dienstleistungen bildet letztlich einen schwer zu imitierenden Wettbewerbsvorteil.

7 Fazit

Zur Optimierung der Kundenbindung ist ein erfolgreiches Customer Experience Management die Voraussetzung. Das CEM bietet einen Ansatz zur systematischen Gestaltung der Kundenkontaktpunkte mit einem Unternehmen. Auf diese Weise kann eine langfristige Kundenbeziehung aufgebaut werden.

Literatur

Böhme, G., & Potyka, K. (1995). *Erfahrung in Wissenschaft und Alltag: Eine analytische Studie über Begriff, Gehalt und Bedeutung eines lebensbegleitenden Phänomens.* Idstein: Schulz Kirchner.

Bruhn, M., & Hadwich, K. (2012). Customer Experience als Themenbereich in Wissenschaft und Praxis. In M. Bruhn & K. Hadwich (Hrsg.), *Customer Experience, Forum Dienstleistungsmanagement* (S. 3–36). Wiesbaden: Springer.

Detecon (Hrsg.). (2010). *Customer Experience Management in der Telekommunikationsbranche.* Bonn: Detecon.

Esch, F., et al. (2010). Customer Touchpoints marken- und kundenspezifisch managen. *Marketing Review St. Gallen, 27*(2), 8–13.

Mayer-Vorfelder, M. (2012). *Kundenerfahrungen im Dienstleistungsprozess – Eine theoretische und empirische Analyse* (S. 2012). Wiesbaden: Springer.

Schmitt, B., & Mangold, M. (2004). *Kundenerlebnis als Wettbewerbsvorteil – Mit Customer Experience Management Marken und Märkte Gewinn bringend gestalten.* Wiesbaden: Gabler.

Kreativität im Dialogmarketing

Kirsten Gabriel

Zusammenfassung

Ziel dieses Beitrags ist zu zeigen, welchen Stellenwert Kreativität im Dialogmarketing heute hat. Um das zu erreichen, beleuchtet der Beitrag das Phänomen Kreativität zunächst generell und leitet von dort zu seiner Bedeutung für die Werbung im Allgemeinen und für das Dialogmarketing im Besonderen über. Am Ende der Betrachtungen stehen praktische Beispiele gelungener und preisgekrönter Dialogmarketing-Kampagnen.

Schlüsselwörter

Kreativität · Dialogmarketing · Kampagnen · Customer Centricity · Schlüsselwort: Daten · Schlüsselwort: CRM

Kreativität – was heißt das eigentlich?
Obwohl Kreativität heute in aller Munde ist: Das Konzept der Kreativität, wie wir es heute kennen, ist noch relativ jung. Die Forschung geht heute davon aus, dass unsere Vorstellung von Kreativität ihren Anfang erst mit der Geburt der modernen Psychologie gegen Ende des 19. Jahrhunderts nahm. Denn durch sie verschoben sich die Paradigmen der westlichen Welt und konzentrierten sich stärker auf Eigenschaften und Fähigkeiten des Individuums.

Bis dahin wurde, was man heute als kreativ oder auch als Kunst betrachtet, vor allem als Nachahmung der (göttlichen) Natur gesehen oder schlicht als göttliche Inspiration betrachtet (Amabile 1983).

K. Gabriel (✉)
Jahns and Friends, Düsseldorf, Deutschland
E-Mail: kgabriel@jahnsandfriends.de

Neues erschöpfen und erfinden
Das Wort Kreativität bezeichnet im allgemeinen Sprachgebrauch vor allem die Fähigkeit eines Individuums oder einer Gruppe, in fantasievoller, schöpferischer Weise zu denken und zu handeln (Specht et al. 2018).

Der amerikanische Intelligenzforscher Joy Paul Guilford spricht in seiner Definition von „… der zeitnahen Lösung (Flexibilität) für ein Problem mit ungewöhnlichen, vorher nicht gedachten Mitteln (Originalität) und mehreren Möglichkeiten der Problemlösung (Ideenflüssigkeit), die für das Individuum vor der Problemlösung in irgendeiner Weise nicht denkbar ist (Problemsensitivität)." (Guilford 1966, S. 20–26).

Häufig wird Kreativität mit visuellen oder darstellenden Künsten verbunden, also mit jenen Disziplinen, deren Vertretern man früher göttliche Inspiration zusprach. Menschen bewundern Menschen, die kreativ Neues entwickeln. Oft wird Kreativität in diesem Zusammenhang allerdings mit Innovationen verwechselt oder gleichgesetzt.

Kreativität und Innovation – eine Wechselwirkung
Dabei bezeichnet Innovation in den Wirtschaftswissenschaften (komplexe) Neuerungen, die mit technischem, sozialem und wirtschaftlichem Wandel einhergehen (Specht et al. 2018). Allerdings gibt es zwischen Kreativität und Innovation eine Wechselwirkung:

- Kreativität soll die Fähigkeit sein, etwas Ungewöhnliches oder Originelles zu denken
- Innovation hingegen soll die Umsetzung von etwas Neuem sein

Mit anderen Worten: Kreativität erzeugt Ideen. Innovation bringt diese Ideen zum Leben.

Der Hype um die Kreativität
Speziell seit den 2000er-Jahren hat sich um die Kreativität ein regelrechter Hype entwickelt. Warum? Verantwortlich für dieses Phänomen ist zunächst sicherlich der stetige schnelle Wandel, dem Gesellschaft, Wirtschaft und Unternehmen unterworfen sind. Kreativität und ihre Umsetzung in Form von Innovationen wird zunehmend als Schlüsselressource betrachtet, um diesen Wandel jetzt und in Zukunft bewältigen zu können.

Darüber hinaus spielt aber sicherlich auch das Voranschreiten KI-basierter Technologien eine wichtige Rolle. Bereits 2018 betonte Jack Ma, der Gründer des Onlinehandels-Riesen Alibaba, auf dem World Economic Forum die Bedeutung von Soft Skills wie Kreativität in Zeiten Künstlicher Intelligenz (Hansen 2018). Der Mensch werde – so Ma – niemals in der Lage sein, mit KI zu konkurrieren, da Software auf Basis dieser Technologien ihm immer überlegen sein werde. Da KI immer mehr Jobs überflüssig machen werde, gebe es für Angestellte in der Arbeitswelt nur die Lösung, sich Skills wie kritisches Denken, Kommunikation, Empathie und natürliche Kreativität anzueignen.

Kreativität als Unternehmens-Asset

Wie immer man auch zu Mas Einschätzung steht: Zum Common Sense unternehmerischen Handelns zählt, dass es vor dem Hintergrund stetig und schnell voranschreitenden Wandels und intelligenter Technologie gerade in Unternehmen zunehmend wichtiger wird, Innovationspotenziale zu heben. Und diese Potenziale können alle Bereiche und Abläufe in einem Unternehmen betreffen. Neue Produkte, neue Strategien, neue Leistungsfelder, neue Marketingstrategien, neue Geschäftsmodelle, neue Formen des Projektmanagements. Für alle gilt: Ohne Kreativität keine Innovationen. Das zeigt auch der Aufstieg von Bill Gates, Steve Jobs oder Amazon-Gründer Jeff Bezos, die mit der richtigen kreativen Inspiration zur richtigen Zeit milliardenschwere Imperien geschaffen haben.

Nur: Woher soll diese Kreativität kommen? Wie denkt man kreativ? Lassen sich solche Denkprozesse lernen, bzw. gezielt entwickeln?

Die vier Ps der Kreativität

Bleiben wir zunächst bei den Bedingungen: Die folgenden vier Ps beschreiben zunächst die Voraussetzungen, unter denen Kreativität entsteht. Sie stehen laut Borden (1964) für

person (Person),
process (Prozess),
product (Produkt) und
press (Umwelt)

Damit Kreativität gefördert wird, sollten grundsätzlich Personenmerkmale wie Offenheit für Erfahrung, Verantwortungsgefühl und allgemein kognitive Fähigkeiten vorhanden sein. (Specht et al. 2018)

Die vier Phasen kreativen Denkens

Wie genau läuft der kreative Denkprozess ab? Der englische Sozialpsychologe und Mitgründer der London School of Economics *Graham Wallas* definierte bereits 1926 vier Phasen des kreativen Prozesses, die – wie viele Kreative bestätigen – bis heute Geltung haben:

- *Präparation*: Hier wird die Aufgabenstellung formuliert und aus allen Blickwinkeln betrachtet.
- *Inkubation*: Ideen und Kombinationen dazu werden im Unterbewusstsein verinnerlicht und unbewusst „ausgebrütet".
- *Illumination*, die den „plötzlichen" Einfall, die Geburt einer Idee kennzeichnet.
- *Verifikation*, in der es gilt, die Idee auf ihre Tauglichkeit und Praktikabilität zu überprüfen.

Zu den weiteren Vätern moderner Kreativitätsforschung zählt auch der bereits erwähnte Joy Paul Guilford. Zu seinen Verdiensten gehört es, kreatives Denken mittels spezieller Tests erstmals messbar gemacht zu haben. Guilford (1966) definierte das sogenannte „divergente Denken" als eines der wichtigsten Kriterien für Kreativität. Beim divergenten Denken schweifen die Gedanken von einem Punkt in ganz unterschiedliche Richtungen ab, wohingegen das „konvergente Denken" zielgerichtet auf eine Lösung hinsteuert. Das divergente Denken gilt bis heute als wichtiges Kriterium für Kreativität.

Kreatives Denken anregen und gezielt fördern
Auf Basis der Arbeiten von Guilford und anderer Forscher wie Alex Osborn oder Sidney Parnes entstanden eine Vielzahl von Techniken, die das divergente, kreative Denken gezielt fördern und anregen (Ravenell 2018). Dazu gehören beispielsweise Brainstorming, Brainwriting, Attribute Listing, Design Thinking, Lego Serious Play, Mind Mapping oder auch das World Café für größere Gruppen. All das sind Techniken, die zunehmend auch in Unternehmen Anwendung finden (zur Übersicht, siehe Kreutzer 2018, S. 187 ff.).

Kreativität in der Werbung
Mit welcher Methode oder Technik man auch immer kreatives Denken anregt und fördert: Sicher ist, dass auch Werbung Kreativität braucht, um wirksam und damit erfolgreich zu sein. Wie eingangs erwähnt sind Neuigkeitswert, Originalität und Unvorhersehbarkeit nicht nur wesentliche Bestandteile von Kreativität. Gleichzeitig sind sie wichtige Auslöser von Emotionen und diese Emotionen wiederum sorgen für Befassung und haben die Kraft, Einstellungen zu ändern.

Die einstellungsverändernde Kraft von Emotionen erleben wir täglich, unter anderem im Kino – und das auch nicht erst seit heute. Wenn man vom Untergang eines Luxusliners in nüchternen Zahlen und Fakten berichtet, hat man eine Dokumentation, die informiert, den Zuschauer aber weitestgehend unbeteiligt lässt. Das gilt auch für seine Wahrnehmung der hier beschriebenen Katastrophe und seine Einstellung dem Geschehen gegenüber, die angesichts nüchternen Dokumentierens eher gelassen bleiben dürfte. Greift man zwei (fiktive) Personen heraus und erzählt die gleiche Geschichte anhand ihrer persönlichen Schicksale, hat man „Titanic", einen der größten Blockbuster aller Zeiten, der Millionen Menschen auf der Welt zu Tränen gerührt hat und das immer noch tut. Dabei sorgt die hier erzählte tragische Liebesgeschichte nicht nur für ein hohes emotionales Involvement im Sinne eines Mitfühlens und Miterlebens, auch die Wahrnehmung und Einstellung gegenüber dem Schiffsunglück selbst ist nach dem Film eine andere: Es bleibt in Erinnerung als das tragische, furchtbare Ereignis, bei dem Rose die Liebe ihres Lebens verloren hat.

Und die Werbung? Natürlich hat auch sie diese Kraft der Emotionen schon immer für sich genutzt. Behauptet man von einem kalorienreichen Schokoriegel er sei leicht, wird das Verbraucher nur schwer überzeugen. Lässt man besagten Schokoriegel in Milch schwimmen und behauptet, er sei so locker und leicht, dass er sogar in Milch schwimmen könne, reißen einem die Verbraucher das kaloriengleiche Produkt förmlich aus der Hand.

Solche Beispiele machen deutlich: Der Verbraucher hat schon immer Geschichten geliebt, die in ihm etwas bewegen, und gekonnt sowie in nachvollziehbarer Weise Emotionen auslösen, auch dann, wenn es Werbung ist, der er zumeist nur einen Bruchteil seiner Aufmerksamkeit schenkt.

Aus der Werbepsychologie wissen wir schon längst: Gefühle und Emotionen lassen nicht nur im Kino die Tränen fließen, sie beeinflussen auch die Kaufentscheidung. Und darum geht es natürlich letztlich: Werbung soll verkaufen.

Kreativität beginnt bei der Strategie
Wo aber beginnt bei der Werbung die Kreativität? Nimmt sie ihren Anfang wirklich erst in den Köpfen der Kreativen? Zunächst ist festzuhalten, dass Kreativität in der Werbung dem Verkauf dient und damit primär den Prinzipien von Effizienz und Effektivität unterworfen ist. Am Anfang von Werbemaßnahmen steht daher meist weniger der kreative Funke, sondern klar formulierte, rationale Ziele und Vorgaben. Die Ziele von Werbemaßnahmen resultieren aus einer bereits definierten Unternehmens- und Marketingstrategie. Eine Analyse der Merkmale des Marktes und Wettbewerbs, rechtliche Rahmenbedingungen, gesellschaftliche Strömungen und natürlich definierte Zielgruppen sind die Basis für die Zielsetzungen, in deren Rahmen sich die Kreativen dann bewegen. Zu diesen Zielen gehören:

- *Ökonomische Ziele* wie zum Beispiel Absatz, Umsatz, Gewinn sind Marktziele.
- *Psychologische Ziele* werden häufig unterteilt in kognitive Ziele, affektive Ziele und konative Ziele.
    - Bei den *kognitiven Zielen* geht es darum, Wahrnehmung zu schaffen, Aufmerksamkeit zu erreichen, Bekanntheit zu erlangen und generell das Interesse zu wecken.
    - Bei den *affektiven Zielen* steht die Emotionalisierung im Vordergrund. Man will Vertrauen schaffen, Einstellungen ändern und ein vertieftes Interesse generieren.
    - Die *konativen Ziele* sollen letztendlich eine Handlung auslösen.

Das hier unter den konativen Zielen aufgeführte „Auslösen einer Handlung" gehört seit jeher zu den zentralen Aufgaben des Dialogmarketings. Welche Faktoren es darüber hinaus definieren, vor welchen Herausforderungen Dialogmarketing heute steht und wie es diese kreativ meistert, wollen wir im Folgenden näher beleuchten.

Dialogmarketing: Definition und Leistungsspektrum
Die Interessenvertretung des deutschen Dialogmarketings, der *Deutsche Dialogmarketing Verband* (DDV), definiert Dialogmarketing als Oberbegriff für alle Marketing-Aktivitäten, bei denen Medien mit der Absicht eingesetzt werden, eine interaktive Beziehung zu Individuen herzustellen. Ziel ist es dabei, den Empfänger zu einer individuellen, messbaren Reaktion (Response) zu veranlassen.

Zu den wichtigsten Zielsetzungen im Dialogmarketing gehört der Aufbau einer individuellen Beziehung mit dem Kunden. Diese Disziplin stellt die interaktive Kommunikation und den langfristigen Dialog mit der gewünschten und der bekannten Zielgruppe in den Fokus. Im Mittelpunkt von Dialogmarketing stehen also stets der Beginn, die Pflege und der Ausbau von Marke-Mensch-Beziehungen.

Und wie in einer privaten Beziehung geht es darum, Vertrauen aufzubauen und auf die Wünsche und Bedürfnisse des Partners, in diesem Fall des Kunden, einzugehen.

Im Vergleich zum klassischen Marketing (Holland 2014, S. 7 ff.) sind die Maßnahmen also eher an einzelne und individuell bekannte Zielpersonen gerichtet. Im klassischen Marketing werden in der Regel Zielgruppen angesprochen, die sich im Rahmen von Marktsegmentierung selektieren lassen. Die Kampagnenbotschaften werden also eher an eine Gruppe und nicht an einzelne Personen gerichtet.

Viele der oben genannten Punkte haben Dialogmarketing bereits seit seinen Anfängen bestimmt und sind nach wie vor ebenso richtig wie relevant. Dialogmarketing hat schon immer das persönliche, private Gesicht einer Marke geprägt. Von jeher erwies es sich als erfolgversprechend, Kunden individuell auf sie zugeschnittene Informationen und Botschaften zukommen zu lassen, auf ihre Bedürfnisse einzugehen und sie als Kunden ernst zu nehmen. Schließlich baut das Vertrauen auf und lässt individuelle Beziehungen zwischen Menschen, Marken und Unternehmen entstehen.

Und bereits in Zeiten, als das Instrumentarium des Kundendialogs nur aus Brief und Antwortkarte bestand, galt es für das Dialogmarketing, den richtigen (potenziellen) Kunden zur richtigen Zeit am richtigen Ort mit dem richtigen Angebot anzusprechen.

Das alles gilt immer noch, ist nur inzwischen deutlich vielfältiger, für Unternehmen wichtiger, aber auch komplexer geworden. Warum?

Herausforderung und Chance: der Dialog und das veränderte Verbraucherverhalten
Dass der Dialog heute vielfältiger, komplexer, in vielen Bereichen aber auch überhaupt erst möglich ist, liegt vor allem an Entwicklungen, die inzwischen unser gesamtes Leben in all seinen Facetten prägt: dem Internet und der Digitalisierung. Wie Holland (2014) beschreibt, war die prä-digitale Zeit vor allem durch Massenmedien wie Radio und Fernsehen geprägt, was wiederum eine anonyme Art der Werbung und eine undirektionale Kommunikation zwischen Kunden und Anbieter zur Folge hatte (Holland 2014, S. 374 ff.).

Im Gegensatz dazu erlaubt das Internet eine zeitgleiche Zwei-Wege-Kommunikation. Diese hat auch eine Fülle neuer Kanäle hervorgebracht, von denen manche es den Kunden möglich machen, Marken in Echtzeit auf Augenhöhe zu begegnen. Von Chat, Bot und Avatar über Web- und Microsite bis hin zu E-Mail und Social Media: Die Möglichkeiten für den Dialog sind heute vielfältiger denn je und werden in den kommenden Jahren zweifellos noch weiterwachsen.

König Kunde regiert
Unter anderem hat diese Entwicklung dazu geführt, dass das geflügelte Wort von „König Kunde" inzwischen tägliche Realität für Unternehmen ist. Denn Kunden sind nun in der Lage, alle für sie wichtigen Informationen zu einer Marke oder einem Unternehmen zu jeder Zeit und an jedem Ort abzurufen.

Was Kunden wollen

Daraus resultiert eine klare Anspruchshaltung. Zum einen kaufen Kunden ein, wann, wo und wie sie wollen und erwarten, dass sie sich in jeder Situation auf allen Kommunikationskanälen über ein Produkt informieren können. Zum anderen wünschen, wenn nicht gar fordern, Kunden, dass Unternehmen sich auch angebotstechnisch auf sie einstellen und soweit wie möglich personalisieren.

> „Ein Drittel der Verbraucher (32 %) wünscht sich, dass Unternehmen Angebote genau auf ihre Bedürfnisse abstimmen. Ein weiteres Drittel denkt, dass der Service der wichtigste Aspekt bei der Personalisierung ist und ein Unternehmen deshalb die Vorlieben und Abneigung seiner Kunden kennen sollte." (epsilon.com 2020).

Laut der zuvor zitierten Epsilon-Studie liegt der Fokus von Unternehmen aktuell jedoch nicht auf einer individuellen Kommunikation oder einem kundenspezifischen Service, sondern eher auf Rabatten, Prämienprogrammen und dem Aussprechen von Kaufempfehlungen auf Basis bereits getätigter Einkäufe, wie es beispielsweise *Amazon* handhabt. Dabei sind 80 % der Verbraucher eher geneigt bei einem Unternehmen zu kaufen, wenn es ihnen ein personalisiertes Kundenerlebnis bietet.

Wenn es um das Übermitteln solcher und anderer Wünsche und Forderungen geht, sind die Verbraucher mit ihrem Smartphone sozusagen im dauerhaften Dialogmodus. Vor diesem Hintergrund ist es nur konsequent, den Ansatz der „Customer Centricity", also eines Vertriebs- und Marketingkonzepts, das den Kunden und nicht das Produkt in den Mittelpunkt stellt, zu verfolgen, denn der Kunde hält längst das Heft in der Hand.

Die neue Macht des Kunden und ihre Konsequenzen

Allerdings stellen die geänderten Machtverhältnisse – weg vom Unternehmen hin zum Kunden – Unternehmen vor große Herausforderungen. Denn ein Kunde in ständigem Dialogmodus scheut auch nicht davor zurück, seinem Unmut freien Lauf zu lassen, wenn er es für angemessen hält. Die Folge sind die allseits bekannten „Shitstorms", die bereits über viele deutsche und internationale Unternehmen hinweggebraust sind. Als laut wurde, dass unter anderem *Adidas* anlässlich Sars-CoV-2-bedingter Schließungen keine Miete für seine Geschäftslokale mehr zahlen wollte, fiel unter anderem auch die digitale Reaktion so heftig aus, dass Vorstandsvorsitzender Kasper Rorsted öffentlich Stellung bezog und diese Entscheidung rückgängig machte. Als die vom Markt verschwundene Drogeriemarktkette „Schlecker" 2011 ihren Claim „For you. Vor Ort." vorstellte und ihn mit dem Bildungsniveau seiner Zielgruppe zu rechtfertigen suchte, hagelte es Schelte und Häme im Netz.

Fälle wie diese zeigen, wie wichtig es in Zeiten von „König Kunde" für Unternehmen ist, das eigene Verhalten stetig im Auge zu behalten und kritisch zu prüfen, um nicht plötzlich und unerwartet in teilweise geschäftsschädigende Ungnade zu fallen. Darüber hinaus stehen sie einerseits vor der Herausforderung, mit kreativen Ideen den intelligenten Zugang zum Konsumenten auf den einzelnen Kanälen zu finden. Andererseits gilt es, dabei alle eigenen Kanäle im Blick zu haben, was wiederum eine ganz eigene, zusätzliche Herausforderung darstellt.

Zusammenfassend lässt sich sagen: Dialog mit dem Kunden nimmt für Unternehmen an Bedeutung zu und damit steigt natürlich auch die Bedeutung von Dialogmarketing. Da alle Kontaktpunkte mit einem Unternehmen als Markenerlebnis zu betrachten sind, übernimmt der Dialog inzwischen auch eine Aufgabe im Rahmen der Markenführung.

Markenführung und Dialog

Dialogmarketing könne – so etwa Redler (2014) – in einer weiten Auffassung als ein Marktbearbeitungsansatz angesehen werden, der sich durch individualisierte Marktkommunikation und das Ausrichten auf eine direkte Reaktion des Adressaten auszeichne, um eine anhaltende Interaktion zwischen Anbieter und Nachfrage zu beginnen und aufrechtzuerhalten (Redler 2014, S. 59 ff.).

Interessant ist der Schluss, den Redler aus dieser Erkenntnis zieht, die in weiten Teilen der bereits erwähnten Dialogmarketing-Definition des DDV entspricht: „Folgt man dieser weiten Auffassung verschwimmen Angrenzungen zum Marketingbegriff oder dem CRM-Konzept. In der Konsequenz würde Dialogmarketing dann ebenso einen Markenführungsansatz verfolgen wie das Marketing allgemein." (Redler 2014, S. 159).

Aber selbst eine engere Auffassung des Dialogmarketings als Kanon spezifischer, vor allem distributions- und kommunikationspolitischer Maßnahmen, weist dem Dialogmarketing laut Redler als Instrumentalbereich eine Bedeutung als Werkzeug für die Markenführung zu: „Dabei wären dann traditionelles Massenmarketing und individualisiertes Dialogmarketing so zu verzahnen, dass die Ziele der Markenführung optimal erreicht werden." (Redler 2014, S. 160).

Klar ist dabei: Je stärker Unternehmen in ihrer Kommunikation auf Dialogmaßnahmen setzen, umso bedeutender ist die Rolle dieser Maßnahmen auch für Markenaufbau und -pflege. Als Beispiele für hohe Nutzung von Dialogmaßnahmen führt Redler (2014) hier den Versandhandel mit seinem Online- und Katalogvertrieb und Banken an, bei denen Direkt-Mailings nach wie vor ein elementarer Bestandteil der Markt- und damit auch der Markenkommunikation sind. Ähnliches gilt für Unternehmen der Versicherungswirtschaft, die ebenfalls noch einen klaren Schwerpunkt bei der dialogischen Kommunikation mit ihren Kunden setzen. „Marketing has changed from „Transaction Marketing" to „Relationship Marketing" as a result it now predominantly concentrates on direct dialogues with individually known customers." (Gerdes 2008, S. 463)

Nach Redlers Einschätzung kann „Dialogmarketing dazu beitragen, Markenbekanntheit aufzubauen und Marken interaktiv und sinnlich erlebbar zu machen. Es bietet Kontaktpunkte, die Verankerung des Markenerlebnisses im Rahmen eines ganzheitlich verstandenen Customer-Experience-Managements zu erreichen."

Unter anderem vor diesem Hintergrund hat die Bedeutung des Bausteins Dialogmarketing für die markenbezogene Kommunikation von Unternehmen deutlich zugenommen. Das gilt insbesondere für den Bekanntheitsaufbau, die Gestaltung der Markenbeziehung und das Markenerleben, für die der Dialogmarketing-Ansatz wichtige Beiträge leisten kann, sofern dabei die Ausrichtung an Markenpositionierung und eine Verzahnung mit der weiteren Markenkommunikation gesichert sind (Redler 2014, S. 171).

Es lohnt sich also für Unternehmen, auch beim Thema Markenführung auf die Kraft des Dialogs zu setzen. Aber welchen Einfluss hat hier der Kunde, der – wie wir bereits gesehen haben – zunehmend zur treibenden Kraft geworden ist?

Markenführung und Dialog: die Rolle des Kunden
Dass der Kunde im digitalen Zeitalter auch beim Thema Marke und Markenführung eine zentralere Rolle spielt als jemals zuvor, zeigt Kreutzer (2018). Im Zuge der operativen Markenführung gelte es, Einflussfelder des Markenimages zu berücksichtigen, die auf das Gesamtkonstrukt der User-Brand-Experience einwirkten. Dazu zähle zunächst der User-Generated-Content. Darunter sind zum einen Inhalte gemeint, die die Nutzer eigenständig entwickelt haben (s. Beispiel der Beck's Kampagne am Ende dieses Beitrags), aber auch Interaktionen Dritter mit der Marke. Wie Kreutzer darlegt, haben diese beiden Bereiche für die Markenführung dramatisch an Bedeutung gewonnen, weil „die Online-Kommunikation und insbesondere die Verbreitung von Informationen über die sozialen Medien eine bisher nicht bekannte Schnelligkeit und Durchschlagskraft erzielt haben." (Kreutzer 2018, S. 89 ff.). Vor diesem Hintergrund gelte es in der Markenführung auch User-Generated-Content und Interaktion mit der Marke durch die eigene Markenkommunikation zu beeinflussen, damit die User-Brand-Experience in möglichst hohem Maße der definierten Brand-Identity entspreche.

Ob Dialog oder Markenführung: Ohne den Kunden in den Mittelpunkt zu stellen und im Sinne der „Customer Centricity" alle Prozesse auf ihn auszurichten, scheint inzwischen nichts mehr zu gehen.

Bloching und Heiz beschreiben die Veränderung wie folgt: Kunden interessieren sich nicht dafür, welche Vertriebs- und Marketing-Kanäle die Unternehmen für maßgeblich halten, solange sie ihre Informationen, Dienstleistungen und Produkte bekommen. Laut dieser Studie sind zwei Drittel der Interaktionen zwischen Kunden und Unternehmen direkt durch den Kunden ausgelöst und nur ein Drittel durch die Marketing-Organisation. Somit kommt es darauf an, den Kunden in die Prozesse einzubinden. Kunden werden künftig Kern und zentraler Bezugspunkt der integrierten Kommunikation sein (Bloching und Heiz 2016, S. 4 ff.).

Daten als Basis
Wo Dialog immer wichtiger wird, wo Bedürfnisse und Wünsche des Kunden diesen Dialog prägen und wo dieser Kunde gar erwartet, dass man seine Vorlieben und Abneigungen kennt, wird die Kenntnis dieser Faktoren zu einem zentralen Wertschöpfungsfaktor für Unternehmen. Somit sind die richtigen Daten sozusagen heute die Währung eines Unternehmens. Es gilt stets, möglichst viel über seine Kunden und Kaufinteressenten zu erfahren und neue Zielgruppenpotenziale auf den jeweiligen Kommunikationskanälen zu identifizieren.

Die fortschreitende Digitalisierung wird zweifellos noch zu einer weiteren Individualisierung des Dialogmarketings führen. Dabei es geht nicht mehr um Zielgruppen, sondern verstärkt um die einzelne Zielperson, deren Ansprache bedarfs- und verhaltensbasiert erfolgt.

Daten sind Wissen, heißt es. Wissen über den Konsumenten, seine Käufe, seine Präferenzen, seine präferierten Kommunikationskanäle.

Aber: Wissen von Fakten und das reine Sammeln von Daten alleine reichen nicht aus, um mehr Umsatz zu generieren oder neue Kunden zu gewinnen. So stehen gerade deutsche, eher traditionell ausgerichtete Unternehmen in dem Ruf, die prinzipielle Notwendigkeit des Sammelns von Kundendaten zwar verstanden zu haben, an der Nutzung dieser Daten aber oft zu scheitern.

In einem Artikel der *Wirtschaftswoche* (2016), die sich dabei auf die Ergebnisse einer Umfrage des Software-Anbieters Uniserv beruft, werden die Hintergründe des Problems anschaulich erläutert:

> „In 63 % der befragten Unternehmen gibt es mehrere Tools für das Kundenmanagement – abhängig von der Abteilung. Die eine Abteilung weiß also, wann Max Mustermann am liebsten bestellt, die andere, in welchem Preisrahmen seine Bestellungen liegen. Die dritte weiß, wo er wohnt, und die vierte kennt seine Lieblingsartikel. Wenn jetzt alle Abteilungen ihre Erkenntnisse in einen Topf werfen, können sie dem Kunden auf ihn zugeschnittene Angebote machen. Nur: Wenn es irgendwo hapert, dann bei der Kommunikation. Wissen preisgeben und dann mit anderen Abteilungen zu teilen gehört nicht zu den Stärken deutscher Unternehmen." (Dämon 2016).

Verstärkt tritt dieses als „Silo-Denken" bekannte Phänomen bei Unternehmen auf, in denen Marketing und Vertrieb miteinander auf Kriegsfuß stehen und/oder deren Außendienstorganisation sich aus selbstständigen Kräften zusammensetzt. Gerade dann werden wichtige Kundeninformationen wie ein Schatz gehütet und unter keinen Umständen dem Marketing oder der unternehmenseigenen IT zur Verfügung gestellt, was eine datengestützte, auf Kundeninformationen basierende Kommunikation unmöglich macht. Hier gilt es, diese Silos aufzubrechen, selbst dann, wenn es die Re-Organisation altgedienter und über lange Jahre bewährter Unternehmensstrukturen bedeutet.

Darüber hinaus muss auf die „Kenntnis" von Kundeninformationen die „Erkenntnis" folgen. Erst wer in der Lage ist, Daten zu bewerten und daraus die richtigen Schlüsse zu ziehen, wird die oben genannten Ziele erreichen.

Auch bei diesem Bewertungsprozess spielt übrigens die Kreativität eine zentrale Rolle. Denn man braucht kreative Köpfe mit Fantasie, um die richtigen Daten zu selektieren, Muster zu interpretieren und somit das Rohmaterial Daten in „smarte Daten" zu verwandeln.

Smarte Daten und gute Kreationen sind die Basis für erfolgreiche Kampagnen

Je mehr Erkenntnisse zur jeweiligen Zielperson zur Verfügung stehen, desto mehr relevante Botschaften entstehen auch für die einzelnen Zielgruppensegmente oder Zielpersonen.

Je mehr wir über den Kunden wissen, desto besser können wir seine Erwartungen erfüllen und jene Beziehung zu ihm aufbauen, die in einer zunehmend vernetzten Welt wertvoller ist als je zuvor und die in veränderten Märkten einen entscheidenden Wettbewerbsvorteil darstellt. Dabei scheinen richtiger Ort, richtiger Zeitpunkt und natürlich richtige Person zunehmend eine wichtigere Rolle zu spielen als eine kreativ gestaltete Botschaft.

Vor diesem Hintergrund stellt sich die Frage, welchen Stellenwert klassische Kreativität in Zukunft haben wird. In einer sehr interessanten Studie von Deloitte (2019) finden sich vier Szenarien für die Werbewelt im Jahr 2030.

Szenario 1: the transactional you
In diesem Szenario wird eine Werbewelt beschrieben, in der unmittelbare Transaktionen im Fokus stehen. Werbung wird dem Verbraucher im geeigneten Kanal und zur richtigen Zeit angezeigt. Das Produkt ist nur ein paar Mausklicks entfernt. Daten sind für dieses Szenario hier die Grundlage.

Kurz: durch Daten den Verbraucher mit transaktionalen Werbebotschaften auf dem richtigen Kanal zur optimalen Zeit ansprechen.

Szenario 2: the Creative you
In diesem Szenario geht es um die menschliche Kreativität, die die Quelle für hoch effiziente Kampagnen ist. Diese Kampagnen zeichnet aus, optimal auf die individuellen Wünsche der Konsumenten zugeschnitten zu sein. Weiterhin wird hier eine starke Beziehung zwischen Verbraucher und Marke geschaffen. Hier geht es um personalisiertes Entertainment.

Szenario 3: the entertained masses
Auch in diesem Szenario geht es darum, dass Werbung kreativ unterhaltsam und somit attraktiv für den Verbraucher ist. Dabei wird unterstellt, dass Datenschutzbestimmungen personalisierte Werbung gegebenenfalls weitgehend verhindern. Von daher steht hier – wie schon der Name zeigt – Reichweite in einem Massenumfeld im Fokus. Markenbildung ist hier wichtiger als transaktionales Marketing, bei dem zum Beispiel die Anzahl der Verkäufe im Mittelpunkt steht.

Szenario 4: the fragmented masses
In diesem Szenario wird Reichweite durch die Aggregation spezifischer Nischen erzielt. Datenschutzbestimmungen verhindern personalisierte Kampagnen. Daten und künstliche Intelligenz sind jedoch Schlüsselfunktionen im kreativen Prozess. Die Stärke von Marken ist der entscheidende Faktor bei Kaufentscheidungen.

Kreativität im Dialogmarketing – ganz praktisch
Was zeichnet Kreativität im Dialogmarketing aus? Die Antwort auf diese Frage hat uns unter anderem über Stationen wie „Kreativität im Allgemeinen", „Kreativität in der Werbung" und die grundsätzliche Rolle des Dialogs in der heutigen Werbelandschaft geführt. Zusammenfassend und vereinfacht lässt sich sagen, dass sich kreatives Dialogmarketing aus klassischer Kreativität, dem Wissen um die große „Macht" des Kunden im Dialog mit Unternehmen, der Bedeutung von Kundendaten für diesen Dialog und der Beherrschung aller dialogrelevanten Kanäle speist.

Was kreatives Dialogmarketing letztlich bedeutet, wie es sich zeigt und ausdrückt, soll im Folgenden anhand von Beispielen aus der Praxis verdeutlicht werden.

Am Ende dieses Beitrags stehen daher Kampagnen, die beim *Max Award* – Deutschlands führendem Kreativwettbewerb auf dem Gebiet des Dialogmarketings – ausgezeichnet wurden. Als einziger Wettbewerb in Deutschland stellt er die kreative Idee und den messbaren Erfolg von Dialogmarketing-Kampagnen gleichermaßen in den Fokus. Beides fließt zu identischen Teilen in die Bewertung ein. Bewertet werden jedes Jahr ausschließlich Kampagnen mit Response-Mechanismen, die gezielt zum Dialog auffordern. Außerdem geht es um Maßnahmen zur Kundenbindung, die eine individualisierte und personalisierte Ansprache vorweisen können – beides Faktoren, die wie wir vorab gesehen haben, im aktuellen Dialogmarketing von hoher Relevanz sind.

Bei jeder dieser Kampagnen lassen sich unterschiedliche Schwerpunkte erkennen – vom schieren kreativen Geistesblitz über raffinierte Personalisierung und Individualisierung bis hin zu Markenführung per Dialog. Insgesamt ergeben sie aber ein gutes Gesamtbild dessen, was im Dialog heute „State of the Art" ist. Die Beschreibungen der Fallbeispiele und ihre Bewertung entstammen in Teilen den Einreichungen der entsprechenden, aufgeführten Agenturen bzw. den Begründungen der Jury des *Max Award* (www.max-award.de 2020).

Kampagne „Geldeintreiber zu mieten"

Die Agentur *Jung von Matt* hat hier eine außergewöhnliche und erfolgreiche Produkteinführungskampagne für den *Deutschen Sparkassen- und Giroverband e.V.* umgesetzt und konnte sich damit 2018 den *Max Award* in Bronze sichern.

Ziel der Kampagne war es, die neue Bezahlfunktion der Sparkasse, „Kwitt", in der jungen Zielgruppe zu bewerben (Abb. 1).

Die Idee: Die Kampagne fand sich dort, wo sich die Zielgruppe aufhält: im Netz. Und arbeitete mit einem Testimonial, mit dem die junge Zielgruppe gerne in Kontakt

Abb. 1 Sparkasse

Abb. 2 Sparkasse

Abb. 3 Sparkasse

tritt: dem Boten, hier allerdings nicht mit Pizza oder Ähnlichem im Gepäck, sondern in der witzig-überhöhten Form eines martialischen Geldeintreibers (siehe Abb. 2 und 3).

Via Facebook-Messenger konnten die User direkt mit diesem Boten in Dialog treten und personalisierte Videos für Freunde erstellen (siehe Abb. 1). Technische Grundlage dafür war ein innovativer Chatbot, der auch wirklich auf alles, was der User eingibt, eine Antwort hat. Im Verlauf des Chats werden dabei nötige Fragen gestellt, um eine Videobotschaft zu generieren, die an unzähligen Stellen ganz persönlich auf den Empfänger zugeschnitten ist. Darüber hinaus wecken sowohl der Chat als auch die Videos die Neugier, auf einer Microsite mehr über Kwitt zu erfahren.

Flankiert wurde die digitale Kampagne durch Out-of-Home-Medien sowie auf zielgruppenaffinen Events. Unterm Strich entstand hier eine innovative crossmediale Kampagne, die eine überdurchschnittlich hohe Aufmerksamkeit in der Zielgruppe erzielte und zahlreiche neue Nutzer für das neue Produkt gewinnen konnte. So wurden beispielsweise 243.000 Videos geteilt und 65 Millionen Mediakontakte hergestellt.

Die Kampagne ist geradezu ein Musterbeispiel für Individualisierung und Personalisierung in Kombination mit einer zielgruppenadäquaten, originellen Idee und kanalgerechter Umsetzung. Gerade durch die prägnante Darstellung des Boten und der kreativen Leitidee wurde das Produkt zielgruppenaffin und mit hohem Spaßfaktor in vielen Kanälen inszeniert. Dialog ist hier kein Beiwerk, sondern Treiber und Motor der Kampagne.

Kampagne „Spar dir den Flug"
Wie bringt man komfortbewusste Paare zwischen 27 und 59 Jahren dazu, den Urlaub auch mal in Deutschland zu verbringen und für die Reise statt des Fliegers die Bahn zu nehmen? Keine leichte Aufgabe, die die Agentur *Ogilvy* da für ihren Kunden *Deutsche Bahn* zu lösen hatte. Schließlich prahlt heute fast jeder in den Sozialen Medien, was er schon alles auf der Welt gesehen und erlebt hat.

Die Idee: Man zeigt den Weltenbummlern, dass sie für tolle Erlebnisse nicht gleich um die halbe Welt fliegen müssen. Denn mit einer Bahnfahrt ab 19 Euro lässt sich im Prinzip das Gleiche erleben. Und das auch noch mehr oder minder um die Ecke, hier bei uns in Deutschland.

Um diesen Gedanken zu illustrieren, stellten die Ogilvy-Kreativen zwei Bilder nebeneinander, die sich stark glichen: das eine eins der so beliebten Traumziele aus einer weitentfernten Region, das andere sein deutsches Gegenstück, das sich leicht und günstig per Bahn erreichen lässt.

Als Geburtshelfer der kreativen Leitidee fungierte dabei moderne Digitaltechnik. Auf ihrer Basis wurde ein Algorithmus entwickelt, der in Bilddatenbanken selbsttätig nach Landschaften und Stadtbildern suchte, um die unterschiedlichen Bedürfnisse der genannten Zielgruppe abdecken zu können (siehe Abb. 4 und 5).

In Kooperation mit *Facebook* wurden reiselustige User identifiziert, die sich für bestimmte Reiseziele im Ausland interessierten. Mittels Geodaten wurde der Aufenthaltsort des jeweiligen Weltenbummlers ermittelt, wo der nächste Flughafen ist und wo sich der Flughafen am relevanten Reiseziel befindet. Dabei ermittelte eine Suchmaschine für Flugpreisvergleiche die besten Preise für die relevanten Ziele im Ausland.

All diese Daten wurden mit den Ergebnissen aus der Bilddatenbank kombiniert, automatisiert zu Videoposts verarbeitet und zielgruppengenau ausgespielt.

Das Ergebnis dieser im höchsten Maße individualisierten Kampagne konnte sich sehen lassen:

- 397 % Steigerung beim CTR im Vergleich mit der Parallelkommunkation ohne Marketingautomatisierung
- 849 % Steigerung gegenüber der Benchmark der Vorgängerkampagne
- 59,3 % weniger Kosten per Click
- und der *Max Award* 2019 in Silber

Kreativität im Dialogmarketing

Abb. 4 DB_SparDirDenFlug

Abb. 5 DB_SparDirDenFlug

Auch hier beeindruckt der hohe Grad an Personalisierung und Individualisierung und der Einsatz digitaler Technik, der den Zuschnitt der Kampagne auf einzelne Personen erlaubt.

Kampagne: „Catapult Air – Im hohen Bogen nach Sylt"

Sylt – ein beliebtes Urlaubsziel, aber leider nur schwer zu erreichen. Denn die Bahnstrecke dorthin hat bereits 100 Jahre auf dem Buckel und gilt als die unzuverlässigste in Deutschland. Leider zeigt die zuständige Politik sich wenig geneigt, diesen Zustand zu ändern, trotz jahrzehntelanger Proteste von Einheimischen, Pendlern oder der *Sylt Marketing GmbH*. Ein aufmerksamkeitsstarker kreativer

Ansatz musste her, der die Petition für einen zweigleisigen Bahnausbau unterstützte. Eine Idee, die nicht nur Sylter und Pendler ansprach, sondern auch alle Sylt-Urlauber, von denen es jährlich über eine Million auf die Insel zieht. Einen solchen Geistesblitz hatte die Agentur *Philipp und Keuntje* für ihren Kunden Sylt Marketing.

Die Idee: Die Agentur hob Catapult Air aus der Taufe: die erste Airline, die Menschen per Katapult zuverlässiger nach Sylt bringt als die Bahn (siehe Abb. 6 und 7). In einem Online-Video ging die Agentur ein ernstes Problem mit einem ordentlichen Schuss Humor an. Das trug Früchte, denn das witzige Video ging in allen sozialen Medien viral. Zusätzlich berichteten alle deutschen Leitmedien in TV, Funk und Zeitungen.

Abb. 6 Catapult Air

Abb. 7 Catapult Air

Ein echter Volltreffer für ein günstiges und mit Laien gedrehtes Video – das dann auch noch die gewünschte Wirkung zeigte: Die Petition für den zweigleisigen Bahnausbau wurde in kürzester Zeit mit Unterschriften überschüttet, die Politik bekam Druck und gab ihm schließlich nach: Vier Monate nach Veröffentlichung des Videos gab der Bundesverkehrsminister 221 Millionen Euro für den zweigleisigen Ausbau frei. Ein Grund mehr, diese Idee 2019 mit dem *Max Award* in Gold auszuzeichnen.

Um erfolgreichen Dialog zu führen, braucht es nicht immer die ganz großen Budgets. Das illustriert diese Kampagne – und liefert dabei gleichzeitig, ganz gemäß Guilford (1966) – den Beweis für „die zeitnahe Lösung (Flexibilität) für ein Problem mit ungewöhnlichen, vorher nicht gedachten Mitteln (Originalität)". Von der Wirkung zeugt die Tatsache, dass das Video zur Idee viral ging und zudem ein Thema in vielen Leitmedien war.

Kampagne: „Dialog der Generationen"

Die *DekaBank Deutsche Girozentrale* hatte sich das Ziel gesetzt, Menschen für die Zukunft zu begeistern und sie zu motivieren, sich mit der eigenen finanziellen Vorsorge zu beschäftigen. Nur wie?

Die Idee: Die Antwort auf diese Frage gab die *gkk DialogGroup/Scholz & Friends iDialog* mit einem raffinierten Mailing. Darin verlinkte ein NFC-Chip auf ein Video, das die Kampagne vorstellte und die Menschen animierte, sich selbst daran zu beteiligen (siehe Abb. 8 und 9). In der Video-Reihe wurde die Zukunft aus menschlichem Blickwinkel betrachtet und der Zielgruppe vor Augen geführt, welche Chancen in der Zukunft liegen. Durch die eingesetzte NFC-Technologie wurde die Zukunft erlebbar, die Videos weckten Neugierde, Optimismus und regten so die Menschen an, sich mit den Deka-Angeboten rund um Zukunftsvorsorge und Vermögensaufbau auseinanderzusetzen. Das Ganze mündete in der Aufforderung, sich von der Deka beraten zu lassen.

Abb. 8 Deka Generationen

Abb. 9 Deka Generationen

Das Ergebnis war erfreulich für den Kunden und die Agentur: 120.000 Sparkassen- und Deka-Kunden erhielten das Mailing und setzten sich mit dem wichtigen Thema Zukunftsvorsorge auseinander. Nach einem Beratungsgespräch in ihrer Sparkasse entschieden sich 9,8 % für ein Deka-Investmentprodukt. Als Spitzenwert verzeichnete eine Sparkassen-Filiale sogar eine Abschlussrate von 20 % und damit eines der besten Ergebnisse aller Zeiten. Kunden und Agentur wurden für diese Arbeit beim *Max Award* 2019 mit Gold ausgezeichnet.

Banken gehören nach wie vor zu den Big Spendern im klassischen Print-Dialog. Hier wurden Print und Digital wirksam miteinander verknüpft, wobei vor allem der souveräne Umgang mit den unterschiedlichen Kanälen überzeugt. Das klassische Print-Mailing fungierte als Türöffner, die eigentlichen Geschichten wurden dort erzählt, wo sie sich in bewegten Bildern besser und emotionaler inszenieren lassen.

Kampagne: „Mach's zu deinem Beck's"
Beck's, Deutschlands meistgetrunkene Biermarke, steht für Frische und Qualität. Das sind starke Werte, aber in einem übersättigten Bier-Markt, in dem alle Wettbewerber mit nahezu gleichen Versprechen unterwegs sind, kein Alleinstellungsmerkmal mehr. Mit dem Claim „Erst mit dir wird's legendär" verschob Beck's seinen Fokus in Richtung Fans. So weit, so richtig. Nur: Wie bindet man seine Community langfristig an die Marke, ohne viel Mediabudget einzusetzen? Diese Aufgabe übertrug *Beck's/Anheuser-Busch InBev* der Agentur *Serviceplan*.

Die Idee: Im Rahmen der Kampage trat die Marke in den Hintergrund und die Fans rückten nach vorn. 2018 präsentierte sich Beck's auf über 60 Millionen Flaschen mit einem cleanen, grünen Label und bot damit Menschen die Möglichkeit, selbst kreativ zu werden. Über 27.000 Fans kamen dieser Aufforderung nach. Sie fotografierten, texteten und gestalteten was das Zeug hielt, über eine eigens programmierte Mobile App auf www.deinbecks.de, und teilten ihre Labels stolz im Netz. Beck's ging auf jedes Label ein und aktivierte die Community das ganze Bier-

Jahr über zum Mitmachen. Anhand des ständigen Austauschs mit den Fans im Social Web und den zahlreichen Einreichungen wurden 40 Gewinner von einer Jury gekürt. Diese glänzen jetzt als Aushängeschild für Kreativität, Markenidentifikation und Schaffenskraft auf über 60 Millionen neuen Beck's Flaschen in ganz Deutschland (siehe Abb. 11).

Der Mut, die Marke zurückzunehmen, wurde belohnt: Beck's war nicht nur in aller Munde und in allen Supermarktregalen präsent. Auch zeigten 27.000 Einreichungen die hohe Bereitschaft der Menschen sich intensiv und persönlich mit der Marke auseinanderzusetzen.

Vom Verschwinden des Etiketts bis hin zu den 40 Gewinner-Labels, die überall auf über 60 Millionen Flaschen zu sehen waren: Beck's konnte über das gesamte Jahr 2018 mit seinen Konsumenten und Nicht-Konsumenten im Social Web kommunizieren. Dabei positionierte sich die Marke unter anderem auch mit der Veröffentlichung des politischen Fan-Labels „Gegen braune Flaschen" (siehe Abb. 10) ganz klar in einem tagesaktuellen Diskurs und festigte dadurch die Identifikation mit der Marke. Darüber hinaus wurde die Kampagne beim *Max Award* 2019 mit Bronze prämiert (Abb. 11).

So führt man eine Marke im Dialog und zeigt, dass man die zentrale Rolle des Kunden in der Kommunikation verstanden hat. Mit dieser Kampagne hat Beck's sowohl Mut als auch Weitblick bewiesen. Die Zahl der Unternehmen, die freiwillig auf ein so zentrales Element wie das Etikett auf der Flasche verzichten würden, dürfte äußerst überschaubar sein.

Aber der Erfolg zeigt, dass es sich lohnen kann, statt auf klassische Markenwerbung auf User-Generated-Content zu setzen. Was ist schon der Verzicht auf ein Etikett im Vergleich mit einem solchen Kommunikationsanlass, den Beck's in optimaler Weise genutzt hat – bis hin zur politischen Markenbotschaft.

Abb. 10 Becks Label

Abb. 11 Becks Label

Kreativität im Dialogmarketing – ein Blick nach vorn
In diesem Beitrag haben wir zurückgeschaut auf die Ursprünge des Kreativitätsbegriffs. Wir haben uns umgeschaut in der aktuellen Werbelandschaft und dabei näher betrachtet, was Dialogmarketing heute leistet, wie es verändertes Verbraucherverhalten antizipiert, wie und wo es kreative Exzellenz beweist.

Was bleibt, ist der Blick nach vorne. Wo geht die Reise hin? Wird Kreativität im Dialogmarketing in Zukunft noch die gleiche wichtige Rolle spielen, wie bei den hier aufgeführten Praxisbeispielen? Vieles spricht dafür.

Denn auch wenn die technische Entwicklung in atemberaubender Geschwindigkeit voranschreitet. Auch wenn gerade zweifellos an neuen digitalen Kanälen und Technologien geforscht und gearbeitet wird, die es schon bald zu bedenken und in verschiedenste Maßnahmen zu integrieren gilt: Wir als Menschen scheinen uns weniger schnell zu entwickeln als vieles um uns herum. Unsere Wünsche und Bedürfnisse haben sich – verglichen mit der technischen Entwicklung – wenig verändert. Nur unser Geduldsfaden, was die Erfüllung dieser Wünsche betrifft, ist deutlich kürzer geworden. Was schon immer da war und sicherlich auch bleiben wird, ist die Freude am Kreativen, am „Hast du das gesehen/gelesen/gehört?": in der Kunst, in der Literatur, in der populären Kultur – Stichwort „Serien" – in der Werbung und natürlich auch im Dialogmarketing.

Literatur

Amabile, T. M. (1983). *The social psychology of creativity*. New York: Springer.
Bloching, B., & Heiz, A. (2016). *Die Illusion der Kundenzentrierung*. München/Heidelberg: Roland Berger/SAS Institute.
Borden, N. H. (1964). The concept of the marketing mix. In G. Schwartz (Hrsg.), *Science in marketing*. New York: Wiley.

Dämon, K. (2016). Kundendaten: Kenne deine Kunden. https://www.wiwo.de/technologie/kunden daten-kenne-deine-kunden/13067886.html. Zugegriffen am 15.03.2020.

DDV (2020). Archiv 2018–2019. https://www.max-award.de/archiv.html. Zugegriffen am 15.03.2020.

Deloitte. (2019). The future of advertising. https://www2.deloitte.com/de/de/pages/presse/contents/the-future-of-advertising-technologie-statt-kreativitaet.html. Zugegriffen am 15.03.2020.

Epsilon. (Hrsg.). (2020). The power of me: The impact of personalisation on marketing performance. https://us.epsilon.com/power-of-me. Zugegriffen am 15.03.2020.

Gerdes, J. (2008). Kundenbindung durch Dialogmarketing. In M. Bruhn & C. Homburg (Hrsg.), *Handbuch Kundenbindungsmanagement* (6. Aufl.). Wiesbaden: Gabler.

Guilford, J. P. (1966). Intelligence: 1965 model. *American Psychologist*. https://doi.org/10.1037/h0023296.

Hansen, M. (2018). Alibaba-Gründer Jack Ma: Soft Skills werden in Zeiten von KI entscheidend. https://onlinemarketing.de/jobs/artikel/alibaba-gruender-jack-ma-soft-skills-ki-entscheidend. Zugegriffen am 15.03.2020.

Holland, H. (2014). *Digitales Dialogmarketing*. Wiesbaden: Springer Gabler.

Kreutzer, R. T. (2018). *Toolbox für Marketing und Management*. Wiesbaden: Springer Fachmedien.

Ravenell, E. (2018). *The Osborn-Parnes creative problem solving procedure*. Munich: GRIN.

Redler, J. (2014). Markenführung und Dialogmarketing. In H. Holland (Hrsg.), *Digitales Dialogmarketing*. Wiesbaden: Springer Gabler.

Specht et al. (2018). Kreativität. In S. F. Wiesbaden (Hrsg.), *Gabler Wirtschaftslexikon*. New York: Springer.

Wallas, G. (1926). *The art of thought*. Amsterdam: Amsterdam University Press.

Akquisition und Kundenbindung

Georg Blum

Inhalt

1	Grundlagen zur Akquisition und Kundenbindung	142
2	Ein kleiner Exkurs in die Markentheorie	144
3	Kundengewinnung	147
4	Kundenbindung	155
5	Fazit und Ausblick	168
	Literatur	169

Zusammenfassung

Der Kundengewinnungsprozess wird in zwei wichtige Phasen gegliedert: Die Anbahnungs- und Qualifizierungsphase sowie die Interessenten-Phase. Bei höherwertigen Konsumgütern und vor allem im Business-to-Business-Geschäft ist die Interessentenbindung von entscheidender Bedeutung. Erstens, weil diese mehrere Monate dauern kann. Zweitens, weil in dieser Zeit Marketing und Vertrieb perfekt zusammenarbeiten sollten.

Es gibt verschiedene Möglichkeiten Kundenbindung zu erzielen. Erfolgreiche Kundenbindung basiert auf einer CRM-Strategie, die spezielle Maßnahmen je Ziel- und Kundengruppen und eine breite Palette von Kommunikationsmöglichkeiten umfasst. Über die Instrumente wie Kundenclub, Kundenkarten oder Community Management werden spezielle Vorteile angeboten. Unternehmen müssen sich entscheiden, wie sie je nach Ziel, Strategie beziehungsweise nach Wertigkeit der (potenziellen) Kunden vorgehen wollen. Rabatt ist das schlechteste Bindungsinstrument.

Schlüsselwörter

Interessentenbindung · Kundengewinnung · Kundenbindung · Digitales Lead-Management · Multi-Channel-Kommunikation

---

G. Blum (✉)
1A Relations GmbH und Herausgeber, Korb, Deutschland
E-Mail: Blum@1A-Relations.com

© Springer Fachmedien Wiesbaden GmbH, ein Teil von Springer Nature 2021
H. Holland (Hrsg.), *Digitales Dialogmarketing*,
https://doi.org/10.1007/978-3-658-28959-1_8

1 Grundlagen zur Akquisition und Kundenbindung

▶ In der Kundengewinnung geht es um unternehmerische Maßnahmen, die einen Nicht-Kunden zu einem ersten Kauf- bzw. Vertragsabschluss führen. Die Kundenbindung beschäftigt sich mit den Maßnahmen, mit denen aktive Kunden möglichst nachhaltig an das Unternehmen gebunden werden, um den Druck von der Neukundenwerbung zu nehmen. Denn Neukundenwerbung ist eine Wette auf die Zukunft, mit meist unklarem Ausgang, ob sich der Neukunde zu einem rentablen Kunden entwickelt. Deshalb ist eine strategische Neukundenwerbung ein wichtiger Beitrag zur Absicherung der Zukunft des Unternehmens.

In diesem Beitrag stehen mehr operative als strategische Aufgaben im Fokus. Im Artikel „Customer Relationship Management (CRM)" werden strategische Aspekte vertieft. Beide Beiträge ergänzen sich – eine Überschneidung ist daher gewollt.

1.1 Der Kundenlebenszyklus

Eine ausführliche Erklärung zu diesem Chart findet der Leser im Abschn. 4 in Kap. ▶ „Customer Relationship Management (CRM)"

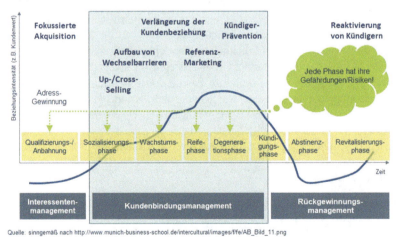

Abb. 1 Der Kundenlebenszyklus, ein Beispiel. (Quelle: 1A Relations GmbH, eigene Darstellung)

1.2 Definition des Begriffs Kundengewinnung

Unter Kundengewinnung werden alle unternehmerischen, vor allem kommunikativen, werblichen und/oder vertrieblichen Maßnahmen verstanden, die einen Nicht-Kunden (keinen ehemaligen, passiven Kunden) zu einem ersten Kauf, einer Bestellung oder einem Vertragsabschluss führen. Alle Gewinnungsmaßnahmen werden so geplant und umgesetzt, dass sie in einer sinnvollen wirtschaftlichen Balance zwischen möglichst günstigen Kosten der Gewinnung pro Kunde und möglichst vielen neuen Kunden stehen. Das langfristige Ziel ist, dass die neuen Kunden eine maximale Haltbarkeit aufweisen, die Gewinnungskosten mehr als nur kompensiert werden, sondern zu einem kontinuierlich wachsenden, positiven Deckungsbeitrag führen.

1.3 Definition des Begriffs Kundenbindung

Unter Kundenbindung werden alle unternehmerischen Maßnahmen verstanden, aktive Kunden (mit mindestens einer Bestellung, einem Kauf oder Vertrag) möglichst lange beziehungsweise nachhaltig an das Unternehmen zu binden und das Potenzial dieser Kunden maximal auszuschöpfen. Diese Kunden werden in Segmente beziehungsweise Kundengruppen eingeteilt. Je nach Segment beziehungsweise Kundengruppe definiert das Unternehmen speziell auf die jeweilige Kundengruppe ausgerichtete Maßnahmen. Diese Maßnahmen leiten sich aus der Lebenszyklus-Situation (Abb. 1) eines Kunden beziehungsweise dem Geschäftsmodell des Unternehmens ab. Je nach Kundenwert (Abb. 2 und 3) werden die Kunden differenziert behandelt.

Abb. 2 Ablauf einer RFMR-Kundensegmentierung. (Quelle: 1A Relations GmbH, eigene Darstellung)

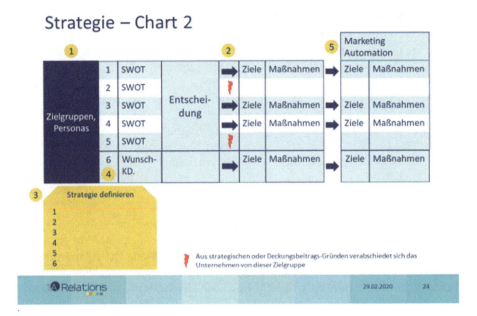

Abb. 3 Ablauf einer RFMR-Kundensegmentierung mit Maßnahmenentwicklung. (Quelle: 1A Relations GmbH, eigene Darstellung)

2 Ein kleiner Exkurs in die Markentheorie

▶ Der Zeitraum einen Kunden zu gewinnen dauert unterschiedlich lange. Dennoch durchlaufen alle diese Bemühungen aus Sicht eines potenziellen Neukunden immer nach einem ähnlichen Prozess ab. Dieser Ablauf in unserem Gehirn wird durch das *AIDA*-Modell einfach beschrieben. Ein weiteres, hierzu passendes Theorem ist der *Markendreiklang*. Er stammt aus der klassischen Werbung.

2.1 AIDA

Bei einem Hersteller von teuren Maschinen kann der Gewinnungsprozess ein bis zwei Jahre dauern. Im Falle eines Versandhändlers für Büroartikel kann diese Phase sehr kurz (wenige Tage oder Wochen) dauern. Und bei einem Konsumgüterhersteller für Schokoriegel ist es manchmal sogar ein Zeitraum von wenigen Sekunden.

AIDA (Abb. 4) – diese vier Buchstaben stehen für A wie Attention oder Aufmerksamkeit, I für Interest oder Interesse, D für Desire oder Begehrlichkeit und das zweite A steht für Action oder Ausführen der Handlung. Seit drei, vier Jahren ergänzt der Autor das „I" für Interest mit einem zusätzlichen Begriff: Es ist das „Involvement" (oder Mitwirkung). Dieses Involvement ist deshalb wichtig, weil

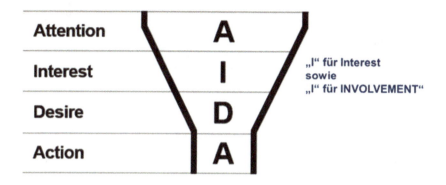

Abb. 4 AIDA-Darstellung im Rahmen eines Lead-Trichters. (Quelle: www.drweb.de sowie eigene Adaption)

durch Social Media, Gamification oder Content-Marketing (z. B. Adventskalender, Konfigurator, Quiz) versucht werden sollte, den Interessenten zu beschäftigen, mit ihm zu interagieren und damit sein Interesse besser zu kennen sowie ihn die Kaufbereitschaft zu steigern. Ergebnis ist eine positive Customer Experience.

2.2 Markendreiklang oder Markenvierklang?

Jede umfassende Werbestrategie hat ein Ziel: Das Unternehmen möchte sich dem Publikum, der Zielgruppe, vorstellen, „sich bekannt machen". Ein zweites Ziel ist das Werben um Sympathie. Der dritte „Klang" läutet dann die Kaufbereitschaft ein.

Diese drei „Klänge" *Bekanntheit, Sympathie und Kaufbereitschaft* wurden durch die Marktforschung innerhalb der Ziel- und Kundengruppen abgefragt. Je nach Wirksamkeit der Werbung standen die Messwerte in unterschiedlichem Zusammenhang (absatzwirtschaft 2013). Was an diesem Modell jedoch fehlt, ist der 4. Klang, die Wiederkaufbereitschaft. Erst dann ist der Kunde der Marke treu.

Beispiel

Microsoft (Tab. 1) hatte im Jahr 2013 eine Bekanntheit bei ca. 64 Mio. Personen über 14 Jahre, die Sympathiewerte lage bei 29,7 Mio., die Kaufbereitschaft bei 28,6 Mio. (Quelle Statista 2013, IfD Allensbach). Das bedeutet, 2/3 der Deutschen kennt Microsoft, aber weniger als die Hälfte davon verbindet damit etwas

Tab. 1 Entwicklung Markendreiklang Microsoft. (Quelle: Statista, Nov. 2016)

Markendreiklang Microsoft (Quelle: Statista, Nov. 2016)

	2013	2016
Bekannt	64,0	63,0
Sympathisch	29,7	28,9
Kaufbereit	28,6	28,6

Tab. 2 Entwicklung Markendreiklang Lenovo. (Quelle: Statista, Nov. 2016)

Markendreiklang Lenovo (Quelle: Statista, Nov. 2016)

	2013	2016
Bekannt	19,9	30,7
Sympathisch	4,7	8,0
Kaufbereit	4,1	7,6

Positives. Jedoch, diejenigen, die Sympathie bekunden zeigen eine extrem hohe Kaufbereitschaft. Das hat sich bis zum Jahr 2016 kaum verändert.

Ein anderer Fall aus der jüngsten Vergangenheit: IBM verkaufte seine PC-Sparte an das taiwanesisches Unternehmen Lenovo. Lenovo hatte logischerweise nur niedrige Bekanntheitswerte (Tab. 2). Im Jahr 2013 wurde ein Dreiklang gemessen: Bekanntheit (ca. 20 Mio. Personen), Sympathie (4,7 Mio.) und „Kaufbereit" waren ca. 4,6 Mio. (Statista 2013). Lenovo hat im Vergleich zu Microsoft eine deutlich geringere Bekanntheit, der Personenkreis der Sympathie bekundet ist nur ca. 25 %, dafür ist auch wieder die Kaufbereitschaft extrem hoch. Fazit: Hohes Potenzial für Neukunden.

Warum werden diese beiden Themen zu Beginn dieses Kapitels aufgeführt? Sie sind für die Kundengewinnung elementar. Für die Kundenbindung sind hohe Bekanntheitswerte nicht schädlich, wichtig ist jedoch vor allem, hohe Sympathie- und Wieder-Kaufbereitschaftswerte zu besitzen. Denn was spielt sich innerhalb des Kaufentscheidungsprozesses in unserem Kopf ab? Wir „spüren oder fühlen" einen bestimmten Bedarf (Leidensdruck). Nun kommt das Speicherverhalten unseres Gehirns ins Spiel: Maximal vier oder fünf Markennamen einer Produkt-Kategorie speichern wir in unserem Gehirn ab. Somit ist es wichtig, dass Sie mit Ihrem Firmen-, Markennamen in dieser kurzen Namensliste vorkommen, am besten sogar als „der Sympathieträger" ganz oben stehen. Eine solche Liste, in der Marktforschung *„Relevant Set"* genannt, haben wir alle zu vielen Produkt- bzw. Sortimentskategorien im Gehirn abgespeichert.

Als die PCs noch von IBM verkauft wurden, dachten viele bei der Kaufentscheidung an IBM. An Lenovo denkt nur noch eine verschwindend geringe Zahl an Menschen. Bis die Werte wieder das Niveau von IBM im Jahr 2009 erreichen, dauert es sicher noch fünf bis zehn Jahre! Warum verkauft Lenovo dennoch sehr erfolgreich seine Geräte? Zum einen, weil die Produkte immer noch nach „IBM" aussehen. Zum anderen, weil die Mitarbeiter im Handel Markenbotschafter sind. Sei es aus Gründen der Provision oder aus der Überzeugung heraus, dass diese Produkte einfach gut sind. ◄

> **Beispiel**

Auch die Biermarke „BECK'S" hatte im Jahr 1984 einen Imagewandel beschlossen. Es kam das grüne Schiff mit vielen netten, jungen Menschen, untermalt mit dem Song „Sail away" in die Werbung. Nach drei Jahren wollte das Unternehmen die Kampagne schon wieder ändern, weil der Bierabsatz sich nicht nach den Wünschen der Geschäftsführung entwickelte. Ein schlauer Kopf im Unternehmen entschied: Lasst uns mal die Zielgruppe fragen. Das Ergebnis 1993: eine Bekanntheit von ca. 30 %. Überraschender Kommentar: „Oh, so niedrig!" Danach wurde die Kampagne in beinahe unveränderter Form bis zum Jahr 2000 fortgesetzt. Der Bierabsatz stieg dabei kontinuierlich an. Die Messung im Jahr 2000 ergab eine Bekanntheit von über 70 %. Stolzer Kommentar: „Klasse!" Dann wurde die Werbekampagne abgesetzt. Der Umsatz ging erneut deutlich zurück. Und siehe da: Im Jahr 2003 kehrte „die Werbung mit dem grünen Schiff" wieder in die Werbemedien zurück.

Das Gesagte ist ein kleiner Seitenhieb auf alle Kreativen. Denn wenn alle Beteiligten wissen, wie lange es dauert, bis sich solch hohen Werte erreichen lassen, darf nicht jedes Jahr seine Werbemaßnahmen umkrempeln und neu erfinden. Kontinuität im Auftritt und der Positionierung ist gefragt. Das ist die Basis für effektive Kundengewinnung und nachhaltige Bindung. Alle Kampagnen und Werbemaßnahmen stehen deshalb grundsätzlich unter anderem unter den beiden Prämissen von *„AIDA"* und *„Markendreiklang"*. ◄

3 Kundengewinnung

▶ Der Kundengewinnungsprozess lässt sich in verschiedene Phasen gliedern, welche im weiteren Verlauf beleuchtet werden. Außerdem gibt es vielseitige Möglichkeiten, Kundendaten zu gewinnen.

3.1 Phasen der Kundengewinnung

Welche Phasen gibt es? Die wissenschaftliche Theorie sowie der Artikel Customer Relationship Management (CRM) in diesem Buch sprechen von einer Anbahnungs- und Qualifizierungsphase sowie die Interessenten-Phase. Diese beiden Phasen dauern mal mehr, mal weniger lang. Was fällt einem Unternehmen dazu ein, um diese Phase sinnvoll zu nutzen und sie im Sinne eines Abschlusses zu beschleunigen? Welche Detail-Phasen werden durchlaufen?

Abb. 5 Lead-Management als Multi-Channel-Kontaktstrategie. (Quelle: 1A Relations GmbH, eigene Darstellung)

Zum einen zeigt Abb. 5, welche Aufgaben in der jeweiligen Phase zu erledigen sind, zum anderen sind an dem Lead-Trichter in Abb. 6 einige Hürden zu sehen, die zu überwinden sind.

Eines ist sicher: Früher war es einfacher, *Leads*, potenzielle Kunden, die dem Unternehmen freiwillig ihre Kontaktdaten zur Verfügung stellen, zu generieren und zu qualifizieren. Heute machen es die DSGVO, generelle Informationsüberladung und die Abwehrhaltung der Verbraucher nicht leicht, seine Botschaften zur Zielgruppe Zielgruppe zu transportieren. In Abb. 5 sind exemplarisch Aufgaben und Kommunikationskanäle dargestellt und über eine Systematik miteinander verbunden. Erst durch die Orchestrierung dieser Aufgaben und Maßnahmen wird der Erfolg vom Zufall befreit.

3.2 Möglichkeiten zur Adressgewinnung

Gewinnspiele: Vor allem Markenartikler führen oft Gewinnspiele durch. Und dann liegen Waschkörbe voller Belege im Keller und das Kapital an Adressen wird nicht gepflegt. Auch gilt die Regel: Die Quantität ist meist hoch, die Qualität dieser Adressen oft weniger gut.

Messen und Events: Derzeit werden sehr oft iPads oder e-Roller als Gewinn ausgelobt. Das zieht die Menschen an. Dennoch muss auch hier die Frage gestellt werden, ob aus den Adressen qualifizierte Leads entstehen.

Abb. 6 Der Lead-Trichter. (Quelle: 1A Relations GmbH, eigene Darstellung)

Internet-Banner und Themen- und Landeseiten, die eigene Webseite. Der Versuch, die Personen für ein Newsletter-Abo zu begeistern.

Webinare und White Papers: Content als Lockstoff benutzt, um Informationen über die Interessenten zu erhalten.

Digitales Lead-Management: in welchen Kapiteln das umfassend beschrieben wird. Ergänzend möchte ich hierzu auf den Kollegen Karl Kratz https://www.online-marketing.net/ verweisen.

Bei der Gewinnung von Adressen – unabhängig ob im Internet oder Offline – gilt das Gesetz der Datensparsamkeit. Wer also nur eine „nackte" E-Mail-Adresse gewinnt, der sollte nicht traurig sein, sondern dies als Chance begreifen. Immerhin wollte die Person Kontakt aufnehmen.

Jetzt beginnt der lange Weg der *Lead-Qualifizierung* bzw. des *Lead-Nurturing* (siehe auch Abb. 5). Schritt für Schritt erfolgt die Annäherung an die Interessierten. Neben der „nackten" E-Mail-Adresse werden durch den Dialog mögliche Interessensgebiete abgefragt oder durch Download-Angebote herausgefunden. Ein redaktionell gut gemachter E-Newsletter regt zum Lesen und Klicken an. Bestimmte Artikel oder Informationen können nur per Post versendet werden. So wird die postalische Adresse gewonnen. Über die Post-Adresse können mikrogeografische Informationen angereichert werden und so weiter. Der Außendienst oder das Telemarketing tragen durch einen Anruf und gezielte Fragen zur weiteren Qualifizierung bei. Und schlussendlich kommen genug Informationen zusammen, um dem Interessenten zu bewerten und das Passende anzubieten.

> **Beispiele**

Während eines Flugs werden Getränke und ein Flyer mit folgendem Angebot verteilt: „Vier Wochen eine Tageszeitung gratis". Im Flugzeug sitzen morgens um sieben Uhr sicherlich 200 Personen und 100 % Zielgruppe. Doch was passiert? Kaum einer der Reisenden füllt sofort den Flyer aus. Warum nicht? Die Reisenden haben keinen Stift zur Hand. Zweites Problem: Der eine oder andere steckt den Flyer in seine Tasche. Ein paar Stunden oder Tage später entdecken sie den Flyer und denken sich: Na ja, so wichtig war es dann auch wieder nicht. Der Flyer fliegt in den Papierkorb. Chance vertan!

Was hätten die Airline und der Verlag machen sollen? Zum einen Stifte austeilen, damit der Flyer sofort ausgefüllt werden kann. Zum zweiten die Aufforderung mitgeben: „Bitte geben Sie beim Verlassen des Flugzuges (oder gleich beim Einsammeln der Getränkebecher) dem Personal den Flyer. Sie erhalten eine kleine Überraschung als Dankeschön". So wären von den 200 Personen wahrscheinlich zehn bis zwanzig bereit gewesen, den Flyer auszufüllen.

Wer die Interessentenströme lenken will, der baut *Themenseiten* auf. Ein Interessent sucht nach einer Lösung und eher selten direkt nach Ihrer Firma. Also bauen Sie ihm Brücken. Durch SEO- und SEM-Maßnahmen findet er „zufällig" Ihre Themenseite. Auf der Themenseite findet er neutral (oder auch nicht neutral) die Informationen, nach denen er gesucht hat. Die Möglichkeit ein White Paper downzuloaden oder an einem Webinar teilzunehmen führt zu qualifizierten Adressen. Diese Art der Vernetzung hat sich in den letzten Jahren immer mehr durchgesetzt. Zum Beispiel hat sich der Versandhändler Globetrotter so im Web platziert. Es gibt Themenseiten zum Reisen und Blogs, in denen Reisende ihre Erfahrungen eintragen und austauschen können.

Das *Geburtsdatum*: Ein sehr wichtiges Kriterium in der Kennenlernphase ist der Geburtstag. Fragen Sie einen Fremden zu Beginn der Beziehung nach seinem Geburtstag, hat dieser sicherlich nur ein müdes Lächeln für Sie übrig. Bieten Sie ihm einen kleinen Anreiz an (ein Geschenk zum Geburtstag oder ein Dankeschön für die Angabe des Geburtstages), erhalten Sie schnell einige positive Reaktionen. Eine französische Kosmetikfirma hat dies perfektioniert: Bei über 80 % der weiblichen Kundschaft war Tag und Monat des Geburtstages bekannt. Von über 60 % sogar das Jahr. So kann diese wichtige Information zur Segmentierung und Personalisierung beziehungsweise zur Differenzierung genutzt werden.

Auch im Business-to-Business sollte nach dem Geburtstag gefragt werden. „Das geht niemand etwas an", sagen Sie. OK, stimmt. Der Autor hat es in der Praxis vielfach ausprobiert, bekam meist eine ehrliche Antwort. Und falls nicht, schauen wir auf XING/LinkedIn nach. Aber Vorsicht, diese Information dürfen Sie nicht einfach so in Ihre CRM-Datenbank übertragen. Die DSGVO erlaubt das grundsätzlich nicht.

„Der Namenstag hat doch nur im Süden eine Relevanz und nützt mir nur zum Teil." Auch dieses Vorurteil stimmt nur bedingt. Viele Personen reagieren sehr positiv, wenn ihnen zum Namenstag gratuliert wird.

Mit dem Vornamen kann man ungefähr das Alter der Person schätzten. Es reicht schon aus zu wissen, ob die Personen über oder unter 40 Jahre alt sind. Praxis-Beispiel: Ein Unternehmen verkauft Software. Es gibt zwei identische Anwendungen zum einen als Lösung aus der Cloud und zum anderen als Installation auf den Servern des Unternehmens. Die Zielgruppe wurde über den Vornamen analysiert und es wurde eine Altersschätzung durchgeführt. Das Angebot „Software aus der Cloud" ging an die unter 40-Jährigen. Die Älteren bekamen das Angebot für die CD zum Installieren. Das Ergebnis des Tests war signifikant positiv. Somit waren die Streuverluste bei der anschließenden Aussendung an den kompletten Adressbestand sehr gering. ◄

3.3 Relevanz der Interessentenbindung

In der Theorie wird meist nur von Kundenbindung gesprochen. Dennoch sollte die *Interessentenbindung* als ein wichtiger Aspekt nie vergessen werden. Vielfach wird dies auch mit Lead Nurturing bezeichnet. Dem Autor ist diese Bezeichnung zu wenig strategisch. Denn wer sich ein Auto oder ein Haus kauft, wer eine Maschine oder eine teure Software anschaffen muss, der entscheidet sich nicht von heute auf morgen. Obwohl sich Gerüchte hartnäckig halten, dass selbst Investitionsentscheidungen zu über 50 % emotional getroffen werden.

Sicher ist eines: Investitionsentscheidungen benötigen Zeit. Und es reden mehrere Beteiligte mit. In Abb. 7 wird das Entscheidungsgremium (*Buying Center*) dargestellt. Ein werbendes Unternehmen hat somit die Aufgabe über einen längeren Zeitraum einen ganzen Strauß von Beteiligten emotional zu begeistern und von seiner Kompetenz zu überzeugen. Das bedeutet, die Kommunikation ist auf jedes Mitglied des Gremiums speziell auszurichten. Jedes Mitglied hat andere Bedürfnisse. Der Geschäftsführer wünscht sich langfristige Sicherheit. Der Einkäufer achtet auf den Preis. Der Benutzer will eine komfortable Lösung. Alle unter einen Hut zu bringen, ist nicht einfach. Das geht nur, indem die Kommunikation individualisiert und personalisiert wird.

Erschwerend kommt hinzu, dass Führungskräfte mit deren Assistenz eine Person an ihrer Seite haben, die viele Werbemittel und Newsletter „wegfischt" oder vorselektiert. Deshalb ist es besonders wichtig, diese Person in die Kommunikation mit einzubeziehen. Zum einen kann ein guter Draht zur Assistenz helfen, die Qualifizierungsphase schneller abzuschließen, zum anderen selektiert sie ihre „wichtige" Post nicht so einfach aus. Und wer der Assistenz zudem kleine Geschenke (unter der Compliance-Wert-Grenze) zukommen lässt, der schafft sich eine gute Kommunikationsbasis.

Über *Social Media* lassen sich auch gut Leads und Interessenten gewinnen. Das Empfehlen durch Freunde führt Interessenten auf die Portalseiten. Wenn jetzt mit einem gut gemachten Inhalt oder einem netten Spiel das Involvement erreicht wird, sind die Leads und Interessenten gewonnen.

Denken Sie bitte noch einmal an Abb. 4, „I" innerhalb von AIDA: I steht für Involvement bzw. positive Customer Experience. Dazu wird ein *Redaktionsplan* benötigt. So wird Social Media vom Zufall befreit. Ein zwei bis vier Wochen im

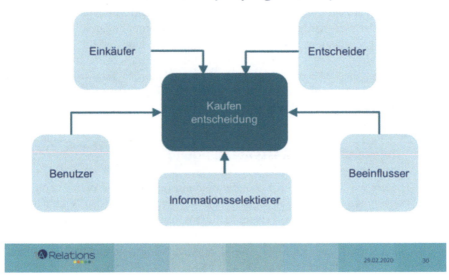

Abb. 7 Das Entscheidungsgremium (Buying Center) im Business-to-Business-Bereich. (Quelle: 1A Relations GmbH, eigene Darstellung)

Voraus erstellter Redaktionsplan definiert die Informationen und Aktivitäten innerhalb der Social Media Portale. Ein Suchmaschinen-optimierter Text beziehungsweise beziehungsweise Suchmaschinenmarketing-Strategie (SEM) führt das Ganze zum Erfolg.

Auch wenn es kaum noch jemand hören mag: ein gut gemachtes Print-*Mailing Package* ist auch immer noch ein Türöffner zum Interessenten. Das klassische DIN-lange-Mailing hat ausgedient. In den letzten Jahren haben beim Deutschen Dialogmarketing Preis (DDP) sehr oft „Mailings" gewonnen, die ausgefallenen Formate oder Auftritte gewagt haben.

> **Beispiele**
>
> Eine Bank sendet Ärzten einen Brief mit einem sehr großen Fenster im Kuvert. Neben der klassischen Anrede und der Adresse wurde der Arzt auch in seinen vielfältigen Aufgaben angesprochen. Das schafft Aufmerksamkeit. Die Praxis-Managerin hat das Mailing „durchgewinkt". Und die Reaktionen der Ärzte waren überdurchschnittlich gut.
>
> Ein Hersteller von Elektrosägen versendet an seine Zielgruppe eine Flasche Sekt, ummantelt von einem stabilen Behälter. An die Flasche Sekt kommt der Empfänger nicht ohne das spezielle Werkzeug des Anbieters. Daher ist der Gang in den Fachhandel, inkl. einer Live-Demo unvermeidlich. Auflage 500 Stück. Kaufende Response: über 25 %!

Ein Automobilhersteller hat ein Jahr vor der Einführung eines neuen Modells seine Interessenten Monat für Monat mit Bildern des Autos und Mustermaterialien begeistert: Ein Handschmeichler aus wertvollem Leder, eine Vase für das Armaturenbrett und so weiter. Und zwischendrin gab es immer wieder Aufgaben, die nur online durchgeführt werden konnten. Bis kurz vor der Einführung wurde dadurch die Database qualifiziert. Auf teure Einführungswerbung in Printanzeigen, TV oder Radio konnte verzichtet werden. Allein die E-Mails und Print-Mails reichten aus, das Auto erfolgreich im Markt einzuführen.

Weitere Instrumente der Kundengewinnung sind *Hauswurfsendungen* (teilpersonalisiert, unpersonalisiert), Verteilung am POS, Telefonverkauf mit vorqualifizierten Adressen, Einladung zu Kamingesprächen, Päckchenbeilagen, Zeitschriftenbeilagen, Miete oder Kauf von passenden Adressen, digitales Lead-Management.

Vor allem eine Kombination dieser Möglichkeiten, z. B. Call-Mail-Call oder Call-Mail-Besuch, ist sehr erfolgversprechend. Die Kreativität der Kundengewinnung liegt darin, sich je Zielgruppe zu überlegen, welche Kombination von Maßnahmen zu einem definierten Zeitpunkt vermutlich eine Reaktion/Bestellung auslöst. Wo wird sie erreicht? Wie wird sie erreicht? Was ist ein Anreiz, mit dem A – Aufmerksamkeit, I – Interesse und Involvement sowie D – Begehrlichkeit ausgelöst wird? (Siehe Abb. 2)

Oft bekommen wir die Frage gestellt: „Wann ist der richtige *Zeitpunkt*?" Diese Frage ist sehr schwer zu beantworten. Gibt es ihn überhaupt? In den seltensten Fällen gelingt es einer Firma, den perfekten Zeitpunkt auszuwählen. Klar, Weihnachten, Ostern, Mutter-/Valentinstag, Super-Bowl-Endspiel, Halloween, Black Friday, Cyber Monday oder Neujahr. Aber an diesen Tagen sind Sie mit Sicherheit nicht allein auf der Werbe-Tanzfläche. Und deshalb ist es besonders wichtig, Kontinuität in der Kommunikation zu haben. Ein grober Anhaltspunkt ist auch die Antwort auf die Frage: Wann steht die Entscheidung auf dem Plan bzw. für wann ist sie budgetiert?

Denn nur wer durch das Motto „steter Tropfen höhlt den Stein" kommuniziert, wird im „Relevant Set" des Verbrauchers/Entscheiders landen oder sich dort sogar verankern. Und wenn die Kaufentscheidung ansteht, dann ist Ihr Moment gekommen. Das Gehirn sagt z. B.: Problem = Durst, Lösung = Marke Coca-Cola, Problem = Tapeten für den renovierten Raum, Lösung = die gibt es bei Obi.

Fazit: Wer sich dem Markendreiklang und dem AIDA-Prinzip sinnvoll bedient, wird zur „Ersten Wahl" (Stichwort: *Relevant Set*) im Gehirn des Verbrauchers/Entscheiders. ◄

Beispiel

Weitere Beispiele aus der Praxis:

- Die Zielgruppe wird per Post oder E-Mail angeschrieben und aufgefordert, einen *Fragebogen online* auszufüllen.

Abb. 8 Beispiel für eine PURL-Kampagne. (Quelle: www.congreet.com, 2017)

- *Persönliche URL-(PURL)-Aktionen* (siehe Abb. 8): Es wird ein Brief an die Zielpersonen gesendet, und darin findet die Person einen persönlichen Link, der dann zu einem persönlichen Online-Dialog führt und die Person qualifiziert oder sogar zum Kauf in den Webshop oder zu einem Anruf im Call-Center führt.
- *Anzeige* in einer Zeitschrift mit einem *QR-Code*
- *City-Light-Poster* mit einem QR-Code
- *Retargeting*

Eine weitere Möglichkeit ist das Retargeting. „Als Retargeting (englisch „re" für „wieder" und „targeting" für „(genau) zielend")" wird im Online-Marketing ein Verfolgungsverfahren genannt, bei dem Besucher einer Webseite – üblicherweise ein Webshop – markiert und anschließend auf anderen Webseiten mit gezielter Werbung wieder angesprochen werden sollen. Ziel des Verfahrens ist es, einen Nutzer, der bereits ein Interesse für eine Webseite oder ein Produkt gezeigt hat, erneut mit Werbung für diese Webseite oder ein Produkt zu konfrontieren. Hierdurch soll die Werberelevanz und somit die *Klick- und Konversionsrate* (z. B. Bestellquote) steigen.

Technisch basiert Retargeting auf den *Cookies* eines *AD-Servers*. Hierzu wird zunächst in die Shop-Webseite ein *Retargeting-Pixel* des AD-Servers integriert. Besucht ein Nutzer den Shop, ruft er damit auch der Pixel ab. Das Pixel setzt beim Nutzer nun ein Cookie und speichert damit einen Verweis auf die im AD-Server gespeicherten Nutzerinteressen (z. B. „Webseite XYZ besucht, Interesse an Produkt 7263"). Surft der Nutzer anschließend auf einer anderen Webseite, auf der Werbung mittels des gleichen AD-Servers geschaltet wird, kann der AD-Server das Cookie auslesen und anstelle der normalen Werbemittel spezifische, auf den Nutzer zugeschnittene Werbemittel ausliefern (etwa Sonderangebote, ähnliche Produkte oder Rabatte für die Produkte von Interesse). ◄

4 Kundenbindung

▶ Eine erfolgreiche und langfristige Kundenbindung erfordert eine Kundenbindungsstrategie und die Implementierung eines spezifischen Kundenbindungsprogramms. Dazu können sich Unternehmen bestimmter Instrumente zur Kundenbindung bedienen.

4.1 Zentrale Punkte einer Kundenbindungsstrategie

Eine Kundenbindungsstrategie enthält vereinfacht dargestellt folgende Bestandteile:

1. Definition der Ziele, Kundengruppen und deren Messkriterien
2. Definition: an wen soll der Kunde gebunden werden? An das Produkt, den Hersteller, den Absatzmittler/Händler oder eine Marke?
3. Segmentierung und Differenzierung der Kunden nach verschiedenen *Kundenbewertungsverfahren*
4. Entwicklung einer Kommunikationsstrategie je Kundensegment, inkl. der Anzahl und Art der Kommunikationsanstöße sowie der Medien
5. Differenzierte und personalisierte Ansprache der Kunden
6. Abstimmung und Koordination der Maßnahmen über mehrere Vertriebsstufen hinweg, z. B. Hersteller, Großhandel, Fachhandel und Endverbraucher

Strategisch gut aufgestellte Unternehmen beherrschen den mehrstufigen Vertrieb. Gerade Hersteller, die oft mit dem Endprodukt bzw. dem Endkunden nur noch wenig Kontakt bzw Einfluss auf das Kaufverhalten haben, sind mit dieser Strategie (Abb. 9) erfolgreich. Denn prinzipiell ist der Händler der Inhaber der Kundenbeziehung. Wenn jedoch der Hersteller direkt beim Endkunden eine Markenbindung erreicht, dann kauft der Endkunde trotz aller Überzeugungsversuche des Händlers, das Produkt des ausgewählten Herstellers. Beispiele hierfür sind der Chip-Hersteller Intel, der Elektrowerkzeuge Hersteller Festool oder der die Stoffhersteller Trevira oder Gore.

4.2 Entwicklung eines Kundenbindungsprogramms

Bei der *Kundenbindung* können fünf Arten unterschieden werden (Hippner et al. 2011):

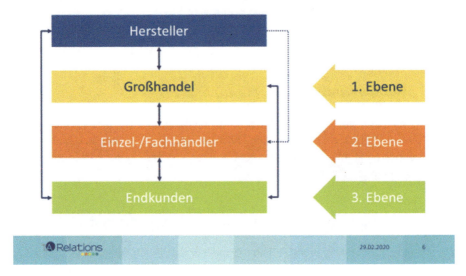

Abb. 9 Darstellung Mehrstufiger Vertrieb sowie Aufbau von Beziehungsebenen. (Quelle: 1A Relations GmbH, eigene Darstellung)

1. *Lokale* Bindung: Beschaffenheit des Marktes oder Standortes der Anbieter
2. *Vertragliche* Bindungen: Probezeit oder längere Vertragslaufzeiten
3. *Ökonomische* Bindung: niedrige oder hohe Wechselkosten; Zugaben, Mehrwerte oder Preisvorteile; Beratung und Service
4. *Technisch-funktionale* Bindung: Innovationsvorsprung oder höhere Kompatibilität
5. *Emotionale* Bindung: Markenimage, hohes Vertrauen und Kundenzufriedenheit, persönliche Beziehungen (zu den Mitarbeitern)
6. *Oder (ergänzt durch Georg Blum)* Verbundpartner wie Payback oder DeutschlandCard

Typische Aufgaben und *Instrumente zur Kundenbindung* sind:

- eine CRM- beziehungsweise Kundenbindungsstrategie (siehe auch den Beitrag des Autors zu CRM in diesem Band)
- eine Kundenkarte, ein Kundenclub, eine Community oder ein Kundenbindungsprogramm
- der Einsatz aller Kommunikationsmöglichkeiten, die die Kunden akzeptieren, beziehungsweise wofür ein Opt-in, eine Bestätigung vom Kunden, dass Werbekontaktaufnahmen von ihm erwünscht sind, vorliegt
- ein CRM- oder (Kampagnenmanagement-System ergänzt durch Marketing Automation)
- eine gute Analyse-Basis in Kombination mit einem guten Analyse-Tool sowie eine gut ausgebildetes Analyse-Team

- die passenden und differenzierenden Angebote und Geschäftsmodelle
- komplementäre Inhalte für das Content-Marketing
- differenzierte Services und Beratungsangebote
- Kundenzufriedenheit- und Beschwerde-Management
- Alles basiert auf einer Organisationsform für Kunden- oder Community-Management.

Exkurs: Kundengebundenheit oder Kundenverbundenheit:
Professor Dr. Anton Meyer von der LMU in München hat diesen Unterschied einmal schön verdeutlicht: Gebundenheit ist, wenn der Kunde wegwill, aber nicht kann. Verbundenheit ist gegeben, wenn der Kunde bleibt, obwohl er keiner vertragliche Bindung unterworfen ist (Vortrag beim WEKA Holding GmbH EAT München 1999).

Lassen Sie sich diesen Unterschied auf der Zunge zergehen. Danach fragen Sie sich, wie Sie Ihre Kunden behandeln, und welcher Zustand vorliegt: Ge- oder Verbundenheit?

Kundenbindung wird durch emotionale Moment erzeugt. Am Beispiel Abb. 10 erkennt der Leser schnell, welche Momente zu Emotionen führen. Sind diese Momente überdurchschnittlich positiv ausgeprägt, stellt sich hohe Kundenbindung ein.

4.3   Kundenkarte

Es sind viele Kundenkarten im Umlauf – in Deutschland schätzungsweise über 130 Mio. Laut dem Institut für Demoskopie (IfD) Allensbach sind diese Karten auf ca. 30 Mio. Menschen ab 14 Jahren verteilt (Roland Berger 2003). Knapp 17 Mio. davon sind nur in einem Programm aktiv. Ich bezweifle ein wenig, ob sich Personen erinnern, wie viele Karten sie tatsächlich im Portemonnaie haben. Oft schlummern Karten von wenig attraktiven Programmen in der Schublade zuhause.

Die wichtigsten *Funktionen* einer Kundenkarte sind (Krafft und Klingsporn 2007, S. 12):

- Ausweis- und Identifikationsfunktion
- Erinnerungsfunktion (aus werblicher Sicht „lächelt" die Karte einen an)
- Zahlungs-, Bonus- und Rabattfunktion
- Kommunikationsfunktion
- Prestigefunktion
- Leistungsfunktion
- Treuefunktion

Sollte ein Unternehmen eine oder mehrere Karten einführen?
Jedes Unternehmen, welches Kundenkarten hat oder deren Einführung anstrebt, steht vor der Frage: Reicht eine Karte oder müssen es mehrere Karten sein? Mehrere Karten deshalb, weil es je nach Kundenwert unterschiedliche *Statuskarten* geben kann.

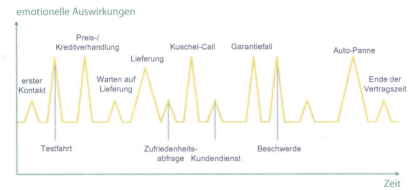

Abb. 10 Emotionale Höhepunkte innerhalb eines Automobilkaufs. (Quelle: 1A Relations GmbH, eigene Darstellung)

> **Beispiel**
>
> Einige Airlines haben schon lange eine Differenzierung. Es gibt die Basiskarte und meist eine Silber, Gold- und Platin-Karte. Jede Farbe entspricht einer Wertigkeit der Kunden. Für das Erreichen und Überschreiten einer Grenze an geflogenen Meilen wird der Kunde dem jeweiligen Status zugeordnet. Die Farbe ist zum einen Identifikation des Status'. Wer Silber oder mehr hat, wird bevorzugt behandelt. Eine andere Airline hat eine schwarze Karte ausgegeben. Diese Karte hat eine extreme Prestige-Funktion, mit ihr sind außergewöhnliche Leistungen verbunden.
>
> Die Empfehlung lautet: Wenn es für die Kunden wichtig ist, die Wertigkeit, die erreicht wurde, zu sehen und zu zeigen, dann sollte das Unternehmen eine solche Differenzierung einführen.
>
> Was ist bei der Einrichtung eines solchen statusabhängigen Programms zu beachten? In Abb. 11 ist zu sehen, dass mehrere Wertstufen eingerichtet werden müssen. Welche Werte zur Einteilung von Stufen beziehungsweise Gruppen sinnvoll sind, hängt vom Geschäftsmodell ab. Oft wählen die Firmen die einfachste Formel: die Umsatzgrenzen. Eine andere, weit verbreitete Formel ist, Punkte zu vergeben. Je nach Spendierlaune des Unternehmens wird der Umsatz eins zu eins in Bonuspunkte umgerechnet. Andere Unternehmen vergeben je Euro einen halben Punkt. Meist entscheidet die vorliegende Rentabilität, welche Umrechnung dem Kunden schmackhaft gemacht werden soll. Am Prinzip „Je mehr Punkte, desto mehr Vorteile" halten alle fest.

Nur was sind das für Vorteile? Die unkreativen Programme geben Rabatte oder schütten Gutschriften aus. Die etwas Kreativeren vermischen Rabatte und Zugaben sowie Services. Wer Rabatt „säht", der erntet Schnäppchenjäger. Dieser flapsige Spruch hat leider viel Wahrheit in sich. Ein Kundenbindungsprogramm, welches auf Rabatt aufgebaut ist, kann nur bedingt Verbundenheit erzeugen. Denn diejenigen Zielgruppen, die nur nach Rabatt Ausschau halten, die sind nicht treu – ja, sie können gar nicht treu sein. In Frankreich werden diese Schnäppchenjäger als Schmetterlinge bezeichnet. Sie fliegen von einem Schnäppchen auf das nächste. Fazit: „Rabatt ist eine Stadt in Marokko."

▶ Umdenken ist angesagt. Kundenverbundenheit kommt über gute Produkt- und Service-Qualität, Mehrwerte oder Zugaben zustande. Und vor allem: durch gute, treue Mitarbeiter, die Kundenbindung und Verbundenheit leben, ihre Kunden über Jahre begleiten.

Sollte die Statusvergabe nur in eine Richtung laufen?

Nein, das wäre ein Kardinalfehler. Wer sein Programm nur in eine Richtung aufbaut, der hat die Kurve eines *Kundenlebensabschnittzyklus* nicht berücksichtigt. Deshalb muss auch beim Start eines Kundenbindungsprogramms – hier z. B. Kundenkarte – definiert werden, was passiert, wenn der Kunde die Kriterien nicht erfüllt. Wie lange darf er den Status noch behalten, bis ihm „die Karte" ausgetauscht oder aberkannt wird? Und hier setzt der nächste wichtige Punkt an: Wie kann vermieden werden, dass es zu so einem Rückgang kommt? Ganz vermeiden geht nicht, aber aktiv dagegen arbeiten ist Ziel eines Kundenbindungsprogramms. Hier beginnt die Kunst der Kundenbindung.

Abb. 11 Differenzierung über Service und Mehrwert: Kundenkarten-Segmentierung nach der Wert-Pyramide. (Quelle: 1A Relations GmbH, eigene Darstellung)

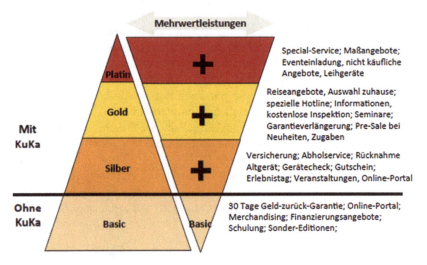

Abb. 12 Differenzierung über Service und Mehrwert: Kundenkarten, Leistungen je Segment. (Quelle: 1A Relations GmbH, eigene Darstellung)

Mitarbeiterbindung ist Kundenbindung. Das kann nicht oft genug wiederholt werden. Wenn die Ansprechpartner ständig wechseln und die Kundenbeziehung ständig neu aufgebaut werden muss, kostet das viel Kraft für den Kunden und die Firma. Also gehören diese beiden Faktoren zusammen. Ich behaupte, dass Mitarbeiterbindung eine notwendige Bedingung ist. Ohne diese geht es nicht, außer in einem völlig anonymisierten Geschäftsmodell.

Bedeutet mehr Umsatz auch mehr Vorteile? Je mehr Wert oder je mehr Umsatz durch den Kunden generiert werden, desto mehr an Services und Vorteile erhält er. In Abb. 12 wird diese Programmatik skizziert.

Ein anderer klassischer Fehler, der in der Praxis vorkommt, ist eine ausschließliche Konzentration auf die besten Kunden. Das Füllhorn der Ideen und Leistungen wird nur über diesen besten Kunden ausgeschüttet. Nur dahinter sind meist gleich zwei Denkfehler versteckt. Fehler eins: Es wird nur nach Umsatz und nicht nach Rentabilität gesteuert. Fehler zwei: Das Wachstumspotenzial liegt in den Schichten (siehe Abb. 13) direkt unter den jeweiligen Wertgrenzen. ◄

Beispiel

Eine Direktbank mit einem Top-Kundenbindungsprogramm fragt uns, was sie machen soll. Das aktuelle Problem wurde geschildert. Sie „pampern" die Top-Kunden nach allen Regeln der Kunst, der Umsatz steigt nur marginal. Warum? Weil diese Kunden schon alle Leistungen und Produkte bei dieser Bank ausschöpfen, sie haben so gut wie keine anderen Gelder bei anderen Banken.

Die Analyse der Kunden ergab folgendes Bild (Abb. 14). Es wird einem schnell klar, was der bessere Ansatz ist: Die Gruppe „+/−" sowie die Gruppe „+/+". Im obigen Beispiel der Direktbank wurde nach Umsatz (Gruppen „−/+" und „−/−" standen im Fokus) und nicht nach Potenzial segmentiert. Meist sind die Umsatzstärksten nicht diejenigen mit einem Wachstumspotenzial oder einer guten Rentabilität.

Erschwerend kommt hinzu: Diese „guten" Kunden verhandeln gerne und intensiv mit dem Unternehmen. Mit stolzem Wissen, Top-Kunde zu sein, wird hier ein Rabatt gewünscht, dort ein Nachlass. Das schmälert die Erlöse und die Rentabilität. Nach kurzer Analyse war klar: Der Wachstumshebel liegt woanders, eben in den Schichten unter den Wertgrenzen (siehe Abb. 13).

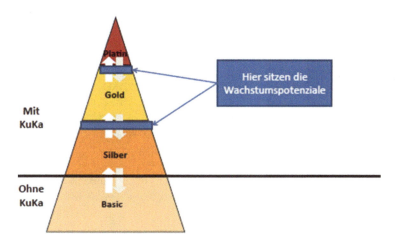

Abb. 13 Differenzierung im Kundenbindungsprogramm, wo liegen die Potenziale. (Quelle: 1A Relations GmbH, eigene Darstellung)

Abb. 14 Der Kundenwert. (Quelle: 1A Relations GmbH, eigene Darstellung)

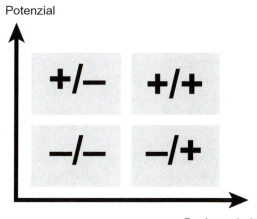

Die letzten Beispiele beweisen, dass Kundenbindungsprogramme ein wichtiges Instrument zur Kundenbindung sind. Nur allein über den Umsatz zu steuern bzw. verschiedenen Vorteile zu vergeben ist gefährlich. Der Fokus sollte immer auf Potenzial bzw. Deckungsbeitrag liegen. ◄

> **Beispiel**
>
> Ein Kaufhaus hat mit dem Relaunch seiner Kundenkarte – verbunden mit neuen Vorteilen – ein enormes Wachstum ausgelöst. Nach wenigen Monaten stieg die Zahl der ausgegebenen Karten um ca. 30 %. Nach zwölf Monaten hatte sich diese Zahl verdoppelt. Und die Zahl der aktiven Kartennutzer hat sich von 35 % auf 55 % gesteigert. Ein wichtiger Grund für diese Steigerung war die Einbindung der Mitarbeiter. Nach zehn Jahren wachsen die Zahlen der neu ausgegebenen Karten sowie die Nutzungsquote immer noch.
>
> Weitere Effekte waren: Eine enorme Reduktion des klassischen Werbeetats. Und über die umfangreichen Kundendaten ist es möglich, das Kaufverhalten und damit auch die Wareneinkäufe besser zu steuern. Um den gleichen Umsatz zu erzielen, musste deutlich weniger Ware gekauft werden. Und im Schlussverkauf musste weniger rabattiert (Abschriften) werden, weil weniger auf Lager lag. Das ist CRM entlang der Wertschöpfungskette.

▶ **Weitere Tipps** Wer eine Kundenkarten- oder ein Kundenbindungsprogramm konzipiert, sollte nicht gleich alle Asse auf den Tisch legen. Nach einer Umfrage, welche Vorteile der Kunde präferiert, sollte sich das Unternehmen ein oder zwei Asse im Ärmel behalten. Diese Vorteile können nach einem oder zwei Jahren aus dem Ärmel gezogen werden. So bleibt die Attraktivität des Programms gewährt. Ein anderer Aspekt ist das „akquisitorische Potenzial" eines Kundenbindungsprogramms. Die Vorteile müssen den neuen Kunden oder den Nicht-Karten-Kunden ansprechen, ja, bei ihm Begehrlichkeit auslösen. Nur so werden Kundenkarten-Programme attraktiv.

Ein Kundenbindungsprogramm ist dann attraktiv, wenn es Vorteile bietet, die „exklusiv" sind. Exklusiv bedeutet nicht teuer. Exklusiv bedeutet: „Karteninhaber erhalten den Vorteil", die anderen nicht. Diese konsequente Denkweise führt in Diskussionen mit Führungskräften oft zu Differenzen. Dennoch halte ich an dieser Denkweise fest. Ansonsten bekommt das Programm keine oder eine zu geringe „Aufladung". Diese Attraktivität ist jedoch wichtig für die Positionierung.

Sollte eine eigene Karte entwickelt werden oder die Teilnahme an einem Verbundprogramm gewählt werden? In Abb. 15 ist eines schnell ersichtlich: 63 % aller Befragten wünschen sich von einem Kundenbindungsprogramm beziehungsweise einer Kundenkarte, dass sie in möglichst vielen Geschäften einsetzbar ist, also eine hohe Zahl an *Akzeptanzstellen* existiert. Dies zeigt, dass die

Akquisition und Kundenbindung

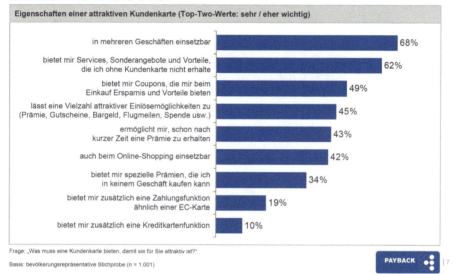

Abb. 15 Attraktivität von Bonus- und Rabattprogrammen sowie Kundenkarten. (Quelle: TNS Emnid/Payback 2010)

Mehrheit der Deutschen an Programmen wie Payback oder Deutschland Card interessiert sind.

Diese Angleichung bedeutet, dass alles über ein CRM- oder Kampagnenmanagement-System läuft. Das Look-and-Feel ist zwar unterschiedlich. Aber die Kampagnen werden für alle gleich entwickelt. Das ist für manche Firmen wiederum der Vorteil. Es werden keine eigene IT und eigene Mitarbeiter benötigt. Dadurch sollen *Skalierungseffekte* erreicht werden. Es gibt sicher Unternehmen und Zielgruppen, bei denen sich das lohnt. Auf der anderen Seite muss ein Unternehmen sich fragen: Habe ich eine starke Marke, will ich eine werden? Wenn ja, dann lohnt sich die Überlegung und Entscheidung, eine Kundenkarte nur für seine Kunden auszugeben.

Was ist der Nachteil an diesen Multi-Partner-Programmen ein Unternehmen, das sich einer solchen Organisation anschließt, verzichtet auf ein einheitliches Markenbild.

Denn immer steht „seine" Marke unter dem Dach des Kundenkarten-Herausgebers.

Und man bekommt kein einzigartiges Programm, sondern muss sich am Durch- schnitt aller Wünsche der anderen Partner orientieren. Das führt zu keinem USP-Beitrag. ◄

Das Beispiel für einen Ausstieg aus Payback ist Kaufhof/Karstadt. Die Retail-Gruppe hat sich entschieden, ein komplett eigenes Programm bzw. eine eigene Karte zum Start des Jahres 2020 einzuführen.

4.4 Kundenclub

Bei Kundenclubs handelt es sich um das Bemühen von Unternehmen, Kunden in Clubs zu organisieren, um so eine höhere Kundenbindung bzw. Kundenloyalität sowie eine unentgeltliche Mund-zu-Mund-Werbung zu erzielen. Clubveranstaltungen dienen dem persönlichen Informationsaustausch sowie der Durchführung von Events. Die Unternehmung kann gezielte Werbeaktionen durchführen und durch Befragungen wichtige Marktforschungsinformationen z. B. für die Entwicklung von Innovationen erhalten. Sondermodelle können getestet werden; Clubmitgliedern können spezielle Preisnachlässe gewährt werden. Verbreitet sind Kundenclubs bei Büchern, Möbeln, Motorrädern und Automobilen (Gabler Wirtschaftslexikon 2013). Auch im B2B sind durcheinige Kundenclubs zu finden.

Die typischen Merkmale eines Kundenclubs lassen sich wie folgt zusammenfassen:

- Meist ist er von einem Unternehmen initiiert.
- Es gibt meist Eintrittshürden, die, je nach Ziel, niedrig oder höher angesetzt werden (z. B. monetäre Werte, Eigentum/Besitz oder Fähigkeiten).
- Der Club ist offen für alle Interessierten bzw. geschlossen und ihm kann nur auf Einladung oder Empfehlung beigetreten werden.
- Er bietet eine Austauschplattform zum Dialog an – zum einen zwischen Unternehmen und Mitglied, zum anderen zwischen den Mitgliedern selbst. Hier verbindet sich das Thema Club mit dem Thema Community Management (siehe Abschn. 4.5).
- Es gibt exklusiv für Mitglieder Clubleistungen oder Angebote. Diese werden je nach Dauer der Mitgliedschaft oft noch differenziert.
- Meist bildet der Club nur einen kleineren Ausschnitt der Zielgruppe ab. (Hier stellt sich die Frage, welches Ziel der Club verfolgt: Qualität oder Quantität.)
- Der Club kann als Vertriebs- und Marketinginstrument sowie zur Produktentwicklung genutzt werden.
- Ein Club hat eine Satzung oder definierte Regeln.

Beispiele für Kundenclubs (Stand Januar 2020) sind:

- B-t-C
  - Steiff
  - Märklin
  - Dr. Oetker Back-Club
  - Harley Owner Group
  - Ikea Family Club

- B-t-B:
  - Grohe Smart
  - Festool Service all-inclusive
  - Office-Gold-Club: Hersteller von Büro-Accessoires
  - Marketing-Clubs im Deutschen Marketing Verband

4.5 Community

Eine Community ist eine kleine oder große Gruppe mit gemeinsamen Interessen und Werten, unabhängig ob regional, national oder international. In Zeiten des Internets sind sie eine Gruppe von Personen, die sich intensiv miteinander über Themen, Produkte etc. austauscht. Ein oder mehrere Moderatoren koordinieren oder sorgen für die Einhaltung definierter Regeln.

In den Zeiten des Internets und Social Media ist das Thema Community-Management immer wichtiger geworden. Wo grenzt sich der Club zum Community-Management ab? Diese Frage ist nicht einfach zu beantworten. Denn viele Clubs sind eine oder haben sich zu einer Community entwickelt.

Der wichtigste Unterschied ist, dass eine Community in der Regel nicht vom Unternehmen initiiert und geführt wird. Die Initiative wird zwar gerne vom Unternehmen unterstützt, dennoch lässt sich die Community nicht gerne „die Butter vom Brot nehmen". Es ist auch für das Unternehmen vorteilhaft, nicht oder nur wenig in Erscheinung zu treten und nur zu beobachten. Einige Communities haben Zugangsvoraussetzungen (z. B. LinkedIn/XING-Gruppen) und damit ihre eigenen Regeln. Auch die Absatzförderung (ehemals Vente privée, jetzt Veepee) ist ein erklärtes Ziel. Fazit: die Grenzen verschwimmen. Je autonomer sich eine Gruppe ohne das Unternehmen zeigt, desto weniger Einfluss sollte man versuchen auf diese Gruppe zu nehmen. Das wäre eher kontraproduktiv.

Eine spannende Mischung aus Club und Community ist der Querdenker-Club. https://www.querdenker.company/

4.6 Kundenrückgewinnung

Eine besondere Form der Kundenbindung ist die Kundenrückgewinnung. Sie kümmert sich um diejenigen Kunden, die sich aus den verschiedensten Gründen nicht mehr aktiv mit dem Unternehmen auseinandersetzen oder den bestehenden Vertrag kündigen.

Die inaktiven Kunden können z. B. nach Abwanderungsgruppen (siehe Erklärung in Tab. 3) wie folgt unterschieden werden:

- unabsichtlich vertriebene Kunden
- abgeworbene Kunden
- ungewollt ausscheidende Kunden
- sich entfernte Kunden

Tab. 3 Abwanderungsgründe. (Quelle: Schöler 2010, S. 508 ff.)

Unabsichtlich vertriebene Kunden oder sich entfernte Kunden
Gibt es Kundenprobleme, für die keine Lösung angeboten oder kommuniziert wird?
Es sollte nach Schwachstellen in der individuellen Kundenbearbeitung gesucht werden
Gibt es Schwachstellen im Angebot, in den Leistungen, Prozessen oder im Beschwerdemanagement?
Welche Informationen zur Fehlervermeidung lassen sich finden?
Von der Konkurrenz abgeworbene Kunden
Das Unternehmen benötigt Informationen über Angebote und Verhalten von Wettbewerbern
Es muss analysiert werden, wie die Kundenwahrnehmung der Positionierung des Unternehmens und Wettbewerbs ausgestaltet ist
Auch die Kundenwahrnehmung von Preisen und Leistungen im Vergleich zum Wettbewerb ist relevant
Gibt es Lücken im Leistungsangebot?
Hat das Unternehmen Schwächen im Kundenbindungs- und Abwanderungspräventionsmanagement?
Abwechslung suchende Kunden
Die Analyse von Profilen und Verhaltensmustern illoyaler Schnäppchenjägern kann zur Klärung beitragen.
Veränderung im Bedürfnis der Kunden führen zu anderen Präferenzen
Schwachstellen im Leistungsangebot verhindern es, dass Abwechslung suchende Kunden ein passendes anderes Angebot beim gleichen Unternehmen finden
Schwachstellen in der Erfassung veränderter Bedürfnisse der Kunden verhindern es, dass das Unternehmen dies erkennt
Weggekaufte Kunden (mit einem kurzfristigen Geldvorteil verbunden)
Hinweise zur Erweiterung oder Variation des Leistungsangebotes eines Wettbewerbers lassen die Gefahr erkennen, dass Kunden zu diesem abwandern
Vom Unternehmen „vertriebene" Kunden

- Abwechslung suchende Kunden
- weggekaufte Kunden
- „vertriebene" Kunden

Dieser sehr theoretische und komplizierte Ansatz sollte auf eines hinwirken: Es gilt die Gründe für die Abwanderung von Kunden zu recherchieren und mögliche Strategien entwickeln, ihnen entgegenzuwirken.

Das Rückgewinnungsmanagement kann danach unterschieden werden, ob die Kündigung in mündlicher, schriftlicher oder persönlicher Form mitgeteilt wurde.

Bei *mündlichen* Kündigungen werden Kündigungsteams zur Abwehr eingesetzt. Diese erreichen eine hohe Rückgewinnungsquote, da der Kunde sich oft noch in der Entscheidungsfindung befindet. Um den Zeitpräferenzen der Kunden entgegen zu kommen, ist die Vereinbarung von Rückrufterminen zu empfehlen.

Bei *schriftlichen* Kündigungen sollte der telefonische Kontakt nach Eingang der Kündigung mit Anrufversuche zu verschiedenen Tageszeiten gesucht werden. Die

Rückgewinnungsquote ist geringer sein, da die Entscheidung meist schon fest getroffen wurde.

Bei *persönlicher* Kündigung am Point of Sale erreichen Rückgewinnungsversuche bzw. Gespräche, in denen man versucht aufgekommene Probleme zu lösen, sehr hohe Rückgewinnungsquoten. Bleibt der Kunde bei seiner Kündigungsabsicht, kann der Verweis auf eine schriftliche Kündigung hilfreich sein. Das ermöglicht wenigstens eine zweite, wenn auch kleine, weitere Chance.

In der Praxis findet man meist folgende *Gründe* für die Beendigung einer Kundenbeziehung:

- Der Kunde ist *unzufrieden* mit dem Preis, der Leistung oder der Qualität oder das Image der Marke passt nicht mehr zu seiner Erwartung.
- Der Kunde ist *zufrieden*, er findet aber im vorhandenen Sortiment keine passende Lösung, oder der Bedarf ist nicht mehr vorhanden, oder der Vertrag läuft aus.
- Der Kunde hatte für das Unternehmen *keinen Wert* und die Vertriebs- oder Werbemaßnahmen werden eingestellt. Das Unternehmen löst den Vertrag auf oder verzichtet auf die Verlängerung eines auslaufenden Vertrags.

Die *Rückgewinnungsmaßnahmen* unterscheiden sich nach

1. dem realen bzw. potenziellen Kundenwert
2. dem Zeitpunkt der Kündigung
   a. kurz vor Ablauf der Kündigungsfrist
   b. kurz nach Abschluss des Vertrags („Angst"-Kündigung)
3. dem Zeitpunkt, zu dem man die (potenzielle) Abwanderung erkannt hat
4. dem Medium, über das die Kündigung ausgesprochen wurde
5. dem Grund der Kündigung oder Abwanderung
6. dem Angebotsmodell, welches der Kunde genutzt hat
7. der Wahrscheinlichkeit beziehungsweise Chance der Rückgewinnung

Generell ist es wichtig zu klären, ob man den Kunden zurückgewinnen will oder nicht. Herrscht Klarheit, dass man ihn nicht kampflos aufgeben will, geht es an die Arbeit.

Es muss geklärt werden, wie man den Kunden anspricht, über welches Medium. Wer spricht den Kunden an, der Geschäftsführer oder ein Telefonagent? Was ist der Gesprächsaufhänger und wie sieht der Gesprächsleitfaden aus? Welche Einwandsargumente kann man antizipieren? Was ist das Angebot, welches man dem Kunden unterbreitet? Geht es um den gleichen Vertrag oder einen anderen? Möchte man günstigere Konditionen oder andere Tarife anbieten? Kann das Verhältnis zu Kunden so geändert werden, dass keine vertragliche Bindung mehr gilt, sondern eine jederzeitige sofortige Beendigung ermöglicht wird? Oder wird eine kurze Vertragsverlängerung als weitere Probezeit angeboten?

Das Unternehmen muss einschätzen oder erfragen, wie zufrieden ist der Kunde nach dem Gespräch ist. Dies ist wie beim Beschwerdemanagement wichtig. Wenn der Kunde sich durch hohe Anreize nur „unter Druck" gesetzt fühlt, zurückzukommen, ist das Investment umsonst. Die nächste Kündigung ist abzusehen.

Das Folgeverhalten nach der Rückgewinnung sollte analysiert werden. Denn oft stellt man fest, dass (gerade in der Branche der Telekommunikation oder bei Versicherungsunternehmen) die Kunden immer nach den besten Konditionen feilschen und somit zum Schmetterling werden und immer zu den billigsten Anbietern wechseln. Ob sich bei solchen Kundengruppen eine Rückgewinnung überhaupt lohnt, ist zu prüfen.

Deshalb gilt hier die Empfehlung, einen Zähler in der Kundendatenbank einzubauen: Wie oft ist der Kunde reaktiviert/zurückgewonnen worden? Je größer diese Zahl ist, umso weniger lohnt sich wahrscheinlich ein nächster Versuch.

Noch ein Hinweis zum Thema „Wer spricht den Kunden an?" Viele Firmen haben beim Rückgewinnungsmanagement Mitarbeiter mit Inbound-Fähigkeiten im Einsatz. Das ist meist ein gravierender Fehler. Denn an dieser Stelle müssen Mitarbeiter mit Outbound-Fähigkeiten sitzen. Denn nichts ist im CRM schwieriger, als einen Kunden, der gekündigt hat, wieder zurückzuholen. Das kommt einer 180-Grad-Wende gleich und diese Überzeugungsleistung können nur die besten Beziehungsmanager erreichen. Das Wort „Verkäufer" soll hier bewusst nicht zum Einsatz kommen.

5 Fazit und Ausblick

Kundengewinnung wird in vielen Firmen leider immer noch als einziges Mittel für Wachstum angesehen. Das liegt daran. Das liegt daran, dass sehr viele Firmen nicht messen, welche Kunden sie warum verlieren. Wenn dies klare wäre, dann würde die Kundenbindung mehr Fokus erhalten. Die digitale Kommunikation bietet neue Möglichkeiten der Kundengewinnung. Ob diese wirksamer sind, gilt es zu testen bzw. zu messen.

Mitarbeiterbindung ist Kundenbindung. Darüber hinaus gilt: Kundenbindung entsteht durch die passende Kommunikation „entlang des Kundenlebenszyklus" (Abb. 1). Wer sich je nach Status eines Kunden innerhalb des Lebenszyklus den richtigen Vorteil und/oder die passende Kommunikation ausdenkt und umsetzt, erreicht Kundenbindung. Firmen, die dies strategisch machen, verlängern dadurch die Beziehung und vermeiden oder reduzieren zumindest die Gefahren eines Kundenverlusts. Ob die Bindung durch ein Bonusprogramm, Statuselemente oder durch guten Service erreicht wird, ist erst einmal unwichtig. Neben der reinen Produkt- oder Service-Leistung hilft ein passendes Bindungsprogramm dabei, sich von der Konkurrenz zu differenzieren. Darüber hinaus geht die ständige Verbesserung der Haltbarkeit in aller Regel mit einer verbesserten Rentabilität einher.

Kundenkarten werden heute durch Apps ersetzt. Herausgeber mit innovativen Ideen bieten ihren Kunden schon Apps auf dem Smartphone zum Bestellen an. Das hat einen Vorteil: Früher oder später läuft die Kommunikation über das Smartphone. Vor allem die Bezahl-Apps werden in Zukunft eine wichtige Rolle spielen. Das Unternehmen ist also in den Augen und im Ohr des Kunden – näher geht es nicht!

Zusammenfassung

Als Basis zur Erklärung von Kundengewinnung und -bindung werden das AIDA-Schema und der Markendreiklang (Bekanntheit, Sympathie, Kaufbereitschaft) herangezogen.

Der Kundengewinnungsprozess lässt sich in verschiedene Phasen gliedern, die mit der Anbahnungsphase beginnen; daran schließt sich die Lead-Qualifizierung an. Neben der Kundenbindung ist auch die Interessentenbindung vor allem im Business-to-Business-Geschäft wichtig. Es werden verschiedene Arten der Kundenbindung unterschieden, die lokale, vertragliche, ökonomische, technisch-funktionale und die emotionale Bindung.

Zu den typischen Instrumenten der Kundenbindung gehört eine CRM-Strategie, die eine breite Palette von Kommunikationsmöglichkeiten umfasst. Kundenkarten haben eine Vielzahl von Funktionen, und Unternehmen müssen sich entscheiden, ob sie nur eine oder mehrere Karten herausgeben wollen, die sich nach der Wertigkeit der Kunden unterscheiden. Diese Differenzierung in beispielsweise Bronze-, Silber, Gold- und Platinkarte dient als Basis für differenzierte Services und Mehrwerte für die Mitglieder des Kundenclubs. Das Community-Management bekommt durch die digitale Kommunikation deutlich mehr an Bedeutung.

Literatur

1A Relations GmbH. DDA – Vorlesungen, Ebersbach 2008 bis 2013.
absatzwirtschaft.de Markenlexikon, Definition Markendreiklang. (2013). Zugegriffen am 15.10.2013.
Gabler Wirtschaftslexikon Online. http://wirtschaftslexikon.gabler.de/Definition/kundenclub.html. Zugegriffen am 23.11.2013.
Hippner, H., Hubrich, B., Wilde, K., & Arndt, D. (2011). *Grundlagen des CRM: Strategie, Geschäftsprozesse und IT-Unterstützung*. Wiesbaden: Springer Gabler.
Krafft, M., & Klinsporn, B. (2007). *Kundenkarten erfolgreich gestalten*. Frankfurt/Münster Handelsblatt.
Payback, Emnid: Bonusprogramme in Deutschland, Befragung zur Einstellung von Verbrauchern zu Kundenkarten. (2012).
Roland Berger. (Hrsg.). (2003). *Studie zu Kundenkarten*. München.
Schöler, A. (2010). Rückgewinnungsmanagement. In H. Hippner & K. D. Wilde (Hrsg.), *Grundlagen des CRM* (3. Aufl., S. 501–525). Wiesbaden: Springer Gabler.
Statista.de Hamburg. (2013). Statista.de (Hamburg). Zugegriffen am 29.02.2020.

Internationales Dialogmarketing

Heiner Eberle

Inhalt

1 Dialogmarketing in Europa und weltweit 172
2 Internationales Dialog Marketing im Online Handel 174
3 Betrachtung und Implikationen des internationalem Customer Relationship
  Managements 175
4 Emailings und klassische Direktaussendungen 178
5 Email-Kommunikation als Medium des Dialoges 181
6 Versandhandel in Europa und weltweit 183
7 Aufgabenverteilung und Prozesse bei der Konzeption und Durchführung von
  Dialogmarketing Maßnahmen 186
8 Zusammenfassung und Ausblick 193
Literatur 194

Zusammenfassung

In einer grenzenlosen und globalisierten Welt, bei einer zunehmend enger werdenden Vernetzung, bedeutet Erfolg zu haben, sich entweder in einer lokalen Nische zu etablieren oder – weniger romantisch – global zu agieren.

Das Ziel von internationalem Dialogmarketing: Kunden über Grenzen hinweg gewinnen, mit Kunden Dialoge führen, den Kundenwert nachhaltig steigern und Loyalität schaffen, unabhängig von Standort oder Entfernung.

Das Ideal: Die Kundennähe eines Tante-Emma-Ladens auf globale Dimensionen zu übertragen. Das Maß an Vertrauen, an Kenntnissen über persönliche Vorlieben, Abneigungen, Gewohnheiten, über die Person des Kunden, die „Tante Emma" hatte, in der Beziehung zwischen Anbieter und Kunde auf globaler Ebene wiederzufinden („Data driven Marketing").

H. Eberle (✉)
Ogilvy GmbH, Frankfurt am Main, Deutschland
E-Mail: heiner.eberle@ogilvy.com

Schlüsselwörter

CRM · Dialogmarketing · International · Europa · New Economy · Online Handel · Email Marketing · Versandhandel · Kampagnenentwicklung · Loyalty · Kundengewinnung · Kundenbindung · Kommunikation

1 Dialogmarketing in Europa und weltweit

▶ Das Dialogmarketing hat in den Ländern Europas und global betrachtet eine unterschiedliche Bedeutung. In diesem Kapitel werden die Begriffe Dialogmarketing, Internationales Dialogmarketing und Customer Relationship Marketing (CRM) abgegrenzt und beschrieben. Die gegenwärtige Situation wird aufgezeigt.

Schon 2006 beschrieb Alistair Temples, Generaldirektor Europäischer Verband für Direkt- und Interaktiv-Marketing (Federation of European Direct and Interactive Marketing, FEDMA): „Je mehr wir uns auf Online-Maßnahmen stützen und je „virtueller" wir werden, desto mehr verlieren physische Landesgrenzen an Bedeutung. Wir bewegen uns rapide fort von einem Zustand, in dem Marketing- bzw. Werbestrategien global entwickelt und lokal umgesetzt wurden (engl. „global marketing") hin zu einem Stadium, in dem Produkte speziell für eine Kundengruppe entwickelt werden. (...)" (Temples 2006).

Dialog- oder Direktmarketing: Versuch einer Begriffsdefinition:
Unter dem Begriff *Internationales Direktmarketing* folgen wir der Definition von Krafft, Hesse u. a.: „Internationales Direktmarketing im weiteren Sinne umfasst alle Marketingaktivitäten, die sich einstufiger (direkter) Kommunikation und/oder des Direktvertriebes bzw. des Versandhandels bedienen, um Zielgruppen im Ausland in individueller Einzelansprache gezielt zu erreichen. Internationales Direktmarketing im weiteren Sinne umfasst ferner solche marktgerichteten Aktivitäten, die sich mehrstufiger Kommunikation bedienen, um einen direkten, individuellen Kontakt mit Zielgruppen im Ausland herzustellen" (Krafft et al. 2005).

Als die dominierenden *Ziele* aus der Sicht der Entscheidungsträger des Dialogmarketings kristallisieren sich folgende heraus:

- Neukundengewinnung
- Kundenbindung
- Kundenservice
- Kundenrückgewinnung
- Verkauf von Produkten und Dienstleistungen
- Markenbindung und Markenführung

Die Strategien und Mechanismen betrachten wir hier völlig medienneutral: Online und Offline sind keine Gegensätze oder Alternativen, sondern logisch ineinandergreifende Formen und Methoden der Kommunikation.

Die großen Vorteile des Dialogmarketings bleiben natürlich auch in internationaler Aufstellung erhalten:

- die Zurechenbarkeit des Erfolges zu individuellen Maßnahmen, einzelnen Aktionen und Auslösern,
- die Messbarkeit aller Aktivitäten und damit der Aufbau einer langfristigen Erfahrungs- und Lernkurve,
- die Individualisierung aller Kommunikation, die heute weit über die einfache Personalisierung von Werbemitteln hinausgeht,
- der große Vorteil von Tests unter realen Bedingungen und der schnellen Anpassung der Maßnahmen.

Trotz allem waren die Ausgaben für Dialogmarketing im Verhältnis zu den Gesamt-Spendings in den letzten Jahren sehr volatil. Die Zahlen für Deutschland (Deutsche Post 2019):
Veränderung gegenüber dem Vorjahr:

2013: +4,7 %
2014: +0,3 %
2015: +0,4 %
2016: +0,8 %
2017: +4 %
2018: −2 %

Dialogmarketing kann auch als wesentlicher Baustein des Customer Relationship Managements (CRM) betrachtet und so besser eingeordnet werden. Das CRM geht über die reine Kommunikation allerdings hinaus und bezeichnet im wesentlichen auch die Realisierung einer Unternehmens-Philosophie.

Die Definition von Dr. Heinrich Holland (Holland) (Holland, Gabler, CRM):
„CRM ist zu verstehen als ein strategischer Ansatz, der zur vollständigen Planung, Steuerung und Durchführung aller interaktiven Prozesse mit den Kunden genutzt wird.

(…)

CRM umfasst das gesamte Unternehmen und den gesamten Kundenlebenszyklus und beinhaltet das Database Marketing und entsprechende CRM-Software als Steuerungsinstrument. Das Ziel besteht darin, eine optimale Kundenorientierung zu erreichen.

(…)

Im Mittelpunkt des CRM stehen die Sicherung der Kontinuität, Stabilität und Intensität einer ökonomisch attraktiven Hersteller-/Handels-Kundenbeziehung, die Senkung der Kosten für Akquisition und Beziehungspflege sowie die Anbahnung neuer Beziehungen durch Referenzwirkungen zufrieden gestellter Kunden."

An dieser Stelle eine wichtige Abgrenzung: Dialogmarketing bzw. CRM im Rahmen von Social Media (facebook, twitter, instagram, etc.) nimmt einen immer weiteren Raum ein, da hier Targeting Möglichkeiten, datenbasierte Kommunikation, Storytelling entlang einer definierten Customer Journey, Personalisierung usw. ein völlig neues Niveau erreichen. Dieser Aspekt wird hier nicht weiter betrachtet. Siehe hierzu weiteres in dieser Veröffentlichung.)

2 Internationales Dialog Marketing im Online Handel

▶ Einen großen Einfluss auf das internationale Dialogmarketing als Strategie im Online Handel hat die weltweite Entwicklung und Veränderung des Verbraucherverhaltens.

Internationale Versender, Shopping Portale und E-commerce Unternehmen betreiben internationales CRM und Dialogmarketing mit großem Erfolg: Land's End bietet Waren in über 170 Ländern an, LL Bean in 146 Ländern, Amazon und Alibaba agieren von Anfang an global. Technik, Software und Logistik sind dabei die logischen Voraussetzungen, genau so wie die Infrastruktur, also die Etablierung globaler Versandorganisationen, zentrales/lokales Warehousing und Finanzdienstleister.

Das internationale Direktmarketing ist gewachsen durch die Verbreitung von technischen Infrastrukturen, die weitere Entwicklung von Datenbanken, CRM Systemen, Marketing Automatisierung, die Durchdringung global verfügbarer Zahlungssysteme, und die Etablierung globaler Versender.

Direktmarketing, verstanden als Chance, direkt auf potenzielle Kunden zuzugehen, ist damit der Entwicklung der Globalisierung gefolgt und hat sich neue Potenziale erobert. Die Verbreitung und der leichte Zugang zu globalen Infrastrukturen ist aber gerade auch für kleinere und mittelständische Anbieter Chance und Herausforderung, auf globalen Märkten Erfolge zu finden.

Bei der Entscheidung zur Internationalisierung wird es jedoch nicht ausreichend sein, einen Shop nur in die jeweilige Landessprache zu übersetzen. Es lohnt sich immer, lokale Besonderheiten und Online-Gepflogenheiten zu beachten.

Mehrsprachigkeit ist allerdings aufwändig. In einigen Spezialbereichen kann es ausreichend sein, auf einige wenige, wesentliche Sprachen zu setzen (IT Produkte z. B.). Je breiter das Angebot ist, je breiter auch die Zielgruppen, desto eher wird die Kommunikation in der jeweiligen Landessprache unumgängliche Voraussetzung, vor allem auch für den sensiblen Bereich der Reklamationsbearbeitung.

Letztlich sind aber die Entscheidungen zur Produktauswahl und Produktverfügbarkeit pro Land die wesentlichen Herausforderungen und Chancen. Wie schon oben erwähnt, sind besonders bei Lifestyle-Artikeln lokale Präferenzen, kulturelle Unterschiede, Abneigungen, Moden und Trends ausschlaggebend. Hier können eine einfache Adaption von Angeboten und eine einfache Ausweitung des Angebotes in weitere Länder zu herben Enttäuschungen führen. Lokale Unterschiede bestimmen nicht nur das Angebot, die Kommunikation dazu, sondern auch die Produktinszenierung und die Tonality.

Laut Prof. Dr. Christoph Burmann (Burmann) (Burmann, Gabler „Internationales Marketing") kann man prinzipiell zwischen Internationalem, Multinationalem, Globalem und Transnationalem Marketing unterscheiden:

Im **internationalen** Marketing basiere die Strategie auf einer ethnozentrischen Grundorientierung. Das Unternehmen gehe davon aus, dass ihre Marken in gleicher Weise im Ausland funktionieren wie im Inland. Es werden lediglich Sprache und rechtliche Bestimmungen berücksichtigt. Unternehmen, die erstmals auf einem internationalen Markt tätig werden, greifen meist auf diese Strategie zurück.

Im **multinationalen** Marketing hingegen, ergebe sich die Strategie aus einer polyzentrischen Orientierung, in der die Einzigartigkeit jedes Landes berücksichtigt wird. Dies Form erfordere ein stark differenziertes Marketing, was mit einem hohen Einsatz an Ressourcen, aber auch mit höheren Erfolgschancen verbunden ist.

Das **globale** Marketing setzt wiederum auf einen geozentrischen Ansatz. Hier werden homogene Zielgruppen länderübergreifend definiert und entsprechend beworben.

Das **transnationale** Marketing bezeichnet eine Mischstrategie, welche versucht, Standardisierungsvorteile des globalen, mit den lokalen Differenzierungsvorteilen zu verbinden (vgl. ebd.).

Welche Marketingform nun für ein Unternehmen zu wählen ist, hängt von vielen verschiedenen Faktoren ab. Entscheidend sind einerseits die Anzahl der Märkte, auf denen ein Produkt beworben bzw verkauft werden soll, die zu Verfügung stehenden Ressourcen aber auch die Produktart selbst (Quelle siehe oben).

3 Betrachtung und Implikationen des internationalem Customer Relationship Managements

▶ Probleme und Lösungen der grenzüberschreitenden Strategie zeigen sich in kulturellen, prozessualen, markt-gegebene und produkt-bezogenen Bereichen.

Dialogmarketing als kommunikative Methode im Rahmen eines mehr oder weniger komplexen CRM Systems ist immer erfolgreich, wenn es „lokal", „direkt" und „nah" am Kunden ist, der Anbieter den Kunden kennt und seine Bedürfnisse versteht, weil ein *Dialog* auf einer persönlichen Ebene langfristige Bindung schaffen kann, Vertrauen und eine dauerhafte Kundenbeziehung. Wie ist es möglich, diese Beziehung zu schaffen und diesen Erfolg auch über Grenzen hinweg zu erreichen?

Ob eine Dialogmarketing-Aktion analog oder digital im Land erfolgreich ist, hängt von Akzeptanz und Relevanz ab. Dabei sind lokale Werte, Einstellungen, Erwartungen wie Kultur, Ethnie, Religion, Sozialstruktur, etc. maßgeblich. Ganz abgesehen von technologische Voraussetzungen (Breitbandverkabelung, Netzausbau, Zugang zu Online Services, etc.)

Damit stellt sich die Frage der individuellen „user/customer experience" und der Professionalität der im Hintergrund arbeitenden CRM Lösung. Ein CRM Tool, das rechtliche lokale Bestimmungen berücksichtigt und zumindest mehrsprachig ist, ist hier Voraussetzung. Spezifische Anpassungen der jeweiligen Aktionen durch eine Marketing-Zentrale an die lokalen Gegebenheiten verschlankt die Prozess und

Teams (in den Märkten), ermöglicht direkte Steuerung, Erfolgsmessung und Flexibilität. Die lokalen Marketingabteilungen können dabei an Bedeutung verlieren bzw. eine andere Art der Zusammenarbeit untereinander etablieren.

Die Idee und Tendenz neuester CRM Systeme besteht ja auch in der Simulation einer zunehmenden „Intelligenz", die Kundenwünsche im Voraus analysiert, Wahrscheinlichkeiten zu Kaufabsichten und Bedürfnissen nutzt und generell auf umfangreichen Datenmengen basierte Modelle zur Absatzsteigerung verwendet.

International können Bedürfnisse in unterschiedlichen Kulturen durch die Analyse des User-Verhaltens in den jeweiligen Ländern in die Kommunikation oder die Darstellung des Angebotes einfließen und flexibel angepasst werden. „Tante Emma" wird also global und demonstriert Nähe und Relevanz in allen Regionen der Welt. Das Kundenerlebnis verbessern heißt, die Absatzchancen verbessern. Somit ergeben sich aus der Kombination von operativen Zahlen und User-Experience Analysen eindeutige Hinweise auf Präferenzen und Abneigungen in den unterschiedlichen Märkten.

Durch das Wissen, was die Kunden voraussichtlich wollen und denken, rückt in der Tat der „Tante Emma" Ansatz wieder ins Blickfeld.: Nähe und Relevanz, Wissen („Ahnungen") über Bedürfnisse und Vorlieben als Basis für Verkaufsgespräche. Kunden stehen wieder im Mittelpunkt.

Risiken und Herausforderungen:
Kleinere und mittelständische Unternehmen sind von den oft zu mächtigen und teuren Systemen überfordert, scheuen die Kosten der strategischen Integration in einen (vermeintlich noch) gut funktionierenden laufenden Betrieb, stoßen auf den Widerstand der Vertriebsabteilung (Stichwort „Transparenz" und „Kontrolle"), oder scheuen den Aufwand, Stamm- und alle weitere Daten konsequent in das CRM Tool zu integrieren.

Die Forderung nach Effizienzsteigerung und Profitabilitätswachstum in global agierenden Unternehmen kann bei Einführung eines CRM Systems oft auch zur Reduktion oder Ausdünnung der Marketingabteilungen in den Ländern führen – zugunsten der Konzentration bei Macht- und Führungs-Funktionen in der Zentrale. Das Problem, das sich hier stellt: Der Bedarf der Länder nach Berücksichtigung kultureller Eigenheiten wird nicht gehört. Und: Der mangelnden Akzeptanz globaler Botschaften im Land kann nicht wie oben visionär beschrieben, über die zentrale Steuerung entsprochen werden. Das Ergebnis: steigende Unzufriedenheit, schädliche „Workarounds", fallende Erfolgszahlen.

Jedoch ist dies für die Unternehmen oft kein ausreichender Grund, das Pendel der Zentralisierung in die andere Richtung ausschlagen zu lassen und den Märkten mehr Mitsprache zu geben, wie man beobachten kann. Eher werden wiederum technische Lösungen (AI, CRM Plattformen, umfangreiche Analysen von Vergleichs-Daten/ Best practices) als neue Optionen angesehen. „Think Global, Act Local" ist schwierig umzusetzen, sofern es nur auf Kosteneinsparungen und Effizienz ankommt.

Die „CRM Studie 2020" von Muh Consulting (MUUUH) kommt zu folgender Aussage: „Unserer Einschätzung nach kann das notwendige Datenfundament aber nicht durch eine technisch einwandfreie Systemimplementierung geschlossen werden – diese ist notwendig, aber nicht hinreichend. Einführung und Betrieb von CRM-Systemen können nur dann erfolgreich sein, wenn Mitarbeiter aller Unternehmensebenen ein Verständnis dafür entwickeln, dass kundenbezogene Informationen für den nachhaltigen Geschäftserfolg unerlässlich sind. Hier braucht es ein intensives Change Management, das die Mitarbeiter dazu befähigt und motiviert, systemgestützte Kundenorientierung mit Leben zu füllen. Fehlende Umsetzung strategischer Aufgaben, eine unvollständige Datenbasis und ein fehlender Change-Prozess in den Köpfen der Mitarbeiter führen dazu, dass die CRM-Softwarelösungen in den meisten Unternehmen ihr Potenzial nicht voll entfalten können. Die nach wie vor überwiegend kritische Bewertung der CRM-Systeme (...) und die Tatsache, dass jedes dritte Unternehmen über die Ablösung seines CRM-Systems nachdenkt, belegen den Misserfolg."

Weitere Innovationsschritte im CRM werden durch Datenanalysen und künstlicher Intelligenz unterstützt. Dem Einsatz von KI wird besonders bei der Personalisierung und beim exakten Targeting eine große Bedeutung zugemessen. Dem Einsatz von Chatbots als Dialogpartner wird derzeit (2020) – zumindest bei einfachen Anfragen – eine gute Chance für weitere Effizienz- und Convenience-Gewinne attestiert.

Auf die Frage, in welchen Bereichen der Einsatz von KI im Marketing besonders vielversprechend ist, antworteten (Deutschland 2019, 101 Befragte) 89 % der Befragten mit „Personalisierung", 82 % nannten „Optimierung des Targeting", 75 % „Kundenerlebnisse (digitale Assistenten)" und 66 % gaben „Erstellung und Optimierung von Werbeinhalten an. Dies stellt Abb. 1 dar. (Statista 2019)"

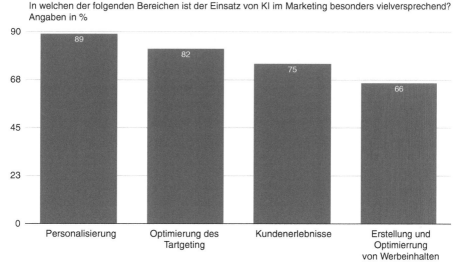

Abb. 1 Einsatz von KI im Marketing. (Quelle: Statista 2019)

Unternehmen	2018 Umsatz	2018 Marktanteil %	2017 Umsatz	2017 Marktanteil %
Salesforce	9.420,5	19,5	7.748,1	18,3
SAP	4.012,2	8,3	3.474,4	8,3
Oracle	2.669,0	5,5	2.492,9	4,8
Microsoft	1.302,0	2,7	1.132,1	2,7
Others	28.371,7	58,8	24.962,0	59,9
Total	48.230,2	100	41.726,7	100

Abb. 2 Der globale Markt für CRM Software. (Quelle: Onetoone 2019)

Der Markt für CRM:
Der Markt für CRM ist in 2018 auf 48,2 Mrd US$ gestiegen (eine Zunahme von 15,6 % gegenüber dem Vorjahr (Onetoone 2019)). „Im Bereich Unternehmens-Anwendungssoftware ist die Kategorie CRM die am schnellsten wachsende Sparte des Bereichs. Beim Umsatz hat CRM bereits 2017 den Bereich Datenbank-Management-Systeme (DBMS) überholt. (...) Bei den Top-5-Anbietern gibt es einige Veränderungen. Microsoft verdrängte Genesys von Platz 5 im Ranking. Salesforce und Adobe konnten ihren Marktanteil erhöhen, Oracle verliert leicht." (Siehe Abb. 2).

CRM Software Spendings pro Anbieter, Gesamt Software Einnahmen weltweit 2018 in Mio US $:

4 Emailings und klassische Direktaussendungen

▶ Obwohl seit einigen Jahren global betrachtet das Email die Rolle des zentralen Kommunikationsmediums eingenommen hat, ist nach wie vor auch das gedruckte Werbemittel ein erfolgreicher Weg in der Kundenbeziehung. In diesem Kapitel werden die Hintergründe aufgezeigt und Argumente für beide Vorgehensweisen genannt, wie auch die Meinungen von Anwendern aufgezeigt.

Emailings haben klassische, gedruckte Werbebriefe in weiten Bereichen ersetzt und neue Möglichkeiten der Kommunikation geschaffen (höhere Frequenz, etc.) Die klassischen Mailings als Dialogmarketing-Maßnahmen erleben jedoch derzeit eine ungeahnte Renaissance, da sie als Werbeform wieder neue Reize bieten (haptisch, emotional, 3D ...), mehr beachtet werden und damit der vermeintlich effizienteren E-Mail-Kommunikation plötzlich einen Schritt voraus sind. Außerdem sind für den Absender dabei i. d. R. weniger Datenschutz-Regeln zu befolgen (opt-in/out).

Internationales Dialogmarketing

Für große Anbieter sind klassische Direktansprachen immer das beste Medium für die Kundenansprache geblieben. „Physische Mailing sind für Bestandskunden unverzichtbar" laut einer Studie der Deutsche Post.

Hier ist die entsprechende Statisik für Deutschland (Deutsche Post 2019, Studie 31) Abb. 3 und 4:

Ob digital oder physisch greifbar, Mailings sind die beliebteste Werbeform für die Bestandskundenwerbung. Jeweils über ein Drittel der Unternehmen, die gezielt ihre Bestandskunden bewerben, nutzen dafür E-Mails bzw. volladressierte Werbesendungen. Für mehr als ein Viertel der Unternehmen mit gezielter Bestandskundenwerbung sind die physischen Mailings das wichtigste Medium: die volladressierten Werbesendungen werden von 26 % als Leitmedium genannt.

Auf die Frage nach den Vorteilen der volladressierten Werbemittel werden in derselben Studie folgende Argumente genannt:

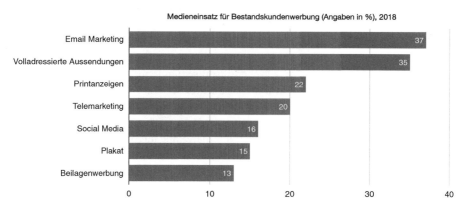

Abb. 3 Die Bedeutung von adressierten Aussendungen in der Bestandskundenwerbung

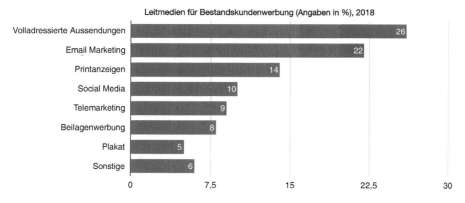

Abb. 4 Der Rang von adressierten Aussendungen in den Leitmedien

- Möglichkeit der persönlichen Ansprache 93 %
- Eignung für Kundenbindung 84 %
- Hohe Kundenakzeptanz 84 %
- Zielgruppenspezifischer Versand 83 %
- Vermittlung einer hohen Wertigkeit 78 %
- Eignung für Imagewerbung 76 %
- Gutes Kosten-Nutzen-Verhältnis 72 %
- Viel Erfahrung damit 65 %
- Gute Messbarkeit der Wirkung 64 %
- Hoher Werbeerfolg 60 %
- Neukundengewinnung 45 %
- Gut im Rahmen der Customer Journey mit anderen Medien kombinierbar 39 %

E-commerce Anbieter, die auch Direkt-Print Mailings verschicken, profitieren nicht nur von höheren Bestellwerten der Kunden, sondern auch von einer sehr langen Lebensdauer des Mediums beim Kunden. Der Warenkorb bei Bestellungen aus Print-Mailings ist in der Regel um 12 % höher als bei anderen Werbeformen. Und: „Bei allen teilnehmenden Online Shops lässt sich eine große Häufung von Bestellungen innerhalb der ersten 14 Tage beobachten, sie machen insgesamt bereits 37 % aller Bestellungen aus. Überraschend ist die Langlebigkeit eines bedarfsorientierten Printmailings im Haushalt der Verbraucher: Es verbleibt dort über mehrere Monate und generiert somit auch nach längerer Zeit konstante Umsätze und Markenkontakte für die Online Shops." (CMC 2019)

Hier lohnt sich auch ein Blick auf eine internationale ältere Studie zur Akzeptanz von Werbebriefen in unterschiedlichen Ländern (Deutsche Post, MRSC 2008) (Abb. 5).

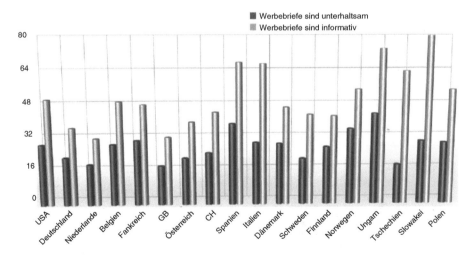

Abb. 5 Akzeptanz und Informationsgehalt von Werbebriefen; die Unterschiede zwischen einzelnen Ländern. (Deutsche Post, MRSC 2008)

Wie Abb. 5 zeigt, haben Kunden in der Slowakei, in Ungarn, in Spanien und Italien die höchste Meinung über den *Informationsgehalt* der Mailings, während Kunden in Großbritannien, den Niederlanden, in Deutschland und Österreich nur wenig Information in Mailings erwarten. Länder des europäischen Ostens wie die Slowakei, Polen, Tschechien, aber auch Schweden, Großbritannien oder die Niederlande finden Werbebriefe wenig unterhaltsam. Dagegen wird der *Unterhaltungswert* in Spanien, Ungarn oder Norwegen überdurchschnittlich hoch eingeschätzt.

5 Email-Kommunikation als Medium des Dialoges

▶ In diesem Kapitel behandeln wir Trends im Email Marketing sowie die Frage, was Emails tendenziell erfolgreich macht und was bei internationalen Email-Kampagnen zu beachten ist.

Die Email-Kommunikation können wir heute – trotz des nachhaltigen Erfolges von klassischen Werbeaussendungen – als den Standard im Dialogmarketing betrachten, sowohl lokal als auch international.

Die Email-„Flut" wird auch in den kommenden Jahren anhalten, dieser globale Trend zeigt noch keine Ermüdung, wie Abb. 6 deutlich belegt:

Sie wird nach der Studie der Radicati Group (Radicati 2019) bis ins Jahr 2023 auf ca. 347 Mrd. Emails pro Tag ansteigen, ein Zuwachs um 18 %.

Aber wie kann man erfolgreich sein, um darin nicht unterzugehen sondern mit seinem Angebot immer noch sichtbar zu bleiben? Die aktuellen Trends, die erfolgreiche Email Aktionen auszeichnen, um aus der Email- und Newsletter Flut herauszustechen sind unter anderem (Episerver o. J. a) (Episerver.de):

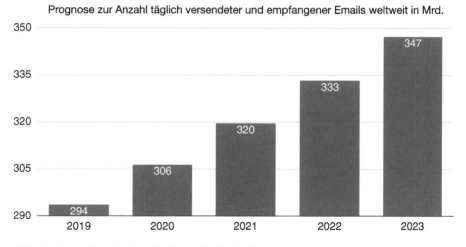

Abb. 6 Entwicklung der Email „Flut". (Quelle: Radicanti 2019)

- Interaktivität im Email (clicks, mouse-over, durch scrollen, clickbare Karussells, abhängig von der technische Voraussetzungen)
- Personalisierung, Individualisierung, dynamische Inhalte: Kunden erwarten auf sie zugeschnittene Angebote. Optimale customer experiences, die auf Analysen von User Verhalten basieren, sind weiter auf dem Vormarsch. Jeder Newsletter und jedes Werbe-Email wird zum Unikat. Der Traum jedes Direktmarketing Experten wird möglich: Wahre 1:1 Kommunikation.
- Großformatige Bilder überzeugen mehr als Text. Die Informationsspanne bei elektronischen Werbe-Emails und Newslettern beträgt 11,1 Sekunden (Litmus). Schon im oberen Drittel der Mails (above the fold) sollte mit emotionalen großformatigen Bildern die Aufmerksamkeit gefangen werden. Animierte Gifs können zusätzlich das statische Design unterstützen.
- Reduktion auf wenige inhaltliche Elemente. Relevanz ist bei einer unübersichtlichen und komplizierten Newsletter Struktur nicht mehr gegeben. Die Aufmerksamkeitsspanne lässt sehr schnell nach. Konzentration auf das Wesentliche ist maßgeblich. Vor dem Hintergrund, dass ca. 50 % der Emails mobil gelesen werden, sind großzügige und übersichtliche Gestaltung eine klare Vorgabe.
- Optimierung von Relevanz der Betreffzeilen und Pre-Header. Um dem Leser aufzufallen und als relevant zu erscheinen, sind diese Element nicht zu unterschätzen.

Bei internationalen Email-Dialogmaßnahmen sind zusätzliche Rahmenbedingungen zu beachten. Wir orientieren uns an den Hinweisen von „Episerver" (Episerver o. J. b):

- Geodaten der Empfänger sollten regelmäßig überprüft und aktualisiert werden, um sicherzustellen, dass individuell die richtige Sprache und die richtige Länderspezifikation zugeordnet wird (bei Übermittlung von IP Adressen (beim opt-in usw.).
- Damit kann auch bei automatisiertem Versand die Optimierung von Versandzeiten durchgeführt werden (Komplexität von Zeit-Zonen, Länder- und Sprachversionen).
- Wer international kommuniziert, muss auch beim Email Versand lokale kulturelle Aspekte berücksichtigen. Z. B. die länderspezifischen Öffnungsraten und generelle Präferenzen der elektronischen Kommunikation.
- Aber auch regionale „Auszeiten" sind in Betracht zu ziehen: Feier- und Gedenktage, Ferien, Arbeits- und Ruhetage (Karneval im Rheinland, „Siesta", etc).
- Lokale rechtliche Rahmenbedingungen (standardisiert innerhalb der EU durch GDPR, abweichend außerhalb der EU) sind zu beachten (opt-in/opt-out Regelungen für B2B bzw B2C Kommunikation, komplexes Content Management . . .)

Beim Vergleich und Statistiken über Ländergrenzen hinweg ist außerdem zu beachten (Email Marketing Forum):

> „Das Inbox-Verhalten ist nicht in jedem Land gleich. Das kann man beim Vergleich der Ergebnisse von E-Mail-Marketing-Kampagnen in verschiedenen Ländern feststellen. Die durchschnittliche Öffnungs-, Klick- oder Konversionsrate in einem Land ist kein Maßstab

für die anderen Länder. Warum? Unter anderem hat dies mit den lokalen Opt-in-Gesetzen und kulturellen Unterschieden im Umgang mit beruflichen und privaten E-Mails zu tun."

Ein weiteres Augenmerk ist auf die lokal vorliegenden und teilweise rechtlich bindenden „Robinsonlisten" und andere Ausschlusslisten zu legen.

Die rechtlichen Herausforderungen machen es notwendig, dass im Dialogmarketing die am Markt verfügbaren Adressen standardmäßig gegen „Negativlisten" abgeglichen und ausgeschlossen werden. Neben den unternehmensinternen Negativlisten des Anbieters (Opt-Out, fehlendes Opt-In) sind also auch die offiziell verfügbaren, landesspezifischen Negativlisten von hoher Bedeutung.

Welche Negativlisten gibt es in den Märkten? Die relevantesten sind:

- „Nixies", also Adressen, die als „unzustellbar" bezeichnet werden
- Umzugsadressen, also solche, die ihren Wert verloren haben, weil der Empfänger nicht mehr dort anzutreffen ist
- Robinsonlisten, die es in nahezu jedem Land gibt
- „schlechte Zahler", für Privatadressen etwas schwieriger, bei Firmenadressen oft sehr zuverlässig zu erhalten
- Verstorbene.

6 Versandhandel in Europa und weltweit

▶ Das Online Shopping bzw. E-commerce (klassisch: der „Versandhandel") ist ein Markt, der bedingt durch eigene E-commerce- und Online-Plattformen in den letzten Jahren stetig wichtiger geworden ist. Die Online-Kaufbereitschaft und das -Kaufverhalten unterscheiden sich in den Europäischen Ländern und weltweit jedoch beträchtlich.

Einige Fakten und Daten dazu:
Die in Abb. 7 dargestellte Analyse zeigt die unterschiedliche Online **Kauffrequenz** in unterschiedlichen Ländern:

Der Anteil des Online Handels am Gesamtumsatz des Handels wird zukünftig stetig zunehmen. Laut einer KPMG Studie (durch E-Marketer) wird der globale Handel in den Jahren 2015 mit einer Prognose bis ins Jahr 2020 (in Billionen $) von 1,5 Bio US$ auf 4,1 Bio US$ anwachsen. Der interaktive Handel, das heißt der Anteil des Multichannel Online- und Versandhandels darin, setzt seinen Erfolg fort. Die Branche wird 2020 ihren Anteil seit 2015 nahezu auf 14,6 % verdoppelt haben und damit einen Gesamtumsatz von rund 600 Mrd. $ erwirtschaften (KPMG International 2017).

Die Gründe für einen Online Einkauf sind unterschiedlich, können aber global unter dem Begriff „convenience" und „better deal" zusammengefasst werden.

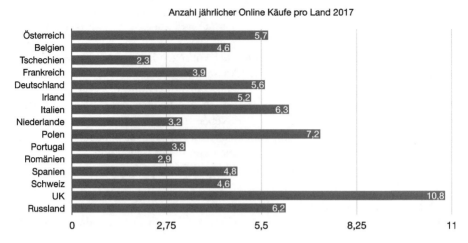

Abb. 7 Anzahl jährlicher Online Käufe pro Land 2017. (Quelle: dpd Group 2017)

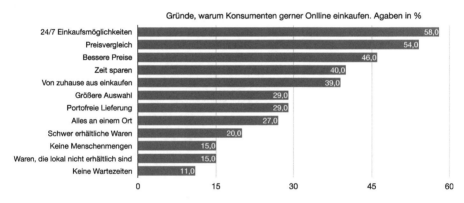

Abb. 8 Gründe für die Präferenz von Online Einkäufen. (Quelle: dpd Group 2017)

An erster Stelle nennen die Verbraucher die „Rund-um-die-Uhr" Einkaufsmöglichkeit, gefolgt von Preisvergleichen und einem erwarteten besseren Preis. Die weiteren wahrgenommenen Vorteile sind in Abb. 8 dargestellt.

Die zitierte KPMG Studie kommt zu einem etwas anderen Ergebnis bei der Anzahl der online Käufe pro Jahr in unterschiedlichen Märkten: Asien liegt hier in Führung mit 22,1 Transaktionen, Nordamerika und Europa nahezu gleich auf mit ca 19 Transaktionen, gefolgt von Australien und Neuseeland mit 16,1 Online Transaktionen pro Jahr.

Interessanterweise ist die Anzahl der Online Transaktionen bei „Millennials" demzufolge geringer als bei „Generation X".

Besonders Mode, Bücher und Schuhe sind nach wie vor die am meisten nachgefragten Produkte. Mode führt auch in den allermeisten Europäischen Märkten die Rangliste an (dpd Group 2017).

Die Internationalisierung schreitet auch hier weiter voran: Derselben Studie der dpd Group zufolge haben 54 % aller Online Shopper schon einmal von einer ausländischen Website gekauft. (Das entspricht einer Zunahme von 2 % Punkten gegenüber 2016.)

Durchschnittlich 2 von 10 Käufen (20 %) werden von solchen Kunden getätigt, die bereits vorher in ausländischen Shops eingekauft haben. Die Werte schwanken jedoch zwischen unter 15 % bis über 30 % im Ländervergleich.

Ein Grund für die breite Streuung könnte in der unterschiedlichen Infrastruktur und Angebotsvielfalt einzelner Länder liegen, bzw. in der unterschiedlichen Erwartung, bessere (günstigere) Angebote auf ausländischen Websites zu finden. Sicherheit, Verzollung und einfache Prozesse bei Bestellstornierungen/Retouren usw. müssen sichergestellt sein, wenn das Potenzial hier weiter ausgenutzt werden soll. China (AliExpress) ist ein neuer Player, der zunehmend den europäischen Markt ins Auge fasst.

Zahlungsmethoden

In Europa sind Digital Wallets wie PayPal oder Alipay, Googlepay etc. die bevorzugten Zahlungsmethoden beim Online Einkauf. Visa, Mastercard und andere Kreditkarten sind generell auf Platz 2. Wenn man einzelne Länder betrachtet, sind die Unterschiede im Zahlverhalten dennoch klar sichtbar. Beispielsweise sind Kreditkarten in Deutschland, Italien und Holland nach wie vor weniger gerne genutzt. Manche Länder haben traditionelle Zahlungsarten wie iDeal in Holland, Multibanco in Portugal, Payu in Polen, usw. In anderen Ländern stehen die üblichen Zahlungsmethoden an erster Stelle: Banküberweisung, Zahlung auf Rechnung, etc.

Deutlich wird aus Abb. 9, dass Online Anbieter eine möglichst breite Palette unterschiedlicher Zahlungsoptionen anbieten müssen, inclusive eventueller lokaler Spezial-Methoden (dpd Group 2017).

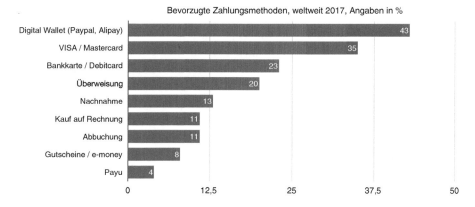

Abb 9 Zahlungsmethoden bei Online Einkäufen. (Quelle: dpd Group 2017)

Trotz der weiten Verbreitung von Smartphones und Tablets bevorzugt die Mehrheit der Konsumenten traditionelle Desktop PCs oder Laptops beim Online Einkauf. 57 % der global Befragten äußert sich in dieser Richtung, während nur 17 % angaben, ein mobiles Gerät zu bevorzugen.

Die Präferenzen variieren hier sehr stark. Konsumenten aus Asien liegen beim Smartphone Shopping fast doppelt so stark (19 %) wie der globale Durchschnitt (8 %). Besonders in China bevorzugen 26 % ein mobiles Gerät.

Millenials haben erwartungsgemäß die höchste Affinität zu Smartphones beim Online Shopping (11 %), obwohl immer noch 54 % einen Laptop oder einen Desktop PC nutzen (KPMG International 2017).

7 Aufgabenverteilung und Prozesse bei der Konzeption und Durchführung von Dialogmarketing Maßnahmen

▶ In diesem Abschnitt werden einige Erkenntnisse präsentiert, die in der täglichen Arbeit maßgeblich sein sollten und die den Prozess und die die Organisation des internationalen Marketings mitbestimmen. Erfahrungen aus der Betreuung internationaler Dialogmarketing-Projekte geben Hinweise auf die Art der Kommunikation und des Auftrittes in unterschiedlichen Ländern.

Es gibt erfahrungsgemäß keinen einfachen und gemeinsamen Blick auf alle Länder: Die Marketingkommunikation, die Medien, das Messaging, der Auftritt und die Erfolgsmessung müssen sich in jedem Land den landesspezifischen Gewohnheiten anpassen. Kulturelle Unterschiede und vor allem Unterschiede in der Infrastruktur (Entfernung zum Postamt, Internetpenetration, postalische Services, Vertrauen in die Institution Telekommunikation, Post, Logistik, etc.) beeinflussen Dialogmarketing, den Einkauf per Post und das E-Commerce enorm.

Auch der Wettbewerb sollte in jedem Land gesondert beachtet werden. Ein Anbieter in einem Markt muss die Entscheidung darüber treffen, ob er mit seinem Sortiment den Early-Mover-Vorteil nutzen möchte, was höhere Investitionen in Kommunikation jeglicher Art und natürlich ein hohes unternehmerisches Risiko erfordert, oder ob er mit seinem Sortiment einen reifen Markt angehen möchte, der aus Marketinggesichtspunkten erschlossen, vorbereitet ist, geringere Margen bringt und eine andere Kostenstruktur erfordert, dafür aber weniger risikobehaftet ist.

Bei den Aufgaben und der Rollenverteilung in einer internationalen Marketing-organisation können unterschiedliche Modelle und Optionen zum Einsatz kommen.

Bei der Planung der internationalen Prozesse, der Budgetverteilung und der Entscheidungsbefugnis sollte man beachten,

Aufgabe	Global	Lokal
Strategieentwicklung	X	–-
Medienauswahl	X	–-
Produktauswahl	X	–-
Preisgestaltung	X	–-
Zielgruppendefinition	X	–-
Versandtermin	X	–-
Responsekanal	X	–-
Werbemittelgestaltung	X	–-
ZG Selektion, Listeneinkauf	X	–-
Übersetzung, Lokalisierung	X	–-
Produktion, Programmierung	X	–-
Versand / Lettershop	–-	X
Fulfillment	–-	X
Call-Center	X	–-

Abb. 10 Modell zur Planung einer Dialogmarketing-Kampagne mit dominanter Marketing-Zentrale. (Quelle: Eigene Darstellung)

- wo die *Marketing-Spezialisten* angesiedelt sein sollen bzw. wo welche Ressourcen zur Verfügung stehen müssen
- welche *Aufgaben* zwingend zentral gesteuert sein sollen
- welche *Spielräume* die Zentrale den einzelnen Ländern lassen möchte
- wie *Entscheidungswege* effizient organisiert werden können
- wie die *Reporting-Linien* zwischen den Märkten und der Zentrale verlaufen und
- welche „*Druckmittel*" bestehen (budgetär, durch Weisungsbefugnis, personelle Verantwortung, etc.), um die Entscheidungen in den Märkten zu lenken.

Ein denkbares *Modell* am Beispiel der Planung einer Dialogmarketing-Kampagne, in dem die global Marketing-Zentrale dominiert, zeigt Abb. 10.

Für die einzelnen Märkte bleibt ein Rest an Verantwortung in der Auswahl eines lokalen Lettershops, der die lokalen Daten in der richtigen Art und Weise verwendet, und dem lokalen Fulfillment Center. Von der Strategie bis zur Produktion der wesentlichen Werbemittel wird alles in bzw. über die Zentrale organisiert und gesteuert.

Beispiel dazu: Digitale Lösung für global tätige IT Unternehmen: Dialogkampagnen werden global geplant, Angebot und Produkt (in Abstimmung mit dem Land)

Aufgabe	Global	Lokal
Strategieentwicklung	X	--
Medienauswahl	--	X
Produktauswahl	X	--
Preisgestaltung	X	--
Zielgruppendefinition	X	--
Versandtermin	--	X
Responsekanal	--	X
Werbemittelgestaltung	X	--
ZG Selektion, Listeneinkauf	--	X
Übersetzung, Lokalisierung	--	X
Produktion, Programmierung	--	X
Versand/Lettershop	--	X
Fulfillment	--	X
Call-Center	X	--

Abb. 11 Modell zur Planung einer Dialogmarketing-Kampagne mit lokalem Mitspracherecht. (Quelle: Eigene Darstellung)

definiert. Gestaltung und Text werden zentral entwickelt (in Abstimmung mit dem Land). Programmierung und Steuerung zentral. Responsehandling (Customer Service Center) lokal.

Ein Modell, bei dem die Länder mehr Mitspracherecht haben, zeigt Abb. 11.

Hier sind die Märkte eingebunden in die Medienauswahl und -planung. Sie sind auch selbst verantwortlich für die lokalen Termine der Aussendung, können also auf lokale/saisonale Bedingungen Rücksicht nehmen und außerdem die Response-Kanäle selbst bestimmen. Die Werbemittel werden nicht zentral produziert, sondern kommen als gestaltete „Templates" in die Länder, werden dort lokalisiert (übersetzt/adaptiert), produziert und verschickt. Eine solche Vorgehensweise erfordert sowohl Marketing- als auch Dialogmarketing Spezialisten im Land, wie auch ein gewisses Maß an Vertrauen der Zentrale dem Markt und den Mitarbeitern gegenüber.

Beispiel aus der Versicherungsbranche: Newsletter-Versand an Businesskunden: Globale Definition der ZG und der jeweiligen Ansprechpartner (Persona) im Unternehmen. Globale Templates liegen vor. Globales Newsletter Tool ist vorgegeben.

Aufgabe	Global	Lokal
Strategieentwicklung	X	---
Medienauswahl	---	X
Produktauswahl	X	---
Preisgestaltung	X	---
Zielgruppendefinition	---	X
Versandtermin	---	X
Responsekanal	---	X
Werbemittelgestaltung	---	X
ZG Selektion, Listeneinkauf	---	X
Übersetzung, Lokalisierung	---	X
Produktion, Programmierung	---	X
Versand / Lettershop	---	X
Fulfillment	---	X
Call-Center	---	X

Abb. 12 Modell zur Planung einer Dialogmarketing-Kampagne mit Dominanz im jeweiligen Land. (Quelle: Eigene Darstellung)

Adress-Pool existiert lokal (globale Datenbank). Inhalte und Termine werden lokal je nach Marktbedingungen bestimmt und ausgesendet. Follow up, Response Handling, Fulfillment, etc. findet auf lokaler Ebene statt.

Ein denkbares Modell für eine Dialogmarketingaktion, bei dem die Zentrale nur Grundzüge und Ziele vorgibt und das jeweilige Land die meiste Eigenverantwortung und Freiheit hat, findet sich in Abb. 12.

Nur Strategie und die Angebote werden in diesem Modell von der Zentrale vorgegeben. Alle anderen Parameter entscheiden die lokalen Märkte und Mitarbeiter. Hier sind die Verantwortung und nahezu alle Entscheidungsmacht in die Länder gegeben. Die Zentrale wird mit Sicherheit ihre Ziele und Erwartungen für die Aktion bzw. die Kampagne mit den jeweiligen Märkten absprechen, aber die Frage, wie die Ziele zu erreichen sind (im Rahmen bestimmter strategischer und Branding-Guidelines natürlich), bleibt dem jeweiligen Markt überlassen.

Zwischen diesen drei modellhaften Möglichkeiten sind auch alle anderen Kombinationen und Mischformen denkbar.

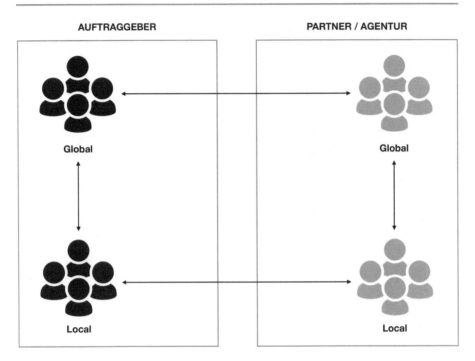

Abb. 13 Muster für die Kommunikation zwischen Zentrale und den Märkten mit integriertem Partner/Agentur. (Quelle: Eigene Darstellung)

7.1 Prozesse

Die *Prozesse der internationalen Abstimmung* können unterschiedliche Formen annehmen. Ein Prozess, der sich bewährt hat, ist in Abb. 13 und 14 dargestellt. Diese zeigt ein Muster für die Kommunikation zwischen Zentrale und den Märkten, wenn ein Partner oder eine Agentur in den internationalen Prozess integriert ist. „Schwarz" ist der Kunde repräsentiert. „Grau" stellt den Agenturpartner dar. Beide Organisationen sind gespiegelt aufgestellt: Wo die Konzernzentrale des Kunden angesiedelt ist, steht ihr der globale Agenturpartner gegenüber. Die Verantwortlichkeiten sind in der Zentrale, in eventuell notwendigen regionalen „Hubs" und in den Märkten genau definiert und auf beiden Seiten gleich verteilt.

Insofern es weltweit einzelne „Hubs" in den Regionen gibt (zum Beispiel Nord-/Südamerika, Asia Pacific, Europa, Middle East, Africa), könnte auch ein solches Modell zum Tragen kommen (Abb. 14). Wichtig ist, dass es in diesem Modell einzelne Märkte gibt, die direkt von der Zentrale angesteuert werden, während andere „lokale" Teams über die regionalen Hubs bedient werden. Auch hierbei ist die Frage nach der Budget-Zuteilung und der Weisungsbefugnis von außerordentlicher Bedeutung.

Zu beachten ist auch immer, dass es keine diagonalen, also Niveau-überschreitenden Verbindungen zwischen Agentur und Auftraggeber geben darf. Die lokale

Internationales Dialogmarketing

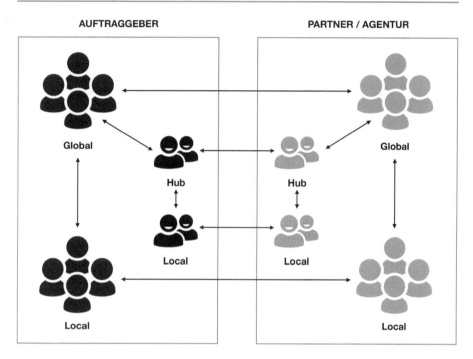

Abb. 14 Muster für die Kommunikation zwischen Zentrale und den Märkten mit Hubs. (Quelle: Eigene Darstellung)

Agentur sollte in der Regel nur mit dem lokalen Kunden oder der Hub-Agentur sprechen, keinesfalls mit dem Hub-Kunden. Diese Regel verhindert Missverständnisse, falsche Freigabeprozesse und viel Verwirrung.

Abb. 15 gibt ein Beispiel, wie in der *internationalen Abstimmung* zwischen Agentur und Kunde die jeweiligen Prozesse, Rollen und Aufgabenbereiche definiert werden können. Es ist unabdingbar für eine reibungslose und effiziente Zusammenarbeit, dies zu Anfang einer jeden Agentur-/Kundenbeziehung eindeutig festzulegen.

Weitere Details und Bespiele aus der eigenen Erfahrung, die bei internationalen Dialogkampagne zu beachten sind:

- Ein Hersteller von optischen Geräten ändert seine globalen CI Vorgaben speziell für den asiatischen Markt, da dort der Schwarz/weiß Auftritt als zu negativ empfunden wird.
- Die Preise für Kunden in Hongkong unterscheiden sich z. T. um das 10-fache von den Preisen, die in Europa verlangt werden können.
- Tradition/Erfahrung als eine der positiven Haupteigenschaften einer Marke kann in asiatischen Märkten sehr positiv (German engineering) und sehr negativ (innovativer Anspruch vs. „veralteter Technik") aufgefasst werden.
- Vorbehalte in deutschen Zielgruppen gegen Personen mit diversen ethnischen Hintergründen sind immer noch spürbar und müssen Schritt für Schritt abgebaut werden.

Aufgabe	Responsible	Authority/Approver	Partner
Kampagnenplanung – Kampagnen-Briefing	**Regionaler Kunde** ▪ Sammelt information, schreibt Briefing ▪ Gibt Briefing and Agentur	**Agenturzentrale** ▪ Gibt das Briefing an die Länderagentur frei ▪ Stellt sicher, dass alle Regeln eingehalten werden und alle Beteiligten involviert und informiert sind.	**360° Marketingverantwortlicher** ▪ Stellt Business-Ziele zur Verfügung und Analysen von Konsumentenverhalten, Markt und Wettbewerber.
Agenturbriefing – Kommunikations-Planung und Implementierung – Scope(s) of Work – Budgets	**Lokale Agentur/Kunde** ▪ Sammelt das Feedback zu den Agenturvorschlägen und gibt es an die Agentur. ▪ Sorgt dafür, dass die Agentur zeitgerecht ein zufriedenstellendes Ergebnis liefert.	**Internationale Agentur/Kunde** ▪ Bestätigt den Kommunikationsplan und die Implementierung, den SOW und das Budget. ▪ Stellt sicher, dass alle informiert sind, bevor die nächsten Schritte eingeschlagen werden.	**360° Marketingverantwortlicher** ▪ Stellt sicher, dass lokale Ziele im Briefing berücksichtigt wurden, Bestätigt lokale SOWs und Budgets.
Creative Development – Concept	**Lokale Agentur/Kunde** ▪ Sammelt das Feedback zu den Agenturvorschlägen und gibt es an die Agentur. ▪ Sorgt dafür, dass die Agentur zeitgerecht ein zufriedenstellendes Ergebnis liefert.	**Internationale Agentur/Kunde** ▪ Erteilt schriftliche Freigabe der Maßnahmen vor Produktionsbeginn. ▪ Stellt sicher, dass alle informiert sind, bevor die nächsten Schritte eingeschlagen werden.	**360° Marketingverantwortlicher** ▪ Stellt sicher, dass lokale Marketingziele in den Konzepten berücksichtigt sind. ▪ Gibt Feedback an den regionalen Kunden.
Produktionsplan – Produktions-KV – Produktions-Timing	**Lokale Agentur/Kunde** ▪ Sammelt das Feedback zu den Agenturvorschlägen und gibt es an die Agentur. ▪ Sorgt dafür, dass die Agentur zeitgerecht ein zufriedenstellendes Ergebnis liefert.	**Internationale Agentur/Kunde** ▪ Erteilt schriftliche Freigabe zu Produktionskosten und Zeitplan. ▪ Stellt sicher, dass alle informiert sind, bevor die nächsten Schritte eingeschlagen werden.	**360° Marketingverantwortlicher** ▪ Stellt sicher, dass lokale Marketingziele in den Konzepten berücksichtigt sind. ▪ Gibt Feedback an den regionalen Kunden.
Druckvorstufe – RZ, Litho, etc.	**Lokale Agentur/Kunde** ▪ Stellt sicher, dass Freigaben im Druckvorstufenprozess rechtzeitig erteilt werden. ▪ Sammelt Feedback und integriert es in die Materialien.	**Regionaler Kunde** ▪ Erteilt schriftliche Freigaben zu Druckdateien usw. ▪ Stellt sicher, dass alle informiert sind, bevor die nächsten Schritte eingeschlagen werden.	**360° Marketingverantwortlicher** ▪ Stellt sicher, dass lokale Marketingziele in den Konzepten berücksichtigt sind. ▪ Gibt Feedback an den regionalen Kunden.
Produktion und Post-Produktion – Produktion – Muster	**Lokale Agentur/Kunde** ▪ Stellt zeitnahen Empfang und Genehmigung von Druckmustern sicher. ▪ Sammelt Feedback und integriert es in die Materialien.	**Internationale Agentur/Kunde** ▪ Erteilt schriftliche Freigaben zu Druckdateien usw. ▪ Stellt sicher, dass alle informiert sind, bevor die nächsten Schritte eingeschlagen werden.	**360° Marketingverantwortlicher** ▪ Stellt sicher, dass lokale Marketingziele in den Konzepten berücksichtigt sind. ▪ Gibt Feedback an den regionalen Kunden.

Abb. 15 Internationale Abstimmung zwischen Agentur und Kunde. (Quelle: Eigene Darstellung)

Besondere Sensibilität ist hier geboten, vor allem, wenn es um Adaption der Kampagne in andere Länder geht. Die Zugehörigkeit zu einer soziografischen Gruppe (oder Fremdartigkeit) kann emotional zu einer Kauf-Entscheidung beitragen.
- Hoher Komplexitätsgrad: Für einen Anbieter von z. B. landwirtschaftlichen Produkten sind auf globaler Ebene natürlich auch Jahreszeiten (Nord-/Südhalbkugel), unterschiedliche Pflanzensorten, lokale Klimabedingungen, Wachstumsphasen, Krankheits- und Schädlingsrisiken pro Region oder Land individuell zu betrachten.

8 Zusammenfassung und Ausblick

Die Bedeutung des internationalen Dialogmarketings ist ungebrochen, allerdings erfährt sie tief greifend Veränderungen:

- Generell werden Prozesse und Entscheidungen zunehmend international zentralisiert, auch wenn lokale Nischen weiterhin sehr erfolgreich mit Spezialangeboten agieren können. Bei großen E-Commerce-Anbietern sind länderspezifische Ausprägungen je nach Produktangebot mehr und mehr auf dem Rückzug.
- Es gibt eine deutliche Verlagerung von Offline-Dialogmedien zu Online-Kommunikation. Die klassischen „Mailings bleiben aber vor allem im Bestandskundenbereich eine wesentliche Stütze".
- Die Kosteneffizienz wird desgleichen zu zentralen Produktionsorten führen.
- Auch die Kampagnenplanung wird zentral gesteuert werden, mit lokalen Ausprägungen („Black Friday Deals").
- Unabdingbar ist die intelligente Verwendung von Daten der Kunden und Prospects, um neue Kunden zu gewinnen und den Wert der Bestandskunden zu erhöhen (Data-Driven Marketing).
- Dialogmarketing und E-Commerce sind nicht zu trennen. Jeder Kontakt zu Kunden und Prospects auf der Website oder dem Mobile Device muss einen Kaufanreiz setzen oder zumindest Daten generieren.
- Die große Diskussion um das Verständnis von Privatsphäre und Datenschutz, um das erlaubte und unerlaubte Sammeln und kommerzielle Verwenden von personenbezogenen Daten, muss auf internationalem Level weitergeführt und geklärt werden.
- Zunehmend kommen Impulse für Online Dialogmarketing von Mediaagenturen und Vermarktern, die neue Arten der Lead-Generierung und direkter Kundenansprache erlauben: Re-Targeting, Behavioural Targeting, location-based-services etc.
- Es sind erste Anzeichen zu erkennen, dass der gezielte Einsatz des physischen Direct Mails auch in der Neukundengewinnung wieder ein Revival erfährt: Das haptische Gefühl, ein gut gemachtes Anschreiben auf dem Tisch zu finden, das tatsächlich einen persönlichen Charakter hat und den Empfänger persönlich anspricht, ist etwas ganz Besonderes. Es sticht aus der inflationären „personalisierten" E-Mail-Flut wieder ganz neu und aufmerksamkeitsfordernd heraus, es kann ungeahnte Kaufanreize setzen und prägt eine Marke viel stärker als sein elektronisches Pendant.

Literatur

Burmann, C. https://wirtschaftslexikon.gabler.de/definition/internationales-marketing-38344. Zugegriffen am 06.06.2020.

CMC DIALOGPOST-Studie. (2019). www.collaborativemarketingclub.com. Zugegriffen am 06.06.2020.

Deutsche Post „Werbemarkt Deutschland" Dialogmarketing Monitor. (2019). Studie 31. www.deutschepost.de/de/d/dialog-marketing-monitor.html. Zugegriffen am 06.06.2020.

Deutsche Post. (2019). Dialogmarketing Deutschland, S. 11.

Deutsche Post AG. (Hrsg.). (2008). Weltweit werben, Zielgruppen erreichen. Direktmarketing Monitor 2008: aktuelle Trends und neue Marketing Fakten aus 30 Ländern.

Dpd Group. (2017). E-shopper barometer Global Report – Europe. https://www.dpd.com/at/de/2020/02/24/dpd-eshopper-barometer-2019/. Zugegriffen am 06.06.2020.

Email Marketing Forum: https://www.email-marketing-forum.de/fachartikel/details/1424-wie-man-internationales-e-mail-marketing-betreibt/47821.

Episerver. (o. J. a). https://www.episerver.de/lernen/ressourcen/blog/marius-kahlert/email-design-trends/.

Episerver. (o. J. b). https://www.episerver.de/lernen/ressourcen/blog/marc-bohnes/internationales-e-mail-marketing-relevanz-uber-die-landergrenzen-hinweg/.

Holland, H. https://wirtschaftslexikon.gabler.de/definition/customer-relationship-management-crm-30809/version-254385.

KPMG International. (2017). Global Online Consumer Report, S. 27.

Krafft, M., et al. (Hrsg.). (2005). *Internationales Direktmarketing*. Wiesbaden.

Litmus: https://litmus.com/blog/email-attention-spans-increasing-infographic.

MUUUH! Consulting, SIEVERS GROUP, „CRM Studie 2020" (itdesign, Maibom Wolff), Seite 7.

Onetoone. (2019). https://www.onetoone.de/artikel/db/065241frs.html.

Statista. (2019). Hochschule der Medien; United Internet Media.

Temples 2006. (2006). Temples, A., Vorwort zu: „Direktmarketing 09/2006", Themenspecial, S. 4, AZ Bertelsmann (2006).

The Radicati Group. (2019). Statista ID 252278. https://de.statista.com/statistik/daten/studie/252278/umfrage/prognose-zur-zahl-der-taeglich-versendeter-e-mails-weltweit/. Zugegriffen am 06.06.2020.

Teil III
Data Driven Dialogmarketing

Big Data Marketing

Chancen und Herausforderungen

Heinrich Holland

Inhalt

1	Big Data und die 5 Vs	198
2	Abgrenzung von Big Data zu Business Intelligence	203
3	Datenquellen	204
4	Herausforderungen auf dem Weg zum Big-Data-Unternehmen	208
5	Zusammenfassung und Ausblick	217
6	Fazit	218
	Literatur	218

Zusammenfassung

„Big Data" ist in Deutschland seit Mitte des Jahres 2012 eines der Hype-Themen und wird facettenreich diskutiert. Zum einen werden die verschiedenen Anwendungsbereiche erörtert – vom Einsatz im Gesundheitswesen, im Sicherheitsbereich und in der öffentlichen Verwaltung bis hin zum Marketing. Auf der anderen Seite findet eine Auseinandersetzung mit der technischen Seite von Big Data statt.

Wird manchmal auf die reine Menge der Daten abgestellt, scheint es sinnvoller zu sein, Big Data durch den Mix der 5 Vs Volume, Variety, Velocity, Veracity und Value zu definieren. Big Data ist aber vor allem eine Art der Unternehmensführung und eine Philosophie der Nutzung der Daten.

Big-Data-Marketing bedeutet für Unternehmen eine große Chance. Gleichzeitig stellt es sie aber vor zahlreiche Herausforderungen bezüglich der Technik, der Strukturen und dem Umgang mit den Daten. Diese müssen gelöst werden, um von Big Data profitieren zu können.

H. Holland (✉)
Hochschule Mainz, Mainz, Deutschland
E-Mail: heinrich.holland@online.de

© Springer Fachmedien Wiesbaden GmbH, ein Teil von Springer Nature 2021
H. Holland (Hrsg.), *Digitales Dialogmarketing*,
https://doi.org/10.1007/978-3-658-28959-1_10

Big Data erstellt Prognosen und erlaubt es, Abhängigkeiten in den Daten zu identifizieren, daraus künftige Ereignisse vorherzusagen und potenzielle Handlungsmöglichkeiten zu bewerten.

Schlüsselwörter

Volume · Variety · Velocity · Veracity · Value · Datenquellen · Big-Data-Unternehmen

1 Big Data und die 5 Vs

▶ Vom Begriff abgeleitet, bedeutet „Big Data" zunächst nur „große Datenmengen"; diese Bedeutung kennzeichnet jedoch nur seinen Kern.

▶ **Definition** Die BITCOM stellt folgende Definition auf: „Big Data bezeichnet den Einsatz großer Datenmengen aus vielfältigen Quellen mit einer hohen Verarbeitungsgeschwindigkeit zur Erzeugung wirtschaftlichen Nutzens." Weiter beschreibt sie: „‚Big Data' liegt immer dann vor, wenn eine vorhandene Unternehmensinfrastruktur nicht mehr in der Lage ist, diese Datenmengen und Datenarten in der nötigen Zeit zu verarbeiten" (BITCOM 2012, S. 21).

Diese Definition zeigt die Vielschichtigkeit von Big Data. Mit den Merkmalen „große Datenmenge", „Vielfältigkeit" und „hohe Geschwindigkeit" charakterisiert sie eine bestimmte Konstellation von Daten. Im weiteren Sinne kann man unter Big Data den Einsatz dieser Daten zur Stiftung wirtschaftlichen Nutzens verstehen. Big Data wird so zu einem Teil der strategischen und operativen Unternehmensführung und Unternehmenskultur. Dies klingt auch im zweiten Teil der Definition mit der Erwähnung der Herausforderungen an die Unternehmensinfrastruktur an. Diese lässt sich in eine institutionelle, personelle und materielle Infrastruktur unterteilen (Buhr o. J., S. 4–6).

Die materielle Infrastruktur umfasst die in Big Data enthaltene informationstechnologische Komponente. Je nach Umfeld lassen sich auch einige Big-Data-Definitionen finden, die vor allem auf die IT abstellen. Dieser Aspekt wird aufgrund des Schwerpunkts auf das Marketing im Folgenden lediglich am Rande behandelt.

▶ Die drei charakteristischen Merkmale werden in Publikationen unter Verwendung der Begriffe Volume, Variety und Velocity zu den drei Vs des Big Data zusammengefasst (Gartner 2013). IBM ergänzt als viertes V Veracity, die Wahrhaftigkeit bzw. Qualität der Daten. Das nach obiger Definition genannte Ziel von Big Data – die Erzeugung wirtschaftlichen Nutzens – lässt sich durch den Begriff Value als fünftes V ergänzen. Diese „5 Vs" sollen im Folgenden näher beleuchtet werden.

Die Anzahl der Charakteristika von Big Data erhöht sich in der Literatur immer weiter, von den zehn Vs über die siebzehn oder gar zweiundvierzig Vs finden sich unterschiedliche Aufzählungen.

Hier sollen die 10 „Bigs" von Sun genannt werden (Sun 2018):

1. Big Volume (Umfang)
2. Big Velocity (Geschwindigkeit)
3. Big Variety (Diversität)
4. Big Veracity (Exaktheit, Vertrauenswürdigkeit)
5. Big Intelligence (Intelligente Ideen, Systeme, Tools)
6. Big Analytics (Descriptive, predictive, prescriptive Analytics)
7. Big Infrastructure (Strukturen, Systeme, Anlagen)
8. Big Service (Infrastruktur-, Cloud-, Mobile-, Analytics-, Social Networking-Services)
9. Big Value (Potenzial, Wert)
10. Big Market (Markt für Technologie, Systeme, Plattformen, Tools, Services)

1.1 Volume: Wie groß ist „Big"?

▶ Der große Datenumfang ist das, was Big Data zunächst den Namen gab, das Datenaufkommen steigt rasant. Allein von 2000 bis 2002 wurden mehr Daten generiert als in den 40.000 Jahren zuvor (BITCOM 2012, S. 12). Nach Prognosen zum Volumen der weltweit jährlich generierten digitalen Datenmenge wird sich dieser Wert vom Jahr 2018 (33 Zettabyte) auf 2025 verfünffachen (175 Zettabyte) (Statista 2019).

Betrachtet man die *Mooresche Gesetzmäßigkeit* (Moore 1965, S. 114–117), nach der sich die Kapazität der Datenverarbeitung alle 12 bis 24 Monate verdoppelt, so kommt man zu dem Schluss, dass die Festlegung einer absoluten Grenze für die Größe von Big Data nicht möglich und nicht sinnvoll ist. Würde man eine derartige Festlegung treffen, würde sich Big Data qua Definition schnell überleben.

Aufgrund der zeitlichen Veränderung ist es nicht sinnvoll, eine absolute Anzahl an Datensätzen als Grenze zu fixieren. Vielmehr ist darauf abzustellen, ab wann ein Mehr an Daten zu einer signifikanten Veränderung des Ergebnisses und der daraus abgeleiteten Erkenntnisse und des Nutzens führt.

▶ Big Data ist im Ergebnis nicht „Big", wenn gewisse Datengrößen überschritten werden, sondern erst, wenn die Menge der eingesetzten Daten zu einem Ergebnis führen, das mit weniger Daten nicht hätte erreicht werden können.

1.2 Variety: Wie unterschiedlich sind Big-Data-Daten?

Die immer größer werdende Datenmenge entsteht nicht zuletzt aufgrund der ständigen Zunahme der Datenquellen. Smartphones, Social Media, Internet-Transaktionen, aber auch Kameras und Sensoren und das Internet-of-Things produzieren immer mehr Daten. Mit der Vielfalt der Quellen geht die Bandbreite der Datenarten und -strukturen einher. Anhand der Struktur lassen sich Daten grob in drei Arten unterteilen: strukturierte, semistrukturierte und unstrukturierte Daten.

> **Übersicht**
> 1. *Strukturierte Daten*
>   Unter strukturierten Daten versteht man Daten, die eine gleichartige Struktur aufweisen. Deren Anordnung und Verknüpfung erfolgt in einer bestimmten Art und Weise. Strukturierten Daten liegt ein zuvor festgelegtes Datenbankmodell zugrunde, das die einzelnen Datenelemente und die Relationen untereinander definiert. Die Struktur ermöglicht eine effiziente Verwaltung und einen einfachen Zugriff auf die Daten. Ein Beispiel für derartige Datenstrukturen sind SQL-Datenbanken.
> 2. *Semistrukturierte Daten*
>   Im Gegensatz zu strukturierten Daten weisen semistrukturierte Daten kein allgemeingültiges einheitliches Schema auf. Sie implizieren die Strukturinformation, auch wenn diese nicht immer offensichtlich ist. Im Gegensatz zu strukturierten Daten sind mit semistrukturierten Daten tiefe, unregelmäßige und volatile Strukturen ohne wiederkehrende Komponenten darstellbar, was einen flexibleren Einsatz ermöglicht. Gleichzeitig verursacht das Mehr an Flexibilität auch einen größeren Aufwand beim Auslesen und Verarbeiten der Daten. Semistrukturierte Daten, die auch als strukturtragende oder sich selbsterklärende Daten bezeichnet werden, sind z. B. die im Internet weit verbreiteten HTML-, XML- oder JSON-Dateien, aber auch E-Mails, die zumindest im Header eine gewisse Struktur aufweisen.
> 3. *Unstrukturierte Daten*
>   Unstrukturierte Daten verzichten auf jegliche formale Struktur. Die fehlende Struktur erschwert die automatische Verarbeitung. Die Modellierung dieser Daten, um automatisch zu verarbeitende Strukturen zu gewinnen, ist oft mit einem Informationsverlust verbunden.

Neben der manuellen Strukturierung der Daten werden unterschiedliche Verfahren zu deren Aufbereitung eingesetzt. Dies sind z. B. Textanalysen und Textmining, maschinenlernende Systeme, basierend auf latent semantischer Analyse, statistischer Bayes-Klassifikation oder neuronalen Netzen (Rey und Wender 2011) sowie linguistischen Verfahren (Carstensen et al. 2010; Ertel 2009, S. 179–282). Auf Basis dieser Verfahren werden dann beispielsweise mittels Sentimentanalysen die Stimmungslagen in sozialen Netzwerken analysiert.

Betrachtet man strukturierte und semistrukturierte Daten auf der Ebene eines einzelnen Datums, kann dieses selbst unstrukturiert sein. So ist z. B. die Nachricht einer E-Mail als Text unstrukturiert, wohingegen die E-Mail als solche semistrukturiert ist. Gleiches gilt für einen Text in einer strukturierten Datenbank.

Neben Texten zählen auch *Bilder*, *Videos* oder *Töne* zu unstrukturierten Daten. Schätzungen zufolge sind rund 85 % aller Daten unstrukturiert und beherbergen eine Fülle an nützlichen Informationen (BITCOM 2012, S. 12).

1.3 Velocity: Wie schnell ist schnell?

▶ **Trailer**
Daten zu erheben, zu speichern und zu verarbeiten ist nicht neu. Was sich bei Big Data ändert, ist die zeitliche Dimension. Die Geschwindigkeit nimmt in der Datenentstehung, der Speicherung sowie in der Datenverarbeitung zu.

Das oben beschriebene Datenwachstum geht damit einher, dass in der gleichen Zeit immer mehr Daten entstehen. Diese müssen verarbeitet und zum Teil auch gespeichert werden.

Nicht nur auf der Seite der Datenentstehung, sondern auch bei der Datenverwendung ändern sich im Sinne von Big Data die Anforderungen an die Geschwindigkeit. Kennzeichen von Big Data ist es, dass die Daten schnell verarbeitet werden. Gilt bei Business-Intelligence-Analysen die tägliche Datenverarbeitung als schnell, so meint Big Data damit eine realtime- oder near-realtime-Verarbeitung. Auch hier ist es nicht möglich und sinnvoll, einen starren Grenzwert zu fixieren. Je nach Anwendungsfall können Verarbeitungsgeschwindigkeiten im Millisekundenbereich bis hin zu Sekunden, Minuten oder gar Stunden realtime bzw. near-realtime entsprechen.

Die Steuerung der Auslieferung bestimmter Banner auf einer Homepage, basierend auf einer Big-Data-Analyse, erfordert eine Antwort innerhalb weniger Millisekunden. Wird aufgrund einer Big-Data-Analyse ein neues Produkt evaluiert, können hingegen Minuten bis Stunden ausreichend sein. Diese schnelle Art der Datenverarbeitung wird unter den Fachtermini „Komplexes Event-Processing" und „Streaming-Data" zusammengefasst (Klausnitzer 2013, S. 91–93).

1.4 Veracity: Welche Qualität haben Big-Data-Daten?

Menge und Vielfalt der Big-Data-Daten bringen Unterschiede in der Qualität der Daten mit sich. Das Anstreben einer möglichst hohen Datenqualität ist auch bei Big Data empfehlenswert. Allerdings hat der Anwender nicht immer Einfluss auf die Qualität der Daten und muss deren Volatilität in Kauf nehmen.

So lässt sich beispielsweise eine gewisse Ungenauigkeit in der Standortbestimmung per GPS in den Häuserschluchten einer Großstadt nicht vermeiden und ist für die meisten Anwendungen im Marketing auch nicht von Nachteil. Bei von Menschen erfassten Texten kann die jeweilige Aufrichtigkeit und Stimmung Einfluss auf die Qualität dieser haben. Neben der Qualität der Daten selbst kann auch die Verarbeitung und Auswertung der großen Datenmengen zur Qualitätsminderung beitragen.

1.5 Value: Welchen Wert haben Big-Data-Daten?

Wie eingangs beschrieben, werden die großen Datenmengen unterschiedlicher Struktur und Qualität erst dann zu Big Data im weiteren Sinne, wenn daraus schnell Erkenntnisse und Nutzen generiert werden können. Diese Erkenntnisse sind der Mehrwert von Big Data (vgl. Abb. 1).

Wenn man die oben erörterten charakteristischen Merkmale von Big Data zugrunde legt, würde der Nutzen durch den Einsatz einer großen Zahl von Datensätzen unterschiedlicher Quellen und Qualität entstehen. Fraglich ist, ob immer alle Merkmale erfüllt sein müssen, um eine Unternehmung als Big Data einzustufen. Auch wenn die volle Kraft zumeist in der Kombination von Datenquellen liegt, könnte man sich vorstellen, dass das Fehlen dieser Variety durch eine sehr große Menge von Datensätzen einer Quelle ausgeglichen werden kann.

▶ Big Data beschreibt mehr die Art der Datennutzung und eine dementsprechende Philosophie, als dass es um die rein formale Einordnung einer

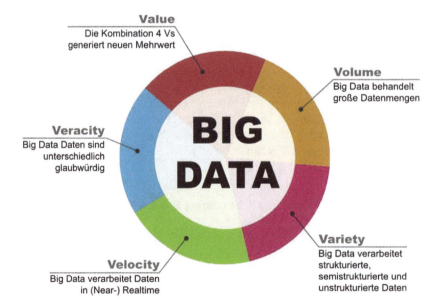

Abb. 1 Die 5 V s von Big Data. (Quelle: Eigene Darstellung)

Unternehmung anhand der oben genannten Kriterien als Big Data geht. Big Data ist mehr als die Summe von Kriterien und vor allem mehr als die Summe seiner Daten. Im Kontext dieses Beitrags wird Big Data so verstanden, dass sich durch das Zusammenspiel der Kriterien ein Nutzen ergibt, der ohne diese nicht hätte erreicht werden können.

2 Abgrenzung von Big Data zu Business Intelligence

▶ Schon seit vielen Jahren werden von Unternehmen Daten in der sogenannten *Business Intelligence* (BI) systematisch analysiert. Auf Basis dieser Erkenntnisse sollen bessere strategische und operative Entscheidungen getroffen werden. Dafür werden die Daten beispielsweise aus dem Enterprise Resource Planning (ERP) und dem Kassensystem des Unternehmens, zumeist in einem Data-Warehouse, zusammengeführt. Dies erfolgt in einem ETL-Prozess (Extract, Transform, Load Process), bei dem die Daten aus den Quellsystemen extrahiert, in das Zieldatenbankschema transformiert und in die Zieldatenbank geladen werden. Aus diesen Daten des Data-Warehouse bzw. aus Teilen des Datenbestandes, den Data-Marts, die aus Performance-Gründen vorbereitet werden, werden sodann vorab definierte und eingerichtete Berichte regelmäßig und automatisiert erstellt. Die Änderung oder Erweiterung eines Berichts kann dabei erhebliche Auswirkungen auf den gesamten Prozess haben und dementsprechend lange dauern.

In der BI werden Daten unterschiedlicher Quellen aggregiert und daraus Schlüsse für die strategische und operative Unternehmenssteuerung gezogen. Ist BI demnach auch Big Data?

Im Ansatz gibt es Ähnlichkeiten. Die aktuellen BI-Lösungen sind jedoch auf Grund ihrer definierten Datenstruktur ungeeignet, unstrukturierte Daten zu verarbeiten. Diesem Problem begegnen einige Ansätze, indem die bestehenden Data-Warehouse-Technologien um entsprechende Komponenten ergänzt werden.

> **Übersicht**
> Aktuell besteht der wesentliche Unterschied zwischen BI und Big Data in drei Aspekten:
>
> 1. Der erste liegt im *Umgang mit den Daten*. In der BI werden Berichte definiert und der gesamte Prozess von der Datenaggregation, über den ETL-Prozess, die Data-Mart-Erstellung bis zur Analyse daran ausgerichtet.
>
> (Fortsetzung)

> Big Data hingegen lässt die Daten sprechen. Hier werden die Daten gesammelt und gespeichert und es wird in diesen Rohdaten nach Zusammenhängen und Erkenntnissen gesucht.
> 2. Der zweite Unterschied ergibt sich zum Teil aus dem ersten. Da BI ein mehr oder weniger starrer und träger Prozess ist, eignet sie sich zum Reporting. Auf dieser Grundlage können sodann Entscheidungen getroffen werden. Da Big Data wesentlich agiler ist, kann es *proaktiv* und passgenau eingesetzt werden. Stellt sich im Unternehmen eine Frage, so können ohne lange Wartezeit zur Unterstützung „die Daten gefragt werden" und dies auf allen Ebenen des Unternehmens, in denen es sinnvoll ist. Big Data ist somit viel tiefer in dem Unternehmen und dessen Philosophie selbst verwurzelt als BI. Erst Big Data ermöglicht echte datengestützte und datengetriebene Unternehmen.
> 3. Der dritte Unterschied liegt in der zeitlichen Differenz der Betrachtung. BI erstellt Reports, die die aktuelle Situation von Unternehmen präzise darstellen und so Managemententscheidungen unterstützen können. BI befindet sich damit hauptsächlich in einer analytischen und retrospektiven Haltung. Big Data hingegen blickt mehr in die Zukunft. Hierdurch lassen sich Abhängigkeiten in den Daten identifizieren, daraus künftige Ereignisse mit einer statistischen Wahrscheinlichkeit *vorhersagen* und potenzielle Handlungsmöglichkeiten bewerten.

3 Datenquellen

▶ Der Zuwachs der Datenmengen und -vielfalt ist mit dem Wachstum der Datenquellen in Verbindung zu bringen. Der Überblick über einige Datenquellen veranschaulicht die Vielfältigkeit und ermöglicht eine bessere Nachvollziehbarkeit der Chancen und Herausforderungen, die in den folgenden Abschnitten erläutert werden.

3.1 Unternehmensinterne Daten

Unternehmen verfügen schon heute über eine Vielzahl von Daten. Diese stammen aus Systemen und Software wie z. B. ERP (Enterprise Resource Planning), Kassen, Webtracking, Webserver, CRM (Customer Relationship Management), Callcenter, Videoüberwachung, Projekt-, Personal- und Finanzmanagement. Aber auch der Schriftverkehr per E-Mail, Brief und Fax sowie sonstige Dokumente des Unternehmens können Quellen mit nützlichen Informationen darstellen. Nicht zu vergessen sind die Protokoll- und Messdaten, die während der Produktion von Gütern oder bei der Erbringung von Dienstleistungen an Maschinen und Sensoren anfallen.

Unternehmen verfügen über große Datenschätze, die bislang nicht in vollem Umfang genutzt werden. Dies mag auch daran liegen, dass ein Großteil dieser Daten unstrukturiert und daher nur mit größerem Aufwand verwertbar ist.

3.2 Social Media

Social Media, d. h. Online-Medien und -Technologien, die den Nutzern einen Informationsaustausch ermöglichen, stellen eine wichtige Datenquelle dar. Neben Facebook, Instagram, Youtube, Google+ und Twitter gibt es eine Vielzahl anderer sozialer Medien. Dazu zählen Blogs, Foren, Messaging Dienste, Wikis, Foto- und Videoportale, Location Based Services, Croudsourced Content, Frage-und-Antwort-Portale und Social Bookmarks ebenso wie Produktrezensionen. Die dort produzierten Daten sind in der Regel unstrukturiert, haben jedoch ein gigantisches Ausmaß.

3.3 Smartphones

Mit der Markteinführung des iPhone durch Apple im Jahr 2007 war die Verbreitung der Smartphones nicht mehr aufzuhalten. Smartphones bieten nicht nur einen sehr vielseitigen Nutzen, sondern liefern auch große Mengen an Daten. Neben den Verbindungsdaten werden z. B. auch Standort-, Adress- und Benutzungsdaten erstellt. Je nachdem, welche Apps auf dem Smartphone installiert und eingesetzt werden, sind noch wesentlich mehr Daten denkbar. Darüber hinaus sind Smartphones mit vielen Sensoren wie Helligkeitssensoren, Annäherungssensoren für den Touchscreen, Bewegungssensoren, Gyroskop, Fallsensoren oder Höhenmesser ausgestattet, die alle ebenfalls eine Flut an Daten erzeugen.

3.4 Quantified Self

Quantified Self (QS) strebt eine Selbsterkenntnis mittels Selbstbeobachtung an. Die Selbstbeobachtung erfolgt zum Teil manuell, aber in erster Linie durch Produkte (wie die Apple Watch oder Fitness-Trecker) oder Smartphone-Apps, die alle messbaren Daten wie Blutdruck, Puls, Temperatur, Nahrungsaufnahme, Schlaf, sportliche Aktivitäten u. v. m. erfassen und speichern. Quantified Self ist dabei nur als ein Beispiel für neue Gewohnheiten und Lebensarten zu sehen, die eine Masse an Daten erzeugen.

3.5 Open Data und Open Government

Bei der öffentlichen Verwaltung fallen viele unterschiedliche Daten an. Statistiken, Geodaten, Verkehrsinformationen, wissenschaftliche Publikationen oder Fernseh- und Rundfunksendungen sind einige Beispiele. Die Open-Data-Bewegung setzt sich für den freien und kostenlosen Zugang zu diesen Daten ein. Begründet wird die Forderung damit, dass die Datenerhebung und Datenschaffung mit öffentlichen Mitteln finanziert wird und die Daten deshalb Allgemeingut seien. Open Data beschränkt sich in der Forderung nach frei zugänglichen Daten nicht allein auf Daten der öffentlichen Hand, sondern wünscht sich auch die Offenlegung von Unternehmensdaten. Auch wenn deren Zugang in Deutschland noch nicht so frei und komfortabel ist, wie sich das die Open-Data-Akteure wünschen, so bewegt man sich doch zumindest in diese Richtung und eröffnet damit Möglichkeiten für neue Wertschöpfung aus den Daten, z. B. in Form neuer Dienstleistungen oder Produkte.

3.6 Sensoren und das Internet der Dinge

Die RFID-Technologie ermöglicht ebenso wie 2D- und 3D-Codes die automatische Identifikation von Dingen. Sensoren erfassen Zustände und Veränderungen. Zusammen ermöglichen diese Technologien die „Datafizierung" von Dingen, d. h. Dinge und deren Nutzung können in Daten umgewandelt und erfasst werden. Durch die „Datafizierung" und mit Hilfe von Kommunikationsmodulen wird die Vernetzung von Dingen möglich.

Damit endet das Internet künftig nicht länger auf einem Bildschirm und ist nicht mehr auf die digitale Welt beschränkt, sondern bezieht die physische Welt mit ein. „Mit dem Internet der Dinge erhalten Computer und Informationssysteme somit im wahrsten Sinn des Wortes zum ersten Mal Augen und Ohren" (Fleisch und Mattern 2007, S. XX).

3.7 Künftige Datenquellen

Beobachtet man die aktuellen Forschungs- und Entwicklungsprojekte sowie die angemeldeten Patente, lässt sich feststellen, dass unentwegt neue, spannende und revolutionäre Datenquellen entstehen.

Eine der bekanntesten dürften die Head-Mounted Displays wie das stark umstrittene *Google Glass* sein, ähnliche Geräte folgten wie Oculus Rift, das für die virtuelle Realität geeignet ist. Auch wenn Google in den Vordergrund stellt, dass diese Art Brille ohne Einschränkungen für die Bewegungsfreiheit dem Nutzer Informationen im wahrsten Sinne des Wortes sichtbar werden lässt, so ermöglicht dies auch, das Blickfeld und die Blicke des Nutzers in Daten zu erfassen. Darüber hinaus werden vermutlich ähnlich wie bei Smartphones viele andere Daten erhoben werden können.

Apple hat 2009 ein Patent angemeldet, das das Messen des *Pulses*, der *Körpertemperatur* und des *Sauerstoffgehaltes* im Blut mittels des In-Ear Kopfhörers ermöglicht (Hughes 2009). Die datenmäßige Erfassung wichtiger Indikatoren für den Gesundheitszustand und die Stimmungslage eines Menschen erfolgt so als Nebenprodukt.

IBM hat 2012 ein Patent für einen *berührungsempfindlichen Fußboden* angemeldet. Nimmt man an, dass ein Supermarkt mit einem derartigen Fußboden ausgestattet wird, kann man sich mit etwas Fantasie vorstellen, welche Möglichkeiten dies eröffnet und welche Datenberge dies entstehen lässt. So wären beispielsweise Besucherströme und Verweildauern an den jeweiligen POS ebenso messbar wie die Einschätzung des Geschlechts über das Schuhprofil und die Art des Ganges.

Diese drei Entwicklungen sind nur Beispiele, die aber zeigen, was in Zukunft in Daten erfasst und zu Daten konvertiert werden kann.

3.8 Zusammenfassung

▶ Die Masse an Datenquellen ist gigantisch und wird immer größer. Dabei ist es allerdings keineswegs immer möglich, frei auf diese Daten zugreifen und diese für eigene Zwecke zu nutzen. Neben der faktischen Zugangsbeschränkung durch die „Eigentümer" oder Verwalter der Daten wie z. B. Social-Media-Portalbetreiber, Telekommunikationsanbieter oder Produzenten gilt es vor allem auch die rechtlichen Vorgaben zu beachten (vgl. Abb. 2).

Dennoch ist selbst die Zahl der Datenquellen beachtlich, auf die Unternehmen legalen Zugriff haben. Sollten wichtige Daten fehlen, ist im Einzelfall zu prüfen,

Abb. 2 Datenquellen, die zum rasanten Datenwachstum führen. (Quelle: Eigene Darstellung)

wie eine Quelle erschlossen werden kann. Möglich ist dies zum Beispiel über die Bereitstellung von Apps für Smartphones oder Social-Media-Portale, Kooperationen mit den Datenverwaltern oder den Kauf von Daten auf Datenmarktplätzen oder bei Datenhändlern, die in Zukunft vermutlich weite Verbreitung finden werden (Klausnitzer 2013, S. 138 f.).

4 Herausforderungen auf dem Weg zum Big-Data-Unternehmen

▶ Big-Data-Marketing bedeutet für Unternehmen eine große Chance. Gleichzeitig stellt es sie aber vor zahlreichen Herausforderungen bezüglich der Technik, der Strukturen und dem Umgang mit den Daten. Diese müssen gelöst werden, um von Big Data profitieren zu können.

4.1 Datenhaltung und Technik

Die Basis für Big Data bilden viele Datensätze unterschiedlicher Struktur und eine Technik, die deren Speicherung und schnelle Verarbeitung ermöglicht. Heute findet man in Unternehmen oftmals noch immer *verteilte Datensilos* vor. Die unterschiedlichen Anwendungen wie ERP (Enterprise Ressource Planning), CMS (Content Management System), CRM (Customer Relationship Management), ECMS (Enterprise Content Management System), FiBu (Finanzbuchhaltung) und Webshop bilden ihr eigenes Ecosystem und speichern ihre Daten in separaten Datenbanken. Einige Unternehmen überführen Teile dieser Daten in ein Data-Warehouse.

Ein *Data-Warehouse* ist auf strukturierte und gut dokumentierte Daten mit einer durch das Datenmodell sichergestellten Integrität ausgelegt. Weiter ist ein Data-Warehouse entsprechend den vom Fachbereich definierten Anforderungen aufgebaut. Die Herangehensweise ist demnach so, dass zunächst die Fragen, die durch die Analyse beantwortet werden sollen, definiert werden. Anhand der notwendigen Analyse wird dann das Data-Warehouse aufgebaut oder erweitert; die Berichtgenerierung im Data-Warehouse erfolgt periodisch.

Um von der explorativen Big-Data-Analyse profitieren zu können, müssen die Unternehmen eine technische *Big-Data-Plattform* kreieren und zur Verfügung stellen. Besteht bereits ein Data-Warehouse, könnte dies um Big-Data-Komponenten erweitert werden. Diese müssen unstrukturierte Daten in all ihren Formen speichern. Darüber hinaus müsste diese Big-Data-Plattform auch die sogenannte Data in Motion, die auch Streaming Data genannt werden, verarbeiten können. Streaming Data sind Daten, die, zumindest in einem gewissen Zeitintervall, permanent anfallen und in Echtzeit in die Big-Data-Plattform integriert werden müssen. Nur so werden Echtzeit-Analysen ermöglicht.

Neben diesen Anforderungen an die Integration muss die Big-Data-Plattform auch die unstrukturierten Daten durch Verfahren wie Sentiment-Analysen verarbeiten. Der Umgang mit sämtlichen Daten muss in der Big-Data-Plattform so performant sein, dass die Abfragen in Realtime bzw. Near-Realtime verarbeitet werden können.

4.2 Prediction versus Reporting

Stellt ein Unternehmen lediglich die technische Plattform zur Verfügung, ist zwar ein wichtiger Grundstein gelegt, Big Data wird jedoch nicht zur vollen Entfaltung kommen. Einer der wesentlichen Unterschiede zwischen der Big-Data-Welt und Small-Data-Welt liegt darin, dass Big Data mehr als nur retrospektive Analysen ermöglicht. Big Data versucht, die Zukunft vorherzusagen. Um diese Vorhersagen zu erstellen, müssen sich Unternehmen darauf einlassen, sich an *Daten und Algorithmen* zu orientieren. Dafür bedarf es der richtigen Daten, Fragen und Mut. Unternehmen müssen verstehen, dass man grundsätzlich alles vorhersagen kann, die Frage ist nur mit welcher Genauigkeit. Um die Genauigkeit zu verbessern, bedarf es mehr Datensätze eines Typs oder mehr unterschiedliche Datensätze, die für die Vorhersage eine nützliche Information enthalten.

Wollen Unternehmen von der Möglichkeit, mittels Big-Data-Vorhersagen treffen zu können, profitieren, müssen sie die dafür nötigen Daten als Rohmaterial in ihrer Big-Data-Plattform verfügbar machen.

Beispiel

Da die Daten allein nicht preisgeben, welche möglichen Vorhersagen in ihnen stecken, müssen die Unternehmen dazu in der Lage sein, die *richtigen Fragen* zu stellen. So konnte eine Bäckerei, die sich gefragt hat, was die Wetterprognosen über den Absatz der Backwaren verraten könnten, die Retourenquoten aus den Filialen drastisch verringern und so die Profitabilität steigern.

In einem anderen Fall hat sich die dm-drogerie markt GmbH & Co. KG gefragt, welche Informationen nötig sein würden, um den *Mitarbeiterbedarf* in einer Filiale pro Tag zu errechnen. Die Antwort lag darin, Daten zu den Tagesumsätzen, Paletten-Anliefer-Prognosen der Verteilzentren, filialindividuelle Parameter wie Öffnungszeit und Größe, aber auch Daten zu Ferien, Markttagen, Baustellen und Wettervorhersagen miteinander zu verknüpfen. Im Ergebnis erhielt das Unternehmen wesentlich genauere Planungen, als sie mit den einfachen Hochrechnungen der Filialverantwortlichen möglich waren (BITCOM 2012, S. 58).

Bei der heute vorherrschenden Datenanalyse wird im Nachhinein versucht, Zusammenhänge zu erklären und Veränderungen festzustellen. Auf Grundlage dieser Analyse werden gegebenenfalls von Menschen Vorhersagen getroffen, um das Unternehmen zu steuern. Die Analyse selbst ist dabei risikofrei. Sie liefert die Erkenntnisse, die die Daten beherbergen. Wenn eine Prognose nicht zutrifft, dann liegt der Fehler nicht in der Analyse, sondern in den daraus gezogenen Schlüssen. Bei Big Data hingegen liefert der Algorithmus direkt die Vorhersage. Aus Sicht der Unternehmen bedarf es daher den Mut, den Zahlen mehr zu vertrauen als den zahlengestützten menschlichen Vorhersagen. Will ein Unternehmen Big Data erfolgreich einsetzen und zu einem echten Big-Data-Unternehmen werden, muss das Management diesen Mut zu einem Teil der gelebten Unternehmensphilosophie werden lassen. ◄

4.3 Personal und Strukturen

Die Daten, die Technik und der Mut, sich auf Big-Data-Vorhersagen einzulassen, allein reichen nicht aus, um Big Data in einem Unternehmen zu etablieren. Vielmehr müssen auch die personellen und strukturellen Voraussetzungen geschaffen werden.

Big Data kann in nahezu allen Bereichen des Marketings und des Unternehmens sinnvoll eingesetzt werden. In der logischen Schlussfolgerung müssen alle diese Bereiche Zugriff zu den Big-Data-Informationen erhalten. Hierfür müssen Unternehmen die Voraussetzungen schaffen. Ist es so, dass heute die einzelnen Abteilungen „auf ihren Datensilos sitzen", muss für erfolgreiches Big-Data-Marketing für mehr *Datendemokratie* im Unternehmen gesorgt werden. Dafür muss im ersten Schritt ermittelt werden, an welcher Stelle welcher Informationsgehalt benötigt wird. Dabei ist nicht primär die Frage zu klären, auf welche Daten die einzelnen Abteilungen zugreifen können, sondern welche Informationen an diesen Stellen benötigt werden.

> **Übersicht**
>
> In den *Big-Data-Analyseprozess* sind in der Regel mehrere Parteien involviert. Prinzipiell kann man hier drei Parteien unterscheiden: die Fachabteilung, die IT-Abteilung und die Analyseabteilung.
>
> 1. Die Fachabteilungen benötigen die Informationen aus den Daten für ihre Arbeit.
> 2. Die IT-Abteilung kümmert sich um das Big-Data-System, bestehend aus Hard- und Software. Da IT-Abteilungen klassischerweise noch weitere Systeme betreuen, die historisch oder real gesehen mehr Bedeutung haben, muss dies mit zunehmender Bedeutung von Big Data für das Unternehmen in dem Personal- und Budgetplan der IT-Abteilung berücksichtigt werden.
> 3. Die Analyseabteilung besitzt besondere Analysekenntnisse und kennt die Datenstrukturen. Sollte diese Aufgabe im Unternehmen nebenbei von der IT-Abteilung erledigt werden, ist mit der im Big-Data-Zeitalter gestiegenen Bedeutung der Analyse zu prüfen, ob dies auch künftig sinnvoll ist.
>
> (Fortsetzung)

Bei der Ausgestaltung der *Analyseabteilung* sind wiederum drei Konstellationen denkbar.

1. In der ersten Variante könnte es eine zentral organisierte, personalintensive Analyseabteilung geben. Diese versorgt die Fachabteilungen und das Management mit Daten und deren Auswertungen.
2. Eine Alternative dazu wäre eine zentrale Analyseabteilung zu etablieren, die komplexe Analysen und Vorhersagen erstellt und regelmäßig anfallende automatische Reports, z. B. für das Management, vorbereitet und wartet. Die Fachabteilungen und das Management führen die einfacheren Analysen mit entsprechend einfacher bedienbarer Software selbstständig durch.
3. Eine dritte denkbare Variante wäre, dass es keine zentrale Analyseabteilung gibt, dafür in den jeweiligen Fachabteilungen Experten untergebracht sind, die sich um die Daten, Analysen und Vorhersagen für die Fachabteilung kümmern.

Welches dieser drei Modelle am besten geeignet ist, hängt vom Einzelfall ab. Würde man sich beispielsweise für die zweite Variante entscheiden, müsste das Unternehmen auch dafür Sorge tragen, dass die Mitarbeiter der Fachabteilungen entsprechend gut geschult sind, um die Analysen selber durchführen zu können. Eine offene Unternehmenskultur, die den Austausch über die Big-Data-Erfahrungen zwischen den Fachabteilungen, vor allem aber zwischen der Analyseabteilung und den Fachabteilungen begünstigt, sollte forciert werden, um Big Data effizient zu nutzen.

Die Analyseabteilungen müssen mit entsprechenden Spezialisten besetzt werden. Diese *Data-Scientists* müssten über vielseitige Fähigkeiten verfügen. „[...] [T]he powerful combination of skills [...] of data hacker, analyst, communicator, and trusted adviser – all of which must be applied to a specific technology or product", beschreibt Emily Waltz die entsprechenden Fähigkeiten (Waltz 2012). Diese Talente sind auf dem Arbeitsmarkt schwer zu finden sein, daher ist es für Unternehmen umso wichtiger, sich rechtzeitig um entsprechendes Personal zu kümmern, dieses fortzubilden und sich so Big-Data-Kompetenzen aufzubauen.

Zusätzlich zu den Data-Scientists könnte es unter Umständen sinnvoll sein, auch *Data-Designer* zu akquirieren oder auszubilden. Die Aufgabe dieser besteht darin, die Ergebnisse, die die Daten liefern, gut verpackt und anschaulich darzustellen, damit sie z. B. in einem Report an das Management schnell verstanden werden (Klausnitzer 2013, S. 163 ff.).

4.4 Korrelation versus Kausalität

Menschen sind daran gewöhnt, nach der Ursache für eine Gegebenheit zu fragen; die Geschichte und die Naturwissenschaften haben gelehrt, dass es für die Entwicklung vorteilhaft ist, Dinge zu verstehen und die Kausalitäten zu kennen. Zunächst wird eine These aufgestellt, die dann im Anschluss untersucht wird. Im Ergebnis wird diese These entweder bejaht oder verneint.

Mit Big Data haben Unternehmen so viele Daten zur Verfügung, dass es nicht mehr sinnvoll ist, manuell einzelne Thesen für Kausalitäten aufzustellen und diese zu prüfen. Mit den neuen und schnellen Big-Data-Technologien können durch anspruchsvolle computergestützte Analysen Abhängigkeiten automatisch erkannt werden.

Beispiel

Google hat ein Tool entwickelt, das anhand der Suchanfragen Grippe-Trends vorhersagt. Dafür wurden 450 Mio. mathematische Modelle getestet, um die aussagekräftigsten Korrelationen von Suchanfragen mit Krankheiten aufzudecken (Ginsberg et al. 2009, S. 4). Mit manuellen Hypothesen hätte dies nicht bewerkstelligt werden können. Vor allem aber würde es dieses Tool nicht geben, wenn Google auf Kausalität bestanden hätte. Die Grippe-Trend-Vorhersagen basieren auf Korrelationen und somit auf statistischen Wahrscheinlichkeiten.

Die Unternehmen wollen verstehen, warum sich die Kunden so verhalten, wie sie es tun. Dieses Verständnis wollen sie nutzen, um den Kunden besser ansprechen zu können. Doch ist es wirklich nötig, einen kausalen Grund zu kennen? In vielen Fällen reicht es aus zu wissen, dass etwas so ist, wie es ist, ohne die exakten kausalen Zusammenhänge dafür zu kennen. Es ist für ein Geschäft weniger wichtig zu wissen, warum bei bestimmtem Wetter gewisse Produkte besonders gut oder schlecht verkauft werden. Allein die Information, dass dies so ist, ist für das Unternehmen wertvoll genug, um entsprechende strategische und operative Entscheidungen treffen zu können.

Um von Big Data profitieren zu können, müssen Unternehmen die Suche nach Kausalitäten zumindest teilweise aufgeben und das Verständnis für die Macht der *Korrelationen* etablieren. Sie müssen öfter nach dem „Was" als nach dem „Warum" fragen. Dabei könnte es hilfreich sein, sich bewusst zu machen, dass das, was bislang für Kausalität gehalten wird, oftmals gar keine echte Kausalität ist. In der Small-Data-Welt werden Zusammenhänge als kausal betrachtet, weil nicht mehr Informationen vorliegen und somit gar nicht alle Einflussfaktoren berücksichtigt werden können. Insofern könnte das, was als Kausalität betrachtet wird, als eine *illusorische Kausalität* bezeichnet werden. Philosophische Diskussionen führen sogar soweit, dass es keine Kausalität geben könne. Wenn etwas kausal von etwas anderem abhängen würde, würde dies logischerweise bedeuten, dass es keine freien Entscheidungen gäbe.

Korrelationen dürfen jedoch nicht in allen Fällen als ausreichend betrachtet werden. In juristischen Belangen ist es beispielsweise essenziell wichtig, die Kausalität zu kennen. Wenn Unternehmen Korrelationen einsetzen, muss dies auf jeden Fall mit Verstand geschehen und die richtigen Schlüsse müssen gezogen. Auf keinen Fall darf die Korrelation mit der Kausalität verwechselt werden und zum logischen Trugschluss *cum hoc ergo propter hoc* („mit diesem, also deswegen") führen. Ein solcher Trugschluss wäre z. B., dass Störche Babys bringen, weil seit Jahrzehnten die Zahl der Störche positiv mit der Geburtenzahl korreliert (Schein- oder Unsinnskorrelation). ◀

4.5 Quantität versus Qualität

Die Qualität der Daten gilt heute als essenziell für die Qualität der darauf aufsetzenden Analysen und Reports. Im Data-Warehouse wird die Datenqualität anhand der Merkmale Vollständigkeit, Konsistenz und Zeitnähe beurteilt. Der gesamte Data-Warehouse-Prozess ist anhand dieser Merkmale qualitätsgelenkt. Der Grund liegt darin, dass bei wenigen Daten einzelne bis wenige Datensätze schlechter Qualität zu einem falschen Ergebnis führen können. Selbst wenn mehr Daten zur Verfügung stehen, werden diese oft komprimiert, um sie mit den Tools und Systemen in der nötigen Geschwindigkeit verarbeiten zu können. Ein klassisches Beispiel hierfür sind die Data-Marts im Data-Warehouse.

Die Big-Data-Technologien versetzen Unternehmen in die Lage, diese Vorselektion und gegebenenfalls anschließende Hochrechnung der Ergebnisse hinter sich zu lassen und stattdessen alle Daten mit in die Analyse einzubeziehen.

> **Beispiel**
>
> Ist die Menge der Daten größer, verliert das einzelne Datum an Bedeutung. Ist es von einer schlechten Qualität, fehlerhaft oder gar fehlend, so hat dies keinen spürbaren Einfluss auf das Ergebnis. Man stelle sich beispielsweise eine App vor, die den Standort eines Benutzers ermittelt, um diesem passende Angebote anzeigen zu können. Würde die App die Standortbestimmung einmal am Tag durchführen, wäre man auf eine fehlerfreie und genaue Bestimmung angewiesen. Würde man die Lokalisierung hingegen jede Stunde oder gar noch öfter durchführen, wäre es unbedeutend, dass die einzelne Messung fehlerbehaftet wäre. Die Masse der Daten würde den Fehler ausgleichen. ◀

> **Beispiel**
>
> Ein anderes Beispiel wäre der Einsatz von Big Data zur Analyse der Marktpreise für ein Produkt. Man könnte diesen durch die manuelle Suche nach Preisen von dem Produkt und Konkurrenzprodukten ermitteln. Diese Preise wären sehr exakt, da ein Mensch sehr gut die unterschiedlichen Erscheinungsformen der Preisauszeichnungen erkennen kann. Andererseits könnte man mittels Big-Data-Analysen das Web, Prospekte, Kataloge und vieles mehr automatisch nach Preisen durchsuchen. Hierbei würden die Bots vermutlich auch einige Preise falsch erfassen. Dafür können wesentlich mehr Daten ermittelt und ausgewertet werden. Im Ergebnis würde dies trotz qualitativ schlechteren Daten zu einem qualitativ hochwertigeren Ergebnis führen.

Diese Beispiele zeigen, dass die einzelne Datenerhebung nicht unbedingt von höchster Qualität sein muss. Es könnte daher sinnvoll sein, mehr günstige und qualitativ schlechtere Messgeräte und -methoden einzuführen als wenige teure, die eine höhere Qualität haben. Selbstverständlich müssen die Daten so gut sein, dass daraus eine belastbare Erkenntnis gezogen werden kann. Eine Premiumqualität ist hingegen bei einer ausreichenden Menge nicht nötig.

Um von Big Data profitieren zu können, müssen Unternehmen verstehen, dass es in der Regel sinnvoller ist mehr Daten zu haben als wenige Premiumdaten. Dieses Verständnis muss ebenso wie die anderen bereits erwähnten Punkte in der Unternehmenskultur Niederschlag finden. ◄

4.6 Algorithmen versus Experten

Bislang haben in Unternehmen Experten ihre Expertisen aufgrund ihrer Erfahrung und den zur Verfügung stehenden Analysen gegeben. Mit Big Data können Vorhersagen allein mit Algorithmen und Daten erstellt werden. Diese Vorhersagen können dabei wesentlich genauer sein als die der Experten. Unternehmen müssen sich darauf einlassen, den Algorithmen mehr zu vertrauen als menschlichen Expertisen.

Dies wird zwangsläufig zu Spannungen mit den *Experten* führen, da sich diese in ihrer Kompetenz beschnitten und in ihrer Ehre gekränkt fühlen werden. Dabei wird es jedoch nicht sinnvoll sein, eine Entweder-oder-Entscheidung zu treffen. Vielmehr benötigen Unternehmen weiterhin Experten, die z. B. die Big-Data-Ergebnisse hinsichtlich Plausibilität beurteilen. Experten können Trugschlüsse aus Big-Data-Analysen verhindern. Zudem können sie helfen, die richtigen Fragen zu stellen.

Unternehmen stehen somit vor der Herausforderung, ihre Experten auf einen Wandel vorzubereiten. Sie müssen ihren Fachleuten verständlich machen, dass Big Data nicht ihr Feind ist, sondern eine Chance bedeutet. Experten können mit Big Data ihre Expertisen auf mehr und aussagekräftigere Daten stützen. Dafür müssen sie sich hinsichtlich der Einstellung sowie hinsichtlich ihrer Fähigkeiten wandeln. Das „Bauchgefühl" darf kein überwiegendes Entscheidungskriterium mehr sein, auch wenn es ein wichtiges Instrument für eine positiv kritische Wachsamkeit ist. Dafür müssen Experten mehr statistische und analytische Kenntnisse erlangen. Diese können im Zeitalter von Big Data wichtiger werden als das Fachwissen.

Dieser Wandel der Bedeutung und des Einsatzes von Experten wird in Unternehmen einige Reibungen verursachen. Diese scheinen jedoch auf dem Weg zu einem Big-Data-Marketing unumgänglich zu sein.

4.7 Der Mut zum Experimentieren

Unternehmen müssen die Einstellung von Managern, Experten und Mitarbeitern zu dem Umgang mit den Daten, den Analysen und den Vorhersagen ändern. Die

Schaffung von strukturellen und personellen Voraussetzungen ist hierfür alleine nicht ausreichend. Auch reicht es nicht aus, den Mitarbeitern die Vorteile von Big Data verständlich zu machen und dies in der Unternehmenskultur zu verankern. Vielmehr müssen der Mut zum Experimentieren und die Akzeptanz des Scheiterns zu einem Teil der Unternehmenskultur werden.

Wie bereits dargestellt, werden in der Small-Data-Welt die Technologie und Methoden an den zuvor festgelegten Bedürfnissen ausgerichtet. Das Risiko, kein Ergebnis zu erhalten, ist hier dementsprechend klein. Die definierten Berichte werden genau die Daten enthalten, die man geplant hat. Die für die Untersuchung aufgestellten Hypothesen werden mit wahr oder falsch beantwortet.

Bei Big Data hingegen ist der Ausgang der Analyse zu Beginn offen. Man weiß nicht, ob und welche verwertbaren Korrelationen und Erkenntnisse gefunden werden. Daher muss der Mut aufgebracht werden, *Big-Data-Projekte* zu starten, obwohl man deren Ausgang und Wert nicht abschätzen kann. Diese Offenheit, Experimentierfreude und dieser Entdeckergeist muss in einem Big-Data-Marketing Unternehmen einen hohen Stellenwert einnehmen. Ohne dies wird Big Data nicht effizient genutzt werden können.

Die Verankerung des Muts darf dabei nicht ein formaler Teil der Unternehmensphilosophie bleiben. Er muss gelebt werden und seinen Ausdruck auch in der Bemessung von Budgets finden. Auch die KPIs (Key Performance Indicators), nach denen Mitarbeiter gesteuert und bewertet werden, dürfen das Scheitern eines Big-Data-Projektes nicht ohne weiteres bestrafen. Vielmehr sollten Anreize für die sinnvolle und effiziente Nutzung von Big Data gesetzt werden, um den Big-Data-Geist im Unternehmen zu fördern.

4.8 Responsibility: Der Umgang mit Daten

Big Data kann das Marketing kundenzentrierter werden lassen. Big-Data-Marketing ermöglicht eine 360-Grad-Sicht auf den Kunden. Die datenschutzrechtlichen Anforderungen für die Verarbeitung personenbezogener Daten sind hoch. Ohne personenbezogene Daten ist ein kundenzentriertes Big-Data-Marketing nicht vorstellbar. Daher ist es für Unternehmen essenziell, von Kunden und Interessenten die Genehmigung, ihre Daten für ein zielgerichtetes Marketing verwenden zu dürfen, zu erhalten.

Öffentliche Diskussionen über *Datenschutz*, Datenvorratsspeicherung und Auseinandersetzungen mit als „Datenkraken" angesehenen Unternehmen wie Facebook oder Google tragen dazu bei, dass die Verbraucher hinsichtlich ihren Daten und deren Verarbeitung immer sensibler werden. Auch datenbezogene Skandale machen deutlich, dass die negativen Folgen der vielen Daten, wie etwa die Spionagemöglichkeiten, für Verbraucher realer und bewusster werden. Insgesamt könnte mit der Zunahme der Bedeutung von Big Data eine Zunahme der *Sensibilität der Nutzer* bezüglich des Schutzes ihrer Daten einhergehen.

Die Folge davon wäre, dass die Benutzer künftig nicht mehr so freizügig und leichtfertig ihre Daten preisgeben und deren Nutzung zustimmen. Sie werden künftig mehr abwägen, ob die Kosten, die mit der Einwilligung in die Erhebung, Verarbeitung und Nutzung der Daten verbunden sind, in einem angemessenen Verhältnis zu dem erwarteten Nutzen stehen.

Unternehmen müssen sich dessen künftig noch bewusster als derzeit sein. Dementsprechend müssen sie die Daten der Kunden und Interessenten und die erteilten *Permissions* als wertvolles Gut betrachten und entsprechend verantwortungsvoll mit diesen umgehen. Unternehmen, die dies nicht berücksichtigen, laufen Gefahr, dass sie keine Permissions erhalten und so um zahlreiche Big-Data-Möglichkeiten gebracht werden. Es muss bewusst werden, dass im Social-Media-Zeitalter Unternehmen, die mit den Daten der Nutzer nicht verantwortungsvoll umgehen, schnell entlarvt werden können. Darüber hinaus werden die Möglichkeiten, die Big Data mit sich bringt, nicht den Unternehmen vorenthalten bleiben. Auch Verbraucher werden durch Big Data neue Möglichkeiten erhalten, sich besser über die Unternehmen informieren zu können.

Für Unternehmen besteht die Gefahr, dass Verbraucher ihre Permission entziehen, wenn sie dem Unternehmen nicht mehr vertrauen. Einem Verbraucher, der einmal seine Einverständniserklärung entzogen hat, diese erneut abzuverlangen, dürfte ähnlich schwierig und teuer werden, wie einen neuen Kunden zu gewinnen.

Insgesamt könnte Big Data zu einer Verlagerung der *Machtverhältnisse* im Umgang mit den Daten führen. Künftig könnten die Verbraucher die Macht erhalten, Unternehmen zu einem verantwortungsvollen und für den Verbraucher nutzenstiftenden Umgang mit den Daten zu zwingen. Dessen müssen sich Unternehmen bewusst sein und sich entsprechend verhalten (vgl. Abb. 3).

Abb. 3 Herausforderungen an Unternehmen im Big-Data-Zeitalter. (Quelle: Eigene Darstellung)

5 Zusammenfassung und Ausblick

▶ Big Data ist eines der aktuellen Hype-Themen. Das Thema wird von verschiedenen Standpunkten aus und vor allem unter unterschiedlichem Verständnis diskutiert. Grund dafür ist, dass eine einheitliche Definition aktuell fehlt. Wird manchmal auf die reine Menge der Daten abgestellt, scheint es sinnvoller zu sein, Big Data durch den Mix der fünf Vs Volume, Variety, Velocity, Veracity und Value zu definieren. Big Data ist aber vor allem eine Art der Unternehmensführung und eine Philosophie der Nutzung der Daten.

Big Data wird oft als eine neue Ressource oder als „Rohöl" bezeichnet. Versteht man die reinen Datenmengen als Big Data, so mag diese Analogie richtig sein. Das Verständnis von Big Data geht aber davon aus, dass die Daten das Rohöl sind. Ähnlich dem Rohöl, das gefördert und raffiniert werden muss, müssen die Daten verbunden und mit Hilfe intelligenter Algorithmen zu nützlichen Informationen umgewandelt werden. Unternehmen brauchen keine Daten, sie benötigen den Mehrwert, der in den Daten steckt. Big Data führt dazu, dass der Produktionsfaktor Ressourcen um die Daten erweitert wird. Unternehmen werden klären müssen, wer für diese neue Ressource verantwortlich ist. Die Zuordnung der Verantwortung zum IT-Bereich scheint weniger plausibel als die Kreation eines Chief Data Officer (CDO).

▶ Dass die Daten im Gegensatz zum Rohöl nicht knapp sind, sondern sich im Gegenteil exponentiell vermehren werden, ist ein unausweichliches Faktum. Die aktuellen Entwicklungen des Internet of Things zeigen, dass künftig alles, was datenmäßig ermittelt werden kann, in Daten erfasst werden wird. Smartphones, RFID-Chips und Sensoren haben hier die Grundsteine gelegt. Wearables, Touch-Fußböden und vernetzte Maschinen werden die Entwicklung fortsetzen. Die fortschreitenden technischen Erneuerungen werden diese Entwicklung vorantreiben und dafür sorgen, dass die Welt vollständig datafiziert wird.

Wie viele und welche der denkbaren Big-Data-Anwendungen *datenschutzkonform* ausgeführt werden können, ist gerade im Hinblick auf die Datenschutz-Grundverordnung und das Problem, dass künftig jedes Datum personenbezogen sein könnte, noch nicht klar zu beantworten. Unternehmen müssen hier den Einzelfall fachmännisch prüfen lassen. Auf jeden Fall müssen Unternehmen den Datenschutz und die Daten sowie Selbstbestimmung der Menschen sehr ernst nehmen und entsprechend rücksichtsvoll und verantwortlich handeln. Gehen Unternehmen hiermit zu leichtfertig um, laufen sie Gefahr, die Beziehung zu den immer kritischer werdenden Benutzern zu beschädigen und keine *Permissions* mehr zu erhalten bzw. vorhandene entzogen zu bekommen. Ohne die Datennutzungserklärung einer Person wird kundenzentriertes Big-Data-Marketing nahezu unmöglich. Ihre Wertigkeit ist für Unternehmen nicht zu unterschätzen. Permissions könnten neben Daten sogar als weiterer künftiger Produktionsfaktor für Unternehmen angesehen werden.

Auch wenn Big Data für die meisten Unternehmen derzeit noch Zukunftsmusik ist, sollten sie sich rechtzeitig mit diesem Thema auseinandersetzen. Sie müssen prüfen, auf welche Daten sie heute zugreifen können. Weiter sollten sie analysieren, welcher Wert in diesen Daten stecken könnte. Hier sind Kreativität und Mut gefragt. Wenn Unternehmen beides aufbringen, haben sie die Chance, schon jetzt in ersten Testprojekten Erfahrungen zu sammeln.

Diese Erfahrungen können später nützlich sein, wenn es darum geht, das gesamte Unternehmen auf Big-Data-Marketing umzustellen. Vor allem können sich Unternehmen so die dringend benötigten Kompetenzen für Big Data aufbauen und *Data-Scientists* ausbilden. Wenn die Big-Data-Technologien ausgereifter und günstiger sind und Big Data das Plateau der Produktivität erreicht haben wird, werden diese Unternehmen auf das echte Big Data perfekt vorbereitet sein. Spätestens dann werden sie entscheidende Wettbewerbsvorteile durch Big-Data-Marketing haben.

6 Fazit

Big Data kennzeichnet nicht die Masse an Daten, sondern vielmehr den Mehrwert, den diese Daten bieten. Unternehmen brauchen keine Daten, sie benötigen diesen Mehrwert. Big Data führt dazu, dass der Produktionsfaktor Ressourcen um die Daten erweitert wird.

In der Business Intelligence werden Daten unterschiedlicher Quellen aggregiert und daraus Schlüsse für die strategische und operative Unternehmenssteuerung gezogen, die aktuellen BI-Lösungen sind jedoch auf Grund ihrer definierten Datenstruktur ungeeignet, unstrukturierte Daten zu verarbeiten. Der wesentliche Unterschied zwischen BI und Big Data besteht im Umgang mit den Daten und in der Möglichkeit Big Data proaktiv und passgenau einsetzen zu können. Big Data blickt in die Zukunft und lässt es zu, Abhängigkeiten in den Daten zu identifizieren, daraus künftige Ereignisse vorherzusagen und potenzielle Handlungsmöglichkeiten zu bewerten.

Big-Data-Marketing bietet Unternehmen große Chancen, stellt diese aber auch vor zahlreiche Herausforderungen bezüglich der Technik, der Strukturen und dem Umgang mit den Daten.

Literatur

BITCOM. (Hrsg.). (2012). *Big Data im Praxiseinsatz – Szenarien, Beispiele, Effekte*. Berlin: BITCOM.

Buhr, W. (o. J.). *What is infrastructure?* Volkswirtschaftliche Diskussionsbeiträge, Diskussion Paper No. 107-03, Siegen. http://www.wiwi.uni-siegen.de/vwl/research/diskussionsbeitraege/pdf/107-03.pdf. Zugegriffen am 15.01.2020.

Carstensen, K.-U., et al. (Hrsg.). (2010). *Computerlinguistik und Sprachtechnologie* (3. Aufl.). Heidelberg: Springer.

Ertel, W. (2009). *Grundkurs künstliche Intelligenz* (2. Aufl.). Wiesbaden: Springer.

Fleisch, E., & Mattern, F. (2007). Zum Geleit. In H.-J. Bullinger & M. ten Hompel (Hrsg.), *Internet der Dinge*. Heidelberg: Springer.

Gartner (Hrsg.). (2013). *Gartner IT glossary – Big data*. http://www.gartner.com/it-glossary/big-data/. Zugegriffen am 26.05.2013.

Ginsberg, J., et al. (2009). Detecting influenza epidemics using search engine query data. research.google.com/archive/papers/detecting-influenza-epidemics.pdf. Zugegriffen am 02.05.2013.

Hughes, N. (2009). Apple investigates space-age fitness tracking technology. http://appleinsider.com/articles/09/11/19/apple_investigates_space_age_fitness_tracking_technology.html. Zugegriffen am 15.01.2020.

Klausnitzer, R. (2013). *Das Ende des Zufalls*. Salzburg: ecowin.

Moore, G. (1965). Cramming more components onto integrated circuits. In *Electronics* (Bd. 38 Nr. 8/1965, S. 114–117). New-York: McGraw-Hill.

Rey, G., & Wender, K. (2011). *Neuronale Netze – Eine Einführung in die Grundlagen, Anwendungen und Datenauswertung* (2. Aufl.). Bern: Hofgrefe.

Statista. (2019). Prognose zum Volumen der jährlich generierten digitalen Datenmenge weltweit in den Jahren 2018 und 2025 (in Zettabyte). https://de.statista.com/statistik/daten/studie/267974/umfrage/prognose-zum-weltweit-generierten-datenvolumen/. Zugegriffen am 16.12.2019.

Sun, Z. (2018). *10 bigs: Big data and its ten big characteristics*. Department of Business Studies Papua New Guinea University of Technology, Lae 411, PNG. https://www.researchgate.net/publication/322592851_10_Bigs_Big_Data_and_Its_Ten_Big_Characteristics. Zugegriffen am 15.01.2020.

Waltz, E. (2012). Is data scientist the sexiest job of our time? http://spectrum.ieee.org/tech-talk/computing/it/is-data-scientist-the-sexiest-job-of-our-time. Zugegriffen am 15.01.2020.

Dialogmarketing mit Big-Data

Heinrich Holland

Inhalt

1 Die Veränderung von Marketing durch Big Data 222
2 Preise und Konditionen 222
3 Produkt- und Programm 231
4 Distribution 238
5 Personal 240
6 Kommunikation 242
7 Zusammenfassung und Ausblick 247
8 Fazit 249
Literatur 249

Zusammenfassung

Auf Unternehmensseite ist das Interesse an dem Thema Big Data zwar groß, doch wissen die meisten Unternehmen nicht, wie und wofür sie es konkret einsetzen könnten. Als eine der Hürden am Markt gilt der Mangel an Anwendungsbeispielen.

Im Folgenden wird anhand der 5 Ps des Marketings – Price, Product, Placement, Promotion und Person – analysiert, welche Chancen und Veränderungen Big Data in den Marketinginstrumenten mit sich bringt.

Schlüsselwörter

Big Data-Marketing · Preispolitik · Produktpolitik · Distributionspolitik · Personalpolitik · Kommunikationspolitik

---

H. Holland (✉)
Hochschule Mainz, Mainz, Deutschland
E-Mail: heinrich.holland@online.de

© Springer Fachmedien Wiesbaden GmbH, ein Teil von Springer Nature 2021
H. Holland (Hrsg.), *Digitales Dialogmarketing*,
https://doi.org/10.1007/978-3-658-28959-1_11

1 Die Veränderung von Marketing durch Big Data

▶ Big Data ist die Kombination und Auswertung einer großen Zahl von Datensätzen unterschiedlicher Quellen, Strukturen und Qualität in Echtzeit zur Nutzengewinnung. Dass durch Big Data neue Wege beschritten werden können, zeigen Beispiele wie das Predictive Policing. Hierbei werden durch Big Data in einigen Städten der USA Verbrechen vorhergesagt. Auf Basis dieser Vorhersagen werden die Polizeiressourcen allokiert, dadurch Verbrechen verhindert und die Aufklärungsrate beträchtlich erhöht (Klausnitzer 2013, S. 32–34). „Minority Report" wird Realität. Ein anderes Beispiel ist Nate Silver, der im Jahr 2008 und 2012 dank Big Data die Ergebnisse der US-Präsidentschaftswahlen wesentlich genauer vorhersagte als sämtliche Experten (Klausnitzer 2013, S. 36–38).

Wie aber können Unternehmen von Big Data profitieren, insbesondere im Marketing? Diese Frage wird im Folgenden behandelt, indem anhand der 5 Ps des Marketings – Price, Product, Placement, Promotion und Person – analysiert wird, welche Chancen und Veränderungen Big Data in den jeweiligen Bereichen mit sich bringt. Dabei werden ausgewählte Facetten der jeweiligen Bereiche erörtert und mit realen wie fiktiven Beispielen verdeutlicht. Eine rechtliche Bewertung der Beispiele findet dabei nicht statt.

Eine Übersicht über den Einsatz, von Big Data im Dialogmarketing, differenziert nach den Marketinginstrumenten zeigt die Abb. 1.

2 Preise und Konditionen

Die *Preispolitik* ist ein sehr mächtiges Marketing-Instrument, was sich auch darin zeigt, dass die Preiselastizität etwa zehn- bis zwanzigmal größer ist als die Werbeelastizität. Die Preiselastizität bringt zum Ausdruck, wie sich eine Veränderung des

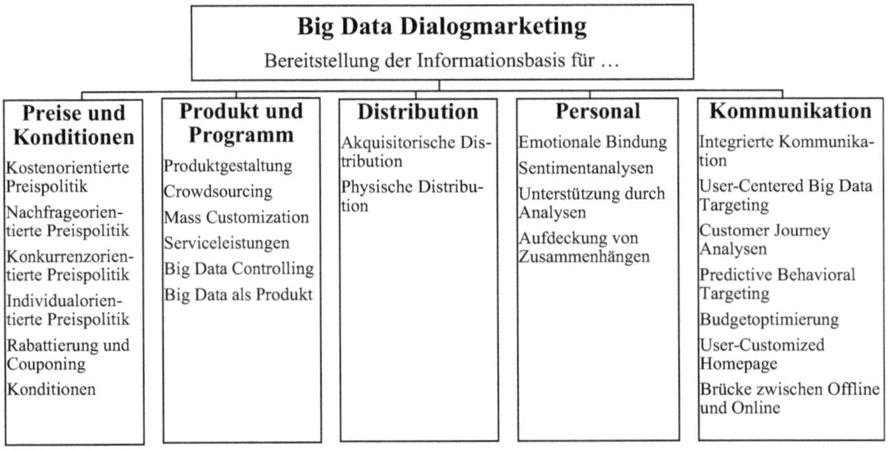

Big Data Dialogmarketing				
Bereitstellung der Informationsbasis für …				
Preise und Konditionen	**Produkt und Programm**	**Distribution**	**Personal**	**Kommunikation**
Kostenorientierte Preispolitik	Produktgestaltung	Akquisitorische Distribution	Emotionale Bindung	Integrierte Kommunikation
Nachfrageorientierte Preispolitik	Crowdsourcing	Physische Distribution	Sentimentanalysen	User-Centered Big Data Targeting
Konkurrenzorientierte Preispolitik	Mass Customization		Unterstützung durch Analysen	Customer Journey Analysen
Individualorientierte Preispolitik	Serviceleistungen		Aufdeckung von Zusammenhängen	Predictive Behavioral Targeting
Rabattierung und Couponing	Big Data Controlling			Budgetoptimierung
Konditionen	Big Data als Produkt			User-Customized Homepage
				Brücke zwischen Offline und Online

Abb. 1 Big Data Dialogmarketing. (Quelle: Eigene Darstellung)

Preises prozentual auf die abgesetzte Menge auswirkt. Im Konsumgüterbereich liegt die *Preiselastizität* im Mittel bei etwa – 2,5, d. h., eine Preiserhöhung um ein Prozent zieht eine Absatzminderung um 2,5 % nach sich (Kreuzer 2010, S. 253–254).

Da der Preis ein derart starkes Marketing-Instrument ist, kommt der Preisgestaltung eine entsprechend bedeutsame Rolle zu. Deren Ziel ist es, jeweils den optimalen Preis im Sinne der Erreichung der verfolgten Ziele zu fixieren. Ohne die Berücksichtigung des Ziels ist die Festlegung und Beurteilung der Optimalität eines Preises nicht möglich. So unterscheidet sich der optimale Preis bei dem Ziel, zum Markteintritt Marktanteile zu gewinnen, erheblich von dem, das Image als Qualitätsführer mit einer Hochpreisstrategie zu untermauern.

▶ Insgesamt kann man derzeit drei grundsätzliche Arten der Preisgestaltung unterscheiden: die kostenorientierte, die nachfrageorientierte und die konkurrenzorientierte Preisgestaltung; diese lassen sich mit Hilfe von Big Data optimieren.

2.1 Kostenorientierte Preispolitik

▶ Bei der *kostenorientierten Preisgestaltung* werden die anfallenden Kosten entweder auf Vollkosten- oder Teilkostenbasis ermittelt und auf die Menge der Produkte aufgeteilt. Anschließend wird ein Zuschlag für den Gewinn oder Deckungsbeitrag addiert. In beiden Fällen ist der Divisor Menge der Produkte ein entscheidender Faktor.

Liegt der Kalkulation eine falsche Mengenannahme für die zu planende Periode zugrunde, kann der Preis zu hoch oder zu niedrig festgesetzt worden sein. Bislang wird die Produktionsmenge mehr oder weniger fundiert geschätzt. Big Data liefert die Möglichkeit, diese Vorhersagen zu präzisieren, indem in die Berechnung mehr Faktoren und Daten aus unterschiedlichen Quellen mit einbezogen werden. So können beispielsweise bei neuen Produkten folgende Informationen in den Algorithmus für die Berechnung der Produktmenge mit einbezogen werden:

- Reaktionen und Äußerungen auf Vorankündigungen des Produktes und verwandte Themen in den sozialen und herkömmlichen Medien,
- Produktinformationen, Absatzzahlen, Pressemeldungen, Vorankündigungen und sonstige Veröffentlichungen von Mitbewerbern,
- Rezensionen von Produkten der Wettbewerber,
- Anzahl und Art von Suchanfragen bei externen und internen Suchmaschinen,
- die CTR (click through rates) von Test AdWords-Kampagnen, die auf eine Demoseite führen und lediglich die Messung der CTR als Ziel haben,
- Daten aus telefonischen, persönlichen und Online-Umfragen und
- interne Daten wie Absatzzahlen anderer Produkte.

Im Ergebnis wird die Vorhersage der Absatzzahlen dadurch präziser. Diese exakteren Absatzzahlen ermöglichen in der Folge eine exaktere kostenorientierte Preisgestaltung.

2.2 Nachfrageorientierte Preispolitik

Bei der *nachfrageorientierten Preispolitik* steht die Preisbereitschaft existierender und potenzieller Kunden im Mittelpunkt. Abgeleitet von dem Preis werden die Zielkosten für das Produkt festgelegt und Produktion, Zulieferung, Marketing, Vertrieb etc. entsprechend danach geplant.

▶ Bei der nachfrageorientierten Preisfestlegung ist vor allem auf die Preiselastizität der Nachfrage und auf den damit verbundenen preis- und mengeninduzierten Umsatzeffekt zu achten. Entlang der Preis-Absatz-Funktion kann so der Preis, der zum maximalen Umsatz führt, ermittelt werden. Die Kenntnis über die Höhe der Preiselastizität ist hierfür zwingende Voraussetzung und wird derzeit anhand von Marktforschungen, die auf Kundenbefragungen basieren, sowie Experteneinschätzung ermittelt. Wenn die Kostenfunktion bekannt ist, kann die gewinnmaximale Preis-Mengen-Kombination (Cournot Punkt) ermittelt werden.

Fraglich ist, ob die Ermittlung durch Big Data präzisiert, vereinfacht und unterstützt werden kann. Betrachtet man die Einflussfaktoren der Preiselastizität, so ergeben sich Ansatzpunkte für Big Data.

- *Substitutionsprodukte*
  Maßgeblichen Einfluss auf die Preiselastizität haben *Substitutionsprodukte*, deren Bekanntheit und Vergleichbarkeit bezüglich der Qualität sowie der Habitualisierungsgrad. Je ähnlicher ein Substitutionsprodukt ist, desto mehr hat der Preis Einfluss auf die Wechselbereitschaft der Kunden. Die Aufgabe, Substitutionsprodukte zu identifizieren, kann nicht zuletzt aufgrund der immer stärker vernetzten Märkte sehr schwierig, aufwändig und teuer sein.
  Big-Data-Analysen könnten hier helfen, indem die auf dem Markt bereits vorhandenen und angekündigten Produkte sowie deren Beschreibungen, technische Details und Fach- und Kundenrezensionen hinsichtlich Ähnlichkeit analysiert werden. Auch die historischen Verkaufs- und ERP-Daten und im weitesten Sinne themenrelevante Presseberichte könnten in die Analyse mit einbezogen werden. So kann das bisherige Substitutionsverhalten der Kunden bei vergangenen Preisänderungen, Verfügbarkeitsengpässen oder positiven wie negativen Presseberichten untersucht werden. In letzterem Fall könnte man z. B. das Verhalten der Verbraucher während eines Lebensmittelskandals untersuchen und so wertvolle Erkenntnisse gewinnen.
- *Habitualisierungsgrad*
  Neben dem Substitutionsverhalten lässt sich so auch der *Habitualisierungsgrad* ermitteln, also die Frage, wie gewohnheitsmäßig der Kauf des Produktes

erfolgt. Im E-Commerce könnte hier als weiteres Datum die Verweildauer auf der Seite, auf der das Produkt in den Warenkorb gelegt wird, nützliche Informationen bieten. Im stationären Handel könnte analog die Verweildauer vor dem jeweiligen Produkt per automatischer Analyse der Videoüberwachung, WLAN-Ortung oder künftig gar über einen Touch-Fußboden ermittelt und analysiert werden.

Dadurch, dass viele unterschiedliche Daten miteinander verknüpft werden, können Abhängigkeiten bzw. Korrelationen entdeckt werden, die ohne Big Data nicht erkannt würden. Auch könnte man das Substitutionsverhalten der Konsumenten viel differenzierter untersuchen. So lassen sich gegebenenfalls Unterschiede im Verhalten in Abhängigkeit vom Wetter, Wochentag, Tag im Monat, Ferienzeiten, dem Geschlecht oder der Region feststellen. Inwieweit man bei der Preisgestaltung so agil ist, dass man diese Feingranularität auch verwerten kann, hängt vom Einzelfall ab.

Insgesamt lässt sich jedoch feststellen, dass dank Big Data eine schnellere, genauere und individuellere Analyse der Substitutionsprodukte und des Habitus der Kunden möglich ist.

- *Relativität des Preises*
Einen Preis absolut zu beurteilen, ist in der Regel nicht zielführend. Besser ist es, den Preis in Relation zu den verfügbaren *finanziellen Mitteln* des Kunden zu setzen. Je prozentual geringer der Preis ist, desto weniger empfindlich reagiert der Kunde auf den Preis.

Bei der Erforschung des prozentualen Verhältnisses könnte Big Data helfen, indem Daten aus unterschiedlichen Quellen miteinander in Verbindung gebracht werden, um ein genaues Bild über den Status und die Vermögensverhältnisse der Kunden und Interessenten zu gewinnen. Dies könnte z. B. die Verknüpfung folgender Daten sein:
– bisheriges Kaufverhalten
– Alter, Geschlecht, Beruf und akademische Titel
– von Kunden und Interessenten verwendete Worte, Grammatik und Stil im Allgemeinen in E-Mails, Briefen, Faxen und sonstiger Kommunikation mit dem Unternehmen, z. B. auf Social-Media-Plattformen oder im Callcenter
– mikrogeografisch angereicherte Kundenadressen
– mikrogeografisch angereicherte Geodaten der Besucher und Anwender von Internetseiten oder Apps
– genutzte Devices der Besucher und Anwender von Internetseiten oder Apps
– Social-Media-Profile der Kunden und Interessenten incl. Analyse der Fotos z. B. nach Produkten oder Orten
– Kunden- und Interessentenbefragungs- sowie Umfrageergebnisse.

Diese und eventuell weitere Daten miteinander kombiniert, dürften ein dezidiertes Bild über die Vermögenslage der Kunden und Interessenten liefern, wobei auch hier aufgrund der mathematischen Betrachtung und der Geschwindigkeit von Big-Data-Lösungen wieder Segmentierungen, z. B. nach Orten, vorgenommen werden könnten.

- *Preis als Qualitätsfaktor*
  Der Preis eines Produktes gilt als *Qualitätsindikator*, insbesondere dann, wenn der Verbraucher sonst über wenige bis keine Informationen zur Bewertung der Qualität verfügt. Umgekehrt müssen der vom Kunden wahrgenommene Preis, der wahrgenommene Nettonutzen und die wahrgenommene Produktqualität harmonieren, um die Kaufwahrscheinlichkeit zu erhöhen. Entscheidend für die Festlegung des Preises ist somit die Kenntnis der Wahrnehmung und Erwartung der Verbraucher in Bezug auf Qualität und Nutzen.
  Big Data könnte beispielsweise durch *Sentimentanalyse*n der Social-Media-Kanäle einschließlich User-Rezensionen, verbunden mit Auswertungen der Rückmeldungen von Kunden, z. B. im Callcenter, und der Informationen aus Retouren und Inanspruchnahme von Garantieleistungen und Kundenservice eine Basis für die Einschätzung der Wahrnehmung und Erwartungen liefern.

2.3 Konkurrenzorientierte Preispolitik

▶ Mit einer *konkurrenzorientierten Preispolitik* positioniert ein Unternehmen sein Produkt preislich im Umfeld konkurrierender Produkte. Unabhängig davon, ob dabei eine Mittelpreis-, Preisüberbietungs- oder Preisunterbietungsstrategie, eine Hoch- oder Niedrigpreisstrategie verfolgt wird, die Kenntnis der Preise der Konkurrenzprodukte ist für die richtige Positionierung wichtig.

Eine Big-Data-Lösung könnte hier Daten aus allen verfügbaren Preis- und Produktquellen erheben und analysieren und dank der Analysen schnelle Anpassungen ermöglichen. Preisinformationen könnten zum einen aus Online-Quellen wie Preisvergleich-Seiten, Online-Shops, deren Daten man per API (application programming interface) auslesen oder mit einem Webcrawler scrapen kann, oder Preismelde-Communities wie z. B. mehr-tanken.de stammen. Zum anderen könnten auch Preisinformationen aus dem Offline-Handel und der Offline-Werbung wie klassische Werbeprospekte, Kataloge, Anzeigen, aber auch TV- und Radio-Spots hinsichtlich der Preise analysiert werden.

Big Data könnte wesentlich mehr Quellen mit in die Preisberechnung einbeziehen und so mit einem 360-Grad-Blick auf den Markt ein realistisches und aktuelles Bild der Preise zeichnen. Dank der schnellen Ergebnisse wäre auch die Basis für entsprechend schnelle Preisanpassungen gelegt. Darüber hinaus bietet Big Data die Möglichkeit, für unterschiedliche Regionen separierte Analysen zu erstellen. Vor allem könnten Big Data aber dem Umstand Rechnung tragen, dass die On- und Offline-Welt immer enger zusammen wachsen. Zum Markt eines Offline-Händlers gehören die entsprechenden Online-Angebote ebenso dazu wie für einen Online-Händler die Offline-Angebote im Umkreis der jeweiligen Kunden bzw. Interessenten.

Dass Big Data zur konkurrenzorientierten Preispolitik eingesetzt werden kann, zeigt neben der Theorie auch der Anwendungsfall vom amerikanischen Handelsunternehmen Macy's.

> **Beispiel**
>
> Macy's ist mit 800 Filialen und einem mehrere zehntausend Artikel umfassenden Sortiment einer der größten Händler in den USA. Um standortspezifische Unterschiede in den einzelnen Preisen zu berücksichtigen und diese optimal anzupassen, werden diese auf Grundlage der Abverkaufshistorie im Tagesverlauf mehrfach berechnet und optimiert. Macy's schafft es so, dank Big Data hinsichtlich der Preisfindung schnell im gesamten Sortiment auf den jeweiligen lokalen Wettbewerb reagieren zu können (BITCOM 2012, S. 60). ◄

2.4 Individualorientierte Preispolitik

Die bisherigen Ausführungen haben gezeigt, dass Big Data wertvoll in der Preispolitik von Unternehmen eingesetzt werden kann. Neben den drei bekannten Preisgestaltungsmöglichkeiten, der kosten-, nachfrage- und konkurrenzorientierten Preisgestaltung, bietet Big Data auch die Möglichkeit, eine neue Art der Preispolitik zu begründen: die *individualorientierte Preispolitik*.

Schon heute sind Methoden der Preisdifferenzierung anhand verschiedener Kriterien etabliert. So richten sich beispielsweise kostenlose Girokonten für Studenten eben nur an diese und bieten einer bestimmten Zielgruppe ein sonst gleiches Produkt zu einem anderen Preis an. Auch regional werden teilweise Preise differenziert, z. B. bei Medikamenten in verschiedenen EU-Staaten.

Den Ausführungen zur Relativität des Preises kann man entnehmen, dass ein Preis im Idealfall, über die bereits heute praktizierte Preisdifferenzierung hinaus, auf einen einzelnen Kunden angepasst werden sollte.

▶ Big Data ermöglicht durch Einbeziehung verschiedener Quellen eine *Einschätzung auf Kundenebene*. Je mehr Daten zur Verfügung stehen, umso genauer lässt sich diese Einschätzung vornehmen. Besonders geeignet dürften für die Einschätzung der Zahlungswilligkeit und Zahlungsfähigkeit des Kunden die CRM-Daten, die Daten über die bisherigen Käufe des Kunden sowie die Daten aus den sozialen Netzwerken sein.

Vor allem im Online-Handel bestehen auch die technischen Möglichkeiten, Preise für den einzelnen Kunden gesondert auszuzeichnen. Für eine derartige *kundenindividuelle Echtzeit-Preisfindung* könnten weitere Datenpunkte hinzugezogen werden.

Das verwendete Device könnte ein Indikator für die Bonität sein. So ließe sich vermuten, dass ein iPhone-Besitzer eine bessere Bonität aufweist als z. B. ein Nutzer eines Huawei-Smartphones. Dies ließe sich weiter auf die Version des jeweiligen Gerätes herunterbrechen, denn wahrscheinlich trifft die obige Vermutung weniger auf Besitzer eines iPhone 6 als auf die eines iPhone 12pro zu. Um sich bei solchen Thesen nicht auf Vermutungen verlassen zu müssen, könnten auch hier Big-Data-Analysen angestrengt werden, die z. B. in diesem Fall Korrelationen zwischen dem

Preis der gekauften Produkte bzw. den Wert des Warenkorbs und des verwendeten Device untersuchen.

Neben dem Device könnten auch Korrelationen mit dem verwendeten Access-Provider, der Uhrzeit, dem Wetter oder dem geografischen Gebiet geprüft werden. Die Geodaten ließen sich z. B. durch IP-Lokalisierung ermitteln und gegebenenfalls mikrogeografisch anreichern.

Interessant wäre mit Sicherheit auch die Berücksichtigung und Auswertung der Herkunft, also die Betrachtung der Seite und Kampagne, die den Kunden zu dem Online- oder Mobile-Shop geführt hat. So ist beispielsweise ein Kunde, der über die Seite eines Golfclubs zu einem Sporthändler kommt, sicher anders zu bewerten als der Kunde, der über die Seite eines Minigolfvereins kommt.

Neben der allgemeinen Einschätzung des Kunden wäre weiter eine Berücksichtigung der aktuellen Kundensituation und -stimmung vorstellbar. Potenziell differiert die Preisbereitschaft in den unterschiedlichen Phasen der Customer-Journey, z. B. weil der Kunde zu Beginn den Markt und die Preise von Substitutionsgütern noch nicht kennt.

Denkt man weiter an die Apple Watch, Google Glass, Apple's In-Ear Kopfhörer, die Quantified-Self-Geräte oder Personen, die häufig ihren Status in den sozialen Medien aktualisieren, so scheint es möglich zu sein, die momentane Stimmungslage des Kunden zu ermitteln und bei der Preisfestlegung zu berücksichtigen.

Auch ließen sich Zwangslagen feststellen und entsprechend verwerten. So könnte man, wenn ein Interessent z. B. auf Twitter seinen Unmut preisgibt, dass er ein Produkt unbedingt benötigt, aber nicht finden kann, einen entsprechend hohen Preis ansetzen.

Ob diese Vorschläge im Sinne von Kundenfreundlichkeit und Kundenbindung und in Bezug auf die rechtlichen Regelungen wirklich zu empfehlen sind, ist allerdings gründlich zu prüfen.

▶ Diese Ansätze zeigen aber, dass Big Data die Bestimmung eines individuellen Preises bzw. die Anpassung des Regelpreises für jeden Kunden ermöglicht. Es besteht jedoch die Gefahr, dass dieses Preismodell von den Kunden zunächst nicht akzeptiert wird und Reaktanzen auslöst.

Diese Vermutung bestätigen Reaktionen auf das sogenannte *Behavorial Pricing*. Dies entspricht im Ansatz der hier beschriebenen individualorientierten Preispolitik, beruht aber auf wesentlich weniger Datenpunkten. Es werden vorwiegend einzelne Merkmale wie z. B. Device oder Treuekartendaten berücksichtigt. Insofern sind beim Einsatz dieses Marketing-Instruments zumindest solange, wie der Kunde diese Art der Preisgestaltung noch nicht gewohnt ist, viel Fingerspitzengefühl und eine gute Kommunikationsstrategie nötig.

2.5 Rabattierung und Couponing

Im Anschluss an die Festlegung des Preises nach den oben beschriebenen Strategien stehen verschiedene Instrumente zur Verfügung, um die Preise in bestimmten Fällen anzupassen. Die Anpassung geht dabei in der Regel mit einer Senkung des Preises einher.

Rabatte, Skonti und Coupons sind Instrumente, die hierbei, spätestens seit dem Wegfall des Rabattgesetzes im Jahr 2001, eingesetzt werden.

▶ **Definition** Bei *Rabatten* sind gegenüber Endverbrauchern vor allem Mengen-, Zeit- und Treuerabatte relevant, die z. B. Vergünstigungen in Abhängigkeit vom Umsatz, während einer Produkteinführung oder aufgrund eines Folgeauftrags gewähren. Die Rabattmöglichkeiten mitsamt Bedingungen werden dabei offen an die Interessenten und Kunden kommuniziert, um das primäre Ziel zu erreichen, das Verhalten des Kunden zu beeinflussen.

Coupons werden hingegen zielgerichtet an bestimmte Personen oder Personengruppen verteilt und dienen so als Berechtigungsnachweis für die Inanspruchnahme bestimmter Vergünstigungen. Im Kern entsprechen die Möglichkeiten denen der Rabatte, nur dass sie zielgerichteter ausgesteuert werden können. Neben dem Dialogmarketing findet Couponing auch im Online-Marketing häufig Verwendung, insbesondere im Affiliate-Marketing.

Im Dialogmarketing verfügen die Herausgeber der Coupons oftmals über ein Profil des Kunden, was eine entsprechend genaue Aussteuerung der Coupons ermöglicht. Im Online-Marketing werden Coupons häufig weniger genau ausgesteuert zur Neukundengewinnung durch Gewähren eines Neukundenrabatts oder zur Verhinderung von Warenkorbabbrüchen durch Verzicht auf die Versandkosten genutzt.

Big Data könnte auch hier dazu verwendet werden, die *aktuellen Bedürfnisse* des Kunden besser zu ermitteln und dadurch das Couponing differenzierter und zielgerichteter einzusetzen. So könnten durch Analyse des Kaufverhaltens kombiniert mit Social-Media-Informationen und dem aktuellen Such- und Surf-Verhalten des Benutzers auf der Website sowie den Herkunftsseiten Erkenntnisse in Echtzeit gewonnen werden, die dann die Grundlage für die Aussendung eines bestimmten Coupons bilden. Neben allgemeinen Rabatt- und Versandkostenfrei-Coupons sind auch viele andere, speziellere Coupons denkbar.

Beispiel

Einem Interessenten, von dem man aufgrund von Social-Media-Analysen oder aus sonstigen Quellen weiß, dass seine Freundin oder Frau in den nächsten Tagen Geburtstag hat oder der Hochzeitstag ansteht, könnte ein Schmuck-Online-Shop einen Coupon für eine Gratis Express-Lieferung oder Same-Day-Lieferung anzeigen. Bei diesem Kunden sind in der Regel nicht der Preis oder die Versandkosten das Problem, sondern vielmehr die Geschwindigkeit und Pünktlichkeit der Lieferung.

Ein stationärer Blumenhändler könnte via Mobile-Ads einen Coupon ausspielen, der die Lieferung eines Blumenstraußes mit den, auf Basis von Foto- und CRM-Analyse, automatisch ermittelten Lieblingsblumen der Frau direkt zu dem Restaurant umfasst, bei dem der Interessent für den Abend einen Tisch reserviert und dies in einem öffentlichen Kanal kommuniziert hat. Wurde die Tischreservierung nicht kommuniziert, könnte man versuchen, auf Basis historischer Daten

Muster zu erkennen, die eine Vorhersage in ausreichender Qualität ermöglichen, wo und wie der feierliche Abend verbracht wird.

Ein anderer denkbarer Fall wäre, einem Kunden, der sich in einem Sportgeschäft befindet und der in seinen Einkaufstüten Produkte hat, die typischerweise auf einen bevorstehenden Urlaub hindeuten, einen Coupon auszuspielen, der Badesachen oder Zubehör rabattiert. Der Rabatt könnte auch nur auf ein Produkt mit einer besonders hohen Marge gewährt werden. Ob der Kunde Artikel wie Sonnencreme oder Insektenschutzmittel in seinen Einkaufstüten hat, ließe sich z. B. mit Hilfe der *RFID-Technik* feststellen.

In den USA hat eine Supermarktkette das Kaufverhalten von schwangeren Frauen auf Basis der Kundenclubdaten analysiert. Im Ergebnis konnte ein Algorithmus entwickelt werden, der aufgrund des Kaufverhaltens die Wahrscheinlichkeit einer Schwangerschaft einschließlich eines relativ genauen Geburtstermins errechnet. Kundinnen, die danach für Schwangere gehalten wurden, erhielten auf die aktuelle Situation ausgerichtete Coupons. Dass dies auch unangenehme Aspekte haben kann, zeigt ein Fall, in dem die Schwangerschaft einer jungen Frau, die diese ihren Eltern verheimlichte, durch den Algorithmus aufgedeckt wurde (Hill 2012).

Auch wenn in diesem letzten Beispiel nur strukturierte Daten unternehmensinterner Quellen verwendet wurden, so kann man diesen Fall doch dem Thema Big Data zuordnen. Zum einen weil die Erkenntnisse, die für den Algorithmus nötig waren, nur aufgrund der Massen an Datensätzen, die verarbeitet wurden, gewonnen werden konnten. Zum anderen, weil die Verarbeitung der aktuellen Einkäufe in kurzen Zeiträumen erfolgte. Würden die Daten direkt beim Kassieren in Echtzeit verarbeitet werden, könnte man den Coupon direkt an den Kassenzettel anhängen. Vor allem aber betrifft dieser Fall Big Data, da er der Philosophie, große Datenmengen schnell zu verarbeiten, um darauf für das Unternehmen und den Kunden Nutzen zu generieren, vollkommen entspricht. ◄

2.6 Konditionen

▶ Neben der allgemeinen Festlegung des Preises und der Schaffung von Anreizen mittels Rabatten und Coupons stellen die *Konditionen*, unter denen ein Artikel verkauft wird, ein weiteres Instrument der Kontrahierungspolitik dar. Zu der Konditionspolitik werden Lieferbedingungen, Mindestabnahmemengen, Garantien ebenso wie Umtausch- oder Rücktrittsmöglichkeiten gezählt.

Big Data könnte hier wiederum zu einem *kundenzentrierten* Einsatz dieses Instruments verhelfen. Kunden, die aufgrund von Analysen als besonders sicherheitsbedürftig eingestuft werden, könnte eine gesonderte oder verlängerte Garantie angeboten werden.

Zudem könnten Kunden, die im Online-Handel regelmäßig von ihrem vierzehntägigen Widerrufsrecht Gebrauch machen, ein verlängertes Widerrufsrecht erhalten, in der Hoffnung, dass die Kunden aufgrund des längeren Zeitraums die Widerrufsmöglichkeit vergessen bzw. sich an das Produkt gewöhnt haben.

Kunden, bei denen gewisse Kaufmuster erkennbar sind, könnte ein Abonnement angeboten werden, das individuell auf deren Gewohnheiten zugeschnitten ist.

2.7 Zusammenfassung

▶ Big Data kann die Preis- und Konditionenpolitik beeinflussen und verändern. Unternehmen haben dank Big Data die Möglichkeit, ihre Preis- und Konditionenpolitik wesentlich genauer und zielgerichteter am gesamten Markt und an dem einzelnen Kunden individuell auszurichten. Mit Hilfe von Big Data kann, wie mit einem Radar, der gesamte Markt mit all seinen Teilnehmern hinsichtlich der Preise im Auge behalten, auf Entwicklungen schnell reagiert und sogar Vorhersagen für künftige Entwicklungen getroffen werden. Auf der anderen Seite bietet Big Data aber auch die Möglichkeit, den einzelnen Kunden in das Zentrum der Preis- und Konditionenpolitik zu stellen und diese an ihn anzupassen. Dies kann mit an den Kunden angepassten Coupons und Rabatten beginnen und bei einer komplett individualorientierten Preispolitik enden.

3 Produkt- und Programm

3.1 Produkt- und Programmgestaltung, Produktvariation und -modifikation

Die Produkt- und Programmpolitik hat die Kernleistung eines Unternehmens – die Güter oder Dienstleistungen – zum Thema. Im Folgenden wird aufgezeigt, welche Chancen sich für Unternehmen durch Big Data in den einzelnen Entscheidungsfeldern der Produkt- und Programmpolitik eröffnen.

▶ **Definition** Kern der *Produktpolitik* ist die Bestimmung des Leistungsumfangs eines einzelnen Produkts bzw. einer einzelnen Dienstleistung. Ausgehend vom Kernnutzen ist im Rahmen der Unternehmensstrategie und Produktpositionierung ein Produkt zu kreieren, das die Erwartungen des Kunden erfüllt. Um die Wertschöpfung des Produktes oder der Dienstleistung zu steigern, kann es um nicht standardmäßig erwartete Komponenten erweitert werden.

Bei der *Programmpolitik* wird eruiert, ob das Programm bzw. Sortiment breiter im Sinne von mehr unterschiedlichen Produktlinien oder -kategorien oder tiefer, also mehr Produktvarianten oder Produkte innerhalb einer Produktlinie, zu gestalten ist.

Im Zentrum der Produkt- und Programmpolitik steht neben den Zielen und der Strategie des Unternehmens der Markt, im Besonderen der Kunde mit seinen Erwartungen und Bedürfnissen.

> **Beispiel**

Dass es eine Vielzahl von Fehlentwicklungen gibt, die diese Erwartungen und Bedürfnisse nicht berücksichtigen, zeigt eine Studie, nach der nur 17 % der technischen Neuerungen, die Automobilhersteller entwickeln, auch gekauft werden. Vom Kunden gewünschte und erwartete Entwicklungen werden hingegen nicht oder sehr spät umgesetzt. Laut der Studie ist ein Hauptgrund hierfür die mangelnde Kenntnis über den Bedarf der Endverbraucher (Dalan 2007).

Wie bereits in der Preis- und Konditionenpolitik erörtert, eröffnet Big Data durch die Analyse vieler unterschiedlicher Quellen die Möglichkeit einer breiten Markterforschung und -beobachtung. Unternehmen haben so die Chance, die Erwartungen und die Sicht der Kunden sowie sonstiger Marktteilnehmer besser zu kennen. Damit geht die Reduzierung des Risikos einher, ein Produkt oder eine Dienstleistungen an den Erwartungen und Bedürfnissen des Marktes vorbeizuentwickeln.

Aber auch die Produkte, die nicht an den Bedürfnissen des Marktes vorbeientwickelt wurden, könnten noch besser und enger an den aktuellen und künftigen Bedürfnissen des Marktes ausgerichtet werden. Dies bedeutet einen Wettbewerbsvorteil gegenüber Unternehmen mit einer klassischen Produktentwicklung.

Dass Big Data erfolgreich zur *Trendanalyse* eingesetzt werden kann, zeigt ein entsprechender Anwendungsbericht eines mittelständischen Beratungsunternehmens. Dieses analysiert mittels Big Data automatisch verschiedenste Daten, hauptsächlich unstrukturierter Natur, und kann dadurch auch schwache Signale und Trends erkennen, die sonst verborgen geblieben oder nur zufällig entdeckt worden wären (BITCOM 2012, S. 68). ◄

▶ *Crowdsourcing* ist eine Methode, mit der Unternehmen versuchen, im Rahmen der Produktentwicklung die Ideen, Erwartungen und Wünsche der interessierten Öffentlichkeit einzufangen. Die Arbeitskraft der „breiten Masse" wird in den Prozess der Produktentwicklung integriert. Diese Integration erfolgt zumeist über Internetportale, auf denen Produktvorschläge kreiert bzw. vorgestellt werden können. Gleichzeitig können diese Vorschläge in der Regel von anderen Usern bewertet und kommentiert werden. Oftmals sind solche Aktionen mit Gewinnspielen verbunden, bei denen die Ideen, die die meisten Punkte auf sich vereinigen konnten, einen Preis gewinnen.

Positiv an derartigen Projekten ist, dass Unternehmen kostengünstig eine zentralisierte Sammlung mit vielen kreativen Ideen erhalten. Gleichzeitig wird die Kundenbindung dadurch erhöht, dass die Kunden sich ernstgenommen und in das Unternehmen integriert fühlen.

Problematisch ist, dass lediglich die Vorschläge derjenigen berücksichtigt werden, die auf das Projekt aufmerksam geworden sind, Zeit und Muße haben, sich damit auseinanderzusetzen sowie die nötige Kreativität haben, ein komplettes Produkt zu kreieren und die Technik beherrschen, diese Idee in dem Portal zu publizieren. Wenn die Aktion mit einem Gewinnspiel gekoppelt ist, besteht weiter die

Gefahr, dass man dadurch Teilnehmer anzieht, die nicht zur Zielgruppe gehören. Ob deren Ideen für die eigentliche Zielgruppe passend sind, ist zumindest kritisch zu prüfen.

Big Data könnte den Weg von Crowdsourcing zu *Big Data Sourcing* ebnen.

Neben der oben beschriebenen Optimierung der konzeptionell aus dem Unternehmen heraus entstandenen Produkte kann Big Data auch die Bedürfnisse potenzieller Kunden aufdecken, die weder Manager noch Berater, Marktforscher oder Analysten aufgrund ihrer Erfahrung, Kreativität oder Analyse der Unternehmenszahlen hätten erahnen können. Diese Erkenntnisse bilden dann die Grundlage, neue Produkte zu kreieren bzw. vorhandene Produkte zu differenzieren.

Als Datenbasis könnten hier Ideen, Feedbacks und Fragen von Kunden und Interessierten über alle Kanäle hinweg dienen, wie etwa

- Mitschriften und Mitschnitte aus dem Callcenter
- E-Mail-Anfragen
- Social Media Content wie Diskussionsforen, Portale oder Blogs inkl. Kommentaren
- On- und Offline-Fragebögen
- After-Sale-Bewertungssysteme
- Protokolle von Verkaufs- und Supportgesprächen
- Interne und externe Suchanfragen
- Online-Produktkalkulatoren
- Crowdsourcing-Produktgestaltungs-Projekte.

▶ **Wichtig**
Diese breite Datenbasis ermöglicht Erkenntnisse, die die heute betriebenen Einzellösungen bei Weitem übertreffen. Big Data Sourcing ist, die Datenaggregation vorausgesetzt, stetig und ohne kosten- und zeitintensive Vorbereitung, wie sie etwa bei Crowdsourcing-Projekten benötigt werden, möglich. Deshalb kann Big Data Sourcing in jede Produktentwicklung integriert werden und muss nicht wie etwa beim Crowdsourcing üblich auf Leuchtturmprojekte beschränkt werden.

Big Data bietet Unternehmen die Chance, ihre Produkt- und Programmpolitik vollumfänglich kunden- und marktzentriert zu gestalten.

3.2 Mass Customization

Michael Porter beschreibt in seiner Theorie zu wettbewerbsorientierten Strategien, dass es zwei alternative Ansätze zur Erreichung strategischer Vorteile gegenüber den Wettbewerbern gibt: die *Kostenführerschaft* oder die *Differenzierung*, jeweils entweder branchenweit oder konzentriert auf einen Schwerpunkt (Porter 2013, S. 73–75).

„*Mass Customization* bezeichnet die Produktion von Gütern und Leistungen, welche die unterschiedlichen Bedürfnisse jedes einzelnen Nachfragers dieser Produkte treffen, mit der Effizienz einer vergleichbaren Massen- und Serienproduktion. Grundlage des Wertschöpfungsprozesses ist dabei ein Co-Design-Prozess zur Definition der individuellen Leistung in Interaktion zwischen Anbieter und Nutzer." (Piller 2006, S. 161)

Mass Customization versucht somit in einem Spagat die von Porter aufgestellten zwei Alternativen in einer Strategie zu vereinen. Die Differenzierung erfolgt über das vom Kunden mitgestaltete Produkt- bzw. Dienstleistungsangebot, welches dieser sonst nur über Einzelanfertigungen hätte erreichen können. Preislich positionieren sich die Mass Customization Angebote oberhalb der Massenware, aber aufgrund der Effizienzsteigerung durch die Economies of Scale (Skalenerträge, Größenkostenersparnisse), Economies of Scope (Verbundvorteile), *Economies of Interaction* und *Economies of Integration* deutlich unterhalb der Einzelanfertigung (Piller 2006, S. 204).

Neben diesem preislichen Aspekt dient die Individualisierung und Einbeziehung des Kunden hauptsächlich einer gesteigerten Kundenzufriedenheit und Kundenbindung. Je mehr das gestaltete Produkt den Ansprüchen und Wünschen des Kunden entspricht, umso zufriedener ist dieser. Dementsprechend müsste man ein Mass Customization Produkt im Rahmen des wirtschaftlich Sinnvollen so flexibel wie möglich gestalten, um der Masse von Kunden maximal viele Wünsche zu erfüllen. Problematisch hierbei ist, dass für jeden Einzelnen die Auswahl immer größer wird, je mehr Varianten abgedeckt werden. Das „paradoxon of choice" besagt, dass mit steigender Anzahl an Auswahlmöglichkeiten die Zufriedenheit sinkt (Schwartz 2005, S. 4).

Miteinander verknüpft ergeben die letzten beiden Erkenntnisse das *Dilemma*, dass im Idealfall ein möglichst hoher Individualisierungsgrad mittels vieler Optionen benötigt wird, dieser aber zur Unzufriedenheit der Benutzer und damit zu weniger Verkäufen führt.

Big Data könnte eingesetzt werden, um dieses Paradoxon durch eine *Reduktion der Komplexität* aufzulösen. Mittels Big Data könnten die vermuteten Vorlieben des Verbrauchers ermittelt und auf Grundlage dieser die Individualisierungsmöglichkeiten vorgefiltert werden. Somit würde ein Höchstmaß an Anspruchserfüllung für eine breite Masse ermöglicht und gleichzeitig der Einzelne mit der Auswahl nicht überfordert. Optional könnte man dem Verbraucher die Möglichkeit geben, die ausgefilterten Optionen zu aktivieren, damit dieser aus dem Vollen schöpfen kann. So ließe sich die langwierige und mühsame Konfiguration eines Autos im Car Configurator verkürzen durch Voreinstellungen, Filterungen und Vorschläge auf Basis der über den Kunden bekannten Informationen.

Wertvolle Hinweise für die Vorhersage, was der Verbraucher vermutlich individualisieren und kaufen will, könnten sich beispielsweise aus der Kombination folgender Daten ergeben:

- Daten der vom Verbraucher gekauften und betrachteten Produkte
- Customer-Journey-Daten oder zumindest Herkunft des Verbrauchers im Sinne von der verweisenden Seite inklusive externer Suchbegriffe

- Interne Suchbegriffe
- Informationen aus Social-Media-Profilen einschließlich Bild-, Text- und Netzwerkanalysen
- Sämtliche Konfigurationen dieses Produktes von allen Kunden
- Sämtliche Konfigurationen dieses Produktes von Kunden mit ähnlichem Profil (Alter, Geschlecht, geografische Lage, benutzte Devices)
- Tracking-Daten aus dem Produktkonfigurator
- Kalender- und Wetterdaten
- Geodaten, z. B. aus IP-Lokalisierung
- Daten zu aktuellen und historischen Marketing-Aktionen.

▶ Diese Daten lassen sich unterschiedlich miteinander kombinieren und können so Fragen beantworten wie: Wie wahrscheinlich hat der Benutzer die Marketing-Aktion XY wahrgenommen, was wurde darin konkret beworben und wie sahen die Konfigurationen der anderen Benutzer aus, die diese Marketing-Aktion wahrgenommen haben, im Vergleich zu den sonstigen Konfigurationen? Richtig gewichtet ergeben die Antworten ein differenziertes Bild über den Verbraucher und bilden die Grundlage für Preconfigured Mass Customization.

3.3 Serviceleistungen

▶ Mit einer Servicestrategie kann eine Differenzierung in Bezug auf die Qualität des Angebots *vorgenommen* werden. Die Angebotspalette kann durch Serviceleistungen abgerundet und somit das gesamte Leistungsspektrum für Interessenten wie Kunden attraktiver gestaltet werden. Auf der zeitlichen Schiene lassen sich Pre-Sales-Services, Sales-Services und After-Sales-Services unterscheiden sowie auf sachlicher Ebene produktbezogene Services von personenbezogenen Services abgrenzen.

Fraglich ist hier wiederum, welche Chancen sich im Bereich der Serviceleistungen durch Big Data für Unternehmen eröffnen. Aus einer Vielzahl von Möglichkeiten sollen im Folgenden zwei Beispiele erläutert werden.

Als produktbezogenen After-Sales-Service könnte man sich durch den Einsatz von Big Data ein *„Predictive Maintenance"* vorstellen. Würde der Hersteller seine Produkte mit Sensoren ausstatten, deren Daten er regelmäßig abfragen kann, könnte er viele Sensordaten sammeln. Sind die von seinen Lieferanten zugekauften Teile ebenso mit Sensoren ausgestattet, könnte der Hersteller diese Sensordaten vom Zulieferer miterwerben. Da die zugelieferten Teile so oder zumindest sehr ähnlich auch in anderen Produkten verbaut werden, wäre diese Datenbasis dementsprechend größer.

Diese Datenbasis zugrundegelegt könnte der Hersteller als produktbezogenen After-Sales-Service anbieten, den Zustand des Produktes zu überwachen, wodurch sich andeutende Probleme schon vor deren Eintreten angezeigt werden. Der Vergleich der Sensordaten des Produktes bzw. dessen Bauteile mit den Sensordaten aller ähnlichen Bauteile gegebenenfalls in Kombination mit Daten zu bekannten Schadenfällen deckt statistische Abweichungen und statistisch abnorme Veränderungen auf. Der Kunde könnte in einem solchen Fall vorgewarnt werden, das Problem beseitigen und das Produkt so mit weniger Unterbrechungen und Unannehmlichkeiten nutzen.

Beispiel

Dass derartige Früherkennungen von Schäden erfolgreich durchgeführt werden, zeigt ein Anwendungsfall aus der Energietechnik (BITCOM 2012, S. 71). In einem konkreten Beispiel könnten so Probleme bei einem Auto vorhergesagt werden. Der Kunde könnte das Auto geplant zur Werkstatt bringen, statt sich zum ungünstigsten Zeitpunkt von dem Problem überraschen zu lassen.

Im Bereich des *personenbezogenen After-Sales-Services* könnten die Sensordaten genutzt werden, um den Umgang des Kunden mit dem Produkt zu analysieren. Auf diese Weise lassen sich potenzielle Probleme und Unsicherheiten detektieren. Würde man weitere Datenquellen hinzunehmen, die Daten zum Umgang und Problemen mit dem Produkt beinhalten, würde man ein noch genaueres Bild erhalten. Derartige Datenquellen könnten beispielsweise Telefongespräche und E-Mails aus dem Service-Center sein.

Kunden, die Unsicherheiten aufweisen oder Probleme im Umgang mit dem Produkt haben, könnte als Service Hilfestellung geleistet werden. Dies ist dezent über das Display des Produktes, per Hilfe-E-Mail oder Hilfe-Brief, einen Service-Anruf oder gar eine Einladung zu einer Produktschulung möglich. ◄

3.4 Big Data Controlling

Elementarer Bestandteil einer erfolgreichen Produkt- und Programmpolitik ist deren *Controlling*. Das Controlling hat im Rahmen der Produkt- und Programmpolitik zur Aufgabe, die Attraktivität der Leistungsangebote des Unternehmens zu kontrollieren.

Gängige Methoden hierfür sind produktbezogene ABC-Analysen oder Altersstrukturanalysen eines Produktprogramms. Bei diesen Analysen wird ein Parameter ins Verhältnis zum Umsatz gesetzt. Im Ergebnis erhält man beispielsweise Erkenntnisse darüber, welche Produkte bzw. Produktgruppen welchen Teil vom Umsatz bewirken. Gleiches würde für Kundengruppen, Vertriebskanäle, Absatz- und Beschaffungsmärkte funktionieren.

Big Data bietet die Möglichkeit, dieses auf Umsatzzahlen basierende Controlling zu erweitern. Umsatzzahlen sind zwar ein wichtiger Indikator, können jedoch auch einen entsprechenden Zeitverzug haben. Bringt ein Mitbewerber ein neues Produkt auf den Markt, das attraktiver ist und Kunden abwandern lässt, so wird man dies in den Umsatzzahlen erst nach dem Launch des Produktes sehen können.

Ähnlich verhielte sich dies bei dem Inkrafttreten eines neuen Gesetzes oder einer Gesetzesänderung, die ein Produkt oder eine Dienstleitung betreffen, von der man aber noch keine Kenntnis hat.

Hätte man mittels Big Data in das Controlling auch die klassischen und sozialen Medien, die politischen Entscheidungen, Gesetzesänderungen, Rechtsprechungen, die angemeldeten Patente, das Suchverhalten der Interessenten und Kunden und die Kommunikation und Release-Zyklen der Konkurrenten mit einbezogen, hätte man vermutlich schon frühzeitig die kommende Veränderung entdecken können.

▶ Big Data kann im Rahmen des Controllings das *Radarsystem vergrößern* und wesentlich mehr Faktoren mit einbeziehen. Diese Faktoren können dazu führen, dass Veränderungen frühzeitiger erkannt oder gar vorhergesagt werden können. Dies wiederum ermöglicht eine schnellere Reaktion im Rahmen der Produkt- und Programmpolitik.

3.5 Big Data als Produkt

Schließlich könnten die Big Data Daten selber zum Produkt oder zu dessen Grundlage werden.

Beispiel

Die Immobilien Scout GmbH hat beispielsweise den Marktnavigator für Immobilienprofis eingeführt. Mit diesem Tool können Marktpreise und die Preisentwicklungen berechnet werden. Künftig sollen auch Umfeldanalysen und die Betrachtung von Gebäudehistorien möglich sein. Basis für dieses Produkt sind 17 Mio. Einzeldatensätze, die sukzessive seit dem Jahr 2000 gesammelt wurden. In diesen Datensätzen sind Objektdaten ebenso wie Suchanfragen von Benutzern enthalten (Schutzmann 2013, S. 8 f.).

Dieses Beispiel zeigt, dass Big Data auch selber zum Produkt werden können. Die Basis bilden die vielen Daten, die in der Regel initial für andere Zwecke erhoben wurden. Verbunden mit der Technik zur schnellen Verarbeitung und intelligenten Algorithmen können die gewonnenen Erkenntnisse als Produkt verkauft werden, sofern sie nutzstiftend für Kunden sind.

Neben Big Data als Ganzes könnten auch die Daten allein zum Produkt werden.

Zulieferer könnten neben den Produktteilen auch deren Sensordaten als Produkt verkaufen. Daneben sind viele Fälle denkbar, in denen ein Unternehmen Daten generiert, diese jedoch selber nicht verwerten kann oder diese zumindest auch für andere Unternehmen interessant sind. Dies trifft beispielsweise auf die

Daten zu, die Mobilfunkunternehmen, Smartphone- und App-Hersteller generieren. Selbst anonymisiert könnten diese Daten für andere Unternehmen sehr wertvolle Informationen enthalten. ◄

4 Distribution

▶ **Definition** Die Distributionspolitik lässt sich gliedern in die akquisitorische und in die physische Distribution.

Im Bereich der *akquisitorischen Distribution* wird geregelt, welche Institutionen in welchem Umfang an der Vertriebsleistung vom Hersteller zum Endkunden beteiligt sind und wie die Absatzmittler motiviert werden, zur Erfüllung der Marketingziele beizutragen.

Entscheidungen über die eingesetzten Absatzwege und Absatzorgane sind für ein Unternehmen von hoher Tragweite und erfolgen in der Regel langfristig. Insofern wird Big Data in diesem Bereich vor allem als Informationsquelle zur richtigen strategischen Entscheidung verhelfen können. Wie bereits gesehen, ermöglicht Big Data eine *großflächige Marktbeobachtung* über viele Kanäle und aufgrund der Vielzahl an Daten eine statistische Vorhersage. Die durch die Big-Data-Analyse und Big-Data-Vorhersage gewonnenen Erkenntnisse können dem Management bei der Beantwortung der distributionspolitischen Fragen helfen.

Fragen wie „Sollte zusätzlich zur Online-Filiale auch eine oder mehrere stationäre Filialen eröffnet werden?" oder „In welchem Betriebsformat ist das Produkt in Hinsicht auf Zielgruppe und Umsatz sowie Intention und Verhalten der Besucher der jeweiligen Betriebsform am besten platziert: Warenhaus, Fachgeschäft oder Boutique?" können dank Big Data schneller und aufgrund des breiteren Betrachtungswinkels genauer beantwortet werden.

Big Data kann im Bereich der akquisitorischen Distribution durch fundierte Analysen und Vorhersagen die Qualität der Entscheidungen der Manager verbessern.

Im Controlling der akquisitorischen Distribution kann Big Data dank der Vielzahl an Parametern dazu verhelfen, Abhängigkeiten aufzudecken, die sonst unentdeckt geblieben wären. Hilfreich könnte dies beispielsweise bei der Aufdeckung von Kannibalisierungen zwischen verschiedenen Vertriebskanälen im Multi-Channel-Vertrieb sein. Ebenso könnte Big Data dazu beitragen, Verunsicherungen der Kunden, die aufgrund des Vertriebs eines Produktes über eine Vielzahl von Vertriebskanälen entstehen, frühzeitiger oder überhaupt zu erkennen.

Im Bereich der *physischen Distribution* geht es um die Frage, wie die Ware physisch vom Hersteller zum Endkunden gelangt. Daher wird sie auch als Distributionslogistik bezeichnet. Diese Logistikleistungen können entweder selbst erbracht oder an Logistikdienstleister outgesourced werden.

In der heutigen Zeit, in der die *Just-In-Time-Produktion* Standard ist und *Same-Day-Delivery* eine immer größere Rolle spielt, ist die effiziente und pünktliche Lieferung der Ware entscheidend für den Erfolg eines Unternehmens. Ohne die richtige Leistung, in notwendiger Menge, zur richtigen Zeit und am richtigen Ort können Produktionen nicht fortgesetzt, Waren und Dienstleistungen nicht verkauft, Verträge nicht erfüllt und Kunden nicht zufriedengestellt werden. Big Data könnte zu mehr Effizienz in der Logistik verhelfen.

Beispiel

Der Logistikdienstleister UPS hat seine Fahrzeuge mit einer Vielzahl von Sensoren sowie mit WLAN-Modulen und GPS-Systemen ausgestattet. Dadurch konnten sämtliche Aktivitäten sowie Verzögerungen datenmäßig erfasst und die Routen hinterfragt werden. Es wurde ein Algorithmus entwickelt, der auf Grundlage der gesammelten Daten Routen mit weniger Wendungen und weniger Kreuzungen errechnete. Kreuzungen wurden deshalb gemieden, weil an diesen überdurchschnittlich viele Unfälle passieren und das Bremsen und Anfahren Benzin und Zeit verbraucht. Im Ergebnis konnte UPS nicht nur die Sicherheit steigern, sondern im Jahr 2011 die in den USA gefahrenen Routen um 30 Mio. Meilen verkürzen. Neben der Zeitersparnis entspricht dies einer Ersparnis von über elf Millionen Liter Treibstoff und 30.000 t Kohlendioxid (Mayer-Schönberger und Cukier 2013, S. 89).

Darüber hinaus verwendet UPS die *Sensordaten* der Fahrzeuge, um Abweichungen des einzelnen Fahrzeugbauteils von der Masse zu erkennen und so Fehler an den Fahrzeugen vorherzusagen. Entsprechend dieser Vorhersagen werden die Fahrzeuge vor Auftreten des Fehlers gewartet. Somit werden Verzögerungen in der Auslieferung sowie zusätzlicher Organisationsaufwand, der durch den unvorhergesehenen Zwischenfall anfällt, vermieden.

Weitere Kosten lassen sich dadurch sparen, dass die Fahrzeugteile nicht mehr vorsorglich laut Wartungsplan ausgetauscht wurden, sondern nur wenn sie auffällige Daten liefern (Mayer-Schönberger und Cukier 2013, S. 59).

Dieses Beispiel zeigt ebenso wie ein ähnlicher Anwendungsbericht des Unternehmen TomTom Business Solutions (BITCOM 2012, S. 77), wie Big Data in der Distributionslogistik positiven Einfluss auf die zwei Hauptfaktoren „Zeit" und „Geld" nehmen kann. Würde man dieses System noch um Datenquellen wie aktuelle und historische Verkehrs- und Baustelleninformationen, Wetterdaten, Unfalldaten, Tweets mit Bezug zum Straßenverkehr oder ähnlich relevante Quellen erweitern, könnten sich die ergebenden Vorteile noch signifikant verbessern.

Das Beispiel zeigt darüber hinaus, dass Big Data neben den zeitlichen und finanziellen Vorteilen auch zu einer umweltpolitischen Verbesserung beitragen kann. In Zeiten knapp werdender Rohstoffe und eines allgemein steigenden Umweltbewusstseins ist dies ein nicht zu vernachlässigender Faktor, wird doch gerade im Bereich der Logistik Nachhaltigkeit als ein Zukunftstrend angesehen. ◄

5 Personal

Nach einer Studie der Gallup Inc. sind Mitarbeiter, die eine hohe *emotionale Bindung* an das Unternehmen haben, produktiver und profitabler als Mitarbeiter mit geringer bis keiner emotionalen Bindung. Auch handeln diese Mitarbeiter kundenorientierter (Gallup 2013). Insofern ist es für eine erfolgreiche, marktorientierte Unternehmensführung unerlässlich, mit einer Personalstrategie für eine hohe emotionale Bindung des Personals an das Unternehmen zu sorgen. Gerade mit der zunehmenden Bedeutung von Dienstleistungen in der Dienstleistungsgesellschaft wächst auch der Anteil der Mitarbeiter an der Unternehmenswertschöpfung durch den Wertschöpfungsprozess am Kunden.

Zunächst könnte man Big Data dazu verwenden, im Rahmen der gesetzlichen Möglichkeiten die Kommunikation der Mitarbeiter mit *Sentiment-Analysen* hinsichtlich der Stimmung und emotionalen Bindung zum Unternehmen zu untersuchen. Dabei könnten E-Mails ebenso wie die Profile auf Social-Media-Plattformen analysiert werden. Auch Daten über die Produktivität, die Arbeitszeiten, Krankheitstage etc. liefern nützliche Informationen. Wichtig ist dabei das Bewusstsein, dass es nicht um eine einschüchternde Kontrolle eines einzelnen Mitarbeiters gehen sollte, sondern um die allgemeine Analyse. Diese könnte beispielsweise konkrete Aussagen darüber treffen, ob die Mitarbeiter das vom Branding vorgesehene Wording einhalten und ob die Kommunikation konform zur Markenidentität ist. Auf diese Weise ließen sich auch die Erfolge von Internal-Branding-Maßnahmen wie z. B. Workshops kontrollieren – kurzfristig wie langfristig. Erst durch die Möglichkeit verschiedene, auch unstrukturierte Daten miteinander zu verbinden, werden diese Chancen eröffnet.

Bewegen sich die Analysen auf der Ebene des einzelnen Mitarbeiters, sollten diese, sofern zulässig, ähnlich der Kundenzentrierung ausschließlich zur positiv mitarbeiterzentrierten Unternehmensführung benutzt werden. Würden Analysen beispielsweise ergeben, dass ein Mitarbeiter an einem bestimmten Wochentag immer später als sonst zur Arbeit erscheint und in der ersten Arbeitsstunde unproduktiver als an den anderen Tagen ist, könnte man an diesem Tag auf einen anderen Tagesablauf schließen. Die Gründe hierfür können vielfältig sein. Auch wenn Big Data nicht den Grund für den geänderten Tagesablauf verrät, so erhält der Arbeitgeber zumindest die Möglichkeit, auf den Mitarbeiter zuzugehen und ihm proaktiv seine Hilfe anzubieten. Big Data könnte es ermöglichen, sich als Arbeitgeber in die Perspektive der Mitarbeiter zu versetzen und Vorhersagen zu treffen, was die Probleme und Faktoren für eine potenzielle Unzufriedenheit des Angestellten sein könnten. Diese könnten dann im Rahmen der unternehmerischen und wirtschaftlichen Möglichkeiten beseitigt oder geschwächt werden.

Probleme können auch in fachlichen Defiziten begründet sein, die zur Unzufriedenheit und verschlechterten Produktivität führen. Hier könnte das Unternehmen den Mitarbeiter gezielt durch entsprechende Weiterbildungsangebote unterstützen.

Auch wenn keine konkreten Probleme vorliegen, kann Big Data Mitarbeiter in ihrer täglichen Arbeit unterstützen. Managern, die die richtigen Entscheidungen für das Unternehmen treffen müssen, können dank der *Agilität* von Big Data schnell auf

Analysen und Vorhersagen zurückgreifen und in die Entscheidung mit einbeziehen. Big Data eliminiert die langen Vorlauffristen für neue Analysen, die heute noch üblich sind. Für die Manager bedeutet dies eine wichtige Unterstützung, die ihnen dabei hilft, ihre Arbeit besser zu erledigen.

Auch bei Mitarbeitern wie Callcenter-Agents, Fachkräften oder Vertriebsmitarbeitern ist eine Unterstützung durch Big Data denkbar. Big Data könnte diesen die benötigten Informationen zu Kunden, Produkten, Dienstleistungen, Konkurrenten oder ähnlichem zur richtigen Zeit schnell liefern. Der Callcenter-Mitarbeiter könnte ebenso wie der Vertriebsmitarbeiter sein Gegenüber aufgrund der schnellen Analyse sämtlicher zu dieser Person vorhandenen Daten besser einschätzen, sich in dessen Lage versetzen und die Bedürfnisse erkennen und vorhersagen. Dies dürfte nicht nur für den Kunden ein positives Erlebnis sein, sondern auch für den jeweiligen Angestellten. Kunden, die einen kundenzentrierten Service erleben, werden sich positiver verhalten. Diese positive Stimmung wird sich langfristig auch auf die Emotion der Mitarbeiter auswirken. Bei den Vertriebsmitarbeitern werden die besseren Kenntnisse über den Kunden vermutlich zu einem größeren Erfolg im Vertrieb führen, da sie individuell auf diesen eingehen können. Im Ergebnis wird sich auch dies positiv auf die emotionale Bindung des Mitarbeiters zum Unternehmen auswirken.

> **Beispiel**
>
> Rob Thomas, Vice President, Big Data Sales der IBM Software Group, hat auf dem IBM Information Management Forum einen Fall geschildert, bei dem Mechanikern in der Luftfahrtindustrie mit Hilfe von Big Data für die anstehenden Wartungs- und Reparaturarbeiten nützliche Informationen aggregiert und präsentiert wurden. Den Mitarbeitern wurde so das Blättern in Papierhandbüchern erspart. Die gelieferten Big-Data-Informationen waren überdies hilfreicher, da sie auf sämtlichen datenmäßig erfassten Erfahrungen beruhten. Zu diesen Daten gehörten auch unstrukturierte Daten wie textuell erfasste Instandhaltungs- und Reparaturberichte. Im Ergebnis wurde die benötigte Zeit für eine Wartungs- oder Reparaturmaßnahme um bis zu 70 % reduziert. Auch die Frustration der Beschäftigten, die aufgrund der erfolglosen und langwierigen Suche nach der Ursache der Fehler entstand, konnte reduziert werden (Thomas 2013).
>
> Mitarbeiter, die auf diese Art eine Unterstützung und Wertschätzung durch das Unternehmen erfahren, werden mit Sicherheit emotionaler an dieses gebunden und können diese erfahrene Wertschätzung im Rahmen einer kundenzentrierten Arbeit an die Kunden weitergeben.
>
> Neben der Unterstützung und Wertschätzung erhält das Unternehmen möglicherweise durch das genauere Bild der Mitarbeiter auch die Chance, diese mit differenzierteren Anreizen zu mehr Produktivität oder anderen definierten Zielen zu motivieren. So könnte die Organisation eines dringend benötigten Kita-Platzes oder extra Urlaubstage, etwa für eine längere Reise oder den Hausbau, für den einen oder anderen Mitarbeiter motivierender wirken als die Zahlung eines monetären Bonus.
>
> Nicht zuletzt ließen sich auch durch die Auswertung der Daten die Abhängigkeit der Produktivität von verschiedenen Faktoren wie z. B. Raumtemperatur,

Helligkeit, Größe der Monitore und Ähnlichem ermitteln. Die Optimierung dieser Faktoren steigert nicht nur die *Produktivität*, sondern lässt im Umkehrschluss zur oben genannten Gallup-Studie auch eine höhere Zufriedenheit der Mitarbeiter vermuten. ◄

▶ Insgesamt bietet Big Data im Bereich der Personalpolitik durch die Auswertung der vielen, vor allem unstrukturierten Daten die Möglichkeit, Zusammenhänge und Korrelationen aufzudecken, die sonst unentdeckt geblieben wären. Daneben bietet Big Data die Chance eines effektiven Controllings der Kommunikation im Hinblick auf die Markenkonformität. Zuletzt ermöglicht es Unternehmen durch mehr Informationen über den einzelnen Mitarbeiter, sich in dessen Lage zu versetzen und so im Sinne einer mitarbeiterzentrierten Unternehmensführung diesen durch eine differenziertere Unterstützung emotional enger an das Unternehmen zu binden.

6   Kommunikation

▶ In der *Marketingkommunikation* werden Informationen an unterschiedliche Zielgruppen durch den Einsatz von ausgewählten Instrumenten und Medien übermittelt zur Erreichung bestimmter Ziele (Kreutzer 2010, S. 322). Die Ziele können Informations-, Beeinflussungs- oder Steuerungsziele sein. Während bei den Informationszielen die reine Übermittlung von Informationen, z. B. über das Leistungsprogramm, die Kultur oder Marktstellung des Unternehmens angestrebt wird, soll die Beeinflussung dem Imageaufbau dienen und die Einstellung zum Unternehmen ändern oder stärken. Die Steuerungsziele forcieren ein gewisses erwünschtes Verhalten des Empfängers.

Für die Kommunikation können sich Unternehmen einer Vielzahl an *Werbeträgern* mit jeweils unterschiedlichen Werbemitteln bedienen. Neben den klassischen Werbeträgern wie TV, Radio, Zeitungen und Zeitschriften hat sich das Internet als Medium etabliert. Gerade im Internet gibt es eine Vielzahl von Werbemitteln, die durch die stetige Veränderung des Mediums, etwa durch die zunehmende Verbreitung von Smartphones und Tablets, weiter wächst.

6.1   Integrierte Kommunikation

Mit der zunehmenden Zahl der Medien und deren Möglichkeiten steigt auch die intermediale Nutzung. Daher ist ein crossmedial konsistenter Gesamteindruck zur Erzielung einer maximalen Wirkung unerlässlich. Dieser kann nur durch eine Integration der verschiedenen Maßnahmen der Kommunikation erreicht werden.

Hierbei kann Big Data unterstützend wirken. Die unterschiedlichen Kommunikationskanäle werden in der Regel von verschiedenen Personen, Abteilungen oder Agenturen betreut. Einheitlich kann die Kommunikation nur dann werden, wenn alle Beteiligten wissen, was, wie und wo kommuniziert wird. Hilfreich sind hierfür kommunikative interne Organisationsstrukturen ebenso wie klare strategische Vorgaben.

Big Data kann durch das Zusammenbringen der verschiedenen Kommunikationsdaten zur Transparenz zwischen den Beteiligten beitragen. Durch die Analyse der Äußerungen der Empfänger in Social-Media-Kanälen und der Kommunikation mit den Unternehmen kann darüber hinaus festgestellt werden, wie die kommunizierten Inhalte beim Empfänger ankommen und verstanden werden. Aufgedeckten Problemen kann dadurch schnell begegnet werden.

6.2   User-centered Big Data Targeting

Neben der Integration der Kommunikationsmaßnahmen im Hinblick auf die Einheitlichkeit der Kommunikation ist das Ausbalancieren der Werbemittel untereinander ein weiterer wichtiger Bestandteil der Kommunikationspolitik. Es gilt die Frage zu beantworten, welches Werbemittel wann und in welchem Maß auf das Ziel einzahlt und wie es infolge dessen budgetiert und frequentiert werden sollte.

Häufig wird der Erfolg dem letzten kontaktierten Werbemittel zugerechnet (last cookie wins). Dem Umstand, dass diese Zurechnung nicht gerecht und korrekt ist und differenzierter erfolgen muss, wird in Modellen wie der *Customer Journey* Rechnung getragen. Hierbei wird die Separation der Kanäle aufgeweicht und der User nach der Kaufentscheidungsphase, in der er sich befindet, segmentiert. Anhand des Ziels des Werbemittels und dem Zeitpunkt des Auftauchens in der Customer Journey kann dessen Beitrag zum Gesamterfolg bemessen werden (von Burgsdorff 2012, S. 331–369).

Der Erfolg der Customer-Journey-Methodik hängt somit stark von der Segmentierung der Kundenkontakte anhand der Kaufentscheidungsphase ab. Big Data könnte hierbei für mehr Genauigkeit und Differenzierung sorgen und neben der Information über das kontaktierte Werbemittel und den Ort sowie Zeitpunkt des Kontaktes auch weitere Daten mit berücksichtigen, beispielsweise, ob und welchen Kontakt der User über sonstige Kanäle wie Telefon, E-Mail oder Twitter mit dem Unternehmen hatte, aber auch, ob sich die äußeren Umstände verändert haben. Der Ablauf der *Kaufentscheidungsphasen* für Weihnachtsgeschenke im Oktober unterscheidet sich vermutlich erheblich von dem Mitte Dezember. Aufgrund der aktuellen und historischen Betrachtung aller User könnte Big Data dazu verhelfen, die Segmentierung automatisch vorzunehmen. Die Erfassung und Abbildung der Customer Journey würde so mit Hilfe von Big Data realistischer werden.

Darüber hinaus könnte Big Data die Customer Journey um den Zeitraum nach dem Kauf erweitern. Hier gilt es, vor allem die Empfehlungen und Kritiken des Kunden zu analysieren und beispielsweise den Wert einer Empfehlung auf den Wert des Kaufes mit aufzuschlagen. Auch könnte man hier erkennen, ob die durch die Kommunikation im Vorfeld des Kaufes erzeugte Erwartung auch erfüllt oder gar übertroffen wurde. Ist dies nicht der Fall, ermöglicht dies Abwertungen im Rahmen der Customer-Journey-Analyse und Allokation.

▶ Die Customer Journey wird bislang zur retrospektiven Analyse eingesetzt. Die Geschwindigkeit von Big Data könnte das Modell jedoch in eine *Echtzeitanwendung* mit Vorhersagefähigkeiten umwandeln. Der automatische Echtzeit-Vergleich eines Users mit der Masse der anderen User, angereichert um weitere wertvolle Daten, könnte die aktuelle Kaufentscheidungsphase, in der sich der Kunde befindet, ermitteln. Diese Erkenntnis ließe sich zur Steuerung der Werbemittel auf User-Ebene verwenden. Beispielsweise könnte einem User, der sich in der Intend-To-Purchase-Phase befindet, ein Abverkauf-Banner anstelle eines Branding-Banners ausgespielt werden. Im Gegensatz zur derzeitigen Lage müsste der Anbieter nicht anhand des Umfeldes, in das der Banner eingebettet wird, die Phase raten, sondern könnte sie datenbasiert statistisch ermitteln.

Durch den Einsatz von *Predictive Behavioral Targeting* wird bereits heute versucht, den Besucher einer Webseite einer Zielgruppe zuzuordnen, um so die Effizienz zu steigern. Dazu wird das Surf-Verhalten der Besucher einer Website bzw. eines Werbenetzwerkes aufgezeichnet. Von einer kleinen Teilmenge der Besucher werden mittels Online-Befragungen Angaben zu Soziodemografie, Lebensgewohnheiten und Interessen erhoben. Anhand einer statistischen Ähnlichkeit des Surf-Verhaltens werden die sich aus der Befragung ergebenden Profile auf die Besucher übertragen.

Big Data könnte Predictive Behavioral Targeting mit den Echtzeit-Customer-Journey-Daten zusammenführen und ein User-centered Big Data Targeting bilden. Diese Art des Targeting könnte aufgrund der Vielzahl der Daten die nächsten Touchpoints mit einer statistischen Wahrscheinlichkeit vorhersagen. Dies würde eine noch effizientere und kundenorientiertere Nutzung des Werbemittelplatzes ermöglichen.

Beispiel

In einem fiktiven Beispiel ist davon auszugehen, dass ein Besucher eines Online-Shops einen Artikel in den Warenkorb gelegt und dann die Seite verlassen hat. Ergibt sich aus der Big-Data-Vorhersage, dass dieser Besucher mit einer hohen Wahrscheinlichkeit den nächsten Kontakt auf einer Seite haben wird, bei der er sich über die Seriosität des Unternehmens informiert, so könnte das Werbemittel für eine vertrauensbildende Kommunikation genutzt werden. Würde der Besucher hingegen mit einer hohen Wahrscheinlichkeit als nächstes auf einer Affiliate-Seite nach einem Gutscheincode suchen, könnte auf das Werbemittel zurückgegriffen werden, um selber einen Gutschein anzubieten. In beiden Fällen würde der Werbemittelplatz effizient, ausgerichtet an den Bedürfnissen des Benutzers, genutzt werden.

Im Ergebnis dürfte dieses User-centered Big Data Targeting im Vergleich zu herkömmlichem Bannering, Predictive Behavioral Targeting und vor allem Retargeting durch die Berücksichtigung der Bedürfnisse des Benutzers weniger Reaktanzen auslösen. Da das User-centered Big Data Targeting vergleichsweise abwechslungsreich ist, ist davon auszugehen, dass es auch effizienter ist. Im Ergebnis könnten vor allem aber auch die Ressourcen unter den Werbemitteln besser allokiert werden, da man messen kann, welches Werbemittel sein Ziel erreicht hat und wo ein anders ausgerichtetes Werbemittel gegebenenfalls besser angebracht gewesen wäre. ◄

6.3 Effizientere Budgetnutzung

Neben der Unterstützung im Bereich der Displaywerbung im weiteren Sinne kann Big Data auch bei anderen Werbeträgern und Werbemitteln eingesetzt werden. Big Data ist ein probates Mittel, um *individueller* auf die Kundenbedürfnisse eingehen zu können. Will man diese Information nutzen und die Werbemittel an den jeweiligen Benutzer anpassen, wird ersichtlich, dass Big Data bei den Werbemitteln, die einfach, schnell und kostengünstig angepasst werden können, eine größere Bedeutung besitzt als bei statischen Werbemitteln oder Werbemitteln mit großer Vorlaufphase wie etwa Plakate, TV-Spots, Flyer, Broschüren, Messen oder POS-Werbung.

Bei den tendenziell unflexiblen Werbemitteln könnte Big Data vor allem im Bereich der Analyse und Planung helfen, mehr Parameter zu berücksichtigen und unbekannte Abhängigkeiten aufzudecken.

So könnten Augmented-Reality-Brillen (Google Glass) etwa dazu führen, dass künftig die Performance von Plakaten besser messbar wird. Die Geräte könnten ermitteln, wie viele Benutzer ein Plakat angeschaut haben, wie viele es peripher wahrgenommen haben und wie viele nur vorbeigelaufen sind. Ebenso könnte in einer Heatmap getrackt werden, welches Element auf dem Plakat die meisten Blicke auf sich gezogen hat.

Die Auswertung von Tweets, Facebook oder Fotos, die im Umfeld eines Plakates gemacht wurden, geben Aufschluss darüber, welche Stimmung an dieser Stelle herrscht.

Bei Radio-Spots und Tageszeitungs-Anzeigen könnten Wetterprognosen für das Sende- bzw. Zustellungsgebiet für die Planung der Schaltungen genutzt werden. So mag es für ein Indoor-Schwimmbad eher sinnvoll erscheinen, diese Werbemittel an Tagen mit schlechtem Wetter auszuspielen als an Tagen mit Sonnenschein. Würde man sich nur nach der Jahreszeit richten, würden die schlechten Sommertage ungenutzt bleiben.

Im Ergebnis lässt sich feststellen, dass auch hier Big Data zu einer effizienteren Nutzung der Budgets führen kann.

6.4 User-customized Homepage

Noch mehr Optimierungsmöglichkeiten bieten sich hingegen bei den Werbemitteln, die einfach, schnell und kostengünstig angepasst werden können. Dies gilt, wie bereits oben gesehen, vor allem bei den elektronischen Werbemitteln im Internet.

Das Zentrum der Kommunikation bildet in der Regel die *Internetseite* oder der Online-Shop des Unternehmens. Durch Big Data kennen die Unternehmen die Besucher ihrer Internetpräsenz nicht nur besser, sondern erlangen diese Kenntnis in Echtzeit und können sie in Echtzeit verarbeiten und nutzen. Infolge dessen könnte Big Data dazu führen, dass die Internetpräsenz automatisch für jeden Besucher entsprechend seines Big Data Profils angepasst und angezeigt wird.

▶ Diese besucherindividuelle *„User customized Homepage"* könnte alle Informationen ausblenden, die für den Besucher derzeit uninteressant zu sein scheinen. So wird sich ein Besucher aus Berlin in der Regel wenig für den Anfahrtsweg zu einer Filiale in München interessieren. Insofern könnte diese Information ausgeblendet werden, es sei denn, das Big-Data-Profil gibt Hinweise darauf, dass der Besucher demnächst in München sein wird oder gezielt danach sucht. Derartige Hinweise könnten sich aus der Historie des Besuchers incl. Bewegungsprofil ebenso wie aus öffentlichen Kalender- und Veranstaltungsdaten und sozialen Profilen ergeben.

Sinnvollerweise könnte man dem Besucher ermöglichen, die ausgeblendeten Inhalte aktiv *einzublenden*, ähnlich wie man dies derzeit bei vielen für mobile Endgeräte optimierten Seiten macht. Eventuell lässt sich sogar anhand des User-Verhaltens auf der Seite erkennen, dass er weitere Informationen sucht; man könnte automatisch weitere Informationen hinzuladen, etwa weil der User mit der Maus vergleichsweise viel Zeit in der Navigation verbringt. Die Analyse des Verhaltens aller Besucher der Webseite, kombiniert mit Online-Umfragen und Informationen aus Support-Chats und -Hotlines, lässt Muster erkennbar werden, die solche suchenden und hilfebedürftigen Benutzer identifizierbar machen.

Neben dem Ausblenden gewisser Informationen könnten auch weniger drastische Eingriffe wie das Anpassen der Schriftgröße oder die auf das Profil des Users angepasste Sortierreihenfolge von Artikeln und Navigationselementen großen Einfluss auf die Effizienz der Kommunikation haben. Der Besucher sieht die für ihn *relevanten Inhalte* so schneller und hat es durch die Anpassung an seine Gewohnheit und Erwartung entsprechend einfacher, die Seite zu benutzen. Welchen großen Erfolg die Faktoren Einfachheit und Convenience ausmachen können, zeigen Beispiele wie Apple.

Inwieweit derartige Optimierungen für den Benutzer mit einer Suchmaschinenoptimierung vereinbar sind, wird sich zeigen müssen. Im Prinzip handelt es sich um eine Art des *Cloaking*. Beim Cloaking werden der Suchmaschine andere Inhalte angezeigt als dem menschlichen Besucher (Fischer 2008, S. 436 ff.). Da der Suchmaschine die komplette Webseite angezeigt wird, dem Besucher hingegen nur die relevanten Teile, könnte dies als Cloaking angesehen werden. Der Grund, warum Cloaking von den Suchmaschinen abgestraft wird, liegt allerdings darin, dass diese Methode in der Regel dazu genutzt wurde, um sich als etwas anderes auszugeben, als man ist bzw. um rein für die Suchmaschinenoptimierung produzierte Inhalte vom User zu verbergen. Die Denkweise liegt hier also anders, geht es doch bei der kundenindividuellen Website nicht darum, Suchmaschinen zu täuschen, sondern die User-Experience zu verbessern. Google, die Suchmaschine, die in Deutschland mit Abstand den höchsten Marktanteil hat, personalisiert die Suchergebnisseiten, indem sie die Reihenfolge der gezeigten Treffer pro Benutzer anders anzeigt, um die User-Experience zu verbessern. Dies entspricht im Grunde einem ähnlichen Vorgehen und könnte dafür sprechen, dass keine Probleme zu erwarten sind.

6.5 Big Data als Brücke zwischen Online- und Offline-Welt

Auf der einen Seite gibt es eine immer stärkere Verknüpfung des Internets mit dem realen Leben durch Smartphones, Wearables und das wachsende Internet der Dinge. Auf der anderen Seite bietet Big Data die Möglichkeit, viele unterschiedliche Quellen zusammenzubringen und schnell zu verarbeiten. Dies legt den Schluss nahe, dass Big Data dazu beitragen könnte, die zwei Welten, die auch in der Unternehmensführung und -kommunikation oft getrennt betrachtet werden, zu vereinigen und die Abstimmung der Kommunikation zu verbessern. Auch könnte Big Data dabei helfen, die Einflüsse der *Offline-Kanäle* auf die *Online-Kanäle* und umgekehrt besser zu analysieren und diese Informationen nutzbringend zu verwerten. Für einen Online-Händler ist es ebenso wichtig, das Offline-Umfeld des Benutzers zu kennen und zu beachten, wie es für den Offline-Händler wichtig ist, die Online-Welt zu berücksichtigen.

▶ Ebenso wichtig ist es, die Sprünge von Kunden aus der Online-Welt in die Offline-Welt und umgekehrt sowie zwischen unterschiedlichen Devices zu erkennen, um ein vollständiges Bild der Abhängigkeiten zu erhalten. Auch wenn dies vermutlich nicht in Perfektion gelingen wird, so könnte Big Data durch das Mehr an auswertbaren Informationen zu einer deutlichen Verbesserung beitragen.

7 Zusammenfassung und Ausblick

Die Recherche nach Praxisbeispielen hat gezeigt, dass es gerade im Bereich Marketing dazu nur wenige Veröffentlichungen gibt. Viele Big-Data-Beispiele entstammen den Gebieten öffentliche Sicherheit und Gesundheitswesen. Wenn es Cases gibt, dann sind dies „Leuchtturmprojekte". Dennoch lassen sich die Möglichkeiten, die Big Data bietet, erahnen. Mit ein wenig Vorstellungskraft und Kreativität kann man mögliche Anwendungsfälle für alle Bereiche des Marketings finden, die die unterschiedlichsten Ausprägungen haben.

▶ **Wichtig**
Im Kern lässt sich festhalten, dass Big Data im Marketing vor allem drei Dinge ermöglicht.

1. Zum einen ist mit Big Data erstmals eine umfassende *Marktanalyse und Marktbeobachtung* möglich. Der Beobachtungsradar kann dank Big Data extrem groß und nahezu lückenlos sein.
2. Zum anderen ist mit Big Data genau das Gegenteil des weiten Radars, nämlich eine *Fokussierung auf das einzelne Individuum,* möglich.
3. Zuletzt lässt Big Data fundierte *Vorhersagen* direkt aus den Daten und Algorithmen zu, ohne dass deren Ergebnisse einer Interpretation durch Experten bedürfen.

Damit ein Unternehmen zu einem vollständigen Big-Data-Marketing-Unternehmen wird, ist es noch lange nicht damit getan, Daten zu erheben und die technische Plattform, diese verwalten zu können, anzuschaffen und bereitzustellen. Ebenso wenig wie die Anschaffung einer CRM-Software zu einem echten Customer-Relationship-Management führt, ist dies bei Big Data mit der Big-Data-Plattform der Fall. Auch wenn die derzeitigen Publikationen noch stark von der technischen Komponente geprägt sind, ist es doch so, dass die Software und Hardware bei Big Data zwar wichtig sind, aber eine untergeordnete Rolle spielen werden.

Vielmehr ist es entscheidend, dass Unternehmen eine *Big-Data-Kultur* entwickeln. Dazu gehört, das Verlangen nach Kausalität zu reduzieren und mit Verstand betrachtete Korrelationen als wertvoll anzusehen. Damit geht einher, dass man den Mut zum Experimentieren als Teil der Unternehmenskultur verankert und mit Anreizen fördert.

Auch gehört dazu, zu verstehen, dass bei Big Data nicht länger die Qualität des einzelnen Datums ausschlaggebend ist. Viele qualitativ schlechtere Daten können bessere Ergebnisse liefern als wenige Daten hoher Qualität. Den Big-Data-Vorhersagen muss künftig das Vertrauen geschenkt werden, das bislang den Experten entgegengebracht wurde. Letztere sind an ihre neue Rolle im Big-Data-Marketing-Unternehmen heranzuführen, ebenso wie die gesamten Unternehmensstrukturen an die Anforderungen von Big Data anzupassen sind. Dies betrifft vor allem das Abschaffen von Datensilos und die Förderung eines offenen Austauschs im Unternehmen, von dem alle Beteiligten profitieren. Vor allem müssen Unternehmen rechtzeitig damit beginnen, das richtige Personal für ein Big-Data-Marketing-Unternehmen einzustellen bzw. aus- und fortzubilden. Dazu gehört die Schaffung von Data-Scientist-Stellen ebenso wie die Fortbildung der analytischen Fähigkeiten von Mitarbeitern und Managern.

Betrachtet man diese Herausforderungen an die Unternehmen, so wird klar, dass Big Data kein reines IT-Thema ist, sondern zu gravierenden Veränderungen im Unternehmen führen wird. Big Data ist daher im Management anzusiedeln, wenn es nicht als einzelnes kleines Projekt, sondern im Sinne eines Big-Data-Marketing-Unternehmens betrieben werden soll.

8 Fazit

Big Data ermöglicht im Marketing umfassende Marktanalysen und Marktbeobachtung. Zum anderen ist eine Fokussierung auf das einzelne Individuum möglich. Weiterhin lässt Big Data fundierte Vorhersagen direkt aus den Daten und Algorithmen zu, ohne dass deren Ergebnisse einer Interpretation durch Experten bedürfen.

Big Data ist kein reines IT-Thema, sondern wird zu gravierenden Veränderungen im Unternehmen führen und ist daher im Management anzusiedeln.

Welche der denkbaren Big-Data-Anwendungen datenschutzkonform ausgeführt werden können, ist gerade im Hinblick auf die ungewisse Zukunft der Datenschutz-Grundverordnung und des Problems, dass künftig jedes Datum personenbezogen sein könnte, momentan noch nicht klar zu beantworten.

Auch wenn Big Data für die meisten Unternehmen derzeit noch Zukunftsmusik ist, sollten sie sich rechtzeitig mit diesem Thema auseinandersetzen.

Literatur

BITCOM. (Hrsg.). (2012). *Big Data im Praxiseinsatz – Szenarien, Beispiele, Effekte*. Berlin: BITCOM.

Burgsdorff, D. von. (2012). Das Customer-Journey-Modell. In R. Haberich (Hrsg.), *Future digital business* (S. 331–369). Heidelberg/München/Landsberg/Frechen/Hamburg: mitp.

Dalan, M. (2007). Studie: Autoindustrie forscht am Markt vorbei. http://www.welt.de/wirtschaft/article968796/Autoindustrie-forscht-am-Markt-vorbei.html. Zugegriffen am 03.02.2020.

Fischer, M. (2008). *Website boosting 2.0* (2. Aufl.). Heidelberg/München/Landsberg/Frechen/Hamburg: mitp.

Gallup, Inc. (Hrsg.). (2013). *Engagement at work: Its effect on performance continues in tough economic times*. http://www.gallup.com/file/strategicconsulting/161459/2012%20Q12%20Meta-Analysis%20Summary%20of%20Findings.pdf. Zugegriffen am 04.06.2013.

Hill, K. (2012). How target figured out a teen girl was pregnant before her father did. http://www.forbes.com/sites/kashmirhill/2012/02/16/how-target-figured-out-a-teen-girl-was-pregnant-before-her-father-did/. Zugegriffen am 03.02.2020.

Klausnitzer, R. (2013). *Das Ende des Zufalls*. Salzburg: ecowin.

Kreutzer, R. (2010). *Praxisorientiertes Marketing: Grundlagen – Instrumente – Fallbeispiele* (3. Aufl.). Wiesbaden: Springer.

Mayer-Schönberger, V., & Cukier, K. (2013). *Big data: A revolution that will transform how we live, work and think*. London: John Murray.

Piller, F. (2006). *Mass Customization: Ein wettbewerbsstrategisches Konzept im Informationszeitalter* (4. Aufl.). Wiesbaden: Springer.

Porter, M. (2013). *Wettbewerbsstrategien: Methoden zur Analyse von Branchen und Konkurrenten* (12. Aufl.). Frankfurt a. M.: Campus.

Schutzmann, I. (2013). Datengesteuerter E-commerce. In *Internet world business* Nr. 11/13 (S. 8 f.). München: Neue Mediengesellschaft.

Schwartz, B. (2005). *The paradox of choice: Why more is less* (P.S.). New York: Harper.

Thomas, R. (2013). *Big data at the speed of business IBM innovations for a new era!* Vortrag auf dem IBM Management Forum, Berlin, 15.04.2013.

Customer Relationship Management (CRM)

Georg Blum

Inhalt

1	Definitionen	252
2	CRM oder CMR	253
3	Multi-Channel-Kommunikation und Multi-Optionale-Reaktion	254
4	Kundenlebenszyklus	256
5	CRM oder Customer Experience?	258
6	Die Phasen im Detail	261
7	Generelle Aufgaben innerhalb eines optimalen CRM	281
8	Die passende Organisationsform: Kundenmanagement	294
9	Change-Management	298
10	Kundenzufriedenheit	302
11	Ausblick: Ohne direkte, persönliche Beziehungen geht es nicht	307
Literatur		308

> **Zusammenfassung**
>
> Customer Relationship Management (CRM) ist ein ganzheitlicher Ansatz zur strategischen und operativen Unternehmensführung. Auf Basis einer CRM-Strategie sowie definierter Kundensegmente steuert, integriert und optimiert ein Unternehmen kanal- und abteilungsübergreifend alle interessenten- und kundenbezogenen Prozesse.
>
> Eine Kundenbeziehung wird in mehrere Phasen eingeteilt. Die Hauptphasen sind Anbahnungs-/Qualifizierungs- und Interessentenphase sowie die aktive und passive Kundenphase. Die Anbahnungs-/Qualifizierungs- und Interessentenphase wird in Adressgewinnungs- und Lead-Generierungs-, Qualifizierungs- sowie Abschlussphase (bis zum ersten Kauf) unterteilt. Im Abschnitt Kundengewinnung und Kundenbindung wird hierzu detaillierter eingegangen.
>
> Ein wichtiges Ziel eines kundenorientierten Unternehmens ist es, die Kundenbeziehungen möglichst lange aktiv zu halten und maximal auszuschöpfen. Ein

G. Blum (✉)
1A Relations GmbH, Herausgeber www.CRM-Tech.World, Korb, Deutschland
E-Mail: blum@1a-relations.com

effizienter Einsatz des Budgets und der Mitarbeiter kann nur über die Analyse des Kundenwerts erfolgen. Dazu werden Daten aus der Vergangenheit (Deckungsbeitrag) und Prognosen für die nahe Zukunft (Potenzialdaten) zusammengeführt, wodurch die Basis für die Bildung verschiedener Kundensegmente gelegt wird. Das ist die Ausgangsbasis für ein perfektes Kundenmanagement.

Schlüsselwörter

CRM-Strategie · Kundenbindung · Software-Anwendung · RFMR-Analyse und Segmentierung · CRM-Cockpit

1 Definitionen

▶ Zunächst ist festzustellen, dass es sowohl in der Praxis als auch in der Theorie eine Vielzahl von Definitionen für CRM gibt. Im engeren Sinne wird unter CRM die „Betrachtung aller Maßnahmen eines Unternehmens innerhalb einer Kundenbeziehung" verstanden. Wird der CRM-Begriff weiter gefasst, bezeichnet er die Definition von „CRM im engeren Sinne" plus Einbezug aller Phasen der Kundengewinnung. Das wären zum Beispiel Adressauswahlverfahren, *Lead-Management* bzw. Interessentengewinnung, -qualifizierung und -bindung.

Um das Thema Customer Relationship Management (CRM) in Gänze und allen seinen Auswirkungen abzuhandeln, bedarf es sicher 1000 und mehr Seiten. Allein das Buch von den Herausgebern Hippner, Hubrich und Wilde umfasst ca. 800 Seiten, um der kompletten Breite und Tiefe des Themas Raum zu geben (Hippner et al. 2011). Dieser Beitrag verfolgt stattdessen die folgenden Ziele:

1. eine Aufstellung der wichtigsten Phasen eines Beziehungs- oder Kundenlebenszyklus,
2. eine Zusammenfassung von Hinweisen auf notwendigen Maßnahmen, Chancen oder Fallen in der Praxis und
3. einen Abriss übergeordneter bzw. Querschnittsthemen.

CRM: Die Definition, die vom Autor im Jahr 2012 für den Deutschen Dialogmarketing Verband (DDV) für das Council Customer Relationship Management erstellt und für dieses Buch etwas aktualisiert wurde, lautet:
CRM ist ein ganzheitlicher Ansatz zur strategischen und operativen Unternehmensführung. Auf Basis einer CRM-Strategie steuert, integriert und optimiert ein Unternehmen kanal- und abteilungsübergreifend alle interessenten- und kundenbezogenen Prozesse in Marketing, Vertrieb, Service, Kundendienst, Produktmanagement/Einkauf, Logistik sowie Forschung und Produkt-Entwicklung. Alle Maßnahmen, Aufgaben und Entscheidungen basieren auf der Grundlage einer Zielgruppen- und Kundenwertanalyse. Es werden Zielgruppen und Kundensegmente definiert, an denen sich die gesamte Organisation ausrichtet. Diese Organisation ist dann in erster

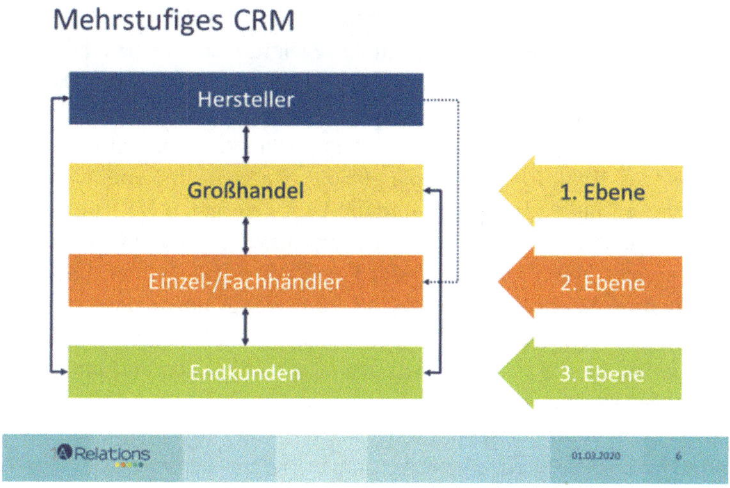

Customer Relationship Management (CRM)

Mehrstufiges CRM

Abb. 1 Darstellung Mehrstufiger Vertrieb sowie Aufbau von Beziehungsebenen. (Quelle: 1A Relations GmbH, eigene Darstellung 2020)

Linie nicht mehr „nach Funktionen", sondern „nach Kundengruppen" (diese Organisationsform wird Kundenmanagement genannt) ausgerichtet. Die Pflege der Beziehungen wird auf der Grundlage einer zum Unternehmen passenden Datenbank beziehungsweise einer entsprechenden Software-Landschaft unterstützt. Zielsetzung von CRM ist im Rahmen von Geschäftsbeziehungen die Schaffung von Mehrwerten auf Kunden- und Unternehmensseite. Zusammengefasst werden mit CRM nur ein paar wenige Ziele verfolgt: bestmögliche Kundenzufriedenheit, hohe emotionale Bindung des Kunden, die Steigerung der Beziehungsdauer und Erhöhung ihrer Rentabilität bzw. maximale Ausschöpfung.

xRM: Neben CRM entwickelt sich derzeit ein weiteres Kürzel als Buzz- oder Modewort: xRM. Im englischen Sprachraum steht xRM für „any Relationship Management". Neben den klassischen Kunden- und Interessentenbeziehungen sind das z. B. Beziehungen zu Investoren, Fans, Journalisten oder Politik, auch Beziehungen zu Lieferanten (Großhändler oder Hersteller) gehören dazu. Diese Beziehungen sind nicht nur auf die erste Beziehungsstufe begrenzt. Es ist in vielen Unternehmen sinnvoll, sich auch auf die Beziehungen der zweiten bzw. 3. oder 4. Ebene zu konzentrieren (siehe Abb. 1). So verbessert man seinen Einfluss auf die Endkundenbeziehung und erhöht dadurch seine eigene Wertschöpfung.

2 CRM oder CMR

▶ Durch das *Mitmachweb* oder die Interaktionsmöglichkeiten innerhalb der Sozialen Medien bekommen Verbraucher, Interessenten und Kunden immer mehr Macht. Insofern sprechen viele Experten auch von CMR, was so viel bedeutet wie Customer Managed Relations.

Das Unternehmen steuert nicht mehr, sondern es versucht, Rahmenbedingungen vorzugeben, die eine dauerhafte Beziehung zu den Zielgruppen erlauben. Die aktive Rolle des Verbrauchers birgt viele Chancen in sich, denn er sucht förmlich den Dialog mit dem Unternehmen oder deren Marken. Zumindest äußert er sich über das Unternehmen, wenn auch leider nicht immer auf den vom Unternehmen erwünschten Kanälen.

Deshalb ist das *Web-Monitoring*, die gezielte Suche nach Nennungen des Unternehmens oder der Marke im Internet, und die Verlagerung der Betreuung auf Soziale Medien ein Erfolgsfaktor für das CRM. Es gibt inzwischen viele Unternehmen, die Teile ihrer Services über die Kanäle oder Plattformen wie Twitter, Facebook, HRS (Hotel Reservation Service) bzw. Booking.com oder Amazon.com etc. abwickeln. Denn dort sagt der Kunde, was ihm am Herzen liegt, dort ist er anzusprechen. Die erste Herausforderung für das Unternehmen ist das Erkennen und Interpretieren der vorhandenen Aussagen. Eine zweite ist, die „Erste Hilfe" auf dem Social-Media-Portal. Die dritte sollte der Versuch des Verlagerns der Kommunikation auf Unternehmensmedien (Telefon, Kundenservice) sein. Wenn dies nicht gelingt, muss der öffentliche Dialog klar und schnell erfolgen, denn er ist für alle sichtbar.

Immer stärker schieben sich Plattformen (Amazon, LinkedIn/Xing, Facebook, Apple, Google), zwischen Kunde und Unternehmen. Deshalb ist und wird CRM immer wichtiger. Denn diese Plattformen übernehmen selbst gerne die Führung der Kundenbeziehungen. Unternehmen und Händler erhalten keine Transaktionsinformationen und der „blinde Fleck" (Was hat der Kunde gesucht, gekauft, reklamiert?) wird zunehmend größer.

3 Multi-Channel-Kommunikation und Multi-Optionale-Reaktion

▶ Generell sind Unternehmen rar, die nur noch über einen Kanal kommunizieren. Um das komplette Potenzial der Kundenbeziehungen auszuschöpfen, ist eine Multi-Channel-Kommunikation heute unerlässlich beziehungsweise unvermeidlich. Dies hat Vor- und Nachteile. Denn der Interessent bzw. Kunde hat wiederum die Wahl aus den verschiedensten Kanälen (Multi-Optionalität). Und er nutzt diese Freiheit auch. Das bedeutet in der Praxis: Die Anstoßkommunikation findet per E-Mail statt, der Kauf per Telefon oder Webshop, die Reklamation im POS sowie eine Äußerung dazu auf Facebook.

Die Vorteile zeigt Abb. 2; hier wird deutlich, dass jeder weitere Kanal Kundenwert steigernd ist, wenn eine Kundenbeziehung über mehrere Kanäle verläuft und über mehrere Kanäle gekauft wird. Auf der anderen Seite ist das Multi-Channel-Management deutlich aufwendiger, komplexer und kostenintensiver als früher. Aber wenn die Kanäle geschickt orchestriert werden oder sich nahtlos ergänzen, dann wiederum liegen viele Chancen des Dialogs oder des Mehrumsatzes auf der Hand. Um es in anderen Worten auszudrücken: Wenn Sie nur Geige oder Bass spielen, hören andere Ihnen vielleicht zu. Wenn Sie aber ein ganzes Orchester erklingen lassen, gewinnen Sie die Aufmerksamkeit der Interessenten und Kunden.

Customer Relationship Management (CRM)

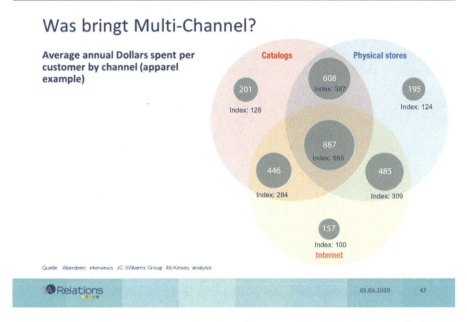

Abb. 2 Durchschnittlicher jährlicher Absatz in Dollar pro Kanal (Beispiel aus der Textilindustrie). (Quelle: Aberdeen 2013)

Wie ist die Abb. 2 zu lesen? Z. B.

- Ein Kunde, der nur über Internet bestellt, kauft für durchschn. 157 Dollar ein. Da dies der Bezugswert für die anderen Werte ist, definiert sich der Wert als Index 100.
- Ein Kunde, der über Internet und Katalog/Telefon bestellt hat einen durchschn. Bestellwert von 446 Dollar. Das entspricht einem Index von 284.
- Der Kunde, der über alle 3 Kanäle bestellt hat den höchsten durchschn. Bestellwert von 887 Dollar bzw. ein Index von 565.

Inzwischen laufen viele Dialoge nicht mehr auf unternehmenseigenen Kanälen, sondern in den Sozialen Medien ab. Deshalb ist bei der Kommunikationsplanung der inzwischen zur notwendigen Bedingung gewordenen Multi-Channel-Kommunikation auch der mögliche Weg einer Reaktion zu beachten. Insofern müssen die Kanäle für die Aussendung genauso dezidiert geplant werden wie die Reaktionsmöglichkeiten. Denn findet der Konsument nicht seinen Wunsch-Reaktionskanal, bleibt die Frage offen, ob er reagiert oder ob der Umsatz oder die Information verloren gehen.

3.1 Kundenlebenszyklus oder Kundenlebensabschnittszyklus

Kein Unternehmen kann heute von einer lebenslangen Beziehung ausgehen. Insofern ist der in der Theorie häufig genannte Kundenlebenszyklus nicht korrekt. Es handelt sich vielmehr um einen Kundenlebensabschnitt oder einen Beziehungszyklus. Um die Sache nicht komplizierter zu machen, bleiben wir hier bei den gebräuchlichen Begriffen. Dennoch ist bei der Berechnung eines Kundenwerts oder bei der Bearbeitung eines Kunden nicht von einer lebenslangen Beziehung auszugehen. Eine Prognose für die Zukunft sollte in der Regel nicht länger als drei Jahre betragen. Nur in den wenigsten Fällen dauert eine Beziehung 50 oder mehr Jahre. Bei sehr teuren, meist langfristig angelegten Investitionsobjekten wie z. B. bei Kraftwerken, Zügen oder Papiermaschinen ist diese Betrachtungsdauer noch sinnvoll.

3.2 Begriffsabgrenzung zu CRM

Kundenbindung: Alle Aktivitäten eines Unternehmens, das sich zum Ziel gesetzt hat, das Verhalten und die Absichten eines Kunden gegenüber dem Produkt beziehungsweise der Dienstleistung so zu beeinflussen, dass die Beziehung dieses Kunden gefestigt und intensiviert wird.

Kundenbindungsmanagement: Systematische Analyse, Planung, Durchführung und Kontrolle der Maßnahmen für den IST-Kundenstamm mit dem Ziel, dass diese Kunden weiterhin Geschäftsbeziehungen unterhalten und diese ausbauen.

Wie differenzieren sich diese Definitionen? CRM ist ganzheitlich und bezieht auch das Neukundenmanagement mit ein. Kundenbindung ist der programmatische Ansatz (Kundenkarte, Bonuspunkte, Kommunikation) auf der Basis bestehender Kunden. Kundenbindungsmanagement ist die operative Steuerung und Umsetzung der „Kundenbindung".

4 Kundenlebenszyklus

▶ In der Grundlagenliteratur wird eine Kundenbeziehung in mehrere Phasen eingeteilt. Abb. 3 zeigt die Haupt- und Unterphasen. Die Hauptphasen sind *Anbahnungs- oder Interessentenmanagementphase, Kundenbindungsmanagementphase und Rückgewinnungsmanagementphase*. Die Phase Interessentenmanagement wird noch in Adressgewinnungs- und Lead-Generierungs-, Qualifizierungs- sowie Abschlussphase (bis zum ersten Kauf) unterteilt.

Die Kundenbindungsmanagementphase hat folgende Unterphasen: Sozialisationsphase (auch Neukunden- und Aufbauphase) inkl. der Gefährdungs- oder Abwanderungsrisiken eins, Wachstumsphase (auch Ausbau oder Bindungsphase) inkl. Gefährdungs- oder Abwanderungsrisiken zwei, Reife-Phase (auch Loyalitätsphase) inkl. Gefährdungs- oder Abwanderungsrisiken drei, Degenerationsphase (auch Abbauphase) inkl. Gefährdungs- oder Abwanderungsrisiken vier und zum Schluss die Kündigungsphase.

Customer Relationship Management (CRM)

Abb. 3 Typischer Kundenlebenszyklus. (Quelle: 1A Relations GmbH, eigene Darstellung)

Abb. 4 Kundenlebenszyklus in der Praxis am Beispiel von Fertighauskäufern. (Quelle: 1A Relations GmbH, eigene Darstellung)

Bei der Rückgewinnungsmanagementphase startet zum Teil mit der Kündigungsphase, hinzu kommen die Abstinenz- und Revitalisierungsphase als jeweilige Unterphasen.

In vielen Quellen können Kurven gefunden werden, die einen ähnlichen Verlauf aufzeigen wie der in Abb. 3 dargestellte. Diese ist jedoch nur eine von vielen Möglichkeiten. Je nach Branche oder Geschäftsmodell sieht dieser Kurvenverlauf völlig anders aus. Das kann an den exemplarisch dargestellten Verläufen verschiedener Branchen dargestellt werden. Abb. 4 und 5 zeigen den Kundenlebenszyklus eines Fertighaus- und eines Brillenkäufers.

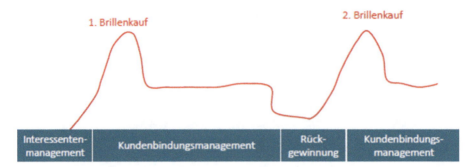

Abb. 5 Kundenlebenszyklus in der Praxis am Beispiel von Brillenkäufern. (Quelle: 1A Relations GmbH, eigene Darstellung)

Generell ist es sinnvoll, solche Kurven innerhalb der Koordinaten „Kundenwert" (auf der Y-Achse) und der „Beziehungsdauer" (auf der X-Achse) abzubilden.

Meist wird dabei durch diese Grafiken (wie in Abb. 3) ein falscher Eindruck dessen erzeugt, wie lange oder kurz diese Phasen in der Regel dauern. Ein zweiter Darstellungsfehler ist meist der Verlauf des Kundenwerts selbst. In der „Anbahnungs- und Interessentenphase" ist in der Praxis (vor allem im Business-to-Business) meist eine hohe Investition an Zeit und Geld notwendig. Diese Phase kann sich je nach Branche schnell sechs Monate oder bis zu zwei Jahre hinziehen. Insofern sind die Vorlaufkosten teilweise erheblich und erzeugen einen extrem negativen Kundenwert. Diese Kosten müssen sich durch die Erträge in der Kundenbeziehungsphase amortisieren.

Ein weiterer häufig auftretender Fehler ist, dass der *Kundenwert* erst nach Beendigung der Kundenbeziehung als negativ dargestellt wird. Hier zeigt die Praxis, dass je nach Geschäftsmodell der Kundenwert schon während der aktiven Kundenbeziehung ins Negative laufen kann oder der Kunde nie seine Akquisitionskosten einspielt. Es ist ersichtlich, dass Musterkurven nur einen ersten Erklärungsbeitrag leisten können. In der Praxis variiert diese Kurve erheblich.

5 CRM oder Customer Experience?

Eine weitere interessante Sichtweise ist die differenzierte Betrachtung der Kommunikation, der Erlebnisse und der Kundenkontaktpunkte im Lebenszyklus. Parallel dazu wird ein Bild gezeichnet, welche *emotionalen Momente* (Fieberkurve) ein Kunde dabei erlebt. Es gibt positive und negative emotionale Momente. Diese Betrachtung ist deshalb wichtig, weil jeder emotionale Moment den weiteren Verlauf des Lebenszyklus beeinflussen kann. Das geht in Einzelfällen soweit, dass Unzufriedenheit oder Enttäuschung beim Kunden die Abbestellung eines bereits bestellten Produktes auslöst.

Hier kommt der relativ moderne Begriff der Customer Experience (CX) ins Spiel. Das Kundenerlebnis (CX) ist das Ergebnis einer Interaktion zwischen einem Unternehmen und einem Kunden während der Dauer der Beziehung. Diese Interaktion besteht aus drei Teilen: der Kundenreise (Customer Journey oder CJ), den Kundenkontaktpunkten (Customer Touchpoints oder CT), an denen der Kunden mit dem Unternehmen, dem Produkt bzw. der Marke interagiert und mit denen der Kunde interagiert, und den Rahmenbedingungen, die der Kunde während seines Erlebnisses erlebt (einschließlich der digitalen Umgebung). Ein gutes Kundenerlebnis bedeutet, dass die Erfahrung des Einzelnen an allen Kontaktpunkten den Erwartungen des Einzelnen entspricht.

Wie kann Customer Experience definiert werden? Hier nutze ich eine leicht angepasste Version von Wikipedia:

> „Kundenerfahrung impliziert die Einbeziehung des Kunden auf verschiedenen Ebenen – wie z. B. rational, emotional, sensorisch, physisch und spirituell. Kunden reagieren unterschiedlich auf direkten und indirekten Kontakt mit einem Unternehmen. Der direkte Kontakt findet normalerweise statt, wenn der Kauf oder die Nutzung vom Kunden initiiert wird. Indirekter Kontakt umfasst oft Werbung, Nachrichtenberichte, ungeplante Begegnungen mit Vertriebsmitarbeitern, Mund-zu-Mund-Propaganda oder Kritik."

Die Kundenerfahrung umfasst jeden Aspekt des Angebots eines Unternehmens – die Qualität der Kundenbetreuung, aber auch Werbung, Verpackung, Produkt- und Servicefunktionen, Benutzerfreundlichkeit und Zuverlässigkeit. Die Schaffung direkter Beziehungen an dem Ort, an dem die Kunden die Dienstleistungen eines Unternehmens, die für Kunden bestimmt sind, kaufen, nutzen und erhalten, wie z. B. im Laden oder im persönlichen Kontakt mit dem Kunden, die durch die Interaktion mit dem Kunden durch das Einzelhandelspersonal sichtbar werden könnten. Wir haben dann indirekte Beziehungen, die in Form von unerwarteten Interaktionen durch den Produktvertreter eines Unternehmens, bestimmte Dienstleistungen oder Marken und positive Empfehlungen – oder sogar in Form von „Kritik, Werbung, Nachrichten, Berichten" und vielen anderen in dieser Richtung – auftreten können.

Die Kundenerfahrung wird nicht nur durch den Beitrag der Werte der Kunden geschaffen, sondern auch durch den Beitrag des Unternehmens, das die Erfahrung zur Verfügung stellt.

Alle Ereignisse, die die Kunden vor und nach dem Kauf erleben, sind Teil des Kundenerlebnisses. Was ein Kunde erlebt, ist persönlich und kann sensorische, emotionale, rationale und physische Aspekte beinhalten, um ein unvergessliches Erlebnis zu schaffen. In der Einzelhandelsbranche spielen sowohl das Unternehmen als auch die Kunden eine große Rolle bei der „Schaffung eines Kundenerlebnisses."

Quelle: Wikipedia, am 01.03.2020, Übersetzt mit www.DeepL.com/Translator (kostenlose Version) bearbeitet von Georg Blum

Diese Customer Experience gilt es im Rahmen einer CRM-Strategie für den Kunden zu einem mindestens gleichbleibend guten, emotionalen Erlebnis zu machen. Die kundenzentrierte Unternehmenskultur und Mitarbeiterbefähigung leisten hierzu einen enorm wichtigen Beitrag. Diese Einstellung zum Kunden kann nicht verordnet werden.

Bei der Vielzahl – auch an digitalen – Kundenkontaktpunkten (Touchpoints) unterstützen Software-Lösungen (wie Marketing Automation, Chat Bots etc.). Daher sind rein digitale Kontaktpunkte auf ihre Wirksamkeit, emotionale Leistung und Nutzen für den Kunden zu überprüfen. Wie sagte mal ein Vodafone Manager: „Einen Scheißprozess in die digitale Welt zu übertragen, bleibt immer noch ein Scheißprozess."

Beispiel

Am Beispiel eines Fertighausherstellers sind folgende Momente möglich

- Anzeige in der Zeitung
- Video im Internet zur Vertiefung
- Besuch der Fertighausausstellung
- Gespräch mit einem Verkäufer/Berater
- Nachfassen des Verkäufers
- Prospektmaterial nach erstem Besuch
- Einladungsschreiben zum erneuten Besuch
- Erstes Verkaufsgespräch
- Empfang der Kostenkalkulation
- Nachverhandlung
- Analyse der Vertragsunterlagen
- Abschließende Vertragsverhandlung
- Vertragsunterzeichnung
- Nachvertragliche Kommunikation
- Beginn der Aushubarbeiten
- …
- Rohbau und Richtfest
- …
- Einzug ins Haus
- Schlüsselübergabe
- Zufriedenheit und Fehlerbehebung
- …
- Einbau eines Dachfensters
- Anbau eines Wintergartens

Diese Aufzählung zeigt viele Möglichkeiten, in denen ein „*Moment of Truth*" entstehen kann. Jeder Kontaktpunkt sollte genutzt werden, das emotionale Konto aufzubessern. Je nach „Kontostand" akzeptiert der Kunde dann auch kleinere negative Erlebnisse zu verschmerzen.

Ein anderes schönes Beispiel ist eine Aktion für den Toyota Camry. Ein Auto, was vom Design nicht besonders schick ist, aber rational betrachtet, viele tolle Vorteile sowie ein spritziges Fahrerlebnis erlaubt, soll besser verkauft werden.

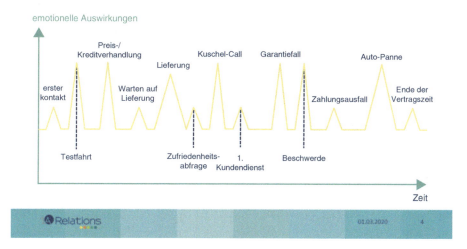

Abb. 6 Emotionale Höhepunkte innerhalb eines Automobilkaufs. (Quelle: 1A Relations GmbH, eigene Darstellung)

Daher hat Toyota einen Testfahrgelände aufgebaut und potenzielle Kunden zur Testfahrt eingeladen. Diese Customer Experience werden die Teilnehmer nie wieder vergessen. Das zugehörige Video findet der Leser hier: https://www.youtube.com/watch?v=7togrkgU7cw. Zugegriffen am 02.03.2020. In Abb. 6 sind die emotionalen Höhepunkte eine längeren Kundenbeziehung eines Autobesitzers dargestellt. ◄

6 Die Phasen im Detail

> **Wichtig**
> Jede Phase hat ihre Besonderheiten. Welche das sind und was dabei zu beachten ist, wird in den nächsten Abschnitten erläutert.
>
> Bevor näher auf die einzelnen Aspekte dieser Phasen eingegangen wird, wird der sogenannte Lead-Trichter vorgestellt (Abb. 7).

Jedes Unternehmen hat seine eigene Stufendefinition innerhalb des Lead-Trichters. Deshalb folgt hier zum Einstieg ein Beispiel (Tab. 1) sowie eine erklärende Beschreibung. Auf der ersten Stufe werden die (Firmen-)Adressen (oft sogar ohne Namen eines Ansprechpartners) in die Datenbank gespielt. Dann beginnt ein über mehrere Stufen verlaufender individueller Qualifizierungs- und *Bewertungsprozess*.

Abb. 7 Der Lead-Trichter. (Quelle: 1A Relations GmbH, eigene Darstellung)

Tab. 1 Die Lead-Stufen. (Quelle: 1A Relations GmbH, eigene Darstellung)

Stufe	Beschreibung	Prozentuale Chance bei einem geschätzten Umsatz von 100.000 €
Stufe 1	Eine gut selektierte Adresse liegt vor	0 % – 0 €
Stufe 2	Ansprechpartner und generelles Interesse sind bekannt	25 % – 25.000 €
Stufe 3	Interesse wird konkret	50 % – 50.000 €
Stufe 4	Angebot wird unterbreitet	75 % – 75.000 €
Stufe 5	Angebotsverhandlung	85 % – 85.000 €

Auf der letzten Stufe (hier Stufe fünf) befinden sich nur noch diejenigen Leads im Trichter, die eine sehr hohe Abschlusschance besitzen. Es liegt zum Beispiel ein Angebot vor, und das Unternehmen ist sich sicher, dass nur noch das eigene Unternehmen und eventuell ein anderes im Rennen sind.

Die Stufen können somit beispielhaft auch auf folgende Weise beschrieben und bewertet werden:

Wichtiger Hinweis zur prozentualen Chancenbewertung: Wenn das eigene Unternehmen eines von zweien in der letzten Runde ist, wäre die Chance 50 % zu 50 %. Man sieht, dass die Bewertung je Firma und Situation sehr individuell definiert werden kann.

Jeder Lead, der in welcher Stufe auch immer beendet wird, sollte im CRM-System mit einem Grund beendet werden. Durch diese Grundzuweisung kann anschließend analysiert und daraus gelernt werden, wie erfolgreich oder nicht erfolgreich das Unternehmen gewesen ist.

Die aktuelle Summe der Leads – gewichtet nach der Umsatz- und der Realisierungschance – ergeben den gewichteten Auftrags-Chancen-Bestand.

Wer nun die angebotenen Produkte bzw. Dienstleistungen, die in den Leads definiert sind, und ihre Realisierungschancen betrachtet, kann diese Informationen in die nachgelagerte Planung zur Auftragsbearbeitung, für die Fertigung bzw. den Einkauf und die Auslieferung nutzen. Ein sauber gepflegtes und integriertes CRM (-System) hilft, mit den vorliegenden Daten das Unternehmen bzw. die Wertschöpfungsketten im Unternehmen zu planen, zu strukturieren und zu optimieren.

In vielen Veröffentlichungen wird bei der Lead-Trichter-Betrachtung zwischen den Aufgaben von Marketing und Vertrieb getrennt. Das ist nach Meinung des Autors falsch. Marketing, Vertrieb (auch technischer Vertrieb), Service müssen zusammenarbeiten und gemeinsam den Kunden qualifizieren und den Verkauf vorbereiten. Ein Service-Techniker kommt beim Kunden in Unternehmensbereiche, die der Vertrieb nie zu sehen bekommt. Warum nützt man also den Service-Techniker nicht, für Qualifizierungsaufgaben?

6.1 Adressgewinnungs- und Lead-Generierungsphase

In dieser Phase wird die Grundlage für den späteren Erfolg gelegt. Nur eine gezielte Auswahl an Adressen beziehungsweise ein aktives Lead-Management führen zu guten Neukunden mit späterer Rentabilität.

6.1.1 Listbroking und Zielgruppen-Definition

Was ist im Detail zu tun? Vor der Überlegung, wie Adressen gewonnen werden können, ist zu definieren, welche Wunschkunden-Adressen vermutlich hohes Potenzial besitzen. Eine klare Definition mit mehr als nur zwei oder drei Variablen ist zwingend notwendig. Der Definition sollten primär quantitative Variablen zu Grunde liegen. Das Problem qualitativer Variablen zeigt sich vor allem bei der Suche nach den *Adresspotenzialen*. Wer zum Beispiel „innovative" Manager oder Käufer für hochwertige Teppich sucht, der wird grundsätzlich dieses Kriterium bei keinem Adressanbieter finden. Hier helfen nur „um die Ecke gedachte" Ansätze. Wie kann „innovativ" umschrieben oder als zählbares Kriterium hergeleitet werden? „Innovativ" können zum Beispiel alle Manager des Querdenker-Clubs oder Leser einer bestimmten Zeitschrift sein. Das heißt, wer eine qualitative Variable zur Beschreibung nutzt, muss die Ableitung des qualitativen Kriteriums in zähl- oder messbare Kriterien darstellen.

Nach der *Zielgruppendefinition* stellt sich die Frage: Mieten, Kaufen oder selbst gewinnen. In der Praxis gibt es oft eine Mischung aus allen drei Varianten – je nach verfügbarem Adresspotenzial. Eine Aufstellung der Potenziale zeigt, was an Listen zur Verfügung steht und innerhalb welcher Quellen eine eigene Gewinnung durchgeführt werden kann. Meist sind die selbst generierten Adressen von besserer Qualität. Allerdings sind diese Adressen beziehungsweise deren Gewinnung oft teurer. Deshalb stellt sich die Frage nach einem Kooperationspartner, der ähnliche Adressen braucht oder hat.

> **Beispiel**
>
> Beispiel für *Business-to-Business*
> Gesuchte Zielgruppe: Ansprechpartner von Firmen, die eine Enterprise Ressource Planning (ERP)-Software einführen wollen. Maßnahmen können zum Beispiel sein: Schaltung von Bannern mit Link auf eigene Landeseiten innerhalb eines ERP-Informationsportals, Kauf von Teilnehmeradressen eines Kongresses zum Thema ERP, Recherche auf XING oder LinkedIn, wer „sucht" Informationen zu ERP bzw. ist in den entsprechenden Communities bzw. Interessensgruppen aktiv (Achtung: die aktuell gültige Rechtsprechung zur Datennutzung beachten); Platzierung einer eigenen Themenseite im Internet kombiniert mit Suchmaschinenoptimierung (SEO) und Suchmaschinenmarketing (SEM)-Maßnahmen und vieles mehr.
> Beispiel für *Business-to-Consumer*
> Gesuchte Zielgruppe: Interessenten für klassische Theaterstücke. Maßnahmen können zum Beispiel sein: Käufer von Büchern des Stückes bzw. ähnlicher Stücke; Leser der Wochenzeitung „Zeit" oder einer anderen feuilletonstarken Zeitung bzw. Zeitschrift; Platzierung einer eigenen Themenseite im Internet und vieles mehr.
> Sind die Adressquellen definiert, ist ein *Maßnahmenplan* zu erarbeiten. Darin enthalten sind die einzelnen Kampagnenschritte und Alternativen je nach Reaktion des Interessenten. ◄

6.2 Qualifizierungsphase

Bevor es zu einer aufwendigen Qualifizierung kommt, ist eine Anmerkung wichtig. Laut einer amerikanischen Studie sind 25 % der Leads sogenannte „Sales ready-Leads". Das bedeutet, diese Kunden wollen sofort kaufen. Und auf der anderen Seite gibt es 25 % der Leads, die im Prinzip Schrott sind. Diese gilt es zu erkennen und sofort auszusortieren. Denn diese belasten unnötig die internen Kapazitäten. Die restlichen 50 % sind Leads, die in den nächsten Tagen, Wochen und Monaten kaufen werden. Diese gilt es zu qualifizieren und durch das Lead-Nurturing über Sales-, Service und Marketing-Automation-Kampagnen „warm zu halten" und für sich zu gewinnen. (Quelle getitcomm.com. Zugegriffen am 11.10.2018)

Braucht es einen neuen Sales-Trichter? Ja, mit dem vorher Gesagten, ist es hilfreich mehr Leads frühzeitig auszuselektieren (Abb. 8). Das schafft Zeit für die wichtigen Leads.

Deshalb wird bereits in der Interessentenphase eine *Interessentenbewertung* benötigt. Am Beispiel einiger Business-to-Business-Firmen zeigt sich dies wie folgt. Bei einer ersten Interessensbekundung senden einige Firmen sofort den großen Katalog aus. Ob der Interessent dafür überhaupt das Potenzial hat, wird nicht

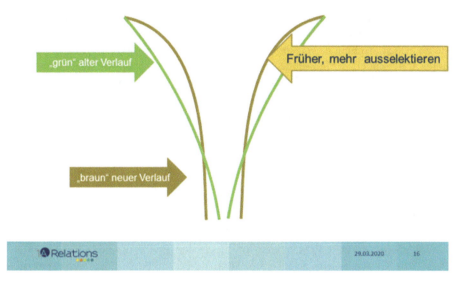

Abb. 8 Der neue Lead-Trichter. (Quelle: 1A Relations GmbH, eigene Darstellung)

hinterfragt. Es entstehen von Anfang an Kosten, die eventuell nie mehr durch Folgeumsätze gedeckt werden. Optimaler Weise wird zuerst mit der *Qualifizierung* und Bewertung begonnen. Im Dialog mit der gewonnenen Person/Adresse muss dann mehr und mehr über diese Person/Adresse herausgefunden werden. Eine ganz besondere Herausforderung entsteht, wenn am Anfang nur eine „nackte" E-Mail-Adresse vorhanden ist. An dieser Stelle müssen gute Ideen entwickelt werden, wie weitere Kriterien gewonnen werden können, die dann wiederum helfen zu selektieren. Wer hat tatsächliches Kundenpotenzial und wer nicht? Die Methoden und Hilfsmittel in dieser Phase sind sehr unterschiedlich. Unzählige Beispiele dazu gibt es in diesem Buch in den jeweiligen Kapiteln.

Beispiel

Geht es um Organisationshilfen für Werkstätten, ist ein Blick in die zu bestückende Werkstatt durchaus notwendig. Dies kann aber nur ein Außendienstmitarbeiter persönlich durchführen. Benötigen Sie die Anzahl der Lizenzen, die vermutlich gekauft werden, kann das in einem Telefonat grob ermittelt werden. Gewinnspiele oder White-Paper, bei denen der Teilnehmer seine Interessen bekunden „muss" und dafür weitere Angaben über sich machen muss, sind weitere Methoden zur Vorqualifizierung.

Aus Sicht des verfügbaren Budgets (Zeit der Mitarbeiter oder Vertriebs-/Werbe-Budget) können nicht alle Leads verfolgt werden. Somit werden nur diejenigen mit einer hohen Realisierungswahrscheinlichkeit nachgefasst. Das heißt unnötigen Ballast an Leads abwerfen bzw. aussortieren. ◄

Tipp:

Sehr oft wird diskutiert, wie man eine Person auf einer Messe oder einem Event zur Abgabe einer E-Mail-Adresse motivieren kann. Im Prinzip ganz einfach. Man fragt sie im besten Moment des Gesprächs, dass man jetzt gerne die E-Mail-Registrierung durchführen möchte. Man sendet im Beisein der Person die Op-in-Anfrage und lässt diese Person nicht vom Stand, bevor sie nicht auf den Bestätigungslink geklickt hat.

6.3 Abschlussphase (bis zum ersten Kauf)

Hat sich nun ein Interessent mit einem starken Kaufinteresse zu erkennen gegeben, haben Sie es fast geschafft. Wie sollten Sie nun vorgehen? Abzuraten ist von der klassischen Argumentation, dass Ihr Produkt oder Service besser als das der Anderen ist. Empfehlenswert ist es, nach dem Motto „Kleine Geschenke erhalten die Freundschaft" vorzugehen. Wegen der *Corporate Governance* sind teure Geschenke nicht mehr erlaubt. Deshalb ist hier Kreativität gefragt.

Wie gelingt es, seine Entscheider (im Business-to-Business sind es meist mehrere Personen) auf seine Seite zu ziehen? Mögliche Lösungen sind Referenzgespräche oder kleine Geschenke mit „*Involvement*"-Charakter. Das bedeutet, sie benötigen kleine Geschenke, die nicht nur konsumiert werden, sondern die Entscheider beschäftigen. Dieses Involvement kommt aus der *AIDA-Formel*. A steht für Attention, I schon immer für Interest. Nach meinen Erfahrungen kann das „I" auch als Involvement bezeichnet werden. D steht für Desire und A für Action.

Gerade hier sind die persönlichen Stärken des Vertriebs (Telefonat oder Besuch) gezielt einzusetzen. Menschen kaufen bei Menschen. Deshalb wird in dieser Phase sehr, sehr häufig der Faktor Mensch eingesetzt.

Kommt es für Sie erfolgreich zum Abschluss, dann beginnt die nächste große Phase. Dennoch darf eines nicht vergessen werden: Vertragsverhandlungen ziehen sich manchmal über Monate hin. Auch in dieser Zeit sind Kommunikationsanstöße sinnvoll. Gerade Anstöße, die das Vertrauen stärken und Emotionen auslösen, sind wichtig.

Eine Übersicht über die Phasen des Lead-Managements gibt Abb. 9.

Besonderheiten des *Buying-Centers* für die Gewinnung und Bindung
Die in der englischen Literatur als „Buying Center" oder auf Deutsch „Entscheidergremium" benannte Herausforderung ist gerade bei der Neukundengewinnung und -bindung zu berücksichtigen, weil in der Regel Investitionsentscheidungen aus Qualitäts-, Sicherheits-, Revisions- und Corporate-Governance-Gründen nicht von einer Person alleine getroffen werden. Es handelt sich um ein Entscheidergremium. Wer gehört diesem Gremium alles an? Das ist je nach Unternehmen unterschiedlich.

Eine wichtige Rolle im CRM und im Dialog mit den Zielgruppen beziehungsweise Ansprechpartnern spielt die Assistenz einer Führungskraft. Diese Personengruppe entscheidet selbst (oder auf Anweisung), wer die Führungskraft sprechen darf oder welche Informationen die Führungskraft überhaupt zu Gesicht bekommt. Deshalb ist sie in Abb. 10 auch als „Informationsselektierer" bezeichnet. Genau wegen dieser Rolle muss sie auch in den Dialog oder in die Beziehung eingebunden werden.

Customer Relationship Management (CRM)

Abb. 9 Lead-Management als Multi-Channel-Kontaktstrategie. (Quelle: 1A Relations GmbH, eigene Darstellung, 2013)

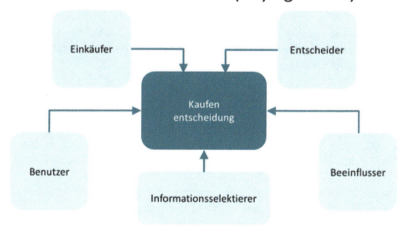

Abb. 10 Darstellung eines Entscheidungsgremiums (Buying Centers). (Quelle: 1A Relations GmbH, eigene Darstellung)

6.4 Neukunden-, Aufbau- oder Sozialisationsphase

„Herzlich Willkommen, lieber Neukunde!" Jetzt beginnt die nächste Phase, die Kundenbindungsmanagementphase. Die Hauptaufgabe innerhalb dieser ersten Neukunden-Phase ist die Begrüßung des Kunden und sofortige Festigung der neuen, noch jungen Beziehung. In der Praxis bewährt haben sich *Begrüßungs-* oder *Willkommenspakete*. Ausgestattet sind diese Pakete mit einem kleinen Dankeschön sowie grundlegenden Informationen über das Unternehmen, das Produkt oder die Dienstleistungen. Ein weiterer wichtiger Punkt ist, den neuen Kunden Rede und Antwort zu stehen. Über Kunden-Hotlines ebenso wie FAQs lassen sich erste aufkommende Fragen sofort stellen beziehungsweise sofort beantworten.

Nach einer Bestellung ist „Danke sagen" für die Bestellung Pflicht. Da dies nach wie vor nur wenige machen, ist es fast egal, wie der Dank aussieht. Diejenigen, die es tun, stechen mit dieser einfachen Aktion aus dem Rest der Gruppe heraus. Und sie überlisten das Phänomen der „kognitive Dissonanz" (Kunde prüft direkt nach dem Kauf, ob er mit Ihnen und dem Produkt eine richtige Entscheidung getroffen hat und sucht nach verstärkenden Argumenten). Mehr dazu steht in (Abschn. 6.5. f.). Eine erste *Zufriedenheitsabfrage* , der erste Service als schneller nächster Kontakt oder auch „Kuschel-Call" genannt, gehören zum Standard. Und jeder Kontakt muss zu einer weiteren Qualifizierung des Kunden führen. Haben Sie das Geburtsdatum des Kunden, kennen Sie die genaue Position in der Hierarchie oder die Rechtsform der Firma? Eine definierte Qualifizierungsstrategie wird durch ein CRM-Tool optimal unterstützt.

Erste *Cross-Selling-* oder Service-Vertrags-Angebote sollten, ja müssen nach Erstkauf oder Erstvertrag angeboten werden. Aus den Analysen der bisherigen Beziehungen sollte abgeleitet werden, was als Nächstes angeboten werden kann. „Next Best Offer" ist hier das Schlagwort. Sie kennen diese Vorschläge alle von Amazon. Kunden, die X gekauft haben, kauften auch Y. Der schnell erlebte nächste Vorteil verbunden mit einer Kundenkarte oder einem Kundenbindungsprogramm sind hier wichtige Elemente für eine langfristige Bindung.

Die vorgenannten Aufgaben und Maßnahmen sind alles Beispiele, die innerhalb einer Marketing-Automation-Kampagne aufgesetzt werden können. Dies spart aufwendige manuelle Maßnahmen und schafft gute Kunden-Stimmung.

Aus der Psychologie weiß man, dass einer ersten positiven Erfahrung schnell eine zweite oder sogar dritte positive Bestätigung folgen soll. Dies bindet enorm. Dieses „Kümmern" um einen Kunden führt schnell zu einer „Verbundenheit" statt einer „Gebundenheit".

In der Literatur wird erst in einer späteren Phase das *Empfehlungsmarketing* empfohlen. Ich halte es dennoch für sinnvoll zu prüfen, ob in diesem frühen Stadium schon Empfehlungen möglich und sinnvoll sind. Gerade über die Social-Media-Kanäle können Käufe, Erfahrungen und Bewertungen dokumentiert werden. Daraus kann schnell eine Empfehlung für Freunde und Bekannte werden. Auch wenn der Autor kein Freund des sehr beliebten Net Promoter Scores (NPS) ist, wäre an dieser Stelle ein Einsatz durchaus sinnvoll. (mehr dazu in Punkt 10 ff) Dennoch sollte geprüft werden, kann der Kunden zum jetzigen Zeitpunkt schon eine Produktbewertung durchführen.

> **Beispiel:**
>
> Ein Versender für Koffer bittet direkt nach dem Kauf um eine Produktbewertung. Das ist Quatsch, weil man einen Business-Koffer erst nach 1–2 Monaten bewerten kann.
> Wie lange dauert diese Neukunden-Phase?
> Der Autor empfiehlt, den Kunden drei bis sechs Monate als Neukunden zu betrachten und ihn nicht sofort in den „großen Topf" der Stammkunden zu werfen. So sind eine gezieltere Entwicklung und Bindung möglich. Die Studie „Kundenkarten – Kundenbindungsprogramme erfolgreich gestalten" aus dem Jahre 2007 besagt, dass nur ca. 30 % aller Kunden wissen, was das Unternehmen alles an Produkten und Services bietet (Krafft und Klingsporn 2007). Aus diesem Grund sollte unbedingt diese erste Phase genutzt werden, um dieses Informationsdefizit abzubauen. So bietet das Unternehmen seinen Neukunden deutlich mehr Aufmerksamkeit und Wertschätzung an und der neue Kunde fühlt sich tatsächlich „willkommen". ◄

Tipp:

Neue Kunden werden nach ihrem Potenzial bewertet. Nur liegen oft zu wenige Informationen für eine stabile Prognose vor. Das ist der Grund, warum ich empfehle, neue Kunden durch ein spezielles Team (sie auch Abb. 26) über drei oder sechs Monate betreuen zu lassen.

6.5 Gefährdungs- oder Abwanderungsrisiken eins

Gleich zum Start dieser ersten Phase einer Kundenbeziehung sind zwei Kardinalfehler zu beachten.

Fehler Nummer eins: „Der Vertrieb hat seine Schuldigkeit getan. Er kann nun gehen, um weitere, neue Kunden zu akquirieren." Genau dieser weit verbreitete Brauch ist aus Sicht des CRM katastrophal. Der Vertrieb hat in der Anbahnungsphase die Beziehung aufgebaut. Deshalb darf er nicht einfach so die Beziehung auf jemand anderen übertragen. Die Beziehung muss „sanft" übergeben werden. Das bedeutet: einige Monate muss der *Ansprechpartner* für den Neukunden derselbe bleiben. Ein Bruch der jungen Beziehung kann ansonsten sofort die Gefährdungsphase eins einleiten.

Der zweite Fehler, der in dieser Frühphase einer Beziehung passiert, ist die Missachtung der *kognitiven Dissonanz*. Was bedeutet das? Vereinfacht ausgedrückt führt die kognitive Dissonanz zu einem „unsicheren Gefühl" nach dem Kauf (meist bei teureren Investitionen wie Haus, Maschine oder Auto). Der Käufer fragt sich, ob die richtige Entscheidung getroffen wurde. Sie müssen somit dem Neukunden dieses

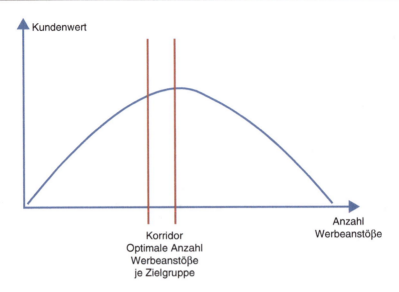

Abb. 11 Optimale Anzahl an Werbeanstößen pro Zielgruppe. (Quelle: 1A Relations GmbH, eigene Darstellung)

Gefühl nehmen. Wie wird das gemacht? Indem man dem Neukunden Argumente an die Hand gibt, die dieses „ungute Gefühl" reduzieren oder ganz ausräumen.

Ein dritter, häufig gemachter Fehler ist zudem, den neuen Kunden mit zu viel Werbung zu überschütten. In der Praxis erfolgt diese Bewerbung kaum selektiv beziehungsweise nach dem Kauf bzw. Verhalten differenziert. Hierbei werden Marketing Automation Tools sehr gerne falsch bzw. mit zu vielen Impulsen eingesetzt. Mit zu viel undifferenzierter Zuneigung wird der Kunde beziehungsweise der Kundenwert leider von Anfang an kaputt gemacht. „Viel hilft viel" ist ganz sicher der falsche Start in eine Kundenbeziehung (Abb. 11).

6.6 Wachstums-, Ausbau- oder Bindungsphase

In der vorangegangenen Phase hatten wir es mit Neukunden – meist Einfach-Käufern oder Wenig-Käufern – zu tun. Ab jetzt sind die Kunden hoffentlich Stammkunden beziehungsweise Mehrfach-Käufer. Spätestens ab diesem Zeitpunkt sollten die Kunden bewertet und sehr differenziert behandelt werden.

Da sehr viele bestehende Kunden unterschiedlich behandelt werden müssen, sollte eine Segmentierung (Abb. 12 sowie Abschn. 7.4 f. zu RFMR) stattfinden.

Diese Phase hat das Ziel „Festigung der Bindung" und „Ausbau der Beziehung", natürlich auch monetär gedacht. Dafür müssen jedoch Mehrwerte geboten werden. Aktuell ist in der Fachpresse das Thema „*Content Marketing*" populär, wobei das Thema in Fachkreisen schon lange bekannt war, doch erst jetzt wird die Notwendigkeit verstanden. Apps und andere Social-Media-Tools bieten neue Möglichkeiten

Customer Relationship Management (CRM)

Abb. 12 Ablauf einer RFMR-Kundensegmentierung. (Quelle: 1A Relations GmbH, eigene Darstellung, 2019)

der Content-Aufbereitung und -Verbreitung. Generell ist Content „Involvement" und mit gutem Content wird die Beziehungsqualität auf ein viel besseres Niveau gehoben. Kooperationen mit Verlagen oder komplementären Anbietern bieten hier kostengünstige Möglichkeiten, seinen Kunden Services oder Content anzubieten. Wer guten Content oder Services zu bieten hat, kommt schnell aus der Preis-Vergleichbarkeit. Und dies festigt extrem die Bindung.

Die Literatur spricht an dieser Stelle immer vom „Aufbau von *Wechselbarrieren*". Nur was sind diese Barrieren und wie können diese aufgebaut werden? Die vermutlich wichtigsten Barrieren sind: eine *emotionale Beziehung* zu Ihrer Marke, Ihren Produkten und am besten noch eine persönliche Beziehung des Kunden zu einem Mitarbeiter Ihres Hauses.

▶ Daraus folgt: *Mitarbeiterbindung* ist Kundenbindung. Diese Banalität wird im Zuge stark fluktuierenden Personals sowie dem Kampf um neues Personal immer wichtiger. Stichwort Fachkräftemangel sowie Personalpolitik

Klassische Wechselbarrieren sind frühzeitig erreichte Vertragsverlängerungen (z. B. Service-Verträge zum Aufzug) und *Bonus-Programme* (die natürlich schon von Beziehungsbeginn an zur Verfügung stehen). Services und Angebote, die sich von der Konkurrenz abheben, sind gefragt. Es gilt, „Begehrlichkeit" nach den Dienstleistungen und Produkten auszulösen. Auch „Exklusivität" spielt hier eine wichtige Rolle. Begehrlichkeit und Exklusivität sind zwei wichtige Aspekte in der Kundenbindung. Begehrlichkeit bedeutet, „einen emotionalen Leidensdruck" auszuüben. Exklusivität bedeutet nicht automatisch teuer, sondern „bei Ihnen bekommt man dieses Produkt/den Service, bei der Konkurrenz nicht".

In dieser Phase spielt die *Kennzahlen- und Sortimentsanalyse* eine wichtige Rolle. Zum einen muss geklärt werden, welchen Verlauf der Kunde innerhalb der definierten Segmente genommen hat. Auf welche nächsthöhere Stufe oder in welches Segment kann er entwickelt werden? Welche Maßnahmen sind dazu möglich? Dazu hilft ein Blick in die Sortimentsanalyse. Was hat er bisher gekauft? Wo sind Potenziale, die bisher noch nicht oder schwach ausgeschöpft wurden?

Gezieltes *Cross- und Up-Selling* sollten den Kunden „weiterentwickeln" und damit die Bindung festigen. An dieser Stelle sei zusätzlich das Empfehlungsmarketing erwähnt. Zufriedene Kunden sollen gezielt mit Anreizen zur Weiterempfehlung angestoßen werden: Kunden-werben-Kunden-Aktionen oder Referenz-Marketing mit Projektbeschreibungen oder das Einsammeln von „Lobeshymnen" über XING, LinkedIn oder Bewertungsportale.

Wie lange dauert diese Phase? Das ist – wie eingangs im Exkurs zu den Kurven gesagt – sehr unterschiedlich.

6.7 Gefährdungs- oder Abwanderungsrisiken zwei

Das größte Risiko einer Abwanderung beziehungsweise Kündigung ist die fehlende *Wertschätzung*. Die klassische Einstellung in Unternehmen zu Kunden ist: „Jetzt hat er erst einmal bestellt oder seinen Vertrag unterzeichnet, nun kann er ja nicht so schnell wieder gehen". Also wird er vernachlässigt. Das Füllhorn der Wertschätzung wird meist überproportional über den potenziellen Neukunden ausgeschüttet. Dies ist angesichts der bekannten CRM-Formel: „Einen bestehenden Kunden zu halten, ist fünfmal günstiger als einen neuen zu gewinnen", ein weiterer Kardinalfehler.

Neben der fehlenden Wertschätzung sind natürlich erste oder wiederholt auftretende Produkt- oder Servicemängel Grund zur Abwanderung. Oder der Kunde sucht nach komplementären Produkten, die er aber in Ihrem Sortiment nicht findet. Somit wandert er sukzessive zur Konkurrenz ab.

> **Beispiele**
>
> Auch Banken haben ein Händchen für unbequeme Entscheidungen. Bei der Überprüfung der aktuellen Unternehmens-Bilanz des Kunden kommt die Bank auf einmal auf die Idee, höhere Zinsen zu verlangen. Oder die Versicherung diskutiert endlos mit dem Kunden wegen einer Schadensregulierung.
>
> Ein weiterer wichtiger Abwanderungsgrund kann zum Beispiel versteckte Kosten sein. Der Kunde hat eventuell das Kleingedruckte nicht genau genug gelesen. Mit zunehmender Dauer der Kundenbeziehung führen immer wieder unerwartete Belastungen/Gebühren/Nebenkosten, oder bei Softwarefirmen überraschende Änderungswünsche, auch „Change Requests" genannt, zu ungeplanten Kosten und damit zu wachsendem Ärgernis.

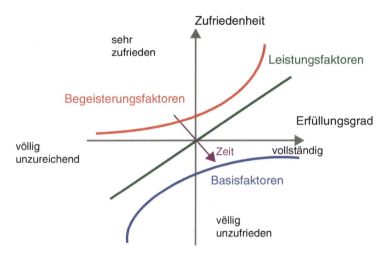

Abb. 13 Das KANO-Modell. (Quelle: Wikipedia 2013)

Auf der anderen Seite nehmen mit zunehmendem Umsatz des Kunden oder Festigung der Beziehung die Forderungen und Anforderungen des Kunden zu. Die *Konditionenpolitik* kommt jetzt ins Spiel. Das äußert sich zum Beispiel in Rabattforderungen oder in gewünschten Mehrwerten. Was auf den ersten Blick unverschämt klingt, ist jedoch aus der Zufriedenheitsforschung bekannt und damit abzusehen.

Das *KANO-Modell* (siehe Abb. 13) beschreibt diese wachsende Anspruchshaltung. Und das Schöne ist: Mit der Personalisierung und Individualisierung (*Mass Customization*) kann sogar mehr Umsatz und Ertrag erwirtschaftet werden. Dazu dann in der Loyalitäts- oder Reifephase mehr (Abschn. 6.5. f.).

Neben den genannten Gefahren ist natürlich Ihre Konkurrenz nicht untätig. Da ein Unternehmen sich selten alleine im Markt befindet, lockt die Konkurrenz mit attraktiven Angeboten. Deshalb ist eine laufende Marktbeobachtung wichtig, um zu agieren statt zu reagieren. Reagieren bedeutet, Maßnahmen auf eine Kündigung anzubieten. Das ist nur die zweitbeste Möglichkeit. Die bessere Maßnahme ist es, der Innovationstreiber im Markt zu sein und damit der Konkurrenz keine Chance zu geben. Das kann auch ein Bestandteil einer *Markenstrategie* sein. Eine Marke schafft langfristiges Vertrauen. Neben einer Qualitäts- oder *Innovationsstrategie* kann auch eine *Servicestrategie* verfolgt werden. Alle vier gemeinsam wäre natürlich am besten. ◄

Rückrufaktionen Dieser kleine Exkurs soll dem Thema *Rückrufaktion* gewidmet werden. Grundsätzlich gehört das Thema zum Beschwerde- und Zufriedenheitsmanagement. Unternehmen haben eine große Angst vor Rückrufaktionen. Doch was ist die Alternative? Nichts sagen, warten bis ein großer Schaden eintritt oder das Thema auf den Titelseiten der Tageszeitung angekommen ist? Sicher nicht. Also kommt nur die Flucht nach vorne in Frage. Zum einen: schnell und eindeutig kommunizieren. Zum zweiten: Kulanz walten lassen. Und drittens: den Kunden bei seinem Besuch im Laden oder Werkstatt ja nicht unbearbeitet lassen. Warum? Jeder Kundenkontakt ist eine Chance, Umsatz zu machen. Zumindest sollte die Chance genutzt werden, verlorenes Vertrauen zurückzugewinnen. Und das geht am besten mit einem persönlichen Dialog. Nutzen Sie diese Chance. Als die Bankenkrise 2008 über Deutschland einbrach, überboten sich die Banken in kommunikativer Zurückhaltung. Wenn der Staat nicht zu Hilfe gekommen wäre, dann hätten die Kunden sicher eine saftige Quittung ausgestellt. Was wäre hier sinnvoll gewesen? Die Banken hätten ihre Kunden einladen und den Tresor zeigen können: „Hier liegt Ihr Geld. Es ist sicher!" Und so ganz nebenbei noch ein Angebot zur Anlage unterbreiten können. Auf jeden Fall sind vertrauensbildende Maßnahmen in so einer Situation sehr wichtig. Einfach Aussitzen ist sicher das Falsche.

6.8 Loyalitäts- oder Reife-Phase

Eine fast schon wieder banale Maßnahme in dieser Phase ist es, das *Jahresgespräch* mit einem guten Kunden zu suchen. Im Business to Business ein obligatorisches Instrument. Wenn Sie Business-to-Consumer-Kunden haben, dann sollten Sie Repräsentanten aus den ausgewählten Segmenten befragen. Aus diesen Gesprächen, die durchaus Ihre Mitarbeiter und nicht die Marktforschung machen sollte, erfahren Sie sehr viel. Diese Gespräche folgen den Gedanken einer *„Customer Journey"* beziehungsweise *„Customer Experience"*. Diese beiden Beobachtungen der Kundenerlebnisse geben oft interessante Einblicke in die Kundenwelt – bezogen auf Ihr Produkt und auf das Umfeld. Wie wird das Produkt genutzt? Mit welchen anderen Produkten oder Services wird es genutzt? In welchen Situationen? Ein Jahresgespräch beim Kunden kann den Blick auf das eigene Tun und Handeln extrem schärfen.

Dieses Wissen aus Customer Journey und Customer Experience, kombiniert mit der Sortimentspolitik, bietet Ihnen neue Möglichkeiten, die Kunden zu binden und die Beziehung auszubauen. Was können Sie diesen Kunden noch alles verkaufen? Produkte und Dienstleistungen, die Sie schon haben, aber auch welche, die Sie noch entwickeln oder zukaufen. Ein Hersteller für Spezialkunststoffe verkauft auch Konkurrenzprodukte an seine Kunden. Damit bleibt er Inhaber der Kundenbeziehung.

Postkorbanalyse Im Business-to-Business bietet sich generell an dieser Stelle (aber auch an jeder anderen) an, eine *Postkorbanalyse* durchzuführen. Eine bessere Marktforschung gibt es kaum. Was ist das? Der Kunde oder die Zielgruppe wird gebeten, über vier bis sechs Wochen die Post, die er bekommt, aufzubewahren. Viele Kunden machen das bereitwillig. Ein kleines Dankeschön ist natürlich selbstverständlich. Nach den vier bis sechs Wochen wird die Post angeschaut und analysiert, wer was zu welchem Zeitpunkt an die Zielperson gesendet hat. Nur so bekommen Sie einen tiefen Einblick, mit welcher Konkurrenz Ihre Werbung zu kämpfen hat. Über mehrere „Postkörbe" analysiert, gibt dies einen Überblick über die Häufigkeit und der Art der Werbung, die auf Ihren Kunden einstürzt. Oder anders ausgedrückt: Wie können Sie sich aus der Masse herausheben?

Mass Customization Mit den Möglichkeiten der *Mass Customization* schaffen Sie emotionale Mehrwerte, für die die Kunden in der Regel bereit sind, deutlich höhere Preise zu zahlen. Ob das die Sondermaschine, die speziell entwickelte Fertigungsanlage, die Sonderauflage, die angepasste Software, die personalisierte Tasse oder das Werkzeug, der farblich individualisierte Ski, das maßgeschneiderte Fahrrad oder der Anzug ist, inzwischen lassen sich mit den Kundendaten einerseits oder mit den Kundenwünschen andererseits Einzigartigkeiten entwickeln. Und oft, das zeigt die Praxis, beträgt die Ausgabebereitschaft ein Vielfaches des Preises eines Basisprodukts. Eine einfache Kaffeetasse kostet drei Euro, eine personalisierte Kaffeetasse kostet 20 €. Informationen zum Thema Mass Customization finden sich bei: http://www.mass-customization.de/

Exkurs: Loyalitätsschwungrad: Im Folgenden sind drei Beispiele (Abb. 14, 15 und 16), wie gezielte Kaufverhaltens- kombiniert mit Sortimentsanalyse zu besseren Cross-Selling und höherer Loyalität führen.

Wer die Entwicklung von Amazon (Abb. 15) kennt, weiß schnell wie diese Bilder gemeint sind. Amazon baute mit Büchern seine große Menge an Kundenbeziehungen auf. Nach und nach fügte das Team um Jeff Bezos weitere Produkt-Kategorien hinzu. Mit jeder weiteren Kategorie wuchs die Kundenbindung.

Abb. 14 Loyalitätsschwungrad – Beispiel Festool: Was kann ein Unternehmen innerhalb einer Kundenbeziehung noch alles verkaufen? (Quelle: 1A Relations GmbH, eigene Darstellung, 2018)

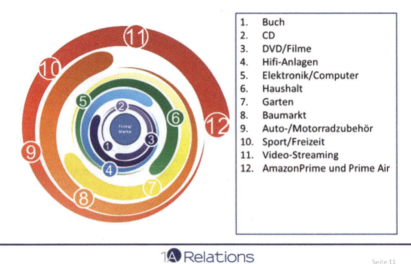

Abb. 15 Loyalitätsschwungrad – Beispiel Amazon: Was kann ein Unternehmen innerhalb einer Kundenbeziehung noch alles verkaufen? (Quelle: 1A Relations GmbH, eigene Darstellung, 2018)

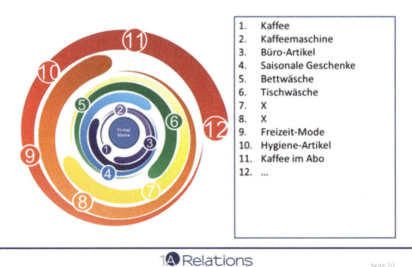

Abb. 16 Loyalitätsschwungrad – Beispiel Tchibo: Was kann ein Unternehmen innerhalb einer Kundenbeziehung noch alles verkaufen? (Quelle: 1A Relations GmbH, eigene Darstellung, 2018)

Mit demselben Prinzip hat Tchibo (Abb. 16) die Kaffeepreis-Krise überwunden. Tchibo nutzte die Frequenz in den Kaffeehäusern und verkaufte an diese Zielpersonen weitere Produkte bis es inzwischen zu einem Großsortimenter wurden.

Das Beispiel von Festool (Abb. 14) ist vergleichsweise ähnlich verlaufen. Über die Elektrowerkzeuge hinaus wurden immer mehr sinnvollere Kategorien hinzugefügt, bis auch hier das „one stop shopping"-Prinzip zu Wachstum und extremer Kundenbindung führte.

6.9 Gefährdungs- oder Abwanderungsrisiken drei

Was sind mögliche Risiken in dieser Phase? Zum einen die naheliegenden Gründe:

- Ihre Leistungen werden nicht *differenziert zur Konkurrenz* wahrgenommen. Ihre Leistungen sind weniger gut als die der Konkurrenz. Die Folge: Aggressives Abwerben durch die Konkurrenz zeigt schnell Wirkung.
- Das *Potenzial des Kunden* ist ausgeschöpft. Sie können ihm einfach nichts mehr anbieten. Sein Bedarf hat sich geändert oder ist gar nicht mehr vorhanden.
- Der Kunde weiß inzwischen um seinen *Wert*. Mit diesem Wissen zitiert er Sie immer öfters an den Tisch der Konditionenverhandlung. Banken werden in dieser Phase mit der Frage konfrontiert, ob die Kontogebühren erlassen werden könnten. Die Preise je Überweisung sind schon auf „Null" und die Haben-Zinsen sind ja auch viel zu niedrig. Abnehmer in der Industrie verhandeln an dieser Stelle vehement die Zahlungskonditionen bzw. Liefer- und Distributionskosten.

Damit dies nicht überraschend kommt, sind zum Beispiel die Jahresgespräche notwendig. So werden Jahresverträge vereinbart. Oder es wird über die Analyse dieser mögliche Aspekt vor dem sich abzeichnenden Umsatzrückgang rechtzeitig erkannt und das Unternehmen geht in die Offensive.

6.10 Degenerations-, Abbau- oder Kündigungsphase

Die *Degenerationsphase* steht in der Theorie-Grafik ganz am Ende der Beziehung. Dennoch möchte ich darauf hinweisen, dass diese schon sehr früh beginnen kann. Ein zurückhaltendes Bestellverhalten ist messbar. Aber eine veränderte Einstellung zum Anbieter ist schwer zu erkennen. Gerade in Vertragsbeziehungen kündigen Kunden heute bei der ersten kleinen Unzufriedenheit. Dazu kommen dann unschöne Kommentare in den Bewertungsportalen. In anderen Fällen kann diese Degeneration daran erkannt werden, dass regelmäßige Fragen an den Service gerichtet werden. Dazu gehört der (zunehmend) häufige Besuch der eigenen Account-Seiten in den Portalen. Je nach Klickverhalten kann hier einiges abgeleitet oder Risiken prognostiziert werden. Geht der Kunde in eine aktive Haltung, dann verhandelt er über einen vorzeitigen Ausstieg oder wünscht keine Lieferungen mehr. Verspätete Zahlungseingänge sind ein weiteres Indiz für die Degeneration der Beziehung.

Gründe der Kündigung oder Abwanderung Die Gründe sind sorgfältig zu ermitteln. Wichtig ist deswegen, die Zufriedenheit während der Beziehung in regelmäßigen Abständen abzufragen. Ein gutes *Kündiger-Management* bereitet die Kündiger-Rückgewinnung durch eine Kündiger-Gründe-Analyse vor. Häufig sagt der Kunde als ersten Grund „der Preis". Diese meist vorgeschobene Begründung ist oft nicht ausreichend. Es gilt, tiefer nachzufragen und zu verstehen, was mit „der Preis" gemeint ist.

> **Beispiel**
>
> Wer sich beschwert oder kündigt, der wird meist bürokratisch verwaltet oder wie von Telekommunikationsanbietern bis zur Belästigung (zum Beispiel über 40 Anrufe innerhalb von drei Wochen) angerufen. Hierzu zwei Tipps aus der Praxis: Ein Versandhandelsunternehmen nutzt die Beschwerdeanrufe dazu, dem Kunden nach erfolgreicher Beschwerdebearbeitung noch ein Wiedergutmachungsangebot zu unterbreiten. Erfolg ist: 30 % der Anrufer kaufen. Faszinierend, oder? Der Kunde ruft mit unzufriedener Miene an und geht zufrieden und mit Umsatz wieder aus dem Telefonat heraus.
>
> Eine zweite Erfahrung: Ein Telekommunikationsunternehmen hatte eine niedrige Retention-Quote. Diese Quote bezieht sich auf diejenigen Kunden, die gekündigt haben und nach der Bearbeitung der Kündigung ihre Kündigung wieder zurücknehmen oder sogar den Vertrag verlängern. Als dieser Prozess analysiert wurde, konnte festgestellt werden, dass die Mitarbeiter sehr unterschiedlich agierten. Es gab welche, die nur die Kündigung annahmen und andere die versuchten, gezielt Argumente einzusetzen, um den Kunden zu überzeugen, dass eine Kündigung keine Lösung ist. Nach einer Schulung und einer Umbesetzung des Teams stieg die Rückholquote um über 500 %! An dieser Position sind Mitarbeiter gefordert, die die besten Verkaufsfähigkeiten besitzen.
>
> Neben der Kündigung oder Abwanderung durch den Kunden gibt es die Möglichkeit, dass Firmen sich von Kunden verabschieden. Wie verabschiedet sich ein Unternehmen von seinem Kunden? Siehe Abschn. 6.12 im Exkurs ◄

6.11 Inaktive oder Nach-Vertragliche oder Ruhe-Phase

Der Versandhandel hat hierzu schon in der Zeit der 1930er-Jahre eine Anleitung definiert: die *RFMR-Formel* (Abb. 17). Dabei wird das „Datum der letzten Bestellung (Kaufs oder Besuchs)" berechnet. Liegt dieses Datum schon mehr als x Monate (im Handel sind das zum Beispiel zwölf Monate) zurück, dann gilt der Kunde als passiv oder inaktiv. Das Spannende daran ist, dass der Kunde sich nach wie vor als „aktiver" Kunde fühlt. Achtung: Die Definition ist somit das Eine, die „Customer Experience" das Andere. Dies bedeutet, dass Maßnahmen bezogen auf den Status „passiv" natürlich sinnvoll sind, aber die Sicht des Kunden ist zu beachten.

Recency:	Datum letzter Kauf
Frequency:	Kaufhäufigkeit
Monetary Ratio:	Durchschnittlicher kaufwert

Abb. 17 Klassische Kundenbewertung über die RFMR-Methode. (Quelle: Wikipedia 2013)

In einer Analyse sollte geprüft werden, ob dieses Verhalten (häufiges Passivwerden und Reaktivieren) einem Muster entspricht. Bevor teure Reaktivierungsmaßnahmen gestartet werden, ist zu klären, was in diesen „Ex-Kunden" noch investiert werden sollte. In der Regel wird dies bei einer geringen Anzahl an Kunden je Kunde, bei einer größeren Anzahl Kunden je Kundengruppe betrachtet. Es gibt Unternehmen im E-Commerce, die ein eigenes Team auf diese Kundengruppe ansetzen.

Ist der Vertrag abgelaufen, muss geklärt werden, ob und wie der Kunde zum gleichen Vertrag wieder rückgewonnen werden kann. Oder, was oft der Fall ist, er hat den Vertrag zur gleichen Dienstleistung bei einem anderen Unternehmen abgeschlossen. Eine KFZ-Versicherung kündigt der Kunde erst, wenn bei einer anderen Versicherung ein Vertrag abgeschlossen wurde. Genauso verhält es sich mit einem Girokonto. In der Praxis kann oft der Versuch eines Angebotsvergleichs beobachtet werden: Dem Kunden wird ein Flyer zum Beispiel mit einer Tabelle mit Leistungsmerkmalen oder Preisen angeboten und er wird darum gebeten, „uns mit der Konkurrenz" zu vergleichen und dann bitte schön doch wieder reumütig zurückzukehren. Kann er überhaupt zu diesem Zeitpunkt zurückgewonnen werden? An dieser Stelle muss sich das Unternehmen für die nächsten Schritte folgende Frage stellen: Ist eine Warte- oder Karenzzeit sinnvoll? Kann man sich erst mal das Budget sparen und es später sinnvoller ausgeben.

6.12 Reaktivierung oder Rückgewinnungsphase

Sind Signale für eine potenzielle Rückgewinnung gegeben oder zeigen die Analysen, dass der Zeitpunkt gekommen ist, beginnt die *Rückgewinnung*. In die Datenbank sollte man unbedingt einen Zähler einbauen, wie oft ein Kunde zurückgewonnen wurde. Wenn dieser Zähler sehr schnell für viele Kunden einen bestimmten Wert übersteigt, dann stimmt entweder die Aktiv-Passiv-Definition nicht oder es handelt sich um Schnäppchen-Käufer.

Die Praxis sagt hier, dass es meist günstiger ist, einen Kunden zurückzugewinnen als einen neuen zu gewinnen. Das liegt an mehreren Faktoren. Wenn zum Ende einer Beziehung das Tischtuch nicht gänzlich zerschnitten war, dann kann man das ganze Wissen aus der vorigen Beziehung einsetzen und für Kampagnen nutzen. Andernfalls sollte man den Kunden lieber ruhen lassen und nur temporär in größeren Abständen mal „anstupsen".

Exkurs:
„Wie verabschiedet man sich von seinem Kunden?" Oder „Wie trennt man sich von seinen unrentablen Kunden?"

Trennen Sie sich von Ihren unrentablen Kunden. Diesen Ratschlag erhalten viele Firmen von ihren Beratern in der aktuellen wirtschaftlichen Situation. Unrentable Kundenbeziehungen können und wollen sich viele Unternehmen nicht mehr leisten. So richtig diese Erkenntnis ist: Bislang führen Firmen diese Aufforderung kritiklos durch und beweisen bei der Trennung von „schlechten" Kunden in der Regel nicht immer eine glückliche Hand.

Beispiel

Vor allem Banken bevorzugen den sprichwörtlich kurzen Prozess. Dort wird die Kundschaft, egal ob Privat- oder Firmenkunde, systematisch „aussortiert". „Kein Grundrecht auf Bankkredit" überschrieb etwa das Handelsblatt einen Beitrag, der ein drastisches Beispiel zum Thema „Wie werde ich Kunden los?" liefert (www.handelsblatt.com). „Wir legen keinen Wert mehr auf eine Geschäftsbeziehung mit Ihnen" – solche Formulierungen gibt es, man sollte es kaum glauben, tatsächlich.

Auch ein Sterne-Koch in München überreicht nach der Rechnung und Verabschiedung an der Tür einen roten Briefumschlag. Darin steht freundlich, aber unmissverständlich, man möge doch von einem weiteren Besuch in seinem Restaurant absehen.

In anderen Fällen wird der Kunde durch Lieferverzögerungen oder Sortimentsänderungen verprellt, an Tochterfirmen beziehungsweise Subunternehmer weitergegeben oder durch Preiserhöhung (Sonderpreislisten) zur Aufgabe der Geschäftsbeziehung gedrängt. Etwas geräuschloser ist das Einstellen von Werbesendungen. Die Trennung von schlechten Kunden birgt aber ein nicht zu unterschätzendes Risiko: Kunden, die rüde vor die Tür gesetzt werden, behalten das meist nicht für sich. So wird durch fehlende Diplomatie das gute Image wieder zunichte gemacht, das durch teure Werbung mühsam aufgebaut wurde.

Achtung, bevor Sie die Entscheidung treffen, sich von Kunden zu trennen, sollten Sie sich erst einmal *zwei wichtige Fragen* stellen:

1. Habe ich alle Möglichkeiten ausgeschöpft und Voraussetzungen geschaffen, dass der Kunde bei mir Umsatz bzw. Deckungsbeitrag generiert? Wurde eine *Bedarfsanalyse* durchgeführt, hat man gezielte Cross-Selling, Service- und Mehrwerte angeboten?
2. Bewertet man die Kunden nach den richtigen Kriterien? Viele Firmen orientieren sich bei der Berechnung des *Kundenwerts* nur am bisherigen Umsatz. Sinnvoll ist es, das zukünftige Potenzial zu berücksichtigen und in Verbindung mit einem Deckungsbeitrag einen Kundenwert zu ermitteln. Damit lässt sich der Kundenstamm klar differenzieren.

Auf Basis dieser Segmentierung sollten dann *zwei Entscheidungen* getroffen werden:

1. Kann der Kunde in einen *online-geführten Dialog* integriert werden? Anstatt weiterhin Mailings oder Kataloge zu verschicken, wird der Kunde künftig nur noch per E-Mail angesprochen.
2. Darüber hinaus kann man durch intelligente *Anreizsysteme*, Voting-Aktionen oder Angebotstests spielerisch sehr schnell die Bedürfnisse des Kunden herauskristallisieren. Daraus lassen sich wiederum Aktionen und Angebote ableiten, die sukzessive die Rentabilität des Kunden erhöhen. Wer den Kundendialog ganz oder teilweise auf den Online-Bereich verlagert, hat einen entscheidenden Vorteil: Er kann bei deutlich niedrigerem Budget die Frequenz und die Intensität des Kundenkontakts etwas erhöhen. Auf diese Weise lässt sich so mancher Kunde wieder aktivieren und rentabel führen – eine Chance, die viele Unternehmen derzeit ungenutzt lassen. Dies sollte vorsichtig und nicht übertrieben angewendet werden (siehe Abb. 11). ◄

Beispiel

Muss man sich tatsächlich von Kunden trennen? Ein führendes *Versandhandelsunternehmen* versuchte beispielsweise Kunden, die länger nicht bestellt und nicht auf Online-Maßnahmen reagiert haben, durch den Versand von ansprechend formulierten Postkarten zu aktivieren. „Sie haben schon länger nicht mehr bestellt. Haben wir etwas falsch gemacht? Sagen Sie uns bitte Ihr Problem! Wollen Sie weiterhin den Katalog erhalten? Wenn ja, dann senden Sie uns bitte diese Karte zurück." Entscheidend an dieser Vorgehensweise ist, dass der interessierte Kunde selbst die Weichen für die Zukunft stellt. Denn ein vom Unternehmen als passiv eingestufter Kunde fühlt sich dem Unternehmen immer noch (selbst nach zwei bis drei Jahren seiner letzten Bestellung) verbunden. ◄

▶ **Fazit:** Zuerst eine Bedarfsermittlung und die Suche nach Fehlern im Kundenmanagement auf dem „eigenen Hof" beginnen, den Kunden über den Kundenwert segmentieren und gezielt auf online switchen und bearbeiten. Erst dann, wenn keine Chance auf Rentabilität vorliegt, kann eine dem Kunden zur Entscheidung unterbreitete Option zur Beendigung erfolgen.

7 Generelle Aufgaben innerhalb eines optimalen CRM

▶ **Wichtig**
In der Praxis werden häufig die neuen CRM-Prozesse und -Aktivitäten immer noch nach den alten Kennzahlen gesteuert. Grundlegend für den Unternehmenserfolg sind aber am Kunden orientierte Ziele, die durch

effizientes Kundenbeziehungsmanagement generiert und erreicht werden sollen.

Ein CRM-Cockpit dient Management und Mitarbeitern zur Planung, Analyse sowie Optimierung der CRM-Aktivitäten. Folgende Key-Performance-Indikatoren (KPI) sind für die Steuerung bestimmter, auf den Kunden bezogener Maßnahmen, relevant: der Wert aller Kundenbeziehungen, die Kundenzufriedenheit und der Wert aller Adressen.

7.1 Langfristige Orientierung

Die Aussage „Erfolgreiche Unternehmen haben eine kundenorientierte Strategie" ist inzwischen allgemein anerkannt und nachgewiesen. Dennoch sehen viele Unternehmen nur den kurzfristigen ROI einer Software-Investition, statt ein langfristig die Rentabilität steigerndes *Kundenbeziehungsmanagement* zu etablieren. Mit einem CRM-Cockpit können Management und Mitarbeiter ihre CRM-Aktivitäten deutlich verbessern.

In der Praxis führen oft fehlende Verantwortung und organisatorische Anbindung für das CRM-Controlling sowie nur wenig Bereitschaft zum Change-Management dazu, dass die neuen CRM-Prozesse und -Aktivitäten immer noch nach den alten Kennzahlen gesteuert werden. Grundlegend für den zukünftigen Unternehmenserfolg sind aber am Kunden orientierte Ziele, die durch effizientes Kundenbeziehungsmanagement generiert und erreicht werden sollen. Die wichtigsten Ziele sind sicherlich a) das maximale Ausschöpfen des vorhandenen Kundenpotenzials, b) die sinnvolle Allokation der Ressourcen auf die „richtigen" Kunden, c) eine rentable Kommunikation über *Multi-Channel-Dialogmarketing* sowie d) die Steigerung des Umsatzes und der Rentabilität des Unternehmens.

7.2 Fragen, Fragen, Fragen

Das Management muss sich deshalb verschiedene Fragen stellen. Welche Haltbarkeit oder Wiederkaufrate haben die einzelnen Segmente? Haben wir den richtigen und effizienten Kommunikationsmix? Mit welchen Kunden haben wir die größten Wachstumschancen? Wie entwickeln sich diese Segmente quantitativ und qualitativ in den nächsten zwei bis drei Jahren? Welche Segmente tragen wie zum Unternehmenserfolg bei? Mit welchen Hebeln steigern wir am besten den Unternehmenserfolg? Steigern wir durch unsere Maßnahmen den Kundenwert und schöpfen wir dabei die vorhandenen Potenziale aus? Diese und ähnliche Fragen beantwortet das *CRM-Controlling*.

Voraussetzung für ein erfolgreiches Kundenbeziehungsmanagement ist dabei zunächst eine klare *Segmentierung* der Kunden auf Kundenwertbasis. Aus mehreren Möglichkeiten zur Berechnung des Kundenwerts ist die Kombination aus dem *aktuellen Kundendeckungsbeitrag* sowie dem *zukünftigen Deckungsbeitragspotenzial* sicherlich die beste. Das zukünftige Potenzial sollte sich aber auf einen realistischen Zeitraum beziehen, da mit der Betrachtung nach *Customer Lifetime Value* oft ein zu langer Zeitraum und damit zu viele, nicht einzuschätzende Determinanten zu berücksichtigen sind. In der Praxis hat sich eine Prognose des Kundenpotenzials auf zwei bis drei Jahre bewährt.

Ein Problem vieler Unternehmen ist, dass sie meist einen Produktdeckungsbeitrag, aber noch keinen *Kundendeckungsbeitrag* ermittelt haben. Es liegen wahrscheinlich alle notwendigen Informationen vor. Sie sind jedoch in der Gemeinkostenrechnung des Unternehmens versteckt und werden nicht dem Kunden verursachungsgerecht zugeordnet. Das Schaffen der notwendigen technischen Voraussetzungen dauert in der Regel sechs bis neun Monate. Noch einmal rund zwölf Monate braucht man, bis die Berechnungsvariablen durch das operative Geschäft gefüllt sind und somit der Deckungsbeitrag an Aussagekraft gewinnt beziehungsweise Stabilität erreicht. Bis zu diesem Zeitpunkt bietet sich zwei einfache Bewertungskriterien an: a) eine Kundenwertberechnung auf Basis der RFMR-Methode (Recency, Frequency und Monetary Ratio) an, welche die Variablen „Datum letzter Kauf", „Häufigkeit der Käufe" und „durchschnittliche Kauf-/Bestellwerte" betrachtet. und b) ein auf Erfahrungs- und Schätzwerten basierender Kundendeckungsbeitrag. Diese pragmatische Variante lässt sich innerhalb von ein bis zwei Monaten realisieren (siehe auch Abschn. 7.4 f.).

7.3 Viel Nutzen durch ein CRM-Cockpit

Aus dem Kundenwert leiten sich dann beispielsweise fünf *Gruppen* ab (siehe Abb. 12 und 18). Auf Basis der Segmentierung bildet man entsprechende organisatorische Einheiten ab. Je nach Anzahl Kunden und Aufgaben je Segment gibt es zwischen drei und fünf Kundenmanagement-Teams. Die Segmentierung und die Kundenmanagement-Teams bilden die Grundlage für ein effizientes Kundenbeziehungsmanagement.

Das *Kundenmanagement-Team* erhält von der Unternehmensführung seine neuen Businessziele und richtet, fokussiert auf eine klar abgegrenzte Kundengruppe, den

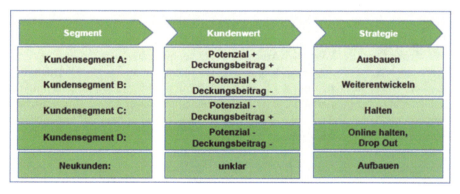

Abb. 18 Kundenbewertung über den Kundenwert – Aufteilung des Kundenstamms in Segmente. (Quelle: 1A Relations GmbH, eigene Darstellung)

Abb. 19 Das CRM-Cockpit - Kennzahlen zur Kundenbewertung. (Quelle: 1A Relations GmbH, eigene Darstellung)

Einsatz und den Mix der Kommunikationskanäle neu aus. Mit den neuen Kennzahlen wird ein neues Controlling, ein *CRM-Controlling*, nötig. Aus den oben erwähnten Zielen lassen sich dann zur Überprüfung der Zielerreichung Steuerungskennzahlen in den drei Kategorien „Kunde", „Qualität und Zufriedenheit" sowie „Daten" ableiten (vgl. Abb. 19). Am besten definiert man die Ziele je Segment.

Diese Kategorien und die dazugehörigen erklärenden Kennzahlen ergeben ein sogenanntes *CRM-Cockpit*. Dieses CRM-Cockpit dient wiederum Management und Mitarbeitern zur Planung, Analyse sowie Optimierung der CRM-Aktivitäten. Folgende Kennzahlen, sogenannte *Key-Performance-Indikatoren* (*KPI*), sind dabei für die Steuerung bestimmter auf den Kunden bezogener Maßnahmen relevant: der Wert aller Kundenbeziehungen, die Kundengewinnung, die Kundenbindung, die Kundenzufriedenheit und der Wert aller Adressen (= Datenqualität).

Kundenwert: Für die Gesamtsteuerung des Unternehmens ist sicherlich der *Kundenwert* die Kennzahl mit der höchsten Relevanz. Im Kundenwert subsumieren sich alle Variablen innerhalb dieser Kategorie. Somit kann bei der monatlichen Betrachtung der Plan/Ist-Zahlen des Kundenwerts bei signifikanter Abweichung über die anderen Variablen schnell die Ursache analysiert und erklärt werden.

Kundengewinnung: Wie ist die Lead-Konversion? Lohnen sich die Neukunden. Amortisieren sich die Kosten für die Gewinnung nach einem Jahr. Welche Quellen sind besser als andere?

Kundenbindung: Steigt die Haltbarkeit? Nehmen die aktiven Kunden zu bzw. reuziert sich die Verlustquote? Wie oft finden Reaktivierungen statt?

Kundenzufriedenheit: Neben dem Kundenwert ist die *Kundenzufriedenheit* der zweite wichtige Indikator für die weitere Steuerung des Unternehmens beziehungsweise der Kundengruppen. Stellt man hier Abweichungen vom Zielwert fest, so lassen sich bei diesem KPI schnell über die erklärenden Analysevariablen Ursachen finden.

Datenqualität: Der dritte KPI, die *Datenqualität*, wird vielfach vernachlässigt. Das ist besonders fatal, denn die korrekte Adresse und damit eine optimale Datenqualität sind die unverzichtbare Basis aller Analysen sowie notwendige Bedingung für erfolgreiches und effizientes Multi-Channel-Dialogmarketing.

Eine Bewertung der Adresse hinsichtlich der Datenqualität wird wie folgt durchgeführt. Teilen Sie die Adresse und wichtige, beschreibende Variablen in Kategorien ein.

Kategorie 1: Adresse
Kategorie 2: Alter, Branche, Anzahl Mitarbeiter
Kategorie 3: Kommunikationsdaten

Vergeben Sie für jedes Pflichtfeld eine bestimmte Punktzahl (zum Beispiel 100). Erst wenn alle Felder in der Kategorie 1 gefüllt sind und die maximale Punktzahl erreicht ist, wird die nächste Kategorie in die Bewertung einbezogen. Wenn die Kategorie 1 korrekt gefüllt ist, in der Kategorie 2 jedoch noch Lücken sind, werden die Punkte aus den Feldern der Kategorie 3 nicht mitgezählt.

7.4 RFMR-Analyse

Wichtig für die Kundenlebenszyklus-Kurvendiskussion ist die Einteilung in eine „aktive" und eine „passive" Phase (Abb. 20). Nicht jedes Geschäftsmodell basiert auf einer Vertragsbeziehung. Interessenten und Kunden können mit dem „Datum der letzten Bestellung bzw. dem letzten Kauf" oder dem „Datum der letzten Reaktion" eingeteilt werden. Wird jeden Monat ausgezählt, wie lange dieses Datum zurückliegt, können schnell Veränderungen in dem Kundenverhalten festgestellt werden.

Je nach Branche und Geschäftsmodell gibt es folgende Definition: Ein Kunde gilt solange als aktiv, solange seine letzte Reaktion/sein letzter Kauf etc. – vom Betrachtungszeitpunkt ab – nicht länger als x Monate zurück liegt. Im Handel sind das oft sechs bis zwölf Monate, im Maschinenbau auch durchaus 24 bis 36 Monate. Ein Optiker kann je nach Kern-Zielgruppe zwölf oder gar 48 Monate als Wert haben. Es

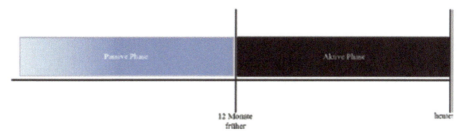

Abb. 20 Aktiv-Passiv-Definition. (Quelle: 1A Relations GmbH, eigene Darstellung)

Monate seit letztem Kauf	1	2	3	4	5	6	...
Punktwert	100	90	80	70	60	50	...

Kaufhäufigkeit	10 und mehr	9	8	7	6	5	...
Punktwert	200	175	150	125	100	75	...

Durchschnittlicher Kaufwert	über 200	175-199	150-174	149-125	100-124	75-99	...
Punktwert	500	450	400	350	300	250	...

- Man addiert alle Punkte je Kunde – Je mehr desto besser
- Die Punktevergabe hängt vom Geschäftsmodell ab.
  Beim Optiker werden die Punkte anders vergeben als beim Händler

Abb. 21 Klassische Kundenbewertung über die RFMR-Methode – Variante 1. (Quelle: 1A Relations GmbH, eigene Darstellung)

RFMR „alte" Punkte-Methode

Kunde-Nr.	Monate seit letztem Kauf	Kaufhäufigkeit	Durchschnittlicher Kaufwert	Gesamt-Punktzahl	
12	100	200	500	800	
1	100	150	400	650	
11	100	150	400	650	Gruppe 1
8	70	125	450	645	
2	100	125	400	625	
3	90	125	400	615	
4	90	150	350	590	
9	40	50	500	590	
5	80	125	350	555	Gruppe 2
6	90	75	300	465	
7	60	200	200	460	
13	30	200	150	380	
10	60	50	200	310	Gruppe 3
14	40	100	150	290	
15	70	50	100	220	

Je nach Ziel wählt man nun Kunden mit hoher oder niedriger Punktzahl aus. Alternativ kombiniert man Gruppe 1 und 2 oder Gruppe 2 und 3.

Problem dieser Methode:
+ Kunden mit unterschiedliche Kaufverhalten werden vermischt.
+ Meist sind 1-mal und mehrfach-Käufer enthalten

Abb. 22 Klassische Kundenbewertung über die RFMR-Methode – Variante 1. (Quelle: 1A Relations GmbH, eigene Darstellung)

hängt davon ab, wie hoch die Wiederkaufsrate, Nachbestellmöglichkeit von Ersatzteilen oder die Besuchshäufigkeit ist.

Bei der RFMR-Berechnung nach Variante 1 steht eine Punktebewertung im Vordergrund. Jedes der drei Kriterien (Abb. 21) wird mit Punkten bewertet und

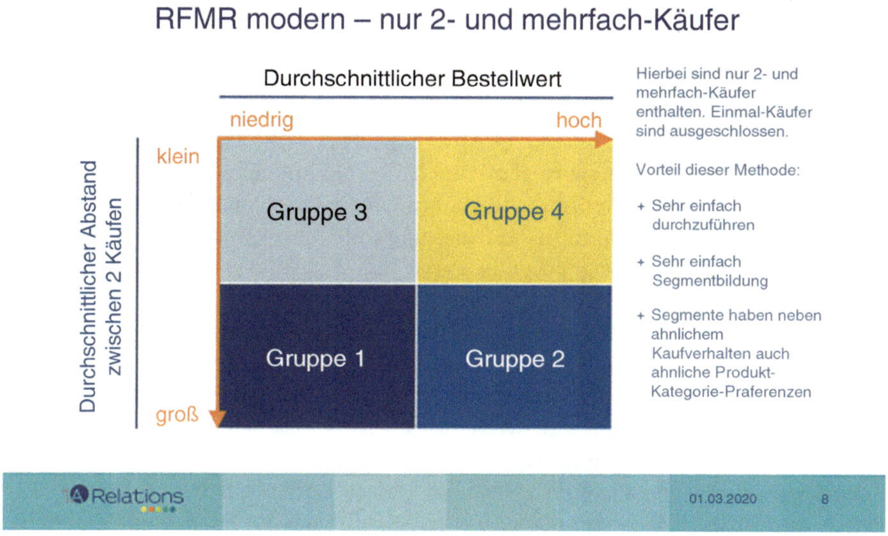

RFMR modern – nur 2- und mehrfach-Käufer

Durchschnittlicher Bestellwert: niedrig / hoch
Durchschnittlicher Abstand zwischen 2 Käufen: klein / groß

- Gruppe 3 (klein, niedrig)
- Gruppe 4 (klein, hoch)
- Gruppe 1 (groß, niedrig)
- Gruppe 2 (groß, hoch)

Hierbei sind nur 2- und mehrfach-Käufer enthalten. Einmal-Käufer sind ausgeschlossen.

Vorteil dieser Methode:

+ Sehr einfach durchzuführen

+ Sehr einfach Segmentbildung

+ Segmente haben neben ähnlichem Kaufverhalten auch ähnliche Produkt-Kategorie-Präferenzen

1A Relations — 01.03.2020 — 8

Abb. 23 Klassische Kundenbewertung über die RFMR-Methode – Variante 2. (Quelle: 1A Relations GmbH, eigene Darstellung)

anschließen die Summe aus allen drei Werten (Abb. 22) ermittelt. Über die Gesamtpunktzahl wird dann entschieden, ob ein Kunde innerhalb einer Aktion enthalten oder ausgeschlossen ist.

Bei der RFMR-Berechnung nach Variante 2 zeigt Abb. 23 wie die Gruppen ermittelt werden. Zuerst wird aus der Aktivperiode und der Anzahl Käufe die neue Variable „Durchschnittlicher Abstand zwischen 2 Käufen" ermittelt. Aus den Variablen „Durchschnittlicher Abstand zwischen 2 Käufen" und dem „durchschnittlichen Bestellwert" wird eine Kreuztabelle (jeweils in entsprechenden Werte-Klassen) erstellt. Die vier Gruppen (siehe Abb. 23) sind eine Möglichkeit. Je nach Geschäftsmodell können es aber auch fünf oder sechs, teilweise bis zu 10, Gruppen werden. Je nach Ziel bekommen diese Gruppen dann entsprechend der Abb. (2 und 3 in Kap. ▶ „Werbepsychologische Grundlagen") ein Maßnahmenprogramm und Ziele definiert.

Diese Auszählung nach RFMR (Nimmt die Gruppe 4 zu?) sowie z. B. eine „Watchlist" (welche Kunden sind aktiv und haben schon länger z. B. als zwei Monate nicht mehr bestellt) sollten als Standard-Report etabliert und regelmäßig analysiert werden. Dies ist ein einfaches Steuerungstool zur Kundenbindung sowie Cross-Selling für den Vertrieb.

7.5 Controlling-Systeme: Hört die Signale!

Dieses CRM-Cockpit lässt sich entweder mit den drei KPI's in eine *Balanced Scorecard* oder mit Hilfe der Drill-Down-Funktionalitäten in fast jedes CRM-System integrieren. Neben den drei KPI's gibt es jedoch noch weitere wichtige Kennzahlen. Diese werden aber zu selten für eine ganzheitliche Betrachtungsweise herangezogen. Dazu gehören *Mitarbeiterzufriedenheit*, durchschnittliche *Mitarbeiterzugehörigkeit* zum Unternehmen und – als Benchmark gegenüber dem Markt – die Analysen aus dem Service-/ *Kundenbarometer* oder selbst generierte Vergleichszahlen aus dem Markt.

Jedes- Controllingsystem benötigt dabei Signale, welche Handlungen oder Warnungen auslösen. Erreicht wird dies durch die Definition von *Toleranzgrenzen*. Überschreitet ein Wert die Toleranzgrenzen, muss das System automatisch eine „Alert-Funktion" auslösen und eine Handlungsanleitung anbieten. Dies kann eine E-Mail sein oder eine entsprechende Farbe, die am Bildschirm aufleuchtet. Für Mitarbeiter, die direkt mit dem Kunden in Kontakt kommen, ist diese Funktion eine wichtige Unterstützung. Ruft der Mitarbeiter einen Kundendatensatz auf, muss ihm beispielsweise durch ein farbiges Signal sofort angezeigt werden, welchen Kundenwert der Kunde besitzt. So wird ihm auf einfache Art signalisiert, wie er sein Handeln gezielt nach dem Kundenwert ausrichten kann.

Weitere Voraussetzungen für transparentes CRM-Controlling sind eine ganzheitliche Betrachtung und die Erfassung aller Prozesskosten. Diese *Kostenerfassung* kann in der Anfangsphase auf der Basis von Stichproben zur Ermittlung von Durchschnittswerten erfolgen. In Verbindung mit der Ermittlung des Kundenwerts sollten die Prozesskosten sukzessive verfeinert aufgenommen und dem Kunden verursachungsgerecht zugeordnet werden. Beispiele hierfür sind unter anderem Speditionskosten oder Aufwand der Auftragserfassung oder Anzahl Betreuung. Je nach Aufwand, den der Kunde auslöst, sind diese Kosten natürlich sehr unterschiedlich.

Bei der Frage nach der *Verantwortung* beziehungsweise organisatorischen Einbindung für das CRM-Controlling bietet sich als Antwort zum Beispiel die Verschmelzung von Marketing- und Vertriebs-Controlling, Marktforschung mit dem analytischen CRM beziehungsweise Database-Marketing an. Damit sind alle Informationsquellen über den Kunden in einer Hand; angesichts der Analyse-Methodenkenntnis in diesen Bereichen liegt dieser Schritt nahe.

In der Unternehmenspraxis heißt diese Abteilung z. B. *„CRM Controlling"* und ist direkt dem Geschäftsführer oder (wenn es anders nicht möglich ist) dem Vertriebs- oder Kommentar: Marketing-Service-Leiter war falsch unterstellt. Noch etwas sollten Unternehmen beachten: Klare Zielvereinbarungen, bezogen auf die Ziele der Kundengruppen, fördern die Kundenbindung. Hilfreich sind hier – im Unterschied zur gängigen Praxis – teamübergreifende Ziele. Zu oft stehen stehen Bereichs- oder funktionale Ziele einer optimalen Kundenbeziehungspflege im Wege, da zum Beispiel der Einkauf nach ganz anderen Kriterien gemessen wird als der Vertrieb oder das Marketing.

7.6 Weniger ist oft mehr

CRM bedingt ein *ganzheitliches Vorgehen* – von der Kundenwertermittlung über die Segmentierung und die daran abgeleitete Organisation bis zu neuen Prozessen. Das bedeutet neue Zieldefinitionen und folglich neue Kennzahlen zur Steuerung. Erst wenn alle diese Schritte durchlaufen sind, wird von CRM gesprochen. Dabei sind schon wenige Kennzahlen zur Steuerung ausreichend. Mit nur drei KPI's und dahinter liegend maximal 50 Analysekennzahlen ist ein Unternehmen in der Lage, seine gesamten CRM-Aktivitäten zu steuern. Dabei erzeugen nur alle drei KPI's gemeinsam ein sinnvolles Gesamtbild. In der Theorie gibt es zwar Ansätze, diese zu einem Wert zu verschmelzen, wovon aber abzuraten ist, da es durch die unterschiedliche Erhebung der Daten zu erheblichen Interpretationsspielräumen kommt.

Mit dem CRM-Cockpit werden zudem sofort Kennzahlen zur Analyse bereitgestellt und die Ursachenforschung für ein bestimmtes Kundenverhalten beschleunigt. Diese Zahlen müssen regelmäßig erhoben und im gesamten Unternehmen kommuniziert werden. Nur wenn alle die Zahlen kennen und damit arbeiten, kann nach einer *einheitlichen Kundenstrategie* gehandelt werden. Keinesfalls sollte an den Kosten für das Controlling gespart werden, denn eine zu geringe Basis für Stichproben oder zu seltene Messungen können schnell zu falschen Entscheidungen führen.

7.7 Adress- und Datenqualität

Für alle Unternehmen, die den direkten Kontakt zu ihren Kunden suchen, ist die *Kundendatenbank* der Dreh- und Angelpunkt abgestimmter CRM-, Vertriebs- und Marketingaktivitäten- und Marketingaktivitäten. Der Gedanke, dass dabei die Qualität – insbesondere die schlichte Korrektheit der Adressdaten – eine wesentliche Rolle spielt, setzt sich erst langsam durch. Hier die wichtigsten Schritte, wie Sie die Qualität Ihrer Kundenadressen Schritt für Schritt verbessern.

> **Beispiel**
>
> Wie fängt die Analyse meist an? Irgendwann erhält der oder die Vorstandsvorsitzende einen Brief, in dem der Nach- oder Vorname falsch geschrieben ist. Dann kommt automatisch die Frage: Wie sieht das denn in meiner eigenen Firma aus und wer kümmert sich bei uns um die Adressqualität? In der nächsten Führungskräftesitzung fragen Sie dann reihum: EDV, Marketing, Vertrieb oder Kundenservice.
>
> Falls Sie überhaupt einen Verantwortlichen finden, ist die nächste Frage: „Sind unsere Adressen in Ordnung und was machen wir, dass das so bleibt?"
>
> An dieser Stelle ist der oder die Angesprochene häufig mit politisch gefärbten Sätzen dabei, wie zum Beispiel, „Machen Sie sich keine Sorgen! Bei der letzten Aktion kamen keine Mailings mit „Unzustellbar" zurück." (Wie denn auch, es war ja auch keine *Vorausverfügung* als Info für den Briefträger aufgedruckt, deshalb können keine Mailings zurückkommen. Eine Vorausverfügung ist der Text oberhalb des Adressfelds, „Wenn verzogen, bitte nachsenden und mit Anschriftenberichtigungskarte an uns zurück".). Eine Vorausverfügung ist ein Premiumadress-Service der Deutschen Post (https://www.deutschepost.de/de/p/premiumadress.html). Letztendlich wird oft genug versucht, den Eindruck zu hinterlassen, dass alles in Ordnung sei.
>
> Warum sind gepflegte Adressen so wichtig? Der Empfänger der Briefe beziehungsweise Nachricht liest ungern seinen Namen falsch geschrieben. Eine rich-

tige und sinnvoll eingesetzte Personalisierung im Brief oder E-Newsletter führt zu einer Steigerung der Response-Quote. Alle Analysen werden durch mangelnde Adressqualität stark beeinträchtigt und damit auch die Entscheidungsgrundlagen. Falsche Adressen führen zu erhöhten Postrückläufen, zu unnötiger Verschwendung von Budgets und zu verlorenem Umsatz. Doppelte Adressen führen zu frustrierten Empfängern beziehungsweise suchen sich diese das günstigere Angebot heraus, was wiederum zu Umsatzverlust führt.

Erhalten beispielsweise Mutter und Tochter zum gleichen Zeitpunkt Briefe oder Kataloge, jedoch mit unterschiedlichen Angeboten, führt das zu Umsatzverlust, da sie sich immer das günstigere Angebot aussuchen. Nur mit standardisierten und aktuellen Adressen können externe Daten hinzugespielt werden, die zu einer weiteren Segmentierung oder Qualifizierung führen (zum Beispiel mikrogeografische oder Lifestyle-Daten).

Wie stellen Sie nun die Adressqualität fest? Führen Sie folgende, einfache Prüfungen durch. ◄

7.7.1 Schritt eins – Sichtprüfung

Sie übernehmen aus einem zusammenhängenden PLZ-Gebiet (am besten ist eines, in dem Sie sich persönlich gut auskennen) alle vorhandenen Adressen (Kunden, Interessenten, Gewinnspiele, Kundenserviceanfragen etc.) in eine Excel-Datei. Eine Anzahl von 1000 bis 5000 Adressen ist schon ausreichend. Bevor die Prüfung beginnt, fügen Sie eine oder mehrere Spalten ein, in der zu jeder Adresse Anmerkungen eingetragen werden können. Dann sortieren Sie die Adressen aufsteigend nach den PLZ und nehmen beispielsweise die ersten 1000 und die vierten 1000 Adressen genauer unter die Lupe.

Jedes dieser 1000-Adressen-Pakete wird nun folgendermaßen untersucht: Als Erstes sortieren Sie die Adressen nach Namen und Vornamen unabhängig von der PLZ. Schauen Sie sich die Schreibweise der Namen und Vornamen an und Sie werden schnell feststellen, in welchen *unterschiedlichen Schreibweisen* eindeutige Namen und Vornamen erfasst worden sind: falsche Groß-/Kleinschreibung. Der Vorname steht im Nachnamenfeld bzw. umgekehrt. Der Firmenname steht im Namensfeld. Es fehlt die Gesellschaftsform. Danach prüfen Sie, ob die Anrede zum Vornamen passt. Auch der Titel wird regelmäßig falsch in Adressfelder eingegeben. Einmal steht er beim Vornamen, das andere Mal steht er im eigenen Feld, dann wird „Dr." neben „Doktor" und „Prof." neben „Professor" geschrieben und so weiter. Nun sortieren Sie die Adressen nach PLZ, Straße, Namen und Vornamen.

Schnell stellen Sie fest, ob *Personendubletten* in der Datei enthalten sind oder ob unter derselben Adresse mehrere Familienmitglieder erfasst sind. Sind das nun Oma, Mutter, Tochter? Oder ist das Zufall? Im letzten Schritt prüfen Sie dann, ob alle PLZ fünfstellig sind. Fehlt die führende „Null" bei den ostdeutschen Adressen (was sich bei einem Excel-Export leider sehr oft einschleicht)? Haben sich evtl. ausländische Adressen eingeschlichen? Sind diese entsprechend gekennzeichnet? Jetzt zählen Sie innerhalb der Pakete die Anzahl der Adressen mit Fehlern. Ist die Fehlerquote höher als zwei bis drei Prozent, sollten Sie umgehend die nachfolgenden Schritte einleiten.

7.7.2 Schritt zwei – Adress-Check
Viele Adressendienstleister bieten einen kostengünstigen *Adress-Check* an. Ihre Adressen werden dabei mit unterschiedlichen *Referenzdaten* abgeglichen. Als Ergebnis erhalten Sie eine Beurteilung darüber, wie gut die gesamten Daten sind. Nach diesem Check sind Sie in der Lage, die notwendigen Qualifizierungsmaßnahmen gezielter zu steuern. Sie schließen somit das viel zu teure Gießkannenprinzip „alles für alle" aus.

▶ **Tipp aus der Praxis:** Senden Sie nicht eine Datei mit allen Adressen zum Check. Teilen Sie Ihre Daten in sinnvolle Gruppen ein und lassen Sie diese getrennt auf Qualität prüfen. Für eine Dublettenprüfung sind natürlich alle auf einmal in sich zu prüfen.

7.7.3 Schritt drei – Entscheidung „Selbst machen" oder „Machen lassen"
Bevor die ganze Prozedur der Bereinigung gestartet werden kann, stellt sich die Frage: Selbst machen oder beim Dienstleister durchführen lassen? Für „Selbst machen" spricht ganz klar die Regel: „Adressen gehören in die *Kernkompetenz* einer jeden Firma, die CRM und Dialogmarketing macht". Nur bei kleineren Adressbeständen oder in der Anfangsphase kann es bei einem Dienstleister schneller und einfacher gehen. Mittelfristig sollten Sie die Adressen immer in der Firma bearbeiten. Adressen sind das Kapital einer jeden Firma. Ein Dienstleister (außer er ist ein für diese Branche nachgewiesener Spezialist) kann die Individualität einer Firma nicht abbilden. Dies geht auch einher mit der Schulung der Mitarbeiter. Es werden Regeln erstellt, wie zukünftig Adressen zu erfassen sind beziehungsweise wie die Datenqualifizierung vorgenommen wird.

▶ **Tipp aus der Praxis:** Auch internationale Unternehmen sollten das Thema Adressqualität im jeweiligen Land bearbeiten lassen. In der Zentrale liegt oft zu wenig Kenntnis über die regionalen Besonderheiten und Rahmenbedingungen vor.

7.7.4 Schritt vier – die Einmal- oder Erstbereinigung
Normierung bzw. Standardisierung: Sie bereiten die Adressdaten so auf, dass alle Informationen, die verarbeitet werden können, in die zugehörigen Felder geschrieben werden. Danach überprüfen und korrigieren Sie die Anrede über eine Vornamentabelle und die richtige Anrede. Diese Tabellen gibt es bei verschiedenen Anbietern, auch für viele west- und osteuropäische Länder.

Postalische Bereinigung: Mit den Tabellen von der Post standardisieren Sie die Schreibweisen der Straße, die Ortsbezeichnung und eventuell die Postleitzahl. Bei Adressen, die schon länger (sechs bis zwölf Monate) nicht mehr validiert worden sind, bietet sich eine Umzugsprüfung an. Sie können mit deren Hilfe entsprechend auf die neue Adresse umstellen. Mit einem Abgleich der Daten von Verstorbenen oder insolventen Personen und Firmen können Sie in einem weiteren Schritt Ihre Adressen bereinigen.

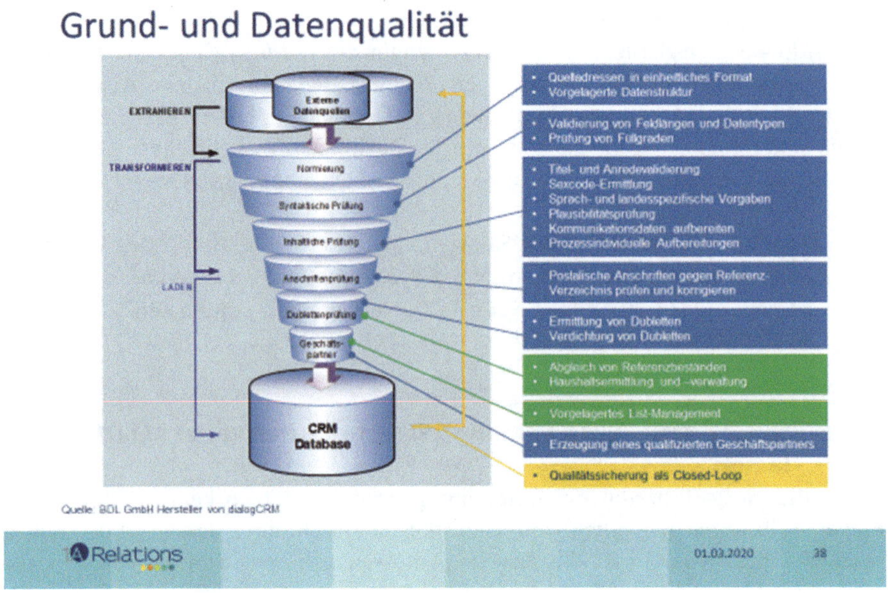

Abb. 24 Beispiel für Adress- und Datenqualitätskreislauf. (Quelle: bdl, 2014)

Vervollständigung: Mit der richtigen Anschrift ist nun eine Vervollständigung oder Korrektur von Unternehmensbezeichnungen möglich.

Dublettenbereinigung und weitere Anreicherung: Nachdem Sie alle notwendigen oder möglichen Korrekturen und Anreicherungen durchgeführt haben, ist der Dublettenabgleich sinnvoll. Sie müssen die Prüfung auf Personen- und Familiendubletten (Business-to-Consumer) sowie Firma und Ansprechpartner (Business-to-Business) durchführen. Erst jetzt können Sie Ihre Adressen mit Telefonnummern, Branchen- oder mikrogeografischen beziehungsweise Lifestyle-Daten anreichern.

Verknüpfungen herstellen: Des Weiteren müssen Sie Verknüpfungen von mehreren Personen aus einer Familie bzw. Firma herstellen. Darüber hinaus empfiehlt die Praxis, bei Firmenadressen Konzernverbindungen herzustellen beziehungsweise Mutter- und Tochtergesellschaften zu verbinden.

Manuelle Korrektur: Der letzte Schritt sind nun die manuellen Korrekturen. Dies ist sicherlich aufwändig, ist jedoch abhängig vom Kundenwert zwingend durchzuführen. Leider erkennt die Software nicht alle Fehler und kann sie somit auch nicht automatisch korrigieren oder bereinigen. Diese „unsicheren Dubletten bzw. Schreibweisen" werden nun Datensatz für Datensatz durchgesehen und entweder mit „korrekt" bestätigt oder entsprechend korrigiert.

Hier noch einmal der komplette Ablauf in einer Übersicht (Abb. 24):

▶ **Tipp aus der Praxis:** Datensätze, die gegeneinander geprüft wurden, sollten markiert werden, dass beim nächsten Mal die gleichen Datensätze nicht noch einmal bearbeitet werden. Dann sollten nur die hinzugekommenen unsicheren Problemfälle wieder geprüft werden.

7.7.5 Schritt fünf – Definition von Kennzahlen

Kennzahlen sind beispielsweise „Anzahl Adressen vollständig gefüllt", „Datum letzte Bestätigung", „Datum letzte Korrektur", „Anzahl Postrückläufer", „Anzahl aktuell nicht bewerbbare Adressen" etc. Alle Kennzahlen sind – nach Segmenten geordnet – interessant, da die guten Kunden eher häufig angeschrieben werden und damit eine regelmäßige Bestätigung oder Korrektur stattfindet. Bei weniger guten Kunden (geringer Kundenwert) ist damit ein anderer Aufwand zu betreiben. (Siehe auch „Bewertung von Adressen" im Unterkapitel „CRM-Cockpit")

7.7.6 Schritt sechs – Laufende Bereinigung

Alle oben genannten Prüfschritte der Erst- oder Einmalbereinigung sind natürlich innerhalb der *laufenden Prozesse* immer wieder, regelmäßig durchzuführen. In Firmen, bei denen sehr viele Beteiligte die Adressen anfassen und eventuell korrigieren, ist ein laufendes Qualitätsmanagement notwendig. Genauso verhält es sich, wenn es Webshops oder andere Internet-Erfassungsquellen (Newsletter etc.) gibt, in denen sich die Kunden selbst erfassen. Zusätzlich sollte der Kunde beim Kontakt mindestens einmal pro Jahr nach möglichen Änderungen gefragt werden, oder er erhält ein Schreiben beziehungsweise eine E-Mail mit personalisierter Landeseite und der Aufforderung, die unvollständige Adresse bitte zu korrigieren. Ein *Response-Anreiz* für mehr Aufmerksamkeit bzw. Rücklauf ist zu empfehlen.

Schlussbemerkung: Je nach Adressmenge und Qualität/Zustand der Adressen kann eine Erstbereinigung zwischen drei und neun Monaten dauern. Die erforderlichen Kosten sind natürlich sehr unterschiedlich. Das hängt zum Beispiel von der eingesetzten Software ab und davon, wie hoch der manuelle Nachbearbeitungsaufwand ist und wie häufig im laufenden Geschäft die Adressen überprüft werden müssen. Firmen, die jeden Monat ein Mailing an die Mehrheit ihrer Kunden senden, haben andere Prozesse als Firmen, die nur vier Mailings im Jahr an eine ausgewählte Zielgruppe senden. Es gilt, ein ausreichend großes Budget für die anfängliche externe Unterstützung, für Software sowie für die Validierung und die manuelle Pflege zur Verfügung zu stellen.

Wundern Sie sich nicht, wenn Ihre Bank bei der nächsten Kreditanfrage diesen Aspekt prüft. Perfektes Adressmanagement ist die notwendige Grundlage für Ihren zukünftigen Erfolg und somit eine der wichtigsten Aufgaben in jeder Unternehmung – unabhängig davon, ob es sich nur um 500 oder um fünf Millionen Adressen handelt. Gelohnt haben sich diese gezielten Bereinigungen und Qualitätsmaßnahmen meist nach sechs – spätestens nach zwölf Monaten.

7.7.7 Wer trägt für das Thema die Verantwortung?

Das klingt erst mal nach Anklage. Darum geht es nicht. Es geht darum, dass jemand für das Thema im Unternehmen die Verantwortung übernimmt. Der sich als Kümmerer zeigt, der laufend darauf achtet, dass die Qualität hoch bleibt. Daten sind das neue Öl. Diesen Satz hört man immer öfters. Aber zuerst, bevor die Ölquelle angezapft oder

KI-Analysen durchgeführt werden kann, muss die Basis geschaffen werden. Die Daten sollten veredelt werden. Die Mitarbeiter durch Ziele an der Veredelung beteiligt werden. Wer mehr zum Thema Adress- und Datenqualität lesen möchte, sei dieses ePaper empfohlen.   https://www.crm-tech.world/weekly-news/neu-kostenloser-download-epaper-adressqualitaet/

Fazit: Adressqualität ist kein Kostenfaktor, sondern ein Wertschöpfungsfaktor!

8 Die passende Organisationsform: Kundenmanagement

▶ **Wichtig**
Es gibt viele gute Ansätze zur Kundenorientierung. Kreative Kundenbindungsprogramme wurden aus der Taufe gehoben und teure Callcenter eingerichtet. Die CRM-Software ist mit viel Aufwand eingeführt worden und Kundenzufriedenheitsbefragungen ergaben gute Noten. Dennoch: Die Umsatz- und Ertragsrakete will einfach nicht abheben.

Warum fahren immer noch fast alle Unternehmen mit angezogener Handbremse? Weil Vertrieb, Marketing, Kundenservice, Einkauf und Produktmanagement nebeneinander statt miteinander arbeiten.

Beispiel

Betrachten wir die Situation aus dem ersten Blickwinkel anhand einiger Beispiele:

a. Bei einem *Elektrogerätehersteller* passierte es immer wieder, dass sich an einem Tag der Vertriebler der Marke A und der Vertriebler der Marke B bei ein und demselben Kunden die Klinke in die Hand gaben.
b. Eine *Kaufhauskette* plante eine Verkaufsaktion für Business-Anzüge. Um das Angebot attraktiv zu machen, sollte es eine Krawatte gratis dazugeben. Das Problem: Der Einkauf von Anzügen und Krawatten liegt in unterschiedlichen Händen. Ergo: Der Krawatteneinkäufer weigerte sich, diese Zugabe zu organisieren, weil die Krawatten mit null Euro fakturiert würden. Bei einer erfolgreichen Aktion mache das seine Kalkulation kaputt. Damit verfehle er seine Ziele und seine Jahresprämie wäre futsch.
c. Der Produktmanager eines *Fachverlags* hat das Ziel, neue Produkte auf den Markt zu bringen. Läuft ein Test (ohne echtes Produkt) erfolgreich, wird das Produkt produziert und anschließend verkauft. Nicht selten passiert dann Folgendes: Rund die Hälfte der Produkte werden retourniert. Der Außendienst streikt, denn er verfährt nur Benzin und verdient kein Geld. Das Produktmanagement behauptet, der Vertrieb verkauft schlecht. Streit ist somit vorprogrammiert.
d. Der *Verkauf* stellt fest: Dem Kunden muss noch dieses oder jenes angeboten werden. Wenn dem Einkauf diese Idee vorgeschlagen wird, sagt dieser nur:

„Kümmern Sie sich bitte um Ihre Aufgaben. Was in dieser Firma verkauft wird, ist unsere Sache."

Nun folgt eine Betrachtung der Situation aus dem anderen Blickwinkel: Neue Funktionen führen nicht automatisch zum Erfolg. Um die Konflikte zu lösen, schaffen kundenorientierte Unternehmen in den USA neue Stellen und neue Positionsbezeichnungen. Zum Beispiel den Chief Marketing Officer (CMO), Chief Digital Officer (CDO) oder den *Chief Customer Officer* (CCO).

Einer Studie zur Folge wird der CMO aber durchschnittlich nach 23 Monaten wieder entlassen oder sucht entnervt eine neue Firma (CM Partners 2005). Ein Grund sind die neuen, komplexen Anforderungen. Denn neben der Kampagnen- und Promotionplanung müssen die CMOs nun die Kundenbeziehungen sowie alle Berührungspunkte koordinieren. Dabei kollidiert der CMO schnell mit anderen wichtigen Mitarbeitern, die meist schon länger dem Unternehmen angehören. Wenn die Kompetenzen nicht klar vom CEO geregelt sind oder moderiert werden, kracht es gehörig. ◄

▶ Resümee: Kundenorientierung und Kundenmanagement können nicht nur von einer Funktion aus gesteuert werden. Ein ganzheitlicher Ansatz muss her. Wichtige Fragen sind zu klären: Wer ist der Manager der Kundenbeziehungen? Wer definiert die Angebote und Aktivitäten? Welche Kunden sind

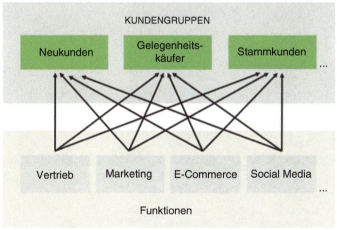

Abb. 25 Beispiel für ein „bisheriges" Kundenmanagement. (Quelle: 1A Relations GmbH, eigene Darstellung 2014)

wichtig und werden wie und von wem betreut? Und welche Ziele werden ausgegeben und verfolgt?

Es ist Zeit für einen *Paradigmenwechsel*. Noch sind 95 % der Firmen in Deutschland mehr oder weniger klassisch nach Funktionen – und nicht nach Kundengruppen – aufgestellt (Abb. 25).

Das führt bekanntlich dazu, dass jede Funktion für sich behauptet „der Eigner" der Kundenbeziehung zu sein. Und somit kontaktiert jeder denselben Kunden – unabgestimmt.

Der Paradigmenwechsel lautet kurz und knapp: Richten Sie das Unternehmen nach Ziel- beziehungsweise Kundengruppen aus! Beenden Sie das Nebeneinander, und fo(ö)rdern Sie das Miteinander! Wie geht das? Der Managementtrainer und Seelsorger Rupert Lay hat einmal gesagt: „Wer bestehendes Denken verändern will, der muss vorhandene Strukturen zerstören." (Rupert Lay, Manager Magazin 1987)

Das Wichtige dabei ist: Verändern Sie nicht nur die Aufgaben und Prozesse, sondern die Art der Führung und die Ziele. Beispiele hierfür sind: a) Der Außendienst besucht nur noch Kunden mit überdurchschnittlichem Kundenwert, b) eine Steigerung des Zufriedenheitsindex bei Kunden mit niedrigem Kundenwert um x Prozent, c) eine Erhöhung des Kundenwerts der Kundengruppe mit Potenzial um y Prozent.

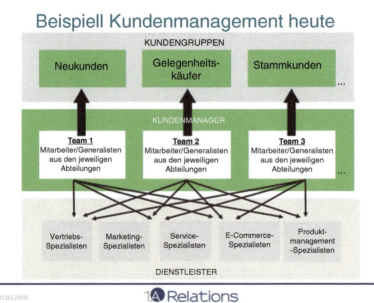

Abb. 26 Erstes Beispiel für ein „neues" Kundenmanagement – eher B2C. (Quelle: 1A Relations GmbH, eigene Darstellung, 2014)

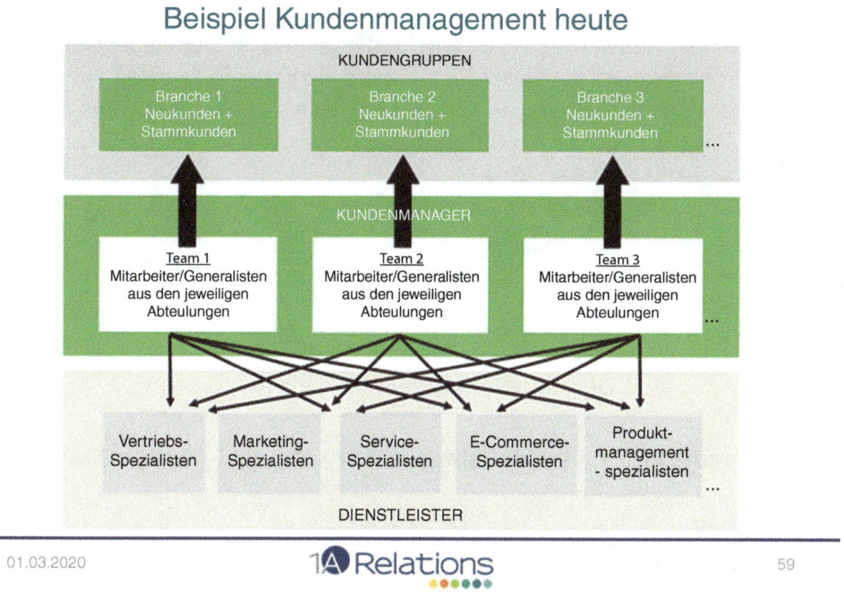

Customer Relationship Management (CRM)

Abb. 27 Zweites Beispiel für das heutige Kundenmanagement – B2B. (Quelle: 1A Relations GmbH, eigene Darstellung, 2014)

8.1 Kundenbeziehung maximal ausschöpfen

Das oberste Ziel eines kundenorientierten Unternehmens ist, die *Kundenbeziehungen maximal auszuschöpfen*. Dazu muss herausgefunden werden, welche Kunden wichtig sind und welche nicht. Nur so kann ein effizienter Einsatz des Budgets und der Mitarbeiter erfolgen. Für die Analyse des Kundenwerts werden Daten aus der Vergangenheit (Deckungsbeitrag) und Prognosen für die nahe Zukunft (Potenzialdaten) zusammengeführt und ergeben den Wert je Kunde. Auf Basis dieses Kundenwerts werden verschiedene *Kundensegmente* gebildet (Abb. 12, 23 und 26).

Durch eine klare Zuordnung von Kundensegment und Kundenwert lässt sich die jeweils effizienteste Strategie sofort ermitteln. Jedem dieser Segmente werden nun Teams zugeordnet. Die Zieldefinition und dessen Bearbeitung finden getrennt statt. Jedes Team kümmert sich ausschließlich um „seine" Kundengruppe. Dabei erhalten jedes Team bzw. jedes Segment eigene Ziele und Vorgaben, die es strategisch verfolgen muss (Abb. 26 und 27).

Die verschiedenen Kundengruppen werden von *Kundenmanagern* betreut, die im Team alle notwendigen Qualifikationen vom Einkauf bis zum Verkauf vereinen.

In den Teams arbeiten Mitarbeiter mit Wissen aus Einkauf, Vertrieb, Marketing, Service und weiteren Bereichen. Häufig bereitet die *Zusammensetzung der Teams* Schwierigkeiten. Denn das Kundenmanagement erfordert neue Aufgaben und verlangt neue Fähigkeiten und Kenntnisse. Deshalb müssen zuerst die neuen

Aufgaben definiert und festgelegt werden. Anschließend gilt es, die Anforderungsprofile nach den notwendigen Mitarbeiterfähigkeiten zu durchleuchten und die Teams zusammenzustellen. Dabei ist Fingerspitzengefühl gefragt, denn in der Praxis kommt es sehr oft vor, dass sich Mitarbeiter für das Kundenmanagement geeignet fühlen, es aber nicht sind. In dieser Funktion sind eher *Generalisten* als Spezialisten gefragt.

Wer erledigt aber nun den persönlichen Besuch oder setzt ein Mailing um? Dazu werden die bisherigen Funktionsabteilungen zu internen Dienstleistungsabteilungen gewandelt, die dann den Kundenmanagern zuarbeiten. Diese Abteilungen nehmen die notwendigen Aufgaben des *Kundenmanagements* wahr und führen sie entsprechend aus.

8.2 Paradigmenwechsel steigert Umsatz und Rentabilität

Beispiel

Die Vorteile des Kundenmanagements liegen auf der Hand: Die Kundengruppe, z. B. Top-Kunden, Neukunden, unrentable Kunden oder nur Branche A oder Branche B, steht klar vor Augen und es müssen nicht mehrere Kundengruppen oder Branchen gleichzeitig betreut werden. Der Kundenmanager kann Produkte für das Cross-Selling bestellen, die bisher nicht im Sortiment waren, weil diese doch zur Marke passen und das Vertrauen bzw. der Bedarf beim Kunden vorhanden sind.

Warum ist die organisatorische Veränderung so wichtig? Nur so werden das Denken, die Ziele und die Führungs- beziehungsweise Steuerungsinstrumentarien verändert. Es gibt keine konkurrierenden Ziele mehr. Es gibt mehr Freiheiten. Alles richtet sich nach den Ziel- beziehungsweise Kundengruppen aus. Erst jetzt werden die Synergien für die Umsatz- und Ertragssteigerung ausgeschöpft – durch die Mitarbeiter. Die Handbremse ist gelöst. Firmen, die diesen Paradigmenwechsel eingeführt haben, z. B. Yves Rocher oder die Haufe Lexware GmbH, zeigen sowohl beim Umsatz als in der Rentabilität eine signifikante Verbesserung. ◄

9 Change-Management

▶ Mit der Einführung von CRM und der Öffnung eines Unternehmens gegenüber Social Media kommt eine Flut von Herausforderungen auf das Management und die Mitarbeiter zu. Neben den Prozessen und der Organisation sollte sich das Denken und Handeln der Mitarbeiter ändern. Mitarbeiter brauchen Freiheit zur Entscheidungsfähigkeit und Entscheidungsbefugnisse.

9.1 Change-Management-Falle

Tappen Sie nicht in die klassische *Change-Management-Falle*! Ein klassischer Fehler ist, sich keine Gedanken zu machen, wie, beziehungsweise was, sich durch eine Einführung einer Software ändert. Es sollen sich diejenigen Dinge ändern, die die Strategie zur erfolgreichen Umsetzung erfordert. Wer sich grundlegend mit CRM beschäftigt, wird schnell logische und teilweise zwangsweise Änderungen zum bisherigen Vorgehen feststellen.

Nun gibt es zwei Arten damit umzugehen. Die eine: Das Management überlegt sich, was sich alles ändern könnte und bringt seinen Erkenntnisgewinn in einem *Strategiemeeting* zu Tage. Die Führungsebene präsentiert die Ergebnisse dann auf

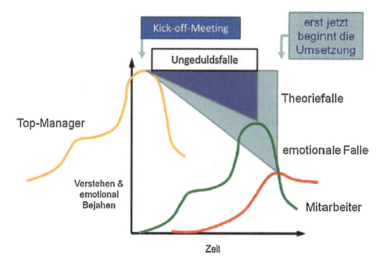

Abb. 28 Umsetzungsfalle innerhalb des Change-Managements. (Quelle: Schindl 2013)

Abb. 29 Verhinderung der Umsetzungsfalle. (Quelle: Schindl 2013)

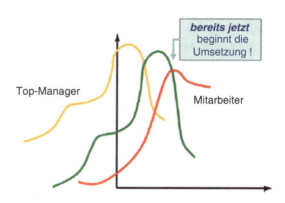

einer Firmenveranstaltung. Was folgt, ist klar: Die Mitarbeiter sind verunsichert, die meisten Punkte sind nur halb verstanden, weil noch unklar oder unreif formuliert. Die Mitarbeiter suchen sich auf dem Organigramm. Ergebnis: Der „Hühnerhaufen ist extrem aufgeschreckt" und die Stimmung sinkt.

Die zweite Möglichkeit ist, die Dinge auf Managementebene zu durchdenken und ohne zeitliche Verzögerung einige Arbeitsgruppen aufzusetzen, die dann innerhalb der Rahmenbedingungen die Neuaufstellung erarbeiten. Dies hat den Vorteil, dass die Mitarbeiter bei der Problemlösung gleich mitarbeiten und nicht die fertige Lösung einfach vorgesetzt bekommen. Zum anderen sind nicht die Führungskräfte operativ tätig, sondern steuern und achten auf den Einhalt gewisser Rahmenbedingungen. Das ist besonders wichtig, denn CRM und Kundenmanagement stellen einen logischen, aber gravierenden Eingriff in Prozesse und Organisation dar. Deshalb darf das Management nicht „im", sondern nur „am" System arbeiten (Abb. 28 und 29).

Was ändert sich noch alles? Neben der Organisation ändern sich auch *Ziele und Prozesse*. Wer CRM inkl. Social CRM betreibt, erfährt noch andere, gewaltigere Änderungen. Denn mit der Öffnung eines Unternehmens gegenüber Social Media kommt eine Flut von weiteren Herausforderungen auf das Management und Mitarbeiter zu.

In welchen Bereichen ändert *Social Media* den Status Quo? In Kundenkommunikation, Vertrieb und Marketing, Service, Image & Branding, Marktforschung, Produktentwicklung, Beschwerde- und Zufriedenheitsmanagement, PR – praktisch überall.

Was sind also die *Herausforderungen* im Detail? Ist es eine Integration in den „klassischen" Marketingmix? Oder wird die Klassik in die sozialen Medien integriert? Wie wird mit der Ungewissheit über die Lebensdauer der Social-Media-Plattformen bzw. Portalen umgegangen? Wie schnell ist der aktuelle Stern am Social-Media-Himmel verglüht und durch eine neue Plattform ersetzt?

Multi-Optionalität als Chance oder Risiko:
Alle Kanäle, die nur vielleicht in Frage kommen, müssen angeboten werden. Customer-Value-Diskussionen beziehungsweise die dazugehörigen Bewertungen werden zunehmend komplexer. Die *CRM-Kultur* im Unternehmen: Nutzung und Einstimmung auf die neuen Tools/Möglichkeiten und eine ganzheitliche Kundenorientierung (Motivation der Mitarbeiter zur Nutzung im Sinne der Firma), Change-Management sowie Vorbild der Führungspositionen sind notwendig. Authentische Reaktionen des gesamten Unternehmens im Sinne eines Handels mit Social-Media-Daten werden (falls gesetzeskonform) eintreten.

Ein Problem: Datenqualität, Strategien zum Umgang mit Massendaten müssen entwickelt/verfeinert werden, Segmentierung sowie verhaltensorientierte Analysen, Steuerung einer „Chaos-Kampagnenplanung", Komplizierte Planung, stetige Modifikation, wechselnder Kanal-Mix, weil immer flexibler reagiert werden muss, anlassgesteuerte Kommunikation überlagert die Regelkommunikation. Eine Software für CRM oder Kampagnenmanagement kann hier (nur) zum Teil Abhilfe schaffen.

9.2 Anforderungen an Mitarbeiter und Unternehmen

Mitarbeiter brauchen Freiheit zur Entscheidungsfähigkeit und Entscheidungsbefugnisse. Neue *Anforderungen* erfordern Bereitschaft zur Lernfähigkeit, denn sie leben in einem permanenten Wandel. Mehr Allrounder (vor allem diejenigen Mitarbeiter „am Kunden") sind gefragt. Ganzheitliches Denken aller Mitarbeiter ist notwendig. Jeder Mitarbeiter muss sich die Frage stellen: „Was hat mein Tun für eine Auswirkung?" Dazu ist Loyalität zum Kunden und Unternehmen wichtig, denn Mitarbeiterbindung ist Kundenbindung.

Es gilt, *Begeisterungsfähigkeit* für sein Unternehmen zu entwickeln. Die Belastbarkeit muss steigen, denn über die Arbeitszeit hinaus wird Kundenkontakt bestehen. Schließlich haben die Sozialen Medien wie Twitter oder Facebook beziehungsweise deren Nutzer keine Öffnungs-/Schließzeiten. Der Mitarbeiter muss immer mehr zum Kommunikator für sein Unternehmen werden. Der richtige Einsatz der jeweiligen persönlichen Fähigkeiten an der richtigen Stelle ist gefragt und gefordert.

Unternehmen müssen *Offenheit* gegenüber Kunden und Interessenten pflegen. Die Mitarbeiterbindung wird wichtiger denn je, ebenso die Glaubwürdigkeit, Transparenz sowie Anpassungsfähigkeit gegenüber dem Kunden. Zur Lösung der Probleme ist eine schnelle interne Informationsübermittlung notwendig, da zu jeder Zeit ein Mitarbeiter diese Informationen für ein Kundengespräch benötigen kann. Es sollte nicht alles selbst gemacht werden (zum Beispiel Technik-Outsourcing, um technische Änderungen schneller mitmachen zu können). Lieber in Mitarbeiter investieren und neue Technologien testen.

Eine höhere Reaktionsschnelligkeit ist notwendig: Die Mitarbeiter benötigen mehr Entscheidungsfreiheit, Konkurrenzdruck als auch Druck durch den Kunden verlangen kürzere Produktentwicklungszyklen. Mass Customization (siehe Abschn. 6.8 f.) und durch den Kunden selbst kreierte Produkte (Produkt Konfigurator) erhöhen die Komplexität. Die Dienstleistungs- und Produktqualität muss durch den laufenden Austausch mit Kunden, Fans und Kritikern zunehmen. Wenn nicht, sind diese enttäuscht.

Neue Ziele und technologische Innovationen fördern den *Veränderungsprozess* im Denken und Handeln. Die Kultur und die Philosophie müssen von allen Mitarbeitern verstanden und gelebt werden. Sie müssen die Marke(n) leben und authentisch sein und soziale Verantwortung (CSR) übernehmen. Gerade die Verbindung von sozialen Aktivitäten beziehungsweise CSR-Maßnahmen wird zum Erfolgsfaktor für Kampagnen und Image. Die Art der Personalfindung, Betreuung und Weiterentwicklung ändert sich. Es gibt neue Schulungsmöglichkeiten durch Social Media Tools und E-Learning.

Durch die vielen neuen Tools und zunehmenden Software-Einsatz werden vertiefende Kenntnisse in den CRM-Tech bzw. MarTech-Themen in Unternehmen zu einem Erfolgskriterium. (MarTech ist in den USA die Abkürzung für Marketing Technology.)

Vier Beispiele

Positives Beispiel: Bei *Frosta* hat sich das langjährige Engagement über den Blog und andere Medien zum Vorteil ausgewirkt. Aus der Kritik an der Verwendung von

Geschmacksverstärkern erwuchs eine Neuproduktentwicklung und bis zu 20 % Umsatzzuwachs.

Negatives Beispiel: Bei KitKat (*Nestlé*) hat sich dies zum Nachteil ausgewirkt: 700.000 Fan-Beziehungen auf Facebook wurden über Nacht gelöscht. Ein Teil der Fans hatte Nestlé vor ein paar Jahren wegen der Verwendung von Palmöl aus Regenwaldbeständen stark angegriffen. (Anmerkung: Inzwischen hat KitKat nach einem kompletten Neustart über 17 Mio. Likes auf Facebook) (Facebook 2013).

Drittes Beispiel: *Procter & Gamble* hat starkes Interesse an einer Zusammenführung der Beziehungen je Marke, aber die Kunden/User melden sich bei jedem Markenportal unterschiedlich an. Deshalb hat P&G Portale wie www.beinggirl.com geschaffen. Darin werden mehrere Marken in einem Portal für eine Zielgruppe zusammengefasst.

Viertes Beispiel: Die *Telekom* hat neben vielen zufriedenen Kunden auch einige unzufriedene. Unter diesen gibt es auch notorische Nörgler (www.pronline.de 2013). Einer davon hat sich vor kurzem (Juni 2013) öffentlich sehr despektirlich an die Telekom gewandt. Die Telekom, bisher als eher konservatives und zurückhaltendes Unternehmen bekannt, gab sich schlagfertig. Der Nörgler bekam eine Antwort, aber eben genau in seinem Stil. Diese Botschaft wurde nach dem Vier-Augen-Prinzip im Service-Center abgestimmt. Der Nörgler gab sich schnell kleinlaut. Die Blogger-Gemeinde lobte die Telekom wegen ihres Mutes.

10 Kundenzufriedenheit

▶ Kundenzufriedenheit ist eine eigene Disziplin innerhalb des CRM. Der Autor beginnt seine Vorträge oft mit den Fragen: „Wie viele Kunden verlieren Sie im Jahr? Warum beziehungsweise was sind die Gründe? Wann haben Sie zuletzt mit Ihrem Kunden gesprochen? Was hat er Ihnen gesagt? Wie haben Sie darauf reagiert? Wie haben Sie sein Problem gelöst?" Je nach Publikum kommt die Antwort: „Oh, das ist schon lange her". Dies ist natürlich nicht gut. Vor allem Führungskräfte sollten immer wieder Kundenkontakt suchen und daraus ihre Schlüsse ziehen. Wer CRM ernst meint, der geht immer wieder auf Kunden zu und spricht ausführlich mit ihnen.

Im Business-to-Business ist sicher, dass sich bei einem *Beschwerdegrund* fast alle melden. Im Business-to-Consumer sieht das etwas anders aus. Oft meldeten sich nur zwischen 5 und 15 % derjenigen Personen, die Probleme hatten. Durch den Einzug von Social Media ändert sich das Verhältnis gewaltig. Nach meinen Erfahrungen kommt es mindestens zu einer Verdopplung der Zahlen. Denn es ist „en vogue" und „easy", sich zu beschweren, was grundsätzlich nicht tragisch ist, denn nur so können die Unternehmen vom Feedback profitieren. Nicht jede Äußerung ist konstruktiv. Diese Selektion ist durch Social Media Monitoring Tools einfach geworden. Aber zurück zu den klassischen Methoden und Vorgehensweisen. Generell wird zwischen geplantem und ungeplantem Feedback unterschieden.

10.1 Das ungeplante Feedback

Das *ungeplante Feedback* kommt an verschiedenen Kundenkontaktpunkten ins Unternehmen. Der Kunde „hat einen dicken Hals" und macht seinen Unmut kund. Je nachdem, was das Unternehmen an Feedback-Kanälen anbietet oder der Kunde sucht, kommt die Beschwerde teil-strukturiert oder unstrukturiert an (Abb. 30). Das heißt, es kann z. B. ein Zweizeiler in einer E-Mail oder eine ausführliche „Gardinenpredigt" eines Kunden gegenüber einem Mitarbeiter sein. Wie wird damit nun umgegangen? (Abb. 31).

Eingehende Feedbacks werden gesammelt, nach bestimmten Kategorien strukturiert, die Wichtigkeit oder Auswirkung wird bewertet und entschieden, wie mit der Beschwerde auf Basis des Kundenwerts umgegangen werden soll. Anschließend wird der Kunde über die Entscheidung informiert. Und ganz wichtig: Fühlen Sie nach, ob die Entscheidung zur Wiederherstellung der Zufriedenheit geführt hat. Denn wenn nicht, ist schnelles Nachverhandeln beziehungsweise zusätzliche Kompensation gefragt, sofern es der Kunde wert ist.

Was bringt diese reaktive Vorgehensweise? Sie bringt oder kostet sehr viel – je nachdem, wie man sich dem Kunden gegenüber verhält: Neben dem Imageschaden –

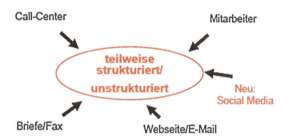

Abb. 30 Ungeplantes Kunden-Feedback. (Quelle: 1A Relations GmbH, eigene Darstellung)

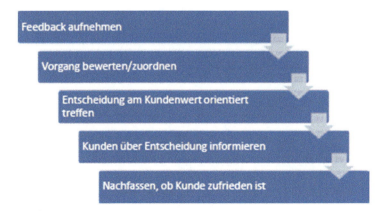

Abb. 31 Umgang mit ungeplantem Kunden-Feedback. (Quelle: 1A Relations GmbH, eigene Darstellung)

Fehler in der Reklamationsbearbeitung werden sehr gerne am Stammtisch weitererzählt – sind natürlich direkt messbare, monetäre Rückgänge zu verzeichnen. Wer wiederum diese Informationen nutzt, um seine Produkte und Services zu verbessern, der kann seinen Umsatz steigern und die *Weiterempfehlungsrate* steigt. Zur Messung der Weiterempfehlungsrate dient zum Beispiel der *Net Promoter Score* (Wikipedia 2013).

Was noch wichtiger ist: Verschiedene neutrale Tests haben ergeben, dass das Folgeverhalten derjenigen Kunden, die ein Problem hatten, das positiv gelöst wurde, sehr gut ist. Es ist sogar besser als der Kunden ohne Problem, die eine ähnliche Kundenqualität hatten wie die Kunden mit Problem. Sie sind nach der erfolgreichen Lösung des Problems um bis zu 20 % besser als vorher. Der Kunde wurde ernst genommen. Ihm wurde mit Wertschätzung begegnet. Dies danken Kunden mit Treue, Mehrumsatz und Weiterempfehlung.

Als Managementinstrument wird dieses Wissen in einem monatlichen Reporting genutzt.

10.2 Das geplante Feedback

Diese Art des Feedbacks wird gezielt vom Unternehmen eingeholt. Mindestens drei Dimensionen der *Zufriedenheit* gibt es:

1. Zufriedenheit *insgesamt*
2. Zufriedenheit mit den *Produkten* und
3. Zufriedenheit mit dem *Service*.

Daneben sind Vergleiche innerhalb der Branche und über Branchengrenzen hinweg sinnvoll (Abb. 32).

Durch den Blick über den Tellerrand kann noch schneller und besser gelernt werden. Vor allem wird dadurch ein *USP* innerhalb der Branche geschaffen.

Nun werden Gegenstand und Ziel der Untersuchung definiert. Danach wird die Untersuchungs- und Messmethode ausgewählt (schriftliche, telefonische oder Online-Befragung). Jede Methode hat ihre Vor- und Nachteile. Nach der Methodenwahl wird die Stichprobenziehung festgelegt. Oft empfiehlt sich das *Quota-Verfahren*. Es ist für viele Fälle die beste Methode, um eine sinnvolle Balance zwischen Kosten, Befragungs-

Abb. 32 Befragungsdimensionen der Zufriedenheitsanalyse. (Quelle: 1A Relations GmbH, eigene Darstellung)

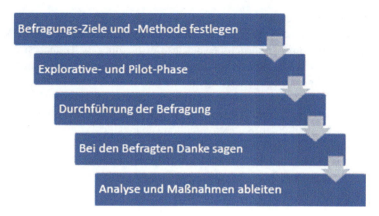

Abb. 33 Vorgehensweise der Zufriedenheitsanalyse. (Quelle: 1A Relations GmbH, eigene Darstellung)

struktur und Repräsentativität zu erreichen. Also wird die Befragung initiiert. Zuerst wird eine kleine Pilotphase bzw. explorative Studie gestartet. Nach der Prüfung, ob der Fragebogen so passt (Länge beziehungsweise Dauer, Verständlichkeit, passen die Antworten zu den erwarteten Ergebnissen), wird dieser justiert und es beginnt die Erhebungsphase. Meist wird „nur" eine Stichprobe befragt. Eine Vollerhebung ist in der Regel nicht notwendig oder sinnvoll. Nach der Befragung sollte den Befragten Danke gesagt werden, eventuell mit einem kleinen Geschenk. Dann werden die Ergebnisse analysiert. Ausgehend von der Interpretation der Ergebnisse sollten zwingend die wichtigsten Maßnahmen zur Schwachstellenbehebung durchgeführt werden. Nichts ist schlimmer, als nach den Verbesserungsmöglichkeiten zu fragen und dann den Worten keine Taten folgen zu lassen (Abb. 33).

Werden Ihre Produkte weiterempfohlen? Wie hoch ist der NPS?

Hierzu kurz ein Auszug aus Wikipedia: „Der Net Promoter Score (NPS) bzw. Promotorenüberhang ist eine Kennzahl, die mit dem Unternehmenserfolg (in bestimmten Branchen) korreliert. Die Methode wurde von Satmetrix Systems, Inc., Bain & Company und Fred Reichheld entwickelt.

Berechnet wird der Net Promoter Score durch die Differenz zwischen Promotoren und Detraktoren des betreffenden Unternehmens. Der Anteil der Promotoren und Detraktoren wird ermittelt, indem einer repräsentativen Gruppe von Kunden ausschließlich die Frage gestellt wird: „Wie wahrscheinlich ist es, dass Sie Unternehmen/Marke X einem Freund oder Kollegen weiterempfehlen werden?" Gemessen werden die Antworten auf einer Skala von 0 (unwahrscheinlich) bis 10 (äußerst wahrscheinlich). Als Promotoren werden die Kunden bezeichnet, die mit 9 oder 10 antworten. Als Detraktoren werden hingegen diejenigen angesehen, die mit 0 bis 6 antworten. Kunden, die mit 7 oder 8 antworten, gelten als „Indifferente". Der Net-Promoter-Score wird nach folgender Formel berechnet:

NPS = Promotoren (in % aller Befragten) − Detraktoren (in % aller Befragten)

Der Wertebereich des NPS liegt damit zwischen plus 100 und minus 100.

Der Vorteil des NPS liegt in seiner Einfachheit. Fred Reichheld hat die Korrelation zwischen NPS und Unternehmenswachstum für über 30 Branchen empirisch belegt und entsprechende Benchmark-Werte ermittelt. Eine umfangreiche Studie, in der die von Reichheld berichteten Ergebnisse repliziert werden sollten, fand allerdings keine bedeutsamen Zusammenhänge zwischen NPS und Unternehmenswachstum. Zudem wird dort berichtet, dass auch die Zusammenhänge zwischen NP-Score und tatsächlichem Kundenverhalten (finanzielles Volumen der getätigten Käufe) schwächer ausfallen als bei anderen Maßen der Kundenbindung. Daneben werden von weiteren Autoren verschiedene schwerwiegende methodische Mängel des NPS diskutiert. Erwähnt wird dabei unter anderem die willkürliche Einteilung

Abb. 34 Management von Zufriedenheit. (Quelle: 1A Relations GmbH, eigene Darstellung)

Abb. 35 Erfolgsfaktoren. (Quelle: 1A Relations GmbH, eigene Darstellung)

der Skala in Detraktoren und Promotoren." Quelle: https://de.wikipedia.org/wiki/Net_Promoter_Score vom 01.03.2020

Die zuletzt auf Wikipedia genannten Schwächen sieht auch der Autor als Schwächen an. Fazit: NPS ist eine einfache Messung, ein Teil der KPIs. Die komplexe Messung einer Kundenzufriedenheit ist deutlich umfangreicher.

Eine weitere Möglichkeit der Messung – vor allem ein Vergleich zwischen Unternehmen und Branchen – ist der Kundenmonitor der Servicebarometer AG (www.servicebarometer.com 2013).

Zufriedenheit managen ist eine wichtige, strategische Aufgabe innerhalb des CRM. Deshalb sollte dies nach gewissen Strukturen ablaufen (vgl. Abb. 34).

Die Erfolgsfaktoren liegen auf der Hand (siehe Abb. 35). Wie profitiert ein Unternehmen von dieser Managementaufgabe?

Aus dem Managen von Kundenzufriedenheit ergeben sich viele Vorteile: Hier nur einige wichtige:

a. höhere Kundenbindung
b. höhere Marge
c. effizientere Services und
d. geringere Flop-Quoten.

Kundenzufriedenheit messen ist:

a. Agieren statt Reagieren
b. Bestätigung von Stärken
c. Lernen von Schwachstellen
d. Feststellen von Entwicklungen sowie
e. effizientes Justieren der Maßnahmen und damit eine der wichtigsten Aufgaben zur Kundenbindung.

11 Ausblick: Ohne direkte, persönliche Beziehungen geht es nicht

Die Bedeutung der GAFA-Plattformen (Google, Amazon, Facebook, Apple) und anderen nimmt immer mehr zu. Deshalb ist eine direkte, wenn möglich, persönliche Beziehung das A und O. Je emotionaler, desto besser. Der Trend zur Automatisierung von Kommunikation und Abwicklung von Dialogen durch Tools sollte immer wieder bewertet und geprüft werden. Zu oft wird durch die vermeintliche Kosteneinsparung durch Tools die Beziehung kaputt gemacht. Die engste Beziehung entsteht durch perfekten Service, durch Mitarbeiter und Produktqualität.

In zweiter Linie ist zu betrachten: Was sind die *Beziehungen wert*? Was kann noch alles innerhalb dieser guten Beziehung verkauft werden? Es gibt hierzu einige Erfolgsbeispiele. *Amazon* hat mit Büchern begonnen, heute sind sogar Lebensmittel erhältlich. *Festool* ist mit Elektrowerkzeug gestartet, heute werden Werkzeugkisten, Verschleiß- und Verbrauchsmaterial, Engineering-Dienstleistungen und Werkstattorganisationsausstattung angeboten. *Burda* hat sich aus einem Verlagsportfolio zu einem der großen E-Commerce- und Portalbetreiber entwickelt.

Wenn sie wissen, welche Beziehung einen Wert haben, dann verabschieden Sie sich von denjenigen, die keinen Wert haben bzw. Werte vernichten. Das entschlackt und befreit die Organisation und sorgt für mehr Zeit für die wichtigen Kunden.

Zusammenfassung
Customer Relationship Management (CRM) ist ein ganzheitlicher Ansatz zur strategischen und operativen Unternehmensführung. Auf Basis einer CRM-Strategie steuert, integriert und optimiert ein Unternehmen abteilungsübergreifend alle interessenten- und kundenbezogenen Prozesse. Dies geschieht auf der Grundlage einer Zielgruppen- und Kundenwertanalyse. Es werden Zielgruppen und Kundensegmente definiert, an denen sich die gesamte Organisation ausrichtet. Sie ist danach nicht mehr funktional, sondern nach Kundengruppen ausgerichtet. Diese Pflege der Beziehungen wird auf der Grundlage einer zum Unternehmen passenden Datenbank beziehungsweise einer entsprechenden Software unterstützt. Zielsetzung von CRM ist dabei im Rahmen von Geschäftsbeziehungen die Schaffung von Mehrwerten auf Kunden- und Unternehmensseite. Mit CRM wird das Ziel verfolgt, die Beziehungsdauer und ihre Rentabilität zu steigern.

Eine Kundenbeziehung wird in mehrere Phasen eingeteilt. Die Hauptphasen sind Anbahnungs- bzw. Interessentenphase, die Kundenbindungsphase und Kundenrückgewinnungsphase.

In der Praxis werden häufig die neuen CRM-Prozesse und -Aktivitäten immer noch mit einer veralteten Organisation und nach alten Kennzahlen gesteuert. Grundlegend für den Unternehmenserfolg sind jedoch eine an Ziel- und Kundengruppen orientierte Organisationsform, entsprechende Ziele, die durch effizientes Kundenbeziehungsmanagement generiert und erreicht werden sollen. Ein CRM-Cockpit dient Management und Mitarbeitern zur Planung, Analyse sowie Optimierung der CRM-Aktivitäten.

Ein wichtiges Ziel eines kundenorientierten Unternehmens ist es, die Kundenbeziehungen maximal auszuschöpfen. Der effiziente Einsatz des Budgets und der Mitarbeiter kann nur über die Analyse des Kundenwerts erfolgen. Dazu werden Daten aus der Vergangenheit (Deckungsbeitrag) und Prognosen für die nahe Zukunft (Potenzialdaten) zusammengeführt, wodurch die Basis für die Bildung verschiedener Kundensegmente gelegt wird.

Bei der Analyse der Kundenzufriedenheit ist zwischen dem ungeplanten Feedback, wie Beschwerden, und dem geplanten Feedback, wie Kundenzufriedenheitsbefragungen, zu unterscheiden.

Literatur

Aberdeen. (2013). Analysis. McKinsey, Customer JC Williams Group. https://assets.mckinsey.com/industries/consumer-packaged-goods/our-insights/the-promise-of-multichannel-retailing. Zugegriffen am 15.06.2020.

CM Partners. (2005). USA, Annual CMO Poll, San José. http://www.cmpartners.com/ Annual Poll 2005.

Hippner, H., Hubrich, B., & Wilde, K. (Hrsg.). (2011). *Grundlagen des CRM* (3. Aufl.). Wiesbaden: Springer Gabler.

http://de.wikipedia.org/wiki/Kano-Modell. Zugegriffen am 14.11.2013.

http://de.wikipedia.org/wiki/Net_Promoter_Score. Zugegriffen am 02.07.2013.

http://de.wikipedia.org/wiki/RFMR-Methode. Zugegriffen am 14.11.2013.

http://http://www.handelsblatt.com/unternehmen/management/strategie/unternehmer-muessen-andere-finanzierungsquellen-auftun-kein-grundrecht-auf-bankkredit-seite-3/2287576-3.html. Zugegriffen am 16.06.2013.

http://www.deutschepost.de/dpag?xmlFile=link1016048_900430. Zugegriffen am 16.06.2013.

http://www.pronline.de/social-media/telekom-hilft-auch-mal-brullend-komisch/. Zugegriffen am 15.06.2020.

Krafft, M., & Klingsporn, B. (Hrsg.). (2007). *Kundenkarten – Kundenbindungsprogramme erfolgreich gestalten* (S. 12). Düsseldorf : Fachverlag der Verlagsgruppe Handelsblatt GmbH. 209 Seiten, 375 Euro, ISBN 978-3-7754-0231-6.

Schindl, M. R. (2013). Vortrag auf Kongress der Deutsche Fachpresse in Essen. https://www.sr-partners.com/.

www.servicebarometer.com/. Zugegriffen am 02.07.2013.

CRM und Customer Experience Management

Claudio Felten

Inhalt

1 Einleitung 312
2 CRM und CXM: Sichtweise und Implikationen 315
3 Fazit 321
Literatur 323

Zusammenfassung

Das Customer Relationship Management stellt die Kundenwertorientierung und das Management des Kundenlebenszyklus in das Zentrum der Marketing Betrachtung. Daneben hat sich der Themenbereich des Customer Experience Management stark entwickelt und etabliert. Der vorliegende Beitrag schlägt eine Integration des Customer Experience Managements und seiner Kernmethoden wie zum Beispiel das Customer Journey Mapping in das CRM vor und betrachtet ausgewählte Implikationen und Anforderungen einer solchen Integration.

Schlüsselwörter

CRM · Customer Relationship Management · Customer Experience · Customer Experience Management · Customer Journey · Touchpoint Management

---

C. Felten (✉)
MUUUH! Consulting GmbH, Osnabrück, Deutschland
E-Mail: claudio.felten@googlemail.com

© Springer Fachmedien Wiesbaden GmbH, ein Teil von Springer Nature 2021
H. Holland (Hrsg.), *Digitales Dialogmarketing*,
https://doi.org/10.1007/978-3-658-28959-1_13

1 Einleitung

Betrachtet man die Entwicklungsstufen im Marketing (vgl. Abb. 1), dann findet sich in der Marketing Literatur die Kundenwertorientierung mit seinem Fokus auf CRM als aktuelles Paradigma.

Nach Krafft ist CRM „[...] defined as the orientation of all business structures, processes and activities towards customers' needs, directed at identifying, establishing and intensifying respectively terminating profitable customer relationships in case they are no longer advantageous" (Krafft und Götz 2003, S. 340). Im Zentrum des CRM stehen damit die Gewinnung, Bindung und Entwicklung individueller, auf Interaktion mit dem einzelnen Kunden basierende Beziehungen unter einer Profitabilitätsrestriktion. Vorherrschende Instrumente des CRM (Kreutzer 2016) sind Kundenwertansätze in Verbindung mit dem Modell des Kundenlebenszyklus (vgl. Abb. 2).

In den letzten Jahren tritt das Thema CRM thematisch eher in den Hintergrund und andere Begriffe bestimmen den Marketing Zeitgeist. Die Rede ist meist von Customer Experience (siehe z. B. Goodman 2014; Rose und Johnson 2015; Van Belleghem 2019), Customer Experience Management (Winters 2014), Customer Journey oder Touchpoint Management (Schüller 2016 oder Melzheimer et al. 2019). Das zunehmende Interesse an den Themen Customer Experience (CX) und CX Management (CXM) zeigt sich unter anderem im entsprechenden online Suchverhalten (Abb. 3) und den vermehrten Studien zu diesen Themen (so z. B. Esch 2013; Forrester's ongoing Customer Experience Index Online Survey, o.V. 2020; IBM 2017).

Auch in den Valleys dieser Welt gibt es neben vielen Unterschieden einen gemeinsamen Nenner, wenn nach den Erfolgsfaktoren von Start Ups und New Ventures gefragt wird: It's all about the Journey. Gemeint ist die Customer Journey und damit implizit die CX, die an den Touchpoints dieser Journey entstehen (vgl. Abb. 4 und 5).

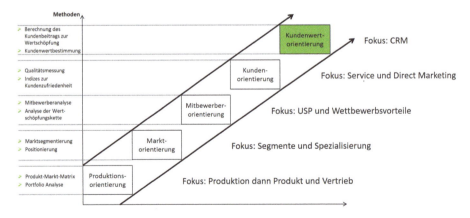

Abb. 1 Entwicklungsstufen im Marketing (in Anlehnung an Bruhn 2003, S. 2)

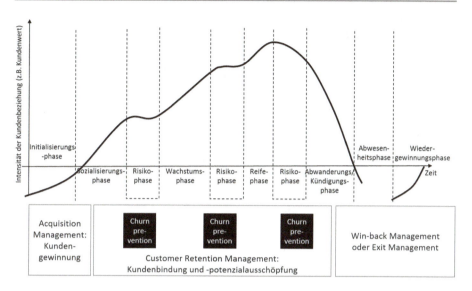

Abb. 2 Kundenlebenszyklus (in Anlehnung an Bruhn 2003, S. 45–49)

Abb. 3 Anfragen und Treffer CX bzw. CXM. (Quelle: eigene Darstellung nach Google. Zugriff 29 Mai 2018)

Die Customer Journey umfasst alle Aktivitäten eines Prospects, Leads oder Kunden, die ein Produkt, Dienstleistung, Marke oder Business betreffen und beinflussen. Diese Aktivitäten führen zu Interaktionen an direkten – also zum Unternehmen gehörenden – sowie indirekten – also außerhalb des Unternehmens liegende – Touchpoints. Touchpoints sind in dieser Definition nicht nur die üblicherweise darunter subsummierten Kanäle, sondern alle Interaktionspunkte wie z. B. Produkte, Inbetriebnahme- und Bedienungshilfen, Rechnungen etc. Damit sind Touchpoints immer eine Kombination aus Kundenanliegen und Medium im weiteren Sinne, da Kanäle aus Kundesicht anlassbezogen unterschiedlich perzipiert werden. Diese weitere Sichtweise folgt ummittelbar aus der Job-to be done-Theorie (Christensen et al. 2007, 2016) und dem Sachverhalt, dass zum einen gleiche Kanäle für unter-

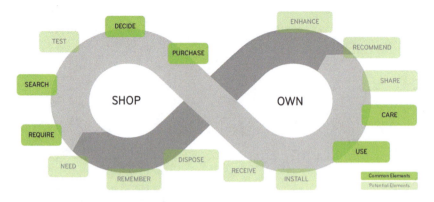

Abb. 4 Customer Journey. (Quelle: eigene Darstellung)

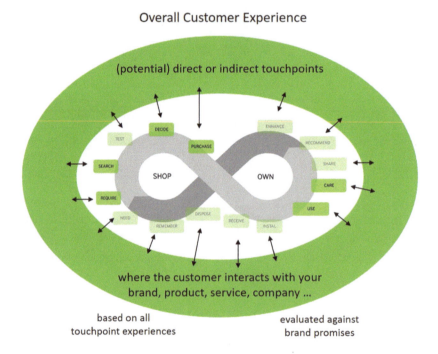

Abb. 5 Zusammenhang Customer Journey-Touchpoints-CX. (Quelle: eigene Darstellung)

schiedliche Aktivitäten und zum anderen für gleiche Aktivitäten unterschiedliche Kanäle verwendet werden (vgl. Abb. 6).

Zwangsläufig ergibt sich aus dem oben gesagten die Frage nach dem Zusammenhang zwischen CRM und CXM. Der folgende Beitrag schlägt vor, CX als logische nächste Entwicklungsstufe im Marketing und als aktuelle Ausprägung von Kundenorientierung zu betrachten. Dabei wird CX nicht als Alternative oder Nachfolger von

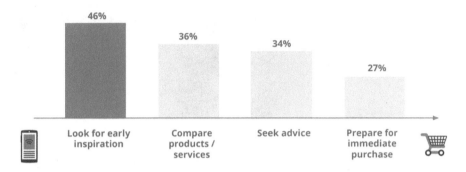

Abb. 6 Smartphone und Journey Stages. (Quelle: Google)

CRM, sondern als dessen Ausbaustufe bzw. Ergänzung sowie aktuelle Konkretisierung verstanden. Im Folgenden wird diese Sichtweise motiviert sowie wesentliche Implikationen des CXM für das CRM dargestellt.

2 CRM und CXM: Sichtweise und Implikationen

2.1 Sichtweise

CXM ist kein neues Phänomen. Bereits 1998 propagieren Pine und Gilmore die Experience Economy und betonen, dass „[…] from now on, leading edge companies – whether they sell to consumers or businesses – will find that the next competitive battleground lies in staging experiences" (Pine II und Gilmore 1998, S. 98). Peter Merholz stellt 2007 fest, dass aus Kundenperspektive das Erlebnis das Produkt ist (Merholz 2007). Maklan und Klaus bauen 2011 das Produkt und Service Qualitäts-Messinstrumentarium zur CX-Qualität aus (Maklan und Klaus 2011). Um die gleiche Zeit entstehen auch die ersten CX Definitionen, die sich cum grano salis wie folgt zusammenfassen lassen (Felten 2018): Customer Experience Management is planning, organization, control, and monitoring of all CRM elements that influence the rational, social and emotional customer experiences with a brand. Main objectives: acquire and create loyal, profitable customers in order to develop them into brand ambassadors. Hier wird schon der direkte CRM Bezug sichtbar. Der Hauptunterschied zur CRM Definition aus der Einleitung ist zum einen die Ergänzung des Bezugspunkts der „Experience" und zum anderen die explizite Betonung der emotionalen und sozialen Aspekte der Beziehung die dafür sorgen sollen, Kunden derart zu begeistern, dass sie zu Markenbotschaftern werden. Während der Bezugspunkt bislang vor allem funktionale und rationale Aspekte im Beziehungsfokus standen – also dem „Was", bringt der Aspekt „Experience" zusätzlich eine

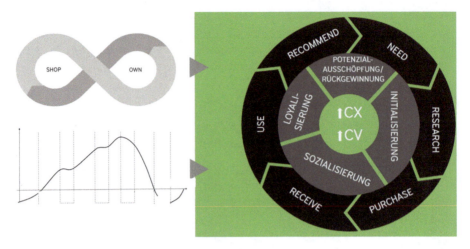

Abb. 7 Erweitertes Stufenmodell. (Quelle: eigene Darstellung in Anlehnung an Bruhn 2003 sowie Krafft und Götz 2003)

Betonung der „Wie"-Komponente, auch wenn theoretisch beides schon im Begriff „needs" der Ursprungsdefinition enthalten ist. Da sich eher die Perspektive auf CRM und dessen Erfolgsmechanik und nicht die originäre Zielsetzung geändert haben, stellt die die aktuelle Fokussierung auf CX eher eine neue Stufe und einen Paradigmenwechsel als eine Ablösung des CRM dar (vgl. Abb. 7). Customer Experience kann demnach als aktuelle Konkretisierung von Kundenorientierung aufgefasst werden. Ob der Erweiterung des CRM-Begriffs auf CRXM gefolgt wird, ist dabei unerheblich und bleibt dem geneigten Leser überlassen.

Die aktuelle Beschäftigung mit CX hat zu einer Wiederbelebung der Kundenorientierung geführt sowie das CRM maßgeblich beeinflusst und erweitert. Im Folgenden werden einige relevante Implikationen ausgeführt.

2.2 Implikationen

2.2.1 Verbindung von Customer Journey und Kundenlebenszyklus

Der Kundenlebenszyklus (Customer Life Cycle/CLC; vgl. Abb. 2) ist im Kern eine Inside-Out Betrachtung. Phasen und Ziele sind aus Sicht des Unternehmens formuliert. Die Customer Journey (CJ) ist die Reise aus Sicht des Kunden mit Bezug zum Unternehmen und damit eine Outside-In Betrachtung (vgl. zur Methode zum Erstellen von CJs Melzheimer et al. 2019). Um für beide Seiten erfolgreiches CRXM zu betreiben, um CX und den Customer Value (CV) zu erhöhen ist eine integrierte Betrachtung beider Konzepte notwendig (vgl. Abb. 8).

Dabei ist nicht nur auf die Abbildung relevanter Touchpoints und Aktivitäten in CRM-Systemen sowie prozessmäßig aufzustellenden Kundenkontaktstrecken zu achten, sondern insbesondere eine enge Verzahnung von Marketing, Vertrieb und Service

CRM und Customer Experience Management

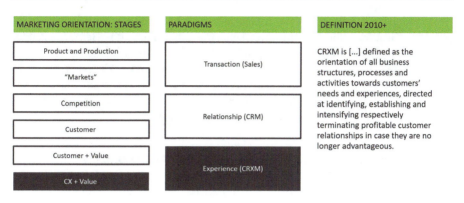

Abb. 8 Integrierte Betrachtung von CJ und CLC

mit einheitlichem Verständnis und klaren Verantwortlichkeiten herbeizuführen. Vielfach finden sich in Unternehmen so viel verschiedene CJ-Ansätze, wie es Abteilungen mit Kundenbezug gibt, was eine nahtlosen Kundenreise eher erschwert, denn verbessert.

2.2.2 Verbindung von Segmentierung und Personas

Im Marketing bereits länger bekannt, werden Personas als visuelle „Übersetzung" datengetriebener Segmentierungsmodelle angewendet (zur Herkunft und Methoden zur Erstellung von Personas vgl. Schoeder und Felten 2018). Dabei sind statistische Modelle Grundlage, mit denen spezifische Gruppen (Segmente) mit gleichen Merkmalen identifiziert werden, die gleichzeitig zwischen den Gruppen signifikante Unterscheidungen möglich machen. Angestrebt wird eine jeweils eindeutige Zuordnung aller Kunden/potenziellen Kunden – in der Realität lassen sich Überschneidungen und ein relevanter „Rest" selten vermeiden.

Um diese Datenmodelle auch für Nicht-Statistiker verständlich und nutzbar zu machen, werden dann diese Segmente „personalisiert". Die Gruppen erhalten einen Namen, ein Gesicht, wesentliche Merkmale werden hervorgehoben – bleiben gleichzeitig aber fiktive Beispiele abstrakter Datenmodelle. Marketing Personas erklären Kundenverhalten sehr gut, aber in der Regel nicht das „warum" dahinter. Auch bleiben Marketing Persona oft auf die Initialisierungs- oder Sales-Phase der Kundenbeziehung beschränkt (Buyer Persona). Bekannte übergeordnete Marketing Persona sind zum Beispiel die Käufer- und Lifestyle-Typologien aus der Marktforschung. Als Teil der „Customer Journey Mapping"- Methodik geht die Entwicklung von Personas den umgekehrten Weg. Bewusst werden typische Kundengruppen aus einer eher subjektiven Wahrnehmung beschrieben und dabei Augenmerk auf Faktoren gelegt, die in Datenmodellen eher selten verfügbar sind: Emotionen, Motivationen, Bedürfnisse der Adressaten und daraus resultierende Schmerzpunkte in der Kundenbeziehung – verknüpft mit klassisch soziodemografischen Merkmalen und weiteren im jeweiligen Business relevanten Datenpunkten. Erst in der weiteren Verwendung empfiehlt es sich, getroffene Annahmen mithilfe vorhandener statistisch auswertbarer Daten zu validieren und zu qualifizieren – insbesondere, wenn es darum geht, sicherzustellen, dass keine relevanten Kundengruppen vergessen wurden. Design Personas erzählen eine Geschichte und helfen, den Endnutzer über die gesamte Customer Journey zu verstehen (Customer Persona). Beide genannten Ansätze sollten abhängig vom gewünschten Unternehmensziel entsprechend eingesetzt werden. Marketing Personas sind verallgemeinernd und auf Kerneigenschaften angelegt, Design Personas sind individualisierend und präzisierend. Für ein vollständiges CX müssen beide Ansätze integriert werden und insbesondere ein Mapping der entwickelten Personas auf die CRM-Daten erfolgen.

2.2.3 Verbindung von CRM-Erfahrung und Touchpoint-Betrachtung

Wie mit vielen „neuen" Themen, lässt sich auch im Kontext von CXM und insbesondere in Verbindung mit der Touchpoint-Betrachtung ein „Vergessenseffekt" feststellen. Neben der Betrachtung der CX ist es wichtig, 5 weitere Perspektiven zu berücksichtigen:

1. Das Problem, das der Kunde lösen will (vgl. Christensen et al. 2007). Keine Experience wird begeistern, wenn das eigentliche Problem nicht gelöst wird. Viele Unternehmen stürzen sich mit viel Leidenschaft und Enthusiasmus auf Begeisterungsthemen, ohne die Basisfaktoren per se sowie die Wettbewerbsfähigkeit auf den Leistungsfaktoren sicher zu stellen (vgl. Kano 1984).
2. Digitale Effizienz: oftmals bieten Touchpoints erhebliche Effizienzsteigerungsmöglichkeiten durch Digitalisierung bei gleichzeitiger Erhöhung der CX oder aber ohne die CX zu beeinträchtigen (vgl. Price und Jaffe 2008).
3. On-, Up-, Cross-Selling und Empfehlungs-Potenzial: Oftmals haben Kunden nach begeisternden Touchpoint-Erfahrungen eine hohe Offenheit und Neigung zum Ausbau und Intensivierung der Kundenbeziehung. Derartige Mechanismen sollten geprüft und implementiert werden.
4. Daten Intelligenz: an vielen Touchpoints geben Kunden freiwillig Informationen, die sonst gar nicht oder nur mit immensem Aufwand generiert werden können. Unternehmen sollten an jedem Touchpoint systematisch solche Informationen einholen bzw. erfassen sowie immer dafür sorgen, dass dem Touchpoint die CX und CV relevanten Informationen zur Verfügung stehen.
5. Employee Experience (EX): nur begeisterte und befähigte Mitarbeiter werden Kunden begeistern. Neben der CX ist daher auch immer die EX herbeizuführen.

2.2.4 Vermeidung von Marketing Kurzsichtigkeit

Auf dem Weg zu mehr CX lassen sich in der Praxis oftmals fünf Missverständnisse beobachten:

1. Fokussierung auf die Shop Phase: Oftmals wird sehr viel Energie in die Shop Phase der CJ gesteckt. Mindestens genau so viel Energie ist in die Own-Phase zu investieren, damit die CRM-Ziele erreicht werden.
2. Alleinige Betrachtung der Makro Journey: Die übergeordnete Makro-Journey (siehe Abb. 4) ist als Ausgangspunkt und zur übergeordneten Betrachtung der CX wichtig. Allerdings repräsentiert jede Station der Makro Journey eine Mikro

CRM und Customer Experience Management

Journey. Zumindest die relevanten Mikro Journeys, die sogenannte Moments of Truth umfassen, müssen kartografiert, analysiert und optimiert werden.

3. Keine relative Bewertung der Touchpoint Experience: „What gets measured gets done" soll Peter Drucker einmal gesagt haben. Insofern beinhaltet auch jeder Customer Journey Mapping Methode eine Bewertung der Touchpoints. In der Regel wird die absolute Performance hinsichtlich der gelieferten Experience auf einer qualitativen Skala erfragt oder mittels Expert Judgement eingeschätzt. Das ist allerdings insofern riskant, da der tatsächliche Handlungsbedarf ohne die relative Betrachtung zum Wettbewerb nicht abgeleitet werden kann.
4. Zu einseitiger Fokus auf Digitalisierung: Oftmals wird im Kontext der digitalen Transformationswelle einseitig auf digitale Touchpoints, digitale Experiences oder Digitalisierung von Touchpoints fokussiert. In der Praxis zeigt sich, dass eine integrierte Betrachtung von digital und analog meist die besseren Experiences hervorbringen.
5. Zu geringe oder zu starke Betrachtung des Kernproduktes: Das Kernprodukt ist Bestandteil der Experience. Auch in einer Experience Economy ist es wichtig, die Beiträge einzelner Experiencebausteine zur Gesamtexperience zu bemessen, um Kompensation- und/oder Verstärkungseffekte zu verstehen und das Experience-Preis-Verhältnis zu optimieren (Felten 2018). In der Praxis finden sich viele Fälle, in denen der Produkteinfluss entweder über- oder auch unterschätzt wird.

2.2.5 Renaissance von Voice of the Customer Programmen im CRM

Seit 2003 nutzen Unternehmen das Net Promoter-Konzept, um Kundenorientierung systematisch zu verankern und zu managen, mehr neue Kunden zu gewinnen und die bestehenden besser zu binden und zu entwickeln (siehe Abb. 9 und zur Methode sowie ihren Vor- und Nachteilen Felten 2014a, b und c sowie Felten 2015).

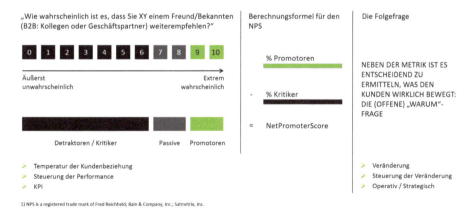

Abb. 9 NPS Kurzdarstellung

Nach der ersten Veröffentlichung der Idee (Reichheld 2003) gab es einen regelrechten Hype um dieses spezielle Voice of the Customer Programm und der in seinem Fahrwasser entstandenen Varianten. Kundenzufriedenheit, so sehen es viele Unternehmen, war gestern. Kundenbegeisterung und das Bestreben, Kunden zu Fans zu machen, ist heute. Fast alle Unternehmen propagieren in ihrer Kommunikation und ihren Leitbildern, den Kunden in den Mittelpunkt ihres Handelns zu stellen. Manche Unternehmen verhalten sich allerdings so, als ob der Kunde bei ihnen nur im Weg steht. Um aber Experiences zu verbessern bzw. zu wissen, an welchen Stellen der Kunde Handlungsbedarf sieht, braucht das Unternehmen Informationen über die Kundensicht dazu. Anfangs suchten viele Unternehmen ihr Heil in der Marktforschung. So wichtig derartig grundlegende Betrachtungen sind und so unerlässlich solide Marktforschung für Einzelthemen wie Image, Pricing, Innovationsmanagement etc. sind, so wenig befriedigend erscheint ihr Beitrag retrospektiv für die Veränderung von Unternehmen hin zu wirklicher, effektiver und effizienter Kundenorientierung. Die Erfahrungen mit NPS-Programmen und seinen Ablegern haben in zweifacher Hinsicht die Best Practice im Customer Experience Management geprägt: Man bringt den Kunden wieder in das Unternehmen (1) und man etabliert Strukturen und Prozesse, um mit diesen Informationen systematisch Kunden und Unternehmen zu managen (2). Erfolgreiche CX-Unternehmen nutzen systematisch vier Informationsquellen einfach und effizient, wenn sie wissen wollen, was Kunden gerade besonders glücklich macht, was also stabilisiert und ausgebaut werden sollte, und was sie unglücklich macht, also abgestellt werden muss.

- Permanentes, aktives Einholen von Kundenfeedback über moderne, schnelle und für den Kunden angenehme Methoden wie den Net Promoter Score und dessen Varianten.
- Systematisches Erfassen von Kundenanliegen im Kundenkontakt.
- Systematisches Erfassen der Beschwerdeanliegen.
- Systematisches Beobachten und Erfassen der Kundenanliegen/-aktivitäten im Web.

Das Erfassen ist allerdings nur die Basis. Die eigentliche Veränderung erfolgt durch die zentrale Bündelung, Anreicherung und Systematisierung zu Customer Insights als Grundlage zur Verwendung dieser Informationen in den operativen Bereichen und strategischen Themen.

Kundenanliegen wie „Ich warte jetzt schon seit drei Wochen auf meinen Vertrag" oder „Der Gutscheincode lässt sich auf der Webseite nicht eingeben" müssen sofort an die verantwortlichen Stellen zur Lösung weitergeleitet werden. In weniger akuten Fällen reicht es, die Information für die Fachbereiche als Optimierungsansätze aufzubereiten. Strategische Themen, wenn etwa viele Kunden über lange Wartezeiten verärgert sind oder die Usability der Webseite monieren, müssen in Managementrunden thematisiert werden, damit gegensteuernde Maßnahmenpakte verabschiedet werden können. Dazu bedarf es einer verantwortlichen Stelle, etwa eines „Customer Councils" oder „Voice-Teams", mit direkter Berichtslinie an die Geschäftsführung oder den Vorstand. Werden die so transparenten Kundenanliegen zusätzlich mit Informationen zum Kundenwert verknüpft, dann ergeben sich für sämtliche Maßnahmen Business Cases und die Wertschöpfung der Aktivitäten wird sichergestellt. Gleichzeitig werden alle Themen bezüglich ihrer Wertschöpfung für den Kunden und das Unternehmen beleuchtet, organisiert und gesteuert. Kanäle, Servicelevel, Kampagnen, Kulanzregelungen und andere Aspekte lassen sich so Segment bezogen und kundenindividuell optimieren.

Im Ergebnis erhält man ein Unternehmen, das auf allen Ebenen und in allen Bereichen kunden- und wertschöpfungsorientiert denkt und handelt. Es generiert, bindet und entwickelt folglich die richtigen Kunden und erzielt die richtige Customer Experience. Gleichzeitig wird der Kunde damit zum Motor der Unternehmensentwicklung. Darin liegt auch die Bedeutung derartiger Programme für das CRM im Kontext von CX begründet.

2.2.6 Integration des ZMoT und Notwendigkeit des Review und Rating Management

Die zunehmende Digitalisierung hat auch zu einer Veränderung der klassischen Stimulus-Response Abfolge und zur Erweiterung der Betrachtung auf den sogenannten Zero Moment of Truth geführt. Dieser erstmalig 2011 von Google geprägter Begriff „refers to the moment in the buying process when the consumer researches a product prior to purchase" (o.V. o. J. Google). Generell kann sämtliche digitale Informationsaktivität vor dem Kauf unter diesem Begriff subsumiert werden. Diese neue Realität muss in das CRM integriert werden. Das heißt, insbesondere, dass relevante Kanäle bespielt und zudem SEM, SEO, Content etc. systematisch gemanaged werden müssen. Außerdem ist parallel im Internet eine neue Währung entstanden: Reviews und Ratings. Die Bedeutung dieser neuen Währung lässt sich anhand der Informationen der Abb. 10 und 11 unmittelbar bemessen.

Kreutzer (2017) sieht dabei 6 Handlungsfelder des Review- und Ratingmanagements:

1. Zieldefinition des Review- und Rating-Managements
2. Anlage eines Profils in den relevanten Bewertungsportalen
3. Analyse und Verarbeitung des Kunden-Feedbacks
4. Bewertungsergebnisse für andere sichtbar machen
5. Durchführung eines Empfehlungs-Marketing
6. Controlling des Review- und Rating Managements

3 Fazit

CX ist eine relevante und sehr aktuelle Erweiterung des CRM, die zusammen mit den Entwicklungen im analytischen CRM in den kommenden Jahren das CRM weiter prägen und verändern wird. In diesem Beitrag wurde eine Sichtweise zur Integration von CRM und CXM vorgeschlagen sowie einige zentrale Implikationen von CX auf CRM erörtert. Das Themengebiet wächst rapide. Hafner und Henn

Abb. 10 Bedeutung von Reviews und Ratings. (Quelle: o.V. 2019, S. 90 ff.)

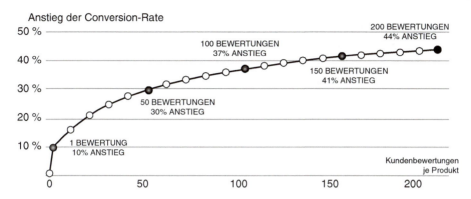

Abb. 11 Entwicklung der Conversion-Rate in Abhängigkeit von der Anzahl der Bewertungen. (Quelle: adaptiert von Kreutzer 2017, S. 109 ff.)

Abb. 12 Customer experience Trendradar (Hafner und Henn 2020)

(2020) haben ein CEX Trendradar entwickelt, das helfen kann, die relevanten Entwicklungen auch zukünftig mitzuverfolgen (vgl. Abb. 12).

Literatur

Bruhn, M. (2003). *Relationship marketing*. Harlow: FT Prentice Hall.
Christensen, C. M., Anthony, S. D., Berstell, G. N., & Nitterhouse, D. (2007). Finding the right job for your product. *MIT Sloan Management Review, 48*(3), 38–47.

Christensen, C. M., Hall, T., Dillon, K., & Duncan, D. S. (2016). Know your customers' „Jobs to be done". *Harvard Business Review, 94*(9), 54–62.
Felten, C. (2014a). Service excellence schafft Erlebnis. *Acquisa, 61*, (Heft 07–08), 26–27. Haufe-Group.
Felten, C. (2014b). Faktoren für den NPS-Erfolg. *Acquisa, 61*, (Heft 09), 48–49. Haufe-Group.
Felten, C. (2014c). NPS pusht customer experience. *Acquisa 61*, (Heft 11–12), 58–59. Haufe-Group.
Felten, C. (2015). NPS – The next level. *Acquisa, 61*, (Heft 01), 50–51. Haufe-Group.
Felten, C. (2018). Im Zeitalter des Customer-Experience-Wettbewerbs. https://www.muuuh.de/hub/consulting/im-zeitalter-des-customer-experience-wettbewerbs. Zugegriffen am 13.04.2020.
Goodman, J. A. (2014). *Customer experience 3.0. High profit strategies in the age of techno service.* New York: American Management Association.
Hafner, N., & Henn, H. (2020). Das CEX Trendradar. http://hafneroncrm.blogspot.com/2020/01/die-crm-trends-2020-das-neue-jahrzehnt.html. Zugegriffen am 13.04.2020.
Kano, N. (1984). Attractive quality and must-be quality. *Journal of the Japanese Society for Quality Control, 14*(2), 147–156.
Krafft, M., & Götz, O. (2003). Customer Relationship Management öffentlicher und privater TV-Sender. In B. W. Wirtz (Hrsg.), *Handbuch Medien- und Multimediamanagement*. Wiesbaden: Gabler.
Kreutzer, R.T. (2017). Review- und Rating Management – ein (noch) unterschätztes Aufgabenfeld. In Deutscher Dialogmarketing Verband e.V. (Hrsg.), *Dialogmarketing Perspektiven 2016/2017* (S. 109–126). Wiesbaden: Springer/Gabler.
Kreutzer, R. T. (2016). *Kundenbeziehungsmanagement im digitalen Zeitalter* (1. Aufl.). Stuttgart: Kohlhammer.
Maklan, S., & Klaus, P. (2011). Customer experience: Are we measuring the right things. *International Journal of Market Research, 53*(6), 771–792.
Melzheimer, M., Felten, C., & Schoeder, J. (2019). Customer journey mapping – welche Karte ist die richtige? https://www.muuuh.de/hub/consulting/customer-journey-mapping-welche-karte-ist-die-richtige. Zugegriffen am 13.04.2020.
Merholz, P. (2007). Experience is the product. *Business Week Online* Article. June 22, 2007. https://www.bloomberg.com/news/articles/2007-06-22/experience-is-the-productbusinessweek-business-news-stock-market-and-financial-advice. Zugegriffen am 13.04.2020.
o.V. (2013). Customer experience studie. Esch Consultants. W&V 32/2013.
o.V. (2017). IBM 2017 customer experience index (CEI) study. IBM institute for business value. https://www.ibm.com/downloads/cas/N7EMJANO. Zugegriffen am 13.04.2020.
o.V. (2019). Bild der Wissenschaft, 3/2019, S. 90 ff.
o.V. (2020). Forrester's customer experience index. https://go.forrester.com/analytics/cx-index/. Zugegriffen am 13.04.2020.
o.V. (o. J.). https://www.thinkwithgoogle.com/marketing-resources/micro-moments/zero-moment-truth. Zugegriffen am 13.04.2020.
Pine, B. J., II, & Gilmore, J. H. (1998). Welcome to the experience economy. *Harvard Business Review, 76*(4), 97–105.
Price, B., & Jaffe, D. (2008). *The best service is no service. How to liberate your customers from customer service, keep them happy & control costs*. San Francisco: Jossey-Bass.
Reichheld, F. (2003). The one number you need to grow. *Harvard Business Review, 81*(12), 46–54.
Rose, R., & Johnson, C. (2015). *Experiences: The 7th era of marketing*. Cleveland: Content marketing Institute.
Schoeder, J., & Felten, C. (2018). Personas – Was ist das, wie mache ich es und worauf muss ich achten? In T. Schwarz (Hrsg.), *Leitfaden Relevanz im Marketing. Mit künstlicher Intelligenz zu mehr Kunden* (S. 99–115). Waghäusel: Marketing-BÖRSE.
Schüller, A. M. (2016). *Touch.Point.Sieg. Kommunikation in Zeiten der digitalen Transformation*. Offenbach: Gabal.
Van Belleghem, S. (2019). *Customers the day after tomorrow* (4. Aufl.). Lannoo: Campus.
Winters, P. (2014). *Customer strategy*. Freiburg: Hauffe.

Analytisches Customer Relationship Management

Meinert Jacobsen und Peter Lorscheid

Inhalt

1 Einleitung 326
2 Was ist analytisches CRM? Definition und Aufgabenstellung 326
3 Datenbasis des analytischen CRM 327
4 Grundlegende Methoden 333
5 Komplexere Analysemethoden 341
6 Anwendung der Analyseergebnisse 352
7 Fazit und Ausblick 357
Literatur 358

Zusammenfassung

Datengetriebenes Marketing nutzt die vielfältigen, im Unternehmen vorhandenen Daten für eine optimierte Kundenansprache. Hierfür Analyseergebnisse bereitzustellen, ist Aufgabe des analytischen CRM. Zunächst gilt es, die Daten aufzubereiten und eine Datenbasis zu erstellen, die eine möglichst umfassende Sicht auf den Kunden ermöglicht. Verschiedene Analysemethoden lassen sich auf unterschiedliche Fragenstellungen der Gestaltung von Kundenbeziehungen anwenden. Das Spektrum reicht von einfachen Ansätzen wie Kundenstrukturanalysen, RFM-Analysen und Kundenwanderungsmodellen bis hin zu komplexen Ansätzen wie Scorings, Customer Lifetime Value und Segmentierung.

M. Jacobsen (✉)
B2B Smart Data GmbH, Bonn, Deutschland
E-Mail: jacobsen@b2bsmartdata.de

P. Lorscheid
mar,an,con GmbH, Bonn, Deutschland
E-Mail: peter.lorscheid@marancon.de

Schlüsselwörter

Data Analytics · Datengetriebenes Marketing · Kundendaten · Individualisierung · Anspracheoptimierung

1 Einleitung

„Daten sind das Öl des 21. Jahrhunderts," sagte einst Stefan Groß-Selbeck, 2009–2012 CEO von XING. „Aber selbst die besten Daten nützen nichts, wenn die Anwender damit nicht umgehen können" (zitiert nach Polvin-Plass 2019). Das datengetriebene Marketing stellt die Kundenansprache auf eine objektive Basis und ersetzt damit die Bauchgefühl-basierte Vorgehensweise, die in manchem Unternehmen auch heute noch dominiert.

Die Potenziale, die sich mit der Analyse von Daten heben lassen, wachsen mit der immer größer werden Menge von Daten, die in der modernen digitalen Welt entstehen und sich zu Analysezwecken nutzen lassen. Der Analyst sollte dabei bestrebt sein, ein möglichst vollständiges Datenbild von der Kundenbeziehung zu bekommen, sodass alle relevanten Informationen in die Analyse einfließen können. Diesen Analysevorgang bezeichnet man auch als analytisches Customer Relationship Management (aCRM).

Ziel der Analyseaktivitäten ist, die Kommunikation mit dem Kunden – in einem vertretbaren Maß – zu individualisieren. Die Kundenansprache wird auf diese Weise passgenauer auf die Kundenbedürfnisse ausgerichtet, sodass Anbieter wie Kunde profitieren: Der Kunde erhält für ihn relevantere Angebote und ist eher bereit zu kaufen; der Anbieter kann mehr verkaufen und die Effizienz seiner Werbeaktivitäten verbessern.

2 Was ist analytisches CRM? Definition und Aufgabenstellung

Der Kunde rückt zunehmend in den Fokus des Interesses der Unternehmen. Ausgehend von einer reinen Produktorientierung in der Zeit nach dem 2. Weltkrieg lassen sich Phasen der Markt-, Wettbewerbs- und Kundenorientierung festmachen (Bruhn 2016, S. 1). Erst ab der Jahrtausendwende rückt mit der *Beziehungsorientierung* die Gestaltung der Beziehung einzelnen Kundenbeziehung in den Mittelpunkt des Interesses; seit 2010 tritt mit der *Netzwerkorientierung* das Interesse für die Vernetzung der Kunden untereinander und mit dem Unternehmen in sozialen Medien hinzu (Meffert et al. 2015, S. 8).

In Anlehnung an Bruhn (2016, S. 12) lässt sich Customer Relationship Management (CRM) wie folgt definieren:

> *Customer Relationship Management umfasst sämtliche Maßnahmen der Analyse, Planung, Durchführung und Kontrolle, die der Initiierung, Stabilisierung, Intensivierung und Wiederaufnahme sowie gegebenenfalls der Beendigung von Kundenbeziehungen dienen.*

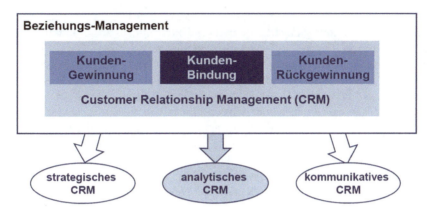

Abb. 1 Abgrenzung und Gliederung des Customer Relationship Management

Ziel ist dabei, den Nutzen des jeweiligen Kunden für das Unternehmen zu steigern. Dazu werden Kundendatenbanken analysiert und genutzt, um für den jeweiligen Kunden optimale Kommunikationskanäle und -inhalte zu finden.

Neben der operativen umfasst die obige CRM-Definition auch eine *strategisch-konzeptionelle Komponente* – CRM ist damit ein ganzheitlicher Management-Ansatz, in den sämtliche Marketingmaßnahmen eines Unternehmens integriert sind. Auf der operativen Ebene sind Aufgaben der kommunikativen Umsetzung (Inhalte, Kanäle, Gestaltung) von Datenanalyseaufgaben zu unterscheiden (vgl. Abb. 1). Das *analytische CRM* umfasst u. a.

- die Datenaufbereitung zu Analysezwecken,
- die Auswahl geeigneter Analysemethoden und die Durchführung der Analyse,
- die analysebasierte Kundenselektion für bestimmte Kampagnen sowie
- die Berechnung von Kenngrößen (KPIs) und Durchführung von Tests zur Bemessung des Erfolgs der optimierten Werbemaßnahmen.

Gegenstand der Analysen sind dabei vor allem Bestandskunden-Daten, da für diese i. d. R. auf umfangreiche und aussagekräftige Datenbestände zurückgegriffen werden kann und diese den größten Beitrag zum Erfolg eines Unternehmens liefern.

3 Datenbasis des analytischen CRM

3.1 Datenquellen und relevante Merkmale

Grundlage des analytischen CRM sind die dem Unternehmen über die Kunden vorliegenden Daten. Dies sind neben den sogenannten Kundenstammdaten zahlreiche weitere Informationen über die Kunden wie z. B. Daten zur Kaufhistorie, zur Kommunikation sowie generell zum Verhalten des Kunden. Welche Informationen konkret vorliegen und sinnvoll analytisch nutzbar sind, hängt u. a. von Branche, Geschäftsmodell und Digitalisierungsgrad des Unternehmens ab. Grundsätzlich bietet es sich aber an, folgende Informationen zu nutzen (vgl. Abb. 2):

- *Kundenstammdaten:* Wann und auf welche Weise wurde der Kunde gewonnen? Wo wohnt der Kunde? Wie alt ist er, welches Geschlecht hat er? Gibt es mehrere Personen aus demselben Haushalt, die Kunden sind? Wie ist das Wohnumfeld des Kunden? Wie weit entfernt zur nächsten Filiale wohnt er?
- *Kaufdaten:* Was kauft der Kunde, wann kauft er und wie viel bezahlt er? In welchem Kanal kauft der Kunde (Filiale, Online-Shop, Mobile) und über welchen Zugangsweg bzw. Affiliatepartner kommt der Kunde? Verwendet der Kunde Gutscheine oder Coupons und welchen Zahlungs- und Lieferweg nutzt er?
- *Verhalten:* Erhält und liest der Kunde den Newsletter? Klickt er auf Links und nutzt im Newsletter beworbene Angebote? Wie lange verweilt der Kunde auf der Webseite; welche Produkte schaut sich er sich dort an, ohne sie zu kaufen? Informiert er sich online und kauft später in der Filiale? Erstellt der Kunde Produktbewertungen und was postet er zu Produkten oder dem Unternehmen in Social-Media-Kanälen?
- *Kommunikation:* Wann hat welcher Kunde welches Werbemittel erhalten (outbound)? Hat der Kunde von sich aus mit dem Unternehmen kommuniziert (inbound)? Über welchen Kanal hat er sich gemeldet? Hat er bestellt, etwas gefragt oder hat er sich beschwert?

Neben diesen unmittelbar kundenbezogenen Daten sind i. d. R. weitere Informationen relevant, um aussagekräftige Analysen zu ermöglichen:

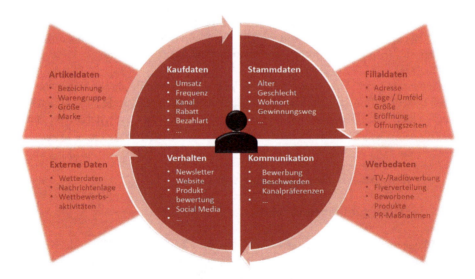

Abb. 2 Datenquellen des analytischen CRM

- *Artikeldaten:* Wie lautet die Bezeichnung des gekauften Artikels, zu welchen Warengruppen, Marken und Größen gehört er?
- *Filialdaten:* Wie lautet die Filialadresse, wie lässt sich die Filiale hinsichtlich Lage bzw. Umfeld, Erscheinungsbild, Größe, Eröffnungsjahr, Öffnungszeiten charakterisieren?
- *Werbemaßnahmen:* Wann liefen Radio- oder TV-Kampagnen? Wann und wo wurden Werbeflyer verteilt und welche Produkte wurden darin beworben?
- *Externe Daten:* Von außerhalb des Unternehmens können z. B. Daten zum Wetter, zu relevanten Nachrichten oder über Wettbewerbsaktivitäten relevant sein.

3.2 Datenintegration

Die im vorliegenden Abschnitt beschrieben Daten liegen im Unternehmen meist nicht an einer Stelle vor. Es handelt sich um interne Daten aus Warenwirtschaft, Ressourcen-Planung (ERP), Kundenbetreuung (CRM), Web-Shop usw. Hinzu kommen ggf. externe Daten. Zu Analysezwecken müssen die vorhandenen Daten aus verschiedenen „Datensilos" zusammengeführt und auf einen einheitlichen Standard gebracht werden.

Man spricht hier von *Datenintegration*, die sich technisch auf verschiedene Weisen realisieren lässt. Dies reicht von problemspezifischen Ad-hoc-Lösungen über Datamarts bis hin zu einem unternehmensweiten, einheitlichen Data Ware House. Ein *Analyse-Datamart* kann dabei eine gute Kompromiss-Lösung sein: Es handelt sich um einen anwendungsspezifischen (hier: auf CRM-Analysen bezogenen) Auszug aus den vorhandenen Daten, für den die Datenintegration zweckbezogen umgesetzt wird (Zimmer und Kemper 2018; Gluchwoski 2019).

Die Datenintegration umfasst dabei verschiedene Schritte (vgl. Abb. 3):

- *Bereinigung:* Behebung inhaltlicher und syntaktischer Defekte (z. B. Formatanpassungen, Behandlung fehlender Werte und von statistischen Ausreißern);
- *Filterung:* Einschränkung auf anwendungsrelevante Geschäftsbereiche und einen adäquaten Zeithorizont;
- *Harmonisierung:* betriebswirtschaftliche Vereinheitlichung (z. B. einheitliche Kodierung, Behandlung von Synonymen bzw. Homonymen);
- *Anreicherung:* u. a. Berechnung von KPIs und Aggregation unter Berücksichtigung der Dimensionsstrukturen.
- *Qualitätssicherung:* Prüfung der Ergebnisse der Datenintegration hinsichtlich festgelegter Standards;

Die aus den einzelnen Silos stammenden Daten weisen unterschiedliche Strukturen, Definitionen, Schlüssel usw. auf. Beim Aufbau des Datamarts erfordert daher die Datenintegration einen erheblichen (zeitlichen) Aufwand. Dabei sind anwendungsorientierte, fachspezifische Definitionen und Logiken zu verwenden. Zu klären ist etwa: Was ist ein „Kunde"? Was ist eine „Transaktion"? Wie sind fehlende Werte zu ersetzen? Dabei sollte man sich idealerweise an unternehmensweiten Standards

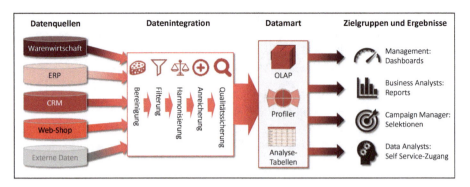

Abb. 3 Datenintegration im Rahmen eines Datamarts

orientieren. So entsteht für den fertigen Datamart eine inhaltlich widerspruchsfreie, für den Anwendungsfall sinnvolle Sicht der Daten: ein „Single Point of Truth" für alle Kundenanalysen.

Nach der Datenintegration wird der eigentliche Datamart erstellt, der aus folgenden Komponenten besteht:

- *Kundenprofiler:* Dieser ist das Herz des Datamarts; hier entsteht die 360°-Sicht auf den Kunden. Hierzu werden die zusammengeführten Daten auf Kundenebene aggregiert, sodass für jeden Kunden ein aktuelles Profil aller relevanten Merkmale zur Verfügung steht.
- *Analyse-Tabellen:* Neben der Kundensicht können weitere Datensichten angelegt werden, z. B. eine Transaktionssicht (Aggregation der Daten auf der Ebene der Kaufvorgänge) oder Artikelsicht (Aggregation und Berechnung von KPIs je Artikel).
- *OLAP-Würfel:* Für Reports etc. werden die Daten in Form sogenannter OLAP-Würfel abgelegt. Hierbei erfolgt eine Aggregation entlang mehrerer Reportdimensionen, was sich positiv auf die Abfrageperformance auswirkt. In dieser Form sind die Daten für Reportings und analytische statistische Verfahren optimal aufbereitet.

Auf Basis des Datamarts lassen sich regelmäßige *Dashboards* für das Management erstellen. Diese veranschaulichen dem Management die aktuelle Entwicklung der wichtigsten kundenbezogenen KPIs.

Mit *spezifischen Reports* können Business Analysts die Entwicklung ihres Geschäftsbereichs verfolgen. Drill-Downs ermöglichen es ihnen, tiefer in die Daten einzutauchen und wertvolle Erkenntnisse zu gewinnen.

Kampagnen-Manager sind auf Basis des Datamarts in der Lage, *Selektionen* für Werbemaßnahmen optimal auszusteuern. Werbeerfolgskontrollen dieser Maßnahmen ermöglichen es ihnen, die Kampagnenaussteuerung weiter zu optimieren und die Effizienz der Kundenansprache nachhaltig zu verbessern.

Interne Data Analysts und Data Scientists können *Ad-hoc-Analysen* erstellen und Data-Mining einsetzen. Dabei können die Daten durch den Analyse-Datamart so bereitgestellt werden, dass sie in beliebigen Tools weiterverwendbar sind.

Alle diese Ergebnisse lassen sich auch erzielen, ohne einen Datamart aufzubauen. Der mühsame Weg der Datenintegration ist dann aber jedes Mal von vorne zu gehen.

3.3 Datenqualität

Die Nutzung der in einem Unternehmen vorhandenen Daten kann erhebliche Nutzenpotenziale entfalten. Allerdings ist dies nur der Fall, wenn die Daten frei von Fehlern sind und in der erforderlichen Qualität vorliegen. Ansonsten gilt das sprichwörtliche Prinzip des „garbage in – garbage out" (Naumann 2007).

Auftretende Datenfehler lassen sich zunächst danach unterscheiden, ob sie bereits innerhalb einzelner Datenquellen bestehen oder ob sie erst durch die Integration inkonsistenter Datenquellen entstehen (Rahm und Do 2000, S. 4–7). Weiterhin muss unterschieden werden, ob der Datenfehler der Schemaebene oder der Datenebene zuzuordnen ist (vgl. Abb. 4):

- *Fehler auf der Schemaebene* liegen vor, wenn die Ursache des Fehlers in der Definition der zulässigen Kategorien liegt. Eigentlich erforderliche Kategorien sind nicht vorgesehen, die Kategorien sind unzureichend voneinander abgegrenzt oder ungenau beschrieben, Merkmale sind inkonsistent zueinander definiert usw.
- *Fehler auf der Datenebene* entstehen demgegenüber für die einzelnen Werte. Hierbei handelt es sich um Werte, die entweder gar nicht vorhanden sind, offensichtlich fehlerhaft oder inkonsistent sind.

Werden Geburtsdaten nach dem Schema „tt.mm.jj" angelegt, entsteht für über 100-jährige Personen das Problem, ihr Geburtsdatum korrekt einzutragen – dies wäre ein Fehler auf Schemaebene einer einzelnen Datenquelle. Ein als „31.02.2000" eingetragenes Geburtsdatum hingegen entsteht auf der Datenebene, denn dieses Datum ist offensichtlich falsch. Ein Fehler aus integrierten Datenquellen entsteht, wenn im Jahr 2020 das Alter der Person mit 50 Jahren angegeben ist, als Geburts-

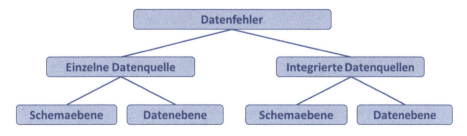

Abb. 4 *Arten von Datenfehlern* (in Anlehnung an Rahm und Do 2000, S. 5)

datum aber der „30.09.2000" vorliegt – auch dieser Fehler liegt auf der Datenebene. Gibt es allerdings eine fehlerhafte Berechnungsvorschrift zur Berechnung des Alters aus dem Geburtsdatum, so liegt der Fehler wiederum auf der Schemaebene.

Ein Unternehmen sollte stets einen Überblick über die Qualität seiner Daten haben. Hierzu sind entsprechende Reports hilfreich, aus denen der Anteil fehlender bzw. offensichtlich fehlerhafter Daten für die einzelnen Merkmale ersichtlich ist. Nach Möglichkeit sollten auch Kontrollroutinen definiert werden, nach denen sich bestimmte Inkonsistenzen der Daten auffinden lassen. Zu beachten ist, dass die in einem derartigen Report dargestellten Datenfehler womöglich nur die Spitze des Eisbergs sind, da es zahlreiche Datenfehler gibt, die sich nicht oder nur mit erheblichem Aufwand finden lassen.

Liegt die im Datenqualitätsreport aufgezeigte Datenqualität nicht auf einem zufriedenstellenden Niveau oder sinkt sie sogar, sollte entsprechend gegengesteuert werden, um die Datenqualität zu verbessern. Hierbei ist es wichtig, bei den datenerfassenden Stellen für das Thema Datenqualität zu sensibilisieren, denn die datenanalytischen Konsequenzen fehlerhafter Datenerfassung (z. B. durch die „Zweckentfremdung" vorhandener Felder) sind dort vielfach nicht bewusst.

3.4 Big Data?

Big Data ist ein Stichwort, das im Zusammenhang mit dem datengetriebenen Marketing immer wieder auftaucht. Es stellt sich somit die Frage: Sind CRM-Analysen Big Data – oder können bzw. sollten sie es sein?

Der *Begriff Big Data* wird mit mindestens drei V's verknüpft (Gartner 2019):

- *Volume:* Analysiert werden – wie der Name schon sagt – große Datenmengen. Ab welcher Menge man hier von groß sprechen kann, lässt sich kaum allgemeingültig sagen. Die speicher- und verarbeitbaren Datenmengen steigen jedenfalls schnell, wobei derzeit von einer Verdopplung alle zwei Jahre auszugehen ist (Ganz und Reinsel 2012, S. 1).
- *Variety:* Hiermit ist die Vielfalt der vorhandenen Datenstrukturen gemeint. Neben strukturierten Daten wie etwa Belegdaten zu Kaufvorgängen gibt es semistrukturierte Daten wie beispielsweise Artikelbeschreibungen im Web-Shop sowie vollkommen unstrukturierte Daten z. B. in Textdokumenten wie Kunden-E-Mails. Je vielfältiger die Datenquellen, die im Rahmen einer CRM-Analyse verwendet werden sollen, desto eher bewegt man sich im Bereich von Big Data.
- *Velocity:* Dies betrifft die Geschwindigkeit, mit der die Daten anfallen und analysiert werden können. Die Bereitstellung von Analyseergebnissen erfolgt damit nicht nur zu bestimmten Stichtagen (etwa vor der Aussendung einer bestimmten Kampagne), sondern in Echtzeit oder zumindest „Quasi-Echtzeit". Dies kann relevant sein, wenn etwa die Aussteuerung einer dynamischen Website vom aktuellen Verhalten abhängig gemacht wird, beispielsweise was das Anzeigen von Produktempfehlungen angeht.

Zu den „drei klassischen V's" treten u. U. weitere wie *Veracity* (man muss mit Daten unterschiedlicher Qualität umgehen) und *Value* (die Daten sind geeignet, einen Mehrwert bzw. Nutzen zu generieren).

CRM-Analysen können sich nach dieser Definition durchaus im Rahmen von Big Data-Analysen bewegen. Ein Beispiel hierfür stellt z. B. die Leadbewertung potenzieller B2B-Kunden dar, die auf der Basis der HTML-Codes von Unternehmens-URLs erfolgt (Jacobsen 2015, S. 285). Zumindest was Menge und Unstrukturiertheit der Daten betrifft, sind typische „Big Data"-Probleme zu bewältigen, um den in den Daten steckenden Mehrwert (Welche Leads sind auf Basis der Webseite vielversprechend, welche nicht?) zu nutzen.

Auf der anderen Seite sind heute und auch in Zukunft viele Analyse-Szenarien denkbar, in denen man noch weit von Big Data entfernt ist und die dennoch einen u. U. großen Nutzen für das Unternehmen darstellen. Wichtig ist, es nicht komplizierter als nötig zu machen, andererseits aber die Augen vor den Potenzialen möglicher Erweiterungen der derzeit genutzten Analysemethoden nicht zu verschließen: ein Vorgehen, das sich wohl mit dem Begriff „Smart Data" recht gut beschreiben lässt.

4 Grundlegende Methoden

4.1 CRM-Kundenprofil

Das Kundenprofil ist das Datenabbild des Kunden, das sich aus allen CRM-relevanten Merkmalen des Kunden ergibt. Es enthält also die 360°-Sicht auf den Kunden, die durch die Datenintegration entstanden ist. Im Kundenprofil sind neben den aktuellen Stammdaten aggregierte Daten zur Kauf- und Kontakthistorie enthalten, beispielsweise

- der bisherige kumulierte Umsatz (Monetary Value),
- der kumulierte Umsatz der letzten 12 Monate,
- die Aufteilung des Umsatzes auf verschiedene Warengruppen,
- die Anzahl der bisherigen Kaufvorgänge (Frequency),
- die Zeit, die seit dem letzten Kauf vergangen ist (Recency),
- die Anzahl bisheriger Outbound-Kontakte, ggf. aufgegliedert nach Kanälen und Anlässen,
- die Anzahl bisheriger Inbound-Kontakte, ebenfalls nach Kanälen und Inhalten,
- usw.

Neben diesen Aggregaten kann das Kundenprofil auch Ergebnisse weitergehender CRM-Analysen enthalten, beispielsweise die Zuordnung zu einem bestimmten Kundensegment, den Kundenwert oder einen Zufriedenheits-Index für diesen Kunden. Welche Daten konkret in einem solchen Kundenprofil enthalten sein sollen, hängt von der Situation des betreffenden Unternehmens hinsichtlich Branche, Geschäftsmodell und genutzten Kommunikationskanälen ab.

Mitarbeiter, denen Zugriff auf die Kundenprofile ermöglicht wird, können sich schnell ein umfassendes Bild von diesem Kunden machen, was z. B. bei der Bearbeitung eines Inbound-Kontaktes hilfreich sein kann. Darüber hinaus lassen sich die in den Kundenprofilen enthaltenen Merkmale natürlich für einfache Selektionen zur werblichen Ansprache nutzen.

4.2 Univariate Auszählungen (Kundenstrukturanalyse)

Zur Selektion für Kampagnen muss der Blick vom einzelnen Kunden gelöst und auf die Gesamtheit aller Kunden gelegt werden, aus denen dann eine Auswahl getroffen wird. Dazu ist es hilfreich, sich zunächst einen Überblick über die univariaten Verteilungen der einzelnen Merkmale des Kundenprofils zu verschaffen.

Ein *Kundenstrukturanalyse-Tool* stellt ein interaktiv programmiertes Werkzeug dar, mit dessen Hilfe sich der Nutzer die für ihn relevanten Verteilungen ansehen kann. Dies können beispielsweise sein:

- die soziodemografische Zusammensetzung der Kunden nach Alter bzw. Geschlecht,
- die Aufteilung der Kunden auf verschiedene Umsatzklassen, etwa anhand des Umsatzes der letzten 12 Monate,
- die Aufteilung der Kunden nach Dauer ihrer Kundenbeziehung,
- die regionale Verteilung der Kunden bzw. deren Zuordnung zu bestimmten Filialen,
- die Recency-Verteilung der Kunden,
- die Aufgliederung der Kunden in verschiedene Aktivitäts-Cluster entlang des Lebenszyklus, d. h. in Neukunden, Bestandskunden, inaktive Kunden usw.
- die Einteilung der Kunden in A-, B- und C-Kunden.

Zu beachten ist, dass manche Merkmale nur bei einer Teilmenge der Kunden anfallen, beispielsweise der mittlere Kaufabstand nur bei Kunden mit mindestens zwei Kaufvorgängen oder die Newsletter-Öffnung nur bei solchen Kunden, die Newsletter-Bezieher sind.

Die *Verteilungen* der Merkmale und zugehörige *Kenngrößen* wie Mittelwerte sollten nicht nur berechnet, sondern idealerweise auf geeignete Weise *visualisiert* werden. Dabei ist das unterschiedliche Skalenniveau der Merkmale zu beachten:

- *Nominale Merkmale.* Hier können die Ausprägungen der einzelnen Kunden lediglich hinsichtlich gleich oder ungleich unterschieden werden, wie etwa beim Geschlecht oder dem Kanal, über den der Kunde gewonnen wurde. Hier lassen sich einfache Häufigkeitsverteilungen bilden und in Form von Balkendiagrammen darstellen. Die häufigste(n) Kategorie(n) stehen hier im Zentrum des Interesses. – Wenn für ein Merkmal viele oder sogar sehr viele Ausprägungen existieren, müssen für die Visualisierung geeignete Kategorien gebildet werden.

Dies ist insbesondere bei den gekauften Artikeln der Fall, die zur Visualisierung geeignet kategorisiert werden müssen.
- *Ordinale Merkmale.* Hier lassen sich die Merkmale in einer natürlichen Reihenfolge anordnen, die bei der Analyse zu berücksichtigen ist. Dies betrifft die Zuordnung der Kunden zu Aktivitäts-Clustern oder zu den Kategorien A-, B- und C-Kunde. Zu den Häufigkeiten treten kumulierte Häufigkeiten, sodass sich beispielsweise sagen lässt, welcher Anteil der Kunden A- oder B-Kunde ist.
- *Metrische Merkmale.* Hier lassen sich die Merkmalsausprägungen nicht nur natürlich anordnen, sondern auch der Abstand zwischen den Werten ist sinnvoll definiert. Beispiel ist etwa das Geburtsdatum eines Kunden; hier ist der 01.01.2000 vom 01.02.2000 nur einen Monat entfernt, vom 01.01.1950 hingegen 50 Jahre. Häufig tritt auch ein natürlicher Nullpunkt hinzu, etwa ein kumulierter Umsatzwert von 0 € oder eine bisherige Anzahl von Kaufvorgängen von null. Insbesondere bei Datumsvariablen kann das aktuelle Datum ein sinnvoller Nullpunkt sein, der entsteht, wenn das Geburtsdatum in das Alter transformiert wird oder das Datum des letzten Kaufs in die Recency. Je nach Anzahl der möglichen Merkmalsausprägungen müssen auch hier möglichst gleich breite Klassen gebildet werden, um die Häufigkeitsverteilung grafisch darzustellen, z. B. in einem *Histogramm.* Zudem ist die Berechnung statistischer Kenngrößen wie dem arithmetischen Mittelwert und der Standardabweichung sinnvoll. In Vorbereitung auf weitergehende Analysen können die Merkmale auf *statistische Ausreißer* untersucht werden, d. h. auf solche Ausprägungen, deren Wert weit entfernt von den übrigen „normalen" Werten liegt. Hierbei kann es sich beispielsweise um extrem hohe Umsatzwerte handeln, die möglicherweise dadurch zu Stande kommen, dass vereinzelte große B2B-Kunden unerkannt in der Masse aller Privatkunden stecken.

Zusätzlich zu den univariaten Analysen kann die Kundenstrukturanalyse bivariate Zusammenhänge jeweils zweier Merkmale betrachten. Man erkennt auf diese Weise Auffälligkeiten, beispielsweise dass sich die besonders wertvollen A-Kunden in bestimmten Regionen konzentrieren.

Dargestellt werden sollten insbesondere auch fehlende bzw. offensichtlich falsche Werte, da sie einen Einblick in die Qualität der Daten ermöglichen. Zeigen sich hier offensichtliche Defizite, beispielsweise geringe Befüllungsgrade relevanter Merkmale, so ist bei weitergehenden Analysen Vorsicht angebracht und die Intensivierung der Bemühungen um Datenqualität anzuraten.

4.3 Kunden-Dashboards

Einen Schritt weiter gehen sog. Kunden-Dashboards. Diese können in Bezug auf verschiedene Themengebiete aufgebaut werden und stellen die wichtigsten Kenngrößen zu diesem Gebiet auf einen Blick dar (vgl. Abb. 5). Neben aktuellen Zahlen kann ein zeitlicher Vergleich mit der jüngeren Vergangenheit und auch eine Prognose in die Zukunft sinnvoll sein. Hierdurch wird deutlich, welche Entwicklung das

Unternehmen in Bezug auf seine Kundenbeziehung in den letzten Jahren genommen hat, wo es aktuell steht und welche weitere Entwicklung zu erwarten ist.

Elemente des Dashboards können einfache Verteilungen, die Darstellung von zeitlichen Entwicklungen sowie die Darstellung zweier Merkmale im Zusammenhang sein. In der Abb. 5 sind dargestellt

- die Aufteilung der Umsätze auf die Produkt-Kategorien Food, Beverages und Non-food,
- die Umsatzprognosen für das laufende Jahr bzw.
- die unterschiedliche Bedeutung der Verkaufskanäle für die Produktkategorien und die Gegenüberstellung von Online- und Offline-Umsätzen der einzelnen Verkaufsgebiete.

4.4 RFM-Analyse

Viele Unternehmen beurteilen ihre Kunden primär nach drei auf die bisherigen Kaufvorgänge bezogenen Merkmalen, nämlich *R*ecency, *F*requency und *M*onetary Value, da diese einen starken Einfluss auf den Werbeerfolg haben (CMC 2019, S. 4–7). Diese Merkmale werden dabei wie folge definiert:

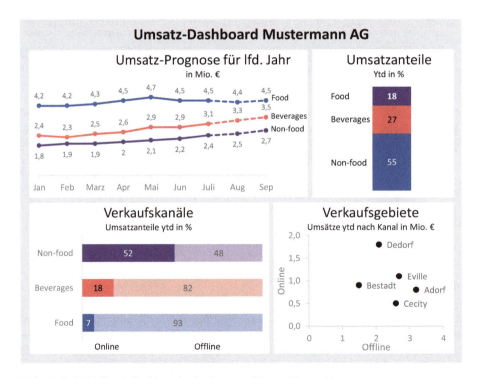

Abb. 5 Beispiel für ein Dashboard mit relevanten Umsatz-Kenngrößen

- *Recency* ist die seit dem letzten Kauf vergangene Zeit.
- *Frequency* ist die Anzahl der bisherigen Kaufvorgänge, u. U. eingeschränkt auf einen bestimmten Zeitraum, der in Abhängigkeit von typischen Kaufzyklen der durch das Unternehmen angebotenen Produkte gewählt werden sollte. Gelegentlich findet man auch die Definition der Frequency als mittlerem Kaufabstand bei Kunden mit mindestens zwei Kaufvorgängen.
- *Monetary Value* ist der Gesamtumsatz der bisherigen Käufe (auch hier u. U. eingeschränkt auf einen bestimmten Zeitraum), wobei vielfach auf den Durchschnittsumsatz pro Kauf abgestellt wird.

Die Kunden werden bezüglich dieser Merkmale in Klassen eingeteilt, wobei sich z. B. jeweils fünf Klassen bewährt haben (vgl. Abb. 6). Auf diese Weise entstehen insgesamt 125 RFM-Kundengruppen, die sich beispielsweise für den Versand eines Mailings selektieren lassen. Dabei sind zwei Vorgehensweisen denkbar:

- *Hierarchische RFM-Selektion*: Hier wird einem der drei Merkmale oberste Priorität eingeräumt; die anderen können ergänzend herangezogen werden. Selektiert werden hier beispielsweise alle Kunden mit Recency $\leq$ 12 Monate oder mit Recency $\leq$ 24 Monate und Monetary Value $\geq$ 200 €.
- *RFM-Scoring*: In diesem Fall werden für jedes Merkmal die Klassen mit Punktwerten z. B. von 1–5 versehen. Die drei Punktwerte werden anschließend addiert, sodass insgesamt 15 Punkte erreicht werden können. Selektiert werden dann die Kunden mit den höchsten Punktwerten, etwa alle Kunden mit mindestens 11 Punkten.

Zahlreiche Modifikationen des Modells sind möglich und sollten im Bedarfsfall getestet werden. Dies reicht von unterschiedlichen Maximal-Scores für die drei Merkmale bis hin zur Integration zusätzlicher Merkmale wie z. B. der Anzahl gekaufter Artikel.

Verteilung der RFM-Merkmale					
Recency (Zeit seit dem letzten Kauf in Monaten)	≤ 3	4 - 6	7 - 12	13 - 24	> 24
Score-Punkte	5	4	3	2	1
Häufigkeit	2.488	4.202	5.108	4.667	8.535
Frequency (Anzahl Käufe der letzten 48 Monate)	≥ 10	4 - 9	2 - 3	1	0
Score-Punkte	5	4	3	2	1
Häufigkeit	1.506	3.305	6.109	6.545	7.535
Monetary Value (Umsatz der letzten 48 Monate)	$\geq$ 1.000 €	250 - 999 €	100 -249 €	1 - 99 €	0 €
Score-Punkte	5	4	3	2	1
Häufigkeit	908	3.098	6.419	7.040	7.535
Verteilung der Gesamtpunktzahl							
---	---	---	---	---	---	---	---
Score-Summe	15	14	13	12	11	9 - 10	4 - 8	3
Häufigkeit	704	688	780	1.055	2.166	5.028	7.044	7.535

Abb. 6 RFM-Klasseneinteilung und -Scoring

4.5 Kundenwanderungsmodell

Einen aufschlussreichen und vielfältigen Überblick über den Kundenbestand und seine zeitliche Entwicklung liefert das Kundenwanderungsmodell. Der Nutzer erfährt beispielsweise, wie groß der Zugang an Neukunden ist und welche Rolle dabei die vorherige Gewinnung von Interessenten spielt. Das Berechnungsmodell liefert Daten zur weiteren Entwicklung der Kunden im Verlauf ihres Lebenszyklus: Wer wird dauerhaft zum Bestandskunden, wer rutscht möglicherweise schon kurz nach dem Erstkauf in die Inaktivität ab? Man erhält auch erste Aufschlüsse, von welchen Faktoren der weitere Weg der Kunden abhängt.

Grundlage des Kundenwanderungsmodells sind wie bei der RFM-Analyse die Kaufdaten und die Kundenstammdaten. Aus diesen geht hervor, wann ein Kunde welche Artikel zu welchem Preis gekauft hat. Auf Basis dieser Daten ordnet das Kundenwanderungsmodell die Kunden verschiedenen Aktivitätsstufen zu. Dabei werden üblicherweise die folgenden unterschieden:

- *Interessenten*: Hierbei handelt es sich um Personen, die dem Unternehmen beispielsweise aus einer Anfrage vorliegen, die aber noch keinen Kauf getätigt haben. Unter Umständen verbleiben Kontakte länger in diesem Stadium, bevor sie zu Kunden gewandelt werden können – für zahlreiche Interessenten gelingt dies nie.
- *Neukunden*: Dies sind Kunden, die in der jüngsten Zeit (i. d. R. den letzten 12 Monaten) erstmals gekauft haben. Manche Neukunden kaufen schon innerhalb der ersten 12 Monate mehrmals.
- *Bestandskunden*: Diese Kunden haben ebenfalls in den letzten 12 Monaten gekauft; sie sind allerdings schon seit mehr als 12 Monaten Kunde. Gemeinsam mit den Neukunden bilden die Bestandskunden die *aktiven Kunden*.
- *Inaktive Kunden*: Dies sind Kunden, deren letzter Kauf mehr als ein Jahr zurückliegt. Diese sollte das Unternehmen versuchen zu reaktivieren, sie also zu einem Kauf zu animieren und in den aktiven Kundenstamm zurückzuführen.

Das Kundenwanderungsmodell zeigt in seiner Grundinformation zunächst die Aufteilung der Kunden auf die einzelnen Aktivitätsstufen zum Ende eines Geschäftsjahrs (vgl. Abb. 7). Dargestellt sind die Anzahlen der Kunden in den Aktivitätsstufen, die Veränderungen zum Vorjahr und die Bewegungen zwischen den Aktivitätsstufen.

Wichtig ist vor allem zu sehen, wie sich der Bestand an aktiven Kunden entwickelt. Im Beispiel der Abb. 7 liegt bei den Bestandskunden ein leichter Zuwachs vor (+413), während die Zahl der Neukunden deutlich rückläufig ist (−3019). In diesem Beispiel fällt auf:

- Nur wenige Neukunden bleiben aktiv (5557 im Vergleich zu 32.875 inaktiv werdenden).
- Mehr als die Hälfte der aktiven Kunden sind Neukunden (38.460 gegenüber 38.167 Bestandskunden).

Analytisches Customer Relationship Management

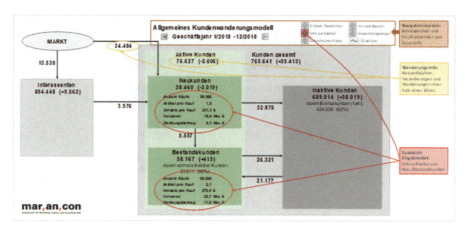

Abb. 7 Grundinformation des Kundenwanderungsmodells mit eingeblendeten Kauf-Informationen

- Auch sehr viele Bestandskunden rutschen in die Inaktivität ab (26.321). Demgegenüber ist die Zahl reaktivierter Inaktiver vergleichsweise gering (21.177 von 689.014 inaktiven Kunden).
- Interessenten spielen bei der Neukunden-Gewinnung nur eine geringe Rolle.

Für diese Auffälligkeiten ist zunächst der Vergleich mit dem Vorjahr interessant. Gab es diese Probleme auch in früher Zeit schon – falls ja, ist deren Ausmaß größer oder geringer geworden?

Die Entwicklung wichtiger Kenngrößen (KPIs) zur Kundenwanderung wird zudem für die letzten Jahre dargestellt. Sinnvoll sind hier u. a. Zeitreihen für

- die Zahl der Neu- und Bestandskunden,
- die Gewinnung von Neukunden,
- die Wanderungen zwischen aktiven und inaktiven Kunden sowie die KPIs Burnquote und Reaktivierungsrate (vgl. Abb. 8).

Abb. 8 zeigt, dass in diesem Beispiel die aktuelle Reaktivierungsrate (reaktivierte Kunden im Verhältnis zu inaktiv Gewordenen) über dem Niveau der beiden Vorjahre liegt: Hier ist eine Verbesserung eingetreten. Hingegen ist die Burnquote (d. h. der Anteil der Neukunden, die inaktiv werden) in den letzten Jahren weiter angestiegen. Sie hat mit aktuell 86 % ein sehr hohes Niveau erreicht. Anzustreben ist eine nachhaltige Verringerung dieses KPI.

Weitere Informationen bringen zusätzliches Licht in die Zahlen des Modells:

- *Kauf-Informationen*: Diese stellen für aktive Kunden essenzielle KPIs dar. Hierzu zählt z. B., wie oft die Kunden gekauft haben und wie hoch Umsatz und Deckungsbeitrag waren (vgl. Abb. 8). Diese Informationen können für Neu- und Bestandskunden in der interaktiven Darstellung des Kundenwanderungsmodells optional angezeigt werden. Auch Zeitreihengrafiken sind hier interessant.

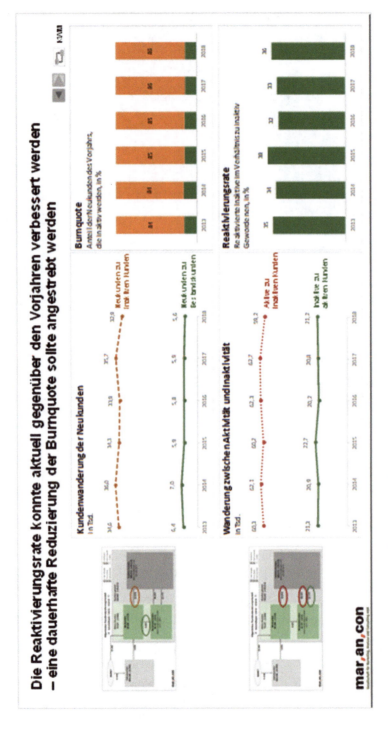

Abb. 8 Zeitreihen-Darstellung von Burnquote und Reaktivierungsrate

- *Verweildauern.* Eine weitere wichtige Information liegt in der Verteilung der Verweildauern der Kunden in bestimmten Aktivitätsstufen. Hier lässt sich beispielsweise feststellen, wie sich die mittlere Verweildauer eines Kunden in der Inaktivität vor seiner Reaktivierung im Zeitablauf entwickelt.
- *Artikelgruppen*: KPIs wie Umsätze oder die Reaktivierungsquoten lassen sich nach Käufern bestimmter Artikelgruppen aufgegliedert darstellen. So wird deutlich, ob z. B. Käufer bestimmter Artikel leichter zu reaktivieren sind als andere.

Das Kundenwanderungsmodell ist ein mächtiges Tool, um einen umfassenden Überblick über die Kundendaten zu bekommen. Hierbei zu Tage tretende Auffälligkeiten sollten Anlass geben, mit weiterführenden Analysen Erklärungen hierfür zu suchen. Unvorteilhafte Entwicklungen lassen sich so unter Umständen in Zukunft vermeiden – und Positives auf andere Kundengruppen oder -segmente ausweiten.

5 Komplexere Analysemethoden

5.1 Scorings für verschiedene Einsatzzwecke

Marketing-Budgets sind in aller Regel knapp. Daher gilt es, die Budgets so zu verteilen, dass sie ihre bestmögliche Effizienz entfalten. Doch bei welchen Kunden verspricht das Budget, am besten zu wirken? Oft werden die Kunden hier auf Basis von RFM-Analysen selektiert. Wesentlich besser beantworten diese Frage maßgeschneiderte Scorings, welche die Kunden Maßnahmen-bezogen in verschiedene Wirkungsklassen einteilen. Die Scorings nutzen dazu Daten vergleichbarer Maßnahmen in der Vergangenheit, indem sie untersuchen, wer hierauf reagiert hat und wer nicht – und von welchen Kundenmerkmalen neben den RFM-Variablen dies abhängt.

Die Analyse soll den Erfolg einer Werbemaßnahme optimieren – z. B. Mailings oder einer Werbe-E-Mail. Zunächst ist eine relevante Zielgröße festzulegen, die sich an der Zielsetzung der Werbemaßnahme orientiert. Geht es primär darum, ob der Kunde reagiert oder nicht? Welche Handlung des Kunden soll als Reaktion zählen: Muss ein Kauf erfolgen oder reicht auch ein Webshop-Besuch aus? Soll auch berücksichtigt werden, wie viel gekauft wurde?

Zur Definition der *Zielgröße* gehört auch der Reaktionszeitraum, auf den die Zielgröße bezogen sein soll. Dies sollte der Zeitraum sein, innerhalb dessen normalerweise eine Reaktion auf den werblichen Anstoß des Kunden zu erwarten ist, beispielsweise vier Wochen nach dem Zeitpunkt des Werbekontaktes (Versand). Unter Umständen ist es auch sinnvoll, längerfristige Reaktionen einzubeziehen: Bei einem Reaktivierungsmailing besteht der Werbeerfolg nicht nur in der kurzfristigen Reaktion der Kunden auf den Anstoß, sondern auch in der nachhaltigen Verbesserung der Kaufbereitschaft des Kunden in dem auf die Reaktion folgenden Zeitraum (Lorscheid 2013, S. 278–279).

Der Analyst lernt anhand eines vergleichbaren Anstoßes aus der Vergangenheit. Er findet mit Hilfe der Daten dieses Anstoßes Einflussgrößen, mit denen sich die Reaktion der Kunden hierauf erklären lässt.

Mit Hilfe einer *Regressionsanalyse* wird untersucht, wie potenzielle Einflussmerkmale gemeinsam auf die Zielgröße wirken. Dabei zeigt sich, ob die einzelnen Merkmale sich positiv oder negativ auf die Zielgröße auswirken und wie stark diese Wirkung im Kontext aller Einflussmerkmale ausfällt (vgl. Abb. 9).

Treten bei einem Kunden mehrere Veränderungen gegenüber den Basisausprägungen auf, lassen sich die Einflüsse auf die Zielgröße addieren. Damit wird für jeden Kunden anhand seiner Kombination der Einflussmerkmale ein individueller erwarteter Deckungsbeitrag berechnet.

Manchmal werden die Regresszionsergebnisse zur einfacheren Verwendbarkeit auch in sog. *Scorekarten* „übersetzt". Dabei werden den einzelnen Ausprägungen der Einflussmerkmale Punktwerte zugeordnet, sodass in dadurch näherungsweise die Regressionsergebnisse repräsentiert werden (Lorscheid 2014a, S. 52). Abb. 10 zeigt eine Beispiel-Scorekarte, die jedem Kunden einen Punktwert zwischen 0 und 20 Punkten zugeordnet.

Neben der Regressionsanalyse in ihren verschiedenen Ausprägungen (insbes. lineare Regression und logistische Regression) lassen sich zur Analyse dieses Zusammenhangs auch alternative Methoden verwenden. Neben Entscheidungsbäumen (z. B. nach dem CHAID-Algorithmus; Kerner 2002, S. 157; Holland 2016, S. 282–283) lassen sich auch Methoden der künstlichen Intelligenz wie neuronale Netze (Kerner 2002, S. 153; Backhaus et al. 2016, S. 603–610) zum Einsatz bringen.

Auf Basis der Analyse lassen sich die Kunden in *Scoreklassen* einteilen, wobei üblicherweise 10–20 gleich große Scoreklassen mit steigender Erwartung für die Zielgröße betrachtet werden (vgl. Abb. 11).

Bei einem funktionierenden Scoring zeigt die Zielgröße ein deutlich monotones Verhalten, steigt also mit der Scoreklasse immer weiter an. Im Beispiel der Abb. 11 ist dies für die Zielgröße Deckungsbeitrag pro Kunde klar zu sehen. Auch die Reaktionsquote und der Deckungsbeitrag pro Reagierer verhalten sich weitgehend

Einflüsse auf den Deckungsbeitrag bei der Vermarktung von Fernreisen

Merkmal	Basisausprägung	Veränderung	Einfluss auf den Deckungsbeitrag
bisherige Buchungen	1 Buchung	2-4 Buchungen	+0,74 €
		> 4 Buchungen	+1,05 €
Recency	0-1 Jahre	1-2 Jahre	-0,57 €
		2-4 Jahre	-0,78 €
		> 4 Jahre	-1,05 €
Buchungswert der letzten 24 Mon.	0-1.000 €	1.000-3.000 €	+0,46 €
		>3.000 €	+0,68 €
Recency der letzten Fernreise	0-1 Jahre	1-2 Jahre	-0,66 €
		>2 Jahre oder keine	-0,98 €
bisherige Buchungen v. Fernreisen	keine	1 Buchungen	+1,51 €
		> 1 Buchung	+1,96 €
Buchungswert Fernreisen vorh. 24 Mon.	keine	0-1.000 €	+0,26 €
		> 1.000 €	+0,50 €
Newsletter-Bezug	nein	ja	+0,22 €

Abb. 9 Beispiel für eine Regressionsanalyse. Dargestellt sind Richtung und Stärke der Einflüsse auf den Deckungsbeitrag

Scorekarte für die Vermarktung von Fernreisen

Merkmal	Ausprägung	Scorewert	Merkmal	Ausprägung	Scorewert
Recency	0-1 Jahre	3	Recency der letzten Fernreise	0-1 Jahre	3
	1-2 Jahre	2		1-2 Jahre	1
	2-4 Jahre	1		>2 Jahre / keine	0
	>4 Jahre	0	Buchungswert der Fernreisen der letzten 24 Monate	keine Fernreisen	0
bisherige Buchungen	1 Buchung	0		0-1.000 €	1
	2-4 Buchungen	2		>1.000 €	2
	>4 Buchungen	3	bisherige Buchungen von Fernreisen	keine	0
Buchungswert der letzten 24 Monate	0-1.000 €	0		1 Buchung	4
	1.000-3.000 €	1		>1 Buchung	6
	>3.000 €	2	Newsletter-Bezug	ja	1
				nein	0

Abb. 10 Beispiel für eine Scorekarte

monoton. Das heißt, mit der Scoreklasse steigen sowohl die Wahrscheinlichkeit der Reaktion als auch der Wert dessen, was im Reaktionsfall gekauft wird.

Das den Score einsetzende Unternehmen muss nun entscheiden, bis zu welchem Zielgrößenwert eine Bewerbung der betreffenden Kunden noch attraktiv ist. Dabei muss neben der Einnahme- auch die Ausgabenseite beachtet werden, d. h. wie viel kostet die Kundenansprache und welche Erwartungen bestehen an den Return on Marketing Invest (RoMI).

5.2 Segmentierung

In den meisten Fällen bilden die Kunden eines Unternehmens keine homogene Masse. In diesem Fall schließt sich die Frage an, wie viele und welche unterschiedlichen Kundensegmente unterschieden werden sollen. Der gesamte Kundenbestand muss dann diesen Segmenten zugeordnet werden. Dies ermöglicht, die Kunden je nach Segment-Zugehörigkeit mit einer auf sie zugeschnittenen Kommunikationsstrategie anzusprechen. Hierdurch steigt die Relevanz der Kundenansprache – die Marketingeffizienz wird optimiert.

Auf Basis der im Unternehmen vorhandenen Kundendaten sollen trennscharfe Kundentypen herausgearbeitet werden. Methodisch verwendet man eine statistische *Clusteranalyse*, um ähnliche Kunden in Segmente zusammenzufassen. Die Anzahl der Cluster ist von vornherein nicht vorgegeben, sondern muss anhand der Analyseergebnisse festgelegt werden. Je weniger Cluster gebildet werden, desto inhomogener sind diese Cluster. Zu viele Cluster erhöhen andererseits den Aufwand, der mit der segmentspezifischen Kundenansprache verbunden ist.

Der Analyst muss einen guten Kompromiss zwischen der Clusteranzahl und der Homogenität der Cluster finden. Je besser die Cluster die Varianz der eingehenden Merkmale erklären, desto homogener sind sie. In einem Scree-Plot lässt sich der Beitrag eines jeweils zusätzlich gebildeten Clusters zur Varianzerklärung gegen die Clusteranzahl abgetragen (vgl. Abb. 12). Gesucht wird nach einer „Knickstelle", bei

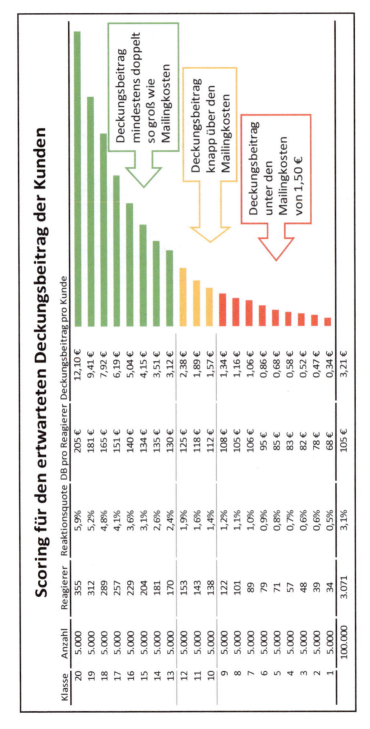

Abb. 11 Beispielhafte Scoreklassen-Einteilung. Die attraktivsten Scoreklassen befinden sich oben

der die Zahl der Cluster noch verhältnismäßig gering und gleichzeitig der Beitrag aller gebildeten Cluster zur Varianzerklärung ausreichend groß ist.

Im Beispiel der Abb. 12 bietet es sich an, vier Cluster zu bilden, da bei vier Clustern die Unterscheidung eines fünften Clusters nur noch wenig zur Varianzerklärung beiträgt.

Ähnlich gering wäre auch der Nutzen eines sechsten oder siebten Clusters. Erst bei zehn Clustern ist dann der Erklärungsbeitrag eines weiteren Clusters nochmals deutlich geringer. Vier mögliche Cluster können daher zu insgesamt 10 Clustern weiter aufgegliedert werden, sodass hieraus eine hierarchische Struktur aus Clustern und Subclustern entsteht.

Neben der Analyse des Scree-Plots sollten immer auch inhaltliche Gesichtspunkte herangezogen werden: Lassen sich die aus den Clustern entstehenden Kundentypen anschaulich beschreiben, eignen sie sich zur Ableitung von Kommunikationsstrategien und passen sie zu bisherigen Erfahrungswerten aus dem Umgang mit den Kunden?

Oft lassen sich die wichtigsten Eigenschaften der Cluster in einer zweidimensionalen Grafik darstellen (vgl. Abb. 13). Auf diese Weise erhält man ein Verständnis dafür, wie die gebildeten Kundensegmente „ticken". Zugleich kann man durch die Größe der Kreise, welche die Cluster darstellen, die Bedeutung der Cluster wiedergeben – beispielsweise nach der Anzahl der Kunden oder nach ihrem Umsatzbeitrag.

Die eine Achse ergibt sich dabei häufig aus den Kerneigenschaften der gekauften Produkte; bei Wein kann es sich z. B. um die Qualität des Weines handeln, wobei diese mit dem Preis, den Herkunftsregionen, der Geschmacksrichtung sowie weiteren Merkmalen zusammenhängen kann. Eine zweite Achse repräsentiert häufig das Kommunikationsverhalten der Kunden, wobei sich eher traditionelle verhaltende

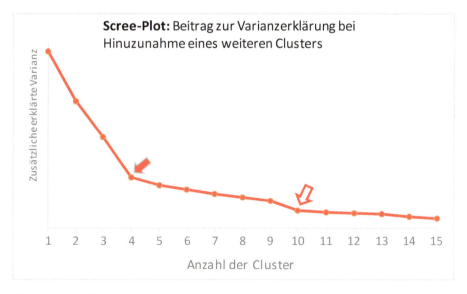

Abb. 12 Scree-Plot. Gekennzeichnet sind die „Knickstellen", aus denen sich die empfohlene Clusteranzahl ableitet

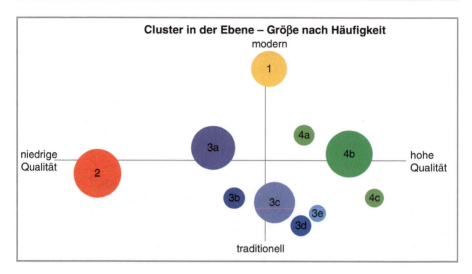

Abb. 13 Darstellung von vier Clustern (die in insgesamt 10 Subcluster zerfallen) in der zweidimensionalen Ebene

Cluster moderneren Kundentypen gegenüberstehen können. Traditionelle Käufer sind im Durchschnitt älter und kommunizieren über traditionelle Kanäle wie Briefpost oder Telefon, während modernere Kunden vornehmlich E-Mail oder Mobiltelefon-Apps zur Kommunikation nutzen. Auch Kaufverhalten (PoS vs. Online) und Zahlungswege können sich hier unterscheiden.

Auf diese Weise entsteht für jedes Cluster ein möglichst plastisches Bild des jeweiligen Kundentyps. Diese Typologie kann im Idealfall in Form von „*Personas*" umgesetzt werden (vgl. Abb. 14), z. B. anhand typischer Ausprägungen folgender Merkmale:

- Demografie (Alter, Geschlecht, Haushaltssituation und Wohnumfeld);
- Gekaufte Produkte (Produktgruppen, Preis- und Qualitätsniveau, Spezialisierungsgrad);
- Kaufverhalten (Kauforte, Frequenz, Kaufmengen usw.) sowie Zahlungsverhalten;
- Kommunikationsverhalten (Outbound-Kanäle, vorliegende Opt-Ins, Inbound-Kontakte);
- Kundenbindung (Dauer der Kundenbeziehung, Wiederkaufverhalten, Reaktion auf Anstöße).

Fotos typischer Vertreter der Kundentypen runden die Personas ab. Auch Interviews mit typischen Vertretern können helfen, das Verständnis der Kundentypen weiter zu vertiefen.

Für die einzelnen Kundentypen sollte eine jeweils spezifische Kommunikation etabliert werden: Werbemedien konzentrieren sich auf diejenigen Produkte, die das

Analytisches Customer Relationship Management

Abb 14 Die Beschreibung der Kundensegmente in Form von „Personas" liefert ein möglichst plastisches Bild des jeweiligen Kundentyps

jeweilige Cluster bevorzugt. Auch die eingesetzten Kommunikationskanäle sowie die angebotenen Kauf- und Bestellwege berücksichtigen die Präferenzen der Kundencluster. Eine auf diese Weise differenzierte Kundenansprache verhilft dem werbetreibenden Unternehmen zu mehr Effizienz im Budget-Einsatz.

5.3 Kundenwert (Customer Lifetime Value)

„*Der Kunde ist König*", lautet ein bekanntes Sprichwort. Aber sollte dies wirklich so sein? Sollten nicht manche Kunden wie „*Kaiser*" behandelt werden, andere hingegen eher wie ein „*Bettelmann*"? Hinter dieser Differenzierung steckt letztlich der Gedanke, Kunden aus Sicht des Unternehmens zu bewerten.

Der Kundenwert ist der vom Anbieter wahrgenommene, bewertete Beitrag eines Kunden zur Erreichung der Ziele des Anbieters (Helm et al. 2017, S. 6). Diese Ziele können monetäre oder nicht monetäre sein, sind in jedem Fall aber auf die Zukunft gerichtet. Damit steckt in der Bewertung die Aufgabe, den Wertbeitrag des Kunden vorherzusagen. Diese Prognose kann – auf eine objektive Basis gestellt – nur auf den Daten über den Verlauf der Kundenbeziehung beruhen, stellt somit also eine Aufgabenstellung des analytischen CRM dar.

Die in der Praxis zur Bewertung der Kunden verwendeten *Methoden* sind vielfältig. Sie reichen – mit steigendem Aufwand – von einfachen ABC-Analysen, also der Einteilung der Kunden in Wert-Kategorien nach bestimmten datenbasierten Kriterien, bis hin zu echten Prognosemodellen, die den zukünftigen Deckungsbeitrag des Kunden als relevante monetäre Zielgröße vorhersagen (Krafft und Bues 2017, S. 246).

Im Falle einer monetären Prognose des Deckungsbeitrags spricht man auch von der Ermittlung des *Customer Lifetime Value* (CLV). Dabei gleicht die Aufgabenstellung derjenigen des Scorings – allerdings erfolgt die Prognose hier nicht maßnahmenbezogen, sondern maßnahmenunabhängig. Zudem wird nicht nur eine Prognose erstellt, sondern Prognosen für einen längeren Betrachtungszeitraum, d. h. für mehrere Jahre in der Zukunft (vgl. Abb. 15). Die prognostizierten Deckungsbeiträge sind dabei auf den aktuellen Zeitpunkt abzuzinsen, wobei der Zinssatz nicht nur der Geldentwertung durch Inflation, sondern auch der zunehmenden Unsicherheit der in der Zukunft liegenden Prognosen Rechnung tragen sollte. Die Prognosehorizonte sind dabei i. d. R. nicht länger als 5 Jahre, da darüber hinaus die Unsicherheiten zu groß werden.

In die Prognose des Deckungsbeitrags sollte auch der Aufwand für die künftige Kommunikation mit dem Kunden eingehen. Dazu müssen Annahmen bzw. Regeln zu Grunde gelegt werden, wie die Kommunikationsausgaben sich in Abhängigkeit vom aktuellen Deckungsbeitrag und dem Potenzial, das in dem Kunden gesehen wird, festgelegt werden.

Idealerweise bildet das Prognosemodell den Einfluss der Kommunikation und der Kundenbindungsinstrumente auf den Deckungsbeitrag angemessen ab. Dabei entsteht eine Interdependenz zwischen dem Aufwand und dem Prognosewert. Diese beruht auf dem Grundgedanken des analytischen CRM, dass durch eine datenbasiert ausgesteuerte Kundenansprache der Wert des Kunden optimiert werden kann. Es kann, ausgehend von einer bestehenden Anspachestrategie für die einzelnen Kunden, untersucht werden, wie sich mit einer alternativen Ansprache der Wert des einzelnen Kunden, aber auch der Kundenmenge insgesamt verändert. Hughes (2012, S. 58–61) beispielsweise betrachtet die Auswirkungen der Einführung eines Geburtstagsclubs auf den Wert von Einzelhandelskunden, um anhand dieses Kriteriums die strategische Vorteilhaftigkeit dieser Kundenbindungsmaßnahme zu beurteilen. Neben derartigen strategischen Entscheidungen lässt sich auch die Vorteilhaftigkeit operativer Maßnahmen wie die Zusendung konkreter Mailings anhand ihres Einflusses auf den Kundenwert beurteilen (Lorscheid 2017, S. 565–567).

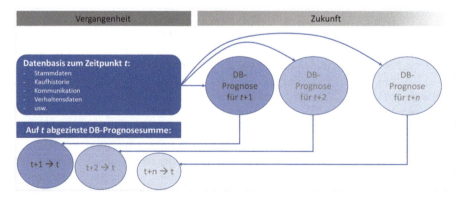

Abb. 15 Customer Lifetime Value als Prognoseaufgabe

Negative oder nahe null liegende Kundenwerte sollten Anlass geben, die aktive Kommunikation mit dem betreffenden Kunden einzustellen bzw. auf ein Minimum zurückzufahren. Inaktive Kunden mit positivem Kundenwert bieten sich für Reaktivierungskampagnen an, denn hier stecken im Fall der Reaktivierung erhebliche Umsatzpotenziale. Ebenso ist es möglich, den Wert eines gewonnenen Neukunden in Abhängigkeit vom Gewinnungsweg zu bestimmen. Aus dem Customer Lifetime Value und der Erfolgsquote der Gewinnungsmaßnahme ergibt sich in diesem Fall, wie viel das Unternehmen maximal für die Gewinnung des Neukunden ausgeben kann: Beträgt z. B. der Wert eines per Suchmaschinenwerbung (SEA) gewonnenen Neukunden 250 € und liegt die Erfolgsquote einer solchen Werbemaßnahme bei 0,4 %, so sollten die Ausgaben für die SEA-Werbung unter 1 € pro Ausspielung liegen.

5.4 Warenkorbanalysen

Webshops geben den Kunden häufig Empfehlungen für weitere Produkte, die zu den gerade angesehenen Produkten passen, weil diese von anderen Kunden häufig in Kombination erworben wurden. Doch auch Unternehmen, die von diesen Empfehlungen in Echtzeit noch weit entfernt sind, sollten das Cross-Selling-Potenzial, das in Warenkorb-Analysen steckt, nicht unterschätzen.

Einfache Warenkorbanalysen untersuchen, welche Waren besonders häufig in Kombination gekauft wurden (Poliakov 2019, S. 1). Dies läuft auf eine Anwendung von Assioziationsmaßen hinaus. Neben der Anwendung auf einzelne Transaktionen, also Kaufvorgänge, kommt auch eine Anwendung auf Kundenebene in Betracht, was insbesondere dann nützlich ist, wenn zeitnah an einen bestimmten Kaufvorgang weitere Produkte beworben werden sollen.

Relevant sind insbes. drei Kenngrößen für die Assoziation zweier Produkte:

- *Support* bezeichnet die Wahrscheinlichkeit, dass ein bestimmtes Produkt gekauft wird: Es handelt sich um den Anteil der Kunden, die dieses Produkt gekauft haben, an allen aktiven Kunden eines bestimmten Zeitraums. Dies lässt sich auch auf die Kombination zweier Produkte ausdehnen, indem der Anteil der Kunden bestimmt wird, die beide Produkte gekauft haben. Dabei kann auch die Reihenfolge berücksichtigt werden, d. h. wie groß ist der Anteil der Kunden, die zuerst Produkt A und danach Produkt B gekauft haben: $S(A \rightarrow B)$.
- *Konfidenz* entspricht der Wahrscheinlichkeit, mit der ein Produkt B gekauft wird, wenn bekannt ist, dass Produkt A bereits gekauft wurde. Diese Wahrscheinlichkeit entspricht dem Support von B gegeben der Kauf von A in Kombination, geteilt durch den Support von A: $K(A \rightarrow B) = S(A \rightarrow B) / S(A)$. Diese Wahrscheinlichkeit weicht im Allgemeinen von der unbedingten Kaufwahrscheinlichkeit des Produkts *B* ab.
- *Lift* stellt das Verhältnis zwischen bedingter und unbedingter Kaufwahrscheinlichkeit dar: Um welchen Faktor steigt die Kaufwahrscheinlichkeit von *B* gegenüber dem unbedingten Fall an, wenn bekannt ist, dass Produkt A bereits gekauft wurde. Hierbei handelt es sich um den Quotienten aus Konfidenz und Support: $L(A \rightarrow B) = K(A \rightarrow B) / S(B)$.

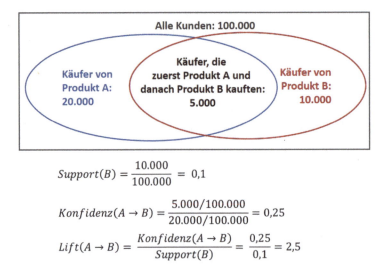

$$Support(B) = \frac{10.000}{100.000} = 0,1$$

$$Konfidenz(A \rightarrow B) = \frac{5.000/100.000}{20.000/100.000} = 0,25$$

$$Lift(A \rightarrow B) = \frac{Konfidenz(A \rightarrow B)}{Support(B)} = \frac{0,25}{0,1} = 2,5$$

Abb. 16 Assoziationsanalyse für zwei Produkte. Der vorherige Kauf des Produktes A steigert hier die Kaufwahrscheinlichkeit des Produkts B um das 2,5-fache

Ein Beispiel für eine derartige Analyse zeigt Abb. 16. Wurde hier zuvor Produkt A gekauft, steigt die bedingte Kaufwahrscheinlichkeit des Produkts B gegenüber der unbedingten um den Lift-Faktor 2,5 von 10 % auf 25 % an. Ein Lift größer als eins zeigt allgemein eine positive Assoziation beider Produkte an. Hier bietet sich eine aktive Bewerbung des betreffenden Folgeprodukts bei den Kunden an, die das vorangehende Produkt bereits gekauft haben.

Weiterentwicklungen dieser Warenkorbanalyse sind möglich. So kann ganz allgemein untersucht werden, welche Faktoren den Kauf eines bestimmten Produktes begünstigen. Dies können dann u. U. vorherige Käufe mehrerer anderer Produkte sein, aber z. B. auch bestimmte soziodemografische Merkmale wie Alter oder Geschlecht. Mit auf diese Situation passenden Regressionsmodellen erhält man dann spezifische Kaufwahrscheinlichkeiten für bestimmte Produkte, die sich zur aktiven Bewerbung bei geeigneten Zielgruppen anbieten.

5.5 Kündiger-Prävention

Dauerschuldverhältnisse sind dadurch geprägt, dass zu Beginn ein Liefervertrag abgeschlossen wird. Diesen erfüllt der Anbieter in der Folgezeit regelmäßig – so lange bis Bedarf oder Interesse des Kunden erlöschen und der Vertrag gekündigt wird. Nach der Kündigung noch etwas dagegen zu unternehmen, ist schwer und selten von Erfolg gekrönt. Wer hingegen bereits im Voraus weiß, bei welchen Abonnenten eine Kündigung droht, kann gezielt Maßnahmen zur Bindung dieser Kunden und damit zur Senkung der Kündigerquote einleiten.

Derartige Dauerschuldverhältnisse treten nicht nur beim klassischen Abonnement von Zeitungen oder Zeitschriften auf, sondern erstrecken sich über viele Branchen wie

- Energie- und Wasserversorger,
- Telefon- und Internet-Provider,
- Streaming-Anbieter für Musik und Video,
- Fitnessstudios und (Sport-)Vereine,
- Dauerkartenanbieter für Kultur und Sport,
- Versicherungen.

Meist wissen diese Unternehmen vergleichsweise wenig über ihre Vertragspartner, da während der Vertragslaufzeit u. U. kaum relevante Daten anfallen. Dennoch können meistens folgende Daten genutzt werden:

- *Kundenstammdaten*: Wie wurde der Kunde gewonnen, welche soziodemografischen Informationen liegen vor (Alter, Geschlecht, Wohnort)? Gibt es in der Kundendatenbank ggf. weitere Personen aus demselben Haushalt? Auf welchen Wegen möchte der Kunde mit dem Anbieter kommunizieren, d. h. liegen neben der Postanschrift Telefonnummern und/oder E-Mail-Adressen vor? Bezieht der Kunde einen E-Mail-Newsletter oder andere regelmäßige Informationen?
- *Vertragshistorie*: Seit wann bezieht der Kunde die Leistung? Hat er schon Vorgängerverträge besessen und gekündigt? Welche Vertragsform nutzt er bzw. hat er in der Vergangenheit genutzt (z. B. Probeabo, Digitalabo, Geschenkabo o. ä.)? Liegen weitere Informationen vor, wie oder wofür er das Vertragsverhältnis nutzt (z. B. Zugriffe auf digitales Zeitschriften-Abo, Art und Umfang der Streaming-Nutzung)? Gab es bereits Beschwerden des Kunden?
- *Zahlungsverhalten*: Wie bezahlt der Kunde (abweichender Zahlungspflichtiger, Zahlungsweg, Zahlungsrhythmus, ...)? Gab es in der Vergangenheit bereits Unregelmäßigkeiten bei der Zahlung (Mahnhistorie)?
- *Cross-Selling*: Hat der Kunde weitere Leistungen in Anspruch genommen, z. B. ein Abo einer weiteren Zeitschrift, Einzelverkäufe oder besondere Dienstleistungen? Hier ist es besonders wichtig, eine möglichst ganzheitliche Sicht auf den Kunden zu bekommen. Denn diese Zusatzleistungen sind nicht nur ein hervorragender Prädiktor für bestehende Kundenbindung, sondern auch ein guter Weg, die Bindung der Abonnenten an den Anbieter zu intensivieren.
- *Stammdatenanreicherung*: Unter Umständen ist die Ergänzung der Stammdaten mit externen, allerdings nicht personenscharfen Informationen sinnvoll. Hierzu zählen die Altersschätzung auf Basis des Vornamens sowie die Nutzung der Adressinformationen. Dies kann beispielsweise die Kaufkraft des Wohnumfelds betreffen oder ob dieses eher ländlich oder städtisch geprägt ist.

Die Präventionsanalyse hat das Ziel, eine möglichst trennscharfe Vorhersage bevorstehender Kündigungen zu ermöglichen. Kündigungsgefährdete Kunden sollen so zuverlässig wie möglich identifiziert werden. Fehlidentifikationen sind andererseits nach Möglichkeit zu vermeiden, um keine „schlafenden Hunde" zu wecken und unnötige Aufwände für Bindungsmaßnahmen zu vermeiden.

Der Analyst lernt dabei an den Daten vergangener Kündigungen. Er sucht nach Einflussgrößen, mit denen sich erklären lässt, ob ein Vertragskunde zur Kündigung neigt oder nicht. Wie sich typischerweise zeigt, sprechen für eine hohe Kundenbindung und geringe Kündigungsneigung oft

- eine lange bereits bestehende Vertragsdauer,
- der Bezug weiterer Leistungen,
- eine Zahlungsweise per Lastschrift,
- der Bezug von Newslettern o. ä.,
- hohes Alter,
- regelmäßige Zahlungen.

Mit Hilfe der Präventionsanalyse wird der gemeinsame Einfluss dieser und weiterer Merkmale auf die Kündigungsneigung untersucht. Dies erfolgt beispielsweise mit einer *logistischen Regressionsanalyse*; eine ausführliche Darstellung möglicher Methoden findet sich z. B. bei Tsymbalov (2019). Dabei zeigt sich, ob sich die einzelnen Merkmale positiv oder negativ auf die Kündigungsneigung auswirken und wie stark diese Wirkung im Kontext aller Einflussmerkmale ausfällt (vgl. Abb. 17).

Für die einzelnen Merkmale lässt sich der Einfluss einer Veränderung gegenüber der jeweiligen Basisausprägung ermitteln. Treten bei einem Kunden mehrere Veränderungen gegenüber den Basiswerten auf, lassen sich die Risikoänderungen miteinander multiplizieren. So wird für jeden Kunden anhand seiner Kombination der Einflussmerkmale ein individuelles Kündigungsrisiko ermittelt.

Die Analyse teilt die Kunden in Scoreklassen mit abnehmendem Kündigungsrisiko ein. In dem in der Abb. 18 dargestellten Beispiel entfällt bereits auf die Scoreklassen 1–4 nahezu die Hälfte aller Kündigungen; das Kündigungsrisiko liegt um mehr als 50 % über dem Mittel aller Abonnenten. Auch die folgenden vier Klassen zeigen noch eine erhöhte Kündigungsneigung, während diese für die übrigen zwölf Scoreklassen unterdurchschnittlich und zum Teil sehr gering ausfällt.

Für die Scoreklassen mit deutlich erhöhtem Kündigungsrisiko sollten vorbeugende Maßnahmen ergriffen werden. Diese sollten das Ziel verfolgen, die Bindung dieser Abonnenten an den Anbieter zu verbessern. Welche weiteren Maßnahmen sich hier eignen, kann von Branche zu Branche und auch je nach Anbieter unterschiedlich sein. Interviews mit kündigungsgefährdeten Kunden und auch Tests können helfen, geeignete Hebel zu finden.

6 Anwendung der Analyseergebnisse

6.1 Erfolgsparameter

Auch vielversprechende Analyseergebnisse müssen sich in der Praxis bewähren. Hierzu muss in einem ersten Schritt geklärt werden, was überhaupt unter einem erfolgreichen Praxiseinsatz verstanden werden soll. Der Anwender steht vor der

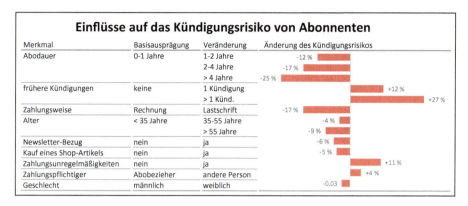

Abb. 17 Ergebnis einer Präventionsanalyse. Dargestellt ist die relative Änderung des Kündigungsrisikos in Prozent bei Abweichung gegenüber der jeweiligen Basisausprägung des Merkmals

Aufgabe, im Einklang mit den Zielen der Werbung *geeignete Erfolgsparameter* (KPIs) festzulegen. Eine ausführliche Darstellung dieser Problemstellung findet sich bei Lorscheid (2020, Kap. 2).

Werbung kann prinzipiell auf verschiedenen Dimensionen wirken. Dabei gibt es Wirkdimensionen, die sehr früh im Kaufprozess liegen: beispielsweise, Aufmerksamkeit zu erregen oder die Marke bzw. ein konkretes Produkt bekannter zu machen. Etwas später im Kaufprozess kann eine Werbung beispielsweise Produktinteresse wecken oder eine konkrete Kaufabsicht auslösen. Im günstigsten Fall kommt es dann tatsächlich zum Kauf. Die Werbung bewirkt also, dass das beworbene Produkt abgesetzt werden kann und damit ein Deckungsbeitrag (DB) erwirtschaftet wird.

Nicht alle Wirkdimensionen lassen sich gut messen: Gerade die am Anfang des Kaufprozesses liegenden Dimensionen wie z. B. Produktinteresse zu wecken bleiben als „weiche Faktoren" oft im Verborgenen, sodass lediglich die „Spitze eines Eisbergs" sichtbar ist. Wie viel des Eisbergs in Form von „harten Fakten" sichtbar ist, hängt vom genutzten Kanal ab: Digitale Kanäle ermöglichen auch die Messung von Zwischenzielen wie z. B. Öffnungs- und Clickraten, während dies beim physischen Mailing allenfalls stichprobenartig über Empfängerbefragungen möglich ist.

Die wichtigsten KPIs entlang des Kaufprozesses für digitale Medien wie etwa eine Suchmaschinen-Anzeige (SEA) oder den Newsletter-Versand zeigt Abb. 18. Diejenigen Stufen des Kaufprozesses, die eine konkrete Aktion vom potenziellen Käufer erfordern, lassen sich dabei als harte Fakten erfassen: Die Clicks zur Weiterleitung auf die Landingpage ebenso wie diejenigen zur Weiterleitung auf den Webshop. Bleibt der Click aus, sind hierfür weiche, nicht trackbare Faktoren verantwortlich: Wurde die Werbung überhaupt wahrgenommen und wurden die Informationen der Landing Page gelesen. Im Webshop lassen sich dann die weiteren KPIs Kauf/Bestellung, Umsatz, Rohertrag, Deckungsbeitrag und Kundenwert-Änderung erfassen. Zu unterscheiden sind dabei zwei Varianten, je nachdem, ob als Bezugsgröße die einzelnen digitalen Anzeigen des Werbemediums (Ad Impressions) oder eine dublettenbereinigt reduzierte Basis (Unique Users) fungiert.

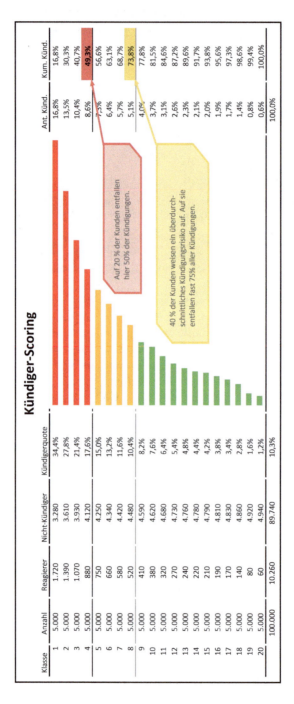

Abb. 18 Ergebnis eines Kündiger-Scorings

Die in Abb. 19 dargestellten Kenngrößen lassen sich als *absolute KPIs* einordnen, weil sie keinen Bezug zu den Werbekosten herstellen. Sie sind nur geeignet, wenn sich die zu vergleichenden Alternativen (z. B. die herkömmliche Vorgehensweise und die auf dem Analyseergebnis basierende) sich in Bezug auf ihre Kosten nicht unterscheiden. Bei einer individualisierten Kundenansprache auf Basis einer Segmentierung sind allerdings höhere Kosten plausibel, die dann durch eine effektivere Art der Kundenansprache erwirtschaftet werden müssen.

Berücksichtigt man die entstehenden Werbekosten, so ergeben sich die in Abb. 20 dargestellten *relativen Kenngrößen*. Bei den KPIs Cost per Click (CpC), Cost per Response (CpR), Cost per Interest (CpI), Cost per Order (CpO) sowie Kosten-Umsatz-Relation (KUR) sind die entscheidungsrelevant abgegrenzten Kosten zur Zahl der Clicks, Responses, usw. in Beziehung zu setzen.

Zieht man vom Umsatz noch die variablen zurechenbaren Kosten inkl. der Marketingkosten ab, erhält man den Deckungsbeitrag. Geld verdient wird mit der Kampagne also, sofern dieser höher als die Kampagnenkosten liegt. Auskunft hierüber gibt der Return on Investment (RoI), der sich als Quotient dieser beiden Größen errechnet und oberhalb von null liegen sollte. Bei Reaktivierungs-Kampagnen ist es sinnvoll, den mittelfristigen RoI heranzuziehen, bei dem in den Deckungsbeitrag auch der Effekt auf den Kundenwert – soweit bezifferbar – einbezogen wird.

6.2 Vor dem Full Run: Testen, Testen, Testen

„*Never stop testing, and your advertising will never stop improving.*" Dieses über 50 Jahre alte Zitat geht auf den Dialogmarketing-Pionier David Ogilvy zurück (Ogilvy o. J.). Auch heute stellen Tests das „Versuchslabor" des Dialogmarketing dar, um die physische wie digitale Kommunikation schrittweise zu verbessern. In

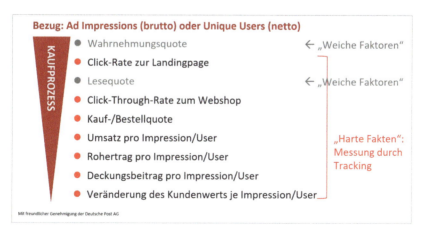

Abb. 19 KPIs für digitale Medien. (Quelle: Lorscheid 2020, Abschn. 2.2)

Abb. 20 Absolute und relative KPIs für digitale Medien. (Quelle: Lorscheid 2020, Abschn. 2.3)

Lorscheid (2020, Kap. 3–4) findet sich eine ausführliche Darstellung des Themas „Testen im Dialogmarketing".

Die Notwendigkeit zu testen gilt ganz besonders im Kontext des analytischen CRM: Aus den CRM-Analysen ergeben sich plausible Hypothesen, wie sich die Kommunikation optimieren lässt. Vor einer Umsetzung im Full Run sollte allerdings stets ein testweiser Einsatz erfolgen, mit dem sich die Überlegenheit des aus der Datenanalyse abgeleiteten Optimierungsansatzes empirisch überprüfen lässt.

So sollte beispielsweise vor dem Einsatz eines Scorings im Full Run ein Umsetzungstest stehen. Denn es muss geprüft werden, ob die Ergebnisse der Analyse auf Basis historischer Daten für eine aktuelle Maßnahme noch Bestand haben. Hierzu teilt man die Kunden in den attraktiven Scoreklassen zufällig in eine Test- und eine Kontrollgruppe auf, wobei nur die Testgruppe mit der Werbemaßnahme beworben wird. In beiden Gruppen misst man die Zielgröße während des Folgezeitraums.

Die Zielgröße – in Abb. 21 der Deckungsbeitrag – der Testgruppe (mit Werbemitteleinsatz) sollte in etwa den Erwartungen aus der Analyse entsprechen. Auch im Rahmen des Tests sollte sich die Zielgröße – wie in Abb. 20 der Fall – monoton mit der Scoreklasse entwickeln. Normalerweise ist das bei Test- und Kontrollgruppe der Fall. Soll die Steigerung mindestens den Werbekosten je Kunde entsprechen, kann man auf Basis des Tests ermitteln, auf welche Kunden dies zutrifft. Bei Werbungskosten in Höhe von 1,50 € trifft das in Abb. 21 auf alle Scoreklassen ab Scoreklasssse 13 zu.

Häufig geht es auch darum zu zeigen, dass ein neu einzusetzendes Analyseergebnis wie das Scoring der bisherigen Vorgehensweise überlegen ist. Auch hierzu teilt man die Kunden zufällig in eine Test- und eine Kontrollgruppe auf. Dabei selektiert man in der Testgruppe die Kunden mit den besten Scorewerten, während die Adressaten aus der Kontrollgruppe auf herkömmliche Weise ausgewählt werden.

Abb. 21 Beispiel für einen Score-Test

Wurden in der herkömmlichen Selektion beispielsweise 40 % der Kunden nach einer bestimmten Regel ausgewählt, so kann man dem die Selektion der besten 40 % nach dem Scoring gegenüberstellen.

Nicht immer kann das Analyseergebnis 1:1 in einen Test überführt werden. Vielfach sind weitergehende Konkretisierungen erforderlich, wie das Analyseergebnis zur Kundenansprache genutzt werden soll. Bei einer Segmentierung ergibt sich als zu testende Hypothese, dass die segmentspezifische Kundenansprache besser als die unspezifische funktioniert. Für einen Umsetzungstest muss die Art der segmentspezifischen Kundenansprache genau festgelegt werden, d. h. für jedes zu bewerbende Segment ist ein geeignetes Werbemittel zu erarbeiten. Scheitert der Test, kann das in diesem Fall auch an einer ungeeigneten Umsetzung der segmentspezifischen Ansprache liegen. Ggf. sind dann weitere Tests mit alternativen Formen der Umsetzung angezeigt.

Nach einem erfolgreichen Test steht dem Ausrollen der Analyseergebnisse im Full Run nichts mehr entgegen. Selbstverständlich sollten die Analyseergebnisse von Zeit zu Zeit aktualisiert werden. Verliert beispielsweise ein Scoring seine Monotonie in den Scoreklassen, so zeigt dies, dass die Scores nicht mehr wie gewünscht funktionieren.

7 Fazit und Ausblick

Das analytische CRM stellt ein leistungsfähiges Instrumentarium bereit, um die Kundenansprache zu optimieren. Die Nutzung dieser Instrumente stellt für viele Unternehmen aktuell noch eine Herausforderung dar (Krafft 2013, S. 127–128), sodass sie in der Umsetzung eher Zurückhaltung üben (Lorscheid 2014b, S. 132). Dementsprechend liegt hier noch viel ungenutztes Potenzial – doch analytisches

CRM ist aus Sicht der Unternehmen eines der wichtigsten Trendthemen im CRM, sodass hier entsprechend investiert werden wird (Trovarit 2019, S. 16–17).

Die Nutzung dieser Potenziale ist allerdings an bestimmte Voraussetzungen hinsichtlich IT-Infrastruktur und Personal geknüpft. Je vollständiger die Infrastruktur die 360°-Sicht auf Kunden, Produkte und Kanäle ermöglicht, desto bessere Analyseergebnisse lassen sich erwarten. Dennoch ist der Aufbau einer Infrastruktur wie eines Datamarts nicht Voraussetzung für einen sinnvollen Einstieg in das analytische CRM. Erste Schritte lassen sich auch in Form von Ad-hoc-Analysen gehen. Wer auf diese Weise positive Erfahrungen mit der Nutzung der Analyseergebnisse macht, wird bald vor der Entscheidung stehen, mit einer geeigneteren Analyse-Infrastruktur die Analysen in Bezug auf Möglichkeiten, Effizienz, und Flexibilität weiter zu verbessern.

Ein anderer Hemmschuh ist, Personal mit dem erforderlichen Know-How zu finden. IT-, Datenanalyse- und Dialogmarketing-Kenntnisse sollten hier idealerweise zusammentreffen, sodass nach der sprichwörtlichen „Eier legenden Wollmilchsau" gesucht wird. Analyse-Dienstleister können hier helfen, indem sie sinnvolle erste Analyseschritte identifizieren, mit der entsprechenden Expertise durchführen und die Umsetzung der Erkenntnisse begleiten.

Immer wieder ist in Zeiten von „Big Data" auch von den Möglichkeiten des Einsatzes künstlicher Intelligenz (KI) die Rede. Dahinter steckt die Idee, die traditionelle Datenanalyse, die weitgehend „Handarbeit" ist, durch selbstlernende Verfahren abzulösen. „Machine Learning" bedeutet, dass Computer weitgehend selbstständig aus den Daten lernen und die Algorithmen sich auf diese Weise selbst optimieren (Klatt 2018).

Von der Aufgabe, die Kundendaten möglichst umfassend zusammenzutragen und für die Analyse aufzubereiten, enthebt allerdings der Einsatz von Machine-Learning-Verfahren nicht. Auch den Machine Learning-Algorithmen müssen geeignete Rahmenbedingungen gesetzt werden, in denen das zuvor zu trainierende Selbstlernen abläuft, was entsprechender Fachexpertise bedarf. Dann besteht die Möglichkeit, traditionelle Analyseergebnisse zu verbessern und zu erweitern, insbesondere dort, wo unstrukturierte Daten in den Analyseprozess einfließen sollen.

Für viele Unternehmen, die in Bezug auf analytisches CRM heute noch am Anfang stehen, wäre allerdings der Einsatz von KI der zweite Schritt vor dem ersten: Wo die „Pflicht" in Form einer erfolgreichen traditionellen Umsetzung von CRM-Analysen gelingt, lassen sich mit der „Kür" der künstlichen Intelligenz neue Wege der Datenanalyse beschreiten.

Literatur

Backhaus, K., et al. (2016). *Multivariate Analysemethoden – Eine anwendungsorientierte Einführung* (14. Aufl.). Wiesbaden: Springer Gabler.

Bruhn, M. (2016). *Relationship Marketing – Das Management von Kundenbeziehungen* (5. Aufl.). München: Vahlen.

Collaborative Marketing Club (CMC). (2019). CMC Dialogpost-Studie 2019. www.collaborative marketingclub.com/cmc-dialogpost-studie. Zugegriffen am 16.10.2019.

Ganz, J., & Reinsel, D. (2012). The digital universe in 2020: Big Data, bigger data shadows, and boggest growth in the far East. www.speicherguide.de/download/dokus/IDC-Digital-Universe-Studie-iView-11.12.pdf. Zugegriffen am 14.10.2019.

Gartner, Inc. (2019). Data Mart. *Information Technology – Gartner Glossary.* www.gartner.com/en/information-technology/glossary/big-data. Zugegriffen am 14.10.2019.

Gluchwoski, P. (2019). Data Warehouse. *Enzyklopädie der Wirtschaftsinformatik – Online-Lexikon.* www.enzyklopaedie-der-wirtschaftsinformatik.de/lexikon/wi-enzyklopaedie/lexikon/daten-wissen/Business-Intelligence/Data-Warehouse. Zugegriffen am 14.10.2019.

Helm, S., et al. (2017). Kundenwert – eine Einführung in die theoretischen und praktischen Herausforderungen der Bewertung von Kundebeziehungen. In S. Helm et al. (Hrsg.), *Kundenwert: Grundlagen – Innovative Konzepte – Praktische Umsetzungen* (4. Aufl., S. 3–34). Wiesbaden: Springer Gabler.

Holland, H. (2016). *Dialogmarketing – Offline- und Online-Marketing, Mobile- und Social Media-Marketing* (4. Aufl.). München: Vahlen.

Hughes, A. M. (2012). *Strategic database marketing* (4. Aufl.). New York: McGraw-Hill.

Jacobsen, M. (2015). Big Data: Leadbewerung einer Onlinedruckerei. In G. Braun & T. Schwarz (Hrsg.), *Leitfaden data driven marketing* (S. 283–292). Waghäusel: Marketing Börse.

Kerner, S. (2002). *Analytisches Customer Relationship Management in Kreditinstituten.* Wiesbaden: DUV.

Klatt, R. (2018). KI und CRM – Topthema oder Zukunftsmusik? *IT-Matchmaker.news.* www.it-matchmaker.com/news/ki-und-crm-topthema-oder-zukunftsmusik. Zugegriffen am 28.11.2019.

Krafft, M. (2013). Erfolgreiche Dialoge im Kundenbeziehungsmanagement. In J. Gerdes et al. (Hrsg.), *Dialogmarketing im Dialog* (S. 125–142). Wiesbaden: Springer Gabler.

Krafft, M., & Bues, M. (2017). Aktuelle Konzepte zur Messung des ökonomischen Kundenwerts. In S. Helm et al. (Hrsg.), *Kundenwert: Grundlagen – Innovative Konzepte – Praktische Umsetzungen* (4. Aufl., S. 237–253). Wiesbaden: Springer Gabler.

Lorscheid, P. (2013). ROI-optimale Allokation dreier Mailingtypen in der Bestandskommunikation einer Spendenorganisation. In J. Gerdes et al. (Hrsg.), *Dialogmarketing im Dialog* (S. 275–288). Wiesbaden: Springer Gabler.

Lorscheid, P. (2014a). Auswahl der richtigen Zielgruppe. In V. Hermes (Hrsg.), *Innovatives Dialogmarketing* (S. 44–54). Freiburg: Haufe.

Lorscheid, P. (2014b). CRM im Spannungsfeld zwischen Theorie und praktischer Umsetzung. In Deutscher Dialogmarketing Verband e.V. (Hrsg.), *Dialogmarketing-Perspektiven 2013/2014* (S. 127–139). Wiesbaden: Springer Gabler.

Lorscheid, P. (2017). Nutzung von Kundenwerten im Dialogmarketing. In S. Helm et al. (Hrsg.), *Kundenwert: Grundlagen – Innovative Konzepte – Praktische Umsetzungen* (4. Aufl., S. 555–571). Wiesbaden: Springer Gabler.

Lorscheid, P. (2020). *Testen im Dialogmarketing – KPIs Schritt für Schritt optimieren.* Wiesbaden: Springer Gabler. (Erscheint demnächst).

Meffert, H., et al. (2015). *Marketing. Grundlagen marktorientierter Unternehmensführung: Konzepte – Instrumente – Praxisbeispiele.* Wiesbaden: Springer Gabler.

Naumann, F. (2007). Datenqualität. *Informatiklexikon.* gi.de/informatiklexikon/datenqualitaet/. Zugegriffen am 17.10.2019.

Ogilvy, D. (o. J.). *David Ogilvy quotes.* www.brainyquote.com/quotes/david_ogilvy_116502. Zugegriffen am 28.11.2019.

Poliakov, V. (2019). Data Science: Warenkorbanalyse in 30 Minuten. *Heise Developer.* www.heise.de/developer/artikel/Data-Science-Warenkorbanalyse-in-30-Minuten-4425737.html. Zugegriffen am 18.10.2019.

Polvin-Plass, L. (2019). Wie Ihr Vertrieb von guten Kundendaten profitiert. *Vertriebszeitung.* vertriebszeitung.de/wie-ihr-vertrieb-von-guten-kundendaten-profitiert. Zugegriffen am 29.11.2019.

Rahm, E., & Do, H. H. (2000). Data cleaning: Problems and current approaches. *IEEE Data Engineering Bulletin, 23*(4), 3–13.

Trovarit, A. G (2019). *CRM in der Praxis 2019/2020: Anwenderzufriedenheit, Nutzen & Perspektiven. Studienergebnisse, Management Summary.* www.trovarit.com/studien/marktstudien/crm-in-der-praxis/. Zugegriffen am 29.11.2019.

Tsymbalov, E. (2019). *Machine learning for Churn prediction for free-to-play games.* Riga: Lambert Academic Publishing.

Zimmer, M., & Kemper, H.-G. (2018). Data Mart. *Gabler Banklexikon.* www.gabler-banklexikon.de/definition/data-mart-70782/version-337048. Zugegriffen am 14.10.2019.

Meta-Analyse von 75 Digitalen Sichtbarkeitsanalysen

Marcel Hauck, Christian Wild und Sven Pagel

Inhalt

1	Einleitung	362
2	Unternehmens-Sichtbarkeit vs. Website-Sichtbarkeit	362
3	Marktüberblick von Anwendungen zur Ermittlung einer digitalen Sichtbarkeit	364
4	Methodik der Digitalen Sichtbarkeitsanalyse	366
5	Meta-Analyse der Digitalen Sichtbarkeitsanalysen	371
6	Diskussion und Methodenkritik	376
7	Fazit und Ausblick	377
	Literatur	378

Zusammenfassung

Wie sichtbar sind Unternehmen in der digitalen Sphäre? Dieser Artikel bietet ersten Einblick in vier Dimensionen der digitalen Sichtbarkeit. Hierfür wurde eine Meta-Analyse über 75 Digitalen Sichtbarkeitsanalysen (DISA) der Firma loci GmbH Deutschland durchgeführt. Dabei erfolgt die Abgrenzung der Begriffe Unternehmens- und Website-Sichtbarkeit. Außerdem wird ein Marktüberblick über vorhandene Anwendungen zur Ermittlung einer digitalen Sichtbarkeit vorgestellt. Wie sich zeigt, ist bei den untersuchten Unternehmen vor allem die digitale Vernetzung der Inhalte und Präsenzen ausbaufähig.

Dieser Beitrag ist im Rahmen der Fördermaßnahme ‚InnoProm – Innovation und Promotion' entstanden. Diese wird durch den Europäischen Fonds für regionale Entwicklung (EFRE) gefördert, kofinanziert vom Ministerium für Wis-

---

M. Hauck (✉) · S. Pagel
Forschungsgruppe Wirtschaftsinformatik- und Medienmanagement (WIMM), Hochschule Mainz, Mainz, Deutschland
E-Mail: marcel.hauck@hs-mainz.de; sven.pagel@hs-mainz.de

C. Wild
loci GmbH Deutschland, Mainz, Deutschland
E-Mail: christian.wild@loci.biz

senschaft, Weiterbildung und Kultur Rheinland-Pfalz und dem Kooperationsunternehmen loci GmbH Deutschland.

Schlüsselwörter

Digitale Sichtbarkeit · Online Visibility · Digital Visibility · Meta-Analyse · Marktüberblick · Sichtbarkeit

Abkürzungsverzeichnis

B2C	*Business-to-Consumer*
DISA	*Digitale Sichtbarkeitsanalyse*
SEO	*Search Engine Optimization*
SERP	*Search Engine Result Page*

1 Einleitung

Wer heutzutage eine neue Website erstellt, muss aktive Maßnahmen starten, um potenzielle Leser oder Kunden damit erreichen zu können. Ende 2019 waren beispielsweise alleine über 16 Millionen .de-Domains registriert (DENIC 2019). Um im digitalen Umfeld sichtbar zu sein, müssen Unternehmen nicht nur für Suchmaschinen optimierte Websites anbieten, sondern diese auch über weitere Plattformen, wie Social Media, E-Mails-Newsletter oder Verzeichnisse, bekannt machen. Dabei ist es wichtig zu verstehen, dass eine gute Bekanntheit nicht alleine über die Platzierung in Suchmaschinen erzielt werden kann. Im Kampf um die Aufmerksamkeit von Konsumenten können diese durch relevante Themen in Kombination mit einer *plattformübergreifenden Sichtbarkeit* erreicht werden.

Zur Ermittlung der *digitalen Sichtbarkeit von Unternehmen* wurde von der loci GmbH Deutschland das Dienstleistungsangebot ‚Digitale Sichtbarkeitsanalyse (DISA)' entwickelt, das in den vergangenen Jahren bei zahlreichen Unternehmen Anwendung fand. Ziel dieses Artikels ist eine Meta-Analyse über 75 solcher unternehmensspezifischer DISAs. Diese wurden im Zeitraum von August 2017 bis Mai 2019 erstellt. Hieraus werden allgemeingültige Erkenntnisse und Handlungsempfehlungen abgeleitet. Als Grundlage werden spezifische Anwendungen zur Ermittlung von Sichtbarkeitsfaktoren (z. B. in Suchmaschinen) vorgestellt. Eine kritische Hinterfragung der gezeigten Anwendungen und Dienstleistungen erfolgt ebenfalls. Im folgenden Kapitel wird zunächst die Abgrenzung der Sichtbarkeit eines gesamten Unternehmens zur Sichtbarkeit einer Website eines Unternehmens vorgenommen.

2 Unternehmens-Sichtbarkeit vs. Website-Sichtbarkeit

Der Terminus ‚Sichtbarkeit' kann grundlegend als das Ausmaß definiert werden, in dem ein Benutzer in seiner Online- oder Offline-Umgebung wahrscheinlich auf eine Referenz (z. B. Link, Werbebanner) auf die Online-Präsenzen eines Unternehmens stößt (vgl. Drèze und Zufryden 2004, S. 22). Die ‚Online-Sichtbarkeit' stärkt den Web-Traffic und die Leistung insbesondere von Business-to-Consumer (B2C)-Unternehmen (vgl. Wang und Xu 2017, S. 2). Smithson et al. (2011, S. 1584) fanden beispielsweise heraus, dass eine gute Online-Sichtbarkeit die Leistung von Hotels signifikant steigern kann.

Generell kann bei der *digitalen Sichtbarkeit* (auch Online-Sichtbarkeit) zwischen einer Plattform-übergreifenden Sichtbarkeit des *gesamten Unternehmens* und der Sichtbarkeit von *Unternehmenswebsites* unterschieden werden. Abb. 1 zeigt *sieben Bausteine* der übergreifenden Online-Sichtbarkeit eines Unternehmens, die auf Basis der DISA zusammengestellt wurden:

1. Sichtbarkeit der *eigenen* Website (Stärkung u. a. durch Onpage-SEO)
2. Sichtbarkeit auf *fremden* Websites (Stärkung u. a. durch Offpage-SEO)
3. Sichtbarkeit in Social Media-Angeboten (z. B. Facebook, Instagram, Twitter)
4. Sichtbarkeit in E-Mails (z. B. Newsletter)
5. Sichtbarkeit in Online-Verzeichnissen und Branchenbüchern (z. B. Google My Business, Google Maps, HERE Maps, Yelp, meinestadt.de)
6. Sichtbarkeit auf Bewertungsplattformen (z. B. Google Maps, Facebook, TripAdvisor)
7. Vernetzung der vorgenannten Online-Präsenzen untereinander (z. B. Verlinkungen)

Hierbei wird deutlich, dass die *eigene* Website nur ein Baustein ist, welcher für die Stärkung der Online-Sichtbarkeit optimiert werden muss. Sie kann unter anderem durch sogenanntes Suchmaschinenoptimierung (engl. Search Engine Optimization, kurz SEO) gesteigert werden. Hierbei werden sowohl technische (z. B. Verbesserung des Quellcodes der Website) als auch inhaltliche (z. B. Verbesserung der dargestellten Texte, Bilder und Videos) Maßnahmen gefasst, die zu einer höheren Positionierung in Suchmaschinen-Ergebnisseiten führen sollen. Die Position innerhalb der Suchergebnisse ist für die Sichtbarkeit gegenüber Suchenden besonders wichtig, da üblicherweise von Usern nur Einträge auf der ersten Ergebnisseite angeklickt werden. Abb. 2 zeigt das Ergebnis einer Untersuchung von rund 124 Mil-

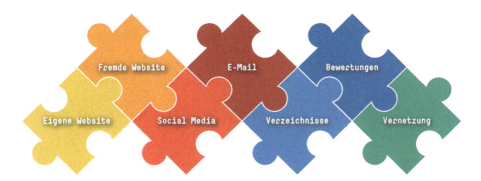

Abb. 1 Bausteine der Online-Sichtbarkeit eines Unternehmens. (Eigene Darstellung)

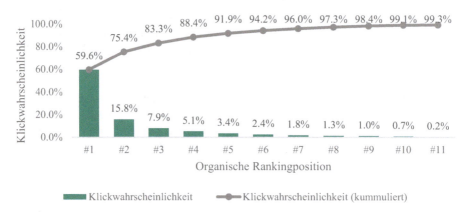

Abb. 2 Klickwahrscheinlichkeit nach organischer Rankingposition. (Eigene Darstellung; Daten: Beus 2015)

lionen Klicks innerhalb der Suchmaschine ‚Google' aus einer Woche im September 2015 (vgl. Beus 2015). Es wird die Wahrscheinlichkeit des Klicks auf einen Eintrag in Abhängigkeit von der organischen Rankingposition als Balken dargestellt. Die kumulierten Wahrscheinlichkeiten sind zusätzlich als Linie dargestellt. Die Wahrscheinlichkeit, dass ein Eintrag auf der zweiten Suchergebnisseite (Einträge ab Position 11) liegt bei lediglich 2 Promille.

Es ist grundsätzlich nicht möglich, eine bessere Position durch direkte Bezahlung zu erhalten. Die Entscheidung, auf welcher Position ein Ergebnis eingestuft wird, hängt schlussendlich vom Algorithmus des Suchmaschinen-Anbieters ab. Werbetreibende können lediglich dafür zahlen, dass Werbeanzeigen „in deutlich gekennzeichneten Bereichen auf der Seite ausgeliefert werden" (Google 2019b). Mittels SEO können die Bekanntheit von Produkten gesteigert und der der Marktanteil verbessert werden (vgl. Bhandari und Bansal 2018, S. 13).

Zur Ermittlung der digitalen Sichtbarkeit eines Unternehmens in der Suchsituation gibt es einerseits wissenschaftliche Metriken wie beispielsweise den „Gage of Online Visibility" von (Schmidt-Mänz und Gaul 2005, S. 424). Dabei wird die Position innerhalb von Suchmaschinen bewertet. Andererseits gibt es praxisnahe Metriken, die als eine Art Online-Dienstleistung angeboten werden, wie beispielsweise der Sichtbarkeitsindex (SISTRIX GmbH). Die Einflussfaktoren und Bewertungskriterien dieser Metriken wird von den untersuchten Herstellern nicht bekannt gegeben. Nachfolgend werden am Markt verfügbare Anwendungen systematisch dargestellt und verglichen.

3 Marktüberblick von Anwendungen zur Ermittlung einer digitalen Sichtbarkeit

Zur Bestimmung der digitalen Sichtbarkeit einer Website oder eines Unternehmens können (teil-)automatisierte Anwendungen genutzt werden. In Tab. 1 sind acht Anwendungen zur Ermittlung der Website-Sichtbarkeit und vier Anwendungen zur

Meta-Analyse von 75 Digitalen Sichtbarkeitsanalysen 365

Tab. 1 Anwendungen zur Messung der Online-Sichtbarkeit von Unternehmen und Websites. k. A. = keine Angabe von Hersteller gemacht; n. v. = Funktion nicht verfügbar/angeboten

	Hersteller	Name	Link	Preis pro Check	Automatisierte Erstellung?	Zeitverlauf sichtbar?	Bewertung für test.de
Website	Thorsten Ising	SEO Quick-Check	https://www.thorsten-ising.com/seo-quick-check	Kostenlos	Nein	Nein	k. A.
	42blue.de	SEORCH	https://seorch.de	Kostenlos	Ja	Nein	n. v.
	XOVI	OVI Sichtbarkeitsindex	https://www.xovi.de/sichtbarkeits-analysen	Kostenlos	Ja	Ja	1193
	SISTRIX	Sichtbarkeitsindex	https://app.sistrix.com/de/visibility-index	Kostenlos	Ja	Ja	90
	Searchmetrics	SEO Visibility	https://www.searchmetrics.com/de/suite/seo-visibility	k. A.	Ja	Ja	k. A.
	1&1 IONOS	SEO-Check	https://www.ionos.de/tools/seo-check	Kostenlos	Ja	Nein	32 %
	Seobility	SEO-Check	https://www.seobility.net/de/seocheck	Kostenlos	Ja	Nein	87 %
	OneProSeo	Sitecheck	https://www.advertising.de/oneproseo/seo-site-check	Kostenlos	Ja	Nein	55 %
Unternehmen	loci	Digitale Sichtbarkeitsanalyse	https://loci.biz/online-marketing-potenzial-analyse.php	500 € netto	Nein	k. A.	k. A.
	MOSAIQ	Digital Visibility Planning	https://www.mosaiq.com/leistungen/detail/visibility-planning	k. A.	Nein	k. A.	k. A.
	SaphirSolution	Online Marketing Audit	https://www.saphirsolution.de/online-marketing-audit	1490 € netto	Nein	k. A.	k. A.
	TechDivision	Online-Marketing-Analyse	https://www.techdivision.com/leistungen/analyse-und-beratung/online-marketing-analyse.html	k. A.	Nein	k. A.	k. A.

übergreifenden Unternehmenssichtbarkeit dargestellt. Sie wurden mittels der Suchmaschine Google aus Kombinationen der Suchbegriffe ‚Online', ‚Digital', ‚SEO', ‚Visibility', ‚Sichtbarkeit' und ‚Audit' ermittelt. Es ist davon auszugehen, dass diese nur ein Ausschnitt des gesamten Marktes sind.

Falls möglich wurde jeweils erfasst, zu welchem Preis eine Überprüfung durchgeführt werden kann, ob die Erstellung automatisiert ohne menschlichen Eingriff funktioniert und ob ein Vergleich mit historischen Werten im Zeitverlauf möglich ist. Außerdem wurde eine beispielhafte Bewertung für die Website der Stiftung Warentest (www.test.de) durchgeführt. Die Ergebnisse dazu sind in der letzten Spalte von Tab. 1 dargestellt.

Die Anwendungen zur Messung der *Website-Sichtbarkeit* zeichnen sich insbesondere durch die automatisierte Erstellung aus, die in der Regel innerhalb von Sekunden abgeschlossen wird. Hierbei werden beispielsweise SEO-Prüfkriterien angelegt, wie die korrekte Verwendung von Links zu anderen Seiten oder die Nutzung von beschreibenden Meta-Daten für Bilder. Die Angebote sind in der Regel kostenlos, da sie oftmals nur einen Teil des Produktangebotes darstellen. So bietet zum Beispiel SISTRIX noch zusätzlich in einem kostenpflichtigen Abonnement an, auch Anzeigen und Werbebanner fortlaufend zu analysieren (vgl. SISTRIX 2019). Bei der exemplarischen Analyse von www.test.de (letzte Spalte in Tab. 1) wird deutlich, dass keine einheitlichen Kriterien zur Bewertung verwendet werden. Während die Seite bei 1&1 IONOS schlecht bewertet wird (31 Prozent), erhält sie bei Seobility eine gute Bewertung (87 Prozent). Das Produkt SEORCH wird auch als White-Label-Variante angeboten (Hotz 2019). So basiert der OneProSeo ‚Sitecheck' auf der vorgenannten Anwendung. Wie in Abb. 3 zu sehen, werden bei beiden Anwendungen die gleichen Kategorien (farbliche Hervorhebungen) untersucht. Dennoch ist das Angebot nicht deckungsgleich. So erfolgt beim Sitecheck für test.de zusätzlich die Berechnung eines Scores, welcher die Ergebnisse einer Seite vergleichbar macht.

Bei den Anwendungen zur Ermittlung der *Unternehmens-Sichtbarkeit* erfolgt keine automatisierte Auswertung. Interessenten müssen sich für eine Analyse registrieren und erforderliche Unternehmens-Informationen übermitteln. Aus diesem Grund wurde hier kein exemplarischer Test vorgenommen. Lediglich beim ‚Online Marketing Audit' der Firma SaphirSolution wird ein Preis für die Durchführung der Analyse genannt (1490 Euro zzgl. MwSt. mit Stand vom 29.01.2019). Nachfolgend wird die Sichtbarkeitsanalyse (DISA) von loci GmbH Deutschland als eine exemplarische Sichtbarkeitsmessung dargestellt.

4 Methodik der Digitalen Sichtbarkeitsanalyse

Das Produkt ‚Digitale Sichtbarkeitsanalyse' wird von der loci GmbH Deutschland (nachfolgend ‚loci') als Dienstleistung angeboten. Es wurde entwickelt, da bisher keine Anwendung zur Verfügung stand, welches die vier Dimensionen ‚Online-Auffindbarkeit', ‚Bekanntheit über Social Media', ‚Bekanntheit über Online-Werbung' und ‚Digitale Kundenbindung' auswertet. Darin werden jeweils individuelle

Meta-Analyse von 75 Digitalen Sichtbarkeitsanalysen

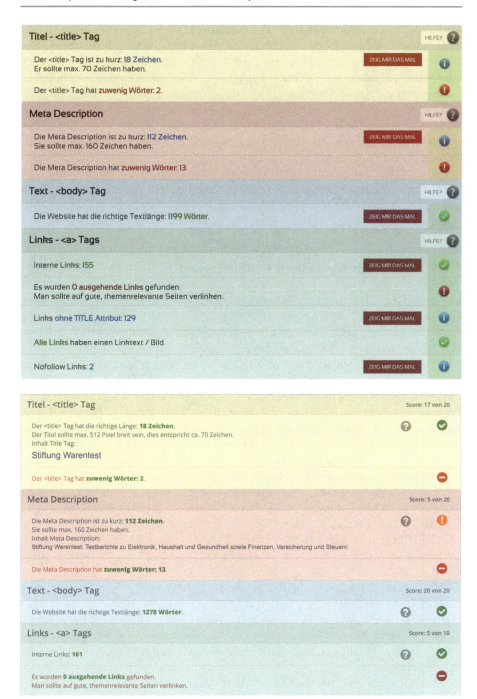

Abb. 3 Vergleich SEORCH ‚SEO Check' (oben) und OneProSeo ‚Sitecheck' (unten) (Eigene Darstellung) mit Screenshots von https://seorch.de und https://www.advertising.de/oneproseo/

Merkmale, wie beispielsweise die Häufigkeit von Social Media-Postings, untersucht. Diese werden in den nachfolgenden Unterkapiteln kurz beschrieben. Zur Ermittlung der Faktoren werden auch externe Dienstleistungsangebote, wie beispielsweise seorch.de oder uberall.com genutzt. Die dort ermittelten Ergebnisse werden manuell durch Mitarbeitende von loci zusammengetragen und in eine *0 bis 5 Sterne-Ordinalskala* überführt. Je besser ein Merkmal bewertet wird, desto mehr Sterne erhält es. Außerdem gibt es zu jedem Merkmal ein Freitext-Feld, in welches *erkannte Auffälligkeiten und Verbesserungspotentiale* (z. B. keine einheitliche Eintragung in lokalen Verzeichnissen) eingetragen werden können. Da der Erhebungsbogen der DISA im Laufe der Zeit erweitert wurde, sind nicht zu allen Faktoren 75 Unternehmensauswertungen vorhanden. Bei den Häufigkeitsdiagrammen in Abschn. 5 ist daher die jeweilige Anzahl der untersuchten Unternehmen mit aufgeführt.

4.1 Methodik zur ‚Online Auffindbarkeit'

Innerhalb dieser Dimension erfolgt zunächst die Untersuchung, ob das Unternehmen korrekt in *lokalen Verzeichnissen* (z. B. Google Maps, Facebook, Yelp, Gelbe Seiten) eingetragen sind. Laut einer quantitativen Online-Befragung (n = 2578) in Deutschland aus dem Jahr 2012 nutzen 82 % der befragten Smartphone-Nutzer die lokale Suche (vgl. Otto Group et al. 2012, S. 12). Dabei scheint eine Verbindung zwischen dem Erscheinen in lokalen Suchergebnissen (z. B. Googles lokale Features) und der Platzierung in den organischen Suchergebnisseiten (engl. Search Engine Result Page/SERP) zu bestehen (vgl. Moz 2019, S. 16). Lokale Suchergebnisse werden über den organischen Suchergebnissen angezeigt und erzeugen damit eine hohe Aufmerksamkeit. Nutzer können direkte Funktionsverweise (z. B. zur Routenplanung) nutzen. Dabei ist darauf zu achten, dass „überall identische Daten zu finden sind" (Trusted Shops Business 2019, S. 19).

Über das internationale ‚Local Service'-Angebot können auch gezielt lokale Anzeigen für Google-Nutzer in Kanada oder den USA geschaltet werden (vgl. Google 2019a). Effektive lokale Werbekampagnen enthalten eine Kombination aus Geo-Targeting, Content-Marketing, Einträgen in lokalen Verzeichnissen, Backlinks und nutzergenerierten Bewertungen (vgl. SEO Global Media 2016, S. 2).

Als weiterer Punkt wird geprüft, ob die Unternehmens-Website für eine hohe Positionierung in SERPs optimiert wurde (*Onpage-SEO*). Hierbei werden auch externe Faktoren (*Offpage-SEO*) mit einbezogen. Ein wichtiger Faktor dabei ist die *Mobiltauglichkeit* der Website. Es wird also beispielsweise geprüft, ob sich das Angebot responsiv auf das jeweilige Anzeigegerät (Desktop-PC, Smartphone, Tablet, etc.) anpasst.

Über Googles ‚Webmaster Central'-Blog wurde schon im Jahr 2010 darauf hingewiesen, dass die *Ladezeit der Website* ein Faktor ist, der sowohl das Suchmaschinen-Ranking verbessert, als auch die Nutzererfahrung (vgl. Singhal und Cutts 2010). Inzwischen kann sogar „statistisch signifikant" gezeigt werden, dass es einen Zusammenhang zwischen der Verschlüsselung einer Website und deren Sichtbarkeit gibt (vgl. eology 2015, S. 30).

4.2 Methodik zur ‚Bekanntheit über Social Media'

Gutes Ranking in Suchmaschinen beruht insbesondere auf Backlinks, also Links zur eigenen Website, die von externen Nutzern gesetzt werden (vgl. eology 2015, S. 33). Eine Möglichkeit, solche Backlinks zu verteilen, sind *Social-Media-Kanäle*. Über Social Media können auch Personen erreicht werden, die nur selten Suchmaschinen nutzen. In diesem Punkt wird geprüft, welche Social-Media-Plattformen durch das untersuchte Unternehmen genutzt werden. Insbesondere, wenn mehrere Kanäle genutzt werden, ist es wichtig, dass diese untereinander verknüpft sind. Hierbei ist sowohl die *Vernetzung der eigenen Angebote* als Verbindungen von externen Angeboten zu den eigenen Präsenzen relevant.

Als weitere Punkte wird geprüft, welche *Posting-Frequenz* auf den einzelnen Plattformen eingehalten wird und welche *Reichweite* mit den Postings erreicht werden kann. Um eine hohe Reichweite zu erhalten, ist insbesondere eine individuelle Ansprache von (Teil-)Zielgruppen mit spezifisch auf deren Bedürfnisse zugeschnittenen Kampagnen notwendig (vgl. BITKOM 2015, S. 33).

4.3 Methodik zur ‚Bekanntheit über Online-Werbung'

Neben der vorgenannten Bekanntheit über Social Media können Unternehmen ihre Bekanntheit und Sichtbarkeit auch über Online-Werbung erhöhen. Hierbei ist es wichtig, dass *digitale Markierungen* genutzt werden, um Kunden und Interessierte identifizieren und ‚verfolgen' zu können. Klicken Interessierte auf ein Online-Werbebanner, so wird oftmals dahinter eine *optimierte Landing-Page* aufgerufen. Eine beispielhafte Darstellung ist in Abb. 4 dargestellt. Wie zu erkennen wird ein spezielles Produkt (hier ein digitaler Adventskalender) vorgestellt und zur Beauftragung angeboten. Solchen Landing-Pages können dynamisch auf den Nutzer angepasst werden, wenn er identifiziert werden kann.

Um auch ein Feedback erhalten zu können, sollten ebenfalls *Kontaktformulare* eingebunden werden. Diese sind sowohl auf der allgemeinen Unternehmenswebsite (z. B. für eine Nachfrage zu einer Dienstleistung), als auch zur Anbahnung eines Geschäftes (wie z. B. beim gezeigten Adventskalender) sinnvoll. Dabei ist es wichtig, dass der Kontaktweg auch zum jeweils genutzten Endgerät passt.

Daneben wird innerhalb der DISA auch geprüft, ob spezielle *Marketing-Telefonnummern* vorhanden sind. Um auch ermitteln zu können, welche Produkte an welche Kunden verkauft werden oder wann die Kunden im Sales-Funnel abspringen, ist ein detailliertes *Conversion-Tracking* sinnvoll. Falls hierzu Informationen vorliegen, erfolgt ebenfalls eine Erfassung innerhalb der digitalen Sichtbarkeitsanalyse.

Abb. 4 Ausschnitt aus einer beispielhaften Landingpage zur Beauftragung eines Adventskalenders (loci 2019)

4.4 Methodik zur ‚Digitalen Kundenbindung'

In der letzten Dimension wird geprüft, inwiefern bestehende Kunden durch das untersuchte Unternehmen gebunden werden. Eine Bindung kann beispielsweise mittels Kundendialog in Social Media oder E-Mail-Marketing erreicht werden. In einer für britische Vermarkter repräsentativen Umfrage aus 2019 wurde ermittelt, dass der Return on Invest von *E-Mail-Marketing* bei £ 42 pro investiertem britischen Pfund lag. In 2018 lag er noch rund £10 niedriger (vgl. Data and Marketing Association 2019, S. 12).

Abb. 5 zeigt den durchschnittlichen Umsatz pro Besucher und die Konversationsrate im E-Commerce. Bei der dahinterliegenden Studie wurden über 1 Milliarde Käufer von 10.000 Marken analysiert. Wie dabei zu deutlich wird, liegt bei beiden Kennzahlen der Bereich E-Mail mit großem Abstand vor den nächsten Werbemöglichkeiten (vgl. AddShoppers 2018).

Insbesondere der Newsletter hat sich als „effektives Kundengewinnungs und -bindungswerkzeug etabliert" (absolit 2019, S. 4). Dabei ist das Senden von generischen Mails ohne Individualisierung weiterhin populär (vgl. Episerver 2019, S. 17).

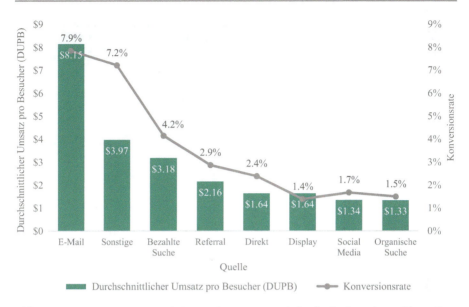

Abb. 5 E-Commerce-Umsatz und -Konvertierungsrate nach Quelle des Besuchers. (Eigene Darstellung; Daten: AddShoppers 2018)

Hierbei kann jedoch Reichweite verloren gehen, da die Inhalte eine geringere Relevanz aufweisen, als wenn sie an die Bedürfnisse der Zielgruppen angepasst werden würden. Bei einer solchen Separierung der Empfänger und Inhalte werden zwar pro Mailing weniger Personen erreicht, die Response-Quote ist aber meist deutlich höher (vgl. Episerver 2019, S. 17). Der *E-Mail-Dialog* ist daher eine wichtige Kenngröße, die innerhalb der digitale Sichtbarkeitsanalyse untersucht wird.

Des Weiteren werden innerhalb der Dimension ‚Digitale Kundenbindung' auch vorhandene *Referenzen und Kundenstimmen* untersucht. Sie spielen eine signifikante Rolle in der Kaufentscheidung (vgl. Jalilvand et al. 2011, S. 42). So haben sie unter anderem einen signifikant positiven Effekt auf die Produkt-, Marken-, und Kaufortwahl (Wu 2014, S. 199). Je höher dabei die „wahrgenommene Expertise und Vertrauenswürdigkeit des Senders" ist, desto glaubwürdiger werden persönlichen Empfehlungen angesehen. (Lis und Korchmar 2013, S. 61). Zuletzt werden noch die vorhandenen *Bewertungsstatus bei Google und Facebook* untersucht.

5 Meta-Analyse der Digitalen Sichtbarkeitsanalysen

Die im Zeitraum August 2017 bis Mai 2019 erstellten DISAs (75 Stück) wurden zunächst in eine auswertbare Tabellenform gebracht, um daraus eine *Meta-Analyse* erstellen zu können. Meta-Analysen sind eine Form der Umfrageforschung, bei der bestehende Forschungsergebnisse (hier DISAs) kodiert und erfasst werden (vgl. Lipsey und Wilson 2001, S. 1). Bei der Erfassung wurden die vergebenen Sterne-Bewertungen als Zahlenwert (0 bis 5) in der Anwendung ‚IBM SPSS Statistics 25'

Tab. 2 Anzahl der analysierten Unternehmen nach Branche. Einordnung in Klassifikation der 21 möglichen Wirtschaftszweige nach (Statistisches Bundesamt 2008). (Eigene Darstellung)

Code	Branche	Anzahl Unternehmen
N	Erbringung von sonstigen wirtschaftlichen Dienstleistungen	14
F	Baugewerbe	10
G	Handel; Instandhaltung und Reparatur von Kraftfahrzeugen	10
H	Verkehr und Lagerei	10
Q	Gesundheits- und Sozialwesen	8
R	Kunst, Unterhaltung und Erholung	8
P	Erziehung und Unterricht	6
I	Gastgewerbe	2
K	Erbringung von Finanz- und Versicherungsdienstleistungen	2
A	Land- und Forstwirtschaft, Fischerei	1
B	Bergbau und Gewinnung von Steinen und Erden	1
D	Energieversorgung	1
L	Grundstücks- und Wohnungswesen	1
O	Öffentliche Verwaltung, Verteidigung; Sozialversicherung	1
	Summe	**75**

erfasst und anschließend analysiert. Zusätzlich erfolgte eine manuelle Gruppierung und Kodierung der Freitext-Felder (Erkannte Auffälligkeiten und Verbesserungspotenziale) zur automatisierten Häufigkeitsauswertung.

Bei dieser Meta-Analyse handelt es sich um eine qualitative Untersuchung von ausgewählten Unternehmen. Daher sind die gezeigten Ergebnisse und deskriptiven Statistiken als verallgemeinerte Erkenntnisse zu sehen, die *nicht* unreflektiert auf alle deutschen Unternehmen übertragen werden können. Sie bieten jedoch einen guten Überblick über mögliche Verbesserungspotenziale, die praxisnah angewendet werden können.

Insgesamt wurden Digitale Sichtbarkeitsanalysen von 75 Unternehmen aus der Rhein-Main-Region analysiert. In Tab. 2 sind die Branchen der untersuchten Unternehmen sowie deren Anzahl aufgelistet. Es wurden Analysen in insgesamt 14 unterschiedlichen Branchen durchgeführt, wobei in fünf Branchen nur jeweils eine Untersuchung enthalten ist. Die meisten Unternehmen können zu Dienstleistungen (14×) eingeordnet werden. Durch diese breite Streuung soll sichergestellt werden, dass die Erkenntnisse auch branchenübergreifend genutzt werden können.

Nachfolgend werden pro untersuchter Dimension Erkenntnisse aus ausgewählten Faktoren vorgestellt.

5.1 Analyse zur ‚Online Auffindbarkeit'

Zur Sicherstellung der Auffindbarkeit in lokalen Verzeichnissen (siehe Abschn. 4.1) ist eine einheitliche Eintragung wichtig. Wie in Abb. 6 zu sehen, wurde dies in den meisten der untersuchten Unternehmen allerdings nur schlecht umgesetzt. So wurde bei 63 der 73 Unternehmen nur eine 1-Stern-Bewertung vergeben. Dies ist haupt-

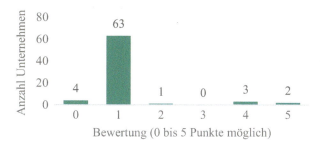

Abb. 6 Häufigkeiten im Faktor ‚Lokale Sichtbarkeit und Auffindbarkeit' (n = 73; Median=1)

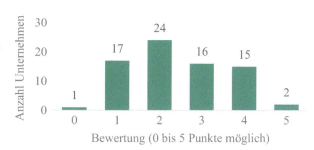

Abb. 7 Häufigkeiten im Faktor ‚Struktur der Website (SEO-Tauglichkeit)' (n = 75; Median=2)

sächlich durch die nicht einheitlichen Eintragungen (z. B. des Unternehmensnamens) in den lokalen Verzeichnisdiensten zu erklären.

Bei der technischen Struktur der Unternehmens-Website (SEO-Tauglichkeit) gibt es vergleichsweise bessere Bewertungen, wie in Abb. 7 zu sehen. Gründe für Abwertungen sind zu kurze, zu lange oder fehlende `title`-Tags (31×) sowie `meta description` (28×), welche in Suchmaschinen bei der Darstellung der Suchergebnisse genutzt werden.

Die Mobiltauglichkeit der untersuchten Websites kann insgesamt als gut bezeichnet werden (siehe Abb. 8). So haben 63 Unternehmen eine gut mobil funktionierende (responsive) Website, die sich auch auf kleinen Smartphones gut darstellen können. Lediglich die Ladezeit des Angebotes kann oftmals verbessert werden (52×). Hierbei könnten beispielsweise Bilder optimiert und JavaScripts sowie Style-Dateien (CSS) gekürzt oder komprimiert werden.

5.2 Analyse zur ‚Bekanntheit über Social Media'

In Abb. 9 sind die Häufigkeiten der Sterne-Bewertungen zur Vernetzung der unternehmenseigenen Online-Präsenzen dargestellt. Die häufigsten Sterne-Abzüge (66×) gab es, wenn keine Tracking-Codes (z. B. Google Analytics oder Facebook-Pixel) genutzt wurden, um Besucher identifizieren und deren Verhalten analysieren zu können. Bei 31 Analysen wurden die Präsenzen nicht korrekt untereinander vernetzt, beispielsweise mittels Verlinkung von der Website zum Social-Media-Auftritt.

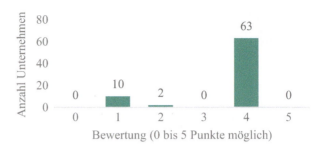

Abb. 8 Häufigkeiten im Faktor ‚Mobiltaugliche Website' (n = 75; Median = 4)

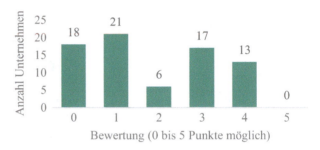

Abb. 9 Häufigkeiten im Faktor ‚Vernetzung der Online-Präsenzen' (n = 75; Median = 1)

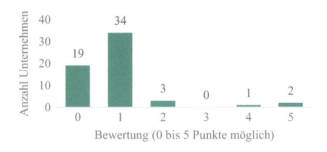

Abb. 10 Häufigkeiten im Faktor ‚Reichweite Social Media Dialog' (n = 59; Median = 1)

Die Reichweite des Social Media Dialoges (z. B. Postings, Kommentare) ist generell als nicht effizient zu betrachten. Acht der untersuchten Unternehmen besaßen sogar gar keine Social-Media-Kanäle. Wie in Abb. 10 zu sehen, wurde bei den meisten Unternehmen nur kein oder ein Stern vergeben. Als häufiger Grund wurde dabei erkannt, dass keine Werbebudgets genutzt werden (41×), um zielgruppenspezifische Inhalte auszuspielen.

5.3 Analyse zur ‚Bekanntheit über Online-Werbung'

Beim Faktor ‚Kontaktformulare' wurde zunächst geprüft, ob diese etablierte Kontaktmöglichkeit vorhanden und gut auffindbar ist. Abb. 11 zeigt die hierfür ver-

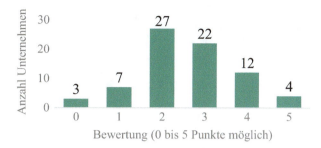

Abb. 11 Häufigkeiten im Faktor ‚Kontaktformulare' (n = 75; Median = 3)

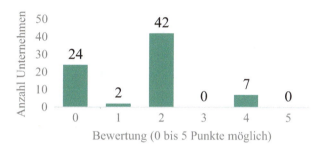

Abb. 12 Häufigkeiten im Faktor ‚Digitale Markierung und Zielgruppen-Management' (n = 75; Median = 2)

gebenen Sterne-Bewertungen. Lediglich zehn der 75 Unternehmen boten kein Formular zur Kontaktaufnahme an. Häufiger gab es keine Live-Chats (50×), Terminvereinbarungen (24×) und Telefonnummern zur Kontaktaufnahme (10×). Eine spezielle Marketing-Telefonnummer, über die Anrufe auch direkt zu Kampagnen zugeordnet werden können, fehlte bei 71 Unternehmen.

Zur Nachverfolgung und Erkennung von Zielgruppen können digitale Markierungen (Tracking-Pixel) genutzt werden. Hierüber werden auch weiterführende Informationen, wie beispielsweise das Verhältnis von Produktkäufen zur Anzahl der Visits (‚Conversion Rate'), ermittelt. Abb. 12 zeigt die in diesem Bereich erzielten Sterne-Bewertungen.

5.4 Analyse zur ‚Digitalen Kundenbindung'

Wie bereits in Abschn. 4.4, erläutert, ist das E-Mail-Marketing ein wichtiger Faktor im Online-Marketing. In Abb. 13 sind die Sterne-Bewertungen zur Anmeldung zum unternehmenseigenen Newsletter dargestellt. In 49 Fällen war gar keine Anmeldung zu einem Newsletter möglich. 17-mal konnte außerdem kein gewünschtes Thema des Newsletters ausgewählt werden, sondern nur ein allgemeines Abonnement abgeschlossen werden.

Als weiterer Faktor wurde geprüft, ob Referenzen und Kundenstimmen (‚Testimonials') auf den Unternehmenspräsenzen dargestellt werden. Wie in Abb. 14 zu

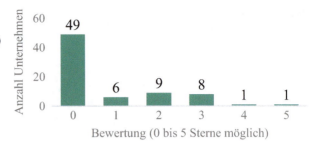

Abb. 13 Häufigkeiten im Faktor ‚E-Mail-Verteiler & Dialog' (n = 74; Median = 0)

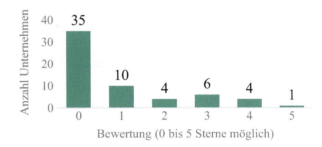

Abb. 14 Häufigkeiten im Faktor ‚Referenzen/ Kundenstimmen' (n = 60; Median = 0)

erkennen, wurde diese Maßnahme allerdings bisher nur selten genutzt. 41-mal konnte ermittelt werden, dass keine Kundenstimmen vorhanden sind. Neunmal wurde außerdem festgehalten, dass keine Verteilung dieser Referenzen über die Social-Media-Kanäle erfolgte.

Nachdem wichtige Ergebnisse der Meta-Analyse dargestellt wurden, erfolgt im folgenden Kapitel eine Diskussion der Ergebnisse inklusive Methodenkritik.

6 Diskussion und Methodenkritik

Die Dimension *Online-Sichtbarkeit* zeigt ein *gemischtes Bild*. Auf der einen Seite sind Optimierungen auf den unternehmenseigenen Websites als recht gut zu bewerten. So kann übergreifend festgehalten werden, dass die Websites gut für die Darstellung auf mobilen Endgeräten aufbereitet wurden. Auf der anderen Seite besteht noch Optimierungsbedarf, wenn es um die Eintragung in lokalen Verzeichnissen geht. Ebenfalls gibt es Verbesserungspotenzial in der SEO-Tauglichkeit und der Ladezeit.

Bei der Analyse der *Bekanntheit über Social Media* zeigte sich insbesondere, dass die Vernetzung der einzelnen Unternehmenspräsenzen *besser sichergestellt werden könnte*. Dies reicht von einfachen Verlinkungen bis hin zu übergreifenden Tracking-Verfahren, die weiterführende Analysen des Kundenverhaltens erlauben. Der sichtbare Social Media Dialog kann ebenfalls verbessert werden. So besitzen die meisten der untersuchten Auftritte eine schlechte Effizienz. Mittels gezielter Werbung könnten das vorhandene Netzwerk besser adressiert und künftige Gruppen erreicht werden.

Innerhalb der Dimension *Bekanntheit über Online-Werbung* wurde deutlich, dass die möglichen digitalen Markierungen (z. B. Tracking-Pixel) noch nicht übergreifend eingesetzt werden. Mit ihnen kann ein besseres Verständnis dafür geschaffen werden, welche Inhalte für welche Zielgruppen gut funktionieren. Damit sind sie eine wichtige Grundlage für ein Zielgruppenmanagement. Da DISA eine Sicht von außen auf die Angebote der Unternehmen ist, sind keine Gründe erkennbar, warum die Möglichkeiten nicht vollflächig eingesetzt werden. Während klassische Kontaktformulare hingegen weit verbreitet scheinen, werden *modernere Interaktionsmöglichkeiten* (z. B. Live-Chat, Marketing-Telefonnummer) nur selten genutzt.

Innerhalb der Dimension *Digitale Kundenbindung* gibt es einen hohen Nachholbedarf für die analysierten Unternehmen. Obwohl das E-Mail-Marketing ein wichtiger Faktor im E-Commerce ist (siehe Abb. 5) ist, werden Möglichkeiten zur *(themenspezifischen) Newsletter-Anmeldung* nur selten eingesetzt. Ebenso verhält es sich auch mit Kundenreferenzen und -stimmen. Über die Hälfte der untersuchten Unternehmen erhielt keinen einzigen Stern. Bei der Umsetzung könnte beispielsweise eine automatische Erhebung von Statements durch eine E-Mail an Käufer von Produkten gesendet werden.

Methodisch wurde die *Digitale Sichtbarkeitsanalyse* kritisch hinterfragt und die folgenden *Einschränkungen* müssen beachtet werden. Erstens ist davon auszugehen, dass nicht alle Informationen zu einem Unternehmen ermittelt werden können. Wurden in der Vergangenheit beispielsweise temporäre Landing Pages zur Werbung innerhalb einer Kampagne erstellt, so sind diese möglicherweise nicht mehr online abrufbar und können daher nicht in die Bewertung einfließen. Ebenfalls besteht kein Anspruch auf *Vollständigkeit* der erhobenen Faktoren. Denkbar ist eine Erweiterung der Analyse um zusätzliche Funktionalitäten, wie beispielsweise einer automatischen Sentiment-Analyse. Da die Erstellung *(teil-)automatisiert* erfolgt und auch subjektive Beurteilungen zur Qualität von Postings einfließen, können die Ergebnisse leicht variieren. Eine vollständig systemgenerierte Untersuchung könnte hier eine noch bessere Vergleichbarkeit der Ergebnisse ermöglichen. Die einzelnen Faktoren sind *nicht disjunkt*. So fließt die Nutzung von Tracking-Tools in den Faktor ‚Digitale Markierung und Zielgruppen-Management' sowie in ‚Vernetzung der Online-Präsenzen' mit ein.

Da die einzelnen Faktoren *Ordinalskalen* nutzen, sollten keine arithmetischen oder geometrische Mittelwerte und Varianzen berechnet werden. Durch die Nutzung von Kardinalskalen könnten weitere Lageparameter ermittelt und diese in die Betrachtung der Ergebnisse mit einbezogen werden. So wäre also beispielsweise die vergleichende Darstellung innerhalb einer Peer-Group (z. B. innerhalb der Branche) möglich.

7   Fazit und Ausblick

Grundlage dieses Artikels ist ein Marktüberblick der Autoren über zwölf Anwendungen, die die digitale Sichtbarkeitin unterschiedlicher Form von Unternehmen oder speziell nur deren Websites prüfen. Diese weisen jeweils eigene Kennziffern (beispielsweise eine Prozent-Bewertung) aus. Da die Methodik dieser Anwendungen nicht näher beschrieben ist, ist es nicht verwunderlich, dass die Ergebnisse für gleiche Untersuchungsobjekte teils *deutlich abweichen*. So wurde gezeigt, dass die Website test.de von einer Anwendung als gut sichtbar und gleichzeitig von einer anderen Anwendung als schlecht sichtbar ausgewiesen wurde. In diesem Artikel wurde zusätzlich eine deskriptive Meta-Analyse über 75 Digitalen Sichtbarkeitsanalysen (DISA) der Firma loci GmbH Deutschland durchgeführt. Hierbei wurde auch beschrieben, wie die einzelnen Faktoren der DISA erhoben werden. Sie gibt damit wichtige Einblicke in die digitalen Angebote deutscher Firmen.

Die einzelnen DISAs wurden zwischen August 2017 und Mai 2019 erstellt. Hierbei bestand kein Anspruch auf Vollständigkeit und automatisierte Erhebung. Die einzelnen Analysen wurden von Mitarbeitern von loci manuell angefertigt. Untersuchungsgestand waren dabei jeweils die Websites und Social-Media-Auftritte von 75 ausgewählten Kunden.

Die hier erstellte nicht repräsentative Meta-Analyse zeigt, dass bei den Unternehmen bisher der *Fokus auf die Optimierung der eigenen Website* lag. So konnte unter anderem eine gute Mobiltauglichkeit der Websites festgestellt werden. Verbesserungspotenzial gibt es insbesondere bei der Erweiterung der Online-Präsenzen (u. a. Social-Media-Kanäle), durch Cross-Verlinkungen und übergreifende Bekanntmachung der vorhandenen Inhalte. So könnte beispielsweise eine noch höhere Effizienz in den Social-Media-Postings erreicht werden. Um die Inhalte besser bekannt zu machen, sollte auch das E-Mail-Marketing eine wichtige Rolle spielen, denn damit können besonders hohe Konversionsraten erzielt werden. In den Unternehmen muss ein Verständnis dafür geschaffen werden, dass eine gute digitale Sichtbarkeit nicht alleine über die Optimierung von Websites und die Platzierung in Suchmaschinen erfolgen kann. Nur durch eine *effiziente Ausspielung von gutem Content in mehreren Plattformen in Kombination mit übergreifendem Tracking* kann die digitale Sichtbarkeit und damit der Grundstein für digitalen Unternehmenserfolg gelegt werden.

Von loci wird eine weiterführende Sichtbarkeitsanalyse für den Bereich *Personalmarketing* angeboten. Einerseits könnten die erkannten Verbesserungspotenziale in diese Analyse mit einfließen. Andererseits ist es auch denkbar, dass künftig eine zusätzliche Meta-Analyse über diesen spannenden Bereich erstellt wird.

Literatur

absolit. (2019). *E-Mail-Marketing Benchmarks 2019*. Waghäusel: absolit Dr. Schwarz Consulting.

AddShoppers. (15. Januar 2018). 2017 Commerce benchmark report|AddShoppers. http://learn.addshoppers.com/2017/. Zugegriffen am 04.12.2019.

Beus, J. (25. Oktober 2015). Klickwahrscheinlichkeiten in den Google SERPs. SISTRIX website. https://www.sistrix.de/news/klickwahrscheinlichkeiten-in-den-google-serps/. Zugegriffen am 11.09.2019.

Bhandari, R. S., & Bansal, A. (2018). Impact of search engine optimization as a marketing tool. *Jindal Journal of Business Research, 7*(1), 23–36. https://doi.org/10.1177/2278682117754016.

BITKOM. (2015). *Social Media Leitfaden*. Berlin: Bundesverband Informationswirtschaft, Telekommunikation und neue Medien e. V.
Data and Marketing Association. (2019). *Marketer Email Tracker 2019*.
DENIC. (2019). Monatsauswertung .de – DENIC eG. https://www.denic.de/wissen/statistiken/monatsauswertung-de/. Zugegriffen am 27.11.2019.
Drèze, X., & Zufryden, F. (2004). Measurement of online visibility and its impact on Internet traffic. *Journal of Interactive Marketing, 18*(1), 20–37. https://doi.org/10.1002/dir.10072.
eology. (2015). *SEO für OnlineShops*. Volkach: eology GmbH.
Episerver. (2019). *E-Mail-Marketing Benchmark 2019*. Berlin: Episerver GmbH.
Google. (2019a). Local Services by Google – Lead Generation for Local Customers. https://ads.google.com/local-services-ads/. Zugegriffen am 15.01.2020.
Google. (2019b). So funktioniert die Google-Suche|Übersicht. https://www.google.com/intl/de/search/howsearchworks/. Zugegriffen am 23.10.2019.
Hotz, M. (2019). SEORCH – überprüft eine Website auf OnPage Suchmaschinen Faktoren. SEORCH website: https://seorch.de. Zugegriffen am 23.10.2019.
Jalilvand, M. R., Esfahani, S. S., & Samiei, N. (2011). Electronic word-of-mouth: Challenges and opportunities. *Procedia Computer Science, 3*, 42–46. https://doi.org/10.1016/j.procs.2010.12.008.
Lipsey, M. W., & Wilson, D. B. (2001). Practical Meta-analysis. *Applied Social Research Methods Series, 49*, 265.
Lis, B., & Korchmar, S. (2013). *Digitales Empfehlungsmarketing: Konzeption, Theorien und Determinanten zur Glaubwürdigkeit des Electronic Word-of-Mouth (EWOM)*. Wiesbaden: Springer Gabler.
loci. (2019). loci Adventskalender – Unsere Gewinnspiel-App für Ihr Unternehmen!. https://loci.biz/adventskalender.php. Zugegriffen am 15.01.2020.
Moz. (2019). *The State of local SEO|Industry report 2019*. https://moz.com/white-papers/the-state-of-local-seo-industry-report-2019.
Otto Group, Google, & TNS Infratest. (2012). *GO SMART 2012: Always-in-touch*. Hamburg: Otto Group.
Schmidt-Mänz, N., & Gaul, W. (2005). Web mining and online visibility. In C. Weihs & W. Gaul (Hrsg.), *Classification – the ubiquitous challenge* (S. 418–425). Berlin/Heidelberg: Springer.
SEO Global Media. (2016). *Local SEO White Paper*. Charlotte: SEO Global Media.
Singhal, A., & Cutts, M. (9. April 2010). Using site speed in web search ranking. Official Google Webmaster Central Blog [EN] website: https://webmasters.googleblog.com/2010/04/using-site-speed-in-web-search-ranking.html. Zugegriffen am 27.11.2019.
SISTRIX. (2019). SISTRIX Toolbox Preise, Angebote & Konditionen. SISTRIX website: https://www.sistrix.de/preise/. Zugegriffen am 13.11.2019.
Smithson, S., Devece, C. A., & Lapiedra, R. (2011). Online visibility as a source of competitive advantage for small- and medium-sized tourism accommodation enterprises. *The Service Industries Journal, 31*(10), 1573–1587. https://doi.org/10.1080/02642069.2010.485640.
Statistisches Bundesamt. (2008). *Klassifikation der Wirtschaftszweige*. Wiesbaden: SFG Servicecenter Fachverlage.
Trusted Shops Business. (2019). *Marketing-Guide für Ihren „Offline"-Laden*. Köln: Trusted Shops GmbH.
Wang, F., & Xu, B. (2017). Who needs to be more visible online? The value implications of web visibility and firm heterogeneity. *Information & Management, 54*(4), 506–515. https://doi.org/10.1016/j.im.2016.11.002.
Wu, M. (2014). Effects of electronic word-of-mouth on consumers' purchase decision in catering industry. *Acta Oeconomica, 64*(Supplement 2), 199–211. https://doi.org/10.1556/AOecon.64.2014.Suppl.14.

Teil IV

Medien des Dialogmarketings

Dialogmarketing über alle Medien

Heinrich Holland

Inhalt

1	Vielfalt der Medien	384
2	Offline Dialogmarketing	386
3	Online Dialogmarketing	394
4	Vom Massen- zum Individualmarketing durch Online-Dialogmarketing	402
5	Internetbasiertes One-to-One-Marketing	405
6	Trendthema Social Commerce	406
	Literatur	411

Zusammenfassung

Die Entwicklungen der letzten Jahre haben die Einsatzmöglichkeiten des Dialogmarketings ausgeweitet. Damit ist auch die Palette von nutzbaren Medien immer umfangreicher geworden. Neben den klassischen Medien, die, wenn sie mit einem Response-Element ausgestattet sind, zum Aufbau eines Dialogs genutzt werden können, sind es vor allem die Online-, Mobile- und Social-Media, die dem Dialogmarketing neue Impulse gegeben haben. Social Commerce beschreibt die aktive Integration der Verbraucher in den Kaufprozess und den von sozialen Gruppen abhängigen Handel.

Schlüsselwörter

Offline Dialogmarketing · Online Dialogmarketing · Mobile Marketing · Social-Media Marketing · Individualmarketing · Social Commerce

---

H. Holland (✉)
Hochschule Mainz, Mainz, Deutschland
E-Mail: heinrich.holland@online.de

© Springer Fachmedien Wiesbaden GmbH, ein Teil von Springer Nature 2021
H. Holland (Hrsg.), *Digitales Dialogmarketing*,
https://doi.org/10.1007/978-3-658-28959-1_16

1 Vielfalt der Medien

> In diesem Kapitel wird ein Überblick über die wichtigsten Medien gegeben, die für das Dialogmarketing genutzt werden können. Die Deutsche Post AG führt jährlich repräsentative Befragungen von Unternehmen durch, in denen bei den Anwendern die Bedeutung des Dialogs differenziert nach den verschiedenen Medien erhoben wird.
> Abb. 1 erhebt keinen Anspruch auf Vollständigkeit, sie zeigt jedoch eine Übersicht der wichtigsten Medien.

Die *Online-Medien* des Dialogmarketings werden in Medien und Instrumente des Internets, des E-Mail-Marketings, des Mobile- und Social Media-Marketings unterteilt.

Die *Website* eines Unternehmens kann als Anlaufpunkt und Auslöser für einen langfristigen Dialog und häufig auch als Zielmedium für andere Medien dienen. Das *Suchmaschinenmarketing* (Suchmaschinenoptimierung – SEO und Suchmaschinenwerbung – SEA) hat eine Pull-Wirkung, die Aktivität geht vom User aus, der nach einem bestimmten Thema sucht, und führt im Erfolgsfall zu einem unmittelbaren Kontakt. Auch *Bannerwerbung* und *Affiliate*-Programme haben die Aufgabe, den Kontakt zu Interessenten aufzubauen. Wenn das Online-Marketing auf Response und Reaktionen ausgerichtet ist, verfolgt es Ziele des Dialogmarketings. *Chatbots*, die über eine Künstliche Intelligenz verfügen, stellen eine relativ neue Form der Kommunikation zwischen Unternehmen und Konsumenten dar.

Das *E-Mail-Marketing* führt den Dialog auf elektronischem Weg und kann mit dem gedruckten Werbebrief verglichen werden.

Die zunehmende Mobilität und das Bedürfnis nach ständiger Erreichbarkeit haben dem *Mobile Marketing* hohe Wachstumsraten beschert. Sowohl die mobile Website als auch die unterschiedlichsten mobilen Werbeformen erlauben den Dialog zwischen Kunde und Unternehmen unabhängig von Zeit und Ort. Auch die Social-Media-Aktivitäten eines Unternehmens und das Couponing sind dem Dialogmarketing zuzuordnen (Dahlhoff 2013, S. 167).

Bei den *Offline-Medien* unterscheidet Abb. 1 zwischen Dialogmedien und klassischen Medien mit Response-Element.

Die *Direktmarketing-Medien* stellen den Ursprung des Dialogmarketings dar und umfassen adressierte (Mailings), teiladressierte (Postwurf Spezial) und unadressierte (Postwurf und Haushaltswerbung) Werbesendungen.

Anzeigen, Beilagen und Couponing in Printmedien, wie Zeitschriften und Zeitungen, können durch Coupons, Antwortkarten, Telefonnummern oder E-Mail-Adressen eine Reaktion und damit den Beginn eines Dialogs ermöglichen. Auch Out-of-Home-Medien werden zunehmend, beispielsweise durch QR-Codes, responsefähig. In Fernsehen und Rundfunk sind es häufig Telefonnummern, durch die zu einer Reaktion aufgerufen wird.

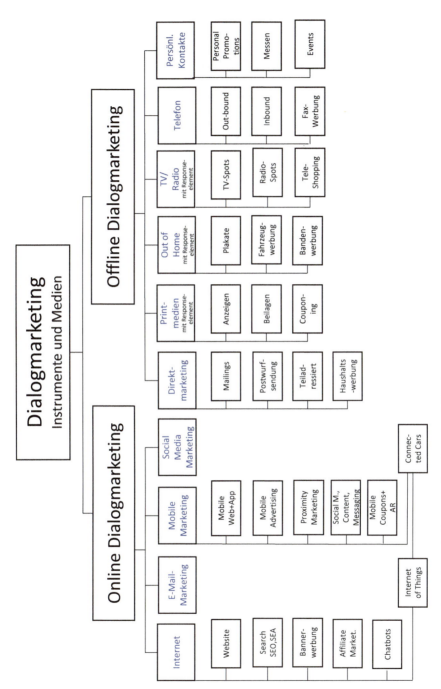

Abb. 1 Medien des Dialogmarketings. (Quelle: Eigene Darstellung)

Tab. 1 Die Nutzung der Medien im Jahr 2019. (Quelle: Deutsche Post 2020, S. 14)

Klassikmedien	Nutzeranteile in %	Ausgaben in Mrd. €	Dialogmedien	Nutzeranteile in %	Ausgaben in Mrd. €
Anzeigenwerbung	48	8,0	Volladressierte Werbesendungen	13	5,9
Fernseh-Werbung	1	7,4	Teil- + unadressierte Werbesendungen	9	1,6
Beilagenwerbung	12	2,8	Onlinemarketing	48	9,6
Plakat- und Außenwerbung	27	2,7	Telefonmarketing (aktiv und passiv)	14	1,0
Radiowerbung	3	1,3			
Kinowerbung	1	0,1			

Auch über die Medien Telefon und Fax kann der Dialog geführt werden. Auf Messen, Events oder bei Personal Promotions findet die Kommunikation direkt zwischen den Menschen statt.

Die Deutsche Post ermittelt regelmäßig in ihrem Dialogmarketing Monitor, mit welchem Anteil deutsche Unternehmen die Medien für ihre Marketingkommunikation nutzen (Deutsche Post 2020, S. 14). Tab. 1 gibt darüber Aufschluss.

48 % der Unternehmen haben im Jahr 2019 Anzeigen in Printmedien geschaltet (8 Mrd. € Ausgaben) und 27 % haben die Plakat- oder Außenwerbung genutzt. Angesichts der damit verbundenen hohen Kosten erstaunt es nicht, dass nur 1 % der Unternehmen Fernsehspots einsetzt und dafür 7,4 Mrd. € ausgibt.

Etwa die Hälfte (48 %) der Unternehmen nutzen die Instrumente des Onlinemarketings für ihr Unternehmen und haben damit verbundene Ausgaben in Höhe von 9,6 Mrd. €.

Den Werbebrief, als Urform des Dialogs, nutzen 13 % der Unternehmen. Teil- und unadressierte Werbesendungen haben einen Nutzeranteil von 9 % und das Telefonmarketing wird von 14 % in aktiver oder passiver Form eingesetzt.

2 Offline Dialogmarketing

2.1 Direktmarketing-Medien

Mailings

> Im Jahr 2019 wendeten deutsche Unternehmen insgesamt 18,1 Mrd. € für den direkten Dialog mit ihren Kunden auf. Bei der Differenzierung nach den einzelnen Medien liegen die adressierten Werbesendungen mit 5,9 Mrd. € sehr weit vorn (Deutsche Post 2020, S. 10, 14).

13 % aller Unternehmen nutzten 2019 dieses Medium und gaben insgesamt 5,9 Mrd. € dafür aus. Bei den kleinen Unternehmen haben die *personalisierten Mailings* an Beliebtheit und Budgets verloren; die Großunternehmen (Unternehmensumsatz über 25 Mio. € pro Jahr) haben ihre Ausgaben für volladressierte Werbesendungen konstant gehalten. Die durchschnittlichen Ausgaben von Händlern (26.500 €) sind mehr als dreimal so hoch wie die der Dienstleister (7600 €). Der Handel verursacht mit 3,6 Mrd. € mehr als 60 % der Ausgaben für volladressierte Werbesendungen (Deutsche Post 2020, S. 20).

Trotz der steigenden Bedeutung von Internet und E-Commerce haben die adressierten Werbesendungen immer noch eine große Bedeutung. Mailings und Internet sollen zum einen Synergieeffekte schaffen, indem ihr kombinierter Einsatz die Kundenansprache intensiviert. Andererseits werden Mailings zur Akquisition von Online-Kunden eingesetzt.

Dabei wird die Zielgruppensegmentierung immer wichtiger werden. Unternehmen intensivieren und optimieren die Ansprache ihrer Kunden und dafür bieten die Mailings ein gutes Preis-Leistungs-Verhältnis. Die Zielgruppen für Mailings werden stärker segmentiert, was durch die Fortschritte im Database-Management unterstützt wird (Burow 2013, S. 213 f.).

> Die klassische Form der adressierten Werbesendung stellt das Mailing (klassisches Mail-Order-Package) dar, das aus mindestens vier Bestandteilen besteht (Holland 2016, S. 53–61):

1. Kuvert zur Weckung von Aufmerksamkeit und Neugierde
2. Brief zur persönlichen Ansprache des Empfängers
3. Prospekt mit Detailinformationen zu dem Angebot
4. Response-Element zur möglichst einfachen Reaktion

Diese Bestandteile werden in Abb. 2 in einem Überblick aufgezeigt.
- *Kuvert*

Mit dem *Kuvert* oder der Versandhülle wird der erste Kontakt zum Empfänger hergestellt. Es hat die Aufgabe, den Inhalt auf dem Weg zum Empfänger zu schützen und dessen Interesse zu wecken.

Wenn der Empfänger das Mailing erhält, entscheiden die ersten Sekunden darüber, ob er das Kuvert öffnet und sich mit dem Angebot beschäftigt oder ob der Werbebrief ungeöffnet entsorgt wird. Aus diesem Grund kommt dem Kuvert die Aufgabe zu, das Interesse des Empfängers zu wecken und ihn zu einer Beschäftigung mit dem Angebot anzuregen.

Die Aufgaben des Kuverts sind mit denen einer Verpackung eines Markenartikels vergleichbar. Auch diese Verpackung soll den Inhalt schützen und die Aufmerksamkeit und das Interesse des Käufers wecken. Schließlich hat sie auch noch die Aufgabe, die notwendigen Informationen zu geben. Beim Mailing betrifft dies die postalischen Angaben und die Nennung des Absenders.

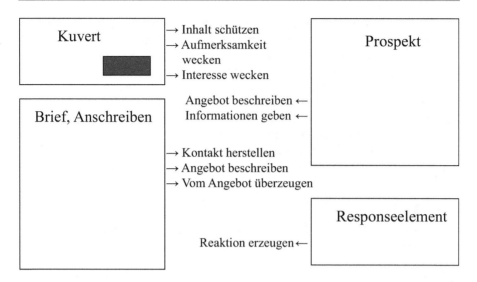

Abb. 2 Bestandteile eines Mailings. (Quelle: Eigene Darstellung)

- *Brief*

  Der *Brief* übernimmt die Funktion, die mit dem Verkaufsgespräch bei einem persönlichen Kontakt vergleichbar ist. Er soll die wichtigsten Fragen des Lesers beantworten und die Vorteile des Angebots erläutern.

  In dem Brief erfolgt die namentliche Anrede des Empfängers. Hier wird der besondere Vorteil des Dialogmarketings – die Individualisierung – ausgespielt. Die Anforderungen an den Texter sind hoch, gilt der Brief doch als Ersatz für das persönliche Gespräch in einem Dialog.

  Der Brief stellt einen Übergang dar zwischen dem ersten Überblick über das Mailing und einer ausführlichen Beschäftigung mit dem Angebot. Ein Empfänger, dessen Interesse durch den Brief geweckt wird, wendet sich dann dem Prospekt zu und seine Bereitschaft zur Reaktion steigt.

- *Prospekt*

  Der *Prospekt* stellt das Angebot ausführlich dar; je nach Umfang des Werbebriefes ist eine Bandbreite von einem kleinformatigen Flyer bis zu einem umfangreichen Katalog möglich.

  Wenn man ein Mailing mit einem Verkaufsgespräch vergleicht, so entspricht der Brief dem Außendienstmitarbeiter mit seinen Argumenten für das Angebot. Sobald das Interesse des potenziellen Kunden geweckt ist, verlangt dieser nach Detailinformationen. Der Verkäufer greift in diesem Fall zu seinem Prospektmaterial – im Mailing kommt nun der beiliegende Prospekt mit weiteren Informationen und Abbildungen zum Einsatz.

- *Reaktionsmittel*

  Das Ziel des Dialogmarketings besteht darin, den Empfänger zu einer Reaktion zu veranlassen. Deshalb muss das Mailing eine Antwortkarte bzw. einen

Bestellschein mit einem Rückumschlag enthalten. Das *Reaktionsmittel* ist so zu gestalten, dass es möglichst einfach auszufüllen ist.

Wenn der Empfänger dieses Response-Mittel ausfüllt und zurücksendet, ist das Ziel des Dialogmarketings erreicht: der Dialog geht in eine weitere Stufe. Diese Antwortkarte oder dieser Bestellschein kommt zum Absender zurück und kann in der Erfolgsmessung erfasst werden. Die Reaktion wird in der Datenbank gespeichert und führt zu einer Antwort des Unternehmens. Ein weiterer Schritt in dem langfristigen Dialog ist erreicht.

Neben diesem sogenannten „klassischen Mail-Order-Package" mit vier Bestandteilen werden auch viele weitere Arten von Werbebriefen eingesetzt.

Abb. 3 zeigt die Bedeutung der einzelnen Bestandteile eines Mailings und ihre Wirkung auf den Erfolg. Angefangen vom ersten Blick auf den Umschlag des Mailings bis zur Reaktion des Empfängers mithilfe des Response-Elements wird der Entscheidungsprozess analog zum AIDA-Schema dargestellt.

Teil- und unadressierte Werbesendungen
Unadressierte Werbesendungen tragen keine aufgedruckte Adresse des Empfängers. Es handelt sich dabei um Handzettel oder Prospekte, die auch Warenproben und Gutscheine enthalten können und durch Verteiler (Haushaltswerbung) oder Postboten (Postwurfsendung) den Haushalten zugestellt werden.

Die *Postwurfsendungen* tragen den Aufdruck „An alle Haushalte" oder „An alle Haushalte mit Tagespost". Im letzten Fall wirft der Postbote die Werbesendung nur dann ein, wenn er auch adressierte Briefe einzuwerfen hat. Man kann davon ausgehen, dass es sich in diesem Fall um aktivere Haushalte handelt.

Die Einordnung der unadressierten Werbesendungen in das System des Dialogmarketings ist problematisch. Im Allgemeinen besteht kein direkter Kontakt zwischen dem Absender und dem Empfänger. Nach der Definition des Dialogmarketings lassen sich unadressierte Werbesendungen nur dann zum Dialog rechnen, wenn durch sie ein direkter Kontakt aufgebaut werden soll.

Postwurf Spezial, als teiladressierte Werbesendung, stellt eine Zwischenform zwischen adressierten und unadressierten Werbesendungen dar. Hier wird auf den Namen verzichtet („An die Bewohner des Hauses ..."). Es müssen also keine Adressen gemietet werden, die Streukosten sind geringer (geringeres Porto abhängig von der Auflage), aber die Zielgruppen lassen sich mikrogeografisch sehr genau bestimmen. Allerdings sind die Vorteile einer individuellen, persönlichen Ansprache der Zielperson auf diesem Weg natürlich nicht nutzbar.

Teil- und unadressierte Werbesendungen haben mit 9 % einen wesentlich geringeren Nutzeranteil bei den deutschen Unternehmen als die adressierten Mailings. Die Gesamtaufwendungen betrugen im Jahr 2019 1,6 Mrd. €. 10 % der Handelsunternehmen und 10 % der Dienstleister nutzen das Medium. Im produzierenden Gewerbe sind es 8 %.

Die durchschnittlichen Aufwendungen der Handelsunternehmen betragen 9800 € (Dienstleister 2700 und produzierendes Gewerbe 3000 €) (Deutsche Post 2020, S. 21–22).

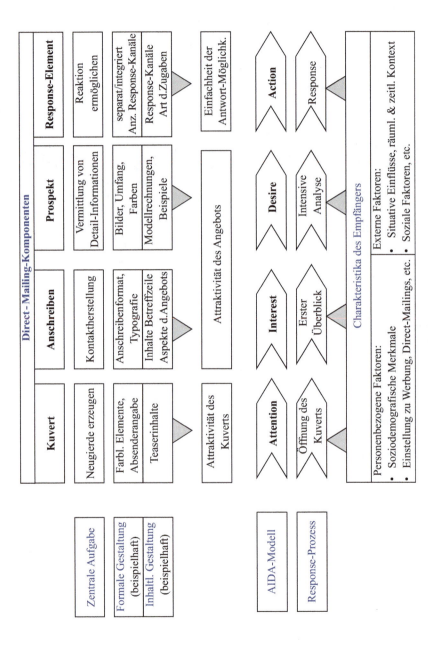

Abb. 3 Konzeptionelles Modell zur Bedeutung gestalterischer Erfolgsfaktoren. (Quelle: Feld und Peters 2008, S. 130)

2.2 Printmedien

> Die *Printmedien* gelten als Medien der klassischen Marketingkommunikation. Sobald aber Anzeigen oder Beilagen in Zeitungen oder Zeitschriften mit einer Response-Möglichkeit ausgestattet werden, dienen sie dem Aufbau eines Dialogs. Der Anteil der Printmedien mit einem Response-Element in Form eines Coupons, einer E-Mail-Adresse oder Telefonnummer hat in den letzten Jahrzehnten stark zugenommen.

Die Beilagen in Pressemedien wie Zeitschriften, Zeitungen oder Anzeigenblättern enthalten häufig direkte Rückantwortmöglichkeiten und werden dann zum Dialogmarketing gezählt.

Die *Rückantwortmöglichkeit* kann durch QR-Code, Coupon, Rückantwortkarte, E-Mail-Adresse oder Telefonnummer gegeben werden. Mittels Coupons, die ausgeschnitten, ausgefüllt und eingesandt werden, können Leser Bestellungen aufgeben, Informationen anfordern oder an Gewinnspielen teilnehmen. Auch lässt sich ein Coupon als Gutschein für einen Rabatt, eine Warenprobe oder ein Geschenk gestalten (Couponing).

Immer mehr Anzeigen in Zeitungen und vor allem in Zeitschriften enthalten die Aufforderung an die Leser, in Kontakt mit dem Unternehmen zu treten. Dies kann – wie bei den Beilagen – über QR-Codes, Coupons (Coupon-Anzeigen) oder über Rückantwortkarten geschehen.

2.3 Out-of-Home

Die *Außenwerbung* rechnet man, wie die Printmedien, dann zum Dialogmarketing, wenn der Betrachter aufgefordert wird, in Kontakt mit dem Unternehmen zu treten. Die Außenwerbung wird im Allgemeinen nur flüchtig wahrgenommen, beispielsweise im Vorbeifahren aus dem Auto. Daher werden hauptsächlich emotionale Bilder übermittelt.

In den letzten Jahren hat der Anteil der Plakatwerbung mit aufgedruckten Telefonnummern und der Aufforderung zur Reaktion deutlich zugenommen. Viele Plakate von Telekommunikationsanbietern, Reiseunternehmen, Energieversorgern und vielen anderen nutzen diese Möglichkeit der Interessentengewinnung.

Durch Quick Response-Codes, die sich in Printmedien oder auf der Außenwerbung befinden, kann eine Verbindung zwischen Offline- und Online-Medien hergestellt werden.

2.4 Funk und Fernsehen

Wenn in TV- oder Funk-Spots eine Telefonnummer oder Adresse eingeblendet wird, die der Zuschauer oder Zuhörer kontaktieren kann, um etwas zu bestellen oder Informationen anzufordern, dient er den Zwecken des Dialogmarketings.

Vor allem in den privaten Fernsehprogrammen werden direkt bestellfähige Spots ausgestrahlt. Aber auch bei den öffentlich-rechtlichen Sendern mehrt sich das *Direct Response Television* (DRTV) mit eingeblendeten Telefonnummern, über die die Teilnahme an Gewinnspielen ermöglicht wird.

Auch die *Teleshopping*-Anbieter, wie HSE, QVC, 1.2.3TV und Channel21, lassen sich dieser Kategorie zuordnen.

2.5 Telefonmarketing

> Unter Telefonmarketing ist ein direkter persönlicher Dialog mit selektierten Personen über das Medium Telefon zu verstehen. Hierbei handelt es sich zweifelsfrei um eine Form des Dialogmarketings, denn es besteht ein direkter Kontakt, und auch der Erfolg ist unmittelbar feststellbar. Über das Telefon können Informationen unmittelbar und gezielt ausgetauscht werden. Gegenüber dem Einsatz des Außendienstes ist das Telefonmarketing kostengünstig und schnell.

Die rechtliche Situation des Telefonmarketings hat sich in den letzten Jahren aufgrund von Missbrauchsfällen und der zunehmenden öffentlichen Kritik verschärft. Das Telefonmarketing kann den unterschiedlichsten Aufgabenstellungen dienen, wenn die rechtlichen Grundlagen dies erlauben.

Beim aktiven (Outbound-)Telefonmarketing ruft das Unternehmen oder eine beauftragte Agentur bei Zielpersonen an – die Aktivität geht von dem Unternehmen aus. Entweder werden Produkte oder Dienstleistungen telefonisch verkauft, oder es werden Informationen weitergegeben bzw. gesammelt. Tab. 2 gibt einen

Tab. 2 Anwendungsbereiche des Outbound-Telefonmarketings. (Quelle: Eigene Darstellung)

Neukundengewinnung und Vertriebsvorbereitung
•Neukundengewinnung
•Adressenqualifizierung
•Terminvereinbarung
•Entscheider-Ermittlung
•Einladungen
•Bedarfsklärung
•Kundenrückgewinnung
Informationsgewinnung
•Marktforschung
•Potenzialanalyse
Vertriebsunterstützung
•Bestandskundenpflege
•Interessentenbetreuung
Telefonverkauf
•Direktverkauf
•Auftragserhöhung
•Cross-Selling

Tab. 3 Anwendungsbereiche des Inbound-Telefonmarketings. (Quelle: Eigene Darstellung)

Kundenservice und Interessentenservice	•Informationsdienste •Produktberatung •Anwendungsunterstützung
Bestellannahme	•Bestellentgegennahme •Lieferinformation •Teleshopping •Telefonpromotion •Gewinnspiele
Beschwerdemanagement	•Reklamationsannahme •Reklamationsbearbeitung
Service	•Helpline •Hotline •Notfalldienste

Überblick über die verschiedenen Anwendungsbereiche des *Outbound-Telefonmarketings*.

Die Einführung der Datenschutzgrundverordnung im Jahr 2018 hat zu Einbußen im Telefonmarketing geführt. 14 % der Unternehmen nutzen es, insgesamt werden dafür 1 Mrd. € aufgewandt (Deutsche Post 2020, S. 26).

Beim passiven (Inbound-)Telefonmarketing geht es um die Annahme von Kundentelefonaten. Die Aktivität geht also vom Kunden aus, wodurch die rechtlichen Beschränkungen entfallen. Das Unternehmen ruft in einer Werbemaßnahme ausdrücklich die Kunden zum Anruf auf und ist damit bestrebt, einen direkten Kontakt aufzubauen. Tab. 3 gibt Aufschluss über die verschiedenen Anwendungsbereiche des *Inbound-Telefonmarketings*.

2.6 Persönliche Kontakte

Der *persönliche Kontakt* bietet sicherlich die beste Voraussetzung für einen wahren Dialog, um das Dialogmarketing aber vom Außendienst abzugrenzen, wird in vielen Definitionen ein Medium vorausgesetzt, das in den Kommunikationsprozess zwischen Sender und Empfänger geschaltet ist.

Bei den Personal *Promotions* werden beispielsweise Prospekte, Muster oder Proben ausgegeben. Auf Teilnahmekarten, Gewinnspielen oder durch Visitenkarten, die hier die Rolle eines Responseelements einnehmen, werden Adressen und Daten der Interessierten gesammelt. Dies dient als Basis für den weiteren Dialog.

Auch auf *Messen* und *Events* ist eine vergleichbare Vorgehensweise üblich. Zudem wird zu Messen und Events üblicherweise durch Mailings oder E-Mails eingeladen, so dass der Bezug zum Dialogmarketing unmittelbar gegeben ist.

3 Online Dialogmarketing

3.1 Das Internet und seine Bedeutung für das Dialogmarketing

> Das Dialogmarketing hat sich weiterhin großen Herausforderungen zu stellen, die durch die turbulenten Veränderungen der gesellschaftlichen, wirtschaftlichen, technologischen, kulturellen und ökologischen Rahmenbedingungen verursacht werden. Die rasche Weiterentwicklung von der Industriegesellschaft zu einer Multimedia-, Hightech- und Wissensgesellschaft und die veränderte Einstellung der Menschen zu Themen des Datenschutzes und die Änderungen von Gesetzgebung und Rechtsprechung (z. B. DSGV) tragen zur Dynamik bei.

Die Werbe- und Informationsüberlastung der Verbraucher nimmt weiter zu, sodass sich für die Marketingverantwortlichen die Frage stellt, mit welchen Kommunikationsmitteln es trotzdem gelingen kann, das Bewusstsein ihrer Kunden langfristig noch erreichen zu können.

Die Entwicklungen des Internets einschließlich der Mobile- und Social Media-Kanäle führten dazu, dass heute nahezu alle Online-Medien responsefähig sind und im Dialogmarketing eingesetzt werden. Der Unterschied zum klassischen Marketing verschwindet immer weiter, sodass in der Zukunft vielleicht wieder der Begriff „Marketing" verwendet wird ohne den Zusatz „Dialog", da dieser Dialog als Selbstverständlichkeit akzeptiert ist.

> *Online-Marketing* wird als die absatzpolitische Verwendung des Internets verstanden, um unter den technischen Rahmenbedingungen (Rechnerleistung, Vernetzung, Digitalisierung und Datentransfer) die Produkt-, Preis-, Vertriebs- und Kommunikationspolitik mit Hilfe der Möglichkeiten der Online-Kommunikation (Virtualität, Multimedia, Interaktivität und Individualität) marktgerecht zu gestalten.

Dabei zielen die Maßnahmen des Online-Marketings darauf ab, den Internetnutzer (User) auf eine ganz bestimmte Internetpräsenz oder Website, die *Landing Page*, zu lenken. Von dort aus kann dann direkt ein Geschäft angebahnt oder abgeschlossen werden.

Die *Instrumente* des Online-Marketings werden je nach Einsatz der Werbemittel dem Dialogmarketing zugeordnet. Sie unterscheiden sich allerdings von klassischen Marketinginstrumenten, da die Kundenansprache spezifischer und individueller ist. Das ist begründet durch die Kommunikationsform der neuen Konzepte, die in der Regel zweikanalig und interaktiv ist und nicht einkanalig wie im klassischen Marketing. Sie ist fast immer reaktionsfähig. Die Kundenansprache beruht folglich darauf, dass das Unternehmen in einen *interaktiven Dialog* mit seinen (potenziellen oder Bestands-) Kunden tritt.

Der Einsatz von Online-Medien ermöglicht es Unternehmen, Marketingmaßnahmen zielgruppengerecht anzupassen und Streuverluste zu minimieren. Dabei sollte das Ziel der Einbindung kommerzieller Angebote in vorhandene Online-Strukturen, wie beispielsweise Websites, nicht alleine darin liegen, die Aufmerksamkeit des Users zu erreichen, sondern vielmehr die angebotenen Inhalte mit den Nutzerinteressen in Übereinstimmung zu bringen.

Weitere Herausforderungen des Online-Marketings sind die kontinuierliche Weiterentwicklung der Online-Medien und Technologien und die ständige Veränderung der Nutzerinteressen.

Dadurch, dass die Information für den Interessenten zum Abruf bereitgestellt wird, werden die Streuverluste praktisch eliminiert. Die werblichen Informationen werden nicht mehr nach dem „Push-Prinzip" an die Zielgruppe gesandt, sondern für die Interessierten bereitgestellt und von diesen nach dem „Pull-Prinzip" abgerufen.

Die Kontaktaufnahme erfolgt im Online-Marketing durch das Anklicken eines Symbols oder die Angabe einer E-Mail-Adresse. Das Unternehmen hat die Möglichkeit, die Interessenten in E-Mail-Listen aufzunehmen und elektronische Mailings zu versenden.

3.2 Formen des Online-Marketings

Abb. 4 gibt einen Überblick über die Formen des Online-Marketings, die auf das direkte Geschäft, wie Online-Shops, oder auf eine indirekte Unterstützung des bestehenden Geschäfts, beispielsweise über den Stationärhandel, hinauslaufen. Viele dieser Instrumente des Online-Marketings sind für den Nutzer erkennbar, andere werden, ohne Sichtbarkeit nach außen, nur intern verwendet.

- *Affiliate-Marketing*
  Im *Affiliate-Marketing* platziert ein Website-Betreiber Produktempfehlungen auf seiner Website mit inhaltlich passenden Produkten und Leistungen eines

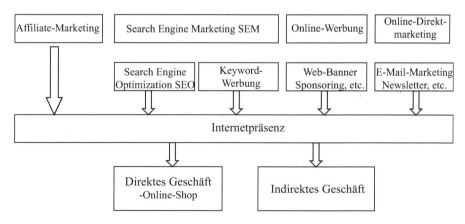

Abb. 4 Formen des Online-Marketings. (Quelle: Eigene Darstellung)

anderen Anbieters. Diese Empfehlung wird auf die Website des Anbieters verlinkt. Wenn es dann zu einem Vertragsabschluss kommt, bekommt der Partner eine erfolgsabhängige Vergütung.

Die Vergütung kann als „pay per sale" (pps) für Verkaufsabschlüsse gezahlt werden oder als „pay per lead" (ppl) für beispielsweise eine Registrierung oder Gewinnspielteilnahme. Auch eine Vergütung auf Klickbasis „pay per click" (ppc) oder für weitere Aktionen, die bei dem Internetnutzer ausgelöst werden, kann vereinbart werden.

- *Suchmaschinen-Optimierung*

  Die *Suchmaschinen-Optimierung*, Search-Engine-Optimization (SEO), beschäftigt sich mit der Frage, wie eine Website optimal gestaltet werden kann, sodass sie bei einer Suche schnell gefunden und auf der Suchliste auf einer der ersten Stellen angezeigt wird.

  Dazu müssen bestimmte Begriffe, Keywords, gefunden werden, mit denen die User nach Angeboten suchen. Das Ziel besteht darin, bei den Suchergebnissen ganz oben gelistet zu werden. Die Website wird möglichst gut auf die Algorithmen der Suchmaschine zugeschnitten. Diese Algorithmen kennen und nutzen mehr als 100 Faktoren.

  Man unterscheidet zwischen OnPage- und OnSite-Faktoren, die der Betreiber einer Seite beeinflussen kann. Eine weitere wichtige Rolle bei der Bewertung einer Website durch die Suchmaschinen spielt die Verlinkung.

  Die *OnPage-Optimierung* einer Seite beinhaltet alle Faktoren, die man durch die Anzeige des Quelltextes oder beim Betrachten der Seite sehen kann. Dabei handelt es sich um grafische Formatierungen und um Angaben, die hauptsächlich für die Suchmaschinen gemacht wurden.

  Die *OnSite-Optimierung* betrifft alle Entscheidungen, die ein Webmaster auf seiner Domain treffen kann, um in den Suchmaschinen möglichst gut platziert zu sein. Diese Maßnahmen können nicht immer direkt im Seitenquelltext gesehen werden. Dabei geht es beispielsweise um Technologien, die bei der Gestaltung der Seite verwendet werden und die einen Einfluss auf den Erfolg der Seite in den Suchergebnissen haben können. So ist zu prüfen, ob Inhalte in Flash, Java oder Shockwave von allen Suchmaschinen ausgelesen werden können.

  Die externe *Verlinkung* ist das wichtigste Instrument einer erfolgreichen Suchmaschinenoptimierung. Es wird versucht, von anderen Seiten, beziehungsweise Domains, möglichst viele, qualitativ hochwertige Links zu bekommen. Die Anzahl der Links hat einen direkten Einfluss auf das Ranking.

- *Keyword Werbung*

  Keyword-Advertising (SEA = Search Engine Advertising, wie Google Adwords) bedeutet das Buchen von relevanten Keywords für das Angebot eines Werbetreibenden. Wenn ein Internet-Nutzer eine bestimmte Suchanfrage eingibt, erscheint zu den Keywords eine Textanzeige des werbetreibenden Unternehmens im oberen und rechten Teil der Suchergebnisliste. Die Anzeige enthält eine Titelzeile, einen kurzen beschreibenden Text und eine Zieldomain

- *Online-Werbung*
 Die bekannteste Form von *Online-Werbung* ist das Banner, für das internationale Standards und Größenformate existieren. Durch die Nutzung neuer Technologien kann ein Unternehmen eine höhere Aufmerksamkeit für seine Werbekampagnen erreichen, beispielsweise durch Wallpaper oder synchronisierte Formate, bei denen Werbemittel miteinander kommunizieren. In einem synchronisierten Format ist es beispielsweise möglich, dass ein Auto in einem Werbebanner startet, aus diesem herausfährt und dann in einem Skyscraper wieder erscheint.
- *Online-Dialogmarketing*
 Wenn der Dialog über digitale Medien geführt wird, spricht man vom *Online-Dialogmarketing*. In diesem Zusammenhang ist vor allem das E-Mail-Marketing als Ersatz für das schriftliche Mailing wichtig. Alle diese Aktivitäten können dazu beitragen, das Unternehmensgeschäft zu unterstützen und den Verkauf in den Filialen zu fördern.

 Mit dem Stichwort „direktes Geschäft" in Abb. 4 sind beispielsweise Online-Shops gemeint, bei denen direkt im Internet Umsätze generiert werden.

3.3 Nutzung des Internetauftritts

Nach dem Dialogmarketing Monitor der Deutschen Post hatte der *digitale Werbemarkt* der deutschen Unternehmen im Jahr 2019 erstmals kein Wachstum vorzuweisen, er fiel um 1,5 % gegenüber dem Vorjahr auf 9,6 Mrd. €. Die Nutzerzahlen blieben konstant, mittlerweile nutzt fast jedes zweite deutsche Unternehmen (48 %) die digitale Werbung. Zu den Onlinemedien zählt die Studie E-Mail-Marketing, Social Media Marketing, Suchmaschinenmarketing und die Video- und Displaywerbung (Deutsche Post 2020, S. 23).

Im Handel hat das Onlinemarketing einen Nutzeranteil von 50 % mit Ausgaben in Höhe von 2,6 Mrd. € im Jahr 2019, die Durchschnittsausgaben pro Handelsunternehmen betragen 5900 €. Der Dienstleistungssektor verantwortete bei einem Nutzeranteil von 54 % Ausgaben in Höhe von 4,8 Mrd. € und damit die Hälfte der Ausgaben für Onlinewerbung. Das produzierende Gewerbe hatte mit durchschnittlich 7300 € die höchsten Ausgaben pro Unternehmen, jedoch blieb die Budgetsumme wegen der geringeren Nutzerzahlen (33 %) hinter den anderen Branchen zurück (2,2 Mrd. €) (Deutsche Post 2020, S. 24).

Den größten Block in den Ausgaben für das Online-Marketing stellte im Jahr 2019 das Suchmaschinenmarketing mit 4,2 Mrd. € dar, das bedeutet mehr als 40 % des gesamten Online-Werbebudgets. 21 % der Unternehmen setzten das Suchmaschinenmarketing ein. Noch höher war der Nutzeranteil des Social Media-Marketings (26 %) bei Ausgaben von 1,3 Mrd. €. Die Ausgaben für die Video- und Displaywerbung, mit durchschnittlich 8500 €, fielen auf 2,8 Mrd. €. Das E-Mail-Marketing hatte steigende Nutzerzahlen (21 %) und fallende Ausgaben (1,2 Mrd. €) (Deutsche Post 2020, S. 25).

3.4 E-Mail-Marketing

> Das E-Mail-Marketing bietet den Unternehmen Vorteile wegen der geringen Kosten, der hohen Aktualität und der guten Möglichkeiten der Erfolgskontrolle. Auch für die Nutzer spielen die Aktualität und Schnelligkeit der erhaltenen Informationen sowie die einfache Reaktion auf eine E-Mail eine wichtige Rolle. Für den Versand von werblichen E-Mails muss eine Einverständniserklärung, eine Permission, des Empfängers vorliegen.

E-Mail-Marketing wird definiert als die gezielte Versendung und Verwaltung von Informationen und Werbebotschaften über das Medium E-Mail an Kunden oder potenzielle Kunden zu Marketingzwecken.

Aus dem Blickwinkel des Unternehmens ist die werbliche E-Mail im Vergleich mit dem Papier-Mailing (adressierte Werbesendung) wesentlich kostengünstiger, da die Ausgaben für Papier und Druck entfallen und auch die Zustellkosten viel niedriger sind.

Die Zustellung erfolgt sehr schnell; das Unternehmen kann aktuelle Informationen nahezu ohne Zeitverlust übermitteln. Die Responsequoten erfolgen zeitnah, sind sehr hoch und genau messbar. E-Mails können zum Dialog mit den Kunden oder Interessenten ohne Streuverluste genutzt werden, denn sie lassen sich genauso so zielgerichtet auf den Empfänger auszurichten wie der Werbebrief.

Aus der Sicht der Empfänger ist der Erhalt aktueller Informationen (beispielsweise Sonderangebote, Last-Minute-Angebote) sehr attraktiv; die Antwort auf eine E-Mail ist besonders einfach und komfortabel. Wenn die Mail attraktiv und interaktiv gestaltet ist und auch individuell auf die Interessen des Empfängers ausgerichtet ist, bietet sie echte Vorteile. Schließlich liegt ein wesentlicher Vorteil des E-Mail-Marketings darin, dass der Empfänger nur erwünschte Mails erhält, da ihr Versand eine Permission (Einverständnis) erfordert.

Dabei ist natürlich nicht das Problem der „Spams" zu unterschätzen. Diese unaufgeforderten und illegalen E-Mails, die meist aus dem Ausland kommen und kaum verfolgt werden können, zerstören die Vorteile der erwünschten Mails und führen dazu, dass häufig auch angeforderte Newsletter beim Entfernen der Spams mitgelöscht werden.

Eine geringe Vorlaufzeit ohne den aufwendigen Produktionsprozess für Druckunterlagen erlaubt eine schnelle und preiswerte Zustellung (ohne Portokosten). Die Rückläufe liegen bereits in elektronischer Form vor, so dass die Datenerfassung entfällt und ohne großen Aufwand eine genaue Messung des Erfolgs ermöglicht werden kann. Die bequeme Response-Möglichkeit verschafft darüber hinaus das Potenzial höherer Rücklaufquoten.

Die Inhalte der Mails lassen sich je nach Interessenslage des Empfängers weitgehend personalisieren und bieten so die Möglichkeit eines effektiven One-to-One-Marketing- und Kundenbindungs-Tools. Die unterschiedlichen Formen des E-Mail-Marketings sind in der Tab. 4 aufgeführt.

Tab. 4 Formen des E-Mail-Marketings. (Quelle: Eigene Darstellung)

Standalone E-Mailings	Newsletter	Mehrstufige E-Mail-Kampagnen	Interaktive E-Mails
Transaktions-E-Mailings	Trigger-E-Mailings	E-Mail-Responder	

- *Standalone E-Mailings* werden einmalig zu einem Anlass versandt und haben eine beschränkte Laufzeit. Sie bewerben Produkte, Dienstleistungen, Veranstaltungen oder Unternehmen.
- *Newsletter* werden regelmäßig versandt und kommunizieren hauptsächlich für den Empfänger relevante Informationen und Neuigkeiten über die Leistungen des Unternehmens, beispielsweise Produktentwicklungen, Branchennews, die Beantwortung von Kundenfragen, Ankündigung von Sonderangeboten oder auch die Bekanntgabe von Terminen.
- *Mehrstufige E-Mail-Kampagnen* umfassen mehrere zusammengehörende Mailings, die in zeitlichem Abstand verschickt werden. Sie bauen aufeinander auf und dienen beispielsweise dem Cross- und Up-Selling nach einem Kauf.
- *Transaktions-E-Mailings* begleiten Geschäftsvorfälle in Form von Eingangsbestätigungen, Zufriedenheitserhebungen oder Informationen zur Nutzung und Pflege gekaufter Produkte. Sie haben die Aufgabe, Vertrauen aufzubauen und den Abbruch des Kontaktes zu verhindern.
- *Trigger-E-Mailings* sind regelgesteuert oder anlassbezogen, wie Geburtstags- oder Jubiläums-Mailings oder Cross-Selling-Kampagnen. Die Relevanz für den Empfänger führt zu hoher Aufmerksamkeit.
- *E-Mail-Responder* dienen der automatisierten Übermittlung angeforderter Informationen. Dabei geht die Initiative von den Kunden bzw. Interessenten aus, die ein Anforderungsformular ausgefüllt haben.
- *Interaktive E-Mails* regen zur Aktivität innerhalb der E-Mail an. Weil ein Leser die eigentliche Nachricht nicht mehr verlassen muss, entfällt die bisher vorhandene Hürde des Anklickens.

3.5 Mobile Marketing

Das Mobile Marketing nutzt das *Mobiltelefon* bzw. *Smartphone* als interaktives Medium beziehungsweise als Kommunikationskanal, um auf die neu entstandenen Kommunikations- und Lebensformen der mobilen Gesellschaft und ihre Bedürfnisse einzugehen. Damit schafft es eine neue Form des Dialogs. Die Entwicklung vom klassischen zum direkten Marketing war in den letzten Jahrzehnten verbunden mit dem Einsatz neuer Medien, die den Dialog mit dem Kunden ständig weiterentwickelten.

> Das Mobiltelefon kann den Dialog mit den Interessenten und Kunden optimal aufbauen und permanent aufrechterhalten. Über diesen personalisierten und interaktiven Kommunikationskanal kann dem Kunden ein Mehrwert geboten werden, der genau auf ihn zugeschnitten ist. Das Mobile Marketing verfolgt unter anderem sowohl das Ziel der Kundengewinnung als auch der langfristigen Kundenbindung. Unternehmen, die sich des Mobile Marketings bedienen, sollten aus diesem Grunde den aktiven Dialog mit dem Kunden fördern und die daraus gewonnenen Informationen und Daten auch gezielt nutzen.

Jede Kundenantwort (Response) ist wertvoll und hilft den Kunden besser zu verstehen, um entsprechend auf ihn einzugehen und zu reagieren. Durch die besonderen Vorteile der mobilen Endgeräte können speziell im Mobile-Marketing weitere Daten gesammelt werden. Aufbauend auf diesen Daten können gezielte Folgeaktionen durchgeführt werden, die wiederum im Laufe der Zeit weitere Informationen generieren. Daher sollten die Konsumenten zu Beginn einer Kundenbeziehung in keine langwierigen Registrierungsprozesse (bezüglich persönlicher Daten) verwickelt werden. Durch wachsendes Vertrauen und positive Erfahrungen mit dem Unternehmen sollte der Kunde seine Daten nach und nach freiwillig preisgeben.

Durch die Erweiterung der traditionellen *CRM-Systeme* um die mobilen Datenzugriffe, was sowohl Datenspeicherung als auch -aufarbeitung beinhaltet, können Mobile-Marketing-Maßnahmen effektiver und gezielter eingesetzt werden. Dabei werden die Grundlagen zur Entwicklung von Loyalitäts- bzw. Kundenbindungsprogrammen geschaffen, die wiederum die Wechselbarrieren für den Kunden erhöhen.

3.6 Social-Media Marketing

Bereits im Jahr 1999 veröffentlichten Rick Levine, Christopher Locke, Doc Searls und David Weinberger in ihrem „*Cluetrain Manifesto*" 95 Thesen für die neue Unternehmenskultur im digitalen Zeitalter. Sie beschrieben, wie das Internet im Laufe der Zeit die klassischen Kommunikationsmechanismen der Unternehmen verändern wird und die Bereitschaft und Fähigkeit zum Dialog auch im Massenmarketing an Bedeutung gewinnen werden (Levine et al. 2011).

Anfangs belächelt und kritisiert scheinen ihre Vorhersagen heute aktueller denn je. Thesen, wie beispielsweise „Märkte bestehen aus Menschen, nicht aus demografischen Daten" (These 2) oder „Firmen müssen von ihrem hohen Ross herabsteigen und mit den Menschen sprechen, mit denen sie Beziehungen aufbauen wollen" (These 25), wird heute kaum noch widersprochen; an der konsequenten Umsetzung mangelt es allerdings.

> Dabei sind gerade in Zeiten zunehmend gesättigter Märkte, austauschbarer Produkte und Dienstleistungen und einer steigenden Anzahl von Kommunikationskanälen bei gleichzeitiger Informationsüberlastung des Konsumenten eine *individuelle (bidirektionale) Kommunikation*, ein aktuelles Konsumentenverständnis und Differenzierung wichtiger denn je. In Zeiten einer steigenden Anzahl von erfahrenen Internet-Usern in schnelleren Netzen erhalten die Unternehmen dazu völlig neue Möglichkeiten.

Zusammenfassend sind die wichtigsten Komponenten von Social Media der Plattformcharakter, Mobilität, offene Schnittstellen, Open Source und kollektive Intelligenz. Diese Komponenten fördern den Dialog zwischen den Teilnehmern und können im Dialogmarketing genutzt werden.

Kollektive Intelligenz äußert sich am offensichtlichsten im Prinzip des *User Generated Content* (UGC): Webseiten werden in Teilen oder gar im Ganzen von den Usern mit Inhalten gefüllt. Beispiele für den ergänzenden Inhalt sind Bücherrezensionen durch Kunden bei Amazon oder in Internetforen. Letztere gab es zwar schon deutlich vor Web 2.0, allerdings führen die Entwicklungen insbesondere im Hardware-Bereich zu völlig neuen Dimensionen des UGC, wie beispielsweise an der Videoplattform YouTube zu erkennen ist.

Beispiel
Beispiele für vollständig von Usern erstellte Webseiten sind die sogenannten *Wikis*, allen voran Wikipedia. Es lassen sich erste Ansätze zu dieser Entwicklung bereits vor dem Aufkommen des Begriffs Web 2.0 finden. So bietet zum Beispiel *ebay* von Beginn an Seiten, die nahezu vollständig aus User-Inhalten besteht. Obwohl der Entstehungsprozess nicht mehr zentral, sondern über viele Einzelpersonen verteilt ist, kontrollieren sich die meisten Angebote über die Community nahezu selbst.

Eine Auswirkung dieses „Mitmach-Internets" auf das Marketing besteht darin, dass Marketing immer häufiger ohne die Unternehmen stattfindet. Um dem entgegenzuwirken, versuchen die Unternehmen, diese Entwicklung zumindest für sich zu nutzen und im Internet verstärkt zu einer Pull-Strategie überzugehen. Die Konsumenten sollen so zu einer selbstständigen, aktiven Beteiligung und Interaktion bewegt werden, und es soll ein freiwilliges *Empfehlungsmarketing* in Form von Mundpropaganda erzielt werden.

Das Grundprinzip von sozialen Online-Netzwerken ist, dass „jeder jeden über sechs Ecken kennt." Man legt ein Profil mit seinen Daten an und verlinkt sich, je nach Anbieter, mit Freunden, Kommilitonen, Arbeitskollegen und Geschäftspartnern. Netzwerke bieten eine Plattform für das Verwalten und Sammeln von aktuellen Kontaktdaten, Diskussionsgruppen und Nachrichtenaustausch. In verschiedenen Netzwerken hat der User zusätzlich die Möglichkeit der Einbindung von Fotos, Videos und Blogs. Beispiele für diese Netzwerke sind XING oder Facebook.

Video- und Fotoportale bieten dem User die Möglichkeit, eigene Fotos und Videos hochzuladen, in Alben zu veröffentlichen und mit Tags zu versehen. Beiträge anderer User können bewertet und kommentiert werden. Insbesondere Videoportale werden bereits oft von Unternehmen und Agenturen für die Verbreitung viraler Kampagnen genutzt (Beispiel: YouTube).

Eine Wiki ist eine Softwareplattform für ein Online-Nachschlagewerk, bei dem jeder User alle Einträge editieren kann. Hierdurch entsteht gleichzeitig ein selbstregulierender Mechanismus im Sinne einer „wisdom of crowds" sowie ein hohes Manipulationspotenzial. Langfristig kontrolliert die Community der Wiki die Richtigkeit der Einträge, kurzfristig sind aber falsche Änderungen möglich. Praktisch gesehen sind Wikis eine Sammlung von verlinkten Webseiten (Beispiel: *Wikipedia*).

Blogs sind eine Mischung aus Informationen und Meinungen und unterscheiden sich so von einer herkömmlichen Webseite. Blogs bieten den direkten und persönlichen Zugang nicht nur zum Kunden, sondern zu allen Stakeholdern. Diese haben die Möglichkeit, Neuigkeiten und Stellungnahmen aus dem Unternehmen zu erfahren und gleichzeitig persönlich zu kommentieren. Damit lässt sich ein gut geführter Blog fast mit einem realen Kundenbesuch gleichsetzen. Wichtig ist dabei aber eine ehrliche und authentische Kommunikation.

4 Vom Massen- zum Individualmarketing durch Online-Dialogmarketing

Der Konsument entwickelt sich immer mehr zu einem sogenannten „*Informationsverweigerer*". Grund hierfür ist die zunehmende Informationsüberlastung, die es dem Verbraucher mehr oder weniger unmöglich macht, die ihm massenhaft angebotene Marketingkommunikation und die stetig wachsende Anzahl der Medien überhaupt noch wahrzunehmen und voneinander zu unterscheiden.

Aber nicht nur einzelne Kommunikationsmaßnahmen sind nicht unterscheidbar und substituierbar. Es drängen immer mehr Produkte auf die Märkte, die sich hinsichtlich Qualität, Inhalt, Preis und auch Serviceleistung kaum noch unterscheiden lassen. Dies ermöglicht es dem Verbraucher, jederzeit problemlos Produkte, Marken und auch Unternehmen zu wechseln. Hier verhelfen auch Innovationen lediglich zu einem kurzzeitigen Wettbewerbsvorteil, da die anderen Unternehmen meist schnell darauf reagieren und ein gleichwertiges oder sogar besseres Produkt auf den Markt bringen.

> Aufgrund dieser Veränderungen stellt sich nun die Frage, ob diesen genannten Herausforderungen, Entwicklungen und Trends mit den klassischen Kommunikationsmedien noch erfolgreich zu begegnen ist. Es ist zu erkennen, dass die Gesellschaft, der Markt und auch die Verbraucher die Notwendigkeit eines grundsätzlichen Umdenkens signalisieren. Die Unternehmen müssen in Zukunft mit ihren potenziellen Kunden in einen direkten, persönlichen Kontakt treten und ihnen etwas Neues und Attraktives bieten, um so ihre Aufmerksamkeit zu gewinnen.

Aufgrund der neu entstandenen Konsumkultur erwartet der Kunde bzw. die Zielperson von einem Unternehmen, dass es seine Probleme und Bedürfnisse genau kennt und darauf eingeht. Diese Gründe setzen aber einen kontinuierlichen persönlichen Dialog und eine systematische Interaktion mit dem Kunden und potenziellen Konsumenten voraus, was gleichzeitig aber den Ausstieg aus dem Massenmarketing, der Massenwerbung und der Massenkommunikation und einen Einstieg in ein zielgruppenorientiertes Individualmarketing bzw. *One-to-One-Marketing* über die Online-Medien bedeutet.

Es ist nun die Aufgabe der Unternehmen, hinsichtlich der Sicherung ihrer Wettbewerbsfähigkeit mit maßgeschneiderten Produkten und dialogisierter Kundenansprache dem Konsumententrend dieser Individualisierung (das heißt kundenindividuelle Ansprache mit Informationen, Produkten und Dienstleistungen) nachzukommen. Das bedeutet, dass jeder Kunde als ein eigenständiges Marktsegment zu begreifen und seinen Bedürfnissen entsprechend im Marketing zu bedienen ist. Durch die Individualisierung der Kundenbeziehung lernt das Unternehmen mehr und mehr über den jeweiligen Kunden und kann dieses Wissen für die Befriedigung der Kundenbedürfnisse einsetzen.

Unter One-to-One-Marketing ist generell die einzelkundenorientierte Ausrichtung aller Marketingaktivitäten zu verstehen, und zwar mit dem Ziel einer individuellen Ansprache und Problemlösung. Es ist die Bereitschaft und Fähigkeit eines Unternehmens, sein Verhalten auf den individuellen Kunden abzustimmen. Es wird hier zum einen versucht, einem Kunden möglichst viele Produkte und Dienstleistungen zu verkaufen, aber gleichzeitig gilt es auch, den Kunden als Stammkunden zu gewinnen und über die gesamte Kundenbeziehung möglichst viele Käufe zu initiieren. So wird der Wert des Kunden für das Unternehmen in einer langfristigen Kundenbeziehung optimiert (Customer-Lifetime-Value-Konzept).

Im Grunde ist die Theorie des One-to-One-Marketings aber nichts Neues, basiert sie doch auf Zeiten der *Tante-Emma-Läden*, in denen der Ladenbesitzer seine Kunden noch persönlich kannte und daher sofort auf dessen Wünsche eingehen konnte. Diese persönliche Berücksichtigung individueller Kundenvorlieben wurde durch einen beständigen Dialog mit dem Kunden ermöglicht, der aber mit dem Aufkommen der Massenmedien, wie beispielsweise dem Radio und dem Fernsehen, verschwand. Die enge Bindung der Kunden musste einer anonymen Werbung weichen.

Durch die Entwicklung des Internets und der darauf aufbauenden Technologien wurde allerdings ein Medium geschaffen, welches das Potenzial hat, diese Situation wieder komplett zu verändern: Es steht nun erstmals ein Massenmedium bereit, das den Dialog im Sinne eines Tante-Emma-Ladens erlaubt, also eine zeitgleiche Zwei-Wege-Kommunikation zwischen Kunde und Anbieter. Dies unterscheidet das Internet wesentlich von den bisherigen Massenmedien (Fernsehen und Radio), bei denen lediglich eine unidirektionale Kommunikation vom Anbieter zum Kunden stattfand.

Hierzu stellt das Internet unterschiedliche Anwendungen bereit, mit denen ein Anbieter-Kunden-Dialog zustande kommt: Vom Chat über WWW-Formulare bis hin zu E-Mails gibt es zahlreiche Möglichkeiten. Durch eine beständige Interaktion und den Dialog mit dem Anbieter hinterlässt der Kunde Informationen über sich und seine Vorlieben, die dem Unternehmen ein sich ständig verfeinerndes Bild des einzel-

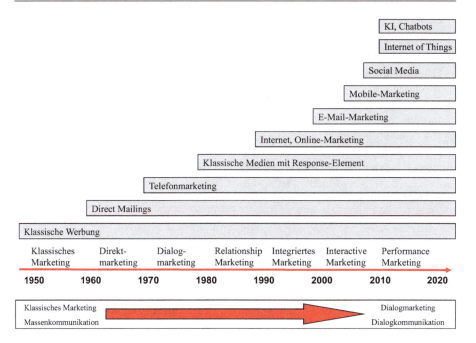

Abb. 5 Medien des Dialogmarketings. (Quelle: Eigene Darstellung)

nen Verbrauchers gestatten. Auf der Grundlage dieses so generierten Kundenwissens können die Unternehmen schließlich maßgeschneiderte Produkte und Leistungen anbieten.

Diese *Individualisierung* verspricht aber nicht nur auf Kundenseite, sondern auch aus Unternehmenssicht einige Vorteile: Kunden können heute aufgrund der Interaktivitätsmöglichkeit des Internets selbst entscheiden, welche Informationen sie in welcher Form erhalten möchten und welche nicht. Sie sind somit also nicht wie früher den Entscheidungen der Unternehmen ausgeliefert, welche Informationen diese ihren Kunden zukommen lassen wollen. Aus Sicht der Unternehmen verspricht die Individualisierung unter anderem die Möglichkeit einer höheren Kundenbindung durch die Darstellung individueller Angebote und ein größeres Markt-Know-how eben durch das systematische Sammeln verfügbarer Kundendaten und deren Nutzung im Rahmen von Produktentwicklung und Marketing (Abb. 5).

> Dies alles zeigt deutlich, dass die Grundlage eines effektiven One-to-One-Marketings eine aussagekräftige Datenbasis über jeden einzelnen Kunden bildet, die in erster Linie das Kaufverhalten und die Präferenzen der einzelnen Kunden wiedergeben muss. Diese Datenerhebung, die zur Erstellung von Nutzerprofilen dient, muss allerdings kontinuierlich fortgeführt und aktualisiert werden, denn nur so kann die Anwendung des One-to-One-Marketing-Konzeptes erfolgreich sein, und zwar sowohl im Geschäftskundenbereich (Business-to-Business) als auch bei Endkunden (Business-to-Consumer).

5 Internetbasiertes One-to-One-Marketing

> Die Strategie des One-to-One-Marketings wirkt sich ebenfalls im klassischen Marketing-Mix aus, den sogenannten „vier Ps": product, price, place, promotion (Produkt, Preis, Distribution, Kommunikation). Diese „vier Ps" bleiben zwar auch weiterhin für ein effektives Marketing bedeutsam, müssen aber dem neuen Medium Internet angepasst werden. Daher gilt es, sie auf die individuellen Bedürfnisse der Kunden auszurichten, das heißt sie zu personalisieren.

- *Produkt- und Sortimentspolitik*
  Gerade das Internet bietet hinsichtlich des *Produktes* zahlreiche Möglichkeiten der Individualisierung, wobei sich ein personalisiertes Produkt durch ein hohes Maß an Kundenspezifität kennzeichnen lässt. Das bedeutet, dass der Verbraucher beispielsweise bei der Zusammensetzung oder der Qualität des Produktes bestimmend ist.
- *Kontrahierungspolitik*
  Aber auch die Personalisierung des *Preises* ist mittels Internet möglich. Hierbei legt der Verbraucher selbst fest, welchen Preis er für ein Produkt zu zahlen bereit ist, wie es schon bei Online-Auktionen der Fall ist.
- *Kommunikationspolitik*
  Auch im Bereich der *Kommunikation* eröffnet das Internet Möglichkeiten, Werbebotschaften kundenspezifischer zu gestalten, die auch vom Konsumenten aufgenommen werden. Ein grundlegender Vorteil bei der Werbung über das Medium Internet ist sicherlich in der Interaktivität des Verbrauchers mit dem Anbieter zu sehen. Der Kunde hat hier die Möglichkeit, Werbebotschaften zu selektieren, also nur diejenigen aufzurufen, an denen er interessiert ist.
- *Distributionspolitik*
  Aber auch der vierte Bestandteil des Marketing-Mix, die *Distribution*, wird durch das Internet an den Verbraucher angenähert. Durch dieses Medium ist der Markt für den Kunden immer und überall erreichbar und muss nicht erst aufgesucht werden.

  Der Internetmarkt ist an keinen festen Ort gebunden und demnach nicht real existent, denn es handelt sich hierbei um sogenannte virtuelle Märkte im Datennetz, die auch dem Konsumenten permanent zur Verfügung stehen.

  Aus Unternehmenssicht besteht allerdings gerade hier ein Problem des Internets, und zugleich der Vorteil, dass es innerhalb dieses Mediums kaum Eintrittsbarrieren gibt, wie es auf den „realen" Märkten der Fall ist. Im Internet neu agierende Unternehmen stehen einerseits so kaum Markteintrittsbarrieren gegenüber, andererseits bedeutet diese Situation aber für bereits im Internet aktive Unternehmen, dass sie ständig mit neuen Wettbewerbern zu rechnen haben. Daher gilt es gerade für virtuelle Unternehmen, gewisse Kundenpräferenzen als Eintrittsbarrieren gegenüber potenziellen Konkurrenten aufzubauen, um so auf diesem Markt längerfristig wettbewerbsfähig zu bleiben.

6 Trendthema Social Commerce

6.1 Begriff des Social Commerce

> *Social Commerce* beschreibt die aktive Integration der Verbraucher in den Kaufprozess und den von sozialen Gruppen abhängigen Handel. Die Interaktion findet mittels sozialer Technologien statt, welche aufgrund der Kommunikation der Kunden untereinander oder des Echtzeit-Dialogs mit den Onlineanbietern einen effizienteren und an den Bedürfnissen der Verbraucher ausgerichteten Handel ermöglichen.

Aktivitäten von Unternehmen, Nutzermeinungen und -empfehlungen nicht nur für das Empfehlungsmarketing einzusetzen, sondern diese für den direkten Abverkauf von Produkten zu nutzen und über den Empfehlungshandel an die Verbraucher heranzutreten, sind bereits seit dem Jahr 2005 zu erkennen. Dabei können die Verbraucher nicht nur in den Verkaufsprozess eines Produktes, sondern auch in Entscheidungen des Marketingmix im Sinne von *Crowdsourcing-Aktionen* einbezogen werden (Krisch 2008). Der Einfluss von Online-Rezensionen auf den Kaufentscheidungsprozess der Verbraucher wird bereits seit längerer Zeit beobachtet und führt zu Entwicklungen vom reinen E-Commerce zu einer sozialisierten Variante des Online-Handels.

Der Begriff des Social Commerce wurde durch den US-amerikanischen Marketingexperten Steve Rubel geprägt, der Ende 2005 in seinem Weblog S-Commerce als Trend beschrieb, bei dem der Kunde im Sinne des Web 2.0 in den Mittelpunkt aller Vermarktungs- und Verkaufsabsichten gerückt wird (Rubel 2005). Zu den Pionieren, die entscheidend zu der Entwicklung des E-Commerce zum S-Commerce beigetragen haben, zählen Amazon und eBay.

Im Vergleich zu einem Einkauf im stationären Handel hat der Onlinekauf den Nachteil der *Unpersönlichkeit*, beim Social Commerce soll dieses Defizit beseitigt werden. Amazon integrierte bereits frühzeitig beim Online-Einkauf Bewertungssysteme und Empfehlungen für Produkte, um so mehr Transparenz zu schaffen. S-Commerce, als Teilbereich des E-Commerce, konnte von der steigenden Popularität der Social Media profitieren und Unterschiede zu traditionellen E-Commerce-Shops aufbauen, wie soziale Interaktion und die Erstellung sowie Verbreitung benutzergenerierter Inhalte (User generated Content).

6.2 Entwicklungsstufen des Social Commerce

Sozialisierung des E-Commerce bedeutet den *Transformationsprozess vom E- zum S-Commerce* durch die Integration sozialer Anwendungen in bereits bestehende Onlineshops oder soziale Netzwerke (z. B. Instagram). Daten, die aus der Nutzung der Social-Media gewonnen werden, können von den Onlinehändlern für ein zielgruppengerechtes Marketing mit einer echten Personalisierung genutzt werden. Dies macht deutlich, warum die Mehrzahl der Onlinehändler heutzutage mit mindestens einem der großen sozialen Netzwerke verbunden ist.

> Durch die *Verlinkung* von beispielsweise Instagram mit herkömmlichen Websites wird der Nutzer der Social-Media zum E-Commerce transportiert. Dadurch wird es Verbrauchern möglich, auch zusammen mit Freunden einzukaufen sowie personalisierte Empfehlungen während des Kaufprozesses zu erhalten. Das individuelle Social-Media-Netz des Kunden kann direkt im Onlineshop genutzt werden.

Die Sozialisierung des E-Commerce zeigt sich in der Nutzung des Single Sign-Ons zur Registrierung auf Unternehmenswebsites mit Hilfe von „*Facebook Connect*", wodurch aufwendige Dateneingaben der Nutzer überflüssig werden. Soziale Logins wie Facebook Connect erhöhen im Allgemeinen die Verweildauer und tragen zu einer Reduzierung der Abbruchrate bei, sodass sie indirekt zur Verkaufssteigerung beitragen können. Dies führt zu einer verbesserten User Experience und die Betreiber der Onlineshops und Webseiten erhalten automatisch persönliche Profil-Informationen der Nutzer (Heinemann und Gaiser 2016, S. 35–38).

Die Integration von *Social Plugins* durch die Website-Betreiber trägt zu einer Unterstützung des Online-Einkaufs der Nutzer hinsichtlich ihrer personalisierten und sozialen Aspekte bei. Händler können außer Kontaktdaten zusätzliche Informationen über spezifische Interessen, Nutzergewohnheiten oder Standorte erhalten, wodurch das Empfehlungsmarketing unterstützt wird. Die daraus generierte Vervielfältigung der Informationen in sozialen Netzwerken erhöht den Besucherverkehr auf der Händler-Website, welcher wiederum zu einer Verkaufssteigerung führen und zusätzlich für einen erfolgsversprechenden ROI ausschlaggebend sein kann (Heinemann und Gaiser 2016, S. 36).

Mit der Öffnung sozialer Netzwerke für den E-Commerce entsteht ein neuer *Absatzkanal* für Händler, welcher den reinen Kommunikationsfokus der Social-Media-Plattformen ablöst. Eine Studie des BVDW aus dem Jahr 2016 zeigt, dass nahezu zwei Drittel der Facebook-Fans eines Onlineshops auch in diesem einkaufen würden. Der Mehrwert, der für die Verbraucher aus der Kommerzialisierung von Social Media entsteht, ergibt sich aus den Promotions und Discounts, die Facebook- und Instagram-Fans erhalten, wenn sie ihren bevorzugten Onlineshops folgen (BVDW 2016, S. 27).

Den Betreibern der Social-Media-Plattformen, über die der S-Commerce abgewickelt wird, bieten die aktuellen Entwicklungen weitere Vorteile. Sie erhalten für jeden getätigten Einkauf, der auf ihrer Social-Media-Plattform stattfindet, eine Kommission. Neben dem Facebook- und Instagram-Commerce sind weitere Formen des S-Commerce, wie z. B. YouTube-Commerce, Twitter-Commerce und Pinterest-Commerce, entstanden (Heinemann und Gaiser 2016, S. 38).

6.3 Innovative Geschäftsmodelle des Social Commerce

Das Konzept des S-Commerce basiert auf der *Vertrauenswürdigkeit* der Empfehlungen von Freunden oder unparteiischen Verbrauchern, denen mehr Glaubwürdigkeit zugesprochen wird als Verkäufern oder bezahlten Werbeträgern. Eine Besonderheit im S-Commerce sind die E-Commerce-Plattformen für das *Group-Buying*. Bei dieser besonderen Form schließen sich mehrere Konsumenten online zusammen, um bei den Onlinehändlern möglichst attraktive Konditionen auszuhandeln (Liu 2016, S. 51). In einem früheren Ansatz des S-Commerce wurde vor allem Preisvergleichsseiten eine große Aufmerksamkeit entgegengebracht; sie schaffen eine erhöhte Preistransparenz und ermöglichen es Verbrauchern, gegenüber den Onlinehändlern eine stärkere Verhandlungsposition einzunehmen.

Produkte und Dienstleistungen werden häufig von daheim verglichen, es werden Meinungen von Freunden und anderen Verbrauchern über die Sozialen Medien eingeholt und erst im Anschluss wird das geeignete Produkt ausgewählt und online bezahlt. Den Sozialen Medien kommt eine besondere Rolle im E-Commerce zu, und Produkte, Dienstleistungen, Angebote und Aktionen können über eine Social-Commerce-Plattform präsentiert und bekannt gemacht werden. Infolge der zunehmenden Nutzung von Smartphones und Tablets können Interessenten jederzeit und von jedem Ort aus Waren oder Dienstleistungen bestellen.

Aus Unternehmenssicht sind niedrigere Marketingkosten und eine große Reichweite *Vorteile* des S-Commerce. Ferner ermöglichen die Onlinezahlung und die Interaktion mit den Verbrauchern für Unternehmen eine genaue Analyse des Kaufverhaltens. S-Commerce kann den gesamten Kaufentscheidungsprozess verbessern, indem bereits in der Anfangsphase der Bedarfserkennung und Produktfindung über die Produktauswahl bis hin zur Produktempfehlung alle Schritte auf den Verbraucher ausgerichtet sind. S-Commerce hat das Potenzial, mehr Vertrauen, Nutzen und Spaß zu fördern.

Für die Nutzer ergeben sich sieben relevante *Aktionen des Social Commerce* (Tab. 5). Im Mittelpunkt aller Aktionen des S-Commerce stehen die E-Commerce Websites, auf denen Produktsuche und -kauf stattfinden.

Bewertungen und Rezensionen sind besonders in der *Phase des Entdeckens* neuer Produkte relevant. In dieser Phase finden Aktionen statt wie das Erstellen von Wunschlisten (Wish List), das sogenannte Group-Buying (Group Buy), Teile des Empfehlungsmarketings (Advise) sowie der Kauf von Geschenken für Freunde (Gift).

Tab. 5 Aktionen des Social Commerce aus Nutzersicht. (Quelle: Eigene Darstellung)

Entdecken Ratings und Reviews	Kaufen Social Shopping und Deals	Nutzen Community
1. Wish List 2. Gift 3. Group Buy 4. Advice	4. Advice 5. Recommend	6. Share und Like 7. Review
Smart shoppen mit Apps. und Co. finden – entscheiden – bezahlen – teilen		

Während der eigentlichen *Kaufphase* des Social Shoppings spielen vor allem Empfehlungen für bestimmte Produkte (Recommend) an Freunde sowie das Co-Shopping (Advise), bei dem Verbraucher ihre Freunde um Rat und Empfehlung für einen Kauf bitten, eine große Rolle.

Charakteristisch für den S-Commerce ist das Co-Shopping, bei dem sich mehrere Verbraucher zusammenschließen, die gemeinsam ein bestimmtes Produkt einkaufen. Diese Art des Social Shoppings wird durch die direkten und interaktiven Kommunikationsmöglichkeiten der Social-Software-Anwendungen ermöglicht. Die Co-Shopper bieten bspw. einem Onlinehändler an, gemeinsam eine große Stückzahl eines Produktes abzunehmen. Die Anbieter stellen auf der S-Commerce-Plattform ein Angebot mit einem Mengenrabatt ein (Amersdorffer et al. 2013, S. 340).

Vor, während oder nach dem Kauf wird es im S-Commerce möglich, die eigenen Käufe mit einer Community zu teilen sowie Käufe anderer Verbraucher zu liken oder ebenfalls zu teilen (Share und Like). In dieser *Phase der Nutzung* können Verbraucher Rezensionen und Bewertungen über gekaufte Produkte verfassen (Review).

6.4 Chancen und Risiken des Social Commerce

Die *Vorteile* des S-Commerce aus Sicht der Verbraucher bestehen unter anderem aus den besseren Informations-, Wahl- und Vergleichsmöglichkeiten durch die Einbindung von Web 2.0-Elementen in allen Phasen des Kaufprozesses. Die Verbraucher können aus einer Vielzahl von Produkten das für sie geeignete auswählen, während des Kaufs Echtzeit-Beratung anfordern und nach dem Kauf das ausgewählte Produkt bewerten, sich mit anderen Nutzern austauschen und den eigenen Kauf in den sozialen Medien teilen (vgl. Tab. 6).

Durch die schnellere Auffindbarkeit von gesuchten Produkten und das gestärkte Vertrauen der Verbraucher aufgrund der Vernetzung mit anderen Kunden entstehen eine gesteigerte Transparenz und mehr Spaß beim Online-Einkauf. Zusätzlich kann das als soziales Phänomen geltenden Offline-Shopping-Erlebnis, das Verbraucher gerne mit Freunden teilen, durch die Verbindung mit sozialen Netzwerkfreunden über Web 2.0-Elemente in die Onlinewelt übertragen werden.

Ein *Nachteil* des S-Commerce resultiert daraus, dass Bewertungen und Rezensionen anderer Kunden zu Meinungsbildern bei den Verbrauchern führen, die diese gefilterten Informationen häufig zu unkritisch übernehmen. Manipulierte Bewertungen können zu falschen Vorstellungen führen.

Ein weiteres Problem besteht im unzureichenden Datenschutz, der sich durch den Einsatz und die Nutzung von Social Plugins als die am häufigsten genutzen Web 2.0-Tools ergibt. Social Plugins stehen besonders aufgrund der genauen Analyse der Besucher und der Übertragung von Nutzerprofilen aus sozialen Netzwerken, unter Umständen auch an Server außerhalb der EU, in der Kritik.

Für die Unternehmen entstehen *Chancen* des S-Commerce aus einer effektiveren Neukundenakquisition, dem zielgenaueren Targeting beim Ausspielen von Online-Werbung und der daraus ermöglichten besseren Kundenbetreuung, wie die Tab. 6 zeigt. Der S-Commerce führt zu einer schnelleren und intensiveren Kommunikation

Tab. 6 Chancen und Risiken des Social Commerce. (Quelle: Eigene Darstellung)

	für Verbraucher	für Unternehmen
Chancen	• bessere Informations-, Wahl- und Vergleichsmöglichkeiten • schnellere Auffindbarkeit • Vertrauensstärkung • gesteigerte Transparenz und mehr Spaß	• effektive Neukundenakquisition • zielgenaues Targeting • bessere Kundenbetreuung • schnelle, intensive Kommunikation • optimierte Kundenbindung • erhöhte Verweildauer im Onlineshop • erhöhte Kaufwahrscheinlichkeit • Interaktion mit den Kunden
Risiken	• Manipulierte Bewertungen • unzureichender Datenschutz	• Eigendynamik und Kontrollverlust • Imageschäden • Ablehnung der Kommerzialisierung

mit den Verbrauchern. Ein Austausch über die Kanäle von Social Media ohne Medienbrüche führt zu einer optimierten Kundenbindung.

Infolge der Möglichkeiten der Verbraucher, Produkte direkt auf einer Website bewerten, die eigene Meinung teilen und sich austauschen zu können, wird die durchschnittliche Verweildauer im Onlineshop erhöht, was zu einer erhöhten Kaufwahrscheinlichkeit führen kann. In der direkten Kommunikation und Interaktion mit den Kunden können Produkte verbessert oder neu entwickelt werden.

Die Vernetzung der Kunden und eine schnelle Verbreitungsmöglichkeit von positiven oder auch negativen Inhalten führen schnell zu Eigendynamik und *Kontrollverlust* für die Unternehmen. Die Verbraucher bringen der Word-of-Mouth-Kommunikation großes Vertrauen entgegen, qualitative Mängel bei den angebotenen Produkten und Dienstleistungen können schnell zu Imageschäden für das Unternehmen führen.

Es ist denkbar, dass die Social-Media-Nutzer die sozialen Netzwerke primär aus Zwecken der Kommunikation und Information verwenden wollen und die Kommerzialisierung, also den direkten Kauf in Social Media, als negative Entwicklung ansehen.

Mark Zuckerberg hat im Mai des Jahres 2020 den Launch von Facebook Shops angekündigt. Damit wird kleinen Unternehmen die Möglichkeit geboten, ihre Produkte direkt über Facebook zu vermarkten.

Zusammenfassung

Die Palette der Medien, die im Dialogmarketing eingesetzt werden können, ist immer umfangreicher geworden. Neben den klassischen Medien, die mit einem Response-Element zum Aufbau eines Dialogs genutzt werden können, sind es vor allem die Online-, Mobile- und Social-Media, die dem Dialogmarketing neue Impulse gegeben haben.

Aufgrund der neu entstandenen Konsumkultur erwartet die Zielperson von einem Unternehmen, dass es seine Probleme und Bedürfnisse genau kennt und darauf eingeht. Dies setzt aber einen kontinuierlichen persönlichen Dialog und eine systematische Interaktion mit dem Kunden und potenziellen Konsumenten voraus. Es ist die Aufgabe der Unternehmen, zur Sicherung ihrer Wettbewerbsfähigkeit mit maßgeschneiderten Produkten und dialogisierter Kundenansprache dem Konsumententrend dieser Individualisierung nachzukommen.

Social Commerce beinhaltet Aktivitäten von Unternehmen, Nutzermeinungen und -empfehlungen nicht nur für das Empfehlungsmarketing einzusetzen, sondern diese für den direkten Abverkauf von Produkten zu nutzen und über den Empfehlungshandel an die Verbraucher heranzutreten.

Literatur

Amersdorffer, D., et al. (2013). *Social Web im Tourismus. Strategien – Konzepte – Einsatzfelder*. Berlin/Heidelberg: Springer.

Burow, D. (2013). Die Bedeutung des Werbebriefs in Zeiten der Digitalisierung. In J. Gerdes et al. (Hrsg.), *Dialogmarketing im Dialog* (S. 211–220). Wiesbaden: Springer.

BVDW. (2016). *OVK-Report für digitale Display-Werbung 2016/02. Online und Mobile – Zahlen und Trends im Überblick*. https://www.bvdw.org/themen/publikationen/detail/artikel/ovk-online-report-201602/. Zugegriffen am 21.11.2019.

Dahlhoff, H. (2013). Mediale Umsetzung des Dialogmarketing – Auswahl und Integration. In J. Gerdes et al. (Hrsg.), *Dialogmarketing im Dialog* (S. 163–177). Wiesbaden: Springer.

Deutsche Post. (2020). *Werbemarkt Deutschland, Dialogmarketing-Monitor Studie 2020*. Bonn: Deutsche Post AG.

Feld, S., & Peters, K. (2008). Die Optimierung der Öffnungsquote von Spenden-Mailings. In DDV (Hrsg.), *Dialogmarketing Perspektiven 2007/2008* (S. 125–144). Wiesbaden: Springer.

Heinemann, G., & Gaiser, C. W. (2016). *SoLoMo – Always-on im Handel. Die soziale, lokale und mobile Zukunft des Omnichannel-Shopping* (3. Aufl.). Wiesbaden: Springer.

Holland, H. (2016). *Dialogmarketing. Offline- und Online-Marketing, Mobile- und Social Media-Marketing* (4. Aufl.). München: Vahlen.

Krisch, J. (2008). *Social commerce. Wer die Trendsetter im E-Commerce sind*. http://www.computerwoche.de/knowledge_center/office_tools/1853745. Zugegriffen am 21.11.2019.

Levine, R., et al. (2011). *The cluetrain manifesto* (10. Aufl.). New York: Basic Books.

Liu, Y. (2016). *Social Media in China. Wie deutsche Unternehmen soziale Medien im chinesischen Markt erfolgreich nutzen können*. Wiesbaden: Springer Gabler.

Rubel, S. (2005). *2006 trends to watch part II. Social commerce*. http://www.micropersuasion.com/2005/12/2006_trends_to_.html. Zugegriffen am 21.11.2019.

Mediaplanung im Dialogmarketing

Jörn Redler

Inhalt

1 Dialogmarketing und Mediaplanung 414
2 Prozess der Mediaplanung im Überblick 416
3 Zielgruppenbestimmung 418
4 Werbemittel und ihre Bewertung im Kontext Dialogmarketing 420
5 Typische Werbeträgergruppen und Werbeträger im Dialogmarketing 423
6 Streuplanung (im Dialogmarketing) und Selektionsverfahren 428
7 Besondere Konzepte des digitalen Marketings 433
8 Aspekte der Kontrolle 436
9 Fazit 439
Literatur 440

Zusammenfassung

Als Kernbestandteil marktgerichteter Kommunikationsaktivität beschäftigt sich Mediaplanung mit der Auswahl von Kommunikationsträgern und dem zeitlichen Muster ihres Einsatzes, um Kommunikationsziele bestmöglich zu erreichen. Hinsichtlich der Aufgabenstellung des Dialogmarketings, mittels spezifischer, stark individualisierter Kommunikationsmaßnahmen eine unmittelbare Reaktion des Adressaten auszulösen, sind dabei einige Besonderheiten zu beachten. Dieser Beitrag entwickelt einen Überblick über wesentliche Elemente der Mediaplanung offline und online. Dabei werden die Bedeutung von Mediazielen und -strategien umrissen, Aspekte der Zielgruppenbestimmung aufgegriffen und Grundlagen zu Werbemitteln und Werbeträgern sowie ihre Interdependenzen betrachtet. Weiterhin werden wichtige Auswahlkriterien und -verfahren vorgestellt und Fragen der Kontrolle angesprochen. Ausgewählte Gesichtspunkte der Mediaplanung im digitalen Marketing werden in einem eigenen Abschnitt herausgestellt.

J. Redler (✉)
Professur für ABWL, insb. Marketing, Hochschule Mainz, Mainz, Deutschland
E-Mail: joern.redler@hs-mainz.de

Schlüsselwörter

Medien · Targeting · Streuplanung · Customer Journey · Touchpoints · Attribution

1 Dialogmarketing und Mediaplanung

Dialogmarketing kann als eine spezifische Konzeption innerhalb des Marketings aufgefasst werden, die sich durch *individualisierte* Marktaktivitäten und das Ausrichten auf eine *direkte Reaktion* des Adressaten auszeichnet, um eine Kundenbeziehung zu erreichen (vgl. dazu auch das einleitende Kapitel zu diesem Buch). Innerhalb der traditionellen Strukturierungsansätze für Marketinginstrumente, wie beispielsweise den 4P- oder 7P-Systematiken, werden Aktivitäten des Direktmarketings schwerpunktmäßig in der Kommunikationspolitik verortet (u. a. Redler 2019, S. 163). Dem folgend müsste man eher von einem Dialog-Kommunikationsansatz sprechen. In der Tat ist der Dialogmarketingansatz wesentlich durch den personalisierten Zuschnitt der Kommunikation sowie die klare Ausrichtung auf eine Response charakterisiert (sie grenzt sich damit beispielsweise deutlich von Werbung ab). Dennoch bestehen durchaus wichtige Bezüge zu den anderen Instrumentalbereichen des Marketings – beispielsweise der Distributionspolitik, wenn ein Katalog als Dialogmarketinginstrument zugleich einen Vertriebsweg darstellt. Im weiten Sinne sind dem Dialogmarketing daher alle Aktivitäten zuzurechnen, die mittels überwiegend einstufiger und zumeist stark personalisierter Kommunikation versuchen, Zielgruppen zu erreichen – und dabei auf eine direkte Response abzielen (dazu Wirtz 2005, S. 12 ff.; Holland 2009, S. 5; Roberts und Berger 1999, S. 3).

Argumente, die für eine (weiterhin) hohe Bedeutung des Dialogmarketings sprechen, sind in Abb. 1 schlagwortartig zusammengefasst.

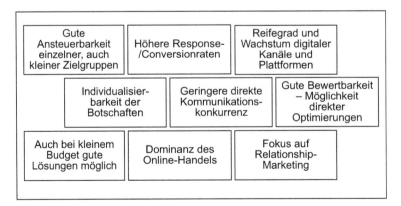

Abb. 1 Argument-Fragmente für die hohe Bedeutung des Dialogmarketings. (Quelle: Eigene Darstellung)

Response und Stufigkeit von Aktionen *Einstufige Aktivitäten* des Dialogmarketing beziehen sich auf Marketing-Aktionen, die auf den unmittelbaren Kauf des Adressaten ausgerichtet sind. Voraussetzung dafür ist, dass über enthaltene Response-Elemente (mit zuordenbarer Codierung für eine Erfolgskontrolle) mindestens ein direkter Rückkanal angeboten wird. Diese Vorgehensweise wird auch als „One-Shot" bezeichnet. Beispiel: Anzeige mit Bestellcoupon zum Einsenden oder mit QR-Code als Direktlink zur Produktorder. *Mehrstufige Aktionen* hingegen zielen darauf ab, als ersten Schritt einen „Interessenten" zu gewinnen – z. B. durch Aufforderung zur Anforderung weiterer Informationen oder weiterer Kontakte. Zum Kauf ist dann mindestens eine zusätzliche Stufe notwendig. Beispiele: Anzeige mit aufgespendeter Postkarte zur Kataloganforderung oder Bannerwerbung zur Vereinbarung eines Beraterbesuchs. Beide Aktionsmechanismen spielen im Direktmarketing eine Rolle, um Response auszulösen. Wenn im Dialogmarketing von direkter *Response* gesprochen wird, ist damit das Auslösen von zielgerichtetem Verhalten als Reaktion auf die Maßnahme gemeint. Dies kann eine direkte Bestellung sein, ein Anruf, der Besuch der Website, eine Loseinsendung etc. Notwendig dafür ist stets die Bereitstellung geeigneter Response-Elemente.

Fragen der Mediaplanung Bei der Planung und Steuerung von Dialogmarketing-Aktivitäten stellt sich die Frage, mit welchen Werbemitteln und welchen Werbeträgern zu welchen Zeitpunkten, und ggf. an welchen Orten, eine definierte Zielgruppe am besten und budgetgerecht erreicht werden kann (vgl. Abb. 2). Das ist die Kernfrage der *Mediaplanung*. Nach Unger et al. (2013, S. V.) geht es bei der Mediaplanung „ … entweder darum, ein gegebenes quantitatives Kommunikationsziel – nämlich eine bestimmte Anzahl von Personen in bestimmter Häufigkeit zu erreichen – durch geeignete Auswahl von Werbeträgern möglichst kostengünstig zu realisieren oder ein gegebenes Budget durch günstige Auswahl der Werbeträger möglichst effizient einzusetzen."

Werbemittel meint dabei die gestaltete Form der Werbebotschaft (z. B. Spot, Anzeige, Online-Superbanner), während sich der *Werbeträger* auf das Übermittlungsmedium bezieht, mit dessen Hilfe die in Form von Werbemitteln ausgedrückte

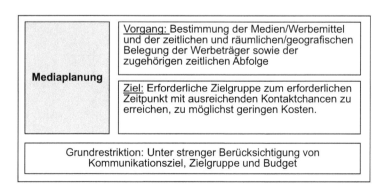

Abb. 2 Aspekte der Mediaplanung. (Quelle: Eigene Darstellung)

Botschaft zum Adressaten transportiert wird (z. B. Social Media-Kanal, Zeitschrift, Plakatwand, Online-Portal).

Analog zu anderen Bereichen gestalteter Marktkommunikation stellt die Mediaplanung auch beim Dialogmarketing einen der erfolgskritischen Bestandteile der Konzeption dar (zur Kommunikationsplanung allgemein und zugehörigen Teilen z. B. Bruhn 2012, S. 65 ff. sowie 225 ff.). Wie Hofsäss und Engel (2017) herausstellen, ist das Thema Mediaplanung in der deutschsprachigen Literatur leider deutlich unterrepräsentiert.

2 Prozess der Mediaplanung im Überblick

Die eigentliche Durchführung der Mediaplanung lässt sich durch bestimmte Teilaufgaben (Elemente) charakterisieren. Wie in Abb. 3 dargestellt, bilden die spezifischen Mediaziele und die darauf abgestimmte Mediastrategie sowie der Budgetrahmen die „Input-Faktoren" für die Mediaplanung im engeren Sinne. Diese umfasst zunächst die Definition von Werbemittel und Werbeträgergruppe. Dabei stehen Werbeträger und Werbemittel in einem Interdependenzverhältnis, weil nicht alle Werbemittel in allen Werbeträgern Sinn ergeben. Ebenso schließen bestimmte Werbeträger bestimmte Werbemittelarten aus (so ist die Kombination Spot und Tageszeitung nach aktuellen technischen Möglichkeiten keine umsetzbare Zuordnung). Auf dieser Stufe der Werbeträgergruppenwahl (z. B. Social Media versus Postwurfsendung) spricht man auch von der *Inter-Mediaselektion*. Anschließend erfolgt die *Intra-Mediaselektion*, bei der innerhalb einer Werbeträgergruppe (z. B. Zeitschriften) eine oder mehrere konkrete Medienanbieter/-formate/-titel ausgewählt werden. Schließlich resultiert als (meist zeitlich sortierte) Aufstellung aller ausgewählten Mediaaktivitäten der sogenannte *Media-Belegungsplan*, bei dem pro Aktivität jeweils Werbemittel und Werbeträger sowie Einsatzzeitpunkt angegeben sind.

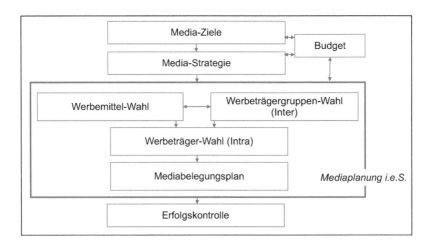

Abb. 3 Teilschritte und Prozess der Mediaplanung. (Quelle: Eigene Darstellung)

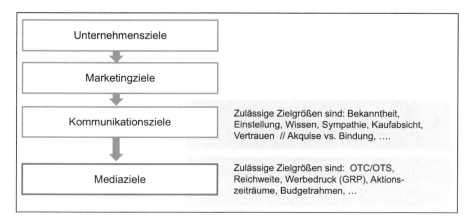

Abb. 4 Marketing-, Kommunikations- und Mediaziele. (Quelle: Eigene Darstellung)

Bei der Definition bzw. der Bewertung von *Mediazielen* ist zu beachten, dass diese ungleich den Kommunikationszielen sind, sich jedoch aus diesen ableiten. Mediaziele sind so zu wählen, dass die in ihnen zitierten Parameter oder Konstrukte durch die Mediaaktivitäten tatsächlich ansteuerbar und beeinflussbar sind. Ebenso sollte die Zurechenbarkeit von Mediawahlwirkungen auf Zielgrößen gegeben sein. Daher sind im Bereich der Mediaplanung Ziele wie Kontakte/Reichweiten oder Werbedruck geeignete Parameter, nicht jedoch Kommunikationszielgrößen wie Bekanntheit oder Einstellungen, da diese zwar auch durch die Medialeistung, aber eben auch von einer Zahl anderer Kommunikationsvariablen (z. B. Werbemittelgestaltung, Werbedruck des Wettbewerbs) beeinflusst werden (vgl. Abb. 4). Wie Ziele im Allgemeinen (dazu Fischer 1989, S. 130 und die dort angegebene Literatur) sollen auch Mediaziele operational formuliert sein, also mindestens nach Ausmaß und Zeitbezug konkretisiert vorliegen.

Um den Instrumenteneinsatz in Richtung der Mediaziele besser zu kanalisieren, werden entsprechende *Mediastrategien* formuliert. Diese geben grundsätzliche Stoßrichtungen zur Erreichung der Mediaziele vor. So kann beispielsweise das Mediaziel „500.000 Kontakte" über eine Reichweitenstrategie oder eine Strategie der Kontaktintensität angestrebt werden. Eine solche strategische Ausrichtung erleichtert es, (im Anschluss) die operative Mediaplanung koordiniert ablaufen zu lassen. Zentrale Strategieentscheidungen bzgl. Media betreffen beispielsweise

- die Basis der Neukundengenerierung, also die Frage, ob Kunden von Wettbewerbern abgeworben oder neue Potenziale erschlossen werden sollen,
- das Grundprinzip des zeitlichen Einsatzes der Maßnahmen, also beispielsweise die Frage, ob kontinuierliche Einsätze oder einmalig-konzentrierte Maßnahmen erfolgen sollen,
- die Frage, ob die Reichweite in der Zielgruppe ausgebaut oder die Kontaktdosis pro Zielperson erhöht werden soll.

Auf der Basis von Mediazielen wird also eine Mediastrategie entwickelt, die wiederum Vorgabe für die eigentliche Mediabelegungsplanung ist. Ziele und Stra-

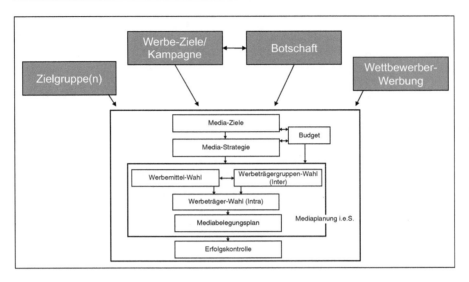

Abb. 5 Kontext der Mediaplanung. (Quelle: Eigene Darstellung)

tegien sind damit elementare Basisgrößen. Zu betonen ist an dieser Stelle, dass die Faktoren Zielgruppe(n), Werbe- oder Kampagnenziele, Werbebotschaft sowie auch die Wettbewerberaktivität weitere wesentliche Kontextgrößen einer Mediaplanung darstellen (vgl. Abb. 4 und 5).

Ergebnis der Mediaplanung ist der *Mediaplan*. Ihm können alle Mediaaktivitäten, ihre zeitliche Einordnung sowie Kostenwirkungen und angestrebte Effektwirkungen entnommen werden. Oftmals sind auch weitere technische Angaben enthalten, da er vielfach zugleich als Informationsbasis für andere Personengruppen, z. B. dr Kreation, dient.

Zum Planungsprozess zählt auch eine *Kontrollphase*. Nach Durchführung der Mediaaktivitäten werden mediabezogene Ist- und Zielwerte miteinander verglichen, Abweichungen aufgezeigt und Ursachen dafür analysiert – unentbehrlich, um notwendige Korrekturen und Optimierungen durchzuführen und damit auch organisationales Lernen zu ermöglichen. Spätestens an dieser Stelle zeigt sich auch, wie bedeutend operational formulierte Ziele sind.

Auf wichtige Aspekte dieses Prozesses wird in den folgenden Abschnitten genauer eingegangen, bevor einige Besonderheiten der Online-Planung angesprochen werden.

3 Zielgruppenbestimmung

Aufgabe der Zielgruppenbestimmung im Kontext der Mediaplanung ist die Überführung der Marketing-Zielgruppe in eine Media-Zielgruppe. Da die Mediennutzung der Marktteilnehmer – insgesamt wie auch der Personen innerhalb von Marketing-Zielgruppen – sehr unterschiedlich ist, hat sie eine Schlüsselrolle.

Mediaanalysen als Basis Auf Grundlage der Marketing-Zielgruppe ist für die zu erfüllende Kommunikationsaufgabe die korrespondierende Media-Zielgruppe zu identifizieren. Da verschiedene Personengruppen sehr unterschiedlich erreichbar sind, ist es erforderlich,

a. jene Personengruppen zu identifizieren, auf die spezifische Merkmale der Marketing-Zielgruppe zutreffen,
b. für diese identifizierten Personengruppen dann das Medianutzungsverhalten zu erfassen und zu beschreiben, um
c. mittels Mediaplanung jene Medien zu wählen, die die Zielpersonen besonders gut erreichen.

Als Kriterien für die Gruppenbildung werden neben den soziodemografischen Merkmalen oft Lebensstile, aber auch verhaltensbezogene Kriterien herangezogen. Speziell für den Kontext der Mediaplanung sind Informationen aus *Media- und Verbraucheranalysen* relevant. Zu den wichtigsten zählen:

- allgemeine Studien wie: Mediaanalyse (MA), Verbraucheranalyse (VA), Allensbacher Werbeträgeranalyse (AWA), Kommunikationsanalyse (KA) oder internet facts der Arbeitsgemeinschaft Online Forschung (agof);
- branchenbezogene Studien wie: ComNet, Allensbacher Computer- und Technikanalyse (ACTA), Leseranalyse Entscheidungsträger in Wirtschaft und Verwaltung (LAE), digital facts der agof oder GfK-Fernsehforschung;
- zielgruppenspezifische Studien der Vermarkter, bspw. die Familientypologie von G + J.

Unter dem Dach der Arbeitsgemeinschaft Media-Analyse e.V. (agma) sind die deutschlandweit größten Analysen zu Radio, IP Audio, Audio, Printmedien, Plakat, TV und Internet zugänglich.

Zur Ermittlung der Media-Zielgruppe wird versucht, die Marketing-Zielgruppe bestmöglich auf Basis der verfügbaren Gruppen und zugeordneten Merkmale der Media- und Verbraucheranalysen abzubilden. In diesem Zusammenhang werden vor allem drei Studientypen herangezogen:

- *Mediaanalysen*: Studien, die sich im Schwerpunkt auf die Erhebung von Reichweiten (Erhebung des medialen Nutzungsverhaltens) ausrichten. Sie werden oft als Basisanalysen verwendet, wie z. B. die MA. Das Mediaplanungs-Dialog-System (MDS), ein als Verlagsgemeinschaftsprojekt entwickeltes und branchenweit für die Mediaplanung am meisten genutzte Softwaretool, baut auf diesen auf. Im MDS lassen sich Reichweiten und Ergebnisse von Leserschafts-Analysen mit Konditionen und Auflagenwerten der Werbeträger in Bezug bringen.
- *Markt-Media-Studien*: Diese meist auf Befragungswerten basierenden Auswertungen umfassen neben den Reichweiten auch marktbezogene Aspekte wie Informationen zum Konsumverhalten. Ein Beispiel ist die Verbrauchs- und Medienanalyse (VuMa).

- *Typologien*: Sie liefern im Kern Beschreibungen von Lebenswelten anhand einer Vielzahl von Variablen. Beispiel sind die Stern Markenprofile, die Typologie der Wünsche (TdW) oder die Sinus-Milieus.

Je besser eine solche Zuordnung gelingt, desto präziser kann das Ergebnis der eigentlichen Mediaplanung ausfallen – anders gesagt: umso geringer werden die Streuverluste und umso größer wird somit die Effizienz der eingesetzten Budgets. Dabei meint *Streuverlust* die Ansprache von nicht zur Zielgruppe gehörenden Personen, somit also „unnütze" Kontakte.

Kombination mit Kundendaten und Qualifizierung mit weiteren Daten Im Dialogmarketing sind diese Zugänge zur Media-Zielgruppenbestimmung insbesondere dann relevant, wenn noch keine kundenbezogenen Daten vorliegen, bspw. weil es sich um Maßnahmen der Neukundengewinnung handelt. Sofern Dialogmarketingaktivitäten auf aus Unternehmenssicht „bekannte" Kunden abzielen (mit denen bereits eine Transaktion stattgefunden hat), sollten bereits kunden- und transaktionsbezogene Daten vorliegen. Dann können diese die Basis für eine verhaltensbezogene Segmentierung bilden. Aus solchen Daten können einerseits mittels *Data-Mining*-Verfahren Kundencluster als Segmente identifiziert werden. Andererseits können nach *Scoring-Modellen* oder spezifischen Kriterien gezielt Kunden(-gruppen) als Zielgruppen selektiert werden.

Im Kontext der Zielgruppenbestimmung für Dialogmarketing-Aktionen ist auf zwei weitere spezifische Ansätze hinzuweisen. Zum einen können bestehende Kundendaten aus Erstkontakten über Abgleichverfahren verschiedener Anbieter qualifiziert werden, über spezialisierte Dienstleister sogar auch mit weiteren Merkmalen angereichert werden. Dadurch lassen sich aktuellere und auch spezifischere „Zielgruppendaten" erreichen. Zum anderen kann die Zielgruppenbestimmung für bestimmte Maßnahmen durch Methoden der *mikrogeografischen Segmentierung* unterstützt und präzisiert werden (dazu z. B. Meinert 1997, S. 451 ff.). Dabei werden Personen- und Geografiedaten kombiniert, um traditionelle Segmentierungsansätze zu erweitern. Die geografische Bildung von Parzellen ist die Grundlage, um diese mit Daten aus vielfältigen Quellen anzureichern. Letztlich werden damit neue Verbindungen zwischen Raum einerseits und soziodemografischen oder Lifestyle-Eigenschaften andererseits möglich. In vielen Fällen ist die Kombination mit Online-Verhaltensdaten möglich und sinnvoll.

4 Werbemittel und ihre Bewertung im Kontext Dialogmarketing

Die verschiedenen Werbemittel zeichnen sich durch unterschiedliche Qualitäten in der Botschaftsübermittlung sowie ihrer Eignung zur direkten Interaktion aus, weshalb sie überlegt ausgewählt werden sollten.

Als *Werbemittel* bezeichnet man allgemein die gestaltete Form der Werbebotschaft in Form einer sinnlich wahrnehmbaren Erscheinung. Sie ersetzen den persönlichen Kommunikationskontakt und machen die Kommunikation reproduzierbar. Hinsichtlich der Zwecke des Dialogmarketings sind einige Werbemittel besonderes verbreitet, obgleich grundsätzlich jedes Werbemittel nutzbar ist. Jedes für sich hat spezifische Besonderheiten mit charakteristischen Vor- und Nachteilen (zur Vertiefung bspw. Unger et al. 2013). Abb. 6 gibt einen Überblick über typische Werbemittel in der Dialogmarketing-Anwendung.

- *Anzeigen/Werbeflächen/Banner* sind gestaltete Flächen, i. d. R. mit den Elementen Bild, Text, Headline, Response-Element. Sie werden vermehrt zweistufig zur Interessentengewinnung eingesetzt. Als Poster/Plakat finden sie Anwendung bei Out-of-Home und am POS. Online können solche Werbeflächen auch animiert eingesetzt werden.
- *Bewegtbild (Spots)* ist durch die audiovisuelle Darbietungsform als kurzer Filmbeitrag gekennzeichnet. Sie besitzen ein zeitdynamisches Element und können auch Sound nutzen. Spots bieten Vorteile hinsichtlich Vermittlungsmöglichkeiten, Aktivierungskraft und Emotionalität. Bewegtbild ist im digitalen Dialogmarketing eine dominierende Form.
- *Posts* sind Beiträge zu Online-Diskussionen, meist in Textform, aber oft auch unter Einbezug von Bewegtbild. Sie haben durch Social Media besondere Bedeutung. In Messenger-Diensten handelt es sich um *Nachrichten*.
- *Audiospots* basieren auf Ton und gesprochener Sprache. Es sind kürzere Audiobeiträge, die nicht nur im klassischen Radio, sondern insb. in digitalen Kontexten wie Streamingdiensten oder Webradio-Livestreams Bedeutung haben. Durch die zunehmende Verbreitung von Sprachassistenten könnte ihre Bedeutung weiter wachsen.
- (Klassische) *Mailings* stellen adressierte, personalisierte Werbesendungen dar, die direkt an selektierte Adressen versandt werden. Traditionell weisen sie die Bestandteile Brief inklusive Angebot und Response-Element sowie Kuvert auf. Oft werden sie technisch auch als Klappkarten o. ä. umgesetzt. Übergänge zu Sonderwerbeformen und zum Katalog sind fließend. Realisierbar sind zudem

Abb. 6 Wichtige Werbemittel im Dialogmarketing. (Quelle: Eigene Darstellung)

Bewegtbild-Mailings mit frei gestaltbarem Video, das beim Öffnen der Karte startet, oder Mailings mit Sound sowie besonderen haptischen Eigenschaften.
- *Kataloge und Prospekte* können als adressierte Werbesendung, i. d. R. mit personalisierten Begleitpapieren oder unpersonalisiert als Beilagen z. B. zu anderen Katalogen, Paketen oder Zeitschriften genutzt werden. Typisch für sie ist die Übersicht über das Waren- und Dienstleistungsangebot eines Unternehmens mit Produktabbildungen und -beschreibungen sowie Preisangaben und Serviceinformationen. Im Vergleich zu Prospekten grenzt sich ein Katalog durch eine weitgehende Vollständigkeit der Angebotspalette ab. Übergänge zwischen Katalog und redaktionellem Magazin sind teilweise fließend. Die Einordnung eines Katalogs als Werbemittel oder als Werbeträger ist unter Umständen schwierig und von der Betrachtungsperspektive abhängig.
- *Karten* sind Werbemittel und oftmals auch simultan Werbeträger. Sie werden als adressierte Werbesendung, als Tip-On, als Beilage oder als Postwurf realisiert. I. d. R. sind sie zugleich Antwortkarte. Produktionstechnisch gesehen sind durch Klapp- und Wickeltechniken Mehrseitenlösungen möglich.
- Als *Ein-/Beihefter/Tip-Ons* bezeichnet man gestaltete mehrseitige Printerzeugnisse, die fest mit einem Träger (z. B. Zeitschrift) verbunden werden. Je nach technischem Konzept und Gestaltung werden diese vom Leser als Bestandteile des Trägers empfunden – andererseits können sie extra so umgesetzt werden, dass sie eine hohe Absetzung und Auffälligkeit erzeugen. Ihre Hauptanwendung liegt bei Voll- oder Teilauflagen von Printerzeugnissen, Katalogen oder Produkten. Durch ihre Verbindung mit dem Träger weisen sie zudem eine bessere Haltbarkeit auf.

Weitere Werbemittel können u. a. Displays/Aufsteller, E-Mails, WhatsApp-Nachrichten, Telefonmarketing, On-Pack-Medien oder Guerilla-Medien sein. Allgemein stellt sich die Frage, welche Werbemittel für welche werblichen Aufgaben besonders geeignet sind. Zur Beurteilung der Eignung können mehrere, insbesondere qualitative Kriterien herangezogen werden (vgl. Abb. 7). So bestehen Unterschiede in den Möglichkeiten zur Aufmerksamkeitsschaffung im konkreten Umfeld. Weiterhin ist zu betrachten, inwieweit mit dem Werbemittel eine Differenzierung zu Wettbewerberaktivitäten möglich bzw. gewünscht ist. Wenn die gesamte Branche mit Bewegtbild arbeitet, geht es dann um eine Anpassung an diese Situation oder aber um ein gezieltes „Ausbrechen" aus dieser Situation? Nicht zu unterschätzen sind auch die Anforderungen, die die Kampagne bzw. die Werbebotschaft an das Werbemittel stellen. Herausragend im Blickwinkel des Dialogmarketings ist aber vor allem die Frage, wie und welche *Response-Möglichkeiten* ein Werbemittel zulässt.

Aus dem speziellen Blickwinkel des Dialogmarketings kommt dem Bestreben, eine direkte Interaktion auszulösen, vorrangige Bedeutung zu. Je nach einstufiger oder zweistufiger Ausrichtung ist dafür das geeignete Response-Element essenziell. Den folgend sollte ein Werbemittel also stets eine angemessene (im Sinne einer effektiven und effizienten) Response-Möglichkeit sichern. Wichtige Response-Elemente sind:

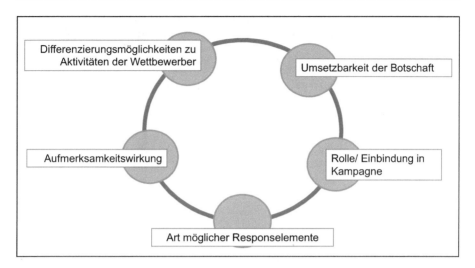

Abb. 7 Aspekte der qualitativen Auswahl der Werbemittel. (Quelle: Eigene Darstellung)

- Direktlinks bei digitalen Medien,
- Antwortfelder bzw. Dialogkanäle bei digitalen Medien,
- Antwortkarte, Bestellschein, Rückumschlag,
- Coupon, Gutschein,
- Telefonnummer, URL, E-Mail-Adresse.

Natürlich ist nicht jedes Response-Element mit jedem Werbemittel oder Werbeträger verträglich (vgl. dazu unten). Insofern kann in bestimmten Fällen das Votum für ein bestimmtes Response-Element über das Werbemittel entscheiden – und das Werbemittel dann auch über Möglichkeiten hinsichtlich der Werbeträger. Für die Dialogmarketingaufgabe ist infolgedessen stets auch die Frage zu klären: „Welches Werbemittel ist im gegebenen Kontext am besten für die Response?" Letztlich ergibt sich ein interdependentes Dreiecksverhältnis von Werbemittel, Werbeträger und Response-Element.

5 Typische Werbeträgergruppen und Werbeträger im Dialogmarketing

Ebenso wie die Werbemittel sind die Werbeträger auf ihre Eignung zur spezifischen Zielerreichung und ihre Eignung für die Ziele des Dialogmarketings zu bewerten. Dabei sollten nicht nur grundsätzliche Eigenschaften der Werbemittel berücksichtigt werden, sondern auch Aspekte in Bezug auf die Zielgruppe und die Phase der Kundenbeziehung.

Um eine Mediaselektion als Kernbestandteil der Mediaplanung durchzuführen, sind Aufgaben der Inter- und Intra-Selektion zu erfüllen (vgl. Abb. 3), also aus einer

Vielzahl von möglichen Werbeträgern die Werbeträger zu wählen, die die Anforderungskriterien am besten erfüllen (bspw. Schweiger und Schrattenecker 2013, S. 334 ff.).

Media oder *Werbeträger* sind das Übermittlungsmedium, mit dessen Hilfe die in Form von Werbemitteln ausgedrückte Botschaft zum Adressaten transportiert wird. Medien treten in vielfältigen Formen auf, die sich Gruppen und Gattungen zuordnen lassen. Abb. 8 gibt einen Überblick über die wesentlichen Media in diesem Bereich.

In den einzelnen Werbeträgergruppen existiert eine große Bandbreite von Realisationsformen mit typischen Eigenschaften. Sie unterliegen zudem einer dynamischen Entwicklung durch technologischen Fortschritt (z. B. Ersatz von Plakatflächen durch Groß-Screens, Wachstum von Augmented Reality, Online-Games mit zunehmend vermarkteten Werbeflächen, wachsende Möglichkeiten in Social Media-Kanäle).

Tab. 1 gibt einen Überblick über für das Dialogmarketing besonders relevante Werbeträgergattungen (zur Vertiefung u. a. Unger et al. 2013, S. 159 ff.) anhand der Aspekte

- Grundeigenschaften,
- Arten und Formen,
- typische Arten von in ihnen realisierten Werbemitteln,
- Verfügbarkeit für die Belegung und Steuerbarkeit der Belegung,
- wichtige Quellen für Mediadaten sowie
- Besonderheiten

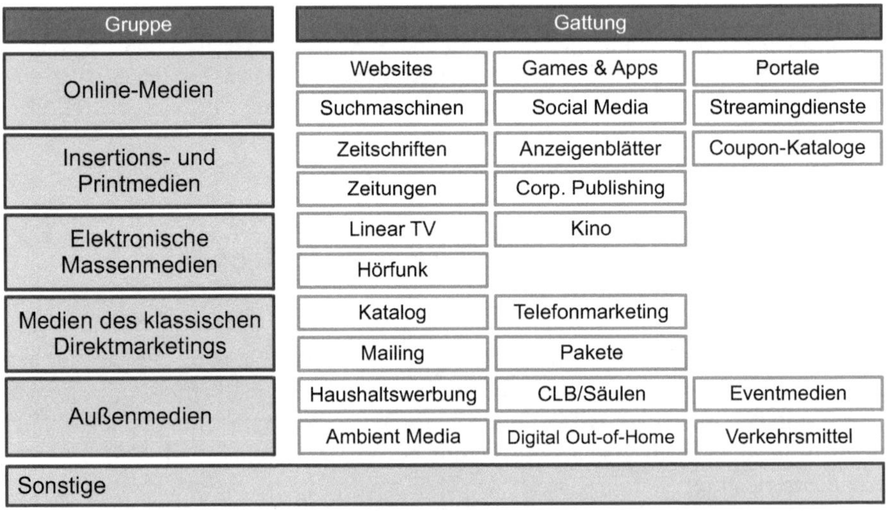

Gruppe	Gattung		
Online-Medien	Websites	Games & Apps	Portale
	Suchmaschinen	Social Media	Streamingdienste
Insertions- und Printmedien	Zeitschriften	Anzeigenblätter	Coupon-Kataloge
	Zeitungen	Corp. Publishing	
Elektronische Massenmedien	Linear TV	Kino	
	Hörfunk		
Medien des klassischen Direktmarketings	Katalog	Telefonmarketing	
	Mailing	Pakete	
Außenmedien	Haushaltswerbung	CLB/Säulen	Eventmedien
	Ambient Media	Digital Out-of-Home	Verkehrsmittel
Sonstige			

Abb. 8 Werbeträgergruppen und -gattungen im Überblick. (Quelle: eigene Darstellung)

Mediaplanung im Dialogmarketing

Tab. 1 Ausgewählte Werbeträger im Dialogmarketing. (Quelle: Eigene Darstellung)

Merkmal	Zeitschrift	Katalog	Zeitung	Paket	Postwurf	Suchmaschine	Social Media	Websites	Mailing
Grundeigenschaften	Informierendes und unterhaltendes Printmedium. Regelmäßige, fortgesetzte Erscheinungsweise, i. d. R. öffentlicher Zugang zum Medium und freie Verfügbarkeit nach Ort und Zeit. Grundsätzlich sind Zeitschriften nicht primär auf Aktualität ausgerichtet	Übersicht über das Waren- und Dienstleistungsangebot eines Unternehmens. Enthalten neben Produktabbildungen und -beschreibungen die Preisangaben und Serviceinformationen. Im Vergleich zu Prospekten grenzt sich ein Katalog durch weitgehende Vollständigkeit der Angebotspalette ab. Z.T. auch Werbe-mittel	Printmedium, das regelmäßig, fortgesetzt erscheint, eine breite Öffentlichkeit anspricht, auf Aktualität setzt, informierenden Charakter hat und thematisch breit aufgestellt ist. Der Hauptunterschied zu Zeitschriften liegt in der Aktualität, also der tages- oder zumindest wochenaktuellen Berichterstattung sowie in der Universalität	Warensendung an Kunden im Umkarton	Versandform der Post. Massenhafte Zustellung identischer, unadressierter Postsendungen an eine (selektierte) Empfängergruppe	Zentrale Anlaufstelle für alle Informationssuchenden im Internet. Programme, die das Internet aufgrund einer Suchanfrage durchsuchen und die entsprechenden Treffer in einer Liste darstellen. Neben allgemeinen Suchmaschinen existieren Spezialdienste	Onlinemedien, in denen Nutzer Meinungen, Erfahrungen oder Informationen austauschen und/oder Wissen sammeln. Sehr aktiv und dialogisch.	Gesamtheit der hinter einer URL stehenden öffentlich präsentierten Seiten, die werden. Diese können als Träger eigener oder fremder Werbemittel fungieren.	Personalisiertes Anschreiben/Karte mit werblichem Zweck
Arten/Formen	General-/Special-Interest; Publikums-, Fach-, Kunden- und Verbandszeitschriften	Universalkatalog, Spezialkatalog, Magalog	Tages-, Wochen-, Sonntagszeitungen. Regionale, überregionale Zeitungen. Publizistische Blätter, Supplements, Anzeigenblätter	–	Unadressiert/teiladressiert; warentragend/ohne Warenangebot; Standardformat/Sonderformat, …	Websites, Portale, Soziale Netzwerke, Blogs, Feeds, …	Beziehungsnetzwerke, Bookmarking-Dienste, Foren, Media-Sharing-Plattformen, …	Homepages, Microsites, …	Mailings nach Grammgrenzen. Akquise-, Aktivierungs-, Nachfassmailing, Prospektmailing. Einstufig/zweistufig
Typische Werbemittel	Anzeige, Beilage, Einhefter, Tip-On, Sonderwerbeformen.	Katalog an sich als „Flattermann", Self-mailer oder mit Begleitpapieren /Beilagen, Anzeigen, Einhefter bei fremden Katalogen	Anzeige, Beilage, Prospekte, Sonderwerbeformen	Beilagen, Kataloge, Prospekte, Karten, Warenproben, …	Prospekt, Mailing, Proben, Gutschein-Flyer, …	Display, Sucheinträge, generische Treffer	Posts, Banner, Layer	Banner, Layer, Pop-Up, Sticky, Textlink, Affiliate, …	Mailing
Verfügbarkeit und Steuerbarkeit	Guter Zielgruppenzugriff bei Spezialtiteln, Streuverluste bei General-Interest. Oft enges Wettbewerbsumfeld. Hohe Werbedichte. Z. T. redaktionelle Einpassung möglich. Verbindung zu Online	Sehr genauer Zielgruppenzuschnitt möglich. Intern durch z. B. RFMR-Scorings. Spezifische Ausstattungen sowie Varianten möglich. Bei fremden Katalogen oft nur sehr begrenzter Zugriff, wenn keine Wettbewerbsbeziehung	Über Verlagsgruppen und Mantel- und Regionalteil Koordination und Zusteuerung leistbar, z. T. redaktionelle Einpassung möglich. Verbindung zu Online. Sehr gute zeitliche Differenzierung. Reichweitenstark	Zeitliche, geografische oder artikelbezogene Zusteuerung möglich – sowie natürlich über den Shop hinsichtlich Zielgruppe. Zugang bei Wettbewerbsbeziehung erschwert. Hohe Dichte anderer Beilagen senkt Response	Über GeoMarketing Analyse von Konsumenten auf Mikroebene realisierbar. Über Kampagnen somit räumlich sehr genau auf die definierte Zielgruppe optimierbar	Guter Zielgruppenzuschnitt mit spezifischer Ansprache, hohe Reagibilität, zeitlich und volumenbezogen engmaschige aussteuerbar	Sehr spezifische Ansprache mit hoher Reagibilität, ncht immer hohe Reichweiten	Große Spannweiten bei Reichweiten und Ansteuerbarkeit	Sehr genauer Zielgruppenzuschnitt möglich. Intern durch z. B. RFMR-Scorings. Spezifische Ausstattungen sowie Varianten möglich. Response-Raten i. d. R. gering. Timing exakt steuerbar

(Fortsetzung)

Tab. 1 (Fortsetzung)

Quelle für Media-daten	Herausgebende Verlage, Mediaanalysen	Eigene Daten oder Daten der jeweiligen Katalogversender	Herausgebende Verlage, Mediaanalysen	Versendender Shop. Paket-Plus. Teampaket, etc	Spezifische Lösungen/-Datenpools entsprechender Anbieter, z. B. GfK, Universal McCann Retail	Betreiber bzw. Mediaanalysen	Betreiber bzw. Mediaanalysen	Betreiber		Eigene Daten
Besonderheiten	Gutes Image. Emotionalisierung durch Druckqualität und Haptik. Sehr großes Gesamtangebot mit sehr unterschiedlichen Auflagen. Je nach Zeitschrift hohe Haltbarkeit. Aboauflagen	Adressen über eigene Database oder Anmietung erforderlich. Teuer aber wirkungsstark. Zugleich Verkaufsinstrument. Sehr starke Vernetzung mit Online-Medien sinnvoll	Gutes Image und hohe Glaubwürdigkeit. Großes Gesamtangebot mit sehr unterschiedlichen Auflagen und unterschiedlicher Qualität des redaktionellen Umfelds. Sehr geringe Haltbarkeit. Aboauflagen	Auch bei eigenen Sendungen nutzbar. Durch wachsenden Online-Handel steigendes Volumen. Kooperationsmodelle möglich	Durch neue Technologien und Cross-Media-Verknüpfungen entwickeln sich innovative Formen/Konzepte	Suchmaschinenpräsenz ist i. d. R. Pflicht	Dominanter Kommunikationskanal für viele Zielgruppen. Hohe Affinität für Bewegtbild. Komplexe Botschaften oft unmöglich. Z. T. extreme Aufmerksamkeitshürden	Responseratenher gering durch hohe Aufmerksamkeitshürden und i. d. R. enge Vorgaben der Betreiber		Oft zugleich Werbemittel. Kreativlösungen üblich. Adressen über eigene Database oder Anmietung erforderlich

Zur Auswahl aus den Gattungen wird allgemein auf qualitative wie quantitative Aspekte zurückgegriffen. Obgleich dies im nachfolgenden Abschnitt genauer aufgegriffen wird, sollen an dieser Stelle einige Überlegungen zur Auswahl aufgenommen werden. Denn: Aus der Dialogmarketing-Perspektive geht es neben der Erreichbarkeit von Zielgruppen ganz spezifisch auch um die Eignung der Werbeträger für Dialogmarketing-Aktivitäten.

Beachtung der Response-Fähigkeit Werbeträger und die mit ihnen realisierbaren Werbemittel sind in unterschiedlichem Maße für Response-Elemente geeignet. Aus den Tatsachen, dass a) bestimmte Media nur bestimmte Werbemittel zulassen und dass b) bestimmte Werbemittel (bei realistischen Kostenbedingungen) nur bestimmte Response-Elemente realisierbar machen und c) dass diese Response-Elemente unterschiedlich wirkungsstark sind, folgt: Es gibt einen Unterschied zwischen den Werbeträgern auch im Hinblick auf ihre Responsestärke (und damit im Hinblick auf die *Dialogaffinität*). Zudem sind schon Unterschiede in den Größenordnungen von Response-Werten zwischen Werbemittel-Media-Kombinationen an sich zu verzeichnen (so sind Response-Werte von Zeitungsbeilagen i. d. R. geringer als die von Mailings). Beide Effekte sind dabei spezifisch, also in Abhängigkeit von der konkreten Zielgruppe zu bewerten.

Wenn davon ausgegangen wird, dass die Response DAS definitorische Kriterium für Dialogmarketing ist (vgl. oben), so sind unterschiedliche Media auch hinsichtlich ihrer unterschiedlichen *Dialogaffinität* zu betrachten. Folglich muss die Dialogaffinität ein wichtiges Selektionskriterium darstellen, wenn es um Mediaselektion für das Direktmarketing geht.

Abb. 9 Zielgruppen-Responsestärke-Matrix. (Quelle: Eigene Darstellung)

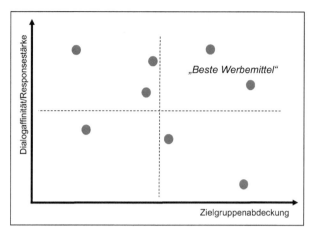

Von maßgeblicher Bedeutung für die Aufgabenerfüllung eines Werbeträgers bei einer Dialogmarketing-Aufgabe ist weiterhin die Abdeckung der angestrebten Media-Zielgruppe.

Zielgruppen-Responsestärke-Matrix Fügt man die Kriterien Dialogaffinität und Zielgruppenabdeckung mit jeweils hoher und geringer Ausprägung in einer Matrixdarstellung zusammen, ergibt sich die in Abb. 9 skizzierte, einfache Beurteilungsheuristik für Werbeträger. Interessant hinsichtlich der Mediawahl für das Dialogmarketing erscheint insbesondere die Zone rechts oben (Abb. 9), in der eine hohe Dialogaffinität auf eine hohe Zielgruppenabdeckung trifft. Werbeträger, die im Kontext der jeweiligen Fragestellung diese Voraussetzungen erfüllen, wären vorrangig zu wählen.

Erste Bewertungen können also auf anschauliche Weise mittels Matrixbetrachtung dieser vorgenommen werden. Diese lässt jedoch andere Kriterien wie beispielsweise die Kostenseite noch unberücksichtigt. Bei einer Bewertung mit mehr als zwei Kriterien bietet es sich an, auf die Methode der Nutzwertanalyse (dazu Hahn 1996, S. 64 ff.) zurückzugreifen.

Beachtung der Kundenbeziehungsphase Zweckmäßig kann ferner eine kundenbeziehungsphasen-spezifische Betrachtung sein. Dabei wird eingeschätzt, inwieweit einzelne Werbeträger in einer bestimmten Phase einer Kundenbeziehung besonders geeignet sein können, um die erforderliche Response zu erzielen. Vor dem Hintergrund des sich unterschiedlich ausprägenden *Kundeninvolvements* in den Beziehungsphasen erscheint es plausibel, dass die Phasen auch unterschiedliche Ansprüche an beispielsweise die Kontaktformen stellen. Dies stellt eine weitere Möglichkeit der heuristischen Annäherung an die Mediaselektionsfrage für das Dialogmarketing dar.

6 Streuplanung (im Dialogmarketing) und Selektionsverfahren

Nachdem im Prozess der Mediaplanung grundlegende Entscheidungen bezüglich Werbemittel und Werbeträger getroffen wurden, erfolgt die (Media-)Streuplanung. Diese beinhaltet eine detailliertere Planung von Zeitpunkten und Werbedruck unter Berücksichtigung des Budgets.

6.1 Streuplanung

Die (Media-)*Streuplanung* befasst sich mit der Bestimmung „der Auswahl und Festlegung der Kommunikationsträger sowie mit den Zeitpunkten und der Frequenz ihres Einsatzes" (Redler 2019, S. 170). Ziel ist es, den Mediaplan zu finden, der die maximale Wirkung des Mediabudgets ermöglicht (Schweiger und Schrattenecker 2013, S. 334) – das bedeutet, es „sind jene Medien auszuwählen, und die Zahl der Einschaltungen ist so festzulegen, dass ein möglichst hoher Anteil der Angehörigen der Zielgruppe die für notwendig erachtete Anzahl von Kontakten erhält, wobei die Eignung der Werbeträger zur Präsentation der Werbebotschaft zu berücksichtigen ist" (Schweiger und Schrattenecker 2013, S. 334). Der Mediaplan wird im Dialogmarketing oft auch als Streuplan bezeichnet.

Zu dessen optimaler Ableitung sind Aufgaben der Inter- und Intra-Selektion zu erfüllen (vgl. Abb. 3 oben), bei denen sowohl qualitative wie quantitative Kriterien bedeutsam sind (vgl. Abb. 10). Wichtige *qualitative Maßstäbe* beziehen sich vor allem auf:
- Zielgruppenaffinität (vgl. oben) und zielgruppengerechte Selektionsmöglichkeiten,
- Dialogaffinität (vgl. oben),
- Eignung für Werbebotschaft und angestrebte Werbemittel,
- Anmutungs- und redaktionelle Umfeldqualität sowie zugehörige Imagetransfereffekte,
- Aktualität und Verfügbarkeit,
- Wettbewerbsumfeld.

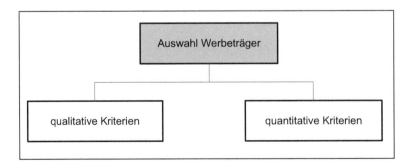

Abb. 10 Bereiche für Kriterien zur Werbemittelauswahl. (Quelle: Eigene Darstellung)

Quantitative Kriterien der Mediaplanung beziehen sich insbesondere auf die Kontakt- und Kostenbewertung:

- Einfache Kontaktbewertung über Reichweiten,
- differenzierte Kontaktbewertung durch
- Personengewichte (Zielgruppengewichte) zur Abschätzung der zielgruppenspezifischen Bedeutung der Werbeträgernutzer,
- Mediagewichte zur Erfassung der Bedeutung erzielter bzw. erwarteter Kontakte in Medien (Kontaktqualität),
- Kontaktmengengewichte zur Berücksichtigung der Abhängigkeit der Werbewirkung von der Zahl der erfolgten Kontakte,
- Kostenbewertung durch Betrachtung der Belegungskosten bzw. Gesamtkosten eines Einsatzes in Relation zur Reichweite (dazu auch Bruhn 2012, S. 320 f.).

Diese für die Bewertung von Werbeträgern (letztlich auch der Mediaplanalternativen) heranzuziehenden Kriterien können im Rückgriff auf traditionelle Steuerungsgrößen weiter ausdifferenziert bzw. operationalisiert werden. Wichtige Kenngrößen sind dabei:

- *Bruttoreichweite*: Sie gibt an, wie viele Personen durch die Belegung des Mediums bzw. der Kombination in einer Periode mindestens einmal erreicht werden können (= Kontaktchancen). Sie wird auch als *Bruttokontaktsumme* bezeichnet und gibt an, wie viele Kontakte insgesamt erzielt werden. Mehrfachkontakte werden hierbei aufsummiert.
- *Nettoreichweite*: Anzahl von Personen aus der Zielgruppe, die mindestens einmal erreicht werden (in % oder in Personen).
- *Kumulierte Reichweite*: Misst die Anzahl von Personen, die bei mehrfach aufeinanderfolgender Belegung oder Kombinationen in einer Periode mindestens einmal erreicht werden (interne Überschneidungskontakte werden nur einmal gezählt).
- *Kombinierte Reichweite*: Bezeichnet die Anzahl Personen, die bei Einschaltung mehrerer Werbeträger in einer Periode mindestens einmal erreicht werden (externe Überschneidungskontakte werden nur einmal gezählt)
- *Frequenz*: Angabe für die Zahl der Kontakte, denen eine durchschnittliche Person innerhalb einer Periode ausgesetzt ist (auch: OTS – opportunity to see)
- *Eindrucksqualität*: Schätzwert für die Stärke und Richtung der erzeugten Beachtung eines Werbemittels in einem Werbeträger. Dabei ist das Umfeld zu beachten.
- *GRP* (gross rating points): Kennwert für die Gesamtmenge der Kontaktchancen berechnet als *Reichweite x Frequenz*. Ein GRP-Wert von 240 wird beispielsweise erreicht, wenn 80 % der Haushalte mit durchschnittlich 3 Kontaktchancen belegt werden (80 × 3). Je größer der GRP-Wert, desto höher ist der Werbedruck.
- *Gewichtete Menge der Kontaktchancen*: Diese berechnet sich als *Reichweite x Frequenz x durchschnittliche Eindrucksqualität*.

Bei Online-Medien haben nachfolgende Steuerungsgrößen als Auswahlkriterien eine Bedeutung:

- *Page Impressions (PI)*, je nach Kontext auch als *Ad Impressions* oder *Page Views* bezeichnet: Sie geben Auskunft über die Zahl der Aufrufe einer Website und sind Ausdruck der Reichweite.
- *Visits*: Beschreibt die Anzahl der Besucher der Seite pro Tag. Besucht eine Person viermal am Tag ihren Lieblingsblog und ruft dort jeweils vier Seiten auf, hat sie pro Tag nur einen Unique Visit, aber 16 PI produziert.
- *Views*: Kenngröße für die Anzahl der Einblendungen eines bestimmten Elements oder Werbemittels auf einer Webseite, also die werbemittelseitige Kontaktchance.
- *Clickrate*: Anzahl der Clicks auf eine Banner oder ähnliches (Ad Clicks) im Verhältnis zu den PI.
- *Click Conversion Rate (CCR):* Gibt das Verhältnis von Einblendungen eines Werbemittels zu der Anzahl an Klicks auf selbiges an.
- *Conversion Rate:* Ausdruck für das Verhältnis von Visits oder Clicks zu Transaktionen, z. B. Kauf.
- *Aufenthaltsdauer:* Gibt die durchschnittliche Verweildauer auf einer Site an.

Als Ausdruck der relativen *Kosten* sind besonders zu beachten:

- *Tausend-Kontakt-Preis (TKP):* Drückt die Kosten pro tausend potenzieller Kontakte aus. Er berechnet sich als *(Einschaltkosten × 1000)/Bruttoreichweite* bzw. *(Einschaltkosten × 1000)/Ad Impressions.*
- *Tausend-Nutzer-Preis (TNP):* Drückt aus, welche Kosten entstehen, um Tausend Personen der Zielgruppe zu erreichen. Er berechnet sich als *(Einschaltkosten × 1000)/Nettoreichweite* bzw. *(Einschaltkosten × 1000)/Ad Clicks.*

Auch ist der Bezug zum Werbedruck darstellbar: Hierfür werden Kosten pro GRP errechnet.

6.2 Selektionsverfahren

Um die Media- bzw. Mediaplanalternativen systematisch zu bewerten, wird i. d. R. nach den Prinzipien der Rangreihung und der Detailevaluation gearbeitet (vgl. Abb. 11).

Eine *Rangreihenbildung* dient vor allem der ersten Bewertung einer Vorauswahl. Dabei werden die vorausgewählten Werbeträger computerbasiert in eine Rangreihe gebracht – meist anhand der Kriterien TKP oder Reichweite. Grundsätzlich sind aber auch andere Leistungswerte anwendbar.

Nach einer Vorauswahl von Medien werden i. d. R. verschiedene Varianten von Mediaplänen erarbeitet. Varianten bedeutet, dass insbesondere unterschiedliche Medialalternativen und verschiedene Einschalthäufigkeiten der Werbemittel in Alternativplänen vorgesehen werden. Diese Planalternativen können dann mittels *Evalua-*

Mediaplanung im Dialogmarketing 431

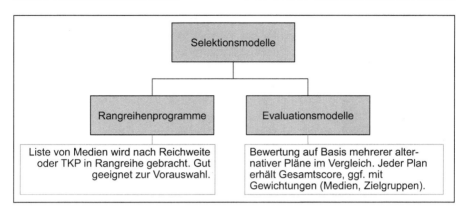

Abb. 11 Mediaselektionsmodelle zur Streuplanung. (Quelle: Eigene Darstellung)

tionsmodellen bewertet werden (vgl. auch Schweiger und Schattenecker 2013, S. 346; Koschnick 1998, S. 103 ff.). Dies geschieht, indem mit einem Computerprogramm anhand von Zielkriterien ermittelt wird, welcher der vorgelegten Pläne bezüglich zu definierender Zielkriterien (Leistungswerte) am besten abschneidet („score"). Durch die Entscheidung über die Zielkriterien drücken sich letztlich die Zielgruppen- und Mediengewichtungen aus.

Professionelle Softwarelösungen für die Evaluierung haben i. d. R. eine Verknüpfung zu Medianutzungs- und Leistungsdaten der einzelnen Medien, um jeweils aktuelle Werte zu berücksichtigen. Ausgehend von ersten Ansätzen für Mediaplanalternativen können diese sodann schrittweise angepasst und neu evaluiert werden, unter kritischer Beobachtung der Veränderungen bei den Leistungswerten (Busch et al. 2008, S. 560 ff.). Darin drückt sich letztlich die eigentliche Planoptimierung aus.

Ergebnis ist die Entscheidung für einen *Mediaplan*.

Mediaplanung und Budget Bei Mediaplänen stehen die Leistung des Mediaplans und das zugehörige Budget in wechselseitiger Abhängigkeit. Daher existieren zwei grundsätzliche Wege, zu einem Ergebnis zu kommen: Beim *Bottom-Up-Verfahren* wird eine vorab definierte Medialeistung zu Grunde gelegt und das dafür notwendige Budget ermittelt. Anders hingegen beim *Top-Down-Verfahren*: Hier wird für ein vorher festgesetztes Mediabudget die bestmögliche Medialeistung ermittelt.

Für die Mediaplanungsaufgabe werden oft sogenannte *Mediaagenturen* eingesetzt. Mediaagenturen sind spezialisierte Dienstleister, die einerseits die Planung der Mediaaktivitäten, andererseits auch die Durchführung der Streuung (Reservierungen und Buchungen bei Sendern, Verlagen etc.) übernehmen.

Durch die Zusammenarbeit mit Agenturen ergeben sich Vorteile, weil auf spezifische Expertise zurückgegriffen werden kann sowie z. T. von besonderen Einkaufskonditionen aus Mengenbündelungen und der daraus resultierenden Verhandlungsmacht profitiert werden kann. Zudem können über geeignete Agenturpartner Beratungskompetenz z. B. hinsichtlich der Vernetzung zwischen Kommunikationskanälen, Entwicklungen im Medien- und Technologiebereich sowie Wissen über Benchmarks und ihre Lösungen für das eigene Unternehmen erschlossen werden. Allerdings sind die Handhabung von Vertraulichkeit und Wettbewerbsausschluss nicht immer einfach; zweifelsohne sind Kosteneffekte zu bewerten.

Bei der Wahl und Zusammenarbeit mit der Mediaagentur sind besonders das Vergütungsmodell und der Kommunikationsfluss zwischen auftraggebendem Unternehmen und der Agentur als kritische Aspekte mit hoher Aufmerksamkeit auszustatten. Ein Überblick über Mediaagenturen, Leistungsspektren und Vergütungsmodelle findet sich unter www.omg-mediaagenturen.de.

6.3 Aspekte der zeitlichen Selektion

Die *Timing-Entscheidungen* bei der Mediaplanung befassen sich mit den Gesichtspunkten a) zu welchem Zeitpunkt die maximale Response (vgl. auch Kundenseite, Wettbewerb, Saison) zu erwarten ist und b) wie durch die Berücksichtigung zeitbezogener Zusammenhänge Werbeziele (i. d. R. Bekanntheit und Wissen) am effizientesten erreicht (also wie wird z. B. Wissen gut aufgebaut und erhalten) werden können. Das Timing ist, wie die anderen Mediaplanungsfragen auch, Ausdruck der Budgetverteilung.

Typische Muster sind dabei (vgl. Abb. 12):

- *Gleichverteilter Einsatz* der Aktivitäten und des Werbedrucks, meist auf mittlerem bis niedrigem Niveau.
- *Konzentrierter Einsatz* der Aktivitäten, z. B. als Teil einer *Flighting-Strategie* (bei dieser wechseln Phasen hohen Werbedrucks mit Phasen ohne Werbeaktivität). Dies wird verfolgt, um schnell Aktualität zu erreichen (z. B. Produktlaunch), oder vor dem Hintergrund, einen insgesamt als stärker wahrgenommenen Werbedruck zu erreichen.
- *Pulsierender Einsatz* der Aktivitäten, um ein anhaltendes Muster aus hohem und geringem Werbedruck zu erreichen. Dies wird beispielsweise zur Veränderungen von Imageaspekten oder für eine nachhaltig hohe Bekanntheit angewendet. Zudem scheinen hier z. T. Effizienzvorteile nutzbar zu sein (Unger et al. 2013, S. 64 f.; Schweiger und Schrattenecker 2013, S. 358).

Natürlich sind auch beliebige andere Ausgestaltungen möglich, z. B. der saisonale Einsatz oder ein Muster mit anfänglich sehr hoher Aktivität, die dann sukzessive zurückgenommen wird.

Zur Bestimmung der Wirkung bei den Adressaten ist nicht nur der eigene Werbedruck, sondern auch der Werbedruck im Umfeld zu betrachten. Daher wird der Werbedruck oft auch relativ zum Wettbewerb ausgedrückt. Typische Indikatoren dafür sind

- der *Share-of-Advertising (SOA)*, der den Anteil des eigenen Werbevolumens am Gesamtetat aller im Markt Aktiven kennzeichnet,

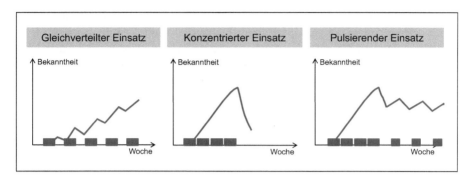

Abb. 12 Muster der zeitlichen Selektion. (Quelle: Eigene Darstellung)

- der *Share-of-Voice (SOV)*, welcher als Ausdruck des Werbedrucks die eigene Bruttoreichweite zur Summe aller Kontakte der Marktteilnehmer ins Verhältnis setzt, sowie
- der *Share-of-Mind (SOM)*, der den eigenen OTC-Wert mit OTC-Werten der Konkurrenz vergleicht (dazu Unger et al. 2013, S. 64).

Letztlich ist für die resultierende Wirkung beim Adressaten insbesondere auch das Zusammenspiel aller (aufeinander abgestimmter) Kommunikationsaktivitäten zu betrachten. Eine Beurteilung auf der Grundlage einzelner Aktivitäten in einer Werbeträgergattung ist daher kaum aussagekräftig. Zudem empfiehlt es sich, Wechselwirkungen mit anderen Größen wie z. B. Saisonalität, Werbeverhalten von Wettbewerbern oder anderen Marketing-Mix-Maßnahmen (z. B. Preispolitik, Messeaktivitäten, Produkt- und Innovationspolitik) zu berücksichtigen.

7 Besondere Konzepte des digitalen Marketings

Die bisherigen Ausführungen haben sich den Aspekten und Konzepten der Mediaplanung im Dialogmarketing aus einer grundsätzlichen Perspektive genähert. Nachfolgend werden ausgewählte Aspekte angesprochen, die unter dem Blickwinkel des digitalen Marketings für das Thema relevant erscheinen. Diese ergänzen die grundlegenden Betrachtungen und zeigen auch terminologische Besonderheiten auf.

Einteilung von Medien in Owned, Paid, Earned Werbeträger werden im digitalen Kontext oft nach den gegebenen Kontrollmöglichkeiten über die Kommunikationsinhalte differenziert. Man unterscheidet in die drei Kanäle Owned Media, Paid Media und Earned Media (z. B. Lovett und Staelin 2016). *Owned Media* sind eigene Werbeträger wie eigene Websites, Kundenzeitschriften oder Firmenprofile in Social Media. Maßnahmen in diesen können entsprechend auch vom Unternehmen unmittelbar gesteuert werden. *Paid Media* hingegen sind Werbeträger, die nicht zum Unternehmen gehören, auf die vom Unternehmen aber kostenpflichtig zugegriffen wird, weshalb die Steuerbarkeit gegeben ist. Zu Maßnahmen, die auf Paid Media setzen, zählen Suchmaschinenmarketing, Bannerwerbung oder Printanzeigen. *Earned Media* wiederum bezeichnet jene Werbeträger, die vom Unternehmen unabhängig sind und deren Inhalte und Aussagen vom eigenen Unternehmen weder kostenpflichtig gebucht noch anderweitig direkt gesteuert werden können. Als Beispiel hierfür seien Berichterstattungen im linearen TV, Word-of-Mouth im Internet oder Produktrezensionen auf Online-Portalen genannt.

Personas zur Typifizierung von Adressaten Typische Vertreter einer Zielgruppe werden im digitalen Marketing als sog. *Personas* veranschaulichen. Eine Persona ist mit Werten, Erwartungen, Wünschen und Zielen ausgestattet, zeigt menschliche Verhaltensweisen und wird mit konkreten Merkmalen wie Name, Wohnort, Familienstand, Alter, Einkommen, Ausbildung, Foto, Lebensumständen, Fähigkeiten, Einstellungen, Hobbies usw. beschrieben. Als Prototypen einer Medienzielgruppe helfen Personas, Annahmen über Adressaten zu treffen, da sie Muster im Verhalten, insb. dem Medienverhalten, erkennen lassen. Oft benötigt man mehrere Personas als Vertreter einer Kommunikationszielgruppe.

Customer Journey und Attributionsmodelle Der Weg, den ein Kunde über On- und Offline-Touchpoints zurücklegt, bevor er eine Kaufentscheidung trifft, wird als Customer Journey bezeichnet. Sie wird als Grundlage des Gesamterlebnisses (customer experience) gesehen und stellt sich heute durchaus komplex dar, weil Adressaten mit einer Unzahl von Touchpoints und diversen Kanälen und Medien in Berührung sind (e.g. Lemon und Verhoef 2016, S. 69). Visuell kann man diesen in einer *Customer Journey Map* darstellen. Während Touchpints in der Offline-Welt schwer zu ermitteln und zu bewerten sind, ist ein Tracking der Interaktions- und Berührungspunkte im digitalen Kontext vergleichsweise einfach zu realisieren. Diese Auswertung der Customer Journey erlaubt Aufschlüsse über die Bedeutung der verschiedenen Medien in der Vor-, Kauf- und Nachkaufphase, den Gesamtweg bis zur sog. Conversion sowie die Wirkungszusammenhänge der Touchpoints.

Bei der Planung von Online-Medien stützt man sich bei der Verteilung der Budgets häufig auf das Prinzip der Attribution. *Attribution* bezieht sich auf den Prozess der Erfassung und Bewertung einer Abfolge von Benutzerreaktionen auf Online-Marketingkanäle entlang der Customer Journey. Entsprechende Attributionsanalysen helfen abzuschätzen, welche Maßnahme der Online-Kommunikation welchen Beitrag zu Generierung von sog. Conversions leistet. *Conversions* sind definiert als bestimmte Aktionen, die Nutzer nach der Interaktion mit einem Kommunikationsinstrument durchführen. Attributionsanalysen können auf Basis der verschiedenen Attributionsmodelle erfolgen.

Targeting und Programmatic Advertising Ein wichtiges Prinzip bei der Platzierung von Online-Werbung ist das *Targeting*. Online-Targeting bedeutet, digitale Werbemittel nach diversen Parametern zielgerichtet und automatisiert an die jeweiligen Empfänger auszusteuern. Es ermöglicht also eine zielgruppenspezifische (bis individualisierte) Ansprache in der digitalen Welt. Beim Contextual Targeting werden Werbemittel in einem für das werbende Unternehmen passenden Umfeld platziert (bspw. eine Anzeige für eine Fluggesellschaft auf einem Reiseportal). Dies wird i. d. R. darüber sichergestellt, dass der Text des Umfelds bestimmte, definierte Schlagwörter enthalten muss. Anders arbeitet das Behavioral Targeting. Bei diesem erfolgt die Zusteuerung der Werbemittel in Abhängigkeit vom erfassten Surf- und Browsingverhalten des Nutzers. Möglich ist auch das Targeting nach zuvor in Suchmaschinen eingegebenen Suchbegriffen (Keyword Targeting). Natürlich kann das Targeting auch soziodemografischen Kriterien (Profile Targeting) folgen oder nach Zeiträumen erfolgen. Beim sog. *Retargeting* werden Werbemittel aufgrund von zuvor durchgeführten Seitenbesuchen des Nutzers eingeblendet. Die Nutzer werden dazu beim Besuch bestimmter Website mittels Cookies markiert. Über diese kann der Nutzer dann beim Besuch bestimmter anderer Seiten erkannt werden, um ihm die entsprechenden Werbemittel einzublenden. Bspw. könnte der Besucher einer bestimmten Produktseite eines Onlineshop, eine Banner-Werbung zu eben diesem Produkt erhalten, wenn er das nächste Mal eine ähnliche Produktsuche in einer Suchmaschine durchführt. Das *Programmatic Advertising* (z. T. auch Real-Time Advertising) ist ein Prinzip des Ein- und Verkaufs von Werbemedien. Bei diesem werden Medienplätze vollautomatisch und individualisiert auf Basis vorliegender Nutzerdaten vergeben und Inhalte als auf den Nutzer zugeschnittene Werbemittel ausgeliefert. Es ist Zwischenergebnis der Entwicklung hin zur data-driven Marketing Automation. Technisch gesehen werden dazu Massen von Daten in Echtzeit analysiert, damit Werbeinhalte auf die geeignete Interessenlage und kaufrelevante Situationen bei den Adressaten treffen können (u. a. Belanche et al. 2017). Die Auslieferung erfolgt nach einem Auktionsprozess, bei dem der Höchstbietende den Zuschlag erhält und das Werbemittel aussteuern darf. Entweder wird einfach auf der Grundlage von Real Time Bidding Auctions (RTB) ausgeliefert oder aber es werden Systeme auf Basis von Private Market Place (PMP), garantierten Käufen oder Preferred Offers verwendet (Palos-Sanchez et al. 2019, S. 62). Im Vergleich zu den traditionellen Modellen des Mediaeinkaufs sind durch Programmatic Advertising neue Modelle aufgekommen, die nun die Anzahl der Impressions, Kosten des Werbeplatzes und Kreativlösung besser kombinieren (u. a. Miralles-Pechuán et al. 2018).

Affiliate Maßnahmen für Nischen Beim sog. Affiliate-Marketing stellt ein Websitebetreiber (Publisher/Affiliate) einem Dritten (Merchant/Advertiser) Werbemöglichkeiten auf seinen Seiten bereit, was gegen Provision abgerechnet wird. Der Advertiser kann also Direktmarketing-Werbemittel platzieren und die Zielgruppe direkt auf der Partnerwebseite ansprechen. Die Provision fällt an, wenn der gesetzte Link zu einem Erfolg führt. Sie berechnet sich nach Kriterien wie bspw. Werbezeitraum, Anzahl der Tausend Werbeeinblendungen, oder eingegangenen Bestellungen. Damit bestehen interessante Möglichkeiten für die Ansprache eng umrissener Zielgruppen im Dialogmarketing.

Messenger als wachsendes Medium Mit der rasanten Verbreitung von Messenger-Diensten entwickelt sich ein neuer Werbeträger, der für das (digitale) Dialogmarketing bedeutungsstark ist. Beim sog. *Messenger-Marketing* handelt es sich die Nutzung von Instant Messaging Apps (wie WhatsApp oder Facebook Messenger) als Mediakanal, indem Nachrichten direkt an bestimmte Zielgruppen versendet werden – u. a. um Ziele des Dialogmarketing zu erreichen. Dabei werden oft *Chatbots* eingesetzt. Diese können Nachrichten (oder allgemeiner: Werbemittel) automatisiert an die jeweilige Zielgruppe verschicken. Aus der Dialogperspektive erscheint es wichtig, dass bei derartigen Kampagnenbestandteilen jederzeit und zeitnah auf Reaktionen und Nachrichten reagiert werden kann.

Suchmaschinenmarketing als Must Im Zeitalter digitaler Kommunikation führt im Grunde kein Weg daran vorbei, einen Teil des Mediabudgets für Suchmaschinenmarketing, insb. *Search-Engine-Advertising (SEA)*, vorzusehen. SEA ist darauf ausgerichtet ist, werbliche Ziele im bezahlten Bereich der Suchergebnisse von Suchmaschinen zu realisieren. Es handelt sich um die entgeltliche Platzierung von sog. Sponsored Links im Kontext einer Suchabfrage mit bestimmten Suchworten (Keywords) sowie die Platzierung kleiner Werbeflächen bei bestimmten Trefferlisten. Die konsequente berücksichtigung dieser Möglichkeiten in Mediaplänen ist essenziell für Auffindbarkeit und Reichweiten, auch der eigener Medien. Da hinter einer Suchanfrage eines Nutzers i. d. R. ein konkretes Bedürfnis steht, können beim SEA zudem tendenziell günstige Voraussetzungen für die erhöhte Rezeption von Werbeinhalten bzw. der Response im Kontext von Dialogmarketingaktionen angenommen werden.

8 Aspekte der Kontrolle

Im Sinne der klassischen (technokratischen) Managementlehre sind Zielbildung und Kontrolle stets verknüpfte Elemente. Dieser Zusammenhang zeigte sich auch schon bei den eingangs vorgestellten Elementen des Mediaplanungsprozesses (vgl. Abb. 3). Die Formulierung von Medienzielen ergibt danach nur Sinn, wenn diese Ziele nach erfolgter Mediaaktivität auch kontrolliert werden – ebenso kann eine Kontrolle der Medialeistung nur dann stattfinden, wenn zuvor entsprechende Ziele gesetzt wurden.

Auf welche Aspekte kann sich eine solche Kontrolle nun beziehen? Zur Beantwortung der Frage ist zum einen zu unterscheiden, welche Ziele gemeint sind. Zum anderen ist zwischen einer Kontrolle der Effektivität und der Effizienz zu differenzieren. *Effektivität* prüft, inwieweit Ziele grundsätzlich erreicht wurden, *Effizienz*, inwieweit die Zielerreichung wirtschaftlich ablief. Wie in Abb. 13 ersichtlich, bilden im Kontext dieses Beitrags speziell die aus Marketing- und Kommunikationszielen abgeleiteten Mediaziele die Bezugsbasis für eine Prüfung der Effektivität und Effizienz. Dabei wäre beispielsweise zu prüfen, ob ein relevanter Werbedruck tatsächlich erreicht wurde und ob der Werbedruck mit möglichst geringem Budgeteinsatz aufgebaut wurde.

Grundsätzlich können die für eine Kontrolle zu betrachtenden Kenngrößen vielfältiger Natur sein. Für die Kontrolle der Medialeistung im Dialogmarketing sind letztlich sowohl spezifische Media-Erfolgsgrößen als auch Erfolgsgrößen des Dia-

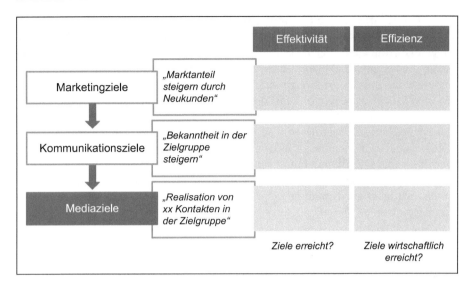

Abb. 13 Ebenen der Kontrolle. (Quelle: Eigene Darstellung)

Spezifische Zielgrößen ...	...der Mediaplanung	Reichweite Frequenz Werbedruck/GRP ...
	...des Dialogmarketings	Responsequote: Anteil der Personen, die reagiert haben CPI: Cost-per-Interest CPO: Cost-per-Order ConPO: Contacts-per-Order Durchschn. Bon: Umsatz pro Kunde DB/Kunde Kundenwert (Scoring, CLV) ....

Abb. 14 Typische Erfolgs- und Steuerungskennzahlen. (Quelle: Eigene Darstellung)

logmarketings relevant (vgl. Abb. 14). Innerhalb der dialogmarketing-spezifischen Kenngrößen kommt dabei jenen eine besondere Bedeutung zu, die die direkte Reaktion des Adressaten ausdrücken. Beispiel: Zum einen sind bei einer Couponanzeige die realisierten Kontakte (Erfolgsgröße aus Perspektive traditioneller Mediaplanung) zu betrachten, zum anderen indes auch die erreichte Response (Erfolgsgröße aus Perspektive des Dialogmarketings).

An dieser Stelle ist abermals zu erkennen, wie sehr bei der Planung und Umsetzung die Bausteine Werbeträger, Werbemittel und Mediaplan in ihrem Zusammenwirken über den Erfolg entscheiden.

Operative Kontrolle Die Durchführung der eigentlichen operativen Kontrolle fußt auf dem Prinzip des Plan-Ist-Vergleichs. Auf der Basis von Annahmen, Hochrechnungen/Übertragungen oder Database-Simulation werden auf der Grundlage des Media- und Kampagnenplans *Planwerte* unterstellt. Diese festgeschriebenen Planwerte werden mit den *Ist-Werten* verglichen, die aus den umgesetzten Maßnahmen resultieren. Auf diese Weise kann die Zielerreichung festgestellt werden. Gleichzeitig werden die Richtung (positiv/negativ) und sinnvollerweise auch die Ursachen von Abweichungen identifiziert. Die Kontrolle im Sinne der Abweichungsanalyse bietet dann das Fundament für Überlegungen zu künftigen Optimierungen der Mediaplanung. Die Optimierung kann als Closed-Loop erfolgen, bei dem nach der Durchführung einer Aktion der Abgleich erfolgt, um für die nächste Aktion zu lernen, oder aber als dynamische Optimierung, bei der schon während der Aktion/Kampagne laufend Optimierungen erfolgen.

Exkurs Kundenwert Neben einer rein operativen Kontrolle kommt auch der Betrachtung des Kundenwerts eine beachtliche Rolle zu (dazu Kreutzer 2009, S. 33 ff.). Der Kundenwert in einer monetären Definition bezeichnet dabei die diskontierten Einzahlungsüberschüsse, die aus der Beziehung zwischen Kunden und Unternehmen über die Beziehungsdauer resultieren. Allerdings sind auch qualitative Größen für den Kundenwert bedeutsam (z. B. Multiplikatorwirkungen, Lernwirkungen,…). Wichtige Ansätze zur Ermittlung des Kundenwerts sind Kunden-Deckungsbeiträge, Recency-Frequency-Monetary-Value-Scoringmodelle oder Customer-Lifetime-Value-Berechnungen. Ein Tracking des Kundenwerts ist empfehlenswert, um mittelfristige Veränderungen zu erkennen bzw. zu bewerten, ob sich Direktmarketing-Maßnahmen positiv auf die Entwicklung von Kundenwerten auswirken. Ebenso kann der Kundenwert herangezogen werden, um zu entscheiden, auf welche Kunden Maßnahmen zu fokussieren sind oder bei welchen Kundenwertgruppen „günstige" oder „kostenintensive" Maßnahmen rentabel sind, etc.

Responsewerte Mehrfach angesprochen war bereits die besondere Bedeutung der Response-Werte für Maßnahmen des Dialogmarketings. Hinzuzufügen ist an dieser Stelle: Sowohl auf Plan- wie auch auf Ist-Ebene sollten die Besonderheiten des Response-Verhaltens im Zeitablauf angemessen berücksichtigt werden. So folgen die Response-Quoten, also beispielsweise die Anzahl der Reagierer im Verhältnis zur Gesamtzahl der Adressaten einer Mailing-Aktion, typischen *Response-Kurven*, wobei die konkreten Verläufe wie auch die absolute Höhe der Quoten vom Medium abhängig sind. In den beispielhaften Kurven in Abb. 15 unterscheiden sich daher die Verläufe für TV, Brief und E-Mail in der zeitlichen Entwicklung. Hinsichtlich der absoluten Höhe von Response-Quoten zeigen die Erfahrungen, dass von typischen Größenordnungen für bestimmte Maßnahmen auszugehen ist. Zum Beispiel sind die Quoten von Zeitungsbeilagen i. d. R. geringer als die von Mailings mit angemieteten Fremdadressen, diese wiederum geringer als Mailings an bestehende Bestkunden, etc.

Zur *Optimierung des Response-Verhaltens* bei Printmaßnahmen besteht ein wichtiger Zugang darin, nach ersten Erfahrungen bei nachfolgenden Aktionen nur jene

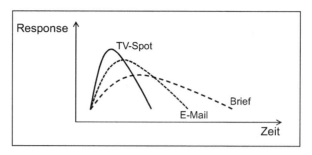

Abb. 15 Response-Verläufe. (Quelle: In Anlehnung an Vögele 2002; El Himer et al. 2001)

Zielpersonen und Medien mit den höchsten Response-Quoten zu selektieren. Diese Optimierung führt dazu, dass sich notwendige Auflagen und damit Kosten senken lassen. Produziert beispielsweise ein Mailing an eine Standardselektion von Adressen eine Response-Quote von 1,5 % und ist bekannt, dass die Adressen mit dem höchsten Scoring-Wert eine Response von 4,5 % erreichen, kann die gleiche Anzahl von Reagieren mit überschlägig lediglich einem Drittel der Adressen erreicht werden – mit entsprechenden Kostenwirkungen.

Bei Online-Maßnahmen greift man dafür auf die kontinuierliche Optimierung von für die Conversion-Rate relevanten Faktoren zurück. Dabei sind auch A/B-Tests und multivariates Testing von hoher Bedeutung. Nur vollständigkeitshalber sei hier angemerkt, dass sich der Einsatz von *Wirkungstests* bei allen Dialogmarketingmaßnahmen in hohem Maße anbietet. Gerade im Dialogmarketing sind aufgrund der direkten und problemlosen Auswertbarkeit der Aktionen Tests sehr gut möglich. Dies setzt jedoch voraus, dass bei Maßnahmen eine systematische Variation von Parametern erfolgt (z. B. nach Zeitpunkt, Gestaltungselemente, Medien …), um Leistungswerte, speziell zu vergleichen bzw. statistisch zu testen. Je mehr Varianten dabei getestet werden, desto exaktere Anpassungen sind möglich.

9 Fazit

Mediaplanung ist ein wichtiges Feld innerhalb des Marketings und eine bedeutsame betriebswirtschaftliche Aufgabe. Bei der Gestaltung von Dialogmarketingkampagnen stellt die Mediaplanung sicher, dass die Werbebotschaften über die richtigen Werbeträger und geeignete Zeitpunkte und Situationen die Zielgruppen erreichen. Wie gezeigt, bestehen vor dem Hintergrund der Ziele des Dialogmarketings einige besondere Anforderungen. In diesem Zusammenhang ist es essenziell, zunächst grundlegende Planungsprinzipien zu verstehen. Andererseits erscheinen überkommene Konzepte der Mediaplanung zum Teil nicht mehr ganz zeitgemäß (Hofsäss und Engel 2017), weil digitalisierte Kommunikation neue Wege geht. Aktuell ist die Mediaplanung damit großem Veränderungsdruck ausgesetzt, denn die Digitalisierung verändert Kommunikation (dazu Redler 2019b) und Mediennutzung. Die Konzepte der Mediaplanung sind dabei, ihren Platz zwischen einer „alten" Werbewelt und einer „neuen" digitalen Welt neu auszuloten. Nicht nur deswegen wird es in der Mediaplanung zu immer differenzierteren Ansätzen kommen.

Literatur

Belanche, D., Flavián, C., & Pérez-Rueda, A. (2017). Understanding interactive online advertising: Congruence and product involvement in highly and lowly arousing, skippable video ads. *Journal of Interactive Marketing, 37*, 75–88.
Bruhn, M. (2012). *Kommunikationspolitik*. München: Vahlen.
Busch, R., Fuchs, W., & Unger, F. (2008). *Integriertes marketing*. Wiesbaden: Gabler.
El Himer, K., Klem, C., & Mock, P. (2001). *Marketing intelligence*. Bonn: Galileo Press.
Fischer, J. (1989). *Qualitative Ziele in der Unternehmensplanung*. Berlin: Erich Schmidt.
Hahn, D. (1996). *PuK – Controllingkonzepte*. Wiesbaden: Gabler.
Hofsäss, M., & Engel, D. (2017). Mediaplanung. In J. Krone & T. Pellegrine (Hrsg.), *Handbuch Medienökonomie*. Berlin: Springer Reference. https://doi.org/10.1007/978-3-658-09632-8_26-1.
Holland, H. (2009). *Direktmarketing*. München: Vahlen.
Koschnick, W. J. (1998). *Mediaplanung – Grundlagen, Strategien, Praxis*. Neuwied: Focus.
Kreutzer, R. T. (2009). *Praxisorientiertes Dialog-Marketing*. Wiesbaden: Gabler.
Lemon, K. N., & Verhoef, P. C. (2016). Understanding customer experience throughout the customer journey. *Journal of Marketing, 80*(6), 69–96.
Lovett, M. J., & Staelin, R. (2016). The role of paid, earned, and owned media in building entertainment brands: Reminding, informing, and enhancing enjoyment. *Marketing Science, 35*(1), 142–157.
Meinert, M. (1997). Mikrogeografische Marktsegmentierung – Theorie und Praxis. In H. Dallmer (Hrsg.), *Handbuch Direct Marketing* (S. 451–466). Wiesbaden: Gabler.
Miralles-Pechuán, L., Ponce, H., & Martínez-Villaseñor, L. (2018). A novel methodologyfor optimizing display advertising campaigns using genetic algorithms. *Electronic Commerce Research and Applications, 27*, 39–51.
Palos-Sanchez, P., Saura, J. R., & Martin-Velicia, F. (2019). A study of the effects of programmatic advertising on users' concerns about privacy overtime. *Journal of Business Research, 96*, 61–72.
Redler, J. (2019). *Grundzüge des Marketing*. Berlin: Berliner Wissenschaftsverlag.
Redler, J. (2019b). Die digitale Transformation der Markenkommunikation verstehen, einordnen und nutzen. In F.-R. Esch, T. Tomczak, J. Kernstock, T. Langner & J. Redler (Hrsg.), *Corporate Brand Management* (S. 521–560). Wiesbaden: Springer Gabler.
Roberts, M., & Berger, P. (1999). *Direct marketing management*. Upper Saddle River: Prentice Hall.
Schweiger, G., & Schrattenecker, G. (2013). *Werbung: Eine Einführung*. Konstanz: UTB.
Unger, F., Fuchs, W., & Michel, B. (2013). *Mediaplanung*. Berlin: Springer.
Vögele, S. (2002). *Dialogmethode*. Landsberg am Lech: moderne industrie.
Wirtz, B. (2005). *Integriertes Direktmarketing*. Wiesbaden: Gabler.

E-Mail-Marketing

Torsten Schwarz

Inhalt

1. Ziele klar definieren 442
2. Der perfekte Mix 443
3. E-Mail-Marketing nur mit Einwilligung 447
4. Wer liest überhaupt die ganzen Newsletter? 449
5. Aus der Sicht des Lesers gestalten 451
6. Professioneller Versand ist heute Standard 453
7. Integration in den Kommunikationsmix 454
8. Erfolg ist messbar 455
9. Kriterien für die Agenturauswahl 457
10. Ausblick 458
Literatur 462

Zusammenfassung

Seit Beginn des Internetzeitalters kommunizieren die Nutzer dort am liebsten via E-Mail. Immer wieder totgesagt, überlebt sie alle vermeintlichen Todesstöße. Weder Spam noch RSS, Blogs, Social Web oder Whatsapp konnten ihrem Erfolg etwas anhaben. Als Marketinginstrument erlebt die E-Mail derzeit ein kaum da gewesenes Revival. Die Vorteile sind vielfältig: Elektronische Mailings sparen viel Material und Kosten im Vergleich zum Brief. Eine Kombination vieler Kanäle erhöht die Frequenz, mit der Sie Kontakt zu Ihren Kunden aufnehmen können. Kundenbindung ist über E-Mail besonders gut möglich. Wenn Sie sich das Modethema Content Marketing zu eigen machen, punkten Sie vor allem beim E-Mail-Marketing: Nur relevante Inhalte sind dort schon immer der Garant für hohe Öffnungsraten – und für die Weiterempfehlung. Auch Suchmaschinen honorieren solche Veröffentlichungen.

T. Schwarz (✉)
Absolit Consulting, Waghäusel, Deutschland
E-Mail: schwarz@absolit.de

So einfach E-Mail-Marketing auch einsetzbar scheint – man kann dabei viele Fehler machen. Sie schaden dem Ruf des Unternehmens und bringen den Verlust wertvoller Kundenadressen mit sich. Nicht zuletzt werden die rechtlichen Grenzen von Mailings immer enger gesetzt. Es kommt also darauf an, eine klare Zielsetzung mit den E-Mails zu verfolgen, sie sinnvoll in den Marketing-Mix zu integrieren und viel Sorgfalt auf die Adressen zu verwenden. Die inhaltliche, optische und technische Gestaltung des Newsletters sollte so leserfreundlich wie möglich sein, denn nur dann sind die Öffnungs- und Klickraten hoch. Das Leseverhalten von Newsletter-Empfängern ist gut erforscht und bietet wichtige Hinweise – vom Überblick für Schnellleser bis zur Bedeutung von Links. Nicht zuletzt ist die richtige Software eines professionellen Dienstleisters entscheidend für erfolgreiches E-Mail-Marketing.

Die E-Mail profitiert nicht zuletzt davon, dass immer mehr Nutzer vom PC zum Smartphone wechseln. Die wichtigste Nutzungsart von Smartphones ist derzeit der Abruf von E-Mails. Auch in Zukunft wird E-Mail-Marketing deshalb ein erfolgreicher Weg im B2C und B2B sein.

Schlüsselwörter

E-Mail-Marketing · Marketing-Automation · Content-Marketing · Lead-Generierung · Newsletter

1 Ziele klar definieren

▶ Setzen Sie klare Ziele, bevor Sie durchstarten. Durch den Einsatz der E-Mail-Kommunikation mit Kunden und Interessenten lassen sich eine Reihe von Unternehmenszielen unterstützen. Ob Kosteneinsparung oder Marktforschung – hier finden Sie Anregungen.

1.1 Image verbessern, Branding

So wie die Homepage gehört heute auch der eigene Newsletter zum guten Ton. Anders als bei Kundenzeitungen ist jedoch die Aufmachung nicht so wichtig wie die relevanten *Inhalte*. Das schönste Layout bringt keinen Imagegewinn, wenn die meisten Abonnenten nach drei Ausgaben abbestellen, weil die Inhalte uninteressant sind.

1.2 Mailing-Kosten sparen

Einer der wichtigsten Gründe, ins E-Mail-Marketing einzusteigen, sind die niedrigen *Versandkosten*. Porto-, Papier- und Druckkosten entfallen weitgehend. Sie können durch die Kombination von Brief und E-Mail die Kontaktfrequenz insgesamt erhöhen. Ganz auf den Brief zu verzichten ist nicht ratsam. Die Frequenz von Brief-Mailings kann jedoch beim gleichzeitigen Versenden von E-Mails gesenkt und damit Kosten gespart werden.

1.3 Kundenkontakt intensivieren

E-Mails sind ein zusätzlicher Kanal, über den Sie Ihren Kunden Informationen zukommen lassen können. Vergewissern Sie sich aber vorher, ob Ihre Kunden diesen intensiven *Kontakt* wünschen, damit der Schuss nicht nach hinten losgeht. Bauen Sie Vertrauen auf und schaffen Sie Kundennutzen durch individuelle Angebote. E-Mails sind ein sehr direktes Medium, mit dem Sie menschliche Nähe zeigen können. Durch gute Informationen werden Sie wertvoller für Ihre Kunden und bauen Vertrauen auf.

2 Der perfekte Mix

▶ Momentan sorgen Künstliche Intelligenz und Marketing Automation für ein großes Revival des E-Mail-Kanals im Marketing. Die Kunst ist es jedoch, die Klaviatur des Online-Marketings geschickt und umfassend zu spielen – und auf einen für die Zielgruppe und das eigene Produkt passenden Mix der Kanäle zu setzen.

2.1 E-Mail-Marketing kommt gleich nach der Homepage

Auf die Frage, welche Kommunikationsinstrumente sie einsetzen, antworten die meisten Unternehmen mit E-Mail, Social Media und Suchmaschinen (vgl. Schwarz und Vakhnenko 2020). Inzwischen haben fast alle Unternehmen erkannt, dass ihre Kunden und Interessenten eine *Webpräsenz* erwarten. Wird man im Web nicht gefunden, schwindet das Interesse am Unternehmen schnell. Die Homepage hat das Ziel, Interessenten in Kunden zu verwandeln. Und auch Kunden wollen ihr Unternehmen im Web finden und sich dort weiter informieren.

Bereits bestehende Kunden wollen jedoch nicht nur über die Homepage mit Informationen versorgt werden. Hier ist die E-Mail entscheidend, um Kunden längerfristig an das Unternehmen zu binden. Bei den in der oben zitierten Studie befragten, online-affinen Unternehmen sind E-Mails mittlerweile Standard (Abb. 1).

2.2 Wer in Suchmaschinen nicht oben steht, hat verloren

Wer auf seiner Homepage das kleine Einmaleins der *Suchmaschinen-Optimierung* missachtet, darf sich nicht wundern, wenn Neukunden beim Mitbewerber landen. Oft steht statt des Firmennamens „Willkommen" in der Titelzeile. Oder die Über-

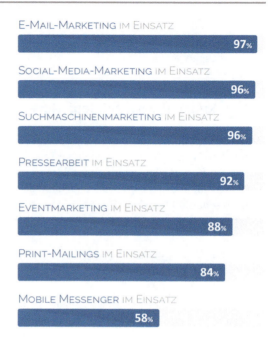

Abb. 1 Einsatz unterschiedlicher Marketinginstrumente in Unternehmen, $n = 923$. (Quelle: Schwarz und Vakhnenko 2020, S. 23)

schrift ist nicht definiert. Oder Dateinamen haben Nummern anstatt generischer Begriffe. Die Liste der Fehler ist lang.

Auch kennen viele Unternehmen die neuen Targeting – Möglichkeiten von Text – anzeigen nicht. Insbesondere die regionale Suche bietet neue Möglichkeiten. Aber auch hier gilt: Besucher über Suchmaschinen auf die eigene Seite zu lotsen, ist nur ein Teil der Aufgabe. Viel wichtiger ist es, auf der Landing Page den Interessenten zu einer Aktion zu bewegen. Das kann ein Verkauf sein, ist aber oft erst einmal die Registrierung, das heißt die Lead-Generierung.

2.3 „Content is King"

Interessant ist, dass viele Unternehmen die Bedeutung von relevanten Inhalten erkannt haben. Im Kern geht es um weit mehr als nur darum, in Zeitschriften abgedruckt zu werden: Unternehmen lernen, nicht mehr nur flotte Werbesprüche zu kreieren, sondern endlich einmal Klartext zu reden – sogenannten *Content* anzubieten. Da werden in sachlicher Form Fallstudien beschrieben oder Hintergründe erläutert. Wer nutzwertige Texte schreibt, wird nicht nur von der Presse geliebt. Auch Suchmaschinen honorieren solche Veröffentlichungen. Denn: Wer auf seiner Homepage Informationen statt Werbung hat, auf den wird gerne verlinkt. Und wer mehr Links hat, erscheint in Suchmaschinen weiter vorne.

Abb. 2 Mit diesen Themen beschäftigen sich Unternehmen, $n = 923$. (Quelle: Schwarz und Vakhnenko 2020, S. 23)

Für E-Mail-Marketer ist das Modethema *Content-Marketing* ein alter Hut. Nur relevante Inhalte sind in E-Mails schon immer der Garant für hohe Öffnungsraten. Seit Red Bull Felix Baumgartner ins All schickte und Edeka mit seinem Werbespot #heimkommen reüssierte, ist Content Marketing nun in aller Munde. Generell gilt die gute alte Regel aus den Neunzigern: „Content is King". Relevante Inhalte werden auch gerne im Social Web weiterempfohlen und erzeugen so den erhofften viralen Effekt. Relevante E-Mails werden angeklickt und vielleicht sogar weitergeleitet. Relevante Inhalte werden von Google mit Top-Positionen belohnt (Abb. 2).

2.3.1 Was ist relevanter Content?

Relevant ist das, was die Zielgruppe bewegt. Je mehr Kompetenz ein Unternehmen aus der Sicht der Nutzer hat, desto relevanter ist sein Content. Red Bull hat sich schon lange als abenteuerlustig und sportbegeistert positioniert. Allein Felix Baumgartners Sprung aus dem All im Oktober 2012 hatte als Sponsoring-Aktion einen Werbewert von vier bis sechs Milliarden Euro. Weitere Beispiele sind die Player Escort von McDonalds oder der Audi-Cup. Dove erzählt von Frauen, die sich nicht dem Diktat der Model-Welt unterwerfen wollen. Schwarzkopf informiert auf seiner Website über Haarpflege, anstatt seine Produktpalette auszustellen.

Einige Unternehmen wählen das Format des Weblogs, um ihre *inhaltliche Kompetenz* zu untermauern. Metro-Genussblog.de beispielsweise zeigt die Welt hinter dem Großhändler. Conrad.at erläutert in seinem Blog Technik-Gadgets. Wer durch nützliche Inhalte auffallen will, sollte also sein Wissen großzügig teilen und Kunden Informationen mit praktischen Tipps, Identifikationsmöglichkeit oder Unterhaltungswert bieten.

Formate für interessante Inhalte
Wichtig ist, dass gute Inhalte auf verschiedenen Kanälen und in verschiedenen Formaten gestreut werden. E-Mail und Social Web wurden bereits genannt, es gibt aber noch mehr:

- *Webseite*: Wie Schwarzkopf Lösungen statt Produkte präsentiert.
- *Blog*: Persönlich gehaltene Hintergrundinformationen. Interna aus dem Unternehmen.
- *Videos* : Nicht umsonst hat Red Bull seinen eigenen Sender Servus TV. Pflicht ist auch der eigene YouTube-Kanal: http://www.youtube.com/user/ServusTV.
- *Kundenzeitung*: Leider verschläft die Corporate-Publishing-Szene den Trend. Red Bull macht sein Kundenmagazin Red Bulletin selbst.
- *White Paper*: Hochwertige Inhalte, anspruchsvoll präsentiert, sind ein wirkungsvolles Mittel um Leads zu generieren: Wer das White Paper downloaden will, muss sich registrieren.
- *Webinare*: Wie White Paper ein bewährter Weg der Adressgewinnung; für die Anmeldung zum Webinar muss sich der Teilnehmer registrieren.
- *E-Books*: Ähnlich wie White Paper, aber meist sehr viel umfangreicher sind E-Books.
- *Fallstudie*: Wer erfolgreiche Kundenprojekte detailliert dokumentiert, gewinnt die Aufmerksamkeit der Zielgruppe.
- *Anleitung*: Oft sind es konkrete Hilfestellungen, die gerne weiterempfohlen werden. z. B. gibt Eberlebau-Landau.de einen Schimmelratgeber heraus.
- *Infografiken*: Wer Fakten anschaulich vermittelt und visualisiert, kann sich über Verbreitung freuen. Hier gibt es Millionen von Infografiken zu allen Themen: http://pinterest.com/search/pins/?q=infografics.
- *Slideshow*: In einer Powerpoint-Präsentation steckt oft viel Arbeit. Machen Sie sie öffentlich – es stärkt Ihre Reputation.
- *Interviews*: Nicht ganz einfach, aber erlernbar: Führen Sie Interviews mit Experten Ihrer Branche und publizieren Sie diese auf Ihrer Webseite, im Newsletter, auf YouTube und Facebook.
- *Roadshow, Hausmesse*: Laden Sie Referenten ein und bieten Sie Ihren Kunden und Interessenten einen anregenden Tag voller Informationen. Die Einladung dient auch der Lead-Generierung.
- Erarbeiten Sie wertvolle Inhalte in Form von Themensammlungen, Top-Listen, Linksammlungen oder einfach in Form eines Fachartikels.

2.3.2 Lead-Generierung ist das Ziel
All diese Formate mit Inhalten haben nur ein Ziel: Dass sich Interessenten das Material downloaden und sich dafür im Gegenzug mit ihrer E-Mail-Adresse registrieren. Das Unternehmen erhält so die *Einwilligung* des Empfängers (Abb. 3).

E-Mail-Marketing 447

Abb. 3 Lead-Generierung mit Webinar oder White Paper. (Quelle: Eigene Darstellung)

3 E-Mail-Marketing nur mit Einwilligung

▶ E-Mail ist das effizienteste Tool, um die eigene Zielgruppe direkt anzusprechen. Wohlgemerkt: Es ist hier nicht die Rede von Spam oder halblegalen Werbemails. Vielmehr geht es um *E-Mail-Marketing*, bei dem ein Empfänger klipp und klar gesagt hat: „Ja, ich möchte von diesem Unternehmen regelmäßig Informationen per E-Mail empfangen." Nicht, dass all diese E-Mails gelesen werden – wer macht das schon? Zumindest die Betreffzeile wird aber wahrgenommen und ein weiterer Teil der Empfänger hat gerade die Zeit, sich die E-Mail auch durchzulesen. In einer US-Umfrage haben die meisten Befragten die Aussage angekreuzt: „Ich finde es in Ordnung, E-Mails zu erhalten, wenn ich mich bei dem Unternehmen vorher dafür registriert habe. Auch wenn ich nicht alle Mails lese, so ist es doch gut zu wissen, dass ich die Mails habe, wenn ich dazu komme, sie zu lesen." (Epsilon, 2009, S. 11).

3.1 Wann ist ein Spam ein Spam?

Im Wesentlichen existieren drei Formen des „E-Mail-Marketing":

1. *Spam*: Versender verstoßen bewusst und vorsätzlich gegen geltendes Recht und versenden illegale E-Mails an Empfänger, deren Adresse in einer Adressliste

gelandet ist. Die E-Mails enthalten kein Impressum und es ist auch keine Adresse zu ermitteln, an die eine Unterlassungserklärung geschickt werden könnte.
2. *Nichtangeforderte E-Mail-Werbung*: Unternehmen kennen die Rechtslage nicht oder riskieren bewusst Abmahnungen, indem sie E-Mails ohne Einwilligung des Adressaten versenden. Meist genügt es, per Antwort-Mail um das Streichen aus dem Adressverteiler zu bitten.
3. *„Seriöse" E-Mails*: Dabei hat der Empfänger mehr oder weniger bewusst dem Versand zugestimmt. Die E-Mails enthalten einen Abmeldelink, der im Normalfall auch ohne komplizierte Prozedur funktioniert. Ausnahmen gibt es allerdings leider noch viele.

3.2 Permission statt Freibrief

Nur von dem dritten Weg ist die Rede, wenn in Deutschland von E-Mail-Marketing gesprochen wird. Aber genau dort fängt das nächste Problem an: Viele Marketingleiter glauben, mit der *Permission* einen Freibrief zu haben. Weil es so einfach ist, wird „munter drauflos" gemailt. Am besten alles möglichst oft an den gesamten Verteiler. Und es funktioniert: Wer den gleichen Newsletter mit leicht geänderter Betreffzeile eine Woche später nochmal versendet, hat fast keine Mehrkosten, dafür aber zwanzig Prozent Umsatzsteigerung. Steckt das Unternehmen nicht einen ganzen Arbeitstag in die Erstellung einer E-Mail-Kampagne, sondern nur eine Stunde, führt es trotzdem nur zu zwanzig Prozent weniger Umsatz. Klassische A/B-Tests beweisen: Wer mit möglichst wenig Aufwand möglichst viele E-Mails produziert, erhöht den Umsatz erheblich. Welche Schäden dabei langfristig entstehen, wird meist verdrängt.

3.3 Ist der Ruf erst ruiniert ...

Wer zu viel verschickt, verbrennt seine Adressen. Diese Kehrseite der Medaille wird leider viel zu selten analysiert: Wie entwickelt sich der gesamte E-Mail-Verteiler? Steigen die Abmelderaten? Haben sich interessante Kunden längst abgemeldet und stehen nur noch diejenigen mit viel Zeit und wenig Geld noch auf der Liste? Sind die Empfänger längst dazu übergegangen, schon beim Anblick des Absendernamens die E-Mail ungelesen zu löschen? Wer sich einmal den Ruf als Absender relevanter Informationen ruiniert hat, dem hilft irgendwann auch kein Adressgenerierungsprogramm mehr. Es sind übrigens diese Unternehmen, die sagen, dass E-Mails nicht funktionieren.

3.4 Richtiges E-Mail-Marketing lohnt sich

Dabei funktioniert E-Mail sehr wohl, wenn man es richtig macht. Von den 5000 wichtigsten deutschsprachigen Unternehmen setzen zwar 95 Prozent E-Mail-Marketing ein, aber nur 20 Prozent versenden eine Begrüßungsmail (vgl. Schwarz und Vakhnenko 2019). Hier weitere Ergebnisse der Analyse:

95 Prozent der Unternehmen setzen E-Mail-Marketing ein.
85 Prozent der Unternehmen haben einen Newsletter.
70 Prozent der Unternehmen nutzen die Website zur Leadgenerierung.
60 Prozent der Unternehmen arbeiten mit professionellen Versandsystemen.
50 Prozent der Unternehmen versenden über zertifizierte Mailserver.
53 Prozent der Unternehmen fragen bei der Registrierung nach Namen.
46 Prozent der Unternehmen personalisieren ihre E-Mails.
20 Prozent der Unternehmen begrüßen neue Empfänger.

E-Mail-Marketing liegt mit einem *ROI* von 42 einsam an der Spitze der effizientesten Direktmarkeing-Instrumente (Direct Marketing Association 2011, S. 14). Zum Vergleich: Klassische Print-Mailings liegen bei sieben. Wer also einen Euro in eine Printkampagne investiert, erreicht damit im Schnitt sieben Euro Umsatz. Aber Vorsicht: Dieser Wert sinkt, je mehr Unternehmen die Vorteile des E-Mail-Marketings für sich entdecken. Der Wettbewerb in der Inbox wird härter: Da immer mehr E-Mails versendet werden, sinkt die Öffnungsrate und damit der ROI.

4 Wer liest überhaupt die ganzen Newsletter?

▶ Bei E-Mail-Marketing muss zwischen zwei Dingen unterschieden werden: dem Newsletter und dem E-Mailing. Gutes E-Mail-Marketing braucht Zeit, um relevante Inhalte zu erstellen. Um als Versender einen möglichst hohen Sender-Score zu erreichen, ist es wichtig, E-Mails nur an Menschen zu schicken, die dem Empfang dieser E-Mails auch explizit zugestimmt haben. Darüber hinaus müssen die E-Mails auch interessante Inhalte haben.

4.1 Newsletter oder E-Mailing

Grundsätzlich muss bei E-Mail-Marketing zwischen zwei Dingen unterschieden werden: Am weitesten verbreitet ist der *Newsletter*. Er geht an einen großen Verteiler, ohne dass noch einmal nach Zielgruppen segmentiert wird. Damit trotzdem für jeden etwas Interessantes dabei ist, werden gleich mehrere Meldungen oder Angebote darin untergebracht.

Das *E-Mailing* dagegen besteht meist aus einer einzigen Botschaft, die jedoch nur an eine selektierte Zielgruppe geht, von der man annimmt, dass sie sich dafür interessiert. Das Dilemma am E-Mail-Marketing: Wenn E-Mails nicht relevant sind, werden sie nicht gelesen. Wer dreimal etwas Langweiliges schreibt, der ist als Absender „gestorben". Unbewusst merken sich Postfachbesitzer, welcher Absender ihnen interessante Mails sendet und wen man ungelesen löschen kann.

4.2 Newsletter werden wahrgenommen

Selbst wenn Sie einen wunderbaren Newsletter schreiben: Natürlich wird nicht alles gelesen, was da täglich in den Posteingang gespült wird. Die Zahlen sprechen jedoch eine klare Sprache: Jeder dritte Newsletter wird gelesen. Nutzer sind aber trotzdem extrem selektiv. Wenn der Absender nur sehr selten wirklich Relevantes schickt, ist der Löschen-Knopf blitzschnell gedrückt.

Oft aber reicht es auch schon, dass ein Interessent den Markennamen und die Betreffzeile wahrgenommen hat, um eine messbare Umsatzsteigerung zu verzeichnen. Ungelesen wird nämlich keine E-Mail gelöscht: Absender und meist auch Betreff werden immer gelesen. Der gröbste Fehler ist daher, als Absender „Unser Newsletter" und als Betreff „September-Newsletter" zu wählen. Es gibt noch genug E-Mails, die in der Betreffzeile nicht sagen, worum es konkret geht.

4.3 Keine Schnellschüsse

E-Mail-Marketing fristet leider noch zu oft ein Schattendasein. Viele meinen, was nichts kostet, sei nichts wert. Da werden im Eiltempo ein paar Infos zusammengeschrieben und als „Newsletter" verschickt – und dann wundert man sich, dass die Klickraten so niedrig sind.

Gutes E-Mail-Marketing braucht Zeit. Wer seinen Mitarbeitern nicht genügend Zeit für die Erstellung relevanter Inhalte zubilligt, darf sich nicht beschweren, wenn keiner die E-Mails liest und die Öffnungsraten in den Keller rutschen.

4.4 Relevanz ist der wichtigste Trend

Das Geheimnis guter E-Mails ist wie oben schon erwähnt: *Relevanz, Relevanz, Relevanz*. Wer seine Zielgruppe kennt, weiß was sie interessiert. Und genau das ist Inhalt der E-Mails. Mehr Geheimnisse erfolgreicher Newsletter gibt es nicht. Und Vorsicht bei Spam-Filtern: Nicht nur Googlemail und das neue Outlook.com setzen auf den sortierten Posteingang. Wenn nur wenige Prozent des Verteilers sich für Ihren Newsletter interessieren, wird er wegsortiert. Facebook macht das übrigens genauso: Nur was interessant ist, wird angezeigt. Absender bekommen einen Sender-Score zugewiesen: Wer interessant ist, kann auf „Gnade" hoffen, alle anderen werden weggefiltert.

Wer mit seinen E-Mails Spam-Beschwerden produziert, landet gleich auf der schwarzen Liste. Wie erreicht man als Versender also einen möglichst hohen *Sender-Score*, damit die E-Mails nicht gleich im Müll landen? Zunächst einmal, indem man E-Mails nur an Menschen schickt, die dem Empfang dieser E-Mails auch explizit zugestimmt haben. Aber allein mit der Einwilligung ist es noch nicht getan. Die E-Mails müssen auch interessante Inhalte haben. Und das kann man messen, indem man genau beobachtet, welche Inhalte und welche Themen von den Empfängern angeklickt werden. Davon gibt es dann mehr. Alles, was nicht angeklickt wird, fliegt in Zukunft raus. So werden nachhaltig hohe Klickraten erreicht.

4.5 Ohne Reputation läuft nichts

Die Zeiten, in denen Serien-E-Mails noch unbeschadet vom eigenen Mailserver versandt wurden, sind vorbei. Das wichtigste Kriterium für Spam-Filter ist der versendende *Mailserver*. Unternehmen müssen beweisen, dass sie seriös sind. Mit der „Certified Senders Alliance (CSA)" gibt es eine einheitliche Zertifizierung seriöser Versender. Die vom Verband der deutschen Internetwirtschaft eco sowie dem Deutschen Dialogmarketing Verband e. V. (DDV) ins Leben gerufene Initiative zertifiziert ihre Mitglieder und garantiert, dass E-Mails bei gängigen Internet Service Providern und Webmailern zugestellt werden. Fast alle E-Mail-Dienstleister sind in der CSA. Für Unternehmen selbst lohnt sich der Aufwand meist nicht. Daher arbeiten die meisten mit zertifizierten Dienstleistern zusammen.

Wer weltweit versendet, sollte darauf achten, dass der Dienstleister Mitglied der „Return Path Certification" ist, dem weltweit größten Zertifizierungsprogramm. Eine weitere wichtige Institution ist die „Messaging Anti-Abuse Working Group (MAAWG)": Sie vereint die Messaging-Branche im Kampf gegen Spam, Viren und Phishing-Mails. Die MAAWG repräsentiert mehr als eine Milliarde Posteingänge von einigen der größten Netzwerkbetreiber der Welt.

Damit kein Missbrauch mit vertrauenswürdigen Adressen getrieben wird, wurde jüngst „Dmarc" gegründet. Mit dieser Initiative wollen Google, Yahoo, Microsoft, Facebook und Paypal die lästigen Phishing-Mails bekämpfen. Absender definieren dann selbst, über welche Mailserver ihre Domain E-Mails versendet. Diese Information wird beim Domain-Name-System (DNS) zentral hinterlegt. Sobald nun ein Spammer die renommierte Absender-Domain missbrauchen will, werden diese E-Mails – weil sie vom falschen Mailserver kommen – abgewiesen.

5 Aus der Sicht des Lesers gestalten

▶ Bei der Gestaltung von E-Mails gilt es zu beachten, dass die meisten Menschen wenig Zeit haben und entweder nur Absender und Betreff lesen oder die E-Mail blitzschnell überfliegen. Je einfacher, klarer und übersichtlicher der Newsletter gegliedert ist, desto höher die Wahrscheinlichkeit, dass etwas gelesen wird.

5.1 Immer an die Blitzschnell-Leser denken

Die meisten Menschen lesen aus Zeitmangel entweder nur Absender und Betreff oder überfliegen die Mail. Wenn also möglichst viele Menschen erreicht werden sollen, muss so geschrieben werden, dass Schnellleser das Wichtigste finden und die Gründlichen trotzdem genug inhaltliche Tiefe vorfinden. Dabei sind zunächst Absender und Betreff am wichtigsten.

Absender ist Ihr Unternehmen oder die Marke, in deren Aufbau Sie viel Herzblut gesteckt haben. Der Name soll es beim Empfänger „klingeln" lassen: „Ach ja, die haben doch immer etwas Interessantes für mich!" Im *Betreff* verraten Sie, was aus Lesersicht der wichtigste Grund dafür ist, diese E-Mail nicht wie so viele andere ungelesen zu löschen. Sie können testen, welcher Betreff besser „funktioniert". Nichts ist leichter, als vor dem eigentlichen Versand zwei Betreffzeile n mit jeweils einer kleinen Stichprobe zu testen: An zehn Prozent Ihres Verteiler senden Sie Betreffzeile A und an weitere zehn Prozent Betreffzeile B. Nach einer Stunde erhalten die verbleibenden 80 % die Betreffzeile, welche die höhere Öffnungsrate gebracht hat. Nach dem gleichen Prinzip können Sie auch zwei Bilder oder zwei Überschriften miteinander vergleichen. Nur dürfen Sie nicht mehrere Dinge gleichzeitig variieren. Manche Menschen schauen sich nur das *Vorschaufenster* in ihrem E-Mail-Programm an. Ist da kein Blickfänger sichtbar, wird direkt gelöscht. Machen Sie die hübsche Kopfzeile ruhig ein wenig schmaler, damit noch Platz bleibt für ein Inhaltsverzeichnis oder ein nettes Anschreiben.

Die Meldung, die in einem Newsletter ganz oben steht, erhält die meisten Klicks. Daher sollte immer die wichtigste Meldung ganz oben stehen. Schnellleser übersehen sonst das Wichtigste.

5.2   Inhalte sollen bequem zügig gelesen werden können

Lesen heißt nicht, dass alles gelesen wird. Stattdessen überfliegen die Augen die Inhalte und suchen nach interessanten Punkten. Je einfacher, klarer und übersichtlicher Ihr Newsletter gegliedert ist, desto höher die Wahrscheinlichkeit, dass etwas gelesen wird. Am besten steht das Wichtigste auch ganz vorne. Nichts ist zeitraubender, als Ostereier zu suchen: Wer in E-Mails die interessanten Dinge erst mühsam zusammensuchen muss, verliert schnell die Lust. Zu jeder E-Mail gehört auch ein *Anschreiben*. Aber bitte nicht in epischer Länge, sondern als Dreizeiler. Das klingt hart, aber E-Mails werden nun einmal schnell gelesen. In wenigen Zeilen geben Sie der E-Mail ein persönliche Note: Persönliche Anrede und Ihr Name darunter – wenn Sie möchten, auch mit Unterschrift und Bild. Das *Inhaltsverzeichnis* ist für all diejenigen, die schnell mal sehen wollen, ob für sie etwas Interessantes dabei ist. Links mit Sprungmarken zu hinterlegen ist sinnvoll: Leser kommen so direkt an die richtige Stelle.

Bilder sind dann sinnvoll, wenn sie dabei helfen, die schnelle Informationsaufnahme zu unterstützen. Das Bild sollte dann auch die Kernaussage unterstützen oder ein für den Leser wichtiges Produktdetail zeigen. Sagen Sie das, was ein interessierter Leser wissen will. Die einzelnen Meldungen sollten in einem *„Teaser-Text"* mit den wichtigsten Informationen kurz angerissen werden. Wer mehr wissen will, klickt. Vermeiden Sie, dass jemand erst nach dem Klicken merkt, dass es gar nicht das ist, was er erwartet hat.

5.3   Leser suchen relevante Inhalte

Es kann nicht oft genug betont werden: Eine kontinuierlich hohe Klickrate erhalten Sie nur dann, wenn Ihre Leser die berechtigte Erwartung haben, dass die E-Mail für

E-Mail-Marketing

sie interessant ist. Das erreichen Sie nur, indem Sie regelmäßig etwas bringen, was für die Leser von Nutzen ist. Die wahren Kosten eines guten Newsletters sind deshalb nicht die Versand- oder Software-Kosten, sondern die benötigte Arbeitszeit, um ihn in Ruhe und gründlich vorzubereiten.

5.4 Leser wollen Links

Das Beste am E-Mail-Marketing sind die *Hyperlinks*. Leser werden von Details verschont, sodass die gesamte E-Mail kürzer und ansprechender ist. Wer sich jedoch für ein Thema oder ein Produkt interessiert, findet sämtliche Details und Zusatzinformationen per Mausklick. Und das Beste: Sie können auswerten, welche Hyperlinks am häufigsten angeklickt wurden. So wissen Sie, welche Themen am besten ankommen.

Nicht nur das letzte Wort im Teaser-Text einer Meldung sollte verlinkt sein. Alle wichtigen Elemente, an denen das Auge hängen bleibt, sollten anklickbar sein, also auch die Überschrift und ein eventuell gezeigtes Produktfoto.

6 Professioneller Versand ist heute Standard

▶ Noch immer glauben manche Unternehmen, Serien-E-Mails mit hauseigenen Systemen versenden zu können. Aber neben den CSA-zertifizierten Versandservern gibt es noch einiges mehr, was für professionelle Versand-Tools spricht. Hier sind die wichtigsten Punkte, die in einer aktuellen Studie über E-Mail-Marketing-Software analysiert wurden (Absolit 2012, S. 124–129).

6.1 Usability

Hand aufs Herz: Macht es Spaß, mit Ihrem System fix mal ein E-Mailing zu erstellen und zu versenden? Oder ist es ein stundenlanger Horrortrip? Die *Usability*, also die einfache Nutzbarkeit der Software, ist ein wichtiger Faktor. Im Videomitschnitt der 14 Systeme, die beim Testversand, dem sogenannten Software-Shootout, auf der Email-Expo getestet wurden, können Sie live erleben, wie die Arbeitsschritte in verschiedenen Systemen aussehen (www.live-shootout.de).

6.2 Datenschutz

Das Schöne an Profi-Tools ist, dass man seine Zielgruppen besser kennenlernt: Welche Angebote werden von welchen Zielgruppen bevorzugt angeklickt? Aber Vorsicht: Dabei werden Nutzerdaten erhoben, die nicht mit dem einzelnen Nutzer zusammengeführt werden dürfen. Wenn Ihr System erlaubt, alle E-Mail-Adressen derjenigen anzuzeigen, die auf den Link mit den nackten Männern geklickt haben, dann sollten Sie das nicht Ihrem Datenschutzbeauftragten verraten.

6.3 Auswertung

Es gibt auch das Gegenteil: Ihr System kann überhaupt nicht feststellen, welche Zielgruppen auf welche Links klicken. Das ist schade. Denn damit verpassen Sie die Chance, aus jedem Mailing wieder etwas mehr über Ihre Kunden zu lernen.

6.4 Schnittstellen

Jetzt kommt ein Tipp für Profis: Machen Sie sich das Leben leichter, indem Sie den Datenaustausch mit dem CRM-System mit einer *Standardschnittstelle* automatisieren. Auch die Inhalte können Sie bequem aus dem CMS (Content-Management-System) oder dem Online-Shop importieren. Schauen Sie, ob Ihr System solche Schnittstellen anbietet. Immer mehr Systeme erlauben auch die Visualisierung komplexer Follow-Up-Kampagnen – und natürlich das bequeme Einrichten regelbasierter Transaktions- oder Triggermails.

7 Integration in den Kommunikationsmix

▶ Bei aller Begeisterung für E-Mails – es darf natürlich nicht der einzige Kanal der Kundenansprache sein. Es gibt viele Kanäle, um Kunden und Interessenten direkt anzusprechen. Welche Marketinginstrumente setzen Sie dabei wie ein? E-Mail ist grundsätzlich kein Medium, das bestehende Instrumente ersetzt, sondern eher eines, das sinnvoll ergänzen kann. Sie erreichen damit eine Steigerung der Kontaktfrequenz, ohne dass gleichzeitig Ihre Kosten erheblich steigen.

Der klassische Weg dabei ist der Newsletter. Einmal im Monat versenden Sie interessante Informationen per E-Mail. Wenn Sie bisher mit Außendienst und gelegentlichen Telefonaten Kontakt zum Kunden hatten, so ist dies ein effizienter Weg zu mehr Kontakten. Gleiches gilt, wenn Sie für systematische Serienkontakte bisher mit Mailings, einer Kundenzeitschrift oder einem Produktkatalog gearbeitet haben. Hier bietet E-Mail den Vorteil der Schnelligkeit.
Stellen Sie sich folgende Fragen:

1. Wie oft im Jahr setzen Sie derzeit welche Medien ein? Sechs Brief-Mailings im Jahr sind üblich, bei E-Mail können es auch mehr sein.
2. Versenden Sie die gleichen Informationen an alle Kunden und Interessenten oder differenzieren Sie nach Zielgruppen? Interessenten bekommen einen Brief,

einen Folgebrief und dann nur noch den Newsletter. Kunden erhalten Brief-Mailings, besonders treue oder profitable Kunden erhalten die teure Kundenzeitschrift. Oder Sie differenzieren nach Produktkategorien. Ein wichtiges Merkmal in Ihrer Datenbank ist auch das Datum des letzten Kaufs.
3. Haben Sie bereits ein Kundenbindungsprogramm?
4. Differenzieren Sie nach besonders „wertvollen" Kunden?
5. Wie oft im Jahr kontaktieren Sie diese Kunden?
6. Was unternehmen Sie, um diese Kunden an Ihr Unternehmen zu binden? Individuelle Statusmeldungen sind ein erprobter Weg, um hier per E-Mail den Kontakt zu halten.
7. Wie hoch ist die Frequenz, mit der Sie derzeit Ihre Angebote versenden? Wenn Sie bisher schon einen jährlichen Katalog versenden, ist E-Mail eine kosteneffiziente Möglichkeit, auch kurzfristige Angebote zwischendurch zu versenden. Durch die Kombination mit E-Mail können Sie kostensparend die Zahl der Kontakte erhöhen.
8. Wie sieht Ihre Anstoßkette von Kontakten aus, wenn sich ein Interessent meldet?
9. Gibt es automatische Nachfassaktionen, wenn es zu keinem Geschäftsabschluss kommt?
10. Gibt es nach gegebener Zeit ein verlockendes Schnupperangebot? All diese Prozesse können Sie mit einem guten E-Mail-System automatisieren. Reagierer und Nichtreagierer werden per E-Mail automatisch angeschrieben. Dies kann auch auf Brief oder Telefon ausgedehnt werden. So können Sie gezielt Kampagnenziele definieren: Erstkauf, Wiederkauf, Zusatzkauf oder Weiterempfehlung.
11. Überlegen Sie, was sich in Ihrer bisherigen Kundenkommunikation bewährt hat und was eher nicht. Finden Sie auf dieser Basis Ansätze, E-Mails sinnvoll in Ihren Kommunikationsmix zu integrieren.

8 Erfolg ist messbar

▶ **Wichtig**
Das Schönste am E-Mail-Marketing ist die Möglichkeit, alles präzise zu messen. Leider liefern die Systeme oft ganz unterschiedliche Kennzahlen. Entweder werden Äpfel mit Birnen verglichen oder der Wert kann überhaupt nicht gemessen werden. Hier sind die häufigsten Fehlerquellen:
   Schon bei der Versandmenge geraten manche Systeme ins Straucheln, weil Dubletten und Rückläufer nicht automatisch eliminiert werden. Bei postalischen Mailings stellen Adressdubletten ein erhebliches Problem dar. Hier lebt der E-Mail-Marketer sorgenfrei. Der Grund: Anders als bei Postadressen gibt es bei E-Mails nur *eine* richtige Schreibweise – alles andere produziert Rückläufer. Jedes professionelle E-Mail-Versandsystem entfernt automatisch doppelte E-Mail-Adressen (s. Abschn. 8.1). Falls Sie kein solches System verwenden, entfernen Sie die Dubletten manuell.

8.1 Bounce-Rate: Nicht jedes System arbeitet fehlerfrei

Ein Vorteil von E-Mail-Marketing gegenüber Print-Mailings ist wie bereits erwähnt die automatische Rückläuferbearbeitung. Erloschene Adressen produzieren eine *Fehlermeldung* (Bounce). Diese Meldung wird vom E-Mail-System erfasst und die Adresse vom Verteiler entfernt. In der Praxis jedoch laufen manchmal zwei Dinge falsch. Entweder das Bounce-Management funktioniert nicht, sodass jedes Mal alle „toten" Adressen wieder angeschrieben werden. Nach einem Jahr schon kann so der halbe Verteiler aus inaktiven Adressen bestehen. Es gibt aber auch das Gegenteil. Dann wird jede Rückläufer-Mail als Bounce gewertet und aus dem Verteiler entfernt. Die meisten Rückläufer jedoch sind einfache Abwesenheitsbestätigungen. Zwischen diesen beiden Extremen gibt es viel Raum für Optimierung. Die meisten professionellen Systeme beherrschen aber hier alle Tricks, um den Verteiler möglichst optimal zu pflegen.

8.2 Öffnungsrate liegt in Wahrheit meist höher

Um es gleich zu sagen: Die *Öffnungsrate* kann nicht gemessen, sondern nur geschätzt werden. Das geschieht mit eingebauten Bildern, die beim Öffnen der E-Mail nachgeladen werden. Und genau das ist das Problem, denn oft werden die Bilder nicht nachgeladen. Sei es die neue Outlook-Version oder der sicherheitsfanatische Webmaster – Bilder werden oft geblockt. Dafür zählen viele Systeme gleich mehrfach. Wenn von zwei Empfängern einer gar nicht und einer zweimal öffnet, entstehen 100 % Öffnungsrate. Im Zweifelsfall fragen Sie beim Dienstleister nach, ob auch wirklich die „Öffnungsrate unique" gemessen wurde. Das ist der Anteil der Empfänger, die vermeintlich geöffnet haben. In E-Mails mit ausschließlich Textelementen kann die Öffnungsrate nicht gemessen werden. Dafür lässt sie sich jedoch anhand der Klickrate abschätzen. Und schon wieder schnappt die Falle der unterschiedlichen Erhebungsmethoden zu.

8.3 Klickrate ist die valideste Kenngröße

Anders als die Öffnungsrate kann die Klickrate sehr genau gemessen werden. Aber auch hier liefern die Systeme unterschiedliche Werte: Am aussagekräftigsten ist die „*Klickrate unique*". Dabei wird gemessen, wie oft der Empfänger denn nun etwas angeklickt hat. Manche Systeme messen jedoch jeden Klick. Wenn also jemand zwei unterschiedliche Links und einen gleich dreimal angeklickt hat, treibt das munter die Klickrate hoch, obwohl dahinter nur eine einzige Person steckt. Professionelle Systeme erfassen all diese Werte getrennt. Aber selbst wenn Sie nun mit der „Klickrate unique" als Erfolgskennzahl arbeiten, sollten Sie aufpassen. Vergleichen Sie sich nie mit anderen Unternehmen, denn es spielen zwei wichtige Faktoren eine Rolle: Wie alt ist Ihr Verteiler? Wer seit zehn Jahren E-Mails versendet, hat zwangsläufig eine niedrigere Klickrate als ein

Unternehmen, das gerade einen neuen Verteiler aufgesetzt hat. Wie wichtig sind Sie für den Empfänger? Je höher die Relevanz Ihrer Inhalte für den Empfänger ist, desto höher auch die Klickrate. Das ist auch der Grund dafür, dass im B2B-Bereich die Klickraten meist höher sind als bei E-Mails, die sich an Verbraucher richten.

9 Kriterien für die Agenturauswahl

Der Aufwand für die Erstellung von E-Mail kann durch automatische Schablonen reduziert werden. Dann jedoch gehen viele individuelle Gestaltungsmöglichkeiten verloren. Auch beim Testen und bei der Gestaltung komplexer Kampagnen gibt es viele Chance, die meist nicht genutzt werden. Der Grund: Die Mitarbeiter müssen E-Mail-Marketing nebenbei erledigen, weil es ja sowieso nicht viel kostet. Ausweg aus diesem Dilemma ist die Beauftragung eines Dienstleisters und ein festes Budget für E-Mail-Marketing.

Je nachdem, was Sie vorhaben, sollten Sie vor Beginn eines Projekts zunächst einmal möglichst präzise Ihre Anforderungen festlegen. Schreiben Sie konkret und detailliert auf, was Ihre Anforderungen sind und wie Sie sich das Ergebnis vorstellen. Aber bitte seien Sie nicht zu unflexibel. Agenturen verdienen ein Heidengeld damit, dass Kunden unbedingt „auf Teufel komm raus" ihre Anforderungen zu einhundert Prozent erfüllt haben wollen. Deswegen gehen Sie im nächsten Schritt zu Vorgesprächen mit einigen Spezialanbietern und präzisieren Sie Ihre Anforderungen – oder schrauben sie auch einmal zurück.

Bei der Erstellung von Mailings fallen viele Aufgaben an, die oft unterschätzt werden. Ob Sie Dinge selbst erledigen oder eine Agentur beauftragen, entscheiden Sie. Professionelle Systeme können viel Arbeit abnehmen und Zeit sparen. Egal ob Sie oder die Agentur es machen, bei der Erstellung eines E-Mailings sollten eine Reihe von Fragen vorab geklärt werden:

Unterstützt das System die Arbeit mit vordefinierten Schablonen?
Wie bequem ist das Befüllen der Schablone mit individuellen Inhalten?
Werden Text- HTML- und Multipart-Versionen automatisiert erzeugt?
Wie aufwändig ist der Redaktionsprozess bis zum ersten Testversand?
Gibt es eine Schnittstelle zu gängigen Content-Management-Systemen?
Lassen sich Workflow-Prozesse in der Software abbilden?
Werden automatisierte Kampagnen und Follow-Up-Mails unterstützt?
Wie aufwändig ist es, Textbausteine zu personalisieren bzw. nur an bestimmte Segmente zu versenden?
Wie bequem und übersichtlich ist der HTML-Editor, wenn Mailings händisch angefertigt werden?
Ist die Umwandlung von Hyperlinks in messbare Hyperlinks automatisiert?
Wie bequem können Datenbankfelder in das Mailing und den Betreff eingefügt werden?

10 Ausblick

▶ Marketing Automation ist eine der wichtigsten Anwendungen von E-Mail: Die Kundenkommunikation wird durch automatisierte Kampagnen individueller gestaltet. Dazu werden im E-Mail-System „Strecken" erstellt. Die zwei wichtigsten Strecken sind die Begrüßungsmail und die Reaktivierungskampagne.

Die wichtigste Nutzungsart von Smartphones ist das Abrufen von E-Mails; Menschen lesen ihre E-Mails mobil und am PC. Die private Kommunikation verlagert sich von E-Mail hin zum Social Web, aber die sozialen Netze selbst nutzen den Kanal E-Mail, um ihre Mitglieder zu informieren. Auch die Anmeldung läuft meist über E-Mail. Der Kanal ist lebendiger als je zuvor.

10.1 Die perfekte Begrüßungsmail

Die DOI-Mail unterliegt noch einigen juristischen Einschränkungen. Aber danach ist der Weg frei zu mehr. Wer sich bei Ihnen registriert hat, hat Interesse. Als tun Sie etwas.

Noch immer gibt es Unternehmen, welche die Chance des ersten Eindrucks nicht nutzen. Bei der allerersten E-Mail, der Double-Opt-in-Mail dürfen Sie noch keine werblichen Aussagen treffen. Um jeden Eindruck von Werbung zu vermeiden, nutzen viele Unternehmen hier noch das Textformat und verzichten auf Bilder. Sobald jedoch ein Empfänger den Bestätigungslink gedrückt hat, sind die Tore frei. Jetzt dürfen Sie loslegen und die Interessenten herzlich begrüßen und Ihnen zur Eröffnung ein interessantes Angebot machen oder Informationen zukommen lassen.

Begrüßen Sie persönlich
Nutzen Sie den Namen, um Ihre Empfänger bei der Begrüßung persönlich anzusprechen. Wenn Sie möchten, dann schreiben Sie meinen Namen noch etwas größer, als den Rest der Texte, damit er mir gleich ins Auge springt. Eine visuell ansprechendere Möglichkeit der Ansprache, bietet neben dem üblichen Begrüßungssatz, die Bildpersonalisierung. Der Vorteil: Es sticht aus der Masse heraus und ist eine gute Abwechsung zum sonst immer etwas tristen Alternative des Begrüßungssatzes.

Zeigen Sie Gesicht
Zeigen Sie ein Foto einer Person oder warum nicht gleich Ihres ganzen Teams? Das schafft sofort Sympathie. Und wenn Sie es dann noch schaffen, das mit einer persönlichen Ansprache zu verbinden, kann einer glücklichen gemeinsamen Zukunft nichts mehr im Wege stehen. Hundeland.de stellt nicht nur eine Person vor, sondern gleich das ganze Marketing-Team. Das wirkt sehr persönlich und der Empfänger bekommt einen eindruck wer hinter dem Newsletter steckt.

E-Mail-Marketing

Fordern Sie zur Interaktion auf
Nun möchte ich gerne etwas anklicken. Die Öffnungs- und Klickraten Ihrer Begrüßungsmail werden Sie später nie wieder bekommen. Also bieten Sie etwas zum Anklicken an. Einzulösende Gutscheine sind ein bewährtes Mittel, aber sicher fällt Ihnen noch etwas Besseres ein. Neben der klassischen Methode, welche den Kunden mit Angeboten oder einzulösenden Gutscheinen zur Interaktion lockt, gibt es auch andere Möglichkeiten den Kunden zu einem Klick zu bewegen. Beispielsweise fragt Conrad dem Empfänger nach persönlichen Daten, um diesem dann besondere Angebote präsentieren zu können – ein fairer Tausch. Eine weitere Möglichkeit ist die Herangehensweise von Fidor, welche in der Begrüßungsmail auf ein Youtube-Video verweisen, welches die Fima näher beschreibt.

Reagieren Sie auf Klicks
Bauen Sie eine Begrüßungskampagne auf. Dies ist die am weitesten verbreitete Form von E-Mail-Serien. Reagieren Sie auf Klicks. Zwei Tage später können Sie nochmal etwas Ergänzendes senden. Oder eine Woche später nochmal nachfragen. Aber bitte nur bei denjenigen, die auch reagiert haben. Nichtreagierer würde ich erst einmal akzeptieren. Die wollen vielleicht einfach nur den Newsletter und sonst nichts. Pflastern Sie den Empfänger nicht mit Werbebotschaften zu, sondern weisen Sie ihn eher auf eine Interaktion hin. DriveNow macht es vor: Einige Wochen nach der Anmeldung erhält man eine Mail, welche den Abonnent daran errinnert, dass er den Service bisher noch nicht in anspruch genommen hat und das in einer unaufdringlichen und witzigen Art.

Versenden Sie den letzten Newsletter als Beispiel
Damit die Empfänger gleich schon mal etwas in der Hand haben, können Sie auch den letzten Newsletter gleich nochmal schicken. Er ist ja sowieso bei Ihnen im System gespeichert und eine solche automatisierte Aktion ist leicht zu bewerkstelligen. Ein Link in der Begrüßungsmail, mit welchem der Empfänger auf den aktuellen Newsletter zugreifen kann, wäre eine weitere Möglichkeit. Vorteil: Der Abonnent entscheidet, ob er den aktuellen Newsletter sehen möchte oder nicht.

10.2 Reaktivierung inaktiver Empfänger

Es ist ein normale Beobachtung bei E-Mail-Verteilern, dass die Aktivität der Empfänger mit größer werdendem Zeitabstand zur Erstregistrierung abnimmt. Kurz nach der Registrierung ist das Interesse am größen und danach lässt die Neugierde immer mehr nach. Relevanz ist das eine Mittel dagegen, aber es hilft auch, die Leser ab und zu noch einmal wachzurütteln. Lehrer in der Schule hatten dazu zwei Techniken – entweder plötzlich ein sehr lautes Geräusch oder kurz einmal totale Ruhe. In beiden Fällen merken Schüler, dass irgend etwas anders ist und sind wieder aufmerksam. So machen es Newsletterversender auch: Anstatt wie üblich wöchentlich den Newsletter in die Inbox zu befördern, gibt es einen Wechsel.

Inaktive gezielt heraussuchen
Anders als in der Schule muss es jedoch nicht die ganze Klasse mitbekommen. Das heißt, Sie selektieren erst einmal die Nutzer, die seit über einem Jahr weder geklickt noch geöffnet haben. Gar nichts zu versenden ist schwierig, denn das werden die wohl gar nicht mitbekommen. Also wählen Sie das Gegenteil: Sie gehen mit der Frequenz hoch. Dann merken die Empfänger, dass sich etwas verändert hat. Das heißt aber noch nicht, dass diese Aufmerksamkeit in Klicks mündet. Dazu sollten Sie noch eine zweite Maßnahme ergreifen: Verlockende Angebote. Die Methode ist nicht neu – Sie kennen das vielleicht von Versandhändlern: Wenn Sie lange nichts bestellt haben, gibt's einen Gutschein. Bieten Sie also etwas an, wo keiner widerstehen kann. Dann werden die ersten reagieren. Übrig bleiben die Noch-immer-nicht-Reagierer. Die bekommen jetzt etwas doppelt so unwiderstehliches. Und so weiter. Am Ende sind wirklich nur noch Karteileichen im Verteiler. Die können Sie dann wirklich streichen.

Warum Sie inaktive Empfänger entfernen sollten
Heute schon und in Zukunft noch mehr werden E-Mails von Relevanzfiltern analysiert. Sie bauen sich dann als Versenderdomain eine Reputation auf, die entweder gut oder schlecht ist. Gut heißt, dass Sie nur Menschen anschreiben, die echtes Interesse haben und dass diese auch involviert sind, das heißt, dass sie öffnen und klicken. Schlecht heißt, dass Sie schlecht gepflegte Listen haben, in denen Menschen stecken, die schon seit Jahren nichts mehr von Ihnen wissen wollen und nur zu faul zum Abmelden waren. Aber es kommt noch schlimmer: Freemailer messen, ob Accounts noch genutzt werden. Wenn sich die Inhaber der Postfächer nach einem Jahr trotz intensiver Kontaktversuche weder einloggen noch sonstwie melden, werden die Postfächer als Spamtraps genutzt. Wer diese Adressen noch anschreibt, sinkt in seiner Reputation. Und irgendwann leidet dann auch die Deliverability, also die Wahrscheinlichkeit, dass Ihre E-Mails im Postfach der Empfänger angezeigt werden.

Daher gehen die meisten Unternehmen inzwischen an die große Aufgabe heran, aus ihren Adressverteilern die Karteileichen zu entfernen. Bevor jedoch gelöscht wird, kommt eine Reaktivierungskampagne. So wird getestet, ob doch noch Interesse besteht. Und das funktioniert. Der Broker CarDelMar konnte durch eine ausgeklügelte Reaktivierungskampagne 7 % aller Abonnenten zurückgewinnen.

Bonprix: Dreistufige Reaktivierung steigert Versenderreputation
Bonprix, ein international erfolgreicher Modeanbieter, der in 27 Ländern weltweit vertreten ist, hat mit Hilfe von E-Mail-Marketing einen erheblichen Anteil seiner inaktiven Kunden erneut zum Kauf angeregt. Zur Erreichung dieser Ziele implementierte der Modeanbieter gemeinsam mit Teradata (heute Mapp) ein mehrstufiges Reaktivierungsprogramm, um die Versandlisten zu bereinigen, indem inaktive Adressen reaktiviert oder aussortiert wurden. Zu Beginn des Projekts wurde eine Bestandsaufnahme der vorhandenen Newsletter-Verteiler zunächst in Deutschland durchgeführt. Ein umfassendes Reputationsaudit mit Hilfe von Data-Screening und Aktivitätsreports bildete die Grundlage für die Identifizierung und Erstellung von zwölf Testgruppen.

Dabei wurden unter anderem verschiedene Betreffzeilen getestet, eine Erhöhung der Newsletter-Frequenz und die getrennte Verwendung von HTML- oder Textversionen. Dies half herauszufinden, welche Aktivitätsgruppen auf welche Testmaßnahmen wie reagieren. Letzten Endes konnten durch das automatisierte dreistufige Reaktivierungsprogramm viele inaktive Kontakte wieder reaktiviert werden. Die steigende Datenqualität der Verteiler beeinflusste zusätzlich die Zustellbarkeit äußerst positiv und verbesserte die Versenderreputation von bonprix bei den ISPs.

Condor: Jeder Sechste liest nach einem Jahr Inaktivität wieder Newsletter
Analysen des Dienstleisters Optivo ergaben, dass bei Condor 195.000 Abonnenten vier Monate oder länger keinen Newsletter mehr geöffnet hatten. Möglichst viele dieser inaktiven Abonnenten sollten für die Regel-Kommunikation zurück gewonnen werden. Inaktive Empfänger sollten gezielt auf den Condor Newsletter aufmerksam gemacht werden und zu erneuten Öffnungen animiert werden. Die Aufmerksamkeit der Abonnenten sollte auch im Anschluss an die erfolgreiche Reaktivierung hoch bleiben.

Abonnenten, die seit mindestens 120 Tagen keinen Newsletter geöffnet hatten, wurden mit dem Status „inaktiv" versehen. Bei dieser Gruppe wurde der alle zwei Wochen versendete Regel-Newsletter ausgesetzt. Die erste Reaktivierungsmail enthielt die Aufforderung zur Teilnahme an der großen Fliegenjagd. Diese E-Mail wurde durch einen Gewinngutschein in Höhe von zehn Euro incentiviert. Nach vier Tagen wurden alle Nicht-Öffner der ersten Reaktivierungsmail erneut angeschrieben. Der Inhalt der E-Mail blieb unverändert, die Betreffzeile wurde jedoch zugespitzt. Nach weiteren fünf Tagen wurden alle inaktiven Abonnenten angeschrieben, die bis dato noch nicht geöffnet hatten. Bei mehr als zwanzig Prozent der Öffner zeigte sich eine starke Interaktion, indem sie das Spiel per Mausklick starteten und somit in die nächste Reaktivierungsphase eintraten.

Die Spielteilnehmer erhielten in den Folgewochen zwei Newsletter aus der Regel-Kommunikation. Die Empfänger sollten in dieser Phase alle abgebildeten Fliegen in den Newslettern zählen. Vier Wochen nach der ersten Reaktivierungsmaßnahme wurde an alle Spielteilnehmer eine abschließende Kampagnenmail gesendet. Diese bot den Empfängern drei mögliche Antworten auf die Frage, wie viele Fliegen in den beiden regulären Newslettern gezählt wurden. Jeder Teilnehmer erhielt zum Abschluss seinen 10-Euro-Buchungsgutschein per E-Mail. Condor konnte bei den bis zu zwölf Monaten inaktiven Abonnenten eine Reaktivierungsquote von mehr als 17 Prozent erreichen. Inklusive der seit mehr als zwei Jahren inaktiven Empfänger lag diese Rate immer noch bei sieben Prozent.

Zusammenfassung
Seit Beginn des Internetzeitalters kommunizieren die Nutzer dort am liebsten via E-Mail. Als Marketinginstrument erlebt die E-Mail derzeit ein kaum dagewesenes Revival. Die Vorteile sind vielfältig. Doch so einfach E-Mail-Marketing auch einsetzbar scheint – man kann dabei viele Fehler machen. Diese schaden dem Ruf des Unternehmens und bringen den Verlust wertvoller Kundenadressen mit sich. Es kommt also darauf an, eine klare Zielsetzung mit den E-Mails zu verfolgen, sie

sinnvoll in den Marketing-Mix zu integrieren und viel Sorgfalt auf die Adressen zu verwenden. Dieser Beitrag zeigt, wie erfolgreiche Mailings geplant, gestaltet, versendet und ausgewertet werden. Er endet mit einem Ausblick: Die Zukunft der E-Mail liegt in der Marketing-Automation: Kundenkommunikation wird individualisiert. Auch in Zukunft ist E-Mail-Marketing ein erfolgreicher Weg in den Bereichen Business-to-Consumer und Business-to-Business.

Literatur

Direct Marketing Association (DMA). (2011). *The power of direct marketing*. DMA: London.

Epsilon. (2009). Beyond the click. The indirect value of email. Epsilon's Email Branding Study. Epsilon.

Schwarz, T., & Vakhnenko, D. (2019). E-Mail-Marketing Benchmarks. Analyse der E-Mail-Marketing-Aktivitäten von 5017 Unternehmen. Waghäusel: Absolit. www.emailstudie.de. Zugegriffen am 15.08.2020.

Schwarz, T., & Vakhnenko, D. (2020). Digital Marketing Trends. Eine Befragung von 923 Unternehmen. Waghäusel: Absolit. www.absolit.de/Trends. Zugegriffen am 15.08.2020.

Mobile Marketing

Heinrich Holland

Inhalt

1 Grundlagen des Mobile Marketings 464
2 Ziele und Zielgruppen 468
3 Potenziale von Mobile Marketing 470
4 Mobile Marketing-Mix für Konsumgüter 472
5 Mobile Marketing im Kaufentscheidungsprozess 479
6 Einstellungen der Nutzer zum Mobile Marketing 481
7 Schlussbetrachtung und Ausblick 483
8 Fazit 484
Literatur 486

Zusammenfassung

Das Marketing entwickelte sich hin zu einem interaktiven Online-Marketing, wozu auch das Mobile Marketing (M-Marketing) zählt. Klassische Werbeformen werden nach wie vor eingesetzt, sie werden heute jedoch durch individualisierte bzw. personalisierte Dialogkomponenten ergänzt, die darauf abzielen, eine individuelle Kundenbeziehung aufzubauen und letztlich eine messbare Reaktion (Response) auszulösen.

Dieser Beitrag vermittelt die Grundlagen des Mobile Marketings. Dazu werden notwendige Rahmenbedingungen für den Einsatz, Ziele und Zielgruppen sowie Potenziale des Instrumentes aufgezeigt. Da M-Marketing Einzug in sämtliche Elemente des Marketing-Mix gehalten hat, werden die gegenwärtig eingesetzten und in Entwicklung befindlichen Instrumente in den verschiedenen Bereichen näher beleuchtet. Vervollständigt wird dieser Maßnahmenkatalog durch Mobile Marketing-Trends in Form neuer Instrumente bzw. Technologien. Diese Zusammenstellung dient ebenfalls als Grundlage für die Maßnahmenableitung.

H. Holland (✉)
Hochschule Mainz, Mainz, Deutschland
E-Mail: heinrich.holland@online.de

Schlüsselwörter

Mobile Marketing · Mobilkommunikation · Mobile Marketing-Mix · Kaufentscheidungsprozess · Smartphone

1 Grundlagen des Mobile Marketings

▶ Mobiltelefone, Smartphones und Tablet-PCs haben einen festen Platz im Leben vieler Konsumenten und sind fast schon gesellschaftliche Pflicht; mobile Endgeräte zeigen eine stark wachsende Verbreitung. Der durchschnittliche Nutzer schaut pro Tag 150mal auf sein Gerät, also alle sechs Minuten, wenn neun Stunden für die Ruhephase abgezogen werden. Bei einer durchschnittlichen Nutzungsdauer von 77 Sekunden, addiert sich diese auf 190 Minuten pro Tag, mehr als drei Stunden (Rieber 2017, S. 14). Diese Werte weisen in den verschiedenen Zielgruppen eine große Streuung auf.

Etwa jeder dritte Deutsche (32 %) nutzt zu Hause ein Smartphone, 48 % nutzen einen PC; dieses Verhältnis verschiebt sich seit einigen Jahren zu Gunsten des Mobile. Die Hälfte der Deutschen nutzt gelegentlich mehrere Endgeräte gleichzeitig, bei den jungen Altersgruppen sind dies zwei Drittel (Adobe 2019).

Für 38 % der Deutschen würde es eine große Entbehrung bedeuten, wenn ihnen das Smartphone für zwei Wochen weggenommen würde. In der Generation Z (1997 bis 2012 geboren) sind es 44 %, in der Generation Y (geboren in den frühen 1980er bis zu den späten 1990er-Jahren) 40 % (Adobe 2019). Die Geräte werden nahezu immer mitgeführt und sind oft ununterbrochen eingeschaltet, was theoretisch eine ständige Erreichbarkeit ermöglicht. Dies ist über andere Medien nicht möglich.

1.1 Definition und Einordnung

Das enorme Reichweitenpotenzial hat dazu geführt, dass Mobilgeräte verstärkt in das Interesse der Werbetreibenden rückten. Da die mobilen Technologien stetig weiter entwickelt werden, eröffnen sie Unternehmen immer neue Werbeformen bzw. Möglichkeiten, mit Konsumenten zu interagieren. Die zunehmende Reizüberflutung bedingt attraktive Werbeformen, welche die Aufmerksamkeit der Konsumenten erlangen können. Die steigende Bedeutung mobiler Werbeformen im Marketing-Mix von Unternehmen zeigt sich u. a. an den Ausgaben für Mobile Advertising, die in den letzten Jahren deutlich anstiegen. Für die folgenden Jahre wird ein weiteres jährliches Wachstum von 10 % erwartet (Abb. 1).

Mobile Marketing ist ein Teilbereich von Mobile Commerce (M-Commerce) bzw. Mobile Business (M-Business). Daher werden zunächst die beiden letzteren Begriffe definiert und inhaltlich abgegrenzt.

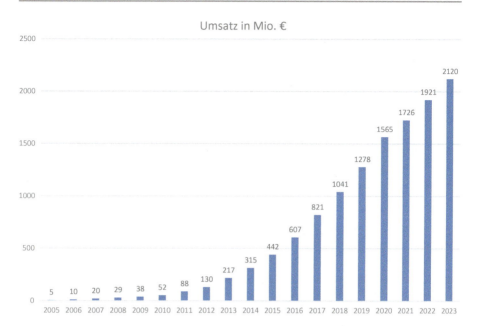

Abb. 1 Umsatz mit mobiler Onlinewerbung in Deutschland in den Jahren 2005 bis 2023 (Prognose) in Mio. €. (Quelle: Eigene Darstellung in in Anlehung an Statista 2019)

- *M-Business*
  M-Business umfasst die Abwicklung und Unterstützung von Geschäftsprozessen unter Zuhilfenahme kabelloser Datenübertragungstechnologien auf Mobilgeräte (Möhlenbruch und Schmieder 2002, S. 68; Wohlfahrt 2002, S. 247).
- *M-Commerce*
  M-Commerce stellt eine spezielle Ausprägung des Electronic Commerce (E-Commerce) dar und bezeichnet die Anbahnung, Vereinbarung und/oder Abwicklung von Transaktionen über mobile Endgeräte bzw. über das Mobilfunknetz. Nach einem engen Begriffsverständnis, welches auch hier zugrunde liegt, beschränkt sich M-Commerce auf die Transaktion selbst, d. h. den Kauf von Gütern (Turowski und Pousttchi 2004, S. 1–4; Wriggers 2006, S. 12–13).
- *Mobile-Marketing*
  Der Begriff Mobile Marketing ist in der Literatur nicht einheitlich definiert. Ein Ansatz sieht M-Marketing als Synonym für Wireless Advertising (Kavassalis et al. 2009, S. 55–56; Michael und Salter 2006, S. 25, 57). Problematisch dabei ist jedoch die Begrenzung auf den Kommunikationsaspekt.

▶ Nach dem zweiten Verständnis bezeichnet M-Marketing den Prozess der Planung, Durchführung und Kontrolle sämtlicher Marketingaktivitäten unter Nutzung kabelloser Datenübertragungstechnologien auf mobile Endgeräte, um mit den Anspruchsgruppen in Kontakt zu treten (MMA 2009; Möhlenbruch und Schmieder

2002, S. 77). Da dieses Verständnis sämtliche Komponenten des Marketing-Mix einschließt, wird es nachfolgend zugrunde gelegt.

M-Marketing ist die *Schnittstelle* zwischen klassischem Marketing, das am bzw. außerhalb des POS ansetzt, und Online-Marketing, das sich primär zu Hause abspielt. Indem es beide Bereiche und den Bereich dazwischen (unterwegs) abdeckt, ist M-Marketing das Verbindungsglied der realen und der virtuellen Welt. Man unterscheidet inhaltsorientierte Formen, bei denen die Informationsvermittlung im Vordergrund steht, transaktionsorientierte Formen, die direkt auf den Verkauf abzielen, sowie response-orientierte Formen, die auf den Dialog mit potenziellen oder bestehenden Kunden abzielen (Wriggers 2006, S. 17; Clemens 2003, S. 74).

1.2 Technische Voraussetzungen

Mobile Marketing basiert auf dem Prinzip der Mobilkommunikation – einem Teilbereich der Telekommunikation. Elektromagnetische Wellen ermöglichen die drahtlose Sprach- bzw. Datenübertragung zwischen Mobilgeräten. Voraussetzung dafür ist neben der Existenz dieser Geräte ein drahtloses Kommunikationsnetz inklusive entsprechender Datenübertragungs-, Service- und Lokalisierungstechnologien (Turowski und Pousttchi 2004, S. 8–9; Holland und Bammel 2006, S. 21).

Immer kürzere Entwicklungszyklen und der hohe Innovationsdruck im Hardwarebereich haben zu einem vielfältigen Angebot an *mobilen Endgeräten* geführt. Dazu zählen sämtliche Endgeräte, die es ermöglichen, Dienste über drahtlose Netzwerke bzw. lokal verfügbare mobile Anwendungen zu nutzen. Systemseitig gleichen die Geräte Arbeitsplatzrechnern, jedoch sind alle Systembestandteile auf einen niedrigen Stromverbrauch ausgerichtet, da die Geräte zwecks Portabilität über eine eigene Energieversorgung betrieben werden müssen. Daneben zeichnen sich Mobilgeräte durch eine eindeutige Nutzerzuordnung aus, denn für den Zugang zum Mobilfunknetz benötigen die Geräte eine eindeutige SIM-Karte (*Subscriber Entity Module*). Ein Surfstick ist ein Funkmodem in Form eines USB-Sticks (Universal Serial Bus), das den mobilen Internetzugang ermöglicht.

Ebenso typisch sind für den mobilen Einsatz konzipierte *Benutzungsschnittstellen*. Dies sind neben der Tastatur berührungsempfindliche Displays (Touchscreens) und die Sprachsteuerung. Der Trend geht hin zu kleinen, leichten und leistungsstarken Geräten (Förster 2010, S. 77). Die unterschiedlichen Systemspezifikationen der zahlreichen Gerätehersteller am Markt (z. B. Betriebssystem, unterstützte Anwendungsformate, Displaygröße) haben Implikationen für die technische Ausgestaltung der M-Marketing Maßnahmen.

Die bedeutendsten *Geräteklassen* sind derzeit Notebooks (inkl. Sub-Notebooks und Netbooks), Tablet-PCs, Personal Digital Assistants (PDAs), Smartphones und Mobiltelefone. Diese Reihenfolge entspricht der physikalischen Größe und Leistungsfähigkeit (Rechenleistung, nutzbare Applikationen) der Geräte. Einige Smartphones können PDAs in Bezug auf die Leistungsfähigkeit jedoch überlegen sein. Generell ist festzustellen, dass es deutliche Überschneidungen im Leistungsspektrum gibt und Geräteklassen zunehmend konvergieren. Geräte mit relativ eng gefassten Einsatzfeldern werden zunehmend durch „Alleskönner" ersetzt. So zeigen sich Substitutionseffekte bei Sub-Notebooks und Netbooks durch Tablet-PCs.

Notebooks werden hier nicht zu den Mobilgeräten im engeren Sinne gezählt und daher nicht weiter berücksichtigt. Mobilfunkfähige PDAs werden zu den Smartphones gezählt, Modelle ohne diese Funktion werden ebenfalls nicht berücksichtigt. Aufgrund der Wachstumsprognosen für Smartphones und Tablet-PCs bildet die Analyse des Nutzungsverhaltens dieser beiden Geräteklassen den Schwerpunkt des Beitrags. Sie erlauben eine Individualisierung durch zusätzliche Software, ermöglichen den mobilen Internetzugriff und eine gute Darstellung multimedialer Inhalte. Auch Mobiltelefone werden wegen ihrer hohen Verbreitung berücksichtigt, wegen ihres eingeschränkten Leistungsumfangs jedoch nur sekundär betrachtet. Viele der relevanten Funktionen weisen nur neuere Modelle auf; Software-Installationen sind generell nicht möglich.

Allgemein unterliegen mobile Endgeräte einigen *Einschränkungen*, die bei der Ausgestaltung der M-Marketing-Aktivitäten berücksichtigt werden müssen: Die Geräte verfügen nur über begrenzte Speichermöglichkeiten, über eine eingeschränkte Rechen- und Batterieleistung sowie über die bereits erwähnten limitierten Darstellungsmöglichkeiten (Holland und Bammel 2006, S. 21).

Selbst wenn Konsumenten Daten im Rahmen eines Kaufs überlassen und deren Nutzung nicht untersagt haben (*Opt-in*), muss ihnen die Möglichkeit des Widerspruchs eingeräumt werden (*Opt-out*) – auch wenn Daten an Dritte weitervermittelt werden sollen. Für *Location Based Services* (LBS) ist eine vorherige Einwilligung der Konsumenten zur Lokalisierung erforderlich. Dieses Vorgehen dient dem Schutz der Privatsphäre und soll Missbrauch vorbeugen.

1.3 Konsumentenseitige Akzeptanz

Selbst wenn alle technischen und rechtlichen Rahmenbedingungen erfüllt sind, ist die konsumentenseitige Akzeptanz die entscheidende Voraussetzung für den Erfolg von M-Marketing-Kampagnen. Generell muss zwischen Push- und Pull-Kampagnen unterschieden werden.

Bei der Push-Kommunikation versenden Unternehmen aktiv Botschaften an ihre (potenziellen) Kunden ohne eine explizite Informationsanforderung von deren Seite. Datenbasis ist dabei eine eigene Datenbank oder ein angemieteter Adressenpool mit Opt-in Profilen.

Da ein Großteil der Massenwerbung als störend empfunden wird, empfiehlt sich, bzw. ist rechtlich vorgeschrieben, das *„Permission (based) Marketing"*. Dabei verzichten Werbetreibende bewusst auf den Massenversand; stattdessen ist die Einwilligung der Konsumenten zum Empfang von Werbebotschaften die Voraussetzung für den Versand. Dieser Ansatz soll zur Akzeptanzsteigerung beitragen sowie die Werbewirkung und letztlich auch die Zielerreichung der Maßnahmen steigern. Ein weiteres Grundprinzip des Permission Marketing ist die *Personalisierung* der Botschaften. Durch die Abstimmung der Inhalte auf das Interessenprofil des Empfängers werden diese weniger als Werbung und vielmehr als nützliche Services angesehen.

Nicht zuletzt wegen der relativ geringen Kosten wird Push-Kommunikation im M-Marketing am häufigsten angewandt. Es eignet sich besonders zur Kommunikation mit Bestandskunden. Allerdings birgt es einige Risiken, wie die Wahl der richtigen Inhalte und Versandzeitpunkte. Wird eine Nachricht zusammenhangslos im „unpassenden" Moment empfangen, besteht die Gefahr, dass sie als *Spam* angesehen wird, was bei diesem persönlichen Medium als sehr störend empfunden wird. Ein Problem sind auch wechselnde Präferenzen von Konsumenten im Zeitablauf.

Setzen Unternehmen hingegen auf Pull-Kommunikation, werden nur relevante Informationen aus Konsumentensicht übermittelt, was eine Reduktion der Reaktanz zur Folge hat. Pull-Kampagnen gelten als vorteilhafter, da die Initiative von den Konsumenten ausgeht. Problematisch sind allerdings die Kosten, welche diesen bei der Anforderung von Informationen oder Diensten entstehen können. Auch für Unternehmen entstehen durch den Personalisierungsaufwand höhere Kosten.

▶ Generell gilt, dass Mobile Marketing nur erfolgreich sein kann, wenn es einen Mehrwert für Konsumenten bietet und bedürfnisrelevante Inhalte vermittelt.

2 Ziele und Zielgruppen

Das übergeordnete Ziel von Mobile-Marketing ist die langfristige Befriedigung von Konsumentenbedürfnissen über mobile Kanäle zur Erhöhung des Kundennutzens. Durch individuelle Angebote und Leistungen soll letztlich das Kaufverhalten der Zielpersonen beeinflusst werden.

Mobile Endgeräte haben Einzug in alle Altersgruppen und sozialen Schichten gehalten und versprechen so eine hohe Reichweite. Allerdings sind nicht alle Konsumenten M-Marketing gegenüber gleichermaßen aufgeschlossen.

2.1 Ziele

Neben der langfristigen Befriedigung von Konsumentenbedürfnissen zahlt das Mobile Marketing auch auf folgende Marketing- und Kommunikationsziele ein:

- *Kundengewinnung & Verkaufsförderung (VKF)*
  M-Marketing kann eingesetzt werden, um bei potenziellen Kunden Interesse zu wecken. So kann der mobile Kanal in Kampagnen, die über mehrere Medien abgewickelt werden (*Crossmedia-Kampagnen*), als Response-Kanal genutzt werden. Durch die Orts- und Zeitunabhängigkeit können Konsumenten jederzeit an Aktionen (Promotions) teilnehmen oder Bestellungen aufgeben.

*Kontextsensitive Dienst*e senden Konsumenten auf ihren Standort oder die Nutzungssituation abgestimmte Angebote zu und/oder führen sie zum POS. Durch die zielgruppengenaue Ansprache werden Streuverluste minimiert. Auch am POS kann M-Marketing Kaufanreize schaffen. Mobile Vertriebswege oder preispolitische Instrumente können Einfluss auf die Transaktionsbereitschaft von Konsumenten ausüben, denn letztlich zielen diese Maßnahmen auf eine Steigerung des Kaufvolumens bzw. der -frequenz ab.

- *Kundenbindung*
Um eine Abwanderung zu verhindern, müssen *Zusatznutzen* geschaffen bzw. *Wechselbarrieren* aufgebaut werden. Dies lässt sich z. B. durch einen verbesserten (mobil unterstützen) Kundenservice bzw. mobile Zusatzleistungen oder Produktkomponenten erreichen. Durch die Interaktion können wertvolle Kundendaten generiert werden, die eine genauere Abstimmung der Angebote auf die Kundenbedürfnisse erlauben. Dies kann eine Steigerung der Zufriedenheit bewirken und zur Bindung beitragen.
- *Image- & Markenbildung*
Ein weiteres Ziel kann die Bildung bzw. Stärkung eines speziellen Produkt- oder Markenimages sein. Gerade Unternehmen, die sich durch Innovationskraft, Aktualität oder persönlichen Service auszeichnen, können ihre *Positionierung* durch Mobile Marketing stärken. Auch einzelne Produkte oder Marken können so positioniert werden. Nutzer neuer Medien schätzen Marken, mit denen sie über diese Medien interagieren können. Sie empfinden Marken, die M-Marketing betreiben, als moderner und innovativer. Darüber hinaus vermag M-Marketing durch seine hohe Reichweite den Bekanntheitsgrad von Produkten bzw. Marken zu steigern. Besonders originelle M-Marketing-Kampagnen können virale Effekte erzielen und sich selbstständig verbreiten. Gleichermaßen können schlecht funktionierende Dienste zu einem Imageverlust führen (Reust 2019, S. 53).
- *Marktforschung & Werbeerfolgskontrolle*
Durch die Integration von mobilen Response-Elementen in *Offline-Werbekampagnen* können Unternehmen wertvolle Informationen über Konsumenten sammeln. Unter Offline-Werbung werden sämtliche Maßnahmen verstanden, die nicht über digitale Medien abgewickelt werden. Auch im Rahmen des Kundenbeziehungsmanagements (*Customer Relationship Management*, CRM) können die Daten hilfreich sein, z. B. um Kundenprofile zu erstellen, die als Grundlage für Bindungsmaßnahmen dienen. Gleichermaßen kann so der Erfolg von M-Marketing-Kampagnen selbst gemessen werden (Steimel et al. 2008, S. 34).

Mobile-Marketing eignet sich nachweislich besonders zur Kundenbindung sowie für die Image- und Markenbildung. Auch zu Marktforschungszwecken empfiehlt sich der Einsatz. Bei der Kundengewinnung hingegen konnte M-Marketing die Erwartungen der Unternehmen nicht erfüllen.

M-Marketing kann sowohl zur Kommunikation im Geschäftsumfeld (Business-to-Business, B2B) als auch zur Kommunikation mit Konsumenten (Business-to-Consumer, B2C) eingesetzt werden.

2.2 Zielgruppen

- *Jugendliche*
  Besonders empfänglich für mobile Kampagnen sind Jugendliche. Da sie bereits mit mobilen Endgeräten und den neuen Technologien aufgewachsen sind, nutzen sie diese selbstverständlich im Alltag. Sie schätzen den Unterhaltungswert von Kampagnen (Entertainment) und geben relativ schnell persönliche Daten im Gegenzug für interessante Angebote preis.
- *Männer*
  Männer zwischen 18 und 34 Jahren stellen die Zielgruppe dar, die sich am besten mit M-Marketing erreichen lässt. Die Klickrate (Click-Through-Rate, CTR) für mobiles Internet ist in dieser Gruppe hoch. Frauen in dieser Altersgruppe sind zwar ebenfalls aktiv, klicken aber seltener auf Werbung (Krum 2012, S. 57). Auch in der Altersgruppe 30+ besteht Potenzial für M-Marketing. Voraussetzungen dafür sind neben dem bedürfnisgerechten Inhalt ein geeigneter Initialkontakt sowie eine zielgruppengerechte Ansprache.
- *Generation Tekki*
  Gerade die „Generation Tekki" eignet sich als Zielgruppe für Mobile Marketing. Diese Personen sind 30 bis 49 Jahre alt, voll berufstätig mit einem hohen Haushaltsnettoeinkommen und weisen eine hohe Affinität zu mobiler Technik auf. Sie nutzen häufig neue Medientechniken, besitzen mindestens ein neues Mobilgerät und sind über technische Neuheiten gut informiert. Über mobile Kanäle sind diese Konsumenten besser zu erreichen als über klassische Medien.
- *Geschäftsleute*
  Ebenso aufgeschlossen sind Geschäftsleute, die berufsbedingt oftmals aktuelle und personalisierte Informationen abrufen möchten.
- *Mütter*
  Eine interessante Zielgruppe können auch viel beschäftige Mütter sein. Sie treffen häufig Entscheidungen im Haushalt und kontrollieren die Haushaltskasse. Da sie oft unterwegs sind, ist es schwierig, sie über andere Medien zu erreichen.
- *Nutzung des mobilen Internets*
  Auch bei der Nutzung des mobilen Internets gibt es Unterschiede hinsichtlich der demografischen Merkmale. Die meisten Zugriffe werden von den 20- bis 29-Jährigen getätigt, danach folgen die 30- bis 39-Jährigen sowie Jugendliche zwischen 16 und 19 Jahren. Im Verhältnis greifen Männer etwas öfter als Frauen auf das mobile Internet zu, und mit steigendem Haushaltsnettoeinkommen steigt auch die Nutzungsintensität (Initiative D21 2013, S. 7).

3 Potenziale von Mobile Marketing

Das Potenzial von M-Marketing ergibt sich aus der hohen erzielbaren Reichweite. Im Medienvergleich weist es die höchsten Werte, noch vor TV und Radio, auf. Das Mobiltelefon hat sich als wichtigstes Kommunikationselement der Deutschen etabliert und auch Smartphones bzw. Tablet-PCs verzeichnen ein enormes Wachstum.

Daneben weisen mobile Endgeräte eine Reihe von Eigenschaften auf, die sich das M-Marketing zunutze machen kann:

- *Ubiquität*
Da mobile Endgeräte unterwegs mitgeführt werden, kann an nahezu jedem Ort Kontakt zum Konsumenten aufgenommen werden – vorausgesetzt das Gerät ist eingeschaltet, verfügt über Empfang zum Mobilfunknetz bzw. zum mobilen Internet und erlaubt je nach Maßnahme einen Zugriff via Wlan, Bluetooth, Near Field Communication (NFC) oder Ähnliches. Zudem tragen Konsumenten die Geräte nahezu ständig bei sich und haben es immer in greifbarer Nähe. Dabei gilt das „always on"-Prinzip – im Schnitt bleiben die Geräte vierzehn Stunden täglich eingeschaltet, so dass theoretisch eine dauerhafte Erreichbarkeit ermöglicht wird. Zum Schutz der Privatsphäre sollten jedoch bestimmte Zeitfenster eingehalten werden.
- *Lokalisierbarkeit*
Teilweise kann es hilfreich sein, den Aufenthaltsort von Konsumenten zu erfassen, um gezielte Marketingimpulse zu setzen. Durch die Lokalisierungstechnologien wird es möglich, die Position von Mobilfunknutzern relativ genau zu bestimmen. Auf dieser Basis können Location-based-Services angeboten werden.
- *Personalisierung und Individualisierung*
In der Regel werden mobile Endgeräte nur von einer Person genutzt, sodass Nutzer und Gerät durch die SIM-Karte eindeutig zugeordnet werden können. Somit wird eine individualisierte Ansprache ermöglicht. Liegt eine Kundendatenbank vor, eignet sich M-Marketing auch für gezieltes, individuelles CRM. Daneben gilt das eigene Mobilgerät als Ausdruck der Persönlichkeit. Durch M-Marketing kann dem Rechnung getragen werden, indem Konsumenten sich z. B. mobile Newsletter individuell zusammenstellen oder Apps auf das Gerät laden können.
- *Interaktivität und Aktualität*
Mobile Endgeräte sind interaktive Medien, die direktes Reagieren auf empfangene Botschaften ermöglichen (*Dialogaufbau*). Eine Versorgung mit aktuellen Informationen ist ohne Zeitverlust möglich. Während Konsumenten z. B. über neue Produkte informiert werden, erhalten Werbetreibende vice versa Angaben über die wechselnden Präferenzen ihrer Kunden. Durch die Interaktivität eignen sich die Geräte dazu, virale Effekte zu erzeugen und somit die Reichweite von Kampagnen zu erhöhen. Virale Effekte entstehen, wenn Konsumenten erhaltene Werbebotschaften an Empfänger weiterleiten, die nicht zur Initialgruppe der Kampagne gehören. Konsumenten bedürfen für die Nutzung der „tell-a-friend-Funktion" der Zustimmung des Freundes/Bekannten als Werbeempfänger.

Neben dem Reichweitenausbau wird so auch die Werbewirkung verstärkt, da Konsumenten Botschaften, die sie von persönlich bekannten Absendern empfangen, größere Aufmerksamkeit schenken. So werden auch Akzeptanz und Glaubwürdigkeit erhöht, da dem Absender kein werbliches Interesse unterstellt wird. Demnach steigern virale Effekte auch die Effektivität von Kampagnen.

- *Entertainment und Emotionalisierung*
  Konsumenten werden täglich mit tausenden von Werbebotschaften konfrontiert. Um aus dieser Masse hervorzustechen und in Erinnerung zu bleiben, muss Werbung unterhalten und Emotionen wecken. Kaum ein anderes Instrument ist dazu besser in der Lage als M-Marketing. Realisiert werden kann dies durch die Integration von interaktiven Elementen, Bewegtbildern, Sprache oder Musik.
- *Analyse von Konversionspfaden*
  Ein weiterer Vorteil des Mobile Marketing ist die Nähe zum Entscheider. Durch eine zielgruppengerechte Ansprache können Kaufentscheidungen unmittelbar beeinflusst bzw. durch M-Commerce-Angebote forciert werden. Zudem ist es durch Trigger-Kampagnen möglich, den Konversionspfad von Konsumenten zu analysieren bzw. zu optimieren. Ein Konversionspfad bezeichnet den (vordefinierten) „Weg" eines Konsumenten, bis er die gewünschte Aktion des Unternehmens ausgeführt hat, z. B. der Verlauf besuchter Webseiten bis zur Bestellung im Online-Shop. Dabei werden Botschaften nur versandt, wenn ein bestimmtes Ereignis oder eine Ereigniskette eingetreten sind, was die Relevanz der Botschaften steigert.

  So können Potenziale für Querverkäufe und Verkäufe höherpreisiger Produkte (Cross-/Upselling) ausgeschöpft und Lead-Kosten gesenkt werden. Ein Lead ist die Anzahl über einen bestimmten Kanal erfolgreich abgeschlossener Aktionen, z. B. Anfragen, Anmeldungen oder Bestellungen. Lead-Kosten berechnen sich wie folgt: Gesamtkosten pro Kanal/generierte Leads (in der gleichen Periode).

4 Mobile Marketing-Mix für Konsumgüter

Nachdem Ziele und Zielgruppen definiert wurden, werden auf Basis der Informationen über das Konsumentenverhalten Marketingstrategien und -maßnahmen abgeleitet. Letztere lassen sich den vier Instrumenten des Marketing-Mix zuordnen: Produkt-, Kontrahierungs-, Distributions- und Kommunikationspolitik. Entscheidend für den Erfolg des eingesetzten Marketing-Mix ist das Zusammenspiel der Maßnahmen innerhalb eines Instrumentalbereichs sowie der Instrumente untereinander. Der Einsatz von M-Marketing erstreckt sich demnach nicht nur auf die Kommunikationspolitik – auch in den restlichen Instrumenten findet es Anwendung.

Die Maßnahmen beeinflussen entweder zunächst die kognitiven und aktivierenden Prozesse oder direkt das Verhalten. Der Einfluss auf die psychologischen Prozesse kann mittels Marktforschungsstudien ermittelt werden. Die Beeinflussung des Verhaltens zeigt sich an Marktdaten wie Absatzzahlen oder Marktanteilen. Diese Erkenntnisse können wiederum als Grundlage für die Anpassung bestehender oder die Entwicklung neuer Maßnahmen dienen. Nachfolgend werden die Einsatzfelder von M-Marketing entlang des gesamten Marketing-Mix aufgezeigt, wobei nur diejenigen berücksichtigt wurden, die sich für die Vermarktung von Konsumgütern eignen.

4.1 Produktpolitik

Entscheidungen im Rahmen der Produktpolitik beziehen sich auf die Gestaltung des Leistungsprogramms eines Unternehmens (Produkte und Services). Mobile Anteile sind die Entwicklung mobiler Produktkomponenten (Mobile Features) oder Zusatzdienste (Mobile Add-on Services) für bestehende Produkte oder die Entwicklung neuer mobiler Produkte. Diese Angebote können kostenlos oder kostenpflichtig sein, wobei letztere zum M-Commerce zählen.

Ein Beispiel ist die Sonderausstattung ConnectedDrive Services von BMW, über die Fahrer ihr Smartphone mit dem Fahrzeug verbinden und zusätzliche Kommunikations- oder Auskunftsfunktionen nutzen können (BMW 2013).

Die Entwicklung von Mobile Features oder Services verfolgt vorwiegend das Ziel der Kundenbindung, während neue mobile Produkte auf die Kundengewinnung abzielen. In beiden Fällen kann eine Steigerung des Produkt-Involvements erreicht werden.

4.2 Kontrahierungspolitik

Im Rahmen der Kontrahierungspolitik werden Preise und Konditionen für die Leistungen des Unternehmens festgelegt. Die mobile Unterstützung erfolgt dabei primär in der Distribution preispolitischer Instrumente, z. B. durch Preisdifferenzierung.

Ein Beispiel sind SMS-Discounts bzw. Mobile Coupons, d. h. digitale Berechtigungsnachweise, die bei Vorlage einen Vorteil, z. B. einen Rabatt, versprechen. Da Konsumenten ihr Mobilgerät fast immer bei sich tragen, kann der mobile Rabatt direkt eingelöst werden – es wird somit Einfluss auf die Transaktionsbereitschaft genommen. Eine Effizienzsteigerung kann zudem durch die Reduktion von Streuverlusten erreicht werden. Dies lässt sich durch schnellen und ggf. orts- und zeitbezogenen Versand von Sonderangeboten erreichen, die auf die Präferenzen der Konsumenten abgestimmt sind.

4.3 Distributionspolitik

Entscheidungen, die sich auf die Versorgung der unterschiedlichen Vertriebsstufen mit den Leistungen des Unternehmens beziehen, sind der Distributionspolitik zuzurechnen. Mobile Maßnahmen finden hier primär im M-Commerce Anwendung. Durch die Verknüpfung von mobilen Transaktionsfunktionalitäten wird ein neuer, mobiler Vertriebskanal geschaffen. M-Commerce ist weder orts-, noch zeitgebunden und kann in klassische Werbeformen integriert werden.

Ein entscheidender Vorteil des M-Commerce ist zudem, dass kein Medienbruch zwischen der Bewerbung eines Produktes und dessen Kauf notwendig ist. Durch die direkte Bestellmöglichkeit wird ebenfalls Einfluss auf die Transaktionsbereitschaft von Konsumenten genommen. Dies trifft jedoch nur bei Produkten zu, die über einen Online-Shop bezogen werden können. Nur wenn die Online-Shops mobil optimiert sind, erleichtert dies die Navigation und Usability für die Konsumenten.

Für Hersteller, die ihre Produkte über einen (eigenen) Online-Shop vertreiben, ist auch die Einführung von Quick Response (QR-)Code Shopping eine Alternative. Dabei werden Codes auf Plakaten, in Anzeigen oder Katalogen integriert, die beim Scannen einen Produktkauf auslösen.

Beispiel
Als Vorreiter führte die Supermarktkette *Tesco* dieses Verfahren im Jahr 2010 in Südkorea durch, wo Konsumenten während des Wartens auf die U-Bahn über QR-Codes auf Plakaten mobil einkaufen konnten und die Produkte nach Hause geliefert bekamen. Die Online-Umsätze von Tesco stiegen innerhalb von drei Monaten um 130 % an und die App für das QR-Code-Shopping wurde in diesem Zeitraum mehr als 900.000-mal heruntergeladen (Flier 2012).

Auch Pilotprojekte von Konsumgüterherstellern werden bereits durchgeführt. So hat *Pampers* im Jahr 2012 eine absatzwirksame Plakatkampagne umgesetzt, in der Konsumenten per QR-Code die Produkte über Amazon oder Windeln.de beziehen konnten.

4.4 Kommunikationspolitik

Maßnahmen der Kommunikationspolitik dienen den Unternehmen dazu, sich selbst und die eigenen Leistungen gegenüber den Zielgruppen darzustellen. Mobile Marketing ist kein Instrument für Massenwerbung; es eignet sich aufgrund der eindeutigen Nutzerzuordnung sehr gut für individualisiertes Dialogmarketing, wo es auch die stärkste Anwendung findet. Zudem zeichnet es sich durch einen hohen Grad an Interaktion und Integration aus.

Mobile Marketing kann alleinstehend eingesetzt werden, erfolgversprechender ist jedoch die crossmediale Einbindung, da sie zu stärkeren Erinnerungs- und Wirkungseffekten führt. Daneben zeigt der mobile Kanal die stärkste Aktivierungsleistung; auch andere Produkte einer Dachmarke können durch Übertragungseffekte (*Spill-over-Effekte*) von M-Marketing profitieren.

Generell ist zwischen der Bereitstellung eigener mobiler Inhalte, der Integration von Werbung in fremde mobile Angebote (MAdvertising) und der Nutzung mobiler Response-Kanäle (Mobile Response) zu unterscheiden. Durch die Verbindung von Off- und Online-Kommunikation kommt M-Marketing auch bei der Verkaufsförderung zum Einsatz (Mobile Promotion).

4.5 Mobile Marketing Instrumente

Tab. 1 gibt einen Überblick über die Instrumente, die im Rahmen der Kommunikation im Mobile Marketing eingesetzt werden.

Tab. 1 Mobile Marketing Instrumente. (Quelle: Eigene Darstellung in Anlehung an Rieber 2017, S. 29)

Mobile Web	Mobile App	Mobile Advertising	Proximity Marketing
• Mobile Website • Mobile Shop • Mobile Search • E-Mail	• Mobile App • Mobile Shop Benachrichtigung	• Banner Ads • Interstitial Ads • Rich-Media Ads • Video Ads • Native Ads	• Location-Based-Marketing • Mobile Tagging • QR Codes • Beacons • NFC • Mobile Payment
Social Media & Content	**Messaging & Chatbots**	**Mobile Coupons**	**Augmented Reality**
• Social Media • Mobile Content	• SMS/MMS • Messenger • Chatbots • Personal Assistents	• Per SMS, E-Mail, App, Portale Arten: • Dialog- • Rabatt- • Treue- • Zugabe-Coupons	• Bilder • Bewegtbilder • Audio • Texte • 3D-Modelle

- Mobile Web
  Zu den eigenen mobilen Inhalten zählen u. a. mobile Websites, sogenannte mobile Microsites und mobile Anwendungen. Während früher separate Websites für die Darstellung in WAP-Browsern (Wireless Application Protocol) entwickelt werden mussten, unterstützen heute die meisten mobilen Browser die Websites.
  Architektur und Programmierung einer mobilen Website beeinflussen u. a. deren Erfolg. Mobile Microsites sind Websites, die mit einem bestimmten Ziel oder für eine bestimmte Kampagne erstellt werden. Auf diese Weise muss die primäre Website nicht angepasst werden und man kann flexibler agieren. Marken können sich auf einer Microsite trendiger und frecher darstellen, um gegebenenfalls virale Effekte zu erzeugen. Für Nischenbegriffe, die nicht auf der primären Website integriert werden können, ist so eine bessere Platzierung in Suchmaschinen möglich.
- Mobile App
  Mobile Endgeräte werden in der Regel mit einem vorinstallierten Betriebssystem und einigen Programmen ausgeliefert. Smartphones und Tablet-PCs können um zusätzliche Apps erweitert werden. Diese können (teil-)werbefinanziert oder als Werbeträger genutzt werden (In-App Advertising).
- Die Mobile Marketing Studie 2019 zeigte, dass die Deutschen eine Mobile App nur dann installieren, wenn sie darin einen klaren Mehrwert sehen. Die meisten Nutzer haben weniger als zehn Apps installiert. Aber 38 % bevorzugen eine App, wenn sie mobil mit einer Marke in Kontakt treten wollen, über einen Mobile Browser sind es 31 % (Adobe 2019).
  Mehr als 40 % der Nutzer von Apps deinstallieren diese, da diese sie nicht zufriedenstellten. Nutzer mobiler Applikationen haben eine viel höhere Erwartungshaltung als an Anwendungen auf Desktop oder Laptop. Die Erwartungen

sind jedoch sehr unterschiedlich und umfeld- und kontextabhängig (BVDW 2019).
- Mobile Advertising
Mobile Werbung in fremden mobilen Inhalten kann viele Formen annehmen und wird meist beim Surfen im mobilen Internet oder der Nutzung von Apps konsumiert. Ein Klick auf die Werbung leitet den Nutzer meist auf eine Website bzw. Microsite, eine Download-Seite oder löst den Anruf einer hinterlegten Rufnummer aus. Zu den bekanntesten Einsatzformen zählen: Bannerwerbung, Werbung auf dem Ruhebildschirm (Idle Screen) sowie mobile Kurznachrichten (Mobile Messaging). Auf die einzelnen Formen wird nachfolgend näher eingegangen.

Unternehmen können wie im klassischen Online-Marketing Banner und Grafiken auf mobilen Websites bzw. in mobilen Werbenetzwerken platzieren. Wird Text- oder Bildwerbung neben den Ergebnissen einer mobilen Suchmaschine angezeigt, handelt es sich um Mobile Search Engine Advertising. Die Werbung wird angezeigt, wenn sie relevant für die Suche des Nutzers ist, was anhand von definierten Schlüsselwörtern (Keywords) oder seiner räumlichen Position bestimmt wird. Kosten entstehen für Werbetreibende nur, wenn auf die Werbung geklickt wird. Auch mobile Kontextwerbung wird von mobilen Suchmaschinen bereitgestellt. Dabei wird die Bereitschaft der Werbekunden, für eine bestimmte Position zu zahlen, mit der Relevanz der Werbung für die Suchanfrage kombiniert. Angezeigt wird diese Werbung auf mobilen Websites mit relevantem Kontext, welche für diese Leistung entlohnt werden.

Bei Werbung auf dem Idle Screen werden Botschaften während des Ladevorgangs von Websites oder Anwendungen eingeblendet. Einige Sonderformen der Bannerwerbung, sogenannte „Inter- bzw. Superstitials", ermöglichen die Einblendung einer nahezu bildschirmfüllenden Fläche im Vorder- oder Hintergrund aktiver Anwendungen – vorausgesetzt es wurde kein Pop-up-Blocker aktiviert. Dies ist ein Programm, welches das unerwünschte Öffnen zusätzlicher Browserfenster unterbindet.

Mobile-TV bezeichnet die Nutzung von Fernsehprogrammen auf Mobilgeräten. Die beiden Hauptübertragungswege sind der Empfang über Rundfunknetze (einheitliches Programm für alle Nutzer) oder über Mobilfunknetze (individuelles Programm, Videostreaming). Hersteller haben die Möglichkeit Werbespots auch über Mobile-TV auszustrahlen, Werbung im Vor- bzw. Abspann (Pre-/Post-Roll Werbung) zu schalten oder Videoclips zu sponsern.

Des Weiteren kann der mobile Weg auch als *Response-Kanal* für Offline-Kampagnen genutzt werden. So können Konsumenten direkt mit dem Unternehmen in Kontakt treten, z. B. um per SMS/MMS an Promotions oder Gewinnspielen teilzunehmen oder Informationen anzufordern. Durch das QR-Code-Shopping können Produkte direkt bestellt werden, die in Anzeigen oder auf Plakaten beworben wurden. Auch M-Coupons stellen ein Response-Tool dar ebenso wie Mobile Votings, d. h. Umfragen in Bezug auf Produkte oder aktuelle Themen. Durch die Interaktionsmöglichkeit sollen das Involvement der Konsumenten gesteigert und eine messbare Response ausgelöst werden. Dieses Vorgehen dient gleichzeitig auch der Erfolgsmessung von Kampagnen.

Vor dem Hintergrund der zunehmenden Reizüberflutung müssen sich Unternehmen bei der Vermarktung ihrer Produkte von der Konkurrenz abheben, z. B. indem sie einen Mehrwert bieten oder sich Überraschungseffekte zunutze machen bzw. Neugierde wecken. Innovative und spannende Komponenten vermögen dies zu leisten, weshalb M-Marketing auch zunehmend in der VKF Anwendung findet. Offline-Elemente am POS werden dabei mit mobilen Elementen verbunden.

- Proximity Marketing
Bei *Location Based Services* (LBS) handelt es sich um standortbezogene Dienste, die Konsumenten unter Rückgriff auf positionsabhängige Daten selektive Botschaften zusenden oder Serviceangebote unterbreiten. Man unterteilt proaktive (Push-) und reaktive (Pull-)Dienste. Push-Dienste reagieren auf zuvor definierte Stimuli, z. B. das Betreten eines bestimmten Bereiches. Weiter verbreitet sind Pull-Dienste, die vom Nutzer explizit angefordert werden müssen. Sie zeigen Angebote in räumlicher Nähe zum Standort des Konsumenten auf. Unternehmen erleichtern ihren potenziellen Kunden so die Orientierung und erhöhen gleichzeitig Relevanz und Qualität der angebotenen Services. Dies wiederum steigert die Kundenzufriedenheit und im Idealfall letztlich auch die Zahlungsbereitschaft (Bauer et al. 2008, S. 209).

Unter *Mobile Tagging* wird die „Markierung für das Mobiltelefon" verstanden. Mit der Kamera im Mobilgerät können Strichcodes von gekennzeichneten Objekten ausgelesen werden. So werden reale Gegenstände mit digitalen Informationen verknüpft („Physical World Connection"). Meist werden dazu 2D-Barcodes eingesetzt, also optoelektronisch lesbare Schriften, die aus verschieden breiten Punkten oder Strichen bestehen. Die Vorteile derartiger Codes liegen darin, dass sie eine hohe Dichte an Nutzerinformationen auf kleiner Fläche und die Möglichkeit, verschiedene Dateiformate zu hinterlegen, bieten. Sie sind vielseitig anwendbar und bieten Konsumenten eine schnelle und einfache Konnektivität zu mobilen Diensten.

Als bekannteste Beispiele für 2D-Barcodes mit ISO-Norm sind der *QR-Code* und die *DataMatrix* zu nennen. Die häufigsten Code-Inhalte beim Mobile Tagging sind Internet-Adressen, sog. „Uniform Resource Locators" (URLs), die direkt im Browser geöffnet werden. Auch Transaktions- oder Zugangscodes, die den einmaligen Zugriff auf bestimmte Daten oder Vorteile ermöglichen, sind oft zu finden. Trotz vielfältiger Einsatzmöglichkeiten sind die Nutzungsraten bisher gering. Technische Voraussetzung für die Nutzung ist neben einer integrierten Kamera eine spezielle Software (Reader), die kostenlos heruntergeladen werden kann. Derzeit bleibt Mobile Tagging noch hinter seinen Möglichkeiten zurück, die Akzeptanz auch im M-Marketing für Konsumgüter ist nicht hoch. Es stellt eine Alternative mit gutem Preis-/Leistungsverhältnis dar, um Informationen oder Transaktionsmöglichkeiten zu hinterlegen.

Beacons und *Near Field Communication* wird häufig im stationären Einzelhandel eingesetzt. Beacons (Leuchtfeuer) können bei entsprechender Permission mit den Nutzern vor Ort kommunizieren und sie über das Smartphone ansprechen. Gutscheine und aktuelle Aktionen können darüber verbreitet werden, auch eine Indoor-Navigation zu einem gesuchten Produkt ist dazu geeignet, Einkaufsprozesse zu unterstützen.

Mobile Payment umfasst bargeldlose Bezahlvorgänge, bei denen Konsumenten mobile elektronische Techniken einsetzen. Die Bezahlung kann dabei auf unterschiedlichen Wegen erfolgen. So kann sie in regulären Online-Shops beispielsweise über das mobile Internet abgewickelt werden. Auch möglich ist die Bezahlung über einen Kartenleser (Card Reader), der in die Audiobuchse des Mobilgeräts gesteckt wird und über den anschließend eine EC- oder Kreditkarte eingelesen wird. Ein anderer Ansatz ist die Abwicklung über NFC. Dabei können NFC-fähige Kreditkarten auf ein mobiles Endgerät kopiert und als mobiles Zahlungsmittel eingesetzt werden. Der Konsument hält dazu sein Gerät an ein spezielles Lesegerät bei teilnehmenden Händlern und der Betrag wird von seinem Konto abgebucht.

Konsumgüterhersteller können mit Anwendungen für sogenannte digitale Brieftaschen (*Mobile Wallets*) zusammenarbeiten. Dabei handelt es sich um mobile Gutschein- und Kreditkartenspeicher für Konsumenten. Hersteller können darüber M-Coupons verteilen oder sonstige Promotions durchführen.

- Social Media & Content
  Da auf die Sozialen Medien und Content auf Webseiten vielfach mit Mobilen Geräten zugegriffen wird, müssen diese so optimiert werden, dass die Nutzer keine, oder nur akzeptierte, Nachteile in der Bedienerfreundlichkeit erleben.
- Messaging & Chatbots
  Die *Messenger Apps* (WhatsApp) haben eine hohe Bedeutung gewonnen und zum Teil die Nutzung von Social Media verdrängt. Im Mobile Messaging wie auch in SMS und MMS kann Werbung platziert werden. Bei sogenannten sponsored SMS/MMS akzeptieren Nutzer für den kostenlosen Versand einer Nachricht, dass diese Werbebotschaften des Anbieters enthält. Da der Nachrichtenversand heute oft pauschal (Flatrate) abgerechnet wird, verlieren sponsored SMS/MMS an Attraktivität. Bestehen Nachrichten komplett aus der Werbebotschaft eines Unternehmens, handelt es sich um sogenannte „commercial" SMS/MMS. Deren Vorteil liegt in der integrierten Response-Möglichkeit. Möchten Nutzer regelmäßig Informationen von bestimmten Marken erhalten, können sie Benachrichtigungssysteme in Apps oder mobile Newsletter abonnieren (Holland und Bammel 2006, S. 76–82).
- Mobile Coupons
  Über Apps, E-Mails oder Portale im Internet können *Mobile Coupons* verbreitet werden, die im Stationären Handel oder im E-Commerce für Rabatte oder Zugaben eingelöst werden.
- Augmented Reality
  Mit *Augmented Reality* (AR), der „erweiterten Realität", wird die computergestützte Erweiterung der Realitätswahrnehmung umschrieben. Dabei werden Bilder oder Videos in Echtzeit durch Einblendung oder Überlagerung computergenerierter Zusatzinformationen oder virtueller Objekte ergänzt. Reale und virtuelle Elemente werden kombiniert und stehen in dreidimensionalem Bezug zueinander.

Die Einsatzgebiete von AR sind weitreichend; auch im Mobile Marketing findet es Anwendung. So bekommen Konsumenten beispielsweise beim Betrachten von Plakaten, Anzeigen oder Produkten mit versteckten Markern durch die Kamera ihres mobilen Endgeräts zusätzlich virtuelle Objekte bzw. Informationen eingeblendet. Voraussetzungen dafür sind spezielle Apps, eine integrierte Kamera, ein GPS-Empfänger sowie optional Beschleunigungssensoren zur Bestimmung der Blickrichtung.

Besonders attraktiv ist AR für Konsumenten bei der Wohnungseinrichtung. Jeder zweite Internetnutzer findet AR nützlich, wenn es darum geht, die eigenen Räume zu filmen und die Wohnungseinrichtung bzw. Wandgestaltung durch Einblendung verschiedener Möbelstücke bzw. Tapeten entsprechend zu planen. Auch die virtuelle Anprobe von Modeprodukten stößt auf Interesse.

5   Mobile Marketing im Kaufentscheidungsprozess

▶   Für Konsumgüterhersteller ist es sinnvoll, ihre Mobile-Marketing-Aktivitäten an den Konsumentenbedürfnissen entlang des Kaufentscheidungsprozesses auszurichten. In den einzelnen Phasen sind verschiedene Mobile Marketing-Instrumente geeignet, um die jeweiligen Konsumentenbedürfnisse zu befriedigen und relevante Botschaften zu senden.

Bei der Konzeption der Mobile-Marketing-Maßnahmen ist zunächst festzulegen, welchen *Mehrwert* sie bieten sollen. Der Mehrwert kann aus Informationen, Funktionalitäten, Unterhaltung oder einem geldwerten Vorteil bestehen. Je nach der erwarteten Zahlungsbereitschaft der Zielgruppe können die Mehrwerte kostenpflichtig oder frei angeboten und eventuell durch Werbung finanziert werden. Gesteigert werden können diese Mehrwerte und somit auch Involvement und Werbewirkung durch Personalisierung, Interaktion und Individualisierung.

Zum möglichst effizienten Einsatz der Instrumente des Mobile Marketings sollten möglichst viele Kundendaten gewonnen, ausgewertet und angewendet werden. Um die Daten erfolgreich einsetzen zu können, bedarf es ihrer Integration in eine zentrale Datenbank, z. B. ein *Data Warehouse* bzw. Preference Center. Dieses umfasst sämtliche Daten über das Kaufverhalten der Kunden (Kundenprofile) und bildet die Basis für die Datenanalyse, die zu Beginn jeder Kampagnenplanung stattfinden sollte – gerade bei Push-Kampagnen. Sie ermöglicht zudem, Cross-Selling-Potenziale zu ermitteln und Angebote zu personalisieren.

Zudem sollten die *Bedürfnisstruktur* der Zielpersonen und ihr Nutzungsverhalten mobiler Endgeräte im Entscheidungsprozess bei der Konzeption berücksichtigt werden. Dabei sind die Produktkategorie und damit einhergehend das Involvement sowie der Typ der Kaufentscheidung entscheidend. Die Konsumgüterkategorien lassen sich den Kaufentscheidungstypen zuordnen. Nicht alle Prozessphasen werden bei allen Kategorien gleich intensiv durchlaufen. Je höher das Involvement, desto größer die Bereitschaft von Konsumenten, sich mit Werbebotschaften auseinanderzusetzen. Dennoch eignet sich M-Marketing grundsätzlich auch für Low-Involvement-Produkte – Instrumente und Inhalte unterscheiden sich jedoch (Wurster 2010, S. 86 f.).

Auch die Erkenntnis, dass in den einzelnen Kaufentscheidungstypen unterschiedliche psychische Prozesse dominieren, sollte bei der Konzeption beachtet werden. So sollte der Fokus bei dominierenden kognitiven Prozessen auf der Informationsvermittlung liegen. Bei dominierenden affektiven Prozessen empfiehlt sich hingegen der Einsatz emotionaler Stimuli. Daneben sind auch Kombinationen mit Elementen aus beiden Extremen möglich (Kroeber-Riel et al. 2009, S. 637). Dies hat Auswirkungen auf die Auswahl der Instrumente, die Gestaltung der Botschaften und die zu vermittelnden Inhalte.

▶ In der Durchführungsphase empfiehlt sich eine kontinuierliche *Konversionsoptimierung* – insbesondere bei Maßnahmen im mobilen Internet. Es genügt nicht, dass Konsumenten die mobile Website eines Unternehmens aufrufen, sie sollen je nach Zielsetzung eine hohe Verweildauer aufweisen oder sofern möglich einen Einkauf tätigen. Aus diesem Grund sollten direkte Response-Möglichkeiten integriert und kontinuierlich optimiert werden.

Nach Ablauf der Kampagne sollte eine abschließende *Erfolgsmessung* der Aktivitäten erfolgen, indem die Response bezogen auf zuvor definierte Ziele ermittelt wird. Die Erkenntnisse finden wiederum Einsatz bei der Konzeption zukünftiger Maßnahmen oder im Rahmen des *mobilen Kundenbeziehungsmanagements* (mCRM) (mobile Customer Relationship Management). Es ist zu unterscheiden, ob der Erfolg von M-Marketing-Kampagnen selbst gemessen wird oder ob M-Marketing-Instrumente eingesetzt werden, um den Erfolg von Offline-Kampagnen zu ermitteln. Durch mobile Befragungs-Tools oder die Analyse des Nachfrageverhaltens können wertvolle Kundendaten gesammelt werden. Dazu bietet sich die Messung von Kennzahlen wie Teilnahme- oder Einlösequoten, Seitenaufrufen (Page Impressions) oder Transaktionsquoten im M-Commerce an. Auch die Kapitalrendite (Return on Investment, ROI) von M-Marketing-Kampagnen kann ermittelt werden. Dazu muss jeder Handlung von Konsumenten, z. B. einer Registrierung oder einem Download, ein monetärer Wert, d. h. den relativen Wert der Konversion, zugewiesen werden (Krum 2012, S. 65–69, 75, 86–87, 123). Mithilfe des ROI oder des Tausenderkontaktpreises (TKP) lassen sich zudem verschiedene Dialogmarketing-Instrumente vergleichen.

Durch die *Orts- und Zeitbezogenheit* können unmittelbar Rückschlüsse auf die Effizienz unterschiedlicher Werbeformen, -inhalte oder -orte gezogen werden. Nutzungsintensität und Attraktivität bestimmter Medien oder Angebote lassen sich u. a. durch die *Click-through-Rate* (CTR) oder die Verweildauer bestimmen. Durch die Interaktionsmöglichkeit mit dem Nutzer ist die Messung im Vergleich zu Offline-Medien deutlich einfacher. Laufende Kampagnen können permanent überwacht und an veränderte Rahmenbedingungen oder Nutzerinformationen angepasst werden.

Mit Hilfe von *A/B-Tests* können durch direkten Vergleich die effektivsten Parameter ausgewählt werden. Dabei werden zwei Kampagnen mit unterschiedlichen Parametern parallel geschaltet und nach der Testphase diejenige mit der geringeren

Konversion eingestellt. Verglichen mit anderen Medien können Anpassungen schnell und mit geringerem Aufwand erfolgen.

Es muss differenziert werden, ob Hersteller ihre Produkte über einen eigenen Online-Shop, über Online-Shops von Drittanbietern oder über den stationären Handel vertreiben. Je nach Vertriebsweg bestehen unterschiedliche Möglichkeiten, den Produktkauf mittels M-Marketing zu forcieren bzw. andere Subzielsetzungen zu verfolgen. Einige der nachfolgenden Maßnahmen ähneln dem klassischen Online-Marketing, da mobile Endgeräte oftmals für den mobilen Internetzugriff genutzt werden.

Die Tab. 2 zeigt Instrumente des Mobile Marketings in den Phasen des Kaufentscheidungsprozesses.

6 Einstellungen der Nutzer zum Mobile Marketing

Stärken des Mobile Marketings aus Sicht der Unternehmen und der Nutzer liegen darin, dass ein Mobiltelefon für viele ein sehr emotionales, individuelles Gerät ist, das dem Menschen sehr nahe kommt. Individuelle Logos, Hintergrundbilder, Schutzhüllen und andere Verzierungen belegen die *Emotionalität* der Beziehung (siehe Tab. 3). Unternehmen, die aktiv Mobile Marketing betreiben, können mit einer positiven Imagewirkung rechnen, da Mobilität und technischer Fortschritt positiv belegt sind. Ohne Medienbruch kann in Echtzeit überall mit dem Kunden individuell kommuniziert werden. Der Nutzer muss die Botschaft oder seine Kundenkarte nicht physisch aufheben und beim Einkauf griffbereit haben. Wenn es einem Unternehmen gelingt, seine App oder ein Hintergrundbild auf dem Mobiltelefon zu platzieren („the brand in your pocket"), führt dies zu einer hohen Kontakthäufigkeit. Der Kunde ist lokalisierbar und der Erfolg ist gut kontrollierbar.

Das relativ kleine Display vieler Smartphones stellt eine *Herausforderung* für die Gestaltung der Botschaft dar, auch sind viele Geräte unterschiedlicher Generationen im Einsatz, so dass neue Technologien bei veralteten Geräte zu technischen Problemen führen können. Die Kosten für die Nutzer sind angesichts der häufig Flatrate-Tarife nicht mehr so relevant, aber die notwendige Permission für Push-Kampagnen schränkt die Reichweite ein.

Die Studie „Moderne mobile Nutzererfahrungen" aus dem Jahr 2019 fand heraus, dass 53 % der User-Besuche auf mobilen Anwendungen bei *Ladezeiten* von von mehr als 3 Sekunden abgebrochen werden. Ein schlechtes Onlineerlebnis wirkt sich direkt auf die Meinung über die entsprechende Marke aus (65 % der Verbraucher).

Die Studie gliedert die *Nutzererwartungen* in die vier Bereiche: Performance, Funktionalität, Content und Sicherheit (BVDW 2019).

- Performance:
  Für die meisten Nutzer sind schnell ladende Inhalte eines der wichtigsten Kriterien. Auch in schwierigen Netzwerkumgebungen wird eine schnelle, nahtlose Darstellung von Inhalten und Werbeanzeigen verlangt. Die Nutzer wünschen einen einfachen und schnellen Zugang zu Informationen bei einwandfreier Performance der Anwendung.

Tab. 2 Mobile Marketing im Kaufentscheidungsprozess. (Quelle: Eigene Darstellung)

1. Bedarfserkennung	2. Informationssuche	3. Alternativenbewertung	4. Kauf	5. Nachkauf
• Optimierung der Internetpräsenzen für mobile Endgeräte • Websites reaktionsfähig anlegen • Responsive Design ermöglicht die automatische Skalierung einer Website auf verschiedene Bildschirmgrößen • Wichtigkeit guter Suchmaschinenplatzierung	• Mobile Search Engine Optimization und –Advertising	• Produktbewertungsportale • Blogger-Management	• Online-Shop • Shopping-Apps • Mobile Coupons • Mobile Promotion • Mobile Payment	• Mobile Customer Relationship Management durch Apps • Social Media Plugins

Tab. 3 Stärken und Herausforderungen des Mobile Marketings. (Quelle: Eigene Darstellung)

Stärken:	Herausforderungen:
• Emotionalisierung, Individualisierung der Mobiltelefone • Positive Imagewirkung auf das Unternehmen • Individualisierte Informationen • Direkter Dialog ohne Medienbruch • Ubiquität • Lokalisierbarkeit • Mehrwert für den Kunden • Kommunikation in Echtzeit • Convenience • Kontakthäufigkeit (Logo oder Hintergrundbild eines Unt.) • Nicht physische Aufbewahrung der Botschaft • Erfolgskontrolle	• Kleines Display • Technische Unzulänglichkeiten bei neuen Technologien • Nutzung ist mit Kosten für den Nutzer verbunden • Geringe erzielbare Reichweite, wegen Permission

- Funktionalität
  Seiten und Inhalte müssen nahtlos zu navigieren sein mit bedienerfreundlichen Seitendesigns und -funktionen. Es wird eine Unterstützung der mobilen Nutzerinteraktion gefordert, die wiederholte Besuche vereinfacht und unnötige Eingaben und Klicks reduziert. Barrieren wie der Nutzer-Login oder komplizierte Formalitäten beispielsweise beim Mobile Payment sollen so weit wie möglich abgebaut werden. Mobile Nutzer erwarten ein gutes, verständliches Design und eine hervorragende Usability.
- Content
  Die Erwartungen richten sich an schnelle, relevante und kontextabhängige Erlebnisse. Relevante Inhalte sollen einfach und intuitiv und möglichst individualisiert ausgeliefert werden. Wenn Werbung akzeptiert werden soll, dann muss diese im angepassten Look and Feel des Umfeldes erscheinen.
- Sicherheit
  User erwarten eine sichere Umgebung bei der Nutzung von digitalen Inhalten und Services. Sie setzen eine hohe Zuverlässigkeit, vor allem im Umgang mit personenrelevanten Daten, voraus, ohne sich Gedanken über Technologie machen zu müssen. Dabei sind einfache Registrierungsvorgänge bei Shops und Apps wichtig, und Zertifizierungen wirken vertrauensbildend. Der Desktop wird gegenüber der App in der Regel bevorzugt, wenn es um die Eingabe sensibler Daten geht (BVDW 2019).

7 Schlussbetrachtung und Ausblick

Im internationalen Vergleich ist Deutschland im Bereich Mobile Marketing noch rückständig. Dies liegt zum einen an der geringen *Technologie-Affinität* der Deutschen und der damit einhergehend geringen Verbreitung mobiler Endgeräte und die im internationalen Vergleich geringe Nutzung.

Mobile Marketing eignet sich nicht für alle Konsumgüterhersteller. Generell sollte im Vorfeld überprüft werden, ob M-Marketing als Kommunikationskanal zur *Zielgruppe* bzw. zum gegenwärtigen oder angestrebten *Image* passt. Je ungewöhnlicher die Werbeidee, desto kritischer sollte dies hinterfragt werden, um einen Misserfolg der Kampagne und, noch wichtiger, einen Imageschaden zu verhindern. Der Einsatz von M-Marketing ist nicht nur Produkten aus den niedrigen Preissegmenten vorbehalten, auch für hochpreisige Produkte kann es eingesetzt werden.

Insbesondere namhafte Marken können von den Möglichkeiten des Instrumentes profitieren, da Mobile Marketing zur Erhaltung des Markenwertes bzw. zum Aufbau von Markentreue beitragen kann. Zudem haben große Marken in der Regel auch mehr finanzielle, personelle sowie technische Ressourcen zur Verfügung, um neue Technologien und Werbeformen zu testen. Hinzu kommt, dass sie meist auch über vielfältige Informationen über ihre Kunden verfügen, was bei der Segmentierung und Ausgestaltung der M-Marketing-Aktivitäten von Vorteil ist.

Die Studie „Digitale Nutzung in Deutschland 2018" (siehe Abb. 2) zeigt, dass mit 47 % fast die Hälfte der Deutschen „eigentlich immer" ihr Smartphone nutzen, bei den 14- bis 24-jährigen sind dies 74 %. Nur 13 % nutzen fast nie oder gar nicht ein Smartphone.

Die deutschen Konsumenten stehen Mobile Marketing bislang *skeptisch* gegenüber und sind noch nicht von der persönlichen Relevanz und dem Mehrwert der Dienste überzeugt. In einer Studie von Mindline Media gaben 21 % derjenigen Befragten, die Smartphone oder Tablet mindestens selten nutzen, an, dass sie gelegentlich auf Werbung klicken, die sie auf ihrem Smartphone oder Tablet sehen. 15 % halten diese Form von Werbung für nützlich und hilfreich und 14 % für oft unterhaltsam (Mindline Media 2019). Die negativen Meinungen zu Mobile Werbung finden sich allerdings bei einem deutlich höheren Anteil. 76 % bevorzugen Apps ohne Werbung, 71 % führen sich gestört durch Werbung auf dem Smartphone oder Tablet, 70 % behaupten diese zu ingnorieren und 35 % nutzen Adblocker (Mindline Media 2019).

8 Fazit

Dem Mobile Marketing wird weiteres Wachstum prognostiziert – insbesondere im Konsumgüterumfeld. Das steigende Produktangebot und die damit einhergehende Austauschbarkeit der Produkte machen es notwendig, sich durch innovative Marketingstrategien vom Wettbewerb abzuheben. Je schneller sich ein Produkt dreht, desto entscheidender die Abgrenzung, denn Preise und Bewertungen sind heute jederzeit mobil abrufbar. Daher liegt eine Besonderheit für das Mobile Marketing von Konsumgüterherstellern in der Notwendigkeit, emotionale Kundenbeziehungen aufzubauen. Die reine Markenkommunikation ist dabei untergeordnet; primär sollten der Dialogaufbau forciert und Mehrwerte geboten werden. Im M-Commerce müssen zudem Wege gefunden werden, die fehlende physische Produktbeurteilung wettzumachen und Sicherheitsbedenken abzubauen.

Mobile Marketing

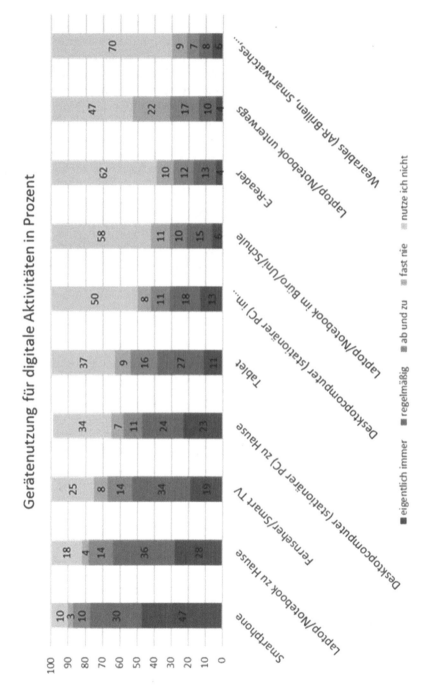

Abb. 2 Nutzung digitaler Geräte in Deutschland. (Quelle: Eigene Darstellung, vgl. BVDW 2018, S. 19)

In diesem Zusammenhang ist auch der technologische Fortschritt zu berücksichtigen. Schnellere Übertragungsbandbreiten eröffnen neue Möglichkeiten im M-Marketing. Allerdings bedarf es noch einiger Zeit, bis die Netze flächendeckend ausgebaut sind, die benötigten Endgeräte eine gewisse Verbreitung erreicht haben und die benötigten Mobilfunkverträge günstiger und somit attraktiver für die Konsumenten geworden sind. Auch eine herstellerunabhängige Interoperabilität zwischen den verschiedenen parallel existierenden Netz- und Endgerätestandards bzw. Anwendungsformaten wäre ein weiterer Wachstumsschub für das M-Marketing.

Unternehmen, die sich dem Trend des mobilen Marketings verschließen, riskieren mittelfristig Zielgruppen- und Umsatzpotenziale zu verschenken. Konsumenten erwarten in Teilen bereits eine Ansprache auf mobilen Kanälen bzw. entsprechende Angebote – insbesondere von innovativen Marken. Bereits heute ist Mobile Marketing von kontinuierlichen Innovationen geprägt, seien dies neue Technologien, Anwendungen oder Werbeformen. Dabei handelt es sich allerdings häufig um technologieinduzierte Innovationen (Technology Push). Insbesondere vor dem Hintergrund der langsamen Adoptionsrate der Deutschen gilt jedoch, dass sich die Aktivitäten an den Bedürfnissen der Konsumenten ausrichten sollten (Need Pull). Eine „Übertechnisierung" kann abschreckend wirken, denn einige Techniken, z. B. Augmented Reality, müssen erst noch gelernt werden.

Literatur

Adobe. (2019). *Mobile Marketing Studie 2019*. https://blogs.adobe.com/digitaleurope/mobile-marketing-de/mobile-marketing-studie-mobile-first-ist-noch-nicht-in-deutschland-angekommen. Zugegriffen am 11.02.2020.

Bauer, H., Reichardt, T., & Bökamp, M. (2008). Konsumentenakzeptanz von Location Based Services. In H. Bauer, T. Dirks & M. Bryant (Hrsg.), *Erfolgsfaktoren des M-Marketing – Strategien, Konzepte und Instrumente* (S. 206–220). Berlin/Heidelberg: Springer.

BMW. (2013). *BMW ConnectedDrive*. http://www.bmw.de/de/footer/publications-links/technology-guide/bmw-connecteddrive.html. Zugegriffen am 11.02.2020.

BVDW. (2018). *Nutzung digitaler Geräte in Deutschland 2018*. https://www.bvdw.org/fileadmin/user_upload/BVDW_Marktforschung_Digitale_Nutzung_in_Deutschland_2018.pdf. Zugegriffen am 09.12.2019.

BVDW. (2019). *Moderne mobile Nutzererfahrungen 2019*. https://www.bvdw.org/themen/publikationen/detail/artikel/leitfaden-moderne-mobile-nutzererfahrungen/. Zugegriffen am 28.11.2019.

Clemens, T. (2003). *M-Marketing – Grundlagen, Rahmenbedingungen und Praxis des Dialogmarketings über das Mobiltelefon*. Düsseldorf: VDM Verlag Dr. Müller.

Flier, S. (2012). *Der Supermarkt im Smartphone*. http://www.lebensmittelzeitung.net/business/standorte/handelsformate/protected/Online-Handel_6221_12948.html. Zugegriffen am 26.06.2013.

Förster, K. (2010). Erfolgsfaktoren für virales Mobilmarketing: Eine empirische Studie der Rahmenbedingungen und Anforderungen. In K. Fallend et al. (Hrsg.), *Perspektiven mobiler Kommunikation – Neue Interaktionen zwischen Individuen und Marktakteuren* (S. 76–103). Wiesbaden: VS.

Holland, H., & Bammel, K. (2006). *Mobile Marketing – Direkter Kundenkontakt über das Handy*. München: Vahlen.

Initiative D21. (2013). *Studie Mobile Internetnutzung – Entwicklungsschub für die digitale Gesellschaft!*. http://www.initiatived21.de/wp-content/uploads/2013/02/studie_mobilesinternet_d21_huawei_2013.pdf. Zugegriffen am 05.05.2013.

Kavassalis, P., et al. (2009). Mobile Permission Marketing – Framing the Marketing Inquiry. *International Journal of Electronic Commerce, 8*(01/2003), 55–79. London: Taylor & Francis.

Kroeber-Riel, W., Weinberg, P., & Gröppel-Klein, A. (2009). *Konsumentenverhalten* (9. Aufl.). München: Vahlen.

Krum, C. (2012). *M-Marketing – Erreichen Sie Ihre Zielgruppen (fast) überall*. München: Addison-Wesley.

Mindline Media. (2019). *Media Intelligence Bus 2019*. https://www.horizont.net/marketing/nachrichten/mindline-umfrage-nutzer-sind-von-mobiler-werbung-genervt-175078. Zugegriffen am 09.12.2019.

Michael, A., & Salter, B. (2006). *M-Marketing – Achieving competitive advantage through wireless technology*. Oxford: Butterworth-Heinemann.

MMA. (2009). MMA *Updates Definition of Mobile Marketing*. http://www.mmaglobal.com/node/11102. Zugegriffen am 09.08.2013.

Möhlenbruch, D., & Schmieder, U. (2002). Mobile Marketing als Schlüsselgröße für Multichannel-Commerce. In G. Silberer, J. Wohlfahrt & T. Wilhelm (Hrsg.), *Mobile Commerce – Grundlagen, Geschäftsmodelle, Erfolgsfaktoren* (S. 67–89). Wiesbaden: Springer.

Reust, F. (2019). *Strategie: M-Marketing – Grundlagen, Technologien, Fallbeispiele*. St. Gallen/Zürich: Midas Management.

Rieber, D. (2017). *Mobile Marketing, Grundlagen, Strategien, Instrumente*. Wiesbaden: Springer.

Statista. (2019). https://de.statista.com/statistik/daten/studie/165574/umfrage/umsatzentwicklung-von-mobiler-onlinewerbung-seit-2005/. Zugegriffen am 25.11.2019.

Steimel, B., Paulke, S., & Klemann, J. (2008). *Praxisleitfaden M-Marketing – Status Quo, Erfolgsfaktoren, Strategien & Trends*. Meerbusch: STRATECO.

Turowski, K., & Pousttchi, K. (2004). *Mobile Commerce – Grundlagen und Techniken*. Berlin/Heidelberg: Springer.

Wohlfahrt, J. (2002). Wireless advertising. In G. Silberer, J. Wohlfahrt & T. Wilhelm (Hrsg.), *Mobile Commerce – Grundlagen, Geschäftsmodelle, Erfolgsfaktoren* (S. 245–263). Wiesbaden: Springer.

Wriggers, S. (2006). *Markterfolg im Mobile Commerce – Faktoren der Adaption und Akzeptanz von M-Commerce-Diensten*. Wiesbaden: Gabler.

Wurster, A. (2010). *Mobile Marketing als Instrument für Below-the-Line Advertisement – Entwicklungen der mobilen B2C-Kommunikation im deutschen Markt*. Saarbrücken: VDM.

Teil V

Strategien des Online-Marketings

Internet als Marketinginstrument

Ein Überblick der Werbeorientierten Kommunikationspolitik im Digitalen

Matthias Mühlenhoff und Dominik Rudloff

Inhalt

1 Einleitung: Digital in der Marketing Kommunikation – Eine holprige Journey zur Consumer Journey 492
2 Digital heißt Automation, Daten und Maschinen zu beherrschen 502
3 Die Haupt-Instrumente des Digitalen Marketings 507
4 Ausblick und Zusammenfassung 525
Literatur 526

Zusammenfassung

Seit Aufkommen des Internets und dem Siegeszug digitaler Technologien haben sich mehr Optionen ergeben, mit den Menschen, die sich darin tummeln oder digitale Techniken nutzen, zu kommunizieren, als dass Marketingorganisationen hinterherkämen. So schnell, wie die Möglichkeiten kommen und gehen, so exponenziell steigen auch die technischen Angebote, Konsumenten zielgerichtet zu erreichen,- personalisiert, individualisiert, datengetrieben. Was ist der Status der Optionen? Welche Wege kann das digitale Marketing gehen? Wie sind die Grundzusammenhänge? Wie erschließen wir einen Wettbewerbsvorteil durch digitale, personalisierte Kommunikation?

Schlüsselwörter

Digital Marketing · Data-driven · Optionen · Journey · Überblick

---

M. Mühlenhoff (✉) · D. Rudloff
Publicis Groupe Germany, Hamburg, Deutschland
E-Mail: matthias.muehlenhoff@publicisgroupe.com; m.muehlenhoff@gmail.com; dominik.rudloff@digitaspixelpark.com

© Springer Fachmedien Wiesbaden GmbH, ein Teil von Springer Nature 2021
H. Holland (Hrsg.), *Digitales Dialogmarketing*,
https://doi.org/10.1007/978-3-658-28959-1_21

1 Einleitung: Digital in der Marketing Kommunikation – Eine holprige Journey zur Consumer Journey

Um heutzutage Zielgruppen gezielt werblich anzusprechen, ist eine umfassende Kommunikationsstrategie erforderlich, die die (potenziellen) Kunden auf ihren individuellen Customer Journeys begleitet und damit letztlich die Kauf- und Wiederkaufentscheidung nachhaltig zu beeinflussen sucht.

Aber dieser Plan besteht unabhängig von Zeitalter und Zielgruppe und bleibt nie statisch. In jedem Zeitalter haben wir neue Wege erfunden, um unsere Kreativität spielen zu lassen, Technologie des Tages zu nutzen und immer diejenigen Werkzeuge einzusetzen, die sich Hand in Hand mit den kreativen und taktischen Ideen entwickelt haben.

Jede neue Möglichkeit und jedes neue Format erzeugt auch neue Kommunikation in Form von Geschichten und Customer Journeys, um Marken mit ihren Kunden sprechen zu lassen. Mit der Digitalisierung und dem Internet als Kernapplikation explodierten die Möglichkeiten.

Neue Formate und Möglichkeiten zur Kommunikation entstanden und entstehen schneller, als die Marketingteams diese ausreichend schnell ausreichend lernen und erfahren konnten. Menschen finden kleine Bildschirme besser als größere. Ganze Industrien werden durch Apps umgeworfen. Die großen Stars der Populärkultur erzeugen sich selbst zu Hause und nennen sich Influencer (Faktenkontor, IMWF 2019). Die Front-facing camera des Smartphones definiert die Identität einer ganzen Generation. „Man könnte die Generation Z Generation Selfie nennen, weil es sich so sehr um sie selber dreht und weil ein Selfie auch ein weiteres Mittel ist, das eigene Leben zu kontrollieren. An der Zahl der Likes bewerten sie, wie gut das Erleben war. 85 % Prozent der Jugendlichen und jungen Erwachsenen zwischen 14 und 21 Jahren machen Selfies (...)", so Ines Imdahl, Geschäftsführerin des Marktforschungs-Unternehmens Lönnecker & Imdahl rheingold salon. Das Phänomen Selfie hat das Institut 2018 in einer tiefenpsychologisch-repräsentativen Studie untersucht.

Tatsächlich wurden alle scheinbar klaren Marketingzusammenhänge und -systeme umgekrempelt und wir von der Kommunikation begannen, uns ständig zu verändern. Die Marketingindustrie reagiert bis heute meist immer noch mit der Behauptung, dass sich nicht wirklich viel geändert habe. Und es wird behauptet, dass Teams in Prozessen der 80er-Jahre mit Kreation für analoge Formate immer noch jedes Kundenproblem lösen könnten. Gnädig wird noch analoge Kommunikation in digitale Kanäle „verlängert", ohne Wissen und Auseinandersetzung damit. Kein Wunder, dass das Vertrauen zwischen Werbetreibenden und Kommunikationsagenturen gelitten hat und das Ansehen der Kommunikationsbranche in freiem Fall ist. Das zeigt sich insbesondere dadurch, dass immer seltener langfristig zusammengearbeitet wird (Bathen und Jelden 2016).

Jean-Remy von Matt fand sogar, dass „Agenturen oft nur noch ‚quengelnd hinten im Kindersitz' mitfahren" und dass es um ihr Ansehen nicht zum Besten bestellt ist. Trotzdem kann das auch ein Gefühl sein, wenn man in der Branche ist, denn außerhalb der Branche wollen alle rein. Consulting-Firmen wie Accenture und

Deloitte kaufen sich ein (Breyer 2019) und Kunden wollen es selbst probieren – und das teilweise mit guten Erfolgen (Atkins 2019).

Die Herausforderung: Die Kommunikationsbranche nutzt Strategie, Kreativität und Technologie, um Marken mit deren Kunden zu verbinden. Aber man hat mit dem Blick auf frühere Erfahrungen, dem Respekt vor der Atomisierung der Möglichkeiten und dem Drang auf Beharrung den zweiten Teil der Aussage aus den Augen verloren: dass die Kunden selbst mit den Marken sprechen wollen, denn die sind digital unterwegs. Der Fokus der Branche auf Möglichkeiten und den nächsten „shiny new object" vernebelt den Blick auf den wahren Kern: den Konsumenten.

1.1 Sei, wo Deine Konsumenten sind, – und bei denen hat „das Internet" gewonnen.

Mit Blick auf die Entwicklung klingt es selbst in diesem akademischen Umfeld der Literatur nicht zu vermessen, wenn man sagt, dass das Internet gewonnen hat im Rennen um das zentrale Medium der Menschheit. Es ist der zentrale Knotenpunkt der menschlichen Interaktion und Vernetzung. Es ist, wo immer wir gerade sind, wo Kultur sich trifft und wo die Welt Geschäfte macht. Dieses Medium ändert sich ständig und generiert neue Verbindungen, Formate und kulturelle Ideen. Dadurch wird neues Konsumentenverhalten antrainiert.

Digitale Medien – und insbesondere internetbasierte – entwickeln sich immer mehr zum „Median-Nabel" der Welt. Das geht so weit, dass rund die Hälfte der Deutschen schon mal mehrere Endgeräte gleichzeitig nutzt – über zwei Drittel der jungen Deutschen (Adobe 2019). Die breite Statistiklage dazu wird hier durch die Nutzungsdauer (Abb. 1), die Geräte und Medien der unter 20-Jährigen (Abb. 2) und die globalen Online-Zeiten (Abb. 3) abgetragen.

Darüber hinaus sprechen wir nicht mehr von dem Menschen, der an einem größeren Computer sitzt und online geht. Vielmehr steckt Digitales in jeder Hosentasche und hat damit in seiner Erreichbarkeit für jeden Nutzer einen unnachahmlichen Vorteil gegenüber stationär gebundenen Geräten wie Fernsehern und in seiner Vielfalt einen uneinholbaren Vorsprung gegenüber einem – durchaus mobilen – Druckerzeugnis. Insgesamt nutzten die Deutschen 2018 zu 87 % Smartphones für den Internetzugang und zu 65 % Laptops (Desktop Computer; 62 %). Weltweit betrachtet ist das sogar wenig, siehe Abb. 4.

Und es geht nicht nur um Nutzungsoptionen wie Lesen und Konsumieren, digitale Medien sind vielmehr das Interface zur modernen Welt geworden: Bankgeschäfte, Einkaufen, Freunde finden, Urlaub buchen und Verreisen, Spielen, Taxi fahren, Essen bestellen – alles was digitalisierbar ist, wird umgesetzt und genutzt. Normal ist, dass die Nutzung von etwas auch eine Gewöhnung der Nutzer mit sich bringt. Damit steigen die Erwartungen an die Qualität der Angebote – auch für Kommunikation an sich und Werbung wie Dialogmarketing im Speziellen. Ein paar Indizien (Actico 2019):

Die Erwartungen an Qualität der Werbung steigen. Dass Kundenerwartungen etwa in Bezug auf Auswahl, Qualität, Preis und Lieferung von Produkten sowie auf

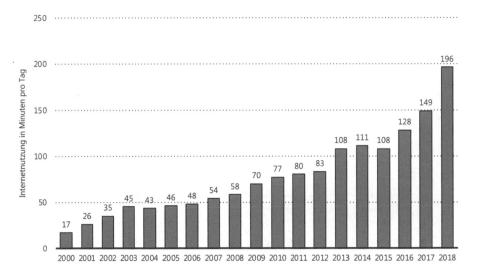

Abb. 1 Über 3 Stunden am Tag beträgt inzwischen die durchschnittliche tägliche Nutzungsdauer des Internets in Deutschland gem. der Messweise von: ARD; ZDF; ID 1388; ard-zdf-onlinestudie.de

Services im Online-Handel recht hoch sind, ist nichts Neues. Eine Studie des Softwareanbieters Actico und des Marktforschers YouGov bestätigt nun den Trend, dass User es vermehrt zu schätzen wissen, wenn sie aufgrund ihrer Nutzungsgewohnheiten ausgewählte bzw. individuelle Empfehlungen erhalten. Grundlegend bevorzugen laut der Studie 43 % der deutschen Verbraucher diese Art von Personalisierung, 41 % empfinden es sogar als Zeitverschwendung, wenn Angebote eben nicht die persönlichen Interessen im Blick behalten.

Besonders junge Menschen haben diesbezüglich erwartungsgemäß höhere Anforderungen: 61 % der 18- bis 24-Jährigen wollen, dass sich die Empfehlungen an den eigenen Bedürfnissen orientieren.

Zudem steigen die Erwartungen an die Anbieter zusätzlich, weil die persönlichen Nutzerdaten gespeichert und verarbeitet werden. 76 % der Befragten ist bewusst, dass personalisierte Angebote nur auf Basis der Erhebung und Verarbeitung von personenbezogenen Daten möglich sind.

1.2 Marketing und Kommunikation im Kampf der Optionen, um Konsumenten zu erreichen

1.2.1 Push und Pull

Die veränderte Mediennutzung führt zwangsläufig auch zu einem grundsätzlichen Wandel in der Kampagnen- und Programmplanungspraxis – also in der Frage, wie die Kommunikation ausgestaltet werden soll: Die „guten alten Zeiten" eines eindimensionalen und rechnerisch planbaren Push-Marketings mit dem Fokus auf den

Internet als Marketinginstrument 495

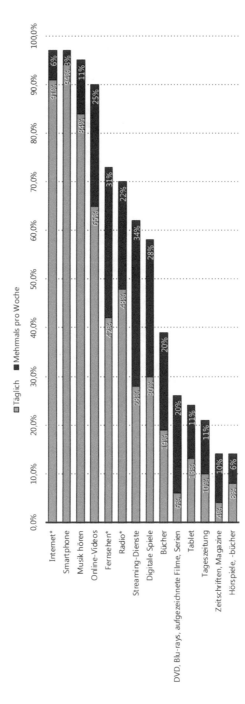

Abb. 2 Unter 20-Jährige fokussieren sich auf digitale Medien. Mediennutzung durch Jugendliche in der Freizeit in Deutschland 2018; GfK Media and Communication Research, JIM-STUDIE 2018 – Jugend, Information, (Multi-)Media, Seite 13

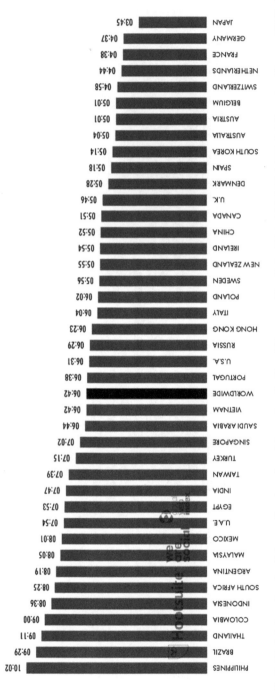

Abb. 3 Digital als weltweites Fokusmedium in anderer Messweise, Grafik und Daten von HootSuite, Digital 2019 Global Digital Overview (January 2019) v01

Internet als Marketinginstrument

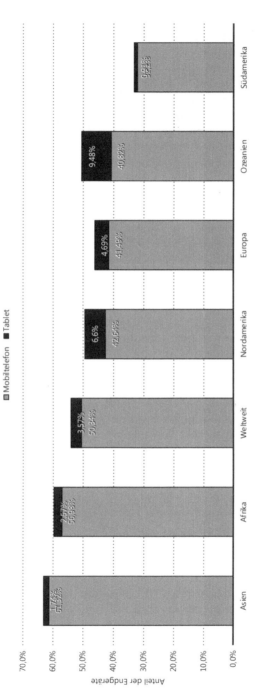

Abb. 4 Anteil mobiler Endgeräte an allen Seitenaufrufen nach Regionen weltweit im Jahr 2019. (Quelle: statcounter.com, Januar 2020)

Fernseher sind (bald) vorbei. Etwa sagt Thomas Wagner, Vorsitzender der Geschäftsführer des ProSiebenSat.1-Vermarkters SevenOne Media, herausragend formuliert dazu: „Wir haben (...) im Werbegeschäft die Chance, die leicht sinkenden Erlöse aus linearer TV-Werbung durch das digitale und smarte Werbegeschäft immer besser auszugleichen." (Niemeier 2020).

Denn eine Fokussierung auf Maßnahmen, die durch fortwährendes Bewerben des Produktes der Absatzförderung dienen (Push), haben durch den Medienwandel erheblich an Effektivität verloren. Man steht vor einem immensen Reichtum an Kontaktoptionen. Konsumenten sehen sich aufgrund des breiten Informationsangebots zudem häufig konfrontiert mit einer kognitiv schwer zu erfassenden Masse an Marketingmaßnahmen auf den unterschiedlichsten Kontaktpunkten – es herrschen Werbeblindheit und damit erhebliche Streuverluste.

Globale Marketingbotschaften, wie sie klassischerweise in Push-Strategien gestreut werden, erzielen heutzutage bei „Lovebrands" – wie beispielsweise Apple oder Snickers – den gewünschten Erfolg (Outgrow 2019). Alle anderen Marken respektive Unternehmen müssen den Verbraucher und seine Bedürfnisse in den Mittelpunkt der werblichen Ansprache rücken und sich Relevanz erspielen. Der Konsument entscheidet nicht nur über das „Wie" und „Wann" der Mediennutzung, sondern auch über das „Was".

Pull-Strategien setzen bei der Kampagnenplanung an diesem Punkt an: Marketingmaßnahmen, die sich direkt an den Konsumenten richten, dessen Bedürfnisse aufgreifen und Relevanz erzeugen, sodass die Kunden von morgen aus Überzeugung handeln. Stephanie Wißmann, Expertin für innovative und digitale Kommunikation, formuliert das umschreibend so: „Alte Kommunikationsstrategien in das Gewand eines neuen Kanals zu kleiden, kann nicht die Lösung sein. Das, was sich die Konsumenten wünschen, ist nicht ein weiterer Weg, auf dem sie mit Newslettern „zugespamt" werden. Sie wollen Interaktion. Unternehmen, die ihre Kundenkommunikation zukunftsfähig gestalten wollen, müssen deshalb weg von der Push- hin zu einer modernen Pull-Kommunikation. Im Dialog bekommen die Konsumenten die Chance, die Fragen zu stellen, die für sie wirklich relevant sind. Ihre individuellen Bedürfnisse rücken ins Zentrum und sie erhalten dadurch zu 100 Prozent personalisierten Content" (Lissner 2019).

1.2.2 Von Paid-Owned-Earned zu PESO

Wir präferieren aufgrund der Masse zunächst eine Einteilung aller Kontaktpunkte, zu denen im digitalen Raum auch PR und andere Marketinginstrumente gehören. Das traditionell verwandte Paid-, Owned-, Earned-Modell mit der Unterteilung in bezahlte Kontakte (Werbliches/Paid), Kontakte auf selbst kontrollierten Medien (eigene Website etc./Owned) und von externen Menschen über eine Marke verbreitete Inhalte (PR/Earned) ist noch heute flächendeckend im Einsatz. Und das, obwohl es seit der Zeit um 2008 kaum mehr stabil und haltbar ist aufgrund der raschen Akzeptanz von digitalem Marketing und sozialen Medien.

2014 veröffentlichte die Digital-Marketingexpertin Gini Dietrich „Spin Sucks" (Kap. 3 ab S. 97 ff.) und schlug darin auch mit Blick auf datengetriebenes Marketing ein neues Modell vor: das PESO-Modell (*P*aid, *E*arned, *S*hared, *O*wned). Marketingfachleute haben dieses sehr nützliche Modell weitgehend ignoriert, obwohl es eindeutig präsentiert, was zu planen ist und wie man die Masse der Instrumente clustern kann (siehe Abb. 5).

1.2.3 Gegenbewegung zur Vielfalt: Network-Effekte und die „four Horsemen"

Zum Zeitpunkt des Erscheinens dieses Buches ist zwar bestimmt noch nicht die gesamte Breite der Optionen im Digitalen ausgeschöpft, die Screentime noch nicht am Maximum und Digital noch nicht allein auf der Welt. Allerdings haben heute Network-Effekte dazu geführt, dass sich die Nutzerschaft wiederum konzentriert und neuartige Monopole hervorgerufen hat.

Network-Effekte beschreiben, dass jedes weitere Mitglied in einem Netzwerk den Nutzen für alle Beteiligten weiter steigert. Also je mehr Menschen ein Netzwerk nutzen, desto größer ist der Gesamtnutzen für alle Beteiligten (Hess und Doeblin 2006). Man geht auf Facebook, weil die Freunde auch schon dort sind; man benutzt WhatsApp, weil es die anderen auch tun; man bietet seine Waren auf Amazon an, weil hier die meisten potenziellen Kunden registriert sind; Programmierer veröffentlichen ihre Apps im Apple App Store und auf Google Play, weil man so an 98 % der Smartphone-User herankommt.

„Wir erleben die größte Konzentration von Finanzkapital aller Zeiten", sagt Scott Galloway dazu, denn die Internetgiganten – oder meist 4 Horsemen[1] oder GAFA genannten – Google (Suche), Apple (Mobiles Ökosystem), Facebook (Social Media) und Amazon (Produktsuche und Kauf) werden schon von Ökonomen wie dem New Yorker Ökonomieprofessor Scott Galloway zur Zerschlagung empfohlen. Die Plattformen seien durch ihre Nutzeranziehung viel zu mächtig geworden, in vielen Ländern auf dem Weg zu einem Monopol und zahlten keine Steuern (Galloway 2018). „Die Zerschlagung ist richtig, weil wir Kapitalisten sind. Sie schafft mehr Innovationen, mehr Wettbewerb und mehr Arbeitsplätze", sagte Galloway, der an die sinnvolle Entkoppelung von Microsofts Browser vom Betriebssystem erinnerte, die erst den Wettbewerb in diesem Markt wieder ermöglicht habe.

Die o. g. Tendenzen zur Monopolisierung schaffen allerdings auf dem Werbe- und Kommunikationsmarkt vor allem eins: die Konzentration der Nutzer auf wenige Angebote, die Macht der Network-Betreiber und damit – gemäß Angebot und Nachfrage – Mechanismen schnell steigender Werbepreise für die Werbetreibenden.

Die Nutzung der großen Networks wie Amazon, Facebook (und zugehörig: Instagram und WhatsApp), Google Search, Apple App Store usw. ... sind zwar kein Allheilmittel für das Erreichen von Marketingzielen, sind aber aus keiner Planung wegzudenken.

---

[1] In verschiedenen Quellen werden immer wieder Apple, Amazon, Google und Facebook als „Gang of Four" genannt. Jeff Bezos spricht in einem Interview von den „4 Horsemen" (vgl. Sarkar 2017).

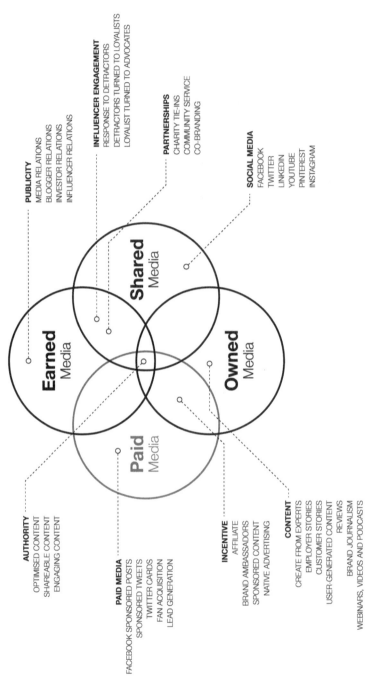

Abb. 5 PESO-Modell, Originalversion. (Quelle: Gini Dietrich, Spin Sucks)

Internet als Marketinginstrument

1.2.4 Glaubenssätze, flexiblere Strategien und die erforderliche Orchestrierung

Wie planen wir nun Marketing im digitalen Raum? Die Breite durch die Explosion im Digitalen erforderte und erfordert zunächst ein neues Verständnis für die Praktizierung von Marketing- und Kommunikationsmanagement.

Zunächst einmal weicht eindimensionale klassische Vorausplanung auf Basis von Wissen und Erfahrung modernen Glaubenssätzen als Grundlage für Strategien. Und die Ergebnisse wiederum müssen in der Praxis flexibel ausprobiert werden für jede Marke und jedes Produkt, da die Masse an Variablen keine Vorausplanung an sich ermöglicht.

Verallgemeinerte Beispiele für moderne Glaubenssätze, die Niederschlag in auflagenstarker Populärliteratur im Marketing finden, sind:

- *Wenn wir unsere Bestandskunden durch CRM-Programme halten und zu Wiederkäufern machen, minimieren wir unsere Marketinginvestitionen langfristig – in Anlehnung bspw.* Stokburger und Pufahl (2002).
- *Nur wenn wir es schaffen, von Kunden die Einwilligung zu bekommen, direkt mit ihnen zu sprechen, werden wir langfristige Kommunikationserfolge in der digitalen Welt haben – in Anlehnung bspw. an Seth Godi* (Godin 2001) *im* inzwischen fast zwanzig Jahre alten Gassenhauer „Permission Marketing"
- *Wenn wir uns auf die Akquisition von Neukunden durch massive Werbepenetration zu minimalen Kosten konzentrieren, ist der ROI am größten –* in Anlehnung bspw. an Byron Sharp in „How brands grow" (Sharp 2010)
- *Wenn wir an allen Stellen der Customer Journey allgegenwärtigen und kompletten Service anbieten, werden die Menschen mehr von uns kaufen – in Anlehnung bspw. an Jay Baer in „Youtility"* (Baer 2014)

Folgerichtig ist es nötig, mehr und besser, aber auch flexibler zu planen. Moderne Kommunikationspolitik erfordert insbesondere: klarere, präzise definierte Ziele mit darauf aufbauenden harten KPIs, die diese Ziele auch tatsächlich messen. Und daraus entstehende, flexiblere Strategien und Taktiken, die sich für unterschiedliche Kunden, Medien, Märkte und letztlich Customer Journeys anpassen lassen

In der Orchestrierung und der Ermöglichung dieser neuen, komplexeren und riskanteren Marketing- und Kommunikationsplanung liegt die Kraft des Erfolgs in der digitalen Welt. Alles Weitere, was den Kommunikationserfolg prägt und über Jahrzehnte geprägt hat – wie die herausragende und kreative Idee, das bessere Design oder die bessere Story, die den Kunden überzeugt – ist dabei nicht weniger wichtig als früher.

Aber mit der zusätzlichen Komplexität und den vielen Tools, die in der Digitalisierung an sich helfen sollen (Stumpf 2019), kommen traditionelle Marketingstrukturen in Unternehmen sowie auch weniger breit aufgestellte Dienstleister-Unternehmen in der Kommunikation nicht auf Anhieb klar (Scannel 2018). Die Kommunikationsbranche befindet sich in einer fundamentalen Transformation. Das Wissen der Möglichkeiten ist die eine Seite der Medaille, die Aufstellung der Mannschaft für diese neue Welt eine andere.

2 Digital heißt Automation, Daten und Maschinen zu beherrschen

Das Marketing verändert sich, rasant und tief greifend. Daten liefern wertvolle Informationen. Die technischen Möglichkeiten zur Analyse und automatischen Verarbeitung (in Realtime) sind ausgereift und haben sich am Markt etabliert. Mithilfe dieser Systeme lassen sich Kommunikations- wie auch Businessziele schneller und kostengünstiger erreichen und die eigene Position im Wettbewerbsumfeld verbessern. Daten helfen, Interessenten/Kunden besser zu verstehen und kommunikative Botschaften und Call-to-Actions gezielt an die Bedürfnisse des Einzelnen anzupassen. Auf Basis von Daten können schneller bessere Entscheidungen getroffen und mit kreativer Exzellenz exekutiert werden.

2.1 Machine-Speed macht's möglich

Wissen statt Bauchgefühl. Unternehmen wollen ihre Kunden immer besser kennenlernen und ihre Angebote auf die Bedürfnisse ihrer Kunden oder Interessen zuschneiden. Dabei nutzen lediglich 36 % der Unternehmen regelmäßig Data-Strategien[24] (Abb. 6), der Großteil hat bis heute noch keine vernünftige.

Die Bedeutung von personenbezogenen Nutzerdaten im Dialogmarketing steigt, da zum einen die Rechen- und Netzkapazitäten zum Verarbeiten von Daten rasant gestiegen sind, und zum anderen in exponenzieller Menge verfügbar sind. Daten wie zum Beispiel Verhaltensdaten, Social-Daten oder genutzte Devices eröffnen Marketern die Möglichkeit, Kommunikation und Kampagnen auf Basis der Bedürfnisse der Nutzer zu individualisieren und automatisiert auszuspielen. Das haben Unternehmen bereits erkannt. 75 % der Unternehmensverantwortlichen nehmen an, dass sich der Unternehmenserfolg durch die Nutzung personenbezogener Daten im Marketing signifikant steigern lässt.

2.1.1 Wie Daten die Marketingwelt revolutionieren

Bei der Digitalisierung von Prozessen, Geschäftsmodellen und Marketingkommunikation werden datengetriebene Ansätze und Technologien immer bedeutender. Die Herausforderung für Marketingentscheider liegt darin, aus den verfügbaren Datenmassen smarte Insights zu generieren.

Die technische Evolution in der Datenverarbeitung sowie der Einsatz von MarTech-Lösungen machen Data-driven Marketing überhaupt erst möglich. Die Verknüpfung und Auswertung von Daten in Realtime ermöglichen es, Muster und Trends zu erkennen, um Insights abzuleiten und darauf Aktivierungsmaßnahmen zu planen. So können in kürzester Zeit Optimierungen an bestehenden Kampagnen, von Botschaften, Call-to-Actions und der Auswahl von Kanälen zur Ansprache etc. umgesetzt werden.

Im Vorfeld können bereits Annahmen für das Nutzungsverhalten getroffen werden und entsprechende Kommunikationsmaßnahmen darauf geplant werden. Tritt der Verhaltensfall ein, wird automatisiert die nächste Stufe der Kommunikation

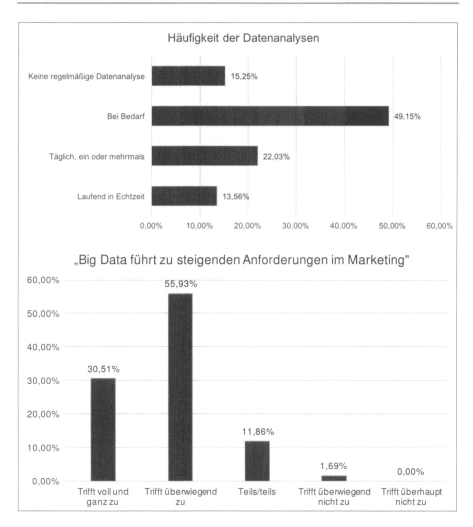

Abb. 6 Nutzung von Big Data im Marketing in Unternehmen. (Quelle: FAZ Artikel Januar 2016)

ausgelöst. Die Relevanz der Marketingbotschaften wird dadurch erhöht und das Momentum optimal ausgeschöpft.

Die Verknüpfung der Daten ermöglicht uns einen ganzheitlichen Blick auf die Konsumenten entlang der Customer Journey (siehe Abb. 7). Entsprechende Trigger und Barrieren an den einzelnen Phasen – zum Beispiel von „Kenne ich" (Aware) zu „Möchte ich haben" (Consider) – können identifiziert und auf einzelne Nutzergruppen (Segmente) runtergebrochen werden.

Daten in Verbindung mit Methoden des Data-driven Marketings sind ein wertvolles Werkzeug, um das Marketing effizienter zu gestalten und relevanter für die Zielgruppe zu machen. Insbesondere dann, wenn dies mittels herausragender Kreation passiert. Durch die gezielte Ansprache der Kundengruppen zeigen Werbebot-

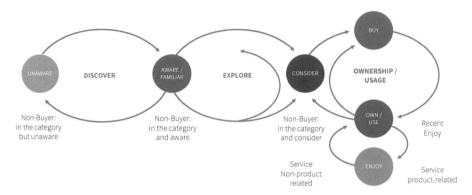

Abb. 7 B2C-Version der Customer Journey als mentales Modell zur Orientierung und Einordnung innerhalb des Customer-Funnels. (Quelle Publicis Groupe Modell)

schaften viel häufiger Wirkung, da die Angebote exakt auf die Interessen der Kunden ausgerichtet sind.

Oder einfach gesagt:

> „Make better decisions based on data and execute with excellence." Justin Billingslay, ceo der Publicis-Gruppe DACH

2.2 Marketing Automation Technology – zielgerichtete und personalisierte Ausspielung von Botschaften in Realtime

Die Welt des Marketings hat sich in den letzten Jahren massiv verändert. Der Kampf um die Aufmerksamkeit der Kunden beschränkt sich schon lange nicht mehr nur auf die Zeit zwischen Tagesschau und Abendprogramm. Kunden haben eine Vielzahl an Möglichkeiten, sich zu informieren oder mit Marken zu interagieren. Dazu kommt, dass Marketers nicht mehr eine so rigide Kontrolle über das Kundenerlebnis haben. Stattdessen arbeiten sie in einem Geschäftsumfeld, das von den Bedürfnissen und dem Verhalten ihrer Kunden diktiert wird; sie wissen ganz genau, was sie wollen, und sie erwarten eine nahtlose Erfahrung, die auf ihre Präferenzen zugeschnitten ist.

Silos waren einmal. Die Grenzen zwischen Abteilungen, die einst voneinander getrennt und isoliert waren, verschwimmen zusehends. Die Interaktion zwischen Kunden und Unternehmen endet nicht mehr mit dem Kauf eines Produkts.

Um nicht in die „Unsichtbarkeitsfalle" des Überangebots an Marketingkommunikation zu tappen, müssen (potenzielle) Kunden zum richtigen Zeitpunkt mit der richtigen Botschaft und am richtigen Kontaktpunkt erreicht werden.

Marketing Automation ermöglicht die zielgerichtete sowie personalisierte Ausspielung von Kommunikationsbotschaften und ist somit ein Must-have für eine moderne und zeitgerechte Marketingkommunikation.

2.2.1 Marketing Automation als zentrale Steuerung der Marketingstrategie

Marketing Automation ist mehr als Leadgenerierung oder E-Mail-Marketing! Es ist die zentrale Drehscheibe für die Durchführung der Marketingstrategie.

Marketing Automation beschreibt die direkte und maßgeschneiderte Kommunikation mit Interessenten und Kunden durch automatisierte Marketingprozesse (technologie-gestützter Prozess).

Im Kern sind Software-Plattformen gemeint, die aus den Funktionen Datenbank, Segmentierung, Web-Controlling, Kommunikation, Workflows und CRM-Synchronisation bestehen. Damit können Marketingkampagnen effizient geplant und umgesetzt werden. Durch ein integriertes Tracking können die Marketingmaßnahmen analysiert, bewertet und Optimierungen abgleitet werden.

Marketing-Automation-Lösungen helfen dabei:

- Neue Leads zu generieren
- Interessenten/Leads zu qualifizieren/priorisieren
- Den Kaufzyklus zu beschleunigen
- Kaufentscheidungen herbeizuführen
- Kunden zu binden
- Den Kunden-Lebenszyklus zu verlängern
- Omni-Kanal Kampagnen zu verwalten
- Erfolgskontrolle und Optimierung durchzuführen

Marketing Automation ermöglicht es uns, effizienter und zielgerichteter zu kommunizieren. Prozesse und Aufgaben laufen automatisiert im Hintergrund ab und lösen somit bisher manuelle Vorgänge ab. Durch die ganzheitliche Betrachtung unter Einbezug aller Daten können wir auf die Vorlieben, Interessen und Bedürfnisse unserer Kunden/Interessen reagieren. Interaktionen zwischen Marke und Kunde werden auf Basis von Daten besser aufeinander abgestimmt und dadurch relevantere Botschaften und Call-to-Actions an die Zielgruppe übermittelt. Mit Marketing-Automation-Lösungen bietet sich die Möglichkeit, den Kunden eine auf sie zugeschnittene Customer Experience entlang des Marketing-Funnels anzubieten.

Kurz gesagt:

Interessenten und Kunden werden mithilfe einer Marketingplattform durch die verschiedenen Phasen begleitet, um somit die Effektivität und Messbarkeit der Marketinginstrumente und der Marketing-/Vertriebsprozesse zu optimieren.

2.3 Machine Learning (ML) und Künstliche Intelligenz (KI) – managen die steigende Komplexität bei gleichzeitiger Skalierung

Künstliche Intelligenz (KI) gilt als ein bedeutendes Trendthema in der Marketingkommunikation.

Die KI ist ein Zweig der Informatik. Sie ist in Unterbereiche unterteilt, die sich spezifischen Problemen widmen, die gelöst werden müssen, um eine sogenannte „Allgemeine Intelligenz" zu schaffen. Dies wäre eine Maschine, die jede intellektuelle Aufgabe, die ein Mensch erfüllen kann, erfolgreich ausführen könnte. So weit sind wir aber heute noch nicht.

Was wir im Moment haben, ist die sogenannte „schmale KI".

Maschinelles Lernen ist eines dieser Teilgebiete (siehe Abb. 8). Das tiefe Lernen wiederum ist nur ein Zweig des maschinellen Lernens, und das ist der Bereich, aus dem die meisten der jüngsten Erfolge stammen und der auch für alles, was wir tun wollen, von großer Bedeutung ist.

Künstliche Intelligenz und Machine Learning ersetzt zwar nicht die (menschlichen) Marketingteams. Sie unterstützt diese jedoch bei der Steuerung von Kampagnen oder des Content-Marketings.

In der „Formalen Theorie von Spaß & Kreativität" beschreibt Prof. Schmidhuber, wie „Rückgekoppelte Neurale Netzwerke" (RNNs) grundsätzlich in der Lage sind, neuartige Designmuster auf die gleiche Weise zu lernen wie ein Künstler – und wie sie das Gelernte anwenden können, um selbst kreativ zu sein. Die gleiche Art von maschinellem Lernen, die zum besseren Verständnis von Kundenreisedaten eingesetzt werden, kann auch dazu verwendet werden, „einer Maschine beizubringen, wie sie kreativ sein kann" (Schmidhuber 2020).

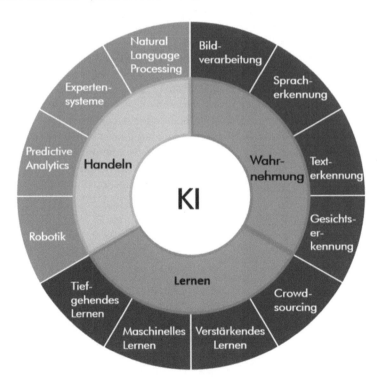

Abb. 8 Teilgebiete der Künstlichen Intelligenz (Bernecker 2019b)

Doch noch basieren die Programme auf einem mechanischen Ansatz, der mit großen Datenmengen gefüttert wird und „fleißig lernt". Es handelt sich dabei aber in gewisser Weise noch um Laborsituationen, die mit der Unternehmensrealität wenig zu tun haben.

Die meisten KI-Anwendungen beziehen sich heute auf die Automatisierung von Marketingprozessen und -funktionen. In diesem Rahmen treffen Systeme auch eigenständig Entscheidungen. Dabei handelt es sich in der Regel um die Substitution menschlicher Aktivitäten durch Künstliche Intelligenz mit dem Ziel der Kostenersparnis und Steigerung der Effizienz. So gibt es in der Praxis bereits Automatisierungs-Applikationen wie Real-Time Bidding und Programmatic Advertising. Und Funktionen, die dabei helfen, die steigende Komplexität von Kanälen und Touchpoints zu managen. Beispielsweise kann der Wertbeitrag von Kanälen oder die Optierung der Conversion berechnet werden. Auf Basis umfangreicher Daten lässt sich darauf die Optimierung des Media-Budget allokieren.

Im Bereich Newsletter kann KI dabei unterstützen, zur Steigerung der KPIs automatisiert relevante und zielführende Betreffzeilen zu erstellen.

Ein weiterer Trend ist das Thema Chat-bots, das gerade in den letzten drei Jahren aufgrund der rasanten Entwicklungen von KI, Kommunikationsgeräten und Spracherkennung eine neue Qualität erlebt und an Bedeutung gewinnt. Zudem verlagert sich die Kommunikation in diese Richtung bzw. werden Bots für die Kommunikation gezielt eingesetzt.

Fazit:
Die unfassbare Menge an Daten liefert den Treibstoff für Künstliche Intelligenz. Insbesondere zum Einsatz in der Marketingkommunikation. Daten aus der digitalen Kommunikation und Interaktion können durch KI und Machine Learning automatisiert, skaliert und dadurch kapitalisiert werden. Datengetriebenes und analytisches Marketing wird zukünftig das Marketing maßgeblich beeinflussen und bestimmen.

3 Die Haupt-Instrumente des Digitalen Marketings

3.1 Permission Marketing – mit dem Einverständnis des Kunden über alle Kanäle (E-Mail, Push, SMS, Chatbots) kommunizieren.

3.1.1 Was ist Permission Marketing (Definition)
Permission Marketing ist die neue Form des Direktmarketings. Im Gegensatz zum Inbound Marketing wird beim Permission Marketing ein direkter Weg zum Kunden gewählt. Im Vordergrund steht nicht ein kurzfristiger Kaufabschluss, sondern die Etablierung einer nachhaltigen und langfristigen Kundenbeziehung.

Das Prinzip des Permission Marketings setzt auf eine explizite Zustimmung des Empfängers zur Interaktion und Zusendung von werblicher Kommunikation mit Marken. Durch die Einholung des Opt-ins – dem ausdrücklichen „Ja" des Kunden – laufen alle weiteren Aktionen an. Die Akzeptanz im Vergleich zu Massenwerbung sowie dem Interruption Marketing, die ihre Empfänger (sehr) oft nicht erreichen, ist deutlich höher.

- 46 % der deutschen Verbraucher entscheiden sich bewusst für personalisierte Werbung
- 42 % der Befragten in Deutschland sind der Meinung, dass die meisten Werbebotschaften immer noch wie Massenware wirken, die nicht wirklich auf sie zugeschnitten ist (McKinsey und Company 2019)
- 75 % der Deutschen empfinden maßgeschneiderte Werbung ohne Einwilligung als nervig (Ogury Ltd 2019)

Kunden schenken der Kommunikation des Permission Marketings mehr Vertrauen, da dieses explizit auf eine Erlaubnis abzielt und Kunden somit selbst entscheiden, welche Botschaften sie von wem empfangen möchten.

3.1.2 Zustimmungsprozess und Vorreiter im Rahmen der DSVGO

Zur Einholung der Erlaubnis wird in der Regel das gängige „Double Opt-in"-Verfahren angewandt. Dieses beugt möglichem Missbrauch vor, indem es nach Einholung der Kontaktdaten diese seitens des Nutzers nochmals verifiziert und bestätigen lässt – beispielsweise über die Angabe der E-Mail-Adresse und der Zusendung eines Bestätigungslinks an die eingegebene E-Mail-Adresse. Dieses Zweischrittverfahren gewährleistet, dass kommunikative Botschaften (z. B. via E-Mail) ausschließlich bei jenen Empfängern ankommen, die ihre Zustimmung gegeben haben.

Im Zuge der DSGVO, die 2018 in Kraft trat, war das Permission Marketing bereits sehr vorbildlich. Standards wie eine Einwilligungspflicht oder der aktive und ausdrückliche Opt-in gehörten bereits zum Permission Marketing, bevor die DSVGO in Kraft trat. In Sachen Datenschutz genießt das Permission Marketing einen guten Ruf.

3.1.3 Minimierung der Streuverluste durch eine gezielte und personalisierte Kommunikation über alle Kanäle (Multi-Channel)

Permission Marketing bezieht sich nicht nur auf E-Mail-Marketing oder Newsletter, die die häufigsten Formen darstellen. Es gibt zahlreiche Möglichkeiten wie Rabattaktionen und Videomails über verschiedene Kanäle wie SMS, Twitter, Instagram, Push-Notifikation und Chatbots (siehe Abb. 9). Auch ein Mix aus Kanälen ist möglich.

Zentrale Rolle bei der Ausspielung von Marketingbotschaften ist die Segmentierung sowie ein präzises Targeting. Um das Interesse der Zielgruppe aufrechtzuhalten, wird im ersten Schritt die Zielgruppe definiert und analysiert, um anschließend die passende und zielführende Botschaft sowie Produkt- oder Serviceangebote an die Zielgruppe zu übermitteln. Relevanz der Kommunikationsbotschaften und Angebote werden zum maßgeblichen Erfolgsfaktor.

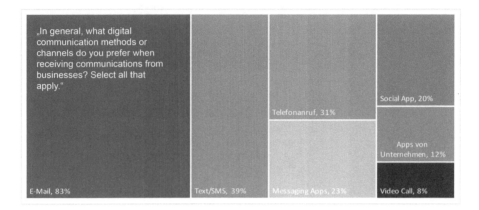

Abb. 9 E-Mails sind immer noch der bevorzugte Weg, Nachrichten von Marken bzw. Unternehmen zu erhalten. (Quelle: Global Study: Consumer Engagement Best Practices for 2020 (Lawless Research and Twilio 2019))

3.2 Dynamic Digital Advertising – vom Verhalten des Konsumenten automatisiert zu Botschaft und Werbeplatz

3.2.1 Marktwachstum von 48,5 Mrd. € im Dynamic Digital Advertising

„… We keep feeding the beast by pouring incredible sums of money into this unproductive, unmanageable abyss. Remarkably, we keep doing so even though we know that only 25 percent of every digital dollar reaches the consumer. … [that] represents more than $ 20 billion in marketing waste, inefficiency and ineffectiveness." Bob Liodice, CEO, Association of National Advertisers (Hoffman 2019).

Das digitale Advertising-Ökosystem ist sehr komplex. Es gibt eine Vielzahl an Möglichkeiten, seine Zielgruppe zu erreichen. Die Spendings (Werbeausgaben) wachsen seit 2006 und haben sich fast verzehnfach (siehe Abb. 10).

Das Standard-Display-Banner war vor der Einführung von Dynamic (Digital) Advertising die erste Wahl in der digitalen Kommunikation. Es war in der Ausgestaltung der Möglichkeiten begrenzt und konnte nicht automatisiert (dynamisch) erstellt werden.

3.2.2 Von der Restplatz-Vermarktungs-Werbeform zur First Choice Solution

79 % der Verbraucher geben an, dass sie sich nur dann auf ein Angebot einlassen, wenn es personalisiert wurde und frühere Interaktionen mit der Marke widerspiegelt.

Dynamic Advertising ist eine Werbeform, bei der Kommunikationsbotschaften themenrelevant am Verhalten und Interesse der Zielgruppe ausgerichtet werden – auch Behavioural Targeting genannt. Es ist die Weiterentwicklung des Content- bzw. Semantischen Targetings.

Beim Dynamic Advertising werden Werbeplätze nicht mehr auf einer bestimmten Website gekauft, sondern Kommunikationsbotschaften dort platziert, wo sich der

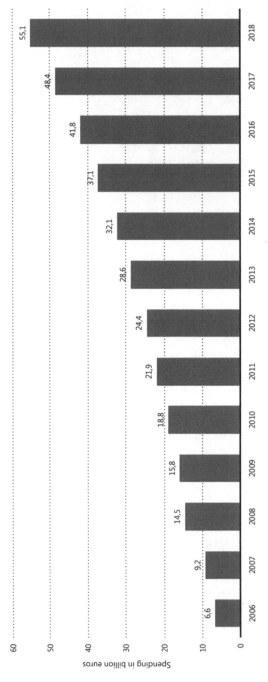

Abb. 10 Online Advertising Spending in Europe from 2006 to 2018 (in billion euros) (eMarketer 2019)

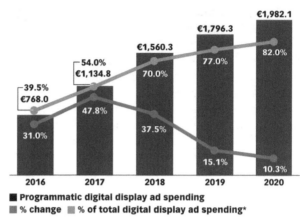

Abb. 11 Programmatic Digital Display Ad Spending in Germany (eMarketer 2018)

User aufhält. Das Verhalten des Ziels bestimmt die Kaufkriterien, nicht die Art der Website.

Dynamic Advertising ist in Deutschland weiterhin auf dem Vormarsch, es macht derzeit 70 % aller Ausgaben für digitale Display-Werbung (siehe Abb. 11) in Deutschland aus.

Die Basis sind Daten, die sich aus unterschiedlichen Quellen aus dem Nutzerprofil „herauslesen" lassen. So können zum Beispiel besuchte Seiten Hinweise auf das Verhalten bzw. Interessensgebiet des Nutzers geben. Oder Plug-ins können auf ein potenzielles Kaufverhalten eines Users hinweisen. Die Gesamtheit der Merkmale und technischen Daten ergibt ein dynamisches Verhaltensprofil, das kontinuierlich wächst und angepasst wird.

Durch den Einsatz dieser Daten (Verhaltensprofil) lassen sich zum einen unterschiedliche Formen von Anzeigen wie Display Ads, Video Ads und Copy Ads automatisch generieren und relevante und personalisierte Marketinginhalte ausspielen. Zum anderen werden nur die Werbeplätze genutzt, auf denen sich der User auch tatsächlich aufhält. Streuverluste werden dank der dynamischen Erzeugung reduziert und vermieden.

Zahlreiche Tests belegen die Effizienz von Dynamic Ads gegenüber den klassischen Display Ads. Dabei erzielen sie eine 20 % höhere Conversion Rate sowie eine 2,5-fache höhere Reichweite als Standard-Display-Ads (Ryte Wiki 2018a).

Effizienz-Steigerungen um 10–20 % der Marketing Spendings sowie Kostenreduzierungen um mehr als 50 % können mittels einer DCO (Dynamic Creative Optimization) erzielt werden.

Auf Basis von Targeting-Kriterien werden personalisierte Werbemittel dynamisch und in entsprechend skalierter Reichweite ausgeliefert. Im E-Commerce ist DCO als Standard etabliert, weitere Felder wie die Ausspielung von Ads sind hinzugekommen. A-/B-Testings, Interaktionen/Engagement sowie Conversion lassen sich leicht mit den zur Verfügung stehenden DCO-Funktionalitäten eines Adservers testen und validieren.

3.2.3 Auswirkungen von DSGVO und ePrivacy auf das Dynamic Digital Advertising

Das Inkrafttreten der DSGVO sowie der kommenden ePrivacy-Verordnung wird massive Auswirkungen auf das Dynamic Advertising haben. Firefox blockiert bereits seit September 2019 standardmäßig die Speicherung von Tracking-Cookies. Google hat angekündigt, bis 2022 nachzuziehen.

Cookies bilden die Grundlage für die Generierung und Ausspielung von Dynamic Advertising im Online-Paid-Media-Bereich. Das Verlustpotenzial, wenn keine Third & First Party Cookies mehr eingesetzt werden können, wird auf 50 % geschätzt. Hinzu kommt, dass im digitalen Bereich der sogenannte „Consens" als Einwilligung zur werblichen Nutzung aktiv und rechtssicher eingeholt werden muss, was einen weiteren Verlust der Reichweite nach sich ziehen wird.

In Deutschland gehen wir von einem Cookie-freien Traffic von 75 % aus (Bunte 2019). In UK und Frankreich wird bereits jedwede datenbasierte Aussteuerung seitens der Datenschutzbehörde infrage gestellt.

Was bedeutet dies für das Dynamic Advertising?

Ganze Geschäftsmodelle stehen vor dramatischen Herausforderungen. Retargeting, Demand Side Platforms (DSPs), Sell Side Platforms (SSPs), Data Management Platforms (DMPs) stehen in ihrer bisher eingesetzten und genutzten Form vor dem Aus.

Dies betrifft ebenfalls taktische Maßnahmen wie Frequency Cappings, mit denen festgelegt wird, wie oft ein Nutzer eine bestimmte digitale Kommunikation sieht.

3.3 Search: Google und Amazon, SEO/SEA. Hier kann Content als Sache angerissen werden

3.3.1 Was sind SEO und SEA (Definition)

Suchmaschinenmarketing unterteilt sich in die Bereiche SEO (Search Engine Optimization) und SEA (Search Engine Advertising). Ziel ist es, Website-Traffic wie auch Reichweite zu erhöhen und dadurch neue Besucher zu gewinnen.

SEO umfasst alle Maßnahmen, die die Inhalte einer Internetseite über Suchmaschinen besser sichtbar macht. Dazu zählen die richtige Platzierung von Keywords, die Ausstattung mit Verlinkungen in Text und Bildern sowie Backlinks (Links auf anderen Websites, die auf die eigene Website verweisen).

SEA – auch als Keyword Advertising oder Sponsored Links bezeichnet – steht für das Schalten von Textanzeigen in Suchmaschinen. In der Praxis erfolgt das Keyword Advertising meistens auf bestimmten Websites, Kategorie- oder Produktseiten. Möglich ist aber auch das Bieten auf Markennamen, Brands oder des direkten Wettbewerbers.

3.3.2 Paid Media im Einsatz für Keyword Advertising

Keyword Advertising bezeichnet man auch als Paid Search (= bezahlte Suche). Dabei werden die Werbemittel (Suchanzeigen) eines Werbetreibenden durch einen

Internet als Marketinginstrument

bestimmten Suchbegriff durch den Nutzer ausgelöst und auf der Seite über oder unter den Suchergebnissen angezeigt (siehe Abb. 12).

Keyword Advertising beinhaltet die Platzierung der Suchanzeigen, bestehend aus Text, Sitelinks und weiteren Micro-Informationen, die bei Eingabe des Suchbegriffs dargestellt werden. Die Ergebnisse der Suche unterscheiden sich lediglich durch die Kennzeichnung „Anzeige".

Eine besondere Ausprägung des Keyword Advertisings ist die Suche nach Produkten oder Artikeln (siehe Abb. 13). Zusätzlich zur Anzeige über/unter den Suchergebnissen werden die Ergebnisse als Shoppingartikel direkt unterhalb des Sucheingabefelds dargestellt. Die Ergebnisse beinhalten Produktbild, Produktbezeichnung, Preis, Anbieter (Shop) sowie Angaben zu den Versandkosten

Die bezahlten Suchanzeigen werden jedoch nicht rein zufällig an einem beliebigen Ort innerhalb der Suchergebnisanzeige dargestellt. Schaltung und Verwaltung erfolgen über ein Buchungstool. Grundsätzlich können Anzeigen auf Basis von festgelegten Keywords (Keyword Targeting) entweder per Auktionsverfahren oder zum Festpreis gebucht werden.

Abb. 12 Google Suche; Keyword Dynamic Advertising. (Quelle: Google.com, 2020)

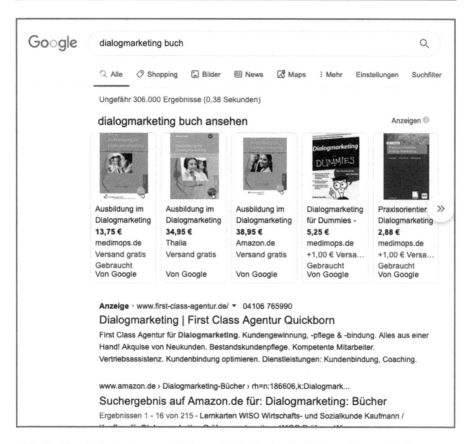

Abb. 13 Google Suche; Keyword Dialogmarketing Buch. (Quelle: Google.com, 2020)

3.3.3 Die Marktmacht von Google

Google dominiert den Markt und ist Anlaufstelle Nummer eins für Suchanfragen (siehe Abb. 14).

Beim Auktionsmodell des Suchmaschinenbetreibers Google werden zwei Parameter herangezogen: maximales Klickgebot (max. CPC) und der Qualitätsfaktor (QF). Beim QF spielen Relevanz und Qualität des Suchergebnisses eine tragende Rolle. Sie wirken sich direkt auf die Positionierung der Anzeige aus. Der Hintergrund dieser Vorgehensweise liegt in der Abrechnungsmethode der tatsächlich erfolgten Klicks (Cost-per-Klick). Ein Nutzer klickt nur, wenn die Anzeige – sprich: das Suchergebnis – für ihn relevant erscheint. Dies bedeutet, dass Google nicht an jeder Anzeige verdient.

SEA zählt zu einer der effektivsten Advertising-Methoden im digitalen Umfeld, da Kunden während ihrer Suche gezielt angesprochen und aktiviert werden können. Zudem sind kurzfristige Buchungen binnen weniger Minuten umsetzbar, und die Buchungen an sich zählen zu den kostengünstigen Werbeformen, die hohe Conversion Rates versprechen.

Internet als Marketinginstrument

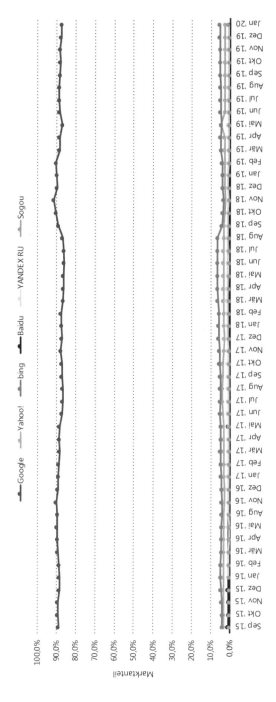

Abb. 14 Marktanteile der meistgenutzten Suchmaschinen auf dem Desktop nach Page Views weltweit in ausgewählten Monaten von September 2015 bis Dezember 2019 (Statcounter 2020)

3.3.4 Amazon führt das Feld bei der Online-Produktrecherche an.

Amazon dominiert bei der Online-Produktrecherche (siehe Abb. 15).

Unter „Amazon SEO" versteht man auch hier die Suchmaschinenoptimierung, die den Amazon-Regeln unterliegen. Sie zeichnet sich wie Google dadurch aus, dass alle SEO-Maßnahmen das Ranking verbessern.

Hinter jeder Produktanfrage steht die Amazon-Suchmaschine A9.

Amazon geht es nicht um die beste Antwort, sondern um die Maximierung der Sales. Mittels Onpage- und Markplatz-SEO können Optimierungen (Produkt, Titel, Kategorie, Marke, Suchbegriffe, Produktattribute, Produktbild/Video, Produktbeschreibungen und Händler-Basisfaktoren) durchgeführt werden, die die Sichtbarkeit der eigenen Produkte erhöhen und somit die Platzierung in der Suchergebnislisten beeinflussen. Neben diesen Kriterien fließen jedoch noch Faktoren wie Sales Ranking (Conversion Rate), Lieferbarkeit, Versandkosten, Händler-Performance, Verkaufsrang, Amazon Prime (Fullfilment by Amazon), Produkt- und Händlerbewertungen, Retourenquote und weitere ein.

Ausschlaggebend sind eine ganze Reihe erfolgsentscheidender Kriterien, die sich direkt auf den Suchergebnislistenplatz auswirken.

3.4 Affiliate Marketing als Marktplatz und Vermittler von Werbeplätzen

3.4.1 Affiliate als Partnermarketing

Affiliate Marketing lässt sich als Partnermarketing übersetzen – es handelt sich um ein Partnerprogramm zwischen dem Affiliate und dem Advertiser.

Laut iBusiness lagen die Werbeausgaben für Affiliate Marketing in Deutschland im Jahr 2013 bei 440 Mio. Euro (textbroker 2020). Für die nachfolgenden Jahre existieren keine validen Zahlen. Es kann aber angenommen werden, dass die Ausgaben für Affliate Marketing inzwischen weitaus höher liegen.

Das Vertriebskonzept basiert auf einer erfolgsabhängigen Vermittlungsprovision. Dabei bewerben Affiliates (engl. Partner) auf ihren Websites die Produkte und Dienstleistungen fremder Unternehmen (Advertiser) und erhalten dafür eine Provision. Als Vergütungsmodelle kommen Cost-per-Order (CPO), Cost-per-Click (CVP) oder Cost-per-Lead (CPL) häufig zum Einsatz. Die Vergütung erfolgt ausschließlich im Erfolgsfall.

3.4.2 Dreiklang Merchant, Affiliate, Kunde

Affiliates (auch Publisher genannt) sind Webseitenbetreiber, die über Werbeflächen verfügen. Merchants (auch Advertiser/Unternehmen genannt) suchen Vertriebspartner, um Marketingkommunikation in Form von Display Ads (Banner) auf deren Seiten zu platzieren (siehe Abb. 16). Das Werbemittel wird vom Merchant gestellt, der Affiliate dient als Werbeträger.

In der Praxis erfolgt die Abwicklung über Mittler – professionelle Affiliate-Netzwerke. Das sind Plattformen, die Advertiser und Publisher zusammenbringen und Funktionen wie die Auslieferung des Werbemittels, das Tracking und die Erfolgsmessung sowie die Provisionsausschüttung bündeln. Das Kampagnen-

Internet als Marketinginstrument

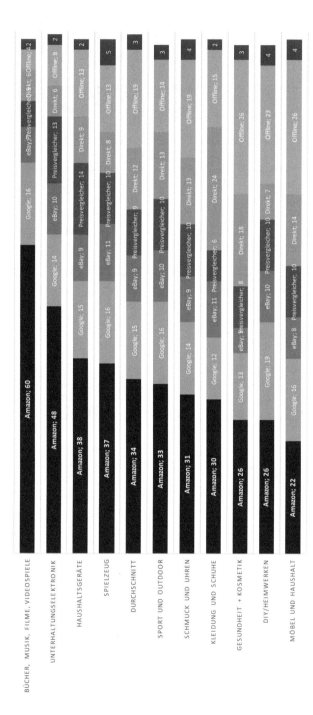

Abb. 15 „Wo recherchieren Sie nach einem Produkt, das Sie online kaufen wollen zuerst?", Antworten in Prozent, Online-Umfrage in Deutschland (Bolz et al. 2017)

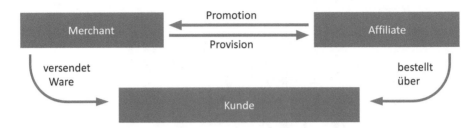

Abb. 16 Schema Affiliate Marketing: Affiliate, Merchant, Kunde (Ryte 2019b)

Tracking ist die Voraussetzung zur Steuerung und Optimierung aller Affiliate-Maßnahmen. Auf Basis der Daten und Analyse können Botschaften und Visuals justiert, Streuverluste minimiert und CTAs bzw. das Provisionsmodell optimiert werden.

Eine Herausforderung bildet die DSGVO: Zukünftig müssen Log-in- bzw. Opt-in-Systeme forciert werden, um das Werbeeinverständnis der Nutzer einzuholen und ihn weiterhin tracken zu können.

3.4.3 Matchmaker als dominierende Affliliate Programme

Matchmaker sind Anbieter, die auf dem Konzept des Affiliate Marketings aufbauen, mit dem Unterschied, dass sie für einzelne Produkte wie zum Beispiel Kfz-Versicherung, Strom und Gas eine marktdominierende Stellung einnehmen und den Großteil der Vermittlung ausmachen.

- 70 % der Deutschen nutzen Vergleichsportale
- Bereits 34 % der Nutzer schließen einen Vertrag direkt über Vergleichsportale ab
- <10 % der Versicherungen und <25 % der Energieverträge werden direkt auf Vergleichsportalen abgeschlossen (WIK-Consult GmbH 2018)

Vergleichsportale dominieren den Markt und generieren selbstständig Traffic auf ihren Plattformen, um dort als Mittler die Produkte an interessierte Nutzer/Konsumenten zu vermitteln. Zur besseren Sichtbarkeit der eigenen Produkte/Leistungen können Unternehmen entsprechende Plätze innerhalb der Auflistung (Ranking) erworben werden. Der Matchmaker verdient somit doppelt – für eine Topplatzierung sowie die Vermittlung der Leistung.

Als bekannte und dominierende Plattformen in Deutschland gelten check24, Verivox und Interhype.

3.5 Social Advertising – von Organic Search to Pay to Play (Media) und Etablierung als Shoppingportal (Direct Commerce)

3.5.1 Social Advertising Marktdurchdringung

Als Social Advertising bezeichnet man im digitalen Marketing die Strategie, Werbebotschaften und Kommunikation über gekaufte Werbeplätze in sozialen Netzwerken wie LinkedIn, Facebook und Co zu verbreiten.

Internet als Marketinginstrument

Social Advertising ist für Unternehmer ein exzellentes Instrument, um Leads zu generieren, Neukunden zu gewinnen sowie den Abverkauf zu fördern. Und wird am Markt seitens der Konsumenten nachgefragt.

Ca. 3,5 Mrd. Menschen weltweit können über Social Media (siehe Abb. 17) erreicht werden (Moghaddam und Hootsuite 2019)

Laut dem HubSpot-Bericht „State of Inbound 2017" bevorzugen 54 % der Befragten soziale Medien als Interaktionskanal (Kuhlmann-Rhinow 2017)

3.5.2 Segmentierung und Aktivierung der Social-Nutzer

Die Ziele des Social Advertisings sind fast identisch mit denen des Social Sellings und Social-Media-Marketings. Social Advertising zielt vor allem ab auf:

- die Generierung von Leads (Ryte 2019)
- die Verbesserung der Sichtbarkeit
- die Steigerung des User-Engagements (Ryte 2019)
- die Reduzierung des Streuverlustes durch optimiertes Targeting (Ryte 2019)
- die Steigerung der Brand Awareness und Festigung der Kundenbindung

Marken können auf sozialen Plattformen ihre Zielgruppe anhand demografischer und userbezogener Daten gezielt auswählen und personalisiert ansprechen. Spezifische Zielgruppensegmente können über Geotargeting, Verhaltens-Targeting und psychografisches Targeting selektiert und aktiviert werden.

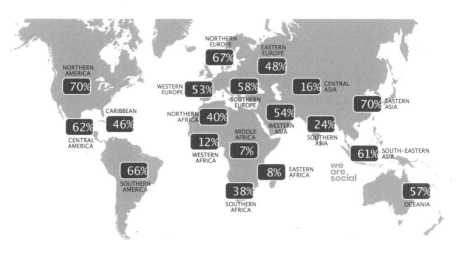

Abb. 17 Social Media Durchdringung nach Region in Relation zur Gesamtbevölkerung; (Moghaddam und Hootsuite 2019)

3.5.3 Social-Plattformen und ihre Zielgruppe

Dabei müssen die spezifischen Gegebenheiten der Plattformen beachtet werden. Denn nicht jede Plattform eignet sich für die Ansprache der Zielgruppe und Erreichung des gewünschten Ziels.

LinkedIn und Xing haben eine spezifische B2B-Ausrichtung (Recruiting, Austausch zwischen und Verknüpfung von Experten).

B2C-Plattformen wie Facebook, Snap!, Pinterest, Instagram und weitere sind tendenziell mit einem höheren Freizeitwert deutlich breiter aufgestellt und decken eine Vielzahl an Nutzerinteressen ab.

Welche Plattform für welche Marke, für welches Produkt, für welchen Content oder für welche spezifischen Kampagnen am besten geeignet ist, hängt im Großen und Ganzen von drei wesentlichen Fragen ab:

- Auf welcher Plattform kann die gewünschte Zielgruppe erreicht werden?
- Ist diese Zielgruppe zugänglich für Werbung (Markenfit)?
- Auf welcher Plattform ist die Zielgruppe aktiv (Umfeld und Themen)?

Instagram wie auch Pinterest gelten als jung (18–29 Jahre) und frauenlastig (Pew Research Center 2015). Videos und Images (Bilder) dominieren, das Social Selling liegt im Fokus. Sie bieten ihren Nutzern die direkte Möglichkeit, Produkte mit ein paar Mausklicks zu erwerben. 60 % der Instagram-Nutzer entdecken neue Produkte über die Plattform (Smith 2019). Facebook wird vor allem zur Leadgenerierung eingesetzt. Zum Beispiel unter Einsatz von eBooks und Whitepapers, aber auch zeitlich begrenzter Angebote oder Rabattaktionen. Twitter ist für KMUs eine gute Möglichkeit, Follower direkt in Kunden zu konvertieren. Laut Twitter haben 70 % der kleinen Unternehmen Follower-Waren oder -Dienstleistungen erworben, nachdem sie ihnen auf der Plattform gefolgt sind (Twitter, Inc. 2019)

Die Frage, welche Plattform, Ansprache und Social Ads sich am besten eignen, kann nur individuell im Rahmen der Business- und Kommunikationsziele beantwortet werden.

3.5.4 Pay to Play und Social Shoppingportale (Direct-Commerce)

Jedoch gilt es zu beachten, dass Social-Media-Kanäle zunehmend zu „Pay-to-Play"-Plattformen werden, auf denen die gewünschte Reichweite nur dann erzielt werden kann, wenn das entsprechende Mediabudget dahinter steht.

Des Weiteren entwickeln sich die sozialen Plattformen zunehmend hin zu einem kompletten Marktplatz, auf dem immer mehr Schritte des Bestellungsprozesses und der Kundenbetreuung abgewickelt werden. Besonders Millennials nutzen etwa Instagram immer häufiger wie einen „Teleshoppingkanal". Die sogenannten „Shoppable Posts" (deren Sichtbarkeit ebenfalls vom Werbetreibenden im Pay-to-Play-Prinzip erhöht werden können) werden monatlich von ca. 90 Mio. Nutzern angeklickt, um den Preis des beworbenen Artikels zu erfahren. Shoppable Posts verlinken meist direkt auf die jeweilige Produktseite im Online-Shop des Account-Inhabers (Einsenbrand 2019).

3.6 Influencer als direkter Vertriebskanal

3.6.1 Reichweite, Bekanntheit und Glaubwürdigkeit mittels Influencer erzielen

Influencer-Marketing ist eine Marketingstrategie, bei der gezielt Meinungsmacher (= Influencer) mit reichweitenstarken Communitys für Kommunikationszwecke eingesetzt werden.

Der Psychologe und Wirtschaftswissenschaftler Robert Cialdini prägte den Begriff des Influencers in seinem Buch „Influence: Science and Practice" mit der Kernaussage: *„Menschen sind relativ leicht beeinflussbar. Handlungen können durch den Klick-Surr-Effekt bis zu einem gewissen Teil gesteuert werden, weil wir bestimmten Mustern folgen."* (Ciadini 2001)

Influencer sind Personen, die ein hohes Ansehen und eine hohe Bekanntheit und Glaubwürdigkeit genießen. Meistens werden sie mit bekannten YouTubern in Verbindung gebracht. Es gibt aber eine Vielzahl an Influencer-Arten. Jede Person mit einer entsprechend hohen Reichweite wie Blogger, Journalisten, PR-Fachleute können als Influencer fungieren.

Vordergründig geht es darum, Marken- und/oder Produktfürsprecher zu gewinnen, die als Experten auf ihrem Themengebiet gefragt sind. Auf Basis der Authentizität, der Glaubwürdigkeit und des Vertrauens des Influencers zu seiner Zielgruppe gilt es, dieser Markenbotschaften zugänglich zu machen (siehe Abb. 18). Und darüber Einfluss auf Marken, Produkte, Services, Bewertungen und vieles mehr zu nehmen.

3.6.2 Influencer Arten: B2B vs. B2C

Wir unterscheiden zwei Arten von Influencer-Marketing. Beide bauen auf dem Prinzip der One-to-Many-Kommunikation auf, bei der der Influencer als Übermittler der Kommunikations-/Marketingbotschaft die Hauptrolle zukommt.

Im B2B-Bereich ist die fachliche Kompetenz und die Expertise entscheidend, da wir es hier mit einer weitaus kritischeren Zielgruppe zu tun haben. Persönliche Beziehungen sowie ein existierendes Netzwerk zur Verbreitung der Inhalte sind zwingend erforderlich. Im B2B werden Influencer meist Key Opinion Leader genannt.

Im B2C-Bereich wird das Influencer-Marketing maßgeblich von der Person (dem Influencer) beeinflusst. Neben der Reichweite (siehe Abb. 19) sind Authentizität und Glaubwürdigkeit der Botschaft (bestmöglicher Match zwischen Produkt und Influencer) ausschlaggebend.

3.6.3 Wirkung und Effizienz des Influencer Marketings

Der Vorteil des Influencer-Marketings ist die Rolle, die eine Marke, das Produkt und somit das Unternehmen einnimmt. Es übermittelt die kommunikative Botschaft an die Zielgruppe nur indirekt, nämlich in erster Instanz an den Influencer. Dieser wendet sich an seine Follower (die Zielgruppe) zur Übermittlung und Weitergabe der Botschaft. Aus Sicht der Follower lassen sich die Werbebotschaften von Influencern besonders gut einer Marke zuordnen.

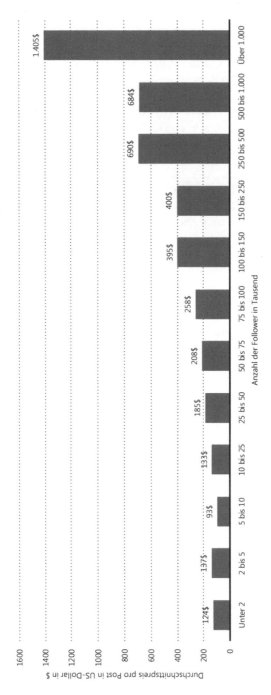

Abb. 18 Durchschnittspreis pro gesponsertem Post von Influencern auf Instagram nach der Anzahl der Follower im Jahr 2017. (Quelle: influence.com, 2018)

Abb. 19 Influencer Arten nach Reichweite an Followern (eigene Darstellung)

Influencer-Marketing ist oft sehr effektiv:

- Für jeden investieren Dollar lassen sich im Schnitt 7,65 Dollar an Earned Media Value generieren.
- Die Brand-Awareness steigt durchschnittlich um 17,3 %.
- Die Kaufbereitschaft wird durch entsprechende Kooperationen im Schnitt um 29 % gesteigert, die Weiterempfehlungsbereitschaft sogar um 37 %.

Im Rahmen einer Studie gab ein Drittel der Befragten an, dass Produktvorstellungen von Influencern besonders glaubwürdig sind. Glaubwürdiger sind nur noch Empfehlungen von Freunden (63 %) sowie Kundenbewertungen auf Produktseiten (48 %); (Bernecker 2019b).

3.7 Nennenswerte digitale Werbeformate die den Markt erobern: Podcasting, Programmatic TV Ads, Native Ads

3.7.1 Podcasting

Podcasts sind Audio- und audiovisuelle Dateien, die über das Internet abgerufen und zeit- sowie ortsunabhängig konsumiert werden können. Mittels RSS-Nachrichten-Format können die Casts per Mausklick abonniert werden.

Die Monetarisierung schreitet voran. Podcasts können vor allem in der Werbeakzeptanz durch die Nutzer punkten.

- 81 % der Konsumenten stehen Host Reads Ads (vom Moderator gesprochener Anzeigentext) sehr positiv gegenüber (Contilla GmbH und ContentMarketing.com 2019).
- 75 % der Nutzer hören sich integrierte Werbung in Podcasts an, ohne vorzuspulen (ramp106 2018)

Dennoch ist die Branche mit einer Reihe von Herausforderungen konfrontiert. Es fehlt an unabhängigen Messsystemen, auch das Targeting erweist sich noch als schwierig. Des Weiteren lässt sich die Mediennutzungszeit der Konsumenten nur schwer ausweiten. Podcasts stehen in einem direkten Wettbewerb zu den sozialen Medien mit interaktiven Inhalten wie Videos und Musikstreamingdiensten

3.7.2 Programmatic TV Ads

Programmatic TV Ads vereinen zwei Vorgänge: Adressable TV (ATV) und Automatisierung des Einkaufsprozesses von TV-Werbeplätzen.

Adressable TV Ads: Die Zuschauer werden mit einer auf sie bzw. auf die Zielgruppe zugeschnittenen Kommunikationsbotschaft erreicht; sowohl 1-to-1-Ausstrahlung als auch 1-to-many-Ausstrahlungen sind möglich. Zielgruppen können anhand hunderter Kriterien selektiert und dadurch exakt bestimmt und definiert werden. Dadurch lassen sich kommunikative Botschaften zuspitzen und die Relevanz erhöht sich.

Aktuell ist Adressable TV noch nicht in allen europäischen Ländern rechtlich möglich, die Voraussetzungen müssen erst noch geschaffen werden. In Deutschland ist der Einsatz dagegen erlaubt, wobei die Zielgruppe mittels Technologie des öffentlichen Sektors nur anhand anonymisierter Kundendaten definiert werden kann.

Des Weiteren muss ein Smart-TV (TV-Gerät mit Internetverbindung) verfügbar sein, um Adressable Ads ausspielen zu können (Realytics 2020).

Automatisierung des Einkaufsprozesses von TV-Werbeplätzen

Basis ist der Einsatz eines Real-Time-Bidding-Systems im digitalen Bereich. Hierbei handelt es sich um ein datengesteuertes, automatisiertes Bidding, sodass das Ad Buying im Bereich TV sich nicht mehr auf den herkömmlichen, quotenbasierten Ansatz stützen muss, sondern Zielgruppendaten nutzen kann, um personalisierte relevante Werbung zu platzieren.

Automatische Planung, Buchung und Auslieferung erfolgt über den Adserver in Echtzeit im klassischen Sendeangebot der TV-Stationen unter Beachtung der entsprechenden Datenschutzanforderungen. Über den technischen Standard HbbTV 2.0 können Spots frame-genau, also innerhalb der traditionellen Werbeblocks integriert werden.

Die Vorteile liegen auf der Hand:

- Verbessertes Kundenerlebnis und Schaffung von Markenwerten
- Zielgruppenspezifische Adressierung der Marketingbotschaften und Steigerung der Relevanz
- Minimierung der Streuverluste durch zielgerichtete Selektion und Aktivierung der Zielgruppen-Segmente

3.7.3 Native Advertising

Native Advertising ist eine Content-bezogene Werbeform, bei der Usern Inhalte angezeigt werden, die sich nur schwer von redaktionellen Artikeln unterscheiden.

In der Regel sind die Anzeigen in Design und Aufmachung an die redaktionelle Umgebung des Mediums – meist Webseiten, Podcasts, Printmedien – angepasst. Für Konsumenten ist der Unterschied zwischen Artikeln und Werbeformat kaum bemerkbar. Durch die Integration der Ads in die Umgebung soll die Werbeform als „gewöhnlicher" Artikel wahrgenommen und dadurch ein leichterer Übergang zur Marketingkommunikation erzielt werden.

Es gibt eine Vielzahl an unterschiedlichen Formaten wie Text, Grafiken, Videos, Host Reads und weitere. Die Ads werden auf Seiten von Magazinen, Nachrichten, Blogs, Newslettern oder innerhalb von Videos oder Podcasts ausgespielt.

Native Ads auf dem Vormarsch: In Deutschland wird eine Steigerung der Werbeinvestitionen um 372 % bzw. von 3,66 Mrd. US Dollar auf 17,28 Mrd. US- Dollar bis 2025 erwartet (Adyoulike et al. 2019).

4 Ausblick und Zusammenfassung

Heuristisch betrachtet ist der Siegeszug des Digitalen nicht aufzuhalten. Gleiches gilt für das digitale Marketing. Unternehmen und ihre Marketer versprechen sich einen Wettbewerbsvorteil von digitaler, personalisierter Kommunikation. Bereits 89 % der Unternehmen verfügen über die notwendige Organisationsstruktur.

Zielgruppen befürworten grundsätzlich eine auf sie zugeschnittene und individuelle Marken- und Dialog-Experience – denn wer will schon Irrelevantes sehen? Um dies zu ermöglichen, führt kein Weg an der inhaltlichen und technischen Personalisierung vorbei, um die Needs und Wünsche der Kunden zu bedienen und den Ansprüchen gerecht zu werden. In Grunde wird alles Dialogmarketing.

Gleichzeitig ist Fingerspitzengefühl gefragt, denn allzu halsbrecherische oder dogmatische Fokussierungen auf die gehypten digitalen Wege des Marketings haben bereits erste prominente Rückzieher gebracht (siehe exemplarisch Abb. 20).

Die größte Herausforderung ist aber, dass „digital" die Unternehmensorganisation und -kultur herausfordert, sich zu transformieren. Das Miteinander aller Beteiligten Stakeholder wird einen wesentlichen Beitrag zum Erfolg leisten, und der Erfolg bestimmt sich neu.

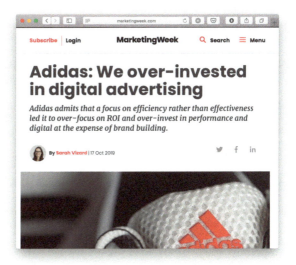

Abb. 20 Adidas: We over-invested in digital advertising (Gesenhues 2020)

Personalisierte Kommunikation in all ihren Facetten sowie Cross-Channel ist insgesamt ein Grund-Skill für Marketingerfolg (Gesenhues 2020). Die passende Herausforderung ist neben der Implementierung der technischen Software-Lösungen die notwendige Verknüpfung der Daten mit Kommunikationsstrategien, kreativen Inhalten und nachgelagerten Experiences. Klar beschrieben ist, dass Personalisierung im Digitalen oft nicht am Willen oder fehlenden Daten scheitert, sondern an den fehlenden oder schwer einsetzbaren MarTech-Lösungen im Unternehmen

Aber es gibt weder ein Zurück noch ein Grund, die Herausforderungen nicht anzunehmen. Das Marketing muss ausprobieren, lernen und diesen Prozess als Normalität akzeptieren. So haben wir alle Chancen, neue Wettbewerbsvorteile zu schaffen, die nicht nur im Geld, sondern im Können und in Network-Effekten liegen. Auf geht's.

Die Aufgabe der Politik ist parallel, für den am wenigsten regulierten Teil unserer Welt Spielregeln zu machen. Denn überall dort, wo die menschlichen Normen überborden – wie bei der Data-Surveillance-Economy rund um Firmen wie Facebook – ist der Staat gefordert. Die DSGVO war da schon mal ein super Anfang. Weiter so.

Literatur

Actico.com. (2019). https://www.actico.com/de/news/actico-umfrage-42-prozent-deutscher-verbraucher-bevorzugen-personalisierte-angebote/. Zugegriffen am 03.06.2020.

Adobe. (2019). Adobe Mobile Marketing Studie. https://www.adobe-newsroom.de/2019/02/28/aktuelle-mobile-marketing-studie-zeigt-mobile-only-ist-in-deutschland-nicht-angesagt/. Zugegriffen am 21.02.2020.

Adyoulike, Business Insider, eMarketer, & IAB. (2019). Prognose zu den Werbeinvestitionen in Native Advertising in ausgewählten Ländern in den Jahren 2020 und 2025. https://de.statista.com/statistik/daten/studie/1058591/umfrage/werbeinvestitionen-in-native-advertising-nach-land/. Zugegriffen am 15.01.2020.

Amirkhizi, M. (2016). Wie ist es um das Vertrauen in Agenturen bestellt? https://www.horizont.net/agenturen/nachrichten/Umfrage-Wie-ist-es-um-das-Vertrauen-in-Agenturen-bestellt-143371. Zugegriffen am 01.02.2020.

Atkins, O. (2019). The big move: How agency in-housing solutions are transforming brands. https://www.thedrum.com/opinion/2019/10/24/the-big-move-how-agency-housing-solutions-are-transforming-brands. Zugegriffen am 16.01.2020.

Baer, J. (2014). *Youtility: Why smart marketing is about help not hype.* East Rutherford: Portfolio Penguin.

Bathen, D., & Jelden, J. (2016). *Agentur-Kunden-Beziehungen von morgen.* Frankfurt a. M.: Gesamtverband Kommunikationsagenturen GWA E.V.

Bernecker, M. (2019a). Influencer marketing. https://www.marketinginstitut.biz/blog/influencer-marketing/. Zugegriffen am 09.02.2020.

Bernecker, M. (2019b). Künstliche Intelligenz – Was ist das eigentlich? www.marketinginstitut.biz/blog/kuenstliche-intelligenz/. Zugegriffen am 09.02.2020.

Bolz, T., Stahl, E., Wittmann, G., & Paul, M. (2017). Einkaufsverhalten im digitalen Zeitalter. S. 27. https://www.ecommerce-leitfaden.de/studien/item/einkaufsverhalten-im-digitalen-zeitalter-2017. Zugegriffen am 08.01.2020.

Breyer, C. (2019). Top 5 Club: Die Consultants kommen. Was bleibt für Agenturen? https://www.wuv.de/wuvplus/top_5_club_die_consultants_kommen_was_bleibt_fuer_agenturen. Zugegriffen am 10.01.2020.

Bunte, B. (2019). Cookiecalypse: Müssen künftig 85 Prozent des Traffics ohne Cookies vermarktet werden? https://omr.com/de/cookiecalypse-tod-des-cookies-ben-bunte-performance-media/. Zugegriffen am 29.12.2019.
Ciadini, R. B. (2001). *Influence: Science and practice*. Boston: Allyn & Bacon.
Contilla GmbH, & ContentMarketing.com. (2019). Content auf die Ohren: Die Vorteile von Podcast Marketing. https://content-marketing.com/content-auf-die-ohren-die-vorteile-von-podcast-marketing/. Zugegriffen am 26.02.2020.
Dietrich, G. (2014). *Spin sucks. Communication and reputation management in the digital age*. Indianapolis: Que Publishing.
Einsenbrand, R. (2019). Wie sich Instagram zum Marktplatz wandelt – und wer jetzt schon auf der Plattform verkauft. https://omr.com/de/instagram-commerce-wandel-zum-marktplatz. Zugegriffen am 03.04.2019.
eMarketer. (2019). Mobile is driving an increasingly confident programmatic ad spending market in Germany. businessinsider.com/emarketer-programmatic-ad-spending-in-germany-2019-report?r=DE&IR=T, 2018. Zugegriffen am 03.01.2020.
Faktenkontor, IMWF. (2019). Umfrage zum Einfluss von Influencern auf Kaufentscheidung nach Altersgruppen 2018. https://de.statista.com/statistik/daten/studie/708566/umfrage/einfluss-von-influencern-auf-kaufentscheidung-nach-alter-in-deutschland/. Zugegriffen am 21.02.2020.
Galloway, S. (2018). „The break up of big tech" (Scott). https://www.youtube.com/watch?v=WndRxuUoDO8. Zugegriffen am 01.12.2019.
Gesenhues, A. (2020). Is personalization working? https://martechtoday.com/is-personalization-working-budgets-are-increasing-but-martech-challenges-threaten-future-investments-238099. Zugegriffen am 03.02.2020.
Godin, S. (2001). *Permission Marketing. Kunden wollen wählen können*. München: FinanzBuch.
Hess, T., & Doeblin, S. (2006). *Turbulenzen in der Telekommunikations- und Medienindustrie. Neue Geschäfts- und Erlösmodelle*. Berlin: Springer.
Hoffman, B. (2019). The high cost of online trash. http://adcontrarian.blogspot.com/2019/01/the-high-cost-of-online-trash.html. Zugegriffen am 30.05.2019.
IHS, & IAB Europe (2019). Europe AdEx Benchmark 2018. https://www.statista.com/statistics/307005/europe-online-ad-spend/. Zugegriffen am 18.11.2019.
influence.co. (2017). Influencer Reichweite Instagram. https://de.statista.com/statistik/daten/studie/719031/umfrage/durchschnittspreis-pro-post-von-influencern-auf-instagram-nach-followerzahl/. Zugegriffen am 01.02.2019.
Knop, C. (2016). Man redet gerne über Daten, genutzt werden sie nicht. https://www.faz.net/-8c9bk-8c9gi?GEPC=s3. Zugegriffen am 08.01.2020.
Kowalsky, M. (2018). Warum die Internetgiganten zu mächtig sind. https://www.handelszeitung.ch/unternehmen/warum-die-internetgiganten-zu-machtig-sind. Zugegriffen am 03.01.2020.
Kuhlmann-Rhinow, I. (2017). State of inbound 2017. https://blog.hubspot.de/marketing/state-of-inbound-2017. Zugegriffen am 03.09.2018.
Lawless Research and Twilio. (2019). Global study: Consumer engagement best practices for 2020. https://ahoy.twilio.com/global-consumer-engagement-study. Zugegriffen am 19.11.2019.
Lissner, B. (2019). WhatsApp – auch 2020 von großer Bedeutung für Unternehmen. https://onlinemarketing.de/news/whatsapp-auch-2020-von-grosser-bedeutung-fuer-unternehmen. Zugegriffen am 08.01.2020.
McKinsey & Company. (2019). Periscope by McKinsey. Verbraucherumfrage. https://www.mckinsey.de/publikationen/2019-05-09-personalisiertes-marketing. Zugegriffen am 30.01.2020.
Moghaddam, S., & Hootsuite (2019). Social Media Statistiken 2019 in Deutschland. https://blog.hootsuite.com/de/social-media-statistiken-2019-in-deutschland/. Zugegriffen am 05.09.2019.
Niemeier, T. (2020). Auch 2020 wird für die TV-Vermarkter ein schwieriges Jahr. http://dwdl.de/sl/52e1ed. Zugegriffen am 20.01.2020.
Ogury Ltd. (2019). The reality report. https://ogury.com/resources/l-consumers-attitudes-mobile-marketing-2019/. Zugegriffen am 22.12.2019.
Outgrow. (2019). Push vs. pull – What should be your brand's marketing style? https://link.medium.com/VpJe6NDAg4. Zugegriffen am 22.02.2020.

Pew Research Center. (2015). Instagram demographics. https://www.pewresearch.org/internet/2015/08/19/mobile-messaging-and-social-media-2015/2015-08-19_social-media-update_09/. Zugegriffen am 01.12.2019.

ramp106 (podstars.de). (2018). Podstars Podcast-Umfrage 2018. https://de.statista.com/statistik/daten/studie/909328/umfrage/umgang-mit-werbung-in-podcasts-in-deutschland/. Zugegriffen am 01.02.2020.

Realytics. (2020). Definition von programmatic TV. https://www.realytics.io/de/glossaire/programmatic-tv-de/definition-programmatic-tv/. Zugegriffen am 01.02.2020.

Ryte. (2018a). Dynamic creatives. https://de.ryte.com/wiki/Dynamic_Creatives . Zugegriffen am 22.12.2019.

Ryte. (2018b). Prozess affiliate marketing. https://ryte.com/wiki/Affiliate_Marketing. Zugegriffen am 22.12.2019.

Ryte. (2019a). Consumer engagement. https://de.ryte.com/wiki/Customer_Engagement. Zugegriffen am 22.12.2019.

Ryte. (2019b). Lead. https://de.ryte.com/wiki/Lead. Zugegriffen am 22.12.2019.

Sarkar, C. (2017). „The four horsemen" – An interview with Scott Galloway. http://www.marketingjournal.org/the-four-horsemen-an-interview-with-scott-galloway/. Zugegriffen am 27.12.2019.

Scannel, T. (2018). Complexity a killer when it comes to digital transformation success. https://www.cio.com/article/3269493/complexity-a-killer-when-it-comes-to-digital-transformation-success.html. Zugegriffen am 30.12.2019.

Schmidhuber, J. (2020). Formal theory of creativity, fun, and intrinsic motivation (1990–2010). IEEE Transactions on Autonomous Mental Development. http://people.idsia.ch/~juergen/ieeecreative.pdf. Zugegriffen am 22.02.2020.

Sharp, B. (2010). *How brands grow: What marketers don't know.* Oxford: Oxford University Press.

Smith, K. (2019). 49 interessante Instagram-Statistiken. https://www.brandwatch.com/de/blog/instagram-statistiken/. Zugegriffen am 05.09.2019.

StatCounter. (2020). Marktanteile der meistgenutzten Suchmaschinen. https://de.statista.com/statistik/daten/studie/225953/umfrage/die-weltweit-meistgenutzten-suchmaschinen/. Zugegriffen am 22.02.2020.

Stokburger, G., & Pufahl, M. (2002). *Kosten senken mit CRM. Strategien, Methoden und Kennzahlen.* Wiesbaden: Springer Gabler.

Stumpf, M. (2019). *Digitalisierung und Kommunikation. Konsequenzen der digitalen Transformation für die Wirtschaftskommunikation.* Frankfurt a. M.: Springer VS.

textbroker. (2020). Affiliate marketing. https://www.textbroker.de/affiliate-marketing. Zugegriffen am 09.12.2019.

Twitter, Inc. (2019). Der Wert eines Followers. https://business.twitter.com/de/basics/twitter-followers.html. Zugegriffen am 19.11.2019.

Vizard, S. (2019). Adidas: We over-invested in digital advertising. https://www.marketingweek.com/adidas-marketing-effectiveness/. Zugegriffen am 17.12.2020.

WIK-Consult GmbH. (2018). Vergleichsportale in Deutschland – Endbericht. https://www.wik.org/fileadmin/Studien/2018/2017_CHECK24.pdf. Zugegriffen am 01.02.2019.

Integriertes Online-Marketing oder der kommunikative Hochleistungssport!

Dirk Kedrowitsch

Inhalt

1 Online-Marketing 530
2 Keine Zukunft ohne Heritage! 530
3 Hochleistungssport Paradigmenwechsel 532
4 Integriertes Online-Marketing ist Hochleistungssport! 538
Literatur 538

Zusammenfassung

Online-Marketing ist nun seit 25 (!) Jahren das bekannte Unbekannte in der Kommunikationsbranche. Bekannt, weil seit nunmehr einem viertel Jahrhundert die klassischen Medien, insbesondere Print, für tot erklärt werden. Unbekannt, weil sich die Unternehmen auch nach der langen Zeit schwertun, die Medien, die Kanäle und die daraus entstehenden Touchpoints mit den Zielgruppen und ihren Bedürfnissen in den Einklang zu bringen. Vielleicht hätte man die letzten 25 Jahren noch härter trainieren können und müssen. Vielleicht hätte man in den letzten Jahren noch mehr an der Technik feilen, noch mehr auf die eigenen Leistungswerte/Daten achten müssen. Denn eines wird immer deutlicher: Onlinemarketing ist nichts als kommuniukativer Hochleistungssport.

Schlüsselwörter

Onlinemarketing · Paradigmenwechsel · Transformation · KPI-Definition · Ubiquität · Disziplin

---

D. Kedrowitsch (✉)
Kreativ Agentur Thjnk, Hamburg, Deutschland
E-Mail: dirk@kedrowitsch.com

© Springer Fachmedien Wiesbaden GmbH, ein Teil von Springer Nature 2021
H. Holland (Hrsg.), *Digitales Dialogmarketing*,
https://doi.org/10.1007/978-3-658-28959-1_22

1 Online-Marketing

Marketing is the whole business seen from the customer's point of view. (Gardini 2007, S. 2 zitiert nach Drucker)

Die Kernaufgabe im Onlinemarketing ist nicht das Bespielen der Onlinekanäle mit einer Botschaft, sondern die Schaffung *einer* durchgängig überzeugenden Customer Experience für den Kunden. Der Knackpunkt liegt eigentlich in dem über Jahre geprägten Missverständnis integrierter Kommunikation respektive integrierten (Online-)Marketings.

Die *Medienlandschaft* wandelt sich rapide. Das Nutzerverhalten ändert sich. Technologische Entwicklungen bestimmen mehr und mehr die Medien und das Nutzungsverhalten. Kommunikation erscheint in veränderter Gestalt. In der Konsequenz müssen sich Unternehmen auf die Veränderungen im Umfeld einstellen. Und das nicht seit gestern!

Kombination der Medien und Abstimmung von *Offline & Online* rücken mehr und mehr in den Fokus. Es wachsen Internet und TV endlich zusammen. Adressable TV ist keine Zukunftsspielerei mehr. Klassische Printmedien haben ihre Angebote auf digitale Produkte umgestellt. Für die Printmedien wurden neue Profile, mit neuen Nutzungseigenschaften definiert Die Etablierung des „Multi-Screen-Verhaltens" beweist einmal mehr: Offline & Online schließen sich nicht aus, und die Anwendung des einen bedeutet auch nicht den Tod des anderen. Die Medienlandschaft ist nach wie vor in einem Wandel. Print ist nicht tot und wird nicht sterben, TV ist nicht verzichtbar und das Internet ist kein Wunderheilmittel. Allein deshalb schon tut man gut daran, die Medien, die Kanäle und die Infrastruktur bei der Erstellung und Ausgestaltung von Strategien und Konzepten zu berücksichtigen. Schließlich verfolgt der Einsatz sämtlicher Marketingmaßnahmen ein einheitliches Ziel: die Befriedigung der Bedürfnisse und Erwartungen der Kunden und Interessenten – und damit Absatz, Umsatz, Gewinn! Somit verzichten wir doch auf das „Online" und konzentrieren uns wieder auf das, was Marketing ausmacht: auf die Ganzheitlichkeit der Unternehmenssteuerung.

2 Keine Zukunft ohne Heritage!

In einer Zeit, in der alles und jeder nach Innovationen jagt, wird gern vergessen, dass nicht alles neu erfunden werden muss. Im Gegenteil, Erfahrungen zu ignorieren kann ein Garant für Erfolglosigkeit sein. Das Gelernte, also die Erfahrung, bildet auch im „modernen" Marketing die Grundlage erfolgreicher Strategien, Konzepte und Lösungen.

So beispielsweise erstmals im Jahr 1960 von Jerome McCarthy vorgeschlagen, integrierte sich im Laufe der Zeit die Einteilung des Marketing-Mix in die *vier Ps*: Product, Price, Place, Promotion (McCarthy 1960). Auch heute ist diese Einteilung sinnvoll – nur mit dem Unterschied, dass durch die Digitalisierung und den daraus resultierenden Wandel von Märkten, Medien, Konsumenten die Betrachtung der vier Ps deutlich facettenreicher wird. Die Basis jedoch bleibt unberührt.

- *Product*
  Produkte und Dienstleistungen stellen den Kern eines jeden Unternehmens dar. Mit dem Internet und der Digitalisierung wurde es Verbrauchern und Kunden mehr und mehr möglich, Vergleiche zwischen Produkten/Dienstleistungen verschiedener Anbieter zu ziehen und Empfehlungen – sowohl von den Anbietern selbst, als auch von anderen Verbrauchern – einzuholen. Die Empfehlung, die klassische Mund-zu-Mund-Propaganda, erhält neue Plattformen und ungeahnte Reichweiten. Aber auch die Produktentwicklung ist in einem Change, denn der Konsument wird involviert.
- *Price*
  In jedem Markt kommen Anbieter, Verbraucher sowie Wettbewerber als Teilnehmer zusammen und üben Einfluss auf die Preisgestaltung aus. Der *Preis* richtet sich nach dem Markt. Durch die Digitalisierung der Märkte ist jedoch eine neue Transparenz in die Verbrauchermärkte getreten, die es zuvor in dieser Art nicht gab. Preise können zeitlich unabhängig, standort- sowie kanalübergreifend miteinander verglichen werden. Die geschaffene Transparenz stellt einen deutlich preisorientierteren Wettbewerb dar, der auch große Implikationen auf Themen wie Markenloyalität hat.
- *Place*
  Der *Vertrieb* von Produkten/Dienstleistungen findet auf unterschiedlichsten Wegen statt. Stationär, Online, vor allem Mobile. Hier hat die Infrastruktur Internet vieles verändert. Grundsätzlich aber gilt: Verkauf ist zeitlich räumlich unabhängig geworden.
- *Promotion*
  Zur *Kommunikationspolitik*, speziell zum Kommunikations-Mix, zählen klassischerweise Werbung, Verkaufsförderung, persönlicher Verkauf, Sponsoring, Messen, Events, Öffentlichkeitsarbeit etc. Diese wurden in den vergangenen 25 Jahren um ein Vielfaches angereichert und komplexer. Eine Unzahl neuer Fernseh- und Radiosender, Zeitschriften, Magazine, Outdoor-Formate, Ambient sind nur einige Beispiele. Die Digitalisierung und die damit verbundenen neuen Angebote, wie E-Mail, Google AdWords, Banner, Microsites, Newsletter, Mobile, SEM, Social Networks etc., kombiniert mit der rapiden technologischen Entwicklung ergänzen den Mix täglich um Neues. Die steigende Automatisierung, Pragmatic Advertising, Artificial Intelligence etc. lassen sogar die einstigen Digitalen Innovationen schon wieder wie modernes Antiquariat aussehen.

Aber all diese Veränderungen, dieser Wandel in Märkten, Medien und Menschen, bedeuten keine Apokalypse, keinen Neuanfang, sondern lediglich einen neuartigen Umgang mit diesen Veränderungen: die Akzeptanz, dass es nicht so einfach funktioniert wie früher, die Einsicht und Offenheit, Themen neu anzugehen, und den Mut, Neues zuzulassen und auszuprobieren – ein Paradigmenwechsel in den Köpfen von Marketers, Agenturmenschen, allen, die auch morgen noch die Wünsche und

Bedürfnisse von Kunden erkennen und befriedigen wollen. Das ist heute anspruchsvoller – das ist *kommunikativer Hochleistungssport*!

3 Hochleistungssport Paradigmenwechsel

Die älteste Technik des Hochsprungs ist die sogenannte Frontalhocke. Dabei sprang der Sportler tatsächlich in einer Art Hocke über die Latte. Das sah lustig aus, wurde aber über Hunderte von Jahren praktiziert. Die Auslegung dicker Matten führte dann zu Erprobungen neuer Techniken. Im Jahre 1968 bei den Olympischen Spielen zeigte der Sportler Dick Fosbury jedoch etwas ganz anderes. Der Clou an seiner Technik: Er überquerte die Latte rücklings und konnte so höhere Latten nehmen als mit anderen Techniken. „Falsch herum" zu springen erschien niemandem erfolgversprechend zu sein. War es aber! Und zwar so sehr, dass seitdem niemand mehr vorwärts springt.

Dennoch scheinen einige Unternehmen nach wie vor überzeugte Frontalhocker zu sein. Denn alles, was mit Veränderung zu tun hat, bedeutet gleichzeitig auch Unsicherheit. So wird oftmals nach wie vor eine paranoide Trennlinie zwischen Online-Marketing, Marketing, Vertrieb und IT gezogen – schließlich hat sich diese Technik jahrelang bewährt, obwohl es zwischenzeitlich bereits Veränderungen im Markt gab. Den innovativ Denkenden wird dabei generell nicht vertraut.

Dabei sollen Unternehmen ihre langjährigen Erfahrungen ja gar nicht über Bord werfen! Aber sie sollen, sie müssen sie ergänzen. Veränderungen (wie die Auslegung dickerer Matten) müssen berücksichtigt, das heißt eingebunden werden, da andernfalls den künftigen Anforderungen nicht mehr Rechnung getragen werden kann. Während der Wettbewerb im Fosbury-Flop auf den weichen Matten landet, stellt die im eigenen Unternehmen weiterhin praktizierte Frontalhocke mit Stehlandung einen – positiv formuliert – Wettbewerbsnachteil dar.

Der notwendige *Paradigmenwechsel* liegt in der Natur der Veränderung. Erkenntnisgewinne, Wissensfortschritte, demografischer Wandel, strukturelle Veränderungen im Markt und vieles mehr sind die Verursacher. Sie finden überall statt – auch im Marketing. Natürlich muss dabei zwischen Trends und nachhaltiger Innovation unterschieden werden. Dass das Internet und die damit verbundenen Veränderungen kein Trend sind, ist mittlerweile jedem klar. Nun gilt es, diese Veränderungen nicht zu meiden, sondern die damit einhergehenden Chancen zu nutzen. Auch wenn sich die Rahmenbedingungen ändern, geht es nach wie vor um eins: die Hürde nehmen.

At least once every five years every form should be put on trial for its life. (Drucker 2011, S. 69)

Erkenntnisse der Vergangenheit sollen mit Treibern zukünftiger Entwicklungen zusammenfließen. Vor allem abteilungsübergreifendes Denken und Handeln muss dabei zunehmend in die DNA der Unternehmen übergehen. Nur so können Insellösungen vermieden und Synergieeffekte genutzt werden. Und nur so kann das oberste Ziel eines jeden Unternehmens erreicht werden: *der zufriedene Kunde* (Kotler et al. 2011, S. 35 ff.).

Und hier treffen wir auf die nächste (sportliche) Herausforderung: die Zielsetzung(en).

3.1 Der Umgang mit Zielen

Ein Bogenschütze würde sicher nicht schießen, schießen, schießen und erst dann zielen. Er würde erst die Entfernung definieren, die Windrichtung und -stärke messen, das Ziel anvisieren, ausjustieren, die Atmung kontrollieren und so gut treffen wie nötig. Und nach dem ersten Schuss alles noch mal! Warum machen es so viele Marketers anders?

Nach Kotler gibt es mehrere Stufen von *Zielen* und Strategien, die für ein Unternehmen relevant sind. Ausgehend von den allgemeinen Unternehmensziel en lassen sich die entsprechenden Marketingziele ableiten. Aus diesen ergibt sich wiederum die Marketingstrategie und in der Folge das Verkaufs- und Werbeziel. Zur Erreichung der Ziele ist seit jeher eine strategische Planung ausschlaggebend. Dabei wird vor allem auch der Unternehmenszweck betrachtet. Das heißt: Was ist die Aufgabe des Unternehmens? Wer ist der Kunde? Was sollte die Aufgabe sein? (Kotler et al. 2011, S. 166 ff.).

Aber nicht nur auf oberster Managementebene, sondern generell sollten allen Wegen und Maßnahmen eng definierte Ziele vorgelagert sein. Wenn der Bogenschütze nicht weiß, auf was er sich fokussieren soll, kann er ein noch so guter Schütze sein. Das ihm unbekannte, aber eigentliche Ziel wird er verfehlen. Damit die Zielsetzung nicht zu einer Herkulesaufgabe wird, müssen Systeme/Techniken entwickelt werden, die Ziele definierbar zu machen.

> **Beispiel**
>
> Aber wie unterscheiden sich Ziele, Wege und Maßnahmen voneinander? Zum besseren Verständnis sei hier ein praktisches Beispiel gegeben. Ziel sei es, eine Goldmedaille im Bogenschießen zu gewinnen. Der Weg beinhaltet eine entsprechende Vorbereitung, wie beispielsweise ein Training im Verein. Die Maßnahme wäre dementsprechend zum Beispiel der Kauf von Pfeil und Bogen und weiterem notwendigen Equipment. Während Wege und Maßnahmen variabel sind (statt Vereinstraining, privates Training und statt Kauf des Equipments Ausleihe usw.), bleibt das Ziel immer das gleiche: die Goldmedaille! Einfluss haben hier sowohl interne als auch externe Determinanten. Interne Determinanten wären zum Beispiel körperliche Beeinträchtigungen, externe Determinanten wiederum Umstände, wie Beeinträchtigungen durch den Veranstaltungsort, das Wetter oder die Wettbewerberstruktur.
>
> Ausschlaggebend bei der Auswahl relevanter Ziele ist die Voraussetzung der „*SMART* en" Eigenschaft. Das bedeutet, dass die entwickelten Ziele *Spezifisch* (im Sinne von präzise), *Messbar*, *Akzeptiert*/angemessen, *Realistisch* (im Sinne von umsetzbar) sowie *Terminierbar* sein müssen. Dabei unterscheidet man ge-

nerell zwischen kurz-, mittel- und langfristigen Zielen. Letztere dienen als Richtungsweisung, in die das Unternehmen geführt werden soll (Olympia-Gold), während erstere als operative Ziele betrachtet werden (Zeit-, Kilometeroptimierung). Aus der Summe der einzelnen Ziele sollen im Nachhinein die Unternehmensziele formuliert werden können: Vision (erfolgreichster Sportler weltweit) und Mission (Wettbewerbe in 2013 mit Plätzen 1–3 ablegen) (Krems 2012).

Messbare Ziele sollten via KPIs (*Key Performance Indicators*) entwickelt werden. KPIs sind messbare Schlüsselkennzahlen. Sie können in allen Bereichen der Produktions-/Dienstleistungsprozesse eingesetzt werden und abschließend in einem übergeordneten Tool, das alle KPIs beinhaltet und bewertet, zu einer Übersicht zusammengeführt werden. Der Gewinn bei der Nutzung von KPIs ist offensichtlich: Leistungen des Unternehmens können messbar gemacht werden. Für eine erfolgreiche Unternehmenssteuerung ist die Messung des Erfolgs unerlässlich. An dieser Stelle sei an die Worte Peter F. Druckers erinnert: „You can't manage what you can't measure!"

Es gilt stets zu beachten: Erfolge wie Misserfolge sind direkt messbar. Sämtliche Aktivitäten im Marketing müssen stets getrackt, ausgewertet, nachgebessert und somit effizient und effektiv ausgesteuert werden. ◄

3.2 Zuschauer sind Zielgruppen, Zielgruppen sind Zuschauer

Der Sportzuschauer interessiert sich vielleicht für jede Art von Sport. Die Hauptsache ist, dass er im Kreise seiner Freunde im Stadion oder vor dem Fernseher mitfiebern kann und seine Gedanken vom Alltag ablenkt. Ob Hochsprung oder Bogenschießen, Fußball oder Golf. Wenn es doch im Marketing so einfach wäre! Unserer Zuschauer sind unsere Zielgruppen. Unserer Kunden und die, die es werden sollen. Die Kernaufgabe eines jeden Unternehmens ist es, Kunden auszubauen, Kunden zu halten und neue Kunden zu gewinnen. Der Kunde definiert das Geschäft. Er hält das Unternehmen am Leben. Aber: Wer ist der Kunde? Wo ist er? Wie kauft er? Warum kauft er überhaupt? Was möchte der Kunde als nächstes kaufen?

Doch so unterschiedlich die Menschen sind, so unterschiedlich ist auch ihr Nutzungsverhalten. Und mit der zunehmenden Diversifikation der Endgeräte und Kanäle geht dabei automatisch eine Fragmentierung der Gesellschaft einher. Interessengruppen werden immer kleiner, individueller, situativer und fordern gleichzeitig eine zunehmend personalisierte Ansprache.

Um zeitgemäß *Zielgruppen* definieren zu können, gibt es bekanntlich verschiedene Herangehens- und Betrachtungsweisen. So können sowohl demografische, soziodemografische sowie psychografische Aspekte bei einer Analyse berücksichtigt werden. Hinsichtlich des Marketings sind auch medienorientierte Merkmale von Interesse.

Insbesondere *psychografische Merkmale* sind von außerordentlichem Interesse, da das Verhalten der Konsumenten im Wesentlichen aus ihrer Persönlichkeit, ihren Neigungen, Wahrnehmungen, Gewohnheiten und Wünschen resultiert. Jahrzehntelang praktizierte Modelle, mit denen das Typologisieren von Nutzergruppen möglich sind sind bspw. Sinus-Milieu-Modelle oder die aus dem Neuromarketing entwickelte *„Limbic Map"*. Sowohl die Sinus-Milieus als auch die Limbic Map können kanalübergreifend (Online/Offline) für eine Zielgruppendefinition genutzt werden.

Auf der Basis des beschriebenen Anspruches, Zielgruppen möglichst genau definieren zu können, stellt zudem die Erstellung von Persona bei der Zielgruppenanalyse ein äußerst wichtiges Modell dar. Man versteht unter dem Begriff *„Persona"* ein imaginäres Modell einer Person mit allerdings sehr konkreten (Charakter-) Eigenschaften und Nutzungsverhalten. Es ist ein häufig eingesetztes Modell, das eine Art Prototyp für einen bestimmten „Nutzertypus" darstellt. Mithilfe von Personas können Kenntnisse über die jeweilige Kundengruppe gewonnen werden (Onlinemarketing-Praxis). Durch eine genaue Charakterisierung der Kunden können Rückschlüsse auf ihre Vorlieben, Wünsche und Forderungen getroffen werden. Vor allem aber werden so Kenntnisse über die Motive der Zielgruppen erlangt, warum sie Bedürfnisse haben, was genau sie von Produkten und Marken erwarten. Je besser der Kunde bekannt ist, desto geringer ist das Risiko, die Produkte an ihm vorbei zu entwickeln. (Gründerszene).

Allein die Komplexität der Zielgruppenanalyse macht den angesprochenen Hochleistungssport wiederum deutlich. Allerdings ist es damit gar nicht getan. Denn Die Zielgruppendefinition ist lediglich eine Disziplin, die es zu trainieren gilt. Die Erfassung, das Sammeln von Zielgruppendaten – angefangen mit der Ausarbeitung welche Daten von Relevanz sind, die Auswertung und die Erarbeitung von Ableitungen daraus stellt dein eigentlichen Marathon dar, den es zu absolvieren gilt. Jeden Tag immer wieder.

3.3   14 Schläger, ein Ball und ein viel zu kleines Loch

Golf ist ein interessanter Sport. Der Unterschied zwischen einem ambitionierten Hobbygolfer und Tiger Woods ist nur ein Schlag pro Loch. Strebt der Hobbygolfer ein Par an, so ist es für den Tiger der Birdie. Und dennoch trennen die beiden Welten. So ist es auch im Marketing. Sie können etwas sehr ähnlich wie andere machen und es auch gut tun, und dennoch verschenken Sie jeden Tag ein großes Stück Ihres Potenzials am Markterfolg. Der Golfer geht in der Regel mit bis zu 14 Schlägern immer neue Aufgaben, aber das gleiche Ziel an, und zwar die Kugel ins Loch zu befördern. Mit stets replizierten Schwung wird dieses Ziel verfolgt, auch wenn er dabei mit kleineren Unterschieden in der Technik und einigen Zwischenzielen vorgeht. Im übertragenen Sinne bedeutet das, dass ein Unternehmen einheitlich mit dem gleichen Schwung und seiner klaren Zielsetzung nach außen treten sollte.

Noch vor einigen Jahren interpretierten Marketers *integriertes Marketing* so, dass eine gleichbleibende Botschaft über alle Kanäle zu den Zielgruppen gesendet wird. Durch die Penetration der Kunden mit ein und derselben Botschaft sollte dann das Marketing- resp. Kommunikationsziel erreicht werden. Die Entwicklung der Medienlandschaft, insbesondere die entstandene Komplexität, verlangte hier Veränderungen. Zielgruppen treffen in allen Lebenssituationen auf Werbetreibende und ihre Botschaften, ob auf Plakaten an der Bushaltestelle, an der Bande im Stadion oder auf zahlreichen Bildschirmen. Wir nennen das Touchpoints.

Wir sprechen aktuell alleine im Onlinemarketing von den „Multi-Screens". TV, stationärer PC, Laptop, Tablet, Smartphone, Navigationsgeräte, Spielekonsole Digital Out of Home, und viele mehr. Die Entwicklungen der Endgeräte nehmen kontinuierlich weiter Form an. Internet of Things (IoT) ist hier ein nicht unmaßgeblicher Treiber. Stetige Weiterentwicklungen und neue Kreationen fordern eine entsprechend zugeschnittene Ansprache.

Der Kunde wird in allen denkbaren Situationen erreicht, ob auf dem Sofa, am Schreibtisch, im Bett, in der Küche, beim Zähneputzen im Bad oder unterwegs in der Bahn, im Auto, sowohl im Inland, als auch im Ausland – global! Medium, Zeit und Ort spielen keine Rolle mehr. Resultat dieser Möglichkeiten ist die Allgegenwärtigkeit! UBIQUITY!. Ubiquity bedeutet räumliche sowie zeitlich grenzenlose Verfügbarkeit von Informationen und Angeboten. Der User ist „always on"! Ein und dieselbe Botschaft würde den Kunden langweilen.!

Der Übergang zwischen realer und virtueller Welt ist dabei fließend. FLOW! In der Konsequenz bedeutet das wiederum, dass eine übergreifende Kommunikation stattfindet. Die personalisierte Ansprache führt zu einem Wechsel von „werben und verkaufen" hin zu „Beziehungen aufbauen". Diese Zielgruppen-Programme lassen sich nicht durch den Einsatz einzelner Kanäle alleine umsetzen. Die Vernetzung, die Integration von Einzel-Zielsetzungen, Konzepten und Maßnahmen zur Erreichung von unternehmerischen Zielen, ist unumgänglich.

„It no longer makes economic sense to send an advertising message to the many in hopes of persuading the few", so M. Lawrence Light, Chief Marketing Officer McDonald's (Jefferson und Tanton 2013, S. 10).

3.4 Disziplin & Training

Der Alltag eines Hochleistungssportlers beinhaltet Training, Wettkampf, Training und das bedeutet wiederum: Disziplin. Kontinuierliche Trainingseinheiten, die Fehler berücksichtigen und in einem abgestimmten Trainingsplan eingefügt werden, sind unverzichtbar, um Erfolge erzielen zu können. Für eine Optimierung der Laufleistung müssen daher kontinuierlich Daten erhoben, analysiert und evaluiert werden. Ein Training mit dem Ziel einer Gewichtsreduktion fällt anders aus als ein Training mit dem Ziel Muskeln aufzubauen. Dabei muss neuen Methoden offen gegenüber getreten werden, um Potenziale ausschöpfen zu können. Gleiches gilt im Marketing. Aus sämtlichen Aktivitäten gesammelte Daten müssen nicht nur erhoben, sondern ausgewertet werden. Ziele und Zwischenziele müssen erprobt werden. Je nach Erreichung müssen Ziele nachbearbeitet werden. Und das kontinuierlich.

Doch damit nicht genug. Die eigenen Daten sind nur der Anfang. Die Anforderung an unsere Kommunikation verlangt weitaus mehr. *Data Management* ist das große Stichwort. Dabei muss jedes Unternehmen den Einsatz von Data Management umsetzen. Das gewünschte Ergebnis sollte vor Einsatz und Auswertung von Daten definiert werden, um sicherstellen zu können, dass anschließend auch die richtigen, sprich relevanten Daten zu einem Ergebnis zusammengetragen werden.

Gartner definiert diesbezüglich drei Charaktereigenschaften von Big Data: Volume, Velocity und Variety. (Gartner.com) Während sich Volume auf das durch die Vernetzung entstandene Datenvolumen bezieht, meint Gartner mit Velocity die Geschwindigkeit, mit der die Daten ausgewertet werden können. Variety steht für die Datenvielfalt, die durch E-Commerce, Social Media und vielen weiteren Angeboten entsteht.

Mittlerweile ist die große Herausforderung nicht mehr die Frage „Wie und woher bekommt man Daten?", sondern „Welche Daten sollen erhoben werden, was macht man mit den erhobenen Daten und wie tragen sie zur Zielerreichung bei?" Eingesetzte Mittel müssen getrackt, analysiert und vor allem hinsichtlich des Zielerreichungsgrads geprüft werden, um Konsequenzen ableiten zu können. Der Vorteil von Big Data hinsichtlich des Online-Marketings ist für Unternehmen das erweiterte Wissen über Zielgruppen. Denn Zielgruppen fordern gewünschte Informationen zunehmend an (Pull) und wollen nicht mit ihnen „vollgestopft" werden (Push).

Im E-Commerce wird mittels der Erkenntnisse die gesamte Wertschöpfungskette optimiert (Personalisierung/(M)E-Business). Ein entsprechendes *Dashboarding* ist daher unverzichtbar für eine effiziente Marketing- bzw. Unternehmenssteuerung. Ein Dashboard kann als Management-Cockpit verstanden werden. In einem solchen Cockpit sollten die KPIs visuell, leicht erfassbar abgebildet werden. Denkbar wäre eine Instrumententafel wie in einem tatsächlichen Cockpit (Jacob et al. 2013). Jedem KPI wird dabei eine Anzeige zugeordnet, die in drei Bereiche eingeteilt ist und dabei von Rot über Orange bis Grün verläuft. Während im roten Bereich akuter und im orangenen Bereich leichter Handlungsbedarf besteht, beinhaltet der grüne Bereich die Zielerreichung. Der Handlungsbedarf wird mit Hilfe von Soll-/Ist-Werten erkennbar. Somit ist zunächst eine Null-Messung erforderlich, um die Ausgangssituation abbilden und darauf aufbauend entsprechende Sollwerte definieren zu können. Eine Überforderung aufgrund illusionärer Zielsetzung sollte unbedingt vermieden werden. So wie sich der Marathonläufer bei der Überschreitung seiner Grenzen nur langsam und mühsam von seinem falschen Ehrgeiz erholt, kann sich auch ein Unternehmen mit falsch angelegten Maßstäben das Sprunggelenk verstauchen und sich in eine Form der Handlungsunfähigkeit manövrieren. *KISS: Keep it safe and smart.*

Der Vorteil einer Cockpit-Darstellung bzw. eines Dashboards ist die leichte und schnelle Erkennbarkeit des Handlungsbedarfs. Erfolge und Misserfolge können somit einzelnen Bereichen zugeordnet werden und daraus folglich die relevanten Maßnahmen abgeleitet werden. Ressourcen können effizient eingesetzt und Kosten gesenkt werden.

Ein weiterer Punkt, der bei der Auswahl und Definition von KPIs beachtet werden sollte, ist die *Ursache-Wirkungs-Beziehung*. Dabei wird analysiert, welches Ziel einen Einfluss auf ein weiteres Ziel hat. Ursache-Wirkungs-Beziehungen können dabei sowohl hinsichtlich negativer, als auch positiver Zusammenhänge analysiert werden. Die Beziehungen zu identifizieren erfordert aufwendige Arbeit und detaillierte Unternehmenskenntnisse. Mit der Erarbeitung kann eine Datenflut reduziert werden und die Messgrößen hervorgehoben werden, die einen wirklichen Ertrag liefern.

Marketing-Controlling beinhaltet somit von der Zielsetzung bis zur Leistungserbringung Planungs- sowie Kontrollschritte. Die stetige Evaluation ist dabei eine Grundvoraussetzung für künftigen Erfolg.

4 Integriertes Online-Marketing ist Hochleistungssport!

Wir befinden uns in einem massiven Wandel. Märkte, Medien, Technologien und die Menschen verändern sich. Das war schon immer so, heute geht es nur schneller. Unternehmen und deren Marken stehen vor der Herausforderung, mit dem Kunden Schritt zu halten und entsprechend innovativ auf Veränderungen zu reagieren. Dabei muss das Markenmanagement sowohl Gesellschafts-, Markt- und Wettbewerber als auch Kundenentwicklungen beobachten und in kürzester Zeit entscheiden, ob bzw. wie auf diesen Wandel zu reagieren ist. Diese Herausforderung, proaktiv Wandel zu gestalten, hat in den vergangenen Jahren selbst erfolgreiche Marken und Unternehmen in Schwierigkeiten gebracht. Es reicht nicht zu erkennen, dass sich die Welt verändert hat. Erst konkrete Handlungen schaffen Wettbewerbsvorteile.

Der *Digitalisierung* und der stetig wachsenden Infrastruktur des Internets folgend sind neue Kommunikationskanäle entstanden und es entstehen weiter neue. Auch die über Jahrzehnte genutzten Kanäle haben Bestand, verändern sich jedoch massiv. Zudem wachsen diese zusammen. Alles wird messbarer und neues Wissen in Form von Daten wird generiert. Erfolge und Misserfolge können heute genauer als je zuvor identifiziert werden. Dank dieser Daten können Maßnahmen präziser auf ihre Effektivität und Effizienz geprüft sowie mögliche Synergieeffekte erkannt werden, wenn zuvor Ziele gesetzt, Wege definiert und Maßnahmen konkret ausgearbeitet wurden. Die Optimierung der Unternehmensleistung kann und sollte sowohl mithilfe von Offline- als auch Online-Maßnahmen durchgeführt werden. Beides bietet jeweils Vorteile, die aber nur miteinander kombiniert Synergieeffekte erzeugen. Marketing und Kommunikation sind bereits heute digital, interaktiv, involvierend. Integriert!

Aber: Erfolgreiches *Online*-Marketing ist nicht nur die ganzheitliche Unternehmenssteuerung unter Ausnutzung des gesamten Kommunikations-Mixes. *Integriertes* Marketing verlangt Disziplin, Konzentration und Ausdauer. Neugierde, Mut und Leidenschaft – *Integriertes* Marketing ist Hochleistungssport!

Literatur

Drucker, P. F. (2011). *People and performance*. New York: Routledge.
Gardini, M. A. (2007). *Einführung in das Marketing-Management – Ein Überblick in Schaubildform*. München: Oldenbourg.

Jacob, O., Weiß, N., & Schweig, J. (2013). HNU Working Paper Nr. 18. Konzeption und Gestaltung von Management Dashboards. Hochschule für angewandte Wissenschaften Neu-Ulm University of Applied Sciences. https://www.hs-neu-ulm.de/fileadmin/user_upload/Forschung/HNU_Working_Paper/HNU_WP18_Jacob_Management_Dashboards.pdf. Zugegriffen am 28.10.2013.

Jefferson, S., & Tanton, S. (2013). *Valuable content marketing – how to make quality content the key to your business success*. London: Kogan Page Limited.

Kotler, P., Armstrong, G., Wong, V., & Saunders, J. (2011). *Grundlagen des Marketing* (5. Aufl.). München: Pearson.

Krems, B. (2012). SMARTe Ziele. http://www.olev.de/xyz/ziele.htm#SMARTe_Ziele. Zugeriffen am 28.10.2013.

McCarthy, J. E. (1960). *Basic marketing – a managerial approach*. Homewood: Richard D. Irwin.

Künstliche Intelligenz und Automation im Dialogmarketing

Heinrich Holland

Inhalt

1 Entwicklung der Künstliche Intelligenz 542
2 Künstliche Intelligenz 542
3 Anwendung der Künstlichen Intelligenz im Marketing 547
4 Marketing Automation 552
Literatur 554

Zusammenfassung

Die Bedeutung von Künstlicher Intelligenz für die wirtschaftliche Entwicklung wurde allgemein erkannt; sie stellt ein wichtiges Merkmal dar, im weltweiten Wettbewerb konkurrieren zu können. Künstliche Intelligenz bedeutet die Nachbildung menschlichen Problemlösens und Verhaltens durch einen Computer oder eine Maschine, damit diese so natürlich und menschenähnlich wie möglich agieren können.

Im Dialogmarketing wird Conversational Commerce in Verbindung mit Chatbots eingesetzt mit dem Ziel, Konsumenten aus einem Dialog heraus zum Kauf einer Dienstleistung oder eines Produktes zu führen. Mit der Etablierung von KI in Unternehmen ist der Einsatz von Algorithmen und Chatbots in der Kundenkommunikation unverzichtbar geworden. Marketing Automation ist die IT-gestützte Durchführung sich wiederholender Aufgaben im Marketing. Damit sollen Effizienz und Effektivität von Prozessen und Entscheidungen gesteigert werden.

Schlüsselwörter

Künstliche Intelligenz · Machine Learning · Deep Learning · Natural Language Processing · Chatbots · Conversational Commerce · Marketing Automation

---

H. Holland (✉)
Hochschule Mainz, Mainz, Deutschland
E-Mail: heinrich.holland@online.de

1 Entwicklung der Künstliche Intelligenz

▶ Bei der *Künstlichen Intelligenz* handelt es sich um ein Phänomen, welches sich in den letzten Jahren enorm weiterentwickelt hat und über das kontrovers diskutiert wird. Die deutsche Bundesregierung setzt sich mit dem Thema auseinander und strebt an, dass durch KI die nächsthöhere Stufe in Hinblick auf Effizienz, Produktivität, Sicherheit und Nachhaltigkeit in Deutschland erreicht wird (Die Bundesregierung 2018, S. 8–9). Der Stellenwert von KI ist unverkennbar und ist sowohl ein bedeutsamer Schlüssel für Wachstum und Wohlstand eines Wirtschaftsstaates, als auch ein wichtiges Merkmal, um im weltweiten Wettbewerb konkurrenzfähig zu bleiben.

Nachdem die Technologie in den 50er-Jahren eingeführt wurde und im „KI-Winter" in den 70er-Jahren keine nennenswerten Erfolge vorweisen konnte (vgl. Tab. 1), wurden Investitionen für weitere Forschungen zunächst eingestellt (Buxmann und Schmidt 2019, S. 3–4). Diese wurden im Zuge der Digitalisierung später wiederaufgenommen. Zudem hat der technologische Fortschritt zu weitreichenden Entwicklungen geführt, wodurch u. a. das Internet of Things, innovative Interfaces wie Siri und Alexa oder Cloud-Services (z. B. Dropbox) implementiert wurden.

Digitalisierung und die damit verbundenen Anwendungsmöglichkeiten tragen wesentlich dazu bei, dass das Kundenverhalten und die Art der Kundenkommunikation sich fortlaufend verändern. Diese Veränderungen spiegeln sich innerhalb der Organisationen vor allem in den Bereichen Marketing, CRM, Sales und Services wider (Gentsch 2018, S. 56). Vor diesem Hintergrund verschmelzen die physischen Erfahrungen wie der menschliche Dialog mit digitalen Erlebnissen kontinuierlich miteinander. Zum einen wünschen sich Kunden individualisierte Produkte und Serviceleistungen und zum anderen streben diese nach einer langfristigen Kundenbeziehung. Zudem sind Unternehmen mit der Technologie in der Lage, ihre Prozesse im Zuge von angebotenem Service effizienter zu gestalten.

2 Künstliche Intelligenz

2.1 Intelligenz

Um den Begriff der Künstlichen Intelligenz oder KI (artificial intelligence oder AI) zu verstehen, muss im Vorfeld der Begriff *Intelligenz* definiert werden. Aufgrund der unterschiedlichen Ebenen, welche Intelligenz bietet, ist eine einheitliche Definition in der Literatur nicht zu finden.

▶ Grundsätzlich wird Intelligenz als Fähigkeit verstanden, zweckvoll zu handeln, vernünftig zu denken und sich mit der Umwelt wirkungsvoll auseinanderzusetzen. Vor allem Eigenschaften wie die Herstellung, Erfassung sowie Verknüpfungen von Beziehungen und Bedeutungen sind charakteristische Merkmale der Intelligenz. Außerdem werden alle geistigen Fähigkeiten, wie z. B. aus Erfahrungen zu lernen,

Tab. 1 Meilensteine in der Entwicklung von KI. (Quelle: Eigene Darstellung in Anlehnung an Ertel 2013, S. 10–11)

Jahr	Meilensteine in der Entwicklung und wissenschaftliche Durchbrüche
1950	Der britische Mathematiker Alan Turing führt den vom ihm entwickelten Turing-Test durch und prüft, ob ein Computer zu Intelligenz fähig ist. Die Idee: Eine Versuchsperson tauscht sich mit zwei unsichtbaren Gesprächspartnern in einer Art Chat aus und muss darüber entscheiden, welcher davon der Computer war.
1951	Der amerikanische Mathematiker Marvin Minsky entwickelt den ersten Neurocomputer SNARC (Stochastic Neural Analog Reinforcement Computer) mit nur 40 Synapsen. Das Verhalten von Laborratten wird dabei simuliert.
1955	Arthur Samuel (IBM) baut lernfähige Dame-Programme, die besser spielen als ihre Entwickler.
1956	Die erste wissenschaftliche Konferenz am Darthmouth College in Hanover, New Hamshire, wird vom Informatiker John McCarthy organisiert. Dort wird der Begriff Artificial Intelligence, also Künstliche Intelligenz erstmals verwendet. Newell und Simon von der Carnegie Mellon University (CMU) stellen den Logic Theorist, das erste symbolverarbeitende Programm, vor.
1961	Der General Problem Solver (GPS) von Newell und Simon imitiert menschliches Denken.
1963	Das AI-Lab an der Standford Universität wird von McCarthy gegründet.
1966	Der deutsch-amerikanische Informatiker Joseph Weizenbaum entwickelt den ersten Chatbot, Eliza. Das Computerprogramm gibt vor ein Psychotherapeut zu sein, indem es auf Schlüsselworte reagiert. Mit Fragen und allgemeinen Phrasen wurde geantwortet.
Ab 1970er	Fehlende Fortschritte, Misserfolge und ausbleibende Forschungsgelder führen zum „KI Winter" oder „AI-Winter".
1990	Pearl, Cheeseman, Whitaker, Spiegelhalter bringen mit den Bayes-Netzen die Wahrscheinlichkeitstheorie in die KI.
1992	Tesauros TD-Gammon Programm zeigt die Stärke des Lernens durch Verstärkung auf.
1995	Vapnik entwickelt aus der statistischen Lerntheorie die heute wichtigen Support-Vektor Maschinen.
1997	Erste internationale Roboter-Fußballweltmeisterschaft mit 38 Teilnehmern wird in Japan ausgetragen. Das IBM-Programm „Deep Blue" schlägt den damaligen russischen Schachweltmeister Garri Kasparow. Unter den Turnierbedingungen schlägt der Computer den Menschen.
2006	Servicerobotik entwickelt sich zu einem dominanten Forschungsgebiet in der KI. Fortschritte im Deep Learning, z. B. autonomes Fahren oder Computerprogramm „AlphaGo" werden erzielt.
2009	Das Projekt Google Driverless Car, Vorläufer der Google-Tochter Waymo, beginnt in den USA erste Tests im Bereich des autonomen Fahrens.
2010	Autonome Roboter fangen an menschliches Verhalten zu erlernen.
2011	Die IBM-Software „Watson" schlägt zwei menschliche Quizmeister in der US-Fernsehshow „Jeopardy!". Diese haben zuvor eine Rekordsumme erspielt. Das Programm gewinnt mit einem großen Vorsprung. Watson kann natürliche Sprache verstehen und sucht die Antworten darauf in einer riesigen Datenbank. Sprachassistent Siri von Apple kommt auf den Markt. Die Software soll natürliche Sprache erkennen und auf Fragen antworten. In der Anfangszeit war die Leistungskapazität beschränkt, inzwischen versteht Siri mehr als 20 Sprachen.

(Fortsetzung)

Tab. 1 (Fortsetzung)

Jahr	Meilensteine in der Entwicklung und wissenschaftliche Durchbrüche
2017	Ein Jahr später bringt sich die Weiterentwicklung von AlphaGo auf Basis der Spielregeln Go, Schach und Shogi bei und spielt gegen sich selbst. Die Chinesische Regierung ruft die nationale KI-Strategie aus.
2018	Das Programm des chinesischen E-Commerce-Giganten Alibaba knackt zeitgleich mit einer Konkurrenzsoftware von Microsoft in einem Lese- und Textverständnistest (Squad-Test) der Stanford University erstmals den menschlichen Highscore. Der Squad-Test gilt als einer der weltweit anerkanntesten Tests für maschinelles Lesen. KI findet erhebliches Medieninteresse auf der Hannover Messe. Die deutsche Bundesregierung beschließt ein Maßnahmenpaket zur Entwicklung von KI in Deutschland.

kreative Ideen zu entwickeln und Probleme zu lösen den Attributen von Intelligenz zugeordnet (Gentsch 2018, S. 17).

Intelligenz wird als eine Fähigkeit verstanden, die durch Informationsverarbeitung Verknüpfungen zwischen praktischen Anwendungen und Erfahrungen schafft. Dementsprechend bleibt die Grundannahme der Informationsaufnahme und -verarbeitung, Urteilsvermögen, sowie Speicherung und Umsetzung der Anwendungsszenarien bestehen.

2.2 Starke und schwache Künstliche Intelligenz

▶ Künstliche Intelligenz bedeutet die Nachbildung menschlichen Verhaltens durch einen Computer oder eine Maschine, um so natürlich und menschenähnlich wie möglich agieren zu können. Vor diesem Hintergrund sollen Attribute und Fähigkeiten von Menschen auf die Maschine übertragen werden, um kognitive menschliche Intelligenzleistungen zu erbringen und komplexe Probleme zu bearbeiten. Wesentliche Aufgaben sind: das Erklären, die Speicherung und Verarbeitung von Informationen, das Lernen, das Sprachenverstehen, das Lösen von Problemen, sowie die flexiblen Reaktionen eines Menschen.

Grundsätzlich kann zwischen einer schwachen KI und starken KI unterschieden werden. Die *schwache KI* oder enge KI, auch als Narrow AI bezeichnet, basiert auf festgelegten Algorithmen und Regelwerken, um abgegrenzte und strukturierte Problemstellungen zu lösen. In diesem Zusammenhang entsteht eine Interaktion zwischen Mensch und Maschine mit dem Ziel, Menschen beim Erreichen ihrer Ziele zu unterstützen. Diese Art der Kollaboration findet man auch beim Einsatz von Chatbots und digitalen Assistenten (Gläß 2018, S. 5–6).

Im Kontrast dazu versteht man unter einer *starken KI* oder allgemeinen KI die Nachahmung menschlichen Verhaltens, wie z. B. Denkprozesse, Kreativität, Abwägung und Bewusstsein (Buxmann und Schmidt 2019, S. 6–7). Menschliche Fähigkeiten und intellektuelle Fertigkeiten können in diesem Rahmen umgesetzt und für anspruchsvolle kognitive Aufgaben herangezogen werden. Jedoch ist die Forschung aus dem aktuellen Standpunkt noch nicht in der Lage eine starke KI in dieser Form abzubilden (Winter 2018, S. 66–67).

2.3 Machine Learning, Deep Learning und Natural Language Processing

- Machine Learning
  Die Methodik des maschinellen Lernens (*Machine Learning* ML) hat an Bedeutung zugenommen und ist ein wichtiger technischer Ansatz sowie Baustein im Rahmen von KI. Als essenzielle Schlüsseltechnologie hat es seit den 1980er-Jahren maßgeblich dazu beigetragen, dass KI große Fortschritte gemacht hat und eine Alternative zur gängigen Programmierung bietet. Vor diesem Hintergrund sind Maschinen und Computer in der Lage, durch ML selbstständig Wissen aus Erfahrungen zu generieren ohne dabei einem formalen Regelwerk zu folgen. Dabei wird nicht die Software oder das System codiert, sondern die Lernmethode wird programmiert. Grundlage hierfür ist die Bereitstellung von großen Datenmengen. Durch diese Art der Programmierung verfügen Computer über die Fähigkeit des selbstständigen Wissensaufbaus, der automatischen und autonomen Erkennung von Korrelationen sowie Muster, Ableitung von Regeln und schließlich Handlungen, Entscheidungen sowie Prognosen zu treffen. Vor allem das Verknüpfen von Zusammenhängen, welche zu den Entscheidungen führen, ist eine elementare Eigenschaft. Wenn viele Daten gesammelt werden, kann die Anzahl der Fehler in den Vorhersagen reduziert werden.
- Deep Learning
  Deep Learning (DL) oder Tiefes Lernen stellt einen Teilbereich von Machine Learning dar. Während bei ML der menschliche Eingriff in Hinblick auf die Analyse der Daten und dem Entscheidungsprozess notwendig ist, stellt der Mensch beim DL die Daten lediglich bereit. Vor diesem Hintergrund ist der menschliche Einfluss für den Lernprozess weniger stark ausgeprägt, was zugleich eine Herausforderung darstellen kann. Einige Muster können zwar mit Ergebnissen korrelieren, passen aber nicht zu jedem Anwendungsfall. Charakteristisch für DL ist das tiefe Lernen anhand von künstlichen neuronalen Netzen (KNN) als technische Grundlage und großen Datenmengen (Hildesheim und Michelsen 2019, S. 123). Für das Lernen werden Algorithmen, die die Netzstruktur von Nervenzellen nachbilden, verwendet.
- Natural Language Processing
  Die Methode des *Natural Language Processing* (NLP) betrifft die Fähigkeit des Verstehens und Verarbeitung von natürlichen menschlichen Freitexten, als gesprochene und geschriebene Sprache (Hilbert et al. 2019, S. 178). Zunächst werden die unstrukturierten Daten aufgenommen und anschließend anhand von NLP evaluiert, interpretiert und strukturiert. Erst dann wird abschließend ein Text erzeugt. Vor diesem Hintergrund stellt das Word Mapping keine große Schwierigkeit dar, weil Wörterbücher problemlos und schnell implementiert werden kön-

nen. Dahingegen ist der kommunizierte Sinn die größte Herausforderung und weist häufig einen großen Interpretationsspielraum auf. Denn die menschliche Sprache ist durch ein hohes Maß an Komplexität gekennzeichnet. Diese Komplexität ist u. a. abhängig von der genutzten Sprache, Art der Formulierung (Grammatik), dem Fachgebiet (z. B. Medizin) oder Menge der Beispieldaten. Doch durch ML und Big Data kann NLP weiter vorangetrieben werden, sodass die Komplexität reduziert wird und die Wahrscheinlichkeit der richtigen Wort- sowie Sinnbestimmung ansteigt (Weiss 2019, S. 152–153).

2.4 Chatbots

▶ *Chatbots* stellen eine sprach- und textbasierte Kommunikationsschnittstelle zwischen Unternehmen und Konsumenten dar. In diesem Rahmen werden die Bots in Messaging Systemen wie Facebook Messenger oder auf Unternehmenswebseiten integriert. Durch die Imitation der menschlichen Intelligenz interagieren die Bots mit Kunden und simulieren eine Konversation. Dabei werden sie auf unterschiedlichen Plattformen eingesetzt, z. B. um Anfragen zu bearbeiten, Bestellungen auszuführen und Probleme zu lösen.

Aktuell werden die Dialogsysteme mit Datenbanken bestehend aus Regeln, Wissensbausteinen, Keywords sowie Texten programmiert, wodurch die Fähigkeiten der Chatbots eingeschränkt sind. Dementsprechend können sie nur simple Konversationen führen (Richter et al. 2019, S. 46).

Um die nächste Stufe zu erreichen und eine dynamische Interaktion zu bieten, muss die Intelligenz von Chatbots gesteigert werden durch die Integration von KI-Funktionalitäten, u. a. ML und speziell DL, sowie verfügbaren Datenmengen über Online-Quellen. Damit sind Bots in der Lage eigenständig zu lernen, folglich werden Dialoge und Interaktionen natürlicher und menschenähnlicher (Gentsch 2018, S. 89–90). Kommunikation findet in Echtzeit statt und Anfragen können unmittelbar nach Eingang bearbeitet werden. Zudem weisen Chatbots Lernaktivitäten mit spezifischen Inhalten auf, die vom jeweiligen Einsatzgebiet abhängig sind (Büching et al. 2019, S. 143).

Aufgrund der komplexen Fähigkeiten sind Chatbots für den direkten Kundenkontakt geeignet, sodass diese innerhalb eines Unternehmens im Sales (z. B. Produktberatung), im Service (z. B. Kundenbetreuung) oder im Marketing zum Einsatz kommen (Richter et al. 2019, S. 46–47). Sowohl Unternehmen als auch deren Kunden profitieren von den neuen Interfaces, da mit diesem Convenience- und Effizienz-Vorteile einhergehen. Zudem erhoffen sich Unternehmen Umsatzsteigerung, Verbesserung der Kundenbindung und Wettbewerbsvorteile (Gentsch 2018, S. 91).

▶ Neben den Sprachassistenten wird im Onlinebereich, insbesondere auf der Website der Unternehmen, vermehrt auf virtuelle Assistenten gesetzt. Diese übernehmen eine beratende Funktion oder unterstützen bei der Suche nach bestimmten Produkten und Angeboten. Dabei ähneln virtuelle Assistenten den Chatbots (Hilbert et al. 2019, S. 179).

Neben Unternehmen nutzen auch Konsumenten vermehrt intelligente Bots. Jedoch unterscheiden diese sich in der Funktionalität voneinander. Auf der Seite der Kunden und Konsumenten werden digitale und persönliche Sprachassistenten genutzt. Zu diesen gehören u. a. Amazon Alexa, Siri von Apple, Google Home und Microsoft Cortana. Die ersten Assistenten wurden überwiegend im Haushalt zur Regulierung von Musik, Licht und Temperatur eingesetzt, bspw. Echo und Home (Gentsch 2018, S. 91–92). Im Laufe der Zeit haben die persönlichen Assistenten weitere Funktionen übernommen wie die Bestellung von Produkten, Informationssuche und Buchungen (Wittpahl 2019, S. 9).

Grundsätzlich wird bei den *persönlichen Assistenten* zwischen aktiven und passiven Formen unterschieden. Sprachassistenten bleiben solange passiv bis sie per Begrüßung oder Knopfdruck aktiviert werden. Dagegen können aktive persönliche Assistenten ein Gespräch mit Konsumenten führen. Konsumenten schätzen dabei die Anpassungsfähigkeit und Bequemlichkeit der Anwendung. Darüber hinaus sind zum einen die Lernfähigkeit der intelligenten Bot-Systemen und zum anderen die Verknüpfung von Programmen und Apps ausschlaggebend für den steigenden Erfolg (Gentsch 2018, S. 93–94).

Für Unternehmen haben Daten und Informationen über Kunden im Rahmen der Interaktionen einen hohen Stellenwert, der weiterhin ansteigt. Zur Verbesserung der Chatbots und Sprachassistenten werden Algorithmen entwickelt, welche das Kundenverhalten analysieren und auswerten. Basierend auf der Auswertung werden automatisch personalisierte Angebote sowie Empfehlungen, die insbesondere im Marketing genutzt werden, bereitgestellt.

3 Anwendung der Künstlichen Intelligenz im Marketing

3.1 Handlungsfelder der KI im Marketing

Im Rahmen von Automation können KI-Lösungen Routineaufgaben übernehmen oder Prozesse automatisieren, wodurch Kundeninteraktion in Echtzeit stattfinden und effizienter gestaltet werden kann. Zudem können personalisierte und maßgeschneiderte Preis- und Produktkombinationen angeboten werden. Zum anderen können die intelligenten Systeme für komplexe und kreative Marketingaufgaben wie Strategie und Planung sowie im Brand-Management eingesetzt werden. Dafür sind derzeit noch Fachleute zuständig, da der benötigte Reifegrad nicht erreicht ist und aktuell keine ganzheitlichen Lösungen angeboten werden. Stattdessen sind bisher nur vereinzelte Ansätze, sogenannte Insellösungen, auf dem Markt, welche für spezifische Bereiche bestimmt sind, wie z. B. Automatisierungsprozesse. In Hinblick auf Marketing werden KI-Tools in fünf typischen Handlungsfelder eingesetzt, die nachfolgend erläutert werden (Bünte 2018a, S. 15–16).

1. Customer Insights
   Das Ziel von *Customer Insights* ist das Verständnis vom Kunden, dem Markt und den Wettbewerbern durch die strukturierte und effektive Erfassung, Auswertung sowie Nutzung von Daten zu vertiefen. KI wird zur Analyse von Social Media

Daten eingesetzt, um bessere Erkenntnisse über Kundenverhalten zu generieren. Wenn interne Daten anhand von CRM-Systeme strukturiert werden, kann die Kommunikation nachhaltig verbessert werden, wodurch der Kundenservice profitiert (Bünte 2018b, S. 25).

2. Angebot
Basierend auf den gewonnenen Daten können *Leistungen* und Produkte in Anhängigkeit von Kundenbedürfnissen angepasst oder optimiert werden. Daraufhin werden individuelle Angebote für Kunden bereitgestellt. Positive Effekte lassen sich auf der dynamischen Preisgestaltung (z. B. spezielle Angebote, Rabatte) oder in persönlichen Kommunikationen (z. B. Web- und App-Personalisierung, Content-Aufbereitung, personalisierte Nachrichten) abbilden. Des Weiteren werden auf dieser Grundlage mögliche Innovation eingeführt.

3. Strategie
Durch KI können zudem kurzfristige Maßnahmen und mittel- bis langfristige Marketingstrategien abgeleitet werden. Dazu gehören die Definition von Budget- und Zeitplänen, sowie klaren Marketingzielen.

4. Exekution
Die Maßnahmen werden im Rahmen der Exekution umgesetzt und operativ gesteuert. In dieser Phase werden Chatbots oder digitale Assistenten für die Kundenbetreuung und bei der Produktberatung eingesetzt (Bünte 2018a, S. 21–22).

Ein Beispiel für die Exekution und Implementierung ist das amerikanische Unternehmen *Rocket Fuel Inc.*, welches KI bei der Marketingautomatisierung einsetzt, um personalisierte Werbung über verschiedene Kanäle wie Smartphones, Newsletter oder soziale Netzwerke an Kunden zu richten. Grundlage für die Marketingautomatisierung ist die Analyse der Aktivitäten und Verhalten von Kunden. Anhand der spezifischen Informationen werden daraufhin relevante Inhalte erstellt und zu einem passenden Zeitpunkt über bestimmte Kanäle versendet (Bitkom e.V. 2017, S. 45). Dennoch ist die derzeitige Bedeutung des KI-Einsatzes in den Bereichen Strategie und Exekution weniger groß, da diese Aufgaben weiterhin von Menschen übernommen werden.

5. Performance Management
Dagegen liefert KI einen höheren Beitrag in der Messung von Marketing Effizienz sowie Effektivität, wodurch *Performance Management* zu den wesentlichen Kernaufgaben von KI innerhalb des Marketings zählt. Durchgeführte Maßnahmen können in diesem Rahmen besser gesteuert und kontrolliert werden. Anhand der genaueren Kontrolle, können Vorbereitung effizienter gestaltet werden (Bünte 2018a, S. 16).

3.2 Dialogmarketing und Conversational Commerce

Das *Dialogmarketing* zeichnet sich durch den Einsatz zielgerichteter Marketingaktivitäten zu potenziellen und bestehenden Kunden aus, das Ziel ist eine langfristige Beziehung mit den entsprechenden Zielpersonen oder -gruppen aufzubauen und dauerhaft aufrechtzuerhalten. Unternehmen und Kunden treten miteinander in einen Dialog, dabei haben Kunden die Möglichkeiten auf die Marketingaktivitäten zu reagieren. Diese messbare Reaktion (Response) unterstützt Unternehmen sowohl bei der Kundenidentifikation als auch Kundenselektion.

Im Zuge der fortlaufenden Digitalisierungen führen Innovationen und technologische Entwicklungen dazu, dass klassische Kommunikationsinstrumente durch moderne digitale Medien ersetzt werden. Interaktionen zwischen Unternehmen und Konsumenten finden nun Online, auf sozialen Netzwerken und über mobile Endgeräte statt. Durch diese Art der Kommunikation steigen die Anforderungen an Unternehmen.

▶ *Conversational Commerce* verfolgt das Ziel, Konsumenten aus einem Dialog zum Kauf einer Dienstleistung oder eines Produktes zu führen (Gentsch 2018, S. 84–85). Durch diese Entwicklung haben sich Geschäftsmodelle bereits verändert, Hauptgrund für diese Veränderung ist der Einsatz von Chat, Messaging Diensten oder anderen (Sprach-)Schnittstellen. Dabei treiben vor allem Spracherkennung und -verarbeitung, Marketing-Automation, Künstliche Intelligenz, sowie passive Authentifizierung den Trend des Conversational Commerce voran.

3.3 KI im Dialogmarketing

Für viele Aufgaben im Dialogmarketing wird bereits Künstliche Intelligenz eingesetzt (Gründel 2017, S. 32–35; Braun 2018):

- Optimierung interner Prozesse
  CRM-Systeme nutzen KI-Technologien zur automatisierten Kundenpflege und zur Wahl der geeigneten Kanäle für die Kommunikation. KI kann Potenziale für die Entwicklung von Leads und für Cross Selling aufzeigen, durch Scoring besonders vielversprechende Kunden identifizieren und die Customer Experience personalisieren und optimieren.
- E-Mail Newsletter in Echtzeit
  Statt der Versendung von statischen Newslettern ist E-Mail-Marketing-Software in der Lage, den Inhalt von Newslettern auf Basis der Kundendaten und des Klickverhaltens individuell zu generieren und darüber hinaus die Inhalte in Echtzeit anzupassen. Erst beim Öffnen baut sich der Newsletter auf und generiert sich der Inhalt auf Basis der aktuellen Daten.

  Durch Predictive Analytics wird analysiert, wer die Newsletter-Abmelder sind, die gefährdeten Personen werden identifiziert und durch geeignete Maßnahmen von einer Abmeldung abgehalten.
- Automatisierte E-Mailings
  Die Empfänger automatisierter E-Mailings werden über neue Produkte informiert, für die sie eine Affinität haben. Dabei werden Betreff, Text und Produktabbildung voll automatisch im E-Mailing personalisiert.

- Optimierung der Customer Journey durch Marketingattribution
  KI untersucht die Customer Journey von Kunden, um Hinweise auf den optimalen Marketingmix zu finden. Marketingattribution zeigt, welchen Beitrag jeder Kanal oder Touchpoint in der Kommunikation zur Erreichung der Marketingziele leistet.
- Bestellung per Sprachnachricht
  Eine Restaurantkette in Saudi-Arabien setzt eine Contact-Center-Technologie mit Chatbots ein. Das Unternehmen kann so die Kosten für das tägliche Anrufvolumen besser kalkulieren und die Kunden- und Mitarbeiterzufriedenheit steigern.
- Virtuelle Berater & FAQ-Center
  Intelligente Shopping-Bots können als Ratgeber für passende Produkte auf WhatsApp oder im Facebook Messenger zur Traffic- und Umsatzsteigerung beitragen und die Kundenzufriedenheit erhöhen.
- Empfehlungen
  Empfehlungen werden über verschiedene Kanäle wie Website, mobile Web, native Apps oder E-Mails synchronisiert und unterschiedliche Empfehlungsarten werden kombiniert.
- Leadmanagement mit Leadscoring
  Beim Leadscoring werden die Leads anhand von Personendaten und ihrer Aktionen bewertet und unterschiedlich weiterbearbeitet.
- Algorithmus automatisiert Reichweitensteigerung
  Beim Versand eines Online Newsletter für Nachrichten existieren unterschiedliche Redaktions- und Themen-Newsletter. Mit Hilfe eines systemimmanenten Algorithmus erfolgt die Beurteilung der Nachrichtenrelevanz und die Priorisierung der Nachrichten für die Empfänger.
- Price Optimization
  Um den optimalen Preis zu finden, setzen Onlineshops häufig Pricing-Tools ein. Dabei werden unterschiedliche Optimierungsverfahren genutzt: Teilautomatisiertes Pricing, automatisiertes Pricing, Bestandsoptimierung, Abschriftenoptimierung, Einzelpreisoptimierung, Markdown Pricing. Algorithmen wägen zwischen der Höhe des Preises und den verkauften Stückzahlen ab. Dabei werden auch Warenverfügbarkeit, Lagerkosten und Anlaufdaten berücksichtigt.
- Personalisierter Content im E-Commerce
  KI-basierte Algorithmen analysieren den gesamten Content des Unternehmens. Der Content wird automatisiert mit Metadaten getaggt und anhand dieser Tags, der integrierten Datenanalyse und der Echtzeit-Analyse des Verhaltens der Websitebesucher wird der Content ausgespielt. Die User werden an verschiedenen Kontaktpunkten ihrer digitalen Customer Journey personalisiert angesprochen. KI unterstützt die Textoptimierung und weist auf Verbesserungspotenzial hinsichtlich Stil, Tonalität, Schlüsselwörter oder Emotionalität hin.

  Semantische Algorithmen mit Machine-Learning erkennen, welche Art der Sprache in einer Botschaft am effektivsten ist und welche Kombinationen von Wörtern, Sätzen und Bildern die beste Performance liefern.

- Prädiktive Produktempfehlung
  Mit Machine-Learning-Algorithmen können auf allen Kanälen personalisierte Empfehlungen in Echtzeit geliefert werden. Der Content wird an jeden einzelnen Kunden zur richtigen Zeit über den richtigen Kanal gesendet. Dabei werden die Bestellhistorie des Kunden und der Klickpfad des Nutzers auf der Herstellerwebsite oder unstrukturierte Daten wie Social-Media Erwähnungen berücksichtigt, um die Vorlieben der Kunden zu erkennen.

3.4 Steigerung der Kundenzufriedenheit und Kundenbindung

Im Zuge der fortschreitenden Digitalisierung stehen zunehmend massenhaft Daten über das Internet, Big Data oder Internet of Things zur Verfügung, welche die Entwicklung von KI vorantreiben. Dabei haben insbesondere autonome und selbstlernende Systeme einen elementaren Anteil an der Überführung von KI in diverse Dienstleistungen und Produkte (Winter 2018, S. 65). Zusätzlich sind neue auf Daten basierte Geschäftsmodelle entstanden, wie z. B. Uber, AirBnB, Netflix oder Spotify.

Sowohl Unternehmen als auch Konsumenten haben die Chancen von KI-Lösungen für sich erkannt. Das Ziel ist es, ein einzigartiges Kundenerlebnis anzubieten, sowie die *Kundenzufriedenheit und -bindung* zu steigern (Winter 2018, S. 70). Infolgedessen werden klassische Unternehmensbereiche nachhaltig und radikal durch den Einsatz von KI-Lösungen verändert. Entlang der gesamten unternehmerischen Wertschöpfungskette betrifft es unterschiedliche Bereiche, wie z. B. Controlling, Fulfillment, Management, Marketing, Produktion, Sales oder Services.

3.5 Praxisbeispiele

Mit der Etablierung von KI in Unternehmen ist der Einsatz von Algorithmen und Chatbots in der Kundenkommunikation unverzichtbar geworden. Ob in der Kundengewinnung oder im Service, durch die zielgerichtete Nutzung mit Daten wird die personalisierte Ansprache von Kunden auf eine neue Ebene gehoben. Gelingt es Unternehmen weiterhin, KI in Produkten und Leistungen sowie in der Analyse von Kundenverhalten erfolgreich zu verankern, wird die Beziehung zwischen Unternehmen und Kunden optimiert. Zu den bekanntesten Beispielen in der Praxis gehören u. a. Amazon, Netflix, Otto Group, KLM und Uber (Bünte 2018a, S. 15).

Mithilfe von Algorithmen ist *Amazon* in der Lage durch dynamische Preisänderungen auf die Preise der Konkurrenz zu reagieren. Zudem benötigt es wenige Trainingsdaten, welche aus der Amazon Cloud stammen, um selbstständig zu lernen. Weiterhin werden Abläufe innerhalb des Unternehmens automatisiert, wie z. B. bei Empfehlungen oder beim Kundensupport. Durch die Standardisierung ist es Amazon möglich, die Kosten zu senken (Gentsch 2018, S. 67–68). Im Bereich der digitalen Assistenten gilt Alexa in der Smart-Home Lösung als weit fortgeschritten und kann mit fremden Diensten und Geräten operieren. Auf Basis des Web-Services bietet Amazon die Möglichkeit der Bilderkennung, Spracherzeugung, Sprach- und Textkonversation für ML.

Die Streaming-Plattform *Netflix*, welche Filme und Fernsehserien anbietet, setzt im Marketing auf Algorithmen. Diese analysieren und werten das Nutzerverhalten aus, um personalisierte Angebote und Empfehlungen bereit zu stellen. Das Ziel liegt darin, die Kundenzufriedenheit zu erhöhen und die Zuschauer langfristig zu binden.

Die *Otto Group* erhält über unterschiedliche Touchpoints wie Online-Werbung, Social Media und Suchmaschinen das Unternehmen Einblicke in die Aktivitäten eines Kunden. Auf Grundlage dieser Daten können Marketing- und Media-Planung optimiert werden. Anhand der Analyse der Touchpoints wird ermittelt, zu welchem Zeitpunkt oder welcher Kommunikationskanal entscheidend beim Kauf beteiligt war. Sind die Berechnungen richtig, ist es möglich eine optimale Kombination aus allen Kommunikationskanälen zu bestimmen. Dementsprechend ist die Otto Group in der Lage die passenden Marketing Maßnahmen abzuleiten und zu implementieren. Folglich führt dies zu einer Kostensenkung und Steigerung der Effektivität (Gentsch 2018, S. 68).

Als eine der ersten Fluggesellschaften hat *KLM* Facebook Messenger mit Chatbots in die Kundenkommunikation integriert und seinen Kundenservice verbessert. Wenn der Service durch den Kunden aktiviert wird, werden proaktive Benachrichtigungen verschickt. Anhand der App erhalten Kunden die wichtigsten Informationen und Dokumente zu ihrem Flug auf das Smartphone. Zudem kann die Airline bei Fragen und Umbuchen auf direktem Wege kontaktiert werden. Zusätzlich sind Funktionen wie Bestätigungsnachricht, Check-In Erinnerungen, Bordkarte, Updates zum Flugstatus sowie Live-Chat und Umbuchungen im Messenger als fortlaufende Nachrichten enthalten (Kreutzer und Sirrenberg 2019, S. 134).

Eines der ersten Unternehmen, welches Conversational Commerce einsetzte, war *WeChat*. Die Applikation aus China ähnelt WhatsApp und verfügt grundsätzlich über die gleichen Funktionen und wird u. a. für die Kommunikation mit Bekannten und Freunden genutzt. Als plattformübergreifende Messaging-App sind weitere Funktionen und Services vorhanden, die insbesondere von Unternehmen genutzt werden. WeChat bietet bspw. chatbasierte Transaktionen und das mobile Zahlen an, wodurch Konsumenten Essen bestellen, Arzttermine festlegen, Taxi rufen oder Kinokarten kaufen können. Durch das Vereinen von Konsum und Messaging ist WeChat sowohl für Unternehmen als auch Kunden attraktiv, da sie nicht wie in Europa oder USA auf einzelne spezifische Apps zurückgreifen müssen. Hier wird alles auf einer Messaging-App angeboten (Gentsch 2018, S. 106–107).

4 Marketing Automation

▶ *Marketing Automation* ist die IT-gestützte Durchführung sich wiederholender Aufgaben im Marketing. Damit sollen Effizienz und Effektivität von Prozessen und Entscheidungen gesteigert werden. Die Automatisierung von Marketingprozessen wird durch Softwarelösungen ermöglicht, die das Marketing, den Vertrieb und z. B. Web-Controlling, Workflows und CRM-Management unterstützen. Die Grundlage der Marketing Automation bildet eine zentrale Datenbank, in der alle Informationen gespeichert werden, die durch die Technik messbar sind oder die in der Datenbank vorliegen.

Durch die Sammlung von Daten und deren Auswertung werden die Analyse von Kundeninteressen und das Controlling der Marketing-Maßnahme möglich. Diese Auswertungen unterstützen die Aufstellung der optimalen Marketing-Strategie, um eine möglichst große Zahl von Kontakten zu aktuellen und potenziellen Kunden herzustellen. Dies betrifft das Social Media-Marketing, das Search Engine Optimization für die Unternehmenswebsite, die Leadgenerierung, das Content Marketing, die Kampagnenplanung und die Einbindung von CRM-Systemen zur Kommunikation mit den Kunden, sowie das Verwalten von Kundendaten.

Marketing Automation Systeme unterstützen die Zusammenarbeit von Marketing, Vertrieb und Service. Sie begleiten den Kunden vom Erstinteresse bis zum Kauf und die Betreuung durch den Service. Dabei können verschiedene Systeme den Prozess über Schnittstellen unterstützen. Durch Marketing-Automation-Systeme und die Integration weiterer Systeme wird ein permanentes Controlling aller Maßnahmen möglich.

Marketing Automation darf nicht nur als die Anschaffung einer Software bzw. als ein IT-Projekt gesehen werden, es handelt sich vielmehr um ein Strategieprojekt. Durch Marketing Automation entsteht die Verflechtung aller auf den Markt gerichteten Bereiche. Nicht allein die technische Umsetzung steht dabei im Vordergrund, sondern ein Umdenken, eine Änderung des Mind-Sets. Daten, Technologie und Content können miteinander verknüpft werden und eröffnen so neue Möglichkeiten (Körner 2017, S. 117).

Die Vorteile der Nutzung von Marketing Automation sind vielfältig. Verschiedene Datenquellen werden integriert, die Zusammenarbeit zwischen Marketing und Vertrieb wird verbessert und der Sales Cycle beschleunigt. Durch Marketing Automation lassen sich Marketing-Kosten reduzieren, die Loyalität von Kunden erhöhen, das Ranking bei Suchmaschinen erhöhen und die Beziehungen zu Businesspartnern verbessern,

Zusammenfassung
Die Unternehmen haben die Chancen von Lösungen der Künstlichen Intelligenz für sich erkannt. Das Ziel ist es, ein einzigartiges Kundenerlebnis anzubieten, sowie die Kundenzufriedenheit und -bindung zu steigern. KI-Lösungen können Routineaufgaben übernehmen oder Prozesse automatisieren, wodurch Kundeninteraktion in Echtzeit stattfinden und effizienter gestaltet werden kann.

Mit der Etablierung von KI im Dialogmarketing ist der Einsatz von Algorithmen und Chatbots in der Kundenkommunikation unverzichtbar geworden. Ob in der Kundengewinnung oder im Service, durch die zielgerichtete Nutzung mit Daten wird die personalisierte Ansprache von Kunden auf eine neue Ebene gehoben.

Marketing Automation Systeme werden dabei eingesetzt zur Unterstützung der Zusammenarbeit der Abteilungen Marketing, Vertrieb und Service. Diese Systeme begleiten den Kunden vom ersten Interesse bis zum Kauf und die Betreuung durch den Service. Dabei können verschiedene Systeme den Prozess über Schnittstellen unterstützen. Durch Marketing-Automation-Systeme und die Integration weiterer Systeme wird ein permanentes Controlling aller Maßnahmen, und damit auch die Optimierung, möglich.

Literatur

BITKOM. (Hrsg.). (2017). *Künstliche Intelligenz – Wirtschaftliche Bedeutung, gesellschaftliche Herausforderung, menschliche Verantwortung.* Berlin: BITKOM.

Braun, G. (2018). *22 KI-Einsatzmöglichkeiten für das Business.* https://www.marketing-boerse.de/fachartikel/details/1836-22-ki-einsatzmoeglichkeiten-fuer-das-business/149167. Zugegriffen am 19.09.2019.

Büching, C., et al. (2019). Learning Analytics an Hochschulen. In V. Wittpahl (Hrsg.), *Künstliche Intelligenz – Technologie|Anwendung|Gesellschaft* (S. 142–160). Berlin/Heidelberg: Springer.

Bünte, C. (2018a). *Künstliche Intelligenz – die Zukunft des Marketings – Ein praktischer Leitfaden für Marketing-Manager.* Wiesbaden: Springer.

Bünte, C. (2018b). *Künstliche Intelligenz im Marketing – Ergebnisse Welle 1 – April 2018 Studie mit 208 Marketing-Managern.* Berlin: Hochschule SHR. https://kaiserscholle.de/wp-content/uploads/2019-Studie-Kuenstliche-Intelligenz-im-Marketing.pdf. Zugegriffen am 07.02.2020.

Buxmann, P., & Schmidt, H. (2019). *Künstliche Intelligenz – Mit Algorithmen zum wirtschaftlichen Erfolg.* Berlin: Springer.

Die Bundesregierung. (2018). *Strategie Künstliche Intelligenz der Bundesregierung.* Berlin: Bundesregierung.

Ertel, W. (2013). *Grundkurs Künstliche Intelligenz – Eine praxisorientierte Einführung* (3. Aufl.). Wiesbaden: Springer.

Gentsch, P. (2018). *Künstliche Intelligenz für Sales, Marketing und Service – Mit AI und Bots zu einem Algorithmic Business – Konzepte, Technologien und Best Practices.* Wiesbaden: Springer.

Gläß, R. (2018). *Künstliche Intelligenz im Handel 1 – Überblick – Digitale Komplexität managen und Entscheidungen unterstützen.* Wiesbaden: Springer.

Gründel, V. (2017). Clevere Helfer. In *w&v, 37 2017* (S. 32–35). München.

Hilbert, M., et al. (2019). KI-Innovation über das autonome Fahren hinaus. In P. Buxmann & H. Schmidt (Hrsg.), *Künstliche Intelligenz – Mit Algorithmen zum wirtschaftlichen Erfolg* (S. 173–185). Berlin: Springer.

Hildesheim, W., & Michelsen, D. (2019). Künstliche Intelligenz im Jahr 2018 – Aktueller Stand von branchenübergreifenden KI-Lösungen: Was ist möglich? Was nicht? Beispiele und Empfehlungen. In P. Buxmann & H. Schmidt (Hrsg.), *Künstliche Intelligenz – Mit Algorithmen zum wirtschaftlichen Erfolg* (S. 119–142). Berlin: Springer.

Körner, A. (2017). Roadmap zur Marketing Automation. In U. Hannig (Hrsg.), *Marketing und Sales Automation, Grundlagen – Tools-Umsetzung. Alles was Sie wissen müssen* (S. 117–135). Wiesbaden: Springer.

Kreutzer, R. T., & Sirrenberg, M. (2019). *Künstliche Intelligenz verstehen – Grundlagen – Use-Cases – unternehmenseigene KI-Journey.* Wiesbaden: Springer.

Richter, A., et al. (2019). Künstliche Intelligenz und potenzielle Anwendungsfelder im Marketing. In Deutscher Dialogmarketing Verband e.V. (Hrsg.), *Dialogmarketing Perspektiven 2018/2019 – Tagungsband 13. Wissenschaftlicher interdisziplinärer Kongress für Dialogmarketing* (S. 31–52). Wiesbaden: Springer.

Weiss, S. (2019). Mit Künstlicher Intelligenz immer die richtigen Entscheidungen treffen. In P. Buxmann & H. Schmidt (Hrsg.), *Künstliche Intelligenz – Mit Algorithmen zum wirtschaftlichen Erfolg* (S. 143–159). Berlin: Springer.

Winter, J. (2018). Künstliche Intelligenz und datenbasierte Geschäftsmodellinnovationen – Warum Unternehmen jetzt handeln sollen. In M. Bruhn & K. Hadwich (Hrsg.), *Service Business Development – Strategien – Innovationen – Geschäftsmodelle* (S. 61–79). Wiesbaden: Springer.

Wittpahl, V. (2019). Vorwort. In V. Wittpahl (Hrsg.), *Künstliche Intelligenz – Technologie | Anwendung | Gesellschaft* (S. 7–11). Berlin/Heidelberg: Springer.

Digital Branding

Jörn Redler

Inhalt

1 Markenbildung, Branding und Digitalisierung 558
2 Digital Branding 561
3 Branding und Markenpositionierung 563
4 Wichtige Brandingelemente im digitalen Raum 564
5 Allgemeine Gütekriterien für Brandingelemente im digitalen Raum 574
6 Einsatz von Brandingelementen: Doppelte Integration beim Digital Branding 576
7 Fazit 579
Literatur 579

Zusammenfassung

Marken als mentale Schemata können für Unternehmen wertvoll sein, weil sie das Wahrnehmen und Handeln von Menschen beeinflussen. Um starke Marken aufzubauen und ihre Stärke zu pflegen, sind einerseits geeignete Markenelemente erforderlich. Andererseits soll deren Verwendung im Sinne der Markenführung zielführend erfolgen. Mit exakt diesen Themen befasst sich das Branding, das sich im Zeitalter digitaler Kommunikation veränderten Herausforderungen gegenübersieht. Dieser Beitrag zum Digital Branding greift jene Veränderungen auf und stellt dar, welche Markenelemente heute besonders wichtig sind, welche Anforderungen an sie bestehen und was bei ihrem Einsatz in der Markenkommunikation zu beachten ist.

Schlüsselwörter

Marke · Logo · Markenname · Sound · Digital Marketing · Integriertes Branding

---

J. Redler (✉)
Hochschule Mainz, Mainz, Deutschland
E-Mail: joern.redler@hs-mainz.de

© Springer Fachmedien Wiesbaden GmbH, ein Teil von Springer Nature 2021
H. Holland (Hrsg.), *Digitales Dialogmarketing*,
https://doi.org/10.1007/978-3-658-28959-1_24

1 Markenbildung, Branding und Digitalisierung

Aus der Marketingsicht werden Marken (siehe auch den Beitrag zu Marke und Dialogmarketing in diesem Buch) heute nicht mehr als bloße Markierungselemente oder als hochwertige, angesehene Produkte definiert. Vielmehr wird das Markenkonzept breit aufgefasst. Danach werden *Marken* als in der Psyche des Menschen verankerte Vorstellungsbilder verstanden, die eine Differenzierungs- und Identifizierungsfunktion übernehmen – und damit das Verhalten prägen (Esch 2018; Meffert und Burmann 1998, S. 81, ähnlich auch Keller 2003, S. 59 ff.). Sie werden als gelernte Wissensstrukturen, kognitive und emotionale Schemata, analysiert. Aufgrund ihrer enormen Verhaltenseffekte stellen sie für Unternehmen Assets von herausragender Bedeutung dar.

Marken sind also *mentale Konzepte*, die sich bspw. über Kontakte in Dialogmarketingkampagnen bilden. Die Bedingungen, unter denen solche markenbildenden Lernvorgänge ablaufen bzw. möglich werden, verändern sich naturgemäß kontinuierlich. Heute schafft die *Digitalisierung* neue Märkte, neue Kunden und neue Wettbewerber (u. a. Gielens und Steenkamp 2019, S. 367), und sie verändert die Art und Weise, wie Unternehmen mit ihren Kunden interagieren. Mit Blick auf die Markenkommunikation strukturiert Redler (2019b) die Veränderungen der Digitalisierung in ein Fünf-Ebenen-Modell (Abb. 1). Danach ergeben sich Veränderungen (a) beim technischen Rahmen, (b) dem Kommunikationsverständnis, (c) den Geschäftsmodellen und Produkten, (d) den Kommunikationsinstrumenten und der Verbreitung von Kommunikation sowie (f) den Daten. Zwei Blickwinkel seien nachfolgend herausgegriffen:

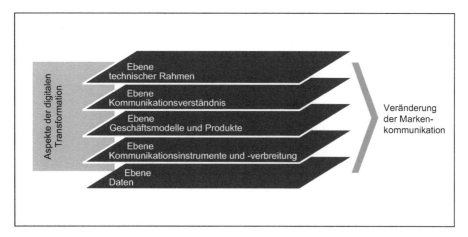

Abb. 1 Ebenen des digitalen Wandels mit Effekten auf die Markenkommunikation. (Quelle: Redler 2019b, S. 522)

Wandel beim Kommunikationsverständnis und beim Kommunikationsverhalten Während bei traditioneller Marktkommunikation ein 1:1- oder 1:n-Muster der Sender-Empfänger-Beziehung vorherrschte, ist heute der Übergang zu einer n:n-Kommunikation unverkennbar. Bei dieser Kommunikation findet ein gleichberechtigter Austausch zwischen vielen Sendern und Empfängern statt – und das meist in einem globalen, öffentlichen Rahmen mit einer dauerhaften Speicherung der Inhalte. Entsprechend wird das Bild von „Sender" und „Empfänger" gegen das eines „demokratisierten Gesprächs" getauscht. Unternehmen sind damit nicht mehr Herrscher über Botschaften, sondern Teilnehmer und Auslöser von Gesprächen. Ein derartig verändertes Weltbild über die Kommunikation hat Auswirkungen auf die Initiierung, Verlaufsbeeinflussung und Wahrnehmung der Markenkommunikation. Bisher vorhandene Kommunikations- und Deutungshoheiten werden aufgebrochen. Die Digitalisierung treibt aber nicht nur die Vernetzung von Menschen. Ebenso vollzieht sich auch die Vernetzung autonomer Dinge mit dem Effekt von datenseitig verbundenen Objekten. Dieses Netzwerk erhält eine neue Qualität als eigenes System, das sich mit der Markenkommunikation verwebt.

Wandel bei Kommunikationsinstrumenten und Kommunikationsverbreitung Ebenso unverkennbar hat die Digitalisierung auch die Kommunikationsmittel grundlegend transformiert (Keuper et al. 2018, S. V), und auch die Art und Weise, wie kommuniziert wird, zeigt sich modifiziert (Schmidt und Cohen 2013, S. 3). Heute existiert eine bisher nicht dagewesene Medienvielfalt, die allerdings einerseits einer gleichbleibenden Aufnahme- und Verarbeitungskapazität von Adressaten, andererseits jedoch einem in vielen Bereichen immer weiter sinkenden Involvement gegenübersteht. Wesentliche Besonderheiten neuer Kommunikationsinstrumente können Redler (2019b) folgend auf nachfolgende Charakteristika zurückgeführt werden.

Digital Branding als Fundament für Markenbildung im digitalen Raum die in Tab. 1 dargestellten Marken als Lernkonzept sind Ergebnis vielfältiger Eindrücke und Erfahrungen. Diese können auch vermittelt zustande kommen, z. B. durch Berichte und Bewertungen in Social Media. Man denke nur an die derzeitig vorherrschenden Heerscharen von sog. Influencern, die Produkte und Marken für bestimmte Zielgruppen inszenieren.

Erheblichen Einfluss auf die Markenbildung haben von Unternehmen entwickelte Markenelemente wie der Markenname oder das Logo. Sie fungieren als Erkennungssymbole und drücken im besten Fall die Kernbotschaft des Markenkonzepts aus. Dies wurde in zahlreichen Betrachtungen zur Rolle und Funktionsweise des Branding für die Markenführung immer wieder herausgearbeitet (z. B. Aaker 2009; Keller 1993; Esch und Langner 2001; Langner 2003; Johansson und Carlson 2014). Allerdings ergeben sich durch die Digitalisierung und die damit einhergehenden Veränderungen der Markenkommunikation einige Implikationen für die Entwicklung der Markenelemente und für ihre Anwendung im Sinne der Markenführung. Das traditionelle Branding entwickelt sich zum damit zum *Digital Branding*.

Tab. 1 Charakteristika digitalisierter Kommunikationsintrumente

Merkmal	Beschreibung
Virtualisierung	Information wird überwiegend als digitale Information vorgehalten und ist damit einer schnellen Bearbeitung und Weitergabe zugänglich. Große Datenmengen stellen immer seltener ernsthafte Barrieren dar. Der Umgang mit digitaler Information eröffnet virtuelle Welten. Einhergehend ist die Loslösung von Raum und Zeit.
Vernetzung	Computersysteme und damit auch Geräte und Personen können heute in einem intensiven, permanenten Austausch stehen. Nachfrager kommunizieren untereinander und informieren sich gegenseitig, Kommunikationsanbieter haben immer weniger Kontrolle über ihre Leistungen. Kommunikationsinstrumente sind keine Solitäre mehr, sondern Teil eines zusammenhängend funktionierenden Systems.
Mobilität	Einerseits wirken Mobilitätsaspekte von digitaler Information, die darauf beruhen, dass man von überall und zu jeder Zeit auf diese Information zugreifen kann. Andererseits gibt es auch eine technische Seite: Durch Mobilfunk, zugehörige Geräte, fallende Kosten, steigende Leistungsfähigkeit von Netzen und auch Location Based Services (LBS) ist es möglich, „always on" zu sein. Dies ist die Voraussetzung für eine Integration von Offline- und Online-Welt.
Pull-Kommunikation und eingeschränkte Kontrollierbarkeit	Während bei traditioneller Marktkommunikation die Initiative vom Sender einer Information ausgeht („Push-Kommunikation"), kann der Nutzer nun oft selbst entscheiden, ob, wann, mit wem und wie er in Kontakt treten möchte („Pull-Kommunikation"). Insbesondere kann sich der selbst aktiv werdende Nutzer die ihn interessierenden Inhalte eigenständig eröffnen. Damit wird das Kriterium „Reichweite" der traditionellen Markenkommunikation, das sich damit befasst, bei welchem Personenkreis Kontaktchancen entstehen, ergänzt durch das Kriterium „Relevanz". Relevanz charakterisiert, inwieweit angebotene Inhalte für den Nutzer als erachtenswert, aufsuchbar gelten, um seinerseits den Kontakt aufzunehmen. Verschiebungen ergeben sich zudem bei der Informationshoheit. Da jeder Nutzer beliebig viele Themen aufgreifen und selbst anreichern und über selbst gewählte Plattformen weitergeben bzw. veröffentlichen kann, liegt eine Entscheidung, welche Information auf welche Weise an Öffentlichkeiten gelangt, nicht mehr ausschließlich bei einem traditionellen „Sender". Aus Sicht der Corporate Brand wird Kommunikation damit weniger bzw. nur noch eingeschränkt kontrollierbar. Zudem bietet das Internet mit seinen ausdifferenzierten Suchfunktionen und Werkzeugen zugleich außerordentlich effektive Möglichkeiten, Informationen individuell auszuwählen.

(Fortsetzung)

Tab. 1 (Fortsetzung)

Merkmal	Beschreibung
Interaktivität und Partizipation	Rezipienten können heute nicht nur Information konsumieren, sondern selbst aktiv in das Geschehen eingreifen und auch Inhalte selbst erzeugen. Die Akteure können also die Kommunikation gleichberechtigt beeinflussen. Jeder kann Inhalte erzeugen und einstellen; Content wird letztlich zum sozialen Kapital, wenn die Anerkennung für selbst erstellten Content an Bedeutung zunimmt.
Multimedialität und Individualität	Digitale Kommunikationsmittel bestehen aus einer Vielzahl von Medienformen (Bild, Ton, Text, Bewegtbild), die sie spezifisch integrieren und damit eigene Formen ausbilden. Es kann eine höhere Kommunikationswirkung resultieren, da Kontaktwirkung und Informationsübermittlung verbessert werden und die Informationsverarbeitung und -speicherung unterstützt werden. Die Individualität der Medien ermöglicht, direkte, virtuelle One-to-One-Beziehungen aufzubauen und zu pflegen. Damit verbunden ist die Personalisierung, also die Anpassung von Informationen und Angeboten an die spezifische Situation eines identifizierten Kunden („nutzergerechte Information"). Dabei kann ein Unternehmen über den einzelnen Adressaten lernen und so seine Personalisierung permanent perfektionieren.
Dateninfrastruktur: Big Data, Automation und Internet of Things	Die Datenbasis, ihre Erzeugung, ihre Verarbeitung und darauf basierende Mustererkennung sowie Entscheidungen unterliegen revolutionär veränderten Bedingungen. Große, unstrukturierte Datenmengen sind mittlerweile der Analyse zugänglich. Vollautomatisierte Auswertungen können in Echtzeit erfolgen, wodurch automatisierte Optimierung in vielen Bereichen möglich wird. Dies verbindet sich mit einer vernetzten digitalen Welt, die nicht mehr nur Menschen per Internet verbindet, sondern alles (also auch Dinge) miteinander vernetzt (Internet of Things). Alle vernetzten Objekte sind dabei Datenproduzenten und -verarbeiter. Die Verschmelzung von IT und operativen Systemen der Marketingwelt führt zu neuen Dimensionen der Markenkommunikation – und ihrer Effizienz.

2 Digital Branding

Branding befasst sich mit der Frage, wie eine Marktleistung aus der Masse gleichartiger Angebote herausgehoben und die eindeutige Zuordnung des Angebots ermöglicht werden kann (Esch und Langner 2001; dazu auch Langner 2003, S. 4 ff.). Branding soll also der Identifikation und Differenzierung einer Leistung in der Masse dienen, zudem aber auch unterstützen, dass bestimmte Imageinhalte transportiert werden. Damit wird an historische Wurzeln des Branding angeknüpft, das ursprüng-

Abb. 2 Felder und Restriktionen des Digital Branding

lich als Begriff für die Brandmarkung von Tieren geprägt wurde (Esch und Langner 2001).

Im engeren Sinne geht es beim *Branding* um die Markierung von Leistungen im Markt, wobei Leistung allgemeingültig zu sehen ist. Solche Leistungen können Produkte, Services, Unternehmen, Medienformate, Personen etc. sein. Die Markierung umfasst die Definition von Brandingelementen wie bspw. formale Markenzeichen, Markennamen und anderen dominante Stilelemente (u. a. Redler 2019a, S. 200), die als Wiedererkennungszeichen dienen sollen. Solche Elemente werden dann bspw. bei komplexen Dialogmarketingkampagnen benutzt – somit bei bei analogen wie digitalen Kampagnenbestandteilen.

Das *Digital Branding* widmet sich speziell den Herausforderungen des Branding im Zeitalter der Digitalisierung (Abb. 2). Es bezieht sich auf

- die Entwicklung von Brandingelementen, die
  - aus Markenführungssicht zielführend und
  - aus Sicht der digitalen Kommunikation relevant sind sowie
- auf deren aufeinander abgestimmten Einsatz an den vielen Touchpoints der relevanten Adressaten.

Ziel des Digital Branding ist es, den Markenaufbau (im digitalen Umfeld) zu unterstützen bzw. etablierte Marken (im digitalen Umfeld) weiter zu stärken.

Damit das Branding einen Markenaufbau fördert, sollen durch das Branding starke, positive, eigenständige, positionierungskonforme und leicht lernbare Assoziationen vermittelt werden (Keller 2012, S. 191 f.). Als *grundlegende Bedingungen* an das Branding betonen Langner und Esch (2019) aus Markenführungssicht mehrere Aspekte. Erstens soll das Branding eine Identifikation und eine Differenzierung sicherstellen. Die benutzten Mittel müssen sich also hinreichend von Wettbewerberelementen abgrenzen und zudem eine eindeutige Zuordnung zur Marke ermöglichen. Zweitens sollte es die Markenpositionierung vermitteln. Dies bedeutet, dass durch Kontakte mit den Brandinglementen bei den Adressaten Assoziationen evoziert werden, die der Markenidee entsprechen. Drittens sollen durch eine gefällige Gestaltung des Branding stets positive Emotionen bei den Anspruchsgruppen hervorgerufen werden. Viertens müssen durch das Branding Erinnerungen geschaffen werden. Das Lernen des Absenders von Botschaften soll folglich möglichst leicht gemacht werden, so dass letztlich Werbedruck für die Penetration der Leistungen gespart werden kann. Fünftens sollen Brandingbestandteile rechtlich schutzfähig sein, damit nicht Dritte von den eigenen Markeninvestitionen profitieren.

3 Branding und Markenpositionierung

Die *Markenpositionierung* ist eine zentrale strategische Festlegung im Rahmen des Brand Management. Man versteht darunter die Definition der wesentlichen Kernpunkte eines *Ziel-Images*, das bei den relevanten Zielgruppen entstehen soll („intended positioning" bei Fuchs und Diamantopoulos 2010, S. 1765). Sie drückt im Wesentlichen aus, wofür eine Marke in Abgrenzung zu Konkurrenzmarken in den mentalen Welten der Zielgruppen stehen soll bzw. durch welche besonderen Assoziationen sich das Markenimage auszeichnen soll (z. B. Wilson und Gilligan 2005, S. 354; Fuchs und Diamantopoulos 2010, S. 1765). Sie definiert entsprechend auch den typischen Charakter der Marke. Im K-V-A-Rahmenmodell von Redler (2018, S. 65) entspricht die Positionierung dem Extrakt des Markenkonzepts. Zum Teil wird auch der Begriff „Markenidee" verwendet.

Teils wird der Begriff der Positionierung weiter gefasst und eher als Prozess gesehen (z. B. bei Ries und Trout 2000). Positionierung entspricht dann dem Vorgang, der einer Marke in der mentalen Welt der Zielgruppe eine Position verschafft. In diese Kerbe schlagen bspw. Esch und Petri-Krisor (2019), wenn sie das Kernthema der Positionierung darin sehen, die Brand durch die Gesamtheit der sinnlich wahrnehmbaren Markenmaßnahmen in der subjektiven mentalen Welt der (potenziellen) Abnehmer so zu verankern, dass sie eine attraktive und eigenständige Position einnimmt – um zu erreichen, dass verbundene Marktleistungen konkurrierenden Angeboten vorgezogen werden.

Hier wird im Wesentlichen der ersten Begriffsverwendung gefolgt. Beide Blickwinkel weisen jedoch auf die engen Bezüge zwischen Branding und Markenpositionierung hin. Das Branding (mit seinen Brandingelementen und deren Verwendung) sollte die Positionierung beachten und damit relevante Beiträge zur Markenführung leisten. Daraus ergibt sich die Forderung der *Positionierungsvermittlung*, wie sie bereits oben angesprochen wurde.

- Idealerweise sollten schon durch die Brandingelemente spezielle, positionierungskongruente Assoziationen hervorgerufen werden, damit sie auf diesem Weg Eingang in das mentale Markenschema der Zielgruppe finden.
- Mindestens aber muss sichergestellt sein, dass die Brandingelemente der Positionierung nicht im Wege stehen, also keine kontraproduktiven Assoziationen auslösen.
- Der Einsatz der Brandingelemente ist so zu gestalten, dass markenrelevante Lernprozesse möglichst gut unterstützt werden.

Je nach Positionierungskonzept kann es wichtig sein, mit den Brandingelementen auch einen entsprechenden Kategoriebezug zu kommunizieren.

4 Wichtige Brandingelemente im digitalen Raum

Die wichtigsten Elemente, über die das Digital Branding gestaltet werden kann, sind der Markenname, das Logo, der Farbcode, der Claim, ein Key Visual oder eine typische Animation sowie Sound (Abb. 3). Auf diese sowie einige weitere wird nachfolgend eingegangen.

4.1 Markenname

Ein essenzielles Element des Digital Branding ist der *Markenname*. Er ist die Bezeichnung, die für die Kommunikation über die markierten Leistungen herangezogen wird. Er ist letztlich ein Zeichen, das per Konvention für etwas Anderes, nämlich eine bestimmte Marktleistung, festgelegt wird. Damit ermöglicht der Markenname die Verständigung über diese Sachverhalte. Der Markenname ist damit auch eines der wichtigsten Identifikationsmerkmale für das betrachtete Leistungsbündel. Die Möglichkeiten, einen Namen festzusetzen, sind an sich schier unbegrenzt. Damit jedoch ein möglichst großer Beitrag zu den Aufgaben des Branding geleistet wird, ist zwingend auf

- die *Eigenständigkeit* im Wettbewerbsumfeld sowie
- die *Stützung* (Passung zur) *der Positionierung*

zu achten.

Weiterhin werden spezifische Anforderungen diskutiert, die an einen geeigneten Markennamen zu stellen sind (u. a. Kohli und LaBahn 1997; Kirchner 2005) wie

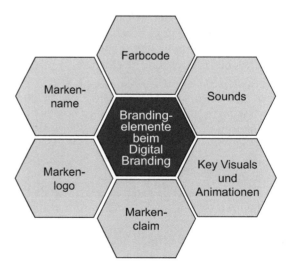

Abb. 3 Wichtige Brandingelemente im digitalen Raum

- Merkfähigkeit,
- Gefallen/Akzeptanz bei den Zielgruppen,
- Aussprechbarkeit bei den Zielgruppen,
- rechtliche Schutzfähigkeit,
- internationale Anwendbarkeit.

Im Kontext digitaler Markenkommunikation ergeben sich weiterhin die Forderungen nach der Umsetzbarkeit des Namens in einer geeigneten URL sowie nach der Anwendbarkeit in den Kanälen der Social Media.

Insgesamt können solche Kriterien herangezogen werden, wenn zwischen Namensalternativen zu entscheiden ist. Da es zahlreiche Anforderungen sind, und diese zum Teil konfliktär sind, ist keine triviale Aufgabe zu lösen. Neben der Unterstützung der Markenpositionierung durch den Markennamen ist oft auch die Relevanz für die *Angebotskategorie* von hoher Bedeutung. Relevanz besteht, wenn die gewählten Markennamen leicht oder intuitiv mit einer bestimmten Produktkategorie verknüpft werden können bzw. diese direkt assoziiert wird und daher leicht verknüpfbar ist.

Assoziationen und Bilder, die über den Markennamen hervorrufen werden, lenken Bewertungen von Marken und Leistungen und beeinflussen die Merk- und Lernfähigkeit. Daher ist die Wahl des Markennamens als eine Schlüsselentscheidung anzusehen. Namen, die in der Lage sind, Assoziationen zu evozieren, werden als *bedeutungshaltige Namen* bezeichnet. Ihnen kommt eine besonders wichtige Funktion zu.

Werden bedeutungshaltige Namen gewählt, die gleichzeitig einen hohen Bezug zur Angebotskategorie zeigen, erhalten unter dem Namen angebotene Leistungen eine bessere Beurteilung (Zaichkowsky und Vipat 1993). Dies könnte nun zu der voreiligen Ableitung verleiten, unbedingt einen Namen zu wählen, der einen Angebotsbezug aufweist. Allerdings ist zu bedenken, dass man sich in den meisten Märkten gerade mit kategoriebezogenen Namen eine hohe Austauschbarkeit erkauft. Zudem ist das Marktumfeld oft dynamisch, und eine solche Verknüpfung des Markennamens mit der Kategorie entspräche, vor diesem Hintergrund, einer Reduktion künftiger Entwicklungsrichtungen (z. B. durch Markendehnungen auf neue Konzepte).

Nach der Stärke des Bezugs zur Kategorie und zur Positionierung können Namentypen differenziert werden (u. a. Murphy 1992, S. 96; Riezebos und Riezebos 2003, S. 111):

- *Deskriptive Namen*: eindeutiger Bezug zu Angebot oder Positionierung durch beinhaltete (Teil-)Worte, also primär im enthaltenen Wortsinne,
- *suggestive Namen*: indirekter aber offener Bezug zu Positionierung, Nutzen oder Angebot,
- *assoziative Namen*: Namen lösen (oft aufgrund ihrer Klangstruktur) Vorstellungen aus, die auf die Angebotskategorie hinweisen oder für die Positionierung relevant sind, ohne dass die Kategorie oder die Positionierungseigenschaft direkt enthalten sind und

- *fiktive Namen*: kein Bezug zu Angebot oder Positionierung; meist Fantasiekonstruktionen, Herkunfts- oder Gründernamen; konkrete Worte ohne Bezug (z. B. Penguin, Shell) oder oft Abkürzungen oder Akronyme.

Umso geringer die Bezugsstärke der Namen ausfällt, umso eher sind Namen rechtlich schutzfähig. Speziell bei Namen mit sehr starkem Produktbezug ergeben sich Probleme bei der Schutzfähigkeit.

In vielen Anwendungen sind bezugshaltige Markennamen vorteilhaft, da Beiträge zur Positionierung, zur Kategoriezuordnung und auch generell zur Identifikation und Merkfähigkeit geleistet werden. Insofern sind bezugslose Namen tendenziell zu meiden. Allerdings ist dies nicht durchweg so, denn bei verschiedenen Konstellationen soll gerade eine solche Festlegung nicht erfolgen.

Ausführungen zum Prozess der Namensentwicklung finden sich u. a. bei Kohli et al. (2001) sowie Kirchner (2005).

4.2 Farbcodes

Der Farbcode betrifft die Wahl einer oder mehrerer Grundfarben sowie die Definition ihres Verhältnisses zueinander. Beispielsweise arbeitet Deichmann mit grün und IKEA mit gelb und blau. Da Farben noch vor Formen und Inhalten wahrgenommen und interpretiert werden, sind sie ein wichtiger Schlüssel für die *Identifikation der Marke* sowie die blitzartige *Assoziations- und Emotionsvermittlung*. Jedoch ist der Kanon reduziert, denn im wesentlichen stehen nur wenige Grundfarben zur Verfügung, und auch nicht alle Kombinationen aus ihnen sind sinnvoll und für den Kunden differenzierend.

Die spezifischen Assoziationswirkungen oder eine *kulturelle Symbolik* der Farbtöne sollte sorgsam durchdacht werden. Diese sind besonders für die Positionierungswirkungen eines Farbcodes relevant. Gleichzeitig werden Farben auch nach der Farbtemperatur unterschieden. So zählt Orange als warme Farbe, während Blau und Grün kalte Farben sind. Farbtemperatur und andere Parameter wie Sättigung sind wichtig für die Gefallenswirkung – aber auch die *Aktivierungswirkung*. Letztere ist für die Kontaktwirkung des Brandings wichtig. Um diese zu erreichen, sind aktivierungsstarke Farben vorteilhaft. Weiterhin ist aus Brandingsicht zu fordern, dass gewählte Farbcodes in der Wahrnehmung der Zielgruppen möglichst *eigenständig* sind.

Definierte Farbcodes sollten für eine effektive und effiziente Brandingwirkung konsistent über alle Kontaktpunkte eingesetzt werden. Dies stellt in der Praxis oft eine große Herausforderung dar. Zu beachten ist dabei, dass Kommunikationskontakte zahlreich via digitaler Medien stattfinden. Gewählte Farbcodes müssen somit im digitalen Umfeld konsistent darstellbar sein.

4.3 Logo

Das Logo ist (meist integriert zum Farbcode) der visuelle Anker des Branding. Es ist ein grafisches Zeichen oder eine Zeichengruppe als Erkennungsmerkmal der Marke.

Da ihm signifikante Bedeutung für die Wiedererkennung, die schnelle Ansprache des Markenschemas und für die Positionierungsvermittlung zukommt, ist es als Bestandteil des strategischen Designs einer Marke anzusehen.

Oft beinhaltet das Logo den Markennamen in einer gestalteten Umsetzung. Das Logo kann aber generell aus einem oder mehreren grafisch realisierten Buchstaben oder aus einer Kombination von Buchstaben und grafischen Bildelementen oder nur aus grafischen/bildlichen Bildelementen bestehen.

Arten von Logos Aus einer eher rechtlichen Sicht unterscheidet man in diesem Kontext die *Wortmarke* (bloße grafische Umsetzung des Markennamens), die *Bildmarke* (grafisches Zeichen oder Signet) sowie die *Wort-Bild-Marke* (kombinierte grafische Umsetzung von Markennamen mit einem gestalterischen Element oder Bildelement/Signet). Aus Brandingperspektive hingegen spricht man von *Schriftlogos* und *Bildlogos* (Esch und Langner 2001). Bildlogos können dem Grunde nach mit Bezug zur Positionierung oder zur Produktkategorie/zur Marktleistung, bezugslos oder als visuelle Doppelung zum Markennamen realisiert werden (Esch und Langner 2001). Elemente, die zu einem Logo zusammengefügt werden, werden als Einheit bildlich wahrgenommen und mental als Einheit verarbeitet.

Durch ihren visuellen Charakter können Logos einen Erinnerungsvorteil realisieren: Als „Bilder" werden sie besser erinnert als Worte. Die Erinnerungseffekte sind besonders überlegen, wenn bildliche, konkrete Reize genutzt werden. Zudem bietet der visuelle Charakter auch erweiterte Möglichkeiten, Positionierungsinhalte aufzugreifen.

Nach Wheeler (2014, S. 49) sind fünf Typen von Logos gebräuchlich, wobei jeder Typus spezifische Vor- und Nachteile mit sich bringt:

- Wordmark: Ein frei stehendes Akronym oder der typografisch umgesetzte Name als Logo.
- Letterform: Ein gestalteter Buchstabe oder eine gestaltete Abkürzung als Logo.
- Pictorial mark: Ein grafisches Element, das den Markennamen inhaltlich visualisiert.
- Emblem: Gestaltung, die den Namen mit einem bildlichen Element grafisch fest zu einer geschlossenen Einheit kombiniert.
- Symbolic mark: Ein grafisches Symbol (meist abstrakter Natur) als Logo.

Daneben finden sich in der Realität häufig Kombinationen von Wordmarks mit Symbolic marks oder Pictorial marks.

Für die Logosgestaltung wurden aus Markenführungssicht spezifische Anforderungen entwickelt (Esch und Langner 2001; Langner 2003; Henderson und Cote 1998; Page und Thorsteinsson 2009).

- *Aktivierungswirkung*: Damit das Logo eine hohe Wahrnehmungschance erhält, sollte dessen Gestaltung mindestens eine der folgenden Techniken aufgreifen:
  - Einsatz von im Umfeld auffällige Farben oder Formen,
  - Nutzung überraschender Elemente oder origineller Gestaltungslösungen,

- Einsatz emotionaler Reize zur Ansprache von zielgruppenspezifischen, kulturell geprägten oder angeborenen Erlebnisschemata bei den relevanten Zielgruppen.
- *Differenzierungskraft*: Für die Identifizierungs- und Lernwirkung ist es erforderlich, dass sich das Logo leicht von anderen Logos unterscheiden lässt und Verwechslungen möglichst nicht vorkommen.
- *Prägnanz*: Das Logo sollte eine geschlossene Gestaltung aufweisen, einen hohen Figur-Grund-Kontrast haben und bei möglichst geringer Komplexität einen hohen Bedeutungsgehalt in einfachen und wenigen Formen transportieren können.
- *Vermittlung der Positionierungsidee*: Das Logo sollte bei den Zielgruppen Assoziationen erzeugen, die mit materiellen oder immateriellen Aspekten der Positionierung korrespondieren. Zur Vermittlung positionierungsrelevanter Inhalte sind vor allem bildliche Elemente sowie die Formen- und Farbsprache wichtige Parameter. Letztlich ist dennoch stets das Gesamtbild des Logos entscheidend.
- *Kategorie-/Sortimentsführung*: Das Logo soll bei den Zielgruppen das relevante Kategorie- bzw. Sortimentsschema aktivieren, damit geeignete Erwartungen gebildet werden.
- *Attraktivität*: Das Logo soll Gefallen und Akzeptanz bei den Zielgruppen auslösen. Wichtige Aspekte, um dies zu erreichen, sind die Geschlossenheit und Symmetrie der Gestaltung, die Induktion klarer statt diffuser Assoziationen und die strikte Vermeidung von Irritationswirkungen (Gefühl von Abwehr und Störung). Auch die Originalität der Gestaltung kann hier ein Einflussfaktor sein.
- *Vertrautheit und Erinnerbarkeit*: Idealerweise kann das Logo bei den Zielgruppen Gefühle von Vertrautheit wecken. Das Logo soll zudem leicht erlernbar und von den Zielgruppen mit möglichst wenig mentalem Aufwand erinnert werden können.
- *Konkretheit*: Konkrete Logos sind hinsichtlich der Lern- und Erinnerungsleistung besser als abstrakte Logovarianten.
- *Umsetzbarkeit in digitalen Medien*: Da das Logo in diversen Medien und Kontaktpunkten einzusetzen ist, ist zu prüfen, ob es sich z. B. hinsichtlich Skalierbarkeit, Strichstärken, Farben, Komplexität, Raumbedarf, Zuschnitt tatsächlich vielfältig realisieren lässt. Daher sollte man der Vielzahl der (auch zukünftigen) digitalen Kanäle Beachtung schenken und bei der Logoentwicklung deren Restriktionen erörtern.

Logoentwicklung (vgl. dazu die Ausführungen bei Hem und Iversen 2004) ist schon aufgrund der Vielzahl solcher Anforderungen ein längerer Entwicklungsprozess mit diversen Rückkoppelungen und Prüfungen. Hinzuweisen ist zudem darauf, dass die Logogestaltung so erfolgen muss, dass die Brandingziele auch unter realen Rezeptionsbedingungen möglichst gut erreicht werden können. Statt die intensive Auseinandersetzung der Adressaten mit dem Logo zu unterstellen, ist anzunehmen, dass Adressaten wenig involviert sind und ein Logo beiläufig und passiv wahrnehmen, wobei es zu extrem kurzen Betrachtungszeiten kommt.

Überblick: Gestaltungsparameter von Logos Die zentralen Gestaltungsparameter für ein Markenlogo sind in nachfolgender Tab. 2 zusammengestellt. Ihre Kenntnis ist hilfreich, um Logogestaltungen fachlich angemessen diskutieren zu können.

4.4 Claim

Ein *Claim* ist ein kurzer Satz, ein Teilsatz oder eine Phrase. Er ist ein sprachlicher, in Worten formulierter Ausdruck (von zentralen Aspekten) der Markenidee. Anders als ein sog. Brand Mantra (Keller 2003, S. 45) ist er vor allem für die Außenkommunikation in Richtung Zielgruppen vorgesehen. Im Gegensatz zu einem (Werbe-)Slogan hingegen, der temporär, häufig kampagnenbezogen und mit Kaufanreiz versehen benutzt wird, beschreibt ein (Marken-)Claim die Markenidee. Ein Claim als Markenelement hat dauerhaften Charakter.

Zwei Typen werden unterschieden:

1. *Logogebundener Claim.* Dieser wird stets in definierter räumlicher Nähe zum Logo eingesetzt. Im Grunde wird er damit Teil des Logos.
2. *Logoungebundener Claim.* Diese Art des Claims ist variabel bei vielen Gestaltungsanlässen einsetzbar. In der digitalen Kommunikation bietet dieser Typus Vorteile, da er bei zahlreichen Kommunikationssituationen als gesprochenes oder geschriebenes Wort benutzt werden kann. Gerade in Sozialen Medien ist damit die notwendige Flexibilität gegeben, die bei logogebundenen Claims nicht besteht.

Damit Claims als Markenelement fungieren können, müssen sie so gewählt werden, dass sie die Markenidee transportieren. Weitere wichtige Anforderungen sind Einzigartigkeit, Prägnanz und Aussagekraft, phonetische Klarheit, Kürze und Zeitlosigkeit. Zu beachten ist, dass Claims besonders stark an Sprach- und Kulturräume gebunden sind, eine internationale Standardisierung daher oftmals kaum zu erreichen ist.

4.5 Key Visuals und Animationen

Ein Key Visual (Schlüsselbild, dazu Kroeber-Riel 1993, S. 201 ff.) ist der visuelle Kern einer Positionierungsbotschaft. Ein strategisch entwickeltes und konstant kommuniziertes Visual vermittelt also die Markenidee und hilft somit, ein Markenschema zu formen. Das Key Visual muss folglich nicht nur zur *Markenidee* passen, sondern diese *exakt* ausdrücken. In digitalen Medien können Key Visuals vielfältig integriert werden, nicht jedoch in rein textbasierten Kanälen.

Gerade bei steigender Informationsüberlastung der Rezipienten wird die Rolle von Key Visuals immer bedeutender, denn diese werden besonders schnell wahrgenommen, verarbeitet und gelernt. Die *Erinnerungswirkung* ist anderen Elementen meist überlegen. Zudem sind Key Visuals in der Lage, schnell und punktgenau

Tab. 2 Parameter der Logogestaltung

Parameter	Subparameter	Beschreibung
Farbeinsatz	Farbton	Der Farbton bezeichnet die Grundfarbempfindung (z. B. blau), wird nach Farbwerten beschrieben und kann nach den Bestandteilen von Grundfarben exakt bezeichnet werden. Farbtöne können in Sättigung und Helligkeit variieren. Der Farbton beeinflusst wesentlich die Aktivierungskraft. Farbtöne haben zudem eine kulturbezogene Symbolik. Auch sind Farbtöne mit spezifischen Assoziationswirkungen ausgestattet.
	Farbsättigung	Die Sättigung drückt die Reinheit der Farbwirkung unabhängig von der Helligkeit aus. Im Farbraum kann sie als Abstand von der Unbunt-Achse angesehen werden. Sie beeinflusst stark die Gefallens- und Erregungswirkung einer Farbe.
	Farbhelligkeit	Die Helligkeit beschreibt, wie eine Farbe auf dem Hell-Dunkel-Spektrum wahrgenommen wird. Damit erfasst sie die Stärke der Lichtreflexion eines farblichen Körpers. Sie beeinflusst die Gefallenswirkung von Farben und steuert die mit Farben verbundenen Assoziationen.
	Farbkontraste	Farbkontraste beziehen sich auf den gezielten Einsatz des Zusammenspiels von aneinander grenzenden Farben, um zu akzentuieren, zu lenken oder um bestimmte Assoziationen auszulösen. Farbwirkungen können durch Kontraste gesteigert oder auch geschwächt werden. Die Farbkontraste erfassen, inwiefern im Vergleich zwischen zwei oder mehreren nebeneinander liegenden Farben deutlich erkennbare Unterschiede wahrnehmbar sind. Es werden verschiedenen Grundtypen von Farbkontrasten unterschieden (z. B. Qualitätskontraste, Farbe-an-sich-Kontrast, Hell-Dunkel-Kontrast).
Formeinsatz	Symmetrie	Eine Gestaltung ist symmetrisch, wenn diese so aufgebaut ist, dass sich ihr Gesamtbild aus einer Punkt- oder Achsenspiegelung einzelner Teile ergibt. Im weiten Sinne wird damit auch eine gut proportionierte, maßvolle, harmonische Gestaltung bezeichnet. Symmetrische Gestaltungen haben Vorteile bei der gedanklichen Verarbeitung, Erinnerung und der Gefallenswirkung.
	Formqualität	Die Formqualität bezieht sich auf die Konturen der Gestaltung und lenkt maßgeblich Assoziationen zu und Reaktionen auf Gestaltungen. Grob können z. B. runde und eckige, geometrische und organische, klare und zerfließende Formen differenziert werden.
	Geometrische Grundstrukturen	Lassen sich Gestaltungen leicht in geometrische Grundstrukturen zerlegen, so zeigen diese bessere Verarbeitungs- und Erinnerungseffekte. Dieser Subparameter beurteilt, inwieweit eine solche Zerlegung leicht gelingt.

(Fortsetzung)

Tab. 2 (Fortsetzung)

Parameter	Subparameter	Beschreibung
	Formbeziehungen	Formbeziehungen entstehen durch die Anordnung von Formen auf einer Grundfläche bzw. durch die Wechselwirkung der Formanordnung. Sie entscheiden wesentlich über Wirkung und Ausdruck. Beispielsweise Schwerpunktbildungen und Dynamik werden stark von ihr geprägt.
Komplexität		Die Komplexität einer Gestaltung erfasst die beinhaltete Anzahl unterscheidbarer Elemente sowie ihre Unähnlichkeit. Je mehr Elemente enthalten sind und je unähnlicher diese sind, desto komplexer ist die Gestaltung. Zu komplexe Gestaltungen wirken negativ auf Aktivierungs- und Erinnerungswirkungen. Komplexität kann auch als Gegenteil zur Ordnung in einer Gestaltung beschrieben werden.
Figur-Grund-Kontrast		Der Figur-Grund-Kontrast charakterisiert, inwieweit sich das gestaltete Element (Vordergrund, Figur) von seiner Umgebung (dem Grund) abhebt. Umso höher der Figur-Grund-Kontrast, umso besser kann ein Logo an sich wahrgenommen werden. Er wird u. a. durch den Einsatz von Farbkontrasten, Formkontrasten oder Helligkeitskontrasten gesteuert.
Gestaltfestigkeit/ Geschlossenheit		Dieser Parameter erfasst, inwiefern ein gestaltetes Element als eine Einheit wahrnehmbar ist. Wenn dies erfüllt ist, spricht man von gestaltfestem und geschlossenem Design. Geschlossene Objekte werden einfacher aufgenommen und erinnert. Besteht beispielsweise ein Logo aus einem Bildelement und einem Wort, so entscheiden u. a. der Abstand zwischen diesen Elementen sowie ihre Anordnungsqualität zueinander darüber, inwiefern sie als eine Einheit wahrgenommen werden. Jede Gestaltung sollte es ermöglichen, dass sich eine insgesamt möglichst einfache, gut gruppierte Struktur ergibt.
Typografie		Wenn im Logo Worte enthalten sind (z. B. bei Schriftlogo-Kombinationen), sind diese nach typografischen Kriterien zu gestalten und zu integrieren. Dabei sind insb. Lesbarkeit und Assoziationswirkungen von Schrifttypen zu beachten.
Bildliche oder bildhafte Inhalte		Werden bildliche oder bildhafte Elemente integriert, ist dies i. d. R. vorteilhaft für die Erinnerungswirkung der Gestaltung und einen schnellen Transport bestimmter grober, eindimensionaler Bedeutungen. Präzise ist jedoch der Bedeutungs-, Symbol- oder Assoziationsgehalt zu klären.

Botschaften zu vermitteln, die über reine Informationen hinausgehen, also vor allem *Emotion* und Symbolik transportieren. Die spezifischen Assoziationswirkungen können sich zielgruppenbezogen und kulturbedingt allerdings stark unterscheiden. Daher sind entsprechende Wahrnehmungs- und Assoziationstests bei der Entwicklung von Key Visuals besonders wichtig. Zu beachten ist, dass Key Visuals möglichst eigenständig gestaltet und langfristig umsetzbar sein müssen. Vor allem einfach erfassbare und prägnante Visuals bieten die größten Vorteile.

Animationen Auch *markentypische Animationen* sind im Zeitalter bewegter Bilder der digitalen Welt als ein relevantes Brandingelement anzusehen. In diesem Kontext werden darunter kurze Animationen verstanden, die Kernaspekte der Marke transportieren können. Oft wird das Logo oder Teile dessen in die Sequenzen eingebunden.

Animationen können Aufmerksamkeit und Differenzierung schaffen, Gefallen und Sympathie erzeugen und zugleich das Erlernen der zentralen Markenbotschaft fördern. Sie können aufgrund ihres Charakters nur in bestimmten Kommunikationskanälen benutzt werden, weshalb die Stimmigkeit zu in anderen Kanälen nutzbaren Brandingelementen besonders wichtig ist.

Leitplanken zur Entwicklung von Animationen als Brandingelement kommen in den „Animation Principles" von Wheeler (2014, S. 159) zum Ausdruck. Nach diesen sind fünf Prinzipien anzuwenden:

- Be strategic: Die Animation muss die Erreichung der Brandingziele unterstützen und dem Markenwert dienen.
- Be essential: Jede Gestaltungsentscheidung muss begründet erfolgen. Jedes nicht-essenzielle Element der Animation ist zu eliminieren.
- Be communicative: Die Animation soll eine Geschichte erzählen. Dramaturgie ist zu beachten.
- Be resonant: Die Bewegung der Bilder erlangt ihre Stimmung und den emotionalen Gehalt vor allem durch den Rhythmus, die Geschwindigkeit und die Bildübergänge. Diese Besonderheit ist zu beachten, um die Stärken der Animation zu nutzen.
- Be hamonious: Die visuelle Sprache der Animation ist aus der visuellen Sprache des übrigen Brandings heraus aufzubauen.

4.6 Sound

Sound greift die Möglichkeiten auf, Kontaktpunkte auditiv zu gestalten. Im Gegensatz zu traditionellen Medien (des Dialogmarketings) sind Töne, gesprochene Worte sowie Musik in digitalen Kanälen gut realisierbar. Analog den visuellen oder verbalen Ankern im Branding kann Sound dienen, um Marktleistungen einem Markennamen zuordnen zu können. Diese Zuordnung ist für die notwendigen Lerneffekte bei Zielgruppen unentbehrlich. Sound bedeutet darüber hinaus Möglichkeiten für den Aufbau und die Stärkung des Markenimages, weil Sounds auch Inhalte transportieren können. Für das Branding kann Sound vor allem durch Jingles, akustische Signale und Effekte (auch Funktionssounds), Sprache sowie Ambient Sound oder so genannten Soundscapes operational gemacht werden.

Oft können sich Sound und visuelle Eindrücke komplementär stützen, wodurch die emotionale Wirkung oder das Markenerlebnis intensiviert werden kann. Generell wird davon ausgegangen, dass z. B. Musik besonders direkt auf emotionale Reaktionen wirkt, dieses wenig gedanklich kontrolliert abläuft und zum Teil auch kultur- und sprachübergreifende Effekte vorliegen (z. B. Juslin und Västfjäll 2008).

Sound Logo Beim Sound Branding (Sonic Branding, Audio Branding) im engen Sinne geht es um das sog. *Sound Logo*. Dieses ist ein akustisches Identifikationselement und eine Gedächtnisstütze zur Evozierung bestimmter Erinnerungen und Gefühle, allgemein: Assoziationen (u. a. Groves 2009). Es kann entweder ohne oder mit Nennung des Markennamens arbeiten. Non-vokal kann es instrumental, auf Melodien/Tonfolgen oder bestimmten Geräuschen basierend angelegt sein.

Aus Markenführungssicht ist zu fordern, dass ein Soundlogo nicht nur zur Markenidee passen, sondern diese idealerweise stützen soll. Im besten Fall handelt es sich um die in Klang gegossene Markenidee. Andererseits ist es erforderlich, dass Sound-Logos einzigartig sind und Austauschbarkeit vermeiden. Bei der Entwicklung zu prüfen sind die Semantik und die emotionalen Wirkungen des Sounds – aus Sicht der Zielgruppe. Für internationale Kontexte ist dabei mit Kulturunterschieden zu rechnen.

4.7 Weitere Elemente

Formen (Shape) Der Formbegriff im Kontext des Branding kann verstanden werden als die zweidimensionale Abgrenzungsgestalt von genutzten Elementen, die einem einheitlichen Muster folgen sollten. Dabei ist stets die Außenform relevant, wenn es sich um zusammengesetzte Elemente handelt (Espe und Krampen 1986). Man unterscheidet geometrische Formen (Kreise, Ovale, Dreiecke, Rechtecke etc.) von organischen Formen, die natürliche, weniger klar definierte Grenzen aufweisen (z. B. eine Wolke, eine Wurzel). Von der Formensprache gehen bestimmte *Assoziationswirkungen* aus, die im Sinne des Branding nutzbar gemacht werden können. So sind bspw. spitzwinkelige Formen mit Mächtigkeit und Aktivität assoziiert, während runde Formen eher passiv und schwach wirken (Espe und Krampen 1986, S. 72 ff.). Ebenso kann die Wahl der Formen für die anderen Branding-Anforderungen genutzt werden (z. B. für eine hohe Eigenständigkeit).

In vielen digitalen Kanälen ist die Nutzung der Formensprache für das Branding nur eingeschränkt möglich, da hier vorgegebene Raster oder Templates sowie Medienformate beachtet werden müssen.

Typografie Ähnlich eingeschränkt sind die Möglichkeiten, Typografie als Element des digitalen Brandings zu nutzen. Während bspw. in Printmedien hohe Freiheitsgrade für die Gestaltung der Schrift existieren, ist dies in digitalen Medien selten gegeben.

Grundsätzlich jedoch ist die eingesetzte Schriftart bzw. die Kombination gestalteter Lettern für die Brandingwirkung durchaus bedeutsam. Dabei muss die gewählte Schriftart („Hausschrift") nicht zwingend die Schrift sein, die im Logo eingesetzt wird. Vielmehr sollte sie diese sinnvoll ergänzen. Die Schriftfestlegung im Rahmen des Branding ist eine anspruchsvolle, die solides Wissen über die Möglichkeiten sowie auch typografische Expertise verlangt. Vor allem die Anwendungsmöglichkeit (*Funktionalität*) von Schriften variiert dramatisch nach der Schriftart, so dass die große Bandbreite von Einsatzfeldern im Spektrum der Markenkommunikation (Kartonagen, Schriftzüge, Werbematerial, Online-Ads, Online-Shop, ...) sorgfältig zu prüfen ist. Die Schriftart sollte diese Flexibilität zulassen, andererseits möglichst einfach zu handhaben sein. Gute *Lesbarkeit* und hohe *Klarheit* der Schrift sollten als Grundanforderungen verstanden werden.

Beiträge der Typografie zum Branding sind möglich, wenn diese *differenzierungsstark* gewählt wird und sie bei den Zielgruppen mit *positionierungskonform*en bzw. -unterstützenden Assoziationen oder entsprechenden emotionalen Reaktionen verbunden ist.

Sprach- und Gestaltungsduktus Hinsichtlich der Brandingwirkung sind zudem der Duktus der Sprache in der Markenkommunikation wie auch die Stilistik des Markenauftritts insgesamt relevant. Beide können zu Differenzierung und Identifizierung von Marken beitragen, sind aber insgesamt eher schwache Mittel, speziell im digitalen Raum. Der *Sprachduktus* ist Ausdruck des markentypischen Charakters beim Umgang mit Sprache. Dies umfasst die Wortverwendung wie auch die Sprachstilistik. Mit dem *Gestaltungsduktus* ist die Design-Handschrift, der grafische, filmische, visuelle Stil der Markenkommunikation gemeint, durch die das eigene Erscheinungsbild geprägt ist. Sprach- wie auch Gestaltungsduktus können nur in Owned Media oder Paid Media der digitalen Kommunikation substanziell beeinflusst werden.

5   Allgemeine Gütekriterien für Brandingelemente im digitalen Raum

Die Entwicklung von Brandingelementen ist ein Prozess, der in wesentlichen Teilen dem Prinzip folgt, zunächst möglichst viele und möglichst unterschiedliche, konkrete Alternativen zu entwickeln, um aus diesen dann die möglichst optimale Umsetzung zu identifizieren. Dazu werden bestimmte Kriterien (dazu z. B. Langner 2003, S. 267 ff.) herangezogen, die hier als Gütekriterien für digitale Brandingelemente bezeichnet werden sollen (Abb. 4):

1. *Eigenständigkeit.* Auch bei flüchtiger Betrachtung müssen die Brandingelemente von Elementen anderer Brands unterscheidbar sein, damit eine Identifizierung der Marke möglich wird.
2. *Eindeutigkeit bei der Zuordnung.* Selbst bei flüchtiger Betrachtung dürfen keine Falschzuordnungen der Brandingelemente zu Wettbewerbsanbietern oder ande-

Abb. 4 Gütekriterien von Brandingelementen

ren branchendominierenden Brands auftreten. Andernfalls wäre die Schemabildung und -stärkung erschwert.

3. *Gute Erinnerbarkeit.* Die Brandingelemente sollten erinnerungsstark gestaltet sein, um Lernwirkungen zu unterstützen und somit effizient zu agieren.
4. *Keine negativen Gefallenswirkungen.* Um Akzeptanz zu erreichen, sollten die Elemente idealerweise den Adressaten gefallen, also positiv beurteilt werden. Über solche gefälligen Gestaltungen können z. T. positive Emotionen für die Brand verankert werden. Es besteht jedoch oft ein Zielkonflikt zur Eigenständigkeit, da gerade bekannte, verbreitete und zeitgeistige Gestaltungen besonders häufig positiv beurteilt werden. Mindestanforderung ist stets, dass keine negativen Beurteilungen auftreten. Es besteht sonst die Gefahr, dass diese in das Brand Schema integriert werden.
5. *Verträglichkeit mit der Positionierungsidee.* Idealerweise sollten schon durch die Brandingelemente spezielle, positionierungskonforme, Assoziationen hervorgerufen werden, damit sie auf diesem Weg leicht Eingang in das Brand Schema finden. Zu beachten sind wiederum Konflikte mit der Eigenständigkeit: Die Bestimmung von Elementen (z. B. Farben) anhand von „Assoziationskatalogen" birgt das Problem der Wahl stereotyper Lösungen. Es gilt: Die Branding Elemente dürfen der Positionierung auf keinen Fall im Wege stehen, also kontraproduktive Assoziationen auslösen. Dies ist zwingend zu prüfen.
6. *Schutzfähigkeit.* Zentrale Markenelemente sollten (ggf. international) schutzfähig sein. Name, Bildzeichen oder andere „Marken" im Sinne des Markenrechts sollten für die notwendigen Länder absolut und relativ schutzfähig sein und auch eingetragen werden, damit das alleinige Recht besteht, diese Elemente zu benutzen.
7. *Umsetzbarkeit an allen wesentlichen Kontaktpunkten, insb. online.* Der Markenwert formiert sich durch die Eindrücke über zahlreiche Kontaktpunkte, weshalb die Identifikation und eindeutige Zuordnung an allen zentralen Kontaktpunkten über die Brandingelemente erreicht werden muss. Daher ist zu fordern, dass gewählte Brandingelemente an den wesentlichen Kontaktpunkten

umsetzbar sein sollen. Speziell in Richtung digitaler Kanäle ist diesbezüglich zu bewerten, denn diese haben oft enge Rahmenbedingungen.
8. *Internationale Anwendbarkeit.* Marken sind nicht selten länderübergreifende Phänomene. Sofern die Store Brand Strategie nicht nur eine nationale Marktbearbeitung vorsieht, sind daher auch beim Branding internationale Perspektiven zu bedenken, ähnlich wie beim Markenschutz. Diesbezüglich sind vor allem sprachlich-kulturelle Besonderheiten zu berücksichtigen, damit keine unerwarteten Überraschungen auftreten.
9. *Konsistenz.* Alle Markenelemente sollten zueinander passen und sich in ihren Aussagen und Wirkungen nicht widersprechen. Die erzeugten Eindrücke müssen auf ein konsistentes Gesamtbild hinwirken.
10. *Dauerhaftigkeit.* Da Markenführung und Branding der Logik langfristiger Lernkonzepte folgen, ist sicherzustellen, dass die gewählten Brandingelemente langfristig und dauerhaft einsetzbar sind.

6 Einsatz von Brandingelementen: Doppelte Integration beim Digital Branding

Neben der Entwicklung geeigneter Brandingelemente ist der Einsatz der Brandingelemente in der Markenkommunikation der zweite wesentliche Bereich des Digital Brandings (vgl. oben). Der Einsatz zum Zwecke des Branding erfordert (a) die grundsätzliche Anwendung der Brandingelemente sowie (b) eine doppelte Integrationsleistung. Erste Integration bezieht sich auf die Konsistenz zwischen den Brandingelementen, die zweite auf eine langfristig konsistente Nutzung der Brandingelemente über Medien und Zeit. Dies ergibt sich aus dem modernen Markenverständnis, das Marken als Lernkonzept auffasst.

6.1 Integration I: Konsistenz zwischen den Brandingelementen

Um die beabsichtigten Lernwirkungen hinsichtlich der Markenbekanntheit und des angestrebten Markenimages effizient zu erreichen, ist der abgestimmte Einsatz der wichtigen Brandingelemente zu empfehlen. Diese Betrachtung wird bei Langner (2003) unter den Begriff „integriertes Branding" gefasst, wobei er sich auf das Zusammenspiel zwischen dem Markennamen, dem Markenzeichen und dem Corporate Design (u. a. Formen, Farben, auch Verpackungsgestaltung) in der Markenkommunikation bezieht. Weiter gefasst könnte man von einem schlüssigen Zusammenspiel aller wichtigen Brandingelemente sprechen. Das Ziel integrierten Brandings ist es, dass alle Brandingelemente kohärent wirken und gleiche Eindrücke vermitteln (Langner und Esch 2019). Dazu sollten die Brandingelemente *im Zusammenspiel entwickelt* werden (dazu Langner 2003). Abb. 5 verdeutlicht diesen Zusammenhang.

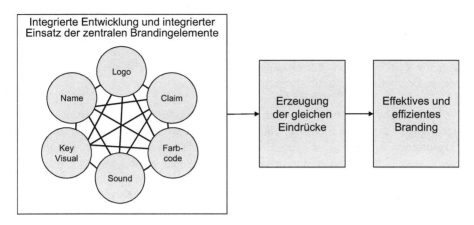

Abb. 5 Integriertes Branding

6.2 Integration II: Konsequente und konsistente Nutzung der Brandingelemente über die Touchpoints und die Zeit

Markenführung zielt wesentlich darauf ab, Markenbekanntheit und ein spezifisches Markenimage aufzubauen. Dies soll über zielführende Lernwirkungen erreicht werden. Damit dies effizient gelingt, müssen sich nicht nur die Brandingelemente gegenseitig stützen, sondern es sollen sich auch alle Eindrücke, die das Branding an den unterschiedlichen Touchpoints der Markenkommunikation erzeugt, gegenseitig verstärken. Technisch gesehen sind dazu entsprechende Wiederholungen identischer Reize erforderlich. Als Folge der Gesamtheit solcher abgestimmten Eindrucksmöglichkeiten wird dann die Marke besonders gut erlernt und in der mentalen Welt der Zielgruppen gefestigt.

Touchpoints sind alle möglichen Situationen oder Erlebnisse, in denen Menschen mit „Markenäußerungen" im weiten Sinne in Kontakt kommen. Sie können sehr vielfältig und zahlreich sein und verändern sich durch die Digitalisierung rasant weiter. Hinsichtlich der Brandingwirkungen exitiert heute ein komplexes Zusammenspiel vieler Offline- (z. B. Produktdesign oder Messe) und Online-Touchpoints (z. B. Website und Spots in den Social Media wie Youtube). Die Wahrnehmung der Brandingelemente an diesen Touchpoints ermöglicht die Zuordnung der Wahrnehmungen zum Markenschema. Zudem aktualisieren alle Kontakte mit Brandingelementen an den vielfältigen Touchpoints bestimmte Botschaften oder rufen im subjektiven Erleben der Zielgruppe affektive Eindrücke hervor und prägen so das Markenimage.

Wie angeführt, sind die Brandingeffekte besonders stark, wenn die Wahrnehmungen gleichgerichtet sind. Allerdings besteht die Schwierigkeit, dass in der digitalen Kommunikation nicht alle Kontaktpunkte vom Unternehmen gesteuert werden können. Vor allem die sog. Earned Media liegen i. d. R außerhalb der Gestaltungshoheit des Unternehmens.

Integriertes Touchpointmanagement Es ergibt sich also die Forderung, die sorgsam entwickelten Brandingelemente hochgradig integriert zu gebrauchen. Eine solche Integration bezieht sich einerseits auf die zeitliche Konstanz (Konsistenz über die Zeit) sowie andererseits auf die Konsistenz über alle steuerbaren Touchpoints. Dies wird in Abb. 6 verdeutlicht.

Theoretische Begründungen können aus den Modellen und Erkenntnissen der integrierten Kommunikation abgeleitet werden, einem Ansatz der Kommunikationsabstimmung. Nach Kroeber-Riel (1993) geht es dabei um eine Koordination von Kommunikationsaktivitäten, um erzeugte Eindrücke zu verstärken. Nach Kroeber-Riel und Esch (2015, S. 159) kann man dabei *formale und inhaltliche Instrumente (Klammern)* differenzieren. Formale Klammern sorgen für stets gleiche Eindrücke beim Rezipienten, während inhaltliche Klammern darauf abzielen, stetig identische Assoziationen zu vermitteln. Entsprechend können Elemente des Digital Branding als formale oder inhaltliche Klammern fungieren.

Als formale Klammern sind vor allem Farbcodes, Namen und Logos einzuordnen. Sie sollen das schnelle Wiedererkennen und die Zuordnung zum Markenschema ermöglichen. Ihre Wahrnehmbarkeit ist auch bei flüchtiger Betrachtung unter geringem Involvement abzusichern (Kroeber-Riel und Esch 2015, S. 162), da sie sonst nutzlos sind. Als inhaltliche Klammern können Brandingelemente dann dienen, wenn sie (a) Inhalte transportieren, und (b) diese Inhalte zueinander kongruent sind. Für die Funktion kommen vor allem Key Visuals, Sounds und Claims in Frage. Aber auch das Logo oder der Markenname können eine solche Rolle ausfüllen, wenn sie bedeutungshaltig angelegt wurden. Wie oben gezeigt, erfüllen inhaltliche Klammern ihre Aufgabe für die Markenführung aber nur dann, wenn die abgestimmten Inhalte die Markenpositionierung ausdrücken. Es zeigt sich: An der Vielzahl der Online- und Offline-Touchpoints ist auf einen konsistenten Einsatz der Brandingelemente zu achten, um die notwendigen Lernwirkungen zu ermöglichen. Dies gilt umso stärker bei stetig sinkendem Involvement und immer kürzeren Aufmerksamkeitsspannen im digitalen Raum.

Ebenso neuralgisch ist die *Integration über die Zeit*. Sie ist eine weitere Maßnahme, um sicherzustellen, dass eine ausreichende Zahl von Wiederholungen der zu lernenden Reize erreicht wird. Dem folgend sollen die Brandingelemente langfristig

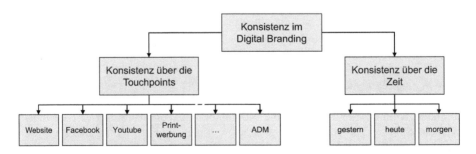

Abb. 6 Branding-Konsistenz über alle Touchpoints

konstant verwendet werden. Dies erklärt die Forderung von oben, Elemente des Digital Branding so zu entwickeln, dass sie dauerhaft sind. In ihrer Anwendung heisst das, dass die durch das Digital Branding erzeugten Eindrücke und die von ihm evozierten Assoziationen bei der aktuellen Markenkommunikation eine stringente Fortsetzung der vergangenen Kommunikation darstellen. Anders ausgedrückt: Künftig zu planende Kampagnen sollen die Brandingelemente der bisherigen Maßnahmen fortführen. Bei der Vorbereitung von Dialogmarketingkampagnen wäre somit sicherzustellen, dass sowohl formale wie inhaltliche Klammern in hinreichendem Maße Berücksichtigung finden und dass die Verwendung der Brandingelemente auch über die Zeit konstant erfolgt – bspw. Markenclaims nicht von Kampagne zu Kampagne variieren.

7 Fazit

Marken sind eines der wichtigsten Assets von Unternehmen. Um diese Assets unter den Bedingungen digitaler Kommunikation zu erschaffen und zu pflegen, kommt dem Digital Branding große Bedeutung zu. Es ist eines der zentralen Fundamente, auf dem die Markenbildung aufsetzt. Das Digital Branding verändert die Anforderungen an Brandingelemente, berücksichtigt zusätzliche Brandingelemente mit Relevanz im digitalen Raum und stellt die Bedeutung des konsistenten Zusammenspiels der Offline- und Onlinekommunikation heraus.

Literatur

Aaker, D. A. (2009). *Building strong brands*. New York: Free Press.
Esch, F.-R. (2018). *Strategie und Technik der Markenführung*. München: Vahlen.
Esch, F.-R., & Langner, T. (2001). Branding als Grundlage zum Markenaufbau. In F.-R. Esch (Hrsg.), *Moderne Markenführung* (S. 437–450). Wiesbaden: Gabler.
Esch, F. R., & Petri-Krisor, J. (2019). Identität durch Positionierung fokussieren und wirksam nach innen und außen umsetzen. In F. R. Esch, T. Tomczak, J. Kernstock, T. Langner & J. Redler (Hrsg.), *Corporate brand management* (S. 107–136). Wiesbaden: Springer Gabler.
Espe, H., & Krampen, M. (1986). Eindruckswirkungen visueller Elementarformen und deren Interaktion mit Farben. In H. Espe (Hrsg.), *Visuelle Kommunikation: Empirische Analysen* (S. 72–101). Hildesheim: Georg Olms.
Fuchs, C., & Diamantopoulos, A. (2010). Evaluating the effectiveness of brand-positioning strategies from a consumer perspective. *European Journal of Marketing, 44*(11/12), 1763–1786.
Gielens, K., & Steenkamp, J. B. E. (2019). Branding in the era of digital (dis)intermediation. *International Journal of Research in Marketing, 36*(3), 367–384.
Groves, J. (2009). A short history of sound branding. In K. Bronner & R. Hirt (Hrsg.), *Audio branding* (S. 62–75). Baden-Baden: Nomos.
Hem, L. E., & Iversen, N. M. (2004). How to develop a destination brand logo: A qualitative and quantitative approach. *Scandinavian Journal of Hospitality and Tourism, 4*(2), 83–106.
Henderson, P. W., & Cote, J. A. (1998). Guidelines for selecting or modifying logos. *Journal of Marketing, 62*(2), 14–30.
Johansson, J. K., & Carlson, K. A. (2014). *Contemporary brand management*. Thousand Oaks: Sage.

Juslin, P. N., & Västfjäll, D. (2008). Emotional responses to music: The need to consider underlying mechanisms. *Behavioral and Brain Sciences, 31*(5), 559–575.

Keller, K. L. (1993). *Strategic brand management: Building, measuring, and managing brand equity*. Harlow: Prentice Hall.

Keller, K. L. (2003). *Strategic brand management*. Upper Saddle River: Prentice Hall.

Keller, K. L. (2012). *Strategic brand management*. Upper Saddle River: Prentice Hall.

Keuper, F., Schomann, M., & Sikora, L. I. (2018). Front matter. In F. Keuper, M. Schomann & L. I. Sikora (Hrsg.), *Homo Connectus* (S. I–XVIII). Wiesbaden: Springer Gabler.

Kirchner, S. (2005). Gestaltung von Markennamen. In F.-R. Esch (Hrsg.), *Moderne Markenführung* (S. 475–493). Wiesbaden: Gabler.

Kohli, C., & LaBahn, D. W. (1997). Creating effective brand names: A study of the naming process. *Journal of Advertising Research, 37*(1), 67–75.

Kohli, C., LaBahn, D. W., & Thakor, M. (2001). Prozess der Namensgebung. In F.-R. Esch (Hrsg.), *Moderne Markenführung* (S. 451–474). Wiesbaden: Gabler.

Kroeber-Riel, W. (1993). *Bildkommunikation: Imagerystrategien für die Werbung*. München: Vahlen.

Kroeber-Riel, W., & Esch, F.-R. (2015). *Strategie und Technik der Werbung: Verhaltenswissenschaftliche und neurowissenschaftliche Erkenntnisse*. Stuttgart: Kohlhammer.

Langner, T. (2003). *Integriertes Branding: Baupläne zur Gestaltung erfolgreicher Marken*. Wiesbaden: Springer.

Langner, T., & Esch, F. R. (2019). Das Branding der Corporate Brand gestalten. In F. R. Esch, T. Tomczak, J. Kernstock, T. Langner & J. Redler (Hrsg.), *Corporate brand management* (S. 137–158). Wiesbaden: Springer Gabler.

Meffert, H., & Burmann, C. (1998). Abnutzbarkeit und Nutzungsdauer von Marken. Ein Beitrag zur steuerlichen Behandlung von Warenzeichen. In H. Meffert & N. Krawitz (Hrsg.), *Unternehmensrechnung und -besteuerung* (S. 75–126). Wiesbaden: Gabler.

Murphy, J. M. (1992). Developing new brand names. In J. M. Murphy (Hrsg.), *Branding: A key marketing tool* (S. 86–97). London: Palgrave Macmillan.

Page, T., & Thorsteinsson, G. (2009). Brand power through effective design. *i-manager's Journal on Management, 4*(1), 11.

Redler, J. (2018). *Die Store Brand*. Wiesbaden: Springer Gabler.

Redler, J. (2019a). *Grundzüge des Marketing*. Berlin: Berliner Wissenschafts-Verlag.

Redler, J. (2019b). Die digitale Transformation der Markenkommunikation verstehen, einordnen und nutzen. In F.R. Esch, T.Tomczak, J. Kernstock, T.Langner & J.Redler (Hrsg.), *Corporate brand management* (S. 521–560). Wiesbaden: Springer Gabler.

Ries, A., & Trout, J. (2000). *Positioning: The battle for your mind – 20th anniversary edition*. New York: McGraw-Hill.

Riezebos, R., & Riezebos, H. J. (2003). *Brand management*. Essex: Pearson.

Schmidt, E., & Cohen, J. (2013). *The new digital age. Reshaping the future of people, nations and business*. London: John Murray.

Wheeler, A. (2014). *Designing brand identity: An essential guide for the whole branding team*. New Jersey: Wiley.

Wilson, R. M., & Gilligan, C. (2005). *Strategic marketing management*. Oxford: Elsevier.

Zaichkowsky, J. L., & Vipat, P. (1993). Inferences from brand names. In G. Bamossy & F. van Raaji (Hrsg.), *European advances in consumer research* (S. 534–540). Provo, UT: ACR.

D-Commerce

Zum Verhältnis von Dialogkommunikation und E-Commerce

Michael Schipper

Inhalt

1 Digitalisierung des Handels 582
2 Untersuchungsperspektive 585
3 Akteure und Institutionen im E-Commerce 588
4 Strategische Funktion von Dialogmarketing im E-Commerce 593
5 Fazit 600
Literatur 601

Zusammenfassung

E-Commerce, als Phänomen der weitgehenden Handelsdigitalisierung, ist durch die technisch gegebenen Interaktivitäts-Optionen besonders stark dialogorientiert. Dieser Beitrag untersucht die Bedeutung von Dialogmarketing in diesem Wirkungszusammenhang. Um eine handhabbare Untersuchungsperspektive für die Integration der zahlreichen gesellschaftlichen, technischen und konsumkulturellen Einflussfaktoren zu erarbeiten, wird E-Commerce als Subsystem des Dispositivs Konnektivität bestimmt. Dabei zeigt sich, dass Dialogmarketing durch die Digitalisierung der Kommunikation eine signifikante Aufwertung seiner strategischen Bedeutung erfährt.

Schlüsselwörter

Digitaler Handel · Markenkommunikation · Dialogmarketing · Dispositiv · Multichannel

---

M. Schipper (✉)
Schipper Company GmbH, Hamburg, Deutschland
E-Mail: m.schipper@schippercompany.de

© Springer Fachmedien Wiesbaden GmbH, ein Teil von Springer Nature 2021
H. Holland (Hrsg.), *Digitales Dialogmarketing*,
https://doi.org/10.1007/978-3-658-28959-1_25

1 Digitalisierung des Handels

E-Commerce ist ein vergleichsweise junges Marktphänomen; in seiner Geschichte hat es verschiedene, vorrangig technisch induzierte Entwicklungsstufen durchlaufen, die weitreichende Auswirkungen auf die Akteurskonstellation im Markt hatten: von spezialisierten Online-Händlern im Wettbewerb zum stationären Handel, zu Marktakteuren, die über die Kanalgrenzen hinweg in einem integrierten Kommunikationswettbewerb miteinander stehen.

1.1 Definition

Die geläufig als *E-Commerce* bezeichnete Form des Handels hat unterschiedliche Ausprägungen und umfasst je nach Kommunikationszusammenhang ganz verschiedene Elemente. Der Begriff wird in der Praxis von Wirtschaft und Kommunikation, in der Wissenschaft und umgangssprachlich uneinheitlich verwendet. Für den Zusammenhang, der hier behandelt wird, wird daher zunächst eine Definition festgelegt.

E-Commerce ist der Oberbegriff für geschäftliche Transaktionen zwischen Unternehmen und Konsumenten, die über elektronische Medien angebahnt und abgewickelt werden, insbesondere das Kaufen und Verkaufen von Produkten und Services über das Internet.

Diese Definition soll nicht abschließend und umfassend E-Commerce als Begriff beschreiben; sie stellt lediglich, als Ausgangspunkt für die Überlegungen innerhalb dieser Arbeit, den Bezugsrahmen des Begriffs dar. Insbesondere liegt der Fokus dabei auf geschäftliche Transaktionen zwischen Unternehmen und Endverbrauchern (Business-to-Consumer).

1.2 Zur Entwicklung von E-Commerce

E-Commerce hat mittlerweile eine Geschichte von zwei Jahrzehnten; während dieser Zeit hat diese Handelsform verschiedene Stadien durchlaufen. Zunächst wird es einen zusammenfassenden Überblick über einige der relevanten Entwicklungen geben, um sich dem Begriff weiter anzunähern. Als besonders geeignetes Beispiel bietet sich der Buchmarkt an. Nicht nur, weil er der erste Markt war, in dem *Amazon* als mittlerweile größter Online-Händler Fuß fassen konnte, sondern auch weil der Buchmarkt, davon beeinflusst und angetrieben, Entwicklungen vorwegnahm, die in ähnlicher Form später in verschiedenen anderen Branchen stattgefunden haben. Dieser Prozess ist noch nicht abgeschlossen: einige Branchen bzw. Märkte reagieren erst heute ähnlich wie der Buchmarkt vor zehn oder fünfzehn Jahren. Diese mittlerweile fast typischen Entwicklungen haben also nicht zuletzt auch als potenzieller Ausgangspunkt für Marktprognosen in anderen Branchen Relevanz.

1.2.1 Anfänge

Grundsätzlich handelt es sich bei den ersten Formen von E-Commerce, die mit der Verbreitung der entsprechenden Technologien in der Frühzeit des Internets aufgekommen sind, um Varianten des *klassischen Versandhandels*, wie er bis dahin über Kataloge, Prospekte, Bestellformulare und Telefon abgewickelt wurde. Weder die Akteure noch ihr Verhalten oder die zugrunde liegenden Strukturen wiesen grundlegende Differenzen zu dem zuvor etablierten Modell des Distanzhandels auf, an das der E-Commerce nahtlos anknüpfte. Insofern war E-Commerce als Phänomen zunächst nichts grundsätzlich Neues, sondern konnte an ein Ensemble von gelernten Verhaltensweisen bei bekannten Akteuren (Händler, Hersteller, Konsumenten) anknüpfen.

1.2.2 Ausweitung und neue Akteure

In der Folge der Ausweitung der digitalen Kommunikation veränderte sich das Geschäftsmodell grundlegend: Von einer Verlängerung des etablierten Fernhandels entwickelte sich E-Commerce zu einem additiven Kanal, über den neue Akteure in den Markt eintraten. Beispielhaft lässt sich für diese Phase in Deutschland der Markteintritt von Amazon 1998 nennen, der weitreichende Folgen für die Entwicklung zunächst des Buchmarktes hatte. Durch die Verlagerung großer Marktanteile in den Online-Bereich kam es zu einer extremen Zunahme des Wettbewerbs. Der stationäre Buchhandel musste gewaltige Umsatzrückgänge verkraften; das verstärkte – in diesem, sowie in der Folge auch in weiteren Märkten – die Konzentration. Bis heute ist diese Entwicklung nicht abgeschlossen. Derzeit beläuft sich der Anteil des Online-Handels beispielsweise im Buchmarkt: 19,5 % Online Buchhandel und 5,0 % E-Books (Börsenverein des Deutschen Buchhandels 2019). In anderen Märkten verläuft die Entsprechung teilweise langsamer, aber strukturell homolog.

1.2.3 Multi-Channel

In der zweiten Phase der Entwicklung war das Phänomen „E-Commerce" vor allem als neue Konkurrenz zum bisherigen Handel in Erscheinung getreten. Kennzeichnend dafür war die Unterschiedlichkeit der Akteure, die in den neuen, digitalen Strukturen Handel trieben. Der Erfolg des neuen Geschäftsmodells führte durch den zunehmenden Marktdruck bald dazu, dass sich die bisherigen Marktakteure aus ihrer bedrohten Position heraus genötigt sahen, gleichfalls im Online-Bereich aktiv zu werden. Es kam also zu einer grundsätzlichen Verschiebung der Marktstruktur: zuerst reine stationäre und reine Online-Händler, dann eine Doppelung der Struktur dahingehend, dass die Händler parallel zum stationären Geschäft und – durch mangelnde Aussteuerbarkeit der Entwicklungen – zunächst teilweise als ihre eigene Konkurrenz Online-Präsenzen aufbauten und betrieben.

1.2.4 Cross-Channel

In der Vielzahl der Branchen und Kommunikationsformen, die aktuell parallel zueinander teilweise tief greifende Veränderungen durchlaufen, sowie in dem dadurch angeregten, in vielen verschiedenen Medien, Qualitäten und Absichten geführten, mehr oder minder aufgeregten Kommunikationsrauschen kursiert eine Vielzahl von Begriffen, die großenteils sehr uneinheitlich verwendet werden. Diese Begriffsverwirrung soll hier nicht aufgelöst werden. Der Einfachheit halber und weil es für den hier untersuchten Gegenstand zweckdienlich ist, wird *Cross-Channel* als die historisch nächste Entwicklungsstufe folgendermaßen von *Multi-Channel* unterschieden: Während es sich beim Multi-Channel-Handel um weitgehend unabhängig voneinander betriebene und teilweise gegeneinander wirksame Kanäle handelt, die weder konsequent aufeinander verweisen noch im Hinblick auf Kundenerfahrung und Markenerlebnis einheitlich gestaltet sind, ist der Cross-Channel-Handel als nächste Stufe der Versuch, eben das zu leisten.

Die Händler – ob reine Händlermarken oder Hersteller, die durch die technische Verfügbarkeit der einschlägigen Kanäle dazu veranlasst sind, zunehmend im Direktvertrieb selbst E-Commerce zu betreiben – agieren anders als im Multi-Channel-Konzept: unterschiedliche Kanäle werden nicht mehr separat betrieben, sondern werden integrativ ausgesteuert und aufeinander abgestimmt. Damit entsteht eine neue Voraussetzung für ihre Funktionsweise: es entsteht die Möglichkeit, nicht nur kommunikativ, sondern auch im Hinblick auf die Servicegestaltung als Händler kanalübergreifend einheitlich aufzutreten und die Kundenerfahrung damit bewusst und zielgerichtet, im Hinblick auf Differenzierung im Markt und den Aufbau nachhaltiger Kundenbeziehungen, zu gestalten und zu entwickeln. Daraus entsteht eine weitgehende Integration der kommunikativen und der performativen Markenleistungen.

1.2.5 Mobile Commerce

Die in den vergangenen fünf Jahren explosionsartig gestiegene Penetration des *mobilen Internets* führt zu einer weiteren Neugewichtung der Markt- und Kommunikationssituation im digitalen Handel. Das Aufkommen der mobilen digitalen Kommunikation hat eine zeitliche und räumliche Entgrenzung der Kommunikationsbeziehungen zur Folge: noch stärker als das stationär gebundene Internet, auf das über den Desktoprechner zugegriffen wird, hebt die Verbreitung der Smartphones Orts- und Ländergrenzen, Öffnungs- oder Bürozeiten auf. Die digitale Präsenz von Marken – Hersteller- oder Händlermarken gleichermaßen – wird von physischen Grenzen losgelöst und in die persönliche und alltägliche Lebensumwelt der Konsumenten hinein verlängert.

Aus der E-Commerce-Perspektive ist jedoch ein anderer Aspekt wesentlich relevanter, wie Ergebnisse einer Gruner+Jahr-Studie zeigen:

- Bei den unter 30-Jährigen greifen 71 % von ihnen zuerst zum Handy, wenn sie sich informieren wollen, bei den über 60-Jährigen sind es 32 %.
- Rund neun von zehn Mobilern sind täglich mit dem Smartphone im mobilen Internet. Es wird vornehmlich für Information und Kommunikation genutzt.
- Mehr als 90 % der unter 30-jährigen haben schon einmal ein Produkt über das Smartphone gekauft.
- 46 % stimmen zu: „Wenn ich Informationen über Produkte oder Dienstleistungen brauche, greife ich als erstes zum Smartphone"
- 40 % haben schon einmal basierend auf den Informationen, die sie mit ihrem Smartphone im Internet abrufen, ein Produkt oder eine Dienstleistung gekauft

(G+J Mobile 360° Studie 2019).

Nicht die Zugänglichkeit der Kontaktoptionen an sich ist also der aus Marketingsicht bemerkenswerteste Faktor der Verwendung mobiler Devices, sondern eine augenscheinlich gesteigerte Inklination und verminderte Hemmnisse sind das auslösende Moment. 81 % der mobilen Suchvorgänge werden der bereits erwähnten Studie zufolge von Geschwindigkeit und Convenience motiviert. Zugleich erreicht diese Kontaktform eine hohe Konversionsrate von 28 % (Store Visit, Anruf, Kauf): der relevante Faktor dieses technisch getriebenen Wandels der Interaktionsformen zwischen Konsument und Händler ist augenscheinlich nicht allein technischer, sondern psychologischer Natur. Möglicherweise generiert dieser spezifische Kontaktmodus eine größere emotionale Nähe; das wird noch zu untersuchen sein.

Seitens der Händler ist durch das Aufkommen von *Mobile Commerce* keine grundlegende Verschiebung im Markt festzustellen, die über eine immer weiter gehende Auffächerung der Kanaloptionen und daraus resultierende, größere Herausforderungen und neue Optionen der Kanalintegration hinausgeht. Hersteller- und Händlermarken haben den Schritt von der physisch gebundenen, räumlich determinierten Präsenz zum nichtmateriellen, kommunikativ determinierten Interaktionsphänomen gemacht.

2 Untersuchungsperspektive

E-Commerce ist ein Phänomen, das nicht nur eine Vielzahl institutioneller und individueller Akteure zusammenbringt, sondern zugleich zahlreiche unterschiedliche Handlungs- und Untersuchungsfelder verbindet. Betrachtet man den Online-Handel als Teilbereich des gesamten Handels, als Teilbereich des Versandhandels oder als Segment aller digitalen Interaktionen? Als Kommunikationsphänomen, als Element kulturellen Wandels, als soziokulturelles, volkswirtschaftliches oder politisches Phänomen oder unter technischen Gesichtspunkten?

All diese und viele weitere Teilbereiche unseres Gesellschaftssystems stehen in Wechselwirkung zum E-Commerce. Um eine handhabbare Untersuchungsperspektive zu entwickeln, die es ermöglicht, im Sinne einer interdisziplinären Herangehensweise disparate Sichtweisen, Methoden und Erkenntnisse zusammenzubringen, wird E-Commerce im Anschluss an Michel Foucault als Dispositiv beschrieben.

2.1 Entstehung des Dispositivbegriffs als Untersuchungskonzept

In der Absicht, breit wirksame gesellschaftliche Phänomene theoretisch erfassbar zu machen, hat Michel Foucault, ausgehend von der aus dem Poststrukturalismus entstandenen, historischen Diskursanalyse, eine allgemeinere Gesellschaftsanalyse, spezifischer: Machtanalyse entwickelt. Eine der Zielsetzungen dieses Forschungsansatzes ist die Untersuchung der sozialen Funktion, die Wahrheits-, Wissens- und Produktionssysteme haben und der sich ihre Entstehung verdankt. „Was jedoch meiner Arbeit fehlte, war dieses Problem der ‚diskursiven Ordnung', der sich aus dem Spiel der Aussagen ergebenden spezifischen Machtwirkungen" (Foucault 1978, S. 26).

Dieses „zentrale Problem" durch ein geeignetes Untersuchungswerkzeug erfassbar zu machen, ist die Hauptaufgabe des *Dispositivkonzepts* als Bestandteil der Machtanalytik. „Macht" ist ein widersprüchlicher Begriff. Aus diesem Grund wird seine Bedeutung für den Zusammenhang zunächst kurz erläutern.

2.2 Grundzüge der Machtanalytik

Umgangssprachlich wird unter *Macht* im Allgemeinen eine Verfügungsgewalt verstanden, die denjenigen oder diejenigen, die es verstanden haben, sie sich anzueignen, in die Lage versetzt, über die Handlungsfreiheit anderer Menschen durch zweckrationale Instrumentierung der Macht gestaltend bestimmen zu können. Diese Vorstellung von Macht als etwas, das sozusagen von oben nach unten wirkt, vom Besitzer der Macht, dem Macht*inhaber*, auf die Beherrschten als diejenigen, die dem Herrschenden die Macht vertraglich zugeeignet oder, gewaltsam gezwungen, abgetreten haben, beschreibt eine in ihrem Wirkungscharakter rein repressive und unproduktive Macht, „ihre Wirksamkeit bestünde in dem Paradox, dass sie nichts vermag, als dafür zu sorgen, dass die von ihr Unterworfenen nichts vermögen, außer dem, was die Macht sie tun lässt" (Foucault 1977, S. 106).

Dieser Machtbegriff, der auch als „juridisch-diskursive" Macht bezeichnet wird, ist nicht die Grundlage des Dispositivkonzepts.

Stattdessen bezieht sich dieser Aufsatz auf eine Beschreibung von Macht als produktives Element, das als treibender Faktor die ökonomischen, sozialen und kulturellen Verhältnisse (darunter auch alles, was mit dem Phänomen E-Commerce zusammenhängt) zur Weiterentwicklung befähigt. „In Wirklichkeit ist die Macht produktiv; und sie produziert Wirkliches. Sie produziert Gegenstandsbereiche und Wahrheitsrituale: das Individuum und seine Erkenntnis sind Ergebnisse dieser Produktion" (Foucault 1976, S. 250).

Macht entsteht also nicht im staatlichen System und geht nicht von den Positionen im Wirtschaftssystem aus, an denen die Entscheidungen etwa über große Konzerne oder technische Entwicklungen getroffen werden. Macht als gestaltende Kraft entsteht bei den vielfältigen und allgegenwärtigen *Konfliktsituationen*, aus den einander widerstrebenden Zielsetzungen konkurrierender Subjekte in Familie, Institutionen, Gruppen, Produktionsapparaten, Medien, kurz: an jedem Ort der Gesellschaft zugleich. Nur so kann sie gesellschaftsweit wirksame Veränderungen wie die Entstehung des elektronisch abgewickelten Handels ermöglichen und vorantreiben: Macht als „das prinzipiell labile und unabgeschlossene Produkt der strategischen Auseinandersetzungen zwischen Subjekten" (Honneth 1985, S. 174) fußt dezentral an allen Orten der lebensweltlichen und institutionellen Praxis, wo Handlungsfelder und Entscheidungsspielräume kontinuierlich situativ erkämpft werden. Erst die netzwerkartige Verknüpfung, Addition, Verkettung, gleichgerichtete und gegensätzliche Verbindung dieser verschiedenen Machtsituationen – d. h. der widerstrebenden oder konformen Strategien und ihrer Durchsetzungen in den beständigen und allgegenwärtigen sozialen Konfrontationen in den diversesten Lebenszusammenhängen – ist dann die strategische Gesamtsituation, die analysiert werden kann.

Die großen Kraftlinien ergeben sich durch Addition und Verkettung aus den kleineren. Das muss ebenso bei der Betrachtung eines Phänomens bedacht werden, das wie E-Commerce in ganz verschiedene Lebenszusammenhänge weit über rein ökonomische Bereiche hinaus wirksam ist, das über den Dialog als eine Schnittmenge auf diskursive, kommunikative, psychologische und sehr viele weitere soziale Zusammenhänge verweist und in reziproker Beeinflussung mit diesen Feldern interagiert. Jede einzelne Dialogmaßnahme innerhalb dieses größeren Zusammenhangs operiert mit der Rationalität von Strategien und Taktiken, „Taktiken, die [...] sich miteinander verketten, einander gegenseitig hervorrufen und ausbreiten, anderswo ihre Stütze und Bedingung finden und schließlich zu Gesamtdispositiven führen" (Foucault 1977, S. 115 ff.).

Damit kommt es nun bereits zu einer Annäherung an das *Dispositivkonzept*, das als Untersuchungswerkzeug für den Zusammenhang von Dialog und E-Commerce nutzbar gemacht werden soll.

2.3   Was ist ein Dispositiv?

Die obenstehende Zusammenstellung einzelner Elemente der Analytik der Macht soll im Sinne einer weiterführenden Begriffsbildung als Ausgangspunkt für die weitere Analyse dienen. Zweck der Übung ist die Beschreibung eines Dispositivbegriffs, der für die Arbeit, basierend auf dem inhaltlich eng eingegrenzten Feld der Analyse des Dialogs im E-Commerce, dienen soll. Dieser zweckbestimmte Dispositivbegriff leitet sich zwar von Foucault her, wird seiner Arbeit jedoch ausdrücklich nicht zugeschrieben, sondern für das aktuelle Erkenntnisinteresse daraus abgeleitet.

Was ist also ein *Dispositiv*? Die Frage nach Sinn und methodologischer Funktion des Begriffs beantwortet Foucault unter anderem folgendermaßen: „Was ich unter diesem Titel festzumachen versuche ist *erstens* ein entschieden heterogenes Ensemble, das Diskurse, Institutionen, architekturale Einrichtungen, reglementierende Entscheidungen, Gesetze, administrative Maßnahmen, wissenschaftliche Aussagen, philosophische, moralische oder philanthropische Lehrsätze, kurz: Gesagtes ebenso wohl wie Ungesagtes umfasst. Soweit die Elemente des Dispositivs. Das Dispositiv selbst ist das Netz, das zwischen diesen Elementen geknüpft werden kann" (Foucault 1978, S. 119 f.).

Diese Aussage scheint zunächst nicht sehr ergiebig: das Dispositiv umfasst ungefähr *alles*, was zur sozialen Wirklichkeit gehört, es ist *zwischen* all diesen Elementen lokalisiert, ist also überall und nirgends. Diese Bestimmung erscheint jedoch logisch konsequent, wenn man sich ins Gedächtnis ruft, was bereits zuvor (s. Abschn. 2.2) zur Lokalisierung der „Macht" erarbeitet wurde: Macht entsteht an jedem Ort der Gesellschaft zugleich, „weil sie sich in jedem Augenblick und an jedem Punkt – oder vielmehr in jeder Beziehung zwischen Punkt und Punkt – erzeugt" (Foucault 1977, S. 114).

Insofern eignet sich das Dispositiv dazu, eben diese Beziehungen zwischen den einzelnen Punkten – und damit unter anderem zwischen den einzelnen Akteuren und Institutionen, also dort, wo Dialog im E-Commerce stattfindet, nämlich zwischen

Unternehmen und Konsumenten – zu beschreiben. Das Dispositiv ist in diesem Sinne ein Ensemble von geregelten Verfahren für Produktion, Gesetz, Verteilung, Zirkulation und Wirkungsweise von Handlungsoptionen mit der Prävalenz einer strategischen Zielsetzung (vgl. Foucault 1978, S. 120 f.). Das Dispositiv als „Formation von vorwiegend strategischer Funktion" ist also, anders als die *Macht*, eine allgemeine, eher abstrakte Größe, eine historisch konkrete Formation, die sich aus einer ganz bestimmten strategischen Zielsetzung ergibt. Dadurch bedingt sich, im Gegensatz zur allgemeineren Macht, die Begrenztheit der Menge der für ein Dispositiv relevanten Elemente, die im Sinne des Untersuchungsinteresses bestimmt wird. Das trägt zur Operationalisierbarkeit des Begriffs bei der Untersuchung von Dialog und E-Commerce als konkrete und funktional enger umrissene historische Bedingtheiten bei.

Ein Dispositiv entsteht in einem bestimmten historischen Moment aus einer strategischen Zielsetzung. Aus der Art der strategischen Notwendigkeit ergibt sich die Auswahl der relevanten Elemente; das Dispositiv selbst ist die Formation der funktionalen Beziehungen zwischen diesen Elementen. Es generiert ein Spiel von Positionswechseln und Funktionsveränderungen. Diese rufen durch funktionelle Überdeterminierung Rückkopplungseffekte hervor, da die Elemente, die das Dispositiv bestimmen und ihrerseits vom Dispositiv bestimmt werden, in ihren Wertigkeiten und Wirkungen einerseits wechselseitig definiert, andererseits aber auch in anderen Machtzusammenhängen eingebunden sind. Das Ensemble ist Objekt und Subjekt einer beständigen, strategischen Wiederauffüllung und funktionalen Readjustierung. Es handelt sich nicht um eine fixe Formation, sondern eher um einen strategisch-funktional determinierten Prozess, ein beständig sich erneuerndes und den wechselnden, nichtsubjektiven Taktiken und Strategien entsprechend wandelbares, strikt funktional determiniertes soziales Subsystem.

Um die Funktion von Dialog im E-Commerce zu beschreiben und die strategischen Anforderungen, die sich daraus ergeben, zu erfassen, müssen also zunächst die einzelnen Elemente des relevanten Dispositivs benannt und die Natur ihrer Beziehungen zueinander beschrieben werden.

3 Akteure und Institutionen im E-Commerce

Dialog im E-Commerce ist ein Oberbegriff für die Gesamtheit der kommunikativen Maßnahmen, mit denen Handelsunternehmen, die im E-Commerce-Zusammenhang agieren, die Kundenbeziehungen in ihrem Sinne zu gestalten versuchen. Dieser Abschnitt benennt kurz die wichtigsten Akteure und Institutionen im Dispositiv E-Commerce.

3.1 Akteurskonstellation

Wie bereits in Abschn. 1.2 erläutert, hat sich in der vergleichsweise kurzen Entwicklungszeit dieser Handelsform die *Akteurskonstellation* in bezeichnender Weise verändert und erweitert. Um die strategischen Herausforderungen der Akteure beschreiben zu können, ist eine Annäherung an das Dispositiv aus diachroner Perspektive sinnvoll. Ausgehend vom prozessualen Verständnis der Definition als wandelbares, nicht abgeschlossenes Konstrukt aus Akteuren, Institutionen, flexiblen Handlungsspielräumen und sich entwickelnden Verhaltensdispositionen erklärt diese jedoch, dass sich eine Darstellung immer nur auf einen Synchronschnitt der gesamten Gemengelage bezieht. Werfen wir also zunächst einen Blick auf die aktuellen Akteure.

Von reinen Internethändlern, die als Sortimentsspezialisten in wenigen separaten Branchen agierten, hat sich eine Entwicklung vollzogen, deren Ende noch lange nicht erreicht ist, deren aktueller Stand aber eine Vielzahl von Akteuren beinhaltet, die teilweise als Multi-Channel-Anbieter branchenübergreifend agieren. Seitens der Konsumenten hat sich gleichermaßen eine große Entwicklung vollzogen: nach einer vergleichsweise geringen und sehr spitzen Zielgruppe in der Anfangszeit hat sich E-Commerce längst zu einem Breitenphänomen mit einer immer noch stark wachsenden Kundenzahl entwickelt, die mehr und mehr Bedürfnisse in ihren respektiven Konsumzusammenhängen auch auf elektronischem Wege abdecken. Zugleich haben sich die Einstellung zu Marken und Händler sowie die grundlegende Konsumeinstellung in weiten Teilen der Gesellschaft verändert.

Dieser Abschnitt liefert eine kurze Übersicht über die Akteurskonstellation im Hinblick auf die *Dialogperspektive*. Dialog erfordert selbstverständlich immer mehrere Teilnehmer; in diesem Fall Händler und Konsumenten. Die Einflüsse und die Gestaltungsmacht hinsichtlich des Dialogs mit dem Kunden haben sich im digitalen Zeitalter wesentlich zur Kundenseite hin verschoben. Kundenverhalten ist durchaus strategisch motiviert, jedoch aufgrund der Vielzahl der Individuen strategisch nicht intentional im Sinne einer bewussten, taktischen Gestaltung der einzelnen Äußerungsakte im Dialog. Die Schaffung der faktischen Dialogvoraussetzungen – wie Etablierung, Ausgestaltung und Betrieb einzelner Kommunikationskanäle und -maßnahmen – kann nur durch die Unternehmen erfolgen. Auf einer Metaebene kann diese Einzelentscheidungen durchaus auch als Reaktion auf das Kundenverhalten verstanden werden (Akzeptanz, Nutzung, Verweigerung), Dialog im engeren Sinne ist das jedoch nicht.

Als *Akteure* werden deshalb vor allem die *Handelsunternehmen*, die im Bereich E-Commerce aktiv sind, bezeichnet. Zu der Kategorie „Online" zählt dabei, weil sie hier hauptsächlich der Unterscheidung vom stationären Handel dient, auch der mobile Handel. Zu bedenken ist dabei das starke Wachstum des Gesamtvolumens, das sich allen Prognosen zufolge über die nächsten Jahre verstärkt fortsetzen wird. Die Wachstumsraten sind allerdings nicht leicht zu bestimmen, weil einerseits verlässliche Zahlen nicht für alle Bereiche vorliegen und andererseits viele Faktoren das Bild verfälschen können. Dazu gehört beispielsweise der Anteil von Fast Moving Consumer Goods (FMCG). Im gesamten Einzelhandel werden 42,5 % der FMCG-Umsätze aus dem Offline-Bereich generiert, hingehen 8,4 % aus dem, Online-Bereich stammen (HDE Online Monitor 2019, IFH Köln). Diese Warengruppe verfälscht also das Gesamtbild. Werden sie in die Rechnung mit einbezogen, dann halbiert sich der Marktanteil des Online-Handels. Abb. 1 zeigt den Unterschied.

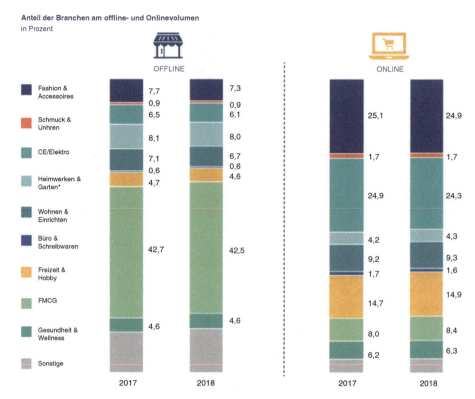

Abb. 1 HDE Online Monitor 2019

3.2 Akteure auf Seiten der Unternehmen

3.2.1 Reine Online-Händler

Dies ist, wie bereits eingangs erwähnt (s. Abschn. 1.2.1), die historisch „älteste" Kategorie. Nach dem verstärkten Aufkommen der anderen Marktteilnehmer hatte diese Kategorie von *Online-Händlern* zunächst stark an Marktanteilen verloren; der Gesamtumsatz stieg aber durch das starke Wachstum des Online-Gesamtmarktes kontinuierlich. In letzter Zeit gelingt es den reinen Online-Händlern, ihre Marktanteile mehr und mehr auszubauen; zugleich ist festzustellen, dass eine zunehmende Anzahl ehemals reiner Online-Marken mittlerweile auch stationär aktiv wird.

3.2.2 Online-Kataloghändler

E-Commerce kann, systematisch betrachtet, auch als ein Teilbereich des *Versandhandels* bezeichnet werden. Insofern ist der klassische, hauptsächlich katalogbasierte Versandhandel gewissermaßen der Ursprung des Konzepts. Online-Shops wären aus dieser Perspektive bessere, flexiblere, preisgünstigere, möglicherweise umweltfreundlichere, schnellere und interaktivere Kataloge in einer zeitgemäßen technischen Umsetzung.

Der Kataloghandel hat natürlich unter dem Aufkommen des Online-Handels beträchtlich gelitten. Vielen Akteuren ist es nicht gelungen, die technologieinduzierten Veränderungen aufzufangen oder für sich zu nutzen (z. B. Quelle, Neckermann), obwohl sie über Lager- und Distributionslogistik sowie Einkaufs- und Handelserfahrung bereits in größerem Maße verfügten als alle neuen Wettbewerber. Anderen (z. B. Otto) ist es gelungen, ihre Marken erfolgreich digital zu platzieren. Wieder andere haben ihr Geschäftsmodell sowohl online als auch stationär aufgefächert und sind erfolgreiche Multi-Channel-Retailer geworden (z. B. Globetrotter).

Letztlich ist der klassische Kataloghandel aus der Sicht vieler Konsumenten ein Modell von gestern mit einer aussterbenden Technologie und einer aussterbenden Kundschaft. Wohl auch aus diesem Grund gelingt es vielen Katalogversendern nicht, ihre Händlermarke mit der notwendigen Faszination aufzuladen, um im E-Commerce-Umfeld zu bestehen. Die Katalogversender verlieren seit Jahren Marktanteile.

3.2.3 Stationäre Händler mit Online-Shop

Der *stationäre Handel* hat in den ersten Jahren der Entwicklung von E-Commerce teilweise hilflos zugesehen, teilweise nicht oder falsch reagiert, ist aber mittlerweile gut aufgestellt und hält ein gutes Viertel des Online-Marktes. Viele kanalspezifische Vorteile des stationären Handels (multisensorische POS-Inszenierung, haptische und olfaktorische Verstärkung der Warenpräsentation, Möglichkeit zum Ansehen und Probieren, Ausprobieren oder Anprobieren, lokale Integration, sofortige Mitnahme ohne Lieferzeiten, soziale Interaktion mit dem Personal vor Ort, einfacher Umtausch) wirken sich positiv auf die Markenbeziehung aus und lassen sich anschließend auch für das Online-Geschäft nutzbar machen. Außerdem wird das Wachstum des Online-Handels Grenzen erreichen, eine vollständige Verdrängung des stationären Handels anzunehmen wäre unsinnig. Die dauerhafte Präsenz stationär operierender Händlermarken im Alltag der Konsumenten steht für Vertrauen und Sicherheit; auch diese Werte lassen sich online nutzen.

3.2.4 Stationärer Handel ohne Online-Shop

Natürlich sind auch solche Händler Bestandteil des Dispositivs E-Commerce, die gar nicht online aktiv sind. Sie operieren im selben Markt als Wettbewerber, im Wettbewerb der Handelsformen als Alternative und sind im von den Konsumenten gelernten Prinzip „Handel" nach wie vor Urbild und Vorbild. Sie sind also Maßstab für die Verhaltenspräferenzen und Entscheidungsoptionen, die auch einen Großteil des Online-Geschäfts prägen: „Handel treiben" aus Kundensicht, also Einkaufen, ist als kulturell tradiertes Konzept dominant *offline* determiniert; die Strukturen und Verhaltensdispositionen, sowie die Markenpräferenzen, die im E-Commerce zum Tragen kommen, beziehen sich mimetisch darauf. Als Beispiel dienen hier die in einem Großteil der Online-Shops offenbar unvermeidbaren „Einkaufswagen" oder „Warenkörbe", die sich als eine Art struktureller Skeuomorphismus bemühen, vertraute Elemente des stationären Handels zu emulieren.

3.2.5 Hersteller

Der wachsende Direktvertrieb durch *Hersteller* ist eine technologieinduzierte Marktverschiebung. Erst durch die Einfachheit der digitalen Kommunikation rentiert sich diese margenstarke Vertriebsform, vorher wäre der logistische Aufwand zu groß gewesen. Gerade bei High-Involvement-Produkten hat diese Vertriebsform als Stärke eine aus Konsumentensicht größere Authentizität durch die Direktheit der Markeninteraktion (Abb. 2).

3.2.6 Weitere Akteure

Außer den Händlern sind noch eine größere Anzahl weiterer Akteure für das Dispositiv relevant. Aus einer dialogorientieren Perspektive stehen sie scheinbar nicht im Fokus. Dennoch sind sie in eine Vielzahl von E-Commerce-Transaktionen strukturell eingebunden und haben prägenden Einfluss auf die Kundenbeziehungen.

- *Handelsplattformen* ohne eigenes Sortiment: Dazu zählen z. B. Auktionshäuser wie eBay und Prosumer-Plattformen wie Dawanda.
- *Vergleichsportale* und *Kundenbewertungsplattformen*: Relevanten Einfluss auf Konsumentscheidungen haben nicht nur unabhängige Instanzen wie Verbraucherschutzorganisationen, sondern auch UGC-Portale (User-Generated-Content-Portale) mit Kundenbewertungen wie reevoo.com. Durch eine geschickte Einbindung der Verbraucherbewertungen hat sich Amazon als Händler für viele Bereiche zu einer Art Konsum-Wikipedia entwickelt und so eine Position als für Kaufentscheidungen vorgängig im Mindset der Konsumenten präsente Instanz erreicht. Wenn Konsu-

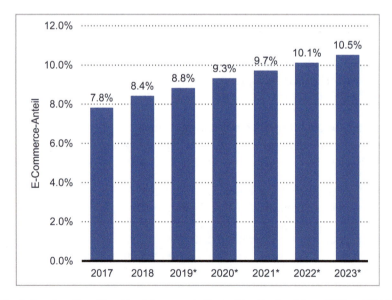

Abb. 2 Online-Anteil am Einzelhandelsumsatz in Deutschland in den Jahren 2017 und 2018 sowie eine Prognose bis 2023. (Quelle: emarketer.com, veröffentlicht Juni 2019)

menten sich dort informieren, lautet die Frage oft nicht mehr „Wo kaufe ich?", sondern „Kaufe ich gleich hier oder suche ich nach einem anderen Anbieter?"
- *Payment-Anbieter*: Gerade unter dem zunehmenden Einfluss von Besorgnis über Datensicherheit auf Kundenseite ist der Einfluss dieser Dienstleistungsinstanzen (Paypal, barzahlen.de, u. a.) nicht zu unterschätzen.
- *Transportlogistik*: Versanddienstleister sind ebenso wie Payment-Anbieter ein relevantes Element im Kaufprozess: jene stehen für Sicherheitsbedürfnisse, diese für Reibungslosigkeit in der Serviceerfahrung. Das Abwägen zwischen Lieferzeit und Versandkostenanteil einerseits und Convenience-Aspekte bei der Lieferung oder Abholung (Paketshops, Filialen) andererseits ist neben Sortiments- und Preispolitik gerade im Hinblick auf längerfristige Kundenbeziehungen als ein gleichrangig bestimmendes Gestaltungselement einzuordnen.
- *Suchmaschinen*: Sichtbarkeit ist, so banal das auf den ersten Blick scheinen mag, als erste Voraussetzung kommunikativer Präsenz im E-Commerce-Bereich die Grundlage jeder Interaktion; SEO- und SEM-Maßnahmen sind als strategischer Imperativ konstitutiv für einen erfolgreichen Markteintritt und die Erhaltung einer Präsenz auf den Screens und zugleich im relevanten Set der Konsumenten.
- *Kommunikationskanäle*: Dialog im engeren Sinne ist die Gestaltung der kommunikativen Beziehungen zum einzelnen Kunden. Um diese Beziehung erfolgreich im Sinne des Händlers zu gestalten, ist es erforderlich, die Perspektive des Kunden einzunehmen. Aus seiner Sichtweise ist jeder Markenkontakt potenziell gleichrangig prägend für das Markenbild. Aus diesem Grund muss in der strategischen Ausrichtung der Dialogkommunikation nicht nur die direkte, individualisierte Kommunikationsmaßnahme, sondern jeder einzelne kommunikative Touchpoint mit einbezogen werden. Eine ganzheitliche Kundenkommunikation integriert direkte und indirekte Kommunikationsmaßnahmen und stimmt sie aufeinander ab. Alle Kommunikationskanäle, inklusive sämtlicher Above-the-line- und Below-the-line-Maßnahmen, müssen als konstitutive Bestandteile des Dispositivs strategische Berücksichtigung finden.
- *Rechtliche Instanzen*: Dass Handel als ökonomische Transaktion sich auf die konkreten Verfahrensweisen bezieht, die in den normativen Voraussetzungen rechtlicher Natur verbindlich festgelegt werden, darf nicht außer Acht gelassen werden. Als Beispiel sei das Double-Opt-In-Verfahren als Voraussetzung für E-Mail-Marketing genannt.

4 Strategische Funktion von Dialogmarketing im E-Commerce

E-Commerce ist, aus Konsumentensicht betrachtet, nicht nur eine Handelsform neben vielen anderen, sondern zugleich in den Gesamtzusammenhang der digitalen Kommunikation eingebunden. Dadurch steht er im direkten Zusammenhang zum veränderten Selbstverständnis des Konsumenten als kommunikativ agierendes Subjekt. Das hat eine signifikante Aufwertung der Bedeutung von Dialog als Element der strategisch-kommunikativen Markenführung zur Folge.

4.1 Definition

Es wird zu prüfen sein, ob die strategische Bedeutung von *Dialog* im Dispositiv E-Commerce eine andere Qualität hat als in herkömmlichen Vertriebskanälen und welche Werkzeuge dem Händler in diesem Funktionszusammenhang zur Verfügung stehen. Um die spezifischen strategischen Voraussetzungen klären zu können, wird zunächst der Gegenstand definiert.

Als Dialogmarketing bezeichnet man üblicherweise den response-orientierten Einsatz individualisierter Werbemaßnahmen im Sinne von One-to-One-Kommunikation mit der Zielsetzung, Kundenbeziehungen zu erhalten und zu entwickeln.

4.2 Kontaktelemente im Dialogmarketing

Welche Handlungsoptionen bieten die *medialen* Voraussetzungen? Die kommunikationstechnischen Voraussetzungen eröffnen einen begrenzten Spielraum für Maßnahmen, die auf den Dialog einzahlen können, mit den folgenden Elementen:

- Händler-Website
- Online-Shop mit allen Kontaktstrecken
- Packaging-Elemente und -Beilagen
- Rechnung
- E-Mail
- Analoge Mailings
- Telefon
- Chat
- Messaging
- Soziale Netzwerke
- Streumedien
- Klassische Werbung als Hinführung

4.3 Kontaktfunktionen im Dialog

Der Einsatz der verschiedenen *Kontaktwege* kann mit unterschiedlichen Zielsetzungen erfolgen. Die wesentlichsten sind die folgenden:

- Angebotskommunikation
- Abwicklung
- Beratung
- Servicekommunikation
- Kundenentwicklung
- Insight-Generierung
- Rechtliches (z. B. AGB-Änderungen)

- Weitere Kundenbindungsmaßnahmen, inklusive Rabattprogramme, Unterhaltung, Information, einfache Kontaktverlängerung, Maßnahmen gegen Abwanderung u. a. mehr.
- Impulse für Empfehlungsmarketing
- Kunden werben Kunden

Diese Zielsetzungen sind nicht kanalspezifisch: sie unterscheiden sich nicht von den Maßnahmen, die in anderen Vertriebskanälen erforderlich sind. In dieser Hinsicht unterscheidet sich der Dialog im E-Commerce nicht von anderen Dialogmaßnahmen. Es handelt sich hier um Elemente des Dispositivs, die mit anderen Machtzusammenhängen deckungsgleich sind und im Wechselspiel mit separaten Gesellschaftsbereichen als Bestandteil der ökonomischen Voraussetzungen schon vor dem Entstehen des Dispositivs als Elemente des grundlegenden Handlungsrahmens als gesetzt gelten können.

4.4 Ressourcen des Dialogmarketings

Im Gegensatz zu den grundsätzlichen Funktionen des Dialogs unterscheiden sich die technischen und informationellen *Ressourcen* im Dispositiv E-Commerce beträchtlich von anderen Handelsbereichen, nämlich insofern, als sie einen technisch induziert größeren Spielraum haben. Das hat mit der digitalen Kommunikationsform zu tun, die logistisch, ökonomisch und in Bezug auf das Gewinnen und Verarbeiten von Kundeninformationen sehr viel mehr Möglichkeiten bietet als der meist anonym operierende stationäre Handel oder papiergebundener Versandhandel. Dazu gehört unter anderem auch die kommunikative Grundhaltung der Dialogpartner, also der Konsumenten, die online regelmäßig immer wieder mit erstaunlicher Bereitwilligkeit Informationen über ihre Person und ihre Präferenzen bereitstellen.

Zu den herausragenden, operationellen Ressourcen gehören die folgenden:

- *Technische Responsivität*: Die Unmittelbarkeit der Interaktion im digitalen Kommunikationsraum durch die technisch induzierte Response-Fähigkeit ist ein wesentlicher Unterschied zu anderen Kommunikationsformen. Geschwindigkeit und Kosteneffizienz ermöglichen sehr viel umfänglichere und tiefergehende Interaktivität.
- *Psychologische Responsivität*: Anstrengungslosigkeit und Geschwindigkeit einerseits, Kommunikationsgewohnheiten andererseits steigern die Response-Inklination in der digitalen Kommunikation beträchtlich. Die Gewohnheit eines großen Teils der Konsumenten, in sozialen Netzwerken oder beispielsweise über Messaging-Dienste Informationen, Bilder und Äußerungsakte anderen verfügbar zu machen, ist eine wesentliche Grundvoraussetzung dafür.
- *Kundenhistorie*: Die Leistung der Digitalisierung für einen effizienteren und umfassenderen Einsatz der Kundenhistorie ist im Wesentlichen eine logistische Vereinfachungsleistung. Datenerhebung und -verarbeitung sind erst durch die

automatisierte Erfassung im digitalisierten Kommunikationsraum operationell und wirtschaftlich handhabbar.
- *Kundenwissen*: Durch die Kenntnis der digitalen Identität des Kunden eröffnet sich ein Zugang zu einer Vielzahl persönlicher Daten, die digital verfügbar zur effizienten Kundenwertbildung sowie zur Segmentierung eingesetzt werden können und so zur zielgerichteten Konfektionierung passender Kommunikationsmaßnahmen beitragen. Dazu zählen sozio-demografische, regionalspezifische und biografische Daten, Kontakte, Einstellungen, Konsumpräferenzen und Interaktionsbereitschaft.

4.5 Kommunikativ-strategische Voraussetzungen

4.5.1 Digitaler Dialog

Als wesentliche Zielsetzung von Dialogmarketing wurde in der Definition (s. Abschn. 4.1) die Erhaltung und der Ausbau von *Kundenbeziehungen* bezeichnet. Um diese Zielsetzung zu erreichen, bietet der digitale Dialog zur Realisierung der unter Abschn. 14.3. aufgezählten Kontaktfunktionen die oben benannten operationellen Ressourcen. Diese Mittel ermöglichen einen bisher unbekannten Grad der Personalisierung der Kommunikationsmaßnahmen im Dialog durch Erlangung und Einsatz von Kundenwissen. Die Basis für den Dialog als kommunikative Interaktion im Rahmen des Dispositivs E-Commerce ist auf Unternehmensseite also erstens Information, zweitens ihr gezielter Einsatz unter markenstrategischen Gesichtspunkten. Es wäre jedoch kurzsichtig, nur die Veränderung der Voraussetzungen auf Unternehmensseite zu bedenken.

Das Dispositiv E-Commerce beschreibt die Natur der Verbindungen zwischen den einzelnen Elementen der strategisch motivierten Formation. Um die Natur dieser Verbindungen zu erfassen, müssen auch die soziokulturellen Veränderungen auf Konsumentenseite betrachtet werden, die den Kommunikationsrahmen maßgeblich definieren. Nur so kann die veränderte Bedeutung von Dialogmaßnahmen als Basis für ihre produktive Weiterentwicklung erfasst werden.

4.5.2 Effekte der Digitalisierung auf Konsumentenseite

Die fortschreitende Digitalisierung hat den kommunikativen Wahrnehmungs-, Erfahrungs- und Handlungsraum der Konsumenten nachhaltig und von Grund auf verändert. Informationen und Interaktionsmöglichkeiten mit Marken und Händlern sind anstrengungslos und losgelöst von räumlichen Grenzen jederzeit verfügbar. Der stetig wachsende Grad der Verknüpfung bisher einzelner Wissens- und Kontaktstränge hat die Wahrnehmung von Handelswegen verändert und erweitert. In ungeahntem Maße haben sich Zugriff auf und Verfügbarkeit von Informationen, Händlern und Produkten vervielfältigt.

Gleichzeitig haben sich Lebensstile und räumliche Optionen zu einem neuen Grad von *Multioptionalität* entwickelt. Die Vielfalt der Kontaktoptionen und -kanäle hat dazu geführt, dass nicht nur das Wissens- und Informationsmanagement, sondern auch die sozialen Kontakte weitgehend über das Internet gehandhabt werden. Die Arbeitswelt hat sich zu großen Teilen mit dem Wandel von der Industrie- zur vernetzten Wissensgesellschaft und zur Projektökonomie dahingehend verwandelt, dass zunehmende Flexibilität und Dynamisierung von Lebensstilen und Erwerbsbiografien ein aktives und weitgehend digital-kommunikativ gehandhabtes Selbstmanagement erfordern. Mit dem Aufkommen neuer Rollenoptionen und den Optionen zur flexiblen Selbsterfindung und -entwicklung über soziale Netzwerke hat sich das Selbstverständnis des modernen Individuums in Richtung einer zunehmenden Komplexität grundlegend gewandelt.

4.5.3 Informationsüberlastung

Die laufende Entwicklung und Veränderung der digitalen Kommunikationslandschaft, die mit dem gewandelten Selbstbild der Individuen einhergeht, führt zu einer bereits jetzt unübersehbaren und doch immer noch wachsenden Flut von Informations-, Kontakt- und Konsumoptionen. Werbliche Informationen aller Art – Marken- sowohl als auch Händlerkommunikation und konsumbezogene Informationen aus dem sozialen Umfeld – stehen im *kommunikativen Wettbewerb* miteinander. Konsumenten mit einem durchschnittlichen digitalen Informationsverhalten müssen täglich buchstäblich hunderte von werblichen Informationen decodieren und verarbeiten.

4.5.4 Kommunikationswettbewerb

Durch diesen tief greifenden Wandel der kommunikativen Voraussetzungen haben sich auch die Voraussetzungen für Dialogkommunikation verändert. Der Wettbewerb von früher war ein Wettbewerb der Produkte. Der Wandel der Konsumhaltung vom demonstrativen Konsum zur erlebnisorientierten Gesellschaft seit den achtziger Jahren bis hin zum aktuellen, zunehmend werteorientierten Konsum hat eine wesentlich unterschiedliche Einstellung zu Marken und Händlern mit sich gebracht.

Aus dem Wettbewerb der Produkte ist ein *Service- und Erlebniswettbewerb* geworden, der sich seinerseits wieder zu einem Beziehungswettbewerb entwickelt hat. Die Beziehungen zu Marken werden nicht mehr lediglich an Produkt- oder Serviceleistungen und Erlebniswerten gemessen, sondern nicht zuletzt auch und in zunehmendem Maße durch die Unternehmenshaltung mitbestimmt: Konsumentscheidungen werden zunehmend zu einer Haltungsfrage. Ein Paradigmenwechsel im Konsumverhalten wird so zu einer bestimmenden Größe, die die Machtverhältnisse im Dispositiv verschiebt.

Die Wahrnehmungs-, Bewertungs- und Entscheidungsgrundlagen der Konsumenten werden im Streben nach einem positiven Konsumgefühl bereits jetzt in vielen Bereichen zunehmend von *moralischen Standards* bestimmt. Werte wie Fairness, ökologische Nachhaltigkeit, soziales Verantwortungsbewusstsein oder Gesundheitsorientierung gewinnen im konsumbezogenen Diskurs an Bedeutung und schlagen sich in den Konsum- und Kommunikationspräferenzen nieder. In der Allgegenwart von Entscheidungsvielfalt und Information geben diese Werte Orientierung und sind die Basis für langfristige Markenbeziehungen auch zu Händlermarken. Dabei steht jede Marke durch die Vielfalt der Kanaloptionen aus Konsumentensicht in einem ständigen Kommunikationswettbewerb.

Man kann das als die Umkehrung von *Multi-Channel* bezeichnen: während es dort darum geht, über alle Vertriebs- und Kommunikationskanäle hinweg dem Kunden eine konsistente Markenerfahrung zu bieten, ist es in der neuen Dialogrealität umgekehrt. Nur ein paar Mausklicks entfernt eröffnet sich dem Konsumenten eine Vielzahl von Alternativen, der gesamte Wettbewerb ist durch die Verbindungsoptionen jederzeit präsent.

4.5.5 Beispiel Mobilität

Als konkretisierendes Beispiel für diese neue kommunikative Multioptionalität, die die Gestaltungsmacht und die Einflussfaktoren im Dispositiv E-Commerce verschiebt, folgt nun eine kurze Zusammenfassung einiger Veränderungen der physischen Mobilität und der Handhabung von *Mobilitätsoptionen* über mobile Devices.

Die Orientierung und Bewegung im öffentlichen Raum wird mehr und mehr über Smartphones abgewickelt. Lokalisierung über Karten-Apps und Navigationsfunktion waren der erste Schritt dazu. Nach der Information über Fahrpläne öffentlicher Verkehrsmittel folgten die ÖPNV-Apps, die individuelle Verbindungspläne erstellten und über integrierte Payment-Funktionen auch gleich den Fahrkartenautomaten ersetzten. Zugleich wurden nach diesem Prinzip die über das stationäre – also über PC oder Laptop kabelgebundene – Internet bereits entwickelten und etablierten Services im größeren Zusammenhang für Züge und Flüge auf mobile Endgeräte übertragen.

Dazu kam, ausgelöst von FREE NOW (vormals *MyTaxi*), das Taxi als weitere, über digitale mobile Endgeräte vermittelte Mobilitätsoption (komfortabler Ruf des nächsten freien Fahrzeuges unter Umgehung der Zentrale und Bezahlfunktion) sowie in einer Vielzahl von Großstädten die digitale Umsetzung der zeitgleich aufkommenden Leihfahrradsysteme für Innenstadtbereiche. Auch hier verbinden die entsprechenden Mobilanwendungen verschiedene Funktionen: Orientierung (Anzeige der eigenen Position auf dem Stadtplan und der Mietstationen mit freien Fahrzeugen), Reservierung, Vertragsschluss und Bezahlung.

Nach demselben Prinzip wenden *Car-Sharing-Dienste* wie Car2Go, DriveNow oder Cambio diese Funktionen auf die Ad-hoc-Miete von Autos zu Minutenpreisen an: durch die Lokalisierungsfunktion entfallen Mietstationen ebenso wie die Parkplatzsuche. Die Fahrzeuge werden irgendwo im Geschäftsbereich geparkt. Versicherung, Parkgebühren, Wartung, Reinigung und Energiekosten (Kraftstoff bzw. Elektrizität) sind inklusive.

Diese Dienste kombinieren nicht nur unterschiedliche Funktionen, sondern sie sind zugleich nur deshalb denkbar, weil die digitalen Verbindungsoptionen hier nicht nur für Informationen Anwendung finden: „*sharing*" bezieht sich hier auch auf die gemeinsame Nutzung der Hardware, in diesen Beispielen Autos oder Fahrräder, durch eine Vielzahl einander nicht bekannter Personen. Nur auf diese Weise wird Wirtschaftlichkeit ermöglicht.

Die Tendenz zur Verbindung über das tragbare Kommunikationsgerät als Medium für unterschiedliche Funktionen durch separate Services ist noch nicht zum Abschluss gekommen. Die separaten Serviceoptionen werden im nächsten Schritt in einer gemeinsamen Nutzeroberfläche zusammengeführt. Den Anfang haben Anwendungen, beispielsweise die App des Hamburger Verkehrsverbundes (HVV) durch die Serviceoption *switchh* (www.switchh.de) gemacht. Hier werden bisher separate Mobilitätsdienstleistungen innerhalb einer App zusammengeführt und zwar durch die Integration von Car2Go, Europcar und FREE NOW in die Routenplanungs- und Mietoptionen. Nach einem ähnlichen Prinzip integriert die Anwendung CarJump verschiedene Carsharing-Anbieter innerhalb einer App. Das ist durchaus im Interesse der Wettbewerber: die Nutzung insgesamt steigt, wenn mehr Fahrzeuge zur Verfügung stehen. Das noch vergleichsweise neue Prinzip des nicht standortbasierten Carsharings kann so durch eine Kooperation der Anbieter nur gewinnen.

Noch einen Schritt weiter gehen wiederum Serviceangebote wie diejenigen von Waymate oder Moovel: die Verbindungswege werden hier lediglich anhand der Ortsvorgaben bestimmt. Moovel, ein Daimler-Pilotprojekt, verbindet z. B. Carsharing mit ÖPNV, Mieträdern, Taxi und Mitfahrgelegenheiten.

Diese umgekehrte Übertragung des Prinzips *Multi-Channel* auf Bewegungsoptionen illustriert beispielhaft, in welche Richtung sich die digitalen Interaktionsformen aus der Nutzerperspektive entwickeln. Konsumentscheidungen – sei es der Erwerb von Produkten oder die Inanspruchnahme von Serviceleistungen – können jederzeit, überall und je nach Wunsch auch ohne die Erfordernis bewusster Auswahlakte durch eine präkonfigurierte Entscheidungshilfe erleichtert werden. Rechercheaufgaben als Entscheidungsgrundlage werden auf diese Weise effizient ausgelagert. Entscheidend für die erfolgreiche Geschäftsanbahnung ist die Präsenz des Anbieters in diesem kuratierten Sortiment von Optionen. Produkt und Serviceerlebnis werden zu Hygienefaktoren; die kommunikative Präsenz ist der entscheidende Faktor.

4.5.6 Fazit: funktionelle Einbettung des Dispositivs

Digital vermittelte mobilitätsbezogene Servicedienstleistungen sind nur scheinbar ein Randbereich des Gesamtkomplexes E-Commerce. Sie sind kennzeichnend für die Einstellungs- und Verhaltensmuster, die in der alltäglichen Realität der digitalen Kommunikation die Basis für Konsumentscheidungen sind, und dadurch beschreiben sie anschaulich die grundsätzlichen Verschiebungen, die bezeichnend für das sich wandelnde Verhältnis zwischen Konsumenten und Anbietern sind.

Es entsteht in dieser digital vermittelten Form der Geschäftsanbahnung eine neue Symmetrie zwischen Anbietern und Konsumenten. Der Anbieter erreicht den Konsumenten über eine Vielzahl von Kanälen; über dieselben Kanäle erreicht der Konsument zeitgleich und mühelos eine Vielzahl von Wettbewerbern. Das entscheidende Kennzeichen dieser sich abzeichnenden neuen Interaktionsformen ist das Prinzip der *Konnektivität*. Die technische Gegebenheit und konsumkulturelle Etablierung der multiplen Konnektivitätsoptionen haben ein neues Möglichkeitsfeld geschaffen, das die Rolle des Dialogmarketings grundsätzlich verschiebt.

„Macht produziert Gegenstandsbereiche und Wahrheitsrituale: das Individuum und seine Erkenntnis sind Ergebnisse dieser Produktion" (Foucault 1976, S. 250).

Der Konsument als Individuum und seine individuellen Wahrnehmungskriterien und Entscheidungspräferenzen, also das wahrnehmende Subjekt als Dialogpartner und das subjektiv Wahrgenommene, zu verstehen als kommunikativ und technisch-institutionell geschaffene Grundlage für Konsumentscheidungen, sind Ergebnisse der *in actu* realisierten Verschiebungen der kommunikativen Realität. Die kommunikative Praxis ist eng mit der Produktion von Handlungsoptionen und -präferenzen verwoben. Nicht nur das auf das Konsumhandeln bezogene Verhalten der Konsumenten, sondern auch ihre Wahrnehmung und Selbstwahrnehmung ist durch Kommunikationseffekte extern mitbestimmt; man könnte von einem „*Möglichkeitsfeld der Wahrnehmung*" sprechen. Die Bewertung eines Dialogpartners und potenziell relevanten Anbieters erfordert vom Konsumenten zahlreiche Operationen, wie Vergleich, Klassifikation, Einordnung in Funktions- und Wertzusammenhänge, ggf. Veränderung der bis dato gültigen Klassifikationsschemata, Bewertung nach verschiedenen, zuvor noch zu wählenden Kriterien etwa gegenständlich-funktionaler, strategisch-funktionaler, ästhetischer oder ethisch-moralischer Natur, kurz Einordnungin ein für wahr genommenes Weltbild und Veränderung oder Erweiterung desselben.

Diese Verfahrensweisen, die einem simplen Konsumakt zugrundeliegen, sind selbstverständlich nicht naturhaft gegeben, sondern konventionell, kulturell tradiert, also weitgehend kommunikativ vermittelt oder durch die objektiven sozialen Gegebenheiten implikativ internalisiert. Kundendialog als Einflussfaktor der kulturellen Praxis E-Commerce hat infolgedessen eine ganz andere Funktion als nur die Erhaltung und den Ausbau von Kundenbeziehungen im Anschluss an einen ersten Konsumakt.

Aus Kundensicht ist E-Commerce ein Subsystem eines digital determinierten Dispositivs, das als das Dispositiv Konnektivität bezeichnet werden wird. Dieses Dispositiv ist die Basis für die Konstitution des Konsumenten als sozial, informationell und ökonomisch digital agierendes Subjekt. E-Commerce ist nur eine Facette, ein einzelner Handlungsbereich dieses Subjekts und gehorcht damit den konsumpsychologischen und kommunikativen Voraussetzungen des Gesamtzusammenhangs. Insofern ist E-Commerce als Teil der symbolischen Interaktion zu verstehen, die den Gesamtzusammenhang der digitalen Kommunikation des einzelnen Konsumenten umfasst. Dialog als von Unternehmensseite angestoßene Kommunikationshandlung ist auf dieses Subjekt als potenziellen Kunden ausgerichtet und muss insofern eine weit umfänglichere Aufgabe lösen: die dauerhafte Etablierung des Anbieters als potenziellen Partner im relevanten Bezugsrahmen des Konsumenten.

5 Fazit

Dialogmaßnahmen sind mehr als die direkte One-to-One-Kommunikation. Streng genommen ist Dialog als *Gesamtzusammenhang aller Äußerungen* über die Marke zu verstehen, die den Konsumenten erreichen – denn jeder einzelne Beitrag hat aus Konsumentensicht das Potenzial, die Markenwahrnehmung relevant zu beeinflussen. Die Sichtweise, die Wertsetzungen und die Entscheidungsoptionen des Konsumenten zu beeinflussen ist die Zielsetzung der Marketingkommunikation.

Und durch die technischen Gegebenheiten ist zugleich jeder einzelne Beitrag über Response-Optionen ein potenzieller Türöffner für direkte Markeninteraktion und insofern bereits der rahmensetzende Beginn für die Zuspitzung der Kommunikationsmaßnahmen von der Zielgruppe auf das Individuum.

Folglich ist der *digitale Dialog* unter dem Vorzeichen des Dispositivs Konnektivität als Rahmenprinzip der gesamten Markenkommunikation zu verstehen. Es ist nicht so, dass der Dialog sich an der Markenkommunikation orientieren müsste, um eine konsistente Markenwahrnehmung zu verlängern. Stattdessen muss die gesamte Markenkommunikation bereits dialogorientiert auf die Rolle des Unternehmens einzahlen; die erste ökonomische Transaktion als Eintritt in die Kundenbeziehung markiert dann eine Phase der Konkretisierung der Dialogmaßnahmen.

Zusammenfassung

E-Commerce ist aus Konsumentensicht kommunikativ durch die Einbettung in den Gesamtzusammenhang seiner Kommunikation in der vernetzten digitalen Realität zu verstehen. Vor diesem Hintergrund ist jede Äußerung von der Marke und über die Marke – sei es Hersteller- oder reine Händlermarke – bereits ein prägendes Element für den späteren Dialog. Dadurch erfährt die Bedeutung des Dialogs im Rahmen des elektronischen Handels eine strategische Aufwertung. Idealerweise wird die Unternehmensrolle in der Dialogkommunikation als Leitlinie der gesamten Markenkommunikation zu deren Entwicklung mit herangezogen. Im E-Commerce hat Dialog an Wichtigkeit gewonnen.

Literatur

Bürsenverein des deutschen Buchhandels. (Hrsg.). (2019). *Buch und Buchhandel in Zahlen*. Frankfurt: MVB.

Foucault, M. (1976). *Überwachen und Strafen. Die Geburt des Gefängnisses*. Frankfurt a. M.: Suhrkamp.

Foucault, M. (1977). *Sexualität und Wahrheit. Erster Band: Der Wille zum Wissen*. Frankfurt a. M.: Suhrkamp.

Foucault, M. (1978). *Dispositive der Macht: Michel Foucault über Sexualität, Wissen und Wahrheit*. Berlin: Merve.

G+J Media Research: G+J Mobile 360° Studie, Ergebnisse der Panelbefragung. (2019). https://www.gujmedia.de/fileadmin/Media-Research/Mobile-Studien/mobile_studie_360_grad_2019.pdf. Zugegriffen am 07.06.2020.

Handelsverband Deutschland (HDE). (2019). *Monitor 2019*. IFH Köln Gmbh. https://einzelhandel.de/images/publikationen/Online_Monitor_2019_HDE.pdf. Zugegriffen am 07.06.2020.

Honneth, A. (1985). *Kritik der Macht: Reflexionsstufen einer kritischen Gesellschaftstheorie*. Frankfurt a. M.: Suhrkamp.

Customer Experience: Die Messung und Interpretation von Emotionen im Dialogmarketing

Andrea Müller, Christina Miclau und Annebeth Demaeght

Inhalt

1	Emotionen sind Relevanzdetektoren	604
2	Emotionen – und wie sie entstehen	607
3	Customer Experience: Möglichkeiten der Messung von Emotionen	608
4	Customer Experience Interpretation	611
5	Ableitung von Handlungsempfehlungen für ein customer-experience-optimiertes Dialogmarketing	614
6	Zusammenfassung	622
	Literatur	623

Zusammenfassung

Emotionen sind Teil jedes menschlichen Wesens: Sie begleiten Konsumenten und Konsumentinnen durch alle Alltagssituationen – auch und insbesondere bei Kaufentscheidungen. Jedoch war es bisher nur bedingt möglich, diese Emotionen im Dialogmarketing genau zu erfassen und zu interpretieren. Die innovative Customer Experience Tracking Methode der Hochschule Offenburg ermöglicht eine verzerrungsreduzierte Messung und Auswertung von Kundenemotionen, die vor, während und nach der Benutzerinteraktion mit Dialogmarketingaktivitäten auftreten. Aus den im Labor oder im Feld gewonnenen Untersuchungsergebnissen lassen sich konkrete Handlungsempfehlungen ableiten, um Dialogmarketingangebote im Offline-, Online- oder crossmedialen Bereich optimal auf die Bedürfnisse und Erwartungen der Kunden und Kundinnen auszurichten.

A. Müller (✉)
Hochschule Offenburg, Offenburg, Deutschland
E-Mail: andrea.mueller@hs-offenburg.de

C. Miclau (✉) · A. Demaeght (✉)
B+W, Hochschule Offenburg, Offenburg, Deutschland
E-Mail: christina.miclau@hs-offenburg.de; annebeth.demaeght@hs-offenburg.de

© Springer Fachmedien Wiesbaden GmbH, ein Teil von Springer Nature 2021
H. Holland (Hrsg.), *Digitales Dialogmarketing*,
https://doi.org/10.1007/978-3-658-28959-1_26

> **Schlüsselwörter**
>
> User Experience · Emotionsforschung · Mimikanalyse · Stimmanalyse · Cross-Channel-Dialogmarketing

1 Emotionen sind Relevanzdetektoren

▶ In diesem Kapitel wird ein Überblick über die zentralen Funktionen von Emotionen gegeben und warum diese für das Dialogmarketing so wichtig sind.

Eine emotionale Ansprache der Kunden und Kundinnen wird seit einigen Jahren als der zentrale Schlüssel zur Beeinflussung der Kaufentscheidung gehandelt. Jedoch wie gelingt eine solche Emotionalisierung? Wie kann diese im individuellen Kundendialog eingesetzt werden?

Aus Erkenntnissen über das Konsumentenverhalten kann ein Unternehmen Rückschlüsse auf die Wünsche und Bedürfnisse seiner Kunden und Kundinnen ziehen. Die Methoden der Marketingforschung ermöglichen es, diese Informationen zu gewinnen, zu erfassen, zu analysieren und zu interpretieren. Insbesondere Methoden zur Erforschung des individuellen Wertesystems der Kunden und Kundinnen haben in den letzten Jahren an Bedeutung gewonnen, da diesem Werterahmen Einfluss auf die Kaufentscheidungen zugesprochen wird (vgl. Solomon 2016, S. 76).

Werte unterscheiden sich je nach Kultur sehr stark: In den USA zählen Freiheit, Jugendlichkeit, Erfolgsorientierung und Materialismus als sehr wichtig für die Menschen; Ehrlichkeit, Gerechtigkeit und Fairness sind die Werte, die in Deutschland von besonders hoher Relevanz sind (vgl. Solomon 2016, S. 78). Auch Unternehmen, die sich entsprechend dieser Werte verhalten, werden von den Kunden und Kundinnen positiv bewertet – es werden positive Emotionen in Bezug auf das Unternehmen erzeugt. Verhält es sich nicht entsprechend dieser etablierten Grundwerte, werden die Vertreter und Vertreterinnen der Zielgruppe das Unternehmen mit negativen Emotionen bewerten.

Die Interaktion zwischen Zielgruppe und Unternehmen wird in Abb. 1 dargestellt: Beide Parteien suchen und liefern Informationen, haben eine zielgerichtete Motivation und vertreten Werte. Wenn beide Lager ausgewogen aufgestellt sind, können die gemeinsamen Interessen dazu beitragen, den Interaktionsprozess optimal zu gestalten. Eine harmonische Wertebasis ermöglicht eine vertrauensvolle und langfristige Beziehung.

Emotionen sind psychische Erregungen, die subjektiv wahrgenommen werden und sich in der Mimik widerspiegeln (vgl. Izard 1999, S. 271). Sie zeigen als „Relevanz-Detektoren", was für den Menschen wichtig und bedeutend ist.

Um das komplexe Thema Emotion erfassen zu können, soll betrachtet werden, welche theoretischen Grundlagen für die Kommunikationswirkung während der Dialogmarketinginteraktion von Relevanz sind. Abb. 2 beschreibt den Prozess der

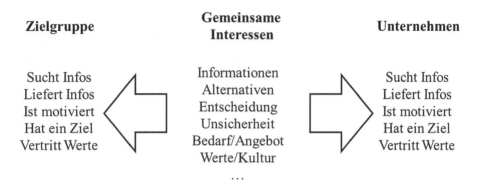

Abb. 1 Interaktion zwischen Zielgruppe und Unternehmen. (Quelle: Eigene Darstellung)

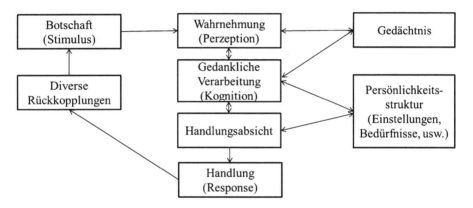

Abb. 2 Das Kommunikationsmodell. (Quelle: In Anlehnung an Raab et al. 2018, S. 348)

Wahrnehmung einer Botschaft als Stimulus, die dann durch das Gedächtnis gedanklich verarbeitet wird. Die Kognition wird dabei von der individuellen Persönlichkeitsstruktur beeinflusst. Das Ergebnis ist eine Handlungsabsicht, der eine Handlung als Response folgen kann, aber nicht muss. Die Erfahrung wird rückgekoppelt und wirkt auf die Verarbeitung nachfolgender Stimuli ein.

Ziel der Untersuchung des Konsumentenverhaltens ist es, Einblick in die Wirkung von kommunikativen Reizen bereits vor dem Markteinsatz zu gewinnen. Dabei ist es zentral, physiologische und kognitive Reaktionen (z. B. Emotionen) sowie Verhaltensänderungen mit Hilfe von Marktforschungsmethoden zu erfassen und zu analysieren.

In Abb. 3 wird der Zusammenhang zwischen Reizen und Präferenzen bei den Rezipienten und Rezipientinnen dargestellt. Jedes eingehende Signal wird vom Menschen individuell interpretiert und kann je nach Wahrnehmung sehr unterschiedlich verarbeitet werden. Kunden und Kundinnen reagieren stärker auf große, farbige, neue Reize, oder solche, die an besonderen Orten präsentiert werden. Je mehr der

Abb. 3 Individuelle Wahrnehmung und Interpretation von Reizen. (Quelle: In Anlehnung an Solomon 2016, S. 174 ff.)

Belohnung-Lust	Emotionssysteme	Vermeidung-Unlust
Stolz Siegesgefühl	**Dominanz**	Ärger Wut Machtlosigkeit
Prickeln Überraschung	**Stimulanz**	Langeweile
Geborgenheit Sicherheit	**Balance**	Angst Stress Unsicherheit

Abb. 4 Zentrale Emotionssysteme nach Häusel. (Quelle: In Anlehnung an Häusel 2002, S. 29 ff.)

Reiz zur Situation passt, in der sich der Mensch aktuell befindet, umso höher ist die Wahrscheinlichkeit, dass dieser auch rezipiert und weiterverarbeitet wird.

Ausgehend von den Überlegungen nach Häusel sind die physiologischen Vitalbedürfnisse, wie Atmen, Essen und Schlafen für alle Menschen grundlegend. Darauf setzen drei Bedürfnissysteme auf: Erstens das Bedürfnis nach Selbstbestimmung und Durchsetzungsfähigkeit – Dominanz, zweitens das nach Entdecken und Lernen neuer Sachverhalte – Stimulanz und drittens das nach Sicherheit und Stabilität – Balance.

Diese drei Emotionssysteme können sich sowohl als positive „Belohnung bzw. Lust" als auch als negative „Vermeidung bzw. Unlust" Ausprägungen beim Menschen zeigen (vgl. Häusel 2002, S. 27). Abb. 4 stellt die drei zentralen Emotionssysteme des Menschen dar.

Eigenschaften von Emotionen sind, dass sie subjektiv empfunden werden und über die Gefühle ins Bewusstsein gelangen. Menschen fühlen unterschiedliche Intensität je nach Situation von kaum merkbar bis extrem stark. Die Wirkung von Emotionen zeigt sich in komplex miteinander verknüpften physischen und neuronalen Prozessen, die im Körper jedes Menschen individuell ablaufen.

Für Dialoge im Marketing, die heute in einer langfristigen Kundenbeziehung münden sollen, ist es deshalb zentral, dass sich die Interaktionspartner verstehen. Deshalb gilt es auf emotionale Grundhaltungen der Zielgruppe, aber auch auf deren

Veränderungen während der Anbahnung, des Verlaufs und des sich möglicherweise ankündigenden Endes einer Kundenbeziehung passend zu reagieren. Hierbei ist das Wissen um die User bzw. Customer Experience als bewertendes Gefühl, das durch Erfüllung oder Frustration bei der Interaktion entsteht, zentral (vgl. Eberhard-Yom 2010, S. 5 f.).

User Experience setzt sich aus Look and Feel und Usability zusammen: Der User hat vor dem Kauf eine Erwartung, die sich während der Interaktion bzw. des Einkaufs dann effektiv, effizient und zufriedenstellend erfüllt, um dann nach dem Kauf die erlebte Erfahrung zu reflektieren (vgl. ISO 9241-210).

Irritationen als störende Elemente im Dialog zwischen Unternehmen und Zielgruppe sollten möglichst vermieden werden. Vor diesem Hintergrund besteht die Notwendigkeit, Irritationen während des Marketingdialogs zu entdecken und zu beheben (vgl. Müller und Gast 2018, S. 146).

Doch wie lassen sich die Emotionen der Kunden und Kundinnen erfassen und messen? Wie können daraus Handlungsempfehlungen abgeleitet werden, die für eine Optimierung der Dialogmarketingkonzepte eingesetzt werden können? Der Prozess der Entstehung von Emotionen im menschlichen Organismus wird im nachfolgenden Abschnitt aufgezeigt.

2 Emotionen – und wie sie entstehen

▶ Im Folgenden wird der Begriff der Emotionen und ihre Entstehung betrachtet, um im weiteren Verlauf deren Relevanz für eine positive Customer Experience zu verdeutlichen.

Verhaltensweisen und Handlungen der Menschen werden überwiegend von Emotionen und nicht dem Verstand gesteuert, denn über 70 % aller Entscheidungen werden unbewusst getroffen. Die „verbleibenden bewussten 30 % [sind] nicht so frei, [da der Mensch auch dabei] nach Gesetzen handel[t], die sich im Laufe der Evolution als erfolgreich erwiesen haben" (vgl. Häusel 2002, S. 18). Emotionen sind somit allgegenwärtig (vgl. Picard 2003, S. 55 ff.).

Die Verbindung von Emotionen und Zustandsänderungen unterschiedlicher organismischer Teilsysteme bestimmt die Ausprägung der empfundenen Emotion (vgl. Müller und Gast 2014, S. 326 f.). Sie fungieren als eine vermittelnde Schnittstelle zwischen einem Umweltinput und einem Verhaltensoutput, wobei der Reiz von der Reaktion entkoppelt zu betrachten ist (vgl. Vogel 2007, S. 136). Demzufolge trennt bzw. verbindet eine Emotion den Reizinput von einem Reaktionsoutput und stellt eine wichtige Funktion bei der Relevanzdetektion und Reaktionsvorbereitung dar (vgl. Brosch und Scherer 2008, S. 195). Den Begriff der Emotionen zu definieren, stellt sich als äußerst schwierig dar. Kleinginna und Kleinginna stießen im Rahmen ihrer Forschungen auf 92 Definitionen zur Bestimmung eines einheitlichen Begriffs (vgl. Kleinginna und Kleinginna 1981, S. 345).

Subjektive Bewertungen und Einschätzungen spielen nach Scherer (1993) eine wesentliche Rolle bei der Entstehung einer Emotion (vgl. Brosch und Scherer 2008). Innerhalb der Appraisal-Theorie zur Emotionsentstehung wird darauf hingewiesen, dass neben der objektiven Umweltsituation die subjektive Einschätzung zentral ist.

Die subjektiven Bewertungen hinsichtlich persönlicher Werte, Ziele und Wünsche haben Einfluss auf die Entstehung und Ausprägung einer Emotion. Diese individuellen Kriterien sowie interne und externe Faktoren bestimmen die Situationseinschätzung und lenken infolge dieser das Verhalten (vgl. Brosch und Scherer 2008, S. 194 sowie Ellsworth und Scherer 2003).

Basisemotionen sind nach Ekman und Friesen Freude, Ekel, Trauer, Ärger, Überraschung und Angst. Um eine Messung von Emotionen zu ermöglichen, werden die genannten Basisemotionen mit körperlichen Veränderungen in Mimik, Gestik und Stimme zugeordnet (vgl. Schmidt-Atzert 1996 sowie Müller und Gast 2014, S. 328 ff.).

Zur Untersuchung der Mimik gilt es, einzelne Action Units oder bestimmte Kombinationen derer zu betrachten, da sie Messpunkte für die jeweiligen Emotionen darstellen. Aufbauend auf dem Facial Action Coding System nach Ekman ist es möglich, die sieben Basisemotionen einzelnen Action Units zuzuordnen. Demzufolge kann Freude den positiven, wohingegen Trauer, Ärger, Ekel und Angst den negativen Emotionen zugewiesen werden. Eine explizite Eingliederung der verbleibenden Emotion Überraschung in positiv oder negativ ist nicht einheitlich möglich, da ein Auftreten sowohl in einem positiven als auch einem negativen Kontext erfolgen kann.

3 Customer Experience: Möglichkeiten der Messung von Emotionen

▶ In diesem Abschnitt werden verschiedene Methoden zur Messung von Emotionen vorgestellt, die im Rahmen von Untersuchungen zur Customer Experience zur Anwendung kommen.

Im Rahmen der Erfassung von Ausdruck und Verhalten arbeitet das Customer Experience Tracking-Labor der Hochschule mit den Methoden zur Messung der Mimik, Gestik und Stimme. Darüber hinaus dient der Einsatz von Eye Tracking zur Erkennung möglicher Irritationen und zusätzlicher Informationen für das Kundenverhalten. Vor allem bei der Analyse der physiologischen Veränderungen wird wegen ihrer Komplexität, sowohl bei der Erfassung als auch bei der Analyse und Bewertung, die Untersuchung manuell von Experten und Expertinnen durchgeführt (vgl. Müller und Gast 2014, S. 329).

Customer Experience Tracking ist ein mehrstufiges, modulares und skalierbares Verfahren zur Untersuchung von Kundenerlebnissen im Marketingkontext (vgl. Müller und Gast 2014, S. 333 ff.). Der Fokus der Messung der Customer Experience liegt auf der Untersuchung von Emotionen (vgl. Thüring und Mahlke 2007, S. 253 ff.).

Es bestehen im Bereich der Emotionsmessung eine Vielzahl von Verfahren, die Messungen und Interpretationen erlauben. Lazarus unterscheidet drei Gruppen: 1. Verfahren zur Erfassung des subjektiven Erlebensaspekts von Emotionen, 2. Verfahren zur Erfassung physiologischer Veränderungen beim Emotionserleben und 3. Verfahren zur Erfassung von Ausdruck und Verhalten beim Emotionserleben (vgl. Vogel 2007, S. 137 f.). Dabei sind die Verfahren der ersten Gruppe durch den Einsatz von Befragungsmethoden gekennzeichnet, wohingegen die anderen beiden Gruppen apparative, nicht-invasive Verfahren einsetzen. Demnach sind Vorteile in Bezug auf die Reduzierung von Verzerrungseffekten zu erwarten (vgl. Müller und Gast 2018, S. 145). Nachfolgend werden Mimik, Gestik und Stimme als Indikatoren für die Customer Experience näher beleuchtet.

3.1 Methoden zur Erfassung und Messung der Mimik

Die Mimik gilt als objektiver und reliabler Indikator für Emotionen, da sie beim Menschen unabhängig von Geschlecht, Alter und Kultur nonverbal und von den Performenden unbeeinflusst auftritt und messbar ist (vgl. Ekman und Heider 1988).

Grundlegend bei der Analyse und Bewertung der Mimik ist das Facial Action Coding System (FACS 1978) von Ekman, das im Rahmen seiner Forschungen in den 1970er-Jahren entwickelt wurde. Er identifizierte 44 Bewegungseinheiten, sogenannte Action Units, die der Unterteilung des Gesichts und der Bewertung der Mimik dienen (vgl. Ekman 1977). Mit der Reduzierung des Sets an zentralen Action Units auf 19 Aktionseinheiten lassen sich Emotionen zuverlässig einordnen, wodurch die Kodierung beschleunigt wird (vgl. Ekman 1997, S. 480).

Für die Analyse und Bewertung der Mimik innerhalb von Customer Experience Untersuchungen ist der Einsatz von bilderfassenden Kameras notwendig, die das Gesicht der User – wenn möglich frontal – aufzeichnen. Anschließend können die gewonnenen Daten manuell von Experten bzw. Expertinnen oder mittels spezieller Analysesoftware basierend auf dem genannten Katalog von Action Units ausgewertet werden (vgl. Müller und Gast 2018, S. 146). Abb. 5 zeigt vier verschiedene Basisemotionen nach Ekman.

Abb. 5 Mimisch gezeigte Basisemotionen (v.l.n.r.: Freude, Ärger, Trauer, Ekel) basierend auf Ekmans Forschung. (Quelle: Ekman 1977)

3.2 Methoden zur Erfassung und Messung der Gestik

Gestik wird vom Menschen fast allein instinktiv verwendet (vgl. Axtell und Fornwald 1998, S. 2). Sie unterstreicht, ergänzt (vgl. Matschnig 2013, S. 43) oder ersetzt Gesagtes (vgl. Marcantonio 2008, S. 15) und ermöglicht es, Gedanken nonverbal zu äußern (vgl. Matschnig 2013, S. 43). Die Gestik ist der Emotion stets nachgelagert und sollte aufgrund ihrer eher kanalisierten Erscheinung bei Erfassung von Emotionen in Kombination mit weiteren Indikatoren wie z. B. der Mimik berücksichtigt werden.

Innerhalb des BMWi-geförderten Forschungsprojekts EmotionSensor3D konnte von der Hochschule Offenburg ein zu FACS analoges Set an sogenannten Gesture Units (GU) definiert werden. Dieses dient zur Identifikation der Ausprägungen der Körpersprache, der Kategorisierung und anschließenden Zuordnung von Gesten zu Emotionen. Diese Einteilung bezieht sich auch auf typische Erscheinungsbilder der Körpersprache während der Customer Journey.

Abb. 6 visualisiert den oberen Bereich des menschlichen Körpers, der für gestische Expressionen insbesondere Schultern, Arme und Hände einsetzt. Wenn die Schultern nach oben gezogen werden – zumeist auch unbewusst – zeigt das Emotionen, die als Verunsicherung interpretiert werden können.

Mittels der Körpersprache äußern Menschen nicht nur in der Mensch-zu-Mensch-Interaktion ihre Emotionen, Einstellungen und Gedanken, sodass diese in unterschiedlichen Situationen wahrnehmbar und somit zur Messung der Customer Experience relevant sind (vgl. Pease 1991). Gestik wird im Customer Experience Testing über Videoaufzeichnung und Beobachtung im Labor bzw. in der natürlichen Umgebung erfasst und anhand der aufgezeigten Gesture Units interpretiert.

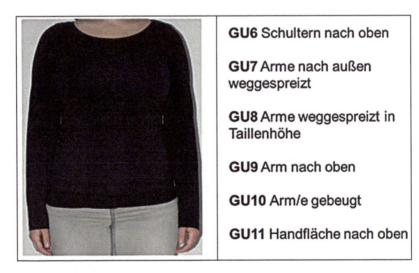

Abb. 6 Beispiel für Bewegungselemente der Gestik

3.3 Methoden zur Erfassung und Messung der Stimme

Die Think Aloud-Methode ermöglicht es, die Stimme als weiteren Indikator für Emotionen im Rahmen der Untersuchung der Customer Experience zu nutzen. Im Laufe einer Untersuchung ist es durch das „laute Denken" möglich, zusätzliche Informationen über Empfindungen, Meinungen und Gedanken des Kunden bzw. der Kundin zu erhalten. Die jeweilige Person äußert dabei positive und negative persönliche Wahrnehmungen. Die Nutzung der Methode kann sowohl retrospektiv, d. h. nach einem Customer Experience Testing, als auch währenddessen angewandt werden (vgl. Jo und Stautmeister 2011, S. 172 ff.).

So liefert die Stimme als weiterer Indikator einerseits explizite Informationen und Hinweise zum Wahrgenommenen, andererseits aber auch implizite Daten zur emotionalen Lage der Testperson als messbare Frequenzen der Stimmlage. Abhängig von einer erlebten Emotion zeigen sich stimmliche Veränderungen, die durch die Betrachtung und Analyse des akustischen Sprachsignals erkennbar sind, die über ein Mikrofon übertragen bzw. aufgezeichnet werden. Diese können so – analog zur Mimik und Gestik – entsprechenden Emotionen zugeordnet werden. Dies lässt eine direkte Verknüpfung zwischen Emotion und Ereignis zu (vgl. Schneider-Stickler und Bigenzahn 2013, S. 30 ff.).

4 Customer Experience Interpretation

▶ Wie Kundenemotionen anhand der Indikatoren Mimik, Gestik und Stimme im Dialogmarketing interpretiert werden können, wird im nachfolgenden Abschnitt aufgezeigt.

Aufgrund der für die Customer Experience Untersuchungszwecke nur bedingt ausreichenden Interpretationsgenauigkeit verfügbarer Analysesoftware entwickelte die Hochschule Offenburg innerhalb des Forschungsprojekts Professional UX ein System, das eine automatische Erkennung der festgelegten Action Units und Zuordnung der Basisemotionen erlaubt. Hierbei werden insgesamt 49 Gesichtsmarkierungen nach der Gesichtserfassung extrahiert und einem reduzierten Set an Action Units zugeteilt (vgl. Miclau et al. 2020, S. 65). Auf diese Weise ist eine Identifizierung und Interpretation negativer Einflüsse auf die Kundenerfahrung und somit eine Ableitung von Handlungsempfehlungen zur Optimierung der Customer Experience möglich.

Abb. 7 stellt einen Auszug aus den identifizierten zentralen Action Units dar.

Alle sechs Mimikdarstellungen sind als negative körperliche und nicht bewusst steuerbare Reaktionen auf Dialogmarketingstimuli zu interpretieren: Im Bild links oben zeigt sich im Gesicht mittig eine kritische Falte zwischen den Augenbrauen, welche Ärger signalisiert, in der Mitte daneben wird die obere Lippe (verachtend) hochgezogen, rechts davon wird nur ein Mundwinkel hochgezogen. In der unteren

Abb. 7 Auswahl für das reduzierte Set der Action Units

Reihe links handelt es sich um das Einziehen eines Mundwinkels, mittig zeigt das Herabziehen beider Mundwinkel Hilflosigkeit und rechts lässt das Einrollen der Lippen nach Innen ebenso eine negative Emotion in Bezug auf das Wahrgenommene erkennen.

Wenn zusätzlich zur Mimik gestische Bewegungen bei der untersuchten Person auftreten, weist das auf eine Verstärkung der Emotion hin. Neben den sichtbaren körperlichen Reaktionen kann weiterhin die Modifikation der Stimme für die Interpretation von Emotionen miteinbezogen werden: Hier besteht die Möglichkeit zur auditiven sowie visuellen Analyse der physiologischen Veränderungen. Bei der Analyse der Stimme spielen Stimmqualität, Lautstärke und Redegeschwindigkeit eine zentrale Rolle.

Die Stimmqualität umfasst alle charakteristischen Eigenschaften eines Menschen, z. B. soziale oder psychologische Merkmale. Sie gibt Aufschluss über eine empfundene Emotion. Dies geschieht aufgrund der An- und Entspannung der Muskeln des Kehlkopfes, des unterschiedlichen Schwingungsverhaltens der Stimmlippen und einer anderen gesprochenen Frequenz in Folge der Aktivierung durch eine Emotion wie in Abb. 8 beispielhaft dargestellt (vgl. Belas o. J.; Pompino-Marshall 2009 sowie Reinke 2008).

Die Lautstärke und die Geschwindigkeit des Sprechens, aber auch deren Veränderung im Vergleich zum Normalzustand kann auf die Ausprägung und Stärke einer emotionalen Erregung hinweisen: Bei Ärger oder Angst zeigt sich in der Stimme eine erhöhte Lautstärke und eine beschleunigte Redegeschwindigkeit. Dagegen kann eine geringe Erregung z. B. bei Trauer oder Langeweile anhand

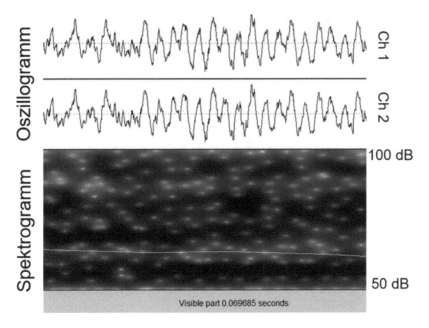

Abb. 8 Darstellung der Messwerte stimmlicher Veränderungen in Folge einer auftretenden Emotion

verringerter Parameter gemessen werden. Diese Modifikationen, bestimmt durch Atemfrequenz und Speichelfluss, lassen sich am Oszillogramm bzw. an den Amplitudenverläufen ablesen und auswerten (vgl. Wiese 2011 sowie Müller und Gast 2014).

Eine zentrale Rolle für Customer Experience Untersuchungen im Dialogmarketingumfeld kommt der Analyse der Stimmqualität in den Bereichen des Telefonmarketings oder Telekundenservices zuteil, da keine anderen Indikatoren für die Erfassung und Analyse von Emotionen der Kunden und Kundinnen während der Interaktion zur Verfügung stehen. Unter anderem entwickelt die Firma „audEERING" eine Callcenter-Software namens „callAIser™", die zur Erkennung von Emotionen über Audio Technologien der künstlichen Intelligenz nutzt. So wird der emotionale Zustand der Sprechenden bestimmt um als Gesprächsführende im Call-Center empathisch auf z. B. Wut und Erregung reagieren zu können (vgl. audEERING o. J.).

Grundsätzlich kann beim Customer Experience Testing je nach Zielsetzung der Untersuchung eine modulare Kombination der Befragungstechniken mit den Methoden des Eye Tracking, der Mimik-, Gestik- oder Stimmanalyse erfolgen, um detaillierte Ergebnisse zur Bestimmung der Customer Experience zu gewinnen. Künstliche Intelligenz ermöglicht hier eine automatisierte Auswertung und erleichtert das Ableiten von Handlungsempfehlungen (vgl. Miclau et al. 2020, S. 63 ff.).

5 Ableitung von Handlungsempfehlungen für ein customer-experience-optimiertes Dialogmarketing

▶ Im Fokus dieses Abschnitts steht die Frage, wie man die Nutzer und Nutzerinnen bei der Anwendung der gängigsten Dialogmarketing-Kanäle positiv emotionalisieren kann.

Um die Kundenanforderungen in allen Phasen erfüllen zu können müssen diese mit Hilfe der Marketingforschung identifiziert werden. Bedenkt der Kunde oder die Kundin vor dem Kauf, ob das Produkt überhaupt gebraucht wird oder welche alternative Lösungen es gibt, so müssen im Dialogmarketing hierfür bereits Lösungen im Vorfeld in Offline- und Online-Medien bereitgestellt werden. Sei es, dass am Point of Sale der Verkäufer oder die Verkäuferin Differenzierungskriterien für die Konsumenten und Konsumentinnen herausarbeitet oder über die Webseite der besondere Vorteil des Produkts dargestellt wird:

Abb. 9 visualisiert die drei zentralen Phasen des Konsumprozesses vor, während und nach dem Kauf mit den jeweiligen unterschiedlichen Fragestellungen, mit denen man sich Direktmarketing im Kontext der Customer Experience Optimierung jeweils auseinandersetzen muss. Im Dialogmarketing müssen alle Phasen vorausgedacht und mit entsprechenden Kommunikationsmitteln abgedeckt werden.

Um den Dialog mit der Zielgruppe entsprechend optimal zu gestalten, sind jeweils die sieben Grundsätze der Dialoggestaltung zu berücksichtigen (nach DIN EN ISO 9241-110 2019):

1. Aufgabenangemessenheit: Kann die Aufgabe zielgerecht erledigt werden?
2. Selbstbeschreibungsfähigkeit: Kann die Anwendung intuitiv benutzt werden?
3. Lernförderlichkeit: Können Prozesse leicht erlernt werden?

Phase	Konsumentenperspektive	Marketingperspektive
Vor dem Kauf	Brauche ich das Produkt? Welche Alternativen gibt es? Welche Infoquellen nutze ich?	Wie differenziere ich mich? Welche Anreize werden erwartet? Welche Infoquellen biete ich?
Während des Kaufs	Wie schwierig ist der Kauf? Was denken die Anderen? Mag ich das Image des Anbieters? Vertraue ich dem Anbieter?	Welche Faktoren kann ich beeinflussen? Wie kann ich die Kaufentscheidung unterstützen?
Nach dem Kauf	Habe ich Freude an der Nutzung? Werden meine Erwartungen vollständig erfüllt? Wie kann ich das Produkt entsorgen? Was sind die Folgen für die Umwelt?	Was sind die Kriterien für die Zufriedenheit mit dem Produkt? Wird Anderen von der Kauferfahrung erzählt? Beeinflusst das deren Kaufentscheidung?

Abb. 9 Einzelne Phasen des Konsumprozesses. (Quelle: In Anlehnung an Solomon 2016, S. 13)

4. Steuerbarkeit: Kann auf den Ablauf immer Einfluss genommen werden?
5. Erwartungskonformität: Reagiert die Anwendung wie sie soll?
6. Individualisierbarkeit: Kann die Anwendung personalisiert werden?
7. Fehlertoleranz: Kann die Anwendung falsche Bedienungen abfangen?

Diese sieben Anforderungen stammen aus der Forschung zu interaktiven Dialogen in der Mensch-Maschine-Kommunikation. Sie erfahren aufgrund der Zunahme der crossmedialen Kundenkommunikation für alle Marketingausprägungen zunehmend Aufmerksamkeit. Alle Dialogmarketinginstrumente müssen diesen sieben Kriterien gerecht werden: Ist das genutzte Kommunikationsmittel der Dialogmarketingaufgabe angemessen gestaltet (1.)? Ist es intuitiv nutzbar (2.)? Sind komplexe Prozessschritte (z. B. Bezahlung im Online-Shop) leicht erlernbar (3.)? Ist die Steuerbarkeit der Interaktion zu jeder Zeit gegeben (4.)? Reagiert das Kommunikationsmittel wie es erwartet wird (5.)? Hat der Kunde oder die Kundin das Gefühl, dass individuell auf die Bedürfnisse eingegangen wird (6.)? Wird abgesichert, dass das Kommunikationsinstrument auch fehlerhafte Bedienung abfängt (7.)?

Im Rahmen der Dialogmarketinginteraktion werden kontinuierlich Informationen zwischen Zielgruppe und Unternehmen ausgetauscht. Bei den offline-medienbasierten Kommunikationsprozessen geht diese Sendung von Reizen überwiegend vom Unternehmen aus, z. B. über einen TV-Werbespot oder ein Printmailing. Die Online-Kanäle insbesondere die sozialen Medien sind anders strukturiert, da auch die Mitglieder der Zielgruppe Reize an andere Konsumenten und Konsumentinnen senden können. Diese Inhalte entziehen sich somit der Steuerung und redaktionellen Prüfung durch das Unternehmen. In den nachfolgenden Abschnitten werden die unterschiedlichen Offline-, Online- und crossmedialen Dialogmarketingoptionen unter dem Gesichtspunkt der Customer Experience betrachtet und verschiedene Handlungsempfehlungen für Dialogmarketingexperten und -expertinnen herausgearbeitet.

5.1 Customer Experience im Offline-Dialogmarketing

In der Vergangenheit vermochten es Offline-Medien, den kompletten Dialogmarketingprozess abzudecken: Von der Anbahnung über die Aushandlung bis hin zur Abwicklung einer Transaktion fanden diese in den klassischen Medien statt. Dies erfolgte sowohl mit Medienbrüchen, z. B. mit einer Anbahnung über einen TV-Spot, Bestellung über das Telefon und Rechnung per Post, als auch ohne Medienbrüche, z. B. ein Messebesuch mit Akquise Gespräch, Produktübergabe und Bezahlung vor Ort.

Klassische Medien wie TV, Radio, Zeitung, Zeitschrift, Plakatwand, Kino, etc. haben im Kontext des Dialogmarketings zum Ziel, im optimalen Fall zu unmittelbarer Response auf den Stimulus aus der Kampagne aufzufordern. Waren die Interaktionskanäle bis zu Beginn der 90er-Jahre des letzten Jahrhunderts auf persönliche

Kontakte, Telefon, Fax und Brief fokussiert, werden heute aufgrund der Nutzung innovativer Technologien und Netzwerke die Online-Kanäle bevorzugt eingesetzt.

Die unmittelbare kostengünstige Interaktion mit den Kunden und Kundinnen in Echtzeit ohne Medienwechsel sind die besonderen Vorteile. Zusätzliche digitale Endgeräte als „Second Screen" neben der Nutzung klassischer Medien zu nutzen, ist bereits ein alltägliches Phänomen. Das können sich Anbieterunternehmen zunutze machen: Ein TV-Spot wird durch eine Einblendung der Webadresse direkt auf der Webseite „Traffic" erzeugen und den direkten Kauf der aktuell angebotenen Leistungen ermöglichen.

Vorteil der klassischen Medien ist im Kontext der Customer Experience die Ansprache mehrerer Sinne, die in den Online-Medien nur bedingt adressiert werden können: Haptisch, olfaktorisch, aber auch visuell und auditiv sind dem virtuellen Raum – nicht nur für Marketinginformationen – natürliche Grenzen gesetzt. Moderne Endgeräte, wie Smartphones, können nicht vermitteln, wie sich ein Stoff anfühlt oder ein Parfüm riecht.

Videos, Animationen und Musik auf Firmenhomepages und in Online-Shops als Kanäle der ersten Generation des Digitalmarketings können technisch zwar umgesetzt werden, finden aber beim Publikum kaum Akzeptanz: Sie drosseln die Gesamtperformance der Anwendung und werden von den Usern als störend empfunden. Die Online-Ausprägungen der zweiten Generation – auch als Social Media bezeichnet – umfassen Kanäle wie YouTube, Facebook oder Instagram, die gezielt von den Nutzern und Nutzerinnen besucht werden, um multisensuale Impulse zu finden.

Die klassischen Kanäle – insbesondere Print – finden trotz aller negativen Entwicklungsprognosen vermehrt gezielten Einsatz in der Dialogmarketing-Community. Auch bei den Kunden und Kundinnen erhalten Printmaßnahmen wieder erhöhte Aufmerksamkeit, da sich die „Informationsflut" vom Briefkasten vor der Haustür in den letzten Jahren in das Online-Postfach verlagert hat. Ein persönlich adressierter Brief oder ein ansprechend gestalteter Printkatalog sind heute wieder etwas Besonderes für die Zielgruppe: Das Öffnen der Werbeinformation kann ein haptisches, olfaktorisches und visuelles Erlebnis vermitteln und dann in die Informationskanäle des Internets weiterverweisen.

Zentrales Ziel der kundenzentrierten Dialogmarketingaktivitäten jedes Unternehmens ist es, potenzielle Interessenten und Interessentinnen oder Käufer und Käuferinnen für das eigene Leistungsangebot zu generieren. Das Auslösen einer direkten Reaktion erfolgt über Offline-Kanäle mit einer Ansprache, die mehrere Sinnesreize adressiert – insbesondere solche, die derzeit noch nicht digital abbildbar sind.

Im Kontext des Aufbaus einer langfristigen Kundenbeziehung werden insbesondere auch die Offline-Medien verstärkt dazu eingesetzt diese zu pflegen und zu erhalten bzw. auch wiederzubeleben, wenn diese vom Kunden oder von der Kundin beendet zu werden droht. Offline-Kanäle können am besten bei der Zielgruppe wirken, wenn ihre multi-sensorischen Stärken bei der Ausführung der Kampagne in allen Phasen der Kundenbeziehung eingesetzt werden und sie darüber hinaus auf die weiterführenden Online-Kanäle gezielt verweisen. So kann die Customer Experience kanalübergreifend wirken und Markenkommunikation zielgruppengerecht ausgesteuert werden.

5.2 Customer Experience im Online-Dialogmarketing

Im nachfolgenden Abschnitt werden konkrete Handlungsempfehlungen für eine positive Customer Experience im Online-Dialogmarketing abgeleitet. Dabei werden die Corporate Website und der eigene Online-Shop, Social Media Marketing, E-Mail-Marketing und das Suchmaschinenmarketing näher betrachtet.

5.2.1 Customer Experience Optimierung: Website und Online-Shop

Die Corporate Website und der eigene Online-Shop sind die zentralen Plattformen, um einen langfristigen Online-Dialog mit Kunden und Kundinnen aufzubauen und zu pflegen. Wenn ein positives Nutzungserlebnis entsteht und die Erwartungen der User während der Interaktion erfüllt werden, können Kunden und Kundinnen zum wiederholten Besuch motiviert werden. Nicht umsonst ist der erste Grundsatz des Technologieunternehmens Google: „Die User stehen an erster Stelle, alles Weitere folgt von selbst." Damit Nutzer und Nutzerinnen sich auf der Website oder im Online-Shop wohlfühlen, gilt es ihnen positive Emotionen zu bieten.

Das Konzept des Emotional Designs bietet hierfür einen sehr guten Ansatz: Der Begriff wurde insbesondere von Norman (2004) und Walter (2011) geprägt. Walter hat in seiner Arbeit die Maslowsche Bedürfnispyramide an die Bedürfnisse der User angepasst. Die drei grundlegenden Ebenen 1. Funktionalität – Functional, 2. Zuverlässigkeit – Reliable und 3. Nutzerfreundlichkeit – Usable, wurden um eine vierte Ebene in unten stehender Abb. 10 ergänzt: Es soll Spaß und Freude machen, die Anwendung zu benutzen – Pleasurable.

Es existiert kein einheitliches „Erfolgsrezept" für Emotional Design: Dennoch gibt es Konzepte, die genutzt werden können, um positive Emotionen bei den Nutzern und Nutzerinnen hervorzurufen (vgl. Walter 2011; Niere 2015; Kilian 2020 sowie Petereit 2020). Einige davon werden in den nachfolgenden Abschnitten kurz vorgestellt.

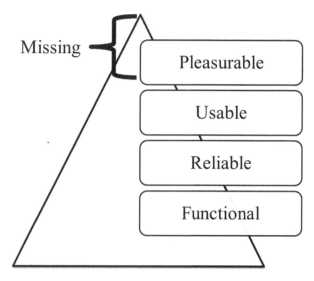

Abb. 10 Angepasste Maslowsche Bedürfnispyramide. (Quelle: In Anlehnung an Walter 2011)

Kundenirritationen vermeiden

Um die Spitze der Bedürfnispyramide zu erreichen, soll die Erfüllung der drei unteren Bedürfnisebenen sichergestellt werden: Damit keine Kundenirritationen auftreten und somit negative Emotionen ausgelöst werden, sollen Website und Online-Shop funktionell, zuverlässig und benutzerfreundlich sein. Das bedeutet unter anderem, dass sie technisch einwandfrei funktionieren (vgl. Jacobsen und Meyer 2019, S. 64). Es wird erwartet, dass die Applikationen zuverlässig, schnell und auf allen genutzten Endgeräten fehlerfrei funktionieren.

Usability spielt eine zentrale Rolle, denn eine gute Benutzerfreundlichkeit reduziert Stress und Frustration. Ein Beispiel für ein wichtiges Element einer nutzerfreundlichen Anwendung ist eine intuitiv bedienbare Oberflächenstruktur. Da Menschen leichter mit dem zurechtkommen, was ihnen bereits bekannt ist, sollte auf Standards und gängige Konventionen gesetzt werden (z. B. das Logo links oben platzieren und zur Startseite verlinken). Insbesondere für das Dialogmarketing ist es zielführend, Kontaktmöglichkeiten mit dem Unternehmen prominent auf der Oberfläche anzubieten und die Kontaktaufnahme so einfach und kundenorientiert wie möglich zu gestalten (vgl. Mangold 2017).

Mit Bildern und Videos Emotionen erzeugen

Das große Emotionalisierungspotenzial macht Bilder und Videos zu besonderen Schlüsselelementen, um eine Website bzw. einen Online-Shop emotional ansprechend zu gestalten (vgl. Bartling 2016; Kilian 2020). Jacobsen und Meyer sehen Bilder als hervorragend geeignet, um die Nutzungsfreude – Joy of Use – zu verbessern. Eingesetzte Fotos und Videos sollten möglichst die Emotion vermitteln, die mit dem Dialogmarketingkonzept des Unternehmens angestrebt wird (vgl. Jacobsen und Meyer 2019, S. 338). Diese Wirkung lässt sich über Customer Experience Testings im Vorfeld der Kampagnenschaltung prüfen. Bilder, die die angebotene Leistung auf emotionale Weise präsentieren, werden im Englischen „Hero Shots" genannt: Ein gut platziertes Bild soll die Besucher und Besucherinnen dazu animieren weiter mit der Website oder den Online-Shop zu interagieren, z. B. um mehr über das Angebot zu erfahren.

Dialoge personalisieren

Ziel dieser Aktivität ist es, die Erfahrung für jeden Besucher und jede Besucherin möglichst individuell zu gestalten, um so die jeweiligen Erwartungen und Bedürfnisse bestmöglich zu erfüllen. Die Angebote und Inhalte auf der Website werden je nach Nutzungsmerkmalen kontextual gestaltet: Die Segmentierung, also das Einteilen der Besucher und Besucherinnen nach vordefinierten Kriterien, ist dabei ein wesentlicher und erfolgsbestimmender Faktor. Automatisierungssysteme helfen dabei, den Dialog effektiv und effizient für den einzelnen Kunden und die einzelne Kundin passgenau auszusteuern.

Gamification und Belohnungselemente integrieren

Der Begriff Gamification beschreibt das Einsetzen von Spiel-Design-Elementen in einem spielfremden Kontext (vgl. Deterding et al. 2011, S. 10). Ziel dieser digitalen

Dialogmarketingaktivität ist es, die Interaktion und Motivation der User zu steigern, indem sie für bestimmte Aktionen belohnt werden. Konkrete Beispiele sind das Belohnen von Weiterempfehlungen und Privilegien für besonders umsatzstarke Käufer und Käuferinnen.

Kunden und Kundinnen überraschen

Es ist positiv, wenn eine Anwendung die Nutzer und Nutzerinnen zum „Schmunzeln" bringt – allerdings ist auch Vorsicht in Bezug auf humoristische Inhalte geboten: Man muss die Zielgruppe sehr gut kennen, um sicher zu sein, dass diese Informationen auch als lustig empfunden werden. Wie bereits im vorausgehenden Abschnitt dargestellt, werden Reize jeweils individuell wahrgenommen und interpretiert, was somit bei einzelnen Personen auch zu Missverständnissen führen kann.

Überraschungen hingegen können eine starke Wirkung haben: Ein sogenanntes „Easter Egg" – eine gut versteckte Botschaft oder Funktion in einer Anwendung – kann die Kunden und Kundinnen positiv überraschen. Sie gibt der Anwendung ein menschliches Gesicht, da sie auch etwas über die Entwickler und Entwicklerinnen der Website oder eines Online-Shops verrät. Wenn User eine solche Überraschung entdecken, fühlt es sich für sie an, als würden sie einen Schatz finden. Die Google Suchseite enthält einige versteckte Überraschungen: So macht die Ergebnisseite eine 360-Grad-Drehung, wenn bei der Sucheingabe „do a barrel roll" – „mach eine Fassrolle" – eingegeben wird.

Mit Mikro-Interaktionen Feedback geben

Interaktionen, die sich nicht mehr in weitere Schritte unterteilen lassen, nennen sich Mikro-Interaktionen (vgl. Jacobsen und Meyer 2019, S. 451). Es sind einfache Elemente, die den Nutzern und Nutzerinnen Feedback zu einer Handlung geben. Beispiele sind Fortschrittsbalken beim Download oder das Erscheinen von einem grünen Häkchen, wenn ein Formularfeld korrekt ausgefüllt wurde. Wenn die Rückmeldungen so gestaltet sind, dass sich die User in ihrer Interaktion verstanden und bestätigt sehen, hinterlassen sie ein gutes Gefühl.

5.2.2 Customer Experience Optimierung: Social Media Marketing

Social Media Inhalte werden mit größerer Wahrscheinlichkeit geteilt, wenn sie starke Emotionen hervorrufen: Dabei ist nicht entscheidend, ob die Inhalte positive oder negative Emotionen auslösen (vgl. Berger und Milkman 2012 sowie Ahrholdt et al. 2019, S. 260). Folgende Handlungsempfehlungen sollten berücksichtigt werden, um das Engagement der User zu steigern (vgl. Ahrholdt et al. 2019, S. 261):

- Klare Botschaften mit Bezug zur Marke
- Verzicht auf offensichtliche Werbebotschaften
- Einbindung dynamischer Elemente, Kontraste, Farben und Bilder
- Einbindung interaktiver Elemente als „Call-to-Actions"
- Veröffentlichung in den Nachmittagsstunden
- Regelmäßig neue Inhalte
- Umfang von weniger als 1000 Zeichen

Social Media Marketing zeigt insbesondere bei jüngeren Zielgruppen eine positive Wirkung: Durch den Einsatz von zum Angebot passenden Influencern und Influencerinnen kann die Emotionalität der Botschaften nochmals verstärkt werden, da diese als vertrauenseinflößend wahrgenommen werden.

5.2.3 Customer Experience Optimierung: E-Mail-Marketing

Beim E-Mail-Marketing werden Werbebotschaften und Informationen über das Medium E-Mail an potenzielle und bestehende Kunden und Kundinnen versendet (vgl. Holland 2016, S. 102). Obwohl die Kommunikation zwischen Privatpersonen immer mehr über soziale Medien und Messaging-Dienste stattfindet, ist die Bedeutung von E-Mails weiterhin hoch, Tendenz sogar steigend (vgl. Kreutzer 2018, S. 2). Für Werbetreibende ist ein grundlegender Vorteil des E-Mail-Marketings, dass sie selbst über Kundendaten verfügen und nicht abhängig von den Algorithmen der großen Player sind. Aber wie gestaltet man das E-Mail-Marketing so, dass es auch von den Usern wahrgenommen wird?

Kreutzer unterscheidet zwischen vier Ausprägungen der elektronischen Kommunikation im E-Mail-Marketing (vgl. Kreutzer 2018, S. 5):

- Trigger E-Mails: Diese E-Mails werden anlassbezogen an ausgewählte Empfänger und Empfängerinnen verschickt. Beispiel ist eine E-Mail, die zum Geburtstag gratuliert.
- Transaction E-Mails: Diese begleiten die Geschäftsvorgänge zwischen Unternehmen und Kunden bzw. Kundinnen. Beispiele sind Eingangsbestätigungen, Lieferankündigungen und Zahlungserinnerungen.
- After-Sales E-Mails: Diese tragen zum Abschluss von Kaufprozessen bei und können gleichzeitig Folgekäufe vorbereiten.
- E-Newsletter: Damit kann über aktuelle Angebote oder Unternehmungsentwicklungen informiert werden. Sie tragen zur Stärkung der Kundenbindung bei.

Trigger-E-Mails haben oftmals einen direkten, emotionalen Bezug zum Empfänger bzw. zur Empfängerin und entfalten daher in der Regel hohe Click-Through und Open Rates. Diese E-Mails bieten somit die Möglichkeit – im Rahmen des rechtlich Erlaubten – weitere Dialogmarketinginhalte hinzuzufügen (vgl. Ahrholdt et al. 2019, S. 293). Personalisierte E-Mails haben eine wesentlich höhere Chance vollständig gelesen zu werden und können die Effektivität der Kampagne deutlich steigern (vgl. Lammenett 2019, S. 131). Eine zielgenaue Segmentierung ist die Voraussetzung für eine erfolgreiche Personalisierung. Dafür ist eine Verknüpfung zwischen E-Mail-Marketing Plattform, Webanalyse- und Customer-Relationship-Management-Systemen notwendig (vgl. Ahrholdt et al. 2019, S. 290). Diese Tools ermöglichen es, auf Basis des Klickverhaltens dem jeweiligen User personalisierte Inhalte zu präsentieren. Eine Studie des Dialogmarketingdienstleisters Mailchimp zeigt, dass die Open Rate, die Unique Open Rate und die Klickrate im zweistelligen Bereich verbessert werden können, wenn die Empfängerliste in homogene Segmente unterteilt wird (vgl. Ahrholdt et al. 2019, S. 291).

5.2.4 Customer Experience Optimierung: Suchmaschinenmarketing

Die Gestaltungsmöglichkeiten im Suchmaschinenmarketing sind deutlich eingeschränkter als in den vorher genannten Kanälen: Textanzeigen sind die einfachste und kostengünstigste Form. Emotional aufgeladene Reize können mit dem Werbemittel nicht transportiert werden. Außerdem wird dem werbetreibenden Unternehmen sehr wenig Spielraum für Kreativität gegeben: So verstößt zum Beispiel schon das Einsetzen von Emojis in Textanzeigen im Google Ads-Konto gegen die redaktionellen Richtlinien. Auch wiederholte Satzzeichen, Symbole und Großbuchstaben sind nicht erlaubt. Werbetreibende müssen sich an die Spielregeln der Suchmaschinenanbieter halten und Werbebotschaften in kurze, knappe Texte zwingen.

Doch auch in diesem starren Rahmen kann die Zielgruppe mit dem Einsatz spezieller Begriffe gezielt emotional angesprochen und ein einzigartiges Nutzenversprechen vermittelt werden. Das Neuromarketing-Instrumentarium der Gruppe Nymphenburg bietet dafür einen hilfreichen Ansatz: Marketingverantwortliche können bei der Textgestaltung neuropsychologische Aspekte der Zielgruppe berücksichtigen, denn das Kaufverhalten wird von der individuellen emotionalen Persönlichkeitsstruktur mitbestimmt (vgl. Häusel 2014a, S. 62). Wenn bekannt ist, wo der Schwerpunkt in der Ausprägung eines der drei zentralen Emotionssysteme Stimulanz, Dominanz oder Balance bei der Zielgruppe liegt, können die textlichen Begrifflichkeiten und Werte, die für die Zielgruppe wichtig sind, in die Werbeanzeigen optimal integriert werden: Die Zielgruppe, die sich im Bereich der Stimulanz befindet, kann mit Begrifflichkeiten wie „einzigartig, trendig, stylisch, extravagant, verspielt und froh" angesprochen werden. Zu den dominanzfokussierten Typen passen Begrifflichkeiten wie „das Beste, effizient, Status". Balancefokussierten Kundengruppen werden mit Begriffen wie „unbedenklich, regelmäßig, geprüft, regional, qualitativ, traditionsreich" angesprochen.

5.3 Customer Experience im Cross-Channel-Dialogmarketing

Vor, während und nach dem Erwerb eines Produktes oder einer Dienstleistung bedient sich der Kunde bzw. die Kundin vieler unterschiedlicher Kanäle (vgl. Berchtenbreiter 2019, S. 153). Wenn man als Unternehmen dabei eine positive Customer Experience anbieten möchte, reicht es nicht aus, auf allen Kanälen präsent zu sein (vgl. Kemmerer 2019, S. 157): Der Budgetplan sollte stets die gesamte zielgruppenspezifische Customer Journey umfassen und über alle genutzten Kommunikations- und Vertriebskanäle hinweg Konsistenz zeigen (vgl. Schulte und Groß 2019, S. 17).

Wie Unternehmen eine kanalübergreifende positive Customer Experience im Dialogmarketing mit einem nahtlosen Wechsel zwischen den Kanälen gewährleisten können, zeigt die nachfolgende Auflistung einige Voraussetzungen für eine passgenaue Abdeckung der Customer Journey auf (vgl. Kemmerer 2019, S. 160):

- Einheitliche Strukturierung der Online- und Offline-Kanäle, z. B. Online-Shop und Printkatalog

- Personalisierbare Elemente automatisch kanalübergreifend synchronisieren, z. B. Warenkorb und Merkliste
- Personalisierte Ansprache, Aktionen und Empfehlungen über alle Kanäle hinweg

Auch Erfahrungen von Vertretern und Vertreterinnen der Zielgruppe mit Ansprechpartnern und Ansprechpartnerinnen im Unternehmen spielen eine zentrale Rolle für die individuell wahrgenommene Customer Experience. Auf Kundeninteraktion geschulte Mitarbeiter und Mitarbeiterinnen sind ein wichtiger Erfolgsfaktor für das Unternehmen (vgl. Bacher 2019, S. 125).

6 Zusammenfassung

▶ Der Dialogmarketingprozess wird zunehmend komplexer – eine zielgruppengerechte Verknüpfung der klassischen und neuen Interaktionskanäle entlang der Customer Journey ist für eine erfolgreiche Konzeption der kundenindividuellen Customer Experience unabdinglich.

Die gezielte Auswahl und Abgrenzung der Zielgruppe ist bei Customer Experience Optimierung essenziell. Folgende Fragen können bei der Selektion der Kernzielgruppe unterstützen: Wer sind die erfolgversprechendsten Kunden und Kundinnen für das Unternehmen? Wie war der bisherige Verlauf der Kundenbeziehung? Über welche Kommunikationskanäle und Angebote kam es zu einer Response? Durch welche Maßnahmen konnten sie gebunden werden?

Eine kanalübergreifende Customer Experience kann nur erfolgreich umgesetzt werden, wenn alle zentralen Komponenten der Kundeninteraktion optimal aufeinander abgestimmt sind: Hierbei sind insbesondere die Leistungen, die sich an den Kundenbedürfnissen orientieren müssen, sehr wichtig. Weiterhin findet die Auswahl der Medien für den crossmedialen Dialog, die mit ihren technologischen Facetten Enabler für die Kundeninteraktion sind, große Beachtung. Letztendlich jedoch ist die Marke des Unternehmens der Kern, der die Kommunikation über die Kanäle hinweg prägen sollte, da sie für Vertrauen und Loyalität zwischen Anbietenden und Nachfragenden steht (In Anlehnung an Robra-Bissantz und Lattemann 2019, S. 91).

Im Dialogmarketing muss auch ganz klar anhand der Bewertung auf eine Kernzielgruppe fokussiert werden: Es darf keine Kundenorientierung um jeden Preis erfolgen. Auch das Anstreben von maximaler Kundenzufriedenheit, ein Pflegen der Kundenbeziehungen mit allen Kunden und Kundinnen oder eine Gleichbehandlung aller Konsumenten und Konsumentinnen sind keine empfehlenswerten Erfolgsrezepte.

Es empfiehlt sich vielmehr, die customer-experience-optimierte Kundenakquisition und Kundenpflege daran auszurichten, welche Eigenschaften die Kunden und Kundinnen der Kernzielgruppe prägen, um einen optimalen Match angebotener Leistungen, angebotener Vertriebswege, Preisgestaltung und Kommunikationsaktivitäten umsetzen zu können. Die Zielgruppe ALLE ist längst aufgrund der Vielfalt der Marketingwelt nicht mehr vorstellbar, da weder die Qualität der Maßnahmen, noch der Zeitpunkt der Ansprache oder das Budget für die Kommunikationsmaßnahmen ansatzweise angemessen abbildbar wären.

Zentral bei allen Customer Experience Aktivitäten für Dialogmarketingexperten und -expertinnen in der Kundenkommunikation ist es, die optimale Information im optimalen Kanal (strategischer Erfolgsfaktor Qualität) zur optimalen Zeit (strategischer Erfolgsfaktor Zeit) mit dem optimalen Budget (strategischer Erfolgsfaktor Kosten) auszuspielen: Nur dann kann eine customer-experience-optimierte Dialogmarketingkampagne bei den Kunden und Kundinnen erfolgreich wirken.

Literatur

audEERING callAIser. (o. J.). On-premise solution optimized for performance. Gilching. https://www.audeering.com/what-we-do/callaiser/. Zugegriffen am 26.03.2020.

Ahrholdt, D., Greve, G., & Hopf, G. (2019). *Online-Marketing-Intelligence. Kennzahlen, Erfolgsfaktoren und Steuerungskonzepte im Online-Marketing*. Wiesbaden: Springer Gabler.

Axtell, R. E., & Fornwald, M. (1998). *Gestures. The do's and taboos of body language around the world* (Rev. and expanded Aufl.). New York: Wiley.

Bacher, K. (2019). Mitarbeiter – sie machen Marken erlebbar. In S. Schulte & T. Schwarz (Hrsg.), *Leitfaden Customer Experience. Wie positive Erlebnisse Kunden binden*. Waghäusel: marketing-BÖRSE GmbH.

Bartling, K.-H. (2016). Visuelle Kommunikation. Die Macht der Bilder Teil 1. https://cleop.com/cleop-academy/artikel/visuelle-kommunikation-die-macht-der-bilder-teil-1/. Zugegriffen am 18.03.2020, Kassel.

Belas, N. (o. J.). Phonetische Beschreibung der Stimmqualität. http://www.fundus.org/pdf.asp?ID=2581.

Berchtenbreiter, S. (2019). Customer-Touchpoint-Kommunikation über alle Kanäle. In S. Schulte & T. Schwarz (Hrsg.), *Leitfaden Customer Experience. Wie positive Erlebnisse Kunden binden* (S. 149–156). Waghäusel: marketing-BÖRSE GmbH.

Berger, J., & Milkman, K. L. (2012). What makes online content viral? *Journal of Marketing Research, 49*(2), 192–205, London.

Brosch, T., & Scherer, K. R. (2008). Plädoyer für das Komponenten-Prozess-Modell als theoretische Grundlage der experimentellen Emotionsforschung. In W. Janke, M. Schmidt-Daffy & G. Debus (Hrsg.), *Experimentelle Emotionspsychologie: Methodische Ansätze, Probleme und Ergebnisse* (S. 193–204). Lengerich: Pabst Science Publishers.

Deterding, S., Dixon, D., Khaled, R., & Nacke, L. (2011). From game design elements to gamefulness. In A. Lugmayr, H. Franssila, C. Safran & I. Hammouda (Hrsg.), *Proceedings of the 15th International Academic MindTrek Conference Envisioning Future Media Environments* (S. 9–15). New York.

DIN EN ISO 9241-110:2019-09. (2019). Ergonomie der Mensch-System-Interaktion – Teil 110: Interaktionsprinzipien (ISO/DIS 9241-110:2019), Deutsche und Englische Fassung prEN ISO 9241-110:2019.

Eberhard-Yom, M. (2010). *Usability als Erfolgsfaktor: Grundregeln, User Centered Design, Umsetzung*. Berlin: Cornelsen.

Ekman, P. (1977). *Friesen, W. V., Manual for the facial action coding system*. Palo Alto.

Ekman, P. (1997). Conclusion: What we have learned by measuring facial behavior. In P. Ekman & E. L. Rosenberg (Hrsg.), *What the face reveals: Basic and applied studies of spontaneous expression using the facial action coding system* (S. 605–626). New York: Consulting Psychologists Press.

Ekman, P., & Friesen, W. V. (1978). *The facial action coding system (FACS). A technique for the measurement of facial action*. Palo Alto: Consulting Psychologists Press.

Ekman, P., & Heider, K. (1988). The universality of a contempt expression: A replication. *Motivation and Emotion, 12*(3), 303–308, Heidelberg: Oxford Univ. Press.

Ellsworth, P., & Scherer, K. R. (2003). Appraisal processes in emotion. In R. J. Davidson, H. H. Goldsmith & K. R. Scherer (Hrsg.), *Handbook of affective sciences* (S. 572–595). Oxford: Oxford University Press.

Gast, O., Nerb, J., Miclau, C., & Müller, A. (2018). Conversion-Killer in Onlineshops – Identifikation von Kundenorientierung anhand von Mimikindikatoren. In *Dialogmarketing Perspektiven 2017/2018. Tagungsband 12. wissenschaftlicher interdisziplinärer Kongress für Dialogmarketing*. Wiesbaden: Springer Gabler.

Häusel, H.-G. (2002). *Limbic success. So beherrschen Sie die unbewussten Regeln des Erfolgs; die besten Strategien für Sieger*. Freiburg/Berlin/Planegg/München: Haufe.

Häusel, H.-G. (2014a). Limbic: Das Navigationssystem für erfolgreiche emotionale Markenführung. In H.-G. Häusel (Hrsg.), *Neuromarketing. Erkenntnisse der Hirnforschung für Markenführung, Werbung und Verkauf* (3. Aufl., S. 55–75). Freiburg: Haufe.

Häusel, H.-G. (Hrsg.). (2014b). *Neuromarketing. Erkenntnisse der Hirnforschung für Markenführung, Werbung und Verkauf* (3. Aufl.). Freiburg.

Häusel, H.-G. (2014c). *Think Limbic! Die Macht des Unbewussten nutzen für Management und Verkauf* (5. Aufl.). Freiburg.

Holland, H. (2016). *Dialogmarketing. Offline- und Online-Marketing, Mobile- und Social Media-Marketing* (4., vollst. überarb. Aufl.). München: Franz Vahlen.

Izard, C. E. (1999). *Die Emotionen des Menschen: Eine Einführung in die Grundlagen der Emotionspsychologie*. Weinheim: Wiley.

Jacobsen, J., & Meyer, L. (2019). *Praxisbuch Usability & UX. Was jeder wissen sollte, der Websites und Apps entwickelt* (1. Aufl., 2., korr. Nachdruck). Bonn: Rheinwerk.

Jo, Y. M., & Stautmeister, A. (2011). Don't make me Think Aloud! – Lautes Denken mit Eye-Tracking auf dem Prüfstand. In H. Brau et al. (Hrsg.), *German UPA e.V* (S. 172–177). Stuttgart.

Kemmerer, D. (2019). Wie sich mit Omnichannel-Marketing die Kundenbindung erhöhen lässt. In S. Schulte & T. Schwarz (Hrsg.), *Leitfaden Customer Experience. Wie positive Erlebnisse Kunden binden*. Waghäusel: marketing-BÖRSE GmbH.

Kilian, S. (2020). Herz ist Trumpf – Emotional Design für mehr Conversions im B2B. https://www.onlinemarketing-blog.de/herz-ist-trumpf-emotional-design-fuer-mehr-conversions/. Zugegriffen am 11.03.2020, Stuttgart.

Kleinginna, P. R., Jr., & Kleinginna, A. M. (1981). A categorized list of emotion definitions, with suggestions for a consensual definition. *Motivation and Emotion, 5*(4), 345–379, Heidelberg.

Kreutzer, R. T. (2018). *E-Mail-Marketing kompakt. E-Mail-Adressen gewinnen, Kampagnen entwickeln und kontrollieren, die passende Software finden*. Wiesbaden: Springer Gabler.

Lammenett, E. (2019). *Praxiswissen Online-Marketing. Affiliate-, Influencer-, Content- und E-Mail-Marketing, Google Ads, SEO, Social Media, Online- inklusive Facebook-Werbung* (7. Aufl.). Wiesbaden: Springer Fachmedien.

Mangold, P. (2017). Usability und User Experience: Was macht eine gute Website aus? https://blog.hslu.ch/diginect/2017/01/03/usability-und-user-experience-was-macht-eine-gute-website-aus/. Zugegriffen am 11.03.2020, Luzern.

Marcantonio, D. (2008). *Italiener in Deutschland und Deutsche in Italien: Ihre Gesten im interkulturellen Vergleich*. Berlin.

Matschnig, M. (2013). *Körpersprache verstehen (30 Minuten)* (6., überarb. Aufl.). Offenbach: GABAL.

Miclau, C., Gast, O., Hertel, J., Wittmann, A., Hornecker, A., & Müller, A. (2020). Nutzerprobleme beim E-Commerce sehen und hören. Wie KI die Analyse der User Experience unterstützt. In Deutscher Dialogmarketing Verband e.V. (Hrsg.), *Dialogmarketing Perspektiven 2019/2020*.

Tagungsband 14. wissenschaftlicher interdisziplinärer Kongress für Dialogmarketing (S. 57–72). Wiesbaden: Springer Gabler.
Müller, A., & Gast, O. (2014). Customer Experience Tracking – Online-Kunden conversionwirksame Erlebnisse bieten durch gezieltes Emotionsmanagement. In F. Keuper, D. Schmidt & M. Schomann (Hrsg.), *Smart big data management* (S. 313–343). Berlin: Springer Gabler.
Müller, A., & Gast, O. (2018). *Entscheidungsfindung: Die Rolle der Kundenemotionen – Was Mimik über Emotion und Entscheidung verrät*. Wiesbaden: Springer Gabler.
Niere, A. (2015). Auf der Website gute Gefühle wecken: Emotional Webdesign. Frankfurt a. M. https://www.bieg-hessen.de/blog/webdesign/auf-der-website-gute-gefuehle-wecken-emotional-webdesign/. Zugegriffen am 11.03.2020.
Norman, D. A. (2004). *Emotional design. Why we love (or hate) everyday things*. New York: Basic Civitas Books.
Pease, A. (1991). *Body language. How to read others' thoughts by their gestures, 16. Impression*. London: Sheldon Press.
Petereit, D. (2020). Webdesign Trends: Was ist wirklich wichtig? Freiburg. https://www.drweb.de/webdesign-trends/#Webdesign-Trends_Was_ist_Emotional_Design_und_warum_sollte_Sie_das_interessieren. Zugegriffen am 11.03.2020.
Picard, R. W. (2003). Affective computing: Challenges. *International Journal of Human-Computer Studies, 59*, 55–64, Freiburg.
Pompino-Marschall, B. (2009). *Einführung in die Phonetik*. Berlin.
Raab, G., Unger, A., & Unger, F. (2018). *Methoden der Marketingforschung* (3. Aufl.). Wiesbaden: Springer Gabler.
Reinke, K. (2008). Zur Wirkung phonetischer Mittel in sachlich intendierter Sprechweise bei Deutsch sprechenden Russen. In *Hallesche Schriften zur Sprechwissenschaft und Phonetik* (Bd. 26). Frankfurt a. M.: Lang.
Robra-Bissantz, S., & Lattemann, C. (2019). *Digital customer experience*. Wiesbaden: Springer Gabler.
Scherer, K. R. (1993). Neuroscience projections to current debates in emotion psychology. *Cognition and Emotion, 7*, 1–4, Heidelberg.
Schmidt-Atzert, L. (1996). *Lehrbuch der Emotionspsychologie*. Stuttgart: W. Kohlhammer GmbH.
Schneider-Stickler, B., & Bigenzahn, W. (2013). *Stimmdiagnostik. Ein Leitfaden für die Praxis* (2. Aufl.). Dordrecht/Wiesbaden/Wien: Springer.
Schulte, S., & Groß, B. (2019). Customer Experience in der Theorie. In S. Schulte & T. Schwarz (Hrsg.), *Leitfaden Customer Experience. Wie positive Erlebnisse Kunden binden*. Waghäusel: marketing-BÖRSE GmbH.
Solomon, M. (2016). *Konsumentenverhalten* (11. Aufl.). Hallbergmoos: Beck.
Thüring, M., & Mahlke, S. (2007). Usability, aesthetics, and emotions in humantechnology interaction. *International Journal of Psychology, 42*(4), 253–264., Chichester.
Vogel, I. (2007). Emotionen im Kommunikationskontext. In U. Six, U. Gleich & R. Gimmler (Hrsg.), *Kommunikationspsychologie Medienpsychologie* (S. 135–157). Weinheim: Beltz.
Walter, A. (2011). *Designing for emotion, in a book apart, no. 5*. New York: A Book Apart.
Wiese, R. (2011). *Phonetik und Phonologie*. Paderborn: UTB GmbH.

Implikationen einer Online-Customer-Journey-Analyse

Benedikt Lindenbeck

Inhalt

1 Einleitung 628
2 Der Einsatz der Customer-Journey-Analyse im Online-Marketing 628
3 Zielsetzung der Untersuchung 634
4 Identifikation von Implikationen einer Online-Customer-Journey-Analyse 635
5 Limitationen & Ausblick 647
6 Fazit 648
Literatur 648

Zusammenfassung

Die Analyse der Kontaktpunkte zwischen potenziellen Kunden und werbetreibenden Unternehmen liefert letzteren die Möglichkeit, solche Kontaktpunkte, die einen positiven Einfluss auf Kaufentscheidungen ausüben, von solchen zu differenzieren, die wohl keinen entsprechenden Einfluss ausüben. Im vorliegenden Beitrag wird exemplarisch aufgezeigt, welche Möglichkeit werbetreibende Unternehmen besitzen, die Analyse verschiedener Kundenkontaktpunkte im Online-Marketing durchzuführen. Es werden zudem Implikationen abgeleitet, die es Unternehmen ermöglichen, den Absatz der angebotenen Leistungen positiv zu beeinflussen.

Schlüsselwörter

Online-Customer-Journey · Customer-Journey-Analyse · Marketing-Controlling · Suchmaschinenmarketing · Afiiliate-Marketing

---

B. Lindenbeck (✉)
FernUniversität in Hagen, Hagen, Deutschland
E-Mail: benedikt.lindenbeck@fernuni-hagen.de

© Springer Fachmedien Wiesbaden GmbH, ein Teil von Springer Nature 2021
H. Holland (Hrsg.), *Digitales Dialogmarketing*,
https://doi.org/10.1007/978-3-658-28959-1_27

1 Einleitung

Mit Blick auf die Analyse von Kundenkontaktpunkten – den sogenannten *Customer Touchpoints* (Brandão und Wolfram 2018, S. 14) – zeigt sich, dass sowohl in der praxisorientierten als auch in der akademischen Literatur Annahmen getroffen werden, denen es bisweilen an der notwendigen Fundierung mangelt. So wird im Rahmen der Analyse entsprechender Abfolgen von Customer-Touchpoints – der sogenannten *Customer-Journey-Analyse* – beispielsweise prominent die Annahme vertreten, dass alle potenziellen Kunden eines werbetreibenden Unternehmens mit denselben Touchpoints in Berührung kommen. Zudem wird diesen Touchpoints in der Regel interpersonell dieselbe Relevanz beigemessen (Rosenbaum et al. 2017, S. 143). Eine differenzierte Betrachtung einzelner Kontaktpunkte, die ausschließlich online eingesetzt werden, findet hierbei maximal in Ansätzen statt.

Vor diesem Hintergrund und mit Blick auf die Entwicklungen moderner Informations- und Kommunikationstechnologien soll im Rahmen der folgenden Ausführungen insbesondere der zuletzt adressierte Punkt kritisch betrachtet werden. In der Konsequenz findet sich nachfolgend eine differenzierte Analyse der Online-Customer-Journey, auf deren Grundlage es werbetreibenden Unternehmen ermöglicht wird, Implikationen mit Blick auf die konkrete Bereitstellung verschiedener Online-Customer-Touchpoints abzuleiten.

2 Der Einsatz der Customer-Journey-Analyse im Online-Marketing

2.1 Gegenstand der Customer-Journey

Einer intensiven Betrachtung der Customer-Journey wird sowohl aus Sicht der unternehmerischen Praxis als auch aus Sicht der Wissenschaft eine hohe Bedeutung beigemessen. Bei der Customer-Journey handelt es sich um den Weg eines potenziellen Kunden, den dieser im Rahmen seines Entscheidungs- und ggfs. Kaufprozesses durchläuft (Holland 2016, S. 192; Mehn und Wirtz 2018, S. 20). Die potenziellen Kunden entscheiden sich auf Grundlage eines Interaktionsprozesses für oder gegen den Kauf der angebotenen Leistung, nachdem sie verschiedene Phasen dieses Prozesses durchlaufen haben (Brandão und Wolfram 2018, S. 14). Die Customer-Journey beginnt mit dem ersten Kaufimpuls und endet typischerweise mit dem Kaufabschluss (Böcker 2015, S. 167). Sämtliche Kundenkontakte, die im Rahmen dieses Interaktionsprozesses stattfinden, werden in ihrer zeitlichen Abfolge aufgeführt (Esch und Knörle 2016, S. 130; Ott 2017, S. 84).

In der Vergangenheit lag der Konzeption einer Customer-Journey bisweilen die Annahme zugrunde, dass potenzielle Kunden entlang der verschiedenen Kundenkontaktpunkten einen sequenziellen Entscheidungsprozess durchlaufen (Kotler et al. 2007, S. 335). In jüngeren Veröffentlichungen wird diese Annahme differenzierter betrachtet. So wird mittlerweile beispielsweise davon ausgegangen, dass die Entscheidung für oder gegen den Kauf eines Produktes oder einer Dienstleistung als die

Summe der Erfahrungen angesehen werden kann, die ein potenzieller Kunde an sämtlichen Kundenkontaktpunkten sammelt (Toth 2019, S. 102–103). Zudem finden sich in aktuellen Veröffentlichungen zyklische Darstellungen der Customer-Journey, welche die propagierte sequenzielle Abfolge aufbrechen (Smart 2016, S. 152; Engelhardt und Magerhans 2019, S. 182). Hierdurch wird es ermöglicht, den Stellenwert von solchen Kundenkontaktpunkten explizit zu berücksichtigen, mit denen potenzielle Kunden mehrfach interagieren (Olbrich et al. 2019, S. 76). Zudem ist es im Rahmen nicht streng sequenziell ausgestalteter Modelle besser möglich, auch vorgelagerte Zielsetzungen (z. B. die Markenbekanntheit) zu untersuchen (Landgraf und Feldkircher 2015, S. 397).

2.2 Zielsetzung der Customer-Journey-Analyse

Die Ziele, die mit der Analyse der Customer-Journey aus Sicht werbetreibender Unternehmen einhergehen, können vielfältig ausgestaltet sein (Scheed und Scherer 2018, S. 90). Eine übergeordnete Zielsetzung lautet, dass unter Einsatz einer Customer-Journey-Analyse Erkenntnisse über das Verhalten der potenziellen Kunden gewonnen werden sollen. Mit einem spezifischeren Blick auf das Online-Marketing soll im Rahmen einer Online-Customer-Journey-Analyse zudem identifiziert werden, wie potenzielle Kunden auf die Bereitstellung sowie den konkreten Einsatz online ausgestalteter Werbemittel reagieren (Flocke und Holland 2014, S. 215).

Der Einsatz einer Customer-Journey-Analyse zielt zudem darauf ab, Wirkungszusammenhänge zwischen den eingesetzten Werbekanälen zu eruieren, um darauf aufbauend Synergiepotenziale abzuleiten (Holland und Flocke 2014, S. 828). Die Zuordnung der Werbewirkung zu den jeweiligen Kanälen erfolgt hierbei in der Regel auf der Grundlage verschiedener Attributionsmethoden. Mit Blick auf diese Attributionsmethoden gehen die wesentlichen Ansätze davon aus, dass die Werbewirkung entweder dem Werbekanal zugeschrieben wird, über den der erste Kontakt erfolgte, oder dass die Werbewirkung dem Werbekanal zugeschrieben wird, über den der letzte Kontakt vor dem eigentlichen Kauf erfolgte (Flocke und Holland 2014, S. 228; Meffert et al. 2019, S. 803). Zudem werden Methoden eingesetzt, bei denen im Erfolgsfall eine verteilte Zuschreibung der Werbewirkung auf mehrere (ggfs. alle) beteiligten Werbekanäle stattfindet (Kamps und Schetter 2018, S. 165–166).

Im Rahmen der Customer-Journey-Analyse sollen unter Einsatz entsprechender Attributionsmethoden insbesondere auch solche Kundenkontaktpunkte identifiziert werden, die es zu verbessern gilt, da sie in der Vergangenheit bei potenziellen Kunden den Abbruch der Beziehung zum werbetreibenden Unternehmen verursacht oder diesen zumindest gefördert haben (Nefdt 2018, S. 11). In der Konsequenz soll die Customer-Journey-Analyse werbetreibende Unternehmen befähigen, sowohl den Interaktionsprozess zwischen einem potenziellen Kunden und dem Unternehmen zuverlässig abzubilden als auch eine Steuerung dieses Prozesses mit dem Ziel ermöglichen, den Kunden eine möglichst gute Customer Experience zu ermöglichen (Schallmo et al. 2018, S. 109).

Der grundlegende Ansatz einer Customer-Journey-Analyse sieht vor, dass die Abfolgen, in denen potenzielle Kunden mit sämtlichen Touchpoints eines Unternehmens in Kontakt kommen (können), in einer Customer-Journey-Map grafisch dargestellt werden soll (Rosenbaum et al. 2017, S. 144; Laakmann und Rahlf 2018, S. 407). Üblicherweise ist diese Darstellung an einer Zeitachse ausgerichtet, um den Zeitverlauf, den potenzielle Kunden im Rahmen ihrer Kaufentscheidungsprozesse durchlaufen, abbilden zu können (Rosenbaum et al. 2017, S. 144). Entlang dieser Zeitachse werden sämtliche Touchpoints, die ein Unternehmen bereitstellt, abgezeichnet (Brynjolfsson et al. 2013, S. 25–26). Weitere generelle Regeln zur grafischen Abbildung einer Customer-Journey existieren nicht (Milani 2019, S. 162). Vielmehr lässt sich eine Vielzahl verschiedener Darstellungsvarianten konstatieren (Zagel 2015, S. 93; Peppers und Rogers 2016, S. 485; Laakmann und Rahlf 2018, S. 408).

Wie bereits erläutert, findet eine solche Darstellung der Customer-Journey beispielsweise im Rahmen der Untersuchung der Customer Experience eine breite Anwendung (Rosenbaum et al. 2017, S. 143). In diesem Kontext kann sich die Analyse der Interaktionen nicht nur auf den Kaufabschluss selbst, sondern auch auf die Einstellung potenzieller Kunden gegenüber dem werbetreibenden Unternehmen selbst sowie gegenüber den Marken und Produkten beziehen, die von diesem Unternehmen geführt werden (Holland 2016, S. 192).

Abb. 1 zeigt die Darstellung einer exemplarischen Customer-Journey. Die chronologische Abfolge der entsprechenden Pfade ist vertikal orientiert. Die Abfolge der

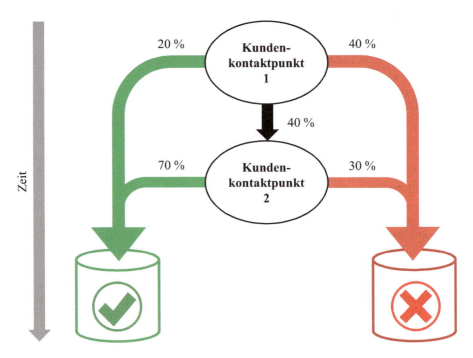

Abb. 1 Darstellung einer exemplarischen Customer-Journey. (Quelle: Eigene Darstellung)

Kundenkontaktpunkte wird aus den jeweils verbindenden Pfeilen ersichtlich. Der Anteil der Kunden, die sich im Anschluss an einen jeweiligen Kontakt für den Kauf der angebotenen Leistung entschieden haben, wird durch den nach links weisenden Pfeil dargestellt. Die potenziellen Kunden, die sich (bisher) gegen den Kauf der angebotenen Leistung entschieden haben, werden durch den Pfeil repräsentiert, der nach rechts weist.

Von den exemplarisch betrachteten potenziellen Kunden, die über Kundenkontaktpunkt 1 mit dem Unternehmen in Kontakt getreten sind, haben sich 20 % für und 40 % gegen den Erwerb der angebotenen Leistung entschieden. Die verbleibenden 40 % haben Kundenkontaktpunkt 2 genutzt, um erneut mit dem Unternehmen in Kontakt zu treten. Von diesen Personen haben sich 70 % für und 30 % gegen den Erwerb der angebotenen Leistung entschieden.

2.3 Spezifika einer Online-Customer-Journey-Analyse

Mit Blick auf den Einsatz einer Customer-Journey-Analyse im Online-Marketing existieren einige Spezifika und Herausforderungen, die werbetreibende Unternehmen berücksichtigen sollten. Einen positiven Einfluss auf die entsprechenden Analysen übt beispielsweise aus, dass mittlerweile zahlreiche technische Möglichkeiten existieren, mit denen das Klick- und Suchverhalten der Nutzer im Online-Marketing erfasst werden kann (Böcker 2015, S. 172). Derartige Maßnahmen werden i. d. R. unter dem Begriff *Tracking* zusammengefasst (Flocke und Holland 2014, S. 224). Im Rahmen des Tracking verfolgen werbetreibende Unternehmen zahlreiche Ziele. Beispielsweise sollen die Besucher des eigenen Internetauftritts identifiziert werden oder es sollen diesen Besuchern konkrete Handlungen und Verhaltensweisen zugeordnet werden (Lammenett 2019, S. 64). Zur Durchführung des Tracking können verschiedene technische Maßnahmen ergriffen werden, die sich bisweilen durch verschiedene Vor- und Nachteile auszeichnen (Bormann 2019, S. 58–60).

Zur Auswertung der Daten, die im Rahmen des Tracking erhoben wurden, stehen werbetreibenden Unternehmen Softwaresysteme zur Verfügung. Diese Systeme werden u. a. als *Web-Analytics-Systeme* bezeichnet (Kreutzer et al. 2019, S. 44). Web-Analytics-Systeme fassen i. d. R. mehrere Analysemethoden zusammen und bieten den Anwendern verschiedene Möglichkeiten, die Analyseergebnisse grafisch darzustellen. Im Rahmen entsprechender Analysen können werbetreibende Unternehmen beispielsweise identifizieren, woher die Besucher des eigenen Internetauftritts stammen und wie sich diese verhalten, um in der Konsequenz Verbesserungen des eigenen Internetauftritts abzuleiten (Schröer 2017, S. 106).

Im Rahmen des Einsatzes sowie der Auswertung des Tracking im Online-Marketing kann mittlerweile ein hoher Automatisierungsgrad konstatiert werden. Hieraus resultiert ein weiterer positiver Einfluss mit Blick auf die Durchführung einer Online-Customer-Journey-Analyse. So kann festgehalten werden, dass die Kosten der Erhebung und Auswertung entsprechender Daten i. d. R. vergleichsweise niedrig und mittlerweile zudem insbesondere unabhängig von der Größe der Stichprobe sind (Olbrich et al. 2019, S. 227).

Neben den skizzierten Vorteilen lassen sich auch Nachteile identifizieren, die aus dem Einsatz einer Online-Customer-Journey-Analyse resultieren. Einen wesentlichen Nachteil stellt diesbezüglich die Anonymität (Mutius 2013, S. 12–13) der Besucher des eigenen Internetauftritts dar. Diese kann im Rahmen des Tracking trotz der zuvor beschriebenen Bemühungen zur Identifikation der Besucher des eignen Internetauftritts nicht gänzlich ausgeschlossen werden. Um Individuen konkret zu identifizieren ist es i. d. R. erforderlich, dass diese persönliche Daten (freiwillig) angeben. Dies kann beispielsweise über entsprechende Abfragen in Formularen auf dem Internetauftritt oder über eine verpflichtende Anmeldung der Besucher in einem geschützten Bereich des Internetauftritts erfolgen. Hinsichtlich dieser Möglichkeiten gilt es allerdings kritisch zu beachten, dass sich die Besucher des Internetauftritts insbesondere in frühen Phasen ihres jeweiligen Kaufentscheidungsprozesses wohl nur rudimentär auf die Preisgabe persönlicher Daten auf Grundlage freiwilliger Angaben einlassen oder sich nur eingeschränkt damit einverstanden erklären werden, bereits frühzeitig verpflichtende Angaben zu tätigen.

Internetnutzer verwenden heutzutage zudem bisweilen mehrere Endgeräte, um sich über das Angebot werbetreibender Unternehmen zu informieren (Kamps und Schetter 2018, S. 187). Die Möglichkeit, Individuen über mehrere Endgeräte hinweg zu identifizieren, stellt ein weiteres Problem im Rahmen einer Online-Customer-Journey-Analyse dar. Eine Möglichkeit, einen derartigen Wechsel des Endgerätes zu berücksichtigen, bilden *Cross-Device-Tracking-Methoden* (Kreutzer 2019, S. 101). Im Rahmen dieser Methoden wird auf Grundlage von Wahrscheinlichkeiten der Versuch unternommen, auf Basis des Verhaltens eines Besuchers des Internetauftritts auf dessen Identität zu schließen (Cadonau 2018, S. 47). Eine zweifelsfreie Identifikation einzelner Individuen kann hierdurch allerdings (noch) nicht realisiert werden.

Ein weiteres Problem, welches im Rahmen der Durchführung einer Online-Customer-Journey-Analyse berücksichtigt werden sollte, stellt der Schutz personenbezogener Daten dar. In Ergänzung zu rechtlichen Vorgaben sind diesbezüglich insbesondere eine in der Öffentlichkeit gesteigerte Sorge vor einer umfassenden Speicherung (personenbezogener) Daten sowie die Angst eines Kontrollverlustes über die eigenen Daten zu nennen (Lindenbeck 2020, S. 120). Eine Möglichkeit, das potenzielle Reaktanzverhalten seitens potenzieller Kunden abzubauen, kann im Einsatz des *Permission Marketing* bestehen (Lindenbeck 2018, S. 44–45; Ahrholdt et al. 2019, S. 294). In diesem Zusammenhang dürfte sich die Durchführung eines Opt-In-Verfahrens, bei dem das werbetreibende Unternehmen eine Zustimmung zur Erhebung persönlicher Daten bereits vor deren Erhebung einholen muss (Miesler und Bearth 2016, S. 52), mit Blick auf die Durchführung einer Online-Customer-Journey-Analyse bisweilen als schwierig darstellen. So müsste die Einwilligung bereits eingeholt werden, bevor der potenzielle Kunde mit einem Werbekanal des entsprechenden Unternehmens in Kontakt tritt. Geeigneter erscheint der Einsatz von Opt-Out-Verfahren, in deren Rahmen ein Individuum der Erhebung und Nutzung seiner Daten ausdrücklich widersprechen muss (Wissmann 2013, S. 5).

2.4 Herausforderungen im Rahmen einer Online-Customer-Journey-Analyse

Vor dem Hintergrund der zuvor dargestellten Charakteristika lassen sich einige Herausforderungen identifizieren, mit denen werbetreibende Unternehmen im Rahmen der Durchführung einer Online-Customer-Journey-Analyse konfrontiert werden. Zunächst ist diesbezüglich anzuführen, dass auch neuere Ansätze der Customer-Journey-Analyse nur sehr eingeschränkt in der Lage sind, die eigentliche Kaufentscheidung der potenziellen Konsumenten sowie deren jeweilige Wahrscheinlichkeit umfassend abzubilden. Selbst bei Einbezug der potenziellen Konsumenten – z. B. im Rahmen einmaliger/regelmäßiger Befragungen (Rosenbaum et al. 2017, S. 147–148) – ist nicht davon auszugehen, dass ausschließlich valide Informationen erhoben werden können. Die Gründe hierfür können sowohl in einer mangelnden Auskunftsbereitschaft der befragten Personen als auch in deren Unvermögen liegen, ihre aktuelle Tendenz im Kaufentscheidungsprozess korrekt einzuschätzen.

Weitere Herausforderungen resultieren insbesondere aus den Spezifika des Online Marketing. Zu nennen ist diesbezüglich beispielsweise die einfache Möglichkeit für potenzielle Konsumenten, das Angebot konkurrierender Anbieter zu sichten. So ermöglicht beispielsweise der Einsatz von *Suchmaschinen* oder *Vergleichsportalen* innerhalb weniger Augenblicke, einen groben Überblick über konkurrierende Angebote zu erhalten. Dies kann in der Konsequenz dazu führen, dass potenzielle Kunden ihr Interesse auf alternative Anbieter richten. Dies kann sowohl lediglich temporär als auch endgültig der Fall sein.

Zudem ist als weitere Herausforderung zu nennen, dass die Anzahl möglicher Touchpoints in Zeiten des Online-Marketing stark anwächst (Flocke und Holland 2014, S. 224; Leeflang et al. 2014, S. 1; Engelhardt und Magerhans 2019, S. 182). In diesem Kontext ist nicht nur deren zunehmende Anzahl sondern insbesondere auch deren zunehmende Relevanz aus Sicht der potenziellen Kunden zu konstatieren (Esch und Knörle 2016, S. 128). Neben den Touchpoints, die dabei gezielt vom werbetreibenden Unternehmen eigenständig oder gegen Bezahlung gesteuert werden, existieren weitere Touchpoints, auf die werbetreibende Unternehmen – wenn überhaupt – lediglich mittelbar Einfluss nehmen können (Esch und Knörle 2016, S. 129). Diesbezüglich können beispielsweise das *Affiliate-Marketing* oder auch die digital ausgestaltete Mundpropaganda (*E-Word-of-Mouth*) genannt werden.

Hinsichtlich der Herausforderungen, die insbesondere aus dem Online-Marketing resultieren, kommt erschwerend hinzu, dass deren zunehmende Relevanz die kognitiven Möglichkeiten potenzieller Kunden belastet. So ist die Erinnerung, welcher Touchpoint zu welchem Zeitpunkt einen positiven oder negativen Einfluss auf die Kaufentscheidung ausgeübt hat, bei einer (deutlich) zunehmenden Anzahl der Kontaktpunkte nur schwer korrekt wiederzugeben.

3 Zielsetzung der Untersuchung

Vor dem Hintergrund der aufgezeigten Herausforderungen erscheint es geboten, die Analyse der Customer-Journey mit Blick auf deren Einsatz im Online-Marketing gezielter zu eruieren. Es sollten dabei zunächst sämtliche Touchpoints betrachtet werden, die ein werbetreibendes Unternehmen im Rahmen des Online-Marketing anbietet, um einen möglichst umfassenden Überblick zu erhalten (Barwitz und Maas 2018, S. 116). In diesem Zusammenhang erscheint es insbesondere auch geboten, einen Beitrag mit Blick auf die – bisweilen fehlende (Rosenbaum et al. 2017, S. 144) – empirische Fundierung entsprechender Ergebnisse zu leisten.

In Ergänzung soll im Rahmen der Untersuchung berücksichtigt werden, dass nicht jeder (potenzielle) Kunde mit sämtlichen Touchpoints eines werbetreibenden Unternehmens in Kontakt kommt. Dies soll der realitätsgetreuen Annahme Rechnung tragen, dass sich die Nutzer im Online-Marketing von werbetreibenden Unternehmen nicht auf fest vorgegebene Wege zwingen lassen (Barwitz und Maas 2018, S. 116). Es zeigen sich vielmehr Pfade in der Online-Customer-Journey, die auf eine hohe Individualität schließen lassen (Dholakia et al. 2010, S. 86–87; Scheed und Scherer 2018, S. 89). Diesbezüglich soll es nachfolgend nicht um die Darstellung dessen gehen, was potenzielle Kunden gemäß den Erwartungen der werbetreibenden Unternehmen tun (Rosenbaum et al. 2017, S. 149). Vielmehr soll dargestellt und analysiert werden, was potenzielle Kunden konkret getan haben.

In der Folge werden zunächst zwei untersuchungsleitende Fragestellungen entwickelt, die es zu beantworten gilt. Einen besonderen Schwerpunkt bilden in diesem Zusammenhang die Implikationen, die werbetreibende Unternehmen aus den Ergebnissen einer Online-Customer-Journey-Analyse ziehen können. Die Ausführungen sind dabei überwiegend allgemeiner Gestalt, um auf Grundlage unternehmensindividuell abgewandelter Untersuchungen weiter spezifiziert werden zu können. Eine weitere Zielsetzung der folgenden Ausführungen liegt vor diesem Hintergrund zudem darin, die Darstellung sowie die Analyse der Online-Customer-Journey-Analyse nachvollziehbar auszugestalten. Dies soll insbesondere dazu beitragen, dass sowohl deren Einsatz als auch die Überführung der resultierenden Ergebnisse in konkrete Handlungen werbetreibender Unternehmen gefördert werden.

3.1 Untersuchungsleitende Fragestellungen

3.1.1 Identifikation abschlussstarker Kanäle

Im Rahmen zahlreicher Untersuchungen konnte mittlerweile eruiert werden, dass nicht alle Kundenkontaktpunkte denselben Einfluss auf eine Kaufentscheidung ausüben (Mull 2018, S. 259). So wurde in der Vergangenheit bereits häufig der Frage nachgegangen, welche Werbekanäle sowohl isoliert als auch in der Kombination mit weiteren Werbekanälen dazu beitragen, dass die Wahrscheinlichkeit eines Kaufes entweder steigt oder sinkt (Böcker 2015, S. 168). Bisherigen Untersuchungen mangelt es vor diesem Hintergrund allerdings häufig an einer Differenzierung einzelner Online-Werbekanäle. Vielmehr findet eine aggregierte Betrachtung sämtlicher bereitgestellten Online-Werbekanäle im Vergleich mit solchen Werbekanälen statt, die vom werbetreibenden Unternehmen offline angeboten werden. Mit Blick auf die angestrebte differenzierte Betrachtung von Online-Kundenkontaktpunkten zeigt sich somit bisweilen eine reduzierte Erkenntnislage. Vor diesem Hintergrund soll nachfolgend zunächst Untersuchungsfrage 1 beantwortet werden.

Untersuchungsfrage 1
Welche Online-Werbekanäle führen isoliert und/oder in Kombination dazu, dass die potenziellen Kunden sich für einen Kauf der angebotenen Leistung entscheiden?

3.1.2 Identifikation relevanter zeitlicher Abstände zwischen einzelnen Kundenkontaktpunkten

Es konnte im Rahmen dieses Beitrags bereits als eine Herausforderung für werbetreibende Unternehmen im Online-Marketing identifiziert werden, dass der Aufwand für potenzielle Kunden, Konkurrenzangebote zu identifizieren, vergleichsweise gering sein kann. Es sollte werbetreibenden Unternehmen im Online-Marketing somit verstärkt daran gelegen sein, kurze Entscheidungsprozesse der potenziellen Kunden zu forcieren. Dies soll dazu beitragen, dass die potenziellen Kunden im Zeitverlauf weder die Notwendigkeit sehen noch die Möglichkeit haben, alternative Angebote zu sichten. Vor diesem Hintergrund kann dem zeitlichen Abstand, der zwischen mehreren Kundenkontaktpunkten eines potenziellen Kunden liegt, Bedeutung beigemessen werden. Es stellt sich mit Blick auf die potenziellen Kunden, die im Rahmen ihres Entscheidungsprozesses mehrfach mit dem werbetreibenden Unternehmen interagieren, hierbei die Frage, ob entweder eine zeitlich kompakte oder eine zeitlich gestreckte Abfolge mehrerer Kundenkontaktpunkt die Wahrscheinlichkeit eines Kaufes erhöht. Es gilt in der Konsequenz somit, Untersuchungsfrage 2 zu beantworten.

Untersuchungsfrage 2
Welche Implikationen können aus dem zeitlichen Abstand abgeleitet werden, der zwischen einzelnen Online-Kundenkontaktpunkten besteht?

4 Identifikation von Implikationen einer Online-Customer-Journey-Analyse

4.1 Datengrundlage der Untersuchung

Im Rahmen der nachfolgenden empirischen Untersuchung kann auf Realdaten eines Dienstleistungsunternehmens zurückgegriffen werden. Das Unternehmen bietet Dienstleistungen im Bildungssektor an und vertreibt diese vordergründig über das Internet. Bevor Dienstleistungsverträge zwischen dem Unternehmen und dessen Kunden geschlossen werden können, müssen die potenziellen Kunden online oder telefonisch Informations- und Vertragsunterlagen anfordern. Der Datensatz umfasst über einen Zeitraum von knapp 10 Jahren ca. 60.000 Anfragen von Interessenten, die

Tab. 1 Variablen der empirischen Untersuchung. (Quelle: Eigene Abbildung)

Bezeichnung	Beschreibung
Erworben	Weist aus, ob die vom werbetreibenden Unternehmen angebotene Leistung gekauft wurde.
Kontakt1Werbekanal	Weist den Werbekanal aus, über den der Interessent beim ersten Kontakt auf das Angebot des Unternehmens aufmerksam wurde.
Kontakt1Zeitstempel	Weist den Zeitstempel aus, wann der Interessent das erste Mal Informations- und Vertragsunterlagen angefordert hat.
Kontakt2Werbekanal	Weist den Werbekanal aus, über den der Interessent beim zweiten Kontakt auf das Angebot des Unternehmens aufmerksam wurde.
Kontakt2Zeitstempel	Weist den Zeitstempel aus, wann der Interessent das zweite Mal Informations- und Vertragsunterlagen angefordert hat.
…	…
…	…
Kontakt8Werbekanal	Weist den Werbekanal aus, über den der Interessent beim achten Kontakt auf das Angebot des Unternehmens aufmerksam wurde.
Kontakt8Zeitstempel	Weist den Zeitstempel aus, wann der Interessent das achte Mal Informations- und Vertragsunterlagen angefordert hat.

Informations- und Vertragsunterlagen angefordert haben. In Ergänzung umfasst der Datensatz Einträge zu ca. 10.000 Kunden, die bereits eine Dienstleistung des Unternehmens in Anspruch genommen haben. Die Variablen, die als Grundlage der nachfolgenden Untersuchungen im Datensatz aufgeführt sind, sind in Tab. 1 dargestellt.

Die Variable *Erworben* gibt auf Basis einer binären Ausprägung an, ob sich ein potenzieller Kunde bereits für das Angebot des betrachteten Unternehmens entschieden hat. Die übrigen Variablen im Datensatz repräsentieren zum einen die Werbekanäle, über die ein potenzieller Kunde auf das Angebot des Dienstleistungsunternehmens aufmerksam wurde. Die Variablen *Kontakt1Werbekanal* bis *Kontakt8Werbekanal* repräsentieren auf Grundlage von Trackingmechanismen die Werbekanäle, über die der potenzielle Kunde auf das Angebot des Dienstleistungsunternehmens aufmerksam wurde. Zum anderen wird im Datensatz über Zeitstempel ausgewiesen, wann ein Kontakt zwischen einem potenziellen Kunden und dem werbetreibenden Unternehmen stattgefunden hat. Die Variablen *Kontakt1Zeitstempel* bis *Kontakt8Zeitstempel* repräsentieren die Zeitstempel, zu denen jeweils Informations- und Vertragsunterlagen angefordert wurden. Die Werbekanäle, über die ein potenzieller Kunde auf Grundlage von Trackingmechanismen auf das Angebot des betrachteten Unternehmens aufmerksam werden konnte, sind zusammen mit ihrer jeweiligen Häufigkeit in Tab. 2 aufgeführt.

Den am meisten genutzten Kanal im Online-Marketing stellt für das betrachtete Unternehmen *Google-Anzeige* dar. Es handelt sich hierbei um Kundenkontakte, die auf Grundlage einer Anzeige, die vom werbetreibenden Unternehmen im Rahmen der Suchmaschinenwerbung (Jacob 2015, S. 268–272; Kamps und Schetter 2018, S. 40–42) geschaltet wurde, initiiert wurden. Der Kanal *Google-Suchergebnis* repräsentiert in Abwandlung hierzu solche Fälle, in denen ein potenzieller Kunde über ein organisches Suchergebnis (Bischopinck und Ceyp 2009, S. 116–119) auf das

Tab. 2 Werbekanäle der empirischen Untersuchung. (Quelle: Eigene Abbildung)

Werbekanal	Häufigkeit
Google-Anzeige	34.060
Google-Suchergebnis	7246
Affiliate-Netzwerk 1	4570
Affiliate-Netzwerk 2	3939
Facebook Fanpage	35
Passives Telefonmarketing	2511

Dienstleistungsangebot des Unternehmens weitergeleitet wurde. In Ergänzung greift das werbetreibende Unternehmen auf das Affiliate-Marketing (Bormann 2019, S. 21–28) zurück. Über zwei verschiedene *Affiliate-Netzwerke* sollen potenzielle Kunden auf das Dienstleistungsangebot weitergeleitet werden. Einen weiteren Werbekanal stellt der Einsatz einer *Facebook Fanpage* (Kreutzer 2018, S. 66–67) dar. Darüber hinaus verwendet das betrachtete Unternehmen *passives Telefonmarketing* (Holland 2002, S. 13), um Anfragen potenzieller Kunden zu bearbeiten.

Mit Blick auf den zugrunde liegenden Datensatz zeigt sich, dass potenzielle Kunden des Dienstleistungsunternehmens bis zu acht Mal Informations- und Vertragsunterlagen anfordern. Theoretisch ist es hinsichtlich dieser acht Kontakte möglich, dass ein potenzieller Kunde den jeweils genutzten Werbekanal aus allen sechs eingesetzten Werbekanälen auswählt. In der Konsequenz ergibt sich auf Grundlage der nachfolgend aufgeführten Formel zur Berechnung der Anzahl verschiedener Pfade durch die Customer-Journey, dass diese mit Blick auf den vorliegenden Anwendungsfall 1.679.616 beträgt.

$$AnzPfadeCustomerJourney = AnzWerbekanäle^{AnzMaximaleKontakte}$$

mit:
AnzPfadeCustomerJourney: Die potenzielle Anzahl verschiedener Pfade durch die Customer-Journey.
AnzWerbekanäle: Die Anzahl bereitgestellter Werbekanäle.
AnzMaximaleKontaktpunkte: Die maximale Anzahl der Kontakte zwischen einem potenziellen Kunden und dem werbetreibenden Unternehmen.

Es zeigt sich mit Blick auf die Anzahl der verfügbaren Datensätze, dass diese – trotz Vollerhebung – deutlich geringer ist, als die potenzielle Anzahl der verschiedenen Pfade durch die Customer-Journey. Dies bedeutet in der Konsequenz, dass nicht alle potenziellen Pfade durch die Customer-Journey auch tatsächlich genutzt wurden. Die Anzahl der verschiedenen Pfade, die von den potenziellen Kunden auch verwendet wurden, ist in Tab. 3 ausgewiesen. Es ist dort jeweils zunächst aufgeführt, aus wie vielen Kontakten der Pfad jeweils besteht. Zudem ist angegeben, wie viele verschiedene Pfade mit der jeweiligen Anzahl an Kontakten tatsächlich konstatiert werden können und welchen prozentualen Anteil diese Anzahl an der insgesamt möglichen Anzahl verschiedener Pfade mit der entsprechenden Anzahl an Kontakten einnimmt.

Tab. 3 Pfade durch die Customer-Journey. (Quelle: Eigene Abbildung)

Anzahl an Kontakten	Anzahl verwendeter Pfade durch die Customer-Journey	Anteil an der Menge aller potenziellen Pfade
1	6 von 6	100,00 %
2	29 von 36	80,56 %
3	59 von 216	27,31 %
4	42 von 1296	3,24 %
5	24 von 7776	0,31 %
6	10 von 46.656	< 0,01 %
7	3 von 279.936	< 0,01 %
8	4 von 1.679.616	< 0,01 %

Mit Blick auf die Werte in Tab. 3 zeigt sich, dass insgesamt 177 verschiedene Pfade durch die Customer-Journey im Datensatz abgebildet werden. Der überwiegende Anteil dieser Pfade (153 Pfade) zeichnet sich allerdings dadurch aus, dass sie nur von sehr wenigen (< 30) potenziellen Kunden durchlaufen wurden. Um den Aussagegehalt der Untersuchung nicht durch diese Einzelfälle zu verfälschen werden in der Konsequenz nur solche Pfade betrachtet, die von mindestens 30 potenziellen Kunden absolviert wurden. Es verbleiben für die nachfolgenden Betrachtungen somit 24 Pfade, die von insgesamt 44.706 potenziellen Kunden durchlaufen wurden. Im Rahmen dieser 24 Pfade betrug die Anzahl an Kontakten zwischen den potenziellen Kunden und dem werbetreibenden Unternehmen maximal vier.

4.2 Methodische Vorgehensweise

Eine Zielsetzung dieser Ausarbeitung besteht darin, die Ergebnisse der empirischen Analysen möglichst nachvollziehbar auszugestalten. Dies soll u. a. zur Folge haben, dass sowohl eine Übertragung auf unternehmensindividuelle Kontexte als auch die Umsetzung daraus abgeleiteter Implikationen nicht übermäßig behindert werden. Zu diesem Zweck wird in den kommenden Abschnitten ausschließlich auf der Grundlage von Häufigkeiten und Wahrscheinlichkeiten argumentiert. Die entsprechende Argumentation erfolgt zudem tendenziell generalistisch, um potenzielle Erweiterungen sowie Spezialisierungen nicht unnötig stark zu behindern. Die Ausführungen sollen damit eine gute Grundlage bilden, um entsprechend ausgeprägte Analysen der Online-Customer-Journey in verschiedenen konkreten wirtschaftlichen Kontexten zu fördern.

4.3 Empirische Identifikation abschlussstarker Kanäle

4.3.1 Ergebnisse der Aufstellung von Wahrscheinlichkeiten

Im Rahmen der empirischen Beantwortung von Untersuchungsfrage 1 ist es das Ziel, abschlussstarke Werbekanäle zu identifizieren. Die entsprechende Untersuchung soll dabei mit Blick auf den einmaligen Einsatz einzelner sowie mit Blick auf den kombinierten Einsatz mehrerer Online-Werbekanäle erfolgen. Tab. 4 weist zu diesem Zweck zunächst aus, welcher Erfolg den eingesetzten Werbekanälen zugeschrieben werden kann, wenn über sie der einzige Kontakt zwischen einem potenziellen Kunden und dem werbetreibenden Unternehmen zustande kam. Die Tabelle weist für jeden Werbekanal aus, wie viele Produkte im Anschluss an die entsprechende Kontaktaufnahme verkauft werden konnten. Zudem ist ausgewiesen, wie viel Prozent der Kontaktaufnahmen über diesen Werbekanal zu einem erfolgreichen Verkauf geführt haben. Die Sortierung der Zeilen in dieser Tabelle sowie der Zeilen in den nachfolgenden Tabellen folgt dabei der Anordnung der Werbekanäle in Tab. 2. Abb. 2 stellt die entsprechenden Online-Customer-Journeys grafisch dar (Tab. 4 und Abb. 2).

In den Tabellen Tab. 5, 6 und 7 werden nun die Customer-Journeys ausgewiesen, bei denen ein potenzieller Kunde zwei bis vier Mal Informations- und Vertragsunterlagen beim werbetreibenden Unternehmen angefordert hat. Die Abfolge der jeweiligen Pfade durch die Customer-Journey ist in der ersten Spalte jeweils von links nach rechts aufgeführt. Die Abbildungen Abb. 3, 4 und 5 dienen jeweils dazu, die entsprechenden Pfade grafisch zu repräsentieren. Der Übersichtlichkeit halber werden lediglich die Pfade ausgewiesen, bei denen der Werbekanal *Google-Anzeige* den ersten Kundenkontaktpunkt darstellt.

Tab. 4 Erfolg einstufiger Pfade durch die Customer-Journey. (Quelle: Eigene Abbildung)

Werbekanal	Verkaufte Produkte	Erfolgsquote des Pfades
Google-Anzeige	1588	5,95 %
Google-Suchergebnis	672	14,08 %
Affiliate-Netzwerk 1	44	1,08 %
Affiliate-Netzwerk 2	44	1,31 %
Passives Telefonmarketing	207	11,93 %

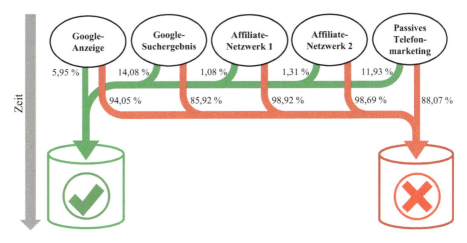

Abb. 2 Darstellung einstufiger Pfade durch die Customer-Journey. (Quelle: Eigene Darstellung)

Tab. 5 Erfolg zweistufiger Pfade durch die Customer-Journey. (Quelle: Eigene Abbildung)

Werbekanal	Verkaufte Produkte	Erfolgsquote des Pfades
Google-Anzeige ➔ Google-Anzeige	394	19,96 %
Google-Anzeige ➔ Google-Suchergebnis	148	34,91 %
Google-Anzeige ➔ Affiliate-Netzwerk 2	3	8,57 %
Google-Anzeige ➔ Passives Telefonmarketing	66	31,13 %
Google-Suchergebnis ➔ Google-Anzeige	49	26,06 %
Google-Suchergebnis ➔ Google-Suchergebnis	117	35,24 %
Google-Suchergebnis ➔ Passives Telefonmarketing	26	37,68 %
Affiliate-Netzwerk 1 ➔ Google-Anzeige	6	9,23 %
Affiliate-Netzwerk 1 ➔ Affiliate-Netzwerk 1	7	5,51 %
Affiliate-Netzwerk 2 ➔ Google-Anzeige	6	10,53 %
Affiliate-Netzwerk 2 ➔ Google-Suchergebnis	9	25,71 %
Affiliate-Netzwerk 2 ➔ Affiliate-Netzwerk 2	4	3,20 %
Passives Telefonmarketing ➔ Google-Anzeige	18	33,33 %
Passives Telefonmarketing ➔ Passives Telefonmarketing	12	31,58 %

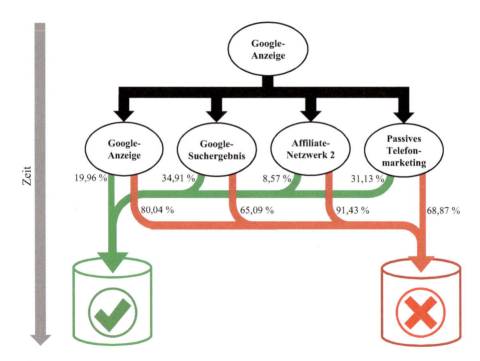

Abb. 3 Darstellung zweistufiger Pfade durch die Customer-Journey. (Quelle: Eigene Darstellung)

Tab. 6 Erfolg dreistufiger Pfade durch die Customer-Journey. (Quelle: Eigene Abbildung)

Werbekanal	Verkaufte Produkte	Erfolgsquote des Pfades
Google-Anzeige ➔ Google-Anzeige ➔ Google-Anzeige	71	28,74 %
Google-Anzeige ➔ Google-Anzeige ➔ Google-Suchergebnis	19	38,00 %
Google-Anzeige ➔ Google-Anzeige ➔ Passives Telefonmarketing	17	48,57 %
Google-Anzeige ➔ Google-Suchergebnis ➔ Google-Suchergebnis	28	57,14 %

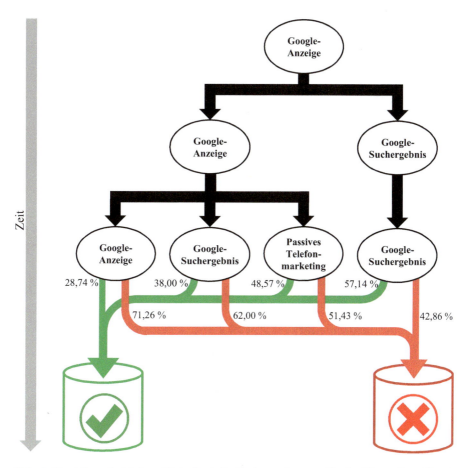

Abb. 4 Darstellung dreistufiger Pfade durch die Customer-Journey. (Quelle: Eigene Darstellung)

Tab. 7 Erfolg vierstufiger Pfade durch die Customer-Journey. (Quelle: Eigene Abbildung)

Werbekanal	Verkaufte Produkte	Erfolgsquote des Pfades
Google-Anzeige → Google-Anzeige → Google-Anzeige → Google-Anzeige	13	30,23 %

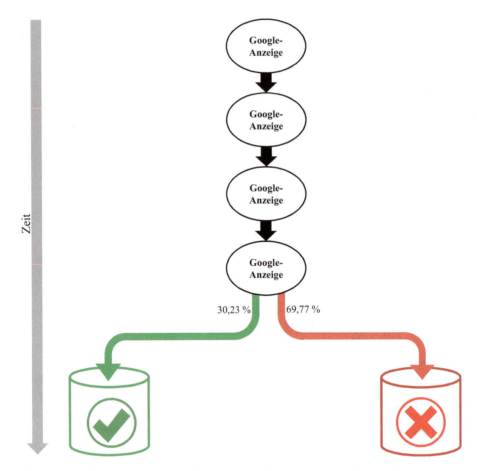

Abb. 5 Darstellung des vierstufigen Pfads durch die Customer-Journey. (Quelle: Eigene Darstellung)

4.3.2 Implikationen hinsichtlich der Identifikation abschlussstarker Kanäle

Auf Grundlage der Einträge in Tab. 4, 5, 6 und 7 kann zunächst identifiziert werden, auf wie viele Kontaktpunkte welcher Anteil aller generierten Produktverkäufe entfällt. Die entsprechenden Werte sind in Abb. 6 ausgewiesen. Es zeigt sich hierbei deutlich, dass das werbetreibende Unternehmen den überwiegenden Teil seiner

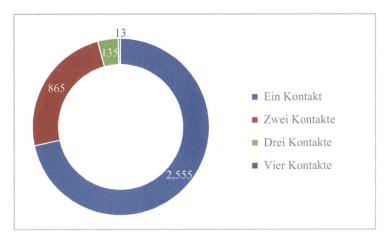

Abb. 6 Anteil der Produktverkäufe mit Blick auf die Anzahl der Kontaktpunkte. (Quelle: Eigene Darstellung)

Verkäufe ($\approx$ 72 %) auf Grundlage eines einzigen Kontaktes generieren kann. Während eine Customer-Journey, die aus zwei Kontaktpunkten besteht, noch ca. 24 % der Verkäufe generiert, entfallen auf mehr als zwei Kontaktpunkte in Summe lediglich ca. 4 % aller Verkäufe.

Vor dem Hintergrund, dass die potenziellen Kunden dem werbetreibenden Unternehmen somit i. d. R. maximal zwei Möglichkeiten geben, vom eigenen Angebot zu überzeugen, kann diesem somit zunächst nahegelegt werden, massiv auf die Qualität der von ihm eingesetzten Werbekanäle zu achten. Das Unternehmen bekommt von den potenziellen Kunden der angebotenen Leistungen nur vereinzelt die Möglichkeit zugestanden, im Rahmen eines weiteren Kontaktes doch noch zu überzeugen.

Neben dieser tendenziell pauschal und bisweilen eingängigen Aussage können aus den identifizieren Ergebnissen weitere Implikationen hinsichtlich der Relevanz einzelner Online-Werbekanäle abgeleitet werden. Zu diesem Zweck ist in den folgenden Abbildungen ausgewiesen, welcher Anteil einzelnen Werbekanälen bei der Zurechnung der Werbewirkung zugesprochen werden kann, wenn die Werbewirkung auf Grundlage unterschiedlicher Attributionsmethoden zugerechnet wird. Es ist dort jeweils ausgewiesen, welchem Werbekanal der Verkauf zugeordnet werden kann, wenn der Erfolg jeweils ausschließlich dem ersten Werbekanal (Abb. 7), ausschließlich dem letzten Werbekanal (Abb. 8) oder gleichmäßig allen verwendeten Werbekanälen (Abb. 9) zugesprochen wird. Der Ausweis erfolgt jeweils unabhängig von der Anzahl der Kontaktpunkte zwischen einem potenziellen Kunden und dem werbetreibenden Unternehmen.

Es fällt hinsichtlich der Unterschiede auf, die sich aus der Anwendung verschiedener Attributionsmethoden ergeben, dass die Relevanz der einzelnen Werbekanäle hierdurch kaum berührt wird. So führt der alleinige oder kombinierte Einsatz des Werbekanals *Google-Anzeige* im betrachteten Anwendungsfall zu mehr als der

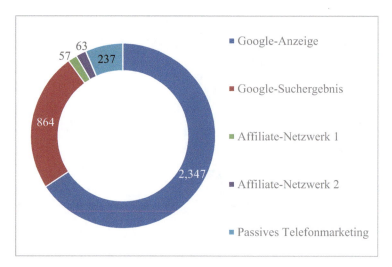

Abb. 7 Werbewirkung der einzelnen Online-Werbekanäle – Zuordnung zum ersten Kontakt. (Quelle: Eigene Darstellung)

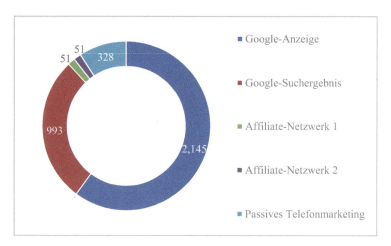

Abb. 8 Werbewirkung der einzelnen Online-Werbekanäle – Zuordnung zum letzten Kontakt. (Quelle: Eigene Darstellung)

Hälfte aller Verkäufe. Dem werbetreibenden Unternehmen kann somit empfohlen werden, diesen weiter zu betreiben. Hinsichtlich der Werte, die in Tab. 4, 5, 6 und 7 ausgewiesen sind, fällt zudem allerdings auf, dass sich der Einsatz dieses Werbekanals durch hohe Streuverluste auszeichnet. Das werbetreibende Unternehmen sollte vor dem Hintergrund der damit einhergehenden Aufwendungen vermeidbarer Werbebudgets somit prüfen, ob Möglichkeiten existieren, die entsprechenden Anzeigen passgenauer zu gestalten. Eine Möglichkeit wäre es hierbei, die Anzeigen mit

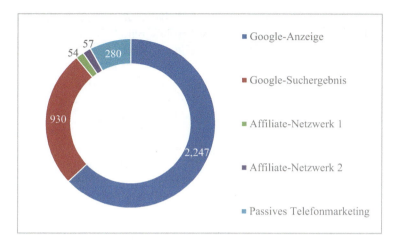

Abb. 9 Werbewirkung der einzelnen Online-Werbekanäle – Gleichmäßige Zuordnung zu allen Kontakten. (Quelle: Eigene Darstellung)

anderen Suchbegriffen zu versehen, damit sie nur von solchen potenziellen Kunden angeklickt werden, bei denen eine hohe Kaufwahrscheinlichkeit existiert.

Den zweitwichtigsten Kanal stellt mit Blick auf die Generierung von Verkäufen *Google-Suchergebnis* dar. Vor dem Hintergrund, dass der Einsatz dieses Werbekanals keine direkte Provisionszahlung beinhaltet, sollte das werbetreibende Unternehmen versuchen, diesen Werbekanal zu stärken. Dies könnte in der Konsequenz beispielsweise Wanderungsbewegungen der potenziellen Kunden weg von der Verwendung bezahlter Anzeigen verursachen. Vor diesem Hintergrund und in Anbetracht der auch hierbei zu konstatierenden Streuverluste muss dem werbetreibenden Unternehmen empfohlen werden, die Suchmaschinenoptimierung des eigenen Internetauftritts zielgerichteter auf den Bedarf der potenziellen Kunden auszurichten. In der Konsequenz würden die organischen Suchtreffer bei den potenziellen Kunden einen attraktiveren Eindruck machen. Es ist davon auszugehen, dass dies zu weiteren Verkäufen beiträgt, falls sich das Angebot des werbetreibenden Unternehmens so darstellt, wie es in der Suchmaschine auch propagiert wird.

Die Werbekanäle *Affiliate-Netzwerk 1* und *Affiliate-Netzwerk 2* zeichnen sich untereinander durch eine vergleichbare Leistung hinsichtlich der Generierung von Produktverkäufen aus. In Summe ist diese Leistung allerdings moderat. Vor dem Hintergrund, dass im Rahmen des Affiliate-Marketing in der Regel eine erfolgsabhängige Provision gezahlt wird, könnte der Annahme gefolgt werden, dass das Unternehmen diese Werbekanäle trotz geringer Leistung weiter betreiben sollte. Mit Blick auf die Aufwände, die auf Seiten des werbetreibenden Unternehmens hiermit allerdings einhergehen, sollte diese Einschätzung differenzierter erfolgen. So kann dem werbetreibenden Unternehmen empfohlen werden, den Aufwand, den der Einsatz der entsprechenden Werbekanäle verursacht (z. B. Anbahnung von Partnerschaften, Bereitstellung von Werbemitteln, Prüfung der Rechtmäßigkeit von

Provisionszahlungen) zu erfassen und anschließend zu prüfen, ob der durch das Affiliate-Marketing generierte Erfolg diesen rechtfertigt.

Dem Einsatz des Werbekanals *Passives Telefonmarketing* kann ebenfalls lediglich ein moderater Erfolg zugesprochen werden. Den größten Erfolg erzielt dieser Werbekanal, wenn nur der letzte Kundenkontakt in der Customer-Journey berücksichtigt wird. Dies zeigt, dass es über das passive Telefonmarketing vergleichsweise gut möglich ist, die potenziellen Kunden zu motivieren, das angebotene Produkt zu erwerben. Die mit Blick auf vorliegenden Anwendungsfall zu konstatierenden Streuverluste lassen allerdings auch hierbei die Vermutung zu, dass vorhandenes Potenzial mit Blick auf diesen Kanal aktuell nicht ausgeschöpft wird. Vor diesem Hintergrund kann dem werbetreibenden Unternehmen empfohlen werden, das hierfür eingesetzte Personal bedarfsorientiert zu schulen, um weitere Verkäufe zu generieren.

4.4 Empirische Identifikation relevanter zeitlicher Abstände zwischen Kundenkontaktpunkten

Im Rahmen der empirischen Beantwortung von Untersuchungsfrage 2 soll nun geprüft werden, ob aus dem zeitlichen Abstand zwischen zwei Kundenkontaktpunkten Implikationen für die Steuerung einzelner Werbekanäle identifiziert werden können. Zu diesem Zweck weist Tab. 8 für unterschiedlich lange Pfade durch die Online-Customer-Journey aus, welcher zeitliche Abstand in Minuten durchschnittlich zwischen verschiedenen Kontaktpunkten zu konstatieren ist. Der Ausweis erfolgt differenziert für die Fälle, in denen die angebotene Leistung verkauft wurde, sowie für die Fälle, in denen dies nicht der Fall ist.

Mit Blick auf die ausgewiesenen Werte zeigt sich, dass der Verkauf der angebotenen Leistungen mit Customer-Journeys einhergeht, die vergleichsweise lange Zeiträume in Anspruch nehmen. Es werden von den potenziellen Kunden somit i. d. R. keine spontan anmutenden Käufe getätigt. Der Verkauf eines Produktes geht dabei im Vergleich mit Customer-Journeys, die keinen Verkauf auslösen, mit komprimierteren Zeiträumen einher. Letztere nehmen ca. 22 % bei zwei Kontakten, ca. 17 % bei drei Kontakten sowie ca. 30 % bei vier Kontakten längere Zeiträume in Anspruch.

Dem werbetreibenden Unternehmen kann somit empfohlen werden, eine schnelle Abfolge verschiedener Kundenkontaktpunkte zu fördern. In diesem Zusammenhang

Tab. 8 Zeitliche Abstände zwischen Kontaktpunkten. (Quelle: Eigene Abbildung)

Anzahl der Kontakte	Zeitlicher Abstand zwischen Kundenkontaktpunkten (in Minuten)	
	Produkt verkauft	Produkt nicht verkauft
2	287.371	353.354
3	418.780	490.234
4	559.979	731.953

erscheint es zunächst zwingend erforderlich, Anfragen potenzieller Kunden zeitnah zu bearbeiten. Zudem kann es mit Blick auf die Förderung kurzfristiger Entscheidungen hilfreich sein, konkrete Anreize bei den potenziellen Kunden zu schaffen. So könnte beispielsweise das Angebot eines zeitlich befristeten Preisnachlasses hilfreich sein, zusätzliche Verkäufe zu generieren. Eine weitere Möglichkeit, potenzielle Kunden vom Angebot zu überzeugen, könnte darin bestehen, Nachfassaktionen zu implementieren. Die Durchführung dieser Maßnahmen sollte dabei in enger zeitlicher Nähe zu einem Kundenkontakt stattfinden. Dies fördert zum einen, dass sich der potenzielle Kunde noch ausreichend an das Angebot des werbetreibenden Unternehmens erinnert. Zum anderen wird hierdurch der Situation vorgebeugt, dass der potenzielle Kunde bereits konkurrierende Angebote identifiziert hat.

Zudem sollte das werbetreibende Unternehmen nach Möglichkeit ergründen, wieso sich potenzielle Kunden gegen den Kauf der angebotenen Leistung entschieden haben. In der Konsequenz könnte beispielsweise identifiziert werden, ob der vergleichsweise große zeitliche Abstand zwischen den einzelnen Kontaktpunkten einen kausalen Einfluss auf die entsprechende Entscheidung ausübt.

5 Limitationen & Ausblick

Die Ergebnisse, die in den vorangegangenen Abschnitten dargestellt wurden, liefern lohnenswerte Ansätze, die es werbetreibenden Unternehmen ermöglichen, die Online-Customer-Journey der eigenen potenziellen Kunden darzustellen und zu analysieren. Bei der Übertragung auf den jeweiligen unternehmensindividuellen Kontext sollten allerdings einige Limitationen berücksichtigt werden.

Es muss zunächst beispielsweise berücksichtigt werden, dass die ermittelten Werte lediglich eine Einzelfallbetrachtung eines realen Unternehmens repräsentieren. Erst auf Grundlage identisch angelegter Replikationsstudien wäre es unter Einsatz alternativer Datenbestände möglich, die Repräsentativität der Ergebnisse umfassend zu verifizieren. Zudem könnte eine Erweiterung der Untersuchung darin bestehen, hinsichtlich der empirischen Ausarbeitung reichhaltigere Analysemethoden zu verwenden. Auch wenn die intendierte Nachvollziehbarkeit der Analyse sowie deren Ergebnisse hierunter bisweilen leidet, erscheint es auf Grundlage entsprechender Methoden dennoch möglich, komplexe Zusammenhänge in den zugrunde liegenden Daten umfassender zu identifizieren.

Eine weitere Limitation besteht darin, dass es auf Grundlage der dargestellten Untersuchung weiterhin nicht uneingeschränkt möglich ist, den konkreten Mehrwert, den ein Kundenkontakt mit Blick auf die Kaufentscheidung ausübt, zu quantifizieren. Die Verwendung ausschließlich technisch getrackter Werbekanäle lässt es ohne weiterführende Informationen nicht zu, den subjektiven Mehrwert zu ermitteln, den potenzielle Kunden in den jeweiligen Online-Werbekanälen sehen. Diese Problematik könnte gemildert werden, indem ergänzend oder alternativ auf die Erinnerung der potenziellen Kunden hinsichtlich der verwendeten Werbekanäle zurückgegriffen wird. So erscheint es auf Grundlage dieser Information zum einen besser möglich, die Werbekanäle zu identifizieren, die einen positiven Einfluss beim potenziellen Kunden hinterlassen haben, wenn dieser das angebotene Produkt anschließend erwirbt. Zum anderen erscheint es im Umkehrschluss ebenfalls besser möglich, die Werbekanäle zu identifizieren, die einen negativen Einfluss beim potenziellen Kunden ausgeübt haben, wenn dieser anschließend weder das Produkt erwirbt noch einen weiteren Kontakt mit dem werbetreibenden Unternehmen sucht.

6 Fazit

Im vorliegenden Beitrag konnte gezeigt werden, welche Relevanz einer Analyse der Online-Customer-Journey aus Sicht werbetreibender Unternehmen zugesprochen werden sollte. Auf Grundlage eines realen Anwendungsfalls konnten sowohl hinsichtlich der Identifikation abschlussstarker Werbekanäle als auch hinsichtlich der Identifikation relevanter zeitlicher Abstände zwischen verschiedenen Kontaktpunkten lohnenswerte Erkenntnisse generiert werden. Die Umsetzung der Implikationen, die aus diesen Ergebnissen abgeleitet werden konnten, können werbetreibenden Unternehmen helfen, die Online-Customer-Journey ihrer potenziellen Kunden zu verbessern. In der Konsequenz ist davon auszugehen, dass dies positive Einflüsse auf den Absatz der eigenen Leistungen haben wird.

Literatur

Ahrholdt, D., Greve, G., & Hopf, G. (2019). *Online-Marketing-Intelligence. Kennzahlen, Erfolgsfaktoren und Steuerungskonzepte im Online-Marketing*. Wiesbaden: Springer Gabler.
Barwitz, N., & Maas, P. (2018). Understanding the Omnichannel customer journey – determinants of interaction choice. *Journal of Interactive Marketing, 43*(2018), 116–133.
Bischopinck, Y. von, & Ceyp, M. (2009). *Suchmaschinen-Marketing. Konzepte, Umsetzung und Controlling für SEO und SEM* (2. Aufl.). Berlin/Heidelberg: Springer.
Böcker, J. (2015). Die Customer Journey. Chance für mehr Kundennähe. In Deutscher Dialogmarketing Verband e.V (Hrsg.), *Dialogmarketing Perspektiven 2014/2015 – Tagungsband 9. wissenschaftlicher interdisziplinärer Kongress für Dialogmarketing* (S. 165–177). Wiesbaden: Springer Gabler.
Bormann, P. M. (2019). *Affiliate-Marketing. Steuerung des Klickpfads im Rahmen einer Mehrkanalstrategie* (zugl. Dissertation, FernUniversität in Hagen). Wiesbaden: Springer Gabler.
Brandão, T. K., & Wolfram, G. (2018). *Digital Connection. Die bessere Customer Journey mit smarten Technologien – Strategie und Praxisbeispiele*. Wiesbaden: Springer Gabler.
Brynjolfsson, E., Hu, Y. J., & Rahman, M. S. (2013). Competing in the age of Omnichannel retailing. *MIT Sloan Management Review, 54*(4), 23–29.
Cadonau, H. (2018). Logic & Magic. Customer Journey unter neuen Blickwinkeln. In F. Keuper, M. Schomann & L. I. Sikora (Hrsg.), *Homo Connectus. Einblicke in die Post-Solo-Ära des Kunden* (S. 33–51). Wiesbaden: Springer Gabler.
Dholakia, U. M., Kahn, B. E., Reeves, R., Rindfleisch, A., Stewart, D., & Taylor, E. (2010). Consumer behavior in a multichannel, multimedia retailing environment. *Journal of Interactive Marketing, 24*(2), 86–95.
Engelhardt, J. F., & Magerhans, A. (2019). *eCommerce klipp & klar*. Wiesbaden: Springer Gabler.
Esch, F.-R., & Knörle, C. (2016). Omni-Channel-Strategien durch Customer-Touchpoint-Management erfolgreich realisieren. In L. Binckebanck & R. Elste (Hrsg.), *Digitalisierung im Vertrieb*.

Strategien zum Einsatz neuer Technologien in Vertriebsorganisationen (S. 123–137). Wiesbaden: Springer Gabler.

Flocke, L., & Holland, H. (2014). Die customer journey analyse im online marketing. In Deutscher Dialogmarketing Verband e.V (Hrsg.), *Dialogmarketing Perspektiven 2013/2014 – Tagungsband 8. wissenschaftlicher interdisziplinärer Kongress für Dialogmarketing* (S. 213–242). Wiesbaden: Springer Gabler.

Holland, H. (2002). Das Mailing im integrierten Direktmarketing. In H. Holland (Hrsg.), *Das Mailing. Planung, Gestaltung, Produktion* (S. 9–32). Wiesbaden: Gabler.

Holland, H. (2016). *Dialogmarketing. Offline- und Online-Marketing, Mobile- und Social Media-Marketing* (4., vollst. überarb. Aufl.). München: Vahlen.

Holland, H., & Flocke, L. (2014). Customer-Journey-Analyse. Ein neuer Ansatz zur Optimierung des (Online-) Marketing-Mix. In H. Holland (Hrsg.), *Digitales Dialogmarketing. Grundlagen, Strategien, Instrumente* (S. 825–855). Wiesbaden: Springer Gabler.

Jacob, M. (2015). *Integriertes Online-Marketing. Strategie, Taktik und Implementierung*. Wiesbaden: Springer Vieweg.

Kamps, I., & Schetter, D. (2018). *Performance Marketing. Der Wegweiser zu einem mess- und steuerbaren Marketing – Einführung in Instrumente, Methoden und Technik*. Wiesbaden: Springer Gabler.

Kotler, P., Armstrong, G., Saunders, J., & Wong, V. (2007). *Grundlagen des Marketings* (4. Aufl.). München: Pearson.

Kreutzer, R. T. (2018). *Social-Media-Marketing kompakt – Ausgestalten, Plattformen finden, messen, organisatorisch verankern*. Wiesbaden: Springer Gabler.

Kreutzer, R. T. (2019). *Online-marketing* (2. Aufl.). Wiesbaden: Springer Gabler.

Kreutzer, R. T., Rumler, A., & Wille-Baumkauff, B. (2019). *B2B-Online-Marketing und Social Media. Handlungsempfehlungen und Best Practices*. Wiesbaden: Springer Gabler.

Laakmann, M., & Rahlf, C. (2018). Customer Journey am Beispiel des Schadenprozesses in der Versicherungswirtschaft. In M. Reich & C. Zerres (Hrsg.), *Handbuch Versicherungsmarketing* (2. Aufl., S. 401–422). Wiesbaden: Springer.

Lammenett, E. (2019). *Praxiswissen Online-Marketing. Affiliate-, Influencer-, Content- und E-Mail-Marketing, Google Ads, SEO, Social Media, Online- inklusive Facebook-Werbung* (7., überarb. u. erw. Aufl.). Wiesbaden: Springer Gabler.

Landgraf, R., & Feldkircher, M. (2015). Du bist, was Du misst. Kennzahlenbasierte Erfolgsmessung und erweiterte qualitative Erkenntnisgenerierung durch Social Media-Marktforschung. In S. Regier, H. Schunk & T. Könecke (Hrsg.), *Marken und Medien. Führung von Medienmarken und Markenführung mit neuen und klassischen Medien* (S. 393–417). Wiesbaden: Springer Gabler.

Leeflang, P. S. H., Verhoef, P. C., Dahlström, P., & Freundt, T. (2014). Challenges and solutions for marketing in a digital era. *European Management Journal, 32*(1), 1–12.

Lindenbeck, B. (2018). *Steuerung von Dialogmarketingkampagnen* (zugl. Dissertation, FernUniversität in Hagen). Wiesbaden: Springer Gabler.

Lindenbeck, B. (2020). Die Bestimmung hinreichend umfassender Datenbestände zur Konzeption von Marketingkampagnen. In Deutscher Dialogmarketing Verband e.V (Hrsg.), *Dialogmarketing Perspektiven 2019/2020 – Tagungsband 14. wissenschaftlicher interdisziplinärer Kongress für Dialogmarketing* (S. 119–133). Wiesbaden: Springer Gabler.

Meffert, H., Burmann, C., Kirchgeorg, M., & Eisenbeiß, M. (2019). *Marketing. Grundlagen marktorientierter Unternehmensführung Konzepte – Instrumente – Praxisbeispiele* (13., überarb. u. erw. Aufl.). Wiesbaden: Springer Gabler.

Mehn, A., & Wirtz, V. (2018). Stand der Forschung. Entwicklung von Omnichannel-Strategien als Antwort auf neues Konsumentenverhalten. In I. Böckenholt, A. Mehn & A. Westermann (Hrsg.), *Konzepte und Strategien für Omnichannel-Exzellenz. Innovatives Retail-Marketing mit mehrdimensionalen Vertriebs- und Kommunikationskanälen* (S. 3–35). Wiesbaden: Springer Gabler.

Miesler, L., & Bearth, A. (2016). „Willingness to share" im Kontext Big Data. Wie entscheiden Kunden, ob sie ihre persönlichen Daten mit Unternehmen teilen? In Deutscher Dialogmarketing

Verband e. V (Hrsg.), *Dialogmarketing Perspektiven 2015/2016 – 10. wissenschaftlicher interdisziplinärer Kongress für Dialogmarketing* (S. 49–66). Wiesbaden: Springer Gabler.

Milani, F. (2019). *Digital business analysis*. Cham: Springer.

Mull, S. (2018). Customer-Journey-Attributionsmodelle am Beispiel der Energiewirtschaft. In I. Böckenholt, A. Mehn & A. Westermann (Hrsg.), *Konzepte und Strategien für Omnichannel-Exzellenz. Innovatives Retail-Marketing mit mehrdimensionalen Vertriebs- und Kommunikationskanälen* (S. 251–273). Wiesbaden: Springer Gabler.

Mutius, A. (2013). Anonymität als Element des allgemeinen Persönlichkeitsrechts. terminologische, rechtssystematische und normstrukturelle Grundfragen. In H. Bäumler & A. Mutius (Hrsg.), *Anonymität im Internet. Grundlagen, Methoden und Tools zur Realisierung eines Grundrechts* (S. 12–26). Wiesbaden: Springer Vieweg.

Nefdt, M. (2018). *The insiders guide to customer experience analysis*. Auckland: Conexus Consulting.

Olbrich, R., Schultz, C. D., & Holsing, C. (2019). *Electronic Commerce und Online-Marketing. Ein einführendes Lehr- und Übungsbuch* (2., ak. u. erw. Aufl.). Wiesbaden: Springer Gabler.

Ott, C. S. (2017). Erfolgreich verkaufen in einer digitalisierten Welt. In B. Keller & C. S. Ott (Hrsg.), *Touchpoint Management. Entlang der Customer Journey erfolgreich agieren* (S. 65–86). Freiburg: Haufe.

Peppers, D., & Rogers, M. (2016). *Managing customer experience and relationships – a strategic framework* (3. Aufl.). Hoboken: Wiley.

Rosenbaum, M. S., Otalora, M. L., & Ramírez, G. C. (2017). How to create a realistic customer journey map. *Business Horizons, 60*(1), 143–150.

Schallmo, D. R. A., Brecht, L., & Ramosaj, B. (2018). *Process innovation. Enabling change by technology – basic principles and methodology: A management manual and textbook with exercises and review questions*. Wiesbaden: Springer Gabler.

Scheed, B., & Scherer, P. (2018). *Strategisches Vertriebsmanagement. B2B-Vertrieb im digitalen Zeitalter*. Wiesbaden: Springer Gabler.

Schröer, S. (2017). *Quick Guide Online-Marketing für Einzelkämpfer und Kleinunternehmer. Wie Sie Ihre Kunden online finden, begleiten und begeistern*. Wiesbaden: Springer Gabler.

Smart, R. (2016). *The Agile marketer. Turning customer experience into your competitive advantage*. Hoboken: Wiley.

Toth, A. (2019). *Die Treiber der Customer Experience. So stärken Sie die Kundenbeziehung durch die Gestaltung des Einkaufserlebnisses*. Wiesbaden: Springer Gabler.

Wissmann, J. (2013). *Einwilligungen im Permission Marketing. Empirische Analysen von Determinanten aus der Sicht von Konsumenten* (zugl. Dissertation, Westfälische Wilhelms-Universität Münster). Wiesbaden: Springer Gabler.

Zagel, C. (2015). *Service fascination. Gaining competitive advantage through experiential self-service systems*. Wiesbaden: Springer Gabler.

Connected Cars als Instrument des Digitalen Dialogmarketings

Heinrich Holland

Inhalt

1 Wandel der Automobilbranche 652
2 Dialogmarketing durch Connected Cars 655
3 Herausforderungen für Dialogmarketing in Connected Cars 656
4 Customer Relationship Management in der Automobilindustrie 660
5 Kundenbindung durch Connected Cars 661
6 Chancen zur Kundenbindung in der Automobilbranche durch Vernetzung 670
7 Fazit zur Kundenbindung 674
8 Fazit 676
Literatur 676

> **Zusammenfassung**
>
> Ein großes Potenzial für die Automobilindustrie bietet die wachsende Vernetzung. Mit der zunehmenden Verbreitung der Smartphones, des Internet of Things und dem damit einhergehenden digitalen Lebensstil kommt auch der Vernetzung von Fahrzeugen eine stärkere Bedeutung zu. Mit dem Einzug des Internets steht die Automobilindustrie vor einer digitalen Revolution, die das Marktgleichgewicht derzeit fundamental verändert. Wie Tesla und Google als branchenfremde Player bereits eindrucksvoll bewiesen haben, sind das Connected Car und autonomes Fahren von futuristischen Spinnereien zur technisch umsetzbaren Realität avanciert.
>
> Mit der Digitalisierung und dem damit entstehenden Connected Car können die Hersteller für das Fahrzeug Software, also digitale Dienste, vermarkten, damit lassen sich auch in der Besitzphase des Fahrzeugs Erlöse erzielen.

H. Holland (✉)
Hochschule Mainz, Mainz, Deutschland
E-Mail: heinrich.holland@online.de

© Springer Fachmedien Wiesbaden GmbH, ein Teil von Springer Nature 2021
H. Holland (Hrsg.), *Digitales Dialogmarketing*,
https://doi.org/10.1007/978-3-658-28959-1_28

Das Connected Car bietet die ideale Grundlage, um Dialogmarketing zu betreiben. Durch seine Verbindung zum Internet stellt es einen neuen Kommunikationskanal dar, der es den Herstellern erlaubt, mit dem Kunden im Fahrzeug in den direkten Dialog zu treten. Mithilfe von Big-Data-Analysen, die dazu in der Lage sind, enorme, unstrukturierte Datenmengen in Echtzeit auszuwerten, kommt auch das Connected Car als Datenbasis für die 360-Grad-Sicht auf den Kunden infrage.

Schlüsselwörter

Connected Cars · Big-Data-Analysen · Customer Relationship Management · Kundenbindung · Digitale Services

1 Wandel der Automobilbranche

▶ Bereits seit Ende des 19. Jahrhunderts hat das Automobil die deutsche Wirtschaft in einer bewegenden und bis heute andauernden Erfolgsgeschichte geprägt. Mit dem Einzug des Internets steht diese Tradition jedoch vor einer digitalen Revolution, die das Marktgleichgewicht der Automobilindustrie derzeit einer fundamentalen Veränderung unterzieht.

1.1 Disruptive Veränderungen

Die Digitalisierung durch das Internet macht auch vor der Automobilindustrie nicht Halt und führt zu einem grundlegenden Wandel in dieser Branche. Dieser Wandel impliziert maßgebliche Veränderungen sowohl bei dem Produkt Auto selbst als auch bei den Geschäftsmodellen. Die Industrie arbeitet an autonomen Fahrsystemen sowie der Vernetzung des Fahrzeugs mit der Umwelt und anderen Verkehrsteilnehmern, den *Connected Cars*. Darunter werden vernetzte Fahrzeuge verstanden, die mithilfe einer stetigen Internetverbindung überall und permanent online sind. Die traditionelle Automobilindustrie steht also vor einem wesentlichen technologischen Wandel.

Wie Tesla und Google als branchenfremde Player bereits vor einigen Jahren eindrucksvoll bewiesen haben, sind das Connected Car und autonomes Fahren von futuristischen Spinnereien zur technisch umsetzbaren Realität avanciert (Johanning und Mildner 2015, S. VII). Für die Etablierten der Branche haben sich disruptive Veränderungen ergeben, sie sehen sich einer Kommerzialisierung von bisher unbekannten Geschäftsfeldern der Informationstechnologie (IT) gegenübergestellt.

Das digitale Ökosystem des Automobils wird schon bald mehr Umsätze generieren als das Auto selbst, das nach Prognosen bis zum Jahr 2025 vollständig vom Connected Car ersetzt worden sein wird (KPMG 2017, S. 22).

Connected Cars als Instrument des Digitalen Dialogmarketings

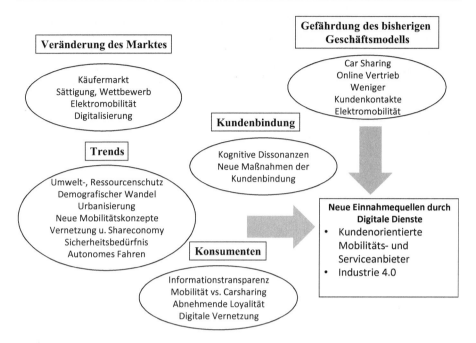

Abb. 1 Wandel der Automobilindustrie. (Quelle: Eigene Darstellung)

Wichtige Einflussgrößen des Wandels sind in der Abb. 1 zusammengestellt.

▶ Digitalisierung, Elektromobilität, autonomes Fahren und neue Mobilitätskonzepte sind die vier *Trends*, mit denen sich die Automobilindustrie aktuell konfrontiert sieht und die sie zu einem Wandel zwingen. Jeder dieser Trends stellt die etablierten Geschäftsmodelle und Abläufe der Automobilhersteller infrage und bietet gleichzeitig Chancen und Möglichkeiten zur Steigerung des Absatzes und des Unternehmensgewinns (Capgemini 2015, S. 34–36).

1.2 Kernkompetenz der Hersteller

Bisher liegt die *Kernkompetenz* der Hersteller im Bau und Verkauf von Fahrzeugen; die Erlöse richten sich dementsprechend nach dem Absatz der Fahrzeuge (Deloitte 2015, S. 3–4). Es ist jedoch abzusehen, dass die Technologie der selbstfahrenden Fahrzeuge in Verbindung mit neuen Mobilitätsdienstleistungen zu einer starken Reduktion der Anzahl der benötigten Fahrzeuge für den Individualverkehr führen wird. Für die Automobilindustrie besteht dadurch eine unmittelbare Bedrohung des aktuellen Geschäftsmodells, weil sie von einem hohen Fahrzeugabsatz abhängig ist (Deloitte 2015, S. 3–4).

▶ Die Original Equipment Manufacturer (OEM) werden hierdurch gezwungen, ihr tradiertes Geschäftsmodell an den Top-Trend von *Connectivity* und *Digitalisierung* zu adaptieren, wenn sie ihre Marktanteile nicht an Softwareunternehmen verlieren möchten (KPMG 2017, S. 9). Dementsprechend haben die Autobauer den IT-Riesen wie Google, Apple und Uber den Kampf angesagt.

So hat sich der VW-Konzern das anspruchsvolle Ziel gesetzt, bis zum Jahr 2025 zum führenden Mobilitätsanbieter zu werden und sich dabei in Teilen zum Softwarekonzern zu entwickeln (VW 2016).

Getrieben von reifen Märkten, zunehmendem Wettbewerb und veränderten Wertvorstellungen, befindet sich die Automobilbranche aktuell in einem tief greifenden Wandel (Ebel et al. 2014, S. 4). Während Motorleistung, Premium-Qualität oder besonderes Design bis vor einigen Jahren wichtige Eigenschaften bei der Kaufentscheidung darstellten, wird heutzutage der originäre Nutzen eines Fahrzeugs wichtiger. Es verliert die Bedeutung als Statussymbol und wird immer häufiger als reiner Mobilitätsdienstleister verstanden. Aus Sicht der Hersteller entsteht damit das Problem einer sinkenden emotionalen Bindung zum Auto bzw. zur Marke, was zu einer geringeren Kundenloyalität führt (Diez 2014, S. 448).

1.3 Herausforderungen

Gegenwärtig sind die Absatzzahlen der Autoindustrie hoch, was überwiegend am Wachstum in Schwellenländern liegt. In Triade-Märkten wie Westeuropa, Japan oder USA sind dagegen Sättigungsgrenzen nahezu erreicht. *Kundenbindung* wird infolgedessen zu einer wichtigen Zielgröße für Autokonzerne, die es in Zukunft noch stärker umzusetzen gilt. In den letzten Jahrzehnten lag die Kundenbindung vor allem in den Händen der Vertragswerkstätten. Diese Abhängigkeit müssen Autokonzerne verändern und im Rahmen des Beziehungsmarketings den direkten Kundenkontakt verstärken. Um in der zunehmenden globalen Wettbewerbsintensität erfolgreich zu bleiben, müssen sie neue Wege zur Kundenbindung identifizieren und vor allem im Servicebereich Innovationen entwickeln, die auf Kundenbedürfnisse angepasst sind und emotionale Komponenten beinhalten.

Die Automobilindustrie steht vor großen Herausforderungen; sie muss den *digitalen Wandel* mit Connected Cars in Produkte, Wertschöpfungsketten sowie Geschäftsmodelle integrieren und den genannten Negativtrends entgegenwirken. Vor allem die Trends, wie die Bedeutung alternativer Mobilitätsdienstleistungen anstelle des Autobesitzes, intensivierter Wettbewerb durch das Eindringen neuer Marktteilnehmer, gesättigte Märkte sowie die Notwendigkeit individueller Kommunikation machen die aktuelle Herausforderung und den Handlungsbedarf deutlich. Diese negativen Entwicklungen in Verbindung mit Trends, wie der Digitalisierung und der Individualisierung von Kundenwünschen, führen dazu, dass auch das Marketing im Automobilsektor innovativ erneuert werden muss und sich somit im Wandel befindet.

▶ Fest steht, dass für die Zukunftsfähigkeit der Automobilbranche die Digitalisierung stärker Einzug halten muss, und zwar in allen Geschäftsbereichen.

2 Dialogmarketing durch Connected Cars

▶ Um den anstehenden Wandel auch gemeinsam mit dem Kunden zu vollziehen, ist es notwendig, den Kunden an die *digitalen Dienste* heranzuführen.

2.1 Connected Car als Kommunikationskanal des Dialogmarketings

Gerade für ältere und nicht technologieaffine Kunden ist es neu, wenn sie Extras und optionale Funktionen an ihrem Fahrzeug auch noch nach dem Kauf freischalten können. Dadurch entsteht eine Notwendigkeit für ein spezifisches, individuelles Marketing im Zusammenhang mit digitalen Diensten (Holland 2016, S. 33–41; Holland 2014, S. 352–354).

▶ Das *Connected Car* vereint Funktionen und Fähigkeiten, die Fahrer, unterschiedliche Services, andere Automobile sowie unterschiedliche Organisationen digital und drahtlos vernetzen. Dadurch werden Nutzung, Wartung und Komfortfunktionen optimiert, sowie die Grundlage für autonomes Fahren und neue Mobilitätskonzepte gelegt (Holland 2018, S. 53).

Das Connected Car bietet die ideale Grundlage, um *Dialogmarketing* zu betreiben. Durch seine Verbindung zum Internet stellt es einen neuen Touchpoint dar, der es den Herstellern erlaubt, mit dem Kunden im Fahrzeug in den direkten Dialog zu treten (BVDW 2016, S. 9).

2.2 Big-Data-Analysen

Zum *Data-Driven Marketing* stehen den Herstellern, unter Berücksichtigung von Regelungen des Datenschutzes, sämtliche vom Connected Car generierten Daten zur Verfügung. Aus diesen lassen sich Präferenzen und Verhaltensweisen der Kunden ableiten, die zur persönlichen und gezielten Kundenansprache genutzt werden können. Schließlich kann auf diese Weise der Absatz von digitalen Diensten gesteigert werden und jedem Kunden, individuell und in einer für ihn relevanten Situation, der passende digitale Dienst angeboten werden (BVDW 2016, S. 9; Schwarz 2016, S. 4 f.).

Mithilfe von *Big-Data-Analysen*, die dazu in der Lage sind, enorme, unstrukturierte Datenmengen in Echtzeit auszuwerten, kommt auch das Connected Car als Datenbasis für die 360-Grad-Sicht auf den Kunden infrage.

Die Automotive-Branche hat bereits erkannt, wie wertvoll Fahrzeug- und Kundendaten für die neuen Geschäftsmodelle sein werden (KPMG 2017, S. 33 f.). Mit dem Connected Car, das derzeit etwa 25 GB an Daten pro Stunde produziert, halten die Automobilhersteller neuerdings einen Schlüssel in der Hand, der ihnen die

Chance gibt als Sieger der disruptiven Entwicklung hervorzugehen (Wollschläger 2016, S. 31).

▶ Das Potenzial scheint enorm: Daten zu Fahrverhalten, zur Nutzung digitaler Dienste oder zum Fahrzeugzustand versprechen Zugang zu einer nie da gewesenen Nähe zum Kunden, die die Autobauer mit dem Connected Car nun erhalten (KPMG 2017, S. 26).

3 Herausforderungen für Dialogmarketing in Connected Cars

3.1 Datenschutz versus Mehrwert für den Kunden

Eine große Schwierigkeit bei Dialogmarketing in Connected Cars stellen die rechtlichen Regularien in Bezug auf Speicherung, Nutzung und Weitergabe personenbezogener Daten dar, wie die Tab. 1 zeigt. Seit dem Jahr 2016 gibt es in der Europäischen Union (EU) eine neue *Datenschutzgrundverordnung* (DSGVO), welche strikte Regelungen zum Datenschutz personenbezogener Daten enthält (Art. 1–99, EU-DSGVO 2016). Sobald das Fahrzeug mit einer Person, z. B. über Name und E-Mail-Adresse, verknüpft ist, handelt es sich bei allen aus dem Fahrzeug erhobenen Daten um personenbezogene Daten. Dies bedeutet, dass die EU-DSGVO bei Connected Cars Anwendung findet und diese Daten ohne ausdrückliche Zustimmung des Nutzers nicht genutzt oder weitergegeben werden dürfen.

Besonders problematisch sind speziell alle B2B-Geschäftsmodelle und Kooperationen, bei denen der Kunde somit explizit einer Datenweitergabe zustimmen muss (BVDW 2016, S. 6–8; Art. 4 Absatz 1 EU-DSGVO). Diese Datenspeicherung sowie die Weitergabe von Fahrzeug- und Nutzerdaten sind sehr kritische Themen, da der Kunde von den Vorteilen einer Datenspeicherung überzeugt werden muss, damit er nicht in erster Linie seine Privatsphäre gefährdet sieht (Andelfinger und Hänisch 2015, S. 16).

Tab. 1 Herausforderungen für Dialogmarketing in Connected Cars. (Quelle: Eigene Darstellung)

1.	Rechtliche Regularien in Bezug auf Speicherung, Nutzung und Weitergabe personenbezogener Daten, Datenschutzgrundverordnung
2.	Privacy Paradox, tatsächliches Onlineverhalten vieler Nutzer weicht von bekundeter Einstellung zum Datenschutz ab
3.	Klarer Mehrwert für den Kunden erforderlich für Einwilligung zur Datenerhebung
4.	Gewerbliche Fahrzeugzulassungen erschweren Identifikation des Fahrers
5.	Softwarehersteller wie Google oder Apple als neue Marktteilnehmer
6.	Kommunikation mit dem Fahrer ohne Ablenkung von der Fahraufgabe nur möglich bei autonomem Fahren
7.	Kommunikation bei manuellem Fahren möglich durch Sprach- und Gestensteuerung, Audiowerbenachrichten, Vorlesefunktion
8.	Neue Anforderungen an die IT-Abteilungen der Automobilhersteller

Die meisten deutschen Verbraucher haben eine äußerst kritische Einstellung gegenüber der Datensammlung und bekunden häufig die Wichtigkeit von Privatsphäre und Datenschutz. Zugleich kaufen zahlreiche Menschen online ein, nutzen Kundenkarten wie Payback und verschicken sorglos Bilder und Nachrichten über den Instant-Messaging-Dienst WhatsApp oder andere Dienste.

▶ Die nachlässige Preisgabe von Daten auf sozialen Netzwerken oder beim Onlineeinkauf und die gleichzeitigen Beschwerden wegen mangelnden Schutzes der Privatsphäre stellen einen Widerspruch dar, der als *Privacy Paradox* bezeichnet wird. Dies bedeutet, dass das tatsächliche Onlineverhalten vieler Nutzer von ihrer bekundeten Einstellung zum Datenschutz abweicht.

Dieses Privacy Paradox macht deutlich, dass die Kundeneinwilligung zur Datenspeicherung trotz häufig bekundeter Skepsis dennoch möglich ist, und relativiert die Forderungen nach dem Schutz der Privatsphäre. Dennoch ist eine Schwierigkeit von Dialogmarketing in Connected Cars, zunächst die notwendige Akzeptanz und das Einverständnis der Verbraucher zu erlangen, die rechtlich benötigt werden, um die Daten speichern zu dürfen. Den Kunden muss hierfür, ähnlich wie bei Messaging-Diensten, sozialen Netzwerken oder Kundenkarten, ein Mehrwert geboten werden. Die meisten Konsumenten stehen der Datensammlung zwar eher misstrauisch gegenüber, stimmen aber dennoch zu, wenn sie selbst davon profitieren können und eine Gegenleistung dafür bekommen.

Eine Studie von McKinsey beschreibt die *Einwilligung* der Kunden zur Datenerhebung als erste große Hürde für Marketing in Connected Cars. McKinsey hält es ebenso für bedeutsam, dass den Konsumenten mit der Zustimmung ein klarer *Mehrwert* geboten wird. Die meisten Kunden werden trotz vorgeschobener Bedenken bezüglich ihrer Privatsphäre dann der Datenspeicherung aus ihrem Fahrzeug zustimmen, wenn sie im Gegenzug etwas dafür erhalten, also gezielt einen zusätzlichen Nutzen geboten bekommen. Eine Möglichkeit des Mehrwerts wäre, verstärkt alle Vorteile zu kommunizieren, die Kunden mit Connected Cars erhalten. Solche Vorteile für den Kunden können beispielsweise Mehrwerte aus unterschiedlichen Bereichen sein, üblicherweise aus den verschiedenen Kategorien: Kosten- oder Zeitersparnis, Sicherheit und Komfort (McKinsey und Company 2016, S. 13).

Ein Beispiel für einen Mehrwert aus dem Bereich Sicherheit ist, dass durch Connected Cars im Notfall in Echtzeit und automatisch ein *Notruf* (E-Call) abgesetzt werden kann und damit die Rettungskräfte schneller den Unfallort erreichen können. Auch frühzeitige Verkehrswarnungen oder Gefahrenhinweise können damit automatisch erfasst und gegeben werden. In Bezug auf den Komfort kann dem Konsumenten vermittelt werden, dass das Pannenrisiko reduziert werden kann, wenn er der Datensammlung zustimmt. Das Ausfallrisiko des Fahrzeugs wird durch *Predictive Maintenance* verringert. Dies bringt auch automatisch Zeit- und Kostenersparnis mit sich, da technische Probleme oder Fehler frühzeitig erkannt werden können. Um die Einverständniserklärung der Kunden für eine Datensammlung aus dem Fahrzeug zu bekommen, muss folglich ein klarer Mehrwert bzw. Kundennutzen aufgezeigt werden (McKinsey und Company 2016, S. 13).

3.2 Gewerbliche Fahrzeuge und neue Marktteilnehmer

▶ Neben Datenschutz und Kundenzustimmung könnte die Anzahl der *gewerblichen Fahrzeugzulassungen* ebenfalls eine Grenze des Handlungsspielraums für Marketingaktionen in Verbindung mit Connected Cars darstellen. Im Jahr 2016 waren lediglich 35 % der Neuwagenkäufer in Deutschland Privatpersonen, somit entfielen nahezu zwei Drittel der Neuwagenzulassungen auf Geschäfts- und Firmenkunden (Kraftfahrt-Bundesamt 2016).

Dies deutet auf die Schwierigkeit hin, dass es sich bei Firmen- oder Gewerbekunden häufig um Poolfahrzeuge handelt, auf die verschiedene Mitarbeiter Zugriff haben. In diesem Fall ist der Käufer des Fahrzeugs nicht gleich dem Fahrer, und diesen Autos sind häufig wechselnde Personen als Fahrer zugewiesen. Dies führt dazu, dass der Nutzer des Autos dem Autohersteller nicht immer bekannt ist und es schwierig ist, den jeweiligen Fahrer unmittelbar zu identifizieren. Kunde und Nutzer sind hier nicht dieselbe Person, die Nutzer wechseln unter Umständen häufig und deshalb muss vonseiten der Hersteller bei Kommunikationsmaßnahmen differenziert werden. Ähnlich verhält es sich bei Pay-per-Use-Modellen, wie Carsharing, welche ebenfalls häufigem Fahrerwechsel unterliegen. Dies führt für die Hersteller zu der Problematik, die richtige Person ansprechen zu können und *personalisiertes Dialogmarketing* fehlerfrei zu realisieren. Dieses Problem macht die Notwendigkeit von Identifizierungssystemen in solchen Fällen deutlich (BVDW 2016, S. 9).

▶ Eine weitere mögliche Herausforderung für die OEMs stellen die neuen Marktteilnehmer auf dem Automobilmarkt dar. Softwarehersteller wie Google oder Apple entwickeln ebenfalls vernetzte Fahrzeuge und werden somit zu neuen Konkurrenten auf dem Markt. Die Unternehmen aus der Internetbranche haben in diesem Bereich teilweise entscheidende Vorteile gegenüber den Automobilherstellern in Bezug auf ihre Expertise in digitalen Geschäftsmodellen sowie der Datenverwertung.

3.3 Kommunikation und autonomes Fahren

Darüber hinaus könnte die Abhängigkeit der Kommunikation in Connected Cars vom *autonomen Fahren* ein mögliches Hemmnis vom Einsatz von Dialogmarketing in diesen darstellen. Solange Fahrzeuginsassen mit der Fahraufgabe beschäftigt sind, sind das Anschauen von Inhalten und die Reaktion darauf nur eingeschränkt möglich.

▶ Dies macht es schwierig, Services im Fahrzeug anzubieten, wenn der Fahrer mit dem Bedienen des Fahrzeugs beschäftigt und auf den Verkehr konzentriert ist. Wird das vollautonome Fahren jedoch irgendwann zur Realität, könnte Dialogkommunikation im Fahrzeug erheblich an Relevanz gewinnen (BVDW 2016, S. 9).

Eine Möglichkeit von Kommunikation trotz manuellen Fahrens wäre die Nutzung von Sprach- und Gestensteuerung sowie Audiowerbenachrichten. Auch der Einsatz einer Vorlesefunktion würde Werbebotschaften während der Autofahrt möglich machen. Trotz allem könnte durch autonomes Fahren und in die damit einhergehende Abgabe der Fahraufgabe ein großes Potenzial für neue Dienste im Auto entstehen.

3.4 Funktion der IT-Abteilungen

Eine weitere mögliche Herausforderung für die erfolgreiche Implementierung von Dialogmarketing in Connected Cars könnte die zukünftige Funktion der *IT-Abteilungen* der Automobilhersteller sein. Bisher hatte die IT-Abteilung bei den Automobilherstellern eine hauptsächlich interne und oftmals administrative Rolle. Die Technologiefähigkeit ist allerdings für gezieltes Dialogmarketing in Connected Cars von besonderer Bedeutung. Die Informationstechnologie sollte in der Lage sein, die komplexen Softwaresysteme in Connected Cars zu entwickeln, zu betreiben sowie Kundenbedürfnisse aus den Fahrzeugdaten ableiten zu können.

▶ Der IT-Abteilung fällt damit zukünftig eine Schlüsselstellung im Unternehmen zu. Sie wird dafür verantwortlich sein, das Dialogmarketing in Connected Cars zu integrieren, abteilungsübergreifend mit anderen Bereichen zusammenzuarbeiten sowie für eine interne Rückkopplung der Daten und Erkenntnisse aus Connected Cars zu sorgen.

▶ Dies stellt eine schwierige und kostspielige Herausforderung für Automobilhersteller dar, die erkennen müssen, wie essenziell die Kompetenzerweiterung der IT und deren Technologieentwicklung sein werden.

Zusammenfassend lässt sich feststellen, dass vor allem die rechtlichen Datenschutzregularien und die erforderliche Kundenzustimmung große Herausforderungen für die Implementierung von Dialogmarketing in Connected Cars darstellen können. Darüber hinaus können die Softwarekonzerne als neue Marktteilnehmer, das Risiko der Fahrerablenkung beim manuellen Fahren sowie die neuen Organisationsanforderungen innerhalb der OEMs Schwierigkeiten für Dialogmarketing in Connected Cars bedeuten.

4 Customer Relationship Management in der Automobilindustrie

▶ Die mit dem Connected Car gewonnenen Daten bieten in einer Datenbank und mit entsprechender Analytik den Automobilherstellern (OEM) im Rahmen von *Customer Relationship Management* großes Potenzial, die gesamte Organisation kundenorientiert auszurichten. Dieser ganzheitliche Ansatz des CRM integriert und optimiert alle kundenbezogenen Prozesse (Holland 2016, S. 300). CRM dient der Verbesserung und dem Ausbau der Kundenbeziehung, um Mehrwerte auf beiden Seiten zu generieren.

4.1 360-Grad-Sicht auf den Kunden

In Anbetracht sich verändernder Kaufkriterien der Kunden ist es für die Hersteller entscheidend, ihr Client Relationship Management zu optimieren, um Kunden an die Marke zu binden und sie in den Mittelpunkt der Unternehmensaktivitäten zu stellen. Die Daten aus dem Connected Car lassen sich zu detaillierten Profilen verdichten, wodurch eine *360-Grad-Sicht* auf den Kunden entsteht. Ein Aufbrechen bestehender Wechselbarrieren kann verhindert werden, indem beispielsweise individualisierte Botschaften zum richtigen Zeitpunkt im passenden Kontext an den Kunden verschickt werden, um mit ihm in den Dialog zu treten (Hardt und Manthey 2016, S. 16). Mit einer ausgereiften Analytik können Bedürfnisse des Kunden bereits festgestellt werden, bevor sie entstehen, so wird die Ansprache noch treffsicherer (PWC 2016, S. 19).

4.2 Daten für den automatisierten Dialog

Ein Problem stellt in diesem Zusammenhang das CRM in seiner bisherigen Form in der Automobilindustrie dar. Der direkte Kontakt zum Kunden findet bisher dezentral über die *Händler* statt, ohne einen Kontakt zum Hersteller. Jeder Händler verfolgt dabei in Bezug auf das CRM eine eigene Strategie (Deloitte 2015, S. 5). Händler sind in der Regel rechtlich eigenständige Unternehmen in einem Franchiseverhältnis zum Hersteller und ein Großteil der Kundendaten liegt nur dort vor.

Die Hersteller sind für ein allumfassendes CRM auch auf diese Daten der Händler angewiesen, um die Informationen aus dem Connected Car damit anzureichern.

Um Zugriff auf diese Daten zu erhalten, ist einerseits eine tief greifende Einverständniserklärung des Kunden erforderlich, andererseits eine vertrauensvolle Zusammenarbeit zwischen Händler und OEM. Die Daten aus dem Connected Car werden vom Hersteller gesammelt und können aufgrund der notwendigen Expertise und kostenintensiven IT-Infrastruktur in Form von integrierten performanten Datenbanken und Analytik nur dort gespeichert, verarbeitet und für das CRM genutzt werden.

▶ Diese Daten müssen anschließend mit *Data Management* zunächst identifiziert und anschließend kombiniert werden, um sie dann mit Big Data und Vorhersageverfahren, im Idealfall in Echtzeit, zu analysieren (Hardt und Manthey 2016, S. 5). Hierdurch kann ein *automatisierter Dialog* stattfinden, um den Kunden im richtigen Moment mit dem richtigen Inhalt anzusprechen. Vorhersagen des Kundenverhaltens sind damit auch möglich (PWC 2016, S. 19).

Durch die steigende Menge von Daten ist es möglich, mit dem CRM verschiedene *Geschäftsbereiche* mit Informationen zu versorgen. Dazu zählen die Produktentwicklung zur Verbesserung der Fahrzeuge, das After-Sales-Management zur Identifikation von fehlerhaften Bauteilen, das Marketing zur optimalen Kundenansprache sowie der Vertrieb für Cross- und Upselling. Organisatorisch entstehen dadurch ein hoher interner Abstimmungsaufwand sowie Interdependenzen zwischen den CRM-Verantwortlichen und den einzelnen Abteilungen. Bei den bisherigen historisch gewachsenen und starren Strukturen der OEM ist das ein kritischer Punkt.

Schafft es der Hersteller, ein solches komplexes System zu etablieren, ist es möglich, ein ganzheitliches CRM aufzubauen, welches den Dialog zum Kunden über den gesamten Kundenlebenszyklus aufrechterhält. Bisher endete der Kontakt zum Kunden in der Regel nach der Schlüsselübergabe im Autohaus und wurde bei Werkstattbesuchen kurzzeitig fortgeführt. Das Ziel ist, dass am Ende „[...] der Kunde als wertvollste Ressource des Unternehmens im Mittelpunkt [...]" steht und ihm ein einzigartiges Kundenerlebnis geboten wird (Deloitte 2015, S. 5 f.).

5 Kundenbindung durch Connected Cars

5.1 Maßnahmen zur Steigerung der Kundenbindung

Diez nennt drei strategische Ansätze, wie Automobilhersteller Kunden an die eigene Marke binden können.

- Steigerung der Kundenzufriedenheit

Im Rahmen der *Kundenzufriedenheit* ist vor allem die Produktzufriedenheit von besonderer Bedeutung für die Markenloyalität. Produktzufriedenheit lässt sich u. a. erreichen durch Sicherstellung einer hohen Fahrzeugqualität, eine umfangreiche Serviceausstattung und ein gutes Preis-Leistungs-Verhältnis (Diez 2014, S. 436–437).

Speziell der Service nimmt im Kontext Connected Car einen hohen Stellenwert ein. Durch die klassischen, vertraglichen Vertriebssysteme haben die Automobilhersteller bisher nur begrenzten Einfluss auf die Optimierung von servicebezogenen und beziehungsorientierten Maßnahmen und somit auch auf die Kundenloyalität nehmen können, da die Kommunikation meist zwischen den Händlern und den Kunden stattfindet. Durch die Connected-Car-Technologien kann in Zukunft auch eine Kommunikation zwischen Hersteller und Kunden stattfinden.

- Aufbau von Wechselbarrieren

Um wirksame *Wechselbarrieren* zu errichten ist ein umfassendes Customer Relationship Management wichtig. Mit modernen Informations- und Kommunikationstechnologien können profitable Kundenbeziehungen aufgebaut werden (Diez 2014, S. 441).

- Beschränkung des Variety-Seeking-Verhaltens

Das Bedürfnis nach *Variety-Seeking* kann durch die Automobilhersteller nicht verhindert werden, doch existieren Strategien, um das Verhalten bezüglich der Kundenbindung zu steuern:
Verkürzung der *Modellzyklen*: Durch die Verkürzung der Modellzyklen wird verhindert, dass der Kunde im Falle einer Neuanschaffung das gleiche Modell erneut kaufen muss. Ebenso kann mit Modellpflegemaßnahmen dem Bedürfnis nach Abwechslung nachgegangen werden.
Ausdehnung des *Modellprogramms*: Durch die Ausdehnung des Modellprogramms mit neuen Varianten und Baureihen kann der Kunde zwar nicht an ein bestimmtes Modell, aber an die Automarke gebunden werden.
Ausdehnung der *Markenportfolios*: Dem Wunsch des Kunden nach Abwechslung kann auch entsprochen werden, indem ihm ein Modell einer anderen Konzernmarke angeboten wird. Beispielsweise kann einem VW-Kunden ein Fahrzeug der Marke Audi, Seat oder Skoda offeriert werden. Voraussetzung dafür ist ein entsprechend großes Markenportfolio des Automobilunternehmens (Diez 2014, S. 447–448).

5.2 Daten als Basis der Kundenbindung

- Nutzung der Daten für positives Kundenerlebnis

Die Daten, die durch den Betrieb des Connected Car gewonnen werden, entsprechen einem Volumen von 10 bis 25 GB pro Stunde. Diese Daten können genutzt werden, um daraus Dienste zu generieren, die zu einem positiven Kundenerlebnis führen (Löffler und Decker 2017, S. 530).
Ein positives Kundenerlebnis steigert die *Produktzufriedenheit*, die wiederum eine höhere Markenloyalität zur Folge haben kann. Außerdem können durch den permanenten Zufluss an Daten das Fahrerprofil, wie das Fahr- und Nutzungsverhalten des Kunden und der Zustand des Fahrzeuges, ständig aktualisiert werden, wodurch vorzeitig Bedarfe der Kunden erkannt werden können. Erkannte Bedarfe wiederum lassen sich als Grundlage für personalisierte Service- und Neuwagenangebote nutzen.

- Personalisierte Angebote

Personalisierte Angebote sind beispielsweise sinnvoll, wenn ein Fahrer identifiziert wird, der die maximale Geschwindigkeit seines Fahrzeugs häufig ausreizt,

Tab. 2 Veränderungen im Customer Relationship Management durch Connected Cars. (Quelle: Eigene Darstellung)

Klassisches CRM	CRM auf Basis von Connected Cars
Offline- und Onlinemedien	Zusätzliches Medium im Connected Car
Customer Experience Management durch Medien und spezifische Aktionen	Customer Experience Management durch Nutzung des Fahrzeugs verbunden mit dem Anbieter
Programmatic CRM durch Kundenprofile aus Datenquellen	Programmatic CRM in Realtime gesteuert durch die Nutzung des Fahrzeugs
Entstehung von Daten bei Dialog und Nutzung von Medien	Entstehung von Daten bei Nutzung des Fahrzeugs
Kenntnis des Kunden abhängig von dessen Interaktionen	360-Grad-Sicht auf den Kunden und seine Nutzung des Fahrzeugs
Dialog durch spezifische Aktionen	Automatisierter Dialog
Kundenbindung durch spezifische Aktionen	Kundenbindung durch Digitale Services

oft lange Strecken fährt und seinen Wagen schwer belädt. Diese Faktoren werden durch die Sensoren am Fahrzeug erfasst und über die Car-to-Web-Technologie an den Fahrzeughersteller übermittelt. Diese Daten bieten den Fahrzeugherstellern eine Argumentationsgrundlage für neue Angebote, wie für ein neues Fahrzeug mit höherer Maximalgeschwindigkeit und einem größeren Stauraum (Alich et al. 2016, S. 6).

Ein weiteres Beispiel ist die Erkennung von Verschleiß und Beschädigungen von Fahrzeugbauteilen durch die Sensoren. Entsteht daraufhin die Notwendigkeit einer Reparatur, kann dem Fahrer dies mitgeteilt und ihm gleichzeitig ein Angebot einer Vertragswerkstatt in der Nähe des derzeitigen Standorts mit der Option einer sofortigen Terminvereinbarung unterbreitet werden.

- Verändertes Kundenbeziehungsmanagement

Generell wird sich das gesamte *Kundenbeziehungsmanagement* durch die permanente Datenerhebung verändern. Diese Veränderungen im Vergleich zum klassischen Kundenbeziehungsmanagement sind in Tab. 2 dargestellt (Holland 2018, S. 253).

Die Ansätze für den Einsatz der Marketinginstrumente bei Connected Cars zeigt die Abb. 2.

5.3 Dienste und Technologien

▶ Die aufgrund der Datennutzung möglichen Dienste lassen sich in fahrzeug- und fahrerbezogene Dienste und Technologien einteilen (Diez 2018, S. 124–125). Wenn sich Zufriedenheit mit der Nutzung dieser Angebote einstellt und der Fahrer nicht auf die damit verbundenen Annehmlichkeiten verzichten möchte, steigert das die Kundenbindung (vgl. Tab. 3).

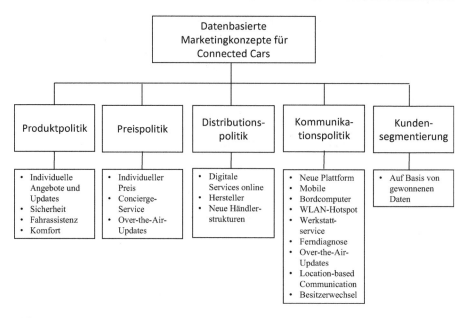

Abb. 2 Marketingkonzepte für Connected Cars. (Quelle: Eigene Darstellung)

Tab. 3 Dienste und Technologien in Connected Cars. (Quelle: Eigene Darstellung)

Fahrzeugbezogene Dienste • Fahrerassistenzsysteme • Fahrzeugbezogene Servicefunktionen
Fahrerbezogene Dienste • Basisfunktionen (z. B. Telefonieren, Mailen, Infotainment)
Mobilitätsdienstleistungen und individuelle Reiseorganisation • Planung von Reiseroute, Hotel, Restaurant
Location-based-Services • Kommunikation und Angebote auf Basis des Fahrzeugstandortes
Infotainment-Apps • Musikstreaming, Videostreaming, Spiele, Internet-Browsing, In-car-WLAN-Netzwerke und soziale Netzwerke
Context Aware Recommender Systems • Musikempfehlungen auf der Basis von Fahrstil, Straßentyp, Landschaft, Verkehrsaufkommen, Stimmung des Fahrers, Wetter etc.
WLAN-Netzwerk • Vehicle-to-Internet, Vehicle-to-Vehicle-Kommunikation, Drive And Share, App RoadSpeak

- Fahrzeugbezogene Dienste

Unter den *fahrzeugbezogenen Diensten* sind die im Fahrzeug direkt verbauten Systeme, wie Fahrerassistenzsysteme, zu verstehen. Die Fahrerassistenzsysteme, auch Advanced-Driver-Assistant-Systems (ADAS) genannt, unterstützen und entlasten den Fahrer und greifen, wenn notwendig, auch in den Fahrbetrieb ein.

Außerdem gehört zu den fahrzeugbezogenen Diensten der Bereich Operations. Darunter fallen alle Technologien und Systeme, wie z. B. Sensoren, Netze, Aktuatoren, die den Einsatz von fahrerbezogenen Diensten ermöglichen.

Nachfolgend werden einige fahrzeugbezogene *Servicefunktionen* erläutert. Die Auswahl zeigt, welche Technologien dem Kunden angeboten werden können, um das Bedürfnis nach individueller Sicherheit zu befriedigen.

Durch eine sich im Sitzgewebe befindliche elektrokardiografische Sensorik und durch Sensoren, die die Augenbewegungen, die Zeitintervalle, in denen die Augen geschlossen sind, Augenreiben und Gähnen erfassen, kann das Fahrzeug eine Ermüdung des Fahrers erkennen (Löffler und Decker 2017, S. 530–531).

Mögliche Traumata bzw. Gehirnerschütterungen nach einem Unfall kann das Fahrzeug mittels Crash-Analyse-Sensoren und Aufprallanalyseverfahren erkennen.

Durch EDR- und EKG-Sensoren am Lenkrad, biometrische Gesichtserkennung und 360-Grad-Rundumbeobachtung der Verkehrssituation kann das Stress- und Aggressionslevel des Fahrers erkannt werden. Außerdem können Sensoren Stressmuster in der Stimme des Fahrers erkennen.

Eine nachlassende Fahrzeuglenkfähigkeit, bedingt z. B. durch erhöhtes Alter, kann durch Sensoren erkannt werden, die kontinuierlich die Fahrerreaktion auf unterschiedliche Verkehrssituationen erfassen.

Die Umgebung des Fahrzeugs wird durch Radare, Laser und Videosensoren ständig überwacht, um so mögliche Unfälle vorauszusehen. Entweder kann der Fahrer rechtzeitig gewarnt werden oder das Fahrzeug kann selbst Maßnahmen einleiten, um einen Unfall zu verhindern.

Um dem Kunden ein entsprechendes Angebot mit den für ihn passenden Servicefunktionen zu unterbreiten, ist es notwendig, auf Grundlage der gewonnenen Daten ein *individuelles Fahrerprofil* zu erstellen. So kann beispielsweise die Ermüdungserkennung für Kunden sinnvoll sein, die häufig lange Strecken, teilweise auch nachts, mit dem Fahrzeug zurücklegen. Die Erkennung von nachlassender Fahrzeuglenkfähigkeit dagegen kann z. B. für Kunden im fortgeschrittenen Alter eine mögliche Option sein (Holland 2019, S. 79).

- Fahrerbezogene Dienste

Die *fahrerbezogenen Dienste* können, im Gegensatz zu den fahrzeugbezogenen Diensten, unabhängig vom Fahrzeug bzw. vom Fahren genutzt werden.

Dazu zählen vor allem verschiedene App-basierte Mobilitätsdienstleistungen, auf die im Folgenden näher eingegangen wird. Außerdem gehören zu den fahrerbezogenen Diensten auch Basisfunktionen, wie Telefonieren oder Mailen, Infotainment-Angebote, wie Musik-, Film- und Nachrichtenstreaming und Location-based-Services (Diez 2018, S. 125–126).

- Mobilitätsdienstleistungen und individuelle Reiseorganisation

Die Basis für das Thema *Mobilitätsdienstleistungen* bzw. individuelle Reiseorganisation bildet ein Algorithmen-basierter Service. Dieser Algorithmus ist in der Lage, relevante Informationen zu kombinieren, um dem Kunden das optimale Hotel oder die optimale Reiseroute vorzuschlagen. Die Daten, die für diesen Service genutzt werden, stammen u. a. aus dem Terminkalender des Smartphones des Kunden, welches mit dem Fahrzeug vernetzt ist. Diese Daten werden mit den Rezensionen der einschlägigen Bewertungsportale (z. B. Hotel- oder Restaurantbewertungen), mit der aktuellen und voraussichtlichen Verkehrslage und der aktuellen und voraussichtlichen Wetterlage kombiniert.

Anhand dieser Daten lässt sich für den Kunden eine kosten-, zeit- und erlebnisoptimale Reiseplanung realisieren. Zusätzlich kann vom Kunden die präferierte Preisklasse oder der gewünschte Standard angegeben werden, um bestmögliche Ergebnisse zu generieren (Löffler und Decker 2017, S. 531–532).

- Location-based-Services

Das Global Positioning System (GPS) erlaubt jederzeit die Ermittlung des Fahrzeugstandortes. In Kombination mit der Vernetzung des Fahrzeugs ergeben sich daraus neue Möglichkeiten, um durch *Location-based-Services* Einfluss auf die Kundenbindung zu nehmen.

Grundsätzlich existieren zwei Möglichkeiten der Location-based-Services. Die Erste ist die dynamische Anpassung der regelmäßigen Kommunikation zwischen Fahrzeughersteller und dem Fahrer an den Standort des Fahrzeugs.

Zur Veranschaulichung dient folgendes Beispiel: Ein Fahrer hat einen wöchentlichen Newsletter abonniert oder nutzt einen sonstigen Informationsservice des Fahrzeugherstellers. Erreichen ihn die Neuigkeiten des Herstellers während der Fahrt, kann dem Fahrer in Abhängigkeit von seinem aktuellen Standort ein entsprechendes Angebot unterbreitet werden. Das kann z. B. ein Angebot für neue Winterreifen sein. Hat der Fahrer Interesse, schlägt das Fahrzeug Niederlassungen oder Vertragswerkstätten in der Nähe vor und navigiert bei Bedarf den Fahrer dorthin (Alich et al. 2016, S. 5).

Die zweite Möglichkeit ist die Ausspielung von Nachrichten nach Location-basierten Triggern. Das bedeutet, dass mit dem Fahrer kommuniziert wird, sobald sich das Fahrzeug einem bestimmten Ort nähert.

In Bezug auf die Bindung zwischen Fahrzeughersteller und Kunde kann dies z. B. ein Angebot für Autozubehör sein. Das Angebot erreicht den Fahrer dann, wenn dieser sich einer Niederlassung oder Vertragswerkstatt nähert (Alich et al. 2016, S. 5–6). Optimieren lassen sich die Angebote, wenn dem Hersteller sowohl personenbezogene Daten des Fahrers vorliegen als auch Daten, die über das Fahrzeug gewonnen wurden.

Denkbar ist auch die Nutzung der Location-based-Services von anderen Unternehmen, wie z. B. von Supermärkten, für Maßnahmen zur Kundenbindung. Dabei muss beachtet werden, dass es bei einer zu intensiven Werbepräsenz im Fahrzeug zu einer Reizüberflutung und damit verbunden zu einer ablehnenden Haltung des Kunden gegenüber den Location-based-Services kommen kann. Außerdem wäre für diesen Zweck die Weitergabe der Daten an Dritte notwendig, was auch ein datenschutzrechtliches Problem darstellen kann.

- Infotainment-Apps

Laut dem Marktforschungsinstitut Bitkom Research besitzen im Jahr 2018 57 Mio. Menschen in Deutschland ein Smartphone, was einem Anteil von ca. 69 % der Gesamtbevölkerung in Deutschland entspricht. In der Altersgruppe 14–29 und 30–49 Jahren besitzen 95 bzw. 97 % ein Smartphone (Research 2017, S. 3, 15). Die Smartphone-Besitzer nutzen die Geräte täglich und vor allem zur Kommunikation über soziale Netzwerke und für *Infotainment-Apps*. Das Connected Car bietet den Automobilherstellern neue Möglichkeiten, die Bedürfnisse nach ständiger Kommunikation und der Nutzung von Infotainment-Apps auch während der Fahrt zu befriedigen. Gerade vor dem Hintergrund, dass das Fahren durch das Connected Car immer automatisierter wird und das eigentliche Fahrerlebnis in den Hintergrund rückt, spielt die Unterhaltung durch Infotainment-Anwendungen während der Fahrt eine immer größere Rolle.

Zu den Infotainment-Anwendungen zählen die folgenden Dienste: Musikstreaming, Videostreaming, Spiele, Internet-Browsing, In-car-WLAN-Netzwerke und soziale Netzwerke.

- Context Aware Recommender Systems

Um den Komfort und die Sicherheit für den Fahrer zu erhöhen, können *Context Aware Recommender Systems* (CARS) genutzt werden, um während der Fahrt Musik aus dem Internet zu streamen und abzuspielen, die zu der Umgebung passt, in der sich das Fahrzeug gerade befindet. Darüber hinaus können der Fahrstil, der Straßentyp, die Landschaft, die Schläfrigkeit des Fahrers, das Verkehrsaufkommen, die Stimmung des Fahrers, das Wetter und andere Naturereignisse als Parameter genutzt werden, um dem Fahrer Musikempfehlungen zu geben. Im besten Fall wird der Fahrer dadurch aus einer negativen in eine entspanntere Stimmung gebracht.

Die Fahrzeughersteller BMW, MINI, Volvo, Tesla und Jaguar Land Rover haben bereits eine exklusive Partnerschaft mit dem Musikstreaming-Marktführer Spotify geschlossen. In einigen Fahrzeugen der Marken ist die Spotify-App bereits installiert. Der Fahrer muss somit keine separate Verbindung über sein Smartphone zu Spotify herstellen.

Videostreaming, Spiele und Internet-Browsing eignen sich dazu, das Fahrzeug optimal mit multimedialen Anwendungen auszustatten. Zu beachten ist hierbei, dass die Anwendungen nur so aktiviert werden dürfen, dass die Aufmerksamkeit des Fahrers zu keiner Zeit beeinträchtigt ist.

- WLAN-Netzwerk

Die Konnektivitätsform V2I (*Vehicle-to-Internet*) kann dazu genutzt werden, im Fahrzeug ein *WLAN-Netzwerk* zu integrieren, worüber sich die Fahrzeuginsassen mit ihren Endgeräten einloggen können. So wird das Fahrzeug zu einem beweglichen WLAN-Hotspot.

Die *Vehicle-to-Vehicle*-Kommunikation kann für soziale Interaktionen zwischen Fahrern auf der Straße genutzt werden. Diese können ihre Routenplanung austauschen, andere Fahrer mit ähnlichen Interessen finden, um Unterstützung bitten oder ihre Erfahrungen teilen. Eine bereits auf dem Markt befindliche Anwendung ist *Drive And Share*, die für das Apple Betriebssystem iOS entwickelt wurde. Damit lassen sich in Echtzeit Verkehrsinformationen und persönliche Informationen mit anderen Fahrern austauschen. Ein weiteres Beispiel ist die App RoadSpeak, mit der sich die Möglichkeit bietet, Sprachnachrichten mit Fahrern auszutauschen, die sich auf der gleichen Strecke befinden.

5.4 Kundenbindung durch Over-the-Air-Services

▶ Neben den fahrzeug- und fahrerbezogenen Diensten existiert die Möglichkeit, durch einen *Over-the-Air-Service* (OTA) die Kundenbindung zu erhöhen. OTA-Services sind Dienste, die „IT-gestützt neue oder zusätzliche Fahrzeugfunktionen ermöglichen bzw. diese aktualisieren und erhalten" (Diez 2018, S. 130). Das bedeutet, dass über Updates und Erweiterungen die Dienste laufend verbessert werden.

Gängig sind beispielsweise bereits Kartenupdates von Navigationssystemen. Darüber hinaus können auch die Bereiche Infotainment, Fahrwerk und Antriebssystem, Batterie und Aufladung sowie Sicherheit verbessert werden. Dies könnte die Bereiche Erhöhung der Motorleistung oder eine Steigerung der Effizienz des Antriebssystems betreffen. Außerdem ermöglicht der OTA-Service den nachträglichen Verkauf von Assistenzsystemen, wie selbstständiges Einparken oder einen Spurhalteassistenten.

Der Vorteil der OTA-Services besteht darin, dass der Kunde immer über ein Fahrzeug verfügt, das technisch auf dem aktuellsten Stand ist. Gleichzeitig erspart es dem Kunden den Weg zur Werkstatt, da die Updates und Erweiterungen per Internetverbindung heruntergeladen werden. Des Weiteren ermöglichen die OTA-Services eine ständige Aufrechterhaltung des Kundenkontakts und gleichzeitig, systembedingt, ein Alleinstellungsmerkmal im Markt (Diez 2018, S. 131–132).

Der Automobilhersteller *Tesla* optimiert seit dem Jahr 2012 ständig die bereits auf dem Markt befindlichen Fahrzeuge seiner Marke mittels OTA-Services. Durch das Update 8.0 im Jahr 2016 wurden der Mediaplayer neugestaltet, die Sprachsteuerung verbessert, Karten und Navigationsanzeigen aktualisiert, ein Schutz vor Überhitzung des Innenraums eingeführt, die Übersicht des Routenplaners verbessert und der Autopilot optimiert.

OTA-Services bieten ein wirtschaftliches Potenzial, das durch folgendes Beispiel des Tesla Model X veranschaulicht wird. Mit einem Verkaufspreis von 68.000 US-Dollar lässt sich durch ein Batterieupgrade, einen erweiterten Autopiloten und ein Upgrade, damit das Auto in der Lage ist selbstständig zu fahren, ein zusätzliches Umsatzvolumen von 19.000 US-Dollar erreichen (Diez 2018, S. 133).

5.5 Anwendungsbeispiel: Aufbau eines CRM-Systems am Beispiel Porsche

Der Automobilhersteller *Porsche* führte eine Marktforschungsuntersuchung durch, um herauszufinden, wie das Unternehmen ein Kundenbindungsprogramm im Kontext des Connected Car schaffen kann (Löffler und Decker 2017, S. 528). Nachfolgend werden die zentralen Marktforschungserkenntnisse erläutert.

- Convenience

Die Dienste, die über das Connected Car angeboten werden, müssen einfach in Anspruch genommen werden können. Porsche baut dazu ein Kundenportal auf, in dem bereits alle bisherigen Daten des Kunden vorliegen. Diese werden in Zukunft durch Daten, die durch das Fahrzeug gewonnen werden, ständig erweitert. Informationen, die aus diesen Daten entstehen, werden dem Kunden über ein weltweit einheitliches CRM-System zur Verfügung gestellt, auf das der Kunde zugreifen kann und in dem er selbst Daten ändern oder aktualisieren kann. Auf Grundlage dieses Systems kann Porsche das folgende zweite Ergebnis der Marktforschung umsetzen.

- Implementierung prädiktiver Verfahren

Dieses Verfahren ermöglicht die Nutzung der generierten Daten zur Kundenbindung; dem Kunden werden inhaltlich und zeitlich optimierte Informations- und Kontaktangebote unterbreitet. Je nach Fahrleistung oder Kundenprofil können damit alternative Angebote offeriert werden (z. B. Leasing statt Kauf). Darüber hinaus wird dadurch auch eine Erhöhung der Konversationsrate erreicht (Löffler und Decker 2017, S. 528–529).

- Concierge-Service

Die Marktforschungsstudie von Porsche hat gezeigt, dass die Kunden nach einer Assistenzfunktion verlangen, die die Fahrzeuginsassen persönlich betreut. Dieser Concierge-Service kann auch auf das CRM-System zugreifen. Dies ermöglicht die Inanspruchnahme von kostenpflichtigen Servicedienstleistungen, wie Buchungs- oder Reservierungsvorgänge, durch den Kunden. Dazu werden von Porsche weltweit Customer Interaction Center aufgebaut, über die die jeweiligen Dienstleistungen erbracht werden (Löffler und Decker 2017, S. 529). Durch GPS-Ortungstechnik und Routeninformationen können die genannten Services auch sehr spezifisch angeboten werden, sodass für Orte in der Nähe des Fahrzeugs, wie z. B. Restaurants oder Hotels, Empfehlungen gegeben und Reservierungen getätigt werden können. Für die Auswahl der am besten bewerteten Lokation werden zusätzlich Daten von anderen Fahrern hinzugezogen.

Außerdem kann der Concierge-Service genutzt werden, um dem Kunden komplizierte Bedienumfänge mittels In-Car-Services erstmals, wenn nicht bei der Fahrzeugübergabe geschehen, oder erneut zu erläutern. Dies schafft einen weiteren Kontaktpunkt und trägt dazu bei, die Kunden-Hersteller-Beziehung zu verbessern. Gleichzeitig kann durch diesen Service auch die Akzeptanz neuartiger Technologien erhöht werden, da dem Kunden eine eventuell vorhandene Angst genommen wird, die neuen Technologien im Fahrzeug nicht bedienen zu können (Löffler und Decker 2017, S. 530).

6 Chancen zur Kundenbindung in der Automobilbranche durch Vernetzung

6.1 Verringerte Kundenkontakte durch lange Beschaffungsintervalle

▶ Das zunehmende Durchschnittsalter und die längeren Zeitintervalle und Laufleistungen von Autos bis zu einer Wartung senken die Kontakte und damit die Chancen, für den Automobilhändler sich zu profilieren. Lange Beschaffungs- und Serviceintervalle können somit Kundenkontakte zwischen Kauf und Wiederkauf verringern. Die Fahrzeugvernetzung ermöglicht Automobilkonzernen nun einen direkten Zugang zu ihren Kunden und das während der gesamten Nutzungsdauer zur Steigerung der Kundenzufriedenheit als wichtige Voraussetzung für Kundenloyalität.

Nach dem Kauf werden Erwartungen mit der Ist-Leistung verglichen und ein *Zufriedenheitsurteil* gefällt. In der Automobilbranche umfasst dieses aber nicht nur die Kaufzufriedenheit, sondern auch die Produkt- und Kundendienstzufriedenheit. Erstere beinhalten den Kaufprozess und die Nachkaufbetreuung. Die Produktzufriedenheit ergibt sich aus Erwartungen an und Erfahrungen mit dem Fahrzeug, wohingegen die Kundendienstzufriedenheit aus Serviceleistungen der betreuenden Werkstatt resultiert (Diez 2006, S. 64).

Abb. 3 fasst die Chancen zur Kundenbindung in der Automobilbranche durch Vernetzung zusammen.

6.2 Kundenbindung durch digitale Services

Digitale Services können jeden dieser Zufriedenheitskategorien beeinflussen und stellen dadurch ein effektives Instrument der Kundenbindung dar.

Die Möglichkeit, Kunden durch digitale Services zu binden, entsteht vor allem durch die Gewinnung von Big Data, denn die Vernetzung im Fahrzeug ist eine wertvolle Quelle für Echtzeit-Informationen. Darunter lassen sich drei große Chancen zur Bindung von Kunden identifizieren: Fahrzeugdaten, geobasierte Daten und Kundendaten.

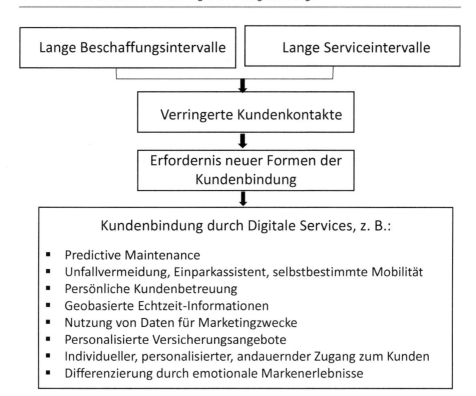

Abb. 3 Kundenbindung durch Connected Cars. (Quelle: Eigene Darstellung)

▶ Der Zugriff auf *Fahrzeugdaten* stellt einen großen Wettbewerbsvorteil gegenüber branchenfremden Unternehmen und gleichzeitig eine wichtige Voraussetzung für zukünftige Wartungs- und Reparaturservices dar. Dieser Zugriff verbessert maßgeblich Angebote, Diagnosen, Problemlösungen, aber auch das allgemeine Serviceerlebnis für den Kunden. Ein vernetztes Fahrzeug kann unmittelbar feststellen, wo ein Fehler entstanden ist und gegebenenfalls sogar die Ursache dafür nennen.

Diese Daten können somit genutzt werden, um Kunden in eine Vertragswerkstätte zu leiten. Bei einer Nutzungsdauer von fünf Jahren wird in den ersten zwei Jahren die Fahrzeugwartung überwiegen in Vertragswerkstätten durchgeführt. Nach Ablauf der typischen Garantielaufzeit wechseln viele Kunden im dritten bis fünften Nutzungsjahr zu unabhängigen Werkstätten. In diesem Zeitraum werden ca. 60 % der Wartungseinnahmen erzielt, ein enormes Potenzial zur weiteren Kundenbindung und Marktanteilvergrößerung für die Anbieter (McKinsey und Company 2014a, S. 29).

- Predictive Maintenance

Big Data ermöglicht aber auch eine *Predictive Maintenance* oder vorausschauende Wartung, wovon die Kunden profitieren, da die Verfügbarkeit des Fahrzeugs steigt und sich die anfallenden Servicekosten möglicherweise senken lassen. Im Kontext der autonomen Fahrzeuge und Car-to-Machine-Kommunikation ist der zukünftige Plan der Hersteller, dass Fahrzeuge selbst nach automatischer Diagnose einen Termin in der Werkstatt vereinbaren, der auf den Terminkalender des Fahrers abgestimmt ist. Dadurch kann dann auch die Werkstattauslastung verbessert werden, wovon die Servicequalität und -verfügbarkeit profitieren.

- Unfallvermeidung, Einparkassistent, selbstbestimmte Mobilität

Außerdem sollen mithilfe von *Fahrzeugvernetzung* bzw. (teil)autonomen Fahrzeugen Unfälle durch den Austausch von Informationen zwischen Fahrzeugen über deren Geschwindigkeit und Beschleunigung vermieden werden. Auch das Einparken wird zunehmend autonom funktionieren. Schon heute gibt es zahlreiche Einparkassistenten, die das Fahrzeug ohne fremde Hilfe in die Parklücke manövrieren. Mit diesen zukünftig erwarteten Funktionen können die Konzerne den Kunden alltägliche Aufgaben abnehmen und damit Sicherheit und Komfort enorm steigern.

Die neuen Möglichkeiten bieten nicht nur mehr Zeit für andere Dinge, sondern verhelfen auch Menschen, die nicht in der Lage sind, eigenständig Auto zu fahren, zur selbstbestimmten Mobilität. Aufgrund des demografischen Wandels in Deutschland wird in diesem Bereich eine große Chance gesehen, vor allem in ländlichen Gebieten. Autonome Fahrzeuge könnten z. B. Gesundheitsdaten eines Fahrers der älteren Generation analysieren und Auffälligkeiten dem Hausarzt oder auch dem Krankenhaus übermitteln.

- Persönliche Kundenbetreuung

Die Fahrzeugdatenanalyse und das daraus resultierende neue Serviceerlebnis können zu einer effektiveren, gezielteren und persönlicheren *Kundenbetreuung* führen (Stricker et al. 2014, S. 6). Dies ermöglicht eine Steigerung der Kundendienstzufriedenheit, aber auch der Produktzufriedenheit und kann demnach die Wechselbereitschaft verringern.

- Kundenbindung durch geobasierte Echtzeit-Informationen

Geobasierte Echtzeit-Informationen ermöglichen Autoherstellern die Bereitstellung von aktuellen Stauwarnungen, Voraussagen über witterungsbedingte Straßensperrungen und allgemeine ortsspezifische Dienste, die mit dem Ausbau der Karten zukünftig noch ausgeprägter werden. Kunden erhalten auf dieser Basis individuelle Vorschläge zu ihrer aktuell gewünschten Fahrstrecke. Die Fahrzeuge bieten ihnen damit die auf ihre Interessen angepasste, schnellste und sicherste Route unter

Berücksichtigung von Wetter- und Straßeneinschränkungen, was zu einer Steigerung der Zufriedenheit führen kann (McKinsey und Company 2014b, S. 2–3).

- Nutzung von Daten für Marketingzwecke

Ein weiterer Ansatz besteht in der Sammlung wertvoller Kundendaten, wie z. B. Musikgeschmack, Konsumpräferenzen oder Fahrverhalten. Mithilfe von Big Data können Kundendaten, geobasierte und fahrzeugbezogene Daten kombiniert und für *Marketingzwecke* genutzt werden. Auf dieser Basis können dann zu Kundenbedürfnissen passende Marketingaktivitäten zum richtigen Zeitpunkt, am richtigen Ort stattfinden. Beispielsweise könnten den Fahrern bei Defekten oder Unfällen in unbekannten Umgebungen die nächstgelegenen Werkstätten angezeigt werden. Wenn eine schnelle Fahrzeugsoftwareaktualisierung sichergestellt ist, können auch allgemeine Software-Updates, Aktualisierungen oder Erweiterungen des Navigationssystems angeboten werden.

- Personalisierte Versicherungsangebote

Die Kombination der Daten kann aber auch für das Versicherungsgeschäft genutzt werden. Nach einem Unfall etwa könnten mithilfe von datenbasierten Risikoabschätzungen *personalisierte Versicherungsangebote* gemacht werden, die z. B. auf Fahrverhalten oder Alter angepasst sind (McKinsey und Company 2015, S. 23). Die Daten enthalten dementsprechend ein hohes Potenzial für Up- und Cross-Selling, die ausschlaggebende Merkmale für Kundenbindung darstellen.

Die Verknüpfung und Analyse von geobasierten, fahrzeugbezogenen und kundenspezifischen Daten bietet dementsprechend eine wertvolle Basis zur Stärkung der Kundenbindung.

- Individueller, personalisierter und andauernder Zugang zum Kunden

Die digitalen Dienste bieten den Automobilherstellern individuellen, personalisierten und andauernden *Zugang zum Kunden* und dessen Produktnutzung. Es werden dadurch wertvolle Informationen gewonnen, die in Form von neuen oder verbesserten Produkten und Services umgesetzt werden können. Vor allem die generischen Services wie Nachrichtendienste, Social Media oder Multimediadienste können bereits heute bei den Basisfaktoren des Kano-Modells eingeordnet werden, da Kunden die Integration in das Fahrzeug zunehmend voraussetzen. Sie führen damit nicht unbedingt zu einer erhöhten Zufriedenheit, müssen aber Bestandteil werden, um die Unzufriedenheit der Kunden zu verhindern.

- Differenzierung durch emotionale Markenerlebnisse

Fahrspezifische Dienste dagegen ermöglichen eine Differenzierung durch individuelle After-Sales-Maßnahmen. Insgesamt wird das *emotionale Markenerlebnis* aufgrund abnehmender Produktdifferenzierungsmöglichkeiten für Autobauer immer wichtiger. Sie müssen den Kunden emotional berühren, indem sie Wünsche, Leistungs- und Begeisterungsanforderungen erfolgreich umsetzen. Digitale Dienste bieten in diesem Bereich ein hohes Potenzial durch das neue Qualitätserlebnis, das Fahrerlebnis und das Serviceerlebnis (Stricker et al. 2014, S. 6).

Wenn diese sinnvoll gestaltet, den Markenwerten entsprechend umgesetzt und als exzellent wahrgenommen werden, kann Kundenbegeisterung nach Service Excellence und dementsprechend Kundenloyalität und Verbundenheit mit der Automarke ausgelöst werden.

7 Fazit zur Kundenbindung

▶ Kundenbindung ist für Automobilhersteller eine enorm wichtige Zielgröße, die vor allem eine hohe Kundenzufriedenheit voraussetzt. In Zukunft wird ihre Bedeutung aufgrund von Markt- und Konsumentenveränderungen noch dominanter werden. Intensiver Wettbewerb und homogene Produkte grenzen mehr und mehr die Möglichkeiten der Produktdifferenzierung ein. Dementsprechend wächst die Bedeutung von produktbegleitenden digitalen Dienstleistungen, da sie wichtige Wettbewerbsmerkmale darstellen. In Zeiten der fortschreitenden Digitalisierung des Alltags wird die Vernetzung der Fahrzeuge immer wichtiger.

- Steigende Bedeutung der Kundenbindung

Wegen der Bedeutung der produktbegleitenden digitalen Dienstleistungen für die Kundenbindung stellt sich nicht die Frage, ob das Internet im Fahrzeug integriert werden soll, sondern wie die *Digitalisierung* der Automobilbranche in Zukunft gewinnbringend genutzt werden kann. Automobilproduzenten stehen in diesem Kontext vor den wohl größten Veränderungen ihres Bestehens.

- Digitale Dienstleistungen in Fahrzeugen

Digitale Dienstleistungen sind in den Fahrzeugen bereits heute unverzichtbar. Sie stellen kaufentscheidende Argumente für viele Kunden dar. Generische Dienste, die Konsumenten bereits außerhalb des Fahrzeugs nutzen können, wie z. B. Nachrichtendienste, Internet-Browsing, Social Media oder Multimediadienste, werden von Kunden der Automobilkonzerne immer mehr vorausgesetzt. Dementsprechend können sie als Basisfaktoren des Kano-Modells gesehen werden und sollten unbedingt in die Fahrzeuge integriert werden, um Unzufriedenheit zu verhindern.

Differenzierungspotenzial zu anderen Automarken bieten sie in erster Linie zwar nicht, Autoproduzenten verfügen aber im Bereich der Benutzerschnittstelle, welche die Bedienung dieser Dienste im Fahrzeug ermöglicht, über ein wichtiges Alleinstellungsmerkmal gegenüber neuen Marktteilnehmern. Mit ihrem umfassenden Know-how im Bereich der Fahrzeugtechnik und über die Wünsche der Fahrer können sie in Zukunft die Nutzung sicherer, intuitiver und komfortabler gestalten.

- Fahrspezifische Dienste

Vor allem *fahrspezifische Dienste*, die den Fahrer unterstützen, wie beispielsweise Parkplatzfinder oder vorausschauende Wartung und After-Sales-Services oder auch Navigationsdienste, die Mehrwert durch Echtzeit-Informationen generieren, genießen einen hohen Stellenwert beim Autokauf. Sie können den Leistungsfaktoren des Kano-Modells zugeordnet werden, da sie häufig von den Kunden erwartet werden und bei guter Ausführung oder übertroffenen Erwartungen Zufriedenheit hervorrufen. Sie bieten den Automobilherstellern Differenzierungspotenziale, da durch sie große Datenmengen zu Fahrzeugnutzung und -zustand entstehen, die wiederum für personalisierte Services oder ortsspezifische Dienste genutzt werden können. Dadurch kommt es verstärkt zu Up- bzw. Cross-Selling, wodurch die Kundenbindung erhöht wird.

- Vielzahl an Kundenkontakten

Die Dienste ermöglichen eine Vielzahl an *Kundenkontakten*, durch welche die Beziehung gepflegt und aufrechterhalten werden kann. Sie müssen den Kunden ein besonderes, neues Fahrerlebnis, aber auch Serviceerlebnis bieten, da so Emotionalität gegenüber der Marke empfunden wird, Kunden begeistert werden und die Loyalität bzw. Kundenbindung dementsprechend steigt.

- Veränderte Wertschöpfungskette

Um die Dienste in ein ganzheitliches Ökosystem einzugliedern, muss die *Wertschöpfungskette* der Autokonzerne maßgeblich verändert werden, womit eine Transformation des gesamten Unternehmens erfolgt. Sie müssen diverse neue Kompetenzen aufbauen, darunter in der Datenanalyse, diese in die verschiedenen Abteilungen integrieren und Ertragsmodelle bestimmen, um die Potenziale der digitalen Dienstleistungen umsetzen zu können. Da die digitale Welt von Schnelllebigkeit geprägt ist, müssen Anpassung und Aktualisierung der Dienste an die neuesten Kundenbedürfnisse schnell und unabhängig von der Fahrzeugproduktion erfolgen, da die Entwicklungszyklen der beiden Bestandteile stark divergieren.

Kundenbedürfnisse müssen in allen Unternehmensbereichen im Mittelpunkt der Betrachtungen stehen, damit bei jedem Kundenkontakt, unabhängig vom Kanal, ein synchronisiertes Markengesamtbild präsentiert werden kann. Die Unternehmen sind außerdem auf starke Partnerschaften angewiesen, sowohl innerhalb der Branche als auch branchenübergreifend, da hierbei Kompetenzen, Kosten und Aufgaben geteilt werden können.

- Kommunikation der Mehrwerte

Wesentlich für den Erfolg der digitalen Dienste ist die Kommunikation. Autohersteller, aber auch Händler müssen Kunden die *Mehrwerte* der Dienste veranschaulichen. Dies ist nicht nur für die Zahlungsbereitschaft notwendig, sondern auch um die Akzeptanz von vor allem älteren Menschen bezüglich der zunehmenden autonomen Funktionen zu schaffen. Zudem muss Vertrauen und Einverständnis bezüglich der Datenverarbeitung eingeholt, aber vor allem die Angst vor Hackerangriffen genommen werden. In beiden Bereichen sind Sicherheitsmaßnahmen von hoher Bedeutung.

Produktbegleitende digitale Dienstleistungen ermöglichen die Stärkung der Kundenbindung. Wie stark jedoch der Einfluss ist, wird sich erst in den kommenden Jahren zeigen. Wichtig ist ein umfassendes *Kundenbindungsmanagement*, in dem alle Maßnahmen aufeinander abgestimmt gesteuert werden. Die Digitalisierung sollte dabei in Zukunft im Zentrum der unternehmerischen Tätigkeiten stehen, da sie Kundenbedürfnisse stark beeinflusst. Digitale Dienste und zunehmende Fahrzeugvernetzung wirken sich dementsprechend bedeutend auf die gesamte Automobilbranche aus und werden die zukünftige Mobilität steuern.

Fahrzeughersteller sollten demnach schnell handeln und ihre Kompetenzen und Strategien analysieren, um die neuen Erlöspotenziale nicht der branchenfremden Konkurrenz zu überlassen, zumal die deutschen Autofahrer noch hohes Vertrauen in die traditionellen Automarken haben und sie über einige Wettbewerbsvorteile verfügen.

8 Fazit

Die Digitalisierung durch das Internet macht auch vor der Automobilindustrie nicht Halt und führt zu einem grundlegenden Wandel in dieser Branche. Die Automobilindustrie steht vor großen Herausforderungen; sie muss den digitalen Wandel mit Connected Cars in Produkte, Wertschöpfungskette sowie Geschäftsmodelle integrieren.

Das Connected Car bietet die ideale Grundlage, um Dialogmarketing zu betreiben. Durch seine Verbindung zum Internet stellt es einen neuen Kommunikationskanal dar, der es den Herstellern erlaubt, mit dem Kunden im Fahrzeug in den direkten Dialog zu treten.

Kundenbindung ist für Automobilhersteller eine wichtige Zielgröße, die in Zukunft aufgrund von Markt- und Konsumentenveränderungen noch dominanter wird. Die Bedeutung von produktbegleitenden digitalen Dienstleistungen wächst, da sie wichtige Wettbewerbsmerkmale für die Vernetzung der Fahrzeuge darstellen.

Es stellt sich nicht die Frage, ob das Internet im Fahrzeug integriert werden soll, sondern wie die Digitalisierung der Automobilbranche in Zukunft gewinnbringend genutzt werden kann. Fahrzeughersteller sollten schnell handeln und ihre Kompetenzen und Strategien analysieren, um die neuen Erlöspotenziale nicht der branchenfremden Konkurrenz, wie Software-Anbietern, zu überlassen.

Literatur

Alich, S. et al. (2016). Connected Cars – Chancen und Risiken für die künftigen Anbieter im Automobilmarkt. https://www.bvdw.org/fileadmin/bvdw/upload/publikationen/digitale_transformation/Diskussionspapier_Connected_Cars_Chancen_Risiken.pdf. Zugegriffen am 07.04.2018.

Andelfinger, V., & Hänisch, T. (2015). Grundlagen – Das Internet der Dinge. In V. Andelfinger & T. Hänisch (Hrsg.), *Internet der Dinge – Technik, Trends und Geschäftsmodelle* (S. 9–75). Wiesbaden: Springer Gabler.

BVDW (Bundesverband Digitale Wirtschaft). (2016). Connected Cars – Geschäftsmodelle. http://www.bvdw.org/medien/connected-cars%2D%2Dgeschaeftsmodelle?media=7792. Zugegriffen am 20.07.2017.

Capgemini. (2015). Cars online 2015 – The selfie experience. https://www.capgemini.com/consulting-de/wp-content/uploads/sites/32/2017/08/cars_online_2015_4_0.pdf. Zugegriffen am 20.07.2017.

Datenschutz-Grundverordnung der Europäischen Union (EU-DSGVO). (2016). https://dsgvo-ge setz.de/. Zugegriffen am 20.11.2017.

Deloitte. (2015). Route wird neu berechnet – Kundenbeziehungen von Automobilherstellern im digitalen Wandel. https://www2.deloitte.com/content/dam/Deloitte/de/Documents/manufactu ring/DELOITTE-15-5013%20Automo_POV_web.pdf. Zugegriffen am 20.07.2017.

Diez, W. (2006). *Automobil-Marketing* (5. Aufl.). München: Vahlen.

Diez, W. (2014). Der Kunde in der Automobilwirtschaft – Kundenzufriedenheit und Kundenbindung. In B. Ebel & M. Hofer (Hrsg.), *Automotive Management: Strategie und Marketing in der Automobilwirtschaft*. Berlin/Heidelberg: Springer Gabler.

Diez, W. (2018). *Wohin steuert die deutsche Automobilindustrie?* (2. Aufl.). Berlin: de Gruyter Oldenbourg.

Ebel, B., Hofer, M., & Genster, B. (2014). Automotive Management – Herausforderungen für die Automobilindustrie. In B. Ebel & M. Hofer (Hrsg.), *Automotive Management – Strategien und Marketing in der Automobilwirtschaft* (Bd. 2, S. 3–15). Heidelberg: Springer.

Hardt, A., & Manthey, M. (2016). CRM-Tools im Zeitalter der Digitalisierung – Tante Emma 2.0. In Detecon (Hrsg.) *Detecon management report – Special automotive 2016*, S. 16–17. http://www.detecon.com/ch/ch/files/dmr_crm_special_heft_d_01_2016_0_0.pdf. Zugegriffen am 20.07.2017.

Holland, H. (2014). Dialogmarketing über alle Medien. In H. Holland (Hrsg.), *Digitales Dialogmarketing – Grundlagen, Strategien, Instrumente* (S. 351–377). Wiesbaden: Gabler.

Holland, H. (2016). *Dialogmarketing* (4. Aufl.). München: Vahlen.

Holland, H. (2018). *Dialogmarketing und Kundenbindung mit Connected Cars – Wie Automobilherstellern mit Daten und Vernetzung die optimale Customer Experience gelingt*. Wiesbaden: Springer Gabler.

Holland, H. (2019). Connected Cars als Instrument des Customer Relationship Managements. In Deutscher Dialogmarketing Verband (Hrsg.), *Dialogmarketing Perspektiven 2018/2019* (S. 67–92). Wiesbaden: Springer.

Johanning, V., & Mildner, R. (2015). *Car IT kompakt – Das Auto der Zukunft – Vernetzt und autonom fahren*. Wiesbaden: Springer.

KPMG AG Wirtschaftsprüfungsgesellschaft (KPMG). (2017). Global automotive executive survey 2017. https://assets.kpmg.com/content/dam/kpmg/xx/pdf/2017/01/global-automotive-executi ve-survey-2017.pdf. Zugegriffen am 05.09.2017.

Kraftfahrt-Bundesamt. (2016). Jahresbilanz der Neuzulassungen 2016. https://www.kba.de/DE/Statis tik/Fahrzeuge/Neuzulassungen/n_jahresbilanz.html?nn=644522. Zugegriffen am 10.11.2017.

Löffler, M., & Decker, R. (2017). „Connected Car" und customer experience management – unlösbare herausforderung oder gemeinsame chance für hersteller und händler? In H. Proff & T. Fojcik (Hrsg.), *Innovative Produkte und Dienstleistungen in der Mobilität: technische und betriebswirtschaftliche Aspekte*. Wiesbaden: Springer Gabler.

McKinsey & Company. (2014a). Connected car, automotive value chain unbound. https://www.mckinsey.de/files/mck_connected_car_report.pdf. Zugegriffen am 29.01.2017.

McKinsey & Company. (2014b). Internet im Auto wird Marktgewichte in der Industrie massiv verändern. https://www.mckinsey.de/files/140929_pm_connected_cars.pdf. Zugegriffen am 29.01.2017.

McKinsey & Company. (2015). Wettlauf um den vernetzten Kunden – Überblick zu den Chancen aus Fahrzeugvernetzung und Automatisierung. https://www.mckinsey.de/files/mckinsey-con nected-customer_deutsch.pdf. Zugegriffen am 13.02.2017.

McKinsey & Company. (2016). Monetarizing car data – New service business opportunities to create new customer benefits. In *Advanced industries*, September 2016. https://www.mckinsey.com/~/media/McKinsey/Industries/Automotive%20and%20Assembly/Our%20Insights/Monetizing%20car%20data/Monetizing-car-data.ashx. Zugegriffen am 31.10.2017.

PWC (Price Waterhouse Coopers). (2016). Connected car report 2016 – Opportunities, risk, and turmoil on the road to autonomous vehicles. https://www.strategyand.pwc.com/media/file/Connected-car-report-2016.pdf. Zugegriffen am 20.07.2017.

Research, B. (2017). *Zukunft der Consumer Technology-2017: Marktentwicklung, Trends, Mediennutzung, Technologien, Geschäftsmodelle*. Berlin: Bitkom.

Schwarz, T. (2016). *Digitale Transformation – Neue Potenziale im Marketing*. Waghäusel: Marketing Börse.

Stricker, K., Wegener, R., & Anding, M. (2014). In Bain & Company (Hrsg.), *Big Data revolutioniert die Automobilindustrie – Neue Möglichkeiten der Markendifferenzierung*. München: Zürich.

Volkswagen AG (VW). (2016). Volkswagen Konzern macht Digitalisierung zum Top-Thema. https://www.volkswagen-media-services.com/detailpage/-/detail/Volkswagen-Konzern-macht-Digitalisierung-zum-Top-Thema/view/3243611/602d6196a05bed15cfb6e9d669d7cb70?p_p_auth=TGJ8wlqY. Zugegriffen am 18.10.2017.

Wollschläger, D. (2016). Preconditions, requirements & prospects of the connected car. *Autotech Review, 5*(1), 31–34.

Teil VI

Instrumente des Online-Marketings

Chatbots – Operative und strategische Facetten von Text- und Sprachautomatisierung

Ben Ellermann

Inhalt

1	Definition & Abgrenzung	682
2	Relevanz von Chatbots	683
3	Anatomie von Chatbots	689
4	Strategische Implikationen von Conversational Platforms	693
	Literatur	697

Zusammenfassung

Chatbots haben in den vergangenen drei Jahren einen regelrechten Hype durchlaufen, der schillernde Begrifflichkeiten, Vorurteile und Mythen von Künstlicher Intelligenz hervorgebracht hat. In diesem Kapitel wird das Instrument „Chatbots" definitorisch und technologisch dargestellt und die Relevanz für das Kundenmanagement erörtert. Im Fokus stehen dabei nicht nur textbasierte, sondern auch sprachbasierte Chatbots. Zuletzt wird auf die strategische Bedeutung sogenannter Conversational Platforms eingegangen, die immer häufiger bei der Erstellung von Chatbots zum Einsatz kommen.

Schlüsselwörter

Chatbots · Voicebots · Conversational · Messenger · Smart Speaker

---

B. Ellermann (✉)
MUUUH! Next GmbH, Osnabrück, Deutschland
E-Mail: ben.ellermann@muuuh.de

© Springer Fachmedien Wiesbaden GmbH, ein Teil von Springer Nature 2021
H. Holland (Hrsg.), *Digitales Dialogmarketing*,
https://doi.org/10.1007/978-3-658-28959-1_29

1 Definition & Abgrenzung

▶ In diesem Kapitel wird erörtert, was sich hinter dem Begriff „Chatbot" verbirgt. Hierzu werden auch angrenzende Begriffe wie z. B. „Voicebot" oder „Conversational Marketing" betrachtet, da sich zum Teil erhebliche Überschneidungen ergeben.

1.1 Chatbots, Voicebots und Textbots

Chatbots bezeichnet als Oberkategorie Dialogautomatismen, die in einer Vielzahl von unterschiedlichen textbasierten oder sprachbasierten Kanälen eingesetzt werden können. Erstere werden in der Unterkategorie Textbots, zweitere in der Unterkategorie Voicebots verortet. Abb. 1 illustriert diese Definition mit den wichtigsten Kanälen.

Der Begriff „Chatbot" setzt sich aus „Chat" und „Bot" zusammen. „Chat" bezeichnet für sich allein genommen synchrone und textbasierte Kommunikation im Internet (Lackes 2018). Durch Zusätze zum Begriff „Chat" werden auch nicht textbasierte synchrone Kommunikationsformen im Internet als „Audiochat" oder „Videochat" bezeichnet (Linne 2015). „Bot" ist die Kurzform von „Robot" und bezeichnet automatische Programme, die im Internet zur Bewältigung unterschiedlicher Aufgaben eingesetzt werden (Christensson 2014). Ob der Begriff „Chatbots" ausschließlich textbasierte Automatismen bezeichnet (Laier 2019; Batish 2018, S. 34–36) oder auch sprachbasierte Automatismen mit einschließt (Völkle und Planing 2019, S. 218; Braun 2013, S. 21) ist umstritten.

Die Begriffe „Voicebot" und „Textbot" werden in der Literatur wenig verwendet. Chouhan definiert naheliegend, dass bei Textbots Nutzer und Bot primär mittels Text kommunizieren; bei Voicebots kommunizieren sie primär mittels Stimme (Chouhan 2019). Irreführend ist die Verwendung des Begriffspaares „Chatbot" für textbasierte Automatismen und „Voicebot" für sprachbasierte Automatismen da „Chat" den

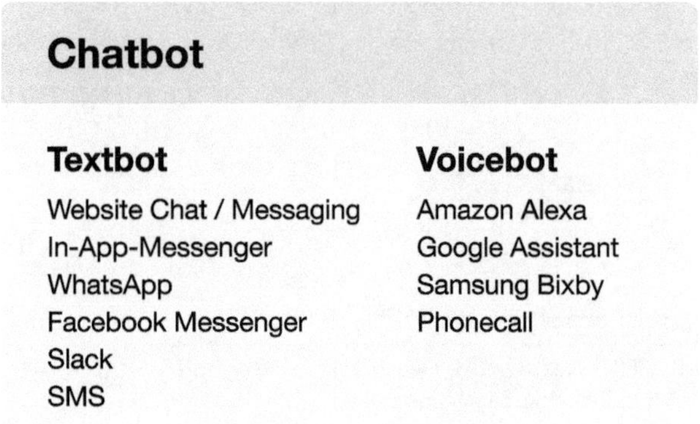

Abb. 1 Arten von Chatbots. (Quelle: Eigene Darstellung)

Chatbot

Textbot
Website Chat / Messaging
In-App-Messenger
WhatsApp
Facebook Messenger
Slack
SMS

Voicebot
Amazon Alexa
Google Assistant
Samsung Bixby
Phonecall

Charakter bzw. den Typ des Dialogs bezeichnet[1] und „Voice" für ein mögliches Medium zur Durchführung des Dialogs steht. Insofern ist die Verwendung von „Chatbots" als übergeordnete Kategorie mit den Unterkategorien „Textbots" für textbasierte Dialoge und „Voicebots" für sprachbasierte Dialoge, wie sie u. a. von Symeonaki (Symeonaki et al. 2019, S. 1077) angewendet wird, plausibel.

1.2 Conversational Marketing & Conversational Commerce

Im Zusammenhang mit Chatbots ist häufig von Conversational Marketing, Conversational Commerce oder schlicht von Conversational die Rede. Die Begriffsfamilie geht zurück auf die frühen 2010er-Jahre und beschreibt die Verwendung von automatisiertem Dialog in der Kundenkommunikation. Die technologischen Errungenschaften des automatisierten Dialogs wie „Automated Speech Recognition" und „Natural Language Understanding" waren prägend für „Conversational" (Miller 2013). Unübersichtlich ist indes, dass mitunter auch manuelle Dialoge mit Kundenservicemitarbeitern und Verkaufsberatern im digitalen Raum via Chat und Messaging „Conversational" zugerechnet werden (Langer 2016). Mit „Conversational" kann also jede Form der dialogbasierten Kommunikation zwischen Kunden und Unternehmen in digitalen Kanälen beschrieben werden; egal ob sie automatisiert, teilautomatisiert oder manuell durchgeführt wird.

Der Kanal Telefonie avanciert zu einem der wichtigsten Einsatzgebiete von Voicebots. In der Regel werden telefonische Voicebots mit dem selben digitalen technologischen Setup realisiert,[2] das auch bei Voicebots in anderen Kanälen Anwendung findet. Insofern kann man mindestens aus technologischer Perspektive auch den telefonischen Voicebot, nicht aber das ganz konservative Gespräch zwischen Kunden und Kundenservicemitarbeitern am Telefon,[3] als „conversational" bezeichnen. Die schraffierte Fläche in Abb. 2 zeigt das Spektrum des Begriffs „Conversational". Die unterschiedlichen Elemente des Spektrums werden im weiteren Verlauf näher erläutert.

2 Relevanz von Chatbots

▶ Anhand der Evolution von Interfaces wird die Relevanz von Chatbots als sehr gefragte Instrumente des Kundenmanagements erläutert. Dabei erfolgt eine getrennte Betrachtung von Textbots und Voicebots.

---

[1]Aus dem Englischen übersetzt bedeutet „Chat" etwa „Plauderei" oder „Schwatz".

[2]Das gilt sowohl für die weitere oben genannte Automated Speech Recognition und das Natural Language Understanding, als auch für das Dialogmanagement. Bei letzterem entstehen für Unternehmen zusehends Synergieeffekte durch die Anwendung sogenannter Conversational Platforms, mit denen eine Vielzahl von text- und sprachbasierten Kanälen automatisiert werden kann.

[3]Die Telefonie kann zwar heute in weiten Teilen einem technischen Digitalbegriff zugeordnet werden, gilt aber nach wie vor nicht als digitaler Kanal.

Abb. 2 Spektrum von Conversational. (Quelle: Eigene Darstellung)

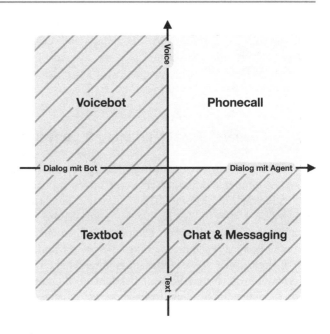

2.1 Interface Evolution

Die Human-Machine-Interaction (HMI) hat sich in den vergangenen Jahren und Jahrzehnten maßgeblich verändert. In den frühen 1980er-Jahren haben auch Verbraucher vorwiegend mit nicht intuitiven Command Line Interfaces (CLI) wie z. B. Microsoft DOS ihre Computer bedient. CLI Anwender benötigen zwangsläufig Vorkenntnisse spezifischer Kommandos, die sie zur Steuerung des Systems in die Kommandozeile eingeben können. Später in derselben Dekade kamen unter anderem mit Apple's Lisa und Microsoft's Windows die ersten Graphical User Interfaces (GUI) auf, die sich weitaus intuitiver per Maus steuern ließen. Das GUI gilt auch heute noch als der Industriestandard zur Bedienung von Personal Computern. Mit der technologischen Errungenschaft des Multitouch und der Verbreitung des Smartphones etablierte sich in den 2000er-Jahren das Natural User Interface (NUI), bei dem der Nutzer ohne eine Maus auf direktem und natürlichen Wege durch z. B. Touch, Gesten oder Voice steuert. Die Bandbreite von Interfaces, die sich als NUI einstufen lässt, ist entsprechend groß. Entscheidend für die Einstufung als „natürlich" ist der Kontext, in dem sich ein Nutzer befindet, wenn er mit dem Interface interagiert. So ist eine Sprachsteuerung zum Beispiel für den Anwender während einer Autofahrt natürlich; für den Passagier eines Verkehrsflugzeugs mit vielen Mitreisenden in der Kabine vermutlich nicht (Mortensen 2020).

Conversational User Interfaces (CUI) bilden die Frontends eines jeden Chatbots. Ein CUI ermöglicht dem Anwender die Steuerung einer Maschine bzw. eines Systems via text- oder sprachbasiertem Dialog. Im Gegensatz zum CLI benötigt der Anwender im CUI keine vorherige Kenntnis von den Kommandos, die das

Interface bzw. das dahinter liegende System verarbeiten kann. Das Konzept des CUI sieht vor, dass Anwender es in einer Art verwenden können, wie sie sonst mit realen Personen Konversationen führen (Usability-Glossar 2020). Die Benutzung des CUI ist heute in vielen Situationen simpler und effizienter als ein GUI. In den zwei nachfolgenden Kapiteln wird für text- und sprachbasierte CUIs getrennt dargestellt, warum das der Fall ist.

2.2 Textbasierte Conversational User Interfaces

Messenger wie WhatsApp, der Facebook Messenger, Telegram oder iMessage sind beliebt wie nie zuvor: 9 von 10 deutschen Internetnutzern ab 14 Jahren verwenden sie (Bitkom 2018) und verbringen signifikante Anteile ihrer Onlinezeit auf den jeweiligen Platforms. Die Oberflächen der Dienste werden in dem Augenblick für den Anwender zu einem Conversational User Interface, in dem der Gesprächspartner auf Seiten des Unternehmens durch einen Textbot ersetzt wird. Dieser Vorgang des Ersetzens eines Gesprächspartners ist insofern sehr interessant, als dass sich der Textbot nahtlos in einen bereits existierenden digitalen Kanal integriert.

Viele Messenger sehen eine solche Integration inzwischen explizit vor und bieten spezielle Elemente im Dialog, die nur genutzt werden können, wenn ein Textbot implementiert ist. Im Facebook Messenger etwa stehen neben einem speziellen „Welcome Screen" für Textbots sog. „Message Templates" und „Quick Reply Buttons" zur Verfügung, um den Dialog mit dem Textbot für den Anwender ergonomischer zu gestalten. Zudem gibt es „Templates" für bestimmte Industrien, so dass beispielsweise Fluggesellschaften ihre Boardkarten und Webshops ihre Bestellbestätigungen im Messenger bereitstellen können (Facebook 2020). Solche Elemente werden von verschiedenen Softwareanbietern und Messengern Diensten auch als „Structured Messages" bezeichnet. Abb. 3 zeigt „Message Templates", „Quick Reply Buttons" und „Receipt Templates" am Beispiel des Paypal Textbots im Facebook Messenger.

Die „Structured Messages" helfen den Nutzer durch die Konversation zu leiten, da der Nutzer nicht nur durch die Eingabe von Text, sondern per Klick oder Tab das Interface steuern kann. Somit lassen sich Vorteile von GUIs und CUIs kombinieren. Sie sind jedoch keine Voraussetzung für die Implementierung eines Textbots.

Textbots können über offizielle Schnittstellen zu den Messaging Diensten oder inoffizielle technische Lösungen in praktisch jedem Dienst Teiles eines menschlichen Gesprächspartners ersetzen, was sie extrem flexibel macht. Abb. 4 zeigt den Corona-Textbot der World Health Organization in WhatsApp, der ganz ohne „Structured Messages" auskommt.

Messenger und Textbots bilden eine perfekte Symbiose und die Popularität der Messenger ist sicherlich einer der wesentlichen Gründe für die Relevanz von Textbots. Auch auf Websites spielen Textbots eine zunehmend wichtige Rolle. Webchat Interfaces, kommen schon seit Jahren zum Einsatz, um Website-Besuchern durch menschliche Chat Agenten einen Dialog anzubieten. Die Webchat Interfaces werden meistens durch dynamisch positionierte grafische Elemente der Website geöffnet: Das Webchat Interface öffnet sich im GUI. Mit Textbots werden die menschlichen

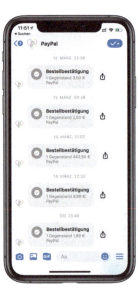

Abb. 3 Structured Messages am Beispiel Paypal. (Quelle: Eigene Screenshots, 23.03.2020)

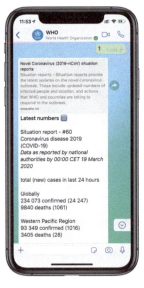

Abb. 4 Corona-Textbot ohne Structured Messages auf WhatsApp. (Quelle: Eigene Screenshots, 30.03.2020)

Chat Agenten wie in Abb. 5 beim Versicherer Arag durch einen Textbot ersetzt oder ergänzt. Das Chat Interface wird dann zum CUI, das eingebettet in das GUI ist. Eine kontextbezogene Kombination aus beiden Interfaces für den Nutzer kann in bestimmten Situationen sinnvoll angewendet werden.

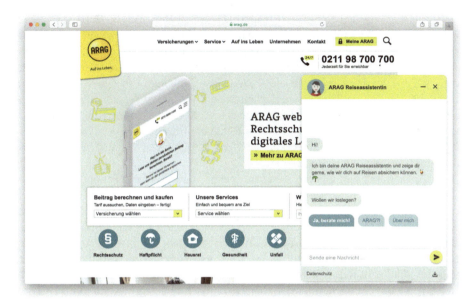

Abb. 5 Textbot in einem Chatfenster bei der ARAG. (Quelle: Eigener Screenshot, 23.03.2020)

2.3 Sprachbasierte Conversational User Interfaces

Seit Mitte der 2010er-Jahre halten Smart Speaker weltweit Einzug in die Haushalte und den Alltag von Konsumenten. Schon im vierten Quartal 2018 gab es in Deutschland einer Studie des Audiovermarkter RMS zu Folge 11 Millionen aktive Nutzer der per Sprache steuerbaren Lautsprecher. Weitere 6 Millionen Deutsche planten damals binnen eines halben Jahres die Anschaffung eines Smart Speakers (RMS 2018). Auch wenn keine offiziellen Nutzungszahlen der großen Smart Speaker Plattformen Amazon Alexa und Google Assistant bekannt sind und keine aktuellen Studien zur Nutzung der Smart Speaker in Deutschland vorliegen, ist davon auszugehen, dass inzwischen mindestens die weiteren 6 Millionen weiteren deutschen Nutzer hinzugekommen sind. Das jedenfalls liegt nahe, wenn man sich den rasanten Anstieg der internationalen Absatzzahlen,[4] die explosionsartige Ausbreitung[5] der Ökosysteme und den Preisverfall der Endgeräte[6] vor Augen führt.

---

[4]Von 2018 auf 2019 erhöhte sich der weltweite Absatz von Smart Speakern um 70 % auf 146,9 Millionen (Perez 2020).

[5]Das Ökosystem von Amazon Alexa umfasste im Mai 2019 60.000 Produkte. Im Dezember desselben Jahres waren es 100.000 Produkte (Kinsella 2019b). Die Anzahl der Amazon Alexa Skills (die Applikationen, die von Dritten bei Alexa angeboten werden können) stieg von 5000 im November 2016, über 50.000 im September 2018 auf 100.000 im September 2019 (Kinsella 2019a).

[6]Die günstigsten Smart Speaker sind im März 2020 für unter 20 Euro zu erwerben. Teilweise werden die Speaker in Aktionen sogar kostenlos von den Herstellern in Umlauf gebracht (Moreno 2019).

Zusammen mit den Sprachassistenten der großen Smartphone Betriebssysteme iOS von Apple und Android von Google haben die Smart Speaker dazu geführt, dass sprachbasierte Conversational User Interfaces für Endkunden attraktiv geworden sind. Die Smart Speaker sind ein völlig neuer Touchpoint, dessen Attraktivität für den Nutzer insbesondere durch die friktionslose Einbettung in den Alltag besteht (Dooley 2019, S. 14). Da die Speaker immer auf ihr „wake word" (z. B. „Alexa!") hören und sich damit ganz ohne Tastaturbefehl, Mausklick oder Touchscreen Tap aktivieren lassen, ergeben sich neue komfortablere Einsatzszenarien von Technologie: Von der Smart Home Steuerung, über das Abhören der letzten Nachrichten bis hin zur Bestellung eines Taxis.

Amazon Alexa und Google Assistant bieten Marken, Organisationen und sonstigen Dritten umfassende Möglichkeiten zur Veröffentlichung eigener Voicebots auf den Platforms. Wie das technisch funktioniert, wird im folgenden Kapitel erläutert. An dieser Stelle sei nur darauf hingewiesen, dass sich die Entwicklung der Voicebots für beide Platforms verhältnismäßig einfach gestaltet, da man bezogen auf die technische Wertschöpfungskette auf viele Komponenten zurückgreifen muss, die von den Platforms selbst bereitgestellt werden. Zudem gibt es pro Platform eine Reihe von Konventionen, mit denen bei der Entwicklung von eigenen Skills (Alexa) oder Actions (Google Assistant) sichergestellt wird, dass für den Anwender ein weitestgehend einheitliches Nutzungserlebnis entsteht.

Die Smart Speaker Platforms (zusammen mit den oben erwähnten Sprachassistenten) haben sprachbasierte Conversational User Interfaces salonfähig gemacht. Zwar reicht die Geschichte der Spracherkennung zurück bis in die 1960er-Jahre; wirklich attraktiv für Alltagsanwendungen waren darauf aufbauende Voicebots vor 2011[7] allerdings nicht.

Die verschiedenen Technologien, die in einem Smart Speaker Voicebot zusammenarbeiten, lassen sich auch zur Gestaltung von sprachbasierten Conversational User Interfaces in ganz anderen Kanälen und Infrastrukturen zum Einsatz bringen. Die Telefonie – genauer gesagt die telefonische Sprachdialogautomatisierung, wie sie von Unternehmen häufig im Kundenservice eingesetzt wird, wird durch diese Technologien beflügelt. Auf der einen Seite können bestehende Anwendungsfälle für die Anrufer so wesentlich komfortabler und fehlerfreier gestaltet werden; insbesondere weil die Spracheingabe der Anwender viel natürlicher erfolgen kann und trotzdem erkannt wird. Auf der anderen Seite entstehen ganz neue Anwendungsfälle der Automatisierung wie z. B. der telefonische Adresswechsel oder die Erfassung von Bestellungen oder Reklamationen.

Mit Google Duplex wird sogar im Bereich der ausgehenden Telefonate automatisiert. Seit 2019 kann der Google Assistant Terminbuchungen bei Restaurants, Friseursalons und anderen lokalen Unternehmen durchführen. Der Nutzer wird nach dem entsprechenden Unternehmen und der Uhrzeit gefragt. Danach führt der Assistent autark einen Outbound Call mit dem Unternehmen durch und bucht für den

---

[7]Der Sprachassistent Siri von Apple wurde 2011, Amazon Alexa 2015 und Google Assistant 2016 eingeführt?.

Nutzer den Termin (Google 2020). Der Telefonanruf erscheint im Zeitalter von Smartphones, Messenger Diensten und Smart Speakern nicht unbedingt innovativ. Durch die hohe Durchdringung der Weltbevölkerung mit der Kommunikationsinfrastruktur Telefon,[8] wird der Kanal Telefon aber auch auf lange Sicht relevant bleiben. Telefonische Voicebots machen aus dem konservativen Kanal ein innovatives Conversational User Interface.

3 Anatomie von Chatbots

▶ Das Zusammenwirken der technologischen Kernkomponenten eines Chatbot, wird in diesem Kapitel veranschaulicht. Künstliche Intelligenz kommt nicht in jeder Komponente zwangsläufig zum Einsatz.

3.1 Überblick: Technologisches Schichtmodell

Im Grunde funktionieren alle Chatbots auf eine sehr ähnliche Art und Weise. Der Bot bekommt aus dem Frontend die Eingabe des Nutzers übergeben. Im Falle eines Voicebots geschieht dies in Form einer Tonaufnahme und im Falle eines Textbots, in Form von Text. Bei einem Voicebot werden die gesprochenen Worte von der Spracherkennung transkribiert. Dieser Text wird dann von der Language Understanding Schicht inhaltlich analysiert und in eine Form gebracht, die vom Dialogmanagement verarbeitet werden kann. Bei einem Textbot bekommt die Language Understanding Schicht den Text direkt aus dem Frontend, zum Beispiel direkt vom Facebook Messenger (Abb. 6).

Im Dialogmanagement werden die Entscheidungen getroffen. Das heißt, dass der Bot entscheiden muss, welche Aktionen er ausführen und was er antworten soll. In vielen Fällen kann das Dialogmanagement über eine API oder, wenn das datenführende System über keine API verfügt, mittels Robotic Process Automation (RPA), auf 3rd Party Applikationen zugreifen. Zum Beispiel kann der Chatbot das Wetter vom deutschen Wetterdienst abfragen, die Beleuchtung eines Smart Home Devices aktivieren oder Daten in eine Datenbank schreiben. Wenn das Dialogmanagement eine inhaltlich passende Antwort festgelegt hat, muss diese Antwort noch von der Language Generation Schicht in eine für Menschen verständliche Form gebracht werden. In aller Regel heißt das, dass ein Satz formuliert werden muss.

Bei einem Textbot wird dem Nutzer nun dieser Satz im Frontend angezeigt. Bei einem Voicebot wird der Satz an die Sprachsynthese übergeben, welche ihn in gesprochene Worte umwandelt und dem Frontend übergibt. Voicebots und Textbots funktionieren also fast identisch, mit dem kleinen Unterschied, dass Voicebots eine Spracherkennung und Sprachsynthese als zusätzliche Schichten benötigen. Obwohl

---

[8]Alleine 61,62 % der Weltbevölkerung nutzen Mobiltelefone. Festnetzanschlüsse sind nicht berücksichtigt (Tuner 2020).

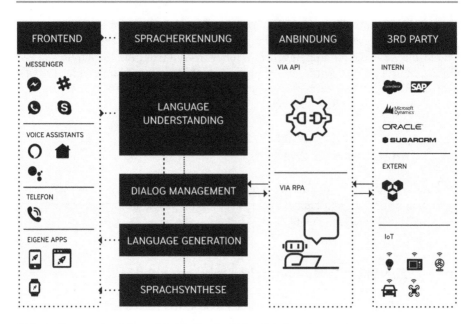

Abb. 6 Conversational Layer Model. (Quelle: MUUUH! Group)

alle Bots ähnlich aufgebaut sind, ergeben sich durch die unterschiedlichen Methoden innerhalb jeder Schicht erhebliche Unterschiede für die umsetzbaren Usecases und die User Experience. Wenn zum Beispiel im Dialogmanagement Machine Learning anstelle eines einfachen Information Retrievals verwendet wird, kann eine bedeutend natürlichere Dialogführung erreicht werden (Hülsdau et al. 2018, S. 5–7).

3.2 Technologische Unterschiede von Textbot und Voicebot

Um aus einem existierenden Textbot einen Voicebot zu konstruieren, bedarf es lediglich zweier ergänzender technologischer Schichten: Spracherkennung und Sprachsynthese.

Da die Language Understanding Schicht nur geschriebenen Text als Eingabe verarbeiten kann, muss dieser Text bei einem Voicebot erst erzeugt werden. Das passiert in der Spracherkennung in der die gesprochenen Worte des Nutzers folgendermaßen transkribiert werden: Nach der Vorverarbeitung, in welcher das Tonsignal digitalisiert und gefiltert wird, folgt die eigentliche Erkennung. In der Erkennung gibt es zwei nennenswerte Verfahren, welche beide mit Machine Learning Algorithmen arbeiten. Zum einen das Verfahren der Spracherkennung mit getrennten Modellen, sowie das Verfahren der End-to-end-Erkennung mit neuronalen Netzen, das aktuell am weitesten verbreitet ist. In der Vergangenheit wurde auch Dynamic Time Warping (DTW) als Methode genutzt, was man noch aus alten Telefon-Warteschleifen kennt: „Sagen sie ‚Berater' wenn Sie mit einem Kundenberater sprechen möchten." DTW hat eine bedeutend geringere Präzision als Methoden, welche auf Machine Learning basieren.

Um eine formulierte Textantwort aus der Language Generation Schicht in Sprache zu verwandeln, kommt die Sprachsynthese zum Einsatz, für die es unterschiedliche technische Ansätze gibt. In der Concatenative Synthesis zum Beispiel werden einzelne Laute in verschiedenen Variationen (Geschwindigkeiten der Aussprache, Grundfrequenzen, Melodien, etc.) in einer Datenbank gespeichert. Die Laute werden dann dynamisch für die Formulierung eines Satzes zusammengesetzt, um eine möglichst natürliche Sprachausgabe zu erreichen. Ein alternativer und technisch fortgeschrittener Ansatz ist die voll synthetische Sprachsynthese, bei der neuronale Netze zum Einsatz kommen, um den den menschlichen Vokaltrakt mathematisch nachbilden (Hülsdau et al. 2018, S. 7–8). Das in Abschn. 2.3 erläuterte Google Duplex verfügt über eine der fortschrittlichsten und natürlichsten Sprachsyntheselösungen. Hier kommt eine Kombination aus beiden Ansätzen zum Einsatz (Leviathan und Matias 2018).

3.3 Künstliche Intelligenz und Chatbots

Chatbots werden mit Künstlicher Intelligenz (KI) assoziiert, die häufig ein magisches Image inne hat (Gentsch 2018, S. VI). Ich gebe eine Frage hinein und erhalte eine Antwort oder löse eine Aktion aus, ohne zu wissen wie diese technisch zu Stande gekommen ist. Da wir nach Abschn. 3.1 die einzelnen idealtypischen Komponenten eines Chatbots nebst ihrem Zusammenspiel kennen, können wir nun Licht in die „Black Box" der KI in Chatbots bringen.

Sprachbasierte Bots verwenden in der Spracherkennung heute wie im letzten Kapitel erörtert fast immer KI in Form von Machine Learning Algorithmen. Die eingesetzten Schichten bzw. Komponenten basieren auf Modellen, bei denen in der Regel große Mengen an Daten eingesetzt wurden, um diese primär mit der Erfahrung von Menschen zu trainieren. Da die Quantität und die Qualität der verarbeiteten Trainingsdaten einen nicht unerheblichen Einfluss auf die Qualität des Modells und damit der Accuracy der Spracherkennung hat, ist wenig verwunderlich, dass Google, Microsoft und Amazon hier marktführend sind. Sie stellen allesamt Spracherkennungskomponenten bereit, denen man über eine Programmierschnittstelle (API) in Echtzeit einen Audiostream senden kann und diesen ebenfalls in Echtzeit in Text transkribiert zurück erhält.

Sobald dieser Text vorliegt – also entweder in einem Voicebot eine Spracherkennung Text aus der Sprache generiert hat oder in einem Textbot die Eingabe des Nutzers im Frontend erfolgt ist – wird eine Language Understanding Schicht benötigt, um dem Text mittels semantischer Analyse die Bedeutung zu entnehmen.[9]

---

[9]Zusätzlich zur semantischen Analyse bei der das WAS ermittelt wird, können Language Understanding Komponenten häufig optional auch eine sog. Sentiment Analyse durchführen um zu prüfen, WIE der Anwender etwas sagt. Hier wird also die Stimmung des Nutzers analysiert.

In der Regel werden dem Text hierzu zwei Informationsarten entnommen. Die erste ist die „Named Entity Recognition" (NER). NER extrahiert Eigennamen und markiert sie. Aus dem Satz „Ich möchte eine Pizza Tonno nach Hause bestellen.", wird zum Beispiel der Eigenname „Pizza Tonno" erkannt und mit dem Label PIZZA_SORTE markiert, sowie „nach Hause" mit dem Label ORT. Die zweite Informationsart ist die Intention des Nutzers (Intent recognition). Hier werden im Kontrast zur NER nicht einzelne Wörter markiert, sondern der gesamten Aussage eine Intention zugewiesen. Dem Satz „Ich möchte Pizza bestellen." würde zum Beispiel die Intention pizza_bestellen zugewiesen. Die Präzision der semantischen Analyse hängt stark von den genutzten Methoden ab. Wenn zum Beispiel eine einfache Keyworderkennung zur Anwendung kommt, wird der Bot die Antwort „Ja ich möchte die Pizza bestellen" verstehen, aber „Sehr gerne möchte ich die Pizza bestellen" nicht, da er nach der Antwort „Ja" oder „Nein" sucht. Je weiter die semantische Analyse entwickelt ist, desto erfolgreicher kann der Bot natürliche und abwechslungsreiche Sprache erkennen.

Statt „Language Understanding" liest man in der Literatur und bei Softwareanbietern regelmäßig „Natural Language Understanding" (NLU), was die heute am weitesten verbreitete Methode des Language Understandings mittels Machine Learning beschreibt (Hülsdau et al. 2018, S. 9). In Abschn. 2.1 wurde erläutert, dass Conversational User Interfaces ihren Anwendern eine Konversation ermöglichen, wie sie sie sonst mit realen Personen führen. Der technologische Sprung, der genau das ermöglicht ist auf die Anwendung von Machine Learning im Language Understanding zurückzuführen. Wie schon in der Spracherkennung bedarf es dafür einer großen Menge an qualitativ hochwertigen Trainingsdaten und wie schon in der Spracherkennung zählen Google, Microsoft und Amazon nicht zuletzt deswegen zu den besten Anbietern von NLU-Lösungen. Diese Lösungen können einen Text via API empfangen und nahezu in Echtzeit die erkannten Entities und Intents zurückliefern. Um hohe Erkennungsraten zu erzielen, verlässt man sich als Nutzer dieser Lösungen allerdings nicht einzig auf das trainierte Machine Learning Model, wie es Out-of-the-Box bereitgestellt wird. Statt dessen fungiert dieses Modell übergeordnet und man beginnt damit ein Submodel mit eigenen Trainingsdaten zu optimieren. So erhält man zum Beispiel ein sehr gut trainiertes Modell, das die deutsche Sprache beherrscht und trainiert dieses Modell zusätzlich mit regionalen Ausdrücken oder Ausdrucksweisen, wie sie in einer Branche oder zur Bewältigung eines spezifischen Use Cases verwendet werden.

Das Dialog Management verarbeitet die erkannten Intents und Entities aus der NLU und bildet das technologische Herzstück eines jeden Chatbots. Gerade hier wird eher selten auf den Einsatz von künstlicher Intelligenz zurückgegriffen, sondern mit möglichst dynamischen und ausgeklügelten Regelwerken gearbeitet, um die vom Anwender gewünschten Aktionen auszuführen bzw. ihm die richtigen Antworten zu geben. Diese Regelwerke müssen von Unternehmen oder ihren Dienstleistern konfiguriert werden, um die individuellen Bedürfnisse zu erfüllen. Dabei kommen in der Regel grafische Benutzeroberflächen in Form von Expertensystemen zum Einsatz, die diese Konfiguration ohne einen Programmieraufwand ermöglichen. Einfache regelbasierte Dialogmanager können häufig nicht auf den Vorteilen hochperformanter NLUs zu Gunsten des Anwenders aufbauen. Sie zwängen den Nutzer in einen sogenannten „Happy Path", der sich nicht natürlich anfühlt, keine Zwischenfragen erlaubt und den Kontext des bisherigen Gesprächsverlaufs nicht berücksichtigt. Es gibt jedoch auch hochperformante regelbasierte Dialogmanager, mit denen ein dynamisches Dialogdesign so umgesetzt werden kann, dass für den Anwender ein ganz natürliches Dialogerlebnis entsteht.

In letzterem Fall werden die Stärken von einer oder zwei (optionale Spracherkennung bei Voicebots zzgl. NLU) KI-basierten technischen Komponenten von einer regelbasierten technischen Komponente genutzt. Für Unternehmen ist diese Schwelle von KI zu regelbasiert wichtig, da Geschäftsprozesse in aller Regel deterministisch verlaufen. Der Dialogmanager kann die Anschlussfähigkeit eines deterministischen Geschäftsprozesses an ein KI-basiertes natürliches Sprachmodell in einer kontrollierbaren Art und Weise gewährleisten.

Übrigens gibt es Lösungen, die auch im Dialogmanagement mit Machine Learning arbeiten. Der technologische Trend geht in diese Richtung. Ein auf Machine Learning basierendes Dialogmanagement wird aktuell nahezu ausschließlich mit dem Open-Source Framework Rasa Core umgesetzt. Dieser Ansatz erlaubt bedeutend natürlichere und komplexere Konversationen. Durch höhere Entwicklungsaufwände und die nicht deterministische Natur kommt diese Lösung für viele Unternehmen noch nicht in Frage (Hülsdau et al. 2018, S. 11–12).

4 Strategische Implikationen von Conversational Platforms

▶ Dieses letzte Kapitel beleuchtet den strategischen Nutzen von sogenannten Conversational Platforms, die das Dialogmanagement in Unternehmen im Sinne eines kanalagnostischen Repositories zentralisieren.

4.1 Veränderungsgeschwindigkeit im Digitalzeitalter

Digitale Technologien und das, wofür sie eingesetzt werden, verändern sich mit einer hohen Geschwindigkeit entlang der gesamten Wertschöpfungskette von Unternehmen (Hutchinson und Aré 2018). Die Lebenszyklen von Produkten und Dienstleistungen werden immer kürzer und verursachen eine hohe Veränderungsgeschwindigkeit für Unternehmen (Dillerup et al. 2019). Gleichzeitig steigt die Anzahl der relevanten Kommunikationskanäle für Kunden im Digitalzeitalter an. Der durchschnittliche Kunde verwendet zehn Kanäle um mit Unternehmen zu kommunizieren (Salesforce 2018).

Für Entscheider ist es bereits heute eine schwere Aufgabe, mit der hohen Veränderungsgeschwindigkeit umzugehen und für ihre Unternehmen die richtigen Entscheidungen zu treffen (Oswald und Krcmar 2018, S. 2). Die exponentielle Entwicklung des technologischen Fortschritts wird dazu führen, dass sich Unternehmen mit immer weiter steigender Geschwindigkeit neu definieren müssen (Kurzweil und Meyer 2003).

4.2 Dialog: Ein einfacher aber vielfältiger Standard

Dialoge in geschriebener oder gesprochener Form sind das wichtigste Element der zwischenmenschlichen Kommunikation. Sie können für jedes berufliche wie private Thema, für alle Sprachen der Erde und für jede Situation angewendet werden. Dialoge haben einen sehr einfachen Standard: Im Duden heißt es „Dialoge sind von zwei oder mehreren Personen abwechselnd geführte Rede und Gegenrede".

Durch die Anwendung eines Textbots oder Voicebots sind wir in der Lage in Dialogen einen oder mehrere Teilnehmer durch eine Technologie zu ersetzen. Für den Chatbot ergibt sich ein theoretisches Einsatzspektrum, das genauso umfassend ist, wie das theoretische Spektrum rein zwischenmenschlicher Kommunikation, nämlich potenziell unendlich.

Vor dem Hintergrund der in 4.1 erläuterten Veränderungsgeschwindigkeit und in Ermangelung mittel- und langfristiger seriöser Prognosen über die Entwicklung neuer Kommunikationskanäle sind die flexible Einsatzmöglichkeit von Chatbots in jedem denkbaren Dialog ein strategisches Asset.

4.3 User Centricity: Mit Experimenten zum Erfolg

Nutzerzentrierung ist im Zeitalter der Digitalisierung zu einem echten Mantra der Unternehmen geworden. Kunden verfügen durch digitale Technologien und die umfassende Vernetzung über großen Einfluss. Mit den Instrumenten Recherche, Vergleich und Teilen können sie gegenüber Unternehmen in einer noch nie da gewesenen Art und Weise Macht ausüben. Unternehmen sollten ihre Kunden daher zum Grundpfeiler ihrer Digitalen Transformations-Agenda machen (Giménez 2018, S. 1 & 6) und ihr Geschäftsmodell an den Bedürfnissen und Wünschen ihrer Kunden ausrichten (Ringel et al. 2018, S. 18).

Das plakative Beispiel des „Empty Chair" von Amazon Gründer Jeff Bezos erfreut sich in Digitalberaterkreisen größter Beliebtheit. Bezos wird nachgesagt regelmäßig einen Platz in Management Meetings für die wichtigste Person im Raum freizulassen: Den Kunden (Anders 2012). Um die Produkte eines Unternehmens und die Beziehungen zu den Kunden nachhaltig an den Bedürfnissen und Wünschen letzterer auszurichten, bedarf es allerdings umfassenderer Instrumente als leere Stühle in Besprechungen. Entsprechende Frameworks zur Gestaltung von nutzerzentrierten Innovationen haben Hochkonjunktur. Das Buch „The Lean Startup" von Eric Ries ist zur Bibel für die Digital-Einheiten großer Unternehmen rund um den Globus geworden, um die Kunden früh in die Produktentwicklung mit einzubeziehen und dabei die Zyklen der Produktentwicklung zu verkürzen. Der Ergebnistyp dieses Frameworks, das sog. Minimum Viable Product (MVP), ist zum Aushängeschild von Unternehmen geworden, die Nutzerzentrierung und damit die Digitalisierung ernst nehmen. Im Lean Startup Framework werden Elemente aus Design Thinking und Agiler Softwareentwicklung kombiniert, um in jedem Stadium der Produktentwicklung Kundenmeinungen und Marktreaktionen zu berücksichtigen. Schnelles Experimentieren und kontinuierliches Lernen spielen dabei eine wichtige Rolle.

David Rogers widmet in seinem Playbook für Digitale Transformationen ein ganzes Kapitel dem Experimentieren zur Entwicklung von Innovationen. Er unterscheidet dabei in zwei Arten von Experimenten: Divergente Experimente kommen in frühen Stadien der Innovationsentwicklung zur Anwendung. Sie sind informell, erforschend und generieren Ideen. Ein Beispiel ist das Verproben eines Prototypen mit einem Kunden. Konvergente Experimente kommen zu einem späteren Stadium zum Einsatz. Sie sind formell, eher wissenschaftlich aufgebaut und dienen der Bestätigung; geben also konkrete Antworten. Ein Beispiel ist das A/B-Testing (Rogers 2017, S. 150).

Die Anwendung von Experimenten und Frameworks wie Lean Startup sind vielversprechend, um ein Unternehmen nutzerzentriert auszurichten. Eine Herausforderung ist das kooperative Zusammenarbeiten mit Nutzern in der Produktentwicklung trotzdem.[10] Wie diese Herausforderung durch den Einsatz einer Conversational Platform gelöst werden kann, wird in Abschn. 4.5 erläutert.

4.4 Textbot und Kundenservicemitarbeiter teilen sich ein Interface

In Abschn. 2.1 wurde die Evolution des Conversational User Interface dargestellt, in Abschn. 2.2 herausgearbeitet, dass Messenger Oberflächen zu einem Conversational User Interface werden, wenn der Gesprächspartner auf Seiten des Unternehmens durch einen Textbot ersetzt wird.

Für den Kunden, der mit dem Textbot eines Unternehmens in einem Messenger oder einem Chatfenster kommuniziert, entsteht keine Friktion, wenn der Textbot den Kunden an einen Mitarbeiter des Unternehmens weiterleitet oder sich der Mitarbeiter des Unternehmens aktiv in die Kommunikation einschaltet und den Textbot für den weiteren Verlauf des Dialogs deaktiviert. Der Kunde wechselt durch diesen sog. Human Handover nicht das Interface und behält seine Gesprächshistorie, die auch dem Kundenservice Mitarbeiter als Kontext zur Verfügung steht.

Durch den Einsatz des Human Handovers wird der Textbot zu einem sehr effektiven Instrument, weil er bis zu seiner Produktionsreife im Modus eines konvergenten Experiments arbeiten kann. Wenn technisch und prozessual ein zuverlässiger Human Handover gewährleistet ist, kann ein Textbot in einem provisorischen Stadium veröffentlicht werden. Der Kundenservice Mitarbeiter fungiert dann

---

[10]In ihrem Paper Key Challenges in Agile Requirements Engineering (Schön et al. 2017, S. 11) identifizieren die Autoren in Experteninterviews, dass die Erstellung von Anforderungen in Kooperation mit Produktnutzern eine Key Challenge für die Experten darstellt.

nicht nur als „doppelter Boden" des Textbots, sondern auch als kritischer Analyst, der validiert, ob die aktuelle Iteration des Textbots die Bedürfnisse und Wünsche des Kunden erfüllt.

Bei Voicebots verhält es sich ein wenig anders. Ein Kundenservice Mitarbeiter kommt hier nicht so einfach an den Kontext des zuvor geführten Dialogs zwischen Voicebot und Kunden. Das Anhören des Audiostreams würde zuviel Zeit in Anspruch nehmen und eine Friktion verursachen. Dieses Problem lässt sich durch die Transkription per Spracherkennung und Bereitstellung an den Kundenservice Mitarbeiter in einem visuellen Interface lösen. Erste Lösungsansätze am Softwaremarkt zeichnen sich auch hierfür ab.

4.5 Kanalagnostische Conversational Platforms als strategisches Fundament

Im Abschn. 4.2 wurden Chatbots auf Grund ihrer flexiblen Einsatzmöglichkeiten als strategisches Asset bezeichnet. Um sich dieses Asset effektiv zu Nutze zu machen, bedarf es einer Conversational Platform, die kanalagnostisch als zentrale Instanz das Dialogmanagement von Text- und Voicebots durchführen kann. Abb. 7 zeigt, wie solche Platforms aufgebaut sind: Beliebige Frontends sind mit dem Dialogmanagement verbunden, mit dem sämtliche Use Cases als Dialog modelliert werden. Ein Frontend für Business Nutzer ermöglicht es CUI-Designern, Prozessmanagern oder anderen nicht technischen Mitarbeitern Dialoge zu entwickeln, sie anzupassen und zu optimieren.

Da für die Anwendung des Frontends keinerlei Programmierkenntnisse erforderlich sind und sich die Entwickler auf die Anbindung und Einbettung von Drittsystemen fokussieren können, gestaltet sich der Entwicklungsprozess mit einer Conversational Platform erheblich effizienter. Ohne die Platform spezifiziert ein Business Nutzer mit fachlichem Know How einen Dialog für einen Entwickler. Letzterer setzt den Dialog technisch um und stellt ihn dann ersterem zum Testen bereit. Der wiederum identifiziert Anpassungsbedarf und spezifiziert diesen, woraufhin der Entwickler abermals an die Umsetzung geht. Je nach umzusetzendem Use Case für einen Text- oder Voicebot sind 20 bis 30 solcher Iterationen zwischen den beiden Rollen im Projekt notwendig.[11]

Mit einer Conversational Platform kann ein und derselbe Use Case in unterschiedlichen Kanälen betrieben werden. Wenn ein Unternehmen einen Dialog für den Adresswechsel seiner Kunden geschaffen hat, kann es diesen gleichermaßen bei WhatsApp, Amazon Alexa, dem Telefon und einem Website Chat an meine Kunden bringen. Auch zwischen den verschiedenen Use Cases entstehen Synergieeffekte:

---

[11]Malte Kosub (Gründer und Geschäftsführer des Berliner Startups Future of Voice) erläutert im Interview am 31.03.2020, diesen aufwändigen Prozess und gibt den Wert von 20 bis 30 Iterationen aus der Erfahrung der Umsetzung von dutzenden Voicebots an. Kosub hat mit seinen Mitgründern auf Basis eben dieser Erfahrungen die eigene Conversational Platform Parloa entwickelt, die seit 2019 vornehmlich in großen Unternehmen eingesetzt wird.

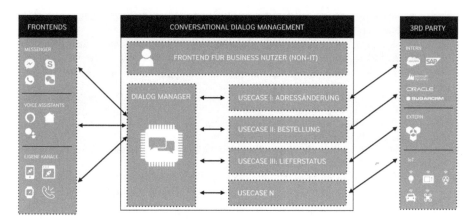

Abb. 7 Conversational Platform. (Quelle: MUUUH! Group)

Bestimmte Teildialoge aus einem Use Case können für einen anderen Use Case wiederverwendet werden und Best Practices schneller zwischen involvierten Mitarbeitern ausgetauscht werden.

In Zukunft werden Unternehmen um die Geschwindigkeit der Digitalisierung bewältigen zu können auf Conversational Platforms setzen und sich die Flexibilität des Dialogs zu nutze zu machen. Kunden und Nutzer werden bereits mit provisorischen Chatbots interagieren und häufig friktionslose Handover an Kundenservicemitarbeiter erleben. Letztere validieren, falsifizieren oder optimieren mit den Erfahrungen aus ihren Dialogen den Chatbot. Conversational User Interface Designer werden in großen Unternehmen zu einer festen Rolle werden. Zusammen mit Experten, die über ein spezifisches Prozesswissen verfügen, kreieren sie Dialoge auf der Conversational Platform und liefern sie gleichzeitig an eine ganze Reihe von Frontends aus. Die Platforms ermöglichen ihren Nutzern bestehende deterministische Unternehmensprozesse kontrolliert in Form von einer Customer Journey zu exponieren und das Feedback des Kunden bezüglich der Ergonomie und des eigentlichen Use Cases effizient zu verarbeiten.

Literatur

Anders, G. (2012). Inside Amazon's idea machine: How Bezos Decodes Customers. Forbes. https://www.forbes.com/sites/georgeanders/2012/04/04/inside-amazon/#7ef266106199. Zugegriffen am 31.03.2020.

Batish, R. (2018). *Voicebot and Chatbot design*. Birmingham: Packt Publishing.

Bitkom. (2018). Neun von zehn Internetnutzern verwenden Messenger. Bitkom. https://www.bitkom.org/Presse/Presseinformation/Neun-von-zehn-Internetnutzern-verwenden-Messenger.html. Zugegriffen am 21.03.2020.

Braun, A. (2013). *Chatbots in der Kundenkommunikation*. Berlin: Springer.

Christensson, P. (2014). Bot Definition. TechTerms. https://techterms.com/definition/bot. Zugegriffen am 10.01.2020.

Chouhan, S. (2019). Text Bot vs. Voice Bot. Customer think. http://customerthink.com/text-bot-vs-voice-bot-complete-guide. Zugegriffen am 12.01.2020.

Dillerup, R., Witzemann, T., Schacht, S., & Schaller, L. (2019). Planung im digitalen Zeitalter. Controlling & Management Review. https://www2.deloitte.com/content/dam/Deloitte/de/Documents/finance-transformation/Planung_im_digitalen_Zeitalter_2019_CMR.pdf. Zugegriffen am 30.03.2020.

Dooley, R. (2019). *Friction. The untapped force that can be your most powerful advantage*. New York: McGraw Hill.

Facebook. (2020). Sending Messages. Facebook for Developers. https://developers.facebook.com/docs/messenger-platform/send-messages. Zugegriffen am 21.03.2020.

Giménez, J. (2018). *Customer-centricity: The new path to product innovation and profitability*. Newcastle: Cambridge Scholars Publishing.

Gentsch, P. (2018). *Künstliche Intelligenz für Sales, Marketing und Service – Mit AI und Bots zu einem Algorithmic Business – Konzepte, Technologien und Best Practices*. Wiesbaden: Springer Gabler.

Google. (2020). About phone calls from the Google Assistant. Google My Business Help. https://support.google.com/business/answer/7690269?hl=en. Zugegriffen am 28.03.2020.

Hülsdau, M., Ellermann, B., & Morawin, E. (2018). Die Anatomie eines Chatbots. MUUUH! Group. https://www.muuuh.de/hub/next/wie-funktioniert-ein-chatbot. Zugegriffen am 24.05.2020.

Hutchinson, R., & Aré, L. (2018). Digital common sense and why speed is the new scale. Boston Consulting Group. https://www.bcg.com/publications/2018/digital-common-sense-speed-new-scale.aspx. Zugegriffen am 30.03.2020.

Lackes, R. (2018). Chat – Ausführliche Definition. Gabler Wirtschaftslexikon. https://wirtschaftslexikon.gabler.de/definition/chat-27928/version-251569.

Laier, N. (2019). Voice Bot/Assistant. https://botfriends.de/botwiki/voice-assistant/?cookie-state-change=1577449428547. Zugegriffen am 27.12.2019.

Langer, C. (2016). Conversational Commerce. Digitalwiki. http://www.digitalwiki.de/conversational-commerce. Zugegriffen am 03.03.2020.

Leviathan, Y., & Matias, Y. (2018). Google duplex: An AI system for accomplishing real-world tasks over the phone. Google AI Blog. https://ai.googleblog.com/2018/05/duplex-ai-system-for-natural-conversation.html. Zugegriffen am 28.03.2020.

Linne, K. (2015). Was ist ein Chat? Einfach erklärt. Chip. https://praxistipps.chip.de/was-ist-ein-chat-einfach-erklaert_41494. Zugegriffen am 25.03.2020.

Kinsella, B. (2019a). Amazon Alexa has 100k skills but momentum slows globally. Here is the breakdown by country. Voicebot.ai. https://voicebot.ai/2019/10/01/amazon-alexa-has-100k-skills-but-momentum-slows-globally-here-is-the-breakdown-by-country/. Zugegriffen am 25.03.2020.

Kinsella, B. (2019b). Amazon announces 100K smart home products support Alexa. Voicebot.ai. https://voicebot.ai/2019/12/18/amazon-announces-100k-smart-home-products-support-alexa/. Zugegriffen am 25.03.2020.

Kurzweil, R., & Meyer. C. (2003). Understanding the accelerating rate of chage. Kurzweil – accelerating intelligence. https://www.kurzweilai.net/understanding-the-accelerating-rate-of-change. Zugegriffen am 30.03.2020.

Miller, D. (2013). 10 trends to watch: Conversational commerce 2014. Opus Research. https://opusresearch.net/wordpress/2013/12/13/10-trends-to-watch-conversational-commerce-2014. Zugegriffen am 03.03.2020.

Moreno, J. (2019). Google is randomly giving away even more free Google home mini speakers. Forbes. https://www.forbes.com/sites/johanmoreno/2019/09/29/google-is-randomly-giving-away-even-more-free-google-home-mini-speakers/#3f8624b43fa3. Zugegriffen am 25.03.2020.

Mortensen, D. (2020). Natural user interfaces – what are they and how do you design user interfaces that feel natural? Interaction Design Foundation. https://www.interaction-design.org/literature/article/natural-user-interfaces-what-are-they-and-how-do-you-design-user-interfaces-that-feel-natural. Zugegriffen am 04.03.2020.

Oswald, G., & Krcmar, H. (2018). *Informationsmanagement und digitale Transformation – Fallbeispiele und Branchenanalysen*. Wiesbaden: Springer Gabler.

Perez, S. (2020). Smart speaker sales reached new record of 146.9M in 2019, up 70 % from 2018. Techcrunch. https://techcrunch.com/2020/02/17/smart-speaker-sales-reached-new-record-of-146-9m-in-2019-up-70-from-2018/. Zugegriffen am 24.03.2020.

Ringel, M., Zablit, H., Grassl, F., Manly, J., & Möller, C. (2018). *The Most Innovative Companies 2018 – Innovators Go All In On Digital*. Boston: The Boston Consulting Group.

RMS. (2018). 11 Millionen aktive Nutzer – Smart Speaker boomen. Pressemitteilungen. https://www.rms.de/unternehmen/presse/pressemitteilungen/2018/11-millionen-aktive-nutzer-smart-speaker-boomen/. Zugegriffen am 24.03.2020.

Rogers, D. (2017). *Digitale Transformation – Das Playbook*. Frechen: mitp.

Salesforce. (2018). State of the connected customer – second edition. https://www.salesforce.com/form/conf/state-of-the-connected-customer-2nd-edition/?leadcreated=true&redirect=true&chapter=&DriverCampaignId=cta-body-promo-40&player=&FormCampaignId=7010M000000O5to&videoId=&playlistId=&mcloudHandlingInstructions=&landing_page=. Zugegriffen am 30.03.2020.

Schön, E., Winter, D., Escalona, M., & Thomaschewski, J. (2017). Key challenges in agile requirements engineering. In H. Baumeister, H. Lichter & M. Riebisch (Hrsg.), *Agile processes in software engineering and extreme programming. XP 2017. Lecture notes in business information processing* (Bd. 283). Cham: Springer.

Symeonaki, E., et al. (2019). Analysis of a chatbot system design. In Y. Bi et al. (Hrsg.), *Intelligent systems and applications: Proceedings of the 2019 intelligent systems conference (IntelliSys)* (Bd. 1, S. 1071–1088). Cham: Springer Nature.

Tuner, S. (2020). How many smartphones are in the world? bankmycell.com. https://www.bankmycell.com/blog/how-many-phones-are-in-the-world. Zugegriffen am 28.03.2020.

Usability-Glossar. (2020). Conversational User Interface (CUI). usability.de. https://www.usability.de/usability-user-experience/glossar/conversational-user-interface.html. Zugegriffen am 04.02.2020.

Völkle, C., & Planing, P. (2019). Digital automation of customer contact processes – an empirical research on customer acceptance of different Chatbot use-cases. In A. Lochmahr et al. (Hrsg.), *Digitalen Wandel gestalten: Transdisziplinäre Ansätze aus Wissenschaft und Wirtschaft* (S. 217–226). Wiesbaden: Springer Gabler.

Strategisches Kampagnenmanagement

Nils M. Hachen

Inhalt

1	Strategische Kampagnenplanung	702
2	Customer Centricity	705
3	Messbare Mehrwerte für die Zielgruppe für mehr Werbewirkung	707
4	Entscheidungen auf Basis von Daten	708
5	Spannungsfeld zwischen Kreation und Media	709
6	Die Rolle von PR und Social Media	711
Literatur		714

Zusammenfassung

Die Spezialisten verstehen es vortrefflich, mit Begriffen wie Marketing-Mix-Modelling oder Multi-Touch-Attribution um sich zu werfen und damit die eine oder andere Gesprächsrunde zu sprengen. Frei nach den Fantastischen 4 könnte man den Song MFG jederzeit umtexten und hätte wahrscheinlich genug Abkürzungen für mehr als zwei Lieder. Im Grunde sind alle Beteiligten auf der Suche: es geht um Wahrscheinlichkeiten und die Antwort darauf, wie man ein gegebenes Budget möglichst sinnvoll einsetzt. Im Zuge dessen wird in den noch immer häufig anzufindenden (digitalen) Silos jede Zahl hinterfragt und ständig optimiert. Es fehlt der übergeordnete Blick auf das große Ganze, was auf die fehlende Transparenz in Unternehmen zurückzuführen ist. Am Ende geht es darum, die Perspektive zu wechseln. Den Produkt- und Unternehmensfokus zu verlassen und den Kunden oder Nutzer der Produkte und Dienstleistungen des Unternehmens in das Zentrum aller Planungen zu stellen.

N. M. Hachen (✉)
Digitas Pixelpark GmbH, Düsseldorf, Deutschland
E-Mail: nils.hachen@digitas.com

© Springer Fachmedien Wiesbaden GmbH, ein Teil von Springer Nature 2021
H. Holland (Hrsg.), *Digitales Dialogmarketing*,
https://doi.org/10.1007/978-3-658-28959-1_30

Schlüsselwörter

Kampagnenplanung · Customer Centricity · Messbare Mehrwerte · Cross-Channel-Tracking · Customized Agency · Purpose Kampagnen

1 Strategische Kampagnenplanung

Frage: Strategische Kampagnenplanung ist ein großes Wort. Was verbirgt sich dahinter? Und von wem kommen die Strategien?

Antwort: Im Grunde ist es ganz einfach. Wir machen das, was wir schon immer gemacht haben. Auf der Grundlage von Zielen, Zielgruppen, Marktgegebenheiten und weiteren Erkenntnissen wurden Kampagnen geplant und umgesetzt. Tatsächlich wird es aber immer komplizierter. Komplizierter deshalb, weil gerade im digitalen Sektor ständig neue Unternehmen, Dienstleister und Dienstleistungen dazu kommen. Es wird immer schwieriger Instrumente zu bewerten. Handelt es sich nur um einen Hype oder einen echten Trend, der beobachtet werden muss. Muss ich als Unternehmen handeln oder kann ich noch abwarten, ohne etwas zu verpassen. Wenn man sich die Entwicklung der Lumascape in Abb. 1 und die Marketing Technology Landscape in Abb. 2 anschaut, dann wird klar, dass man als Generalist gar keine

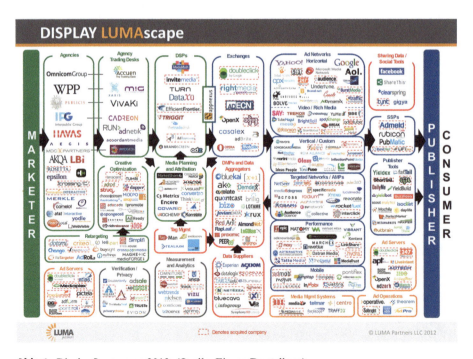

Abb. 1 Display Lumascape 2012. (Quelle: Eigene Darstellung)

Abb. 2 Marketing Technology Landscape 2019. (Quelle: www.chiefmarktech.com. Zugegriffen am 12.03.2020)

Chance mehr hat, alle Marktteilnehmer zu kennen, geschweige denn beurteilen zu können.

Es bleibt den Unternehmen gar nichts anderes übrig, als sich bei der Auswahl der richtigen Partner und Technologie auf Mittler wie Beratungsunternehmen oder Agenturen zu verlassen. Jeder verspricht eine Lösung, die noch mehr Erkenntnisse bringt, die mehr Umsatz verspricht oder zumindest die Arbeit erleichtert, um dann letztlich feststellen zu müssen, dass sich keine Technologie mal eben implementieren lässt und sich auch die handelnden Personen einer Transformation unterziehen müssen.

Aus Sicht des Autors ist zumindest zur Zeit noch der Faktor Mensch das Bottleneck. Es werden ganz andere Anforderungen an Unternehmen und Mitarbeiter gestellt. Neue Berufsfelder entstehen und die Ausbildung kommt nicht hinterher. Es fehlen in vielen Bereichen Spezialisten. Artificial Intelligence kann und wird uns in der Zukunft mit Sicherheit helfen und unterstützen, aber noch sind wir nicht soweit. Man kommt sich vor wie auf einer Straßenkreuzung in einer unbekannten Millionenmetropole – auf der Suche nach dem richtigen Weg. Auf Nachfrage bekommt man natürlich Antworten, aber die Unsicherheit bleibt. Damit sind wir nicht in der Lage, Ergebnisse wirklich objektiv zu bewerten. Das Beispiel mit dem halb vollen und halb leeren Glas verdeutlicht das sehr treffend. Trotzdem oder gerade deswegen bilden die genutzten Daten und Datenquellen die Grundlage für eine strategische Kampagnenmanagement.

Es gibt mindestens zwei Prämissen, die bei einer umfassend strategischen Kampagnen- und Mediaplanung berücksichtigt werden müssen: Silos müssen aufgebrochen und es darf auf keinen Fall wasserfallartig geplant werden. Integrierte Ansätze werden immer noch viel zu wenig verfolgt.

Zu viele Silos

Da gibt es zum einen die unternehmenseigenen Silos bei den Werbetreibenden: es geht um Bestandswahrung und Herrschaftswissen. Die Konfrontationen sind vielfältig, jeweils mit ketzerischen Fragen oder Aussagen hinterlegt. Beispiel 1 Marketing vs. Vertrieb – „Welchen Wirkungsbeitrag leistet denn das Marketing überhaupt?" trifft auf „Marken, Dienstleistungen oder Produkte, die keiner kennt, werden auch nicht gekauft!". Beispiel 2 Marketing vs. IT – „Wir brauchen andere Tools für mehr Daten." trifft auf „Wir haben schon zu viele Tools, die Evaluierung und Implementierung dauert lange und wir erheben jetzt schon zu viele Daten, die niemand nutzt". Beispiel 3 – der ständige Streit zwischen Media und Kreation: schaffen Daten tatsächlich bessere Kreation oder gehen die Emotionalität und das Überraschungsmoment in der Kommunikation verloren?

Am Ende wollen alle Beteiligten die richtige Entscheidung treffen. Aber auch hier gibt es die Angst vor dem FOMO Effekt. Fear of missing out – habe ich etwas übersehen, alle Punkte berücksichtigt oder fehlt ein entscheidender Baustein, in diesem Fall wichtige Informationen, die die Entscheidung in eine andere Richtung beeinflussen könnte. Dabei ist es wie immer. Zu viele Tools schaffen Intransparenz – bei zu wenigen hilft nur das Bauchgefühl und das berühmte Quäntchen Glück.

Der Wasserfall als Arbeitsprinzip

Viele Unternehmen verfolgen inzwischen einen integrierten Ansatz. Alle beteiligten Stakeholder wie unternehmenseigene Abteilungen, für ein Projekt relevante Agenturen und Dienstleister werden gleich zu Beginn der Kampagnenplanung an einen Tisch geholt und gebrieft. Es ist sogar häufig so, dass die Dienstleister dem Kunden einen gemeinsamen Vorschlag zur Umsetzung der Kampagne machen „müssen". Das bedeutet für das Unternehmen jede Menge Ressourcenersparnis und ein konsolidiertes Ergebnis.

Diese Vorgehensweise (vgl. Abb. 3) ist sehr sinnvoll, denn eine Kampagne, die auf einem als erstes entwickelten 90 sekündigen TV Spot basiert, lässt sich im nachhinein nur schwer auf alle Kanäle transformierung und transportieren und wird dem heutigen Medienverhalten nicht mehr gerecht. Vielleicht fällt am Ende noch auf, dass ein oder gleich mehrere Instrumente gar nicht berücksichtigt wurden. Im besten Fall werden Restbudgets nach bestem Wissen und Gewissen verteilt und die

Abb. 3 Vorgehensweise. (Quelle: Eigene Darstellung)

Umsetzung noch irgendwie realisiert. In anderen Fällen werden Kampagnen siloartig abgearbeitet und greifen nicht ineinander. Synergien gehen verloren. Ein Storytelling findet nicht statt. Die angesprochen Kunden fühlen sich nicht abgeholt oder sind, ob der losen Enden innerhalb der Kommunikation, verwirrt.

2 Customer Centricity

Frage: Was ist der Ursprung und wie sollte man anfangen? Was ist die Grundlage für eine erfolgreiche Kampagnenplanung?
Antwort: Der Kunde. All unser Handeln sollte von dem Endkonsumenten ausgehen. Es geht darum (Mehr-)Werte zu schaffen, die Menschen dazu bewegen Produkte und Dienstleistungen zu kaufen und zu nutzen. Das können sowohl emotionale als auch rationale Beweggründe sein. Als Beispiel diene ein Sportschuh. Bis vor wenigen Monaten war es völlig klar, dass man einen Marathon eigentlich nur in einem Laufschuh der Marke X laufen konnte. Bei Betrachtung des Schuhwerks der Läufer hatten gefühlt 80 Prozent die gleiche Marke am Fuß. Eine groß angelegte PR Aktion eines konkurrierenden Herstellers hatte aber zur Folge, dass plötzlich das Konkurrenzprodukt als das deutlich Bessere wahrgenommen wurde und die Verkaufszahlen entsprechend in die Höhe schnellten. Die beteiligten Unternehmen mögen es dem Autor nachsehen, aber er ist sicher, dass die Qualität und das Preisgefüge bei beiden Produkten relativ ähnlich ist. Allein der emotionale Trigger hat für eine Änderung der Wahrnehmung und des Kaufverhaltens gesorgt. Bei subjektiv rationalen Entscheidungen geht es darum, zur richtigen Zeit am richtigen Ort, im richtigen Kontext die entscheidende weil relevante Botschaft auszuspielen. Auch das wiederum bedeutet, dass man sich auf den Endkunden einlassen muss.

Im Zentrum steht also zumindest zunächst das Individuum. Neben der Demografie und seinem Verhalten stehen vor allen Dingen Interessen und Beziehungen in Vordergrund. Über das Verhalten wird auf Interessen geschlossen. Und diese Interessen gilt es zu adressieren. Beziehungen werden eher überprüft. Wie steht ein potenzieller Kaufer zu der Marke und den Produkten beziehungsweise zu den Dienstleistungen. Warum entscheidet er sich für oder gegen einen bestimmten Anbieter? Und wenn er sich gegen eine Marke entscheidet, aus welchen Beweggründen tut er das?

Um mehr über den Einzelnen und die Zielgruppe zu erfahren, wird die in Abb. 4 dargestellte Customer Journey betrachtet, gemessen, analysiert und bewertet. Auf Basis dieser Analyse werden dann Entscheidungen getroffen, die sowohl die Produktentwicklung als auch die Kommunikation, also die Kampagne einer Marke, beeinflussen.

Unternehmen und Agenturen, die sich umfassend mit der Customer Journey beschäftigen, ermitteln im Rahmen der Analyse, wie sich klassische Parameter wie gestützte/ungestützte Markenbekanntheit, Kaufabsicht, First Choice und Kauf entwickeln bzw. verändern (BVDW 2013). Es geht darum herauszufinden, welcher Kanal der richtige sein könnte um dann zu ermitteln, welches das optimale „Werbe-

Abb. 4 Schematische Darstellung einer Customer Journey. (Quelle: Eigene Darstellung)

mittel" für die Anstoßkette darstellt. Dabei stellt sich heraus, welche Instrumente eher unterstützen und dabei die erfolgreichsten sind, und welche konvertieren.

> **Definition Customer Journey**
> Die Customer Journey stellt alle messbaren Kontaktpunkte eines Nutzers auf dem Weg zu einer definierten Aktion dar. Hierbei werden alle Marketing-Kanäle berücksichtigt,

Folgende Fragen, und je nach Kampagnenausprägung noch viele weitere, werden durch die Auswertung der Customer Journey beantwortet: Welche Aufgaben und Rollen können die unterschiedlichen Kanäle und Instrumente übernehmen? Welchen Mehrwert für den Kunden bieten sie und klassisches welchen Beitrag leisten sie für die Marke oder aber für den Abverkauf? Wie hoch ist die optimale Kontaktdosis? Wie viele Kontakte benötigt man für eine Conversion und wo fängt man an, Geld aus dem Fenster zu werfen? Wie lange braucht der potenzielle Kunde, um sich zu entscheiden? Welches typische Verhalten wird kurz vor der Entscheidung an den Tag gelegt? Und wie kann gegebenenfalls mit gezielten Maßnahmen wie Retargeting darauf optimiert werden?

Differenzierte Markenwahrnehmung
Neben der Beantwortung der generellen Fragen ergeben sich Antworten beziehungsweise Ansätze zur Verbesserung und Differenzierung der Markewahrnehmung. Zielgruppen finden aus unterschiedlichen Richtungen und mit unterschiedlichen Intentionen Zugang zu einer Marke. Hier findet sich ein passendes Beispiel aus dem Automotive Bereich. Es geht um die V-Klasse von Mercedes-Benz. Schwerpunkt der Kommunikation war die Familie, die in vielfältiger Form aufgegriffen wurde, um das Fahrzeug entsprechend zu positionieren. Weitere Chancen blieben aber mehr oder weniger im Verborgenen und damit ungenutzt. Beispielsweise unterstützt Mercedes-Benz einen der bekanntesten deutschen Wellenreiter und hat Content mit diesem erstellt. Die Bekanntheit des Testimonials kann mit Sicherheit infrage gestellt werden, dennoch hätte sich hier ein Potenzial ergeben, zumal Inhalte

für eine eventuelle Kommunikation schon erstellt wurden. Daneben hätte man weitere Nischenkommunikation betreiben können. Einmal in Richtung Hundebesitzer, die einen großen Kofferraum mehr als zu schätzen wissen oder aber tatsächlich für Menschen mit Behinderung – vor allen Dingen für Menschen, die auf einen Rollstuhl angewiesen sind bietet die V-Klasse viele Möglichkeiten des individuellen Umbaus auf die gewünschten Gegebenheiten. Dieses einfache Beispiel soll verdeutlichen, wie unterschiedlich Beweggründe für einen Autokauf adressiert werden können und wie differenziert Zielgruppen abgeholt werden könnten. Es wurde sich auf einen Mehrwert fokussiert, ohne die gesamte Stärke des Fahrzeugs in der Kommunikation auszuspielen.

Es stellt sich die Frage, ob die die Zeilgruppensegmente zum einen groß genug gewesen wären und wie der Impact der Kommunikation gewesen wäre.

3 Messbare Mehrwerte für die Zielgruppe für mehr Werbewirkung

Frage: Wie erfasst man die Werbewirkung? Und was kann man für zukünftige Kampagnen daraus ableiten?

Antwort: Seit Jahren dokumentieren Unternehmen jeden Schritt und jede Bewegung des Nutzers, um darauf ihre Kampagnen zu optimieren. In den meisten Fällen ist die Datenlage nicht lückenlos – wichtige Informationen fehlen: entweder sind nicht alle Seiten verpixelt, der Inhalt bzw. der Wert des Warenkorbes ist nicht bekannt oder der Weg der Entscheidungsfindung beim potenziellen Kunden ist nur unzureichend bekannt. Hinzu kommt, dass die Daten von unterschiedlichen Systemen erfasst und aufbereitet werden, dass es zu Messdifferenzen kommt und Daten nicht auf einen Blick miteinander verglichen werden können. Vor diesem Hintergrund ist der Beweis und die Darstellung der Werbewirkung eine Aufgabenstellung mit höchster Priorität (Gabler Wirtschaftslexikon 2013).

Klassischerweise wird in den digitalen Medien eine Vielzahl von Daten erhoben: AdImpressions, Views, Clicks, Visits, Unique Visitors, Fans, Click-Through-Rate, Interaction Rate, Engagement Rate, Downloads, Sales, Verweildauer und vieles mehr. Damit wird die Wirkung dokumentiert, nicht jedoch die Ursache. Dazu kommt, dass ein weiterer Aspekt noch gar nicht betrachtet wurde: Was bedeuten diese Zahlen in Relation? Gibt es einen Benchmark? Und wenn ja, wie sind die eigenen Zahlen im Vergleich?

Wen interessieren denn AdImpressions oder Klickraten? Entweder will das Unternehmen verkaufen oder zumindest den Kauf vorbereiten oder es will seine Brand-KPIs wie Markenbekanntheit, Präferenz/Top of Mind oder Kaufabsicht verbessern. Dafür braucht es Werkzeuge, die belastbare Daten liefern, und Mitarbeiter oder Agenturen, die diese auch interpretieren können.

Im Rahmen einer Werbewirkungsanalyse geht es darum herauszufinden, wie effektiv bzw. effizient eine Kampagne gelaufen ist. Natürlich werden zunächst die einzelnen Instrumente isoliert betrachtet und optimiert, um sie dann in einen Zusammenhang zu stellen und in eine Gesamtbetrachtung zu überführen. Unter anderem konnte so die Wechselwirkung zwischen Werbung im TV und der Suche im Internet dargestellt werden.

Wie hat sich denn die Einstellung der Nutzer im Kampagnenzeitraum verändert? Hat die Kampagne dazu beigetragen, die Bekanntheit zu steigern? Wie waren die Veränderungen bei Preference und First Choice oder Weiterempfehlung? Wenn man diese Zahlen betrachtet, kann man auch Auswirkungen messen, die für den stationären Handel bzw. POS relevant sind.

Typischerweise werden diese Zahlen über Befragungen ermittelt, automatisiert über einen Fragebogen innerhalb einer Kampagne bzw. auf der eigenen Webseite. Bei umfangreicheren bzw. längerfristigen Kampagnen werden Panels persönlich befragt. Werden diese Daten mit den Mediadaten verglichen und kommen gegebenenfalls noch CRM-Daten hinzu, entsteht ein Bild, das wirklich aussagekräftig ist.

4   Entscheidungen auf Basis von Daten

Frage: Die Dokumentation von Daten ist das eine – am Ende des Tage geht es doch um die sinnvolle Auswertung? Welches Vorgehen ist das Richtige?

Antwort: Es klingt banal, aber im Vorfeld muss natürlich auch die Messbarkeit sichergestellt werden. Das bedeutet, dass sich die Unternehmen gegebenenfalls umstellen müssen. Iterationsprozesse der IT müssen beschleunigt bzw. überhaupt erst einmal freigegeben werden. Dann muss eindeutig sein, was gemessen werden kann und soll. Die Daten müssen übergeben werden. Damit geht einher, dass viele Unternehmen mit den Ergebnissen wenig anfangen können. Wer soll/muss denn die Daten analysieren bzw. interpretieren? Gibt es bereits entsprechend aufgestellte Unternehmen? Gibt der Markt entsprechend ausgebildete Mitarbeiter überhaupt her? Wenn ja, wie sind diese zu finden? Auch hier lässt sich feststellen, dass essenzielle Bausteine bei den Unternehmen liegen, wenn sie nicht im Blindflug unterwegs sein wollen.

Dabei wird Big Data häufig mit der reinen Sammlung von Daten verwechselt. Es geht nicht nur darum, möglichst viele Datenquellen anzuzapfen, sondern darum, die Daten zu verstehen, Mehrwerte zu generieren und darüber Wettbewerbsvorteile durch bessere Information zu erzielen. Je besser ein Unternehmen die Daten nutzt, desto besser wird es seine Kunden verstehen, desto genauer kann es seine Botschaften artikulieren, desto effizienter wird es einkaufen können. Und das alles vor dem Hintergrund der formulierten Ziele.

Es geht darum, neue Einkaufsmodelle zu etablieren. Der erste Schritt liegt darin Zielgruppen einzukaufen. Agenturen oder Werbetreibende sammeln und aggregieren Kundensegmente, die für zukünftige Kampagnen zur Verfügung stehen.

Prinzipiell ist die Aufgabe einer Analyse, die ganzen Daten und Fakten einer Kampagne aufzubereiten und entsprechend zu interpretieren. Aber was ist die Realität im Verbund Dienstleister, Agenturen und Unternehmen? Teilweise wird noch gar nicht gemessen, und wenn Daten generiert werden, handelt es sich oft genug noch um Excel-Tapeten, die ordentlich abgelegt irgendwo in einem Ordner (physisch oder digital) verstauben. Unternehmen, die schon weiter sind, erheben immerhin Bewegungsdaten, betrachten diese aber zu oft noch singulär. Die Verbindung zwischen den offsite- und onsite-generierten Daten wird zu selten hergestellt bzw. es wird nicht mit einem System durchgemessen. Nur ganz wenige Unternehmen sind bereits heute so aufgestellt, dass wirklich nachvollzogen werden kann, welche Auswirkung eine einzelne Maßnahme auf die festgelegten Key-Performance-Indikatoren (KPIs) hatte.

> **Definition Customer Journey/Cross-Channel-Tracking & Attribution**
> Die erfassten Daten (Tracking) bilden die Grundlage für die Attribution, wobei die Aktionen auf Basis einer individuell zu definierenden Relevanz aufgeteilt und den einzelnen Kontaktpunkten anteilig zugeordnet werden. Entscheidend ist, neben den Kontaktpunkten auch die Kosten zu berücksichtigen

Leider wird häufig die Relevanz von Daten für die Kreation nicht berücksichtigt. Auch für die Kreativen ergeben sich lohnenswerte Erkenntnisse, die die Kreation bereichern könnten.

5 Spannungsfeld zwischen Kreation und Media

Frage: Welche Relevanz haben die Daten für die Kreation? Und zerstört ein datengetriebener Ansatz (siehe Abb. 5) nicht die Ideenfindung und Umsetzung?

Antwort: Auf keinen Fall. Es geht in dieser Diskussion nicht darum, ob jemand Recht hat, sondern darum, möglichst erfolgreiche Kommunikation und damit Kampagnen zu betreiben. Kampagnenideen basieren in der Regel auf Insights über die Zielgruppe. Diese Insights werden genutzt, um die Zielgruppen zu aktivieren. Während in der Vergangenheit diese Insights zumindest teilweise aus dem Bauch kamen, kann man sich jetzt auf eine Datenbasis berufen. Das gibt Sicherheit.

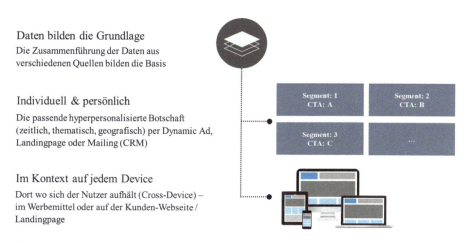

Abb. 5 Datengetriebener Ansatz. (Quelle: Eigene Darstellung)

Sicherheit für die Werber, die ihre Ansätze jetzt ganz anders gegenüber einem Auftraggeber argumentieren können. Sicherheit aber auch für die Werbetreibenden, die mehr oder weniger Geld für Kampagnen ausgeben. Effizienz und Effektivität treten in den Vordergrund.

Niemand kann wollen, dass die Kreativität verloren geht. Große Kampagnen mit großen Gefühlen sind das, was die Auftraggeber aber auch die Endkunden sehen wollen. Daten helfen nur dabei die richtige Knöpfe zu drücken, um Veränderungen im Kopf zu lancieren.

Ohne die datenbasierten Ansätze wäre ein kanalübergreifendes Storytelling gar nicht möglich. Eine Kampagne wird in einem Kanal gestartet und die Konvertierung kann in anderen Kanälen weitergeführt werden. Alle Bestandteile einer Kampagne müssen aufeinander abgestimmt sein. Die Rädchen müssen ineinander greifen, damit die Erwartungshaltung der Endkonsumenten erfüllt werden kann. Dabei spielt der Grad der Automatisierung einer solchen Kampagne eine große Rolle. Neue Technologien ermöglichen es, automatisiert die richtige Zielgruppe einzukaufen. Zum anderen werden Unternehmen jetzt in die Lager versetzt, dynamisch Werbemittel auszuspielen, die zur jeweiligen Customer Journey passen.

Das bedeutet selbstverständlich, dass sich die Arbeitsweise in der Kreation verändern muss. Das bedeutet aber nicht, dass die Kreation weniger zu tun hat oder an Relevanz verliert. Sondern vielmehr, dass man immer mehr Kanäle und Instrumente berücksichtigen muss, um zur richtigen Zeit, mit der richtigen Zielgruppe, am richtigen Ort, im richtigen Kontext mit einem zugeschnittenen Call to Aktion effektiv und effizient Kommunikation zu betreiben.

Agenturen verändern sich – Customized Agency

Diese neue Herangehensweise hat auch einen massiven Einfluß auf die Agenturlandschaft. Immer häufiger wünschen sich die Kunden im Rahmen ihrer Ausschreibungen oder Pitches Agenturen, die Kommunikation ganzheitlich verstehen. Customized Agencies, die sowohl das Data-Thema verstanden, als auch Media und Kreation in sich vereinen, werden immer häufiger für Kunden gegründet. Werbetreibende Unternehmen und Agenture rücken immer mehr zusammen und bilden eine Symbiose. Die Unternehmen stellen Arbeitsplätze für Agenturmitarbeiter zur Verfügung, um die Reibungsverluste so gering wie möglich zu halten. All das zeigt, dass sich die Marktteilnehmer verändern, verändern müssen, und dass Data, Kreation und Media immer ganzheitlicher gedacht und umgesetzt werden.

Branding versus Performance

Der Einsatz der verschiedenen Werbemedien verfolgt das Ziel, messbare Reaktionen und/oder Transaktionen mit dem Nutzer zu erzielen. Die Ansprache des Kunden beziehungsweise Interessenten erfolgt sehr gezielt und nach Möglichkeit individuell, um die größtmögliche Interaktion mit den Nutzern zu erreichen.

Ziel einer strategischen Kampagnenplanung ist es, diese beiden Komponenten bestmöglich zusammen zu führen. Wie viel *Marke* wird benötigt, um eine bestmögliche Performance zu generieren, und wie viel *Performance* kann mit der Marke abgeschöpft werden?

Strategisches Kampagnenmanagement

Abb. 6 Das Big Picture. (Quelle: Eigene Darstellung)

Die am häufigsten gestellte und am wenigsten beantwortete Frage lautet doch: „Was passiert, wenn ...?", wenn sich Ziele, Zielgruppen oder Budgets ändern. Kunden, aber auch Agenturen wünschen sich belastbare Prognosen, die potenzielle zukünftige Szenarien abbilden können. Die Grundlage bildet häufig ein Blick in die Vergangenheit, der um aktuelle Kampagnenvarianten ergänzt wird. Digital gibt es schon erste Ansätze, die dies auf der Basis von *predictive Modeling* ermöglichen. Ziel muss es sein, das zumindest für alle digitalen Kampagnen umzusetzen und mittelfristig eine Lösung für alle Mediakanäle anzubieten.

Produkt versus Marke
Welche Kommunikation soll in den Vordergrund gestellt werden. Gibt es eine starke Dachmarke, die als Guiding Priciple Auswirkungen auf alle Produkte und Dienstleistungen hat oder gibt es „Hero-Produkte", die eine Marke erst entstehen lassen.

Jeder kennt Google, aber die wenigsten kennen das Mutterunternehmen Alphabet. Hier geht der Helo-Effect also vom Produkt aus. Das Risiko besteht dann, wenn der Stern eines Produktes oder einer Dienstleistung sinkt oder ganz verschwindet. Ein Beispiel hierfür ist die Marke Motorola. Motorola brachte mit dem RAZR ein sehr erfolgreiches „Klapphandy" auf den Markt. Schnell erwuchs das Unternehmen zu einem ernst zu nehmenden Konkurrenten zu Nokia – damals Weltmarktführer, der noch keine faltbaren Mobiltelefone im Angebot hatte. Tatsächlich war der Erfolg aber nur eine temporäre Erscheinung, wie sich herausgestellt hat. Gerade bei der strategischen Kampagnenplanung geht es auch darum nachhaltige Wirkung zu erzielen (vgl. Abb. 6).

6 Die Rolle von PR und Social Media

Frage: Wie geht man mit Bereichen um, die man nur bedingt planen kann? Welchen Stellenwert haben PR und Social Media innerhalb der strategischen Kampagnenplanung?

Antwort: Die Rollen von PR und Social Media sind hoch und werden eher wichtiger. Marken werden in Social Media gemacht oder ruiniert. Ein aktuelles Beispiel ist Adidas, die im Rahmen der Covid-19 Krise zunächst gesagt hatten, keine Miete mehr zahlen zu wollen. Schnell machte der Hashtag #AdidasBoykott die Runde.

Auch hier gilt der Grundsatz, dass jeder Kanal beziehungsweise jedes Instrument gesondert bespielt werden muss. Facebook hat eine andere Rolle als Instragram. TikTok ist anders als Youtube. Das gibt Unternehmen wiederum die Chance unterschiedliche Zielgruppensegemente gezielt zu erreichen und anzusprechen.

Facebook, Instagram und Youtube haben sich längst etabliert. Youtube hat über die Differenzierung von Hero-, Hub- und Helpcontent eine Bedeutung erlangt, die innerhalb einer strategischen Kampagnenplanung eine wichtige Rolle einnehmen kann. Spätestens jetzt wird deutlich, dass eine strategische Kampagne nicht nur aus Paid-Media besteht, sondern aus dem Zusammenspiel aus Paid-, Owned und Earned Media.

Inwieweit Snapchat und TikTok eingesetzt werden, hängt zumindest von der Zielgruppe ab. Unternehmen müssen entscheiden, ob es Sinn ergibt, auf diese Kanäle zu setzen. Unterschätzt beziehungsweise stiefmütterlich behandelt werden oft noch Xing und LinkedIn. Gerade hier könn(t)en sich Unternehmen differenzieren. Inhalte, die eher in Richtung PR gehen, können hier hervorragend kommuniziert werden. Ein spannendes Feld, aus dem sich sogar „warme" Leads für Unternehmen ergeben können.

PR kann und sollte die klassische Kampagne unterstützen. Nicht nur zu Beginn beispielsweise bei dem Launch eines neuen Produktes oder einer neuen Dienstleistung, sondern auch nachgelagert. Community und Response Management – Begriffe, die man eher mit den Social Media Kanälen in Verbindung bringt – spielen auch in der PR eine große Rolle. Krisen PR findet eben nicht mehr nur im journalistischen Bereich statt, sondern eben auch in den Social Media Kanälen – insbesondere auch auf Twitter.

Purpose Kampagnen

Das Thema Haltung spielt in diesen Tagen eine immer größere Rolle. Produkte und Dienstleistungen werden immer vergleichbarer. Die Haltung eines Unternehmens kann da zum ausschlaggebenden Unterscheidungs- und Differenzierungsmerkmal werden. Gerade die Social Media Kanäle verbreiten und unterstützen solche Haltungskampagnen. Hier zeigt sich sehr schnell, wie Themen von der Zielgruppe aufgenommen und beantwortet werden. Schaffe ich eine gewisse Relevanz oder geht mein Thema im digitalen und kommunikativen Nirvana unter.

Ein weiterer wichtiger Baustein sind die eigenen Mitarbeiter. Mitarbeiter sollten die ersten Ambassadoren und Influencer für die eigene Marke und für die eigenen Produkte sein. Es empfiehlt sich also, das eigene Unternehmen sind die Kommunikation mit einzubeziehen. Dadurch wird ein hohes Involvement geschaffen, welches dann auch im Rahmen von Kundenbeziehungen und -gesprächen zu Ausdruck kommt und kampagnenunterstützend wirkt.

Zusammenfassung

Die wichtigsten Herausforderungen, denen sich Dienstleister und Werbetreibende in den nächsten Monaten und Jahren stellen müssen, sollen im Folgenden aufgezählt werden:

1. *Budgets müssen flexibel sein.*
   Alle Beteiligten müssen in die Lage versetzt werden, flexibel auf Unternehmens- und Marktgegebenheiten zu reagieren. Handlungsfreiheit im Sinne von Verschiebungen im Abgleich mit den Kampagnenzielen muss im Vordergrund stehen. Intensiviert man TV oder Online? Braucht man mehr Performance oder Branding? Der Schnellere wird gewinnen.
2. *Personalisierung & Individualisierung in der Kommunikation*
   Die Vision des Autors ist der Übertrag der personalisierten/profilbasierten Werbung aus dem digitalen Kanal beispielsweise in TV. Nach seiner Auffassung sind in absehbarer Zeit zumindest die technischen Möglichkeiten gegeben, dass jeder Nutzer prinzipiell seinen individuell zusammengestellten Werbeblock zu sehen bekommt.
3. *Daten gewinnen noch mehr an Bedeutung*
   Das Rad lässt sich nicht mehr zurückdrehen. Diskussionen um Datenschutz und Datensicherheit wird es immer geben – genau wir Anpassungen in der Rechtssprechung. Daten werden auch zukünftig eine wichtige, wenn nicht die entscheidende Rolle in der Kommunikation spielen. Es geht nicht um die Quantität, sondern um die Qualität der Daten und deren Interpretation. Die Vision ist eine Art Cockpit, das Fragestellungen unterstützend beantwortet. Wie stark verändert sich die Performance, wenn weniger für die Marke ausgeben wird? Wie viel Budget muss man mindestens ausgeben, um seine Performance oder meine Markenwerte zu erhalten?
4. *Es wird neue Jobprofile geben.*
   Es werden Analysten benötigt, die der Datenmenge Herr werden und das auch noch in einem stark begrenzten Zeitraum. Sogenannte Multi-Channel-Manager – also Menschen, die sich nicht nur auf einen digitalen Kanal fokussiert haben – werden immer häufiger gesucht und entsprechend gut entlohnt. Auf der einen Seite wird Media damit technischer, auf der anderen Seite bietet das aufbereitete Wissen die Chance, strategisch ganz neue Wege zu gehen.
5. *Der CDO wird bleiben*
   Mal abgesehen davon, dass noch zu wenige Unternehmen einen Chief Digital Officer in ihren Reihen haben. Der CDO wird sich nicht überleben, aber die Themenfelder, in denen er unterwegs ist, unterliegen dem ständigen Wandel. Geht es zuerst darum, die Unternehmen zu digitalisierung und zu transformieren, geht es in weiteren Schritten darum, neue Verfahren, Tools, Innovationen, Kanäle und Instrumente zu implementieren, Mitarbeiter mitzunehmen und das Unternehmen am Puls der Zeit zu halten.
6. *Einkaufsmodelle werden sich ändern.*
   Kunden wollen zukünftig zur Erfüllung ihrer Ziele einkaufen können, bzw. Agenturen werden sich an diesen messen und vergüten lassen müssen. Potenziell werden bald Awareness- oder Purchase-Intention-Punkte zum Fixpreis CpAp eingekauft und damit die Agenturen ein größeres Risiko eingehen (müssen).

Literatur

BVDW. (2013). http://www.bvdw.org/medien/fachgruppe-performance-marketing-dmexco-seminarfolien-customer-journey–definitionen-und-auspraegungen-?media=4198. Zugegriffen am 15.10.2013.

Gabler Wirtschaftslexikon. (2013). Stichwort: Werbewirkung. http://wirtschaftslexikon.gabler.de/Archiv/57379/werbewirkung-v7.html. Zugegriffen am 16.10.2013.

Customer Engagement als Zusammenspiel aus Digital Analytics und Customer Relationship Management

Ralf Haberich

Inhalt

1 Engagement als wichtige Währung 716
2 Alles digital? 719
3 Digitale Information ist eine reiche Quelle 720
4 Handlungsempfehlungen für Analytics und CRM 726
Literatur 728

Zusammenfassung

Der stetige Wandel im Berufsleben ist eine der wesentlichen Herausforderungen unserer Zeit. Verschiedene Sichtweisen können zu einem gemeinsamen Ziel führen. Verschiedene Generationen haben unterschiedliche Wege, um Herausforderungen anzugehen. Was uns alle vereint, ist die Überzeugung, dass Wissen das wichtigste Asset im 21. Jahrhundert ist. Und wahrscheinlich auch darüber hinaus sein wird. Die Frage ist, dann, wer dieses Wissen federführend sammeln und anwenden wird. Nichts ist also im Berufsleben wichtiger als Wissen: Wissen über Zusammenhänge, Wissen über nutzbare Netzwerke, Wissen über Quellen, Wissen über Zukunftsentwicklungen. Nichts sollte daher in einem Unternehmen wichtiger sein als Daten und die Beziehungen der Daten untereinander (abgesehen natürlich von Menschen, die mit diesen Daten arbeiten). Nur zuverlässige Datenquellen können Managern Informationen zu historischen Erfolgen, aktuellen Zielerreichungen und zukünftigen Maßnahmen liefern. Nur Daten sind eine nutzbare, kombinierbare, bewertbare und valide Quelle für Entscheidungen.

Customer Relationship Management und Digital Analytics sind feste Bestandteile im Datenangebot für Unternehmer, Manager und Experten. Durch die Zusammenführung erreichen wir wirkliches Customer Engagement.

R. Haberich (✉)
CRM Partners AG, Eschborn, Deutschland
E-Mail: ralf@haberich.com

© Springer Fachmedien Wiesbaden GmbH, ein Teil von Springer Nature 2021
H. Holland (Hrsg.), *Digitales Dialogmarketing*,
https://doi.org/10.1007/978-3-658-28959-1_31

> **Schlüsselwörter**
>
> Customer Relationship Management · CRM · Business Intelligence · Digital Analytics · Microsoft · Dynamics 365 · CRM Tool · Customer Engagement · Web Analytics · Künstliche Intelligenz · Gartner Hype Cycle · Digitale Transformation · Dashboard · Digital Intelligence

1 Engagement als wichtige Währung

Wie definiert sich das „Engagement" im Online-Marketing bzw. für digitale Kanäle? Besucher zeigen unterschiedliches Engagement in Bezug auf die Inhalte der Website. Einige statten einen kurzen Besuch ab, während sich andere eingehender umschauen, eine Studie herunterladen oder sofort „konvertieren", also beispielsweise ein Produkt kaufen oder sich für einen Newsletter anmelden. Besucher-Metriken wie „Dauer eines Visit" oder „Anzahl der Visits" geben kein geeignetes Bild darüber, wie engagiert sich Besucher mit ihrem Online Angebot beschäftigen.

Hier erfolgt im Vorfeld von Website-Einschätzungen eine Zuteilung von „Engagement-Punkten" pro Seite einer Website. Je mehr „engaged" (leider fehlt auch für diesen englischen Online-Begriff eine adäquate Übersetzung) ein Besucher ist, desto höher ist sein Engagement-Score. Je detaillierter eine Seite der Website, desto höher die Punktzahl. Die Homepage einer Website erhält also einen niedrig(er)en „Engagement Score" als eine Seite mit Produktdetails. In diesem Sinne ist Customer Engagement zu verstehen, jedoch nicht nur im digital Aspekt.

Definition Customer Engagement:
Customer Engagement beschreibt den Interaktionsgrad eines Unternehmens mit einem direkten (potenziellen) Kunden.

Nutzung
Der Einblick, welche Kampagnen und Kanäle stark engagierte Besucher generieren, soll helfen, (Online-)Kampagnen gezielter zu steuern und Marketing-Budgets effektiver auf die Marketingkanäle wie Newsletter, Suchmaschinenmarketing, Suchmaschinenoptimierung zu verteilen. Durch den Einblick in das Verhalten und die Präferenzen der „engagierten Besucher" kann das „Online-Erlebnis" der Nutzer signifikant verbessert werden.

Digital Analytics kann Primärquelle oder Datenlieferant sein. Die Disziplin eignet sich für jegliche Art von ergänzendem, aber auch fundamentalem Wissen, und ist daher unverzichtbar, vor allem für die Zukunft. In diesem Beitrag werden die Notwendigkeit von Analytics-Daten sowie die Vereinbarkeit verschiedener Datenquellen und die Zukunftsausrichtung innerhalb der Marketingabteilung durchleuchtet und gleichzeitig in Frage gestellt. Ohne Analyse wird kein Unternehmen überleben.

Customer Relationship Management kann die zentrale Anlaufstelle für gesammelte Erkenntnisse zum Kundenverhalten sein. Hierzu bedingt es, dass Daten-Silos entfernt und Schnittstellen genutzt werden.

Customer Relationship Management, also das sogenannte Kundenbeziehungsmanagement, bezeichnet eine Strategie zur systematischen Gestaltung der Beziehungen und Interaktionen einer Organisation mit bestehenden Kunden – während Customer Engagement wie beschrieben nicht die reine Interaktion sondern den Interaktionsgrad definiert. Ein CRM-System hilft Unternehmen dabei, mit ihren Kunden in Verbindung zu bleiben, Prozesse zu optimieren und die Rentabilität zu steigern.

Wenn von CRM die Rede ist, wird häufig schnell von einem Tool gesprochen und nicht von der Konzeption bzw. Systematik dahinter. Grundsätzlich ist der Begriff Customer Relationship Management aber komplett ohne Tool zu verstehen. Tools, bzw. technische Maßnahmen sind hier lediglich das Vehikel zur grundsätzlichen Idee der Kundenpflege. Daher sollte ein CRM-Konzept in einem Unternehmen nie auf der Tool-Auswahl sondern auf Inhalten wie Partnerschaft zum Beratungsunternehmen, Change Management-Aspekten und Wissenstreibern erstellt werden. Die pure Tool-Auswahl folgt dann im zweiten Schritt. Diese Tools sind dann für das Kontaktmanagement, das Vertriebsmanagement, die Produktivitätsverbesserung und vieles mehr einsetzbar. Der Zweck eines CRM-Systems ist einfach: Es geht darum, Geschäftsbeziehungen mithilfe von Logiken und auch unter Einbindung von Künstlicher Intelligenz zu verbessern.

Customer Relationship Management in Verbindung mit Künstlicher Intelligenz
Der Markt für Künstliche Intelligenz (KI) boomt wie kaum ein anderer: Künstliche Intelligenz erobert weltweit nahezu alle Branchen und Arten von Geschäftsprozessen. Auch das Customer Relationship Management (CRM) wird ohne KI bald undenkbar sein.

Die Analysten der International Data Corporation kommen zu dem Schluss, dass CRM-Lösungen mit integrierter KI bis 2021 zu einem weltweiten Umsatzwachstum von 1,1 Billionen US-Dollar und 800.000 neuen Jobs führen, 130.000 davon allein in Deutschland (IDC 2019). Für die Bundesrepublik prognostiziert man ein gesamtwirtschaftliches Umsatzwachstum von 62 Milliarden US-Dollar durch KI-basierte CRM-Systeme in den nächsten fünf Jahren. Jedes innovative Unternehmen – gleich welcher Branche – sollte sich deshalb jetzt mit den Möglichkeiten beschäftigen, die KI für seine Geschäftsprozesse und Kundenbeziehungen eröffnet, und erste Erfahrungen sammeln.

Es ist eine Binsenweisheit: Je genauer ein Unternehmen seinen Kunden, seine Wünsche und Bedürfnisse kennt, desto besser kann es ihn betreuen, ihm die passenden Angebote zum richtigen Zeitpunkt unterbreiten und ihm einen individuellen, rundum befriedigenden Service bieten. Doch Umfragen, Verkaufsstatistiken, Gesprächsprotokolle und das (oft durchaus richtige) Bauchgefühl der Vertriebsmitarbeiter helfen nur bedingt weiter. Sie geben nur Teilaspekte wieder – nötig ist jedoch eine stets aktuelle 360 °-Sicht auf den Kunden. Glücklicherweise stehen den Unternehmen bereits seit einiger Zeit elektronische Helfer zur Seite, die die vorhandenen Kundendaten in ihrer Gesamtheit analysieren, sie mit Daten weiterer Systeme, etwa professionellen Netzwerken wie LinkedIn, verknüpfen und dem Unternehmen zu jedem seiner Kunden entsprechende Erkenntnisse liefern – wenn sie nicht gleich proaktiv in eine direkte Kommunikation mit dem Kunden treten. Ein Beispiel dafür sind Webshops, die dem Interessenten automatisiert weitere Produkte empfehlen – auf Grundlage der bisherigen Aktivitäten des Nutzers oder durch Auswertung des Kaufverhaltens ähnlicher Kundengruppen.

Die Rede ist von Künstlicher Intelligenz. Nur KI-basierte Systeme

- können Daten aus verschiedenen Quellen und auch unterschiedlicher Formate miteinander sinnvoll verknüpfen und analysieren,
- bewältigen die ungeheuren Datenmengen,
- liefern die Ergebnisse der Datenauswertung in Echtzeit und
- machen fundierte Vorhersagen zu künftigen Bedürfnissen oder dem Kundenverhalten, wenn ein bestimmtes Ereignis eintritt.

Allein auf diese Weise schafft es ein Unternehmen, jeden seiner Kunden individuell zu betreuen und zu beraten und hinsichtlich Produktentwicklung, Service-Angeboten oder Marketingaktionen die richtigen Weichen zu stellen.

Wie schnell und wirkungsvoll KI unterschiedlichste Daten aus einer Vielzahl von Quellen miteinander verknüpft, analysiert und daraus Prognosen ableitet, übersteigt die menschlichen Fähigkeiten. Aber für das Kundenverhalten spielen nicht nur Fakten eine Rolle, sondern auch die „Chemie" zwischen den Akteuren. Der Kunde muss beim Gedanken an das Unternehmen ein gutes Gefühl haben, besser noch, ihm emotional verbunden sein. Die Kundenpflege und der damit einhergehende Verkaufserfolg sind also umso nachhaltiger, je besser es gelingt, die Besonderheiten von Mensch und Maschine miteinander zu kombinieren. Die technischen Fähigkeiten von KI auf der einen Seite – menschliche Eigenschaften wie Empathie und Freundlichkeit sowie das Vermögen, strukturiert Probleme zu lösen, auf der anderen. Gute Vertriebs-, Marketing- und Servicefachkräfte sind also auch in Zukunft unverzichtbar.

KI-basierte CRM-Aktivitäten führen allerdings nicht nur dazu, dass ein Unternehmen seinen Kunden besser versteht, sondern sie beschleunigen die Verkaufszyklen – insbesondere in Branchen, die stark von technischen Innovationen getrieben sind. Die detaillierten, kundenspezifischen Informationen ermöglichen überdies personalisierte Marketing-Kampagnen, was wiederum zu einer verbesserten Lead-Generierung führt. Aber es kommt noch besser: Das intelligente CRM-System ist gelehrig. Mithilfe des maschinellen Lernens kann es auf Basis der vorhandenen Datenbestände Muster und Zusammenhänge erkennen und seine eigenen Fertigkeiten ausbauen. Zwei einfache Beispiele aus der Praxis: Durch automatisches Priorisieren der Leads etwa anhand von diversen, auch während des Prozesses erlernten Kriterien lässt sich die Konversionsrate im Sales-Prozess signifikant erhöhen. Wenn außerdem das System die Organisationsstruktur und Zusammenhänge nicht nur abbildet, sondern diese Visualisierung eigenständig und fortlaufend aktualisiert, dann weiß jedes Vertriebsteam immer, ob ein anderes Team gerade parallel den gleichen Kunden bedient.

Bei der Aussicht auf so enorme Umsatzzuwächse, wie sie für KI erwartet werden, ist es wenig verwunderlich, dass sich die internationalen IT-Giganten schon in Stellung gebracht haben. Bereits jetzt sind KI-Funktionen zentraler Bestandteil ihrer

Infrastrukturangebote. Intelligente Cloud-Applikationen etwa ermöglichen es nun auch kleineren und mittleren Unternehmen außerhalb der IT-Branche, KI-Anwendungen für ihr Customer Relationship Management zu nutzen, ohne in die dafür notwendigen KI-Infrastrukturen zu investieren und sich entsprechendes Spezialwissen aneignen zu müssen. Jedes Unternehmen hat es nun selbst in der Hand, mit KI-Anwendungen wie Machine Learning und Predictive Analytics mehr aus seinen Kundendaten zu machen.

2 Alles digital?

Digital Analytics und CRM haben eine wesentliche Daseinsberechtigung innerhalb von Unternehmen.

Definition Digital Analytics:
Digital Analytics misst den Erfolg digitaler Aktivitäten und liefert fundierte Entscheidungshilfen für aktuelle und zukünftige Maßnahmen.

Es gibt jedoch auch weitere Ergänzungen und Fortführungen der digitalen Analyse, die beobachtet werden können. Die Erhebung der Daten erfolgt nicht mehr nur aus statistischen und historischen Vergleichszwecken. Daten werden bei Digital Analytics zu Informationen umgewandelt, die das Wissen der Marketingabteilung anreichern sollen.

Explizit wird hier die Marketingabteilung als hauptverantwortliche Einheit in die Pflicht genommen, da sie das Zentrum der Analyseauswertung darstellt, während hingegen vor einigen Jahren noch die IT-Abteilung als Inhaber des Statistikprojekts galt. Hiermit jedoch nicht genug, denn dies impliziert noch nicht die Nutzung der Informationen für zukünftige Maßnahmen.

Während das klassische Reporting nicht mehr die Lösung der aktuellen Fragestellungen liefern kann, entsteht ein weiterer Wandel der Analysemöglichkeiten durch das Addieren und Synchronisieren weiterer – häufig außerhalb digitaler Ereignisse erhobener – Daten. Diese müssen nicht unbedingt aus der digitalen Welt stammen und auch nicht zwangsläufig durch eine Digital-Analytics-Lösung gesammelt worden sein. Die Rede ist von digitaler Intelligenz und damit dem nächsten Schritt der digitalen Analyse.

Diese digitale Intelligenz führt zu umfangreicheren Erkenntnissen und relevanteren Informationen als bisher. Diese digitale Intelligenz ist ein Impact-Modell, das Aktionen nach sich ziehen muss, will man diese Art der Analyse als erfolgreiche Disziplin durchführen. Digital Analytics bewegt sich zusammen (sei es parallel oder bereits durch Synergieeffekte) mit der Disziplin der Business Intelligence in die nächste Ära der Datenbehandlung und -bewertung.

Die Summe der Page Impressions wird weiterhin eine relevante Information sein, jedoch deutlich an Bedeutung verlieren. Teilfragestellungen wie Bounce Rate, Online Revenue oder Storno-Raten sind nicht mehr die wichtigsten Erkenntnisse aus der analytischen digitalen Welt.

2.1 Analyse und Kundenbeziehungen in Zeiten von Big Data

Qualität und Quantität spielen auch in der Debatte um Big Data eine entscheidende Rolle. Auch wenn der Hype um den Begriff Big Data abgeklungen scheint, hat er weiterhin eine hohe Relevanz in Unternehmen, denn er verbindet Daten-Silos zu einem orchestrierten Blick auf Informationen, die in Daten-Form vorliegen. Ein Wettbewerbsvorteil liegt also in der Sammlung, Integration und Analyse von Daten, die entweder selbst erzeugt und generiert wurden oder aber durch externe Quellen und Möglichkeiten angereichert werden können.

Echtzeitreaktionen aufgrund digitaler Aktionen und Erkenntnisse gekonnt in einem Datenumfeld zu nutzen und umzusetzen (z. B. die umgehende Reaktion auf Sonderangebote oder zeitlich befristete Aktionen des Wettbewerbers) sind zukünftig unerlässlich für den Erfolg des digitalen Kanals. Natürlich wurde schon in den achtziger Jahren die Relevanz von Daten und deren Nutzung erkannt. Mit dem stetig wachsenden Datenstrom und der schnellen und nahezu lückenlosen Verfügbarkeit von Daten erhält diese Diskussion jedoch einen anderen – höheren – Anspruch.

Big Data sollte bereits also eine neue Art von Firmenvermögen (*Corporate Asset*) bewertet werden, auf dessen Grundlage dann auch Bewerbungen und Markenreputation aufbauen. Auf jeden Fall stellt es eine grundlegende Basis für Wettbewerbsbeobachtungen und Wettbewerbsvorteile dar.

2.2 Daten, Daten, Daten

Die Zusammenführung von *Quantität und Qualität* ist eine der wichtigsten Anforderungen bei Betrachtung der Disziplinen Digital Analytics und Business Intelligence. Die Integration von Daten wird aktuell und in Zukunft eine wichtige Hauptaufgabe im Bereich Online sein, auch wenn dann eventuell längst technische Lösungen hierfür gefunden wurden. Die Logik dahinter sind Elemente, die nur von Personen, also dem menschlichen Gehirn, geleistet werden können. Die Fragestellungen rund um das „Warum" in der Analyse und Auswertung sind entscheidende Wettbewerbsvorteile, wenn diese Antworten zeitnah und richtig – und vor allem im logischen Datenzusammenhang – gegeben werden können (Teichmann und Ferreira 2010).

Es ist beinahe unmöglich, Geschäftsfälle oder Projekte sowie digitale Anforderungen ohne die Frage nach dem „Warum" zu beantworten. Synergetische Elemente von Qualität und Quantität helfen beim Betrachten eines Gesamtbildes der digitalen Landschaft wie auch in anderen Disziplinen und Umgebungen. Während Digital Analytics vorwiegend quantitative Aussagen treffen kann, ist die Konzentration von Business Intelligence zum größten Teil auf den Bereich der *qualitativen* Daten und Analyse zurückzuführen.

3 Digitale Information ist eine reiche Quelle

Die Steigerung der digitalen Intelligenz unter Beachtung der datenschutzrechtlichen Aspekte muss das Ziel eines Unternehmens und deren Entscheider sein. Dieses Zukunftsszenario spiegelt sich daher im Idealfall im täglichen Gebrauch mit der

Website, mit Kunden-Daten, mit Inhalten und der Analyse wider. Technikzentrierte Lösungen führen nur selten zu betriebswirtschaftlichem Mehrwert, daher ist es wichtig, dass diese datengetriebene Managementorientierung zum Erfolg geführt wird und in das alltägliche, bereits existente Erfolgskontrollmodell inkludiert wird.

3.1 Daten-Hype

Das folgende kreierte Modell (s. Abb. 1) verdeutlicht, welche Disziplinen und Teilaspekte der Analyse zum zukünftigen Ziel der digitalen Intelligenz führen bzw. geführt haben. Damit ist überprüfbar, auf welchem Stand der Entwicklung sich das eigene Unternehmen bzw. die eigene Interaktion mit der Website befindet (Abb. 1).

Dieses Modell lässt sich in seiner Aufbereitung mit einem weiteren Managementaspekt kombinieren, um weiterhin deutlich herauszustellen, welche Vision dem *Digital-Intelligence-Modell* von Haberich zugrunde liegt. Die Einbindung des Gartner Hype-Cycles offenbart den Rhythmus der Innovation und der Nutzung dieser Analysedaten.

Der *Hype-Cycle* von *Gartner* stellt dar, welche Phasen der öffentlichen Aufmerksamkeit eine neue Technologie bei Einführung durchlaufen kann. Der Begriff des Hype-Cycles wurde von der Gartner-Beraterin Jackie Fenn geprägt und dient heute Technologieberatern in der ganzen Welt zur Einführungsbewertung neuer Technologien (Burda et al. 2010).

Die Darstellung erfolgt in einem Diagramm: Auf der Y-Achse wird die Aufmerksamkeit (Erwartungen) für die neue Technologie aufgetragen, auf der X-Achse wird

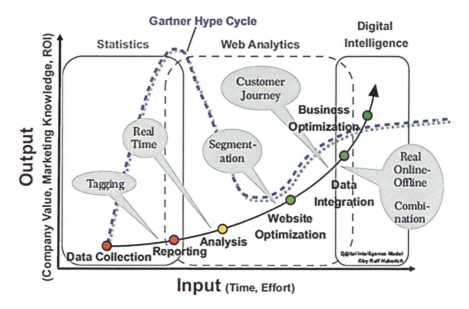

Abb. 1 Vollständig ausgeprägtes Digital-Intelligence-Modell. (Quelle: Eigene Darstellung)

die Zeit angezeigt. Die Kurve steigt anfangs explosionsartig an, um dann nach einem Maximum ebenso stark zu fallen. Nach einem Zwischenminimum steigt die Kurve erneut an, bis zu einem höheren Niveau der Beharrung. Mathematisch handelt es sich schlicht um das Abklingen nach einer Sprunganregung, in Form einer stark exponentiell gedämpften Schwingung, mit Annäherung an eine Gleichgewichtslage, um den Sprung höher als am Anfang der Schwingung.

Der einfache Hype-Cycle wird nach dieser Definition in fünf Abschnitte unterteilt:

- *Technologischer Auslöser*: Die erste Phase ist der technologische Auslöser oder Durchbruch, Projektbeginn oder ein sonstiges Ereignis, welches auf beachtliches Interesse des Fachpublikums stößt. Trittbrettfahrer steigen auf das neue Thema auf.
- *Gipfel der überzogenen Erwartungen:* In der nächsten Phase überstürzen sich die Berichte und erzeugen oft übertriebenen Enthusiasmus und unrealistische Erwartungen. Durchaus erfolgreiche Anwendungen der neuen Technologie sehen sich auch Kinderkrankheiten gegenüber.
- *Tal der Enttäuschungen:* Technologien kommen im Tal der Enttäuschungen an, weil sie nicht alle Erwartungen erfüllen können und schnell nicht mehr aktuell sind. Das Absinken der Berichterstattung ist die Konsequenz.
- *Pfad der Erleuchtung:* Obwohl die Berichterstattung über die Technologie stark abgenommen hat, führen realistische Einschätzungen wieder auf den Pfad der Erleuchtung. Es entsteht ein Verständnis für die Vorteile, die praktische Umsetzung, aber auch für die Grenzen des neuen Systems.
- *Plateau der Produktivität:* Eine Technologie erreicht ein Plateau der Produktivität, wenn die Vorteile allgemein anerkannt und akzeptiert werden.

Bezogen auf den Kosmos von Digital Analytics und der Nutzung von CRM zum Zweck der Wissenserweiterung bedeutet dies: Nach einer erfolgten Euphorie (Technology Trigger) trat während der beginnenden Wissenssammlung eine Art Höhepunkt der Erwartungen ein (Peak of Expectations), der rapide in eine Desilusion mündete (Trough of Disillusionment). Diese ist darin begründet, dass – wie eingangs dargestellt – Daten nicht zu Informations- oder Trendzwecken genutzt wurden, sondern auf statistischer Reporting-Ebene und historischen Kunden-Informations-Ebene verblieben. Die Euphorie wurde also überschritten und Ernüchterung folgte vor der nächsten Entwicklungsstufe. Die Transformation dieser Enttäuschung endete in einer Phase der erneuten Begeisterung (Slope of Enlightment). Dieser folgt nun ein stetig steigender Aufschwung innerhalb der Nutzung und Verwendung der analysierten Daten und Kunden-Informationen – in Zukunft und bereits jetzt gepaart mit Erkenntnisse aus der Künstlichen Intelligenz (Plateau of Productivity). Die Phase der erneuten Begeisterung ist aus subjektiver Marktbeobachtung die zurzeit am häufigsten anzutreffende Ist-Situation bei Unternehmen.

Während andere Unternehmen noch auf den Stufen der Desillusion oder aber der erneut einsetzenden Begeisterung sind, haben die am weitesten entwickelten Unternehmen bereits das Plateau der Produktivität in Digital-Intelligence-Bereich erreichen können.

Es gilt, die Fortführung der *analytischen Wertschöpfungsmerkmale* in die aktuellen Anforderungen online-agierender Unternehmen einzubinden, sie dort als eine der Top-Management-Aufgaben zu verankern und in die nächsten Plateaustufen zu führen (Fenn 1995). Das involvierte Top-Management sieht berechtigterweise nicht die Notwendigkeit eines eigenen Login-Zugangs in das Analytics- oder CRM-Tool, jedoch aber die relevante Notwendigkeit der zahlen- und erkenntnisgetriebenen Entscheidungsmerkmale. Dies basiert auf Erkenntnissen der Analyse und auf analytischen Fähigkeiten der verantwortlichen „Auswertungsorganen".

Ähnliche Abläufe wird es bei der Verbindung von CRM-Erkenntnissen mit Informationen aus der Künstlichen Intelligenz (Artificial Intelligence) geben. Auch hier sind bereits erste Kontaktpunkte geknüpft, denn der Markt für Künstliche Intelligenz (KI) boomt wie kaum ein anderer: Künstliche Intelligenz erobert weltweit nahezu alle Branchen und Arten von Geschäftsprozessen. Auch das Customer Relationship Management (CRM) wird ohne KI bald undenkbar sein (Haberich 2019). Die Analysten der International Data Corporation kommen zu dem Schluss, dass CRM-Lösungen mit integrierter KI bis 2021 zu einem weltweiten Umsatzwachstum von 1,1 Billionen US-Dollar und 800.000 neuen Jobs führen, 130.000 davon allein in Deutschland. Für die Bundesrepublik prognostiziert man ein gesamtwirtschaftliches Umsatzwachstum von 62 Milliarden US-Dollar durch KI-basierte CRM-Systeme in den nächsten fünf Jahren. Jedes innovative Unternehmen – gleich welcher Branche – sollte sich deshalb jetzt mit den Möglichkeiten beschäftigen, die KI für seine Geschäftsprozesse und Kundenbeziehungen eröffnet, und erste Erfahrungen sammeln.

KI-basierte CRM-Aktivitäten führen allerdings nicht nur dazu, dass ein Unternehmen seinen Kunden besser versteht, sondern sie beschleunigen die Verkaufszyklen – insbesondere in Branchen, die stark von technischen Innovationen getrieben sind. Die detaillierten, kundenspezifischen Informationen ermöglichen überdies personalisierte Marketing-Kampagnen, was wiederum zu einer verbesserten Lead-Generierung führt. Aber es kommt noch besser: Das intelligente CRM-System ist gelehrig. Mithilfe des maschinellen Lernens kann es auf Basis der vorhandenen Datenbestände Muster und Zusammenhänge erkennen und seine eigenen Fertigkeiten ausbauen. Zwei einfache Beispiele aus der Praxis: Durch automatisches Priorisieren der Leads etwa anhand von diversen, auch während des Prozesses erlernten Kriterien lässt sich die Konversionsrate im Sales-Prozess signifikant erhöhen. Wenn außerdem das System die Organisationsstruktur und Zusammenhänge nicht nur abbildet, sondern diese Visualisierung eigenständig und fortlaufend aktualisiert, dann weiß jedes Vertriebsteam immer, ob ein anderes Team gerade parallel den gleichen Kunden bedient.

Bei der Aussicht auf so enorme Umsatzzuwächse, wie sie für KI erwartet werden, ist es wenig verwunderlich, dass sich die internationalen IT-Giganten schon in Stellung gebracht haben. Bereits jetzt sind KI-Funktionen zentraler Bestandteil ihrer Infrastrukturangebote. Intelligente Cloud-Applikationen etwa ermöglichen es nun auch kleineren und mittleren Unternehmen außerhalb der IT-Branche, KI-Anwendungen für ihr Customer Relationship Management zu nutzen, ohne in die dafür notwendigen KI-Infrastrukturen zu investieren und sich entsprechendes Spezialwissen aneignen zu müssen. Jedes Unternehmen hat es nun selbst in der Hand, mit KI-Anwendungen wie Machine Learning und Predictive Analytics mehr aus seinen Kundendaten zu machen. Viel mehr.

3.2 Digitale Transformation als Vorbereitung für Analytics und CRM am Beispiel von Evonik

Unternehmen müssen agil auf Veränderungen reagieren und die Automatisierung ihrer Prozesse vorantreiben. Kunden erwarten eine individualisierte Rundumbetreuung, und um Datenströme zu analysieren, kommen zunehmend intelligente Maschinen zum Einsatz. Schließlich sollten die Unternehmen auch dem geänderten Informationsverhalten und dem zunehmenden Wunsch nach mobilen Arbeitsplätzen Rechnung tragen. Um als internationales Unternehmen diesen Anforderungen gerecht zu werden, setzt Evonik teilweise auf die Cloud. Der Spezialchemieriese hat deshalb eine umfassende Cloud-Strategie entwickelt und deren Umsetzung gestartet. Um Anforderungen an die Software zu definieren und den geeigneten Anbieter auszuwählen, ließ man sich von CRM Partners beraten. Darüber hinaus wurde dieser Anbieter auch als Partner bei der Einführung des nun genutzten CRM-Systems hinzugezogen.

Evonik hatte zuvor verschiedene Experten zurate gezogen. Nach mehreren Monaten intensiver Konsultationen fiel die Entscheidung für Microsoft Dynamics 365 als CRM-Lösung. Das derzeitige ERP-System von SAP wird fortgeführt und über eine Schnittstelle mit dem CRM-System verbunden. „Für unsere Entscheidung gab es mehrere Gründe", erläutert Evonik-CIO Dr. Bettina Uhlich (IT Zoom 2019). „Microsoft hat damit ein Cloud-Gesamtpaket geschürt, zu dem neben dem CRM-System auch eine Cloud-Plattform wie Azure und Power BI gehören. Die leistungsstarken BI-Lösungen gestatten es uns, sowohl die im CRM-System erfassten Daten zu analysieren als auch sie mit Daten aus anderen Quellen anzureichern und dann auszuwerten." Auf der Habenseite der Software steht zudem, dass es sich als hauseigenes Produkt von Microsoft bestens mit anderen Plattformen des Herstellers, wie Outlook oder LinkedIn, verknüpfen lässt. Nicht zuletzt waren die Lizenzgebühren und vergleichsweise geringe Einführungskosten mitentscheidend.

Im Frühjahr 2018 startete die Implementierungsphase – zunächst in drei der insgesamt 18 Business Lines. Der Chemieriese hat dafür CRM Partners als Beratungsunternehmen verpflichtet. „Sowohl ihre Referenzliste als auch die in der Findungsphase gezeigte Fachkompetenz waren ausschlaggebend", betont Projektleiter Dr. Zhong Hong. Die Herausforderung im Projekt besteht darin, ein System zu ermöglichen, das einem Buffet ähnlich ist: Aus den verschiedenen Business Lines werden im System die Anforderungen abgedeckt, sodass eine Vielzahl an Möglichkeiten zur Verfügung steht. So bedient sich jeder Bereich an dem, was benötigt wird, und kann dennoch von anderen Bereichen profitieren, um seine Prozesse zu optimieren. Durch diesen Ansatz der Harmonisierung werden die Weichen für eine erfolgreiche innerbetriebliche Zusammenarbeit gestellt. Gleichzeitig ist dies der Grundstein für die Weiterentwicklung des Systems.

Um beim Beispiel Datenpflege zu bleiben: Künftig soll genau feststehen, welche Daten wie zu erfassen sind und welche Informationstiefe gewünscht ist. Auch das Reporting wird man für alle Geschäftseinheiten vereinheitlichen, sowohl hinsichtlich des Inhalts als auch im Layout. Um das zu erreichen, aber auch um den Nutzern das Arbeitsleben etwas zu erleichtern, haben die externen Berater eine für alle einheitliche Eingabemaske eingerichtet. Dafür wurden im Vorfeld verschiedene Workshops durchgeführt: mit den rund 15 Mitarbeitern der drei Pilotteams von Evonik, mit dem Gesamtverantwortlichen Hong, dem Projektleiter Stefan Brus und der IT-Projektleiterin Femia Menke. „Wir haben gemeinsam viele Varianten gedanklich durchgespielt und über das Für und Wider bestehender Prozesse diskutiert", erinnert sich Brus. „Schließlich sollte eine für alle gute Lösung gefunden werden, die auch dann noch Bestand hat, wenn wir die übrigen Geschäftsbereiche ins Boot holen", ergänzt Femia Menke. Somit sind die Projektleiter auf beiden Seiten mit dem bisher Erreichten zufrieden.

3.3 Ein Dashboard ist nur ein Dashboard

Mit dem Wissen um die Notwendigkeit einer umfassenden Auswertung und proaktiven Verwendung gewonnener relevanter Daten erscheint das klassische bekannte Dashboard in einem anderen Licht. Es ist weniger relevant als angenommen. Es ist weniger der Mittelpunkt einer zukunftsorientierten Analyse als beobachtet. Es ist ein weniger hilfreiches Instrument für Zukunftsentscheidungen als vermutet.

Die Kombination der Daten aus digitaler Analyse und Business Intelligence oder CRM bedingt auch andere Umfelder der Datendarstellung. Daten münden in *Key-Performance-Indikatoren*, diese sollten wiederum aus den übergeordneten Unternehmens- und Website-Zielen definiert werden (Haberich 2012).

Um zukünftige Maßnahmen durchzuführen, ist ein *Dashboard* nicht das geeignete Mittel der Visualisierung, zumindest nicht der Aufforderung zur Nutzung zusätzlich gewonnenen Wissens. Dashboards sind zu häufig historisch aufbereitete, grafisch ansprechend dargestellte Zahlen. Zur Steuerung eines Unternehmens auf Grundlage von Informationen bedarf es einer engeren Beziehung zu diesen Daten. Diese enge Beziehung lässt sich nur generieren, wenn der Mehrwert der Daten und die Zukunftsfähigkeit der Aussagen gesteigert werden kann. Dies bedingt also die erneute Entfernung von Statistik hin zu Handlungsempfehlungen. Wenn hierzu ein Dashboard zu Hilfe genommen wird, ist dies schon eine Weiterentwicklung.

Die eigentliche Revolution muss jedoch im Kopf und in der Handlungsweise des Anwenders stattfinden. Jede kontrollierte Zahl muss zu einer Erkenntnis und einer Bestätigung der Strategie oder einer Handlungsaufforderung führen. Dafür wird kein Dashboard benötigt, sondern ein Alerting (*Alarmsystem*), das den Entscheider auf relevante Unterschiede und Veränderungen in den wenigen wichtigen Metriken und Kunden-Informationen hinweist. Eine unbedingte Reaktion ist die Schlussfolgerung aus dieser Informationsübertragung.

Sobald ein entsprechendes Alerting-System eingeführt wurde, liegt die Pflicht des Verantwortlichen nicht mehr in der Kontrolle des Dashboards, sondern in der unmittelbaren Handlungsanweisung bei erfolgter Alerting-Nachricht. Natürlich wird meist für das Top-Management weiterhin ein Dashboard mit einigen wesentlichen Dateninformationen erstellt werden müssen, jedoch darf dies nicht der eigentliche Inhalt einer Stellenbeschreibung eines Analysten sein.

> **Beispiel**
>
> Die grundlegende Idee und der eigentliche Zweck bei der Einrichtung von Alertings sind schnelle, teils ad-hoc geforderte Reaktionen, die auf Grundlage der eingehenden Analyse wichtiger Key-Performance-Indikatoren entstehen. Sobald sich diese Reaktionen in Anwendung und Umfang verfestigt haben und eventuell ein zu beobachtendes, wiederkehrendes Muster aufweisen, können diese Reaktionen in *proaktive Aktionen* umgewandelt werden. Bereits mit dem Wissen des Analysten kann eine Reaktion den Erfolg eines digitalen oder analogen Kanals beeinflussen und steuern.
>
> Der Business-Analyst löst sich hierbei völlig von seiner statistischen Betrachtungsweise und reagierenden Stellung. Daher benötigt es auch andere und umfassendere Anforderungsprofile, wenn heutzutage und vor allem in der nahen Zukunft Business-Analysten, Web-Analytiker oder Business-Intelligence-Manager gesucht werden .
>
> Eine Reaktion auf Zahlen und Erkenntnisse ist nicht länger ein qualitätssteigerndes Mittel. Die proaktive Aktion wird zum entscheidenden Erfolgsbestandteil des Analysten in der digitalen Branche. ◄

4 Handlungsempfehlungen für Analytics und CRM

Statistik ist tot, es lebe die Analyse. Genauso gilt: Kundenbeziehungen sind tot, es lebe das Customer Engagement. Das genau ist der Wandel, den manche Unternehmen, Website-Verantwortliche und CRM Manager noch vollziehen müssen. Denn nur, wenn gewonnene Daten nicht mehr historisch betrachtet werden, sondern Anleitungen und Erkenntnisse für die Zukunft und damit für geplante Marketing- oder Sales-Aktionen im Onlinebereich sind, kann sich das Unternehmen weiterentwickeln.

Jede geplante Aktion zur Kundenbindung muss selbstverständlich in *Relation zueinander* gesetzt werden.

„Im letzten Jahr wurden 21 % des Gesamtumsatzes online erzielt", „Besucher bleiben durchschnittlich 76 s auf unserer Website", „Der Net Promoter Score ist 25" – Aussagen wie diese haben keinerlei Aussagekraft, da weder eine Benchmark hinzugefügt noch ein Branchendurchschnitt analysiert wurde oder gar Erkenntnisse bestehen, ob eine prozentuale Steigerung bzw. eine Verlängerung der Dauer oder das Erzielen eines NPS in Höhe von 40 möglich (oder teils auch sinnvoll) gewesen wäre.

4.1 Welche Abteilung hat den Hut auf?

Noch immer ist die Rolle des Analysten oder CRM-Experten innerhalb eines Unternehmens grundsätzlich nicht direkt mit der *Geschäftsführungsebene* verbunden. Natürlich gibt es Ausnahmen zu dieser Feststellung, und bei den verschiedenen Website-Typen und -Inhalten lässt sich dies auch nicht immer verallgemeinern. Die Geschäftsführung eines Unternehmens, das seinen Umsatz zu 100 % aus dem digitalen Kanal zieht, ist deutlich näher am Analysten als in einem Unternehmen, das beispielsweise aus der klassischen Industrie kommt und nicht über die eigene Website proaktiv Neukunden gewinnt.

Die Notwendigkeit einer *Top-Down*-Verankerung der analytischen Erkenntnisse sowie der Customer Engagement Ansätze ist Pflicht. Nur so entsteht innerhalb eines Unternehmens und dessen einzelnen Abteilungen eine Einsicht zur analytischen Disziplin.

Sobald in der Geschäftsführung verstanden wird, welche Macht von der Kombination von Daten ausgeht, werden auch die gewünschten Verknüpfungen von Datentöpfen und Datendisziplinen Gehör finden. Hierzu benötigt es allerdings auch der Zusammenführung von einzelnen Abteilungen oder zumindest Disziplinen. Es bedingt eine Herangehensweise, die Digital Analytics nicht als internes Werkzeug einer Fachabteilung positioniert, sondern eine ganzheitliche Realisierung im gesamten Unternehmen, insbesondere mit der Business-Intelligence-Einheit.

Während *Digital-Analytics-Manager* als Kompetenz-Hub angesehen werden können und auch verstärkt Fragen nach dem „Warum" beantworten müssen, haben Business-Intelligence-Manager häufig einen stark Wirtschaftsinformatik-getriebenen oder SAP-gefüllten Lebenslauf (vergleiche auch aktuelle und historische Stellenanzeigen von „Business Intelligence Manager"). CRM-Manager lösen sich in der Markt-Beobachtung ebenfalls aus der Umgebung der Kostenstelle in den ROI-bezogenen Teil einer Unternehmens-Wertschöpfung. Dies geht nur langsam voran, ist aber der richtige Ansatz. In Studien wird darauf verwiesen, dass in Zukunft nicht mehr der Preis oder die Marke den Unterschied im Kaufprozess ausmacht, sondern das Kundenerlebnis, also die Customer Journey- bzw. die Customer Engagement-Philosophie (Walker-Studie 2019) Diese Disziplinen heißt es nun an einen Tisch zu bringen und mit den besten Werkzeugen und Einsichten aus beiden Welten zurück ins tägliche Berufsleben zu entlassen.

Zusammenfassung
Daten sind das neue Gold, sagt man. Daten sind wichtig, sagt man. Beides ist korrekt. Nur die Analyse interner und externer Datenquellen kann zusätzliche Erkenntnisse zur aktuellen Situation des Unternehmens, eines Produkts, einer Abteilung oder einer Kampagne liefern. Ein Analyst ist hierbei mittlerweile kein purer Datenprofi mehr, sondern vereint Kompetenzen zweier Profile: die des Datenexperten und Managers.

Diverse Hierarchieebenen benötigen Analysen über das Benutzerverhalten auf der Website oder damit in Verbindung stehende Daten. Ganze Abteilungen sind mittlerweile im positiven Sinne abhängig von Kundenerkenntnissen, die im CRM gesammelt und ausgewertet werden. Dabei haben der Analyst oder der CRM Manager die Chance und die Pflicht, mit diesen Hierarchiestufen jeweils auf einer Ebene zu kommunizieren, Wissen zu ermöglichen und Zukunftsszenarien anzusprechen. Der CMO wird ebenso dankbar sein, wenn es um ROI-Betrachtungen geht, wie der Marketing-Assistant, wenn es um automatische Report-Verteilung für die Marketingabteilung geht. Daten sind für jede Stufe wichtig, notwendig und ein essenzieller Teil der inhaltlichen Strategie eines Unternehmens bzw. einer Abteilung oder eines Ziels.

Im Digital-Intelligence-Modell konnte aufgezeigt werden, welche Entwicklung von Unternehmen und Mitarbeitern durchlaufen wird und welche Stellschrauben für die Zukunft einer Firma, die Zukunft einer Position und vor allem die Zukunft einer Unternehmensstrategie angesetzt werden, um den Wettbewerb nicht nur parieren zu können, sondern ihm einen entscheidenden Schritt voraus zu sein.

Literatur

Burda, H., Döpfner, M., Hombach, B., & Rüttgers, J. (Hrsg.). (2010). *2020 – Gedanken zur Zukunft des Internets*. Essen: Klartext-Verlagsgesellschaft.

Fenn, J. (1995). The Microsoft system software hype cycle strikes again.

Gluchowski, P. (2006). Quo Vadis Business Intelligence, Fachbeitrag im BI-Spektrum.

Haberich, R. (2012). *Website Boosting – The Web Analytics Gyroscope*. Würzburg: Hotspot.

Haberich, R. (2019). CRM und KI – das neue Dream-Team der Kundenbetreuung? https://www.cloudcomputing-insider.de/crm-und-ki-das-neue-dream-team-der-kundenbetreuung-a-792306/?cmp=beleg-mail.

IDC, International Data Corporation. (2019). CRM Wachstum 2021.

IT Zoom. (2019). So klappt die digitale Transformation. https://www.it-zoom.de/it-director/e/so-klappt-die-digitale-transformation-22688/.

Teichmann, S., & Ferreira, M. (2010). Der zertifizierte Web-Analytiker (Schriftlicher Management Lehrgang, 4. Buch: Web Analytics: Synergieeffekte von quantitativen und qualitativen Daten), Düsseldorf.

Walker-Studie. (2019). Customers 2020 – a progress report.

Teil VII
Social Media Marketing

Social Media Marketing

Christopher Zerres

Inhalt

1 Einführung 732
2 Begriffsabgrenzungen 732
3 Social Media Marketing Planung 734
4 Social Media Marketing Implementierung 742
5 Schlussbetrachtung 746
Literatur 747

Zusammenfassung

In diesem Beitrag wird ein Planungsprozess mit seinen einzelnen Phasen für ein Social Media Marketing vorgestellt. Darüber hinaus werden zentrale Implementierungsoptionen beschrieben. Hierzu gehören Werbung (über Plattformen und Influencer), Kundenservice, Community Management, Social Recruitment, interne Nutzung und Business Profile.

Schlüsselwörter

Social Media Marketing · Social Media · Planungsprozess · Implementierungsoptionen · Social Media Planung

C. Zerres (✉)
Hochschule Offenburg, Offenburg, Deutschland
E-Mail: christopher.zerres@hs-offenburg.de

1 Einführung

Die Bedeutung von Social Media hat sowohl aus allgemein gesellschaftlicher Sicht als auch speziell aus Unternehmenssicht in den letzten Jahren stark zugenommen. Social Media sind heute wesentlicher Bestandteil der Kommunikation der Menschen untereinander und ein wichtiges Informationsmedium (vgl. Pein 2018, S. 28; Frees und Koch 2019). Sie stellen damit auch einen sehr wichtigen Kanal für Unternehmen dar, um etwa mit verschiedenen Zielgruppen zu kommunizieren. Sowohl weltweit wie auch in Deutschland sind daher auch immer mehr Unternehmen auf Social Media aktiv (vgl. Bitkom 2017). In vielen Untersuchungen konnte dabei belegt werden, dass Social Media Aktivitäten sich positiv zum Beispiel auf den Umsatz auswirken, bei Produktneueinführungen fördern oder sogar auf den Shareholder Value positiv wirken (vgl. Babic Rosario et al. 2016; Gelper et al. 2018; Colicev et al. 2018).

In vielen Fällen ist insbesondere bei großen Unternehmen zu beobachten, dass Social Media Marketing sehr professionell betrieben wird. Dies spiegelt sich, u. a. neben sehr aufwendigem Content und Plattformmanagement, in immer weiter steigenden Budgets für das Social Media Marketing wider. Gleichzeitig belegen Studien, dass sich gerade mittlere und kleinere Unternehmen teils sehr schwer mit dem Thema Social Media Marketing tun. Dabei gehören die hohe Dynamik, die mangelnde Kommunikationskontrolle und/oder der Strategiefindungsprozess zu den wichtigsten Herausforderungen. Darüber hinaus scheint vielfach noch der Mythos zu herrschen, dass Social Media nichts kostet und von einem Praktikanten nebenbei durchgeführt werden kann. Daneben zeigt sich zudem, dass gerade B2B Unternehmen die Effektivität von Social Media geringer bewerten als B2C Unternehmen und häufiger Schwierigkeiten haben, Plattformen in ihren Marketing-Mix zu integrieren (vgl. Iankova et al. 2019, S. 169 f.).

Social Media werden mittlerweile für immer mehr Zielsetzungen und Anwendungsbereiche eingesetzt. Noch vor einigen Jahren gehörten die Markenbekanntheit und eine Imagesteigerung zu den Kernzielen vieler Unternehmen auf Social Media. Diese werden heute entsprechend der Bedeutung und den Möglichkeiten von Social Media um weitere zentrale Ziele und Anwendungsbereiche ergänzt. Hierzu gehören vor allem die Bereiche Werbung (über Plattformen und Influencer), Informationsgewinnung, Recruitment und Kundenservice.

In diesem Beitrag wird nach einer Begriffsabgrenzung von Social Media und Social Media Marketing, ein Planungsprozess mit seinen einzelnen Phasen vorgestellt. Daran anschließend vermittelt der Beitrag einen Überblick der zentralen Implementierungsoptionen.

2 Begriffsabgrenzungen

In diesem ersten Abschnitt werden einführend die beiden für den Beitrag zentralen Begriffe Social Media und Social Media Marketing definiert.

Tab. 1 Definitionen des Begriffes Social Media

Definition	Autor(en)
Der Begriff Social Media beschreibt das interaktive virtuelle Abbild von Beziehungen und der damit einhergehenden digitalen Kommunikation, die auf Basis von Web 2.0-Technologien wie sozialen Netzwerken, Blogs, Foren und Multimediaplattformen stattfindet.	Pein (2018), S. 27
Social Media is a group of Internet-based applications that build on the ideological and technological foundations of Web 2.0 and that allow the creation and exchange of User Generated Content.	Kaplan und Haenlein (2010), S. 61
Der Begriff Social Media im Singular beschreibt das Phänomen, bei dem Nutzer über virtuelle Anwendungs-Plattformen des Web 2.0, des Web 3.0 oder sonstigen technischen Weiterentwicklungen miteinander interagieren, dabei eigene Inhalte kreieren (sogenannten User-Generated-Content) und diesen miteinander austauschen.	Decker (2019), S. 50
Social Media bzw. soziale Medien sind internetbasierte und nutzerzentrierte Anwendungen mit einem Fokus auf Interaktion, welche die gegenseitige Vernetzung ihrer Nutzer sowie die aktive und gemeinsame Erstellung von Inhalten und deren anschließende Verbreitung erlauben.	Wolf (2017), S. 29
„Social Media sind online-basierte Plattformen, die gekennzeichnet sind durch die Kommunikation und Vernetzung zwischen den Nutzern."	Bruhn und Hadwich (2013), S. 7

Social Media

In der wissenschaftlichen und praxisorientierten Literatur finden sich mittlerweile zahlreiche Definitionen zum Begriff Social Media (vgl. Decker 2019, S. 46 ff.). Um ein Gefühl der Bandbreite und der unterschiedlichen inhaltlichen Schwerpunkte zu erhalten, wird hier einleitend eine Auswahl derartiger Definitionen vorgestellt (vgl. Tab. 1).

Die Betrachtung der Auswahl der Definitionen macht deutlich, dass es kein eindeutiges Verständnis des Begriffes Social Media gibt und teils unterschiedliche Schwerpunkt in den Definitionen hervorgehoben werden. Auf Grundlage gemeinsamer identifizierter Attribute dieser Definitionen wird im Rahmen des vorliegenden Beitrages Social Media definiert:

Social Media ermöglichen es Nutzern mit einem Nutzerprofil sich über onlinebasierte Plattformen zu vernetzen, miteinander zu interagieren und selbst erstellten Content (User-Generated-Content) auszutauschen.

Social Media Marketing

Ähnlich wie dies für den Begriff Social Media der Fall ist, liegen auch für den Begriff Social Media Marketing zahlreiche Definitionen vor (vgl. für einen Überblick Decker 2019, S. 55). In diesem Beitrag wird in Anlehnung an die allgemeine Begriffsabgrenzung des Marketing folgende Definition zugrunde gelegt:

Social Media Marketing ist die systematische Planung, Implementierung, Steuerung und Kontrolle aller Aktivitäten, die in Social Media unternommen werden und die an übergeordneten Zielen ausgerichtet sind.

3 Social Media Marketing Planung

In diesem Abschnitt werden zunächst einige Planungsprozesse für das Social Media Marketing skizziert. Diese dienen partiell als Basis für die Entwicklung des hier vorgestellten Prozesses. Anschließend werden die einzelnen Phasen des Planungsprozesses näher erläutert.

3.1 Planungsprozess eines Social Media Marketing

Für die Planung von Social Media Marketing Aktivitäten liegen unterschiedliche Modelle vor. Diese orientieren sich im Kern an dem etablierten Planungsprozess aus dem klassischen Marketing. Allerdings finden sich in den einzelnen Ansätzen Ergänzungen bzw. Anpassungen, um den Spezifika von Social Media gerecht zu werden. Tab. 2 gibt einen Überblick über einige dieser Planungsansätze.

Neben den hier skizzierten Modellen hat DECKER weitere Ansätze zusammengestellt und näher beschrieben (vgl. Decker 2019, S. 79).

Die hier skizzierten Ansätze dienen als Grundlage des in Abb. 1 dargestellten Planungsprozesses. Dabei werden einzelne Elemente der existierenden Ansätze aufgegriffen. Zusätzlich ist es aus Sicht des Autors essenziell, dass alle Planungsschritte immer in enger Abstimmung mit den anderen Marketinginstrumenten erfolgen, die Social Media Planung und Umsetzung also in den Marketing-Mix integriert ist. Des Weiteren berücksichtigt der Ansatz organisationsorientierte Aspekte, wie das Schaffen einer entsprechenden Kultur im Unternehmen oder die Etablierung von Prozessen im Zusammenhang mit dem Social Media Marketing.

Im Folgenden werden die einzelnen Bereiche des hier vorgestellten Ansatzes näher vorgestellt.

Tab. 2 Auswahl von Planungsansätze des Social Media Marketing

Autor(en)	Modell	Kurzübersicht
Li und Bernoff (2009)	POST-Methode	Akronym „POST" steht für die Planungsphasen „People", „Objectives", „Strategy" und „Technology"
Felix et al. (2017)	Strategisches Social Media Marketing Rahmenwerk	Vier Dimensionen: Social Media Marketing (SMM) Scope, SMM Culture, SMM Governance, SMM Structure
Decker (2019)	Social Media Zyklus	Planungsphasen: Zuhören, Definieren, Selektieren, Organisieren, Zusammenführen, Regeln, Planen und Umsetzen, Moderieren, Deeskalieren sowie Kontrollieren und Analysieren
Stuber (o. J.a, b)	ZEMM-MIT-Methode	ZEMM: Ziele definieren, Entdecken, Mitmachen und Managen. MIT: Menschen, Inhalte und Tools

Abb. 1 Planungsprozess eines Social Media Marketing

3.2 Situationsanalyse

Ausgangspunkt für die Planung, Umsetzung und Kontrolle von Social Media Aktivitäten sollte zunächst immer eine umfangreiche Situationsanalyse sein. Diese bildet die Grundlage für alle weiteren Schritte in dem Prozess, also etwa für eine sinnvolle Zielsetzung.

In Abb. 2 werden einige wichtige Verfahren, die in einer Situationsanalyse zum Einsatz gelangen können, zusammengefasst (vgl. zu den verschiedenen Methoden Zerres 2018b).

Die Durchführung der verschiedenen Methoden, wie etwa der PESTLE-Analyse, erfordert das Sammeln von Informationen, die in die Analyseverfahren einfließen. Hier bieten sich zunächst Informationen aus der Marktforschung (z. B. die Ergebnisse aus Befragungen) an. Von hoher Bedeutung sind zudem Informationen aus dem Social Media Monitoring (also zum Beispiel das Verhalten von Konkurrenten und Kunden in Social Media) und Web Analytics.

Ergänzend zu den hier vorgestellten Methoden empfiehlt es sich speziell für den Bereich Social Media ein externes und internes Social Media Audit durchzuführen (vgl. Grabs et al. 2018, S. 106 f.). Dabei wird im Rahmen des externen Audits u. a. untersucht, welche Meinungen die eigenen Kunden auf Social Media vertreten, wie die Konkurrenz in Social Media aktiv ist und welche Themen mit Bezug auf das Unternehmen und dessen Produkte gerade diskutiert werden. Ein internes Audit gibt Aufschluss darüber, welche Voraussetzungen im Unternehmen bezüglich Social Media vorliegen. Hierzu gehören etwa Erfahrungen der Mitarbeiter oder aber Prozesse.

Ein sehr wichtiger Bereich, der unbedingt in einer Situationsanalyse berücksichtigt werden muss, sind juristische Aspekte (vgl. Zerres und Zerres 2018). Hierzu zählen etwa das Urheberrecht und der Datenschutz.

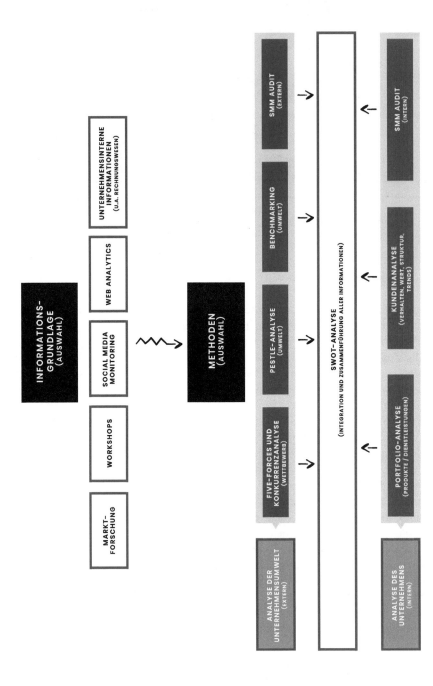

Abb. 2 Informationsgrundlage und Methoden der Situationsanalyse

3.3 Ziele

Die Zielsetzungen für das Social Media Marketing leiten sich immer aus den übergeordneten Unternehmenszielen und den hier festgelegten Strategien ab.

Die Zielformulierung sollte dabei, wie dies auch für andere Bereiche der Betriebswirtschaft gilt, anhand der sogenannten SMART Kriterien erfolgen. Ziele sollten danach folgenden Eigenschaften genügen:

- Spezifisch (Specific): Ziele müssen eindeutig (konkret und präzise) festgelegt werden.
- Messbar (Measurable): Ziele müssen messbar sein, d. h. das „Was", „Wer", „Wann", „Wo" und „Wieviel" müssen klar definiert werden.
- Angemessen (Achievable): Ziele müssen etwa im Hinblick auf Ressourcen (z. B. Personal) erreichbar und realistisch umsetzbar sein.
- Relevant (Relevant): Die definierten Ziele müssen zu einem tatsächlichen Mehrwert führen.
- Terminiert (Timely): Ziele müssen auf Basis klarer Terminvorgaben und Meilensteine definiert werden.

Zu den häufig im Unternehmensumfeld gewählten Zielsetzungen gehören (vgl. Hootsuite Report 2018, S. 18):

- Markenbekanntheit steigern
- Markenreputation steuern
- Kunden- und Marktinformationen sammeln
- Conversions steigern
- Kundenservice erweitern und verbessern
- Recruitment

3.4 Strategien

Auf Basis der Ergebnisse einer Situationsanalyse und der Zielfestlegung können im nächsten Schritt die unterschiedlichen strategischen Entscheidungen getroffen werden. Es geht hier also im Kern, um die Festlegung des Weges, wie die Ziele erreicht werden sollen. Für das Social Media Marketing sind eine Reihe strategischer Entscheidungen zu treffen, was sich wiederum in einer Vielfalt unterschiedlicher strategischer Ansätze widerspiegelt. In Abb. 3 werden diese strategischen Ansätze, deren Ursprung im klassischen Marketing liegt, kategorisiert. Dabei umfasst die erste Kategorie Strategien, die sich mit der Selektion der richtigen Zielgruppen, der passenden Kanäle (Kanalauswahl) und des Timing des Kanaleintritts befassen. Die zweite Kategorie beinhaltet strategische Entscheidungen bezüglich des Verhaltens in Social Media. Die dritte Kategorie umfasst schließlich den zentralen Bereich der strategischen Kommunikationsplanung.

Abb. 3 Übersicht und Systematisierung Social Media Strategien

3.4.1 Selektionsstrategien

Segmentauswahl/Zielgruppe
Wie auch bei anderen Marketing-Maßnahmen wird für eine Zielgruppendefinition auf die bekannten Segmentierungskriterien zurückgegriffen, wobei diese um weitere Aspekte bzw. Kriterien ergänzt werden. Hierzu zählen, neben sozio-demografischen Kriterien (u. a. Alter, Geschlecht und Einkommen), psychografische und mediennutzungsorientierte Kriterien. Äußerst relevante Informationen für die Zielgruppendefinition bieten dabei die Analytics Tools der Plattformen, die zahlreiche Statistiken und Daten, etwa im Zusammenhang mit der eigenen Social Media Unternehmensseite, zur Verfügung stellen. Eine weitere interessante Möglichkeit, die zur Zielgruppendefinition herangezogen werden kann sind die sogenannten DIVSI Milieus (2016).

Zur Veranschaulichung und internen Kommunikation der Zielgruppendefinition haben sich zudem die Bildung sogenannter Persona als hilfreich erwiesen. Hierbei sollte aber unbedingt darauf geachtet werden, dass die gebildeten Persona auch aussagekräftige Informationen für die Planung und Umsetzung des Social Media Marketing beinhalten. In der Praxis ist häufig zu beobachten, dass die Persona zwar sehr ansprechend gestaltet wurden, allerdings nur wenige wirklich relevante Ansatzpunkte für das Social Media Marketing bieten. Daher sollten, neben den oben genannten Aspekten bzw. Kriterien, unbedingt die folgenden Aspekte zum (Kauf-)Verhalten Berücksichtigung finden (vgl. Pein 2018, S. 129 f.):

- Warum/Motivation (Priority Initiatives)
- Erfolgsfaktoren/Lösungen (Success Factors)
- Einwände/Bedenken (Perceived Barriers)
- Entscheidungs- und Kaufzyklus (Customer Journey)
- Entscheidende Eigenschaften (Decision Criteria)

Des Weiteren eröffnen Social Media die Möglichkeit auf Basis von gewonnen Daten spezifische Zielgruppen zu bilden. Hierbei handelt es sich um das sogenannte datengetriebene Targeting. So bietet Facebook u. a. die Möglichkeit über einen Pixel zum Beispiel Daten über die Besucher der eigenen Website zu sammeln. Die gewonnen Daten können dann wiederum für die Ansprache dieser Nutzer über die Plattform Facebook in Form von Werbeanzeigen genutzt werden.

Kanalauswahl
Zur Auswahl des richtigen Kanals bzw. der Plattform können verschiedene Kriterien bzw. Leitfragen herangezogen werden. Von zentraler Bedeutung für die Plattformwahl ist vor allem die Zielgruppe des Unternehmens. Offensichtlich sollte eine Plattform nur dann in Betracht gezogen werden, wenn diese von der Zielgruppe viel genutzt wird. Darüber hinaus muss das Unternehmen analysieren, ob das kanalspezifische Wissen im Unternehmen vorhanden ist. Hierzu zählen neben den rein operativen Kenntnissen auch das Wissen bezüglich des Nutzerverhaltens und der Erwartungen der Nutzer. Die unterschiedlichen Kanäle verursachen zudem Aufwand, zum Beispiel für die Bereitstellung von Videos auf YouTube oder für das Erstellen von hochwertigen Bildern auf Instagram. Dabei muss geprüft werden, inwiefern das betreffende Unternehmen bereit ist, den personellen und finanziellen Aufwand für die Nutzung der Plattform zu investieren. Schließlich muss sich die jeweilige Plattform und deren Spezifika für die Erreichung der gesetzten (Kommunikations-)Ziele eignen.

In Abb. 4 soll eine Übersicht und mögliche Kategorisierung einer Auswahl von Social Media Plattformen gegeben werden.

Kanaleintrittstiming
Bezüglich des Kanaleintrittstiming kann auf einen strategischen Ansatz der aus dem internationalen Marketing im Zusammenhang mit dem Markteintritt bereits bekannt ist zurückgegriffen werden. Danach lassen sich zwei grundsätzliche Optionen unterscheiden. Einerseits kann ein Unternehmen im Rahmen einer Sprinklerstrategie direkt eine Vielzahl an Plattformen gleichzeitig bedienen. Diese Strategie findet man in der Regel bei größeren Unternehmen. Andererseits kann ein Unternehmen zunächst mit einer Plattform beginnen und dann im Laufe der Zeit weitere Kanäle hinzufügen. Dieser strategische Ansatz wird als Wasserfallstrategie bezeichnet.

3.4.2 Verhaltensstrategien
Eine grundlegende verhaltensstrategische Entscheidung betrifft das aktive oder passive (reaktive) Verhalten in Social Media (vgl. Tab. 3).

Vor dem Hintergrund der großen Bedeutung von Social Media ist es heute ein Muss zumindest ein passives Vorgehen im Zusammenhang mit Social Media zu wählen. Letztlich kann es sich kein Unternehmen leisten Social Media zu ignorieren.

Das strategische Verhalten eines Unternehmens in Social Media wird fundamental durch die strategische Positionierung des Unternehmens als Preis- oder Qualitätsführer beeinflusst. In diesem Zusammenhang hat diese Positionierung u. a. einen Einfluss auf:

- Kommunikation in Social Media: Ein Qualitätsführer wird zum Beispiel in der Kommunikation in Social Media wohl eher qualitative Aspekte in den Vorder-

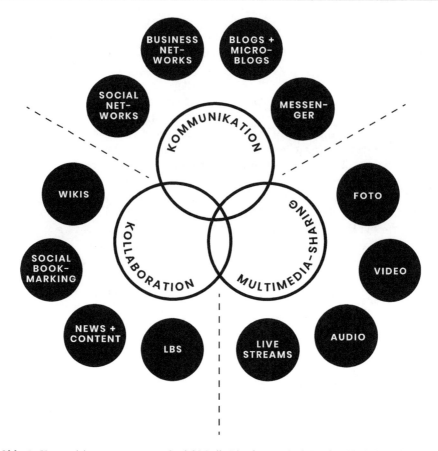

Abb. 4 Kategorisierungsansatz von Social Media Plattformen (vgl. Decker 2019, S. 181)

Tab. 3 Vergleich passives und aktives Vorgehen (vgl. Decker 2019, S. 560)

Passive (reaktive) Strategie	Aktive Strategie
- Das Unternehmen stellt aktive keine Inhalte in Social Media bereit - Das Unternehmen analysiert Social Media (Monitoring) etwa im Hinblick auf Wettbewerber und Trends - Ergebnisse des Monitorings werden für strategische und operative Zwecke im Unternehmen genutzt. Damit werden andere Unternehmensbereiche unterstützt.	- Social Media ist ein Bestandteil der Unternehmensstrategie und wird zur Erreichung von Unternehmenszielen eingesetzt - Das Unternehmen nutzt Social Media aktiv indem eigene Inhalte bereitgestellt werden - Nutzer werden im Idealfall aktiviert indem entsprechender Content bereitgestellt wird - Das Unternehmen unterstützt und informiert Nutzer und bietet Serviceleistungen - Social Media werden intensiv analysiert

grund rücken wohingegen ein Preisführer preisliche Aspekte stärker kommuniziert (z. B. Kommunikationsbotschaften von Singapore Airline und Ryanair)
- Kundenservice: Hier führt eine Qualitätsführerschaft tendenziell eher zu einem umfangreicheren Kundenserviceangebot über Social Media als dies bei einem Preisführer der Fall ist
- Qualitätsmanagement: Qualitätsführer sollten intensiver und umfassender Monitoring betreiben. In diesem Zusammenhang gilt es u. a., rechtzeitig Qualitätsmängel, aber auch Qualitätsansprüche zu identifizieren.

3.4.3 Kommunikationsstrategien

Zur Planung der strategischen Kommunikation wird vielfach auf ein Sechs-Elemente Modell zurückgegriffen (vgl. Esch und Winter 2016, S. 329). Diese sechs Elemente müssen definiert und ausgestaltet werden. Dabei ist zu beachten, dass Entscheidungen bezüglich der Elemente sich gegenseitig beeinflussen. Die sechs Elemente lauten:

- Objekte (z. B. ein Produkt, ein Produktereignis, eine Marke, das Unternehmen, eine Person)
- Timing (umfasst den Zeitraum der Kommunikation, die Frequenz der Bereitstellung und den Zeitpunkt, wann die Kommunikation veröffentlicht werden soll)
- Areal (für welchen geografischen Raum soll die Kommunikation ausgespielt werden?)
- Zielgruppe (Definition der Zielgruppe für die Kommunikation; dieser Aspekt wurde bereits in einem der vorangegangenen Teilkapitel erläutert)
- Kanal (Kanalauswahl in Abhängigkeit zu den anderen Elementen)
- Botschaft

Im Rahmen dieses Beitrages wurde auf einige der genannten Bereiche bereits eingegangen. Von zentraler Bedeutung für Social Media Marketing ist das Content Management, welches im Modell indirekt durch das Element Botschaft widergespiegelt wird. Inhalte bzw. Botschaften müssen, damit sie bei der Vielfalt an Informationen noch wahrgenommen werden, äußerst zielgruppenrelevant sein. Die Zielgruppe erwartet darüber hinaus in regelmäßigen Abständen neuen Content.

Damit ein Unternehmen sinnvoll Content Management betreiben kann, ist ein ganzheitlicher Prozess notwendig. Ein solcher Prozess umfasst zunächst einen Content-Audit. Im zweiten Schritt, der „Planung", geht es darum festzulegen, welche Inhalte für welche Zielgruppe bereitgestellt werden müssen, um die Unternehmensziele zu erreichen. Hierauf folgt im dritten Prozessschritt die Erstellung bzw. Produktion des Content. Dabei muss u. a. geklärt werden, wer diesen Content erstellt und wie viel Aufwand mit der Inhaltserstellung verbunden ist. Im vierten Schritt geht es um die operative Umsetzung. Schließlich beinhaltet die letzte Prozessphase eine Kontrolle der Contentaktivitäten.

3.5 Controlling

Gerade im Vergleich zu vielen klassischen Kommunikationskanälen bieten Social Media umfangreiche und sehr genau Controllingmöglichkeiten. Allerdings zeigt die Unternehmenspraxis, dass diese in sehr vielen Fällen nicht genutzt werden oder aber Unternehmen keinem sinnvollen Prozess folgen und somit das große Potenzial nicht oder nur unzureichend genutzt wird. Social Media Controlling hat die grundlegende Funktion sicherzustellen, dass alle Maßnahmen in Social Media effizient und effektiv sind. In diesem Zusammenhang müssen der Informationsbedarf ermittelt, Informationen gesammelt und aufbereitet sowie für die verschiedenen Interessenten bereitgestellt werden (vgl. Zerres und Litterst 2017, S. 193).

Die Mitarbeiter des Social Media Controlling interagieren dabei mit verschiedenen Abteilungen bzw. Bereichen eines Unternehmens. Ein Social Media Controller muss dabei einerseits mit den verschiedenen Social Media Managern interagieren, um Informationen zu laufenden Aktivitäten (also zum Beispiel Daten zu einzelnen Werbekampagnen) zu sammeln. Zusätzlich ist es meistens notwendig mit dem Unternehmenscontrolling und dem Rechnungswesen zu kooperieren, etwa wenn es um die Erfassung von Aufwänden im Zusammenhang mit dem Social Media Marketing geht. Andererseits müssen Informationen und Auswertungen wieder in die Social Media Abteilungen zurückgespielt werden, um zum Beispiel neue Kampagnen zu planen oder laufende Kampagnen zu optimieren.

Im Verlaufe der letzten Jahre sind zahlreiche Kennzahlenmodelle von Unternehmenspraktikern und Wissenschaftlern entwickelt worden, die bei einer Erfolgskontrolle unterstützen sollen. Diese Modelle können unterschiedlichen Social Media Aktivitäten zugeordnet werden. So liegen Kennzahlenmodelle zur Messung bzw. Bewertung für die folgenden Bereiche in Social Media vor (vgl. Zerres 2018a, S. 160):

- Markenmanagement (z. B. Hoffman und Fodor 2010)
- Commerce, also zum Beispiel, ob eine Social Media Aktivität zu Conversions geführt hat (z. B. Martinez 2015)
- Contentmanagement (z. B. Kientzler 2019)
- Recruitment (z. B Schwede und Moeschler 2013)
- Kundenservice (z. B. Stich et al. 2015)
- Kosten (z. B. Zerres und Litterst 2017)

Als Datengrundlage für die verschiedenen Kennzahlen kommen u. a. das Social Media Monitoring oder andere Methoden der Marktforschung in Frage.

4 Social Media Marketing Implementierung

Im folgenden Kapitel sollen einige wichtige Implementierungsmöglichkeiten vorgestellt werden.

Werbung

Ein Großteil der Social Media Plattformen bieten umfangreiche Möglichkeiten für die Schaltung von Werbung. Unter Social Media Advertising versteht man die bezahlte Anzeigenschaltung bzw. das Einkaufen von Reichweiten auf Social Media Plattformen (vgl. Litterst 2018, S. 165). In Social Media erreichen Werbetreibende mit einer hohen Wahrscheinlichkeit ihre Zielgruppe (vgl. Litterst 2018, S. 164). Auf Grund von stark sinkenden organischen Reichweiten hat die Werbung in Social Media weiter an Bedeutung gewonnen. Unabhängig von der jeweiligen Plattform sollten die folgenden Prozessschritte durchlaufen werden:

Schritt 1: Zielfestlegung | Kampagnenmöglichkeiten

In einem ersten Schritt müssen die Ziele der Kampagne festgelegt werden. Bei den meisten Plattformen werden hier zu Beginn des Kampagnenerstellungsprozesses mehrere Zielsetzungsoptionen angeboten. Hierzu gehören Zielsetzungen im Zusammenhang mit Bekanntheit, Interaktionen und Conversions. Je nach gewählter Zielsetzung sind dann weitere Optionen der Kampagnengestaltung möglich.

Schritt 2: Zielgruppe(n)

Im zweiten Schritt wird die Zielgruppe für die Werbekampagne definiert. Dabei stehen bei den meisten Plattformen grundsätzlich zwei Optionen zur Verfügung. Einerseits kann eine Zielgruppe auf Basis vorhandener bzw. gesammelter Daten definiert werden. Dabei spricht man also eine bereits bekannte Zielgruppe mit einer Werbeanzeige an. Voraussetzung hierfür ist, dass im Vorhinein Daten gesammelt wurden also etwa über den Facebook Pixel, der wiederum Informationen über das Nutzerverhalten sammelt. Andererseits bieten die verschiedenen Social Media Plattformen auf Grund der zahlreichen Informationen über ihre Nutzer umfangreiche und sehr detaillierte Zielgruppendefinitionsmöglichkeiten. Diese reichen von klassischen demografischen Kriterien bis hin zu Interessenfeldern. Gerade bei den großen Social Media Plattformen stehen hier sehr umfangreiche Möglichkeiten zur Verfügung.

Schritt 3: Budget und Laufzeit

Nach der Zielfestlegung und der Zielgruppendefinition werden nun das Budget für die Werbekampagne(n) und die Laufzeit bestimmt.

Schritt 4: Anzeigenplatzierung und -format

Sowohl im Hinblick auf die Anzeigenplatzierung als auch die jeweiligen Formate bieten die verschiedenen Plattformen umfangreiche Möglichkeiten an.

Schritt 5: Kampagnen Controlling und Optimierung

Abschließend gilt es, die laufenden Kampagnen in Relation zu den gesetzten Zielen zu kontrollieren und gegebenenfalls zu korrigieren bzw. weiter zu optimieren. Ein gutes Fallbeispiel zur Veranschaulichung findet sich bei Zerres et al. (2018, S. 111 ff.).

Businessprofile

Viele der großen Social Media Plattformen, wie Twitter und Facebook, ermöglichen es Organisationen, eine eigene Seite einzurichten. Hierbei haben diese die Möglichkeit, sich entsprechend zu präsentieren und den eigenen Content den Nutzern der Plattform gebündelt bereitzustellen. Zusätzlich können über die eigene Unternehmensseite unterschiedliche Informationen über das Unternehmen bereitgestellt werden. Hierzu zählen zum Beispiel Adresse, Öffnungszeiten, Standort und Kontaktmöglichkeiten, wie eine Telefonnummer.

Social Media Plattformen bieten Seitenbetreiben zahlreiche kostenlose Tools. Zu diesen Tools gehören zum Beispiel bei Facebook (Facebook 2019):

- Veranstaltungen (ermöglicht es Veranstaltungen zu erstellen und zu verwalten)
- Termine (Verwaltung von Terminbuchungen)
- Jobs (Unterstützung in der gesamten Recruitmentphase)

Eine weitere äußerst wichtige Funktion von Unternehmensseiten ist die Analysefunktion. Diese liefert umfangreiche Informationen etwa zu Interaktionen auf der Seite oder Statistiken zur eigenen Zielgruppe (vgl. beispielsweise Twitter 2019).

Neben den oben aufgeführten Aspekten, eigenen sich eigene Unternehmensseiten vor allem für den Aufbau einer Community, die sich aktiv mit dem Unternehmen und dessen Angeboten auseinandersetzt. Dies erfordert wiederum ein aktives Communitymanagement und gleichzeitig das kontinuierliche Bereitstellen interessanter und zielgruppenrelevanter Inhalte. Eine Unternehmensseite kann darüber hinaus für die Bereitstellung von Serviceangeboten sowie für den Servicedialog genutzt werden. Gerade bei größeren Unternehmen werden hierfür eigene Seiten eingerichtet. Ein prominentes Beispiel ist etwa „Telekom hilft" auf der Plattform Twitter (vgl. Telekom hilft 2019).

Die Einrichtung einer eigenen Organisationsseite ist in der Regel zudem die Voraussetzung, Werbeanzeigen auf der jeweiligen Plattform zu schalten.

Influencer Marketing

Influencer Marketing hat in den letzten Jahren stark an Bedeutung gewonnen. Influencer werden für viele Unternehmen immer wichtiger, ihre Zielgruppe(n) authentisch anzusprechen. Dabei haben Influencer den Vorteil, dass sie über ein großes und vor allem organisch gewachsenes Netzwerk verfügen. Sie genießen darüber hinaus bei ihren Followern eine hohe Glaubwürdigkeit.

Influencer Marketing beschreibt alle Wege der Einbindung von bekannten Internetpersönlichkeiten, um die eigene Marke oder die eigenen Produkte zu bewerben (vgl. Funke 2019, S. 23). Eine gängige Kategorisierung von Influencern ist die Einteilung in Micro-Influencer, Macro-Influencer und Mega-Influencer (vgl. Funke 2019, S. 103).

Influencer können für Unternehmen unterschiedliche Aufgaben übernehmen. Neben der Contentdistribution, gehören hierzu die Contentproduktion, eine Beratung des Unternehmens und die Verlinkung bzw. Nennung des Unternehmens (vgl. Enke und Borchers 2018, S. 185). Influencer können dabei für verschiedene Zielsetzungen eingesetzt werden. Zu den gängigen Zielsetzungen gehören das Branding (Aufmerksamkeit und Loyalität), Image, Vertrieb und Unterstützung bei Produktneueinführungen.

Die Zusammenarbeit mit Influencern muss grundsätzlich gut geplant werden und sollte daher durch einen fundierten Planungsprozess geleitet sein. Eine große Herausforderung liegt häufig in der Auswahl von Influencern. Als Auswahlkriterien kommen in diesem Zusammenhang die Passung des Influencers mit dem Unternehmen (u. a. Image des Influencers, thematische Ausrichtung des Influencers), verschiedene Kennzahlen (u. a. Reichweite des Influencers) und Ausschusskriterien (u. a. Influencer kooperiert bereits mit einem Konkurrenzunternehmen) in Frage (vgl. Enke und Borchers 2018, S. 190).

Community Management
Das Community Management ist heute gerade für große Unternehmen ein bereits etablierter Anwendungsbereich. Im Kern umfasst es die Interaktion mit den Nutzern der eignen Social Media Kanäle mit dem Ziel die Community zu halten und weiter auszubauen. Dabei sollte es sich im Idealfall um eine aktive Steuerung der Community handeln. Zu den wichtigen Aufgaben eines Social Media Community Managers gehören daher (vgl. Decker 2019, S. 427):

- Zuhören und reagieren
- Anregen und animieren
- Lenken und korrigieren
- Beziehung zu aktiven Nutzern ausbauen
- Erweitern und verbessern

Um diese Aufgabenfelder erfolgreich zu bewältigen, müssen Mitarbeiter im Community Management hohe Kommunikationsfähigkeiten aufweisen. Darüber hinaus bedarf es sinnvoller Prozesse.

Kundenservice
Kundenservice ist ein zentraler Einflussfaktor für die Zufriedenheit von Kunden und die Weiterempfehlung des Unternehmens und seiner Produkte. Es ist daher immer wichtiger für Unternehmen, auch in Social Media Kundenanliegen zu bearbeiten. Für viele Kunden sind Social Media der präferierte Kommunikationskanal und somit auch der Kanal über den Serviceanfragen gestellt werden.

Unternehmen können Kundenservice in Social Media entweder über unternehmenseigene Kanäle bzw. Seiten anbieten oder über unternehmensfremde Kanäle. Im Zusammenhang mit unternehmenseigenen Kanälen können dabei Social Media Präsenz(en) mit reiner Servicefunktion aufgebaut werden. Ein Beispiel hierfür ist „Telekom hilft" auf Twitter oder das unitymedia Forum (vgl. Telekom hilft 2019; unitymedia community 2019). Eine weitere Möglichkeit besteht darin, Servicefunktionen auf Kanälen anzubieten, die im Ursprung für die Marketing-Kommunikation ausgerichtet sind. Auf unternehmensfremden Kanälen bietet das Unternehmen pro aktiv Services an, indem auf identifizierte Fragen und Wünsche von Kunden in unternehmensfremden Kanälen eingegangen wird. Dies setzt ein entsprechendes Monitoring voraus und ist mit relativ großem Aufwand verbunden.

Zu den wichtigsten Erfolgsfaktoren eines Kundenservice in Social Media zählen die folgenden Aspekte:

- Gut ausgebildetes bzw. geschultes Personal
- Reaktionsschnelligkeit bei der Beschwerdebearbeitung

- Angemessene und dem Medium angepasste Kommunikation (u. a. authentisch und ehrlich)
- Kommunikationsleitfaden/-richtlinien/-prozesse
- Einsatz adäquater Software Lösungen
- Wiedergutmachungsleistungen

Unternehmensinterner Einsatz

Immer häufiger setzten Unternehmen auch Social Media für interne Zwecke ein. Dies erfolgt häufig über sogenannte Social Collaboration Lösungen. Diese reichen von einfacheren Varianten (u. a. verwalten von Aufgaben und Notizen) bis hin zu umfangreichen Lösungen, die speziell für Unternehmen erstellt bzw. zugeschnitten werden (u. a. mit eigenem Newsfeed, Kurznachrichtendienst und Wiki). Hierbei verspricht man sich u. a. eine effektivere Kommunikation, eine bessere Koordinierung etwa von Projekten, Kostenreduzierungen (z. B. durch gesteigerte Produktivität) und ein besseres Wissensmanagement (vgl. Zerres et al. 2015, S. 2). In der Praxis zeigt sich allerdings häufig, dass es hier vielfach zu Schwierigkeiten bei der Implementierung und der tatsächlichen Nutzung kommt. Der Einsatz von Social Media für interne Zwecke setzt daher einen sorgfältigen Planungsprozess voraus. Hierbei müssen etwa die Anforderungen an Software Lösungen genau definiert werden und die Nutzer zur Beteiligung ermuntert werden bzw. von den Vorzügen der Nutzung überzeugt werden.

Social Recruiting

Da immer mehr potenzielle Arbeitnehmer Social Media als präferierten Kommunikationskanal nutzen, ist es für Unternehmen immer wichtiger Social Media sowohl für die Präsentation des Unternehmens gegenüber Arbeitnehmern als auch für das aktive Recruitment zu nutzen. Die wichtigsten Einsatzfelder hierbei sind:

- Verbesserung/Stärkung des Images als interessanter Arbeitgeber
- Stellenanzeigen schalten
- Talentsuche
- Managen des (gesamten) Recruitmentprozesses
- Eigene Karriereseiten (z. B. eigener Karriere Blog)

5 Schlussbetrachtung

Social Media sind heute für viele Unternehmen ein fester Bestandteil des Marketing und werden für eine große Bandbreite an Zielsetzungen eingesetzt. Damit tragen Unternehmen der steigenden Bedeutung von Social Media im Hinblick auf die Kommunikation und die Informationssuche der Nutzer Rechnung. Social Media bieten einzigartige Möglichkeiten, wie z. B. die enorme Reichweite oder die präzisen Möglichkeiten der Zielgruppenansprache. Gleichzeitig birgt ein schlecht geplantes Vorgehen in Social Media auch Risiken. Grundsätzlich ist ein professionelles Vorgehen in Social Media mit entsprechendem Aufwand verbunden.

Im Rahmen des vorliegenden Beitrages ist deutlich geworden, welches großes Potenzial Social Media aufweist und welche vielfältigen Anwendungsfelder vorliegen. Um dieses Potenzial entsprechend zu nutzen, ist es notwendig, die Social Media Aktivitäten sorgfältig zu planen. In diesem Zusammenhang wurde ein Planungsprozess skizziert, der hierfür als Grundlage herangezogen werden kann.

Literatur

Babic Rosario, A., Sotgiu, F., de Valck, K., & Bijmolt, T. H. A. (2016). The effect of electronic word of mouth on sales: A meta-analytic review of platform, product, and metric factors. *Journal of Marketing Research, 53*(3), 297–318.

Bitkom. (2017). *Social Media: Fast jedes zweite Unternehmen hat im Netz schon Gegenwind bekommen*. https://www.bitkom.org/Presse/Presseinformation/Fast-jedes-zweite-Unternehmen-hat-im-Netz-schon-Gegenwind-bekommen.html. Zugegriffen am 29.10.2019.

Bruhn, M., & Hadwich, K. (2013). Dienstleistungsmanagement und Social Media – Eine Einführung in die theoretischen und praktischen Problemstellungen. In M. Bruhn & K. Hadwich (Hrsg.), *Dienstleistungsmanagement und Social Media* (S. 3–40). Wiesbaden: Springer Gabler.

Colicev, A., Malshe, A., Pauwels, K., & O'Connor, P. (2018). Improving consumer mindset metrics and shareholder value through social media: The different roles of owned and earned media. *Journal of Marketing, 82*, 37–56.

Decker, A. (2019). *Social-Media-Zyklus*. Wiesbaden: Springer Gabler.

DIVSI Internet-Milieus. (2016). *Die digitalisierte Gesellschaft in Bewegung*. Hamburg.

Enke, N., & Borchers, N. S. (2018). Von den Zielen zur Umsetzung: Planung, Organisation und Evaluation von Influencer-Kommunikation. In A. Schach & T. Lommatzsch (Hrsg.), *Influencer relations* (S. 177–200). Wiesbaden: Springer Gabler.

Esch, F.-R., & Winter, K. (2016). Entwicklung von Kommunikationsstrategien. In M. Bruhn, F.-R. Esch & T. Langner (Hrsg.), *Handbuch Strategische Kommunikation* (S. 327–344). Wiesbaden: Springer Gabler.

Facebook Business. (2019). *Seiten erstellen und verwalten*. https://www.facebook.com/business/help/412634305818063?id=939256796236247. Zugegriffen am 31.10.2019.

Felix, R., Rauschnabel, P. A., & Hinsch, C. (2017). Elements of strategic social media marketing: A holistic framework. *Journal of Business Research, 70*, 118–126.

Frees, B., & Koch, W. (2019). ARD/ZDF-Onlinestudie 2018: Zuwachs bei medialer Internetnutzung und Kommunikation. In *Media Perspektiven 9/2018*, Korrigierte Fassung vom 29.01.2019, S. 398–413.

Funke, S.-O. (2019). *Influencer-Marketing*. Bonn: Rheinwerk.

Gelper, S., Peres, R., & Eliashberg, J. (2018). TalkBursts: The role of spikes in prerelease word-of-mouth dynamics. *Journal of Marketing Research, 55*(6), 801–817.

Grabs, A., Bannour, K.-P., & Vogl, E. (2018). *Follow me! Erfolgreiches Social Media Marketing mit Facebook, Twitter und Co* (4. Aufl.). Bonn: Rheinwerk.

Hoffman, D. L., & Fodor, M. (2010). Can you measure the ROI of your social media marketing? *MIT Sloan Management Review, 52*(1), 41–49.

Hootsuite Report. (2018). *Hootsuite barometer report: 2018 – Deutschland*. https://hootsuite.com/de/ressourcen/barometer-2018-de. Zugegriffen am 30.01.2020.

Iankova, S., Davies, I., Archer-Brown, C., Marder, B., & Yau, A. (2019). A comparison of social media marketing between B2B, B2C and mixed business models. *Industrial Marketing Management, 81*(2019), 169–179.

Kaplan, A. M., & Haenlein, M. (2010). Users of the world, unite! The challenges and opportunities of social media. *Business Horizons, 53*(1), 59–68.

Kientzler, F. (2019). *Content Marketing ROI steigern: In 3 Stufen zum Umsatzplus*. https://suxeedo.de/content-marketing-roi/. Zugegriffen am 07.10.2019.

Li, C., & Bernoff, J. (2009). *Facebook, YouTube, Xing & Co: Gewinnen mit Social Technologies*. München: Hanser.

Litterst, F. (2018). Einführung und Überblick über die Möglichkeiten des Social Media Advertising. In C. Zerres & D. Drechsler (Hrsg.), *Social Media Marketing und Data Analytics* (S. 164–177). Augsburg: Rainer Hampp.

Martinez, I. (2015). *7 KPIs for your social media analytics*. https://www.launchmetrics.com/resources/blog/social-media-analytics. Zugegriffen am 10.10.2019.

Pein, V. (2018). *Social Media Manager. Handbuch für Ausbildung und Beruf* (3. Aufl.). Bonn: Rheinwerk.

Schwede, M., & Moeschler, P. (2013). *Social media 4x4 Scorecard – Beta*. http://mike.schwede.ch/search/int?filter=kpi. Zugegriffen am 25.10.2019.

Stich, V., Emonts-Holley, R., & Senderek, R. (2015). Social media analytics in customer service: A literature overview – an overview of literature and metrics regarding social media analysis in customer service. In *Proceedings of the 11th international conference on Web Information Systems and Technologies (WEBIST-2015)* (S. 335–344). Vienna, Austria.

Stuber, R. (o. J.a). *So gelingt Ihr Social Media Start – die ZEMM-MIT-Methode als Schritt-für-Schritt Anleitung (Teil 1)*. https://www.absatzwirtschaft.de/so-gelingt-ihr-social-media-start-die-zemm-mit-methode-als-schritt-fuer-schritt-anleitung-teil-1-11513/. Zugegriffen am 17.10.2019.

Stuber, R. (o. J.b). *So gelingt Ihr Social Media Start – die ZEMM-MIT-Methode als Schritt-für-Schritt Anleitung (Teil 2)*. https://www.absatzwirtschaft.de/so-gelingt-ihr-social-media-start-die-zemm-mit-methode-als-schritt-fuer-schritt-anleitung-teil-2-11514/. Zugegriffen am 17.10.2019.

Telekom hilft. (2019). https://twitter.com/telekom_hilft?lang=de. Zugegriffen am 31.10.2019.

Twitter. (2019). *Statistiken*. https://business.twitter.com/de/analytics.html. Zugegriffen am 31.10.2019.

Unitymedia Community. (2019). https://community.unitymedia.de/. Zugegriffen am 22.11.2019.

Wolf, T. (2017). *Kundenkommunikation in sozialen Medien. Analyse und Steuerung der Kommunikationsprozesse*. Wiesbaden: Springer Gabler.

Zerres, C. (2018a). Social Media Controlling. In C. Zerres & D. Drechsler (Hrsg.), *Social Media Marketing und Data Analytics* (S. 149–163). Augsburg: Rainer Hampp.

Zerres, C. (2018b). *Handbuch Marketing-Methodik* (Bd. 1). London: Bookboon.

Zerres, C., & Litterst, F. (2017). Social media marketing controlling. In C. Zerres (Hrsg.), *Handbuch Marketing-Controlling* (4. Aufl., S. 191–206). Heidelberg: Springer Gabler.

Zerres, C., Jonas, H., Weber, B., & Rahnenführer, K. (2015). Ziele, Herausforderungen und Anwendungsprozess für Social-Media im Projektmanagement. In C. Zerres (Hrsg.), *Arbeitspapiere für Marketing und Management*, Nr. 1, Offenburg.

Zerres, C., Drechsler, D., & Litterst, F. (2018). Kennzahlen des Marketingcontrolling. In R. Gleich & J. C. Munck (Hrsg.), *Die richtigen Kennzahlen optimal nutzen* (S. 95–116). Freiburg: Haufe.

Zerres, T., & Zerres, C. (2018). *Marketingrecht*. Wiesbaden: Springer Gabler.

Influencer Marketing – Status Quo, Einsatzmöglichkeiten und Entwicklungsperspektiven

Michael H. Ceyp

Inhalt

1 Status Quo des Influencer Marketing 750
2 Einsatzmöglichkeiten des Influencer Marketing 759
3 Entwicklungsperspektiven des Influencer Marketing 763
4 Fazit 765
Literatur 766

Zusammenfassung

In Anbetracht der zunehmenden Abwendung konsumstarker Zielgruppen von klassischen Werbekanälen hat im Rahmen moderner Marketingstrategien und Kommunikationskonzepten in jüngster Zeit das sog. „Influencer Marketing" einen bedeutenden und weiter wachsenden Stellenwert eingenommen. Ein besonderes Augenmerk sollten Marketingverantwortliche dabei einerseits auf den notwendigen Planungsprozess im Influencer Marketing und andererseits unter Wirkungsaspekten auf den Return On Influencer Marketing Investment (ROIMI) legen. Hierbei spielt im Sinne einer notwendigen Zielgruppenausrichtung die Identifikation geeigneter Influencer eine herausragende Rolle, um den angestrebten Erfolg des Influencer Marketing schlussendlich realisieren zu können.

Schlüsselwörter

Influencer Marketing · Social Media Marketing · Online Marketing · Owned Media · Paid Media · Earned Media

---

M. H. Ceyp (✉)
FOM Hochschule für Oekonomie & Management, Hochschulzentrum Hamburg, Hamburg, Deutschland
E-Mail: dr_ceyp@yahoo.de

© Springer Fachmedien Wiesbaden GmbH, ein Teil von Springer Nature 2021
H. Holland (Hrsg.), *Digitales Dialogmarketing*,
https://doi.org/10.1007/978-3-658-28959-1_33

1 Status Quo des Influencer Marketing

1.1 Kommunikationsverweigerung als zentrale Herausforderung an das Marketing

Das Meta-Medium „Internet" hat seit 1989 die Marketingkommunikation drastisch verändert und dieser Wandel hält weiterhin an. Dieses gilt einerseits für wichtige konsumrelevante Zielgruppen (wie z. B. die Digital Natives, Gen Z oder Millennials), die mit klassischer Kommunikation in TV und Print fast nicht mehr erreicht werden können (Medienpädagogische Forschungsverbund Südwest 2018, S. 13). Andererseits reagieren bei einer zunehmenden Dichte kommunikativer (Werbe-) Reize nahezu alle verbliebenen Rezipienten mit deutlichen Reaktanzeffekten (zum Reaktanzkonzept vgl. Brehm 1966, S. 1 ff.). Dieses gilt nicht nur für Reaktionen auf Marketingkommunikation in klassischen Werbekanälen (z. B. Zapping bei TV-Werbung, „Keine Werbung Aufkleber", Eintragung in die Robinson Liste), sondern zunehmend auch im Rahmen des Online Marketing. Hier lautet das altbekannte Stichwort „Banner Blindness". Sehr intensiv wird schon seit Jahren die Auseinandersetzung um Ad-Blocker geführt und auch durch die enger gelebte Datenschutzdiskussion einer anstehenden Post-Cookie-Ära befeuert. Die Krise der Bannerwerbung hat sich nochmals beträchtlich verstärkt, nachdem auch bei Smartphones das Thema Ad-Blocking zunehmend relevanter wird. Besonders schmerzhaft ist für die Marketingkommunikation die Tatsache, dass nun auch in dem relativ jungen aber extrem lukrativen Bereich der Video Ads von einer ausgeprägten Video Ad-Blindness gesprochen werden muss (Erlmeier 2018; BVDW 2020).

Im Zuge der Etablierung des Web 2.0 boten die nun aufstrebenden sozialen Plattformen, allen voran Facebook den Werbetreibenden einen scheinbaren Ausweg aus dem oben skizzierten Erreichbarkeitsdilemma. Im Rahmen des Social Media Marketing konnten Unternehmen z. B. mit ihren Facebook Auftritten und Posts durchaus beachtliche organische Reichweiten von zeitweise über 25 Prozent ihrer Follower erreichen (owned Media). Auch die Schaltung von Facebook Anzeigen konnte mittels vorher nie dagewesener spezifischer Targetingoptionen relativ kostengünstig zur Erreichung der Social Media Marketing Ziele beitragen (paid Media). Zwischenzeitlich sind allerdings die organischen Reichweiten dramatisch weltweit auf z. T. knapp über 5 % gesunken (We are social und hootsuite 2020, S. 118) und gleichzeitig die Kosten für Social Media Anzeigen gestiegen sowie deren Effizienz gesunken.

Vor diesem Hintergrund hat sich in den letzten Jahren die Aufmerksamkeit von Werbetreibenden im Rahmen moderner Marketingstrategien und Kommunikationskonzepten zunehmend dem Influencer Marketing als einem sehr zentralen Kanal zugewandt, der sowohl paid Media- als auch earned Media-Komponenten enthält. Eine Studie aus dem Jahr 2018 schätzt das (paid Media) Marktvolumen für „Influencer Marketing" im Jahr 2020 im DACH Raum auf nahezu 1 Mrd. EURO (Goldmedia 2018). Die derzeit bedeutendste Plattform im DACH Bereich ist Instagram, auf die ca. ein Drittel aller Werbeumsätze im Influencer Marketing entfällt.

Da das Influencer Marketing erst eine relativ kurze Historie aufweisen kann und weil seine Entwicklungsdynamik ausgesprochen hoch ist, herrscht jedoch bei den verschiedenen Akteuren in vielfältiger Hinsicht eine ausgeprägte Unsicherheit über das Konzept, den Planungsprozess, die Erfolgsfaktoren und Wirkungen von Influencer Marketing.

1.2 Definition Influencer Marketing

Konzeptionell lässt sich das Influencer Marketing am Meinungsführerkonzept orientieren. Aufbauend auf ihren Beobachtungen zur US-Präsidentenwahl von 1940 haben die Wissenschaftler Paul Lazarsfeld, Bernard Berelson und Hazel Gaudet ein entsprechendes Meinungsführungskonzept erstmalig vorgestellt (Lazarsfeld et al. 1944). Es hat innerhalb der Kommunikationswissenschaft und des Marketing eine weite Verbreitung und Anerkennung gefunden. Dieses Konzept nach Lazarsfeld/Berelson/Gaudet ist in Abb. 1 schematisch dargestellt.

Grundlage des Konzeptes ist das Modell des Zwei-Stufen-Flusses der Medienwirkung. Danach erreichen Politiker und Parteien aber auch Unternehmen Meinungsführer über entsprechende Kommunikation in Massenmedien. Diese Meinungsführer ihrerseits kommunizieren persönlich mit weiteren Personen und Konsumenten und erzielen so eine z. T. erhebliche Reichweite innerhalb ihres sozialen Umfeldes. So können sich Informationen und Meinungen schnell in einer Gesellschaft verbreiten. Dabei kann es sich ohne Frage nicht nur um positive, sondern auch negative Einstellungen zu bestimmten Betrachtungsobjekten (z. B. Marken) handeln. Vor diesem Hintergrund gewinnt die vermittelnde Position der Meinungsführer in diesem Modell eine erfolgsentscheidende Komponente. Die Autoren der Studie definieren Meinungsführer wie folgt:

„Alltägliche Beobachtung ... zeigte, dass es auf jedem Gebiet und für jede ... Frage ganz bestimmte Personen gibt, die sich um dieses Problem besonders intensiv kümmern, sich darüber auch am meisten äußern. Wir nennen sie ... ‚**Meinungsführer**‘."

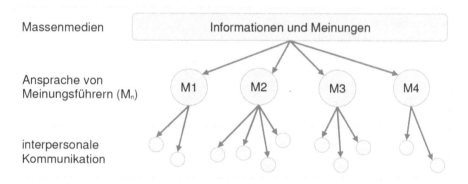

Abb. 1 Zwei-Stufen-Fluss der Kommunikation (schematisch)

Vor diesem Hintergrund ist zu untersuchen, welche Eigenschaften, Kriterien und Merkmale diese Meinungsführer in besonderer Weise auszeichnen. Nach Ansicht des Autors dieses Beitrages lässt sich das Meinungsführer-Konzept trotz aller Kritik (z. B. sinkende Relevanz aufgrund von TV Verbreitung und anderer Medien) auf das Influencer Marketing angemessen übertragen. Es gibt daher – wie in der Definition oben ersichtlich – insbesondere zwei konstitutive Merkmale, die das Modell und die Meinungsführer beschreiben. Es sind dies erstens eine intensive Auseinandersetzung der Meinungsführer mit der zugrunde liegenden inhaltlichen Thematik und zweitens eine weit überdurchschnittliche Kommunikationsintensität hierüber. Eine hohe Fachkompetenz und Expertise hingegen sind keine konstitutiven Notwendigkeiten von Meinungsführern und Influencern; auch wenn diese sicherlich zu einer höheren Kompetenzanmutung des Influencer führen mag und inhaltlich sicherlich wünschenswert wäre.

Damit ergibt sich folgende Definition für den Begriff des „Influencer":

„Influencer sind in der Regel natürliche Personen, die auf einer und/oder mehreren Social Media Plattformen sich mittels regelmäßig veröffentlichtem User generated content eine gewisse Reichweite (Followerschaft) aufgebaut haben. Damit werden Influencer für Unternehmen und deren Botschaften als Meinungsführer interessant, um konsumrelevante Zielgruppen zu erreichen, die sich anderen Werbezugängen bewusst oder unbewusst entziehen."

Die Einschränkung auf natürliche Personen erscheint dem Autor zwingend und zweckmäßig. Vor diesem Hintergrund sind künstliche Personenfiguren als Accountinhaber auf Sozialen Plattformen (häufig Avatare wie zum Beispiel die Puppen Barbie oder Ken) im Folgenden ausgeklammert. Diese Ausgrenzung ist auch deshalb sinnvoll, weil aus Unternehmenssicht bei künstlichen Charakteren entsprechende Planungsbereiche des Influencer Marketing wie bei natürlichen Personen entfallen und die Anmutung aus Rezipientensicht grundsätzlich differenziert. In manchen Publikationen wird ferner noch eine feinere Differenzierung zwischen Influencer, Testimonial, Multiplikator, Key Opinion Leader (KOL) und Digital Opinion Leader (DOL) getroffen (von Lewinski 2018, S. 88). Diese Differenzierung erscheint vor dem Hintergrund des hier in Frage stehenden Themas entbehrlich, da alle genannten Erscheinungsformen unter dem Begriff „Influencer" subsummiert werden können, wenn diese entsprechend auf Sozialen Medien aktiv sind.

Im Anglo-amerikanischen Sprachraum wird alternativ zum Wort „Influencer" auch der Begriff „Creator" verwendet. Dabei kann der Begriff „Creator" umfassender interpretiert werden und bezieht sich auch auf User/Kunden, die produkt-, unternehmens- und/oder markenrelevante Postings veröffentlichen, auch wenn sie nicht dafür bezahlt wurden oder eine andere Form der Kompensation erhalten haben. Auch wird die Bedeutung der Meinungsführer (z. B. Testimonialgeber, Celebreties) für das Marketing auch häufig unter dem Begriff WOM („Word of Mouth") zusammengefasst. Im Internetkontext findet sich die Abkürzung eWOM („electronic Word of Mouth"). Besonders prägnant ist dann die Schreibweise „electronic Word of *Mouse*" (sic!).

Um die große, nahezu unüberschaubare Zahl von Influencern (respektive Creators) zu systematisieren, lassen sich verschiedene Differenzierungskriterien heranziehen. Typischerweise erfolgt die Differenzierung von Influencern u. a. nach:

- Plattformen
  (YouTube, Instagram, Facebook, eigene Blogs etc.)
- Inhaltlicher Kernbereich
  (bezieht sich auf die überwiegende inhaltliche Ausrichtung der Posts eines Influencers. Z. B. Mode, Technik, Heimwerken, Gesundheit, Reisen, Auto, Beauty, Computerspiele, Ernährung, Essen, Interieur, Lifestyle, Sport u. v. a. m.)
- BtC oder BtB Influencer
  (Schwerpunkt der Influencer im Konsumgüterbereich oder eher im Investitionsgütermarkt)
- Markennähe
  (Markenliebhaber, -kritiker und -experten)
- Zahl der Follower
  (Unterscheidung nach ansteigender Zahl der Follower; eine mögliche Untergliederung):
  - Nano-Influencer von wenigen Followern bis zu 500 Follower,
  - Mikro-Influencer bis zu 10.000 Follower,
  - Midi-Influencer bis zu 100.000 Follower,
  - Makro-Influencer bis zu einer Million Follower und schließlich
  - Mega-Influencer mit mehr als einer Million Follower
- Stilistische Ausrichtung des Posts
  (Sachlich, unterhaltend, technisch, humoristisch, sarkastisch/ironisch und Moscharten)
- Influencer versus Corporate Influencer
  (Corporate Influencer können als Spezialform der Influencer angesehen werden. Sie arbeiten im jeweiligen Unternehmen und verfügen in der Regel über eine besondere Reputation in ihrem jeweiligen Arbeitsbereich; hilfreich kann der Einsatz von Corporate Influencern im Bereich des Employer Branding, des Recruiting, der Kundenbindung oder u. a. des pre-Sales sein)

Zu beachten ist, dass die meisten Influencer häufig auf mehreren Social Media Plattformen gleichzeitig aktiv sind und sich (inzwischen) nicht mehr ausschließlich einer Plattform zuordnen lassen. Ferner ist zu bedenken, dass die Zahl der Follower und die darauf aufbauende Unterscheidung in Nano-, Mikro-, Midi-, Makro- und Mega-Influencer nicht deterministisch zu ziehen ist. Hier finden sich in der Diskussion z. T. recht unterschiedliche Grenzziehungen (Lammers 2018, S. 111). Die große Mehrheit der Influencer bewegt sich mit ihrer Followerschaft allerdings unterhalb von 50.000. Auch kann die stilistische Ausrichtung eines Influencers sich abhängig von seiner Tagesform verändern; insofern ist bei der Umsetzung von Influencer Marketingkampagnen das in dieser Hinsicht detaillierte Briefing erfolgsentscheidend, um die Brand Safety zu bewahren.

Innerhalb vergleichsweise kurzer Zeit ist es dem Influencer Marketing gelungen, sich in den Unternehmen einen festen Stellenwert zu erobern. Historisch gesehen hat Influencer Marketing erst mit der Verbreitung von Facebook, youtube, Twitter und Co. seinen Aufschwung genommen. Auch neuere Plattformen werden zunehmend von Influencern und Ansätzen des Influencer Marketing durchdrungen (z. B. TikTok.com, Twitch.tv). Abhängig von den Präferenzen der jeweiligen Zielgruppe hat ein werbetreibendes Unternehmen die Dynamik in der Plattformnutzung durch seine Zielgruppen aktiv zu verfolgen und im Zweifel seine Influencer Marketing-Strategie daran anzupassen.

Eine an den klassischen Definitionsansätzen im Marketing orientierte Definition des Influencer Marketing ist nun folgende:

„Influencer Marketing ist die Planung, Durchführung, Kontrolle und Organisation sämtlicher Aktivitäten mit Einbindung von Influencern/Creators zur Erreichung der Social Media Marketing Ziele von Unternehmen."

Dazu stellen Unternehmen den Influencern häufig Produkte oder Dienstleistungen zur Verfügung und vereinbaren mit den Influencern eine entsprechend Erwähnung/Besprechung unter Umständen vergleichbar zu einem Product Placement z. B. in einer Fernsehserie. Wird Influencer Marketing im Sinne der oben genannten Definition verstanden, so ist Influencer Marketing ein integraler Teilbereich des Social Media Marketing. Dieses nutzt insbesondere Web 2.0 Technologien und Social Media Plattformen zur Erreichung von Unternehmenszielen (vgl. Ceyp und Scupin 2013, S. 23).

1.3 Empirische Forschungsergebnisse zum Influencer Marketing

Zwischenzeitlich sind national wie international in Theorie und Praxis schon eine beachtliche Zahl empirischer Studien zum Influencer Marketing erstellt und veröffentlicht worden (vgl. hierzu z. B. den Überblick bei Christian Hughes et al. 2019, S. 80); ein geschlossener, theoretischer Bezugsrahmen liegt hingegen noch nicht vor. Dies wird auch in den nächsten Jahren nicht zu erwarten sein, stattdessen werden einzelne Konzepte des Influencer Marketing, wie z. B. „Glaubwürdigkeit von Influencern", „Authentizität von Influencern" (z. B. Audrezet et al. 2018, S. 3), „Integrität von Influencern", „Kontinuität von Influencern", „Sympathie von Influencern" und auch z. B. „Bindungsbereitschaft auf Seiten der Follower" oder „Relevanzfaktoren für Follower" weiter expliziert werden.

Die monatliche Reichweite des Influencer Marketing in Deutschland kann nach einer Studie des BVDW aus dem Jahr 2019 auf zur Zeit beachtliche 50 % aller Internetnutzer geschätzt werden (BVDW 2019, S. 4). Dabei liegt die spezifische Reichweite in den jüngeren Zielgruppen noch deutlich höher. Fast ein Fünftel aller Befragten in Deutschland wurde nach eigenen Aussagen bereits durch Influencer zur Auswahl einer Marke/zum Kauf eines Produkts inspiriert. In der Altersgruppe 16 bis 24 Jahre lag dieser Anteil schon bei beachtlichen 43 %. Diese Zahl deutet an, welches – auch wirtschaftliches – Potenzial im Influencer Marketing hinsichtlich der Erreichbarkeit werbeferner Zielgruppen liegt.

So haben auch die Unternehmen zwischenzeitlich die Werbe- und Kommunikationsmöglichkeiten des Influencer Marketing erkannt und beginnen, diese verstärkt zu nutzen. So geben Anfang 2018 weltweit knapp 40 % der befragten Unternehmen an, Influencer Marketing bereits zu nutzen (Stelzner 2018, S. 36). In Deutschland liegt dieser Anteil Ende 2018 bei 59 %, weitere 24 % der Unternehmen geben an, in Zukunft Influencer Marketing nutzen zu wollen (BVDW 2018, S. 3). Nach dieser Studie haben die Hälfte der Unternehmen den Bereich Influencer Marketing organisatorisch im Bereich Social Media Marketing angesiedelt. 15 Prozent der Unternehmen haben hierfür sogar eine eigene Influencer Marketing Verantwortlichkeit/Abteilung geschaffen (BVDW 2018, S. 6). Auch diese Indizien zeigen das gesteigerte Bedeutungsgewicht des Influencer Marketing.

1.4 Digitale Wertschöpfungskette im Influencer Marketing

In der digitalen Wertschöpfungskette des Influencer Marketing können ganz verschiedenartige Akteure mitwirken (Krüger 2018, S. 213). Zwingend sind dies in der minimalistischsten Form die Influencer, eine oder mehrere Plattformen, auf denen die Influencer ihren Content veröffentlichen und schließlich ihre Follower. Das war auch historisch gesehen die Startkonfiguration des Influencer Marketing. Dann erfolgte eine zunehmende Kommerzialisierung und Unternehmen beauftragten vermehrt Influencer gegen Geldzahlungen bzw. der Überlassung kostenloser Produktsamples, gewisse Botschaften zu posten. Ursprünglich war die Zusammenarbeit von Influencer und Unternehmen jeweils auf eine konkrete Aktion beschränkt. Mittlerweile gibt es auch zahlreiche längerfristige Kooperationen zwischen Influencern und Unternehmen.

Gerade mit steigenden Budgets, wachsenden Influencerzahlen und einer steigenden Anzahl von Unternehmen, die Influencer Marketing betreiben wollen, tritt die direkte Beziehung von Influencer und Unternehmen häufig ein wenig in den Hintergrund und die reibungslose Abwicklung zwischen Werbetreibendem und Influencer wird heutzutage von einer Vielzahl unterschiedlicher Dienstleister unterstützt bzw. übernommen (vgl. Abb. 2). Hierzu zählen bei großen Makro- und Mega-Influencern häufig wie bei Spitzensportlern ein eigenes Management bzw. eigene Agenten, dann (Vermittlungs-)Agenturen teilweise mit umfassenden Datenbanken potenzieller Influencer, Marktplätze bzw. Datenbanken auf denen sich Influencer und Werbetreibende mit oder ohne Hilfe einer Agentur zusammenfinden können und durchaus auch Kreativagenturen bzw. Dienstleister (z. B. Fotografen), die beauftragt durch Influencer bei der konkreten Contentproduktion unterstützen.

Dabei supporten die Plattformen/Marktplätze aber auch Agenturen mit einer Vielzahl verzeichneter Influencer Unternehmen bei der Suche und Identifikation geeigneter Influencer, indem sie vielfältige Suchkriterien in den Datenbanken vorhalten (z. B. aspireiq.com, addfame.com, influencerdb.com, takumi.com, upfluence.com, buzzbird.de, hashtaglove.de, reachhero.de, incircles.de, hitchon.de, collabary.

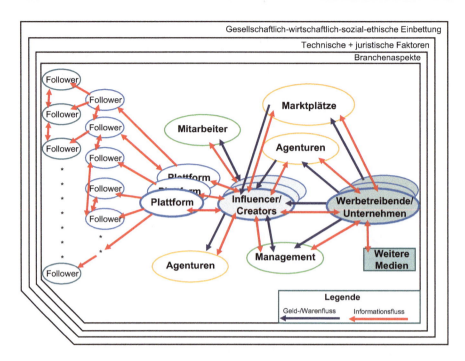

Abb. 2 Digitale Wertschöpfungskette im Influencer Marketing

com, influma.com u. v. a. m.). Suchkriterien innerhalb dieser Datenbanken sind z. B. die jeweilige Social Media Plattform, der Branchenbezug/-schwerpunkt des Influencers, Alter und Geschlecht des Influencers, aktuelle Reichweiten, Wachstumsrate der Followerschaft, die geforderten Preis-/Honorarklassen, der Sprachraum, die vorrangige Länderausrichtung, wesentliche KPIs des Influencers (z. B. Interaktionsraten, durchschnittliche Zahl der Likes je Beitrag, Häufigkeit von veröffentlichten Beiträgen/Turnus etc.). Fast die Hälfte aller Unternehmen, die Influencer Marketing betreiben, nutzen hierfür die qualifizierten Dienstleistungen einer Online- bzw. Social Media Agentur (BVDW 2018, S. 7). Ferner leisten ausgewählte Plattformen auch hinsichtlich Kampagnenplanung und Kreation, Kampagnensteuerung und Workflow-Technologie konkrete Unterstützung im Influencer Marketing. Auch gibt es Analysen und Tools, die Unternehmen davor bewahren sollen, auf Influencer hereinzufallen, die mit unlauteren Mitteln Follower und/oder Interaktionen gefälscht haben.

Die Professionalisierung der Influencer hat in den letzten Jahren deutlich zugenommen. Waren die ersten Influencer noch intrinsisch motiviert, so ist die überwiegende Mehrheit der Makro- und Mega-Influencer inzwischen vollzeitbeschäftigt im Rahmen ihres eigenen Geschäftsmodells. Viele haben noch eigene Mitarbeiter. Beispielsweise ist von der Bloggerin und Influencerin Vreni Frost bekannt, dass sie eine Projektmanagerin beschäftigt und ihre Geschäftsadresse in den Räumen einer Werbeagentur unterhält.

Zwischen den Beteiligten verlaufen unterschiedliche Informations- und Geldströme; unter Umständen auch Warenströme (z. B. bei der kostenlosen Überlassung von Produkten an Influencer im Rahmen von Influencer Marketing Kampagnen). Die Informationsströme beinhalten neben notwendigen Informationen (z. B. das Briefing der Kampagne, anschließendes Reporting) auch verschiedenartige (Qualitäts-)Contents (z. B. Bilder, Videosequenzen, Texte etc.). In monetärer Hinsicht fließt die vereinbarte Vergütung an den Influencer (häufig eine Art Tausender-Kontakt-Preis, orientiert an der Zahl der Follower eines Influencers; d. h. bis zu 25.000 EURO und mehr pro Post bei deutschsprachigen Mega Influencern) und im Beteiligungsfall an verschiedene Dienstleister in Form von Honoraren bzw. Provisionen (z. B. Agenturen, Vermittlungsplattformen; i. d. R. Monatsgebühren oder Prozentsätze von den vereinbarten Honoraren, z. B. 10 bis 25 Prozent). Häufig werden auch notwendige Reise- und Übernachtungskosten der Influencer getragen. Exklusivität, d. h. dass der Influencer nicht für direkte Wettbewerber arbeiten darf, kostet einen entsprechend zu verhandelnden Aufschlag. Für den Werbetreibenden, der neu in das Influencer Marketing einsteigen will, erschwert die Vielzahl unterschiedlicher Gestaltungsmöglichkeiten von Vergütungsoptionen die Schaffung eines verlässlichen Überblicks. Aus demselben Grund sind Zahlen zum Marktvolumen des Influencer Marketing auch mit entsprechender Skepsis zu werten.

Im Rahmen der digitalen Wertschöpfungskette ist die Interaktion bei den Rezipienten unter Umständen ein erheblicher Wirkungsverstärker. Auf den meisten Plattformen haben User die Möglichkeit, Postings von anderen entsprechend zu verlinken. Bei einem hohen Engagement der Follower/Rezipienten kann dieses die Reichweite eines Postings vervielfachen. Deshalb gilt es im Rahmen der digitalen Wertschöpfung im Influencer Marketing auch die Vernetzung des User untereinander zu untersuchen. Im Extremfall gehen Postings „viral" und erreichen weltweit ein Millionenpublikum. Allerdings kann so auch ein Shitstorm ausgelöst werden, der (dauerhaft) negativ für Influencer, Marke und Werbetreibende ist.

Ferner beachtenswert innerhalb der digitalen Wertschöpfungskette ist deren Einbindung in juristische, branchenbezogene, technische, gesellschaftlich-soziale und ethische Kontexte. Hier spielen insbesondere Gerichtsurteile und Verhaltenskodices sowie fortschreitende Verbesserungen der Technik (z. B. AR- und VR-Technik) eine wichtige Rolle.

Mit einer zunehmenden – auch strategischen – Bedeutung des Influencer Marketing wächst auch das Integrationserfordernis des Influencer Marketing in mediengattungsübergreifende Kommunikationskonzepte, die auch zeitgleich in anderen Kanälen und Medien stattfinden sollen. Insofern öffnet sich die digitale Wertschöpfungskette des Influencer Marketing zusehends auch anderen Werbeträgergattungen (z. B. TV, Print, Out of Home oder auch dem Eventmarketing). Erfolgreiche Influencer fungieren vermehrt als Testimonialgeber in klassischen Werbeträgern. In derartigen Fällen könnte eine Honorierung grob anhand der sog. Velma Buyout Preisliste stattfinden (Jahnke 2018, S. 9). Allerdings dürfte die tatsächliche Vergütung immer Ergebnis eines individuellen Verhandlungsprozesses sein. Bei einer medienübergreifenden Zusammenarbeit sollten sowohl Influencer und das Unternehmen jedoch kritisch bedenken, wie hoch und ausgeprägt der Bekanntsheitsgrad des Influencers außerhalb der Sozialen Medien ist. Sollte dieser unterausgeprägt sein, kann die Gefahr eintreten, dass die Kampagne floppt, da die Zielgruppe den Influencer nicht entsprechend wahrnimmt. Auch könnte im Rahmen derartiger Kampagnen der Effekt eintreten, dass sich Follower vom Influencer vermehrt abwenden, da sich dessen Kompetenz und Glaubwürdigkeit aus Sicht der Follower als Folge derartiger sei Kampagnen reduzieren hat.

Abschließend an dieser Stelle der Hinweis erlaubt, dass Influencer für eine Zusammenarbeit mit Unternehmen nicht nur monetäre Motive haben können. Für manche Influencer zählen Erhöhung der eigenen Reichweite, die Produktion hochwertigen Contents und die zu erreichende Imageverbesserung höher als monetäre Ziele (Martens und Unge 2018, S. 262).

1.5 Juristische Aspekte des Influencer Marketing

Influencer üben juristisch gesehen eine Medientätigkeit aus und handeln häufig – aber nicht immer – geschäftlich (Zentrale zur Bekämpfung unlauteren Wettbewerbs- Frankfurt am Main e. V. 2019). Dabei lassen sich die bewährten Regeln aus dem Printbereich nicht ohne Weiteres auf das Influencer Marketing anwenden bzw. übertragen. Ein zentrales Entscheidungs- und Auseinandersetzungsfeld ist daher die (explizite) Kennzeichnungspflicht des Influencer Marketing, die inzwischen nahezu weltweit besteht; allerdings von Land zu Land unterschiedlich ausgestaltet sein kann. Dieser Bereich ist durch eine hohe Dynamik gekennzeichnet und es besteht immer noch eine hohe Unsicherheit über konkrete Gestaltungsanforderungen. So hat erst jüngst ein Urteil des Oberlandesgerichtes Celle gegen die Drogeriekette Rossmann zu einer deutlich veränderten Einschätzung geführt (Az. 13 U 53/17). Dabei ist auch der längere Zeit als rechtssicher empfohlene Leitfaden zum Influencer Marketing der Landesmedienanstalten (vgl. Böhm 2015) ausgehebelt worden (vgl. Ulbricht 2017). Mit Stand Januar 2020 liegt nun ein entsprechend überarbeiteter Leitfaden der Medienanstalten vor (Direktorenkonferenz der Landesmedienanstalten (DLM) 2020).

Vor diesem Hintergrund bedarf es also ohne Ausnahme einer rechtlichen Prüfung, in welchem Maße Inhalte von Influencern als werbliche Inhalte gekennzeichnet werden müssen. Dieses geschieht bei Texten, Blogs und Bilder deutlich lesbar am Anfang mit den Worten „Werbung" bzw. „Anzeige", bei Videobeiträgen mit den Worten „Werbevideo" bzw. „Werbung". Unproblematisch dürfte wohl das Voranstellen des Hashtag-Symbols „#" sein. In bestimmten Zielgruppen dürfte eine englischsprachige Kennzeichnung, z. B: via „ad" zu (rechtlichen) Unsicherheiten führen. Auch die für einige Influencer durchaus ertragsstarken Affiliate Links in Posts sind entsprechend zu kennzeichnen, um eine Irreführung der Rezipienten zu vermeiden (Fuchs und Hahn 2018, S. 168). Im Zweifelsfall sind Influencer und Unternehmen aus rechtlichen Gründen und bei Erhalt einer (monetären und/oder nichtmonetären) Vergütung aufgefordert, Influencer Marketing Posts und Beiträge entsprechend als Werbung zu kennzeichnen. Auch kostenlose Einladungen zu Events können in diesem Kontext als geldwerter Vorteil gewertet werden und so eine Kennzeichnungspflicht auslösen. Diese Kennzeichnung darf nicht mehr – wie früher durchaus üblich – in langen Hashtagketten versteckt werden, sondern muss an deren Anfang stehen. Hat ein Influencer als Follower vorrangig Kinder und Jugendliche, so ergeben sich verschärfte Anforderungen aus dem Jugendmedienschutz Staatsvertrag (JMStV).

Kontrovers diskutiert wird auch ein Urteil des Landgerichts München (Urteil vom 29.04.2019 – 4 HK O 14312/18) im Fall Cathy Hummels. Es ging hier um die Frage, ob Posts, für die keine Gegenleistung des Unternehmens vorlag, schon als unlautere Schleichwerbung zu klassifizieren seien. Die fraglichen Posts auf Instagram zeigten diverse Produkte und waren nicht als Werbung gekennzeichnet; enthielten aber Links zum jeweiligen Hersteller des gezeigten Produktes. Hier gelangte das Gericht zu der Auffassung, dass Frau Hummels mit diesen Posts keine Schleichwerbung mache. Das Gericht betonte aber gleichfalls, dass die Erkennbarkeit eines gewerblichen Handelns in jedem Einzelfall geprüft werden müsse.

Es bleibt die Gefahr, dass Influencer aus Angst vor Abmahnungen und rechtlichen Unklarheiten jeden ihrer Beiträge als Werbung kennzeichnen. Ein solches Vorgehen würde die Glaubwürdigkeit des Influencer Marketing generell schwer belasten. Vor diesem Hintergrund sieht der BVDW e. V. die Gefahr, dass Gerichte übertriebene Anforderungen an die Art der Kennzeichnung von Influencer Werbung etablieren werden und damit große Abmahnwellen im Influencer Marketing provoziert werden. Ausgehend vom Idealbild eines aufgeklärten kritischen Verbrauchers (Rezipienten) wünscht sich der BVDW eine klarstellende Grundlagenentscheidung durch den Bundesgerichtshof.

Eine gegenteilige Entwicklung lässt sich bei „aufstrebenden" Influencern beobachten, die den Durchbruch zu bezahlten Posts noch nicht geschafft haben. Getreu dem Grundsatz „Fake it til you make it" wird hier den Rezipienten vorgetäuscht, dass die geposteten Einträge von bekannten Unternehmen bezahlte/gesponsorte Werbepostings seien. Hiermit verbinden die Influencer die Hoffnung, das eigene Profil für Werbekunden attraktiv zu machen (Lorenz 2018). Eine bei Influencern beliebte Methode hierbei ist es, sich an laufende, viel beachtete Influencer Kampagnen großer Marken anzuhängen, indem die aktuellen Hashtags dieser Kampagnen in das eigene Posting integriert werden und die entsprechenden Produkte des Flights dargestellt werden.

2 Einsatzmöglichkeiten des Influencer Marketing

2.1 Planungsprozess im Influencer Marketing

Auch wenn zu Anbeginn des Influencer Marketing häufig eine fallweise und eher pragmatische Zusammenarbeit zwischen Unternehmen und Influencer im Vordergrund stand, ist heutzutage in Anbetracht der gewachsenen Influencer Marketing-Budgets, der gestiegenen strategischen Bedeutung, der Wettbewerbsrelevanz und der Vielzahl der Beteiligten ein systematisches, planvolles Vorgehen für Unternehmen unabdingbar. Nur so kann die Effektivität und Effizienz des Influencer Marketing langfristig sichergestellt werden.

Ausgangspunkt bildet zunächst eine Festlegung und Definition der angestrebten Ziele im Influencer Marketing (vgl. Abb. 3). Hier sind die Oberkategorien ökonomische und nicht-ökonomische Ziele zu unterscheiden. Auch wenn sich z. B. mittels Affiliate Links konkrete Abverkäufe durch Influencer Kampagnen problemlos tracken lassen, so stehen in der Mehrzahl nicht ökonomische Ziele, wie z. B. Erhöhung der Bekanntheit, Verbesserung des Images oder Vorstellung konkreter Produktneuheiten, im Vordergrund. Egal welches Ziel angestrebt wird, die Zielformulierung sollte immer operational erfolgen. Das heißt hinsichtlich Zielinhalt, Zielausmaß und Zeitbezug konkretisiert sein, um ein entsprechendes Controlling der Zielerreichung nach Umsetzung des Influencer Marketing zu ermöglichen. Häufig findet sich als Zielvorgabe im Influencer Marketing auch eine konkrete Mindestschwelle des erzielten Engagements (z. B. eine Mindestanzahl angestoßener Interaktionen). Hieran kann auch die Vergütung der Influencer geknüpft werden.

Im Anschluss an die Zielfestlegung sollten die Unternehmen eine profunde Situationsanalyse durchführen. Hier stehen Aspekte der Wünsche und des Verhaltens der eigenen Zielgruppe, der Stärken und Schwächen des eigenen Unternehmens sowie des Wettbewerbs im Vordergrund des Interesses. Auch gilt es, die Dynamik der sozialen Medien zu erkennen und für die eigenen Zwecke zu nutzen.

In der nachfolgenden Strategiephase sind die längerfristigen Leitplanken des Influencer Marketing zu setzen. Hier geht es beispielsweise um die Frage der tatsächlich einzubeziehenden Plattformen und Zielgruppen, des Gesamtbudgets, der Integra-

Abb. 3 Planungsprozess im Influencer Marketing

tion zu anderen Medien, der organisatorischen Verankerung des Influencer Marketing und der Zuordnung von geografischen Einheiten (lokal, regional, national, international, global). Auch interessiert die Frage nach der Einbindung von Dienstleistern und speziellen IT-Tools. Unter Umständen ist hier bereits festzulegen, mit welchen Influencern langfristig zusammengearbeitet werden soll.

Die Operative Durchführung beschreibt das Implementieren der gewählten Influencer Marketing Strategie und der vorhandenen Markenstrategie und -positionierung. Hier sind Faktoren wie Zeitpunkt und Umfang des Contents zu berücksichtigen. Es sollte ein entsprechender Redaktionsplan für die Kampagnen aufgestellt werden. Erfolgskritisch im Influencer Marketing ist neben der Auswahl der beteiligten Influencer (Ceyp 2018, S. 135 ff.) auch die zweckmäßige Ausgestaltung des Kampagnenbriefings an die Influencer. Zentrale Bestandteile eines Briefings sind z. B. (Held 2018, S. 80 und Krüger 2018, S. 224 f.):

- Wie soll die Marke/das Produkt (visuell und textlich) inszeniert werden?
- Welche Produktnamen, Kampagnentitel, Markenclaims, Hashtags etc. müssen genannt werden?
- Was sind die zu kommunizierenden Key-Messages?
- In welcher Stimmung („Mood") soll der Post erfolgen?
- Was genau soll in der Bildunterschrift („Caption") erwähnt werden?
- Welche Websites/Landingpages/Online-Shops sollen verlinkt werden?
- Welche Hashtags sollen eingesetzt werden?
- Welche Timings/Deadlines sind einzuhalten?
- Gibt es explizite Freigabeprozesse?
- Wann soll unter Beachtung verschiedener Zeitzonen gepostet werden?
- Aufforderung zur korrekten Werbekennzeichnung.

Abschließend und quasi als neuer Startpunkt eines weiteren Planungsprozesses stellt die Erfolgskontrolle in Form des Controllings einen unverzichtbaren Bestandteil jeder Influencer Marketing-Kampagne und des Social Media Marketing im Allgemeinen dar. Eine Kennzahl, die häufig zur Erfolgsmessung des Influencer Marketing und Abschätzung des Return on Influencer Marketing Investment (ROIMI) verwendet wird, ist der Earned Media Value. Diese Kennzahl berechnet sich aus der Zahl der Postings von Drittusern, die das Influencer Posting entsprechend verlinkt haben. Vergleichbar zu einer Medien-Resonanz-Analyse wird anschließend zur ökonomischen Bewertung ein vergleichbarer Tausender Kontakt Preis (TKP) herangezogen, um den Earned Media Value konkret zu berechnen und ausweisen zu können. Je höher die Kennzahl ausfällt, desto erfolgreicher und beachtungsstärker war der entsprechende Post. An der Berechnung wird deutlich, dass aus Sicht eines Unternehmens sowohl die Zahl der Follower eines Influencers als auch deren Engagement (Beteiligungsbereitschaft) in die ökonomische Beurteilung positiv korreliert einfließen. Der Return on Influencer Marketing Investment (ROIMI) wird final dann als Verhältniszahl des Earned Media Value und des aufgewendeten Kampagnenbudgets gebildet.

2.2 Ausprägungsformen konkreter Influencer Marketing Kampagnen

Inzwischen gibt es eine nahezu unüberblickbare Zahl unterschiedlicher Kampagnenschwerpunkte im Influencer Marketing. Wesentliche Erscheinungsformen auf den beteiligten Social Media Plattformen sind abgesehen vom konkreten Contenttyp u. a. (Krüger 2018, S. 221 f.):

- Produktpräsentation (z. B. sog. unboxing Videos),
- Testerfahrungen aus der Nutzung (Review),
- Tutorials,
- Gewinnspiele,
- Contests (z. B. Lip Contest auf Tiktok),
- Co-Creation-Aktionen,
- Gemeinsame Events und
- Mehr oder weniger zufällige Product-Placements.

Besonders von den Rezipienten erwartet und daher potenziell erfolgsträchtig sind Rabattaktionen im Influencer Marketing. So wünschen sich speziell in der Altersgruppe von Jahren 16 bis 19 Jahren 46 % Prozent der Follower Vorteile in Form von Rabatten und Gutscheinen (PricewaterhouseCoopers GmbH 2018, S. 11). Erst danach folgen in dieser Zielgruppe unterhaltsamer Content (44 %), inspirierender Content (40 %) und hilfreiche Tipps (38 %).

2.3 Erfolgsfaktoren im Influencer Marketing

Wesentliche Erfolgsfaktoren im Influencer Marketing lassen sich nach unternehmens- und influencerbezogenen Faktoren differenzieren. Erst wenn beide Bereiche zusammen einen Fit ergeben, kann Influencer Marketing erfolgreich sein.

Auf Seiten der Werbetreibenden sollte insbesondere eine ehrliche Situationsanalyse und realistische Zielfestlegung erfolgen. Trotz aller Erfolge im Influencer Marketing gilt der alte, Edison zugeschriebene Erfolgsgrundsatz „1 % Inspiration und 99 % Transpiration". Daher sollte auch in der Nachbereitung ein umfassendes (Kampagnen-)Controlling durchgeführt werden. In der Auswahl der Influencer gilt es mögliche missbräuchliche Aktivitäten von Influencern (z. B. Kauf von Followern) ex ante zu erkennen, um Kampagnen nicht zu teuer und gleichzeitig zu interaktionsschwach zu initiieren. Für die Überprüfung potenzieller Influencer eignen sich besondere Analysen der Abonnenten, die sorgfältige Betrachtung der Interaktionen und flankierend die Beachtung der Medienpräsenz der Influencer auf anderen Plattformen (InfluencerDB und Hubspot o. J. S. 4 ff.). Auch wenn sich so sicherlich nicht alle unehrlichen Influencer vorab ausselektieren lassen, so reduziert sich die Misserfolgswahrscheinlichkeit doch beträchtlich.

Mit Blickrichtung auf die Influencer zeigen empirische Studien, dass Follower sich von ihren Idolen (Influencern) insbesondere hohe Produktkenntnisse (39 %), ein authentisches Auftreten (37 %) und eine ansprechende Produktpräsentation wünschen (PricewaterhouseCoopers GmbH 2018, S. 13). Auch steigt die Glaubwürdigkeit von Influencern tendenziell mit einer zunehmender Zahl an Follower. Nur mit Glaubwürdigkeit kann z. B. Toni Kroos Platz 1 im Ranking der deutschen Instagram-Influencer einnehmen. Er hat die 10-Millionen-Marke als erster geknackt und freut sich derzeit – nicht zuletzt natürlich auch über internationale – 22,7 Millionen Abonnenten (Milz 2019).

Zu den weiteren Erfolgsfaktoren eines Influencer zählen auch die Faktoren Vertrauen, Kontinuität und Integrität. Wie schnell ein Influencer das Vertrauen seiner Follower verspielen kann, zeigt die Geschichte eines Motorradunfalls der Lifestyle Bloggerin und Influencerin Tiffany Mitchell. Sie postete ausführlich von der Unfallstelle (Djudjic 2019). Die offenbar perfekt inszenierten Bilder und der Post führten zu einer deutlichen und eindeutigen Gegenreaktionen der Community. Inzwischen sind diese vom Account der Influencerin gelöscht.

Bezüglich der Authentizität eines Influencers ist insbesondere die Frage zu berücksichtigen, inwieweit bezahlte Influencer Marketing Aktionen die Glaubwürdigkeit und Unabhängigkeit eines Influencer negativ beeinflussen. Auch die Frage nach eventuellen Wettbewerbsverboten stellt sich, gerade dann, wenn ein Influencer sich innerhalb einer Produktkategorie besonders profiliert hat und damit für verschiedene Unternehmen derselben Branche attraktiv erscheint. Auf der anderen Seite ist selbstverständlich auch die Frage nach der erzielbaren Wertschöpfung aus Sicht des Influencer zu stellen. Hierunter ist auch die Fragestellung zu sehen, woher zukünftiges Wachstum in Followerzahlen und Umsatz kommen kann bzw. kommen sollte.

In der Studie „Spotlight Influencer 4.0", durchgeführt von [M]SCIENCE als Forschungsunit der GroupM für Wavemaker haben sich folgende Ergebnisse festhalten lassen (Theobald 2019):

- Aus Sicht der befragten Nutzer sind Social-Media-Influencer vor allem dann glaubwürdig, wenn sie sich und ihrer Meinung treu bleiben (71 Prozent) und nicht in jedem Post Produkte bewerben (67 Prozent).
- Außerdem machen laut den Befragten eine klare Kennzeichnung der Werbung (66 Prozent) und Produkte, die zur Persönlichkeit des Influencers und seinem Leben passen (60 Prozent), Influencer-Kooperationen deutlich glaubhafter.
- Wenn es um die Frage geht, warum Nutzer einem Influencer folgen, wird der Faktor Sympathie immer wichtiger (58 Prozent vs. 47 Prozent im Vorjahr).
- Für 50 Prozent der Befragten ist es besonders bedeutsam, interessante Tipps für den eigenen Lebensalltag zu erhalten.
- Die größten Barrieren, einem Influencer zu folgen, sind dagegen ein grundsätzlich fehlendes Interesse (69 Prozent) sowie die Ansicht, dass sie nur eine weitere Form von Werbung darstellen (64 Prozent).

3 Entwicklungsperspektiven des Influencer Marketing

Basierend auf den bisherigen Erfahrungen und Analysen ist ein weiteres Anwachsen der Bedeutung und Verbreitung von Influencer Marketing global zu erwarten. Dieses betrifft nicht nur die quantitative, sondern auch die qualitative Seite. Davon wird auch der BtB-Bereich nicht unberührt bleiben (von Lewinski (2018), S. 85 ff.), auch wenn der BtC-Bereich weiterhin die eindeutige Domäne des Influencer Marketing bleiben wird.

Generell verwischen die Grenzen zwischen paid Social Media Advertising und Influencer Marketing aus Sicht der Rezipienten weiter. So können Werbetreibende Posts ihrer Influencer in paid Kampagnen umwandeln („shoppable posts feature with creators"). Dieses Vorgehen verspricht eine höhere Aufmerksamkeitswirkung durch den Influencer-Content, könnte die Werbetreibenden von Fixkosten der Werbegestaltung entlasten und somit zu einer verbesserten Effektivität und Effizienz des Social Media Marketing führen.

Beachtenswert sind auch zweifelsohne die weiteren Entwicklungen im Bereich Social Commerce innerhalb der jeweiligen App. Auch wenn sich vor Jahren der Ansatz eines Facebook-Commerce offenkundig an der hohen Provisionserwartung der Plattform nicht durchsetzen konnte, sind die Erfolgsaussichten heutzutage wesentlich besser. Hier hat Instagram eindeutig die beste Startposition und verfügt bereits über erfolgsversprechende Erfahrungen aus einem Beta-Test in Nordamerika (Richards 2020). Sollte sich die geforderte Vergütung der Plattformen in einem angemessenen Bereich (d. h. deutlich unterhalb 30 % des Transaktionswertes bewegen), so könnte hier für Amazon und Co. ein weitere, ernstzunehmende E-Commerce Plattform als Wettbewerber entstehen. Im Rahmen des nahtlosen Social Commerce kommt den Influencern dabei eine besondere Rolle zu. Die langfristige Vision ist die nahtlose Abwicklung aller Prozesse innerhalb der Plattform (App). Der Anstoß des Kaufinteresses erfolgt mittels Influencer Posting, dann trifft der User die Produktauswahl direkt im Social Commerce Shop innerhalb der Plattform, die Bestellung inklusiver Lieferanschrift werden ebenso automatisiert eingesetzt wie die Zahlungsdetails und -modalitäten; schließlich setzt der User ohne Unterbrechung seinen Visit auf der Social Media-Plattform fort.

Wie so häufig bei der Entstehung eines neuen Marketinginstrumentes ist auch auf Seiten der Unternehmen eine Vielzahl von offenen Fragestellungen bedenkenswert. Dieses betrifft zunächst die Steuerung und Organisation des Einsatzes von Influencern. Gleichzeitig stellt sich die Frage nach der Zielvorgabe und der tatsächlichen Zielerreichung im Influencer Marketing. Hier geht es um die Auswahl geeigneter Ziele und KPIs sowie deren spätere Messung im Sinne eines projektorientierten Controllings.

Auf der anderen Seite gilt es insbesondere auch die Qualitätssicherung beim Influencer Marketing nicht zu unterschätzen. Hier ist insbesondere das Schlagwort „Brand Safety" zu nennen. Gerade wenn die Einflussnahme der Unternehmen auf die Influencer nicht klar und umfassend geregelt ist, kann es zu entsprechenden negativen Beeinflussungen der Marke und des Unternehmens kommen. Ein besonderes Augenmerk sollten Marketingverantwortliche daher einerseits auf ein gründliches Briefing ihrer Influencer legen und andererseits unter Wirkungsaspekten den Return On Influencer Marketing Investment (ROIMI) jederzeit im Blick behalten. Hierbei spielt im Sinne einer notwendigen Zielgruppenausrichtung die Identifikation geeigneter Influencer eine herausragende Rolle (Faßmann und Moss 2016).

In dem Maße wie rechtliche Rahmenbedingungen konkretisiert werden, steigt einerseits auch die Verlässlichkeit und Glaubwürdigkeit des Influencer Marketing.

Auf der anderen Seite wird es auch weiterhin Bestrebungen geben, diese rechtlichen Rahmenbedingungen zu unterlaufen.

Auf Seiten der jeweiligen Social Media Nutzer sind insbesondere die zugrunde liegenden Motive der Nutzung von Sozialen Medien im Allgemeinen und des Influencer Marketing im Besonderen untersuchungswürdig. Auch der Aspekt einer weitergehenden Identifikation mit dem „Influencer-Idol" verdient eine eingehende Betrachtung. Dabei ist auch auf die tatsächliche Transparenz von marketingrelevanten Aussagen zu achten. Es ist zum Teil gegenwärtig recht fraglich, ob der einzelne User – gerade wenn er jung ist – in der Lage ist, den werblichen Anspruch eines Post in aller Konsequenz richtig zu erkennen. Hier stellt sich insgesamt die Frage einer weitgehenden Medienkompetenz auf Rezipientenseite.

Aus gesellschaftlicher Perspektive stellt sich die Frage nach einer grundsätzlichen Bewertung des Influencer Marketing. So können einem unbefangenen Beobachter stellenweise durchaus Zweifel an der (inhaltlichen und sonstigen) Sinnhaftigkeit der Äußerungen/Darstellungen von Influencern kommen. Vielfach scheint allenfalls ein reiner Unterhaltungsaspekt der Rezipienten im Vordergrund zu stehen. In einer offenen Gesellschaft – wie der unsrigen – sollte eine derartige Ausprägungsform des Marketings selbstverständlich zulässig sein; allerdings unter einer angemessenen Überwachung. Dies gilt gerade in Anbetracht der zum Teil doch recht jungen Zielgruppen im Influencer Marketing. Allerdings kann es nicht überraschen, dass die rechtliche Klärung von Sachverhalten im Influencer Marketing zum Teil beträchtlich der tatsächlichen Entwicklung hinterherhinkt.

4   Fazit

Zusammenfassend lässt sich festhalten, dass das Influencer Marketing mittel- und langfristig weiterhin an Bedeutung zunehmen wird. Diese Entwicklung wird durchaus auch von kritischen Stimmen weiter begleitet werden. So konstatieren erste Studien im Jahr 2019 einen Glaubwürdigkeitsverlust des Influencer Marketing (Theobald 2019). Ursache hierfür ist ein Abnutzungseffekt bei den Rezipienten, die Influencer mehr und mehr als reine kommerzielle Werbefiguren wahrnehmen. Negativ belasten auch immer wieder verschiedene Skandale und Beichten um gekaufte Follower und Interaktionen das Image und die Glaubwürdigkeit des Influencer Marketing auf Seiten der Rezipienten und der Werbetreibenden (Hackober 2017). Bezeichnend war Anfang 2019 auch die Kampagne „@world_record_egg". Das Bild eines braunen Hühnereis ist seitdem das Bild auf Instagram, welches weltweit die meisten Likes erhalten hat. Am Ende der zunächst rätselhaften Kampagne wurde klar, dass es ein Appell zu mehr geistiger Gesundheit auf sozialen Plattformen geht. Kommuniziert werden unter der url talkingegg.info Links, die hilfreiche Hinweise gegen Depressionen und Angstzustände von Usern geben. Konsequenterweise hat Instagram Ende 2019 die Veröffentlichung der Like-Anzahl zu Posts eingestellt, um bei den Rezipienten nicht weiter Zweifel an eigenen Selbstwert aufkommen zu lassen (Stolz 2019).

Nichtsdestotrotz werden die Unternehmen ihre Budgets in diesem Bereich erhöhen und ausbauen, um eine Erreichbarkeit gewisser werbeferner Zielgruppen überhaupt sicherstellen zu können. Unternehmen sollten und werden das Influencer Marketing stärker strategisch und operativ integrieren und mit anderen Instrumenten synchronisieren bzw. verbinden, sowie ihre diesbezügliche Organisation und Prozesse verfeinern. Allgemein tobt inzwischen auf Seiten der Influencer ein intensiver Kampf um Aufmerksamkeit. Vor diesem Hintergrund ist auf Seiten der Influencer eine weitergehende Professionalisierung zu erwarten. In diese Richtung geht auch die im September 2017 erfolgte Gründung eines Bundesverbandes für Influencer Marketing (BVIM). Im Dezember 2019 legte der BVIM einen von der Universität Leipzig entwickelten Ethikkodex „Influencer-Kommunikation" vor, der als Grundlagendokument dienen soll.

Auch steht zu erwarten, dass einzelne Stufen in der digitalen (Influencer)-Wertschöpfungskette ihren Leistungsbereich klarer herausstellen müssen, um nicht vom Markt zu verschwinden. In diesem Verdrängungswettbewerb sind Transparenz und Wirkungsmessung die entscheidenden Faktoren, um aus Sicht der Entscheider auf Unternehmensseite einen positiven Return on Influencer Marketing Investment (ROIMI) sicherzustellen (Ceyp und Kurbjeweit 2017, S. 203).

Ein Bereich, der im Influencer Marketing schon heute vereinzelt auftritt, hat sicherlich in Zukunft eine erhebliche auch – medienwissenschaftliche, politische und gesellschaftliche – Relevanz. Es ist die massenhafte Integration einflussreicher Influencer unter einer gemeinsamen Organisation und Steuerung. Dieses wird heute schon – nach eigenen Aussagen – anhand des Disney Digital Networks (DDN) sichtbar. Es sagt über sich selbst:

„The network, which reaches over one billion followers, is made up of distinct editorial voices, more than 300 social media channels that bring The Walt Disney Company's characters and stories to social feeds, and a curated set of Maker creators and influencers." (The Walt Disney Company 2017).

Problematisch wird es dann, wenn ein unseriöser bzw. eigenmächtiger Akteur (Unternehmen, Organisation, Partei oder Staat) zusätzlich noch massenhaft Social Bots und Fake News (z. B. falsche Produktreviews) einsetzt. Dann kann von einer „next universal, big bubble" gesprochen werden. Oder vom Influencer Marketing in Anlehnung an Vance Packard als:

Die neuen geheimen Verführer!

Literatur

Audrezet, A., de Kerviler, G., & Moulard, J. G. (2018). Authenticity under threat: When social media influencers need to go beyond selfpresentation. *Journal of Business Research*. (2018). https://doi.org/10.1016/j.jbusres.2018.07.008.

Böhm, M. (2015). Leitfaden: Produkte in Videos – was YouTuber dürfen. http://www.spiegel.de/netzwelt/web/youtube-legale-reklame-oder-schleichwerbung-leitfaden-fuer-youtuber-a-1058513.html. Zugegriffen am 16.01.2020.

Brehm, J. W. (1966). *Theory of psychological reactance*. New York: Academic.
BVDW. (Hrsg.). (2018). Umfrage zur Nutzung von Influencer Marketing. Berlin
BVDW. (Hrsg.). (2019). Digital Trends Umfrage zum Umgang mit Influencern. Berlin
BVDW. (Hrsg.). (2020). https://www.bvdw.org/fileadmin/user_upload/05_OVK_2020_01_Top10_DisplayWerbe_20200223.jpg. Zugegriffen am 29.02.2020.
Ceyp, M. (2018). Meinungsführer in sozialen Medien – Ansätze zur Identifikation und Nutzungsmöglichkeiten für das (Dialog-)Marketing. In *Dialogmarketing-Perspektiven 2017/2018, Deutscher Dialogmarketing Verband e. V.* (S. 133–149). Wiesbaden: Springer Gabler.
Ceyp, M., & Kurbjeweit, T. (2017). Kooperative Monetarisierung auf YouTube – Gestaltungsoptionen und Erfolgsfaktoren. In DDV e. V. (Hrsg.), *Dialogmarketing Perspektiven 2016/2017* (S. 183–206). Wiesbaden: Springer Gabler.
Ceyp, M., & Scupin, J.-P. (2013). *Erfolgreiches Social Media Marketing – Konzepte und Maßnahmen*. Wiesbaden: Springer Gabler.
Direktorenkonferenz der Landesmedienanstalten (DLM). (Hrsg.). (2020). Leitfaden der Medienanstalten Werbekennzeichnung bei Social-Media-Angeboten. https://www.die-medienanstalten.de/fileadmin/user_upload/Rechtsgrundlagen/Richtlinien_Leitfaeden/Leitfaden_Medienanstalten_Werbekennzeichnung_Social_Media.pdf. Zugegriffen am 27.02.2020.
Djudjic, D. (2019). Instagram influencer accused of faking and staging a motorcycle accident for promotional gain. https://www.diyphotography.net/instagram-influencer-accused-of-faking-and-staging-a-motorcycle-accident-for-promotional-gain/. Zugegriffen am 05.01.2020.
Erlmeier, A. (2018). Plädoyer für Native Video Advertising. https://www.adzine.de/2018/08/plaedoyer-fuer-native-video-advertising/. Zugegriffen am 25.01.2020.
Faßmann, M., & Moss, C. (2016). *Instagram als Marketing-Kanal – Die Positionierung ausgewählter Social-Media-Plattformen*. Wiesbaden: Springer Gabler.
Fuchs, T., & Hahn, C. (2018). Was sind die medienrechtlichen Rahmenbedingungen des Influencer-Marketings? Kennzeichnung, Jugendschutz und Aufsicht. In M. Jahnke (Hrsg.), *Influencer Marketing* (S. 161–175). Wiesbaden: Springer.
Goldmedia (Hrsg.). (2018). Marktstudie Influencer Marketing in der Region DACH. https://www.goldmedia.com/produkt/study/marktstudie-influencer-marketing-in-der-region-dach/. Zugegriffen am 25.01.2020.
Hackober, J. (2017). „Modemarken müssen die Instagram-Trickserein durchschauen". https://www.welt.de/icon/partnerschaft/article164338986/Modemarken-muessen-die-Instagram-Trickserein-durchschauen.html. Zugegriffen am 05.01.2020.
Held, F. (2018). Influencer-Marketing ist nicht nur Instagram. In M. Jahnke (Hrsg.), *Influencer Marketing* (S. 67–84). Wiesbaden: Springer.
Hughes, C., Swaminathan, V., & Brooks, G. (2019). Driving brand engagement through online social influencers: An empirical investigation of sponsored blogging campaigns. *Journal of Marketing, 3*, 78–96.
InfluencerDB & Hubspot. (Hrsg.). (o. J.). Influencer Marketing – So finden sie die richtigen Partner.
Jahnke, M. (2018). Ist Influencer Marketing wirklich neu? In M. Jahnke (Hrsg.), *Influencer Marketing* (S. 1–13). Wiesbaden: Springer.
Krüger, A. (2018). Wie geht das? Herausforderungen für Unternehmen, Agenturen und Influencer. In M. Jahnke (Hrsg.), *Influencer Marketing* (S. 211–236). Wiesbaden: Springer.
Lammers, M. (2018). Wie Unternehmen aus Micro-Influencern Co-Marketer machen. In M. Jahnke (Hrsg.), *Influencer marketing* (S. 107–126). Wiesbaden: Springer.
Lazarsfeld, P. F., Berelson, B., & Gaudet, H. (1944). *The people's choice. How the voter makes up his mind in a presidential campaign*. New York: Columbia University Press.
Lewinski, F. von. (2018). Menschen vertrauen Menschen. Influencer in der B2B-Kommunikation, S. 85ff. In M. Jahnke (Hrsg.), *Influencer marketing* (S. 85–106). Wiesbaden: Springer.
Lorenz, T. (2018). Rising Instagram stars are posting fake sponsored content. https://www.theatlantic.com/technology/archive/2018/12/influencers-are-faking-brand-deals/578401/. Zugegriffen am 30.12.2019.
Martens, H., & Unge, S. (2018). UNGEfragt – Creator und Manager über den alltäglichen Wahnsinn. In M. Jahnke (Hrsg.), *Influencer Marketing* (S. 257–271). Wiesbaden: Springer.

Medienpädagogische Forschungsverbund Südwest (Hrsg.). (2018). *JIM-STUDIE 2018 – Jugend, Information, (Multi-)Media*. Stuttgart.

Milz, A. (2019). Instagram Top 10: Das sind Deutschlands beliebteste Instagrammer. https://online marketing.de/news/instagram-top-10-deutschland-instagrammer/tonikroos. Zugegriffen am 01.03.2020.

PricewaterhouseCoopers GmbH (Hrsg.). (2018). Studie: Zwischen Entertainer und Werber: Wie Influencer unser Kaufverhalten beeinflussen.

Richards, K. (2020). Instagram is slowly opening the floodgates for Checkout. https://www.glossy.co/fashion/instagram-is-slowly-opening-the-floodgates-for-checkout. Zugegriffen am 05.03.2020.

Stelzner, M. A. (2018). Social media marketing industry report.

Stolz, J. (2019). Instagram hat die Likes abgeschafft: Das ändert sich für uns! https://www.gofemi nin.de/aktuelles/instagram-likes-abgeschafft-s4002130.html. Zugegriffen am 05.01.2020.

The Walt Disney Company. (Hrsg.). (2017). Disney Unveils Disney Digital Network at 2017 IAB Digital Content NewFronts. https://dpep.disney.com/disney-unveils-disney-digital-network-2017-iab-digital-content-newfronts/. Zugegriffen am 05.01.2020.

Theobald, T. (2019). Die Glaubwürdigkeit von Influencern bröckelt. https://www.horizont.net/marke ting/nachrichten/wavemaker-studie-die-glaubwuerdigkeit-von-influencern-broeckelt-178308. Zu- gegriffen am 05.01.2020.

Ulbricht, C. (2017). OLG Celle verurteilt die Drogeriemarktkette Rossmann wegen mangelnder Kennzeichnung bei Influencer Marketing. http://www.rechtzweinull.de/archives/2544-olg-cel le-verurteilt-die-drogeriemarktkette-rossmann-wegen-mangelnder-kennzeichnung-bei-influen cer-marketing-unternehmen-agenturen-und-influencer-nun-beachten-sollten.html. Zugegriffen am 16.01.2020.

We are social & hootsuite. (Hrsg.). (2020). Digital 2020- Global Digital Overview. https://www.slideshare.net/DataReportal/digital-2020-global-digital-overview-january-2020-v01-226017535?from_action=save. Zugegriffen am 02.02.2020.

Zentrale zur Bekämpfung unlauteren Wettbewerbs Frankfurt am Main e. V. (Hrsg.). (2019). Leitfaden zur Kennzeichnung von Werbung auf Instagram Aktualisierte Fassung vom Januar 2019. Bad Homburg.

Social Media im Business-to-Business

Stephan Beck

Inhalt

1	Einführung in das B2B-Marketing	770
2	Social Media im B2B-Umfeld	773
3	Social Media in B2B – Plattformen und Netzwerke	775
4	Hands-On – wie erstelle ich nun meine eigene Social-Media-Strategie?	781
5	Was sind die häufigsten Fehler bei der Implementierung?	787
6	Social Media Guidelines, rechtliche Rahmenbedingungen und Krisenpläne	788
7	Marken brauchen Momentum	791
Literatur		793

Zusammenfassung

Über allem steht die Marke – Social Media im B2B-Bereich

Der Beitrag ist vor allem ein Leitfaden für den praktischen Arbeitsalltag. Er dient dazu Einsteigern die Möglichkeiten und Grenzen in der Anwendung von Social Media im B2B aufzuzeigen und soll ermutigen selbst auszuprobieren. Das zentrale Merkmal von Social Media ist die soziale Interaktion und ein permanenter, zeitlich unbegrenzter Austausch mit anderen Nutzern.

Einstieg in das Kapitel ist eine Betrachtung der Unterschiede zwischen B2B und B2C und eine Gegenüberstellung der einzelnen Social Media Kanäle und Plattformen.

Den Kern bilden Einschätzungen und Handlungsempfehlungen für den Einsatz von Social Media in B2B Unternehmen.

Die angestellten Betrachtungen fußen zu einem großen Teil auf Erfahrungen, die wir in der täglichen Arbeitspraxis mit unseren Kunden gemacht haben – viele davon weltweit führende B2B-Unternehmen.

Wichtige Erkenntnis: Social-Media-Kommunikation ersetzt nicht die grundsätzliche Markenarbeit (Aufbau und Pflege der B2B-Marke).

S. Beck (✉)
RTS Rieger Team Werbeagentur GmbH, Leinfelden-Echterdingen, Deutschland
E-Mail: stephan.beck@rts-riegerteam.de

Schlüsselwörter

B2B · Social Media · Marke · Employer Branding · Plattformen · Netzwerke · Effizienz · Effektivität · Online-Marketing

1 Einführung in das B2B-Marketing

▶ Eine theoretische Grundlage und die Erkenntnis, dass Emotionen auch im B2B wichtig sind.

In Fachmedien und unter Marketingexperten wird oft die Frage diskutiert, ob es noch Unterschiede im Marketing in den Bereichen Business-to-Business (B2B) und Business-to-Consumer (B2C) gibt. Bei beiden Formen des Marketings gilt der wichtige Grundsatz: Geschäfte werden immer zwischen Menschen abgeschlossen. Trotzdem gibt es Unterschiede zwischen B2B und B2C. Die Kaufmotivation ist unterschiedlich, ebenso der sich daraus ergebende Informationsbedarf, die Entscheidungsfindung und die Durchführung der Transaktionen. In diesen Bereichen unterscheiden sich B2C und B2B deutlich voneinander.

Früher wurde von „Industriegüter-" oder „Investitionsgütermarketing" gesprochen, heute spricht man vom B2B-Marketing. Im Gegensatz zum B2C-Marketing, das früher als „Konsumgütermarketing" bezeichnet wurde. Mit anderen Worten: das B2B-Marketing beinhaltet sämtliche Dienstleistungen und Produkte, die von Unternehmen (nicht von Privatpersonen) gekauft werden, um einen unternehmerischen Mehrwert zu schaffen.

B2B steht für *„Business-to-Business"* und bezeichnet eine Handelsbeziehung, bei der Käufer und Verkäufer Unternehmen, also keine Endkunden oder Konsumenten sind. B2C bedeutet *„Business-to-Consumer"* und bezieht sich auf Transaktionen zwischen Unternehmen (Anbietern) und Endkunden bzw. Konsumenten.

Überbegriffe, die sich für einen Vergleich zwischen B2B und B2C eignen, können wie folgt aussehen. Wobei diese Einteilung der Veranschaulichung dient und stark verallgemeinert.

- *Die Zielgruppen/Kunden*:
  Bei B2B hat man es meistens mit definierten Kunden zu tun, die Teil eines Buying Centers sind. Ein Buying Center ist eine Gruppe von Personen, die an einer Kaufentscheidung beteiligt sind. Außerdem kann man mit konkreten Personas arbeiten. Eine Persona stellt einen Prototyp für eine Gruppe von Nutzern dar, welche die Zielgruppe in ihren Merkmalen charakterisiert. Der Anbieter kennt seine Kunden in der Regel genau, er verfügt über Kundendaten. Kunden sind in der Regel wiederkehrend (keine Einmalkunden). Dadurch kann sich eine langjährige zwischen Anbieter und Kunde entwickeln.
  Aufgrund der riesigen Bandbreite der B2C-Produkte und B2C-Dienstleistungen sind im direkten Vergleich die Kundengruppen größer als bei B2B. Über

die Kunden liegen auch nicht immer genaue Daten vor, es wird mehr mit soziodemografischen Modellen gearbeitet.
- *Anforderungen der Kunden an die Kommunikation und den Einkaufsprozess:* B2B-Marketing zeichnet sich meist durch einen hohen Komplexitätsgrad aus. Dienstleistungen und Produkte sind erklärungsbedürftig, eine Kaufentscheidung erfolgt selten „aus dem Bauch heraus", wie dies bei Konsumgütern oft der Fall ist. In Unternehmen besteht der Einkaufsprozess aus mehreren Stufen und bindet unterschiedliche Entscheider und Beeinflusser ein. Diese werden als DMU (Decision Making Unit) bezeichnet. Innerhalb der DMU müssen im B2B-Marketing die einzelnen Personen individuell angesprochen werden, da sie unterschiedliche Anforderungen und Bedürfnisse haben. So achtet ein Einkäufer eher auf die Themen wie Preise und Rabatte, während ein Produktionsleiter eher auf die Qualität des angebotenen Produkts wert legt.

  Eine weitere Herausforderung in der B2B-Kommunikation: Die einzelnen Zielgruppen wie Entwicklung, Fertigung, Einkauf oder Geschäftsführung haben einen hohen Bedarf an detaillierten Informationen und intensiver Beratung. B2B-Unternehmen kommunizieren deshalb auch typischerweise mit Analysen, Produktvergleichen, Benchmarks und Whitepapers, die diesen Informationsbedarf bedienen.

  Bei B2C wird die Kaufentscheidung von wenigen, meist einer Person, getroffen. Der Entscheidungsprozess ist kürzer und erfolgt oft „aus dem Bauch heraus". Der Bedarf an Informationen ist meist geringer, weshalb B2C-Marketing typischerweise weniger mit Informationen und mehr mit einer emotionalen Kundenansprache arbeitet.
- *Produkte und Transaktionsvolumen :*
  Bei B2B sind die Produkte oder Dienstleistungen komplexer, der Wert einer einzelnen Transaktion ist im Allgemeinen höher. Man denke beispielsweise an die Anschaffung einer Werkzugmaschine für die industrielle Produktion, bei der das Transaktionsvolumen von einigen Millionen Euro nicht ungewöhnlich ist. Im B2C-Bereich sind die Produkte weniger erklärungsbedürftig, und die Transaktionsvolumen (Stückzahlen) sind deutlich höher als bei B2B. Der Wert einer einzelnen Transaktion ist jedoch deutlich geringer als bei B2B.

B2B-Kunden und Unternehmen versuchen ihre Einkaufsprozesse schlank zu gestalten und diese auch auf die individuellen Bedürfnisse des Unternehmens auszurichten. Um Zeit und Geld zu sparen und die bestmögliche Auswahl zu treffen, werden diese Prozesse ständig optimiert. Dem Einkauf im Unternehmen kommt eine immer wichtigere Aufgabe zu. Dieser spezielle Einkaufsprozess ist eine Erklärung dafür, warum B2B-Kaufentscheidungen auch auf Logik und rationalen Gründen beruhen. Es wird versucht, eine Entscheidung durch objektive Fakten und Analyse von Informationen zu begründen und damit Fehlentscheidungen zu vermeiden. Denn eine Fehlentscheidung im B2B kann weitreichende Folgen für das Unternehmen haben, ja sogar existenzbedrohlich sein. Die oben geschilderten Annahmen halten sich in weiten Kreisen der deutschen Wirtschaft und Agenturlandschaft bis heute.

Dabei spielen auch oder gerade bei B2B Emotionen eine wichtige Rolle. Denn auch B2B-Marken haben eine emotionale Bedeutung für die Zielgruppen – und sie wird in Zeiten austauschbarer Produktangebote und unübersichtlicher technischer Zukunftsszenarien immer wichtiger. Jüngere Untersuchungen hierzu zeigen interessante Ergebnisse: So gaben in einer entsprechenden Studie (BtoB Insight (o. J.), Die Entscheiderstudie) zwar 77 % der befragten B2B-Entscheider an, Emotionen bei der Auswahl eines Anbieters komplett auszublenden. Zwei Fragen später antworteten über 50 % jedoch ohne zu zögern, dass sie selbst bei positiver Faktenlage anders entscheiden, wenn sie ein ungutes Gefühl haben. Dies ist der Beweis dafür, dass emotionale Beweggründe (das Bauchgefühl) bei der Entscheidung eine wesentliche Rolle spielen.

Ein weiterer Unterschied ist, dass im B2B die Kosten eines „Leads" (Kontakt zu einem potenziellen Kunden) und die Kosten für einen erfolgreichen „Sales" wesentlich höher sind als im B2C. Das liegt, wie bereits oben beschrieben, an den unterschiedlichen Anforderungen an den Einkaufsprozess, an den verschiedenen Entscheidern und Beeinflussern und am erhöhten Informationsbedarf, der generell bei B2B besteht.

Was von Marketingexperten und Agenturen oft übersehen wird ist, dass im B2B-Einkaufsprozess unterschiedliche Menschen in die Entscheidungsfindung eingebunden sind. Bei B2C ist dies meistens nur ein Individuum oder eine Gruppe von ähnlichen Individuen. Das bedeutet, die Entscheidungsfindung ist weniger komplex. Bei B2C geht es stärker darum, die Zielgruppe zu begeistern, (positive) Emotionen zu wecken, ein Erlebnis zu kreieren, Neugierde zu wecken. Dieses Erlebnis und diese Reize werden beeinflusst durch den kulturellen Kontext, den individuellen Geschmack, Mode, Zeitgeist etc. B2B funktioniert anders. Es gibt mehr, es gibt verschiedene und es gibt vielschichtige Einflussfaktoren. Aber keiner dieser Faktoren ist allein entscheidend. Kein Kunde macht eine B2B-Kaufentscheidung alleine und isoliert. Es gibt Entscheider und Beeinflusser mit unterschiedlichen Bedürfnissen und unterschiedlichen Prioritäten. Und diese Entscheider und Beeinflusser ergänzen sich und sind idealerweise abgestimmt, um im oben beschriebenen Einkaufsprozess zu einem für das Unternehmen positiven Resultat zu kommen. Eine B2B-Kaufentscheidung wird deshalb zwangsläufig von Logik, Fakten, Informationen und Wissen beeinflusst, aber eben auch sehr stark von emotionalen Faktoren wie Markenerlebnis und das daraus resultierende Ansehen bzw. Glaubwürdigkeit. Zusammengefasst spielt, neben den reinen Fakten, die Bedeutung, die ein Unternehmen und eine Marke für den Entscheider hat, eine entscheidende Rolle.

Um diesen Gedanken zu unterstreichen, weise ich darauf hin, dass die erfolgreichsten B2B-Kampagnen nicht diejenigen mit den meisten Informationen oder Fakten sind, sondern solche, die Informationen in emotionale Geschichten kreativ verpacken. Und das können Sie nachlesen. Denn herausragende Kampagnen, die nachweislich Effekte erzielen und messbar erfolgreich waren, werden jedes Jahr beim Effie Award ausgezeichnet (Effie Award o. J.).

2 Social Media im B2B-Umfeld

▶ Ist Social-Media-Marketing im B2B sinnvoll?

Zentrales Merkmal der sozialen Medien ist die aktive Teilnahme der zuvor passiven Nutzer. Das bedeutet, Menschen nutzen die sozialen Medien nicht nur, um sich zu informieren, sondern auch um selbst zu kommunizieren, Erfahrungen auszutauschen, eigene Inhalte zu teilen oder von anderen erstellte Inhalte zu kommentieren. Der Nutzer von sozialen Medien ist also nicht mehr passiv, sondern wird zum Produzenten und Konsumenten von Inhalten. Sozusagen zum Prosumenten.

Der Einsatz von Social Media kann im Business-to-Business-Geschäft sogar noch erfolgreicher sein als im B2C. Darunter verstehe ich, dass man die Zielgruppen effizienter und genauer ansprechen kann. Warum ist das so? Zum einen sind Zielgruppen kleiner und eindeutiger zu beschreiben (Einkauf, Forschung, Vertrieb, CEO, etc.). Auch der Bedarf der Zielgruppen und relevante Themenfelder sind oft klar umrissen. Das bedeutet, dass grundsätzlich B2B-Unternehmen ihre Zielgruppen über soziale Medien erreichen können. Und zwar nicht nur effizient, sondern mit sozialen Medien können Effekte erzielt werden. Mit Effekten meinen wir Interaktion mit Kunden, neue Kontakte oder neue Bewerber, ein positives Markenimage oder sogar Kaufinteresse wecken.

Was ist nun wichtiger? Effizienz oder Effektivität? Effektiv ist eine Maßnahme, wenn sie zum gewünschten Ergebnis bzw. Ziel führt. Effizient ist, wenn eine Maßnahme mit möglichst geringem Aufwand durchgeführt wird. Somit kann ich zwar effizient sein und eine Maßnahme mit geringem Aufwand durchführen. Wenn die Maßnahme aber falsch ist, hat sie meinem Unternehmen nichts gebracht. Aus diesem Grund ist die Effektivität als wichtiger einzuschätzen. Darauf gehe ich in diesem Beitrag an verschiedenen Stellen ein.

Somit ist der Einsatz sozialer Medien im B2B natürlich spannend. Denn die oben genannten Effekte, die erzielt werden, können sehr groß sein. Das liegt daran, dass das *Transaktionsvolumen*, also der Kaufpreis einer Dienstleistung oder eines B2B-Produktes, höher ist als im B2C. Die Kaufentscheidung wird neben Emotionen von Faktoren wie Logik, Erfahrung, Wissen, Ansehen, Glaubwürdigkeit beeinflusst. Und das sind ideale Voraussetzungen für *„Word-of-Mouth Marketing"*. Wenn es also ein B2B-Unternehmen schafft, einen Kunden zu einem Multiplikator der eigenen Botschaften oder sogar zu einem Markenbotschafter für die eigene Marke zu wandeln, ist der Effekt um ein vielfaches höher als im B2C. Denken Sie an den Verkauf eines Maschinenteils für 100.000 € im Vergleich zu einem Energy Drink für 2 €.

Wichtig ist, die richtigen sozialen Netzwerke zu finden und sie für die Unternehmensziele optimal zu nutzen. Gibt es also Unterschiede in den Social-Media-Kampagnen oder Social Media Tactics? Auch hier ist die Antwort ein eindeutiges „Ja"!

Hierbei geht es allerdings meist mehr um die *taktische Ebene*, da sich der strategische Angang von B2C und B2B wenig unterscheidet. Die strategischen

Fragen, die sich ein Marketingleiter stellen sollte, unterscheiden sich wenig: „Warum soll meine Marke Social sein?" „Was sind meine langfristigen Ziele?" „Wer ist meine Zielgruppe?" „Wo ist meine Zielgruppe unterwegs?" „Wie messe ich meinen Erfolg?" Diese strategischen Fragen muss sich das Unternehmen unabhängig von B2B und B2C stellen. Aber wenn es zur taktischen Ausgestaltung kommt, gibt es aufgrund der zuvor genannten Unterschiede auch unterschiedliche Anforderungen.

Fakten zur Grundlage und zur Nutzung von Social Media im B2B und B2C.

Zunächst die Antwort auf die Frage, welche Tools in Unternehmen hauptsächlich eingesetzt werden (Abb. 1).

Die Studie, die dem 2019 Social Media Marketing Industry Report zugrunde liegt, basiert auf einer weltweiten Umfrage unter 4859 Marketing Verantwortlichen. Bei der Frage, welche Social-Media-Kanäle eingesetzt werden, dominiert *Facebook*. 94 % der Marketing Experten wählen Facebook als das wichtigste Netzwerk. Aber Achtung: Dies ist eine weltweite Betrachtung. Speziell im englischsprachigen Raum ist Facebook sehr stark, auch im B2B. In dieser Umfrage liegt Instagram mit 73 % auf Platz zwei. Besonders Instagram schreiben Marketingverantwortliche ein großes Potenzial zu, sodass 69 Prozent der Befragten angaben, ihre Instagram-Präsenz künftig ausbauen zu wollen. Twitter ist auf Platz drei mit 59 % immer noch sehr stark fast gleichauf mit LinkedIn.

Die spannende Frage ist: Wie werden aktuell in deutschen B2B-Unternehmen die sozialen Medien genutzt? Die folgende Umfrage des 1. Arbeitskreis Social Media B2B unter 402 Studienteilnehmern aus Deutschland, unterscheidet sich auf den ersten Blick von der des Social Media Marketing Industry Report.

Und zwar dadurch, dass Xing und LinkedIn die dominierenden Plattformen sind. Diese beiden Netzwerke sind sich grundsätzlich sehr ähnlich. Sie ähnlen sich bei der Funktionalität und bei den Nutzern. Nimmt man die Ergebnisse von Xing und LinkedIn zusammen, wird klar, dass diese beiden Kanäle in Deutschland die höchste Relevanz für Unternehmen haben. Dann erst kommt Facebook, Twitter und YouTube.

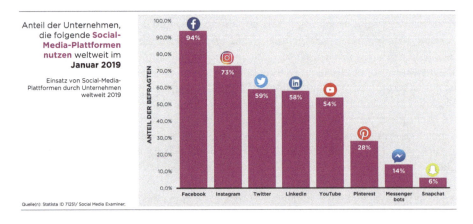

Abb. 1 Nutzung Social-Media-Plattformen im B2B weltweit. (Quelle: Statista 2019a)

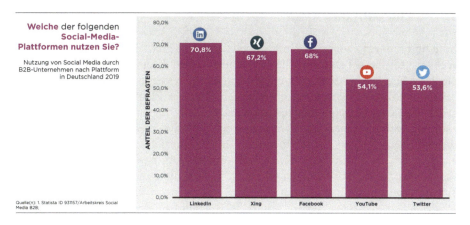

Abb. 2 Welche der folgenden Social-Media-Plattformen nutzen deutsche B2B Unternehmen? (Quelle: Statista 2019b)

Damit sind Xing und LinkedIn im deutschsprachigen Raum die wichtigsten Netzwerke für B2B-Unternehmen. (s. Abb. 2).

Eine gute Grundlage, um sich die einzelnen Netzwerke nun genauer anzuschauen. Welche Netzwerke versprechen den größten Erfolg und welche sind am besten in der Handhabung? Dies hängt zuerst von Ihren *Zielen* ab. Was sind mögliche B2B-Ziele? Zum Beispiel Steigerung der Markenbekanntheit (Awareness), Interaktionen mit Journalisten (Public Relations), Steigerung von Bewerberzahlen im Bereich Recruitement oder Employer Branding (Stichwort: Social Recruiting), Anzahl der neu generierten Leads oder CRM- sowie Kundenbindungsziele.

3   Social Media in B2B – Plattformen und Netzwerke

▶   Der Versuch einer Gegenüberstellung.

In diesem Kapitel betrachten wir die verschiedenen für B2B relevanten Netzwerke bzw. Plattformen. Eines gleich vorneweg. Die Unterscheidung zwischen sozialem Netzwerk, Social-Media-Plattform, Sharing Plattformen oder Messenger und Blogging Diensten wird zunehmend schwieriger, da sich Funktionalitäten mehr und mehr überschneiden. (vgl. Kreutzer et al. 2020, S. 247)

Für alle Netzwerke und Plattformen gelten aber die gleichen Regeln, die schon immer in der Kommunikation galten.

Erfolgreiche Kommunikation muss für die Zielgruppe relevant sein. Sie muß glaubwürdig, ehrlich und authentisch sein. Darüber hinaus sollte Kommunikation generell kontinuierlich erfolgen. Diese Grundsätze spielen deswegen auch bei der Auswahl der Netzwerke und Plattformen eine große Rolle.

Im Folgenden geben wir einen kurzen Überblick, der die Auswahl für Sie und Ihr Unternehmen erleichtert. Vorausgesetzt, Sie sind sich über Ihre Ziele im Klaren.

3.1 LinkedIn und Xing

Xing und LinkedIn sind sog. professionelle soziale Netzwerke. Man bezeichnet sie auch als Business Plattform. Sie basieren auf dem Kleine-Welt-Phänomen von Stanley Milgram, bei dem jeder mit jedem über eine kleine Anzahl von Kontakten bekannt ist. Zum einen dienen diese beiden Business Plattformen dazu, gute und nachhaltige Geschäftsbeziehungen mit Kunden, Zielgruppen und Interessenten aufzubauen. Diese Business Plattformen wurden ja dafür entwickelt, bestehende Geschäftsbeziehungen zu pflegen und neue Geschäftsbeziehungen anzubahnen. Zum anderen dienen sie sehr stark dem Employer Branding bzw. Recruitement. Dieser Bereich hat in den letzten Jahren sehr stark an Bedeutung gewonnen. Im „War-for-Talents" spielen soziale Medien für B2B-Unternehmen eine zentrale Rolle. So werden diese Plattformen proaktiv durch B2B-Unternehmen genutzt, um in Kontakt zu potenziellen neuen Mitarbeitenden zu treten. Die aktive Suche nach Kandidaten wird auch Active Sourcing genannt. Nach einer Umfrage in Deutschland ist Xing die beliebteste Plattform für die aktive Kandidatenansprache (Abb. 3).

Nutzerzahlen:
Xing verzeichnete in den letzten Jahren ein deutliches Wachstum und hat aktuell über 18,5 Mio. Nutzer im deutschsprachigen Raum (Statista 2019c). Davon sind rund 2,5 Millionen Nutzer wöchentlich aktiv.

LinkedIn hat im deutschsprachigen Raum rund 14 Millionen Mitglieder (Statista 2020) und liegt damit nahezu gleichauf. Weltweit bleibt LinkedIn allerdings mit ca. 675 Millionen Mitgliedern ungeschlagene Nummer der Business Plattformen.

Relevanz für den B2B-Bereich:
Die Möglichkeiten und Stärken von Xing und LinkedIn liegen ganz klar im Bereich von Relationship Management, Recruitement und Employer Branding. Es wird

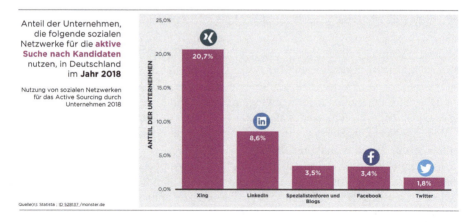

Abb. 3 Anteil der Unternehmen, die folgende sozialen Netzwerke für die aktive Suche nach Kandidaten nutzen. (Quelle: Statista 2018)

zunehmend versucht, diese Netzwerke auch zur Lead Generation einzusetzen. Vor allem LinkedIn bietet umfangreiche Angebote für Werbetreibende, um mit gezielten Maßnahmen Mitglieder anzusprechen. Mit den LinkedIn Marketing Solutions gibt es Angebote für Marketingverantwortliche. Dazu zählen beispielsweise die Möglichkeit B2B-Ansprechpartner in Unternehmen zu identifizieren und direkt anzusprechen. Xing hat ebenfalls ein wachsendes Angebot für Marketingverantwortliche geschaffen und vermarktet es unter dem Begriff Xing Marketing Solutions.

Es zeigt sich speziell bei diesen beiden Business Plattformen, dass hochwertige und relevante Inhalte, die in Gruppen oder im eigenen Profil veröffentlicht werden, sehr gute Resultate erzielen. Zum Beispiel bei der Qualität der Kontakte, Qualität der Leads oder Qualität der Interaktionen. Die Grundlage dafür sind aber Inhalte, die für den Leser eine Relevanz haben, nicht für das Unternehmen.

Fassen wir zusammen: B2B-Unternehmen können über Firmenprofile und über moderierte Gruppen bzw. fach- oder themenorientierte Communities gezielt mit Kunden und Interessenten vernetzt sein. Darüber hinaus können Unternehmen Xing und LinkenIn für Employer Branding und Active Sourcing nutzen können. Der Einstieg bei Xing und LinkedIn ist denkbar einfach. Beide Netzwerke eignen sich als „Einsteiger-Netzwerke", da sie einen überschaubaren Arbeitsaufwand erfordern und meine Favoriten für den Einstieg eines B2B-Unternehmen in Social Media.

3.2 Twitter

Der wohl weltweit bekannteste Microblogging-Dienst ist Twitter. Twitter ist (technisch gesehen) der einfachste Weg, um Botschaften und Inhalte zu verbreiten. Denn Twitter ist ein wie oben beschrieben ein Microblogging Tool, das auf 280 Unicode-Zeichen beschränkt ist und somit den Nutzer „zwingt", sich kurz zu fassen. Es ist auch möglich bis zu 4 Fotos oder ein Video pro Tweet posten. Unternehmen, die Twitter für den Kundenservice nutzen, sehen einen Anstieg von 19 Prozent in der Kundenzufriedenheit. (vgl. Brandwatch 03.01.2020). So einfach sich Twitter allerdings anhört, so mühsam ist es, einen erfolgreichen Twitter-Account für B2B-Unternehmen zu unterhalten. Twitter erfordert neben einer gewissen Erfahrung und Planung vor allem Aufwand und Ausdauer.

Nutzerzahlen:
Twitter wird in 40 Sprachen angeboten und hat weltweit 330 Millionen monatlich aktive Nutzer und 145 Millionen täglich aktive Nutzer und konnte im Jahresvergleich 2019 zu 2020 um 21 % wachsen. Für Deutschland werden keine Zahlen ausgegeben, aber es werden 2,8 Millionen wöchentlich aktive Nutzer geschätzt.

Relevanz für den B2B-Bereich:
Wie bereits beschrieben, sind die Interaktionen auf Twitter wirklich einfach. Tweets werden gerne genutzt, um News mit wenigen Worten zu verbreiten. Und zwar in Echtzeit. Das bedeutet im B2B, dass z. B. Live Tweets von Messen, Events,

Konferenzen, oder Keynotes gesendet werden können – inklusive Videos. So nutzt beispielsweise IBM ihren Twitter Account „IBM Live" (https://twitter.com/ibmlive) um Veranstaltungen weltweit zu kommunizieren. Speziell in Zeiten von „Social Distancing" bietet dieser Kanal eine sehr gute Alternative zu physischen Veranstaltungen.

Der Twitter-Such-Algorithmus und die Verwendung von „Hashtags" machen es für andere Twitter-Nutzer, Kunden oder Journalisten sehr einfach, Inhalte und deren Urheber zu finden und dann auch gezielt anzusprechen. Im B2B-Bereich ist Twitter deswegen am stärksten und erfolgreichsten, wenn es nicht isoliert betrieben wird, sondern in eine Social-Media-Strategie eingebunden ist und mit anderen Netzwerken, wie z. B. Xing, LinkedIn, Instagram oder auch Facebook verknüpft wird. Wegen Einfachheit und Schnelligkeit wird Twitter in B2B-Unternehmen stark für PR und News eingesetzt.

3.3 YouTube

YouTube gehört zu den sog. Media-Sharing-Plattformen. Diese erlauben es sowohl privaten Usern als auch Unternehmen, Videos, Fotos oder Präsentationen anderen Usern zugänglich zu machen. Bewegtbild gewinnt nach wie vor an Relevanz im B2B-Maßnahmen-Mix. So sind Videos, die authentisch und gut gemacht werden, ein wichtiger Bestandteil eines B2B-Social-Media-Plans. YouTube ist eine Plattform des Google-Konzerns und die erfolgreichste und mitgliederstärkste Video-Plattform. Darüber hinaus ist YouTube die zweitgrößte Suchmaschine weltweit und die am häufigsten besuchte Seite nach Google. Alleine dadurch hat YouTube eine enorme Relevanz für B2B-Unternehmen. Aber im Vergleich z. B. mit Twitter oder Instagram ist der Aufwand um einiges höher.

Nutzerzahlen:
Die Plattform hat über 1,9 Milliarden monatlich aktive Nutzer. Es wird geschätzt, dass es in Deutschland 2020 8 Millionen aktive YouTube Nutzer gibt. Die Zahl der Zuschauer liegt deutlich höher – so hat vermutlich jeder Internetnutzer schon irgendwann mindestens ein YouTube-Video geschaut.

Relevanz für den B2B-Bereich:
Wie setzt man also seine YouTube Plattform am geschicktesten ein? YouTube Links eignen sich sehr gut, um sie in eigene Websites, auf SlideShare, Twitter oder Facebook einzubauen, zu „embedden". Dadurch ist das Video auch auf der eigenen Firmenwebseite zu sehen, ohne den Kunden „weg-zu-linken". So werden diese Videos zum sichtbaren Beweis einer gut vernetzten und abgestimmten B2B-Strategie, die hier ihre volle Stärke entfaltet. Interesse wird zuerst über *Bewegtbild* angeregt, die eigentliche „Lead Generation" findet auf einem anderen, verknüpften Kanal statt. Aber mit Videos hat man die Chance, komplexe Sachverhalte einfach und emotional an die Zielgruppe zu kommunizieren. Und gerade das wird im

B2B-Umfeld immer wichtiger. Aus diesem Grund wird auch die Bedeutung von YouTube im B2B-Bereich weiterhin deutlich zunehmen. Die Emotionalität ist auch der Grund, weswegen Bewegtbild im Bereich Employer Branding an Bedeutung zunimmt. Immer mehr Unternehmen nutzen die Möglichkeit, ehrlich und authentisch Ihre Mitarbeiter zu Wort kommen lassen. Diese sprechen glaubhaft über die Vorzüge des Jobs und des Unternehmens und haben somit eine hohe Glaubwürdigkeit.

3.4 Facebook

Facebook ist ganz klar der Platzhirsch unter den sozialen Netzwerken und muss an dieser Stelle nicht mehr erklärt werden. Beeindruckend sind natürlich die absoluten Zahlen.

Nutzerzahlen:
Mit über 2,4 Milliarden aktiven Nutzern weltweit ist Facebook die größte Social-Media-Plattform. 28 Millionen Menschen nutzen Facebook in Deutschland aktiv, 21 Millionen davon jeden Tag. 24 Millionen Menschen nutzen Facebook mobil, das sind 85 %.

Relevanz für den B2B-Bereich:
Für B2B-Unternehmen bietet Facebook spezielle Berater, die Unternehmen bei der professionellen Facebook Nutzung unterstützen. Es gibt auch spezielle B2B-Angebote wie z. B. Client-Dienste, Online-Promotions und Event-Ankündigungen. Darüber hinaus bietet Facebook eigene Marketing-Insight Tools. Diese Tools helfen, die eigenen Aktivitäten zu verstehen und sie helfen Unternehmen, treffsicher Werbung zu schalten. Facebook versucht ganz gezielt, zunehmend Angebote für Unternehmen zu entwickeln und bereitzustellen.

Ein sehr wichtiges Feature für B2B ist die Möglichkeit, Opt-Ins für E-Mail-Marketing zu gewinnen bzw. direkte Leads zu generieren. Denn Facebook bietet die Möglichkeit, die Lead-Generierung DSGVO-konform zu gestalten, z. B. mit einem Double Opt-In-Verfahren. Wenn es um die direkte Lead Generierung geht, sollte man je nach Art der Inhalte die Plattformen LinkedIn, Xing oder auch Twitter in Betracht ziehen. Im B2B-Bereich ist Facebook speziell im Social-Recruiting stark. Durch die Targeting Möglichkeiten über den Business-Manager nutzen Unternehmen Facebook als Plattform, um neue Auszubildende und junge Mitarbeiter zu finden.

Facebook bietet speziell für Unternehmen auch die Kollaborations-Plattform „Workplace by facebook" an (Allfacebook 2016). Es ist eigentlich ein abgesichertes firmeninternes Facebook, in dem man sich mit Kollegen zu Projekten austauschen kann, Informationen und Dokumente teilt oder auch mit Chat oder Video Funktion direkt kommuniziert. Wichtig, ein Workplace-Account ist komplett von dem privaten Facebook Profil getrennt.

3.5 Instagram

Instagram gehört ebenso wie WhatsApp zum Facebook Konzern. Über Instagram werden Fotos und Videos geteilt, die andere kommentieren oder bewerten können. Im Gegensatz zu Facebook, Pinterest oder Twitter verteilt Instagram Bilder und keine Links. Es geht auch nicht primär um das Teilen der gezeigten Inhalte. Es geht also um die Darstellung und Verbreitung von Bildinhalten, bei dem das Engagement durch den Betrachter im Mittelpunkt steht. Weniger die individuelle Weiterverbreitung des Bildes via einer Teilen-Funktion.

Nutzerzahlen:
Instagram hat aktuell circa 1 Milliarde aktive Nutzer, davon sind knapp 20 Millionen deutsche Instagram Nutzer.

Relevanz für den B2B-Bereich:
Zum einen kann von Instagram auf die eigene Website oder den Online-Shop verlinkt werden. Dazu eignen sich Instagram Anzeigen, die ebenfalls über den Facebook Business Manager geschaltet werden. Somit ist Instagram gut geeignet, Referral-Traffic zu erzeugen. In diesem Beispiel ist Referral-Traffic, wenn Nutzer über Instagram-Links auf eine Website kommen, anstatt über Suchmaschinen (SEO-Traffic) oder durch Direkteingabe der URL (Direct-Traffic). Damit liegt die große Stärke von Instagram in der Engagement-Rate. Was bedeutet das? Kanalübergreifend ist die Engagement-Rate eine Kennzahl, die Interaktion und Aktivität von Content misst. Sie zeigt auf, wie viele Besucher mit dem Content auch wirklich interagieren. Diese Engagement-Rate ist bei Instagram die höchste bei allen Kanälen. Im Vergleich: Facebook hat eine durchschnittliche Engagement Rate von 0,16 %, Twitter von 0,048 % aber Instagram ganz starke 1,6 % (vgl. OMR/rivalIQ Social Benchmark Report 2019).

Oft kommen beim Storytelling nicht nur Worte zum Einsatz, es werden auch Grafiken, Bilder oder Videos genutzt, um emotionale Geschichten zu erzählen. Dies wird als Visual-Storytelling bezeichnet. Instagram eignet sich hervorragend als Marken- oder Branding-Tool und kann einen signifikanten Beitrag zum Visual-Storytelling leisten.

3.6 Pinterest

Auf den ersten Blick ist Pinterest eine perfekte Plattform für B2C-Unternehmen, besonders wenn es darum geht, physische und einfache Produkte zu vermarkten. Pinterest ist rein bildorientiert. Pinterest ist auch eher eine Suchmaschine als ein soziales Netzwerk. Nutzer, die einer Marke nicht folgen, können Inhalte dieser Marke daher genauso sehen, wie die Follower der Marke. So spielen bei Pinterest Follower Zahlen nicht die gleiche Rolle wie in anderen Netzwerken. Auch kleinere Marken mit wenigen Followern können hier erfolgreich sein. Pinterest ist eines der wenigen Netzwerke, in dem die Nutzer überwiegend weiblich sind (obwohl auch der Anteil der Männer bei Pinterest wächst).

Nutzerzahlen:
Pinterest hat weltweit mehr als 340 Millionen monatlich aktive Nutzer. Nach Pinterest nutzen über 7 Mio. Menschen aus Deutschland Pinterest und speichern jeden Monat über 4 Mio. Inhalte.

Relevanz für den B2B-Bereich:
Pinterest bietet neben privaten Profilen auch offizielle Unternehmensprofile an und seit 2019 auch die Möglichkeit Werbung zu schalten. Die sogenannten Pins, die Beiträge auf Pinterest, sind im Vergleich zu anderen Netzwerken länger sichtbar.

Ein schönes Beispiel, wie ein ganz klassischer B2B-Konzern Pinterest einsetzt, ist General Electric (http://pinterest.com/generalelectric/). Pinterest hat zurzeit noch eher eine geringe B2B-Relevanz und ist auch nur im Zusammenspiel mit anderen Netzwerken zu empfehlen.

3.7 SlideShare

SlideShare ist die größte Plattform, um Präsentationen in verschiedenen Formaten zu teilen, zu verbreiten und zu bewerten. Neben Präsentationen in Powerpoint (ppt, pptx) unterstützt SlideShare weitere Formate wie PDFs, OpenOffice-Dateien, Videos (von YouTube) und Webinare. Die Präsentationen sind zum einen verschlagwortet und können so leicht gefunden werden, zum anderen können Leser sie bewerten und Kommentare dazu abgeben. SlideShare gehört zum LinkedIn Konzern.

Nutzerzahlen:
SlideShare hat über 70 Mio. Besucher pro Monat und über 18 Millionen Dokumente.

Relevanz für den B2B-Bereich:
Der Nutzen für B2B-Unternehmen ist besonders hoch, da sich dieses Netzwerk gut eignet, um komplexe Inhalte in Form von Präsentationen schnell zugänglich zu machen. Auf einfache Art können dadurch Informationen zu Produkten und Dienstleistungen geteilt werden, der eigene Kundenservice und After Sales Service können mit eingebunden werden. Auch SlideShare lässt sich somit zur Kundengewinnung, Lead-Generierung und Kundenbindung nutzen.

Da der Aufwand überschaubar ist, sollte SlideShare in keiner B2B-Social-Media-Strategie fehlen.

4 Hands-On – wie erstelle ich nun meine eigene Social-Media-Strategie?

Ein theoretisches Modell und viele praktische Tipps.

Okay. Sie wollen nun selbst mit Social Media in Ihrem Unternehmen beginnen, oder das, was Sie bereits haben, verbessern.

Zu diesem Thema gibt es sehr viel Literatur. So kann in diesem Kapitel nur ein kleiner Einblick gegeben werden. Wenn es um Social-Media-Strategien geht, gibt es sehr viele richtige Ansätze und Modelle. Oftmals empfiehlt sich operativer Angang. „Wir starten mit einer Facebook Seite" oder „Wir müssen auf LinkedIn was machen". Klar, das sind durchaus verbreitete Herangehensweisen, um mit dem Thema Social Media in einem B2B-Unternehmen zu beginnen. Und vielleicht ist dies manchmal auch der beste Weg. Speziell im B2B gibt es nicht die großen Kundengruppen, die alle Inhalte auf Social Media erwarten. Auf jeden Fall ist dieser Ansatz eines nicht: strategisch fundiert. Die Chancen, die eigenen Unternehmensziele auf diesem Weg zu erreichen, sind daher eher gering.

Es geht doch nach wie vor darum, einen Dialog mit dem Kunden zu gestalten. Dies ist Kanal- oder Technologieunabhängig. Das heißt, die Anbahnung, die Aufrechterhaltung und Weiterentwicklung des Dialogs mit dem Kunden steht im Mittelpunkt. Die Anwendung neuer Technologie sollte diesem Ziel Rechnung tragen. Neue Technologie darf nicht um ihrer selbst willen verwendet werden, sondern muss zielgerecht eingesetzt werden, ausgehend von der jeweiligen Strategie. Es lässt sich bei vielen Unternehmen beobachten, dass sie sich zu stark und ausschließlich auf die Anwendung neueste Technologie verlassen.

Und um diesen Dialog erfolgreich zu gestalten, gibt es ein paar Grundsätze, die sich nicht verändern oder Kanal abhängig sind. Im Gegensatz zur rein technologischen Sichtweise, die sich bei vielen Unternehmen beobachten lässt, schlagen Li und Bernoff einen sehr stringenten, vierstufigen Planungsprozess vor, um den Groundswell-Trend für die eigenen Zwecke zu nutzen (Michelis und Schildhauer 2010, S. 204 ff.). Groundswell ist ein sozialer Trend, nach dem Menschen neue Technologien nutzen, um Informationen und Tipps voneinander zu bekommen, statt diese Hilfen bei Unternehmen oder Medien zu suchen.

Dieser Ansatz zur Entwicklung einer eigenen Strategie wird mit dem *Acronym* „*POST*" abgekürzt (Bernoff 2007): POST = People, Objectives, Strategy, Technology.

Die POST-Methode eignet sich vor allem, wenn eine Social-Media-Strategie von Beginn an – sozusagen auf der grünen Wiese – sehr stringent geplant werden kann und auch die nötige Unterstützung im Unternehmen hat.

Abgeleitet aus dem Akronym POST geht es um vier Dimensionen.

Das „P" steht für „*People* " – also: „Lerne Deine Zielgruppe kennen". Was ist die Zielgruppe des Unternehmens? In welchen Netzwerken ist diese Zielgruppe aktiv? Was macht Ihre Zielgruppe in diesen Netzwerken? Und welche Art von Informationen suchen sie wo?

Das „O" steht für „*Objectives* ". Das kann sehr gut mit „Definiere Deine Ziele" übersetzt werden. Welche Ziele werden mit den Social-Media-Maßnahmen verfolgt? Bernoff benennt fünf Kategorien, in denen man sich Ziele definiert.

- *Zuhören*: Was spricht meine Zielgruppe?
- *Sprechen*: Wie spricht mein Unternehmen mit der Zielgruppe? Wie spricht mein Unternehmen die Zielgruppe an? Mit welchen Medien? Über welche Kanäle?

- *Energiesieren*: Wie kann ich meine Kunden zu Markenbotschaftern machen?
- *Unterstützung*: Wie kann ich es schaffen, dass sich meine Kunden gegenseitig unterstützen? Kann ich z. B. eine Plattform bieten, auf der verschiedene Kunden und Interessenten Erfahrungen austauschen können?
- *Integration*: Einbinden der Kunden in meine Prozesse. Kann ich z. B. meine Kunden an der Entwicklung (Co-Engineering oder Crowd-Sourcing) beteiligen? Kann mein Unternehmen eine Plattform bieten, die es Kunden ermöglicht, ihre Bedürfnisse an künftige Produkte zu formulieren?

Das „S" in „POST" steht für „*Strategy* ". Die eigentliche Planung, also „Definiere Deine Strategie".

Und „T" steht für „*Technology*". Welche Technologie ist die richtige? Immer unter dem Gesichtspunkt, dass sich Technologien und Netzwerke schnell ändern.

In einem Ablauf identifiziere ich zuerst meine Zielgruppe (P). Je nachdem, wer meine Zielgruppe ist und wie meine individuellen Ziele (O) lauten, ergibt sich anschließend die individuell ausgearbeitete Strategie (S). Und erst wenn man diese Strategie (S) definiert hat, entscheidet man welche Technologie (T) man wählt.

Für B2B-Unternehmen, die bereits erste Erfahrungen in Social Media gesammelt haben, sind nachfolgend verschiedene wichtige Faktoren aufgelistet, die dabei helfen, eine sinnvolle und erfolgreiche Social-Media-Strategie weiterzuentwickeln. Im Gegensatz zu POST sind diese Punkte nicht aufeinanderfolgend abzuarbeiten, sondern können teilweise auch parallel erfolgen. Es gibt keine spezifische oder richtige Reihenfolge.

Unsere Tipps aus der Praxis:

4.1 Zuhören!

Ja. Das hört sich zuerst einmal banal an. Wir haben darüber auch schon in Absatz 4. bei den Objectives der POST-Methode gesprochen. Trotzdem bin ich erstaunt, wie oft dies nicht gemacht wird. Versuchen Sie sich eine *Übersicht* über die relevanten sozialen Netzwerke zu verschaffen. Welche Netzwerke erscheinen sinnvoll für mein Unternehmen? Welche Netzwerke nutzen meine B2B-Mitbewerber? Wie wird dort gesprochen? Über welche Themen wird diskutiert? Und hören Sie zu, wenn Ihre Zielgruppen und Kunden etwas in einem Netzwerk sagen. Erforschen Sie, in welchen Netzwerken Ihre Kunden sich bewegen und welche Informationen sie wo suchen.

4.2 Vernetzen Sie Ihre Maßnahmen.

Denn Social und SEO sind verheiratet. Das bedeute, Ihre Inhalte die Sie in Social Media posten, beeinflussen Ihre organischen *Suchergebnisse*. Deshalb ist die Vernetzung verschiedener Kanäle auch so wichtig.

4.3 Entwickeln Sie Inhalte, die relevant für die Leser sind.

Nicht für Sie als Unternehmen. Investieren Sie also Zeit in Ihre Inhalte. Investieren Sie in Ihre Autoren und Ihr Team, das *Inhalte* erstellt. Inhalte sind die Währung der sozialen Netzwerke. Gute und relevante Inhalte sind das höchste Gut eines Unternehmens. Sie haben direkten Einfluss auf SEO – auf die organischen Suchergebnisse.

4.4 Bilden und führen Sie Ihr Social-Media-Marketing-Team!

Es ist sehr wichtig, ein festes *Social-Media-Team* zu haben. Menschen, die sich mit diesem Thema für Ihr Unternehmen beschäftigen und es zu ihrem Thema machen. Dieses Team kann aus internen oder externen, freien oder festen Mitarbeitern bestehen. Aber es müssen Mitarbeiter sein, die Ihre Marke und Ihr Unternehmen verstehen. Typischerweise gibt es verschiedene Aufgaben und Rollen in solch einem Team. Diese Rollen können auch alle von einer einzigen Person ausgefüllt werden – für ein erfolgreiches Social-Media-Marketing wird nicht zwangsweise ein großes Team benötigt. Die verschiedenen Rollen und Aufgaben sind:

- *Editoren* – die Redakteure bzw. die Verfasser, die Inhalte erstellen und in verschiedenen Netzwerken veröffentlichen.
- *Social-Media-Manager* – der Social-Media-Manager hält das Team zusammen, überschaut die einzelnen Aktivitäten, gleicht die Tonalität der Kanäle ab und hält regelmäßigen Kontakt zu den Stakeholdern im Unternehmen, wie Marketing, PR, Vertrieb, Geschäftsführung.
- *Client Services* ist der Bereich, der sich mit Lead Generation beschäftigt. Wie kommuniziert das Unternehmen mit Kunden? Gibt es eine Hotline? Gibt es Telemarketing? Vertrieb? Was kann davon in Social Media verlegt werden?
- *Creatives* – Dieser Teil des Teams ist sinnvollerweise in Agenturen ausgelagert, die gestaltete und kreative Inhalte erstellen, wie z. B.: Videos, Bilder, Logos, Grafiken, Texte, Headlines und Infografiken.

4.5 Binden Sie die Geschäftsleitung mit ein.

Das Wichtigste ist oft die Unterstützung der Geschäftsleitung und der Führungskräfte im eigenen Unternehmen. Viele Social-Media-Strategien scheitern letztlich nicht am ausführenden Team oder an der Strategie selbst, sondern an der mangelnden Unterstützung der Führungskräfte des eigenen Unternehmens.

4.6 Setzen Sie sich Ziele. Realistisch, klar definiert und vor allem messbar.

Ihre *Ziele* sollten sich aus den Unternehmenszielen ableiten. Und Ziele müssen auch messbar sein. Dazu empfehlen wir, Indikatoren zu definieren. Key Performance

Indicators oder auch KPIs sind eine gute Möglichkeit, die Messbarkeit von Zielen sicherzustellen. Natürlich sind „Freunde" oder „Followers" wichtige Ziele, aber sie sind für sich allein nicht sehr aussagekräftig und sollten nicht die einzigen Ziele sein. Kundenzufriedenheit, Downloads, Kommentare, „retweets", „likes", „content creation" und „content sharing" sind speziell in B2B sehr wichtig. Werden die Inhalte geteilt? Werden sie heruntergeladen? Alle diese Indikatoren müssen miteinander kombiniert werden, um ein vernünftiges Messsystem zu etablieren. Die Kunden werden also zum stärksten und unabhängigen Fürsprecher der Marke. Sie sind das wichtigste Mitglied eines Marketing-Teams, denn sie sind unabhängig. Diese Faktoren müssen aufeinander abgestimmt sein und ermöglichen es dann, die Social-Media-Aktionen zu bewerten und aufgrund der gewonnenen Erkenntnisse zu optimieren.

4.7 Beobachten, zuhören und auswerten!

Unbestritten ist es sehr wichtig, in den verschiedenen Netzwerken zu hören und zu lesen, wie über die eigene Marke, über ein B2B-Unternehmen gesprochen wird. Das kann entweder selbst über das eigene Unternehmen geschehen oder an professionelle Agenturen ausgelagert werden, die mithilfe moderner, semantischer Software sehr effizient arbeiten können.

Wichtig ist, dass Sie nicht aufhören zu beobachten. Nicht aufhören zuzuhören und ständig auswerten. Alles regelmäßig, geplant und nachhaltig. Und nicht als einmalige Aktion.

Wenn wir nur einen einzigen Tipp geben könnten, wenn es nur eine Aktion ist, die Sie durchführen wollen, um sich bei Social Media zu verbessern – es wäre genau dies: beobachten, zuhören und auswerten!

Und wenn man diese Auswertungen nicht regelmäßig von einer externen Agentur machen lässt, kann man das durchaus auch selbst machen. So findet man im Internet unter den Begriffen „Social-Media-Monitoring Tools" und „Social-Media-Management Tools" umfangreiche Auflistungen und Vergleiche von Anbietern und Software-Lösungen.

4.8 Erstellen Sie einen Redaktionsplan!

Es zeigt sich, dass viele Kommunikationsprozesse, die vor Jahrzehnten entwickelt wurden, immer noch Bestand haben und sinnstiftend sind. Ein Beispiel dafür ist der bekannte *Redaktionsplan*. Letztlich ist es egal, ob Sie vor 20 Jahren Inhalte für eine Kundenzeitschrift entwickelt haben oder ob Sie heute Inhalte für einen Corporate Blog oder Social-Media-Netzwerke entwickeln. Machen Sie einen Plan! Einen Kalender! Die Inhalte und ihr Erscheinen sollten nicht zufällig sein, sondern aufeinander abgestimmt. Lassen Sie aber Platz für Unvorhergesehenes und bereiten Sie sich auch auf Krisen vor. Definieren Sie verschiedene Krisenszenarios und planen Sie die Kommunikation für diese Krisen. Wenn eine Krise entsteht, ist der Zeitfaktor entscheidend. Deshalb lohnt es sich, verschiedene Szenarien durchzuspielen und vorzubereiten.

Bereiten Sie die Inhalte einmal und zusammenhängend vor. Entwickeln Sie Texte, Bilder, Videos, Infografiken und White Papers zusammenhängend und veröffentlichen Sie diese dann in den verschiedenen Netzwerken – abgestimmt und koordiniert.

4.9 Seien Sie geduldig!

Social Media ist manchmal sehr schnell. Manchmal kann es aber auch lange dauern, bis Effekte sichtbar werden. Speziell in einem komplexen B2B-Umfeld benötigt man *Geduld,* um sich Reputation aufzubauen. Da die Zielgruppen kleiner sind, benötigt es auch eine längere Zeit, bis eine größere Anzahl an Followern, Freunden, Lesern oder Abonnenten aufgebaut ist.

4.10 Bauen Sie eine Infrastruktur, die skalierbar ist!

Die Betrachtung muss sowohl von aus technischer als auch aus personeller Sicht erfolgen. Wenn Sie nicht alles selbst machen können, holen Sie sich professionelle Hilfe. Wenn Sie am Anfang sind, halten Sie es in einer Größe und in einem Umfang, den Sie noch steuern können. Folgende Themen müssen im Auge behalten werden:

- *Strategie* – die Koordination der Strategie mit den übergeordneten Unternehmenszielen.
- *Monitoring und Listening* – damit beginnt alles. Erst zuhören, dann agieren.
- *Community Management* – je nach Aufwand einen Community-Manager pro Netzwerk, der die täglichen *Postings* steuern kann. Dies kann am Anfang auch zusammengefasst werden, also ein Community-Manager kann durchaus mehrere Netzwerke bedienen.
- *Inhalte/Content* – unterstützen Sie das kontinuierliche Entwickeln von relevanten Inhalten. Relevant für Ihre Kunden, nicht für Ihr Unternehmen.
- *Reporting, Measurement, Insights* und die daraus resultierende *Analyse* – implementieren Sie ein System, das Ihnen frühzeitig zeigt, wo Sie bei Ihrer Zielerreichung stehen, und das es Ihnen erlaubt, frühzeitig korrigierende Maßnahmen zu ergreifen.

4.11 Steuern Sie den Prozess proaktiv!

Social Media und digitale Netzwerke betreffen alle Abteilungen in einem B2B-Unternehmen, Marketing genauso wie den Vertrieb, PR, Forschung, Personal und die Geschäftsführung. Deshalb ist es sehr wichtig, klare Prozesse zu definieren, um sicherzustellen, dass alle beteiligten Personen verstehen, was ihre Rolle und ihre

Aufgabe ist, was die Ziele sind und wie sie regelmäßig die Ergebnisse und Erfahrungen untereinander teilen. Stellen Sie sicher, dass diese Informationen, Erfahrungen und Ergebnisse zwischen den einzelnen Abteilungen und Teams ausgetauscht werden.

Wenn Sie dies nicht im Vorfeld klären und definieren und es nicht im Vorfeld von allen akzeptiert wird, wird eine spätere Einführung sehr schwer.

5 Was sind die häufigsten Fehler bei der Implementierung?

Jetzt wissen Sie wie's geht. Zumindest theoretisch. Aber welche Stolperfallen gilt es zu vermeiden?

Die Vorteile des Einsatzes von Social-Media-Marketing haben wir hinlänglich besprochen. Allerdings sind in der Praxis zahlreiche Fehler im Einsatz zu beobachten, die wiederum negative Auswirkungen haben können.

Aus der Analyse unserer Arbeit mit B2B-Kunden haben wir folgende Stolpersteine identifiziert:

Social Media und das Entwickeln von digitalen Inhalten entstehen in einem Vakuum.

Oftmals entstehen die Silos, die man eigentlich aufbrechen wollte, neu. Es werden Social-Media-Teams gebildet, die losgelöst und isoliert von anderen Funktionen und Maßnahmen ihre Inhalte entwickeln. Diese Inhalte erscheinen dann losgelöst und nicht abgestimmt.

Die Social-Media-Strategie ist nicht in die Unternehmensziele eingebunden.

Das passiert häufig, wenn sie bottom-up – also ohne Einbindung des Managements und dessen Ziele – mit Social Media beginnen. Einfach ausprobieren und irgendwo anfangen. Wenn Sie jedoch ernsthaft und nachhaltig Social Media und digitale Netzwerke nutzen wollen, müssen Sie Ihre Strategie mit den Unternehmenszielen verbinden. Wie zuvor beschrieben, können Ziele von Unternehmen zum Marketingziel und auf das Social-Media-Ziel heruntergebrochen werden. Diese werden quartalsweise überwacht und ausgewertet. So wird der ROI von Social Media klar beziffert bzw. ins Verhältnis zum Unternehmenserfolg gesetzt.

Der Aufwand wird unterschätzt.

Egal ob Sie den Aufwand zeitlich und finanziell unterschätzen oder ob Sie den Aufwand nicht begrenzen – ohne strategischen Plan wissen Sie nicht, wie viel Zeit und Ressourcen Sie investieren müssen, um Ihre Ziele zu erreichen. Ohne dies zu wissen, ist ein sinnvolles Messen und Verbessern nicht möglich.

Sie nerven Ihre Kunden.

Vielleicht verwenden Sie zu wenig Zeit für „Listening?" Vielleicht versuchen Sie sich nicht genug in die Lage Ihrer Kunden zu versetzen? Vielleicht kommunizieren Sie einfach auf allen Kanälen das Gleiche und so oft es geht, weil Sie gezielt eben dieses eine Produkt im Markt pushen wollen? Es besteht die Gefahr, dass Sie Ihre Kunden verprellen, weil Sie den Grundsatz „Content is King" vernachlässigt haben.

Wichtig ist, dass Sie die Möglichkeiten und Stärken der genutzten Plattformen und Netzwerke optimal nutzen und Inhalte erstellen, die auf die Netzwerke abgestimmt sind. Aus diesem Grund ist es nicht empfehlenswert, die gleichen Inhalte oder Posts auf verschiedenen Plattformen zu teilen.

Kein souveräner Umgang mit Kritik.

Man hat oft den Eindruck, dass besonders in Social Media ein rauerer Ton herrscht. Kritik ist oftmals direkt, harsch und ein wenig überzogen. Hier gilt es, kühlen Kopf zu bewahren und professionell, empathisch und authentisch zu reagieren. (siehe auch Abschn. 6.3)

„You can buy attention (advertising). You can beg for attention from the media (PR). You can bug people one at a time to get attention (sales). Or you can earn attention by creating something interesting and valuable and then publishing it online for free" (Meerman Scott 2009).

Die Vorteile von Social-Media-Marketing, in Zusammenhang mit sehr guten, individuellen Inhalten, liegen auf der Hand. Aber die Konsequenzen, die aus den oben genannten Fehlern entstehen, können sich schlimmer auswirken, als wenn ein Unternehmen gar nichts unternommen hätte.

6 Social Media Guidelines, rechtliche Rahmenbedingungen und Krisenpläne

> Auch in Zukunft geht es in Unternehmen nicht ohne Social Media Guidelines und ohne die rechtlichen Rahmenbedingungen im Auge zu behalten.

Social Media Guidelines sind wichtige Leitplanken. Sie beschreiben nach Innen und Außen die Richtung, die Unternehmen in sozialen Netzwerken einschlagen. Den Mitarbeitern geben sie Sicherheit im Umgang mit den digitalen Kanälen. Desweiteren helfen Guidelines, Kommunikationskrisen zu vermeiden sowie rechtlichen Problemen vorzubeugen.

Ein Unternehmen, das in sozialen Netzwerken und Kanälen aktiv ist, muss wissen, dass es wahrgenommen und beobachtet wird. Sie werden manchmal auch negatives Feedback bekommen und sollten einen Krisenplan für eventuelle „Shitstorms" in der Schublade haben.

6.1 Social Media Guidelines

Social-Media-Strategien und -Leitlinien („*Guidelines*") bieten dem Unternehmen einen Rahmen für die Durchführung der Social-Media-Strategie. Sie sind die Leitplanken für die Umsetzung von Social-Media-Kampagnen. Und sie haben einen direkten Einfluss auf den Erfolg Ihrer Social Media Maßnahmen.

Ob in B2C- oder B2B-Unternehmen, fast alle Mitarbeiter nutzen Social Media Kanäle. Und das meist, ohne sich Gedanken über Auswirkungen oder Möglichkeiten dieser Medien zu machen. Viele Mitarbeiter teilen ihre privaten Inhalte bei Facebook und Instagram. Und ein Teil ihres Contents ist eben auch beruflich. Oft sind sie sich aber gar nicht im Klaren darüber, wie schnell Bilder, Texte, Zitate oder sonstige Inhalte diesen eigentlich privaten Rahmen verlassen und an die Öffentlichkeit dringen. Suchen Sie bei Google doch mal nach „Kündigung wegen Facebook".

So rät der Branchenverband Bitkom in seiner frei downloadbaren Broschüre „Social Media Guidelines – Tipps für Unternehmen": „Mithilfe von Social Media Guidelines sollten Unternehmen den Gebrauch von sozialen Medien für Mitarbeiter genau festlegen und detailliert definieren, wie und welche Inhalte Mitarbeiter im Namen des Unternehmens in sozialen Medien kommunizieren dürfen und welche nicht. Denn auch privat ist jeder Mitarbeiter ein wertvoller Botschafter des Unternehmens und seiner Produkte. In der Außenkommunikation wird er, selbst wenn er sich privat äußert, auch häufig in seiner Rolle als Mitarbeiter des Unternehmens wahrgenommen. So kann eine Äußerung schnell als eine offizielle Unternehmensposition missverstanden werden" (Bitkom 2010, Social Media Guidelines, Tipps für Unternehmen).

Gerade jüngeren Mitarbeitern sind mögliche Auswirkungen ihrer Äußerungen in den sozialen Medien oft nicht klar. Hier geben *Social Media Guidelines* konkrete Handlungsanweisungen. Aber nicht nur in Problemfällen, auch ganz allgemein helfen Guidelines, bei den Mitarbeitern ein Bewusstsein für Social Media zu schaffen. Guidelines sollen die Angst nehmen, diese Medien zu benutzen, und sie sollen motivieren, sich mehr mit ihnen zu beschäftigen.

Ein B2B-Beispiel:
Der Chiphersteller Intel, ein klassisches B2B-Unternehmen, hat „*3 Rules of Engagement*" eingeführt:

- „*Disclose* – Your presence in social media must be transparent.
- *Protect* – Take extra care to protect both Intel and yourself.
- *Use common sense* – Remember that professional, straightforward and appropriate communication is best."

(Intel Social Media Guidelines 2020)

Diese Richtlinien sollen also den Weg aufzeigen, den das Unternehmen in sozialen Netzwerken gehen will. Sie geben den Mitarbeitern Sicherheit im Umgang mit den digitalen Kanälen und sollen motivieren, Neues auszuprobieren.

Warum also *Social Media Guidelines*? Was sollen sie konkret bewirken?

- Zuerst und ganz oben, das Vermeiden von Fehlern.
- Das Begrenzen von Risiken, die speziell durch Rechte und Gesetze entstehen können.
- Sie sollen das Verhalten in Krisenfällen definieren.
- Sie sollen motivieren, digitalen Kanäle aktiv zu nutzen.

- Sie sollen Sicherheit geben und Grenzen aufzeigen.
- Sie sollen die Haltung eines Unternehmens zu Social Media verankern und kommunizieren.
- Sie sollen helfen, Social Media erfolgreich für die Erreichung von Unternehmenszielen einzusetzen.

Darüber hinaus sollten Sie mit Ihren Guidelines die Frage klären, ob und in welchem Umfang Social-Media-Kanäle am Arbeitsplatz erlaubt sind. Speziell wenn das Unternehmen private Nutzung erlaubt, ist es sinnvoll, diese Nutzung hinsichtlich Dauer, Datenschutz und Sicherheit genauer zu definieren.

6.2 Rechtliche Rahmenbedingungen

Rahmenbedingungen sind z. B. Geheimhaltungsrichtlinien, Urheberrechte oder Datenschutz. Wenn die Social Media Guidelines zum Teil des Arbeitsvertrages werden, erhalten sie damit auch rechtliche Verbindlichkeit. Das heißt, Verstöße können damit zu Abmahnungen oder gar berechtigten Kündigungen führen. Speziell die rechtlichen Konsequenzen sind weitreichend. Deshalb empfiehlt sich, den Rat eines Fachmanns einzuholen. Für eine erste Recherche empfehlen wir zum einen Blogs wie den lesenswerten BLOG „rechtzweinull" von Dr. Carsten Ulbricht (Ulbrich, http://www.recht zweinull.de/), der die aktuellen Themen anspricht und diskutiert. Zum anderen den spannenden YouTube Kanal – es geht ja um Social Media- der Kanzlei Wilde/Beuger/Solmecke (https://www.youtube.com/user/KanzleiWBS/) Auch der BVDW, der Bundesverband Digitale Wirtschaft e. V. veröffentlicht praxisnahe Empfehlungen und Leitfäden zum Umgang mit Rechtsfragen und Handlungsoptionen in der digitalen Wirtschaft (BVDW (o. J.)).

6.3 Krisenplan

Krisen können entweder aus einem Unternehmen selbst kommen. So kann es zu Kritik kommen, die von Kunden in sozialen Netzwerken publiziert wird. Und das ist heute eher die Norm. Bei B2C Unternehmen ist es selbstverständlich, dass Kunden ihrem Unmut in Sozialen Netzwerk kundtun. Und auch bei B2B nimmt dieses Verhalten zu. Anstatt umständlich eine Kundenhotline anzurufen, oder einen Vertriebsmitarbeiter zu erreichen, nutzen Kunden die sozialen Netzwerke, um ihrem Ärger Luft zu machen. Und zwar die Kanäle, die Sie für Ihre Kommunikation anbieten. Dabei sitzt der verärgerte Kunde am längeren Hebel. Schnell, einfach und effektiv kann er mit nur wenigen Klicks kritische Kommentare und Beschwerden auf sämtlichen Social-Media-Kanälen verbreiten.

Der zweite Fall sind Krisen von außen. Also vom Unternehmen unverschuldet. Wie z. B. die Corona-Krise 2020. Und diese Krisen heben die Bedeutung von Social Media und digitaler Kommunikation für Unternehmen hervor. Sprich, wenn die

Strukturen für diese Kommunikation in Unternehmen schon gelegt sind, fällt es leichter, im Krisenfall über diese Kanäle zu kommunizieren.

Die Frage in beiden Krisen-Fällen ist also: Wie reagieren Sie auf eine Krise? Haben Sie einen *Krisenplan*? Haben Sie Ihre Strukturen richtig vorbereitet? Und was ist die richtige Vorgehensweise bei solchen Krisen?

Diese wenigen, im Folgenden aufgeführten Punkte konzentrieren sich aus unserer Sicht auf das Wesentliche:

- Schweigen Sie nicht. Halten Sie die Kommunikation aufrecht. Vermeiden Sie die „Vogel-Strauß-Taktik".
- Kommunizieren Sie klar und nachvollziehbar.
- Offenheit, Ehrlichkeit und Authentizität sind auch in Krisen die wichtigsten Eigenschaften Ihrer Kommunikation.
- Bilden Sie ein Krisen-Kommunikationsteam.

Und wenn es um Kritik an Ihrem Unternehmen oder Ihren Produkten geht:

- Untersuchen Sie die Ursache und die Tonality des negativen Feedbacks.
- Untersuchen Sie, ob das negative Feedback berechtigt ist und eine konkrete Ursache hat.
- Vermeiden Sie unbedingt Standard-Entschuldigungsfloskeln. Wenn Sie sich entschuldigen, machen Sie es ehrlich und offen.
- Empathie statt Arroganz. Oft sind Kritikpunkte, die geäußert werden, zumindest teilweise berechtigt.
- Zeigen Sie sich kritikfähig. Sprechen Sie Probleme offen an. Bieten Sie Lösungsvorschläge an.

7 Marken brauchen Momentum

> Ein Aufruf für mehr Effektivität statt mehr Effizienz, für Sichtbarkeit statt Microtargeting.

Der zentrale Gedanke: Im Online-Marketing und Social Media ist es möglich, Zielgruppen gezielt anzusprechen. Beim Microtargeting werden sehr kleine Kundengruppen sehr spezifisch mit bestimmten Themen angesprochen und mit relevanten Inhalten versorgt. Dies sorgt für Effizienz. Mit immer weniger Mitteln kann man immer mehr Zielgruppen genau ansprechen – bis hin zur Fallzahl eins.

Aber. Es zeigt sich, dass es sehr schwierig ist, mit solchen Maßnahmen auf die Marke einzuzahlen. Marken entstehen auch im B2B in den Köpfen der Kunden. Unternehmen gehören den Unternehmern, aber Marken gehören den Kunden.

Und nur Marketing Maßnahmen, die starke Effekte erzielen, können eine Marke aufbauen und stärken und somit zum Erfolg des B2B-Unternehmens beitragen.

Also Effektivität statt Effizienz. Effektivität bedeutet Wirkung. Kommunikation, die Wirkung erzeugt, ist immer auch kreativ. Gibt es also einen Zusammenhang zwischen Kreativität und Effektivität? Hier möchte ich Larissa Pohl, CEO Wunderman Thompson Germany zitieren: „Ja, nachweislich funktioniert kreative „ruhmreiche" Kommunikation besser. Kreativität ist ein Wettbewerbsvorteil. Dazu sollte man sich den Research von Les Binet und Peter Field anschauen." (B2B-Magazin, Fragen zu effektiver Kommunikation o. J.)

Les Binet beginnt seine Vorträge mit einer These, der viele Online-Agenturen folgen: „Brands need to move away from mass marketing to having more direct, personal relationships with their buyers".

Und er nimmt das Ergebnis seines Research gleich selbst vorneweg. „I thought it was rubbish when I first heard it", said Binet, „And now having done the analysis I know it's rubbish." (System1 o. J., LesBinet)

Auch für B2B-Marken gelten die Erkenntnisse, die Les Binet und Peter Field in ihrer Analyse herausgefunden haben. Durch die zunehmende Digitalisierung werden eine erfolgreiche Markenführung und ein profitables Markenwachstum vor allem durch Effektivität angetrieben. Dazu gibt es drei Grundsätze.

Erstens: Es geht um den Maßstab.

Eine starke Marke benötigt die Fähigkeit, die Reichweite zu skalieren. Und das bedeutet natürlich die smarte Mischung zwischen Print, TV und Online-Video. Aber nicht Entweder/Oder. So haben Binet/Field nachgewiesen, dass bei reinen Online-Video-Kampagnen Effekte auf die Marke um 25 % gesteigert wurden. Bei reinen TV-Kampagnen war ein Anstieg von 33 % zu verzeichnen. Bei Kampagnen, die beides erreichten, betrug der Anstieg 54 %.

Zweitens: Budgets werden wichtiger.

Der Anteil des Marken-Wachstums, der durch Share of Voice definiert wird, nimmt stark zu. Er betrug 6 % für Marketing-Kampagnen zwischen 1998 und 2006. Aber bei Kampagnen, die zwischen 2008 und 2016 geschaltet wurden, lag er schon bei 12 %. Er hat sich also verdoppelt und wächst weiter. Crossmediale Synergien verstärken diese Effekte und auch die sozialen Medien erhöhen den Share of Voice. Aber um SOV überhaupt erst zu bekommen, muss man in der Regel bezahlen.

Und das führt zum dritten Grundsatz:
Klassische Werbung und sogenannte Massenmedien funktionieren heute besser denn je. Es ist ein Mythos, dass klassische Kommunikation oder Marken-Kampagnen überholt, old-school oder gar unnötig sind. Das Gegenteil ist der Fall. Die Einbeziehung des Fernsehens (TV) in eine Kampagne hat sich immer in Form von überdurchschnittlicher Zielerreichung ausgezahlt. Aber dieser „TV-Boost" wächst immer noch weiter. Binet/Field haben recherchiert, dass in den 1980ern TV als zusätzlicher Kampagnen-Kanal zu einer Steigerung der Zielerreichung um 12 % geführt hat. In den 2000ern hat TV als zusätzlicher Kampagnen-Kanal zu 27 % mehr Zielerreichung geführt. Und ab 2010 kann man durch hinzunahmen von TV-Werbung in eine Online-Kampagne einen mehr als 40 %igen Zuwachs in der Zielerreichung feststellen. (System1 (o. J.), LesBinet)

Aus diesem Grund machen selbst die größten digitalen Marken wie Zalando, Google oder auch Apple klassische Werbung. Eben weil Sie sich über diese Erkenntnisse bewusst sind. Weil nur im Zusammenspiel mit klassischer Werbung Marken ihr volles Potenzial entfalten können. Marken brauchen Momentum! Und Effekte. Das gilt auch für B2B-Marken.

Eine der weltweit stärksten Marken, die diese Erkenntnisse unterstützt und dies nun auch öffentlich propagiert, ist Adidas. (Wirtschaftswoche (o. J.).)

So sagte Simon Peel, globaler Mediadirektor bei Adidas: „We over-invested in digital advertising." Man habe zu sehr auf Effizienz und zu wenig auf Effektivität geachtet.

Die Annahme vieler Agenturen und Werbetreibenden, dass Investition in digitale Kampagnen Umsätze beflügeln scheint so nicht zu stimmen. So sagt Peel: „Anders als es die Last-Click-Attribution vermuten lässt, sind Investitionen in Bewegtbild, TV, Out-of-Home und Kino besser angelegt als Ausgaben für Paid Search und Online-Display." Klarer kann man es kaum formulieren.

Und auch in B2B kann man Werbewirkung und Effekte von Kommunikation messen. Aber das ist im klassischen Mittelstand noch nicht bei allen angekommen. (B2B-Magazin, Werbewirksamkeit im B2B, Marco Schmäh o. J.)

Aus diesen o. g. Analysen und Erkenntnissen leiten wir folgendes für B2B ab: **Digital-Marketing oder Social-Media-Marketing ersetzt nicht die klassische Kommunikation mit Ihren Kunden.** Aber es bietet sich die große Chance, durch die Verknüpfung von verschiedenen Kanälen eine B2B-Marke zu stärken und nachhaltig Wirkung und damit Erfolg zu erzielen.

Fazit:

Hören Sie zu, setzen Sie sich Ziele – abgeleitet aus Ihren Unternehmenszielen. Messen Sie, was Sie tun und binden Sie Ihre Unternehmensleitung ein. Und bitte erinnern Sie sich stets daran, dass relevanter und guter Inhalt immer hochindividuell ist und dass auch in Zeiten von digitaler Kommunikation, die klassischen Werbekanäle nicht zu ersetzen sind. Diese Erkenntnisse sind nicht neu und hören sich vielleicht banal an, aber die Arbeit in der B2B-Praxis zeigt sich, dass gerade diese Grundsätze oft nicht beherzigt werden.

Literatur

Allfacebook. (2016). Workplace by Facebook – die Kollaborationslösung für Unternehmen im Überblick. https://allfacebook.de/news/facebook-at-work. Zugegriffen am 28.04.2020.

B2B-Magazin. (o. J.). Fragen zu effektiver Kommunikation: Eine Expertenrunde. https://www.b-2-b.de/expertenrunde-fragen-zu-effektiver-kommunikation/. Zugegriffen am 18.04.2020.

B2B-Magazin. (o. J.). Prof. Dr. Marco Schmäh zur Werbewirkung. https://www.b-2-b.de/prof-dr-marco-schmaeh-zur-werbewirkung/. Zugegriffen am 18.04.2020.

Bernoff, J. (2007). The POST Method: A systematic approach to social strategy. https://www.icyte.com/saved/forrester.typepad.com/433636. Zugegriffen am 18.04.2020.

Bitkom. (Hrsg.). (2010). *Social Media Guidelines, Tipps für Unternehmen*. https://www.bitkom.org/Bitkom/Publikationen/Social-Media-Guidelines-Tipps-fuer-Unternehmen.html. Zugegriffen am 18.04.2020.

Brandwatch 2018. (2020). 60 interessante Twitter-Statistiken. https://www.brandwatch.com/de/blog/twitter-statistiken/. Zugegriffen am 20.04.2020.

BtoB Insight. (o. J.). RTS Rieger Team, Die Entscheiderstudie. http://btob-insight.de/. Zugegriffen am 28.04.2020.

BVDW. (o. J.). Recht. https://www.bvdw.org/themen/recht/. Zugegriffen am 28.04.2020.

Effie. (o. J.). EFFIE AWARD GERMANY-Learning from the best. https://www.gwa.de/EffieGermany/Einreichung/Learningfromthebest. Zugegriffen am 28.04.2020.

Intel Social Media Guidelines. (2020). http://www.intel.com/content/www/us/en/legal/intel-social-media-guidelines.html. Zugegriffen am 18.04.2020.

Kreutzer, R., Rumler, A., & Wille-Baumkauf, B. (2020). *B2B-Online-Marketing und Social Media, Handlungsempfehlungen und BestPractices* (2. Aufl.). Wiesbaden: Springer Gabler. ISBN-10:3658276746.

Meerman Scott, D. (2009). Social media marketing explained in 61 words. https://www.davidmeermanscott.com/blog/2009/12/social-media-marketing-explained-in-61-words. Zugegriffen am 28.04.2020.

Michelis, D., & Schildhauer, T. (Hrsg.). (2010). *Social Media Handbuch – Theorien, Methoden, Modelle* (3. Aufl.). Baden-Baden: Nomos. ISBN-10:9783848722785.

OMR. (2019). Plattform-Trio Facebook, Instagram und Twitter: Wo bekommt Ihr die beste Engagement-Rate? https://omr.com/de/plattform-facebook-instagram-twitter-engagement-rate/. Zugegriffen am 20.04.2020.

Pfoertsch, W., Linder, C., Beuk, F., Bartikowski, B., & Luczak, C. (2007). Pforzheimer Forschungsberichte Nr. 9, B2B Brand Definition – Understanding the Role of Brands in Businesss and Consumer Markets. http://www.hs-pforzheim.de/De-de/Hochschule/Einrichtungen/IAF/Veroeffentlichungen/forschungsberichte/Documents/PF_FB_9_B2B_Brand_Definition.pdf. Zugegriffen am 18.04.2020.

Statista. (2018). Anteil der Unternehmen, die folgende sozialen Netzwerke für die aktive Suche nach Kandidaten nutzen. https://de.statista.com/statistik/daten/studie/528137/umfrage/nutzung-von-active-sourcing-durch-unternehmen-in-deutschland/. Zugegriffen am 20.04.2020.

Statista. (2019a). Anteil der Unternehmen, die folgende Social-Media-Plattformen nutzen weltweit im Januar 2019. https://de.statista.com/statistik/daten/studie/71251/umfrage/einsatz-von-social-media-durch-unternehmen/. Zugegriffen am 20.04.2020.

Statista. (2019b). Welche der folgenden Social-Media-Plattformen nutzen Sie? https://de.statista.com/statistik/daten/studie/931157/umfrage/nutzung-von-social-media-durch-b2b-unternehmen-nach-plattform-in-deutschland/. Zugegriffen am 20.04.2020.

Statista. (2019c). Anzahl der Mitglieder von Xing in Deutschland, Österreich und der Schweiz in den Jahren 2010 bis 2019. https://de.statista.com/statistik/daten/studie/13615/umfrage/anzahl-der-mitglieder-des-social-networks-Xing-in-deutschland-oesterreich-schweiz/. Zugegriffen am 20.04.2020.

Statista. (2020). Anzahl der Mitglieder von LinkedIn in Deutschland, Österreich und der Schweiz in ausgewählten Monaten von Dezember 2009 bis April 2020. https://de.statista.com/statistik/daten/studie/628657/umfrage/LinkedIn-mitglieder-in-der-dach-region/.

System1 Group. (o. J.). Binet and field, return with ‚media in the digital age'. https://system1group.com/blog/binet-and-field-return-with-media-in-the-digital-age. Zugegriffen am 20.04.2020.

Wirtschaftswoche. (o. J.). Die Digitalisierung hat im Marketing zu katastrophalen Fehlern geführt. Nur langsam werden den Marketers die Missverständnisse bewusst. Und die Liste der Fehlentwicklungen wird immer länger. https://www.wiwo.de/unternehmen/dienstleister/werbesprech-marketing-leidet-unter-burnout/25187008.html. Zugegriffen am 21.04.2020.

Teil VIII
Crossmediales Marketing

Crossmediale Kommunikation

Heinrich Holland

Inhalt

1	Integrierte Kommunikation	798
2	Crossmedia-Kommunikation	807
3	Crossmediale Planung und Erfolgskontrolle im Dialogmarketing	810
4	Fazit	813
	Literatur	815

Zusammenfassung

Die Maßnahmen der Unternehmenskommunikation müssen integriert und aufeinander abgestimmt werden, wenn sie ihre volle Wirkung entfalten sollen. Ein „Silodenken", bei dem die verschiedenen Disziplinen und Kanäle, wie klassische Kommunikation, Dialogmarketing, Online-, Mobile- und Social Media-Kommunikation, isoliert betrachtet werden, steht einer optimalen Gesamtwirkung entgegen.

Der Status quo von Crossmedia wird explizit ergänzt um die Integration von Online- und Offline-Medien im Dialogmarketing. Der Wandel des Mediennutzungsverhaltens verändert nachhaltig die Kommunikation. Die crossmediale Integration von Online und Offline im Dialogmarketing führt zu einer Wirkungsverstärkung mit dem Resultat messbarer ökonomischer Variablen und psychologischer Effekte.

Schlüsselwörter

Kommunikationspolitik · Integrierte Kommunikation · Crossmedia Kampagnen · Crossmedia Forschung · Crossmediale Reichweite · Crossmedia Planung

---

H. Holland (✉)
Hochschule Mainz, Mainz, Deutschland
E-Mail: heinrich.holland@online.de

1 Integrierte Kommunikation

▶ Alle Maßnahmen der klassischen und der direkten Kommunikation müssen aufeinander abgestimmt werden, um einen konsistenten Auftritt bei den Empfängern sicherzustellen. Das Integrierte Marketing, die Integrierte Kommunikation und schließlich das Integrierte Dialogmarketing verfolgen das Ziel, aus den vielfältigen Möglichkeiten der Beziehung zu den Kunden etwas „Ganzes" zu schaffen.

1.1 Notwendigkeit der Integration

Die Kommunikationspolitik als Bestandteil des Marketing-Mix kann auf zahlreiche Medien zurückgreifen und ihr stehen viele Instrumente zur Verfügung, die von der klassischen Werbung über die Dialogkommunikation zu den unterschiedlichen Formen der Online-Kommunikation reichen. Tab. 1 gibt einen Überblick über diese Instrumente.

Tab. 1 Instrumente der Kommunikationspolitik. (Quelle: Eigene Darstellung)

Klassische Werbung	Kommunikative Beeinflussung von Kunden und potenziellen Kunden mit Hilfe von Massenmedien, wie Print (Zeitungen, Zeitschriften), TV, Radio, Kino, Außenwerbung
Verkaufsförderung	Kommunikative Maßnahmen zur Unterstützung eigener Absatzorgane und der Absatzmittler sowie zur Beeinflussung der Konsumenten mit dem Ziel einer kurzfristigen Steigerung des Absatzes
Public Relations	Kommunikation zur Gestaltung der Beziehung zwischen dem Unternehmen und den Stakeholdern (Kunden, Aktionäre, Lieferanten, Arbeitnehmer, Institutionen und Staat)
Sponsoring	Unterstützung von Personen, Institutionen oder Veranstaltungen und Kommunikation dieses Sponsorships; bedeutende Formen sind das Sport-, Kultur- und soziale Sponsoring
Event-Marketing	Planung, Organisation und Kontrolle von erlebnisorientierten Ereignissen im Rahmen der Unternehmenskommunikation mit Wirkung auf die Customer Experience
Messen und Ausstellungen	Veranstaltungen mit Marktcharakter oft in regelmäßigen Zyklen, die ein umfassendes Produktangebot einer oder mehrerer Branchen bieten
Dialogkommunikation	Kommunikation in direktem Kontakt zum Kunden oder Interessenten; Ziel der Kommunikation ist eine Reaktion zum Aufbau eines Dialogs bzw. von Interaktionen
Online Marketing	Werbliche Kommunikation über Online Medien, wie das Internet oder E-Mail; digitaler Dialog
Mobile Marketing	Nutzung des Mobiltelefons oder Smartphones als Kommunikationskanal für Marketingbotschaften; orts- und zeitunabhängige Kommunikation
Social-Media Marketing	Nutzung Sozialer Online-Netzwerke zur Kommunikation und Interaktion

▶ „Integrierte Kommunikation ist ein strategischer und operativer Prozess der Analyse, Planung, Durchführung und Kontrolle, der darauf ausgerichtet ist, aus den differenzierten Quellen der internen und externen Kommunikation von Unternehmen eine Einheit herzustellen, um ein für die Zielgruppen der Kommunikation konsistentes Erscheinungsbild des Unternehmens bzw. eines Bezugsobjektes der Kommunikation zu vermitteln." (Bruhn 2013, S. 91).

Schon Aristoteles wusste: „Das Ganze ist mehr als die Summe seiner Teile."
Einige andere Begriffe, die auch in diesem Zusammenhang verwendet werden und deren Vielfalt als Beleg für die Bedeutung dieses Themas gelten kann, sind:

- Crossmedia
- Multichannel
- 360-Grad-Kommunikation
- Corporate Communications
- Total Communications
- Interdisziplinäre Kommunikation
- Vernetzte Kommunikation
- Ganzheitliche Kommunikation
- Holistische Kommunikation
- Synergetische Kommunikation
- Media-Mix
- Ganzheit-Werbung
- ...

Die *Gründe* dafür, dass sich die Unternehmen seit einigen Jahren verstärkt mit dem Problem der Integration beschäftigen müssen, sind in Tab. 2 zusammengefasst.

1.2 Ziele der Integrierten Kommunikation

Die Ziele, die durch die Integrierte Kommunikation angestrebt werden, lassen sich in Bezug auf die Kunden, die Mitarbeiter und das Unternehmen unterscheiden.

- **An Kunden gerichtete Ziele**
  Bei den Kunden soll durch Konsistenz in der Kommunikation ein einheitliches Erscheinungsbild erreicht werden. Ein einmal gewähltes Erscheinungsbild wird beibehalten, damit der Kunde es wiedererkennt und sich Kenntnisse über das Angebot im Gedächtnis verankern. Dadurch wird die Voraussetzung dafür gelegt, dass die kommunikativen Botschaften deutlicher wahrgenommen werden und Lerneffekte eintreten.
  Die für den Kunden besonders wichtigen und kaufrelevanten Kenntnisse sollen vermittelt werden, sodass der Markenwert des Produktes gesteigert wird

Tab. 2 Gründe für eine Integration der Kommunikation. (Quelle: Eigene Darstellung)

Marktbedingungen:
- Die Märkte stagnieren und sind übersättigt.
- Die weltwirtschaftlichen Verflechtungen wachsen.
- Im europäischen Binnenmarkt wird die internationale Konkurrenz schärfer.
- Private Haushalte sind zunehmend digitalisiert mit schnellen Internetzugängen.
- Die Endverbraucher werden immer kritischer, emanzipierter und anspruchsvoller.
- Die Produktlebenszyklen werden kürzer.
- Bei den Produkten ist eine qualitative Nivellierung festzustellen, sie können sich kaum noch über ihre technische Überlegenheit gegenüber dem Wettbewerb profilieren.
- Innovationsvorsprünge können nicht lange gehalten werden.

Konsumentenverhalten:
- Der Wertewandel der Gesellschaft hin zu Erlebnisorientierung, Freizeitbetonung und zunehmendem Umweltbewusstsein schreitet voran.
- Die Verbraucher haben einen größeren Erfahrungsschatz bezüglich der Werbung, sie sind gesättigt und überfordert.
- Die Medien stehen in Zeiten der kommunikativen Übersättigung im Wettbewerb um die knappe Aufmerksamkeit.

Veränderungen der Medien- und Kommunikationsmärkte:
- Die Online-Medien erleben einen Boom.
- Die Anzahl der eingesetzten Kommunikationsmittel und -instrumente steigt.
- Dies führt zu einer Atomisierung der Medien.
- Der Werbedruck wächst.
- Es ist eine Verlagerung weg vom Produkt- hin zum Kommunikationswettbewerb festzustellen.
- Die Kommunikationsaufwendungen steigen.
- Aufgrund der Vielfalt der Medien überlappen sich deren Wirkungsbereiche.
- Die Werbung wird gleichartiger, sie ist oft schwer unterscheidbar.

und Präferenzen aufgebaut werden. Schließlich hat die Integrierte Kommunikation die Aufgabe, eine Differenzierung von der Konkurrenz zu erreichen.

Durch einen engen *Kundendialog* soll die Kundenbeziehung stabilisiert werden.

- **Auf das Unternehmen gerichtete Ziele**
Durch die Integrierte Kommunikation sollen *Synergieeffekte* erzielt werden. Die einzelnen Kanäle verstärken sich gegenseitig, das Ganze ist mehr als die Summe seiner Teile!

Durch die systematische Vernetzung der Instrumente ist es möglich, bei gleichen Kosten eine Optimierung der Kontaktwirkungen zu erreichen. Das Kommunikationsbudget wird so aufgeteilt, dass eine optimale Gesamtwirkung realisiert wird. Zudem können Kostensenkungspotenziale durch interne Abstimmung und abteilungsübergreifende Zusammenarbeit ausgeschöpft werden.

- **An Mitarbeiter gerichtete Ziele**
Die Integrierte Kommunikation versucht durch umfassende Information und Einbeziehung eine Steigerung der Arbeitszufriedenheit und *Motivation* der Mitarbeiter zu erreichen. (Abb. 1)

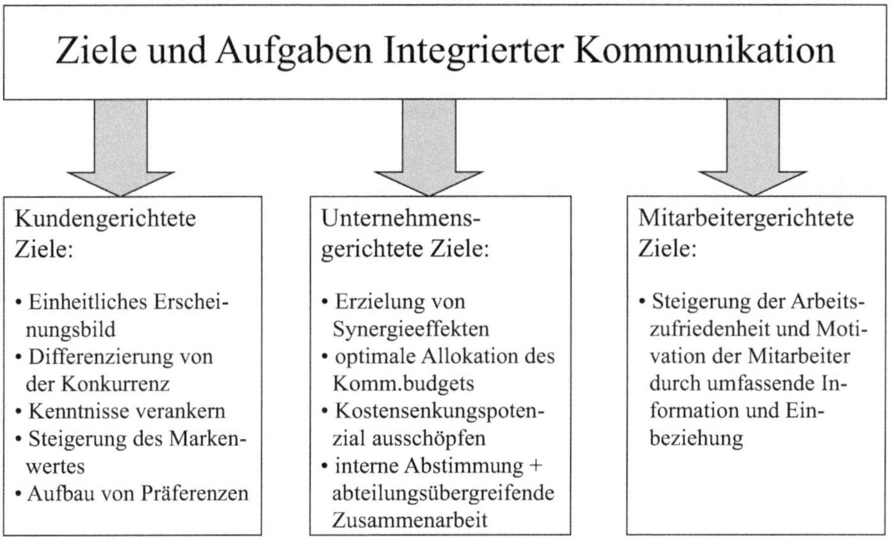

Ziele und Aufgaben Integrierter Kommunikation

Kundengerichtete Ziele:	Unternehmensgerichtete Ziele:	Mitarbeitergerichtete Ziele:
• Einheitliches Erscheinungsbild • Differenzierung von der Konkurrenz • Kenntnisse verankern • Steigerung des Markenwertes • Aufbau von Präferenzen	• Erzielung von Synergieeffekten • optimale Allokation des Komm.budgets • Kostensenkungspotenzial ausschöpfen • interne Abstimmung + abteilungsübergreifende Zusammenarbeit	• Steigerung der Arbeitszufriedenheit und Motivation der Mitarbeiter durch umfassende Information und Einbeziehung

Abb. 1 Ziele und Aufgaben der Integrierten Kommunikation. (Quelle: Eigene Darstellung)

1.3 Instrumente der Integration

Die Instrumente der Integrierten Kommunikation lassen sich in drei Kategorien einteilen, die in Tab. 3 zusammengestellt werden.

- **Formale Integration**
  Einen wichtigen Bestandteil der Integrierten Kommunikation stellt die formale Integration dar. Diese ist durch die Verwendung einheitlicher *Gestaltungsprinzipien* zu erreichen. Das Unternehmen wählt die kreative Gestaltung so aus, dass die Summe aller Werbemittel wie „aus einem Guss" erscheint (vgl. Tab. 3).

  Die Realisation dieser gestalterischen Klammer erfolgt zumeist über Gestaltungsprinzipien oder Corporate-Design-Handbücher, die beispielsweise die Verwendung einheitlicher Markenzeichen bzw. Logos in definierter Schrifttype, -größe und auch -farbe, Layoutraster, Jingles, Farbstimmung, Bildduktus und Tonalität beinhalten.

  Ziel der Vereinheitlichung formaler Kriterien ist eine leichtere *Wiedererkennbarkeit* der Kommunikation. Dadurch ergeben sich schnellere sowie höhere Lernerfolge bei den Verbrauchern. Die Marke soll auf diese Weise im Gedächtnis des Kunden verankert werden, schließlich hat ein durchschnittlicher Kunde für jeden Produktbereich nur sehr wenige Marken in seinem Vorstellungsbild, die für seine Kaufentscheidung relevant sind.

  Insbesondere bei allen unpersönlichen Kommunikationsmaßnahmen, die mit gedruckten Medien arbeiten, ist die formale Integration von zentraler Bedeutung, da hier nicht durch einen persönlichen Kontakt unterstützend eingegriffen werden kann. Formale Integration stellt einen wesentlichen und notwendigen Bestandteil

Tab. 3 Instrumente der Integrierten Kommunikation. (Quelle: Bruhn 2013, S. 99)

Formen	Gegenstand	Ziele	Hilfsmittel	Zeithorizont
Formale Integration	Einhaltung formaler Gestaltungsprinzipien	Präsenz Prägnanz Klarheit	Einheitliche Zeichen, Logos, Schrifttyp, Größe, Farbe	Mittel- bis langfristig
Zeitliche Integration	Abstimmung innerhalb und zwischen den Planungsperioden	Konsistenz, Kontinuität	Ereignisplanung (Timing)	Kurz- bis mittelfristig
Inhaltliche Integration Funktional Instrumental Horizontal Vertikal	Thematische Abstimmung durch Verbindungslinien	Konsistenz Eigenständigkeit Kongruenz	Einheitliche Slogans, Botschaften, Argumente, Bilder	Langfristig

der Integration dar, der allerdings nicht hinreichend ist. Denn allein die formale Einheitlichkeit leistet keinen Beitrag zur Verbindung zwischen Marke und Positionierungsinhalt. Dafür bedarf es der Integration der Inhalte der Kommunikation.

> **Beispiel**
>
> Die formale Integration ist vor allem dann sinnvoll, wenn reine Angebotswerbung betrieben wird und immer wieder neue Produkte unter einer Marke kommuniziert werden sollen (z. B. Deutsche Telekom, Sixt). Weiterhin kann diese Form eingesetzt werden, wenn ein Low-Involvement-Produkt aktualisiert werden soll (z. B. Chiquita = Banane) oder wenn unterschiedlich positionierte Marken eines Unternehmens mit einer einheitlichen formalen Klammer versehen werden sollen.
>
> Die formale oder stilistisch-formale Integration gehört ebenso wie die zeitliche Integration zur *operativen Ebene*. (Tab. 3) ◄

- **Zeitliche Integration**
Die zeitliche Integration betrifft die Abstimmung der Kommunikationsmaßnahmen innerhalb einer und zwischen verschiedenen, aufeinander folgenden *Planungsperioden*, so dass eine einheitliche Wahrnehmung der Produkte oder des Unternehmens ermöglicht und somit die zentralen Kommunikationsziele besser erreicht werden. Ein optimales Timing ist dann besonders wichtig, wenn die einzelnen Instrumente auf ein zentrales Ereignis hinweisen sollen oder parallele Aktionen stattfinden.

Um eine Wirkungsverstärkung der einzelnen Kommunikationsinstrumente zu erreichen und eine zeitliche Kontinuität im kommunikativen Auftritt des Unternehmens sicherzustellen, müssen zwei Teilaspekte der zeitlichen Integration betrachtet werden. Hierbei handelt es sich um die zeitliche Abstimmung *zwischen* den verschiedenen Kommunikationsinstrumenten, die zum Einsatz kommen, sowie um die Koordination *innerhalb* eines Instrumentes.

In beiden Fällen kann darüber hinaus die *Intensität* der Maßnahmen unterschieden werden in einen Einsatz, der wie folgt gestaltet ist:

- konzentriert (nur in begrenztem Zeitraum aktiviert)
- initial (parallel, aber unterschiedlich lang laufend)
- sukzessiv (parallel, aber zeitversetzt laufend)
- pulsierend (begrenzt, nacheinander versetzt)
- konstant (kontinuierlich, gleich intensiv)
- steigend (im Zeitverlauf zunehmend)
- fallend (im Zeitverlauf abnehmend)

Auch die Einsatzgebiete der Maßnahmen müssen aufeinander abgestimmt sein. Zu unterscheiden ist hier nach regionalem/lokalem, nationalem, internationalem/globalem Einsatz.

- **Inhaltliche Integration**
  Kernpunkt der inhaltlichen Integration ist es, die Kommunikationsmaßnahmen langfristig und strategisch so zu koordinieren, dass *Synergieeffekte* durch thematisch aufeinander abgestimmte Verbindungslinien geschaffen werden, die zum Erreichen der Kommunikationsziele beitragen sollen.
  Diese inhaltliche Kongruenz ist dann schlüssig, wenn die zentrale Aussage über alle Werbemittel hinweg durch die konsequente Verwendung eines zur Marke passenden Slogans transportiert wird. Für die inhaltliche Integration können auch Schlüsselbilder zum Einsatz kommen.

1.4 Wirkungen der Integration

▶ Inwieweit das Ziel der Synergieeffekte und Kostenreduzierung durch den Einsatz Integrierter Kommunikation tatsächlich erreicht wird, hängt zum großen Teil von der Ausschöpfung der *Wirkungsinterdependenzen* zwischen und innerhalb der eingesetzten Kommunikationsinstrumente und -maßnahmen ab.

1. Um die Wirkung innerhalb eines Instrumentes beurteilen zu können, ist es notwendig, die *isolierte* Wirkung von Kommunikationsinstrumenten zu kennen.
2. Für die Wirkung zwischen den Instrumenten benötigt man Informationen über deren *kombinierten* Einsatz.

Nur wenn diese Wirkungsbeziehungen bekannt sind, ist eine optimale Aufteilung des Kommunikationsbudgets auf die verschiedenen Instrumente unter Effektivitäts-

und Effizienzgesichtspunkten möglich. Ein Kernproblem besteht im Fehlen einheitlicher Bewertungsmaßstäbe, um einen Vergleich der Effektivität vornehmen zu können.

Während die Wirkung klassischer Instrumente beispielsweise über Tausender-Kontakt-Preise (TKP) und Gross Rating Points (GRP) gemessen wird, zählen bei Dialogmaßnahmen vor allem *response-orientierte Kriterien* wie Cost per Interest (CPI) oder Cost per Order (CPO). Viel transparenter sind die Möglichkeiten im Internet: von Bounce-Backs über Click-Through-Rates und Conversion-Rates stehen detaillierte Erfolgsmesskriterien zur Verfügung.

Das Herausarbeiten einheitlicher Parameter gestaltet sich aufgrund der stark differierenden Funktionen bzw. Ziele der unterschiedlichen Instrumente sehr diffizil. Damit ist auch ein Kosten- und Wirkungsvergleich schwierig. Es sind drei verschiedene Wirkungsarten zu unterscheiden:

- Wirkungsverhalten untereinander
  Zum einen ist das Wirkungsverhalten von Kommunikationsinstrumenten untereinander unterschiedlich. Die Gesamtwirkung kann dabei variieren von potenziert (Instrumente verstärken sich gegenseitig) bis neutral (die Instrumente wirken nur additiv nebeneinander her).
- Eignung für Zielgruppen
  Des Weiteren sind Kommunikationsinstrumente unterschiedlich geeignet für die Ansprache bestimmter Zielgruppen bzw. Marktstufen (z. B. Anbieterunternehmen, Absatzmittler, Endkunde, Öffentlichkeit oder Mitarbeiter) und bedürfen einer sorgfältigen Auswahl und Kombination, um die beste Wirkung zu erzielen.
- Eignung für Marketingaufgaben
  Die dritte Differenzierung erfolgt auf Grund der Eignung bestimmter Instrumente, die verschiedenen Marketing- bzw. Kommunikationsleistungen umzusetzen und zu erreichen. Als Beispiele seien hier die unterschiedlichen Abschnitte des Produktlebenszyklus mit den spezifischen Kommunikationszielen genannt.

1.5 Barrieren der Integrierten Kommunikation

Drei Gruppen von Barrieren lassen sich bei der praktischen Umsetzung der Integrierten Kommunikation in vielen Unternehmen beobachten.

- Inhaltlich-konzeptionelle Barrieren
  Diese beziehen sich auf Probleme der Gestaltung und Ausfertigung der Kommunikation, wie unterschiedliches Verständnis und Zielvorstellungen, Vernachlässigung der internen Kommunikation, fehlende Konzepte integrierter Kommunikationsarbeit, mehrdeutige Zielinterpretationen, lückenhafte Zielgruppendefinitionen, mangelnde Integrationskraft einzelner Instrumente sowie Schwierigkeiten bei der Erfolgskontrolle. Immer noch herrschen bei einigen profitbestimmten Unternehmenszielen Finanzstrukturen vor, die Marketing nur als Kostenfaktor statt als Investition sehen.

- Organisatorisch-strukturelle Barrieren
Hierbei handelt es sich um eine mangelnde organisatorische Verankerung und Verantwortungszuweisung, fehlende Entscheidungskompetenzen, mangelnde Zusammenarbeit zwischen den Kommunikationsabteilungen („Abteilungszäune" und „Ressortdenken"), Organisationsstrukturen im Unternehmen und eine fehlende Verankerung beim Vorstand. Organisatorische Barrieren beinhalten auch die Strukturen der Marketing-Abteilung und die Auslagerung verschiedener Kategorien, wie Messe und Verkaufsförderung in den Vertrieb, die vorstandsnahe Ansiedlung von PR und Sponsoring und die Eingliederung der Online-Kommunikation in die IT-Abteilung. Es fehlt oft ein kommunikationsstrategisches Fundament der Integrierten Kommunikation, das unter anderem die Überwindung der Trennung der verschiedenen Instrumente und die Nutzung interner Kommunikation vorschreibt.
- Personell-kulturelle Barrieren
Allen voran steht der Widerstand gegen Veränderungen – der Mensch strebt nach Sicherheit und Stabilität – sowie der Mangel an Wissen und Professionalität, Bereichsdenken, Angst vor Kompetenzverlust und verstärkter Kontrolle. Das „Not invented here"-Syndrom, die Existenz unterschiedlicher Subkulturen und eine geringe Kooperations- und Koordinationsbereitschaft werden in diesem Zusammenhang angeführt.

1.6 Anforderungen an die Integrierte Kommunikation

Bei der Integrierten Kommunikation handelt es sich um ein komplexes Konstrukt, für dessen Umsetzung es die Beachtung einer Reihe von Grundsätzen bedarf. Die Barrieren zeigen weiterhin, dass eine Reihe von Maßnahmen notwendig ist, um die Koordination und Realisierung von Integrierter Kommunikation zu gewährleisten. Große Teile der Konzeption einer Integrierten Kommunikation finden sich bereits in der Kommunikations-Leitstrategie oder „Copy-Strategy" von Unternehmen.

Eine weitere Bedingung für die Erarbeitung und Durchsetzung der Integrierten Kommunikation ist die Ansiedlung der Kommunikation auf Ebene der Unternehmensführung. Die Gesamtkommunikation sowie der Einsatz der Einzelinstrumente benötigen ein strategisches, zukunftsgerichtetes Konzept, flache Hierarchien sowie Erfolgskontrollen und Wirkungsanalysen.

Die wichtigsten Anforderungen hat Bruhn zusammengefasst (Tab. 4).

1.7 Kriterien für erfolgreiche crossmediale Kampagnen

▶ Mahrdt hat acht Bedingungen formuliert, die erfüllt sein müssen, damit eine Marketing-Kampagne als crossmedial bezeichnet werden kann. Die ersten drei Kriterien nennt er notwendige und die weiteren fünf hinreichende Bedingungen (Mahrdt 2009, S. 18).

Tab. 4 Anforderungen an die Integrierte Kommunikation. (Quelle: Bruhn 2003, S. 81)

Anforderungen	Inhalt/Ziel	Gefahren
Bewusstseinskomponente	Schaffung eines Integrationsbewusstseins bei den Mitarbeitern	Fehlende Motivation und Einsicht bei den Mitarbeitern
Strategiekomponente	Strategische Verankerung der gesamten Kommunikation	Verzettelung in operativen Einzelmaßnahmen
Positionierungskomponente	Festlegung der zukünftigen Unternehmenspositionierung	Mangelnde Ziel- und Zukunftsgerichtetheit der Kommunikation
Gestaltungskomponente	Schaffung einheitlicher formaler Gestaltungskriterien für die Kommunikation	Mangelnde Prägnanz und Klarheit bei der Wiedererkennung
Verbindungskomponente	Definition von Verbindungslinien zwischen Kommunikationsinstrumenten	Diffuses Bild vom Unternehmen durch uneinheitliches Auftreten
Konsistenzkomponente	Herbeiführung konsistenter Aussagen in der Kommunikation	Widersprüche und Irritationen bei den Zielgruppen
Kongruenzkomponente	Schaffung von Kongruenz zwischen Verhalten und Kommunikation der Unternehmen	Glaubwürdigkeitsverluste durch divergentes Verhalten
Kontinuitätskomponente	Kontinuierlicher Einsatz von Kommunikationsinstrumenten	Irritationen und keine Lerneffekte durch wechselnden Einsatz

1. Durchgängige Leitidee und übergreifendes Leitmotiv
   Die kommunikative Leitidee beziehungsweise ein kommunikatives Leitmotiv soll sich wie ein roter Faden durch sinnvoll kombinierte Kommunikationsmaßnahmen ziehen. Die Leitidee kann beispielsweise in Form eines Slogans oder eines Claims präsent sein. Im besten Fall beinhaltet die Leitidee die entscheidenden Positionierungsmerkmale der Marke (Mahrdt 2009, S. 18).
2. Zeitliche, formale und inhaltliche Integration
   Die kombinierte Verwendung mehrerer Medien ist inhaltlich, formal und zeitlich aufeinander abzustimmen. Headlines, Botschaften, Argumente und Bilder müssen inhaltlich widerspruchsfrei und konsistent verwendet werden. Zeichen, Logos, Wort-Bild-Marken, Slogans müssen nach Schrifttyp, Größe und Farbe formal einheitlich verwendet werden. Alle Kommunikationsinstrumente müssen durch einen Zeitplan und einen dramaturgischer Ablauf aufeinander abgestimmt sein.
3. Redaktionelle und werbliche Vernetzung sowie Hinweisführung
   Es ist zu planen, welches Medium auf welche anderen verweist und welche weiteren Hinweise zu anderweitigem Markenkontakt offeriert werden. In klassischen Medien, beispielsweise in Print-Anzeigen oder TV-Spots, werden häufig Hinweise auf eine Internetseite mit weiterführenden Informationen und einer Handlungsaufforderung gegeben.

4. Geeignete Medienauswahl im Hinblick auf Zielgruppe, Produkt und Markt
   Die Auswahl der Kommunikationsinstrumente muss sich an der Zielgruppe, dem Produkt und der verfolgten Markenstrategie orientieren (Mahrdt 2009, S. 18).
5. Interaktionsmöglichkeiten und Aktivierung
   Eine crossmediale Werbekampagne mit einer Kombination von klassischen und digitalen Medien wie dem Internet, Smartphones oder Wearables muss den Konsumenten eine unkomplizierte Möglichkeit bieten, auf die Werbebotschaft zu reagieren, und ihn auch dazu aktivieren.
6. Multisensorische Ansprache
   Die gewählten Medien sollen über eine multisensorische Ansprache die verschiedenen Sinne des Menschen adressieren. Je mehr unterschiedliche Sinne angesprochen werden, desto effektiver ist der Abspeicherung des Wissens im Kurz- und Langzeitgedächtnis; damit steigt auch die Wahrscheinlichkeit einer Reaktion auf die Werbebotschaft.
7. Zielmedium, Konvergenz und CRM-Potenzial
   Konvergenz bedeutet, dass verschiedene Medien so eingesetzt werden, dass sie die Konsumenten auf ein zentrales, meist interaktives Zielmedium hinleiten, beispielsweise das Internet oder Mobile Media. Interaktive Zielmedien haben den Vorteil, dass sie messbare Ergebnisse liefern und über ein CRM-System auswertbar machen (Mahrdt 2009, S. 18).
8. Mehrwert und Nutzwert für den Verbraucher
   Nur wenn die Konsumenten einen Mehrwert und Nutzen durch die Beachtung der gewählten Medien erkennt, wird er darauf reagieren. Dieser Nutzen kann in interessantem Content liegen oder durch attraktive Angebote mit günstigen Preisen oder Rabatten geboten werden (Mahrdt 2009, S. 18).

2 Crossmedia-Kommunikation

▶ Das Thema Crossmedia ist im Zuge der weiter zunehmenden Informationsüberlastung nach wie vor aktuell. Aus der Sicht des Marketings gilt es, relevante Zielgruppen mit einem Höchstmaß an Effizienz anzusprechen. Unternehmen fordern immer wieder konkrete Wirkungsnachweise und die optimale Allokation der Marketingbudgets. Gleichzeitig wird klassische Kommunikation, wenn eindimensional geschaltet, zunehmend ineffizienter.

2.1 Anforderungen an die Unternehmen

Die Medien erfahren eine steigende Interaktivität durch die Verwendung von Rückkanälen. Schlagworte wie Social Communities, Internet-TV, interaktives Fernsehen, WAP-Portale, E-Magazines sind nur einige Beispiele für Kommunikationskanäle, die mit Hilfe der Digitalisierung eine Dialogfunktion übernehmen.

▶ Durch die Digitalisierung werden die meisten Medien zu Dialogmedien.

Die Medienwechselbereitschaft nimmt stetig zu; immer mehr Menschen nutzen Medien mittlerweile parallel. Ein erhöhter Wiedererkennungseffekt durch crossmediale Ansprache kann somit durch die parallele Nutzung differenzierter Touchpoints zu einer Steigerung der Werbeeffizienz führen. Der Begriff Crossmedia hat sich mittlerweile etabliert, allerdings wird in der Praxis oft der Begriff Crossmedia genutzt, wenn aber nur Media-Mix gemeint ist.

2.2 Theoretische Erklärungskonzepte der Crossmedia-Forschung

Der Wirkungsprozess von Werbung lässt sich zeiträumlich betrachtet in Werbewirkungskurven abbilden. Überschreiten die Kontaktzahlen einen bestimmten Schwellenpunkt, so führt dies zu erhöhter Werbewirkung. Dieser Punkt wird in der Literatur als *„Wearing Point"* bezeichnet. Allerdings besteht auch die Gefahr eines *„Wearout-Effekts"*, also eines absoluten Rückgangs der Werbewirkung ab einer bestimmten Grenze (Esch 2011, S. 147).

Die Methoden der *Werbewirkungsforschung* lassen sich grob in zwei Kategorien unterteilen. Eine Kategorie beschäftigt sich mit der *psychologischen* Werbewirkung, die andere mit dem *ökonomischen* Werbeerfolg. Die erste Kategorie impliziert eine Wirkung auf konativer, kognitiver und emotionaler Ebene und umfasst Dimensionen wie Markenbekanntheit, Werbeerinnerung, Kaufbereitschaft, Emotionen, Involvement, Liking, Aktivierung. Die zweite Kategorie, der ökonomische Werbeerfolg, basiert hingegen auf „harten Faktoren" wie ROI, Umsatz oder Absatz (Pusler 2011, S. 57).

Der Mehrwert mehrkanaliger Ansprache mittels crossmedialer Vernetzung kann durch die *Kommunikationspsychologie* erklärt werden. Zu nennen sind in diesem Zusammenhang Ansätze aus der Schematheorie, die eingebettet ist in die Grundlagen der Lerntheorie, die ihrerseits eine Erklärung von Verhaltensweisen anhand von Lernprozessen liefert. *Schemata* haben nachweislich einen Einfluss auf die Informationsaufnahme, -verarbeitung und -speicherung des Rezipienten und können damit Prozesse der Gewinnung von Aufmerksamkeit verdeutlichen (Bruhn 2009, S. 50).

Unternehmen haben unter Berücksichtigung dieser Erkenntnisse die Möglichkeit, durch eine gezielte Aussteuerung der Kommunikationsmaßnahmen Konsumenten zu beeinflussen. Der Transfer hin zur Integrierten Kommunikation und damit die crossmediale Vernetzung gelingt dahingehend, dass durch den Aufbau von Gedächtnisstrukturen mittels Schemata eine vernetzte multikanale Ansprache Erinnerungs- und *Lerneffekte* hervorrufen kann, die folglich in einer besseren Wirkung resultieren, als dies bei einer eindimensionalen Ansprache der Fall wäre. Unterstützend wirken dabei Interaktivität, Personalisierung und intensive Ansprache, wie sie durch das Dialogmarketing angestrebt werden.

Darüber hinaus bieten die Gesetze der *Gestaltungspsychologie* theoretische Erläuterungen der Wirkungsketten von crossmedialer Kommunikation. Die duale Kodierung bezeichnet einen Prozess, bei dem Informationen am besten abgespeichert werden können, wenn sie zeitnah bildlich und sprachlich übermittelt werden. Übertragen auf crossmediale Kampagnen und damit das Gestaltungsprinzip der besonderen inhaltlichen und formalen Verknüpfungen, kann die mehrkanalige Ansprache zu einem Synergieeffekt führen.

Der *Mere-Exposure-Effekt* ist ein Erklärungsansatz für die Wirkung von Kommunikation (Bruhn 2009, S. 62). Er antizipiert eine positivere Bewertung eines Sachverhalts durch das alleinige Erhöhen der Präsenz eines Stimulus. Dass durch klassische Konditionierung mittels wiederkehrender Stimuli Inhalte vom menschlichen Gehirn besser verknüpft werden können, wurde schon im Experiment der klassischen *Konditionierung* von Pawlow im Jahr 1905 nachgewiesen. Aus diesem Ansatz kann die Tatsache abgeleitet werden, dass crossmediale Kommunikation und damit formale und inhaltliche Integration der Stimuli durch die häufigere Wahrnehmung eine positivere Bewertung seitens des Rezipienten erfährt und ein Lerneffekt eintritt.

Ein weiteres Modell liefert das *Tannenbaum-Experiment* aus dem Jahr 1967. Der amerikanische Forscher Percy H. Tannenbaum veröffentlichte als einer der ersten Forscher die Vorteile einer multikanalen Ansprache gegenüber eindimensionaler Kommunikation. In den Experimenten konnte die beste Wirkungssteigerung dann erzielt werden, wenn eine Botschaft sowohl in leicht variierter Weise als auch aus verschiedenen Quellen vermittelt wurde (Unger et al. 1993, S. 11).

Das *Elaboration Likelihood Model* (ELM) ist ein Modell der „Cognitive-Response"-Forschung nach Petty und Cacioppo aus dem Jahr 1988 und beschreibt die Beeinflussung bzw. Informationsverarbeitung des Konsumenten auf zweifache Art und Weise, dem zentralen Weg und dem peripheren Weg der Beeinflussung. Folgt der Rezipient gemäß dem High-Involvement-Prinzip dem zentralen Weg der Beeinflussung, setzt er sich aktiv und intensiv mit einem Medium oder einem Stimulus eines Mediums auseinander. Auf der peripheren Route hingegen kann es zwar zu einer Wirkung kommen, diese ist jedoch „von höchst labiler Natur und nur solange wirksam, als die Botschaft erinnert wird" (Unger et al. 1993, S. 16).

Häufig ist das *Involvement* aber niedrig, weil die Botschaft nur geringe Aufmerksamkeit erzeugt. In diesem Falle sind so genannte periphere Reize ausschlaggebend, die die Meinung der Rezipienten über das Produkt beeinflussen können und letztendlich entscheiden, ob sich ein Kaufwunsch entwickelt. Nur wenn der Konsument positiv und stark involviert ist, ist er bereit zu einer Einstellungsänderung, und es kann eine langfristig stabile Kommunikationswirkung bzw. eine Wirkungsverstärkung erzielt werden.

▶ Sämtliche theoretischen Konstrukte unterstreichen den Mehrwert von crossmedialer Vernetzung. Folglich scheint eine Vernetzung der Medien im Hinblick auf die multiple Ansprache höchst wirksam zu sein, wenn ein starkes Involvement mit dem beworbenen Produkt oder der beworbenen Dienstleistung erzielt werden kann. Dies stützt die Forderung nach einer crossmedialen Vernetzung im Dialogmarketing, da hier ein Fokus auf die langfristige und intensive Interaktion mit dem Konsumenten gelegt wird.

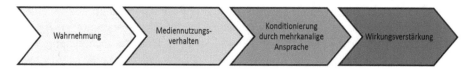

Abb. 2 Wirkung crossmedialer Vernetzung. (Quelle: Eigene Darstellung)

Eine crossmediale Vernetzung wirkt, denn die crossmediale Integration von Online- und Offline-Medien im Dialogmarketing führt zu einer Wirkungsverstärkung. Das Resultat sind messbare ökonomische Variablen und eine psychologische Wirkung (Abb. 2).

2.3 Die crossmediale Reichweite

Als eine der größten Herausforderungen crossmedialer Wirkungsmessung lässt sich die exakte *Zurechenbarkeit* von Werbung und Wirkung nennen. Dabei stellt das Phänomen der internen und externen Überschneidungen ein Problem dar. Hierbei geht es vor allem darum, die Überschneidungen bei der Nutzung mehrerer Medien und Kanäle aufzuzeigen und zu dokumentieren.

> ▶ Die Thematik der crossmedialen Reichweite wird in der Praxis allerdings sehr kontrovers diskutiert. Die crossmediale Reichweite stellt ein hochgradig komplexes mathematisches Konstrukt von hohem Abstraktionsgrad dar; die Überschneidungseffekte sind in der Praxis nicht einfach herauszurechnen. Es wird explizit gefordert, dass in Zukunft eine „einheitliche Währung" geschaffen werden muss. Nur wenn Marketers den wirklichen Mehrwert einer crossmedialen Vernetzung erkennen, werden solche Kampagnen vermehrt angedacht werden. Eine kennzahlenbasierte Plan- und Steuerbarkeit würde eine Rechtfertigung für Budgetallokationen positiv unterstützen.

3 Crossmediale Planung und Erfolgskontrolle im Dialogmarketing

Das Ziel strategischer Managemententscheidungen besteht darin, den langfristigen Erfolg eines Unternehmens zu sichern. Funktionsbereichsstrategien umfassen dabei die operative Seite der Organisation und damit die Frage, wie die jeweiligen Organisationseinheiten die vorhandenen Ressourcen, Prozesse und Mitarbeiter einsetzen und koordinieren, um die Unternehmensstrategie effektiv umzusetzen (Johnson et al. 2011, S. 28). *Crossmediales Dialogmarketing* verlangt in diesem Zusammenhang ein Höchstmaß an organisatorischer Planung, da eine übergreifende Vernetzung stattfinden muss. Aufgrund der Komplexität crossmedialer Kampagnen fordert die Praxis ein funktionierendes *Kampagnenmanagement*, das Richtlinien für die Kanäle, Prozesse und Aufgabenverteilungen klar definiert. Sorgfältig abgestimmte Agenturnetzwerke sind dabei ebenso gefragt wie eine nachhaltige Integration neuer Kanäle wie Social Media.

Die *operative Planung* zur Operationalisierung der Strategie beinhaltet Ziele und Maßnahmen, die einzelnen Organisationsbereichen obliegen und von diesen umgesetzt werden sollen. Crossmediale Kampagnen, als Teilgebiet von integrierter Kommunikation, fordern von der Organisation, die Ressourcen und Aktivitäten sämtlicher relevanter Aktivitäten integrieren und koordinieren zu können. Eine Voraussetzung dafür ist, dass die Organisation bzw. Organisationsstruktur dementsprechend aufgestellt ist. Eine crossmediale Vernetzung von Dialogmaßnahmen muss überhaupt erst angedacht werden können. Gerade aber diese Bedingung wird von den befragten Experten als Haupthindernis gesehen.

▶ Die Planung einer crossmedialen Dialogmarketing-Kampagne sollte auf Grundlage zuvor definierter *Prozessschritte* erfolgen, um eine effiziente Verzahnung zu gewährleisten. Abb. 3 zeigt den Prozess der Planung und Realisierung einer crossmedialen Dialogmarketing-Kampagne.

Neben einer genauen Situationsanalyse, einschließlich *SWOT- und PESTEL-Analyse*, und anschließender Zieldefinition sind weitere wichtige Teilschritte und Meilensteine bei der crossmedialen Kampagnenplanung zu beachten. Die Strategieplanung umfasst unter anderem eine umfassende Mediaplanung. Um das optimale Medienangebot für die jeweilige Zielgruppe anbieten zu können, ist strukturiertes Vorgehen bei der Mediaplanung notwendig. Gerade für das crossmediale Kampagnenmanagement ist die Mediaplanung ein zentrales Aufgabengebiet.

Die Detailplanung umfasst die *Realisationsplanung* in den zielgruppenrelevanten Dialogmedien und Kanälen. Ebenso sollten Tests in die Planung aufgenommen werden, um anhand von Marktforschungsergebnissen getätigter Kampagnen Rückschlüsse auf künftige Verbesserungs- bzw. Optimierungspotenziale erhalten zu können. Als Teil des strategischen Managements ist die strategische Kontrolle eine immens wichtige Führungsaufgabe. In einem iterativen Prozess muss stetig geprüft werden, ob die eingesetzten Ressourcen den gewünschten Erfolg erzielten. Neben der Planung des Dialogmarketings müssen geeignete Prüf-, Kontroll- und Feedback-Instrumente regelmäßig eingesetzt werden. Auf operativer Ebene sind dies in der Regel Soll-Ist-Vergleiche anhand geeigneter Kennzahlen.

Das operative *Kommunikationscontrolling* lässt sich zudem hinsichtlich dreier Kontrolltypen unterscheiden: der Prozesskontrolle, der Effektivitätskontrolle und der Effizienzkontrolle. Bei der *Prozesskontrolle* geht es vorwiegend um die Frage der Integration der unterschiedlichen Disziplinen und Prozesse im Rahmen der crossmedialen Kampagnengestaltung. Cross-Impact-Analysen und Scoring-Modelle können dazu beitragen, Aufschluss über den Erfolg oder Misserfolg der crossmedialen Kampagnenplanung und das Ausmaß der Vernetzung auf Prozessebene zu geben. Hier kann für die Bewertung bspw. der Grad der Vernetzung ein hilfreiches Kriterium sein.

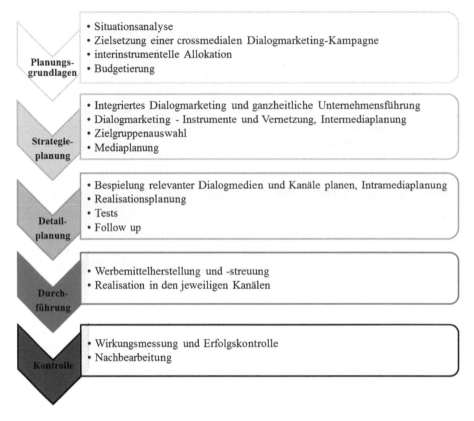

Abb. 3 Phasen einer crossmedialen Dialogmarketing-Kampagne. (Quelle: Eigene Darstellung)

Die *Effektivitätskontrolle* wiederum bezieht sich explizit auf die Wirkung der Kommunikation. Die Wirkungsmessung kann sowohl auf psychologischer als auch ökonomischer Ebene erfolgen. Eine integrative Analyse kann Aufschluss über die effektive Kombination der Trägermedien liefern. Die Effektivitätsmessung einzelner Kommunikationskanäle erfolgt über die Nutzung geeigneter Instrumente. Gerade im digitalen Bereich gibt es für Werbetreibende zahlreiche Tools, um die Kommunikationsintensität über das eigene Unternehmen oder dessen Produkte und Services zu messen. Beispielhaft sei hier in der Disziplin Online das Internet Monitoring oder Web-Mining genannt.

Relevante Kenngrößen lassen sich besonders im digitalen Bereich gut definieren. So können mittels Tracking-Verfahren u. a. Clickraten, Leads oder Conversion Rates bestimmt und Kenngrößen wie CPC (Cost per Click), CPO (Cost per Order) und Anzahl qualifizierte Leads sowie CPL (Cost per Lead) gebildet werden. Maßnahmen im Dialogmarketing sind durch Response-Raten, Awareness, Cost per Mail, Cost per Call, Cost per Response quantitativ gut messbar. Ebenso lässt sich die Wirkung in Form von Interessentengenerierung, Absatz oder Neukundengewinnung bestimmen. Üblich ist außerdem nach wie vor die Abrechnungsmethode über TKP (Tausender-Kontakt-Preis).

Die Wirkungsmessung crossmedialer Kampagnen ist ein komplexes Unterfangen. Während die Wirkung einzelner Kanäle relativ leicht messbar ist, gilt die Messung der Wirkung integrierter Kampagnen als besondere Herausforderung. Eine Möglichkeit der Messung stellt die crossmediale Reichweite dar, die jedoch in der Praxis kontrovers diskutiert wird. Transferraten von einem zum anderen Medium wiederum sind gut messbar und geben Aufschluss über das Nutzungsverhalten der Kanäle durch den Nutzer. Dies bietet vor allem die Möglichkeit, zukünftige Kampagnen zu optimieren. In der Praxis werden beispielsweise eigens verschiedene URLs auf unterschiedlichen Medien platziert, um explizit deren Wirkung auf die erfolgreiche Lenkung von Zielkanälen getrennt zu prüfen. Auch unterschiedliche Telefonnummern dienen dem Tracking von Nutzerströmen. In der Customer Journey Analyse stellen vor allem die Offline-Medien große Herausforderungen für die Messung.

Die *Effizienzkontrolle* bezieht sich auf die Leistungsfähigkeit im ökonomischen Sinn, um die Wertigkeit des gesamten Kommunikationsprozesses ins Verhältnis zum damit verbundenen Aufwand zu setzen. In diesem Zusammenhang stellt sich die Frage, ob der vermeintliche Synergieeffekt der crossmedialen Kampagne den erhöhten Komplexitätsaufwand kompensiert. Hier sind im Rahmen der Effizienzkontrolle die Prozesskostenrechnung oder Total-Cost-of-Ownership-Rechnung nennenswerte Optionen, den Nutzen von Crossmedia zu kalkulieren. Bei den Maßeinheiten für den Kommunikationsnutzen mangelt es an einheitlichen Definitionen, was die Rechtfertigung von crossmedialen Kampagnen durch Effizienzmessung erschwert.

Conversions stellen eine gute Messgröße zur Steuerung von crossmedialen Kampagnen dar. Die größte Reichweite oder Response nützt nichts, wenn die Kampagne keinen Mehrumsatz generieren konnte. Deshalb sind es vor allem performanceorientierte Kenngrößen, die einen hohen praktischen Stellenwert haben. Mögliche Messungen funktionieren beispielsweise über eine Null-Messung einer Vergleichsgruppe und einen Abgleich mit Erfahrungswerten bei Messungen nach der Kampagne.

Im Social-Media-Bereich sind vor allem Themen der Weiterempfehlung relevant. Als Messgröße hat sich dabei der Net Promoter Score (NPS) etabliert, der angibt, mit welcher Wahrscheinlichkeit der Nutzer oder Konsument ein Produkt oder eine Dienstleistung weiterempfehlen wird.

4 Fazit

▶ **Wichtig**
Crossmediales Dialogmarketing wirkt und birgt neben zahlreichen Chancen auch Herausforderungen für Marketers in der Zukunft. Dialogmarketing setzt darüber hinaus deutliche Handlungsimpulse, liefert Informationen, bietet Interaktionsmöglichkeiten und animiert zum Kauf. Die Vernetzung von Offline- und Online-Medien wird zum Teil in der Praxis erfolgreich umgesetzt. Nach wie vor besteht jedoch immenser Nachholbedarf bei einem Großteil der Kommunikationskampagnen von Unternehmen.

Die Zeit ist reif für „echtes" Crossmedia.

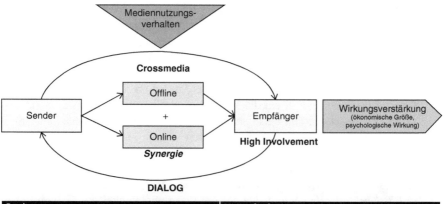

Barrieren	Herausforderungen
Budgets / Leistungsnachweis	Wirksamkeitsnachweis / crossmediale Reichweite
Organisationsstruktur	Interdisziplinäre Abstimmung / Strategie / Kampagnenmanager / Freiraum für Kreative
Schnittstellen	Umfassendes CRM / Schnittstellen
Komplexität	Verantwortlichkeiten / Prozesse
Medienneutralität	Medienkonvergenz
Know-how	Neue Kanäle integrieren / Story / Ideen

Abb. 4 Wirkungsmodell, Barrieren und Herausforderungen. (Quelle: Eigene Darstellung)

„Mit dem Nachweis einer erhöhten Werbewirkung echter crossmedialer Kampagnen unter Beteiligung von Online wird jedes klassische Medium profitieren und den bleiernen Verwesungsgeruch mangelnder Beweglichkeit ablegen können" (Wahl 2011). Viele analoge Instrumente des Dialogmarketings werden zukünftig durch digitale ersetzt. Vor allem Mailings, Kataloge und Kundenzeitschriften lassen sich digital effektiver und effizienter einsetzen und besser steuern. Dies unterstreicht die Notwendigkeit der Integration von Online- und Offline-Maßnahmen. Folgende Grafik verdeutlicht neben einem entwickelten Wirkungsmodell crossmedialer Vernetzung im Dialogmarketing den Status quo der *Barrieren und Herausforderungen* (Abb. 4).

Das wohl wichtigste Postulat crossmedialen Dialogmarketings ist die inhaltliche, zeitliche und formale *Integration*. Hier besteht ein deutlicher Handlungsbedarf hinsichtlich der besseren Verknüpfung der Mediengattungen vor allem auf struktureller und konzeptioneller Ebene. Neue technologische Entwicklungen, der Medienwandel und die Individualisierung des Nutzerverhaltens stellen nach wie vor neue Herausforderungen an die Werbekommunikation. Die schon seit längerem geforderte komplette Verschmelzung der klassischen und neuen Medien zu multimedialen Angeboten, im multimedialen Verständnis kombiniert und integriert, wird jedoch noch einige Zeit in Anspruch nehmen (Baumann 2011, S. 98 f.).

Eine der größten Herausforderungen für die erfolgreiche Vernetzung von Online und Offline im Dialogmarketing bleibt die Thematik der *Organisation* und die Frage nach der Definition von Verantwortlichkeiten und Prozessen. Erfolgreiches Vernetzen kann nur dann funktionieren, wenn Beteiligte aus unterschiedlichen Disziplinen in Teamarbeit miteinander agieren und auch externe Dienstleister, wie beispielsweise Agenturen, optimal in den Kooperationsprozess eingebunden werden. Unternehmen müssen in diesem Kontext geeignete Organisationsstrukturen schaffen und notwendige personelle und finanzielle Ressourcen bereitstellen.

Die Komplexität crossmedialer Dialogkampagnen könnte hierdurch bewerkstelligt werden und der gewonnene *Synergieeffekt* den Mehraufwand kompensieren. Die Einbindung interaktiver und sozialer Kanäle wird dabei in der Zukunft nicht mehr zur Debatte stehen. Die Frage des zielführenden Umgangs mit den neuen Medien wird Unternehmen jedoch noch einige Zeit beschäftigen.

Abschließend spricht vor allem der Wandel der *Mediennutzung* gerade bei jüngeren Zielgruppen für eine Vernetzung von Online- und Offline-Maßnahmen im Dialogmarketing. Die mediale Parallelnutzung und der Wandel hin zu den digitalen und sozialen Kanälen unterstreichen die Notwendigkeit einer personalisierten Kundenansprache. Der Ausbau vorhandener Touchpoints durch eingängige und wiedererkennbare Kommunikation und die Besetzung unterschiedlicher Mediakanäle erzeugen räumliche Nähe zum Kunden und verstärken das Argument für crossmediale Integration.

Zusammenfassung
Durch die Digitalisierung werden alle Medien dialogfähig. Crossmediales Dialogmarketings erfordert die inhaltliche, zeitliche und formale Integration. Die mediale Parallelnutzung und der Wandel hin zu den digitalen und sozialen Kanälen unterstreichen die Notwendigkeit einer crossmedialen Kommunikation. Trotz zahlreicher Hemmnisse und Probleme sind in Forschung und Praxis große Fortschritte beim Einsatz der Crossmedia-Kommunikation erkennbar.

Literatur

Baumann, S. (2011). Einsatz von Social Media in der externen Unternehmenskommunikation. In T. Urban (Hrsg.), *Multimedia Marketing, Eine Betrachtung aus wirtschaftlicher, psychologischer und technischer Sicht* (S. 67–101). Frankfurt: Peter Lang.
Bruhn, M. (2003). *Integrierte Unternehmens- und Markenkommunikation* (3. Aufl.). Stuttgart: Schäffer Poeschel.
Bruhn, M. (2009). *Integrierte Unternehmens- und Markenkommunikation. Strategische Planung und operative Umsetzung* (5. Aufl.). Stuttgart: Schäffer Poeschel.
Bruhn, M. (2013). *Kommunikationspolitik* (7. Aufl.). München: Vahlen.
Esch, F.-R. (2011). *Wirkung integrierter Kommunikation. Ein verhaltenswissenschaftlicher Ansatz für die Werbung* (5. Aufl.). Wiesbaden: Springer.
Johnson, G., Scholes, K., & Whittington, R. (2011). *Strategisches Management. Eine Einführung. Analyse, Entscheidungen und Umsetzung* (9. Aufl.). München: Pearson.

Mahrdt, N. (2009). *Crossmedia -Werbekampagnen erfolgreich planen und umsetzen*. Wiesbaden: Springer.
Pusler, M. (2011). Qualitäten der Werbewirkung: Medien- und Werbeträgerleistung jenseits von Reichweiten und GRP's. In T. Urban (Hrsg.), *Multimedia Marketing, Eine Betrachtung aus wirtschaftlicher, psychologischer und technischer Sicht* (S. 43–65). Frankfurt a. M.: Peter Lang.
Unger, F., et al. (1993). *Mediaplanung. Methodische Grundlagen und praktische Anwendungen* (4. Aufl.). Heidelberg: Springer.
Wahl, M. (2011). *Die Zeit ist reif für echtes Crossmedia, in: media 41 journal für media & marketing*. http://www.media41.de/content/die-zeit-ist-reif-fu%CC%88r-echtes-crossmedia. Zugegriffen am 13.06.2011.

Customer-Journey-Analyse

Heinrich Holland

Inhalt

1 Kampagnen-Controlling 818
2 Begriff Customer-Journey-Analyse 819
3 Ziele der Customer-Journey-Analyse 820
4 Wirkungsanalyse 820
5 Herausforderungen und Grenzen 826
6 Cross-Media: Verzahnung von On- und Offline in der Customer-Journey-Analyse 829
7 Prozessschritte einer Customer-Journey-Analyse 833
8 Fazit und Ausblick 834
Literatur 836

Zusammenfassung

Die Analyse der Customer Journey gewinnt im Online-Marketing rasant an Bedeutung. Das Schlagwort wird heiß diskutiert, und viele Agenturen und Werbetreibende setzen sich intensiv damit auseinander, wie man am besten die „Reise des Kunden" erfassen kann, um Zielgruppen genau dort anzusprechen, wo sie sich befinden, und Budgets gezielt in diese bestimmten Kanäle zu steuern.

In diesem Beitrag wird die Wirksamkeit des Ansatzes der Customer-Journey-Analyse (CJA) bewertet. Es soll die Frage beantwortet werden, inwieweit die Customer-Journey-Analyse einen wesentlichen Erkenntnisgewinn zur Steigerung der Effektivität und Effizienz von Online-Marketingmaßnahmen beitragen und damit zur Optimierung des Werbemittelbudgets eingesetzt werden kann. Dabei werden sowohl Potenziale und Chancen einer derartigen Analyse aufgezeigt, als auch die Herausforderungen und Grenzen analysiert und bewertet.

H. Holland (✉)
Hochschule Mainz, Mainz, Deutschland
E-Mail: heinrich.holland@online.de

Schlüsselwörter

Customer-Journey-Analyse · Attributionsmodell · Statisches Modell · Dynamisches Modell · Crossmedia · Offline-Integration

1 Kampagnen-Controlling

▶ Als logische Konsequenz der zunehmenden Digitalisierung werden Werbekampagnen heute mit einer Vielzahl von Medienkanälen geplant, und Internetnutzer kommen potenziell in mehreren Kanälen mit den Werbemitteln eines Unternehmens in Berührung. Die Verzahnung von Online-Kanälen wie Suchmaschinenwerbung, Display-Werbung, Social Media, Newsletter und vielen anderen mit den klassischen Offline-Kanälen wie Fernsehen, Print etc. ist dabei mittlerweile zum Standard geworden, da die Konsumenten unterschiedliche Informations- und Kaufkanäle kombinieren und Informationssuche, Kaufanbahnung und Kaufimpuls oftmals in anderen Kanälen stattfinden als der eigentliche Kauf. Marken werden heute crossmedial in Zeitschriften, auf dem Smartphone oder in sozialen Netzwerken quer durch die virtuelle und reale Welt erlebt. Die früher für den Konsumenten eher begrenzte Menge an Berührungspunkten wird mit dem Internet und den zunehmenden Möglichkeiten des Online-Marketings unüberschaubar.

Insbesondere aufgrund der genauen *Messbarkeit* erscheint das Medium Internet für Marketingmaßnahmen besonders attraktiv und immer mehr Budget wird von den Offline-Kanälen zu den Online-Medien umgeschichtet. Was im Offline-Bereich nur schwer messbar ist und eigentlich nur mittels aufwändiger Marktforschung nachgewiesen werden kann, lässt sich im Online-Marketing durch Online-Controlling-Mechanismen, Web-Tracking und Analyseverfahren genau abbilden.

Das enorme Potenzial an Möglichkeiten zur Messung und Analyse von Online Marketing-Kampagnen und die stark wachsende Anzahl der Kommunikationskanäle erhöhen allerdings zugleich auch die Komplexität und Unübersichtlichkeit in der Gesamtbetrachtung der Aktivitäten und stellen Marketer vor neue Herausforderungen.

Die Komplexität hat in einem derartigen Umfang zugenommen, dass ein manuelles *Kampagnen-Controlling* fast unmöglich geworden ist. Insbesondere wenn zahlreiche Kommunikationskanäle vom werbetreibenden Unternehmen genutzt werden, wird der Bedarf nach Tools größer, die die gesamte „Reise des potenziellen Kunden" (*Customer Journey*) – von der ersten Bedürfnisweckung bis zur gewünschten Zielhandlung – nachverfolgen können. Diese vielen digitalen Spuren der Verbraucher zu erfassen und zusammenhängend zu analysieren, ist für Unternehmen von höchster Bedeutung. Schließlich war es schon immer der Wunsch der Marketer, einen möglichst umfassenden Blick auf die *Kaufentscheidungsprozess*e der Konsumenten zu erhalten, indirekte Wirkungen und Wechselwirkungen ihrer Marketing-kampagnen zu erfassen und den Anteil einzelner Maßnahmen am Gesamterfolg zu ermitteln, um – daran gemessen – das Budget effizient zu verteilen. Sie wollen wissen, wie, wo und wie lange sich die Nutzer im Netz aufhalten, mit dem Ziel, ihnen passgenaue Werbe- und Produktangebote anzubieten.

Der folgende Beitrag setzt sich zunächst mit dem Begriff der Customer-Journey-Analyse und deren Zielen auseinander. Das nächste Kapitel befasst sich dann mit dem eigentlichen Kern der Customer-Journey-Analyse: der Wirkungsanalyse und den verschiedenen Attributionsmodellen.

Anschließend werden technische, organisatorische und rechtliche Herausforderungen und Grenzen erörtert, bevor dann eine der größten Herausforderungen separat analysiert wird: die Verzahnung von On- und Offline-Medien in der Customer-Journey-Analyse. Hier werden dann erste Lösungsansätze zur Integration von Offline-Kanälen präsentiert.

2 Begriff Customer-Journey-Analyse

Der Begriff Customer Journey ist aus dem klassischen Marketing schon relativ lange bekannt. Er bezeichnet die „Reise" eines potenziellen Kunden über verschiedene *Kontaktpunkte* (sogenannte Touchpoints) mit einem Produkt bzw. einer Dienstleistung, einer Marke oder einem Unternehmen, von der Inspiration und Bedürfnisweckung über die Informationsbeschaffung und Suche bis hin zur finalen Zielhandlung. Die finale Zielhandlung kann dabei beispielsweise ein Kauf, eine Newsletter-Anmeldung oder eine Anfrage sein. Eine Customer Journey kann sich je nach Branche und Produktkategorie über mehrere Stunden, Tage oder Monate erstrecken.

Kennt man die Berührungspunkte und Wege der Konsumenten, fällt es leichter, sie in möglichst jeder Phase des Entscheidungsprozesses optimal anzusprechen.

Im Online-Marketing stammt der Begriff Customer Journey aus dem E-Commerce, genauer gesagt aus dem *erfolgsbasierten Performance-Marketing*. Bezeichnungen wie *User Journey, Consumer Journey, Path to Conversion* und *Werbemittelnutzungspfad* werden häufig synonym zu Customer Journey genutzt, da diese teilweise schwer voneinander abzugrenzen und stark verwandt sind.

Eine einheitliche und verbindliche Definition zur Customer Journey im Online-Marketing ist noch nicht erkennbar, was der Entwicklung und Transparenz zu dem Thema noch im Wege steht. Aus diesem Grund hat sich die Fachgruppe Performance Marketing im BVDW eine erste Definition hergeleitet.

▶ Demnach stellt die Customer Journey „alle messbaren Kontaktpunkte eines Nutzers auf dem Weg zu einer definierten Aktion dar. Hierbei werden alle Marketingkanäle berücksichtigt, mit denen ein Konsument im Rahmen dieser Aktion in Berührung kommt, wobei sowohl Sicht- als auch Klickkontakte einbezogen werden" (Bundesverband Digitale Wirtschaft (BVDW 2012, S. 7)). Die Customer Journey beschreibt demzufolge die *Reise des Konsumenten* bzw. Users durch das Internet, bei der dieser mit mehreren Online-Kontaktpunkten über Views oder Klicks in Berührung kommt.

Bei der Customer-Journey-Analyse steht das Nachverfolgen genau dieses *Kundenpfades* im Internet im Vordergrund, um herauszufinden, welches Werbemittel welchen Beitrag zum Kauf eines Produkts leistet. Marketer können exakt analysieren, welche und wie viele Touchpoints Konsumenten bis zur finalen Zielhandlung benötigen und in welcher Phase des Entscheidungsprozesses und Kombination die unterschiedlichen Medien besonders stark wirken. Die Kenntnis dieser Informationen kann werbetreibende Unternehmen dabei unterstützen, ihre Marketingmaßnahmen gezielt auf jene Kanäle zu verteilen, die in der entsprechenden Phase am effektivsten und effizientesten sind.

Die einzelnen Bestandteile des Ansatzes der Customer-Journey-Analyse sind nicht fest definiert und variieren im Zusammenhang mit den jeweiligen Software-Anbietern und Agenturen. Bisher gibt es keine allgemeinen Standards zur Methodik und die meisten Dienstleister haben ihre eigenen, ganz individuellen Lösungen entwickelt und mit dem Label Customer-Journey-Analyse, Customer-Journey-Tracking, Cross-Channel-Tracking oder Multi-Channel-Tracking versehen.

3 Ziele der Customer-Journey-Analyse

Mit Hilfe einer Customer-Journey-Analyse sollen Erkenntnisse über das Verhalten und über die Präferenzen der Zielgruppen sowie über die Nutzung und Reaktion auf digitale Werbung im Netz gewonnen werden. Ziel einer derartigen Analyse ist es, potenzielle Kunden auf ihrer Reise durch die digitale Welt an jeder Station mit der *passenden Botschaft* anzusprechen und den Werbemittel-Mix so aufzubauen, dass alle Phasen des Kaufentscheidungsprozesses optimal bedient werden.

Die Customer-Journey-Analyse zielt außerdem darauf ab, *Wirkungen* und *Wechselwirkungen* von Marketingkampagnen zu erfassen und vor allem Wirkungszusammenhänge und Synergien zwischen den einzelnen Kanälen und Kontaktpunkten aufzudecken, um darauf aufbauend Optimierungspotenziale abzuleiten. Es geht dabei darum herauszufinden, welche Wirkung die Kanäle aufeinander haben und welcher Kanal beziehungsweise welcher Touchpoint welchen Beitrag für die Zielhandlung (z. B. Kauf) geleistet hat.

Von den Analyseergebnissen ausgehend soll dann das *Werbe-* bzw. *Mediabudget* entsprechend optimal auf die einzelnen Kanäle und Werbemittel verteilt werden. Somit können die Erkenntnisse aus der Analyse der Customer Journey nicht nur zur Kampagnenplanung und -steuerung, sondern auch zur effizienten Budgetplanung und -verteilung eingesetzt werden. In der Idealvorstellung würde jedem Marketingkanal nur so viel Budget zugeschrieben, wie er zum Zustandekommen der Konversion beiträgt.

4 Wirkungsanalyse

▶ Das Wort *Attribution* oder auch *Attribuierung* (lat. für Zuteilung) stammt ursprünglich aus der Psychologie. Im Zusammenhang mit der Customer-Journey-Analyse bezeichnet die Attribution die Zuordnung eines Wertes zum jeweiligen Werbemittel und Kanal. Es geht darum, den Beitrag zu ermitteln, den ein bestimmter Touchpoint während der Customer Journey zum Zustandekommen der Konversion geleistet hat. Dabei werden nachträglich die Konversionen bzw. die erzielten Umsätze den beteiligten Online-Marketingaktivitäten zugeordnet. Der Erfolgsbeitrag jeder Maßnahme soll dabei detailliert analysiert werden, mit dem Ziel, auf Basis der Erkenntnisse das Budget zukünftig optimal auf die Kanäle zu verteilen.

4.1 Definition Attribution und Attributionsmodell

Attributionsmodelle oder auch *Conversion-Attribution-Modelle* bilden die theoretische Grundlage für die jeweilige Zuordnung. Anhand von Berechnungsformeln legen diese fest, wie die konkrete Zuordnung erfolgen soll (intelliAd Media GmbH 2013, S. 5).

▶ Grundsätzlich kann man zwischen *statischen* und *dynamischen* Attributionsmodellen unterscheiden. Zwar nehmen viele Anbieter von Customer-Journey-Analysen mittlerweile Abstand von den pauschalen statischen Attributionsmodellen und setzen vermehrt auf individuelle dynamische Modelle, um dem ganzheitlichen Customer-Journey-Gedanken näher zu kommen. Dennoch werden im Folgenden für ein besseres Verständnis beide Kategorien vorgestellt. Die Entwicklung der Modelle sowie ihre Unterschiede sowie Vor- und Nachteile werden dargestellt.

4.2 Statische Modelle

▶ Statischen Attributionsmodellen ist gemein, dass eine *Vorab-Festlegung* von definierten Regeln stattfindet. Sie werden standardisiert angewendet und es werden in der Regel keine individuellen Faktoren einbezogen. Ihren Ursprung haben derartige Attributionsmodelle im performance-orientierten Affiliate-Marketing, wo der Erfolg einer Kampagnenleistung meist dem letzten Klick zugeordnet wird („Last Cookie Wins") und das Werbemedium bzw. der Affiliate, der zuletzt das Cookie gesetzt hat, eine Provision erhält.

Heute gelten die statischen Modelle in vielen Situationen als zu *einfach und ungenau*, da sie die Realität und Komplexität von Kaufentscheidungsprozessen kaum abbilden können und gewissen Annahmen unterliegen. Dennoch werden einige dieser statischen Modelle gerne als Ausgangspunkt für eine spätere individuelle Modellverfeinerung genutzt.

Im Folgenden werden die vier bekanntesten statischen Attributionsmodelle beschrieben. In der Praxis besteht eine Vielzahl weiterer Modellvarianten und -kombinationen, auf die hier nicht gesondert eingegangen werden soll.

4.2.1 Last-Cookie-Wins

Das wohl bekannteste Attributionsmodell ist das bereits erwähnte *Last-Cookie-Wins-Modell*, auch *Last-Click-Wins* genannt. Bei der Last-Cookie-Wins-Betrachtung wird davon ausgegangen, dass das letzte *Online-Werbemittel* der Prozesskette, das unmittelbar zur Konversion geführt hat, das den höchsten Gewinn bringende sein muss (Koch und Brommund 2009, S. 300). Dem letzten Touchpoint werden im extremen Fall 100 % der Konversion zugeordnet.

In der Praxis gibt es allerdings auch Modelle, bei denen lediglich eine starke Bevorzugung des letzten Kontaktpunktes von beispielsweise 60 % bei der Umsatzverteilung stattfindet und der Rest auf die übrigen Kontaktpunkte gleich verteilt wird. Diese können auch in die Kategorie Last Click Wins eingeordnet werden.

Viele Experten fordern die Abschaffung des Modells Last Cookie Wins, da die Methode nur in zwei Fällen zu korrekten Ergebnissen führen kann: entweder wenn nur ein einziges Werbemittel eingesetzt wird oder wenn der User nur einen Werbemittelkontakt hatte, bevor er eine Kaufentscheidung getroffen hat (Bennefeld et al. 2011, S. 208).

Diverse Kaufentscheidungsprozessmodelle und die heutige Praxis zeigen allerdings, dass die meisten Kaufentscheidungen *mehrerer Kontaktpunkte* bedürfen. Bei Anwendung des Last-Click-Verfahrens wird sich ausschließlich auf die letzte Phase des Kaufentscheidungsprozesses konzentriert und die assistierende Wirkung anderer vorgeschalteter Kontaktpunkte wird vernachlässigt.

Abb. 1 veranschaulicht das Prinzip „Last Cookie Wins" grafisch an einer beispielhaften Customer Journey.

Nach dem Last-Cookie-Wins-Model würde der Suchmaschinenwerbung (Search Engine Advertising oder kurz SEA) als letztem Kanal der gesamte Erfolgsbeitrag zugewiesen. Sowohl die Display-Anzeige, die überhaupt ursprünglich auf das Produkt aufmerksam gemacht hat, als auch die anderen Kanäle, die ebenfalls eine assistierende Wirkung geleistet haben, blieben unberücksichtigt. Daraus könnten Fehlentscheidungen resultieren, beispielsweise Teile des Budgets für Display-Werbung in Suchmaschinenwerbung umzuschichten. (SEO steht für Search Engine Optimisation, die Suchmaschinenoptimierung.)

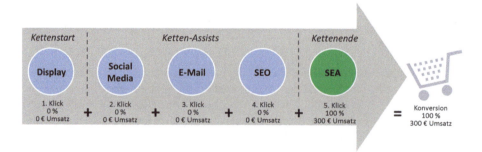

Abb. 1 Beispiel Last-Cookie-Wins. (Quelle: Eigene Darstellung in Anlehnung an intelliAd Media GmbH 2012, S. 3)

Das Last-Click-Modell fördert also zusammenfassend eher die abschöpfenden Kanäle, während initiierende und Aufmerksamkeit erregende Kanäle nicht beachtet werden.

4.2.2 First-Cookie-Wins

Analog zum Last-Cookie-Wins-Modell verhält sich das *First-Cookie-Wins-Modell*, bei dem dem *ersten Kontaktpunkt* der gesamte Erfolg zugeschrieben wird. Der Erstkontakt wird also bei der Verteilung des generierten Umsatzes der Konversion bevorzugt behandelt. Wie beim Last-Cookie-Wins-Modell im umgekehrten Sinn gibt es beim First-Cookie-Wins in der Praxis auch Fälle, bei denen lediglich eine starke Bevorzugung des ersten Kontaktes von beispielsweise 60 % stattfindet und der Rest auf die übrigen darauf folgenden Kontaktpunkte gleich verteilt wird.

Ebenso wie das Last-Cookie-Wins-Modell wird das First-Cookie-Wins-Modell im Zuge der Customer-Journey-Diskussion stark kritisiert, da es sich genauso auf eine Phase der Kaufentscheidung beschränkt und damit in den meisten Fällen zu kurz greift. Das Modell gilt für eine ganzheitliche Analyse der Customer Journey als ungeeignet, da ebenfalls assistierende Kanäle unberücksichtigt bleiben.

Abb. 2 zeigt das Prinzip „First-Cookie-Wins" am Beispiel der bereits genannten Customer Journey.

Bei der First-Cookie-Wins-Betrachtung würde Display als erster Kontaktpunkt den gesamten Erfolgsbeitrag zugewiesen bekommen und die restlichen Kanäle gingen leer aus. Sowohl die assistierenden Kanäle als auch der abschöpfende Kanal SEA blieben unberücksichtigt. Auch hier könnten die Ergebnisse zu einer Fehleinschätzung bei der optimalen Budgetallokation führen.

4.2.3 Gleichverteilung

Die *Gleichverteilung* oder auch Gleichgewichtung zählt zu den *Fractional-Attribution-Modellen* (intelliAd Media GmbH 2012, S. 4), da die Konversion gleichmäßig allen Kontaktpunkten zugeordnet wird. Jedem Werbemittelkontakt wird exakt der gleiche Anteil an der Konversion zugerechnet, sodass beispielsweise bei fünf Kontakten jeder 20 % erhält.

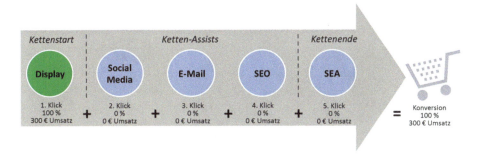

Abb. 2 Beispiel First-Cookie-Wins-Modell. (Quelle: Eigene Darstellung in Anlehnung an intelliAd Media GmbH 2012, S. 3)

Diese Variante trägt dem *ganzheitlichen* Customer-Journey-Gedanke im Vergleich zu den beiden anderen bereits vorgestellten Modellen noch am ehesten Rechnung; sie wird in der Praxis häufig als Startpunkt einer Analyse genutzt und dann später anhand der tatsächlichen Tracking-Ergebnisse weiter verfeinert und angepasst.

Abb. 3 zeigt die Gewichtung der einzelnen Kanäle in der Customer Journey nach der Gleichverteilung.

Der generierte Umsatz der Konversion von 300 € wird gleichmäßig auf alle beteiligten Kanäle verteilt, sodass jeder Kanal 20 %, also 60 €, zugewiesen bekommt. Da in diesem Fall Views und Klicks gleich gewertet werden, kann es bei diesem Modell allerdings auch zu Fehleinschätzungen und falschen Schlussfolgerungen im Rahmen der optimalen Budgetallokation kommen.

4.2.4 Badewannenmodell (U-Modell)

Das *Badewannenmodell* oder auch *U-Modell* genannt zählt ebenfalls zu den Fractional-Attribution-Modellen (intelliAd Media GmbH 2012, S. 4) und bildet eine *Kombination* aus dem First- und dem Last-Cookie-Modell. Bei diesem Verfahren wird dem ersten und dem letzten Kontaktpunkt ein Großteil des Umsatzes zugerechnet, während der Rest auf die dazwischen liegenden Kanäle gleich verteilt wird, da diesen lediglich eine Assist-Wirkung zugestanden wird.

Für die Customer-Journey-Analyse wird das U-Modell ebenso wie die Gleichverteilung in der Praxis gerne als Startpunkt für eine spätere Verfeinerung und Anpassung verwendet und bildet einen Kompromiss aus allen vorgestellten statischen Zuordnungsmodellen. Abb. 4 zeigt wie eine Zuordnung nach dem Badewannenmodell in der beispielhaften Customer Journey aussehen könnte.

Display-Werbung als erster und SEA als letzter Kontaktpunkt bekommen den Großteil der Konversion zugesprochen (hier 35 %, also 105 €). Social Media, E-Mail-Marketing und SEO werden gleich bewertet und erhalten je 10 %, also 30 €. Auch hier gibt es bei dem Start und dem Endpunkt keine Differenzierung zwischen View und Klick.

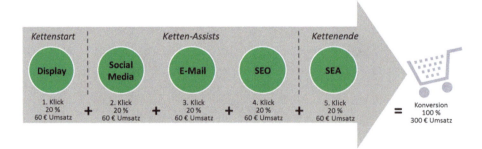

Abb. 3 Beispiel Gleichverteilung. (Quelle: Eigene Darstellung in Anlehnung an intelliAd Media GmbH 2012, S. 3)

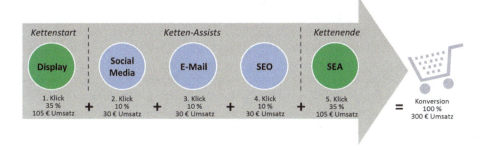

Abb. 4 Beispiel Badewannenmodell. (Quelle: Eigene Darstellung in Anlehnung an intelliAd Media GmbH 2012, S. 3)

4.3 Dynamische Modelle

Viele Anbieter nehmen heute zunehmend Abstand von den genannten statischen Attributionsmodellen, da die Werbewirkung nicht objektiv bewertet werden kann, wenn starr nach einem Muster festgelegt wird, welchem Kontaktpunkt in der Kette der größte Erfolgsanteil zugesprochen wird (Bennefeld et al. 2011, S. 208).

▶ Um dem ganzheitlichen Customer-Journey-Gedanken näher zu kommen und eine realistische Werbewirkungsbewertung durchführen zu können, ist es wichtig, den *tatsächlichen Einfluss* der einzelnen Werbeträger zu analysieren und individuelle Faktoren mit einzubeziehen. Denn bei der Beurteilung der Wirkung von Online-Marketingmaßnahmen spielen viele individuelle Faktoren wie beispielsweise die Interaktionsart (Klick oder View), die Werbemittelart, -größe, -position usw. eine wichtige Rolle.

Universelle Attributionsmodelle greifen hier zu kurz, da jedes Unternehmen, jede Marke, jedes Produkt und jede Werbemaßnahme individuell ist. Um diesen Faktoren und der Vielschichtigkeit des Nutzerverhaltens gerecht zu werden, müssen Attributionsmodelle für jedes einzelne werbetreibende Unternehmen mit Hilfe von Data-Mining-Methoden individuell und dynamisch bestimmt werden. Das Modell muss also iterativ herausgefunden werden.

Verteilungs- und Regressionsanalysen bilden dabei Modelle, die die Wirkungszusammenhänge einer Customer Journey zu erklären versuchen. Beobachtet werden sollten dabei unter anderem folgende Kriterien: die Reihenfolge der einzelnen Kontaktpunkte, die Kanäle selbst, die eingesetzten Werbemittel, Keywords, Unterschiede zwischen Views und Klicks, Umsatzziel oder Journey-Typ (Lead oder Sale) und die Position innerhalb der Customer Journey bzw. der zeitliche Abstand bis zur Konversion.

Um Sichtkontakte bewerten zu können, sollten *Ad Impressions* nicht nur gezählt, sondern auch unterschiedlich gewichtet werden. Die Gewichtung sollte sich dabei unter anderem an der jeweiligen Platzierung, an der das Werbemittel erscheint, an der

Verweildauer auf der Seite und der Qualität und Sichtbarkeit der Werbeplätze orientieren. Erscheint ein Sichtkontakt als relevant, kann mittels *Tracking-Verfahren* untersucht werden, ob der User zu einem späteren Zeitpunkt die beworbene Webseite direkt ansteuert und das beworbene Produkt kauft oder beispielsweise der Markenname bei Google gesucht wird und eine passende AdWords-Anzeige geklickt wird.

Durch die Beobachtung aller Faktoren in großen Datenmengen können mittels *Machine-Learning-Algorithmen* Muster erkannt werden, die in einer bestimmten Häufigkeit auftreten. Darauf aufbauend lassen sich dann Wahrscheinlichkeiten dafür angeben, welche Wirkung die einzelnen Kontakte hatten.

Da sich die Rahmenbedingungen stetig ändern, wie beispielsweise die Preise der Werbeschaltungen auf den unterschiedlichen Kanälen oder das Auftreten von neuen Konkurrenzprodukten, gilt die Analyse und Optimierung nie als vollendet und ist Teil eines permanenten Verbesserungsprozesses. Durch die kontinuierliche Analyse in Echtzeit sind dynamische Attributionsmodelle nie abgeschlossen und im Vergleich zu den statischen Modellen wesentlich flexibler. Es lässt sich jederzeit die Vorhersagegenauigkeit anhand von neuen Daten testen.

Grundsätzlich sind dynamische Attributionsmodelle genauer und bilden die Realität besser ab als die statischen, jedoch gelten die Modellberechnungen auch als sehr aufwendig und komplex. Diese Komplexität erhöht nicht nur zwangsläufig die Anforderungen an die Software, sondern auch an den Service und die spezifische Beratung des Dienstleisters.

▶ Wichtig ist auch bei den dynamischen Modellen immer zu beachten, dass damit nicht die gesamte Realität erklärt werden kann. Mit Hilfe der Modelle können sich Werbetreibende zwar dem Ursache-Wirkungs-Schema ihrer Kampagnen und Kanäle nähern und in der Konsequenz eventuell auch effizienter werden, ein exaktes Abbild der Realität liefern sie jedoch ebenfalls nicht und es fließt viel Interpretationsspielraum ein.

5   Herausforderungen und Grenzen

▶ Den Möglichkeiten und Potenzialen einer Customer-Journey-Analyse stehen in der Praxis noch einige Problemfelder und Restriktionen gegenüber. Um die Herausforderungen und Grenzen thematisch einzuordnen, wurden drei verschiedene Kategorien gebildet, die im Folgenden vorgestellt werden: technische, organisatorische sowie rechtliche Herausforderungen und Grenzen.

5.1   Technische Herausforderungen und Grenzen

Die Analyse der Customer Journey ist trotz der technischen Möglichkeiten des *Trackings* und der Webanalyse mit Restriktionen behaftet. Es ist noch nicht immer möglich, alle Online-Werbekanäle in ihren Ausprägungen so klar zu messen und zu analysieren, dass die gesamte Realität dargestellt wird.

Zum einen stellt die Nutzung von unterschiedlichen *Tracking-Systemen* von verschiedenen Anbietern in der Praxis eine große Herausforderung dar. Setzen werbetreibende Unternehmen zum Tracken ihrer Online-Werbemaßnahmen verschiedene Systeme ein, so lässt sich die Customer Journey nur abbilden, wenn die Daten dann zusätzlich in einem System zusammengeführt werden, was in der Praxis selten der Fall und oft fehlerbehaftet ist. Wenn beispielsweise Suchmaschinen-Agentur A Tracking-Tool X nutzt, aber Affiliate-Dienstleister B mit Tool Y arbeitet und die Analysedaten in unterschiedlichen Datenbanken gespeichert werden, muss zunächst alles technisch sauber integriert werden, was eine echte Herausforderung sein kann.

Zum anderen liegt eine der größten technischen Herausforderungen darin, dass *Device-Wechsel* von Tracking-Systemen in der Regel nicht abgebildet werden können. Es gibt allerdings bereits Ansätze, das Cross-Device-Problem zu beheben.

Beispiel
Surft ein Nutzer mit verschiedenen Endgeräten wie PC, Smartphone oder Tablet im Internet, kann dieser Pfad vom Tracking-Tool nicht nachvollzogen werden und es entstehen Lücken in der Customer-Journey-Analyse. Wird ein Nutzer am Büro-PC auf ein Produkt aufmerksam, weil er beispielsweise einen Werbebanner gesehen und geklickt hat, vertieft er die Recherche dann zu Hause auf dem Tablet und schließt er den Kauf letztendlich über den privaten Laptop ab, kann dieser Weg nicht komplett dargestellt werden. Diese Lücken lassen sich nur über ein dezidiertes Log-in schließen, wenn der User bereits registriert ist und sich mit allen Geräten beim Händler einloggt. Anderenfalls ergeben sich zwangsläufig Fehler in der Darstellung der Kundenreise, und die Beiträge der einzelnen Kanäle können nicht korrekt abgebildet werden.

Des Weiteren kann das Löschen von *Cookies* zu einer Verzerrung der Customer Journey führen. Löschen User regelmäßig ihre Cookies, können die Kundenreisen nicht vollständig abgebildet werden und alle Touchpoints vor der Löschung gehen verloren und können nicht berücksichtigt werden. Zwar gibt es mittlerweile Alternativen zu Cookies, wie beispielsweise den digitalen Fingerprint, dennoch ist dieser nie so zuverlässig wie der Browser-Cookie oder der Flash-Cookie.

Auch das *Datenmanagement* stellt eine große technische Herausforderung dar. Durch das Aufzeichnen von jedem View und jeder Interaktion mit allen Online-Marketingmaßnahmen entstehen täglich Massen an Daten und Einzeleinträgen, die gespeichert, aufbereitet und analysiert werden müssen. „Big Data" lautet hier das Schlagwort, das mittlerweile von Experten als eine der wichtigsten Zukunftsthemen angesehen wird.

Da die Technik heute so fortgeschritten ist, dass nicht nur Klicks, sondern auch Sichtkontakte ausgewertet werden können, führt das zwangsläufig zu einer Vervielfachung der Datenmenge. Beispielsweise müssen bei einer Banner-Klickrate von 0,1 % bei Berücksichtigung von Sichtkontakten statt des einen Klicks zusätzlich 1000 Sichtkontakte verarbeitet werden. Geschieht das über einen längeren Zeitraum und an jedem einzelnen Kontaktpunkt, entstehen schnell riesige Datenmengen. In diesen Daten Muster zu erkennen, ist eine der größten Herausforderungen. Viele Unternehmen haben deshalb Bedenken, sich bei der Analyse der Customer Journey und der Verknüpfung verschiedener Datenquellen in einem nicht zu bewältigenden Datenwust zu verlieren.

An ihre Grenzen stößt die Customer-Journey-Analyse vor allem dann, wenn es um die *Integration von Offline-Kanälen* geht. Im Vergleich zu den Online Touchpoints, die sich mittels Tracking-Mechanismen relativ gut nachverfolgen lassen, stellt die Messbarkeit von Offline-Kontakten eine der größten Herausforderungen dar.

Zur Einbeziehung von Offline-Kanälen existieren Lösungsansätze, um die Crossmedia-Problematik zu umgehen.

5.2 Organisatorische Herausforderungen und Grenzen

Mit der Analyse der Customer Journey stoßen werbetreibende Unternehmen auch an *organisatorische Herausforderungen* und Grenzen. Den wenigsten Unternehmen ist klar, wie komplex eine derartige Analyse ist und welche zeitlichen und personellen Ressourcen dafür benötigt werden. Es geht nicht nur darum, einen neutralen Dienstleister zu finden, der die Kundenreisen analysiert, sondern auch darum, intern Kompetenzen aufzubauen. Da die Customer-Journey-Analyse kein einmaliges Projekt, sondern ein langfristiger Prozess ist, muss es auch im Unternehmen Spezialisten geben, die genau verstehen, was gemessen wird und werden soll, um gemeinsam mit dem Dienstleister Messkriterien und Suchmuster festzulegen.

Die Komplexität der Analyse benötigt Personalressourcen in Form von qualifizierten Datenanalysten, die nicht nur die Erhebung der Daten verstehen, sondern auch Informationen aus den Daten herausziehen können, da insbesondere die Bewertung der Ergebnisse eine der größten Schwierigkeiten darstellt. Kompetenzen in den Bereichen Marketing, Programmierung bzw. Informatik, Online-Recht und Projektmanagement sind erforderlich.

Außerdem muss das isolierte Bereichsdenken zwischen den einzelnen Abteilungen und Online-Kanälen innerhalb des Unternehmens überwunden werden. Hier besteht in der Praxis oft Nachholbedarf bei der Zusammenarbeit verschiedener Abteilungen, die unterschiedliche Bereiche wie SEO, Affiliate oder Display betreuen. Um solche Bereichskonflikte zu vermeiden, empfehlen Experten, eine übergeordnete Stelle zu schaffen, die im Sinne des werbetreibenden Unternehmens handelt und alle Bereiche gleichwertig mit einbezieht und in den Prozess involviert.

In der Praxis werden die Erkenntnisse der Customer-Journey-Analyse zu Beginn für die Optimierung innerhalb jedes Kanals genutzt, um somit den Erfolg der Methode zu belegen. Anschließend ist die Ausweitung auf die Optimierung zwischen den Kanälen einfacher durchzusetzen.

5.3 Rechtliche Herausforderungen und Datenschutz

Den Chancen und Potenzialen einer Customer-Journey-Analyse stehen insbesondere rechtliche Herausforderungen bzgl. des Datenschutzes gegenüber.

Auf Grund der Möglichkeiten des Web-Trackings und der Bildung von detaillierten Nutzer- und Surf-Profilen im Online-Bereich stellt der Datenschutz eines der

Abb. 5 Herausforderungen und Grenzen der Customer-Journey-Analyse. (Quelle: Eigene Darstellung)

bedeutendsten Themen im Internet-Bereich dar und hat wohl mit die größte Relevanz für die Entwicklung der gesamten Branche.

Unabhängig von der aktuellen Gesetzeslage in Deutschland, bleibt in manchen Großunternehmen noch die Herausforderung der eigenen *internen Datenschutzbestimmungen*. Jenseits des rechtlichen Rahmens gibt es auch hier oft Selbstverpflichtungen in Form von Datenschutzrichtlinien, die eine Customer-Journey-Analyse, die auf Tracking-Cookies und hier insbesondere Third-Party-Cookies basiert, möglicherweise kaum realisierbar machen würde. Manche Unternehmen werden hier sicherlich auch selbst aufgrund betriebseigener Richtlinien und Vorstellungen Grenzen setzen.

Diese rechtlichen Herausforderungen und die Datenschutzproblematik könnten der Customer-Journey-Analyse auf dem Weg zum Marketingstandard noch im Wege stehen. Ob es langfristig Alternativen zu den Tracking-Cookies geben wird, wie beispielsweise den digitalen Fingerprint, ist noch unklar.

Abb. 5 fasst die Herausforderungen und Grenzen in einer Übersicht zusammen.

6 Cross-Media: Verzahnung von On- und Offline in der Customer-Journey-Analyse

▶ In Zeiten crossmedialer Mediennutzung ist die Verzahnung von Online-Kanälen mit klassischen Offline-Kanälen mittlerweile zum Standard geworden. Werbetreibende Unternehmen wissen, dass sich Konsumenten fast immer online und offline zugleich bewegen und während eines Entscheidungsprozesses sowohl mit Online und Offline Touchpoints in Berührung kommen. Sie planen ihre Marketingaktivitäten daher auch über mehrere On- und Offline-Kanäle hinweg und entwickeln crossmediale Kampagnen.

6.1 Herausforderungen der Offline-Integration

Dabei ist die *Integration von Offline-Kanälen* eine der größten Herausforderungen der Customer-Journey-Analyse. Um aber die „echte" Reise des Kunden während des Entscheidungsprozesses nachvollziehen zu können, müsste man eigentlich sowohl die Online- als auch die Offline-Welt betrachten. Einen Bruch zwischen On- und Offline dürfte es hier nicht geben, wenn man exakt arbeiten möchte.

Eine vollständige Erfassung und Einbeziehung der Offline-Kontaktpunkte ist und bleibt wahrscheinlich eine Utopie, dennoch haben einige Anbieter erste Ansätze entwickelt, um die Werbewirkung zwischen klassischen und digitalen Medien zu erfassen und crossmediale Wirkungszusammenhänge zu erforschen. Zwar befindet sich die Branche noch im Experimentier- und Teststadium und die Messungen können nie so genau und verlässlich sein wie die der Online-Kontakte, aber mit der Einbeziehung der Offline-Kanäle kann ein genaueres Ergebnis erzielt werden als mit der reinen Betrachtung der Online-Welt. Die Ergebnisse und Schlussfolgerungen sind allerdings kritisch zu hinterfragen, da bestimmte Eindrücke aus der Offline-Welt, wie beispielsweise Empfehlungen von Freunden und Bekannten, nicht in der Customer-Journey-Analyse abzubilden sind.

6.2 Ansätze zur Offline-Integration

Um auch Offline-Kanäle in die Customer-Journey-Analyse einzubeziehen, wurden diverse Lösungsansätze entwickelt. Wichtig ist bei allen Ansätzen, dass es einen digitalen Rückkanal gibt, denn ohne diesen ist die Wechselwirkung zwischen klassischen und digitalen Kanälen nicht messbar. Die Tab. 1 und 2 geben einen Überblick über die Möglichkeiten des Trackings bei Medien mit oder ohne Responseelement.

Um beispielsweise den Einfluss von *TV-Werbung* in der Customer-Journey-Analyse zu berücksichtigen, greifen die Dienstleister gerne auf die Sendepläne der Werbekunden zurück. Hintergrund ist, dass nach der Ausstrahlung eines TV-Spots die Besucherzahl auf der Webseite gewöhnlich ansteigt und dieser somit auch eine Online-Wirkung hat. Werden beispielsweise alle Besucher, die innerhalb von fünf bis acht Minuten nach einer Spotausstrahlung zusätzlich auf der Webseite surfen, mit einem „TV Cookie" markiert, kann der Kanal TV zumindest ansatzweise in die Attributionsmodelle einbezogen werden. Die Genauigkeit von TV-Tracking hängt von der Art des Spots ab. Ein auf Markenbildung ausgelegter Spot wird deutlich

Tab. 1 Tracking von Offline-Medien mit Responseelement. (Quelle: Eigene Darstellung)

Offline Medien	Responseelement	Tracking
Printmedien Out-of-Home Mailings	Augmented Reality	Online Response
Printmedien Out-of-Home Mailings	QR-Code	Online Response
Mailings	Antwortkarte	Offline Response
Printmedien Mailings	Couponing	Online- und Offline Response
Printmedien Out-of-Home Mailings	Landing Page-URL	Online Response
Telefonmarketing Mailings	Individuelle Telefonnummern	Offline Response

Tab. 2 Tracking von Offline- und Online-Medien ohne Responseelement. (Quelle: Eigene Darstellung)

Offline- und Online-Medien	Tracking Instrument	KPIs
TV Online-Medien	TV-Tracking	Aufrufe Webseite
Mailings Online-Medien	NEXELLENT Technologie	Aufrufe Webseite
TV Printmedien Online-Medien	G-J Crossmedia Erfolgsbarometer	Verschiedene Markenparameter, vollständige Internetaktivität
Printmedien TV Mailings Online-Medien	Konvergenzanalyse Cross Channel	k. A.

weniger Zugriffe in den ersten Minuten nach Ausstrahlung haben als ein Spot, der auf direkte Interaktion ausgerichtet ist.

Es können grundsätzlich sowohl Direkteingaben als auch Anfragen nach Produkten und Unternehmen in Suchmaschinen nach der TV-Ausstrahlung automatisiert gezählt werden. Lediglich die Mediapläne des werbetreibenden Unternehmens müssen in die Software integriert werden und auf der jeweiligen Ziel-Website muss ein Tracking-Pixel installiert werden. Beim TV-Tracking bleibt allerdings nicht nachweisbar, ob die Besucher wirklich aufgrund des TV-Spots auf die Webseite kamen.

Auch *Printwerbemittel* wie Kataloge, Flyer oder auch Plakate können in die Customer-Journey-Analyse integriert werden. Hier werden oft QR-Codes oder spezielle Kampagnen-URLs genutzt, um einen digitalen Rückkanal herzustellen.

Ähnlich funktioniert das auch mit *Dialogmailing-Kampagnen*, indem die Zeit, der Log-in-Status und speziell für diese Kampagne vergebene Merkmale wie Coupon-Code als Zuordnungskriterium definiert und abgespeichert werden.

Daneben wird auch mittlerweile *Telefon-Tracking* eingesetzt. Um Telefonanrufe in die Customer-Journey-Analyse zu integrieren, wird ein Nutzer, der auf eine AdWords-Anzeige geklickt hat, mit einem speziellen Cookie markiert, und diesem wird eine individuelle Telefonnummer eingeblendet. Ein späterer Anruf kann so der Customer Journey genau zugeordnet werden.

Beispiel
Auch E-Commerce-Firmen wie Rocket Internet (*Zalando*) und *Mirapodo* (Otto-Gruppe) nutzen die Möglichkeit der Offline-Integration in ersten Ansätzen.

Bei Rocket Internet wird neben dem Telefon-Tracking und der Messung der TV-Performance vor allem der Printbereich evaluiert. Hier wird mit *Gutschein-Codes* gearbeitet, da der Nutzer so einen Anreiz bekommt, sich mit dem Unternehmen zu identifizieren. Rocket Internet nutzt das Tracking der Offline-Werbemittel nach eigenen Angaben hauptsächlich zur Budgetallokation auf Basis der einzelnen Medien, um zu sehen, in welchen Zeitungen, Sendern oder Sendungen die beste Wirkung erzielt werden kann. Man verlässt sich im Vergleich zu den Online-Medien allerdings nicht so genau auf die Ergebnisse und es werden immer auch noch klassische Metriken bei der Bewertung mit herangezogen.

Beim Online-Schuh-Shop Mirapodo, einer Tochter des Bauer-Versands und damit Teil der Otto-Group, wird auch versucht, den Kanal TV in die Customer-Journey-Analyse mit einzubeziehen. Dafür werden die *TV-Mediapläne* über den Traffic-Verlauf der Webseite gelegt und auf Basis der Uhrzeit gemessen. Die entsprechenden Ausschläge bei Besuchern, die über bestimmte Kanäle in den Online-Shop kommen, werden dann als TV-Traffic interpretiert.

Die Betrachtung erfolgt teilweise sogar schon sekundengenau, und es wird zudem darauf geachtet, wie einzelne Sendungen beziehungsweise Wochentage funktionieren und welche Online-Auswirkungen festgestellt werden können. So konnte in der Vergangenheit beispielsweise ermittelt werden, dass das Wetter einen Einfluss auf die Zahlen hatte.

Für die Integration von Katalogen, Flyern und Mailings setzt Mirapodo wie auch Rocket Internet auf Gutschein-Codes. Zudem werden auch A/B-Tests durchgeführt, um verschiedene Versionen der Werbemittel miteinander zu vergleichen. Aber auch bei Mirapodo wird offline nicht mit dem gleichen Detailgrad gearbeitet, wie das im Online-Bereich passiert (Eisenbrand 2012, S. 14).

Zusammenfassend gibt es zwar erste Ansätze der Offline-Integration, diese stehen aber noch am Anfang ihrer Entwicklung und können wegen der Interpretationsspielräume nie so valide sein wie die Messungen der Online-Kanäle. Betrachtet man mit diesem Hintergrund die Ergebnisse ausreichend kritisch, können durchaus Zusatzkenntnisse gewonnen werden, die der „echten" Reise des Kunden näher kommen als die reine Online-Betrachtung.

7 Prozessschritte einer Customer-Journey-Analyse

Obwohl jede Customer-Journey-Analyse individuell ist, gibt es einige grundsätzliche *Prozessschritte*, die zu einem erfolgreichen Ablauf beitragen und daher berücksichtigt werden sollten. Abb. 6 zeigt die einzelnen Prozessschritte beispielhaft. In der Praxis läuft zwar nicht jede Customer-Journey-Analyse genau nach diesen Schritten ab, dennoch soll das Schema als eine Art Leitlinie dienen.

Die Customer-Journey-Analyse startet in der Regel mit der Phase der *Vorbereitung* seitens des werbetreibenden Unternehmens. Hier sollte sich das Unternehmen bereits erste Gedanken über die aktuelle Situation machen und erste Ziele definieren, die mit der Customer-Journey-Analyse erreicht werden sollen, bevor dann im nächsten Schritt der passende Dienstleister ausgewählt wird. Bevor entschieden werden kann, welche Informationen wo zusätzlich getrackt werden sollen, ist zunächst eine Analyse der bestehenden Systemlandschaft zu erstellen. Allerdings haben Unternehmen häufig bereits Teile der Journey erfasst, beispielsweise über dazu geeignete Adserver. In diesem Fall müssen die Daten nur noch zusammengeführt werden.

Ist die *Wahl des Dienstleisters* und damit auch des Tracking-Systems gefallen, sollten in einem Kick-off-Meeting alle beteiligten Parteien zusammenkommen und zunächst die zuvor vom Unternehmen gebildete Zielsetzung verfeinern, Erwartungen klarstellen und zu prüfende Hypothesen bilden. In diesem Schritt ist es auch essenziell, die zu trackenden Kanäle auszuwählen, den Detaillierungsgrad des Trackings festzulegen und KPIs für die Messung zu definieren. Die beteiligten Partner sollen dadurch ein gemeinsames Verständnis von der Analyse bekommen.

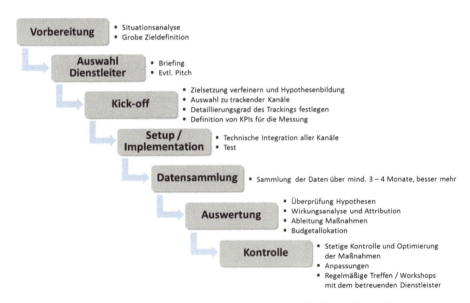

Abb. 6 Prozessschritte einer Customer-Journey-Analyse. (Quelle: Eigene Darstellung)

In der Setup- bzw. *Implementationsphase*, die mehrere Monate dauern kann, erfolgt die technische Integration aller beteiligten Kanäle. Gegebenenfalls sollte hier auch ein Pretest erfolgen, bevor dann die eigentliche Datensammlung startet. Erste Auswertungen sollten erst nach mindestens drei bis vier Monaten durchgeführt werden. In der Auswertungsphase werden dann die Hypothesen überprüft und entweder verifiziert oder falsifiziert. Hier findet auch die Wirkungsanalyse und Attribution statt.

Anhand der Erkenntnisse werden dann konkrete Maßnahmen abgeleitet und, wenn notwendig, Budgets anders allokiert.

Wichtig ist dann zum Schluss die *Kontrolle*. Da es sich bei der Customer-Journey-Analyse nicht um ein einmaliges Projekt, sondern einen kontinuierlichen Prozess handeln sollte, werden die abgeleiteten Maßnahmen laufend kontrolliert und optimiert. Das Verhalten der Kunden verändert sich von Zeit zu Zeit und eventuell werden Anpassungen nötig. Die Schritte der Datensammlung, Auswertung und Kontrolle sind damit nie abgeschlossen. Kommen neue Kanäle hinzu oder ändert sich etwas an der ursprünglichen Fragestellung, muss natürlich auch das Setup angepasst werden.

Es empfiehlt sich in jedem Fall, regelmäßige Treffen beziehungsweise Workshops mit dem Dienstleister und allen beteiligten Parteien durchzuführen, damit die Customer-Journey-Analyse auch den notwendigen Stellenwert erhält und sich zu einem zentralen Arbeitsmittel der täglichen Online-Marketingpraxis entwickeln kann.

8 Fazit und Ausblick

Sowohl die theoretische als auch die empirische Analyse des vorliegenden Beitrags hat gezeigt, dass sich die Customer-Journey-Analyse noch in der Anfangsphase befindet und momentan noch experimentiert und ausprobiert wird. Viele Unternehmen sind den Herausforderungen der kanalübergreifenden Wirkungsmessung noch nicht gewachsen. Neben den *technischen Voraussetzungen* fehlt es hier insbesondere an Know-how. Auch die Aufklärungs- und Beratungsleistung der Tool-Anbieter ist durchaus noch verbesserungsfähig. Es sollte nicht darum gehen, intellektuelles Kapital mit technisch und analytisch hochkomplexen Black-Box-Modellen zu schaffen, sondern Definitionen und Standards zu entwickeln, die eine Transparenz der Methodik ermöglichen.

Eine Customer-Journey-Analyse lohnt und eignet sich momentan noch nicht für jedes Unternehmen und jede Branche. Grundsätzlich erscheint die Analyse von Kaufentscheidungsprozessen und der Wirkung und Wechselwirkung von Marketingmaßnahmen für jedes Unternehmen interessant, dennoch stehen beispielsweise bei sehr einfachen Kaufentscheidungen und geringem Werbebudget Aufwand und Nutzen in keinem Verhältnis.

Die Analyse der Customer Journey ist sehr aufwändig und bindet viele Ressourcen in Kapital, Zeit und Personal. Bei einem hohen Werbebudget, mehreren Online-Marketingkanälen und längeren und komplexeren Klickketten erscheint der Aufwand eher gerechtfertigt, da hier mehr Optimierungspotenzial besteht.

Trotzdem können die Modelle nie die gesamte Realität erklären und beruhen auf vielen *Annahmen*. Die Ergebnisse einer Customer-Journey-Analyse bleiben immer lückenhaft und liefern kein perfektes Abbild der Realität und sind damit auch interpretierbar. Trotz dieser Restriktionen kann die Analyse aber wichtige Erkenntnisse liefern, wenn man sie eher als eine Art Experimentier-Disziplin versteht.

Unter dieser Annahme können die Ergebnisse in jedem Fall als Indiz verwendet werden, um entsprechende Anpassungen und Optimierungen vornehmen zu können. Viele Messungen bestätigen in der Praxis bereits zuvor vermutete Zusammenhänge, was aber trotzdem als Erfolg bewertet werden kann.

Die dem Beitrag zugrunde liegende Fragestellung, inwieweit die Customer-Journey-Analyse einen wesentlichen Erkenntnisgewinn zur Steigerung der Effektivität und Effizienz von Online-Marketingmaßnahmen beitragen und damit zur Optimierung des Werbemittelbudgets eingesetzt werden kann, kann somit beantwortet werden.

Je komplexer die Journey und der Online-Marketing-Mix sind, desto mehr *Potenzial* bietet die Analyse, Wirkungszusammenhänge zu erkennen und darauf aufbauend auch Budgets zu optimieren.

Der Erkenntnisgewinn liegt unter anderem in der Aufdeckung von *Kanalcharakteristika*, wirkungsvoller Kanalkombinationen und in der Verifizierung von Hypothesen. Die Customer-Journey-Analyse kann in jedem Fall zur Steigerung der Effektivität von Online-Marketingmaßnahmen beitragen, indem herausgefunden wird, ob „die richtigen Dinge" getan werden und die eingesetzten Mittel überhaupt messbare Auswirkungen zeigen und zum gewünschten Erfolg führen.

Demgegenüber kann die Frage nach der *Effizienz*, der Leistungsfähigkeit im ökonomischen Sinn, nur eingeschränkt beantwortet werden. Hier kommt es im Einzelfall darauf an, ob der erhöhte Aufwand kompensiert werden kann. Im Idealfall sollten die Kosten bei langjähriger Ausführung sinken, während der Nutzen stabil bleibt bzw. steigt, vorausgesetzt das Budget wird entsprechend dem Erkenntnisgewinn allokiert.

Richtig eingesetzt kann die Customer-Journey-Analyse wesentliche *Erkenntnisgewinne* liefern. Eine vollständige Erfassung aller Einflussfaktoren und die Integration sämtlicher Offline-Kontakte bleibt wahrscheinlich aber eine Utopie.

Es ist anzunehmen, dass sich die Customer-Journey-Analyse in den nächsten Jahren stark weiterentwickeln wird. Wünschenswert wäre die Anbindung der Analyse an bestimmte Kundendaten, um zwischen Neu- und Bestandskunden zu differenzieren. Durch die Kopplung anderer Systeme im Unternehmen, wie dem CRM-System, können umfassendere Erkenntnisse erlangt werden, die über die reine Konversion hinausgehen. So könnten auch Bonitäts- und Retourendaten in die Analyse integriert werden.

Zu erwarten ist außerdem, dass die Customer-Journey-Analyse zukünftig immer stärker um weitere betriebswirtschaftliche Faktoren ergänzt wird wie dem *Kundenwert* (Customer Lifetime Value). Außerdem wird es immer wichtiger werden, auch die Journeys auszuwerten, die gerade nicht zum gewünschten Erfolg geführt haben. Auf Grund der Datenmengen wird hierauf heute eher verzichtet. Das Potenzial liegt aber gerade darin, von „Fast- bzw. Nicht-Käufern" zu lernen, um daraus Optimierungsmöglichkeiten abzuleiten. Zukünftig wird es daher zunehmend um die Analyse der User Journey an Stelle einer Customer Journey gehen.

Die Wunschvorstellung vieler Online-Marketer ist es, zukünftig auf eine vollständig automatisierte *Technologielösung* zurückzugreifen, die alle Online-Maßnahmen kanal- und endgerätübergreifend unter Einbezug der Daten aus der Customer Journey analysiert, die Budgetallokation optimiert und eine automatische Rückkopplung in Traffic-Buying-Systeme möglich macht. Eine derartige Entwicklung erscheint allerdings, zumindest in naher Zukunft, eher unwahrscheinlich.

Inwiefern der Customer-Journey-Analyse zukünftig noch *rechtliche Grenzen* auferlegt werden, ist derzeit noch unklar. Die bevorstehenden Entscheidungen bezüglich des Datenschutzes könnten allerdings einen erheblichen Einfluss auf die anwendbaren Methoden nehmen und der Customer-Journey-Analyse auf dem Weg zum Online-Marketingstandard noch im Wege stehen. Ob sich langfristig Alternativen zum Cookie-Tracking wie das Digital Fingerprinting durchsetzen werden, bleibt abzuwarten.

Fazit

Die Analyse der Customer Journey gewinnt im Marketing rasant an Bedeutung. Kaum ein Schlagwort wird in der gesamten Brache so heiß diskutiert, und viele Agenturen und Werbetreibende setzen sich intensiv damit auseinander, wie man am besten die „Reise des Kunden" erfassen kann, um Zielgruppen genau dort anzusprechen, wo sie sich befinden, und Budgets gezielt in diese bestimmten Kanäle zu steuern.

Die Customer-Journey-Analyse kann einen wesentlichen Erkenntnisgewinn zur Steigerung der Effektivität und Effizienz von Online-Marketingmaßnahmen beitragen und damit zur Optimierung des Werbemittelbudgets eingesetzt werden. Je komplexer die Journey und der Online-Marketing-Mix sind, desto mehr Potenzial bietet die Analyse, Wirkungszusammenhänge zu erkennen und darauf aufbauend Budgets zu optimieren.

Literatur

Bennefeld, C., Gorbach, A., & Warncke, R. (2011). Erfolgsmessung und optimale Budgetverteilung bei Multichannel-Kampagnen. In T. Schwarz (Hrsg.), *Leitfaden Online Marketing* (Bd. 2, S. 206–215). Waghäusel: marketing Börse.
BVDW. (2012). *Customer Journey – Definitionen und Ausprägungen.* http://www.bvdw.org/medien/fachgruppe-performance-marketing-dmexco-seminarfolien-customer-journey-definitionen-und-auspraegungen-?media=4198. Zugegriffen am 15.09.2012.
Eisenbrand, R. (2012). Auf dem Weg aus der Ahnungslosigkeit. In ONEtoONE, 12/12, S. 10–14 Hamburg.
intelliAd Media GmbH. (2012). *Customer Journey und Attributions-Modelle – Wie die richtige Kanalgewichtung zur Steigerung der Conversion-Rate beitragen kann.* http://www.intelliad.de/expertise/competence-center/whitepaper.html. Zugegriffen am 22.09.2012.
intelliAd Media GmbH. (2013). *Attribution Modeling – Von der Theorie zur Praxis – so implementieren Sie ein optimales Attributionsmodell in Ihrem Unternehmen.* http://www.intelliad.de/expertise/competence-center/whitepaper.html. Zugegriffen am 12.05.2013.
Koch, M., & Brommund, T. (2009). Erfolgskontrolle – Lernen Sie von Ihren Kunden. In T. Eisinger, L. Rabe & W. Thomas (Hrsg.), *Performance Marketing – Erfolgsbasiertes Online-Marketing* (3. Aufl., S. 285–317). Göttingen: Business Village.

Stichwortverzeichnis

A
A/B-Tests 480
Abonnement 351
Abschlussphase 266
Abstimmung, internationale 191
Abverkaufshistorie 227
Abwanderungsgründe 166
Abwanderungsgruppen 165
Abwanderungsrisiken 269
Ad-hoc-Analyse 331
Ad Impression 430
Adressable TV 524
Adress-Check 291
Adressgewinnung 148
Affiliate Marketing 395, 435, 516
AIDA 144
Akquisition 142
Akteure 589
Akteurskonstellation 588
Aktionen, mehrstufige 415
Aktivierungsstärke 99
Aktivitäten, einstufige 415
Aktivitätsstufen 338
Aktualität 471
Alerting-System 725
Algorithmen 214
Amazon 516, 551, 582
Amazon SEO 516
Analyseabteilung 211
Analyse-Datamart 329
Analyse-Infrastruktur 358
Analyse-Tabellen 330
Anbahnungsphase 147
angemessenes Datenschutzniveau 84, 85
Anleitung 446
Anschreiben 452
Anzeigen 421
Artikeldaten 329
Artikelgruppen-Kenngröße 341

Assistenten
  persönliche 547
  virtuelle 546
Associative-Propositional-Evaluation-Modell 52
Assoziation 349
Assoziationen 56
Assoziation von Produkten 349
Assoziative Kommunikationsstrategie 56
assoziatives Netzwerk 52
Attribution 709, 820
Attributionsmodell 434, 821
Audiospot 421
Aufenthaltsdauer 430
Auftragsverarbeiter 80
Augmented Reality 478
Auskunftsanspruch 79
Außenwerbung 391
Auswertung 454
Authentizität 754
Automated Speech Recognition 683
automatisierter Dialog 661
Avatare 752

B
B2C. *Siehe* Business-to-Consumer
Badewannenmodell (U-Modell) 824
Balanced Scorecard 287
Banner Blindness 54
Barrieren der integrierten Kommunikation 804
Beacon 477
Bedarfsanalyse 280
BEEP-Kriterium 90
Begeisterungsfähigkeit 301
Behavioral Targeting 509
Behavioral Pricing 228
Bekanntheit 92
Bestandskunden 338

Betreffzeile 452
Bewegtbild 421
Bewertungsprozess 261
Beziehungsmarketing 9, 27
Big Data 31, 33, 57, 198, 332, 358, 536, 720
    als Produkt 237
    Controlling 236
    Sourcing 233
    Targeting 243
Big-Data-Analysen 655
Big-Data-Analyseprozess 210
Big-Data-Kultur 248
Big-Data-Plattform 208
Bindung
    technisch-funktionale 156
Bindungsbereitschaft 754
Bindungsphase 270
Blog 446
Bonus-Programme 271
Bottom-Up-Verfahren 431
Bounce-Rate 456
Branding 442, 562
Brand Safety 764
Brief 388
Briefing 753
Bruttokontaktsumme 429
Bruttoreichweite 429
Budget 431
Burnquote 339
Business Intelligence 203, 719
Business-to-Business 770
Business-to-Consumer 770
Buying Center 151, 266

C
Call-to-Action 502
Caption 761
Car-Sharing-Dienste 598
Change-Management 298
Change-Management-Falle 299
Chatbot 131, 546, 681
Chief Data Officer 217
Click Conversion Rate 430
Clickrate 430
Cloaking 246
Clusteranalyse 343
CLV 348
Coca-Cola 18
Community 165
Community Management 165, 731, 745, 786
Concierge-Service 669

Connected Car 655
Consumer Journey 492
Content 444, 483
Content Management 741
Content-Marketing 270, 445
Context Aware Recommender Systems 667
Controllingsystem 287
Convenience 669
Conversational 683
Conversational Commerce 8, 549, 683
Conversational Marketing 682, 683
Conversational Platforms 681
Conversational User Interfaces 684
Conversion 706
Conversion Rate 430
Cookies 827
Cookie-Tracking 836
Corporate Asset 720
Corporate Influencer 753
Couponing 228
CPC 514
Creator 752
CRM. *Siehe* Customer Relationship Management (CRM)
Cross Channel 583
    Tracking 709
Crossmedia 799
    Kommunikation 807
Crossmediales Dialogmarketing 810
Cross-Selling 351
Crowdsourcing 232
Customer
    Journey 243, 274
        Analyse 819, 820
    Lifetime Value 283
Customer Centricity 125
Customer Engagement 715
Customer Experience 110, 111, 311, 312, 315, 320, 321, 323, 505
Customer Experience Design 114
Customer Experience Management 111, 311
Customer Experience Management-Prozess 112
Customer Experience Optimierung 614
Customer Insights 547
Customer Journey 311–314, 316, 317, 319, 434
Customer Journey Mapping 311, 317, 319
Customer Lifetime Value 348
Customer Relationship Management (CRM) 18, 111, 252, 311, 312, 314–316, 318, 319, 321, 326, 660, 717
    analytisches 326, 327
    Cockpit 283–285

Controlling 282
  kommunikatives 327
  strategisches 327
Customer Resistance 20
CXM 312–315, 318, 321

D
Dachmarke 94
Dashboard 330, 335, 537, 725
Data Analytics 57
Database-Management 13
Database-Marketing 8
Data Driven Economy 31–34, 37, 39–41
Data-Driven Marketing 502, 655
Datamart 329
Data Mining 28
Data-Scientists 211
Data-Warehouse 208
Data Warehouse 479
Daten 326, 327
  externe 329, 351
  semistrukturierte 200
  strukturierte 200
  unstrukturierte 200
  unternehmensinterne 204
Datenanreicherung 329
Datenbereinigung 329
Datendemokratie 210
Datenebene 331
Datenfehler 331
Datenfilterung 329
Datenharmonisierung 329
Daten-Hype 721
Datenintegration 329
Datenmanagement 827
Datenqualität 213, 289, 331, 335
Datenqualitätsreport 332
Datenquelle 204, 327
Datenschutz 215, 453, 828
  Grundverordnung 217
Datenschutzbeauftragte 82
Datenschutzdiskussion 750
Datenschutzgrundverordnung 656
Datenschutzinformation 67, 76, 77, 79
Datenschutzrechtliche Folgenabschätzung 83
Datensilo 329
Datenverarbeitung im Konzern 75
Daten zu Werbemaßnahmen 329
Dauerschuldverhältnis 350
Deep Learning 545
Degenerationsphase 277
Detailevaluation 430

Deutsche Post 15
Dialog 7, 127
  digitaler 596, 601
Dialogaffinität 426
Dialogmailing-Kampagne 832
Dialogmanagement 689
Dialogmarketing 6–8, 31, 35–37, 40, 96, 123, 126, 138, 414, 425, 548, 593, 655
  in Europa 172
  Medien 636–642, 646
Dialogmaßnahmen 126
Digital Analytics 719
  Manager 727
Digitale Medien 493
Digitale Services 670
digitales Marketing 433
Digitale Wertschöpfungskette 755
Digital Fingerprinting 836
Digital Intelligence
  Modell 721
Digitalisierung 35–37, 538, 694
Digitalisierung von Prozessen 502
Direct-Mail 4
Direct Response Television 392
Direktmarketing 4
  internationales 172
Direktwerbung 4
DISA. *Siehe* Digitale Sichtbarkeitsanalyse
Dispositiv 587
Disruptive Veränderungen 652
Dissonanz, kognitive 269
Distribution
  akquisitorische 238
  physische 238
Distributionspolitik 238, 405, 473
Divergente Experimente 695
dm-drogerie markt 209
DSGVO 508
Dublettenprüfung 291
Dynamic Advertising 509
Dynamische Modelle 825
dynamisches Verhaltensprofil 511

E
Early-Mover 186
Earned Media 434
Earned Media Value 761
E-Book 446
Echtzeit-Preisfindung, kundenindividuelle 227
E-Commerce 537, 582, 588
Effektivität 436
Effektivitätskontrolle 812

Effizienz 436
Effizienzkontrolle 813
Eindrucksqualität 429
Einstellung 47
Einwilligung 63, 65, 70, 71, 86
Elaboration Likelihood Model 49, 809
E-Mailing 449
E-Mail-Marketing 398, 443, 508
E-Mail-Responder 399
Emotionale Konditionierung 55
Emotionale Verbundenheit 117
Emotionalisierung 472
Emotionen 102, 122
Empfehlungsmarketing 268, 401
Enterprise Resource Planning 203
Entertainment 472
Entities 692
Erfolgsfaktoren des Dialogmarketings 17
Erfolgsgrößen 436
Erfolgskontrolle 21, 761
Erfolgsparameter 353
Erlebnisdimension 102
Erlebnispositionierung 103
Erlebnissystem 46
Erlebniswettbewerb 597
Erstbereinigung 291
Ethikkodex 766
ETL-Prozess 203
eWOM 752
Experience 110
Experimentieren 214
Extensive Kaufentscheidung 57

F
Facebook 779
fahrerbezogene Dienste 665
fahrzeugbezogene Dienste 664
Fallstudie 446
Feedback
    geplantes 304
    ungeplantes 303
Fernsehen 391
Festool 307
Filialdaten 329
First Cookie Wins 823
First Party Cookies 512
Fragebögen 54
Fragmentierung 18
Frequency 333, 337
Frequenz 429
Frosta 301

Full Run 356
Funk 391
Funktionalität 483

G
gedankliche Verarbeitung 52
Gefährdungsphase 269, 272, 277
Generation Tekki 470
Geobasierte Echtzeit-Informationen 672
Geodaten 228
Gestaltungsprinzipien 801
Gestaltungspsychologie 808
Gewohnheiten, landesspezifische 186
Glaubenssätze 501
Glaubwürdigkeit 754
Gleichverteilung 823
Google 514, 652
    Glasses 206
Gross rating points 429
Groundswell 782

H
Habitualisierte Kaufentscheidung 57
Habitualisierungsgrad 224
Handelsplattform 592
Händler, stationärer mit Online-Shop 591
Hashtagketten 759
Hauswurfsendung 153
Hersteller 592
Human Handovers 695
Human-Machine-Interaction 684
hybriden Konsumenten 18
Hype-Cycle 721
Hyperlink 453
Hypothese 356

I
IBM 146, 241
Identity Products 24
Idle Screen 476
Image 442
Implementationsphase 834
Implizite Einstellung 51
Impulskauf 58
Inaktive 338
Individualisierung 17, 132, 404, 471
Individualisierung der Ansprache 24
Individualmarketing 402
individuelle Beziehung 8
Influencer 521, 752

Stichwortverzeichnis

Influencer-Marketing 521
Influencer Marketing 744, 749, 754
Infografik 446
Information
  digitale 720
Informationsarchitektur 45
Informationspflichten 75
Informationstechnologie 21
Informationsüberlastung 14, 597
Infotainment-Apps 667
Inhalte
  mobile 474
Inhaltsverzeichnis 452
Innovation 120
Integration 105
  formale 98, 801
  inhaltliche 803
  von Offline-Kanälen 828, 830
  zeitliche 802
Integration der Kommunikationskanäle 27
Integrierte Kommunikation 798
Integriertes Marketing 13
Integrität 754
Intelligenz, Künstliche 358, 542
Intelligenz 542
Intend-To-Purchase-Phase 244
Intents 692
Interaktivität 471
Interessenabwägung 62, 63, 65–67, 69, 75, 77
Interessenten 338
Interessentenbewertung 264
Interessentenbindung 151
Inter-Mediaselektion 416
Internal-Branding-Maßnahmen 240
Internet
  der Dinge 206
Internet of Things 31, 33
Interview 446
Intra-Mediaselektion 416
Investitionsgütermarketing 770
Involvement 11, 48, 95, 809
Irreführung 758

J
Jugendmedienschutz Staatsvertrag 759

K
Kampagne 130, 132, 133, 135, 136
Kampagnenbriefing 761
Kampagnenbriefings 761
Kampagnen-Controlling 818

Kampagnenplanung 494, 498
KANO-Modell 273
Kapazität 46
Kapazitätsallokation 46
Kapazitätseinsatz 46
Karten 422
Kataloge 422
Kaufdaten 328
Kauf-Informationen 339
Kaufprozess 353
Kausalität 211
  illusorische 212
Kenngröße 334, 339, 353
  absolute 355
  relative 355
Kennzahlen 293
Kennzeichnungspflicht 758
Kernkompetenz 653
Key Opinion Leader 521
Key-Performance-Indikator 534
Keyword
  Werbung 396
Keyword Advertising 513
KI, schwache 544
KI, starke 544
Klickrate 456
KLM 552
Kommunikation
  integrierte 242, 798, 799, 805
Kommunikationscontrolling 811
Kommunikationskanäle 593
Kommunikationspolitik 405, 474, 798
Kommunikationspsychologie 808
Kommunikationsstrategien 48
Kommunikationsverweigerung 750
Kommunikationswettbewerb 597
Komplexitätsgrad 771
Konditionen 230
Konditionenpolitik 273
Konditionierung 809
  klassische 55
Konfidenz 349
Konnektivität 599
Konsumenten-Marken-Verbindung 100
Kontaktchancen 429
Kontaktqualität 98
Kontaktwege 594
Kontextsensitive Dienste 469
Kontinuität 754
Kontrahierungspolitik 405
Kontrolle 436
Kontrollgruppe 356
Kontrollphase 418

Konvergente Experimente 695
Konversionsoptimierung 480
Konversionspfade 472
Konzeption 186
Korrelation 211
KPI. *Siehe* Key-Performance-Indikator
Kreativität 119, 121, 129, 138
Krisenplan 790
Kriterien, quantitative 429
Kundenbedürfnisse 57
Kundenbewertung 283
Kundenbewertungsmethoden 347
Kundenbewertungsplattform 592
Kundenbeziehungsmanagement 282, 663
Kundenbeziehungsphase 427
Kundenbindung 142, 143, 256
Kundenbindungsmanagement 18, 28
Kundenbindungsstrategie 155
Kundenclub 164
Kundendaten 128
Kundendeckungsbeitrag 283
Kundendialog 32, 34, 37, 38, 41
Kundenerlebnisse 110
Kundenerwartungen 33, 34, 493
Kundengewinnung 142, 143
    Phasen 147
Kundengewinnungsprozess 147
Kundenhistorie 595
Kundenkarte 157
    Funktionen 157
    Segmentierung 159
Kundenkommunikation 328
Kundenkontakt 443
Kundenlebensabschnittzyklus 159
Kundenlebenszyklus 255, 256, 311–313, 316
Kundenmanagement 292, 294, 295
Kundenmonitor 307
Kundenphase
    passive 257
Kundenprofil 330, 333
Kundenprofiler 330
Kundenrückgewinnung 165
Kundensegment 343
Kunden-Spirale 307
Kundenstammdaten 328, 351
Kundenstrukturanalyse 334
Kundenverhalten 328
Kundenwanderungsmodell 338
Kundenwert 161, 258, 284, 311, 347, 438
Kundenwissen 596
Kundenzeitung 446
Kundenzufriedenheit 285, 302, 661
Kündiger-Management 278

Kündiger-Prävention 350
Kündigungsphase 277
Kündigungsrisiko 352
Künstliche Intelligenz 34, 505, 689
Künstlicher Intelligenz 681
Kuschel-Call 268
Kuvert 387

L

Land's End 174
Landing Page 394
Language Generation 689
Last Click Wins 822
Last Cookie Wins 822
latente Bedürfnisse 51
Lead-Generierung 446
Lead-Generierungsphase 263
Lead-Qualifizierung 149
Leads 148
Lead-Trichter 148, 261
Leitfaden zum Influencer Marketing 758
Lift 349
Limited-Capacity-Modell 45
Limitierte Kaufentscheidung 57
LinkedIn 776
LL Bean 174
Location-Based-Service 467, 477, 666
Lokalisierbarkeit 471
Loyalität 12
Loyalty-Marketing 18

M

Machine Learning 358, 506, 545
Machine-Learning-Algorithmen 826
Machtanalytik 586
Macy's 227
Mailing 421
    Informationsgehalt 181
    Package 152
Mailings 386
Mailserver 451
Makro-Influencer 753
Marke 124
Marke-Mensch-Beziehungen 123
Markenarchitektur 94
Markenauftritt, ganzheitlicher 104, 563, 577
Markenbegriff 90
Markenbekanntheit 98
Markenbeziehung 100
Markendreiklang 145
Markenführung 92, 126, 127, 561

Markenimage 92, 101
Markenkommunikation 96
Markenkontaktpunkte 105
Markenkonzept 91
Markenstärke 90
Markentheorie 144
Markentreue 47
Markentypen 91
Markenverhalten 95
Markenverständnis 89
Markenwirkung 95, 558, 562, 564, 575
    Säulen 104
Markenwissen 90
Marketing 8
    integriertes 535
Marketing Automation 505, 552
Marketing-Budgets 759
Marketingkommunikation 242
Marketing-Mix 530
Marktanalyse 248
Markt-Media-Studien 419
Marktplatz 755
Mass Customization 24, 233, 275
Massenmarketing 16
Massenmärkte 23
Matchmaker 518
Mediaanalyse 419
Media-Belegungsplan 416
Mediabudget 820
Mediaplan 418, 431
Mediaplanung 414, 415
Mediaselektionsmodell 431
Mediaziele 417
Media-Zielgruppe 427
Medienkonvergenz 28
Mediennutzung 815
Medienwechselbereitschaft 808
Mega-Influencer 753
Mehrmarken-Strategie 93
Mehrstufige E-Mail-Kampagnen 399
Mehrwert 657
Meinungsführer 751
Meinungsführungskonzept 751
Merchant 516
Mere-Exposure-Effekt 55, 809
Merkmal, metrisches 335
Merkmal, nominales 334
Merkmal, ordinales 335
Merkmale, psychografische 534
Messbarkeit 21, 818
Messenger App 478
Messenger-Marketing 436
Microsoft 145

Midi-Influencer 753
Mikro-Influencer 753
Mitarbeiterbindung 160, 271
Mobile Advertising 476
Mobile App 475
Mobile Business 464
Mobile Commerce 464, 584
Mobile Coupon 473
mobile Customer Relationship
    Management 480
Mobile Marketing 384, 399, 464
    Potenziale 470
Mobile Marketing-Mix 472
Mobile Messaging 478
Mobile Microsites 475
Mobile Payment 478
Mobile Tagging 477
Mobile-TV 476
Mobile Wallet 478
Mobile Web 475
Mobilität 598
Mobilitätsdienstleistungen 665
Mobilkommunikation 466
Momente, emotionale 258
Moment of Truth 260
Monetary Value 333, 337
Mooreschen Gesetz 22
Mooresches Gesetz 199
Multi-Channel 583, 597, 799
    Kommunikation 254
    Retailer 591
Multimarken-Strategie 93
Multi-Optionale-Reaktion 254
Multi-Optionalität 300, 596
Multiplikator 752
MyTaxi 598

N

Nano-Influencer 753
Natural Language Processing 545
Natural Language Understanding 692
natürliches Sprachmodell 693
Near Field Communication 477
Negativlisten 183
Nestlé 302
Netflix 552
Net Promoter 319, 320
Net Promoter Score 304
Nettoreichweite 429
Network-Effekte 499
Neukunden 338
Newsletter 399, 449

Next Best Offer 268
NFC-Technologie 135
Nischenmärkte 12
NPS 319, 320
Nutzererwartung 481

O

Objectives 782
Öffnungsrate 456
Offline-Integration 830
Offline-Medien 384
OLAP-Würfel 330
One-to-One-Marketing 7, 23, 403
One-to-One-Marketing, Internetbasiertes 405
Online-Dialogmarketing 394, 397, 614
Online-Händler 590
Online-Kataloghändler 590
Online-Medien 384
Online-Umsatz 183
Online-Werbung 397
On-Page-Optimierung 396
On-Site-Optimierung 396
Open-Data-Bewegung 206
Open Government 206
Opt-in 507
Organisation 815
Otto Group 552
Out-of-Home 391
Over-the-Air-Service 668
Owned Media 433

P

Page Impression 430
Page View 430
Paid-, Owned-, Earned-Modell 498
Paid Media 433, 750
Paid Search 512
Paper-Pencil-Verfahren 55
Paradigmenwechsel 27, 296, 532
Pareto-Regel 26
Payment-Anbieter 593
People 782
Performance 481
Performance Management 548
Performance Marketing 8
Periphere Kommunikationsstrategie 56
Permission 448
Permission based Marketing 467
Permission Marketing 28, 507
Persona 346, 535, 770
Personal 240

Personalisierte Angebote 662
personalisierte Versicherungsangebote 673
Personalisierung 20, 125, 132, 467, 471
Personas 317, 434
Persönliche Kontakte 393
Persuasionsforschung 48
persuasive Kommunikation 48
Persuasive Kommunikationsstrategie 56
PESO-Modell 498
Pinterest 780
Place 531
Planung, crossmediale 810
Planwerte 438
Plattformen 755
Podcasts 523
Porsche 669
Positionierung 93, 102, 469
    erlebnisbetonte 102
Positionierungsadäquanz 104, 106
Post-Cookie-Ära 750
Postkorbanalyse 274, 275
POST-Methode 782
Posts 421
Postwurfsendungen 389
Postwurf Spezial 389
Potenzial, akquisitorisches 162
Präventionsanalyse 351
Prediction 209
Predictive Behavioral Targeting 244
Predictive Maintenance 235, 657, 672
Predictive Modeling 711
Preiselastizität 222, 224
Preispolitik 222, 473
    individualorientierte 227
    konkurrenzorientierte 226
    kostenorientierte 223
    nachfrageorientierte 224
Price 531
Printmedien 391
Printwerbemittel 831
Prinzip, kompensatorisches 46
Privacy Paradox 657
Procter & Gamble 302
Product 531
Produktpolitik 231, 405, 473
Produktzufriedenheit 662
Prognose des Deckungsbeitrags 348
Programmatic 507
Programmatic Advertising 435
Programmatic TV 524
Programmpolitik 231
Projektive Verfahren 55
Promotion 531

Stichwortverzeichnis

Prospekt 388
Prospekte 422
Prozess 190
   der Mediaplanung 416
Prozessschritte 833
Pull-Kommunikation 560
Pull-Strategien 498
Push-Kommunikation 467

Q
QR-Code 477
Qualifizierungsphase 264
Qualitätsindikator 226
Qualitätssicherung 764
Qualitätssicherung von Daten 329
Quantified Self 205
Quick Response 474
Quota-Verfahren 304

R
Rabattierung 228
Rangreihung 430
Rating 321
Reaktanzeffekt 56, 750
Reaktionsmittel 388
Reaktionsschnelligkeit 301
Reaktionszeitmessung 54
Reaktionszeitraum 341
Reaktivierungsrate 339
Realisationsplanung 811
Realtime 502
Recency 333, 337
Referenzdaten 291
Regressionsanalyse, logistische 352
Regressionsanalyse 342, 825
Reichweite 751
   crossmediale 810
   kombinierte 429
   kumulierte 429
Reichweitenpotenzial 464
Reichweite organisch 750
Reife-Phase 274
Relationship-Marketing 18
Relativität des Preises 225
Relevant Set 146, 153
Relevanz 450, 560
Rentabilitätskontrolle 21
Report, spezifischer 330
Reporting 209
Repräsentationssystem 45
Response 415

Response-Kanal 476
Responsivität
   psychologische 595
   technische 595
Retargeting 154, 706
Return On Influencer Marketing Investment 749
Review 321
RFID-Technik 230
RFM-Analyse 336
RFMR
   Formel 278
RFM-Scoring 337
RFM-Selektion, hierarchische 337
Roadshow 446
Robinson Liste 750
Rocket Fuel Inc. 548
ROIMI 749
Rückgewinnungsmanagement 166
Rückgewinnungsmaßnahmen 167
Rückgewinnungsphase 279
Rückrufaktion 273
Ruhe-Phase 278

S
Säulen der Markenwirkung 104
Schemaebene 331
Schnittstellen 454
Scorekarte 342
Scoreklasse 342, 352
Scoring 341
Scree-Plot 343
Search Engine
   Advertising 396
Search-Engine-Advertising (SEA) 436
Search-Engine-Optimization 396
Second Screen 530
Segmentierung, mikrogeografische 420
Segmentierung 343
Selbstbericht-Verfahren 54
Selektion 330
Selektionsverfahren 430
Sender-Score 450
Sentiment-Analysen 240
SEO 512. *Siehe auch* Search Engine Optimization
SERP. *Siehe* Search Engine Result Page
Serviceleistungen 235
Share-of-Advertising 432
Share-of-Mind 433
Share-of-Voice 433
Shoppable Posts 520

Sicherheit 483
Sichtprüfung 290
Silo-Denken 128
Situationsanalyse 811
Skalenniveau 334
SlideShare 781
Slideshow 446
SMART 533
Smart Speaker 687
Social Advertising 518
Social Commerce 406, 764
Social Media 151, 205, 300, 773
    Guidelines 788
    Marketing 400
    Portal 254
    Strategie 781
    Team 784
Social Media Controlling 742
Social Media Marketing 750
Social Media Planung 734
Social Media Plattformen 753
Social Media Strategien 738
Social Plugins 407
Social Recruiting 746
Sortimentspolitik 405
Sozialisationsphase 268
Spam 447
Spill-over-Effekte 474
Spotify 667
Spracherkennung 688
Sprachsynthese 689
Standalone E-Mailings 399
Starbucks 103
Statuskarten 157
Stimmanalyse 613
Strategie 123
Strategy 783
Streuplanung 428
Streuverlust 420
Suchkriterien 756
Suchmaschine 593
Suchmaschinenmarketing 436
Suchmaschinenoptimierung 443
Suchmaschinenoptimrung 396
Support 349
Sympathie 754
Synergieeffekt 815
System, motivational-emotionales 46

T
Tannenbaum-Experiment 809
Tante Emma-Prinzip 5

Targeting 434, 444
Tausender-Kontakt-Preis 757
Tausend-Kontakt-Preis 430
Tausend-Nutzer-Preis 430
Teaser-Text 452
Technology 783
telefonische Sprachdialogautomatisierung 688
Telefonmarketing 392, 611
Telefon-Tracking 832
Telekom 302
Tesco 474
Tesla 652, 668
Test 356
Testgruppe 356
Testimonial 48, 752
Textbots 682
Textmining 200
Themensammlung 446
Themenseiten 150
TikTok.com 754
Timing-Entscheidung 432
TomTom 239
Touchpoint 311, 312, 318, 319, 819
Touchpoints 434
Tracking-Systeme 827
Tracking-Verfahren 826
Transaktions-E-Mailings 399
Transaktionsmarketing 9
Transaktionsvolumen 771
Transportlogistik 593
Trendanalyse 232
Trends 653
Trigger-E-Mailings 399
Triggermail 454
TV-Werbung 830
Twitch.tv 754
Twitter 777

U
Ubiquität 471, 536
Umsetzung 357
Unilever 16
Unternehmensziel 533
UPS 239
Up-Selling 272
Ursache-Wirkungs-Beziehung 537
Usability 453
User-centered Big Data Targeting 245
User customized Homepage 246
User Experience 247
User Generated Content 401, 127
    Portal 592

V
Value 202, 333
Variety 200, 332
Variety-Seeking 662
Velma Buyout Preisliste 757
Velocity 201, 332
Veracity 201, 333
Verarbeitungsgrundsätze 74
Verbraucherverhalten 124
Verfahrensverzeichnis 82
Vergleichsportal 592
Vergleichsportale 518
Vergütung 760
Vergütungsmodell 432
Versandhandel 183
    klassischer 583
Versandkosten 442
Verteilung 334
Vertragshistorie 351
Verweildauer-Kenngröße 341
Video 446
Views 430
Visits 430
Visualisierung 334
Voicebot 682
Voice of the Customer 319, 320
Volume 332
Vorschaufenster 452
V's, drei klassische 332
VW 654

W
Warenkorbanalyse 349
Wearout-Effekt 808
Web
    Analytics 719
    Monitoring 254
Web 2.0 750
Webinar 446
Webpräsenz 443
Webseite 446
WeChat 552
Wechselbarrieren 271, 469, 662
Wechselwirkungen 820
Werbemittel 415, 421
    Auswahl 423

Werbepsychologie 44
Werbeträger 415, 423, 424
Werbeträgergattungen 757
Werbeträgergruppen 423
Werbewirkungsforschung 808
Werbung 122
Wertschöpfungskette 675
White Paper 446
Widerspruch des Adressaten 72
Wiki 402
Wirkdimensionen 353
Wirkungsanalyse 820
Wirkungsarten 804
Wirkungsgrad 19
Wirkungsinterdependenzen 803
Wirkungstest 439
Wirkungsverstärk 757
WLAN-Netzwerk 667
WOM 752
Word-of-Mouth Marketing 773

X
XING 776
xRM 253

Y
YouTube 778

Z
Zahlungsverhalten 351
Zapping 750
Zeitpunkt 153
Ziele 123, 468
Zielgröße 341
Zielgruppen 470, 770
Zielgruppenbestimmung 418
Zielgruppen-Responsestärke-Matrix 427
Zielgruppensegmente 128
Zielperson 9
Zufriedenheitsabfrage 268
Zufriedenheitsanalyse 305
Zusammenhang, bivariater 335